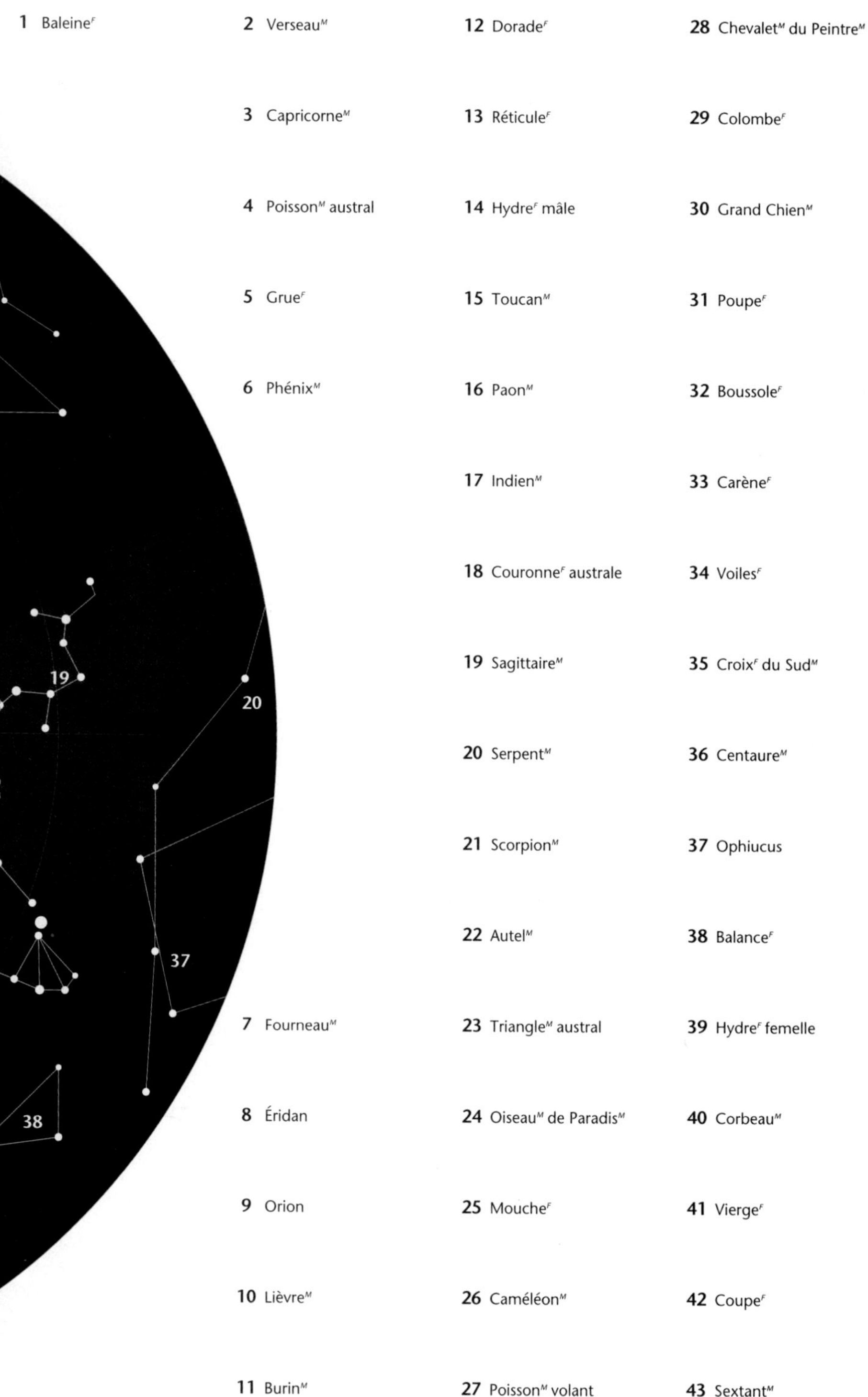

1 Baleine[F]

2 Verseau[M]

3 Capricorne[M]

4 Poisson[M] austral

5 Grue[F]

6 Phénix[M]

7 Fourneau[M]

8 Éridan

9 Orion

10 Lièvre[M]

11 Burin[M]

12 Dorade[F]

13 Réticule[F]

14 Hydre[F] mâle

15 Toucan[M]

16 Paon[M]

17 Indien[M]

18 Couronne[F] australe

19 Sagittaire[M]

20 Serpent[M]

21 Scorpion[M]

22 Autel[M]

23 Triangle[M] austral

24 Oiseau[M] de Paradis[M]

25 Mouche[F]

26 Caméléon[M]

27 Poisson[M] volant

28 Chevalet[M] du Peintre[M]

29 Colombe[F]

30 Grand Chien[M]

31 Poupe[F]

32 Boussole[F]

33 Carène[F]

34 Voiles[F]

35 Croix[F] du Sud[M]

36 Centaure[M]

37 Ophiucus

38 Balance[F]

39 Hydre[F] femelle

40 Corbeau[M]

41 Vierge[F]

42 Coupe[F]

43 Sextant[M]

OBSERVATOIRE[M] ASTRONOMIQUE

TÉLESCOPE[M]

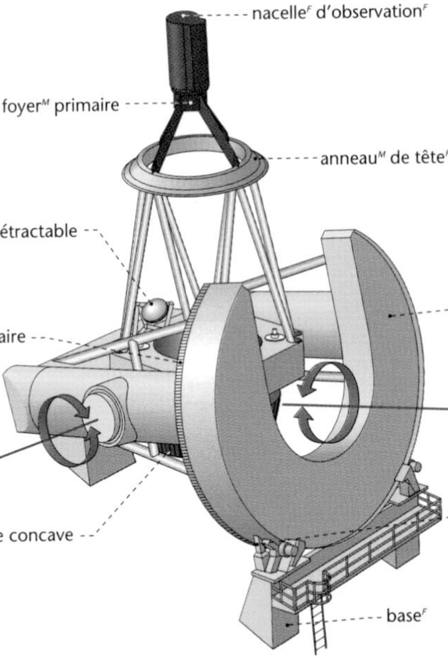

nacelle[F] d'observation[F]
foyer[M] primaire
anneau[M] de tête[F] amovible
miroir[M] plan rétractable
monture[F] en fer[M] à cheval[M]
engrenage[M] horaire
axe[M] horaire
axe[M] de déclinaison[F]
patin[M] hydrostatique
miroir[M] primaire concave
base[F]

OBSERVATOIRE[M]

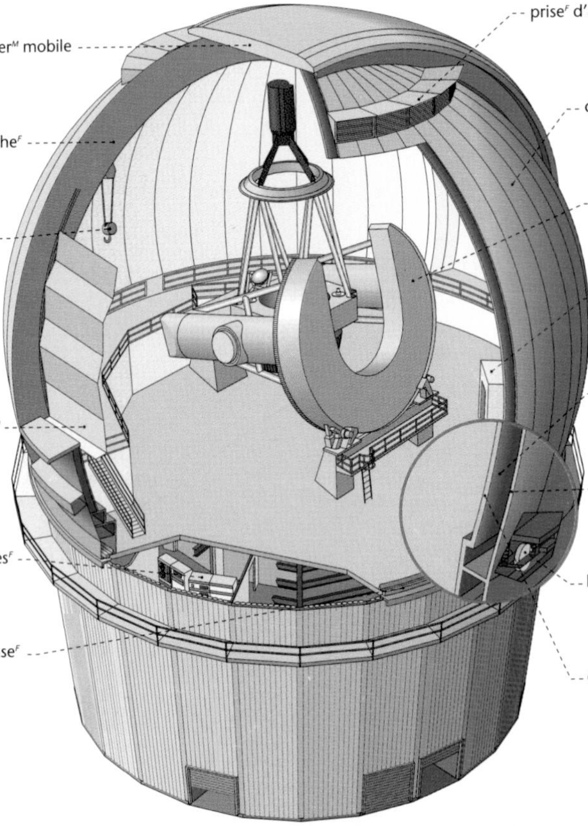

prise[F] d'air[M] de ventilation[F]
cimier[M] mobile
coupole[F] rotative
arche[F]
télescope[M]
treuil[M]
sas[M]
vide[M]
rideau[M] pare-vent[M]
enveloppe[F] extérieure
salle[F] de commandes[F]
boggie[M]
couronne[F] de base[F]
enveloppe[F] intérieure

RADIOTÉLESCOPE[M]

MONTURE[F] ALTAZIMUTALE

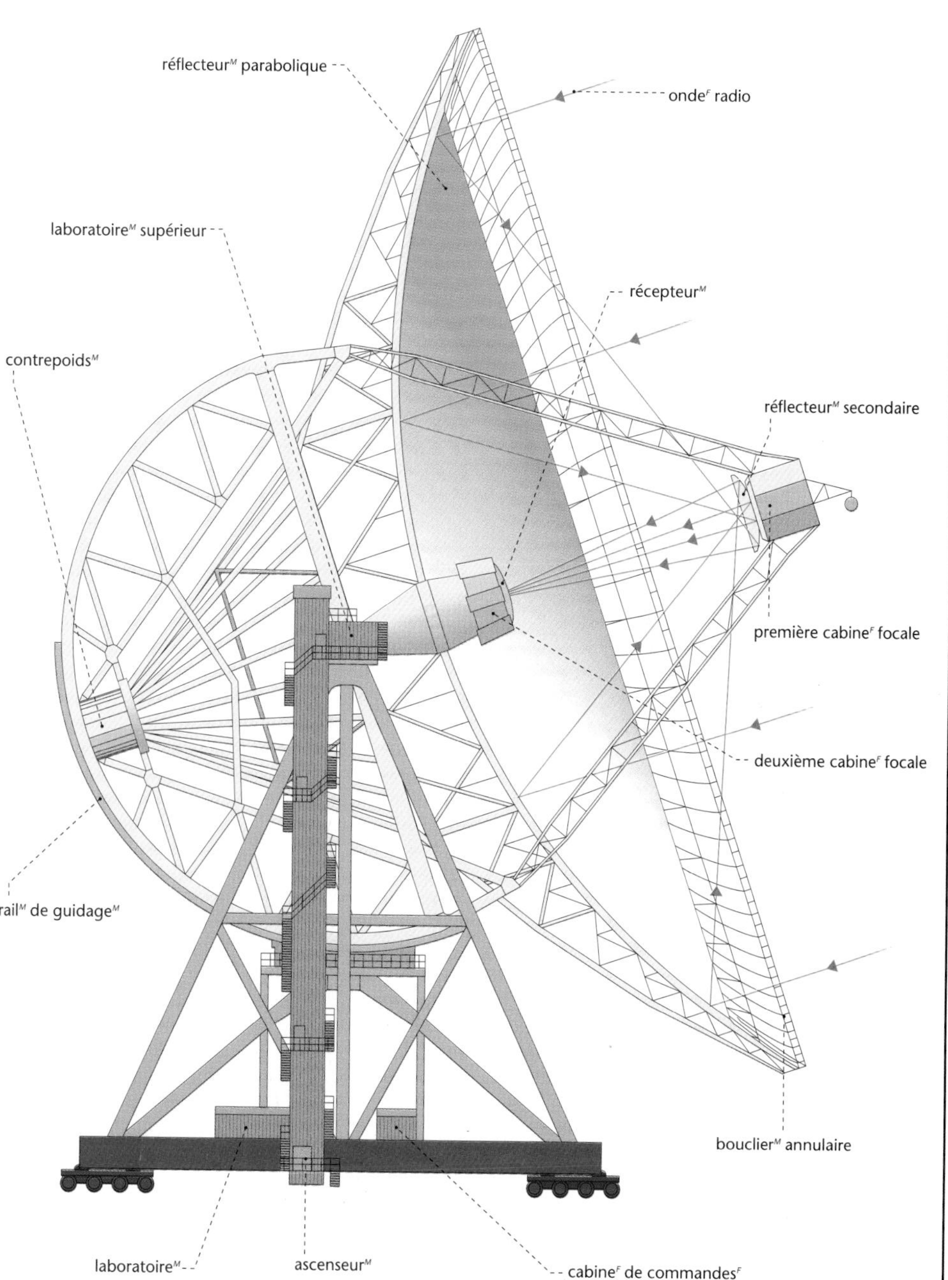

TÉLESCOPE[M] SPATIAL HUBBLE

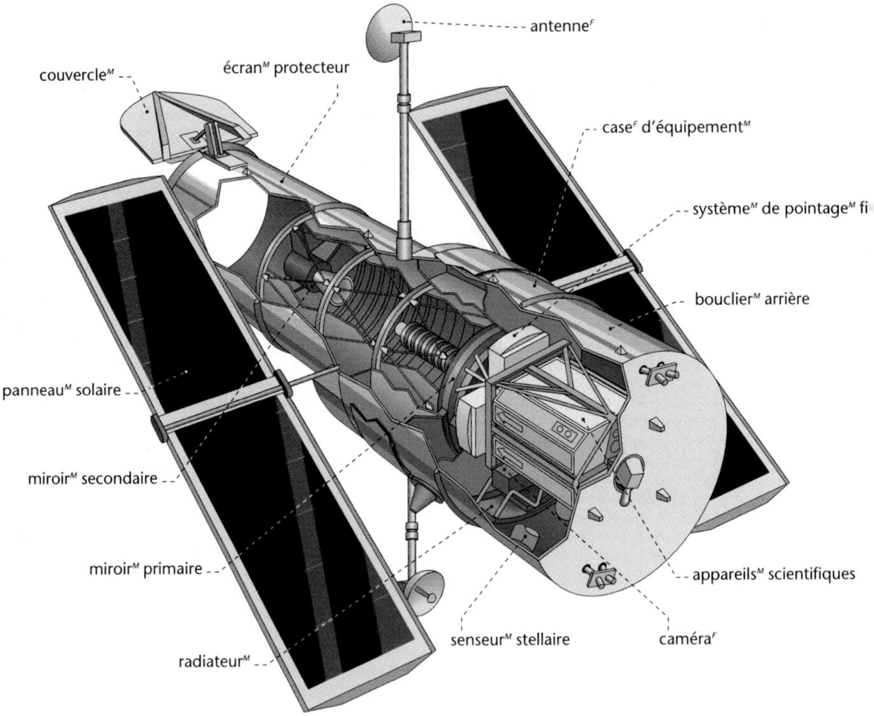

antenne[F]
couvercle[M]
écran[M] protecteur
case[F] d'équipement[M]
système[M] de pointage[M] fi
bouclier[M] arrière
panneau[M] solaire
miroir[M] secondaire
miroir[M] primaire
appareils[M] scientifiques
senseur[M] stellaire
caméra[F]
radiateur[M]

PLANÉTARIUM[M]

haut-parleur[M] d'aigus[M]
zénith[M]
zone[F] de manœuvre[F]
voûte[F] de projection[F]
haut-parleur[M] de médiums[M]
salle[F] de projection[F]
salle[F] de contrôle[M]
pupitre[M] de commandes[F]
haut-parleur[M] de graves[M]
planétaire[M]
projecteur[M] auxiliaire

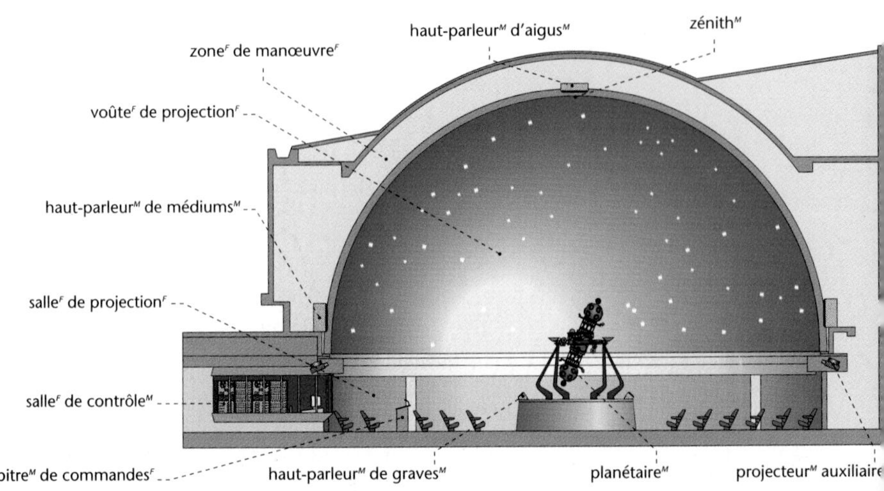

Somerville
Cambridge
Newton
Brookline
Boston

SOMMAIRE

COUPE DE L'ATMOSPHÈRE TERRESTRE 19
CONFIGURATION DES CONTINENTS 20
STRUCTURE DE LA TERRE 22
COUPE DE LA CROÛTE TERRESTRE 22
SÉISME 23
GROTTE 24
VOLCAN 25
GLACIER 26
MONTAGNE 27
FOND DE L'OCÉAN 28
VAGUE 30
CONFIGURATION DU LITTORAL 30
ÉCOLOGIE 31
PRÉCIPITATIONS 36
MÉTÉOROLOGIE 38
SYMBOLES MÉTÉOROLOGIQUES INTERNATIONAUX 39
INSTRUMENTS DE MESURE MÉTÉOROLOGIQUE 40
SATELLITE MÉTÉOROLOGIQUE 42
NUAGES ET SYMBOLES MÉTÉOROLOGIQUES 44
CLIMATS DU MONDE 45
DÉSERT 46
CARTOGRAPHIE 47
SATELLITE DE TÉLÉDÉTECTION 48

COUPE[F] DE L'ATMOSPHÈRE[F] TERRESTRE

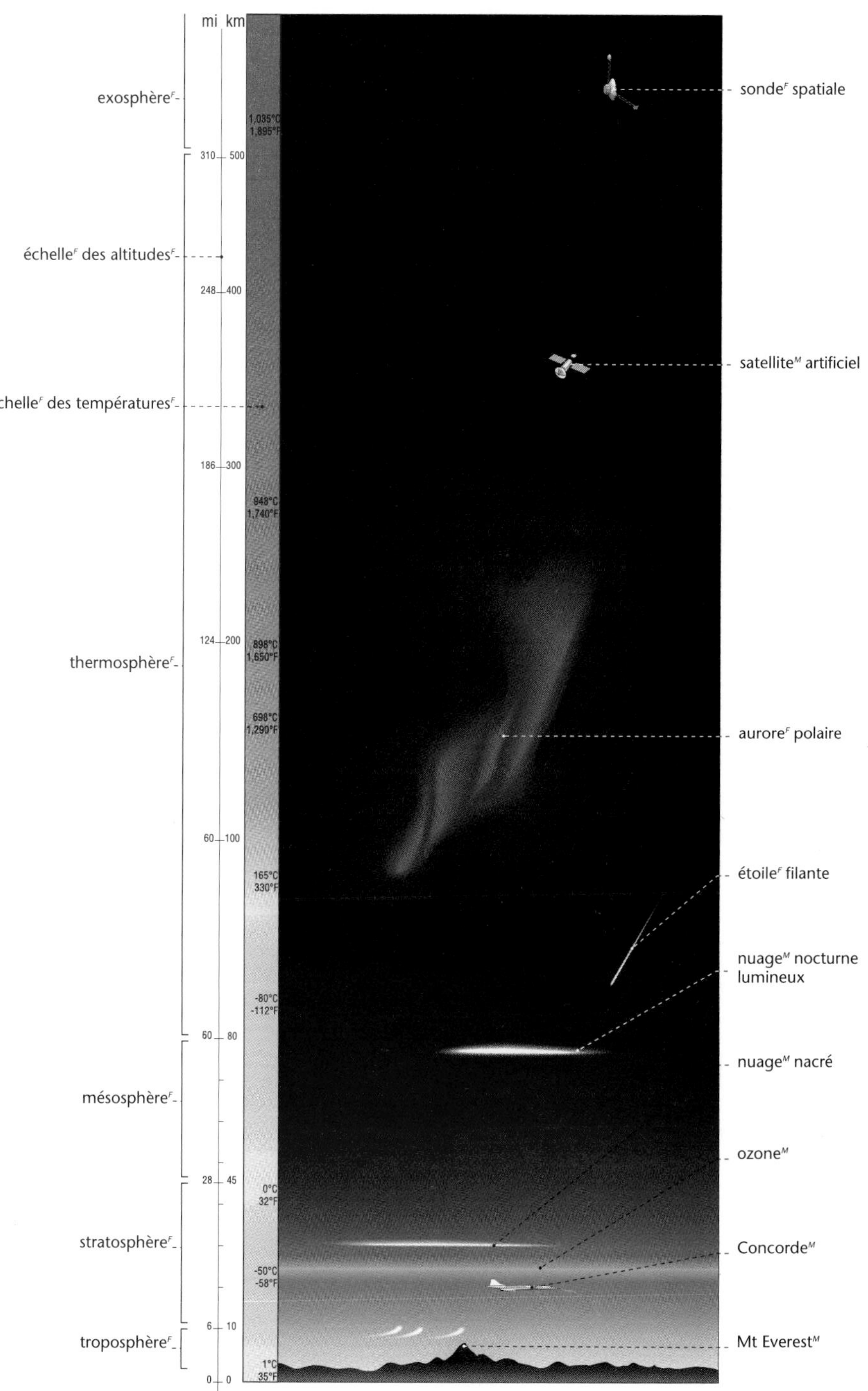

CONFIGURATION^F DES CONTINENTS^M

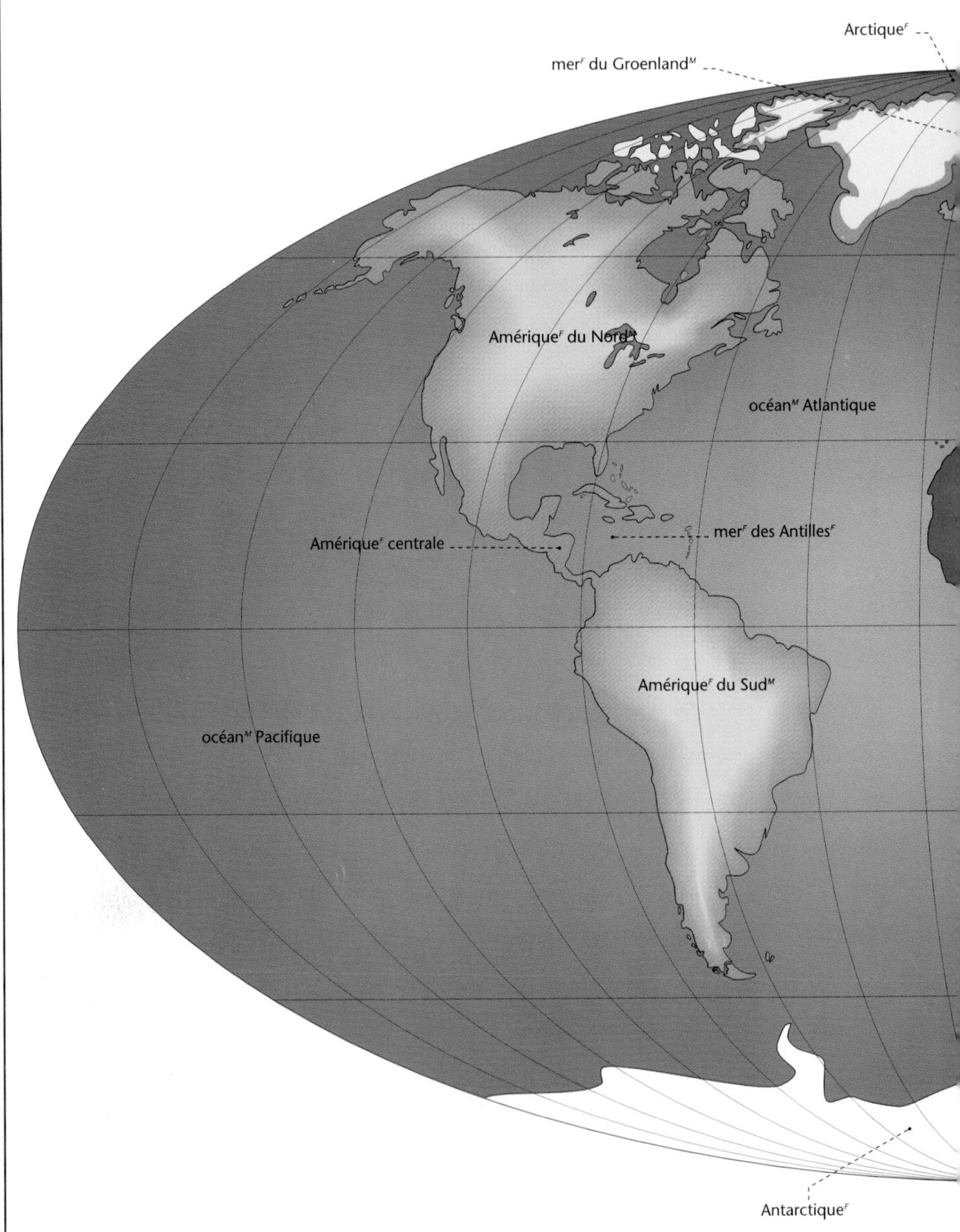

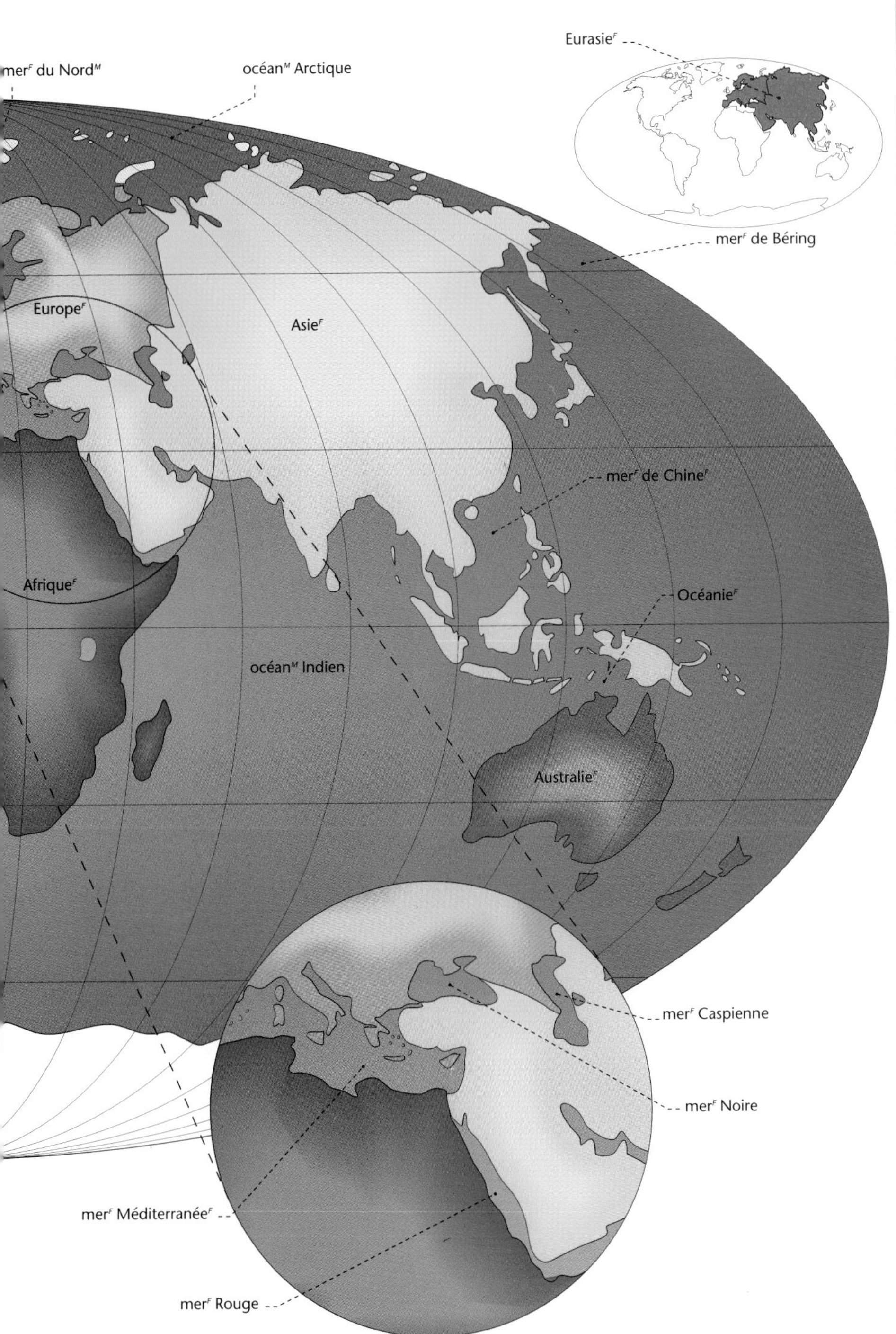
Eurasie^F
mer^F du Nord^M
océan^M Arctique
mer^F de Béring
Europe^F
Asie^F
mer^F de Chine^F
Afrique^F
Océanie^F
océan^M Indien
Australie^F
mer^F Caspienne
mer^F Noire
mer^F Méditerranée^F
mer^F Rouge

STRUCTURE[F] DE LA TERRE[F]

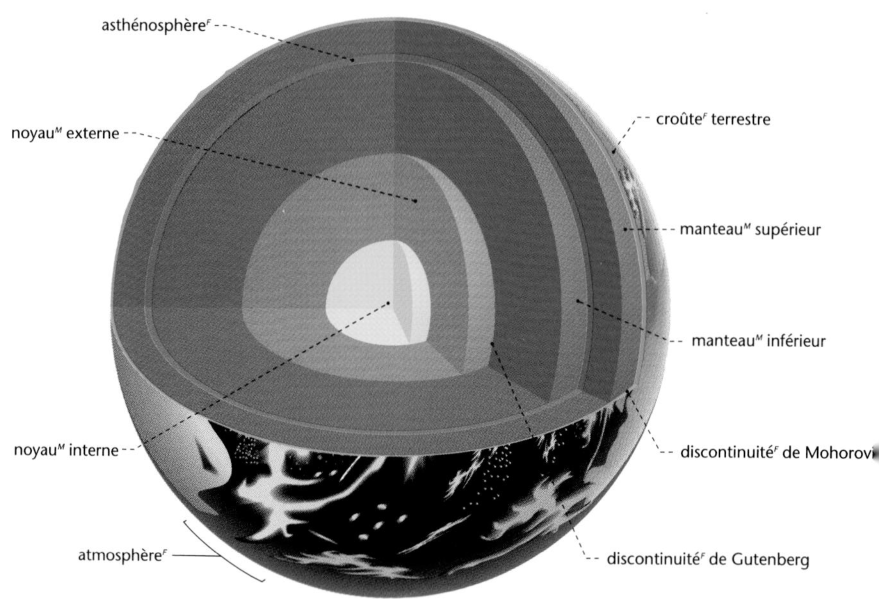

COUPE[F] DE LA CROÛTE[F] TERRESTRE

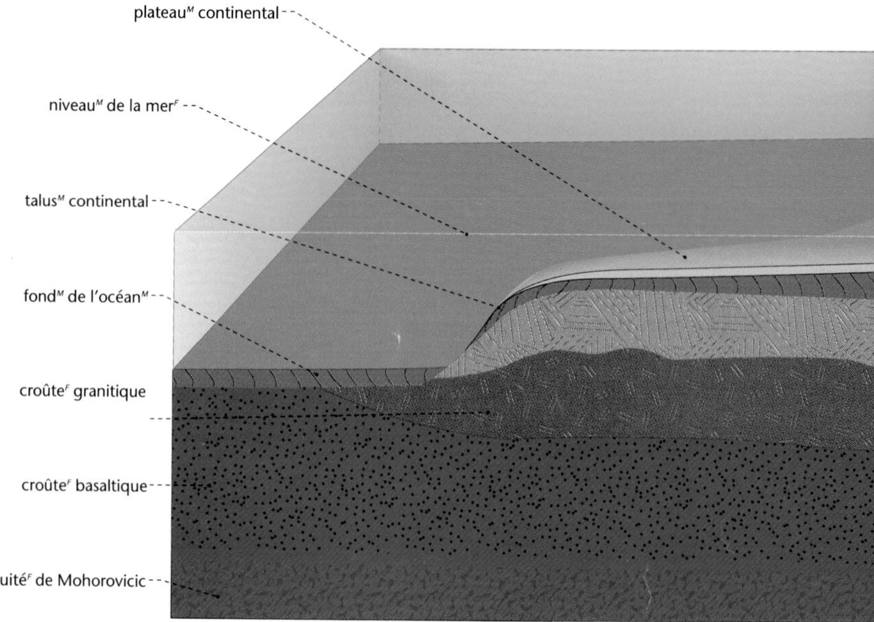

SÉISME[M]

ligne[F] isosiste
épicentre[M]
croûte[F] terrestre
profondeur[F] du foyer[M]
foyer[M]
faille[F]
onde[F] sismique

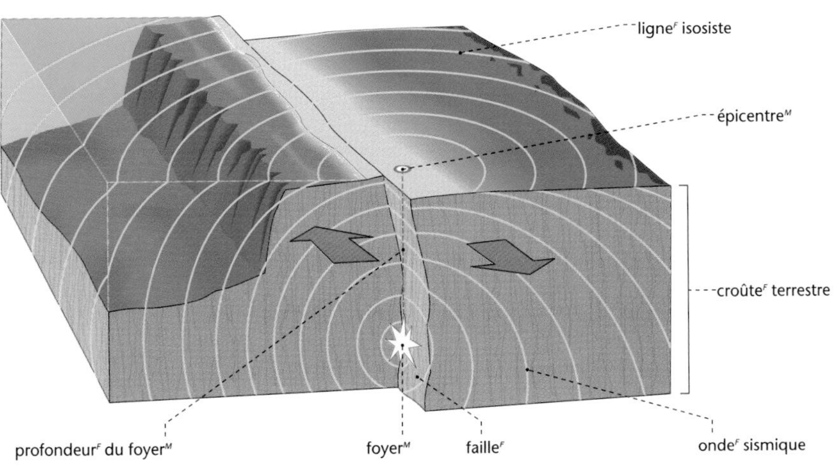

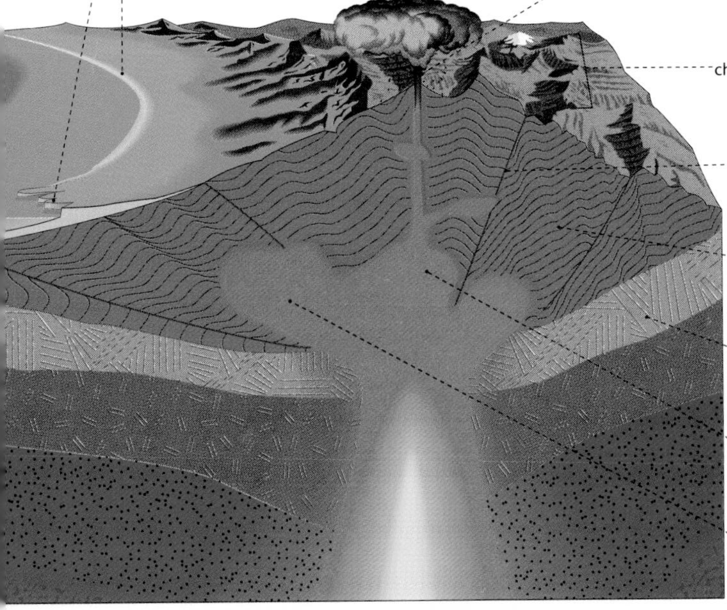

falaise[F]
plage[F]
volcan[M]
chaîne[F] de montagnes[F]
faille[F]
roches[F] sédimentaires
roches[F] métamorphiques
roches[F] ignées
roches[F] d'intrusion[F]

GROTTE[F]

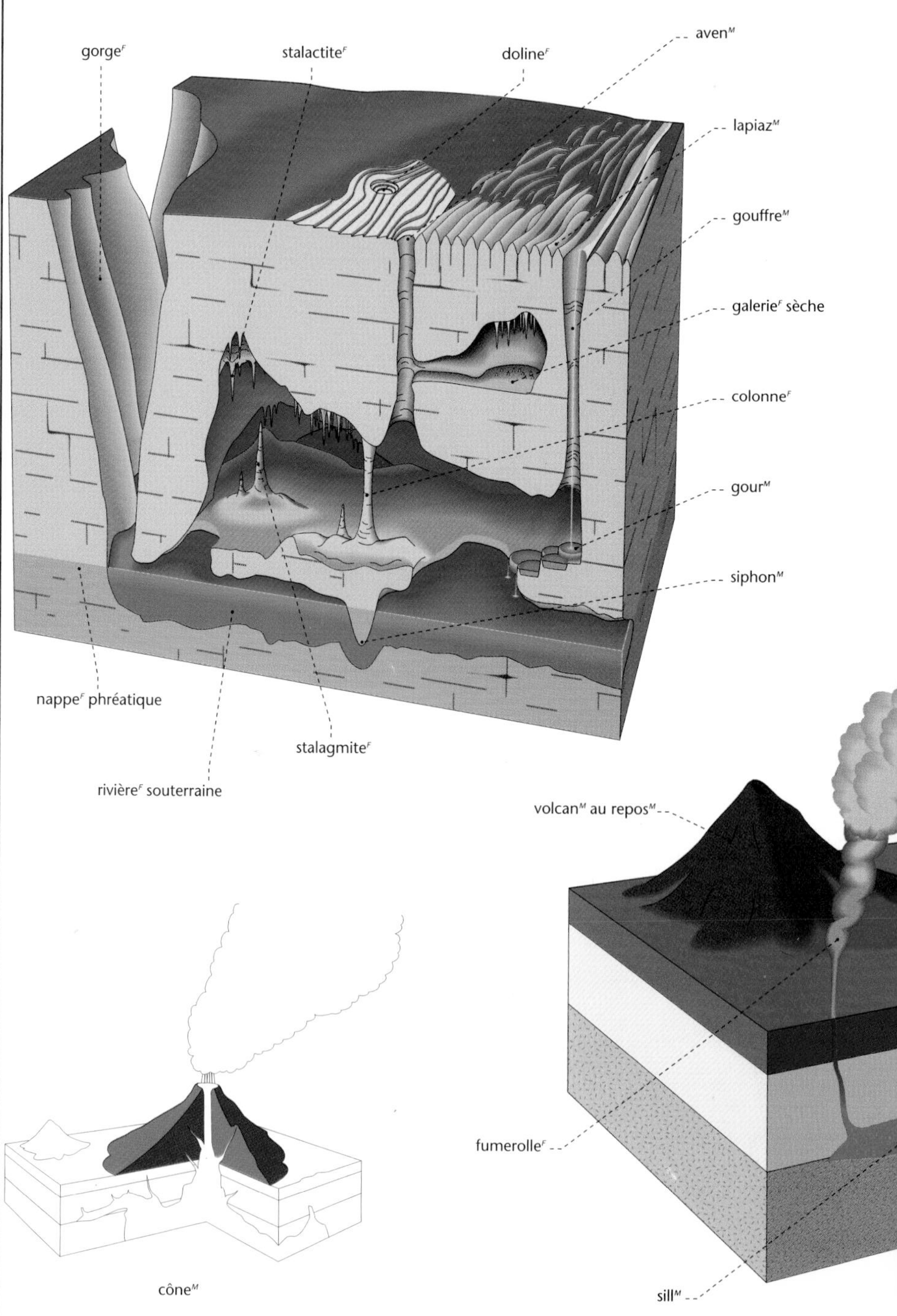
gorge[F]
stalactite[F]
doline[F]
aven[M]
lapiaz[M]
gouffre[M]
galerie[F] sèche
colonne[F]
gour[M]
siphon[M]
nappe[F] phréatique
stalagmite[F]
rivière[F] souterraine
volcan[M] au repos[M]
fumerolle[F]
cône[M]
sill[M]

VOLCAN^{M}

VOLCAN^{M} EN ÉRUPTION^{F}

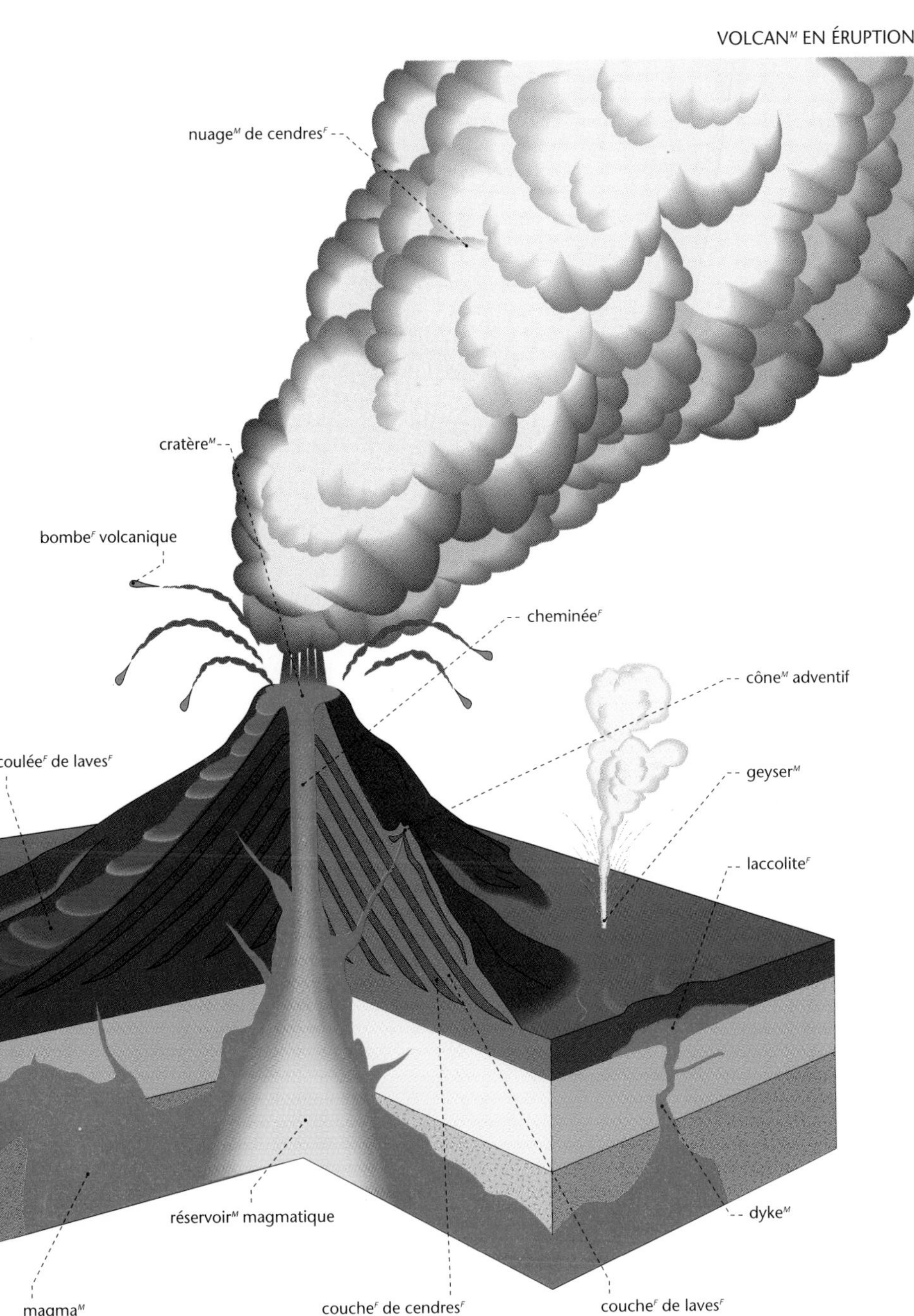

GLACIER[M]

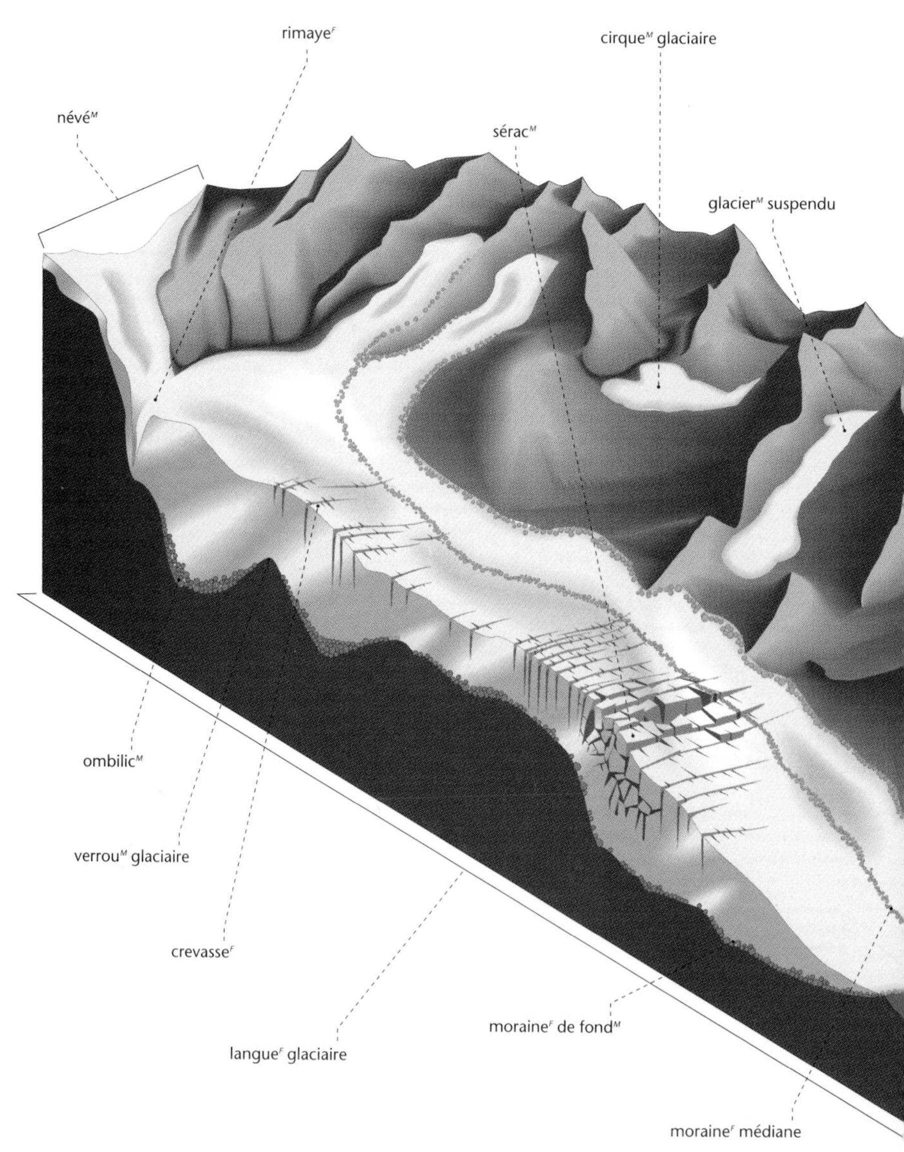
rimaye[F]
cirque[M] glaciaire
névé[M]
sérac[M]
glacier[M] suspendu
ombilic[M]
verrou[M] glaciaire
crevasse[F]
moraine[F] de fond[M]
langue[F] glaciaire
moraine[F] médiane

MONTAGNE[F]

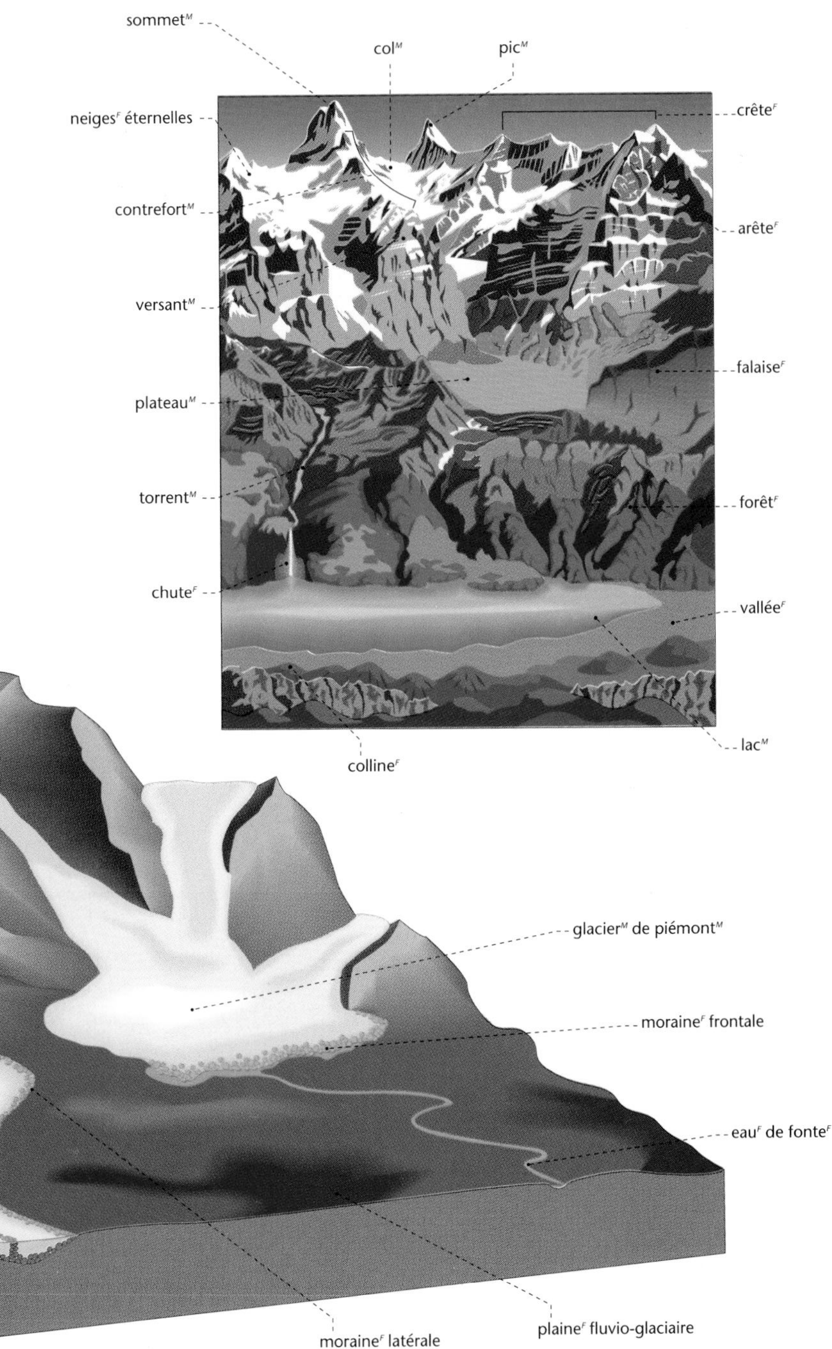

sommet[M]
col[M]
pic[M]
neiges[F] éternelles
crête[F]
contrefort[M]
arête[F]
versant[M]
falaise[F]
plateau[M]
torrent[M]
forêt[F]
chute[F]
vallée[F]
lac[M]
colline[F]
glacier[M] de piémont[M]
moraine[F] frontale
eau[F] de fonte[F]
moraine[F] latérale
plaine[F] fluvio-glaciaire

FOND[M] DE L'OCÉAN[M]

DORSALE[F] MÉDIO-OCÉANIQUE

ÉLÉMENTS[M] TOPOGRAPHIQUES

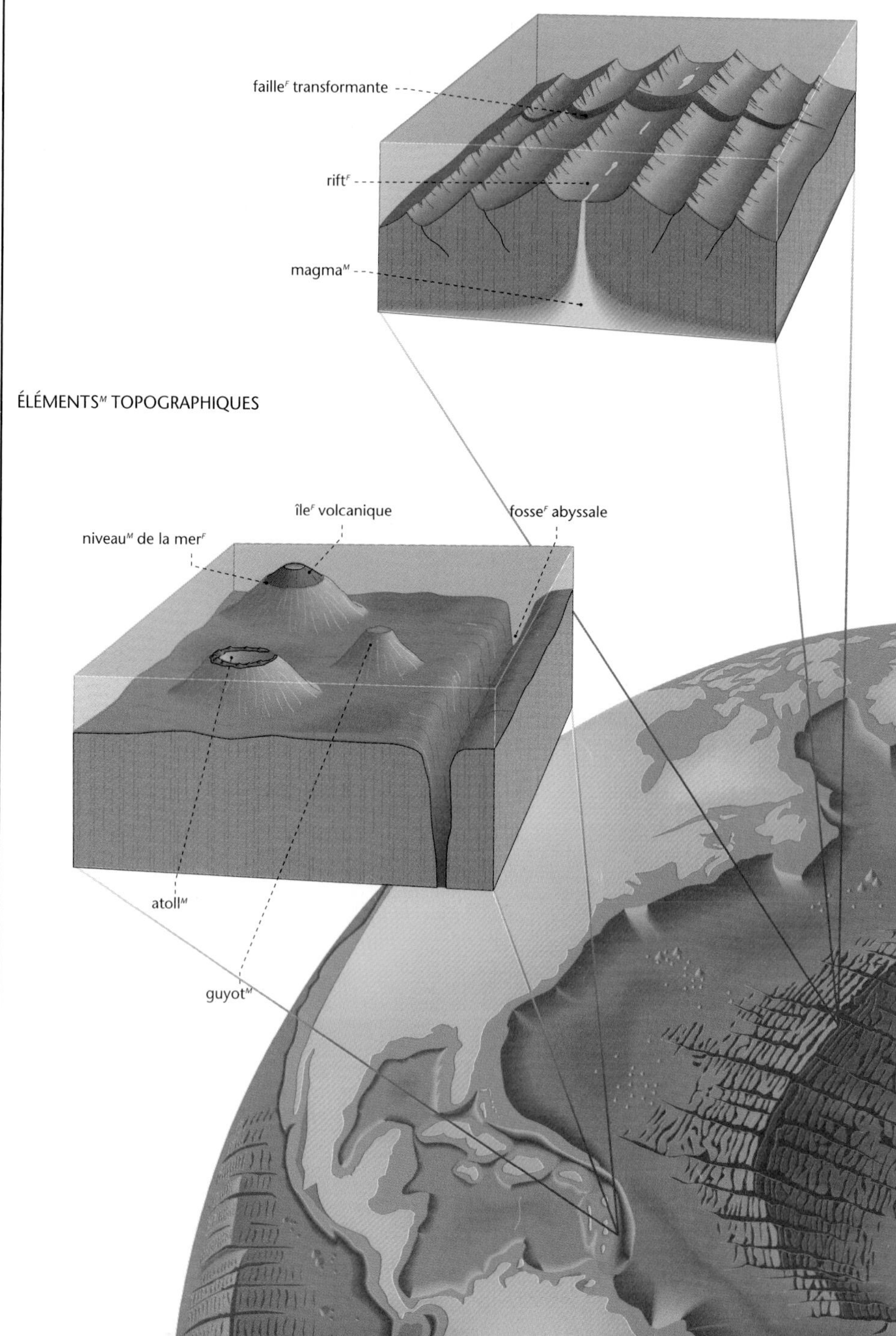

PLAINE^F ABYSSALE

MARGE^F CONTINENTALE

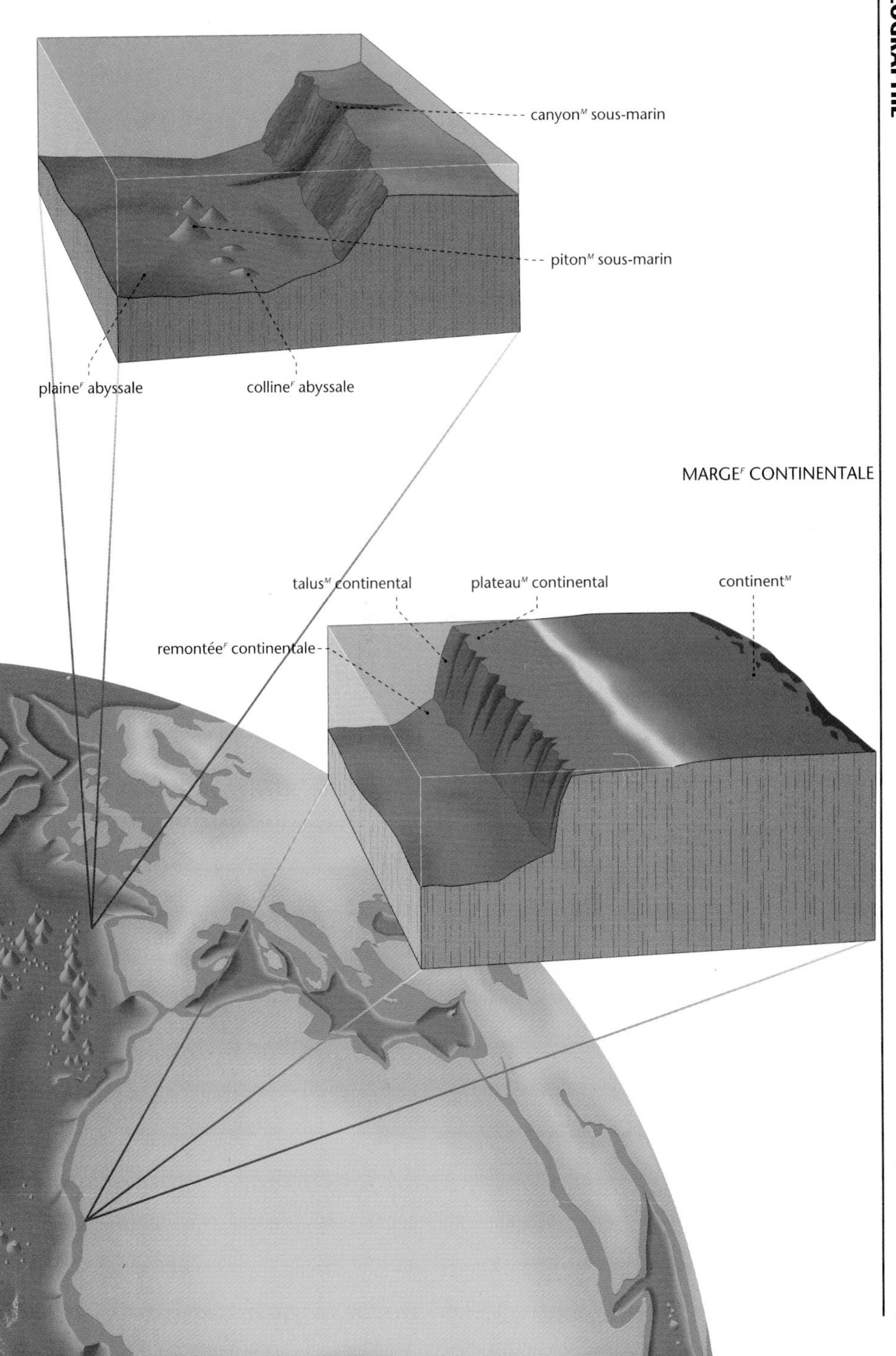

VAGUE[F]

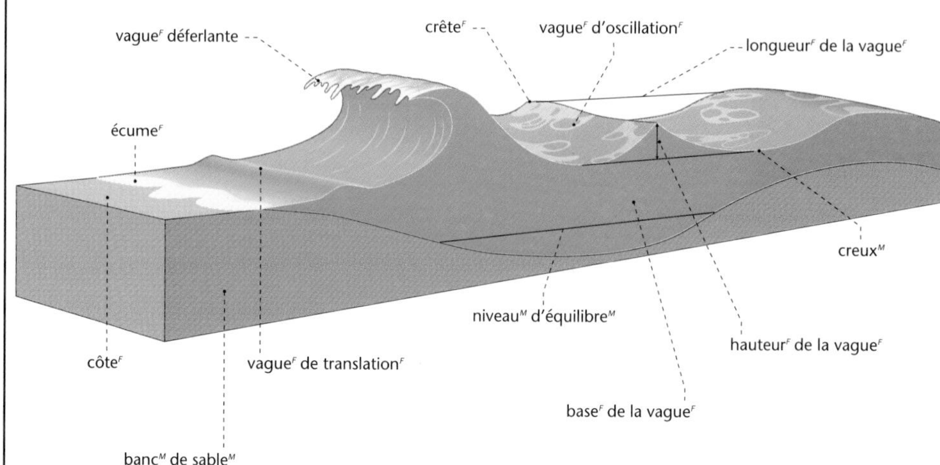

CONFIGURATION[F] DU LITTORAL[M]

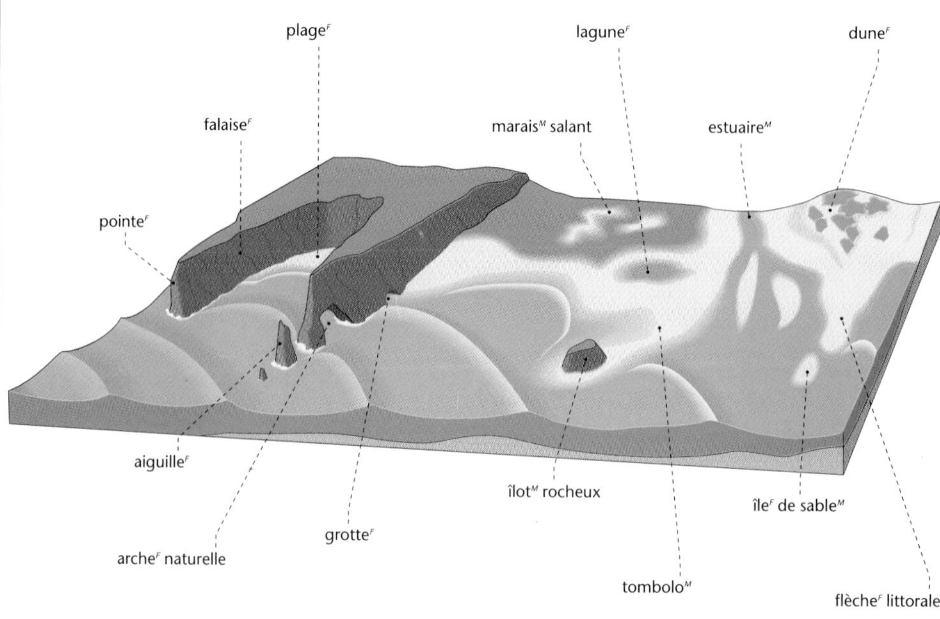

ÉCOLOGIE^F

STRUCTURE^F DE LA BIOSPHÈRE^F

atmosphère^F
hydrosphère^F
lithosphère^F

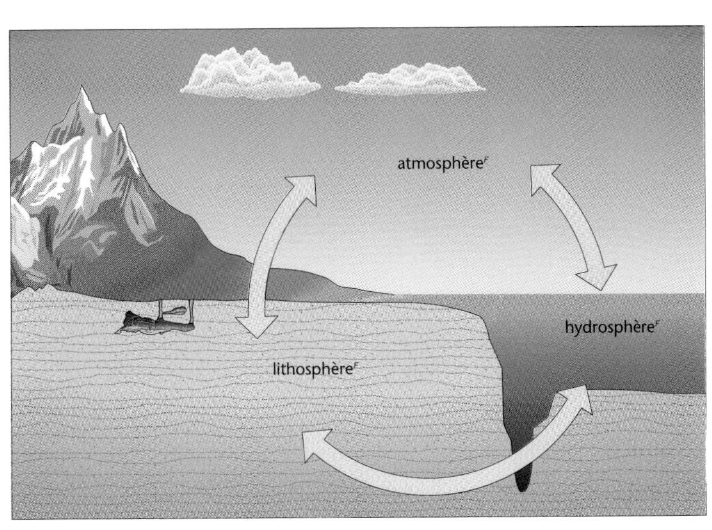

CHAÎNE^F ALIMENTAIRE

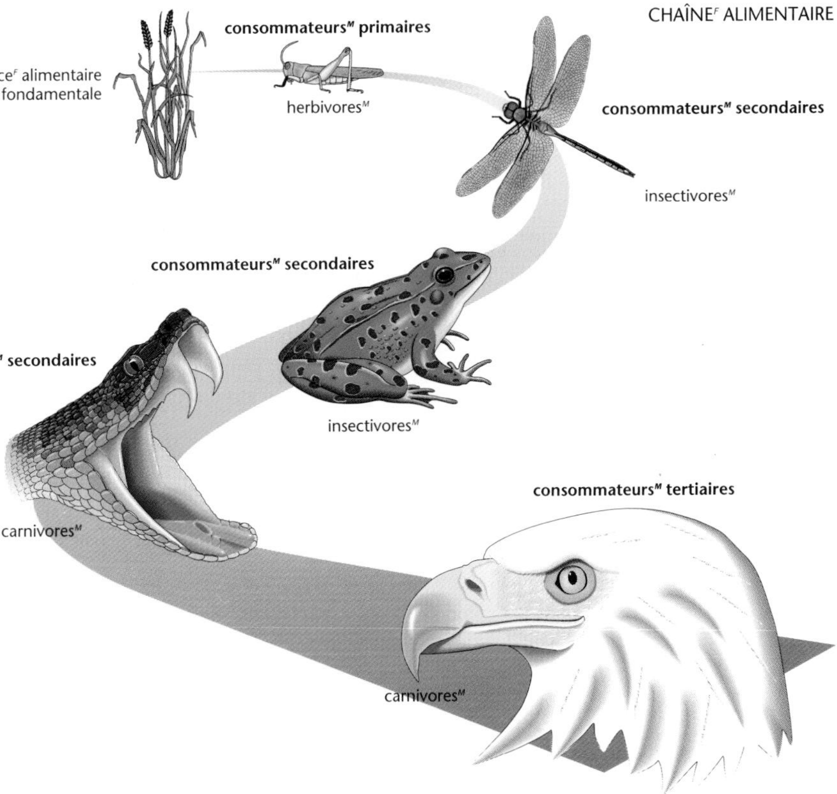

consommateurs^M primaires
source^F alimentaire fondamentale
herbivores^M
consommateurs^M secondaires
insectivores^M
consommateurs^M secondaires
nsommateurs^M secondaires
insectivores^M
carnivores^M
consommateurs^M tertiaires
carnivores^M

ÉCOLOGIE^{F}

POLLUTION^{F} DES ALIMENTS^{M} AU SOL^{M}

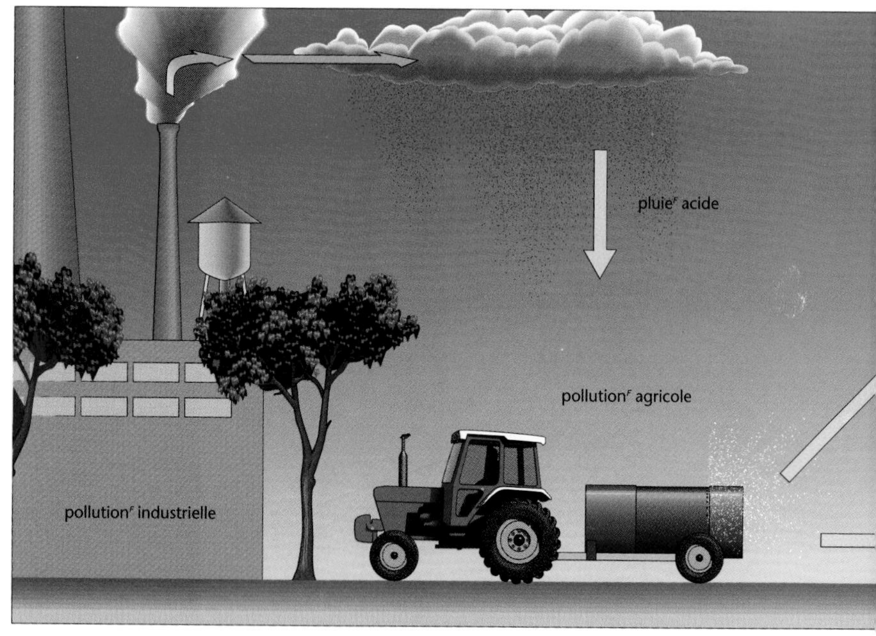

POLLUTION^{F} DES ALIMENTS^{M} DANS L'EAU^{F}

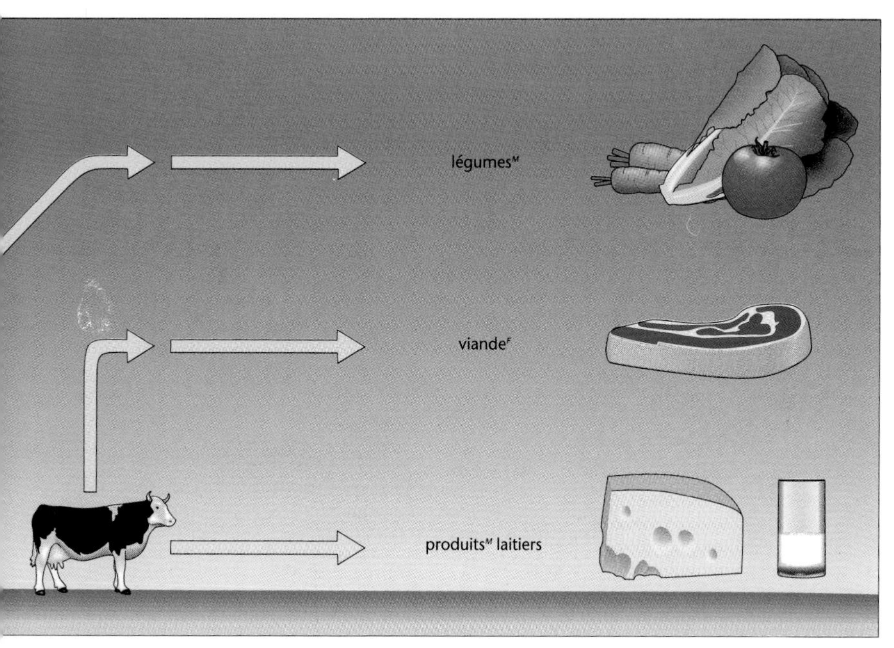
légumes^M
viande^F
produits^M laitiers

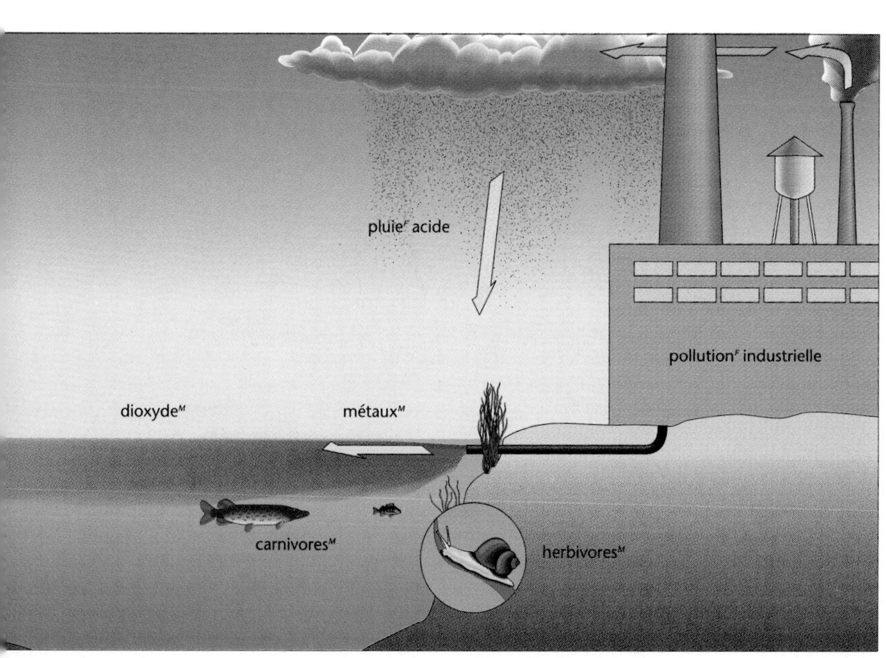
pluie^F acide
pollution^F industrielle
dioxyde^M
métaux^M
carnivores^M
herbivores^M

POLLUTION^F DE L'AIR^M

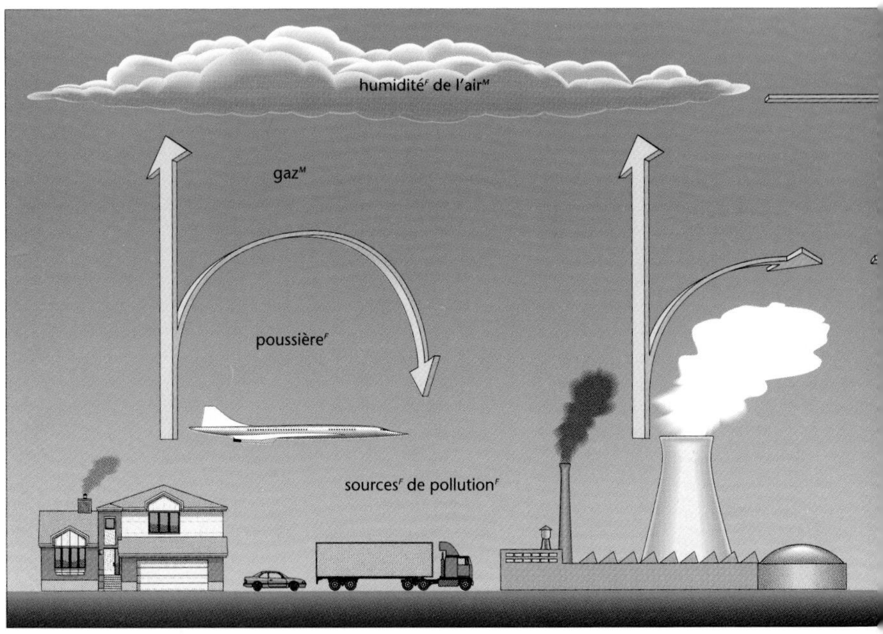

CYCLE^M DE L'EAU^F

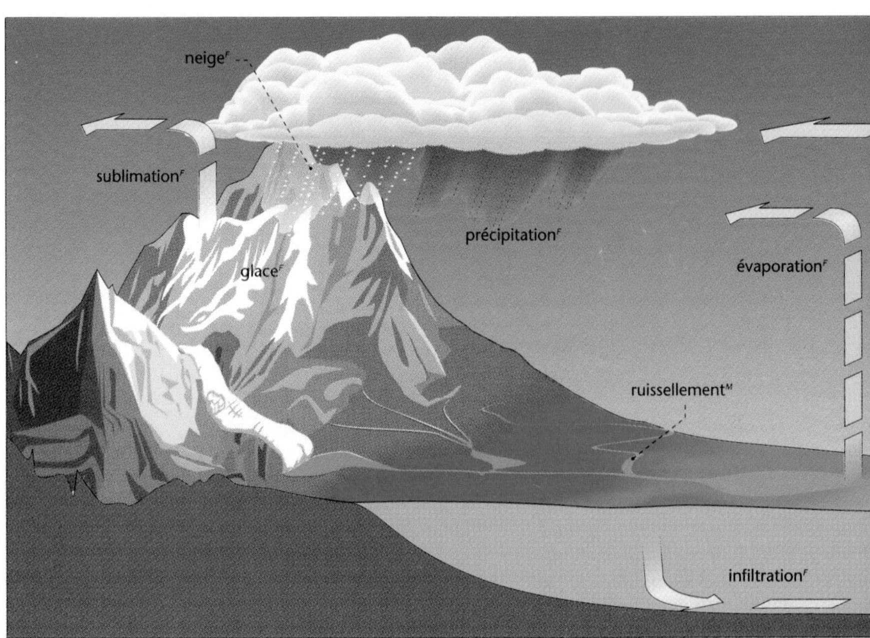

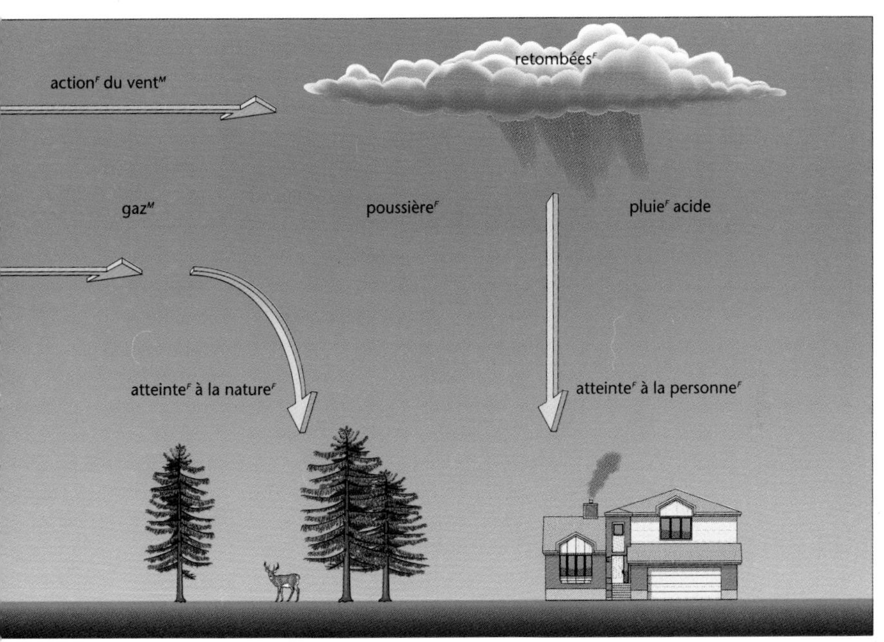
retombées^{F}
action^{F} du vent^{M}
gaz^{M}
poussière^{F}
pluie^{F} acide
atteinte^{F} à la nature^{F}
atteinte^{F} à la personne^{F}

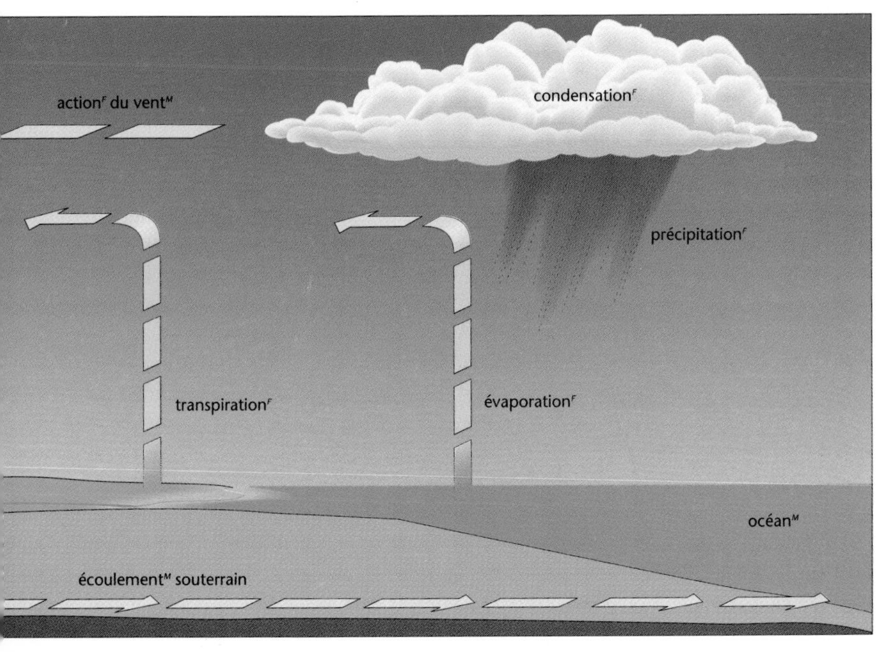
condensation^{F}
action^{F} du vent^{M}
précipitation^{F}
transpiration^{F}
évaporation^{F}
océan^{M}
écoulement^{M} souterrain

PRÉCIPITATIONS[F]

CIEL[M] D'ORAGE[M]

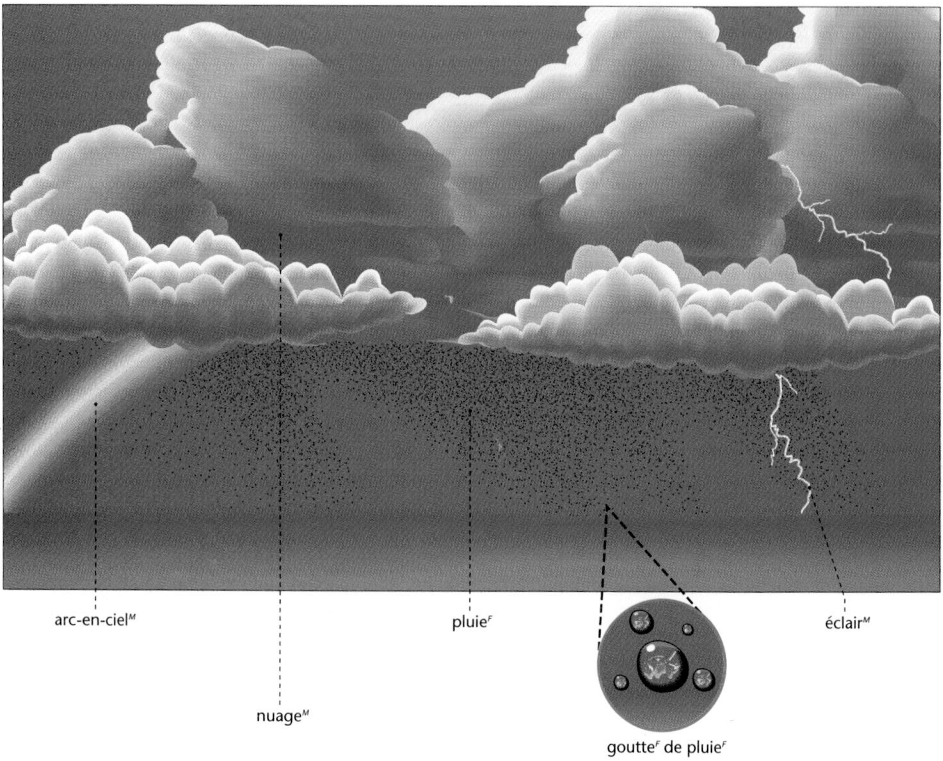

arc-en-ciel[M]
nuage[M]
pluie[F]
goutte[F] de pluie[F]
éclair[M]

CLASSIFICATION[F] DES CRISTAUX[M] DE NEIGE[F]

plaquette[F]
étoile[F]
colonne[F]
aiguille[F]
dendrite[F] spatiale

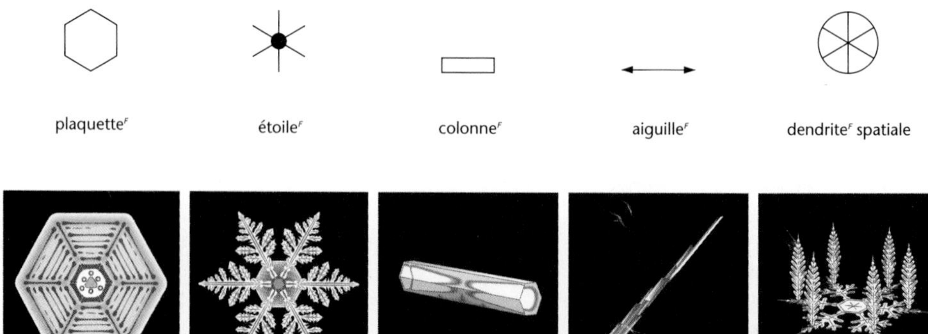

brume[F]

brouillard[M]

rosée[F]

verglas[M]

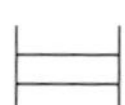

colonne[F] avec capuchon[M]

cristaux[M] irréguliers

neige[F] roulée

grésil[M]

grêlon[M]

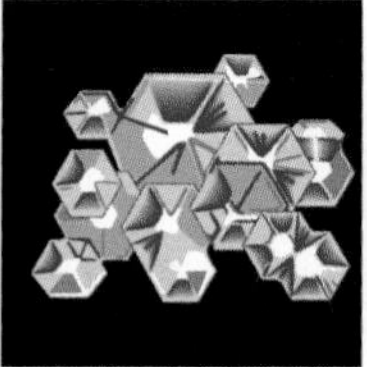

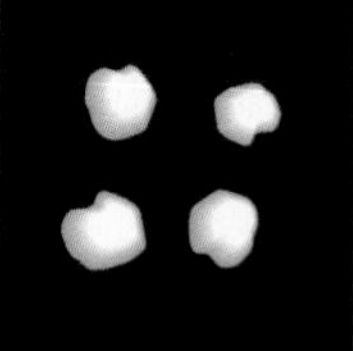

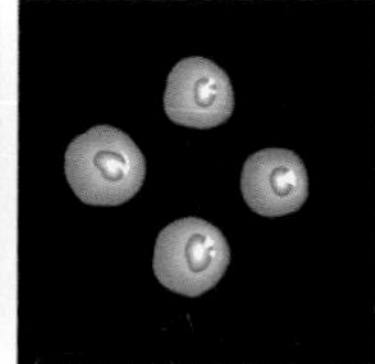

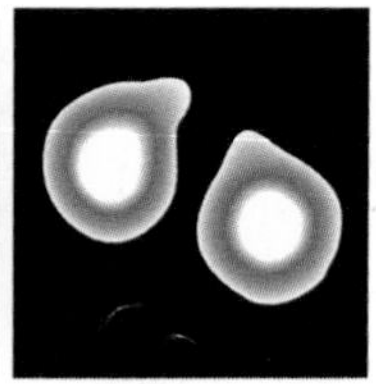

CARTE[F] MÉTÉOROLOGIQUE

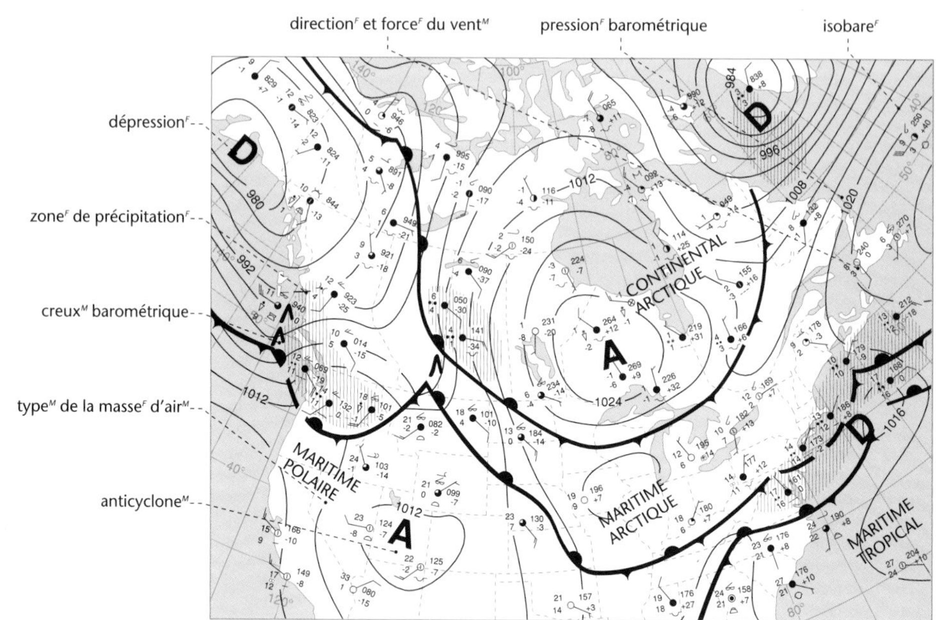

DISPOSITION[F] DES INFORMATIONS[F] D'UNE STATION[F]

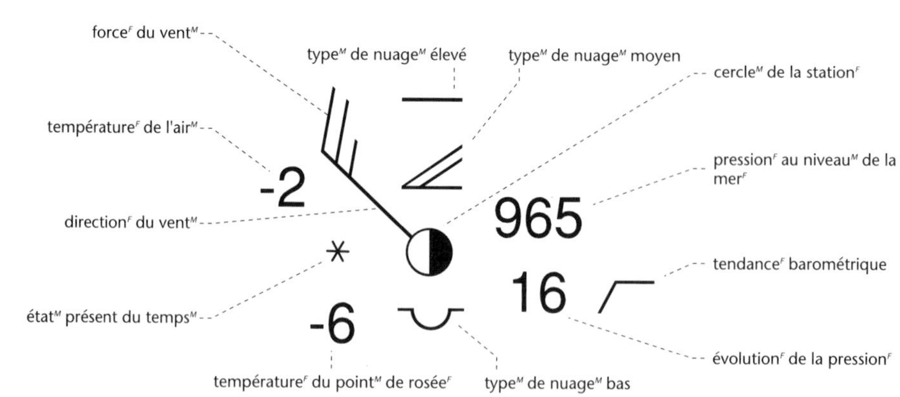

VENT[M]

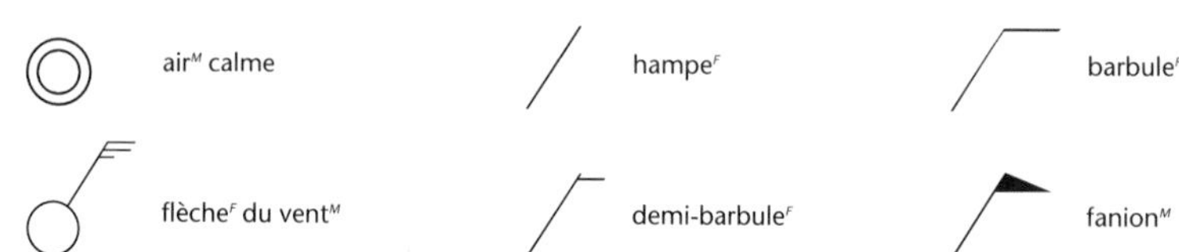

SYMBOLES[M] MÉTÉOROLOGIQUES INTERNATIONAUX

FRONTS[M]

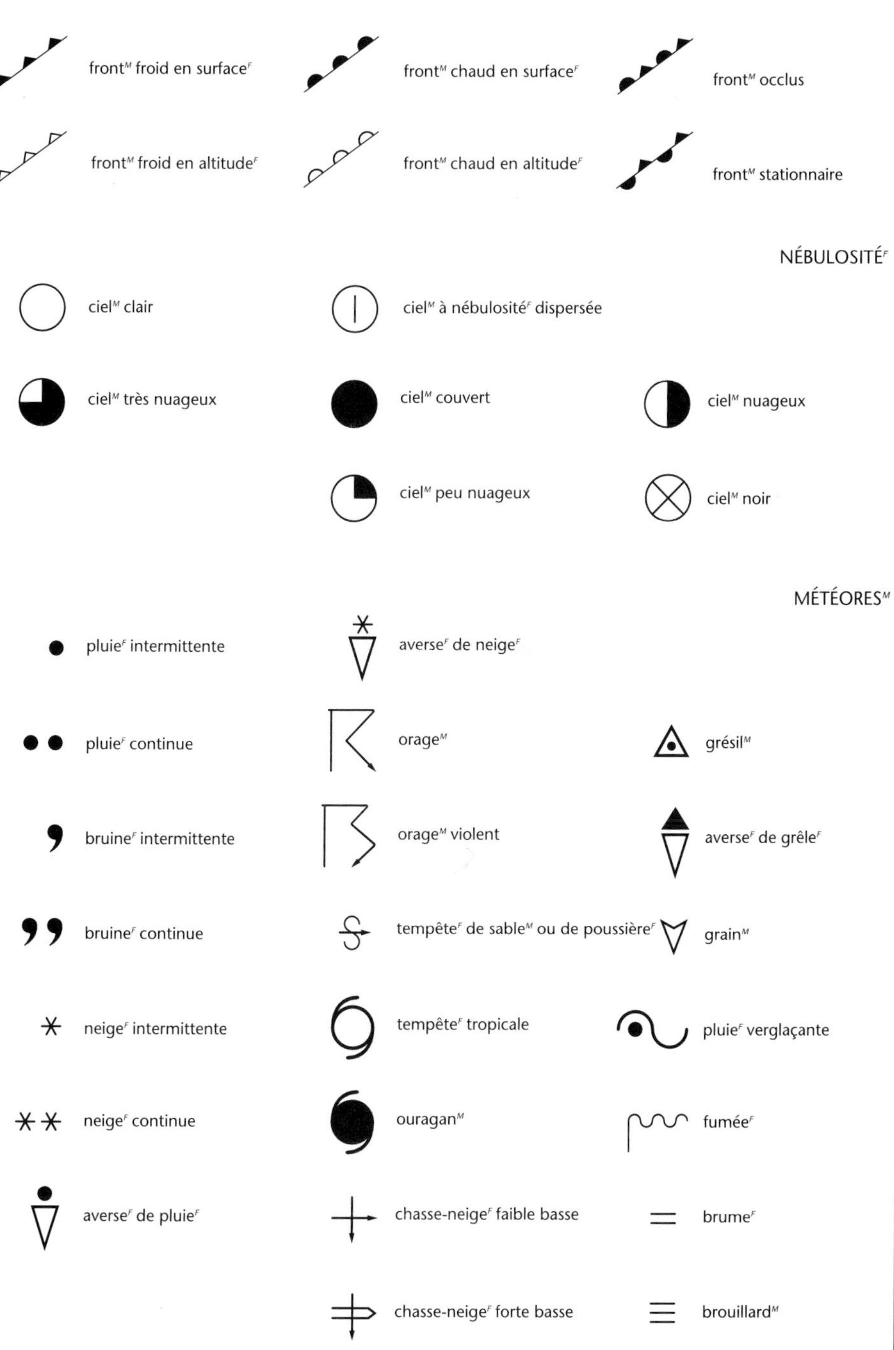

INSTRUMENTS[M] DE MESURE[F] MÉTÉOROLOGIQUE

MESURE[F] DE L'ENSOLEILLEMENT[M]

héliographe[M]

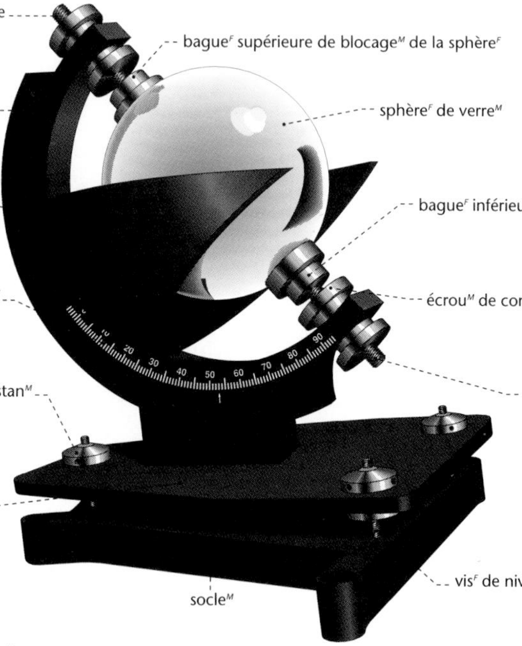

vis[F] de support[M] supérieure
bague[F] supérieure de blocage[M] de la sphère[F]
support[M] de sphère[F]
sphère[F] de verre[M]
porte-cartes[M]
bague[F] inférieure de blocage[M] de la sphère
échelle[F] de latitude[F]
écrou[M] de contrôle[M]
écrou[M] à cabestan[M]
vis[F] de support[M] inférieure
base[F]
vis[F] de nivellement[M]
socle[M]

MESURE[F] DE LA PLUVIOSITÉ[F]

pluviomètre[M] à lecture[F] directe

entonnoir[M] collecteur
éprouvette[F] graduée
vis[F] de réglage[M] du niveau[M]
collier[M] de serrage[M]
support[M]
récipient[M]

pluviomètre[M] enregistreur

appareil[M] enregistreur
récipient[M] collecteur

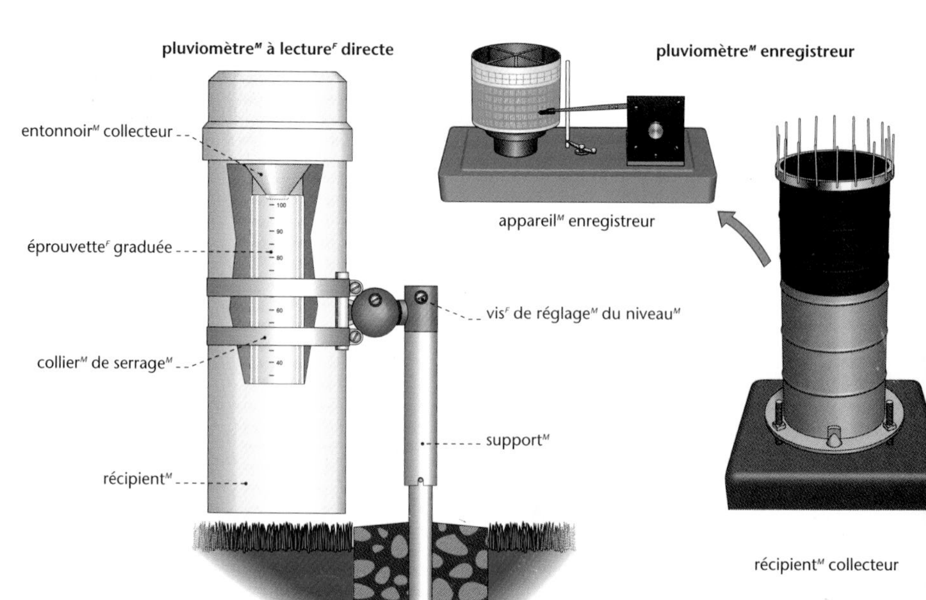

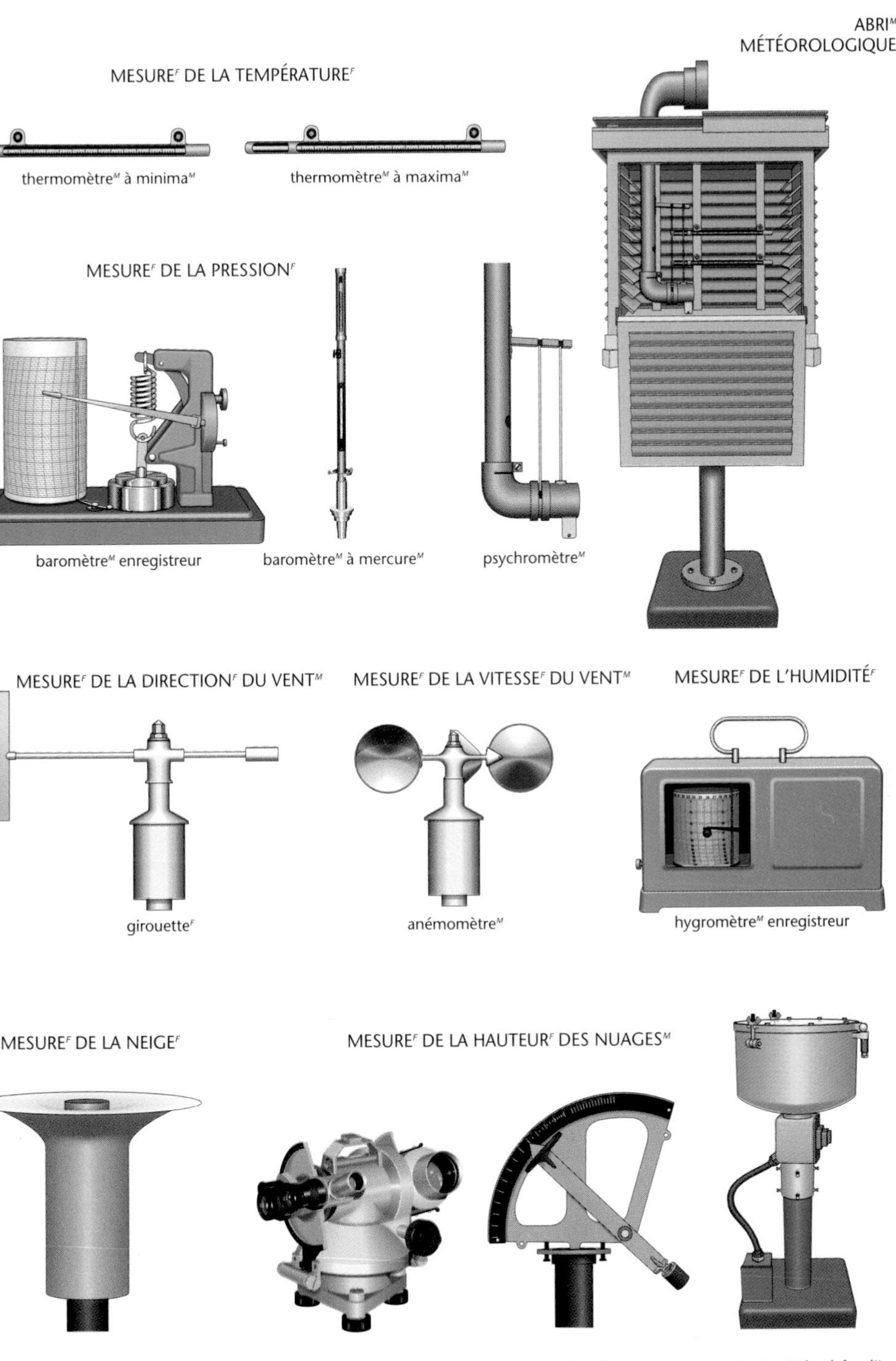
ABRI[M] MÉTÉOROLOGIQUE
MESURE[F] DE LA TEMPÉRATURE[F]
thermomètre[M] à minima[M]
thermomètre[M] à maxima[M]
MESURE[F] DE LA PRESSION[F]
baromètre[M] enregistreur
baromètre[M] à mercure[M]
psychromètre[M]
MESURE[F] DE LA DIRECTION[F] DU VENT[M]
girouette[F]
MESURE[F] DE LA VITESSE[F] DU VENT[M]
anémomètre[M]
MESURE[F] DE L'HUMIDITÉ[F]
hygromètre[M] enregistreur
MESURE[F] DE LA NEIGE[F]
nivomètre[M]
MESURE[F] DE LA HAUTEUR[F] DES NUAGES[M]
théodolite[M]
alidade[F]
projecteur[M] de plafond[M]

SATELLITE[M] MÉTÉOROLOGIQUE

SATELLITE[M] GÉOSTATIONNAIRE

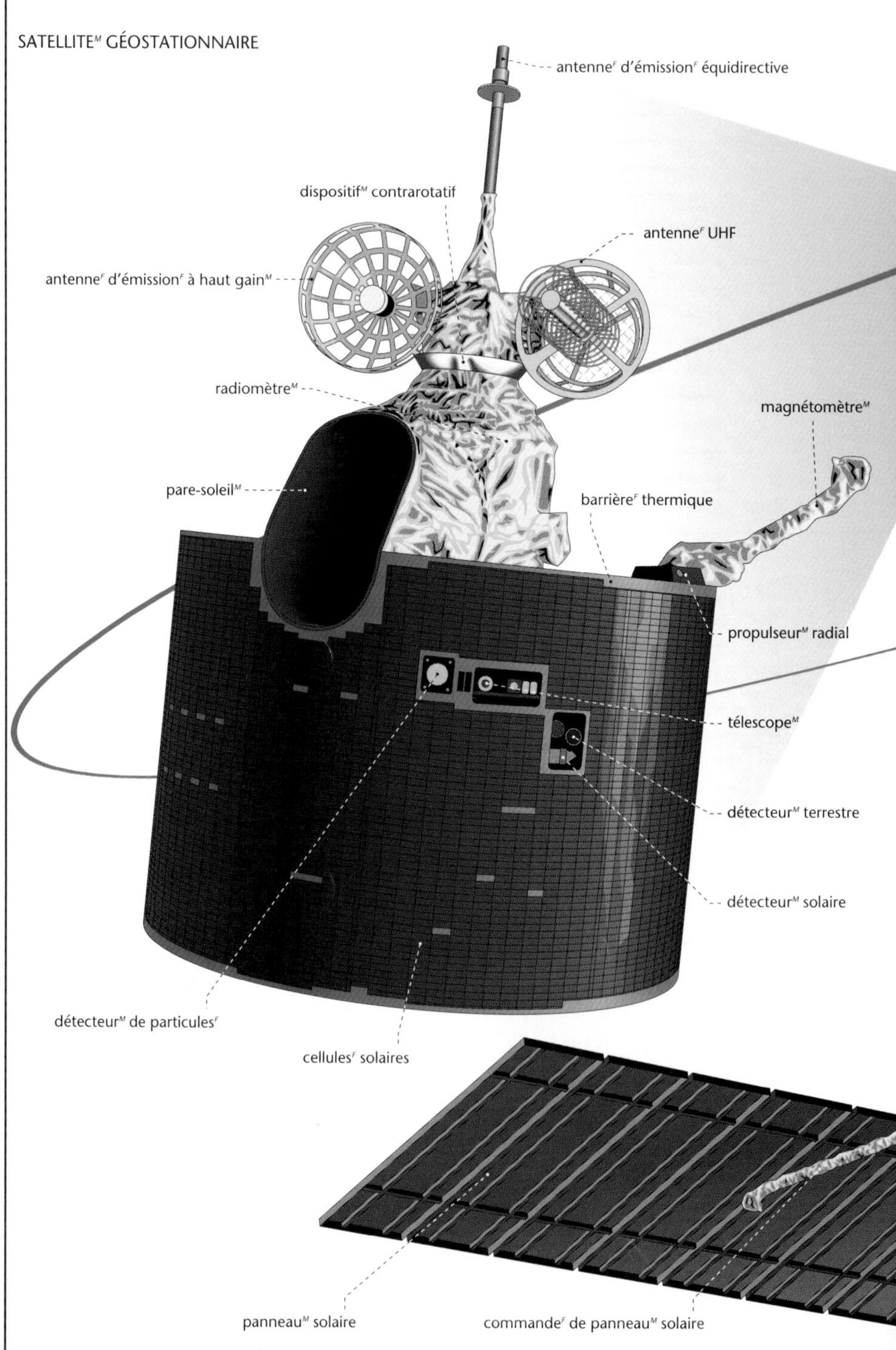

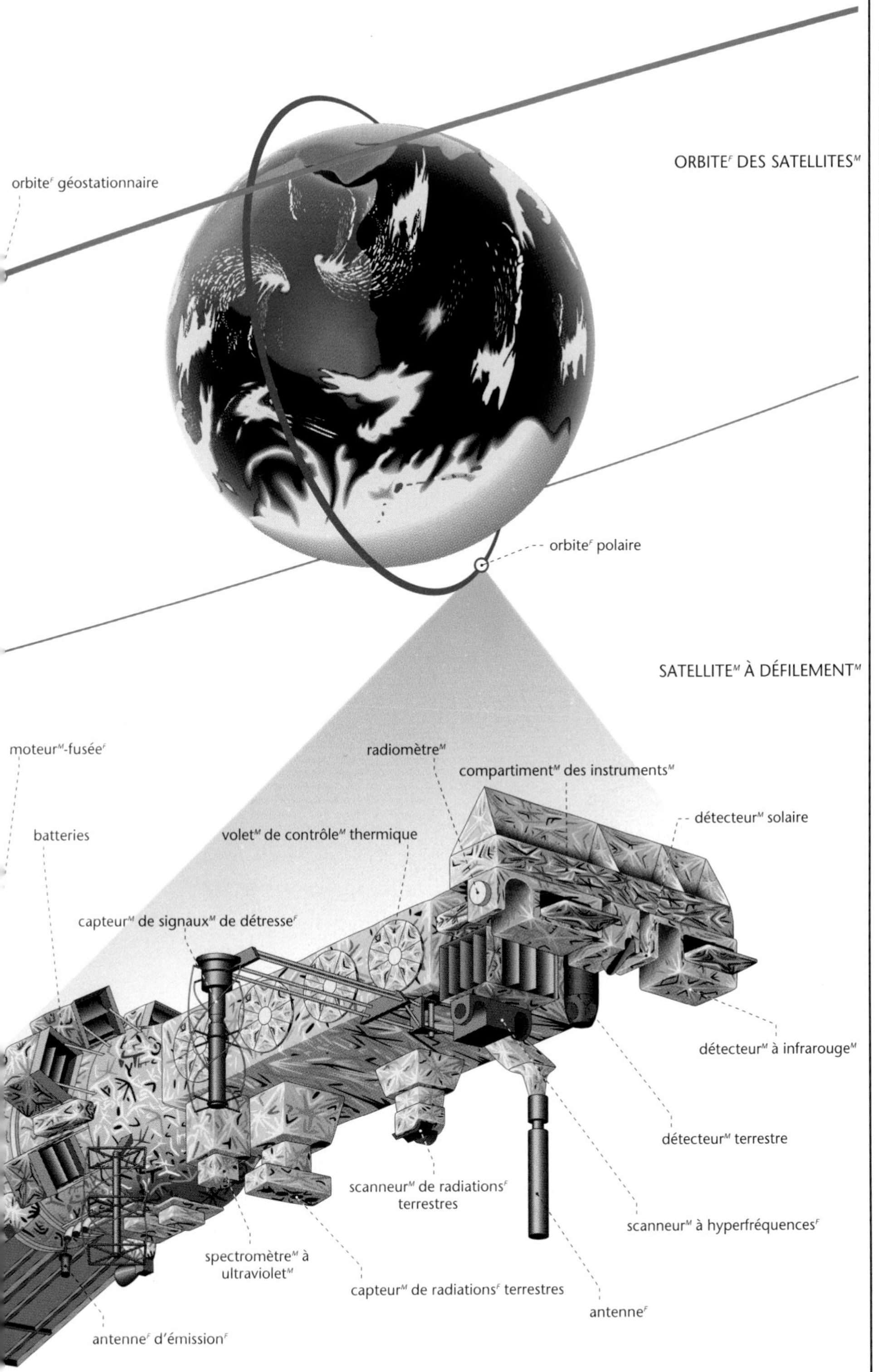
orbite^F géostationnaire
ORBITE^F DES SATELLITES^M
orbite^F polaire
SATELLITE^M À DÉFILEMENT^M
moteur^M-fusée^F
radiomètre^M
compartiment^M des instruments^M
détecteur^M solaire
batteries
volet^M de contrôle^M thermique
capteur^M de signaux^M de détresse^F
détecteur^M à infrarouge^M
détecteur^M terrestre
scanneur^M de radiations^F terrestres
scanneur^M à hyperfréquences^F
spectromètre^M à ultraviolet^M
capteur^M de radiations^F terrestres
antenne^F
antenne^F d'émission^F

NUAGES^M ET SYMBOLES^M MÉTÉOROLOGIQUES

CLIMATS^M DU MONDE^M

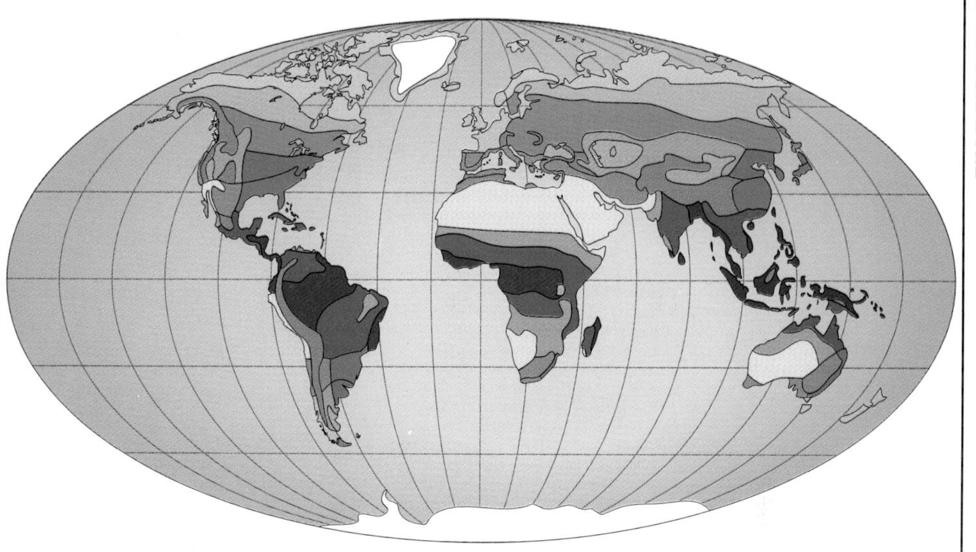

CLIMATS^M TROPICAUX

forêt^F tropicale

savane^F

steppe^F

désert^M

CLIMATS^M TEMPÉRÉS

humide, à été^M long

humide, à été^M court

océanique

CLIMATS^M POLAIRES

toundra^F

calotte^F glaciaire

CLIMATS^M DE MONTAGNE^F

climats^M de montagne^F

CLIMATS^M SUBTROPICAUX

méditerranéen

subtropical humide

subtropical sec

CLIMATS^M CONTINENTAUX

continental aride

continental semi-aride

CLIMATS^M SUBARCTIQUES

climats^M subarctiques

DÉSERT[M]

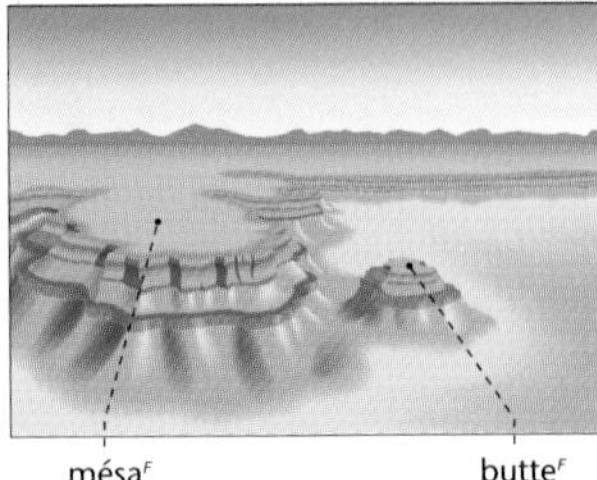

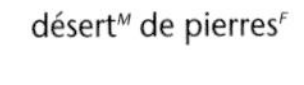
désert[M] de pierres[F]

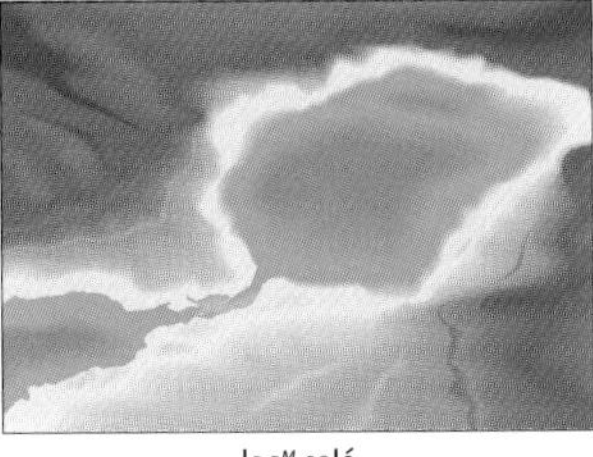
lac[M] salé

désert[M] de sable[M]

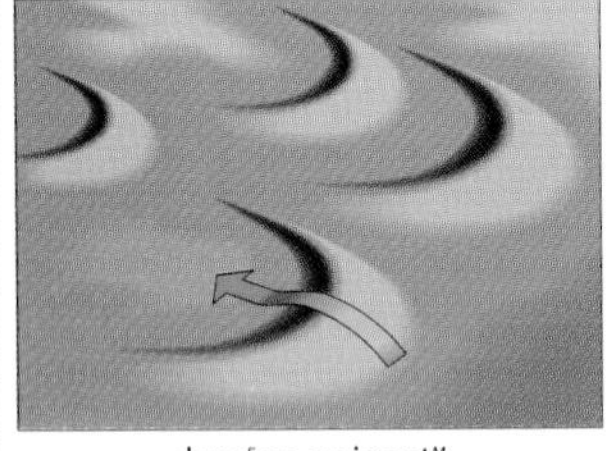
dune[F] en croissant[M]

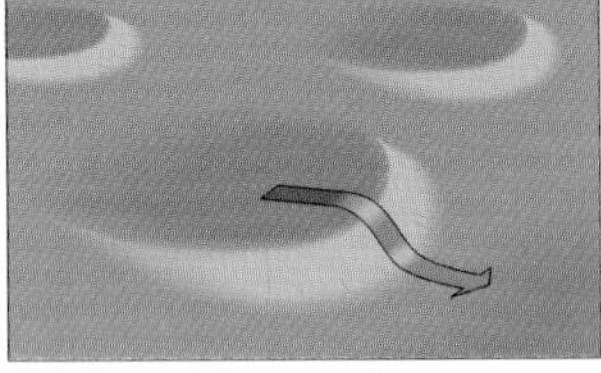
dune[F] parabolique

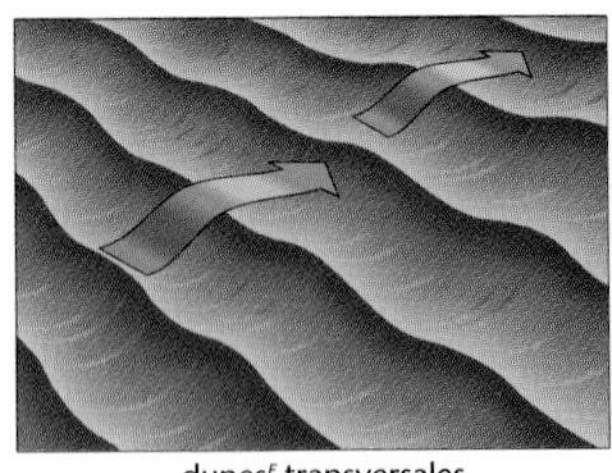
dunes[F] transversales

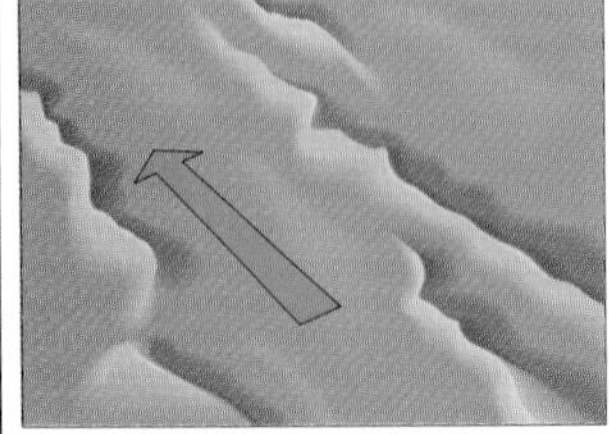
cordon[M] de dunes[F]

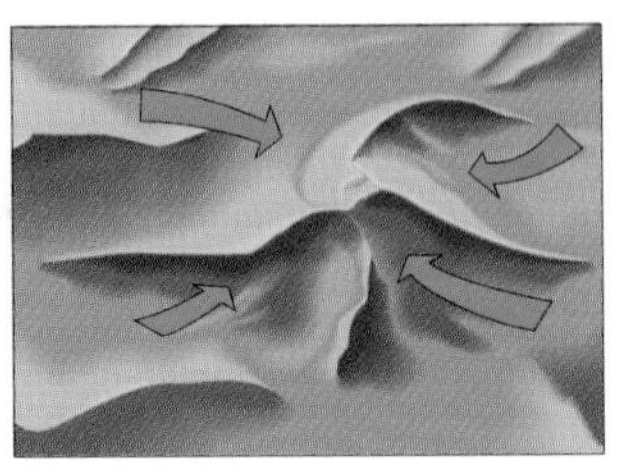
dune[F] complexe

dunes[F] longitudinales

HÉMISPHÈRES[M]

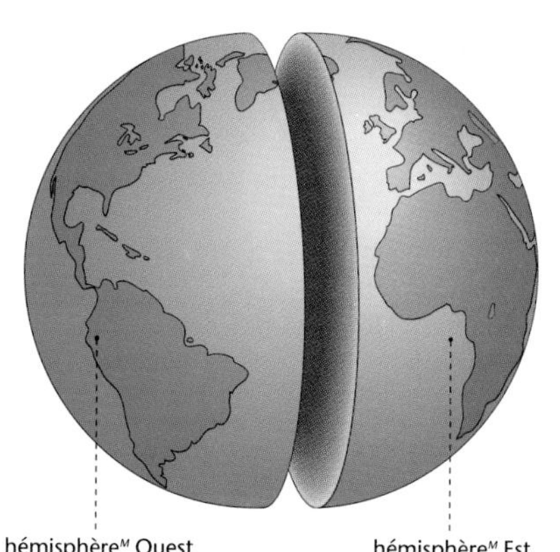

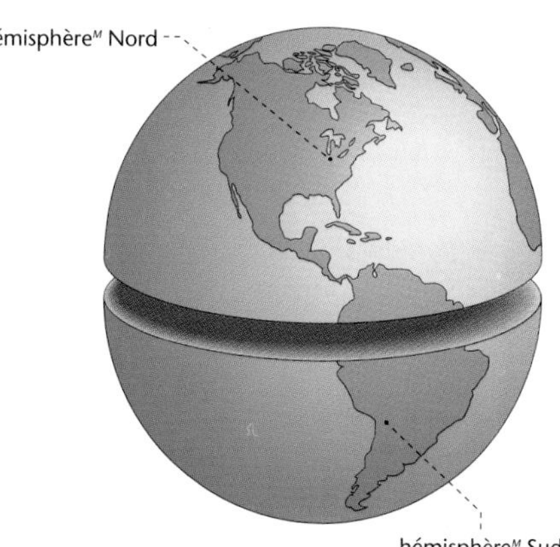

DIVISIONS[F] CARTOGRAPHIQUES

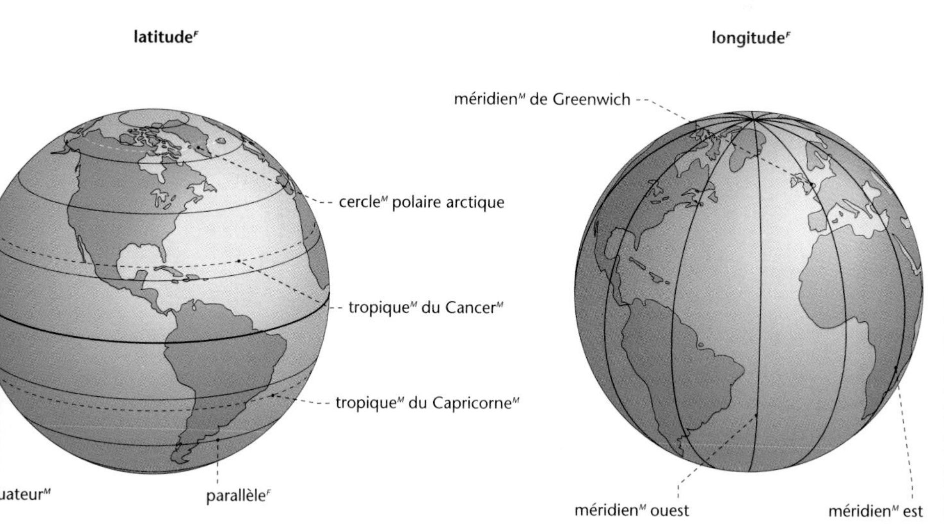

SATELLITE[M] DE TÉLÉDÉTECTION[F]

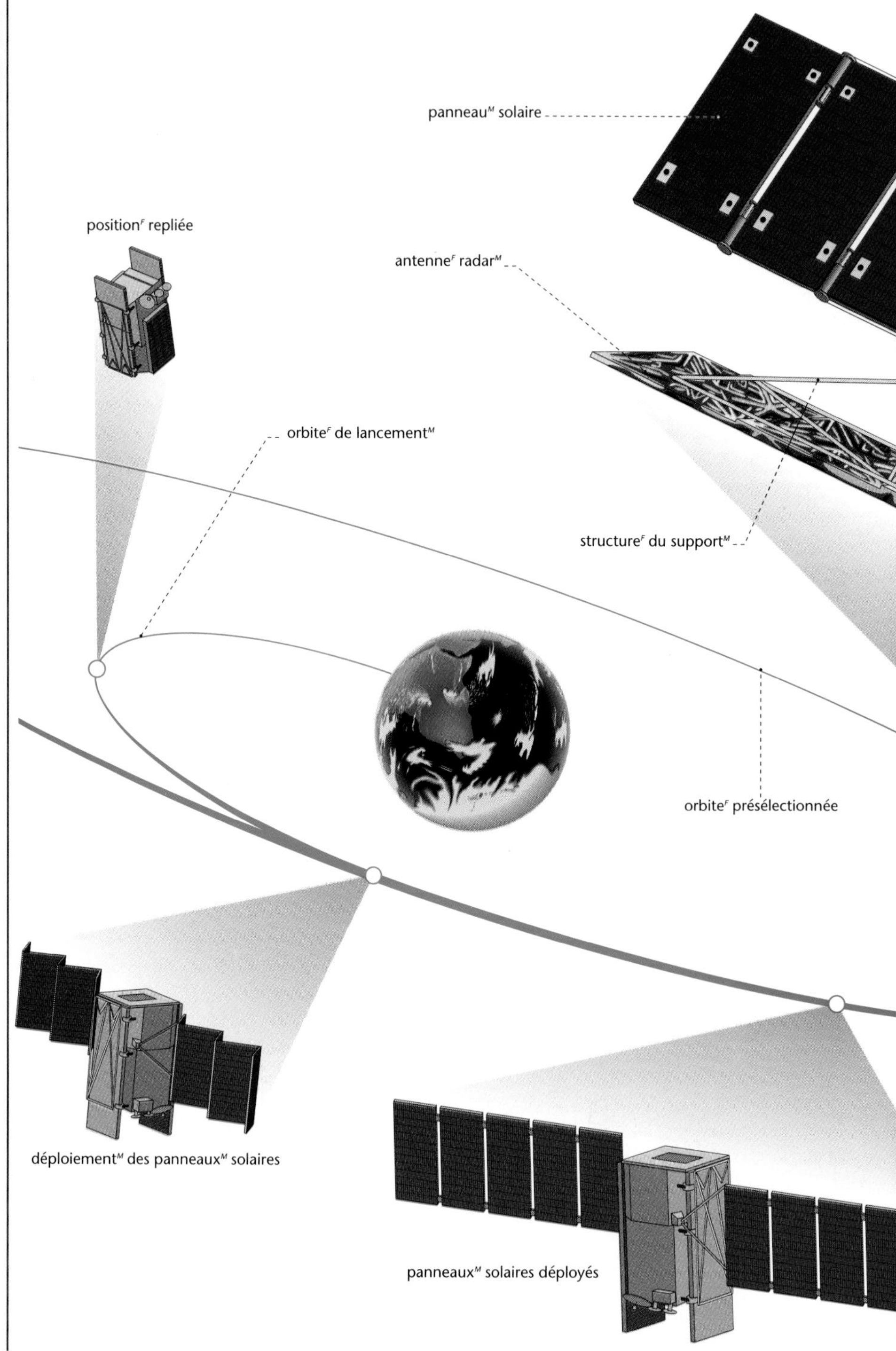

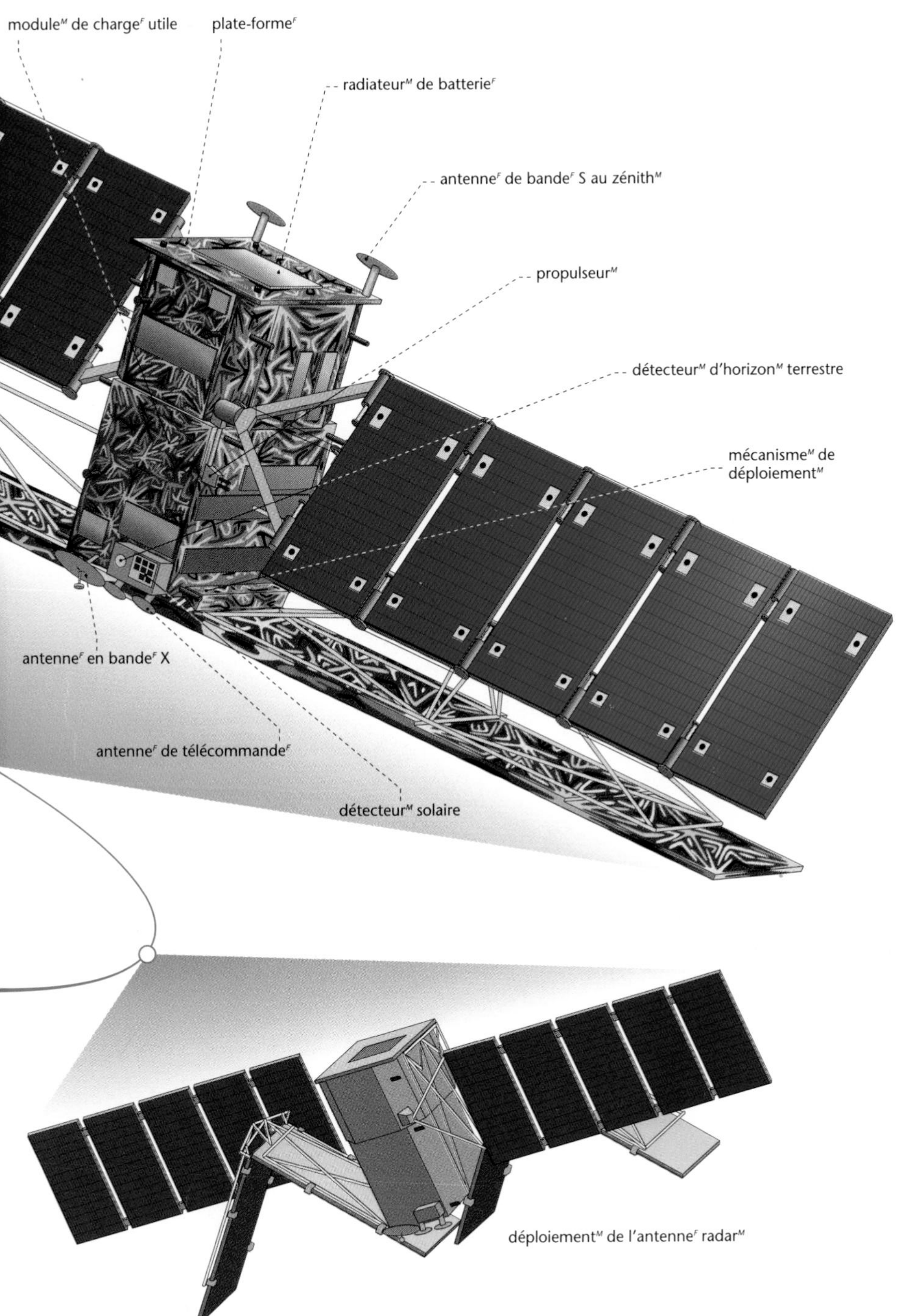
module[M] de charge[F] utile
plate-forme[F]
radiateur[M] de batterie[F]
antenne[F] de bande[F] S au zénith[M]
propulseur[M]
détecteur[M] d'horizon[M] terrestre
mécanisme[M] de déploiement[M]
antenne[F] en bande[F] X
antenne[F] de télécommande[F]
détecteur[M] solaire
déploiement[M] de l'antenne[F] radar[M]

PROJECTIONS[F] CARTOGRAPHIQUES

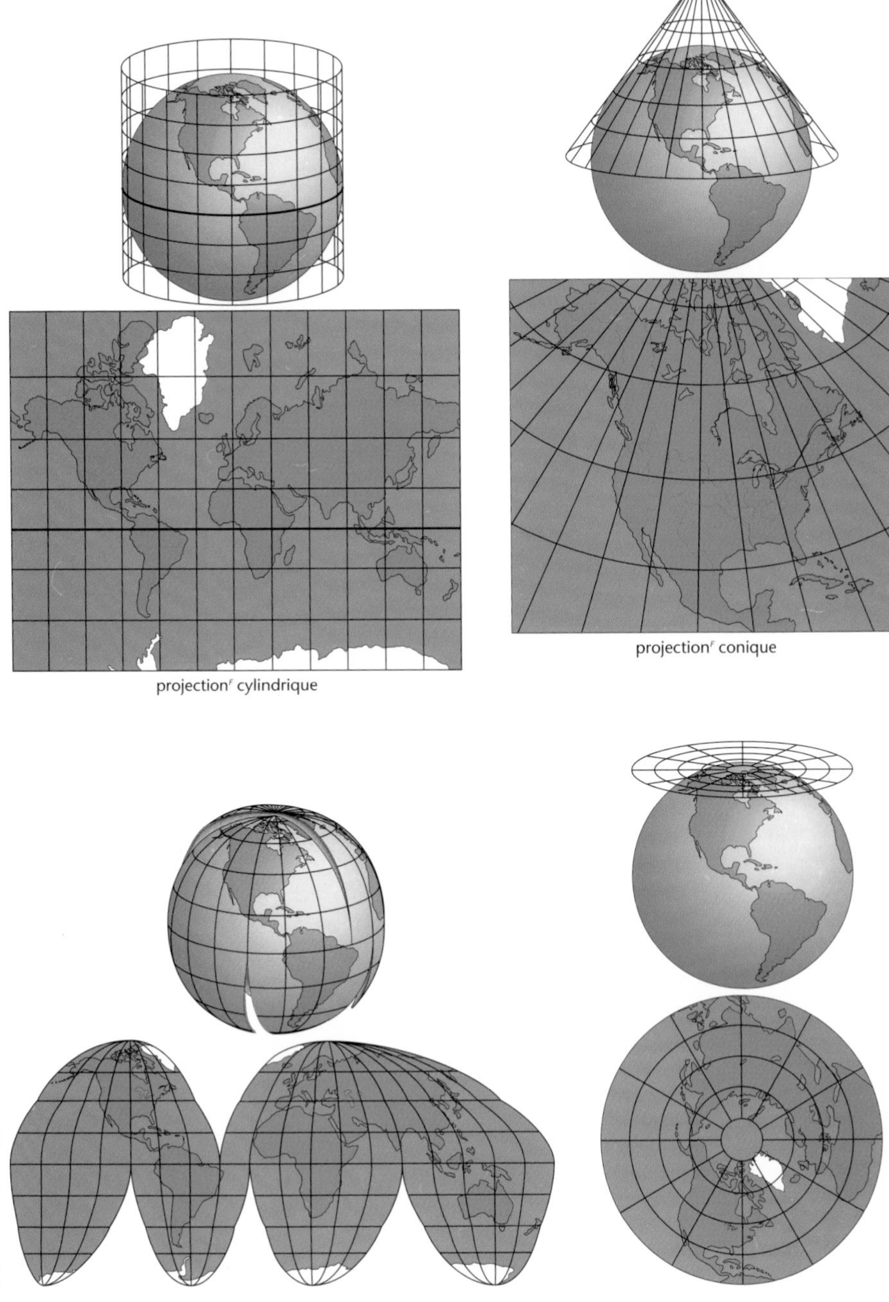

projection[F] cylindrique

projection[F] conique

projection[F] interrompue

projection[F] horizontale

CARTE[F] POLITIQUE

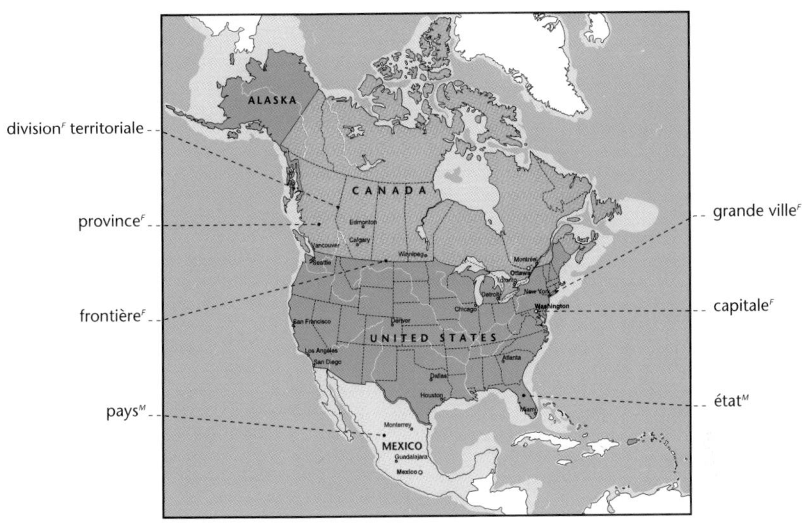

CARTE[F] PHYSIQUE

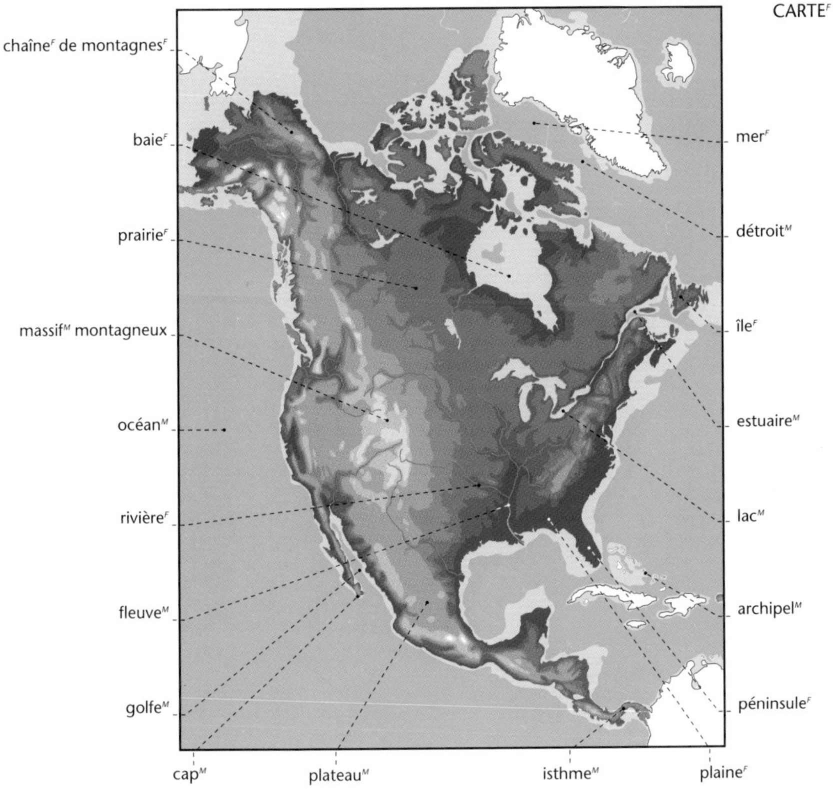

chaîne[F] de montagnes[F]

baie[F]

prairie[F]

massif[M] montagneux

océan[M]

rivière[F]

fleuve[M]

golfe[M]

mer[F]

détroit[M]

île[F]

estuaire[M]

lac[M]

archipel[M]

péninsule[F]

cap[M]

plateau[M]

isthme[M]

plaine[F]

CARTOGRAPHIE^{F}

PLAN^{M} URBAIN

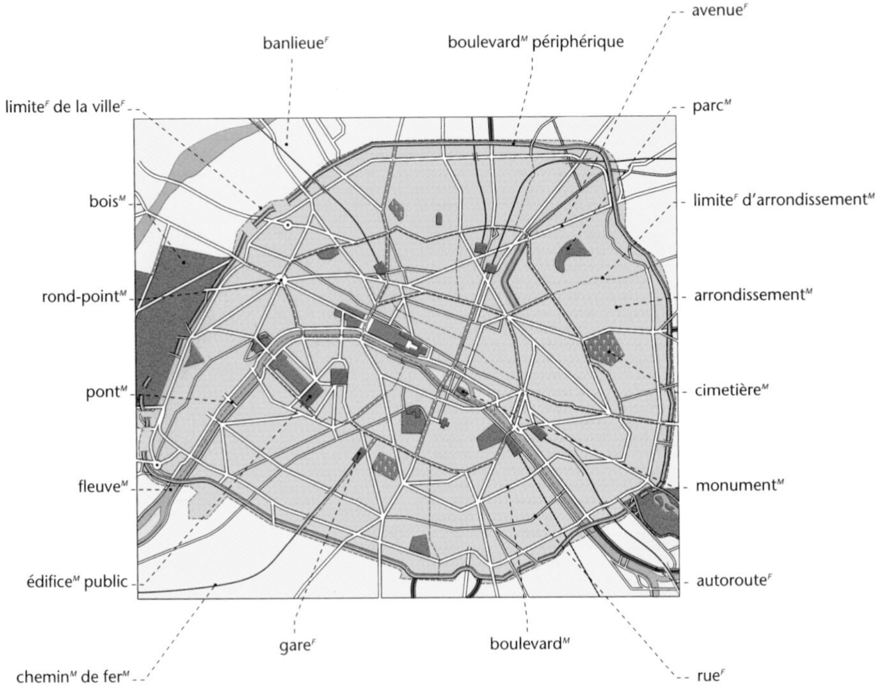

banlieue^{F}

boulevard^{M} périphérique

avenue^{F}

limite^{F} de la ville^{F}

parc^{M}

bois^{M}

limite^{F} d'arrondissement^{M}

rond-point^{M}

arrondissement^{M}

pont^{M}

cimetière^{M}

fleuve^{M}

monument^{M}

édifice^{M} public

autoroute^{F}

gare^{F}

boulevard^{M}

chemin^{M} de fer^{M}

rue^{F}

CARTE^{F} ROUTIÈRE

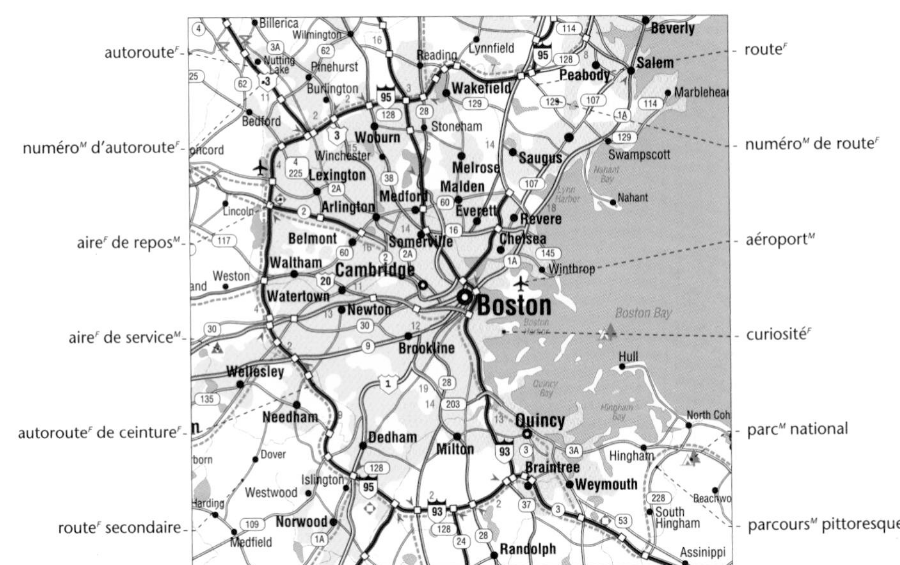

SOMMAIRE

CHAMPIGNON 55
TYPES DE FEUILLES 56
STRUCTURE D'UNE PLANTE 57
CONIFÈRE 58
STRUCTURE D'UN ARBRE 59
STRUCTURE D'UNE FLEUR 60
VIGNE 61
FRUITS CHARNUS: BAIES 62
FRUITS CHARNUS À NOYAU 63
FRUITS CHARNUS À PÉPINS 64
FRUITS CHARNUS: AGRUMES 65
FRUITS SECS: NOIX 66
FRUITS SECS DIVERS 67
FRUITS TROPICAUX 68
LÉGUMES 69
FINES HERBES 74

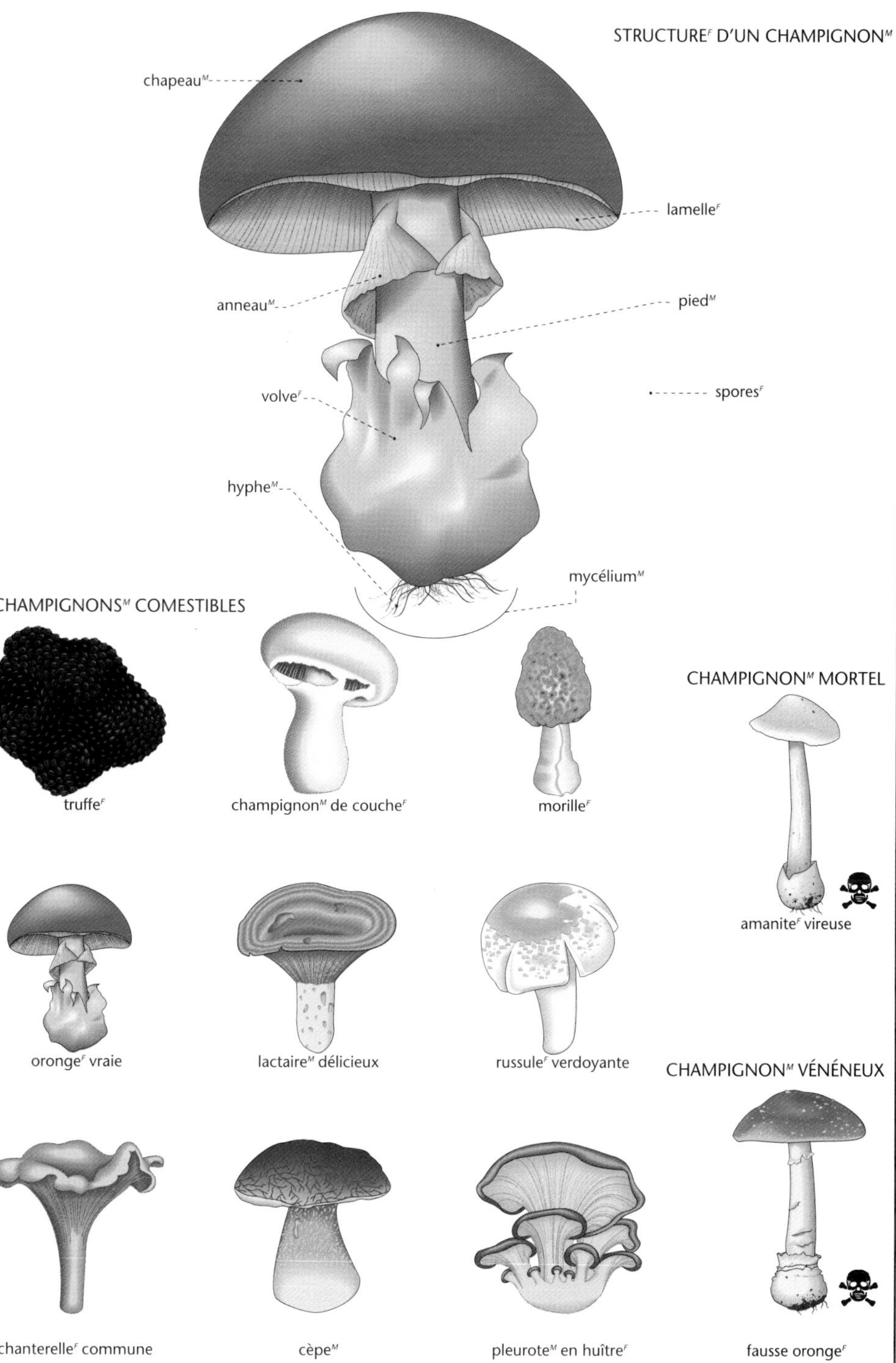
STRUCTURE[F] D'UN CHAMPIGNON[M]
chapeau[M]
lamelle[F]
anneau[M]
pied[M]
volve[F]
spores[F]
hyphe[M]
mycélium[M]
CHAMPIGNONS[M] COMESTIBLES
truffe[F]
champignon[M] de couche[F]
morille[F]
CHAMPIGNON[M] MORTEL
amanite[F] vireuse
oronge[F] vraie
lactaire[M] délicieux
russule[F] verdoyante
CHAMPIGNON[M] VÉNÉNEUX
chanterelle[F] commune
cèpe[M]
pleurote[M] en huître[F]
fausse oronge[F]

TYPES^M DE FEUILLES^F

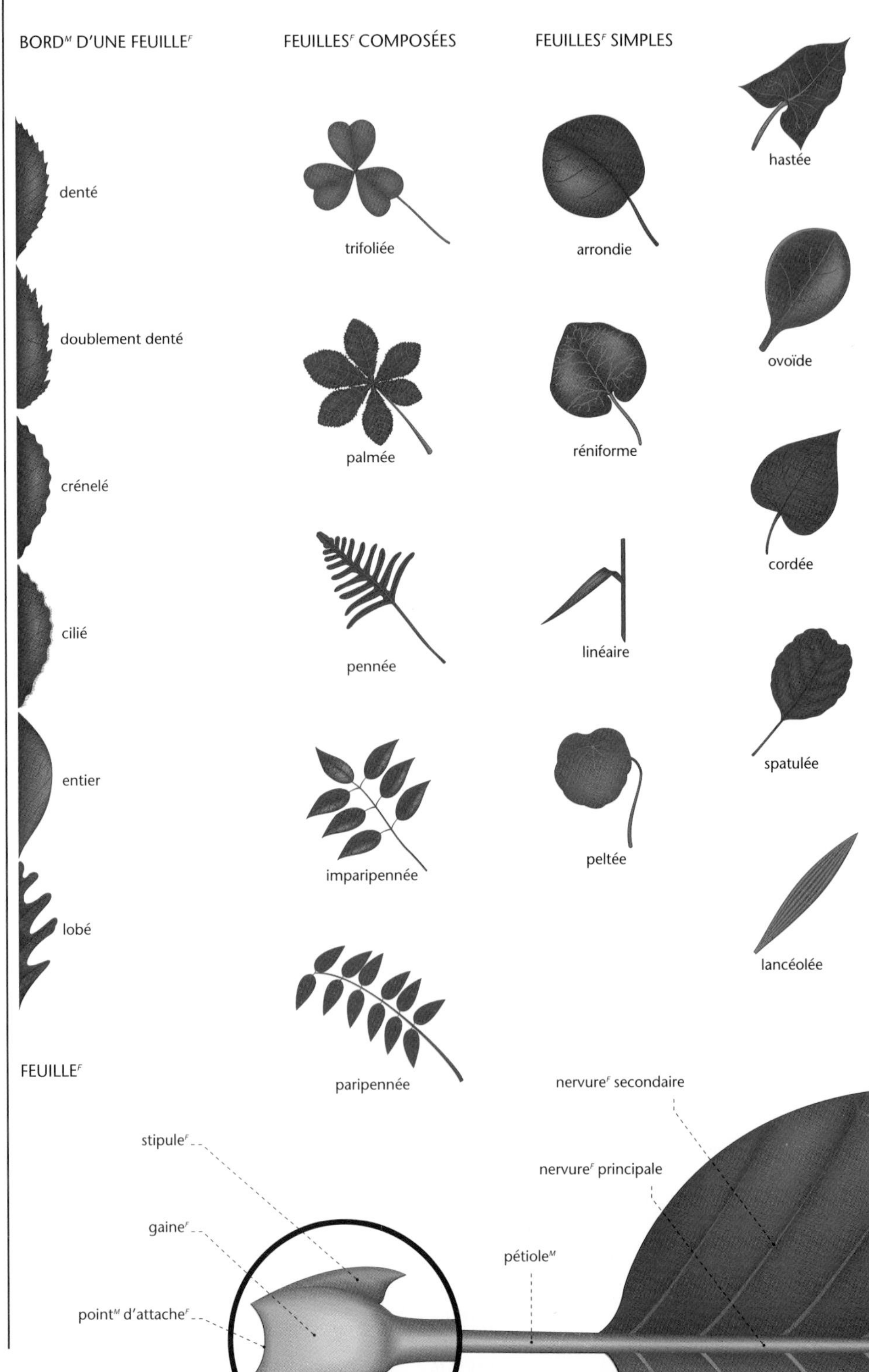

STRUCTURE[F] D'UNE PLANTE[F]

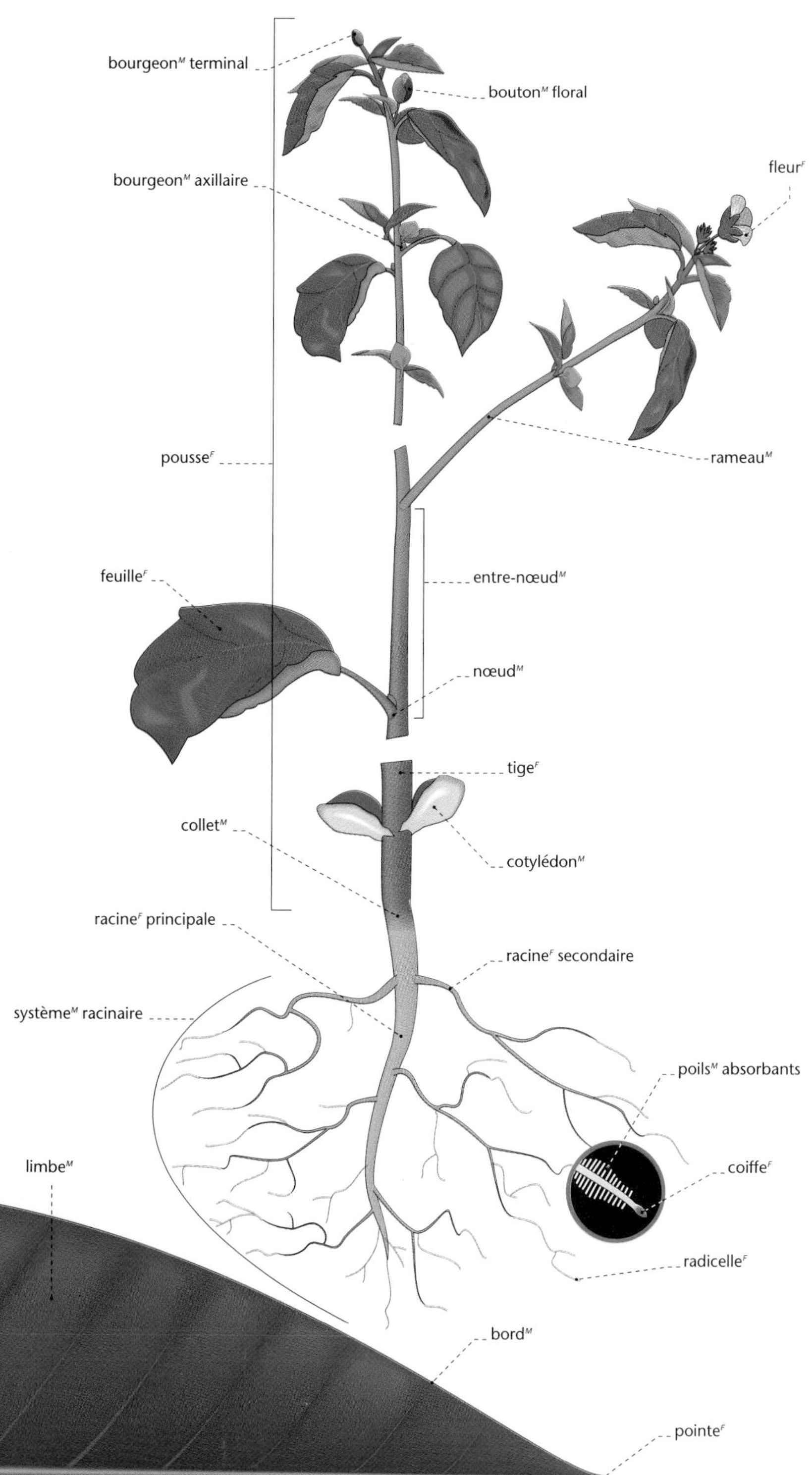

CONIFÈRE[M]

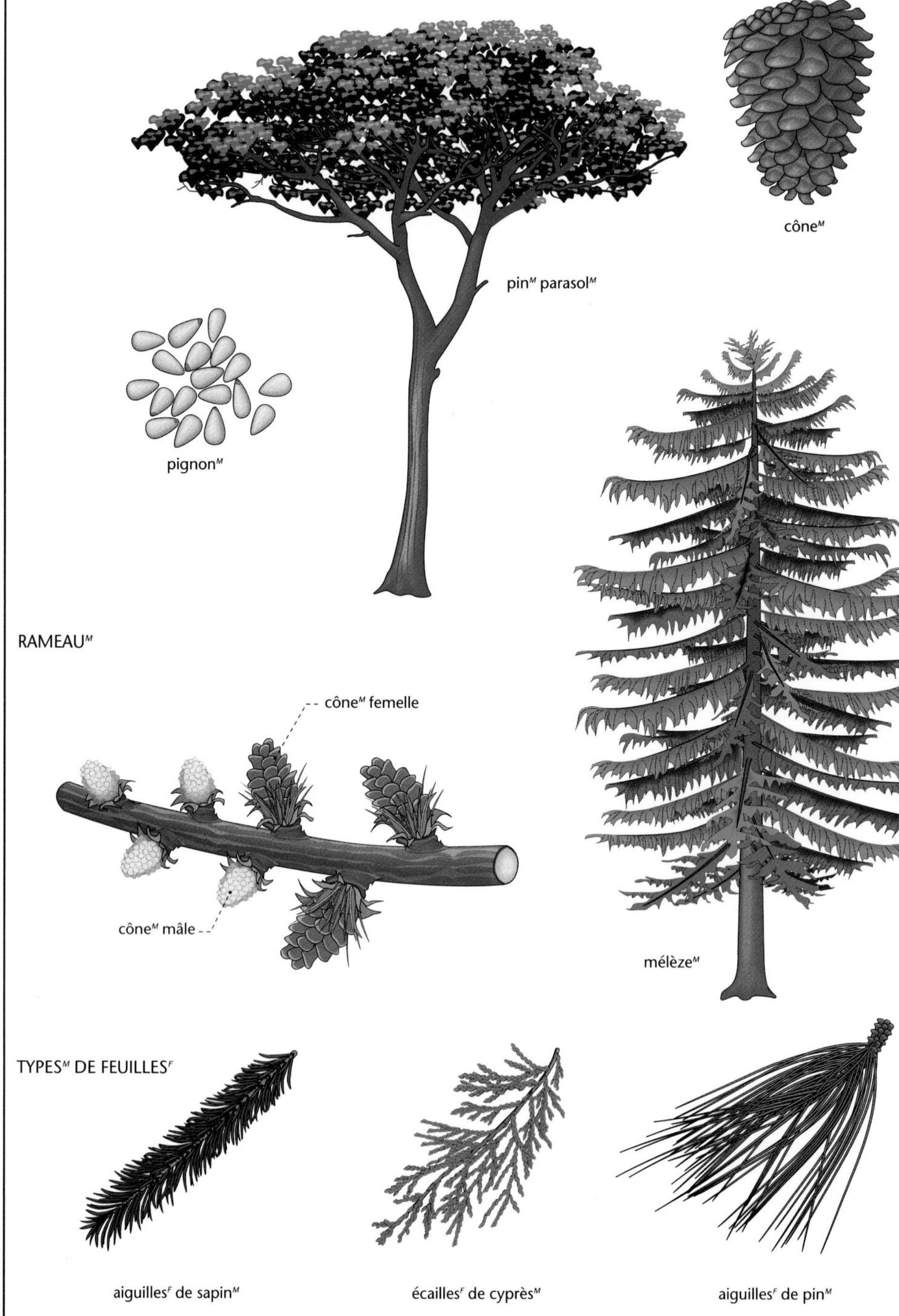
cône[M]
pin[M] parasol[M]
pignon[M]
RAMEAU[M]
cône[M] femelle
cône[M] mâle
mélèze[M]
TYPES[M] DE FEUILLES[F]
aiguilles[F] de sapin[M]
écailles[F] de cyprès[M]
aiguilles[F] de pin[M]

STRUCTURE[F] D'UN ARBRE[M]

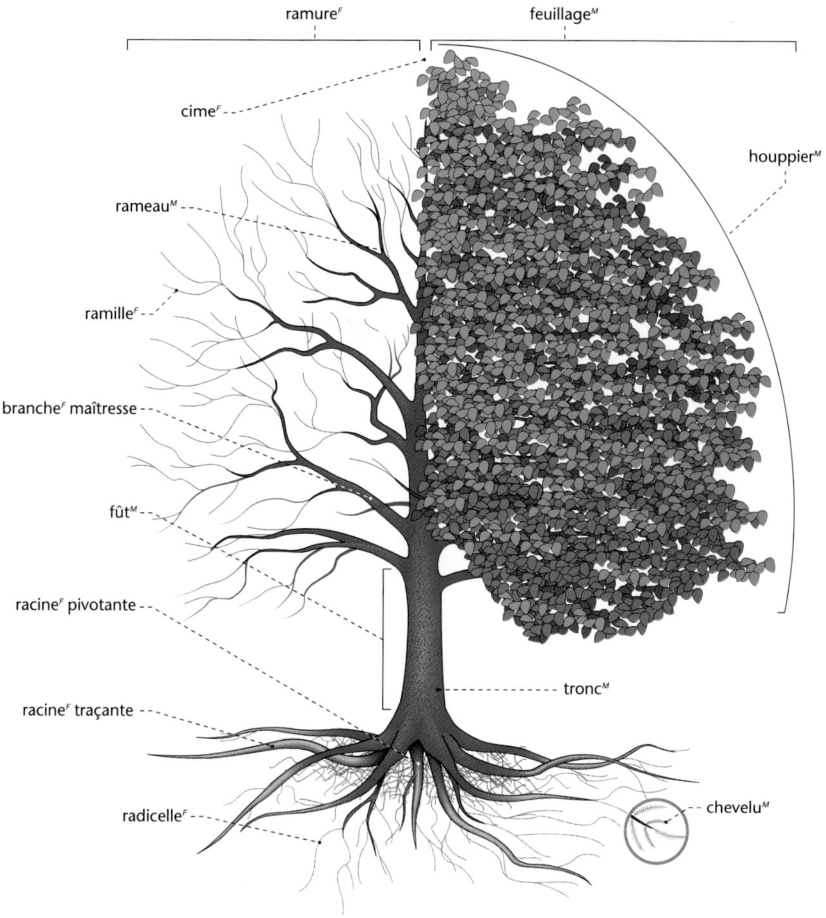

ramure[F]
feuillage[M]
cime[F]
houppier[M]
rameau[M]
ramille[F]
branche[F] maîtresse
fût[M]
racine[F] pivotante
tronc[M]
racine[F] traçante
chevelu[M]
radicelle[F]

COUPE[F] TRANSVERSALE DU TRONC[M]

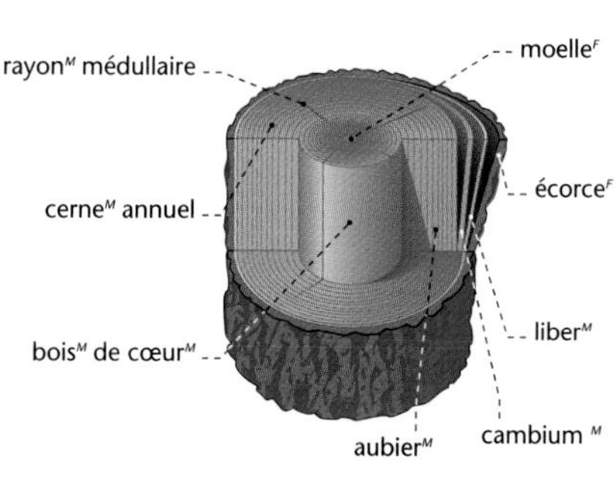

rayon[M] médullaire
moelle[F]
écorce[F]
cerne[M] annuel
liber[M]
bois[M] de cœur[M]
aubier[M]
cambium[M]

SOUCHE[F]

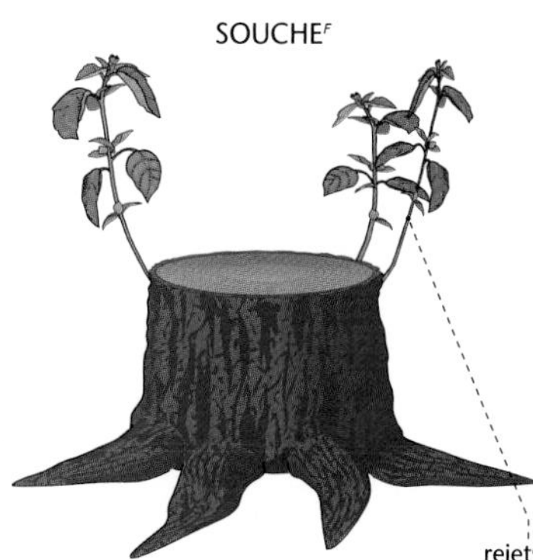

STRUCTURE^{F} D'UNE FLEUR^{F}

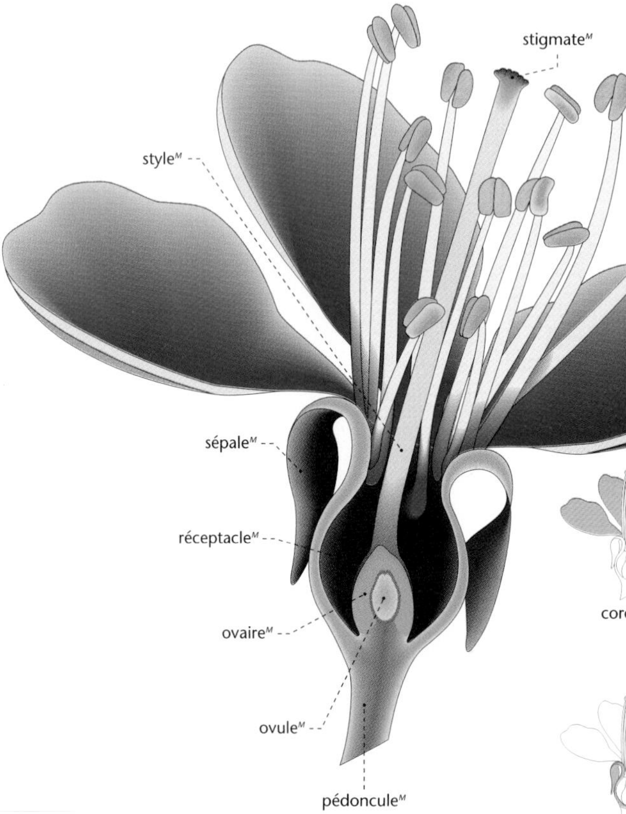

stigmate^{M}
filet^{M}
anthère^{F}
style^{M}
pétale^{M}
sépale^{M}
réceptacle^{M}
ovaire^{M}
ovule^{M}
pédoncule^{M}

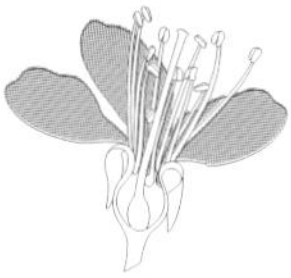

corolle^{F}

étamine^{F}

calice^{M}

pistil^{M}

MODES^{M} D'INFLORESCENCE^{F}

capitule^{M}

spadice^{M}

grappe^{F}

épi^{M}

cyme^{F} unipare

cyme^{F} bipare

ombelle^{F}

corymbe^{M}

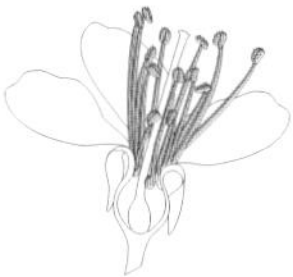

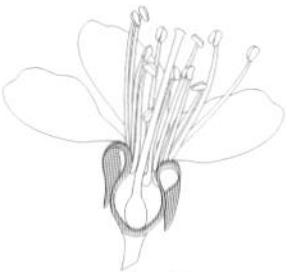

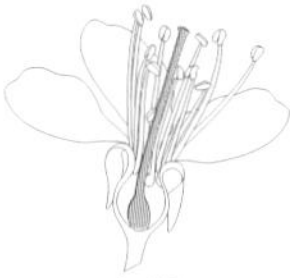

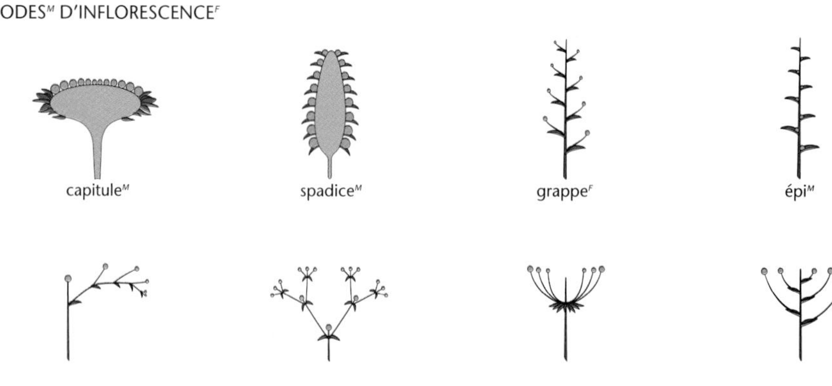

VIGNE[F]

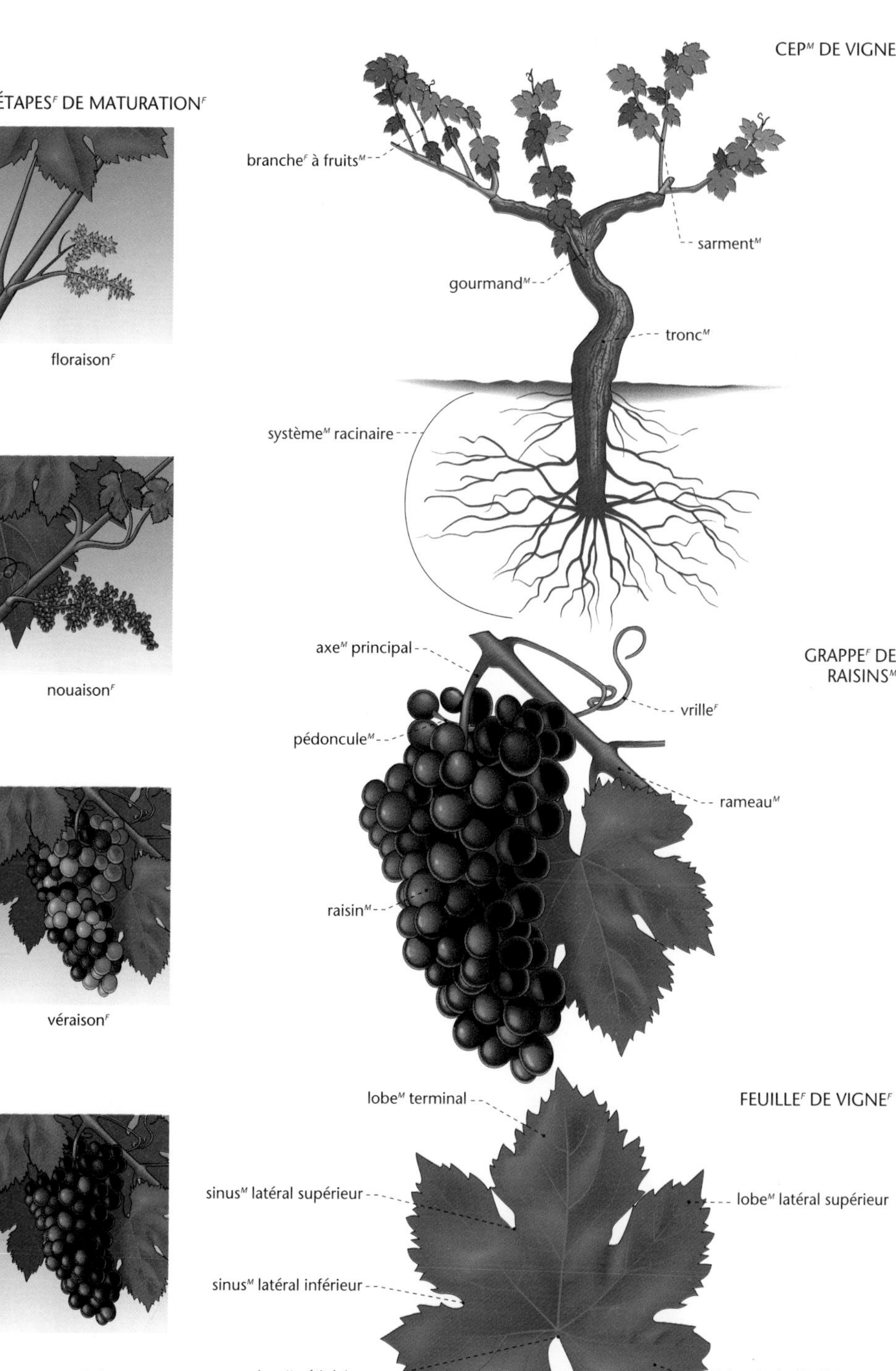

ÉTAPES[F] DE MATURATION[F]
floraison[F]
nouaison[F]
véraison[F]
maturité[F]
CEP[M] DE VIGNE[F]
branche[F] à fruits[M]
sarment[M]
gourmand[M]
tronc[M]
système[M] racinaire
GRAPPE[F] DE RAISINS[M]
axe[M] principal
vrille[F]
pédoncule[M]
rameau[M]
raisin[M]
FEUILLE[F] DE VIGNE[F]
lobe[M] terminal
sinus[M] latéral supérieur
lobe[M] latéral supérieur
sinus[M] latéral inférieur
sinus[M] pétiolaire
lobe[M] latéral inférieur

FRUITS^M CHARNUS: BAIES^F

COUPE^F D'UNE BAIE^F

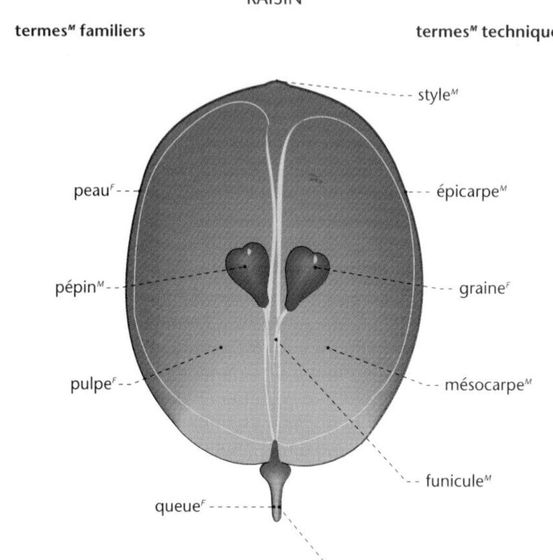

COUPE^F D'UNE FRAMBOISE^F

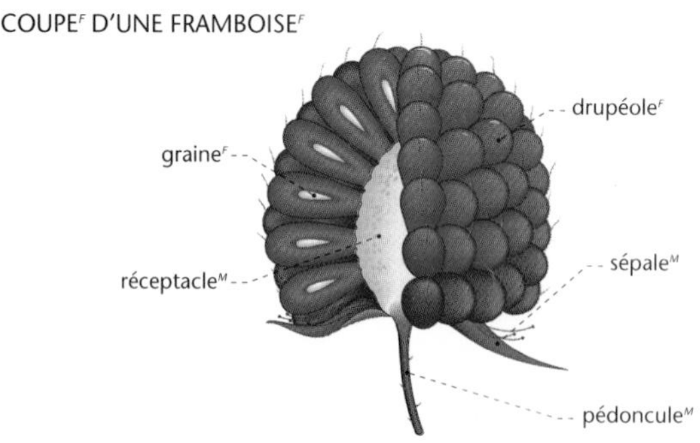

COUPE^F D'UNE FRAISE^F

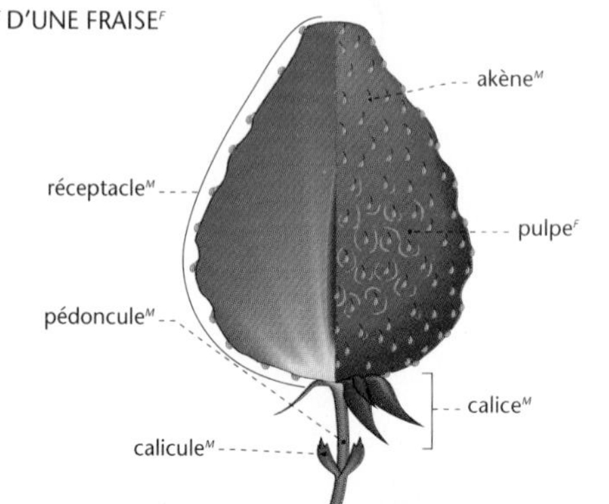

PRINCIPALES VARIÉTÉS^F DE BAIES

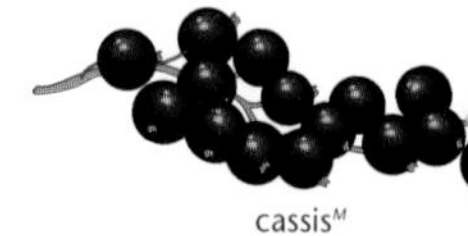
cassis^M

groseille^F à grappes^F; *gade*

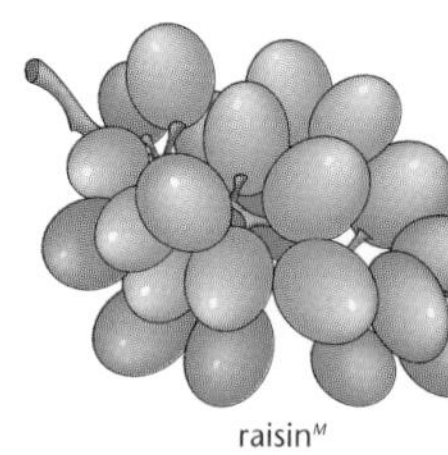
raisin^M

groseille^F à maquereau^M

myrtille^F; *bleuet*^M

airelle^F

canneberge^F

FRUITS^M CHARNUS À NOYAU^M

COUPE^F D'UN FRUIT^M À NOYAU^M

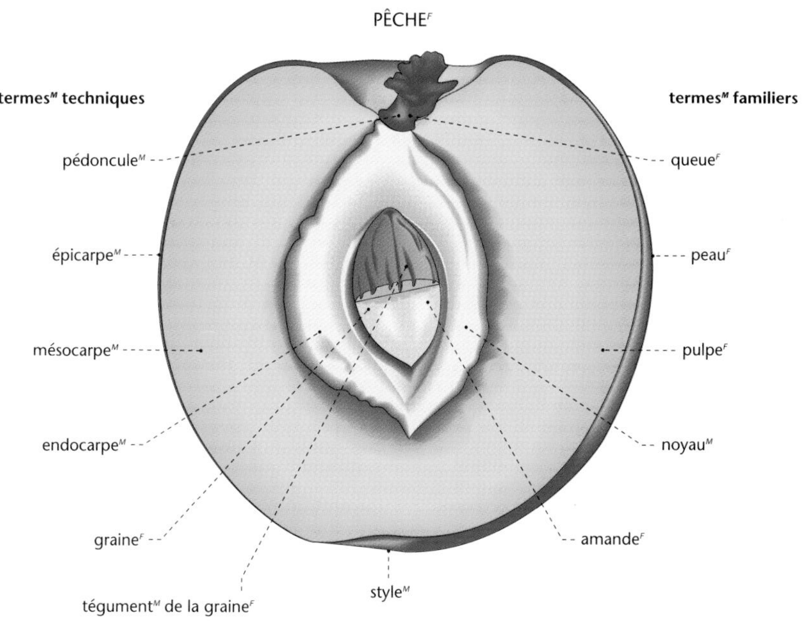

PRINCIPALES VARIÉTÉS^F DE FRUITS^M À NOYAU^M

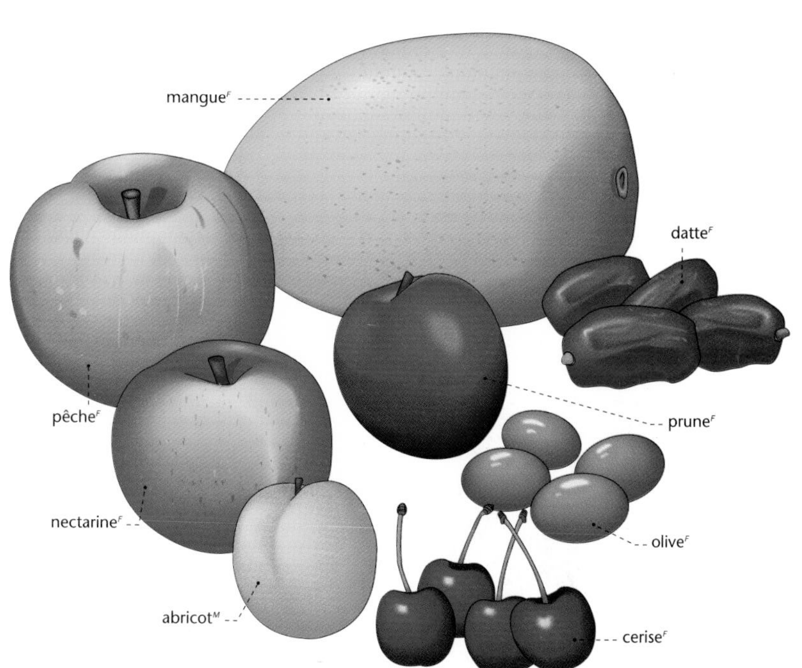

FRUITS[M] CHARNUS À PÉPINS[M]

COUPE[F] D'UN FRUIT[M] À PÉPINS[M]

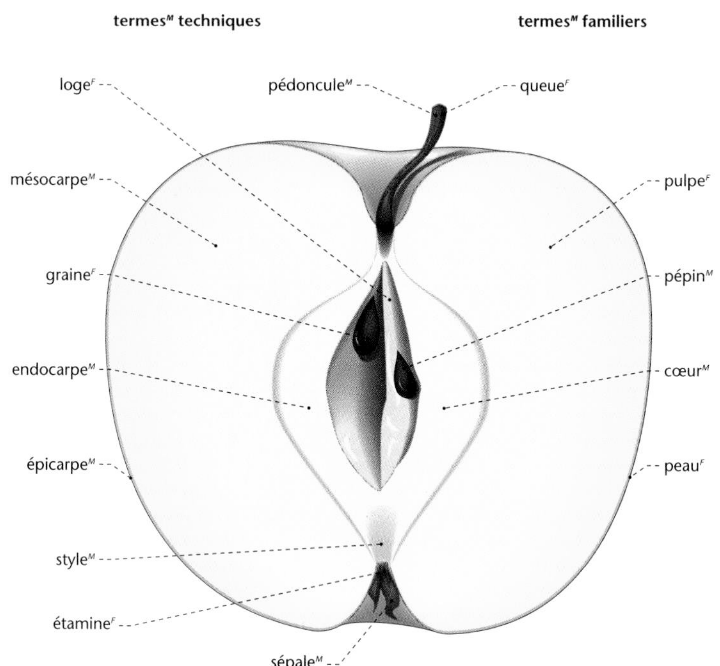

PRINCIPALES VARIÉTÉS[F] DE FRUITS[M] À PÉPINS[M]

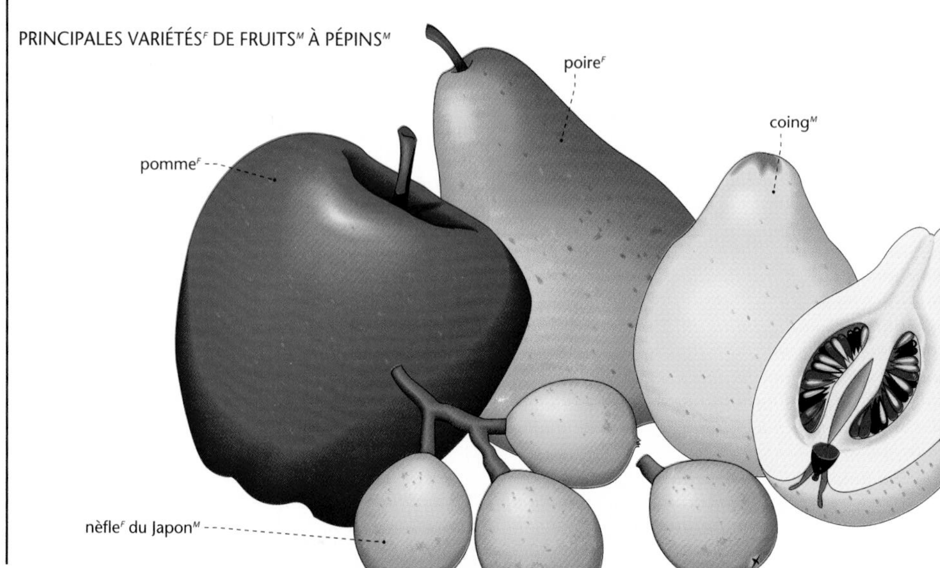

COUPE[F] D'UN AGRUME[M]

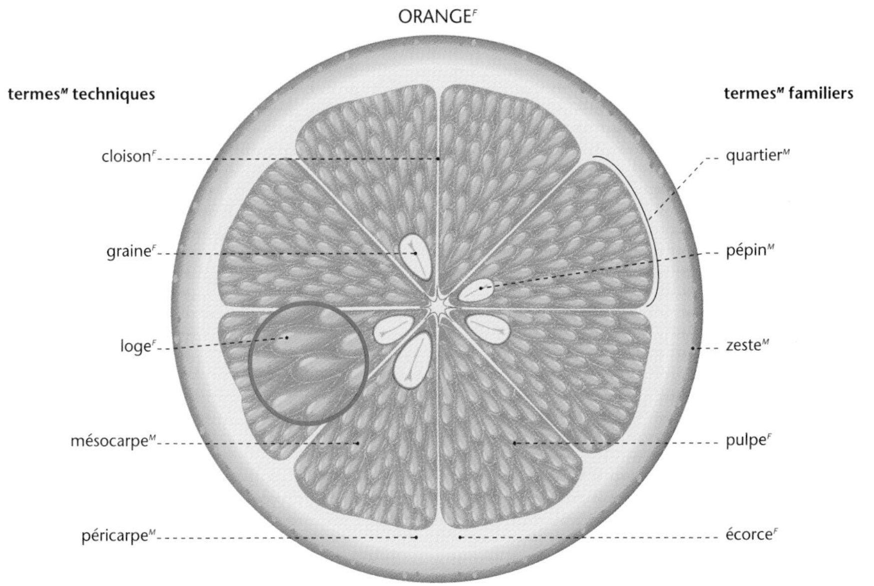

PRINCIPALES VARIÉTÉS[F] D'AGRUMES[M]

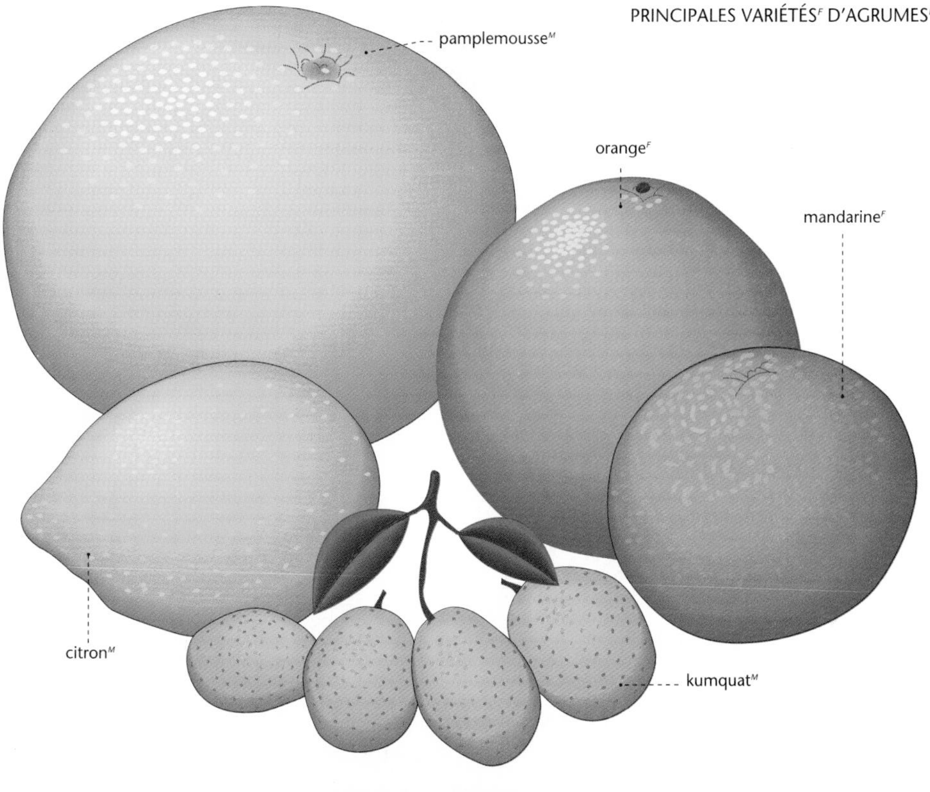

pamplemousse[M]

orange[F]

mandarine[F]

citron[M]

kumquat[M]

FRUITS[M] SECS: NOIX[F]

COUPE[F] D'UNE NOISETTE[F]

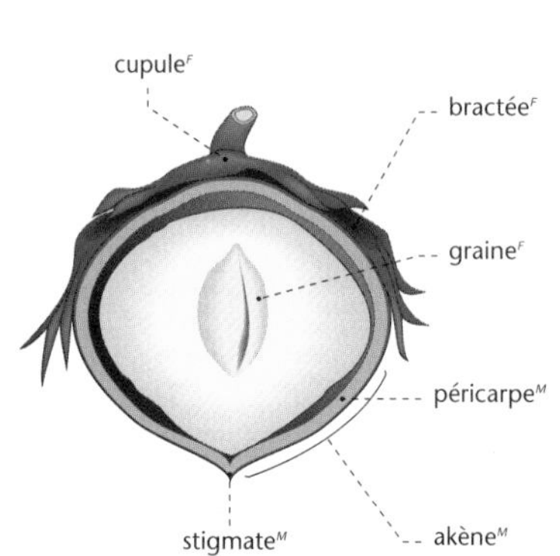

COUPE[F] D'UNE NOIX[F]

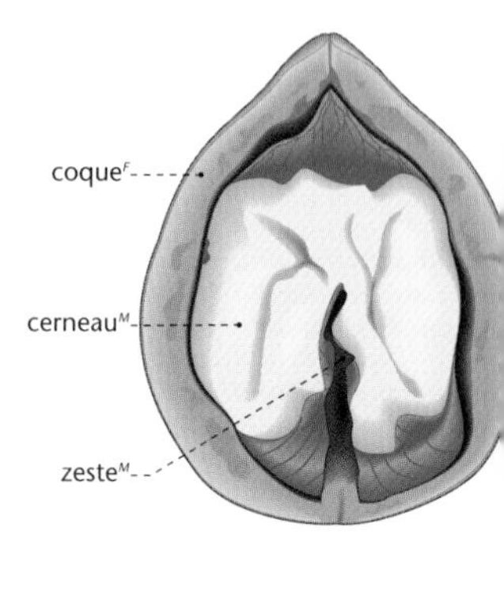

BROU[M]

PRINCIPALES VARIÉTÉS[F] DE NOIX[F]

noix[F] de coco[M]
noix[F]
amande[F]
pistache[F]
arachide[F]
noix[F] de pacane[F]
noix[F] du Brésil[M]
noisette[F]
marron[M]
pignon[M]
noix[F] de cajou[M]

FRUITS[M] SECS DIVERS

COUPE[F] D'UN FOLLICULE[M]

anis[M] étoilé

COUPE[F] D'UNE SILIQUE[F]

moutarde[F]

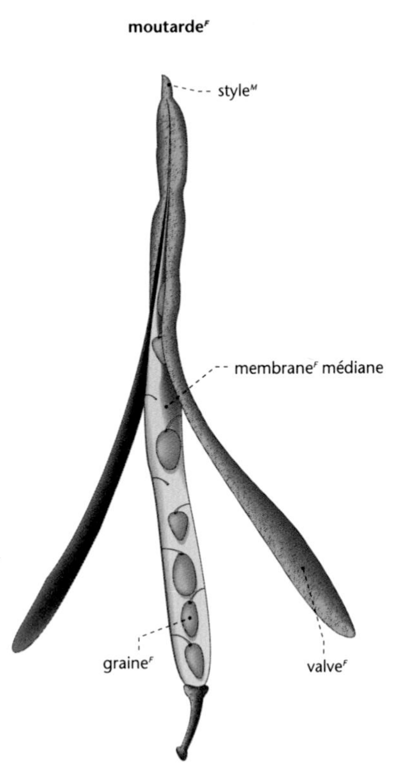

COUPE[F] D'UNE GOUSSE[F]

pois[M]

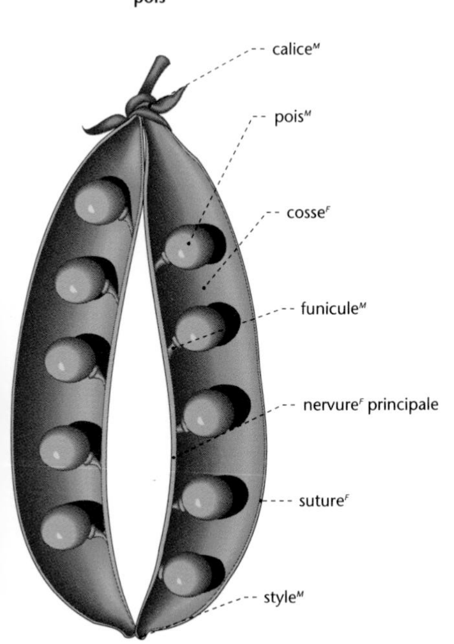

COUPE[F] D'UNE CAPSULE[F]

pavot[M]

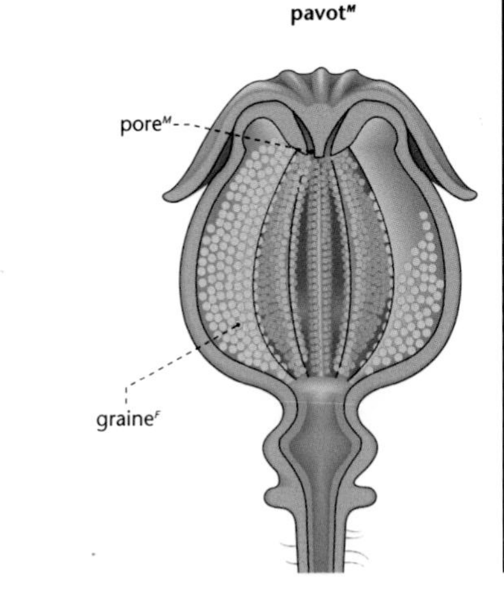

PRINCIPAUX FRUITS[M] TROPICAUX

LÉGUMES[M]

LÉGUMES[M] FRUITS[M]

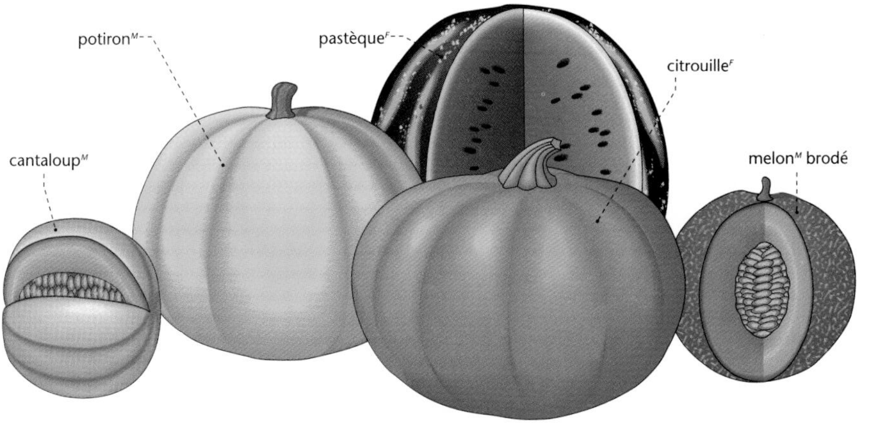

potiron[M]
pastèque[F]
citrouille[F]
cantaloup[M]
melon[M] brodé

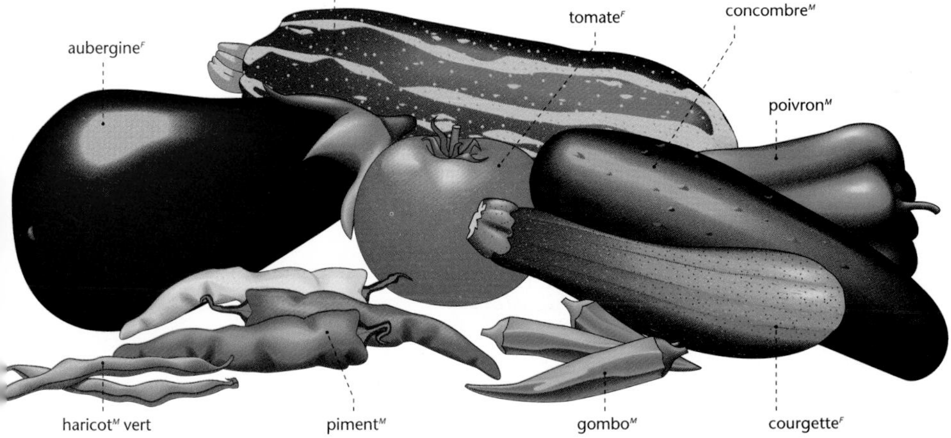

courge[F]
tomate[F]
concombre[M]
aubergine[F]
poivron[M]
haricot[M] vert
piment[M]
gombo[M]
courgette[F]

LÉGUMES[M] FLEURS[F]

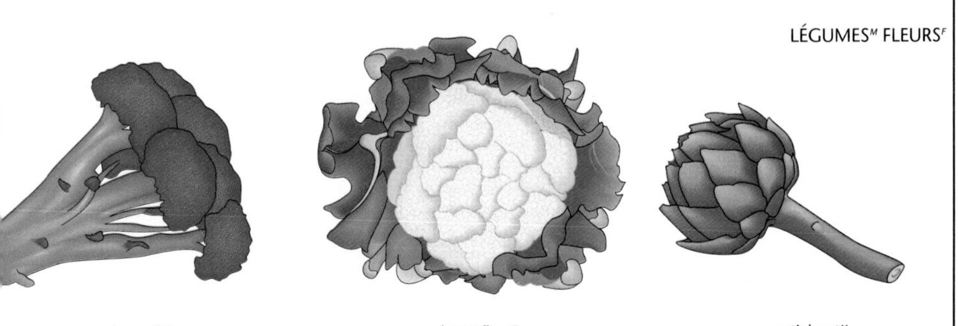

brocoli[M]
chou[M]-fleur[F]
artichaut[M]

LÉGUMES^M

COUPE^F D'UN BULBE^M

LÉGUMES^M BULBES^M

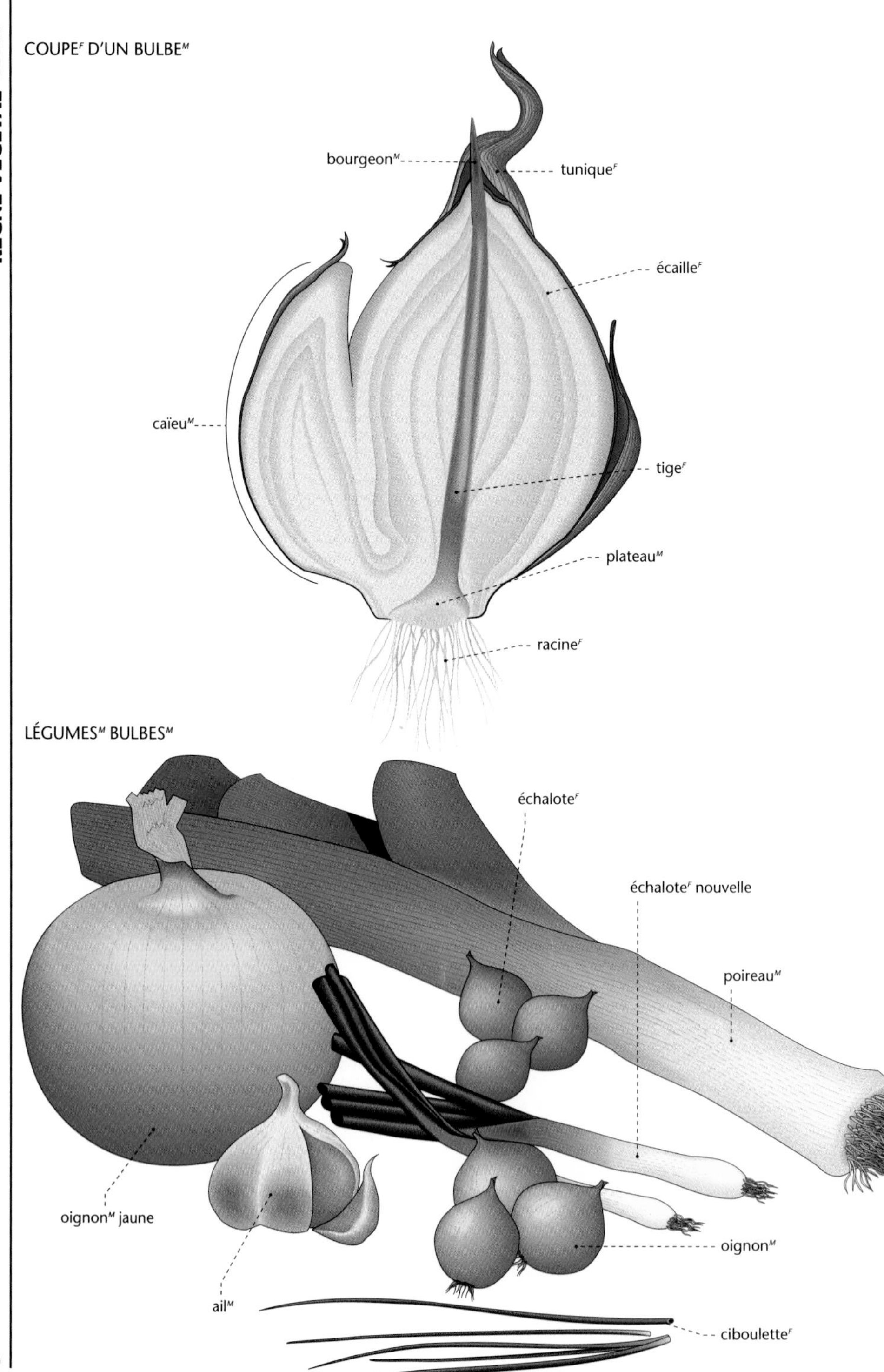

LÉGUMES[M]

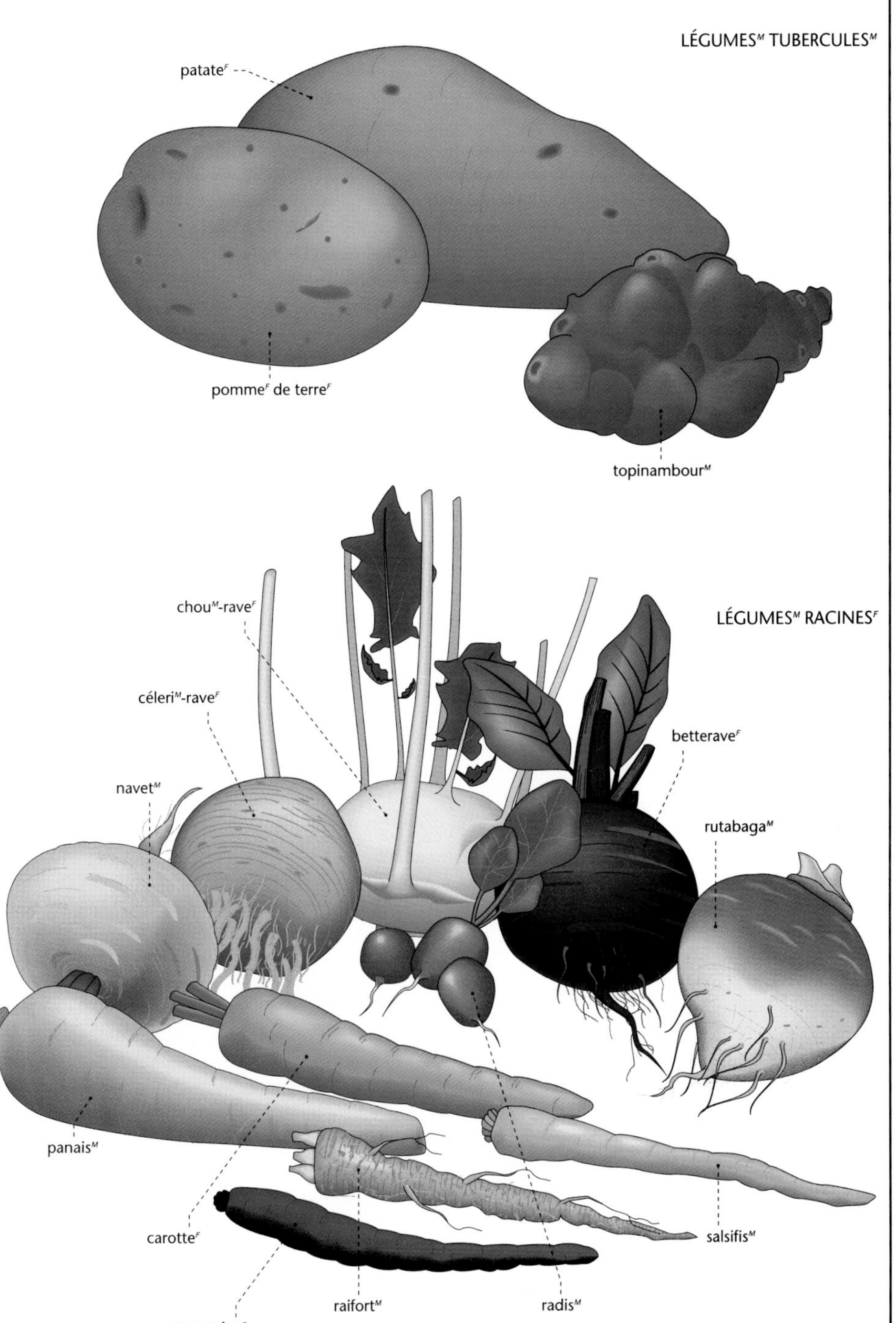
LÉGUMES[M] TUBERCULES[M]
patate[F]
pomme[F] de terre[F]
topinambour[M]
LÉGUMES[M] RACINES[F]
chou[M]-rave[F]
céleri[M]-rave[F]
navet[M]
betterave[F]
rutabaga[M]
panais[M]
carotte[F]
salsifis[M]
raifort[M]
radis[M]
scorsonère[F]

LÉGUMES^M

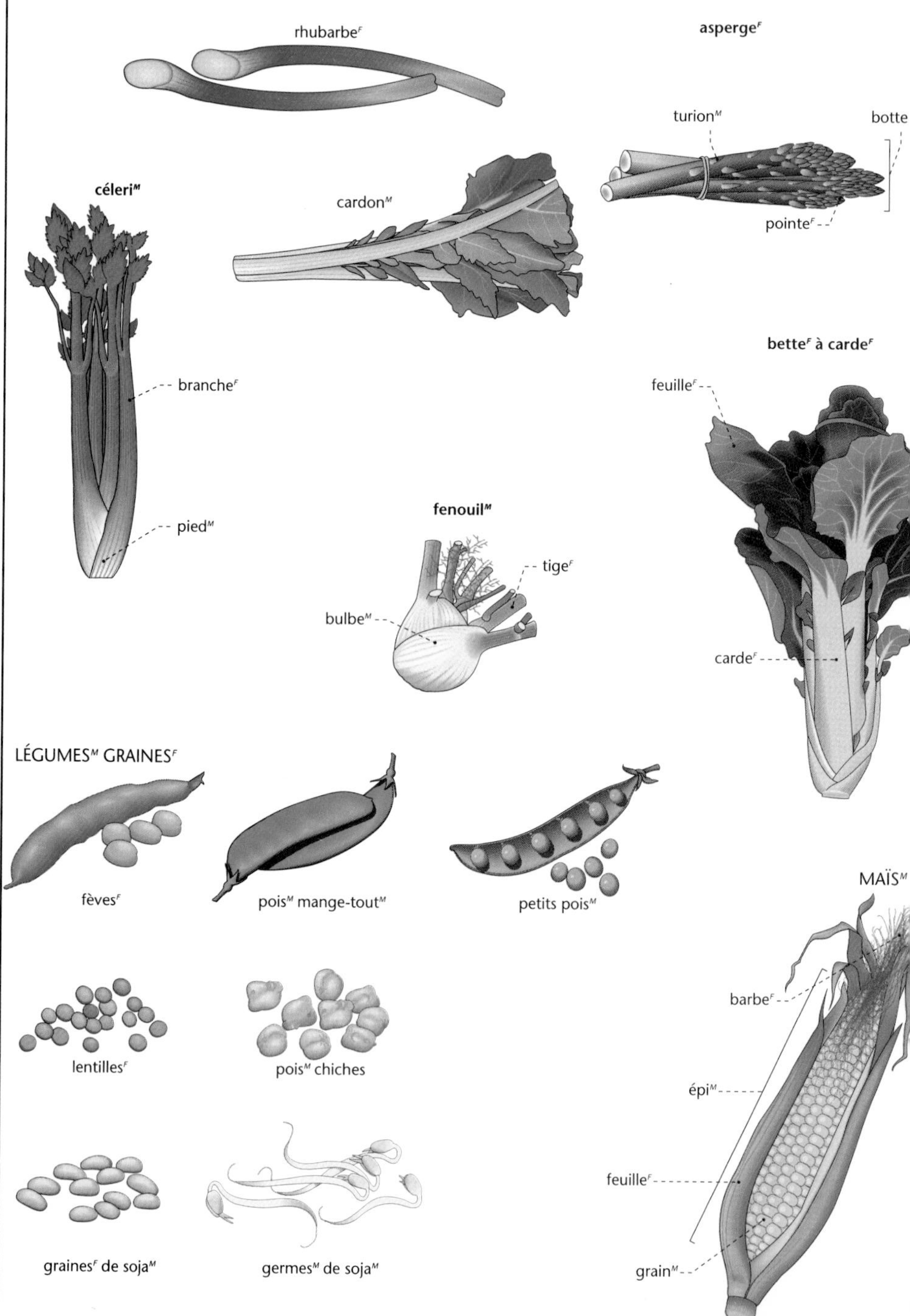
LÉGUMES^M TIGES^F
rhubarbe^F
asperge^F
turion^M
botte
pointe^F
céleri^M
cardon^M
branche^F
pied^M
bette^F à carde^F
feuille^F
fenouil^M
tige^F
bulbe^M
carde^F
LÉGUMES^M GRAINES^F
fèves^F
pois^M mange-tout^M
petits pois^M
MAÏS^M
barbe^F
lentilles^F
pois^M chiches
épi^M
feuille^F
graines^F de soja^M
germes^M de soja^M
grain^M

LÉGUMES^M FEUILLES^F

FINES HERBES[F]

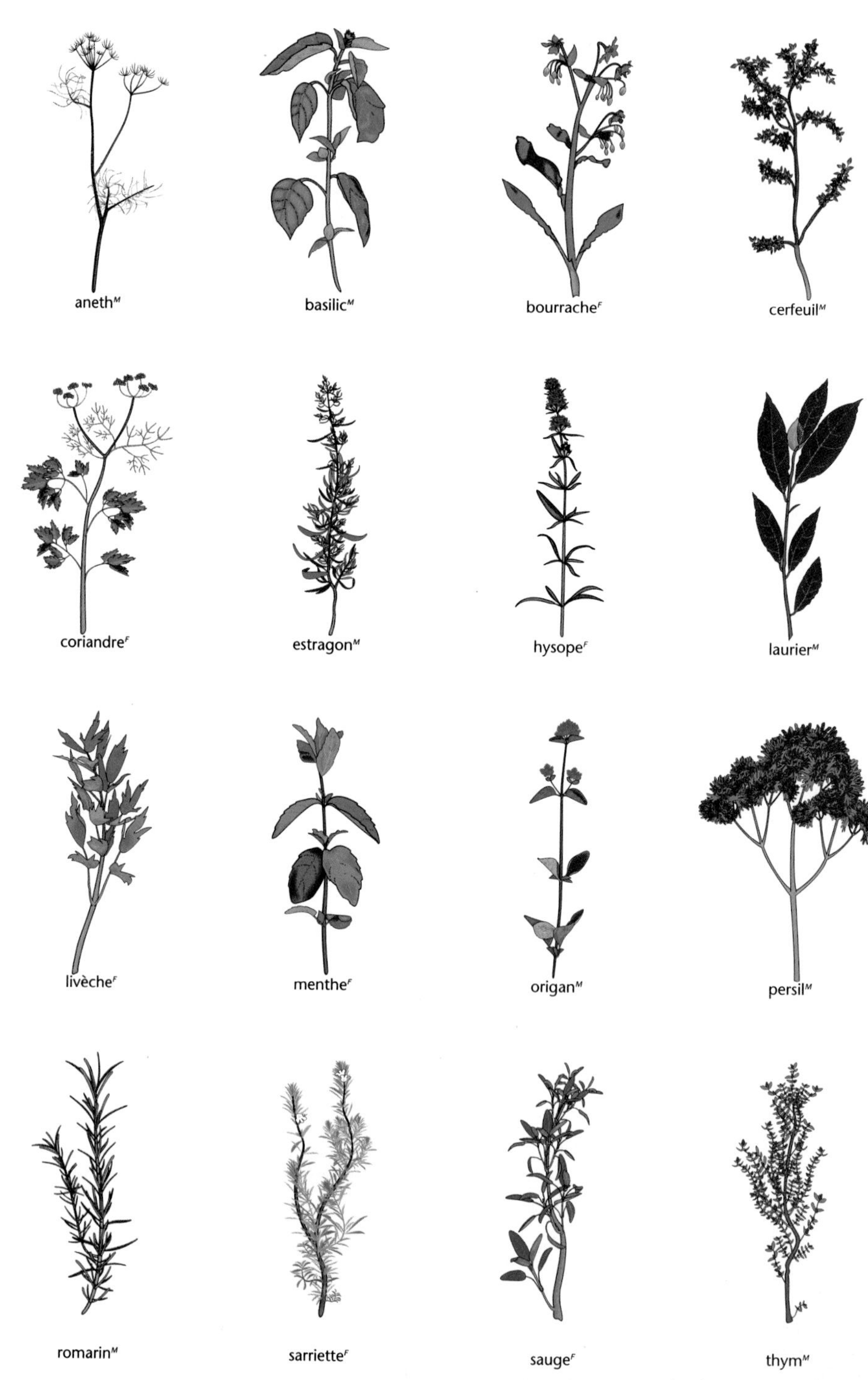

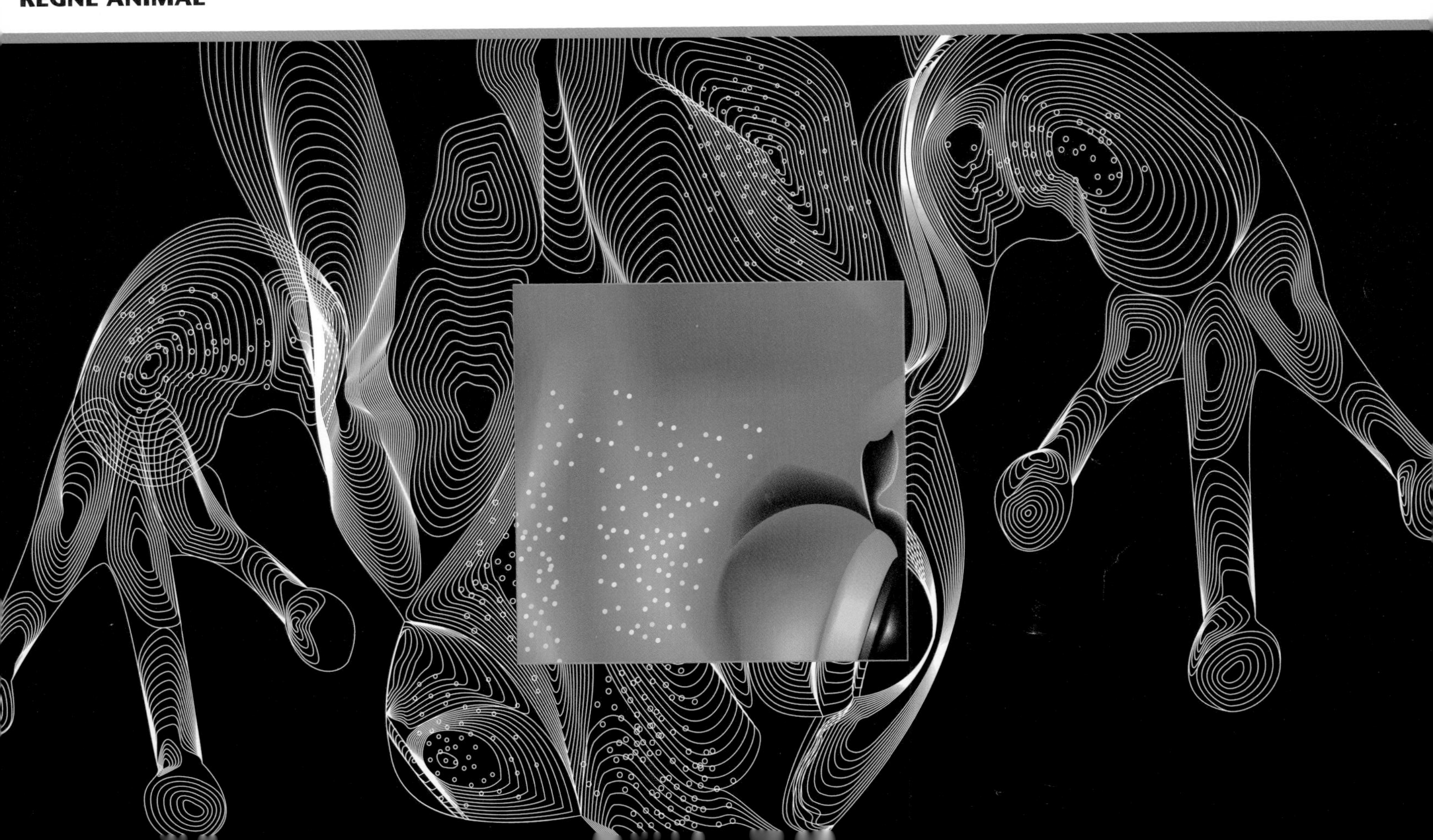

SOMMAIRE

INSECTES ET ARAIGNÉE 77
PAPILLON 78
ABEILLE 80
GASTÉROPODE 83
AMPHIBIENS 84
POISSON 86
CRUSTACÉ 90
MOLLUSQUE 92
COQUILLE UNIVALVE 94
COQUILLE BIVALVE 95
REPTILE 96
TYPES DE MÂCHOIRES 98
PRINCIPAUX TYPES DE CORNES 99
PRINCIPAUX TYPES DE DÉFENSES 99
TYPES DE SABOTS 99
CHEVAL 100
CERVIDÉS 105
CHIEN 106
CHAT 107
OISEAU 108
CHAUVE-SOURIS 112

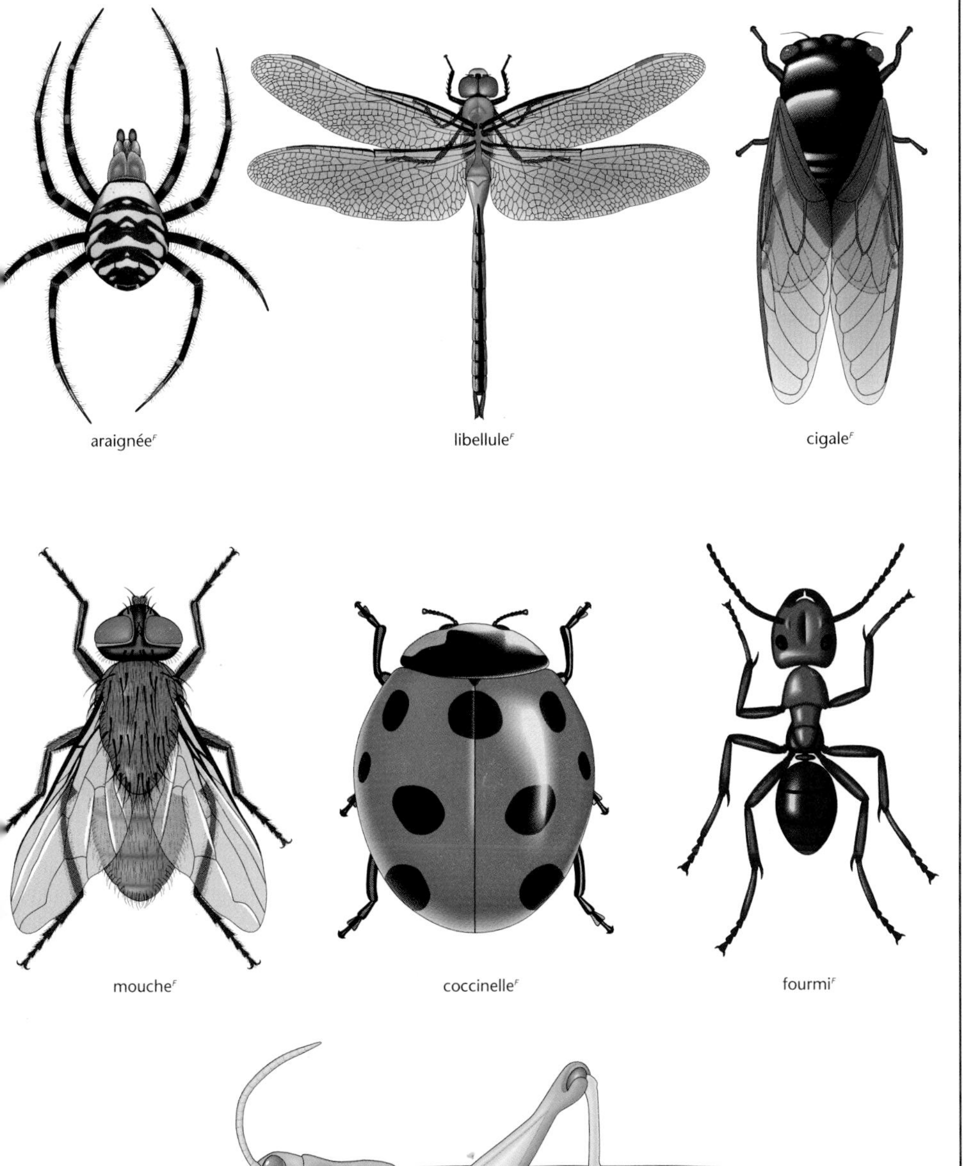
araignée[F]
libellule[F]
cigale[F]
mouche[F]
coccinelle[F]
fourmi[F]
sauterelle[F]

PAPILLON^M

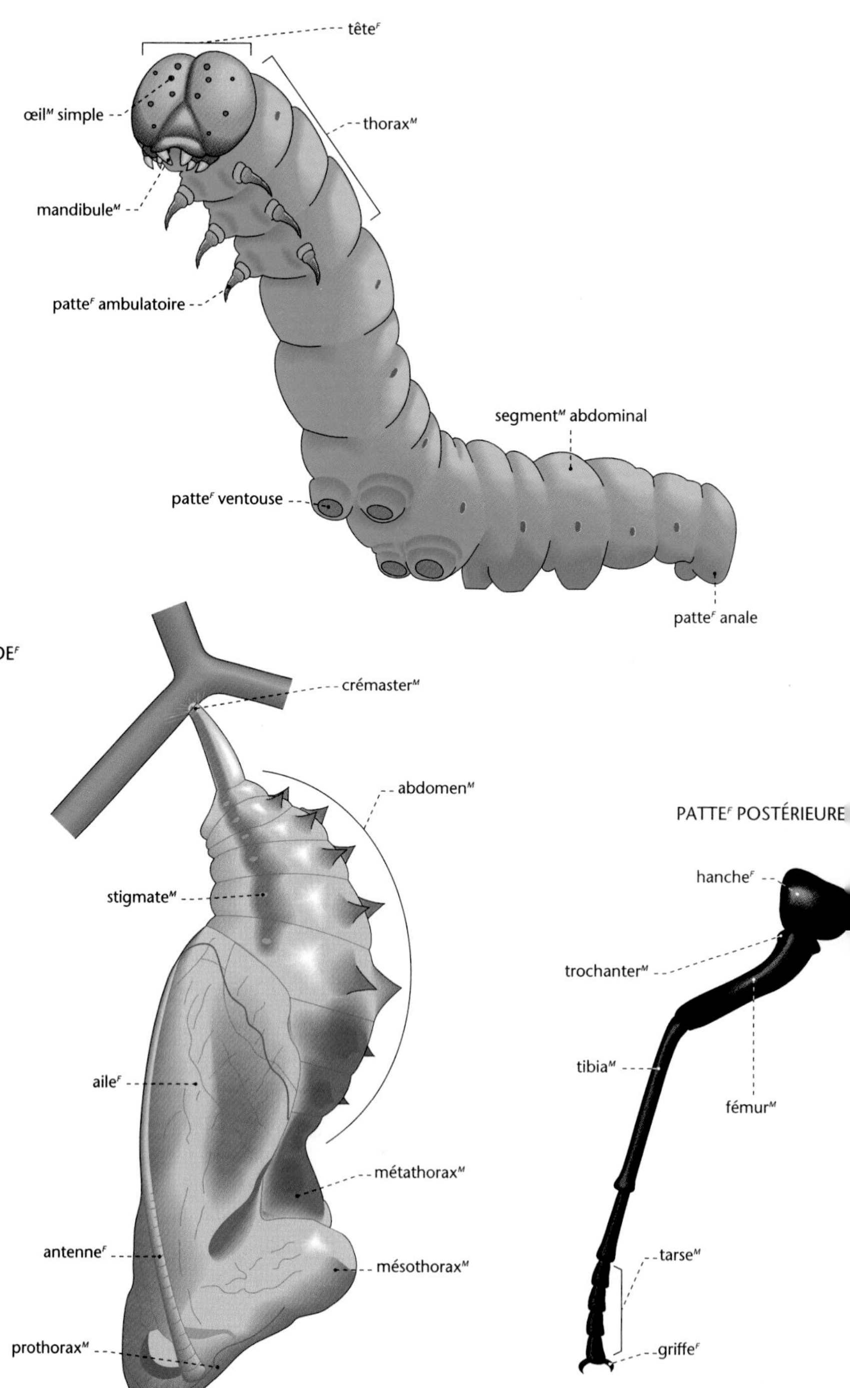
CHENILLE^F
tête^F
œil^M simple
thorax^M
mandibule^M
patte^F ambulatoire
segment^M abdominal
patte^F ventouse
patte^F anale
CHRYSALIDE^F
crémaster^M
abdomen^M
stigmate^M
aile^F
métathorax^M
antenne^F
mésothorax^M
prothorax^M
PATTE^F POSTÉRIEURE
hanche^F
trochanter^M
tibia^M
fémur^M
tarse^M
griffe^F

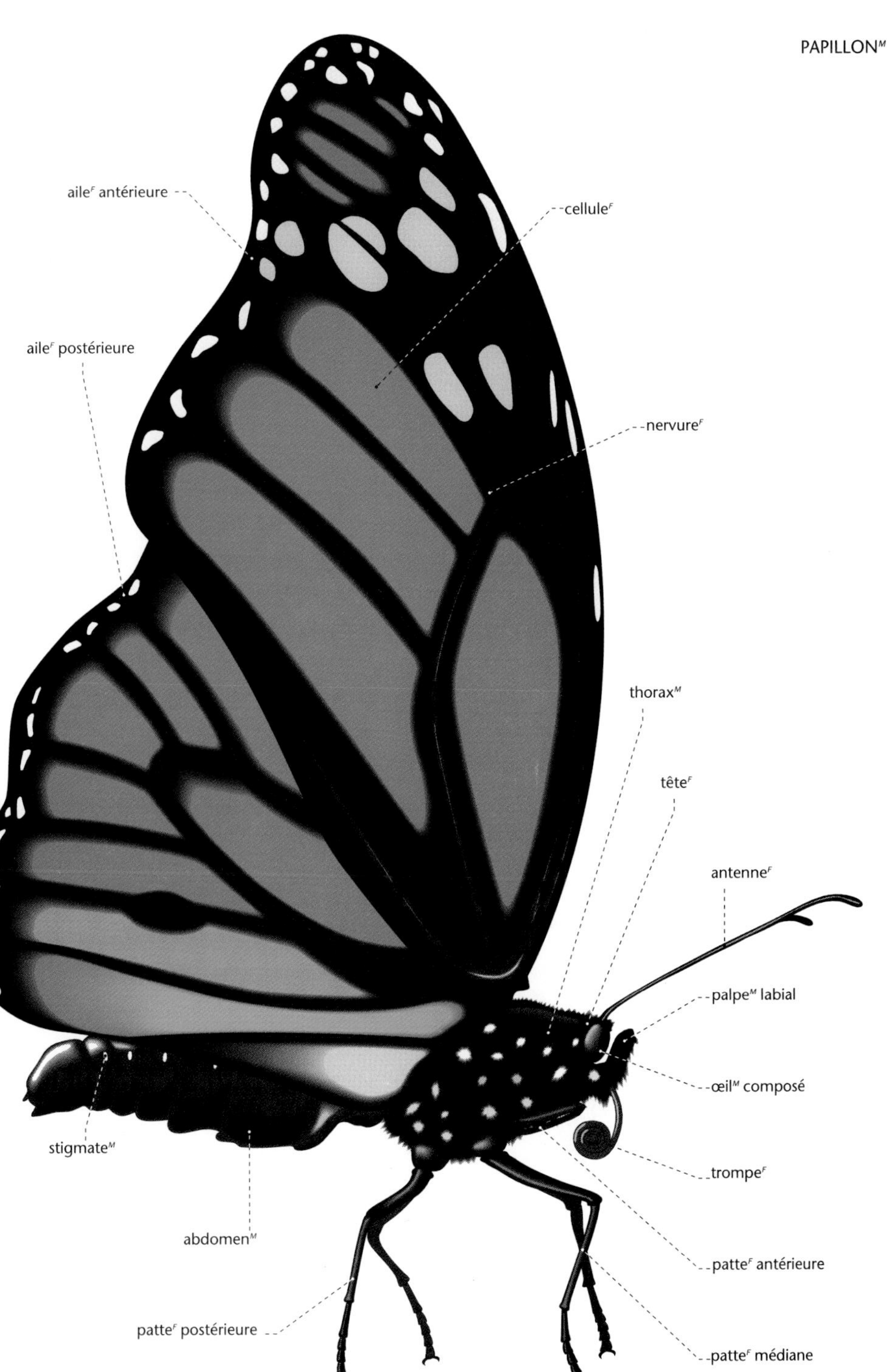
aile[F] antérieure
cellule[F]
aile[F] postérieure
nervure[F]
thorax[M]
tête[F]
antenne[F]
palpe[M] labial
œil[M] composé
stigmate[M]
trompe[F]
abdomen[M]
patte[F] antérieure
patte[F] postérieure
patte[F] médiane

ABEILLE[F]

OUVRIÈRE[F]

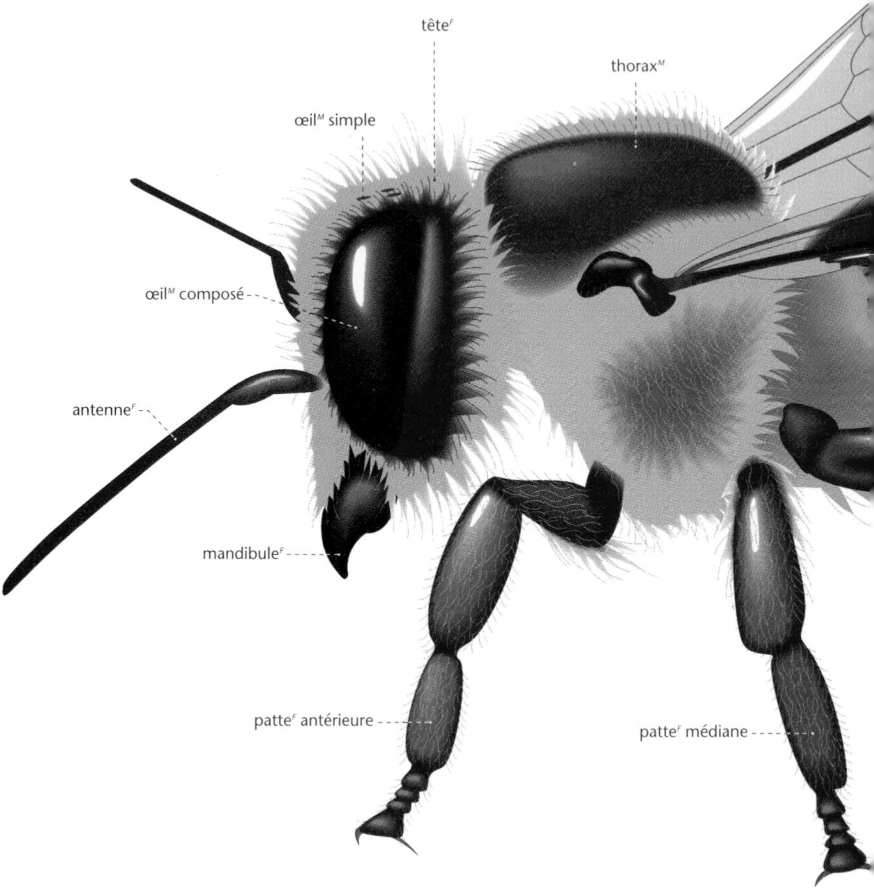

tête[F]

thorax[M]

œil[M] simple

œil[M] composé

antenne[F]

mandibule[F]

patte[F] antérieure

patte[F] médiane

PATTE[F] ANTÉRIEURE (FACE[F] EXTERNE)

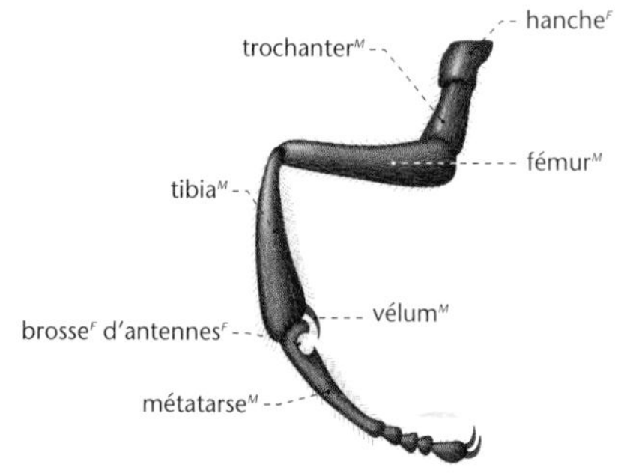

PATTE[F] MÉDIANE (FACE[F] EXTERNE)

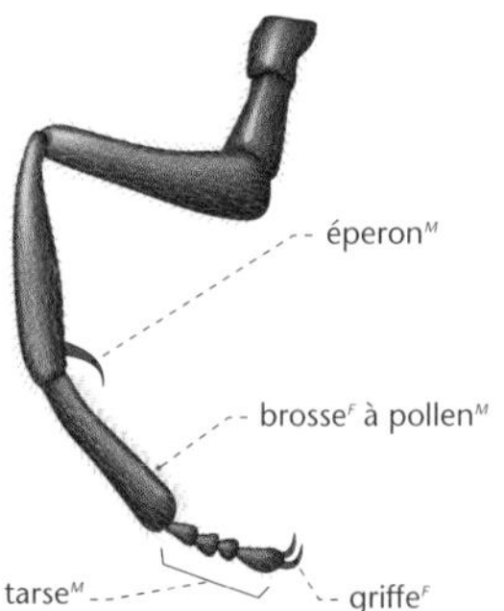

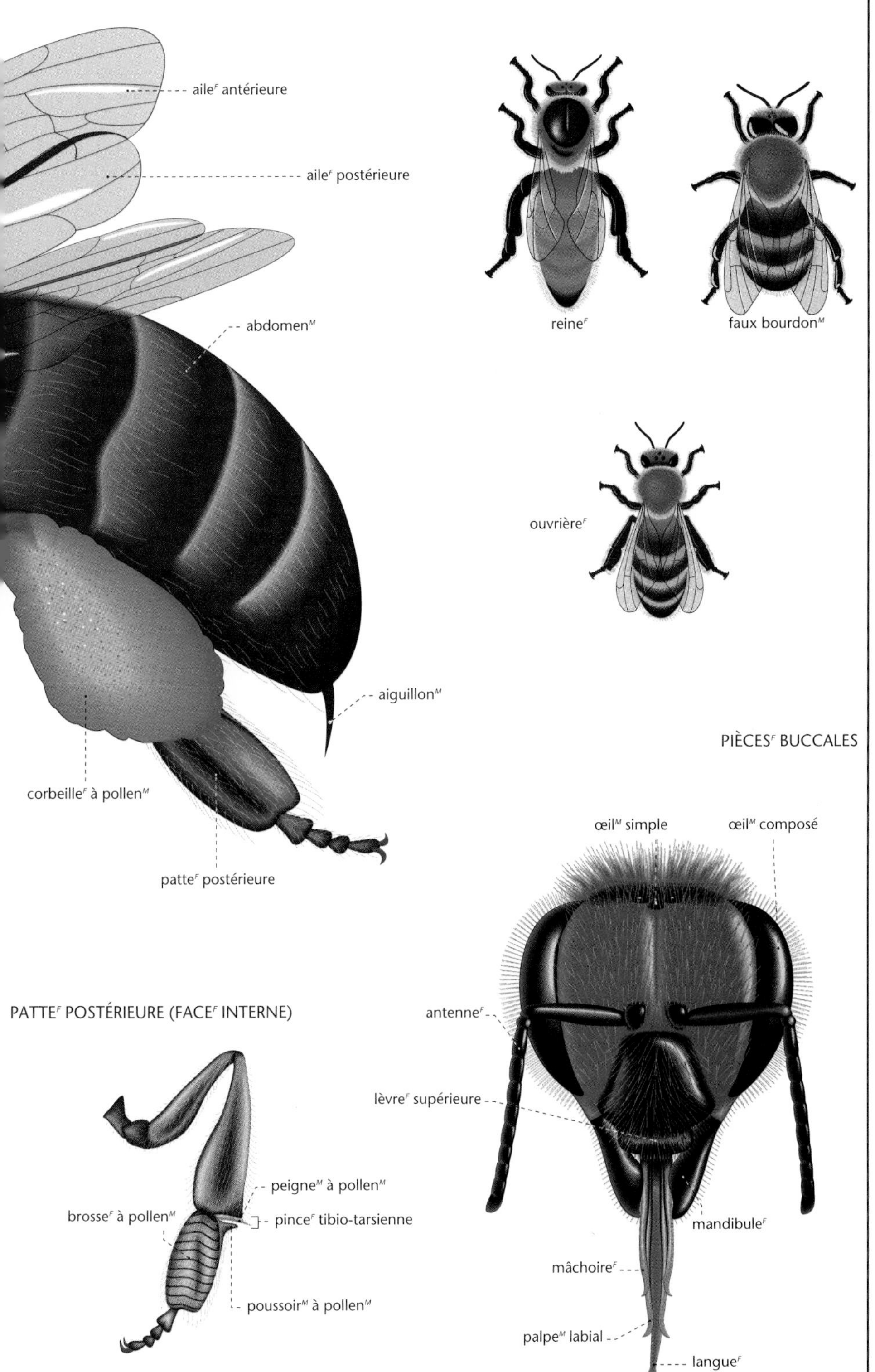
aile[F] antérieure
aile[F] postérieure
abdomen[M]
aiguillon[M]
corbeille[F] à pollen[M]
patte[F] postérieure
reine[F]
faux bourdon[M]
ouvrière[F]
PIÈCES[F] BUCCALES
œil[M] simple
œil[M] composé
antenne[F]
lèvre[F] supérieure
mandibule[F]
mâchoire[F]
palpe[M] labial
langue[F]
PATTE[F] POSTÉRIEURE (FACE[F] INTERNE)
peigne[M] à pollen[M]
brosse[F] à pollen[M]
pince[F] tibio-tarsienne
poussoir[M] à pollen[M]

ABEILLE^F

COUPE^F D'UN RAYON^M DE MIEL^M

RUCHE^F

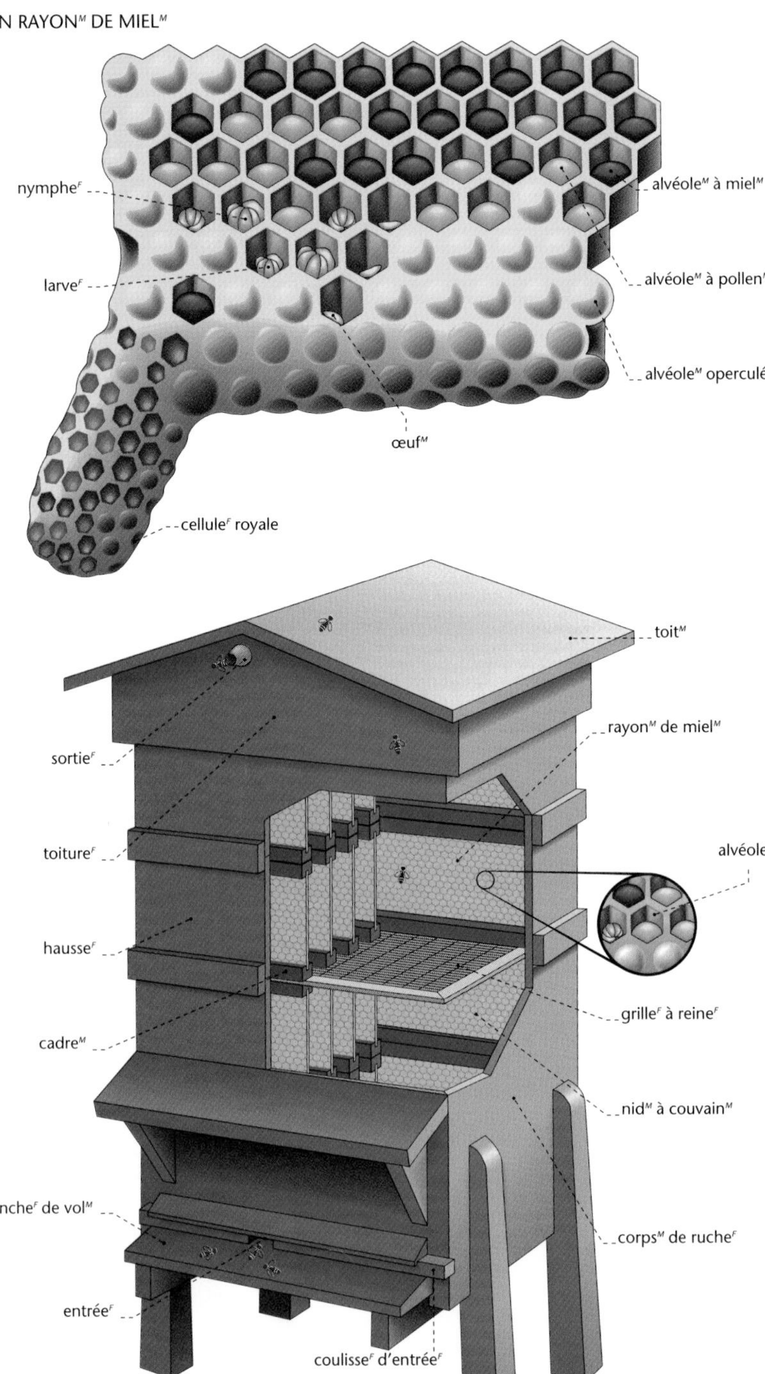

GASTÉROPODE[M]

ESCARGOT[M]

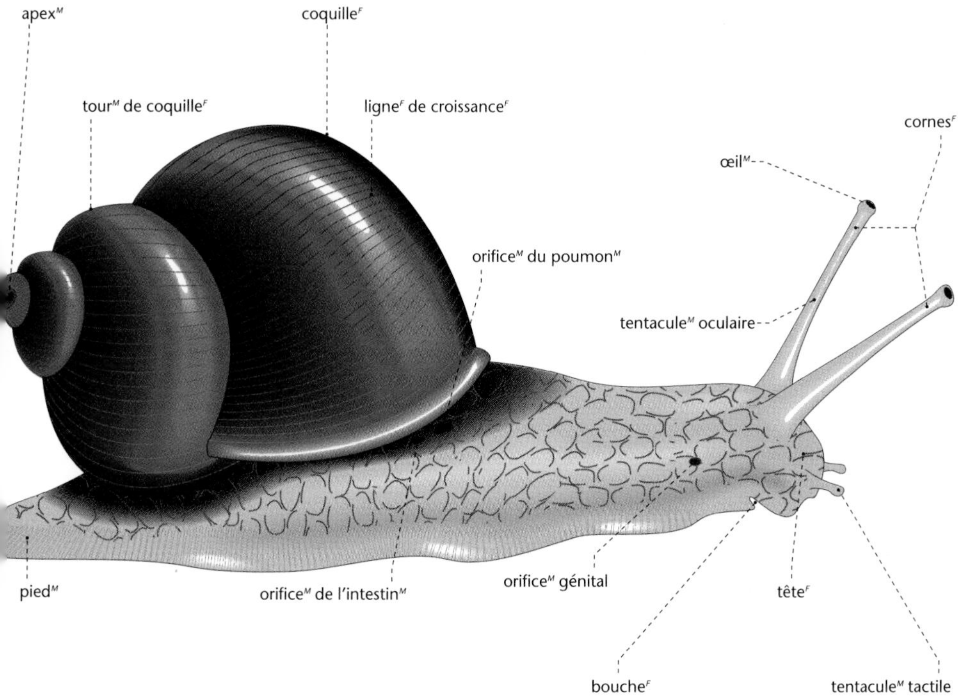

apex[M]
coquille[F]
tour[M] de coquille[F]
ligne[F] de croissance[F]
cornes[F]
œil[M]
orifice[M] du poumon[M]
tentacule[M] oculaire
pied[M]
orifice[M] de l'intestin[M]
orifice[M] génital
tête[F]
bouche[F]
tentacule[M] tactile

PRINCIPAUX GASTÉROPODES[M] COMESTIBLES

patelle[F]

bigorneau[M]

buccin[M]

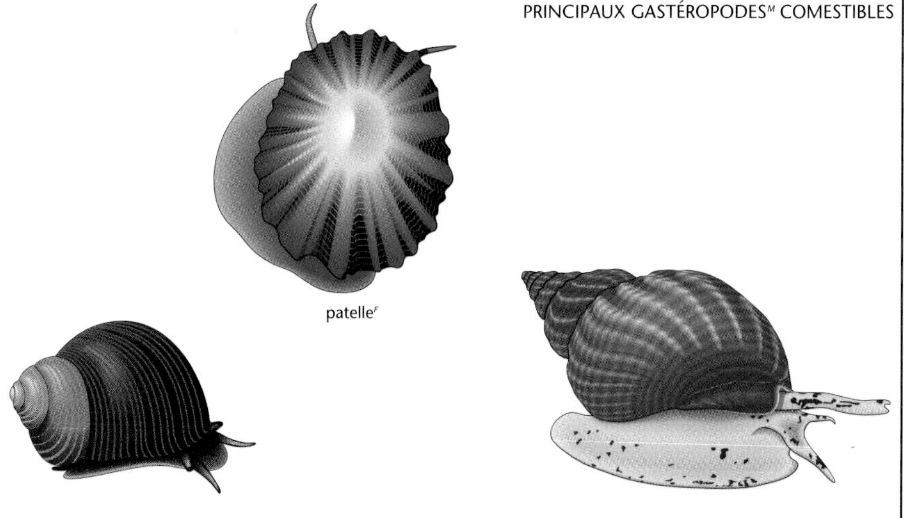

AMPHIBIENS[M]

GRENOUILLE[F]

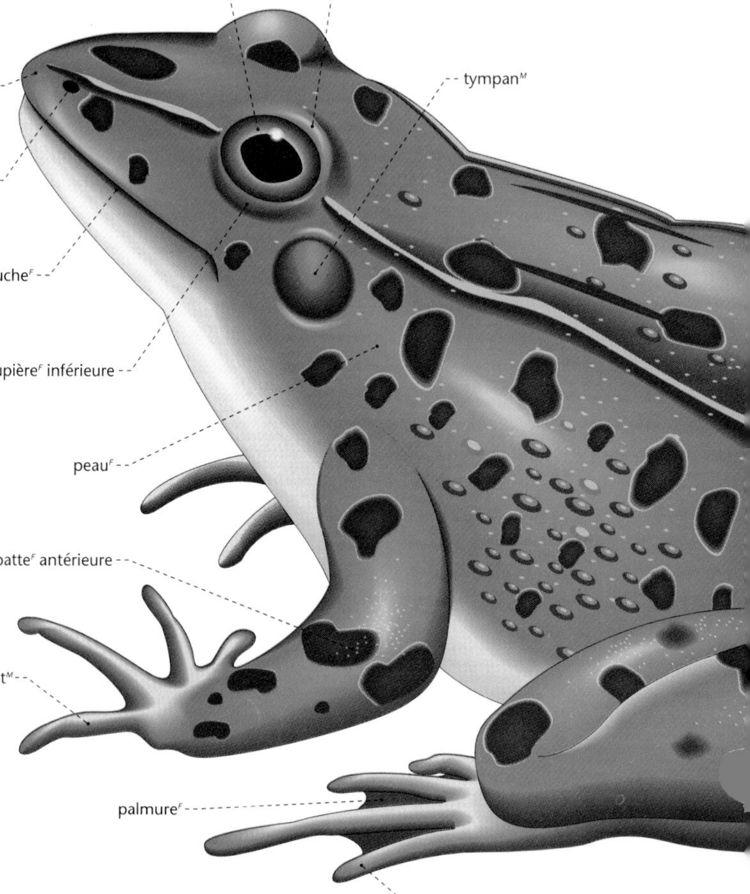

globe[M] oculaire
paupière[F] supérieure
museau[M]
tympan[M]
narine[F]
bouche[F]
paupière[F] inférieure
peau[F]
patte[F] antérieure
doigt[M]
palmure[F]
doigt[M] palmé

MÉTAMORPHOSE[F] DE LA GRENOUILLE[F]

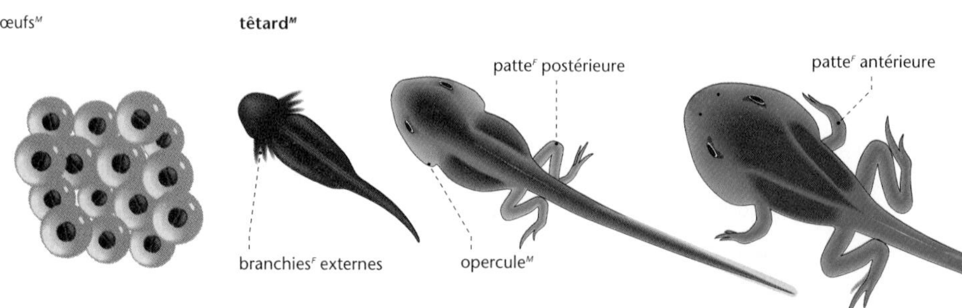

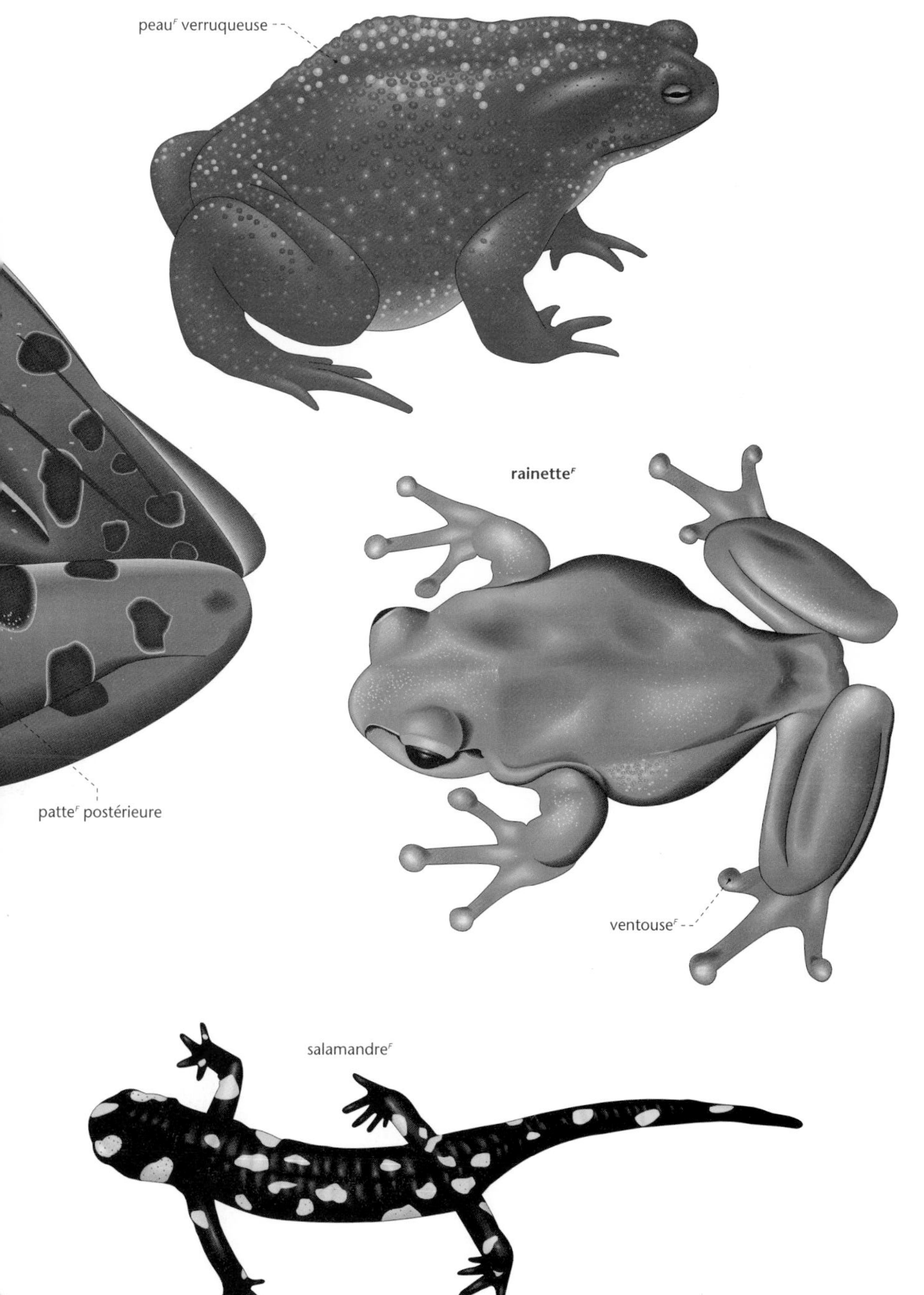
crapaud^M
peau^F verruqueuse
rainette^F
patte^F postérieure
ventouse^F
salamandre^F

POISSON[M]

MORPHOLOGIE[F]

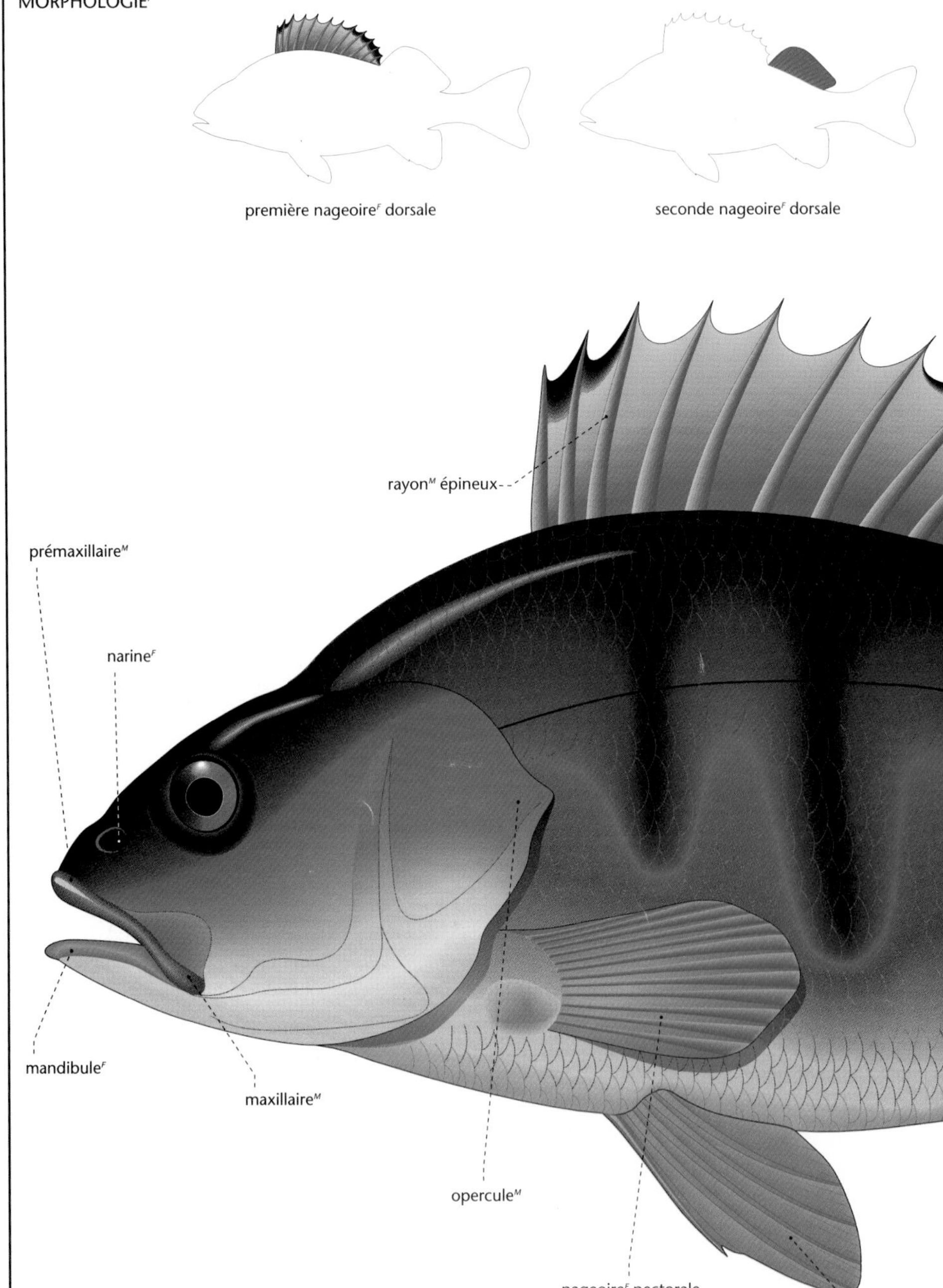

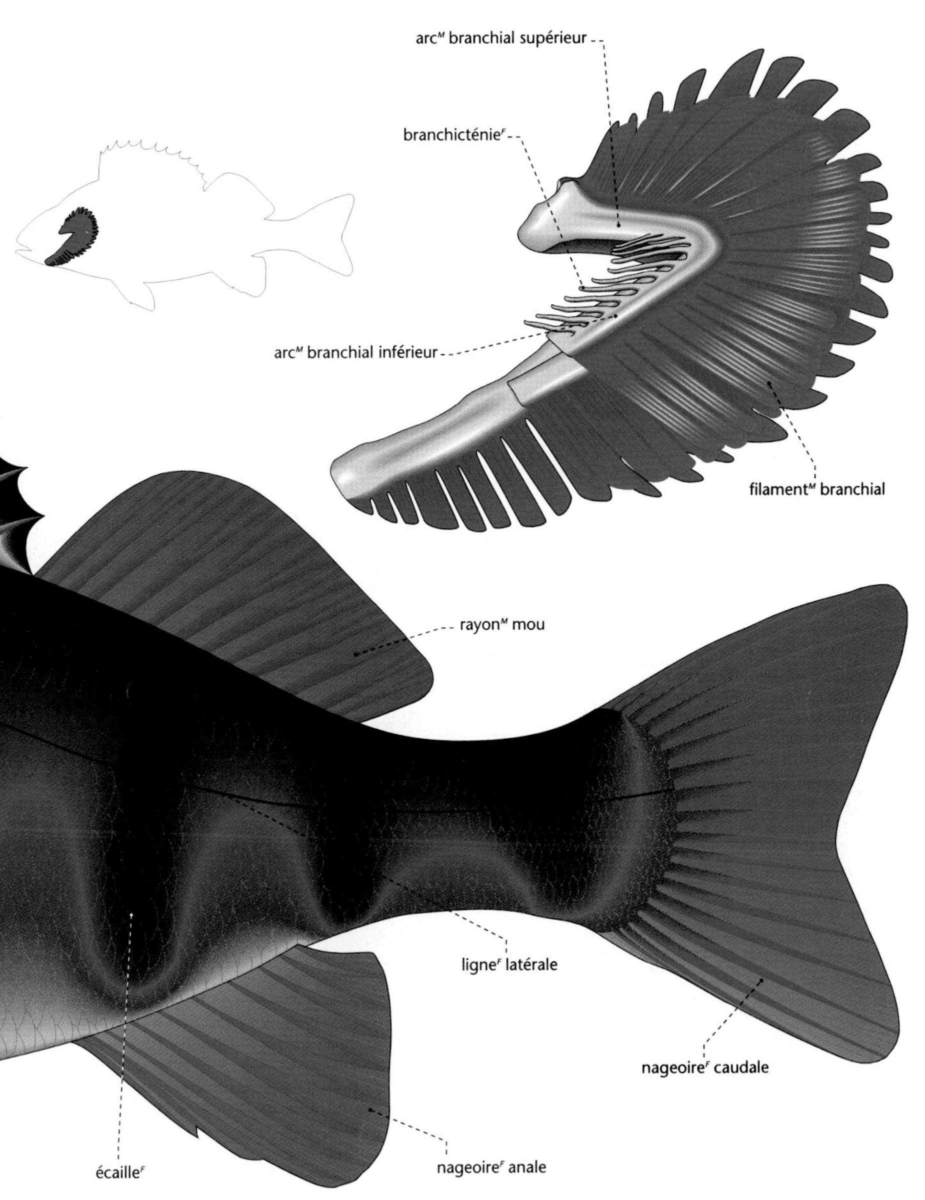
BRANCHIES[F]
arc[M] branchial supérieur
branchicténie[F]
arc[M] branchial inférieur
filament[M] branchial
rayon[M] mou
ligne[F] latérale
nageoire[F] caudale
écaille[F]
nageoire[F] anale

POISSON[M]

ANATOMIE[F]

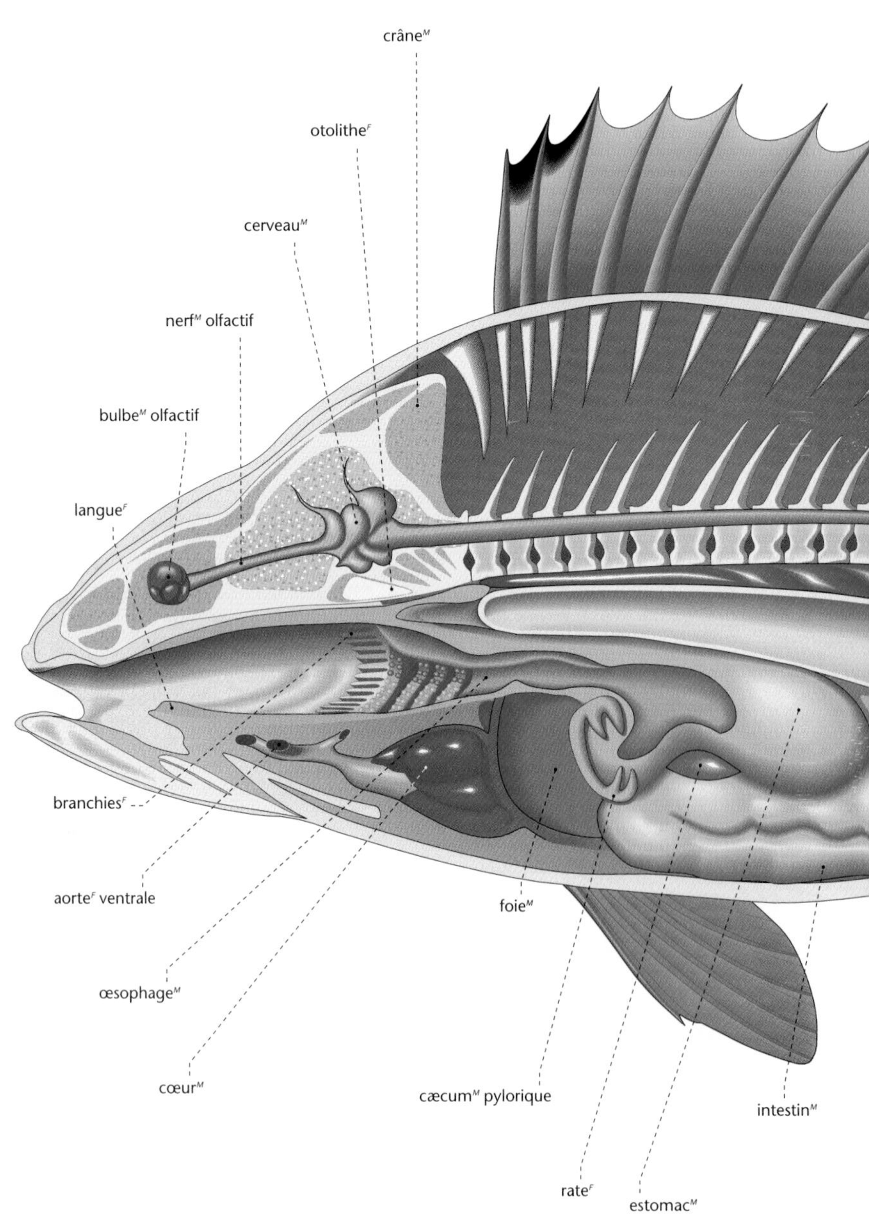

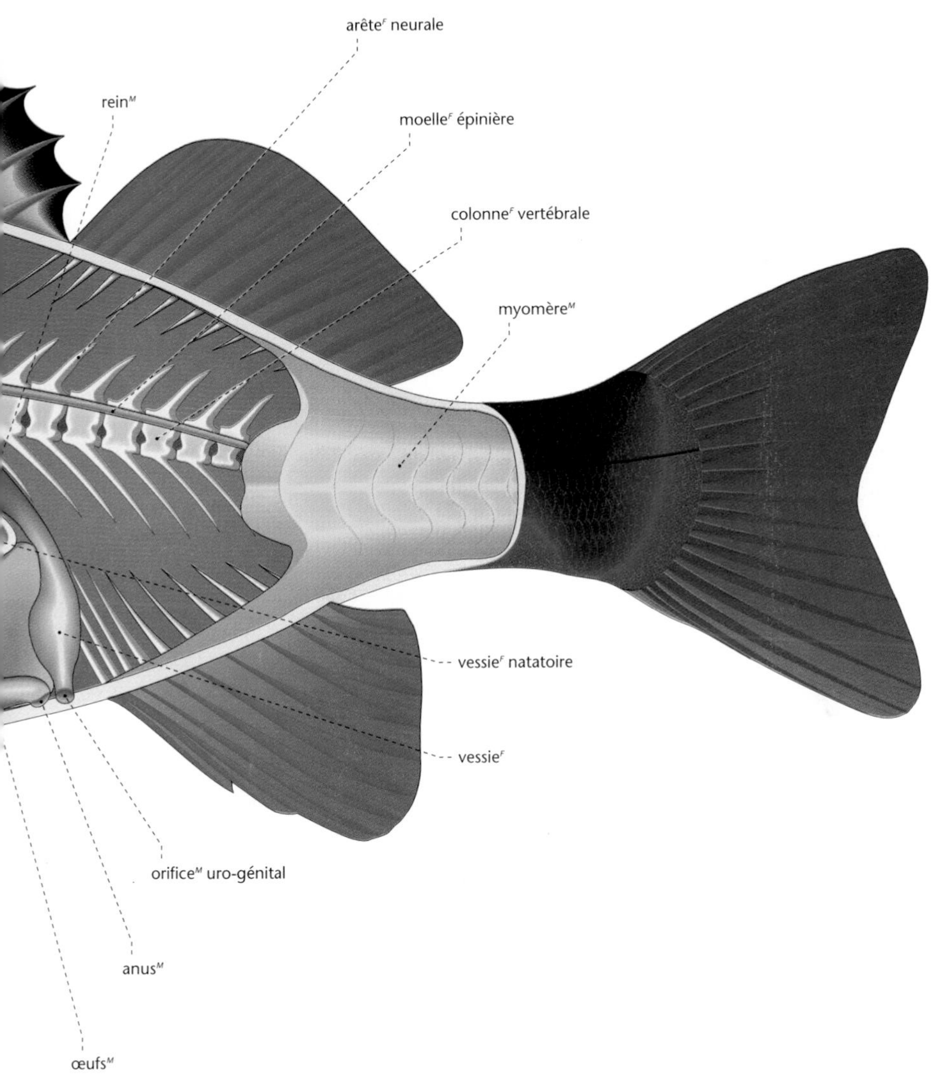
arête^F neurale
rein^M
moelle^F épinière
colonne^F vertébrale
myomère^M
vessie^F natatoire
vessie^F
orifice^M uro-génital
anus^M
œufs^M

HOMARD[M]

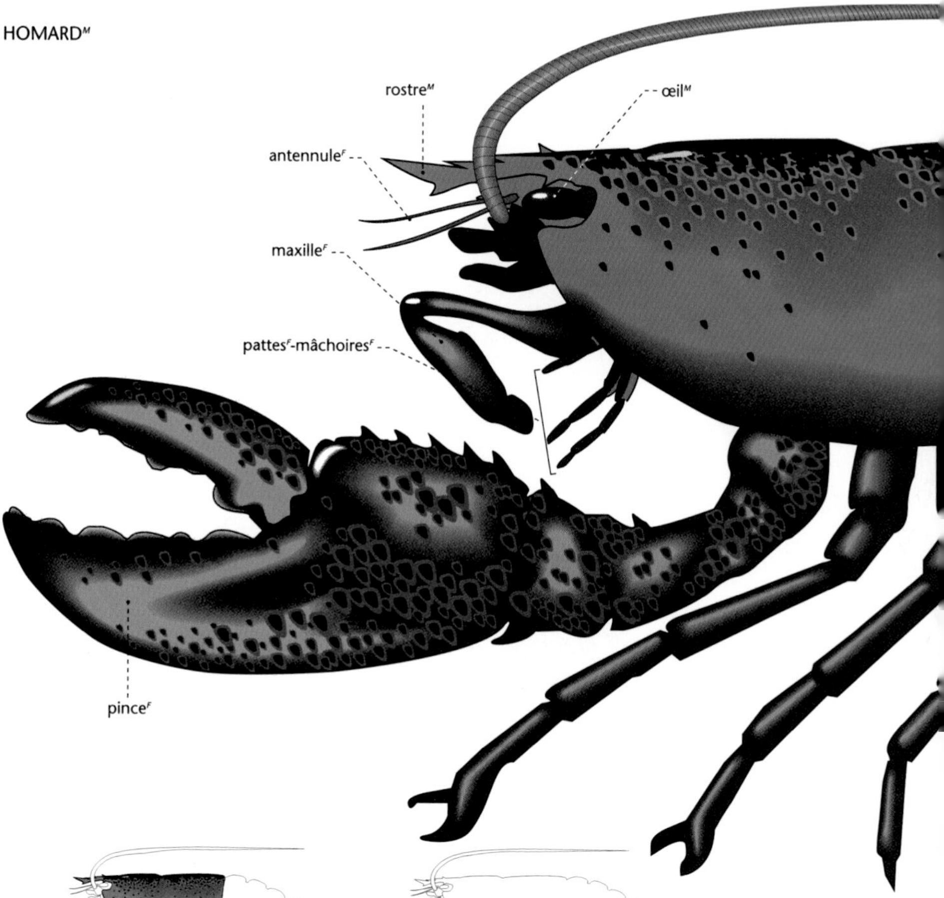

rostre[M]

œil[M]

antennule[F]

maxille[F]

pattes[F]-mâchoires[F]

pince[F]

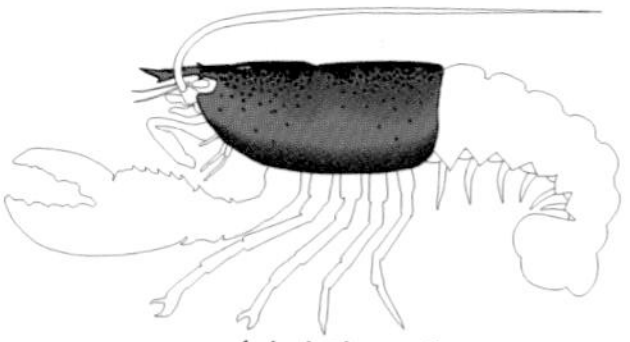

céphalothorax[M]

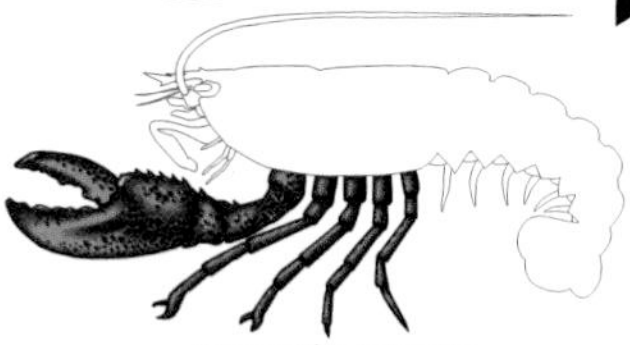

pattes[F] thoraciques

PRINCIPAUX CRUSTACÉS[M] COMESTIBLES

crevette[F]

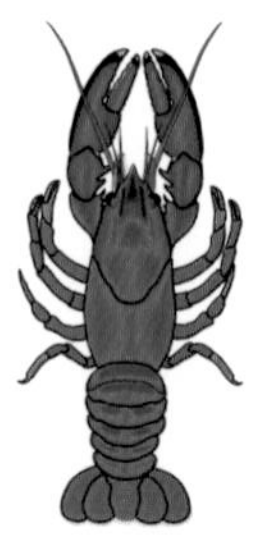

écrevisse[F]

crabe[M]

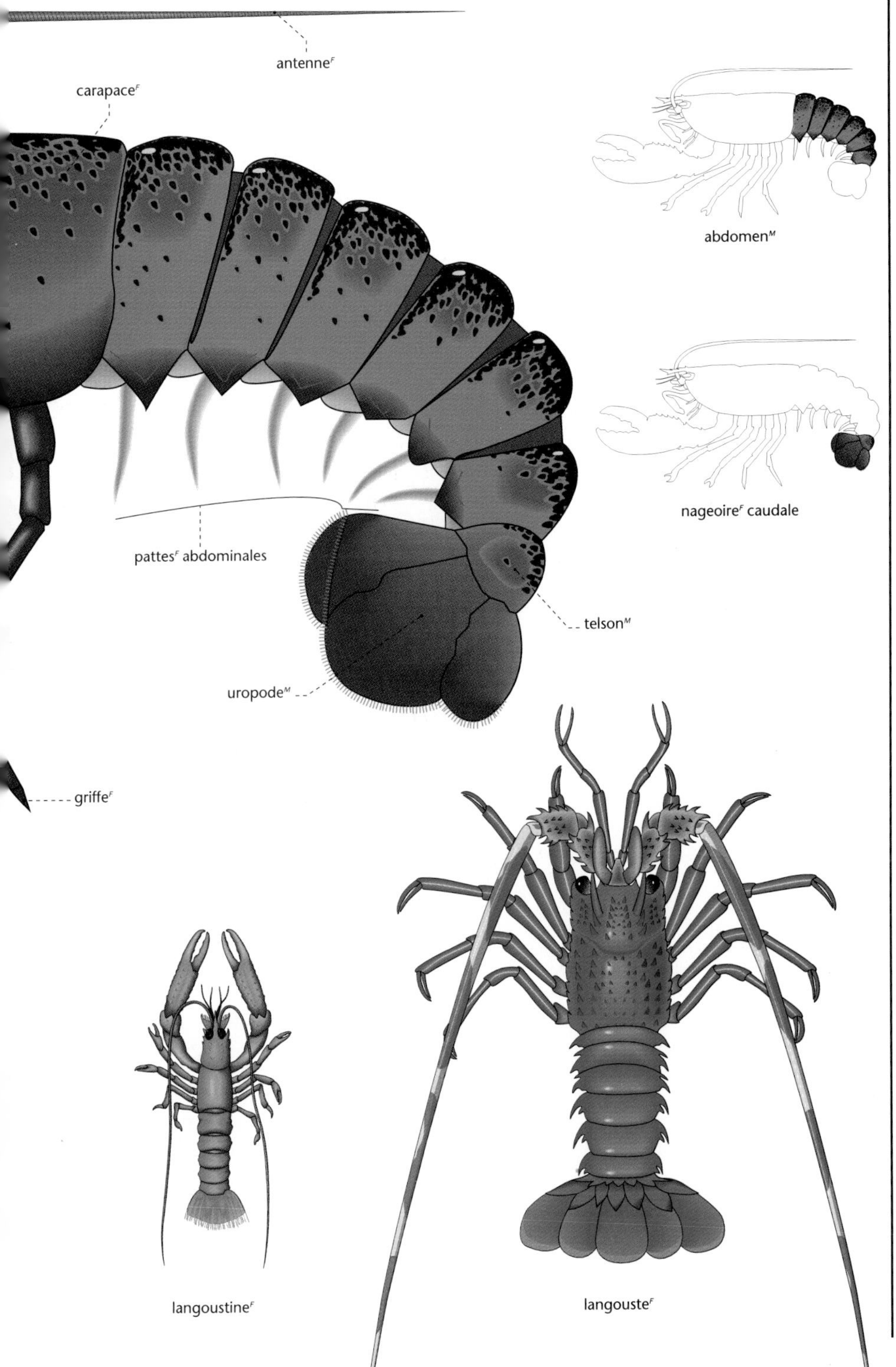
antenne[F]
carapace[F]
abdomen[M]
nageoire[F] caudale
pattes[F] abdominales
telson[M]
uropode[M]
griffe[F]
langoustine[F]
langouste[F]

HUÎTRE^F

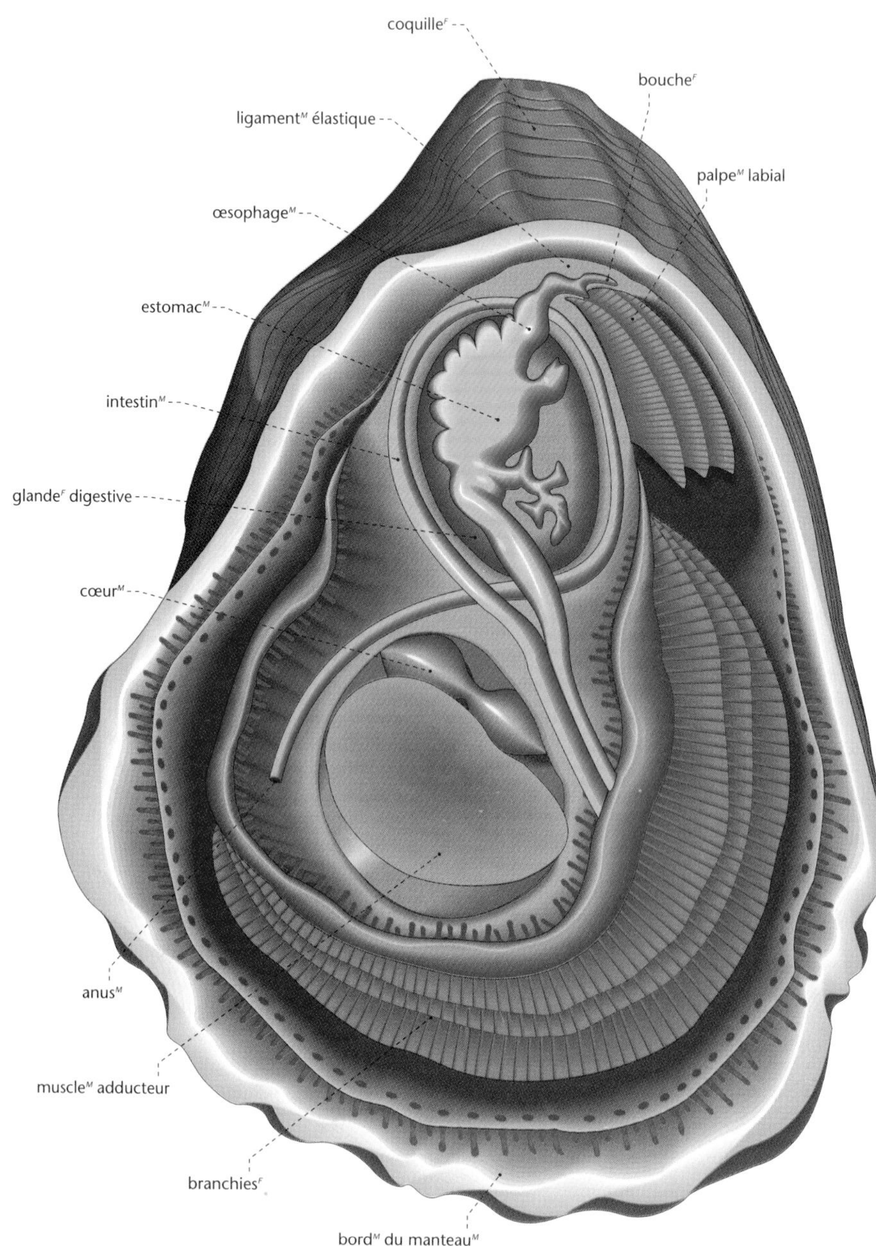
coquille^F
bouche^F
ligament^M élastique
palpe^M labial
œsophage^M
estomac^M
intestin^M
glande^F digestive
cœur^M
anus^M
muscle^M adducteur
branchies^F
bord^M du manteau^M

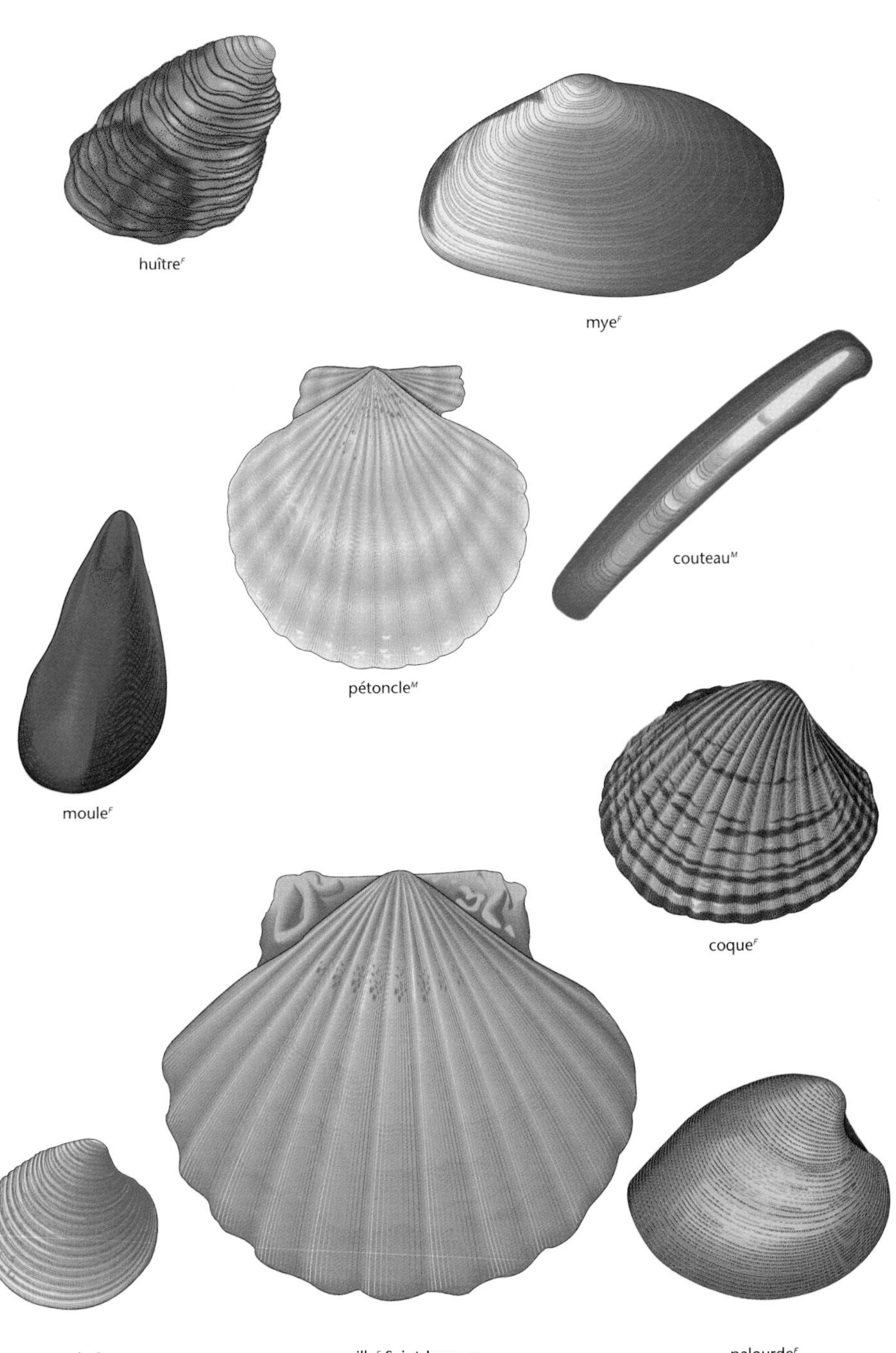
huître[F]
mye[F]
couteau[M]
pétoncle[M]
moule[F]
coque[F]
prairie[F]
coquille[F] Saint-Jacques
palourde[F]

COQUILLE[F] UNIVALVE

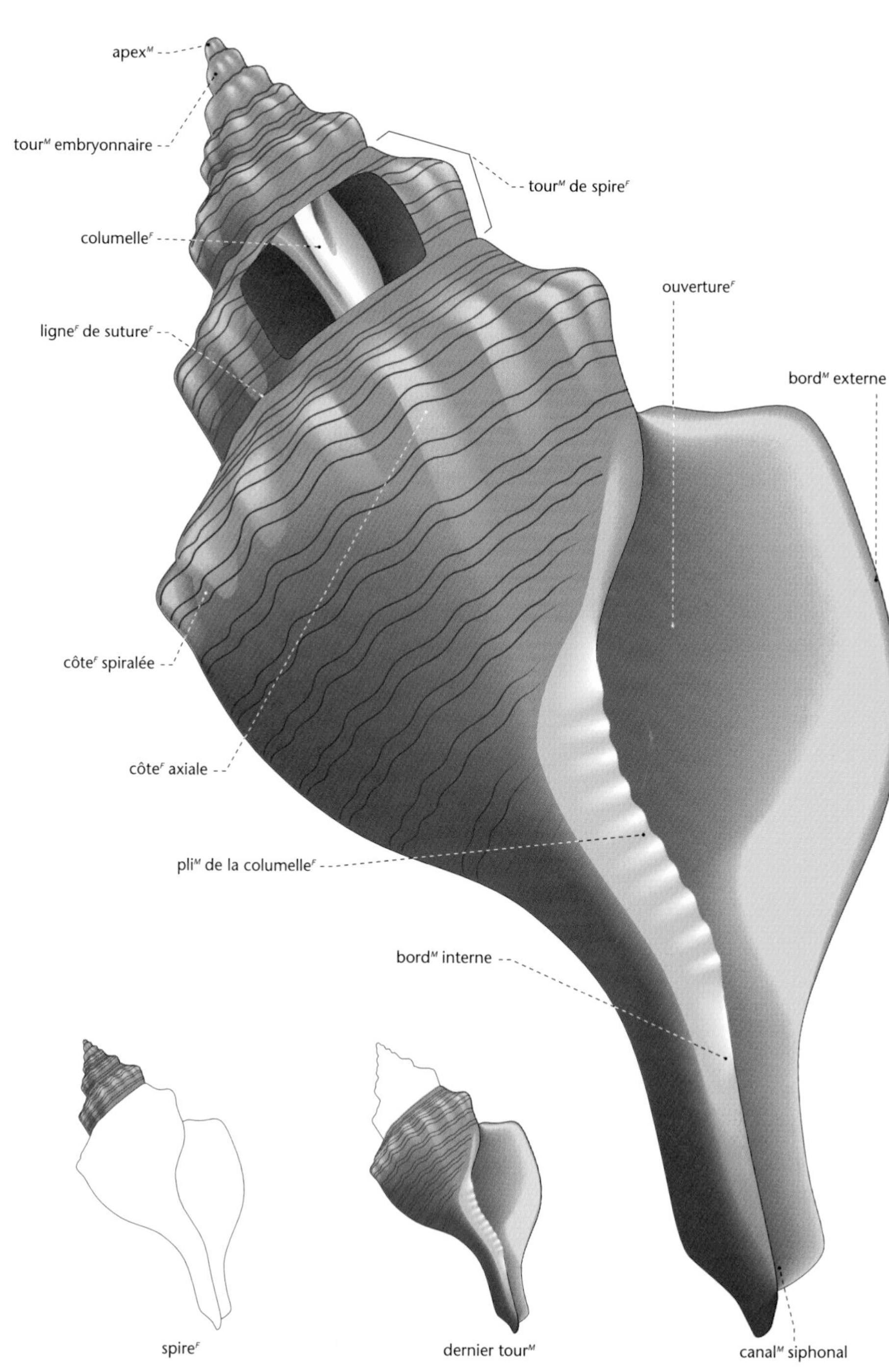

COQUILLE[F] BIVALVE

VUE[F] DORSALE

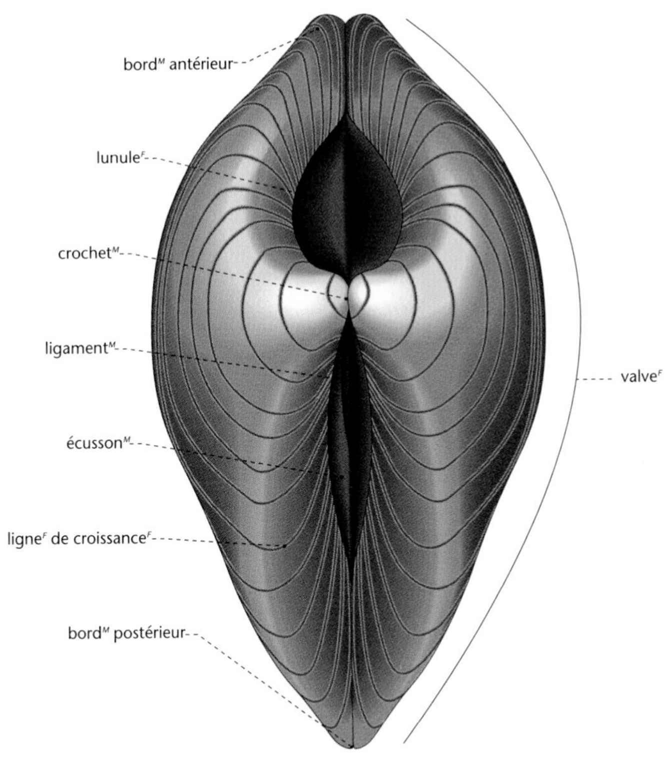

VALVE[F] GAUCHE

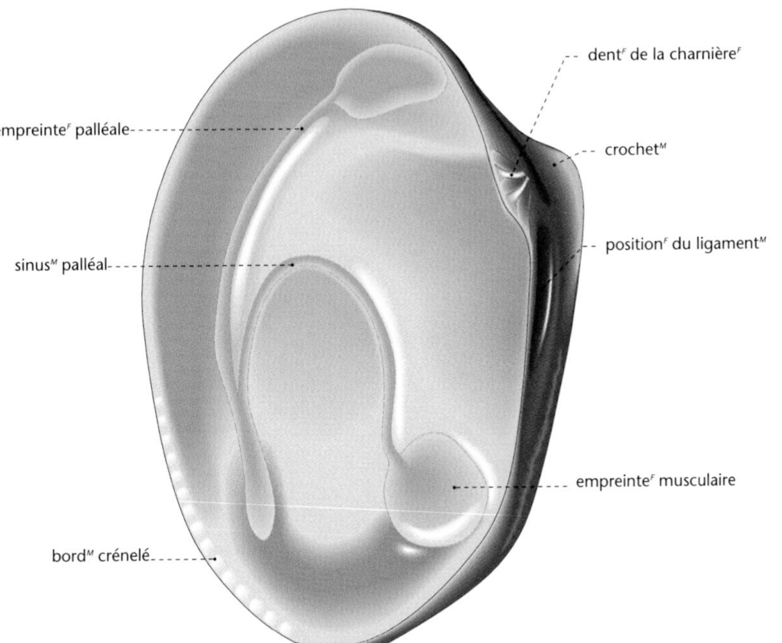

REPTILE^M

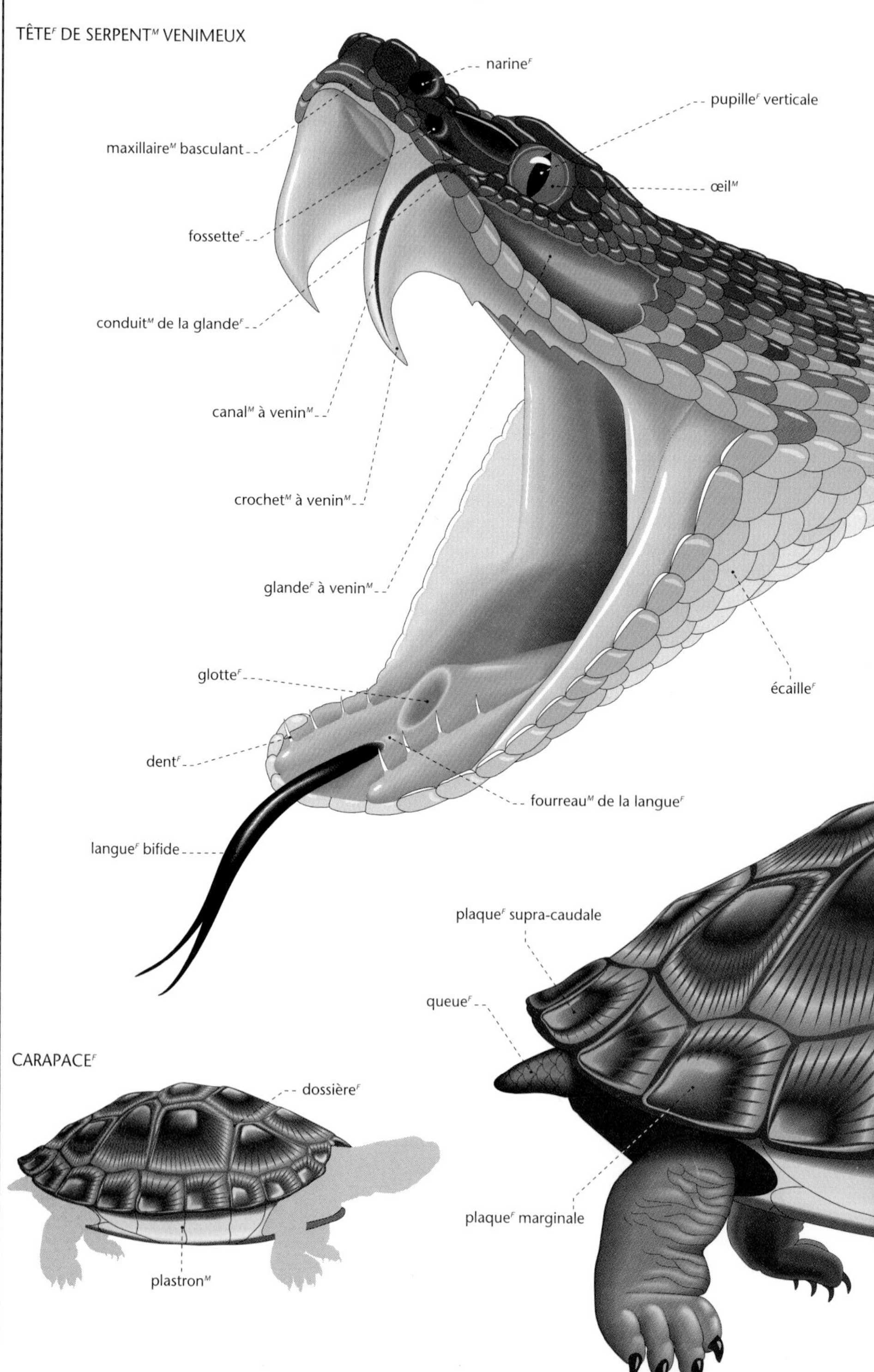
TÊTE^F DE SERPENT^M VENIMEUX
narine^F
pupille^F verticale
maxillaire^M basculant
œil^M
fossette^F
conduit^M de la glande^F
canal^M à venin^M
crochet^M à venin^M
glande^F à venin^M
glotte^F
écaille^F
dent^F
fourreau^M de la langue^F
langue^F bifide
plaque^F supra-caudale
queue^F
CARAPACE^F
dossière^F
plaque^F marginale
plastron^M

SERPENT^M À SONNETTES^F

écaille^F ventrale
côte^F
estomac^M
vésicule^F biliaire
cœur^M
intestin^M
poumon^M
œsophage^M
foie^M
rein^M
queue^F
sonnette^F

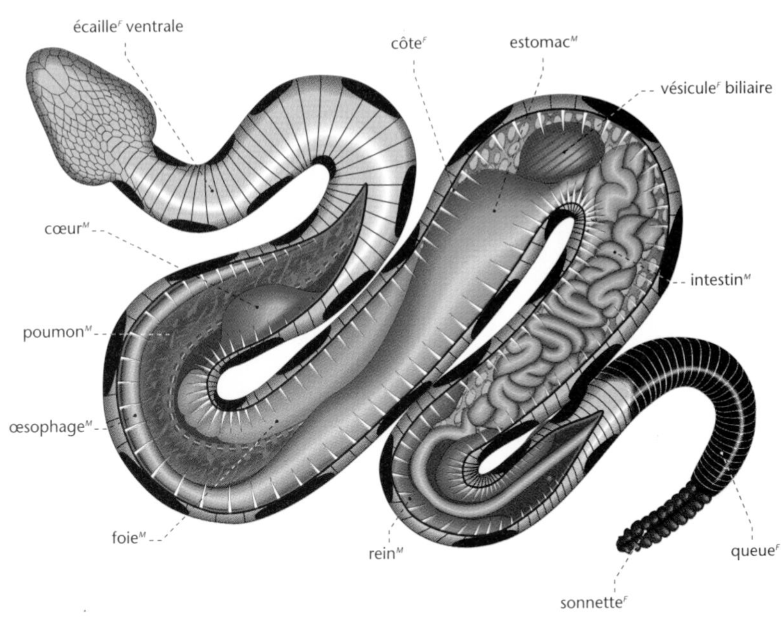

TORTUE^F

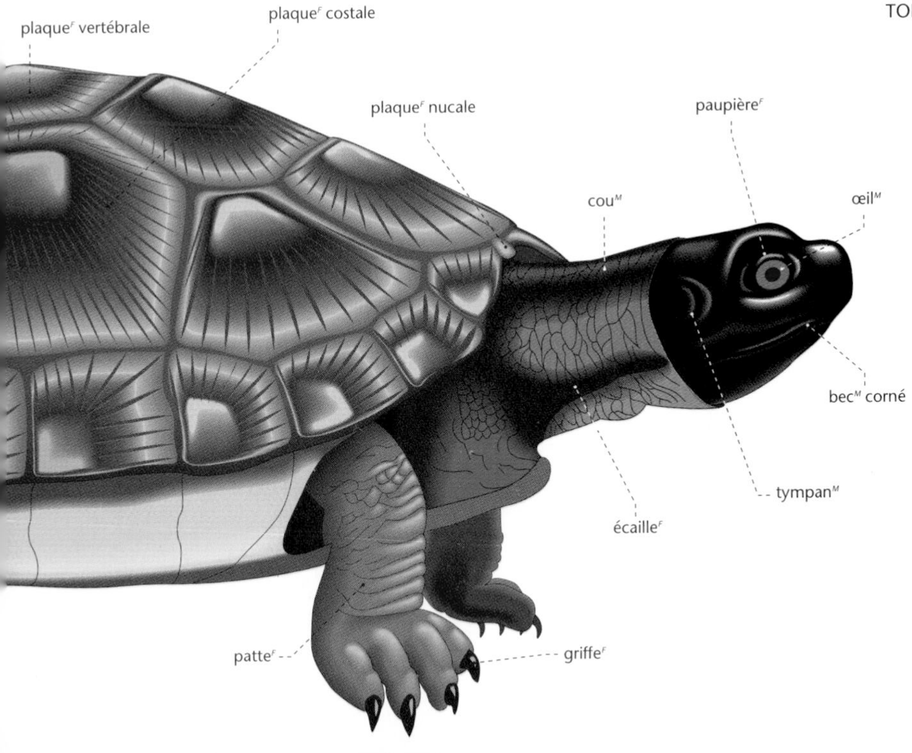

plaque^F vertébrale
plaque^F costale
plaque^F nucale
paupière^F
cou^M
œil^M
bec^M corné
tympan^M
écaille^F
patte^F
griffe^F

TYPES[M] DE MÂCHOIRES[F]

CASTOR[M]

MÂCHOIRE[F] DE RONGEUR[M]

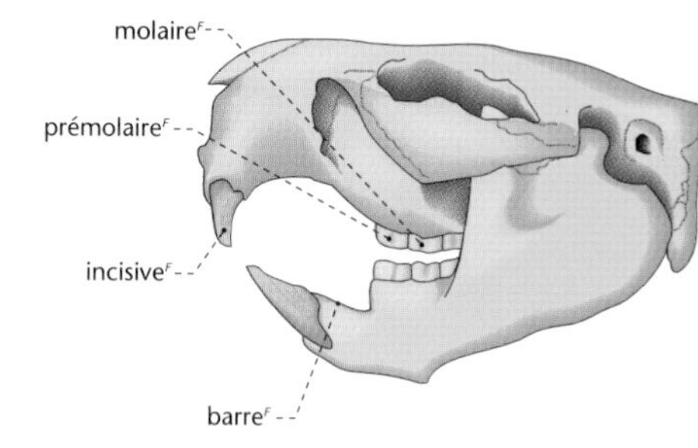

LION[M]

MÂCHOIRE[F] DE CARNIVORE[M]

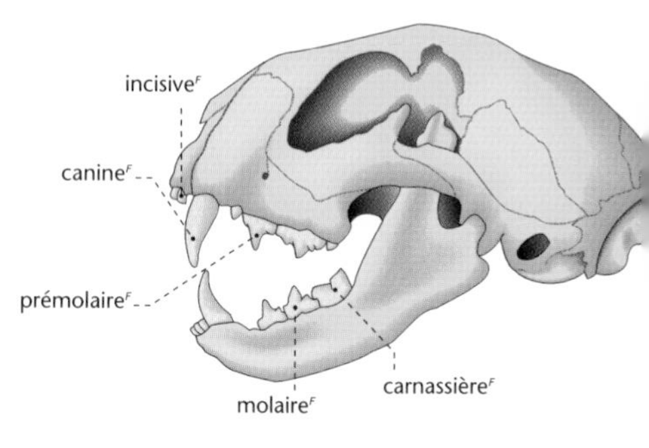

CHEVAL[M]

MÂCHOIRE[F] D'HERBIVORE[M]

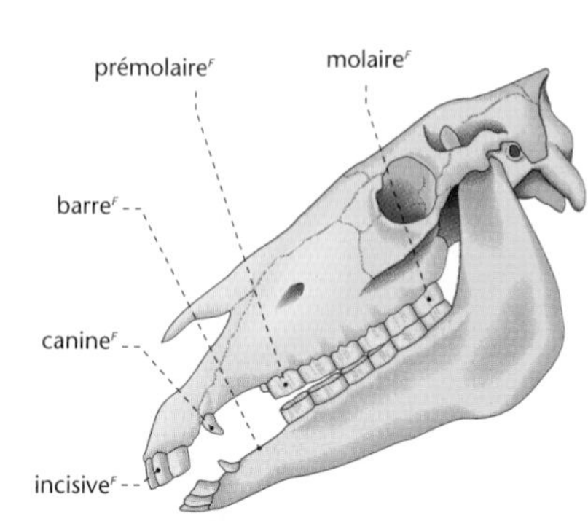

PRINCIPAUX TYPES[M] DE CORNES[F]

cornes[F] de mouflon[M]

cornes[F] de girafe[F]

cornes[F] de rhinocéros[M]

PRINCIPAUX TYPES[M] DE DÉFENSES[F]

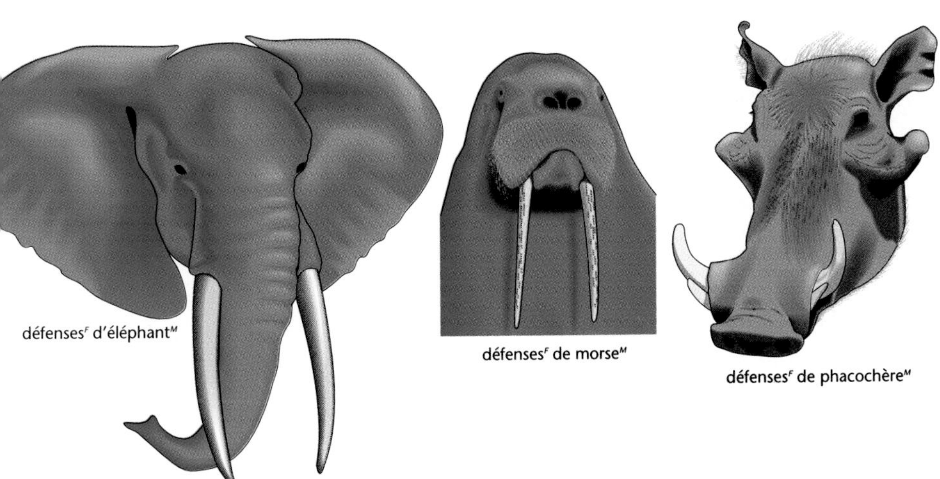

défenses[F] d'éléphant[M]

défenses[F] de morse[M]

défenses[F] de phacochère[M]

TYPES[M] DE SABOTS[M]

sabot[M] à 1 doigt[M]

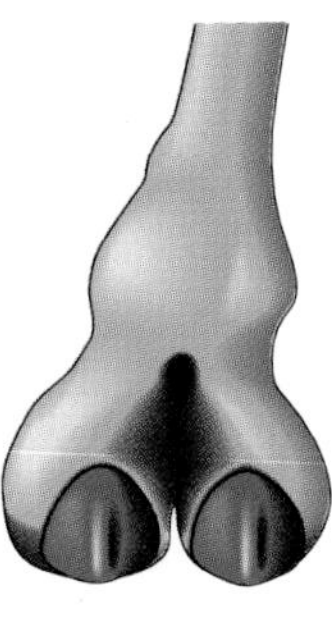

sabot[M] à 2 doigts[M]

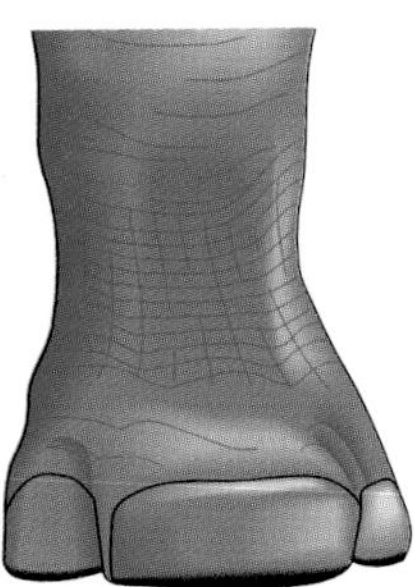

sabot[M] à 3 doigts[M]

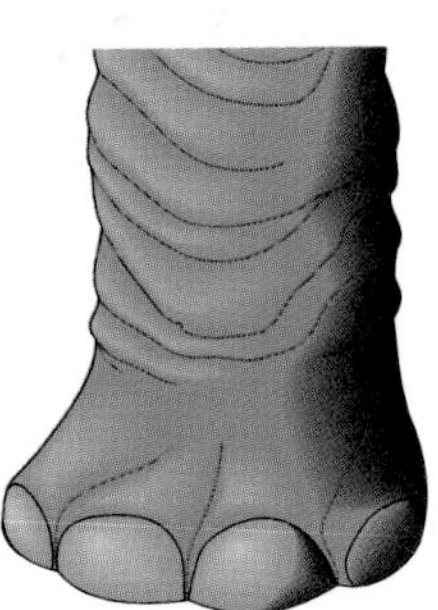

sabot[M] à 4 doigts[M]

CHEVAL[M]

MORPHOLOGIE[F]

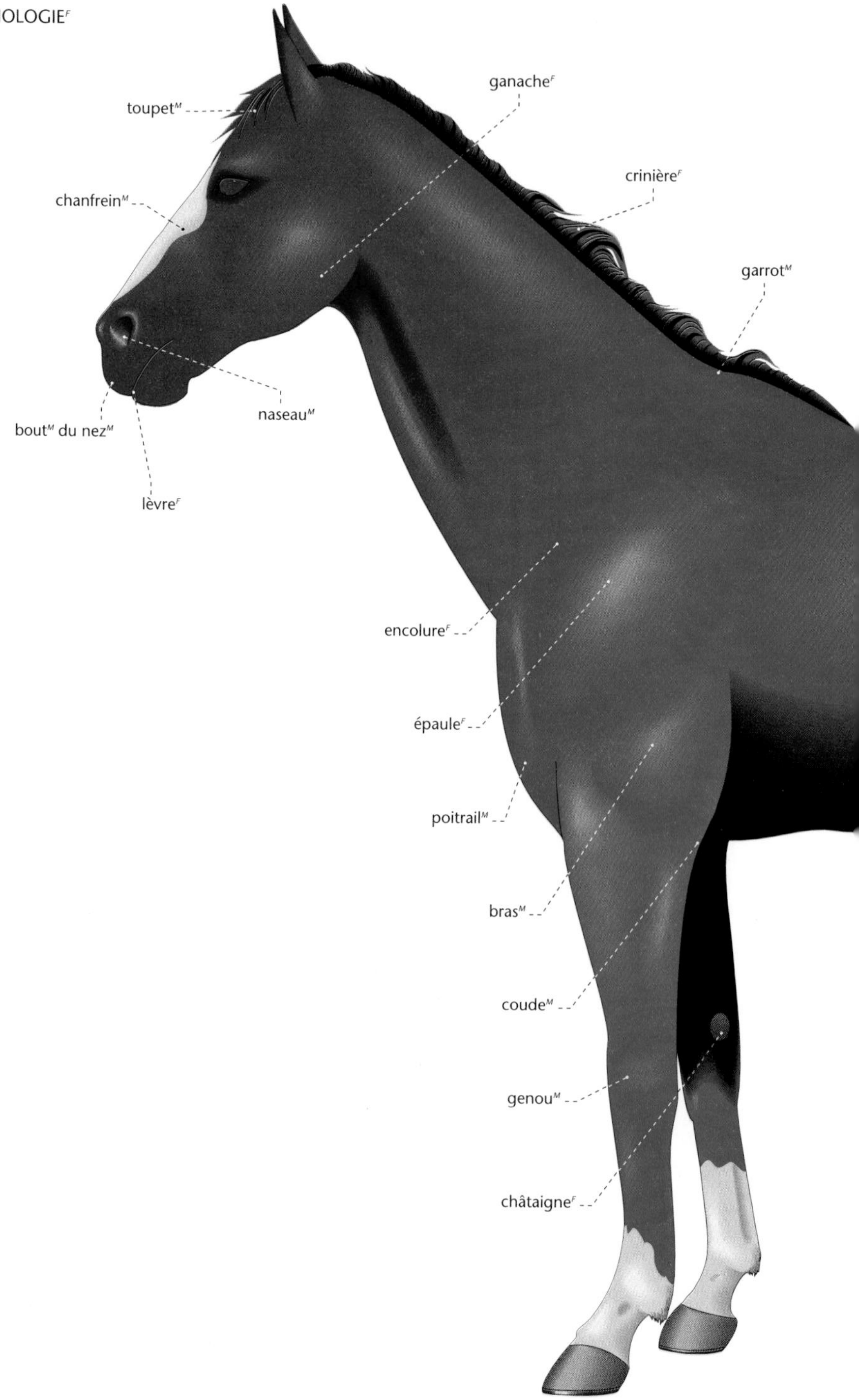

toupet[M]
chanfrein[M]
bout[M] du nez[M]
lèvre[F]
naseau[M]
ganache[F]
crinière[F]
garrot[M]
encolure[F]
épaule[F]
poitrail[M]
bras[M]
coude[M]
genou[M]
châtaigne[F]

ALLURES[F]

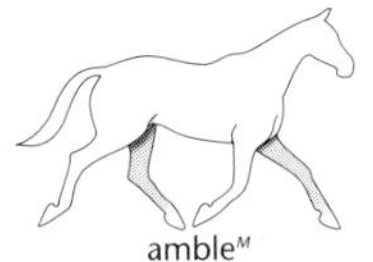
amble[M]

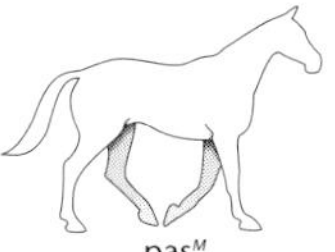
pas[M]

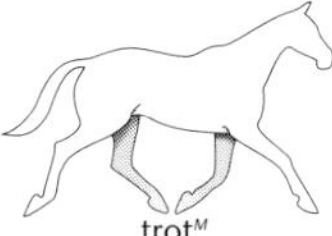
trot[M]

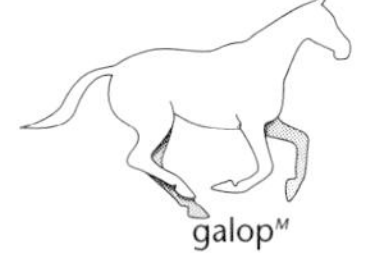
galop[M]

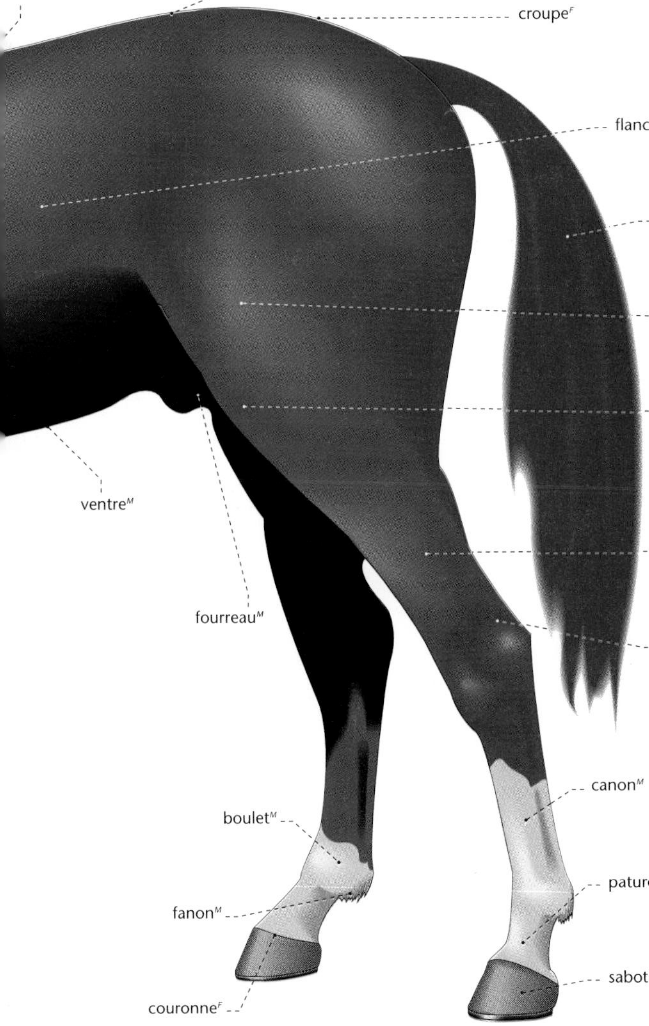

dos[M]
rein[M]
croupe[F]
flanc[M]
queue[F]
cuisse[F]
grasset[M]
ventre[M]
jambe[F]
fourreau[M]
jarret[M]
canon[M]
boulet[M]
paturon[M]
fanon[M]
sabot[M]
couronne[F]

SQUELETTE[M]

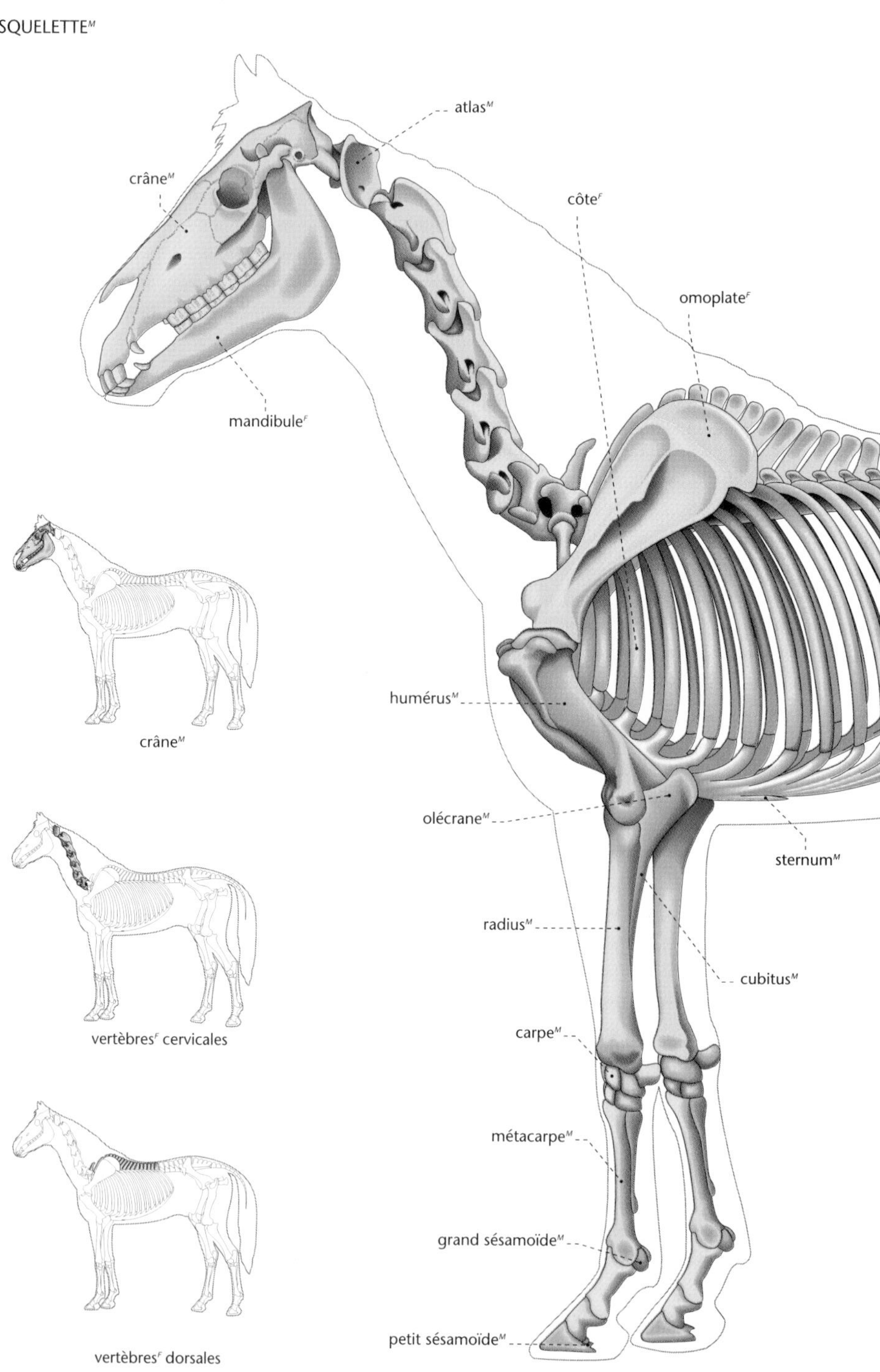
atlas[M]
crâne[M]
côte[F]
omoplate[F]
mandibule[F]
humérus[M]
olécrane[M]
sternum[M]
radius[M]
cubitus[M]
carpe[M]
métacarpe[M]
grand sésamoïde[M]
petit sésamoïde[M]
crâne[M]
vertèbres[F] cervicales
vertèbres[F] dorsales

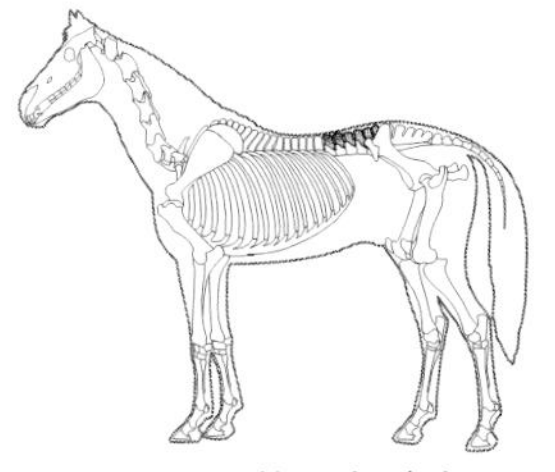

vertèbres[F] lombaires

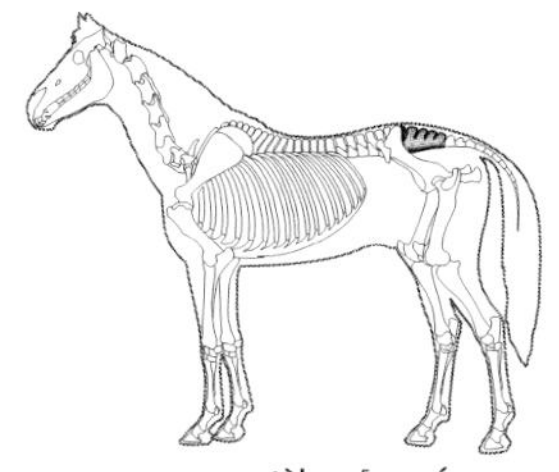

vertèbres[F] sacrées

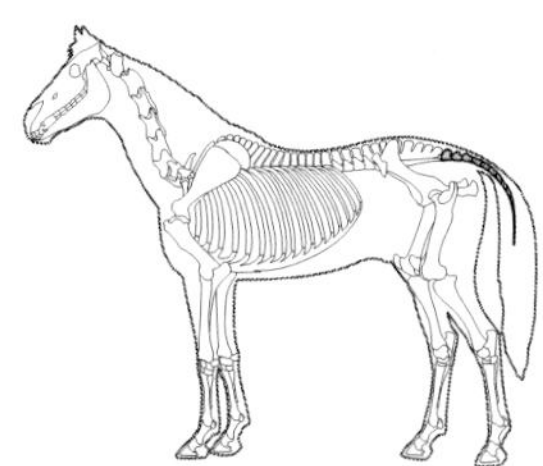

vertèbres[F] coccygiennes

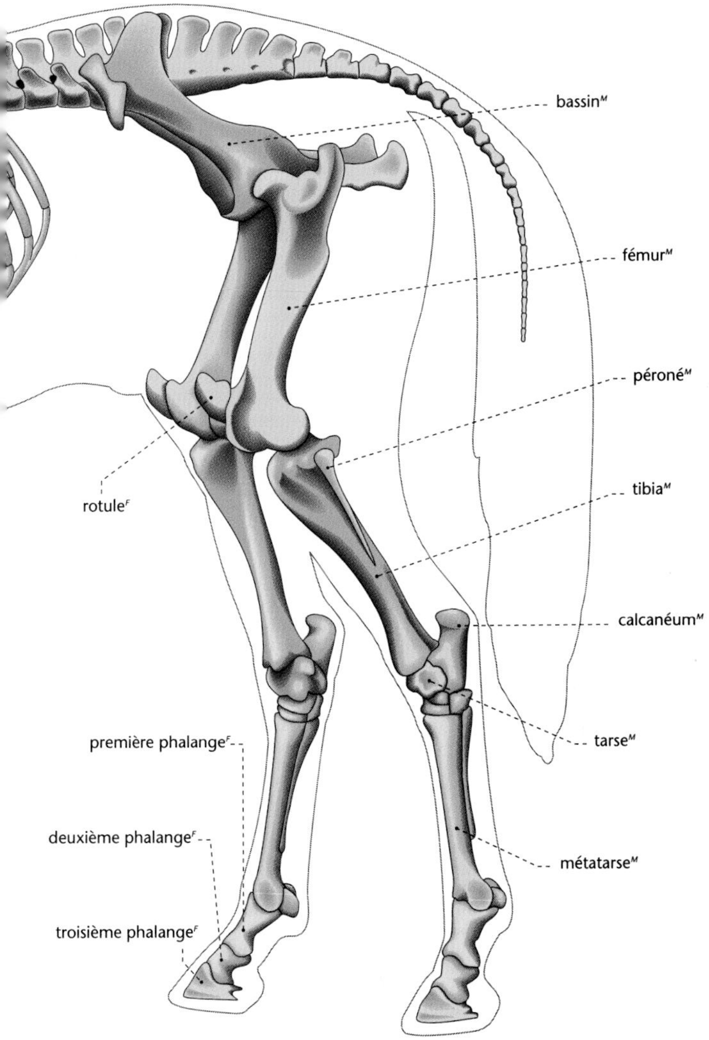

bassin[M]

fémur[M]

péroné[M]

rotule[F]

tibia[M]

calcanéum[M]

tarse[M]

première phalange[F]

deuxième phalange[F]

métatarse[M]

troisième phalange[F]

FACE[F] PLANTAIRE DU SABOT[M]

talon[M]
glome[M]
lacune[F] médiane
fourchette[F]
lacune[F] latérale
barre[F]
quartier[M]
sole[F]
paroi[F]
mamelle[F]
ligne[F] blanche
pince[F]

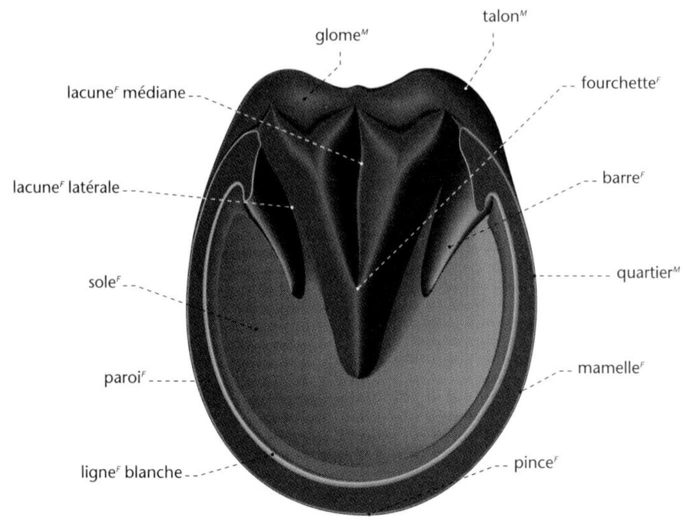

FER[M] À CHEVAL[M]

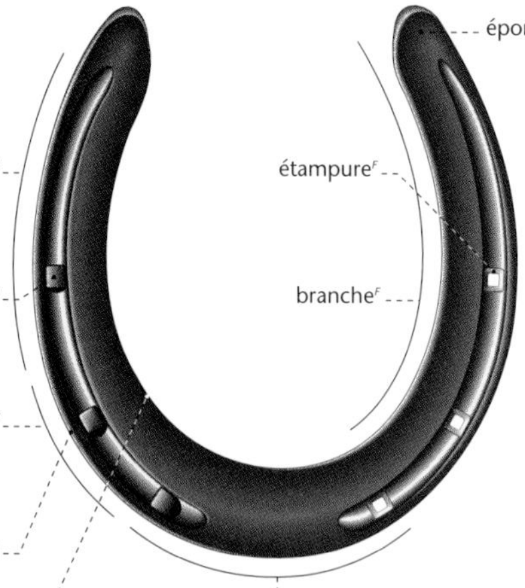

éponge[F]
quartier[M]
étampure[F]
clou[M]
branche[F]
mamelle[F]
rive[F] externe
pince[F]
rive[F] interne

SABOT[M]

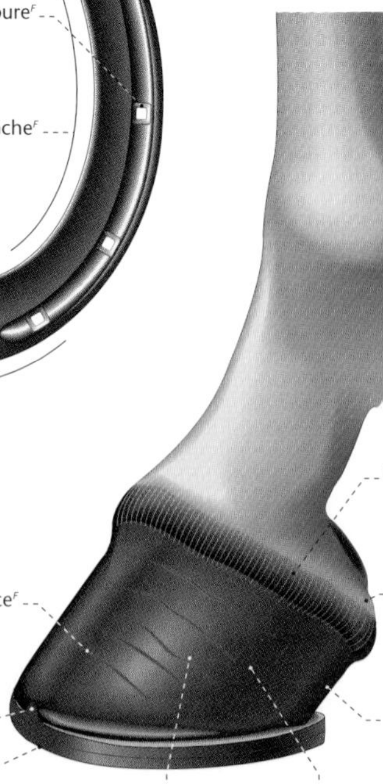

bourrelet[M]
glome[M]
pince[F]
pinçon[M]
talon[M]
fer[M]
mamelle[F]
quartier[M]

CERVIDÉS^M

BOIS^M DE CERF^M
enfourchure^F
empaumure^F
époi^M
perlure^F
chevillure^F
gouttière^F
trochure^F
surandouiller^M
merrain^M
andouiller^M de massacre^M
meule^F
pierrures^F
pivot^M
PRINCIPAUX CERVIDÉS^M
renne^M; *caribou*^M
cerf^M de Virginie; *chevreuil*^M
élan^M; *orignal*^M
cerf^M du Canada; *wapiti*^M

CHIEN[M]

MORPHOLOGIE[F]

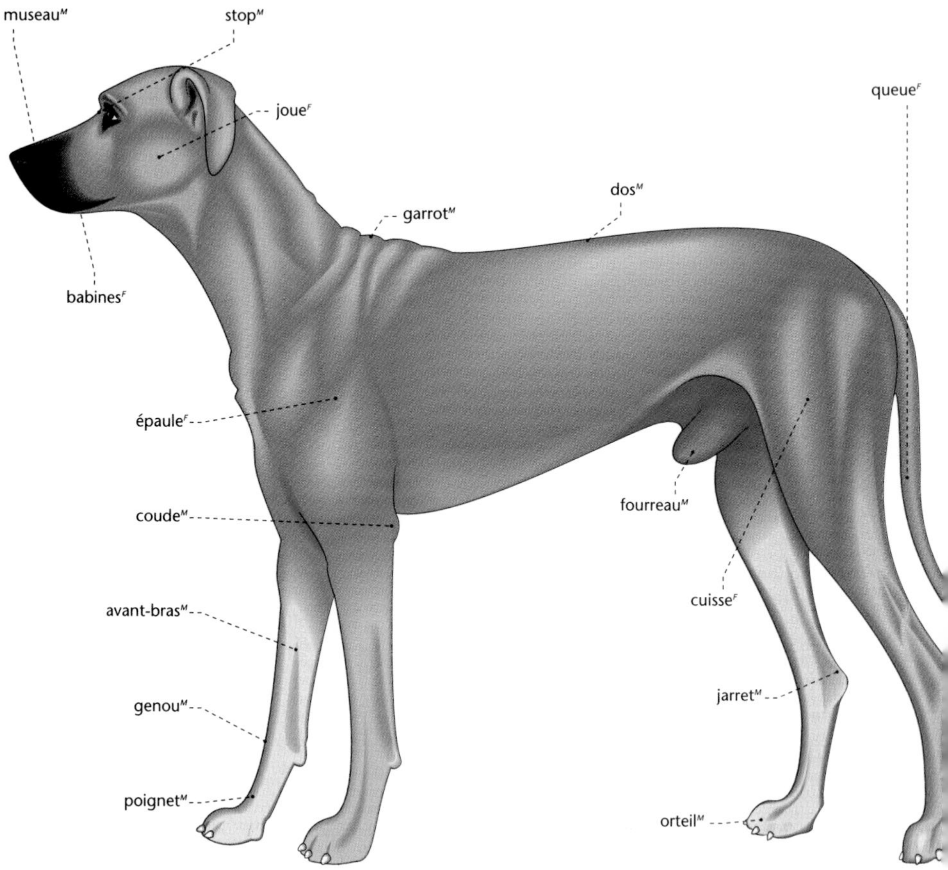

museau[M]
stop[M]
joue[F]
queue[F]
dos[M]
garrot[M]
babines[F]
épaule[F]
fourreau[M]
coude[M]
cuisse[F]
avant-bras[M]
jarret[M]
genou[M]
poignet[M]
orteil[M]

PATTE[F] ANTÉRIEURE

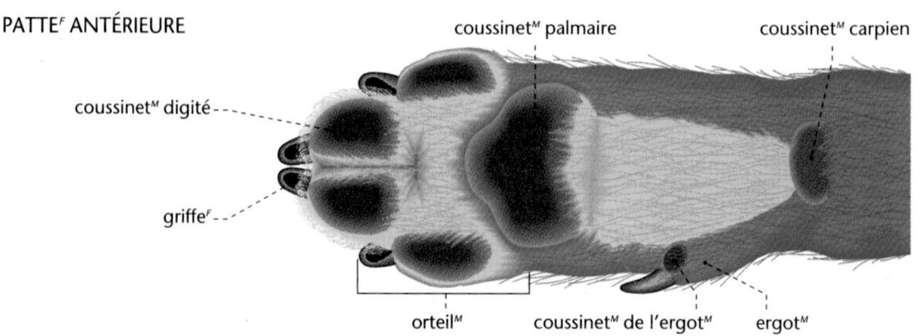

CHAT[M]

TÊTE[F]

sourcils[M]
paupière[F] supérieure
paupière[F] inférieure
paupière[F] interne
moustaches[F]
lèvre[F]
cils[M]
pupille[F]
truffe[F]
museau[M]

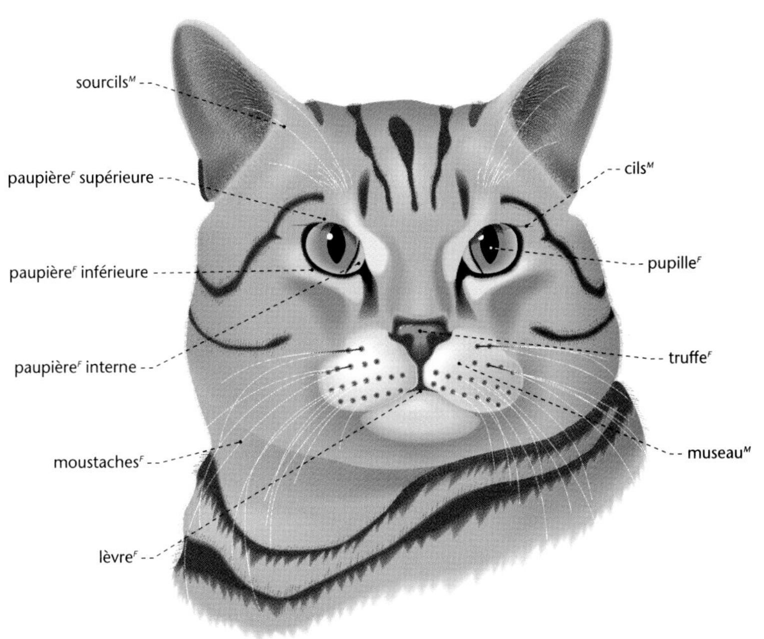

GRIFFE[F] ABAISSÉE

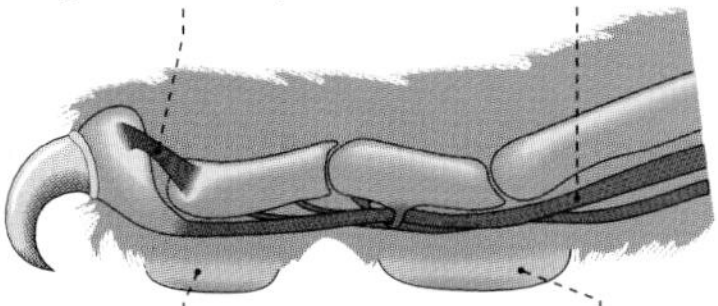

ligament[M] élastique
tendon[M]
coussinet[M] digité
coussinet[M] plantaire

GRIFFE[F] RÉTRACTÉE

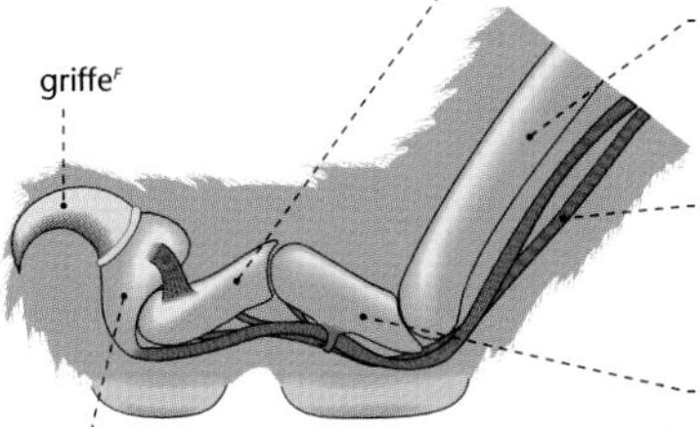

phalangine[F]
métacarpe[M]
griffe[F]
tendon[M]
phalange[F]
phalangette[F]

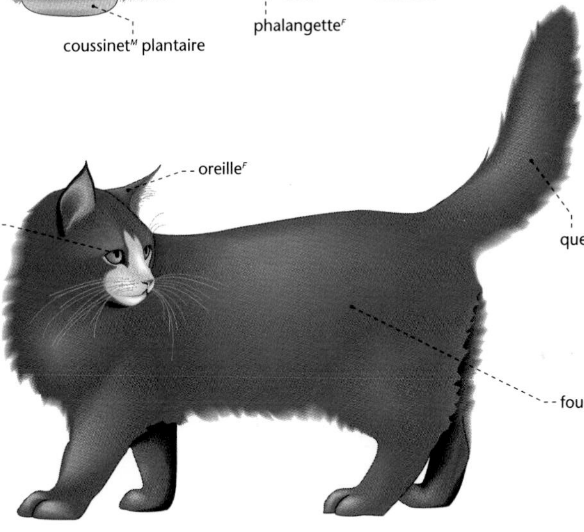

oreille[F]
oeil[M]
queue[F]
fourrure[F]

MORPHOLOGIE^F

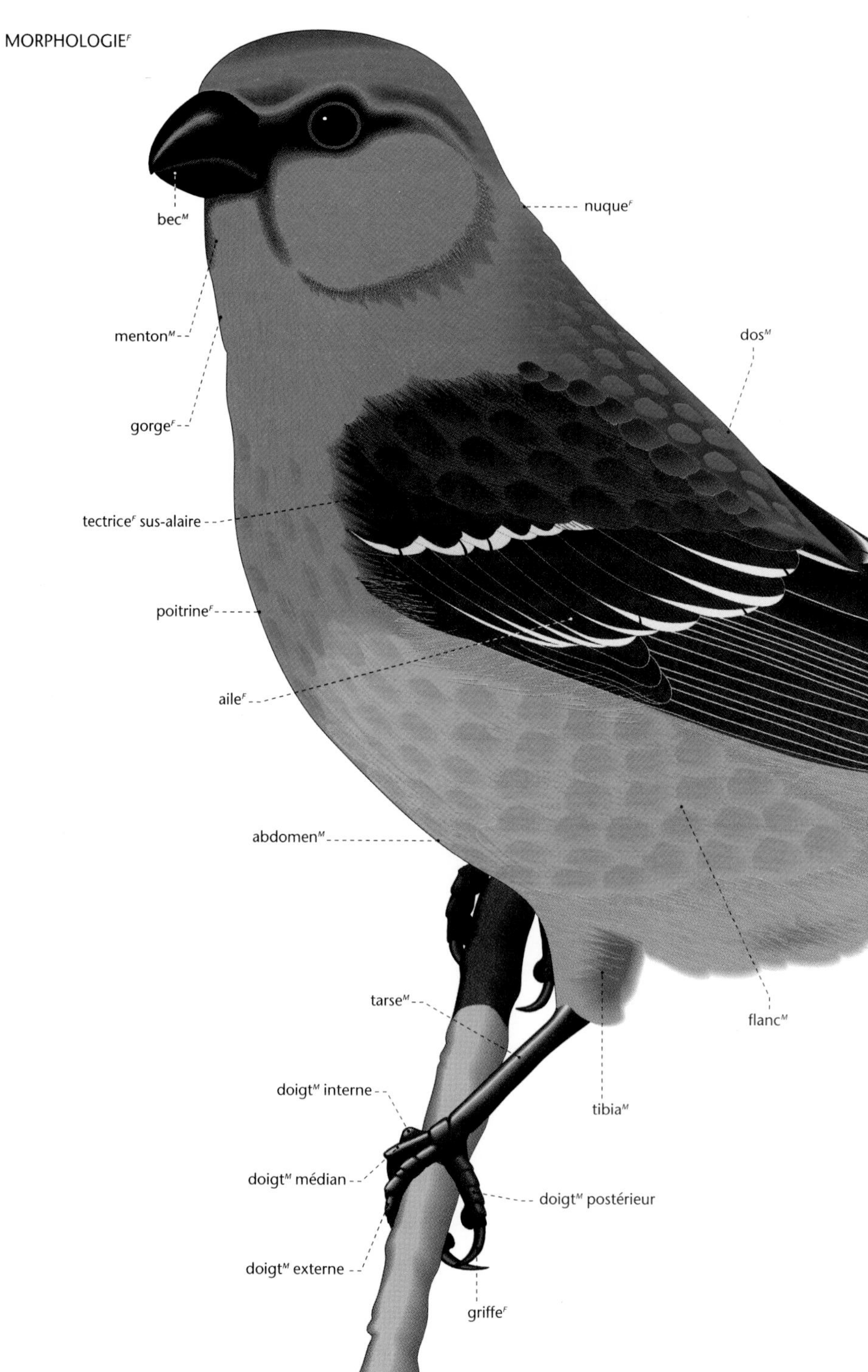

TÊTE[F]

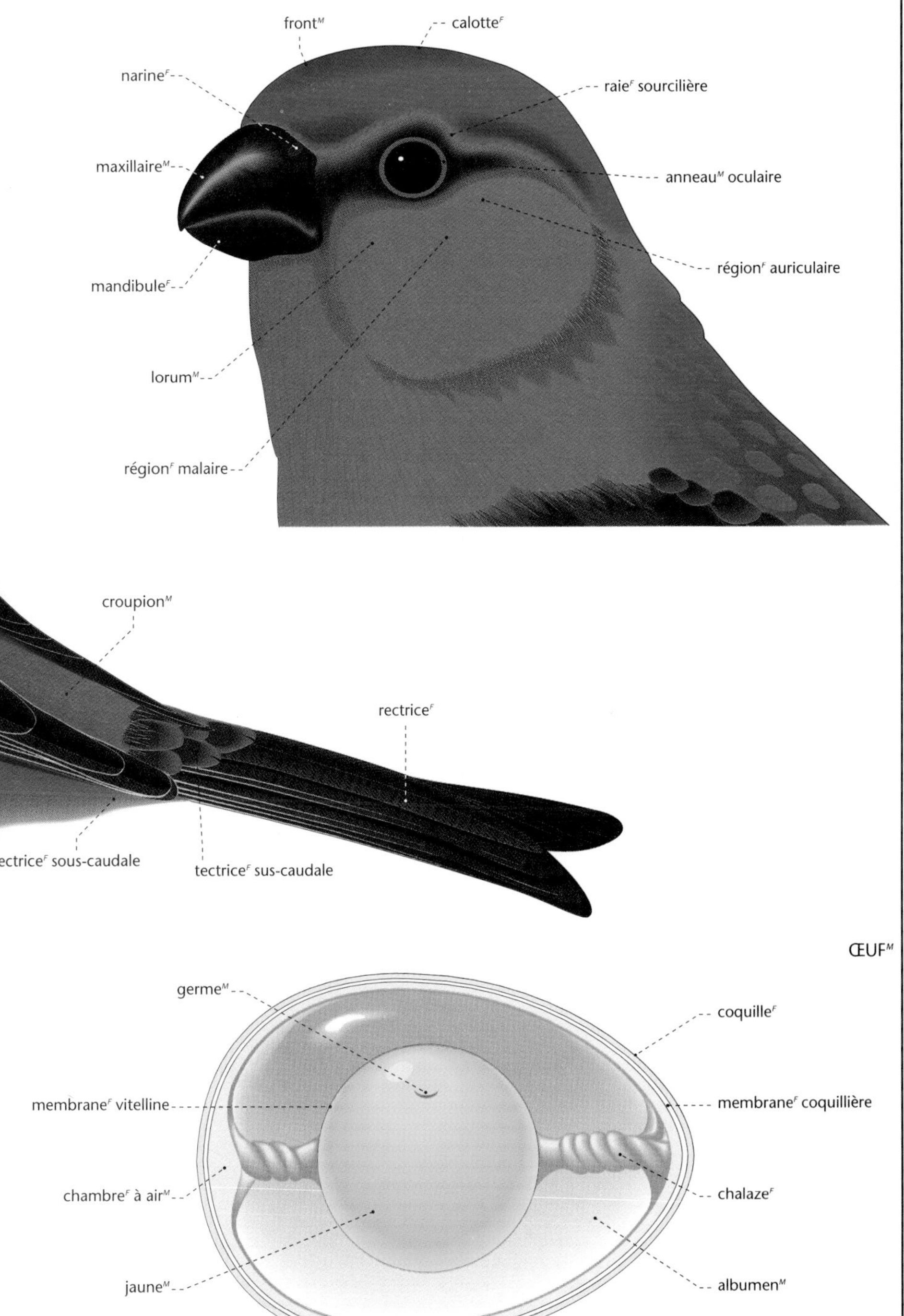
front[M]
calotte[F]
narine[F]
raie[F] sourcilière
maxillaire[M]
anneau[M] oculaire
mandibule[F]
région[F] auriculaire
lorum[M]
région[F] malaire
croupion[M]
rectrice[F]
tectrice[F] sous-caudale
tectrice[F] sus-caudale
ŒUF[M]
germe[M]
coquille[F]
membrane[F] vitelline
membrane[F] coquillière
chambre[F] à air[M]
chalaze[F]
jaune[M]
albumen[M]

OISEAU^M

AILE^F

moyenne sus-alaire^F
tectrice^F primaire
alule^F
petite sus-alaire^F
rémige^F primaire
moyenne tectrice^F primaire
grande sus-alaire^F
rémige^F secondaire
rémige^F tertiaire
scapulaire^F

PENNE^F

vexille^M
duvet^M
rachis^M
calamus^M
barbe^F
ombilic^M supérieur
ombilic^M inférieur

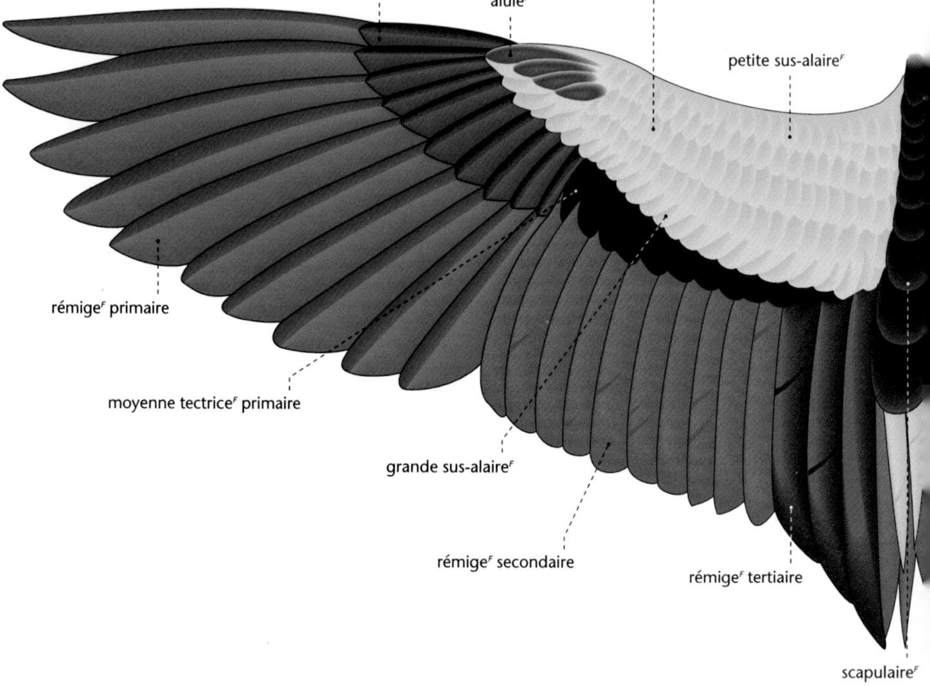

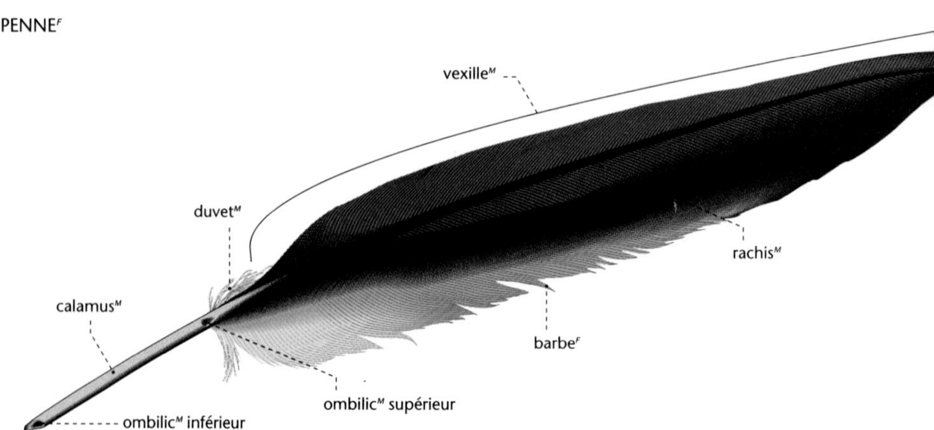

PRINCIPAUX TYPES^{M} DE BECS^{M}

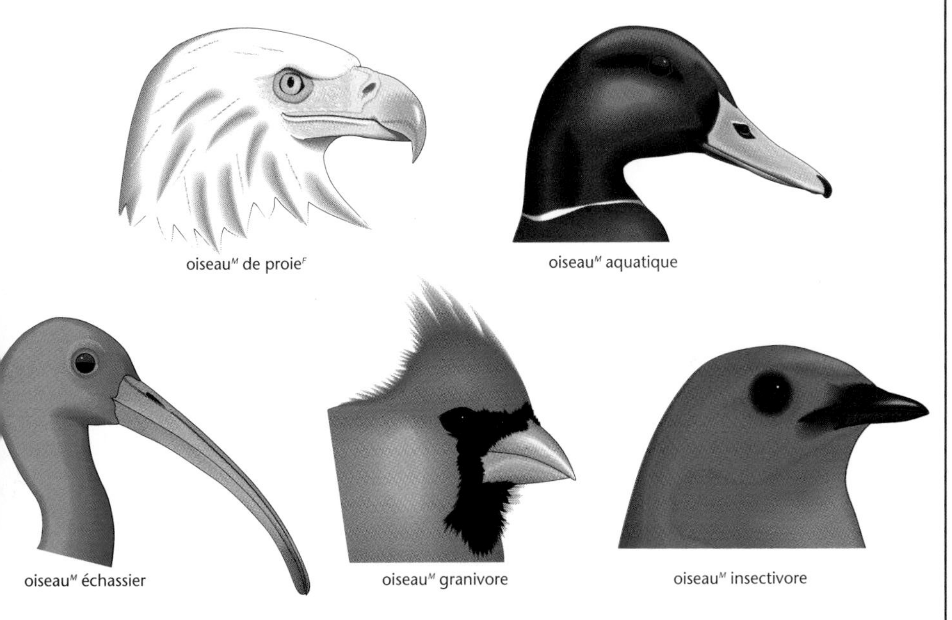

oiseau^{M} de proie^{F}

oiseau^{M} aquatique

oiseau^{M} échassier

oiseau^{M} granivore

oiseau^{M} insectivore

PRINCIPAUX TYPES^{M} DE PATTES^{F}

oiseau^{M} percheur

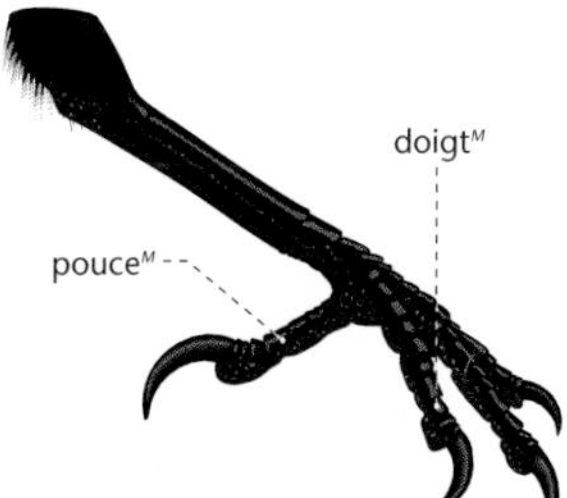
doigt^{M}
pouce^{M}

oiseau^{M} de proie^{F}

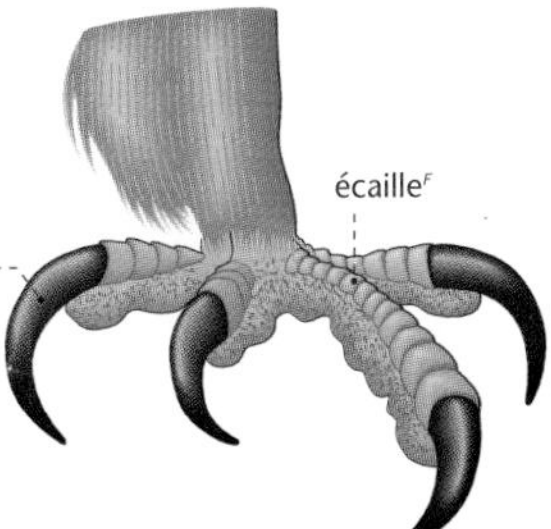
écaille^{F}
serre^{F}

oiseau^{M} aquatique

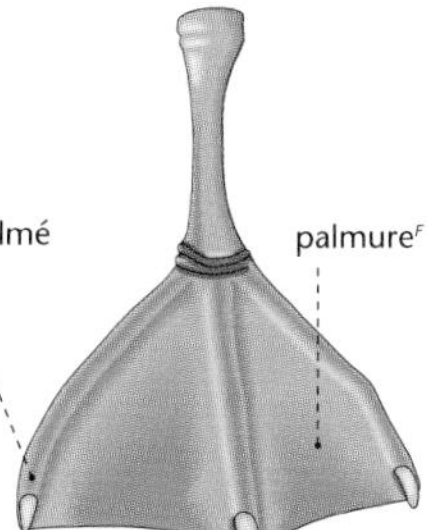
doigt^{M} palmé
palmure^{F}

oiseau^{M} aquatique

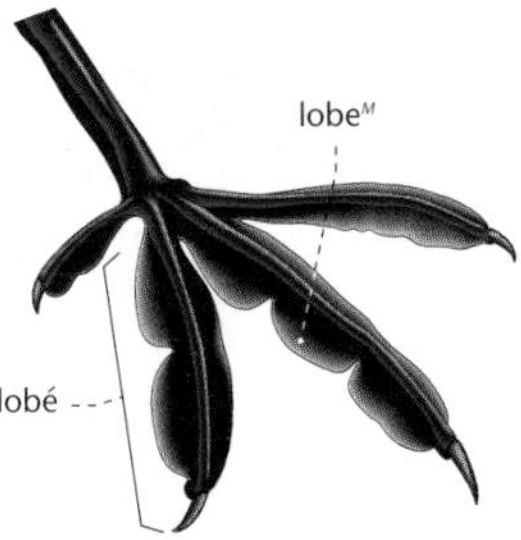
lobe^{M}
doigt^{M} lobé

CHAUVE-SOURIS[F]

TÊTE[F]

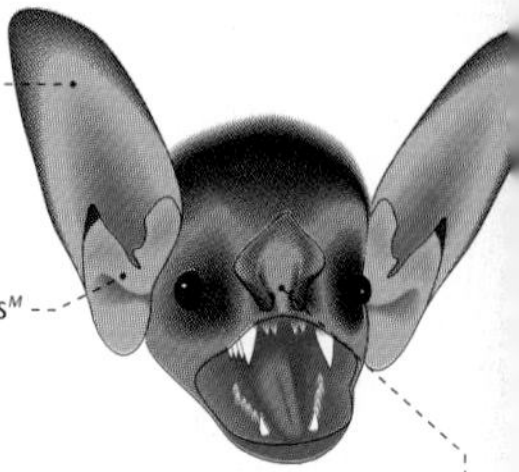

oreille[F]

tragus[M]

appendice[M] nasal

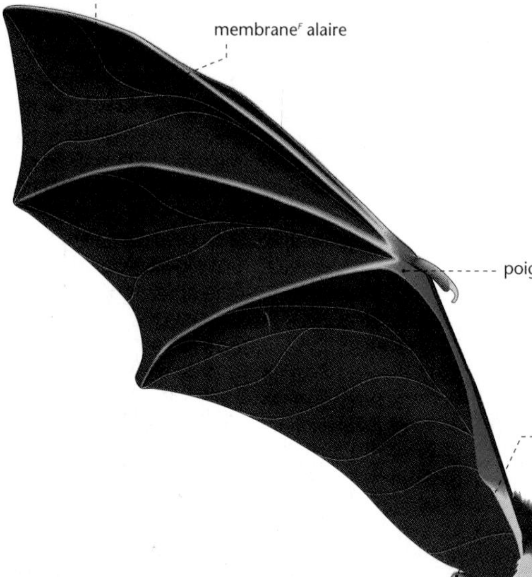

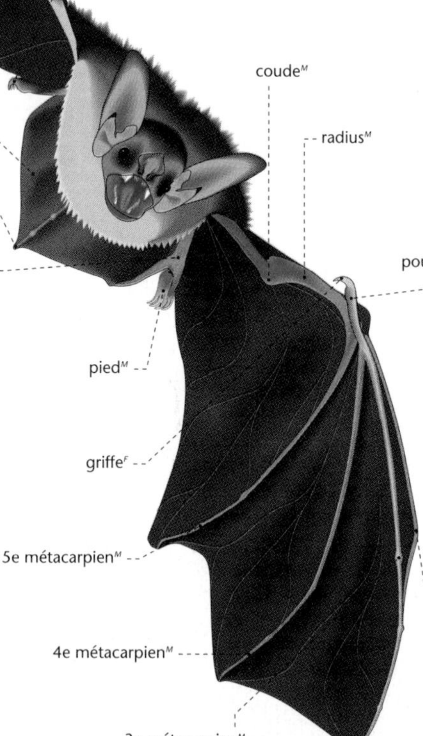

vaisseaux[M] sanguins

membrane[F] alaire

poignet[M]

éperon[M] calcanéen

coude[M]

membrane[F] interfémorale

radius[M]

queue[F]

pouce[M]

tibia[M]

pied[M]

griffe[F]

5e métacarpien[M]

4e métacarpien[M]

3e métacarpien[M]

ailes[F]

2e métacarpien[M]

SOMMAIRE

CELLULE VÉGÉTALE ... 115
CELLULE ANIMALE ... 115
CORPS HUMAIN ... 116
MUSCLES ... 120
SQUELETTE ... 122
CIRCULATION SANGUINE ... 124
ORGANES GÉNITAUX MASCULINS ... 127
ORGANES GÉNITAUX FÉMININS ... 128
SEIN ... 129
APPAREIL RESPIRATOIRE ... 130
APPAREIL DIGESTIF ... 131
APPAREIL URINAIRE ... 132
SYSTÈME NERVEUX ... 133
ORGANES DES SENS: TOUCHER ... 136
ORGANES DES SENS: OUÏE ... 138
ORGANES DES SENS: VUE ... 140
ORGANES DES SENS: ODORAT ... 141
SENS DE L'ODORAT ET DU GOÛT ... 142
DENTS ... 144

CELLULE[F] VÉGÉTALE

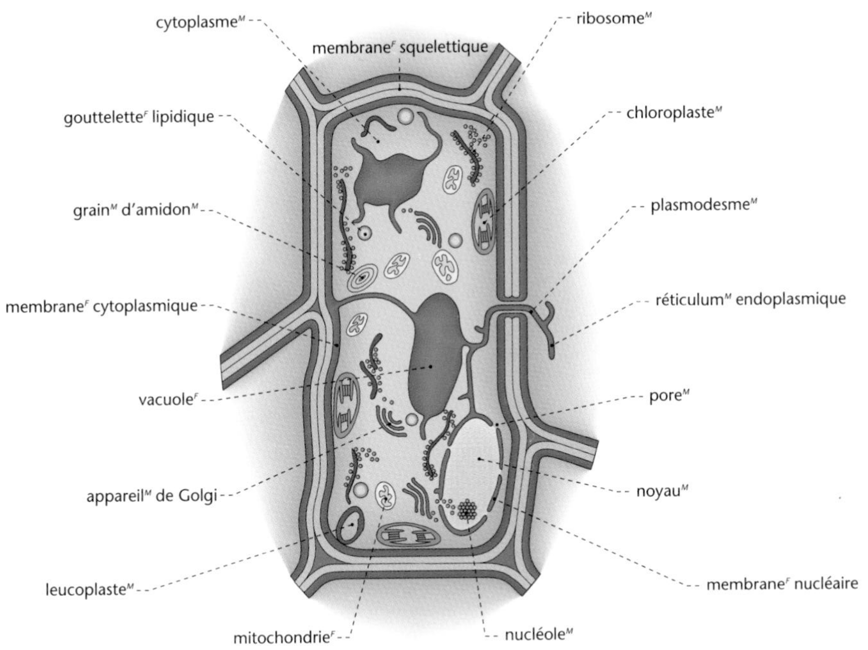

CELLULE[F] ANIMALE

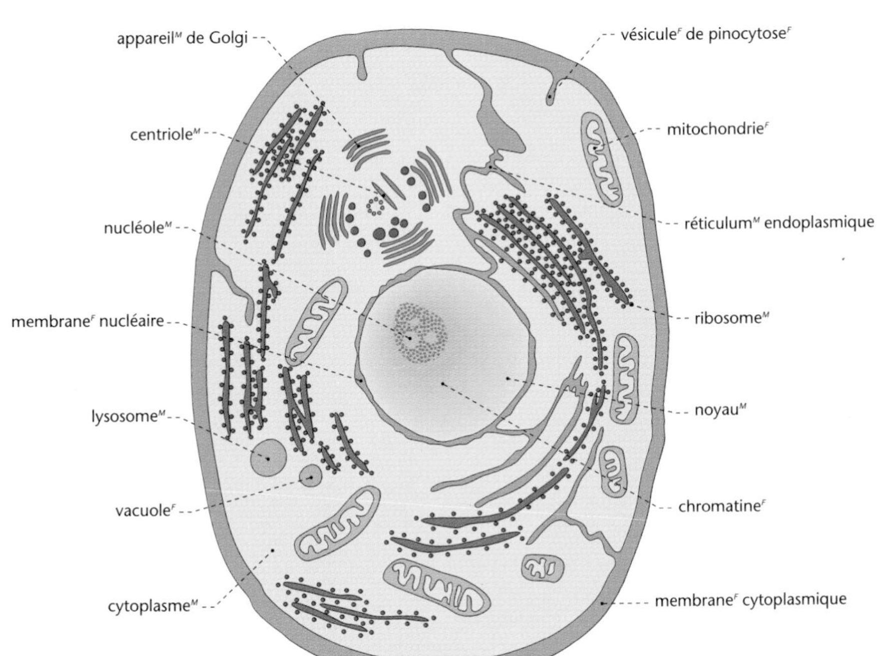

CORPS^M HUMAIN

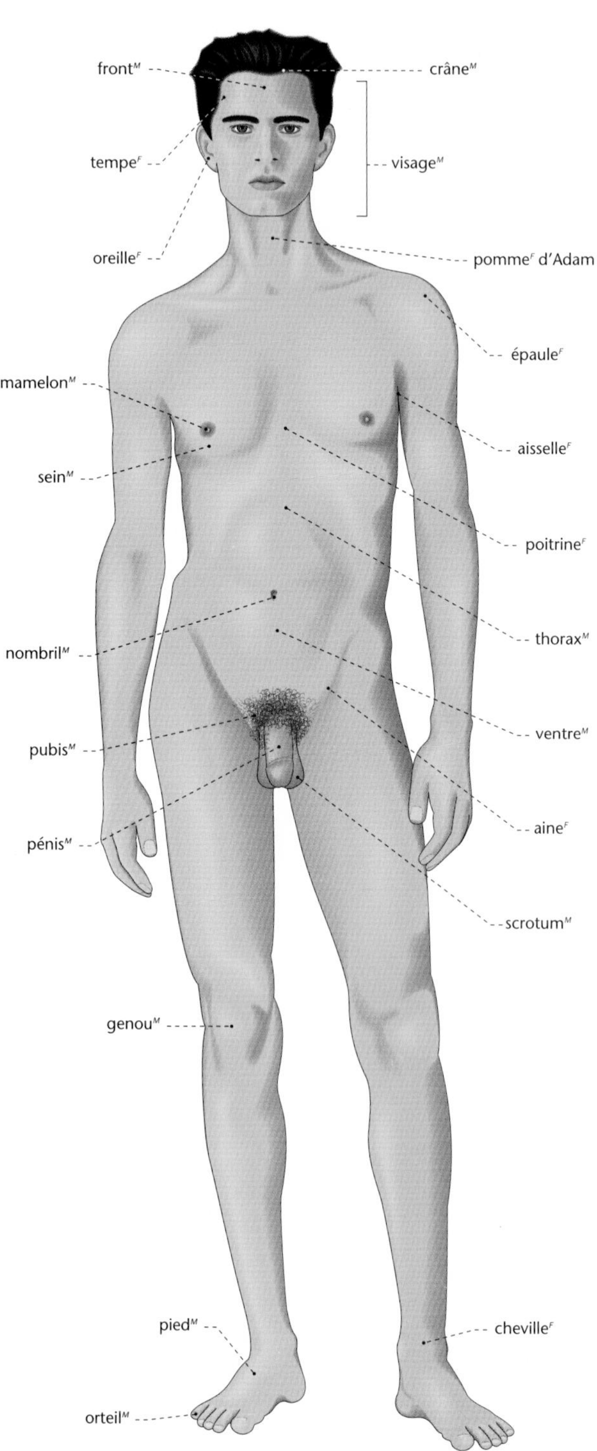

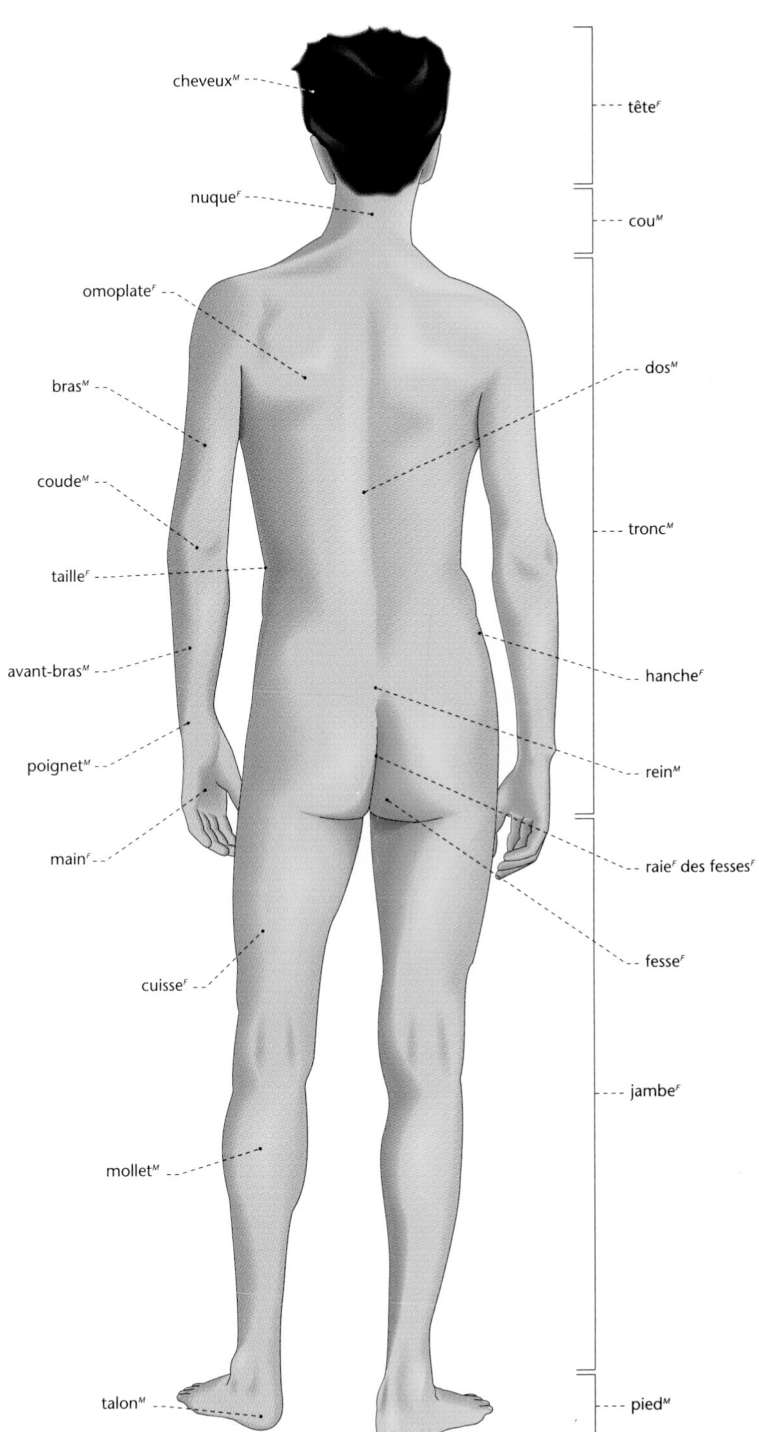
cheveux^M
nuque^F
omoplate^F
bras^M
coude^M
taille^F
avant-bras^M
poignet^M
main^F
cuisse^F
mollet^M
talon^M
tête^F
cou^M
dos^M
tronc^M
hanche^F
rein^M
raie^F des fesses^F
fesse^F
jambe^F
pied^M

CORPS^M HUMAIN

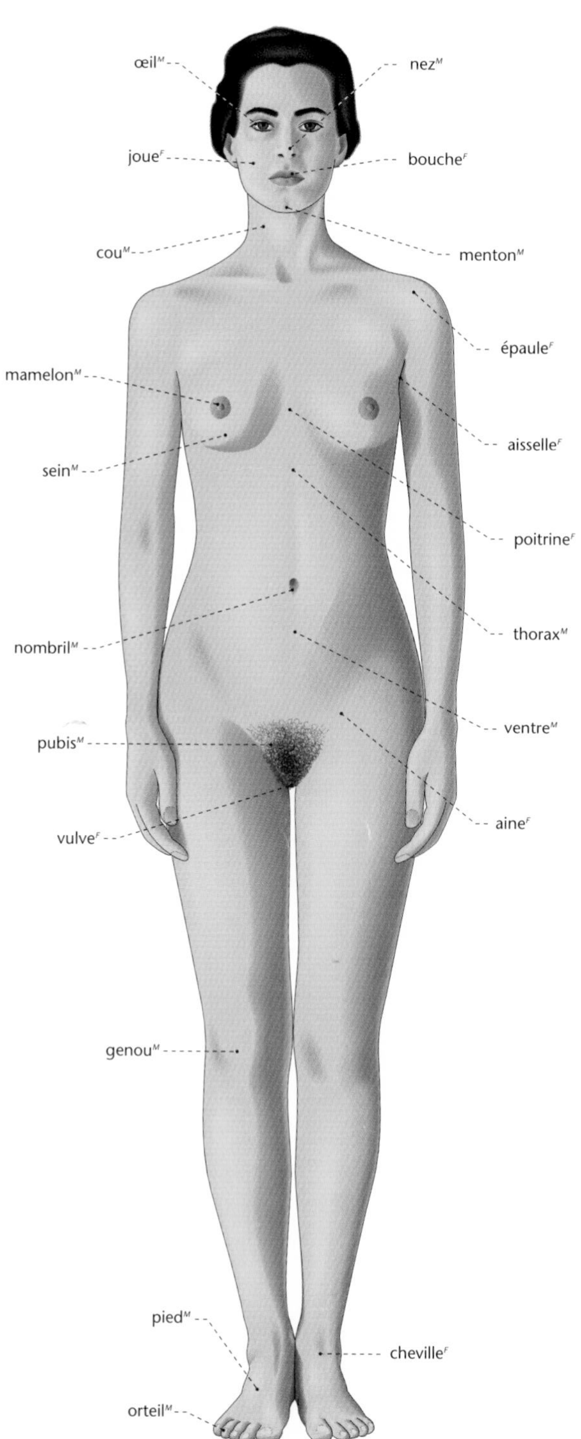

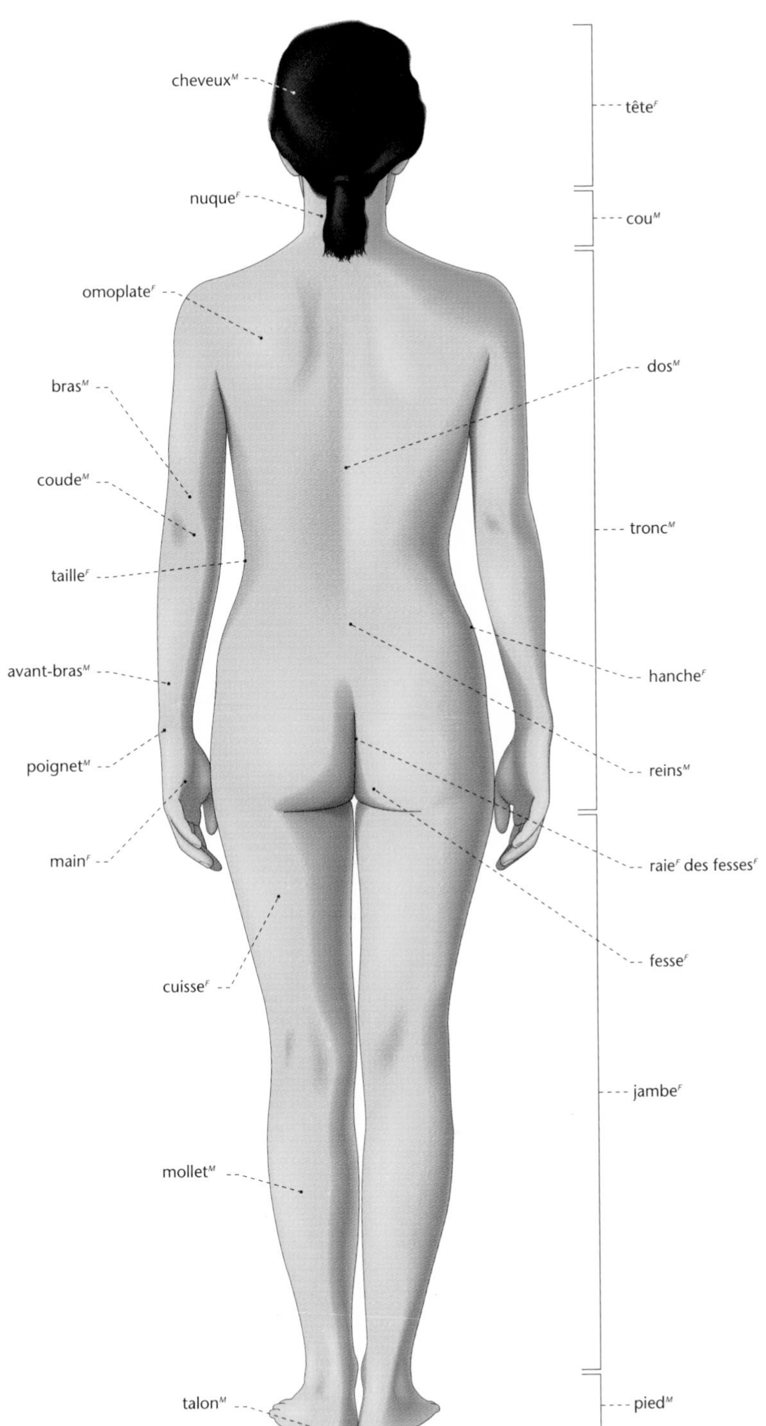
cheveux[M]
nuque[F]
omoplate[F]
bras[M]
coude[M]
taille[F]
avant-bras[M]
poignet[M]
main[F]
cuisse[F]
mollet[M]
talon[M]
tête[F]
cou[M]
dos[M]
tronc[M]
hanche[F]
reins[M]
raie[F] des fesses[F]
fesse[F]
jambe[F]
pied[M]

MUSCLES[M]

FACE[F] ANTÉRIEURE

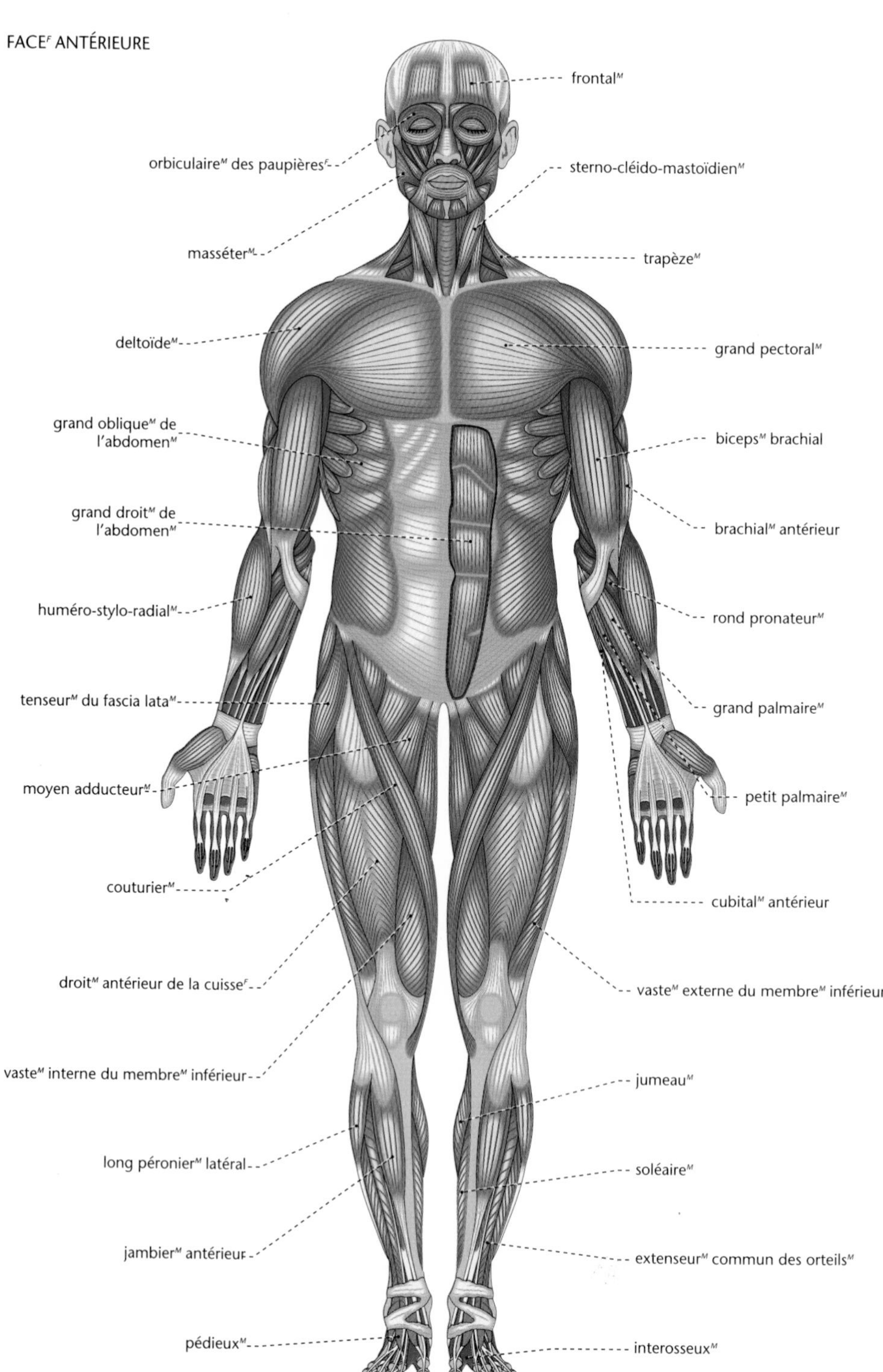

FACE[F] POSTÉRIEURE

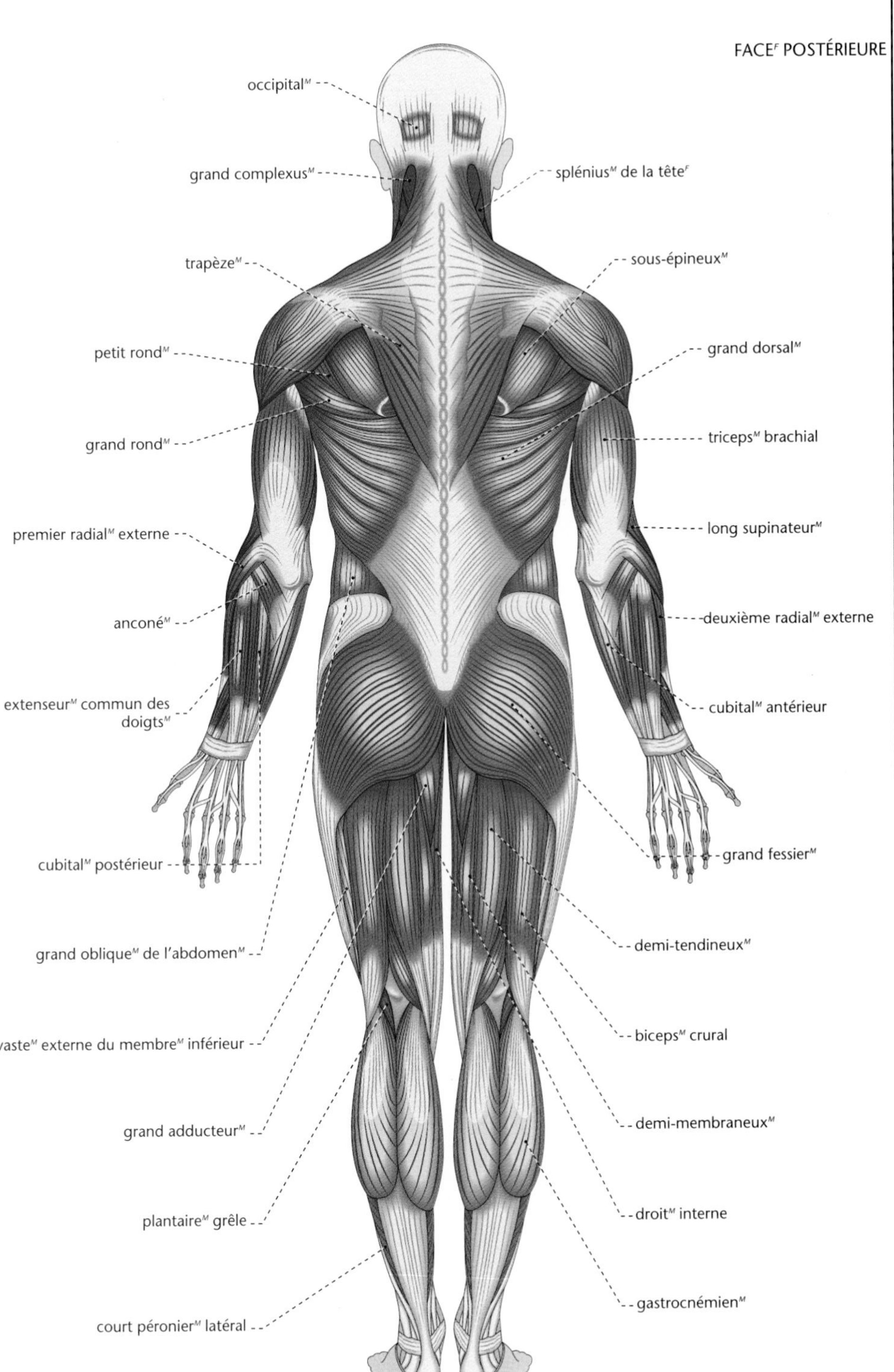

SQUELETTE[M]

VUE[F] ANTÉRIEURE

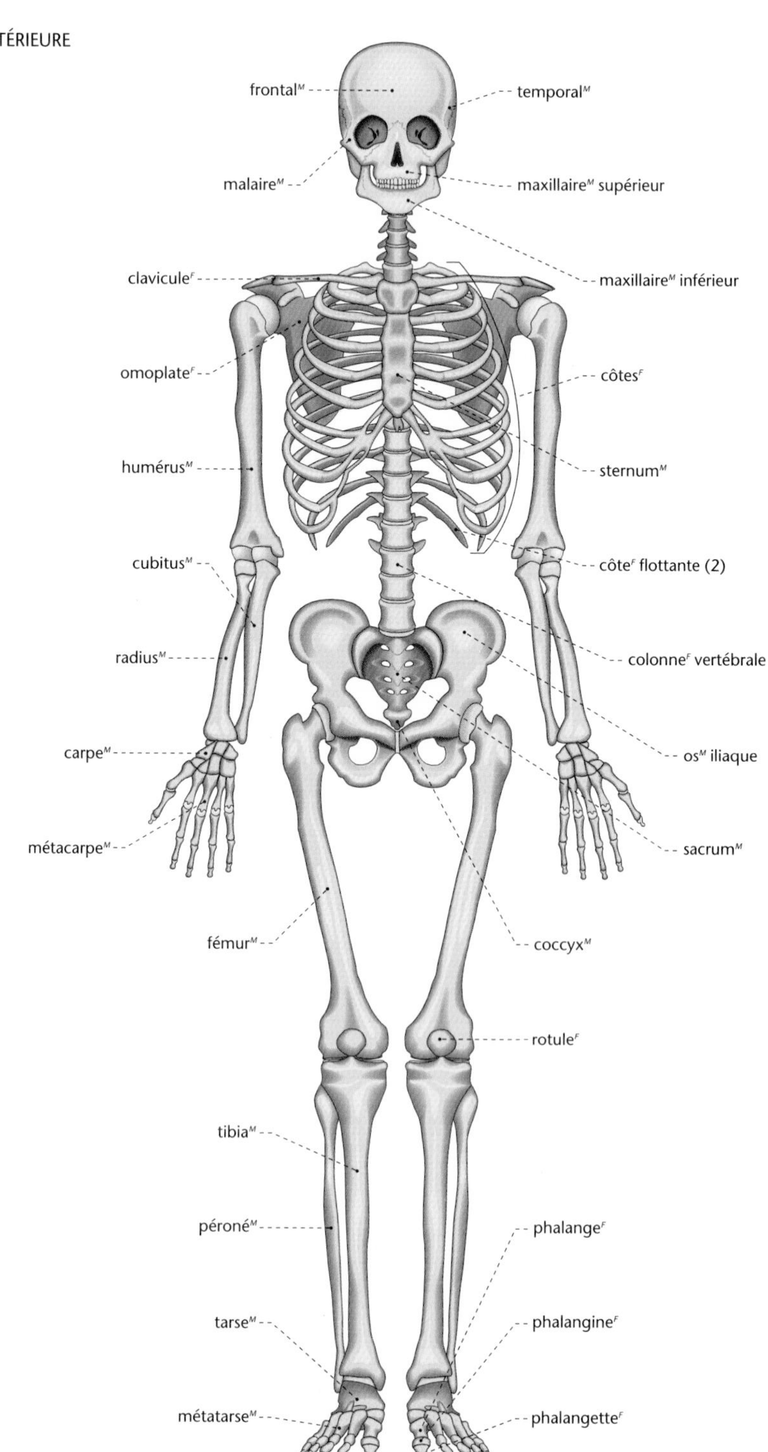

VUE[F] POSTÉRIEURE

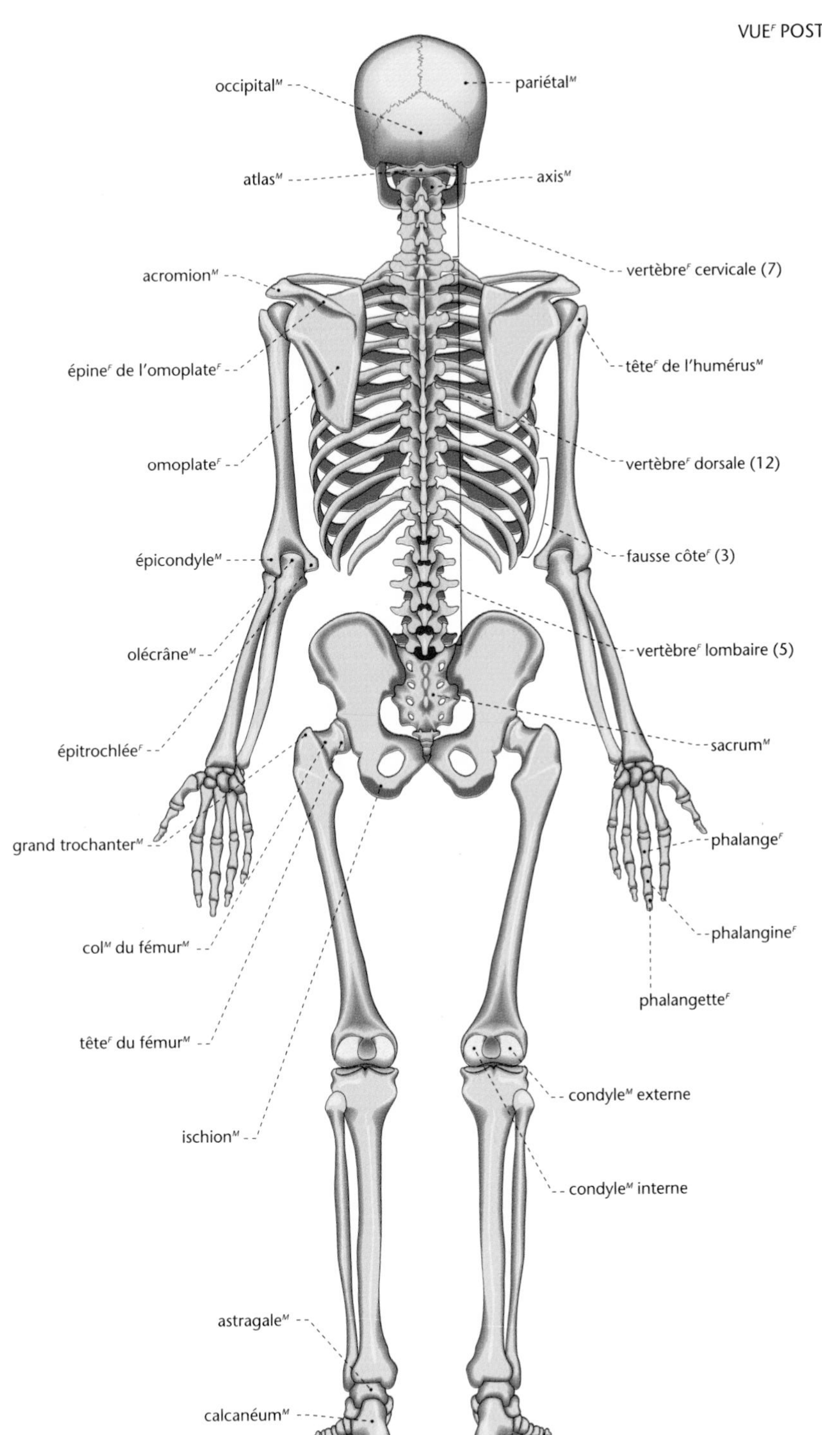

CIRCULATION^F SANGUINE

SCHÉMA^M DE LA CIRCULATION^F

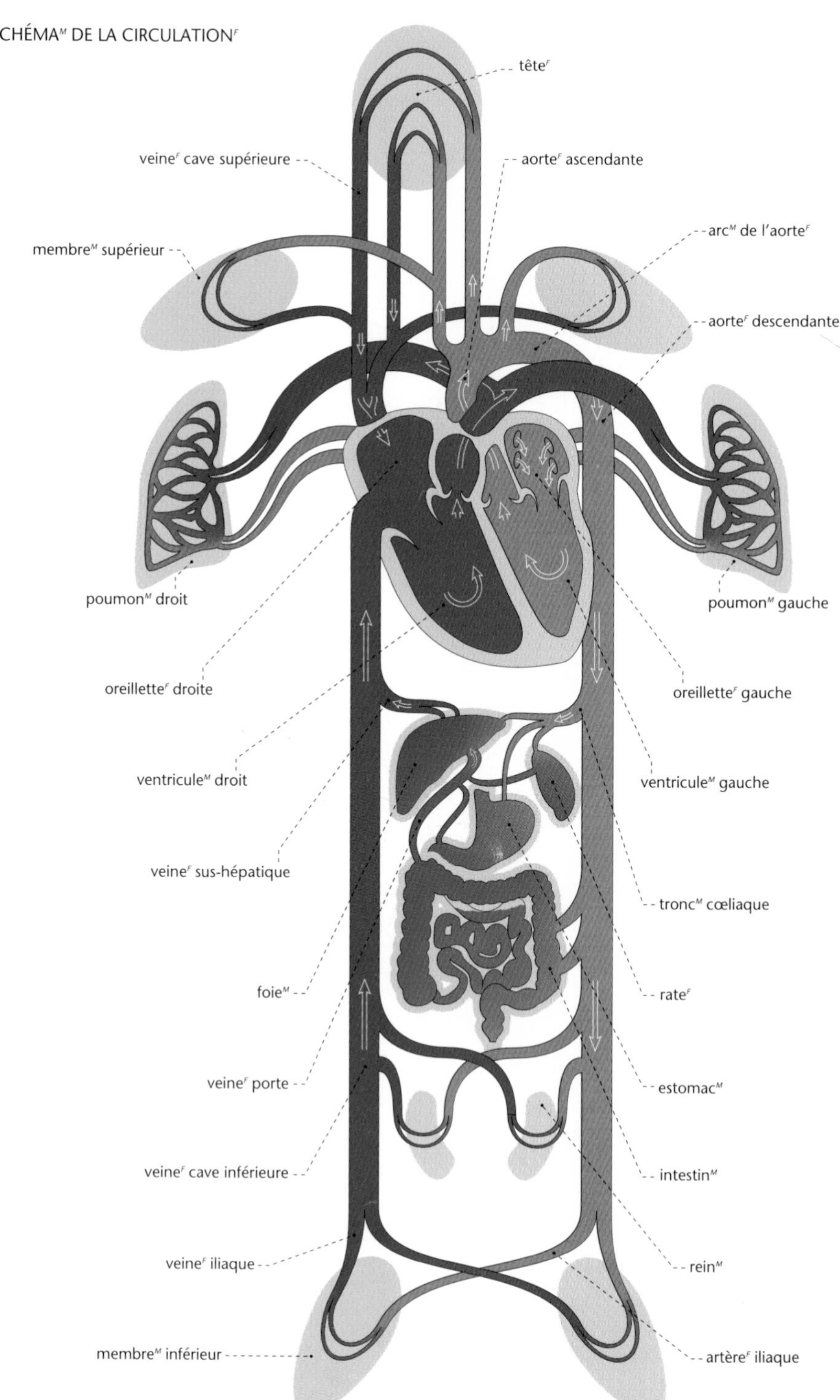

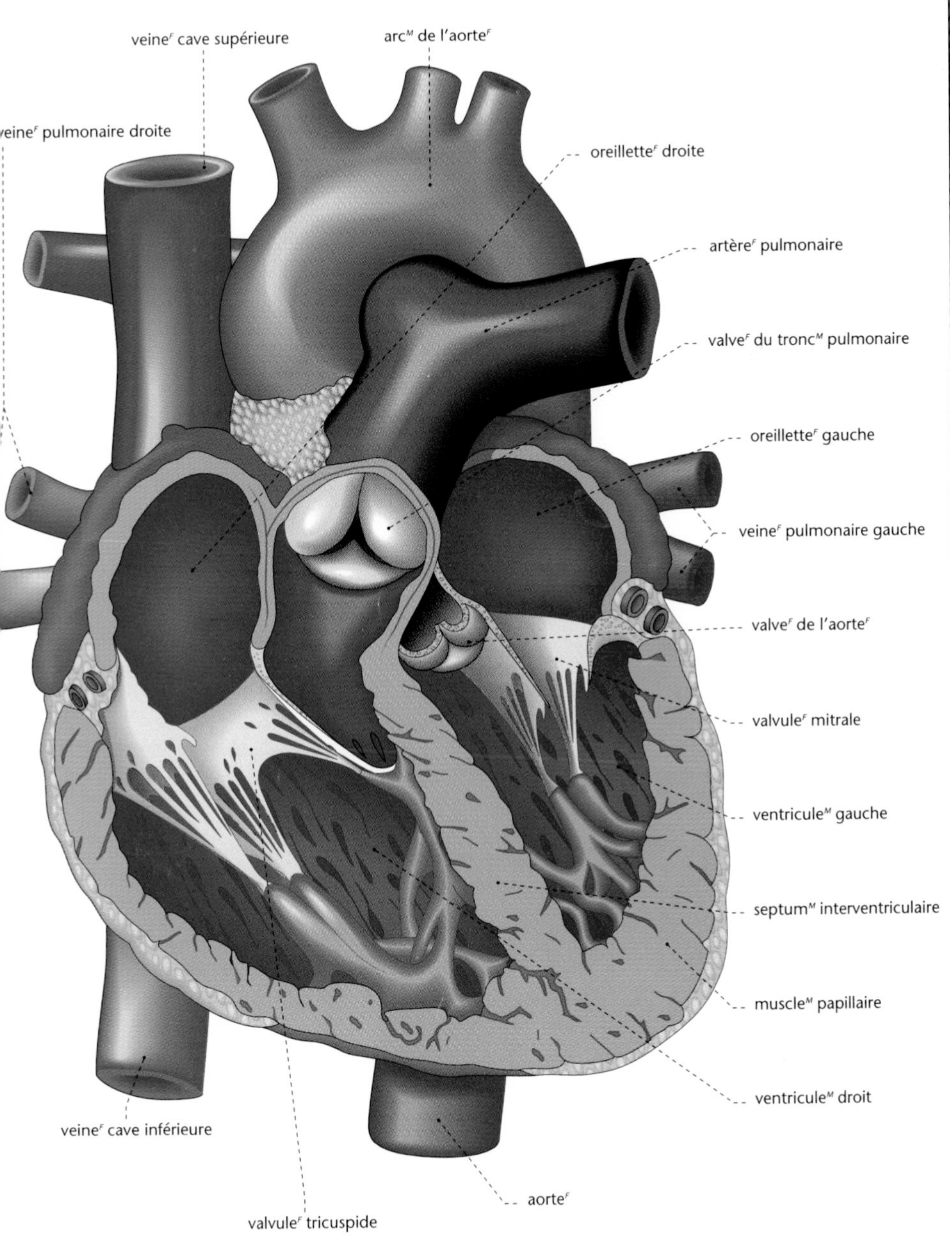
veine^F cave supérieure
arc^M de l'aorte^F
veine^F pulmonaire droite
oreillette^F droite
artère^F pulmonaire
valve^F du tronc^M pulmonaire
oreillette^F gauche
veine^F pulmonaire gauche
valve^F de l'aorte^F
valvule^F mitrale
ventricule^M gauche
septum^M interventriculaire
muscle^M papillaire
ventricule^M droit
veine^F cave inférieure
aorte^F
valvule^F tricuspide

CIRCULATION[F] SANGUINE

PRINCIPALES VEINES[F] ET ARTÈRES[F]

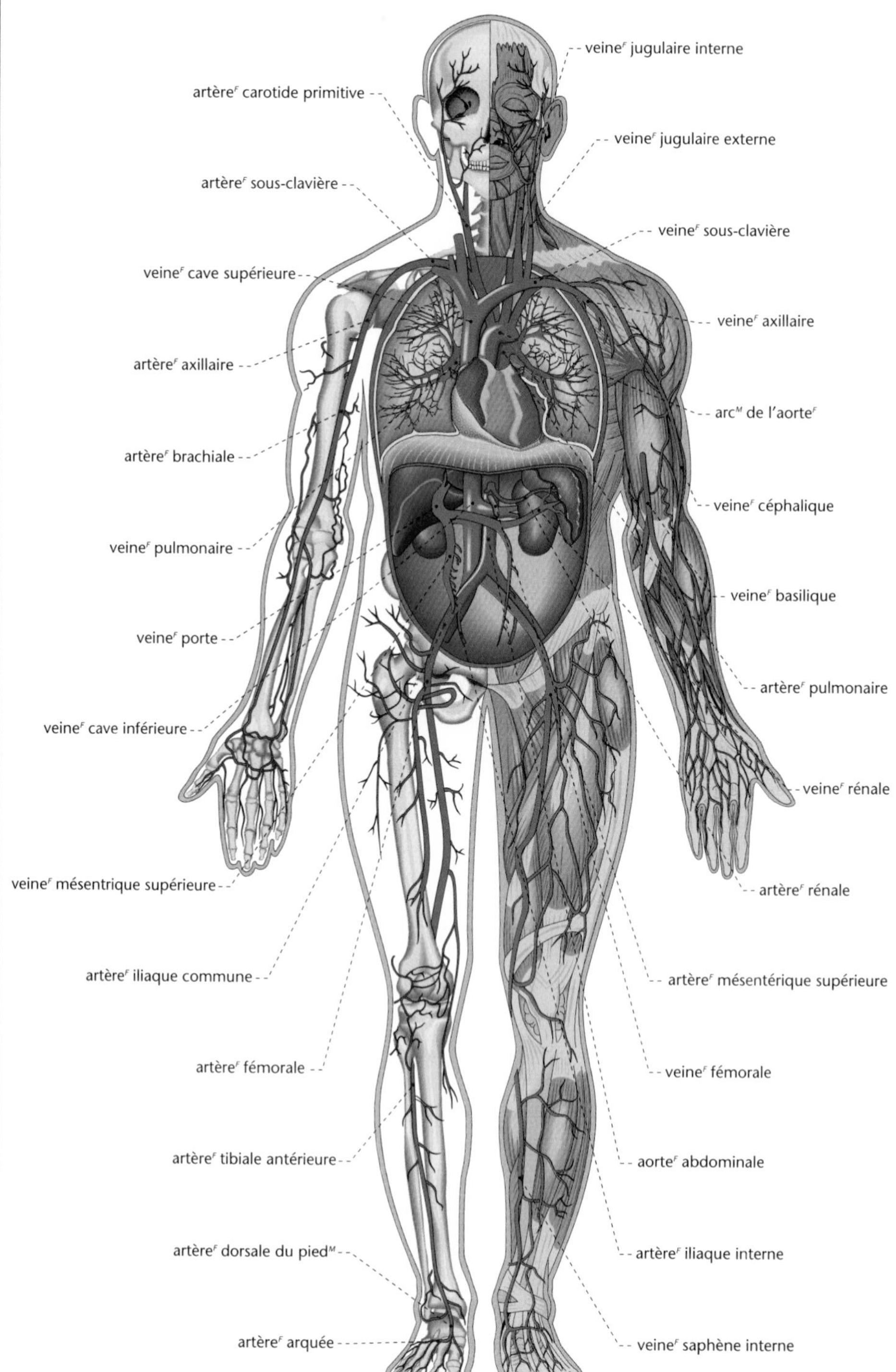

ORGANES[M] GÉNITAUX MASCULINS

COUPE[F] SAGITTALE

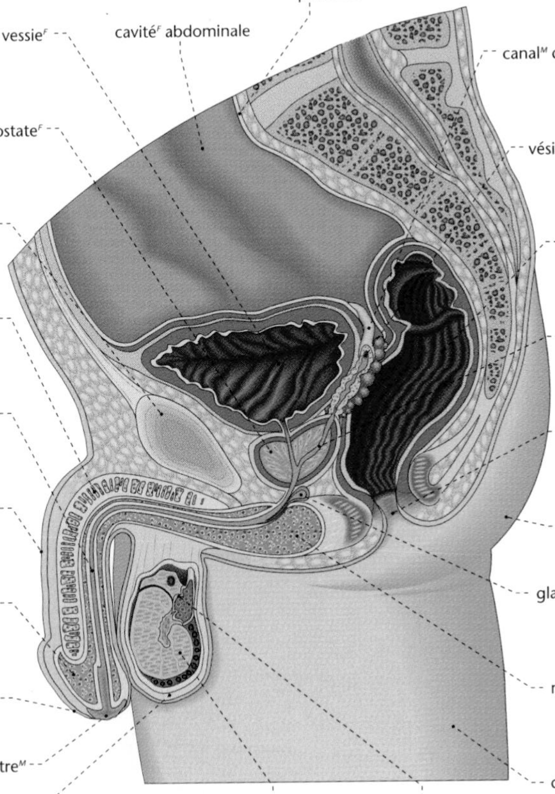

péritoine[M]
vessie[F]
cavité[F] abdominale
canal[M] déférent
prostate[F]
vésicule[F] séminale
symphyse[F] pubienne
rectum[M]
corps[M] caverneux
canal[M] éjaculateur
urètre[M] pénien
anus[M]
verge[F]
fesse[F]
glande[F] de Cowper
gland[M]
muscle[M] bulbo-caverneux
prépuce[M]
méat[M] de l'urètre[M]
cuisse[F]
scrotum[M]
testicule[M]
cordon[M] spermatique

SPERMATOZOÏDE[M]

queue[F]
pièce[F] intermédiaire
tête[F]
cou[M]
pièce[F] terminale

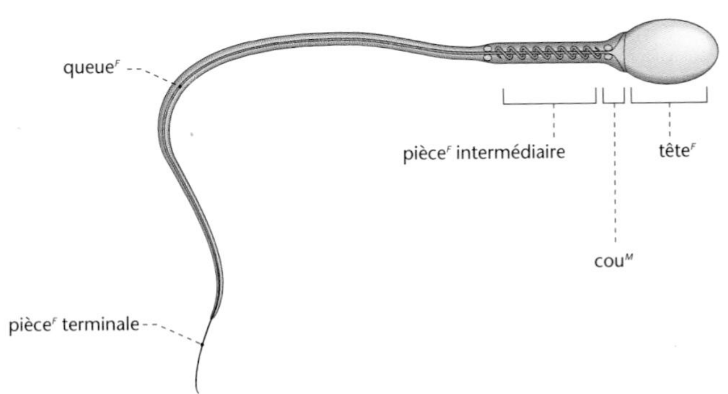

ORGANES^M GÉNITAUX FÉMININS

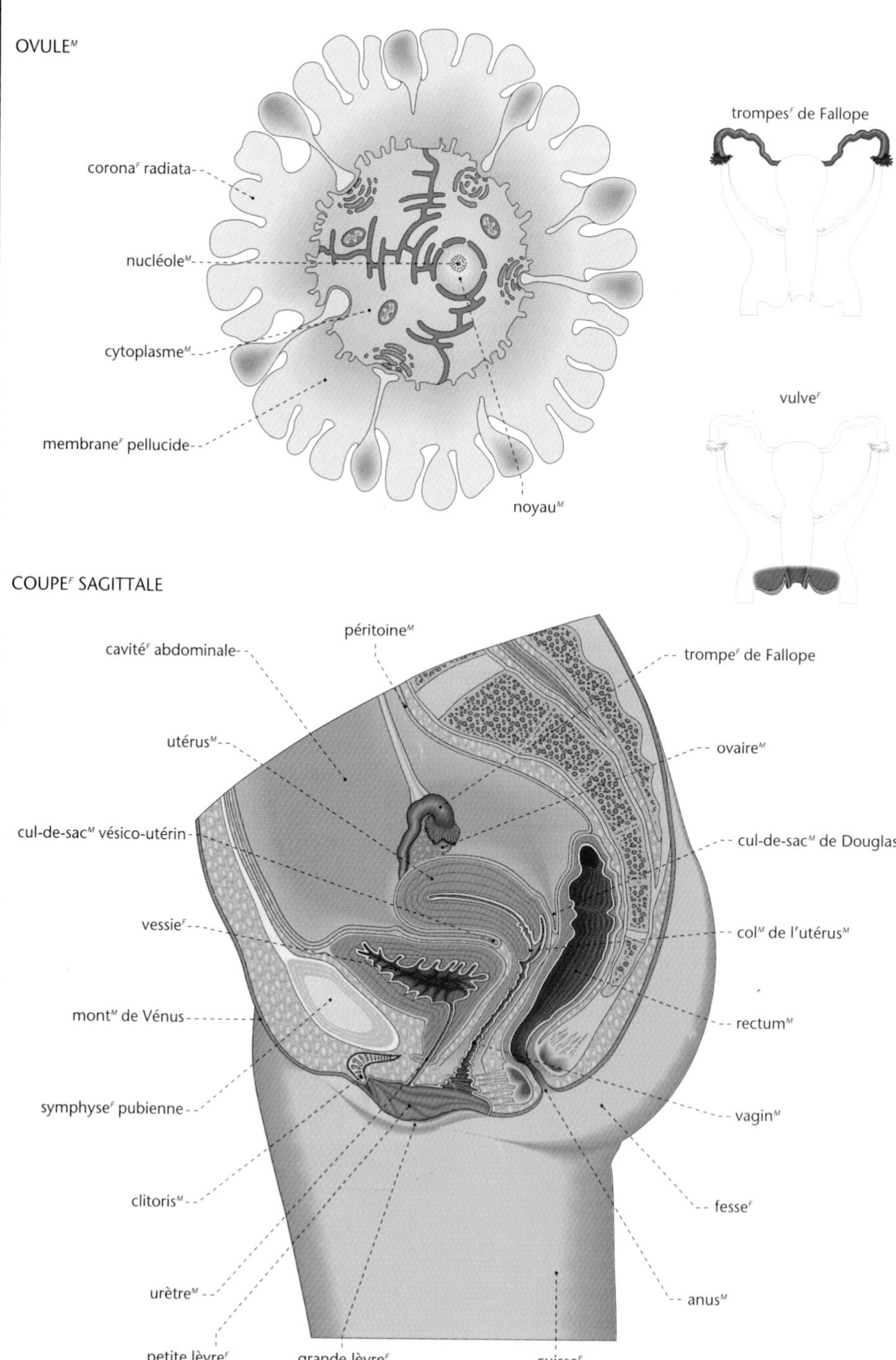

ORGANES^M GÉNITAUX FÉMININS

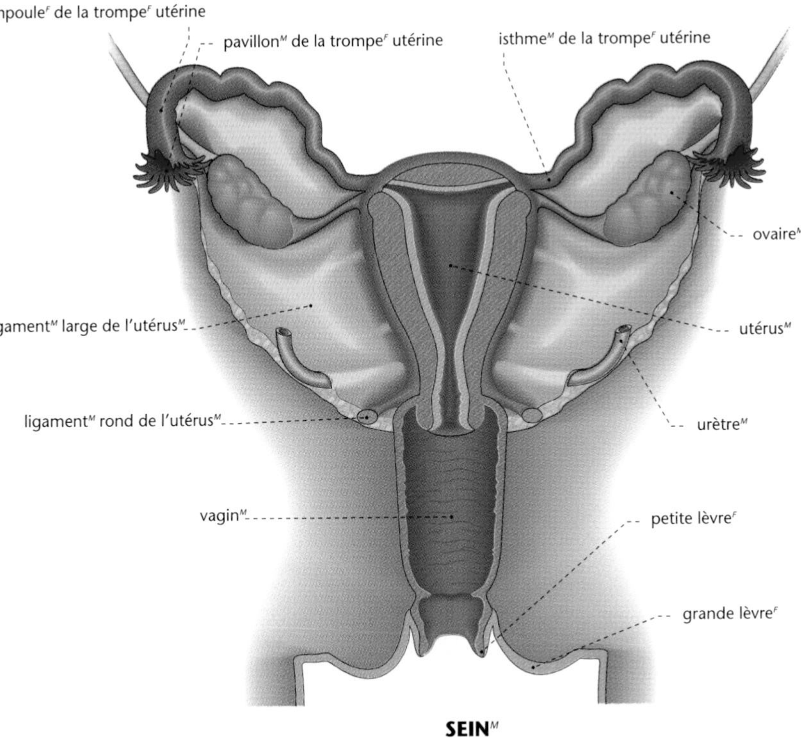

SEIN^M

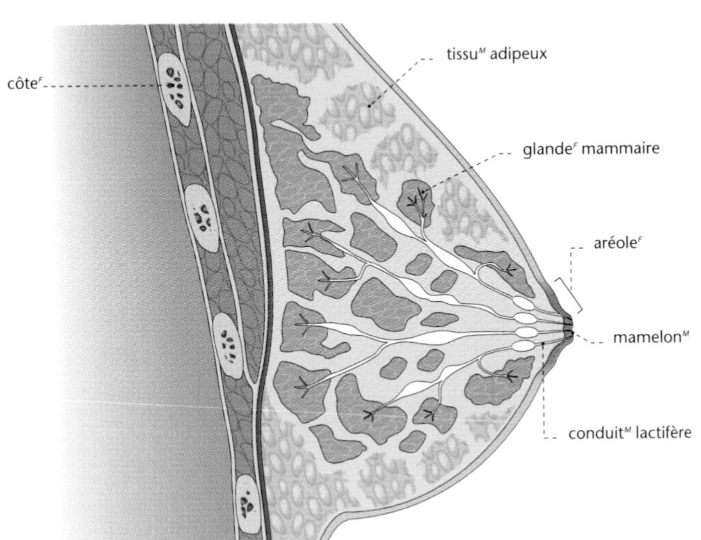

ÊTRE HUMAIN

APPAREIL[M] RESPIRATOIRE

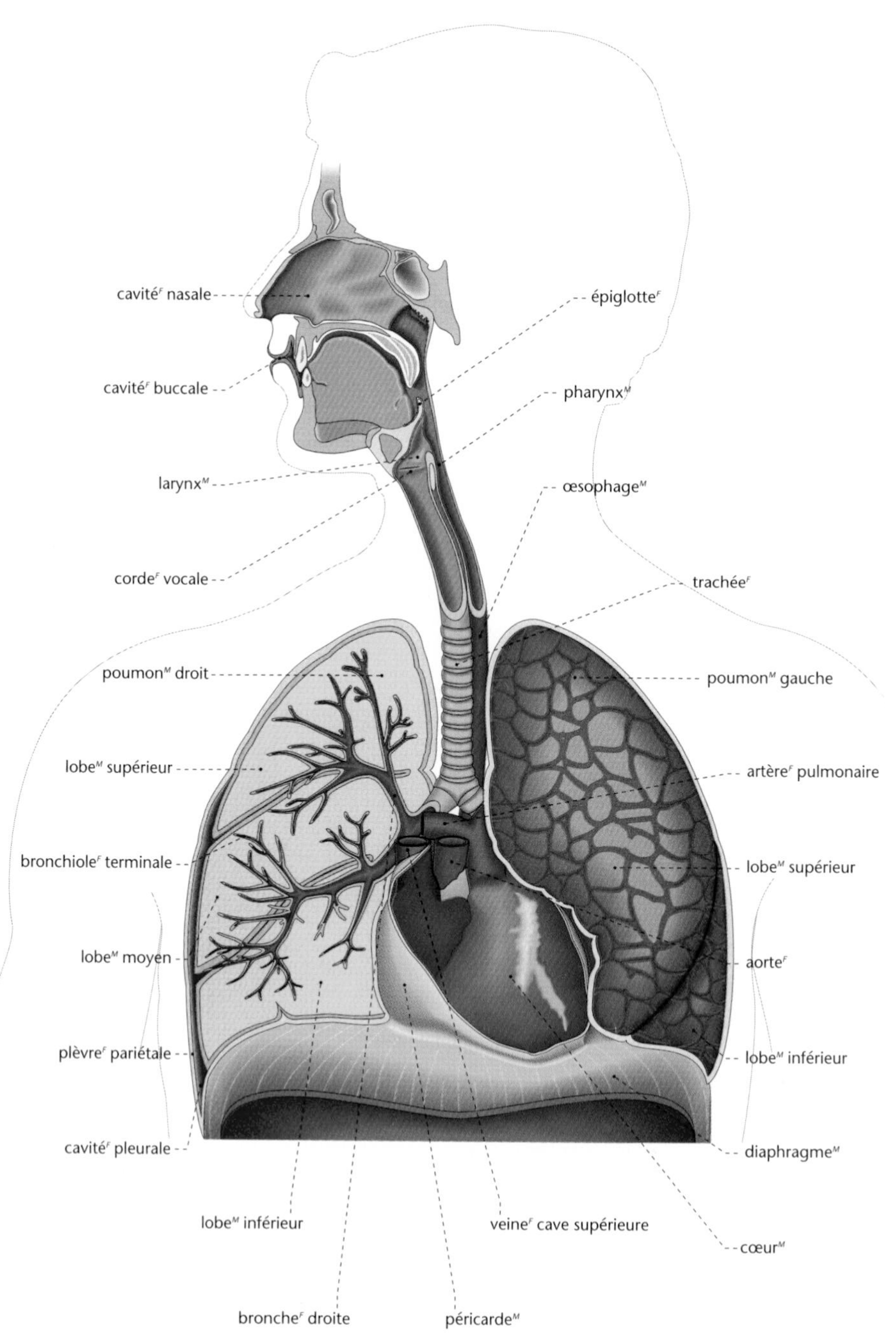

APPAREIL[M] DIGESTIF

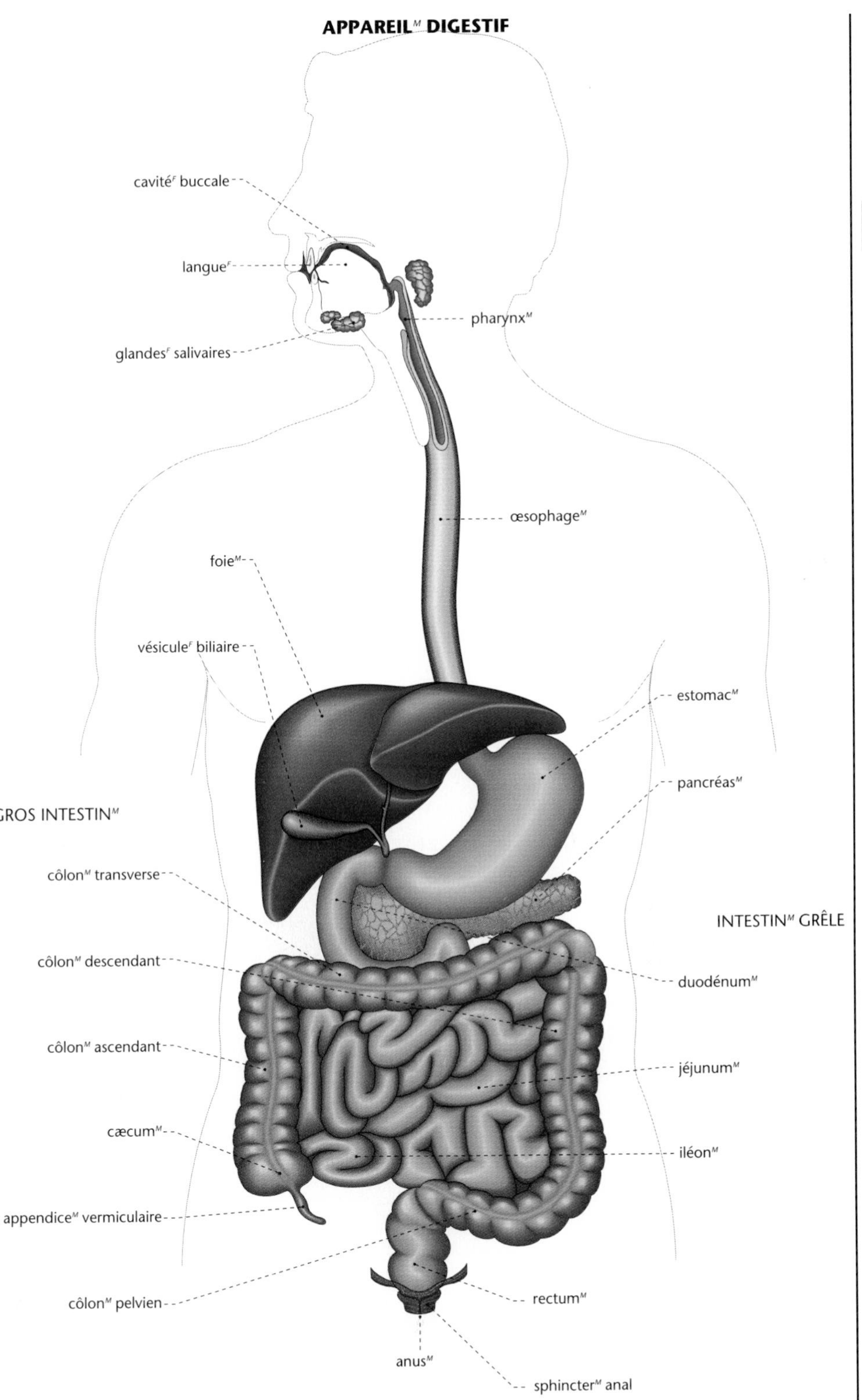

APPAREIL[M] URINAIRE

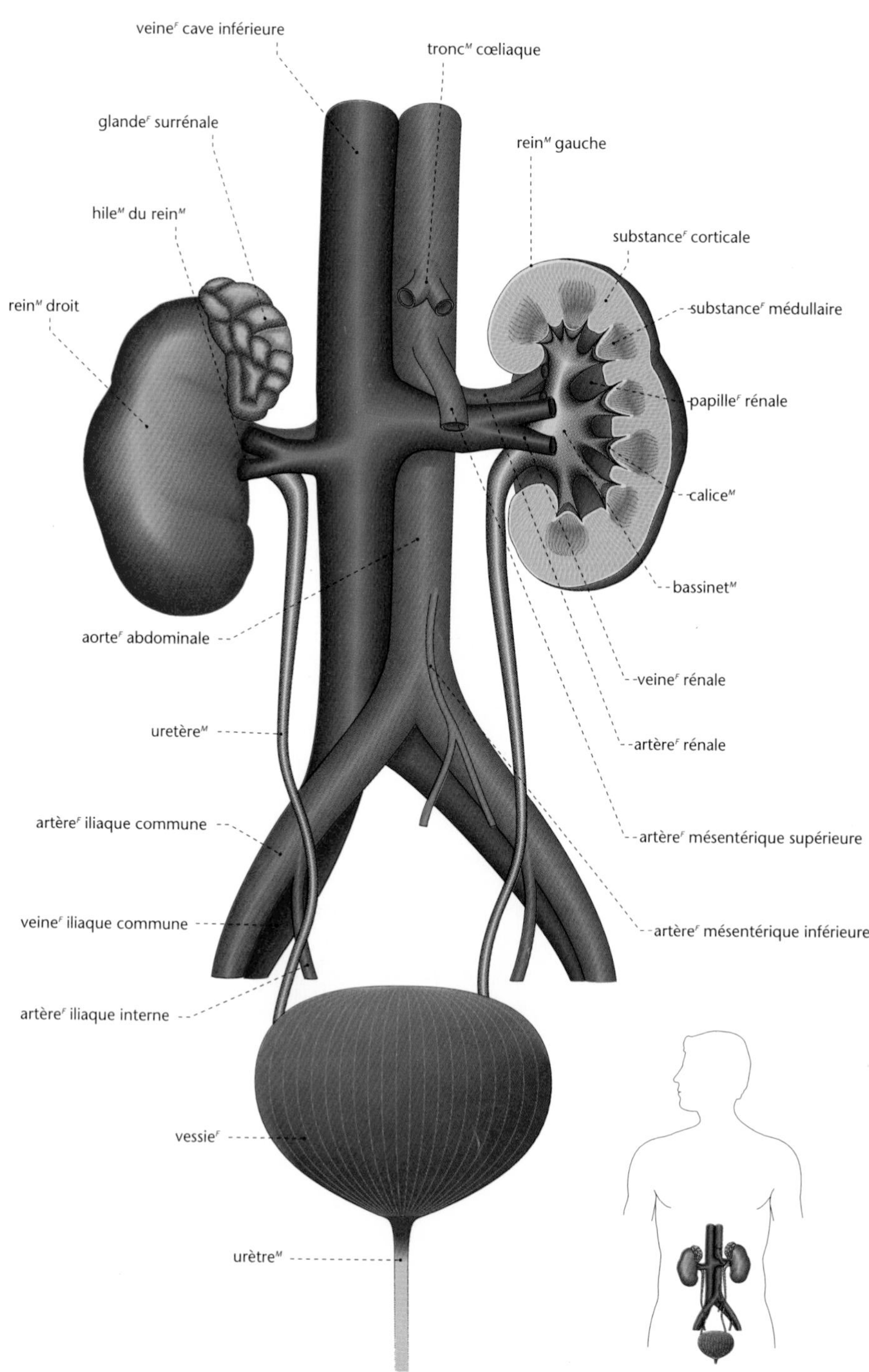

SYSTÈME[M] NERVEUX PÉRIPHÉRIQUE

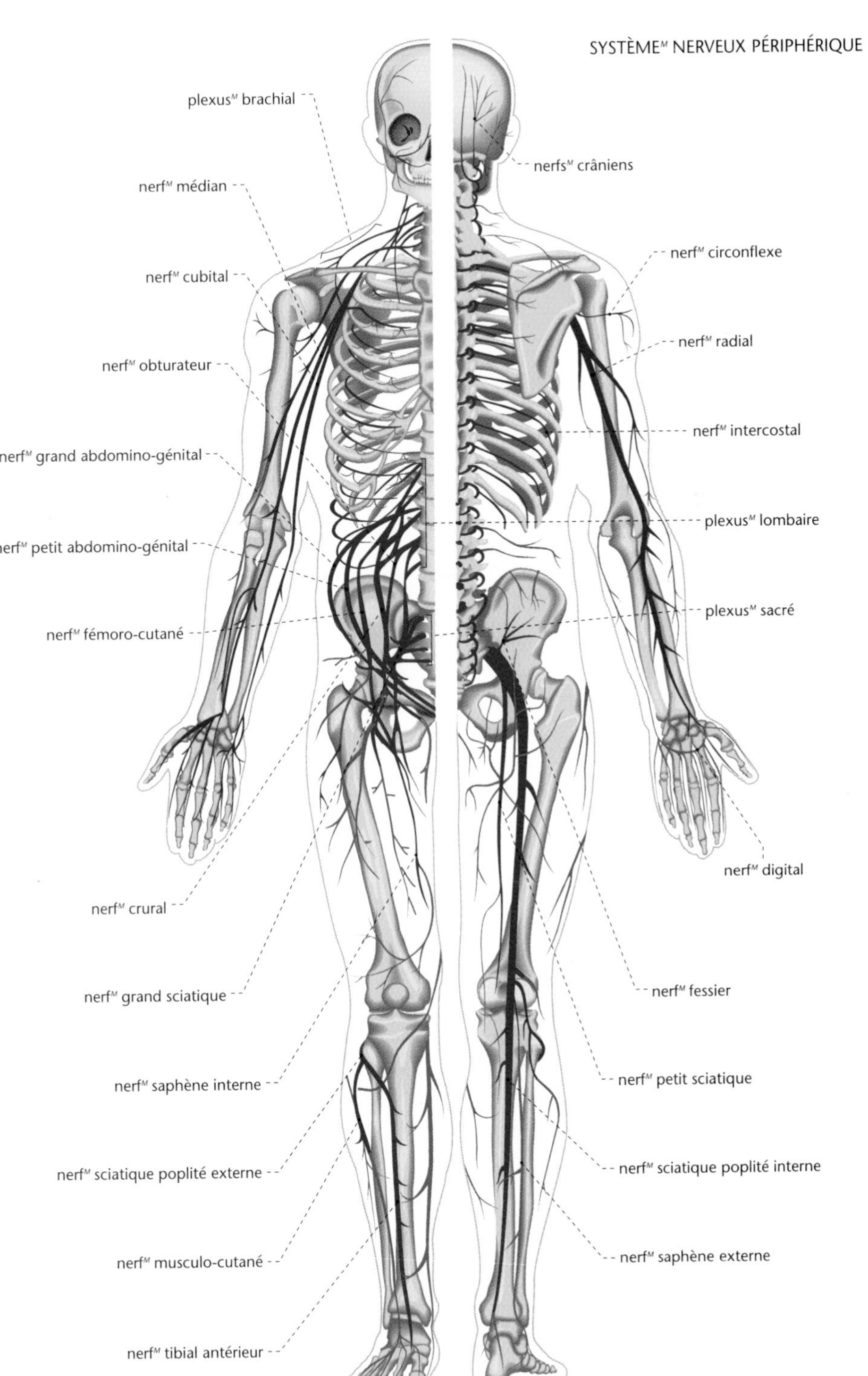

SYSTÈME^M NERVEUX CENTRAL

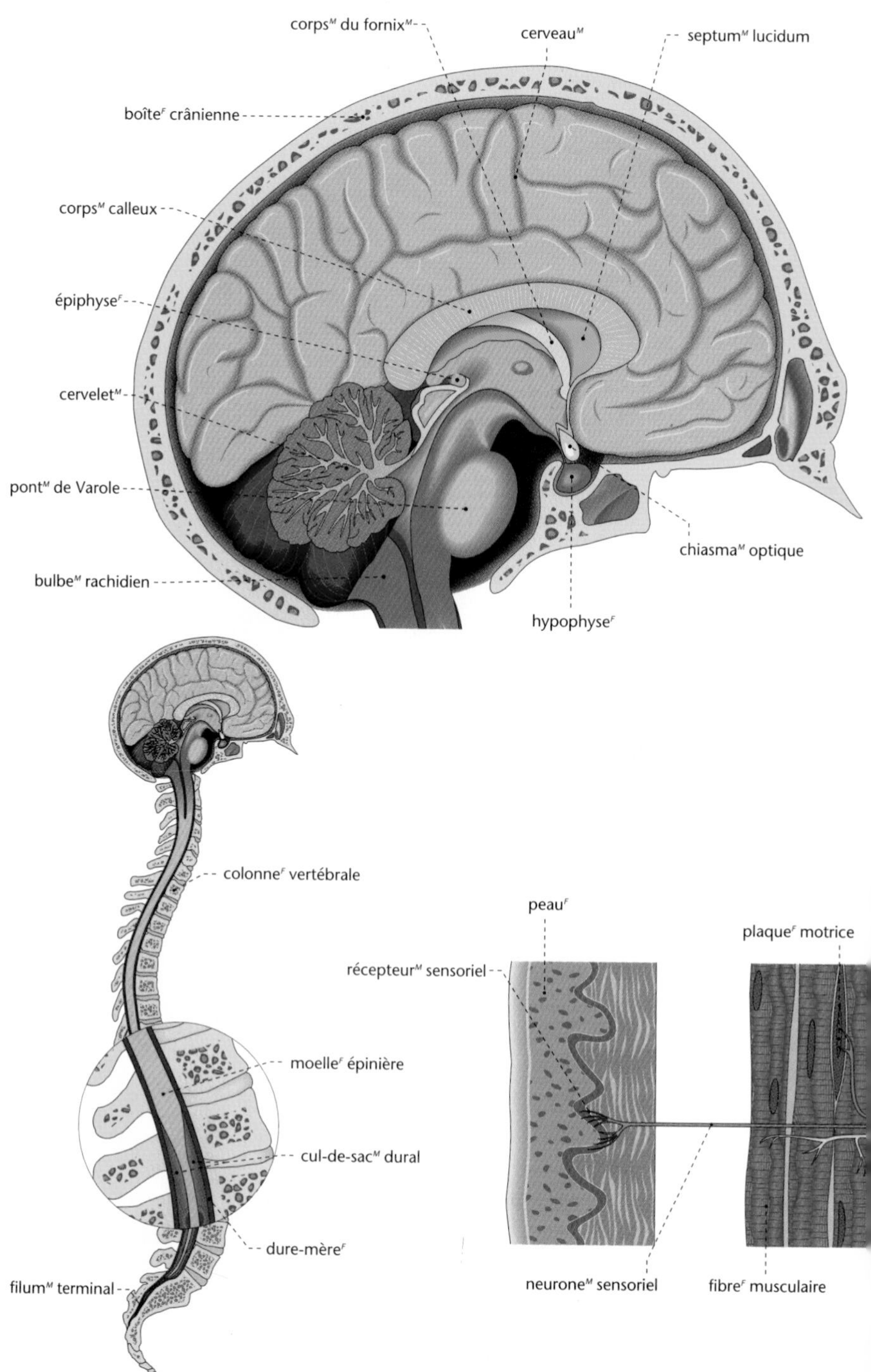

VERTÈBRE[F] LOMBAIRE

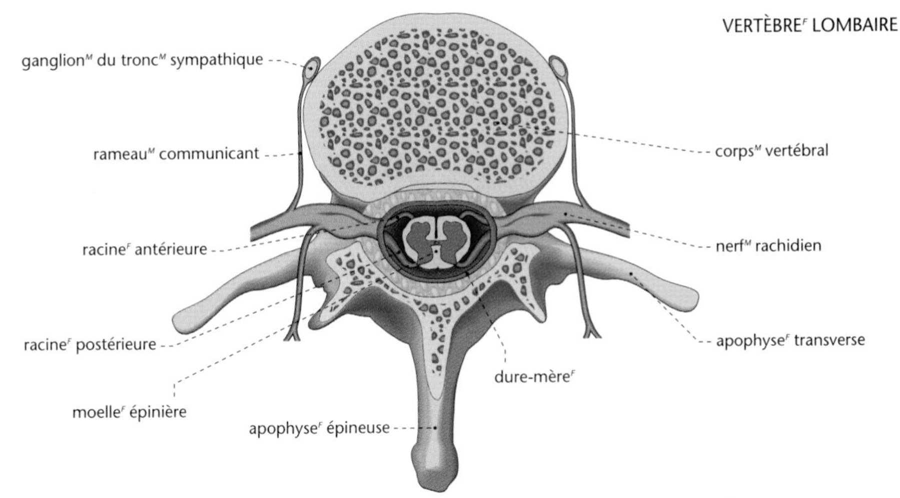

CHAÎNE[F] DE NEURONES[M]

synapse[F]
gaine[F] de myéline[F]
collet[M] de l'axone[M]
moelle[F] épinière
axone[M]
noyau[M]
corps[M] cellulaire
arborisation[F] terminale
collatérale[F]
gaine[F] de Schwann
dendrite[F]
nœud[M] de Ranvier

INFLUX[M] NERVEUX

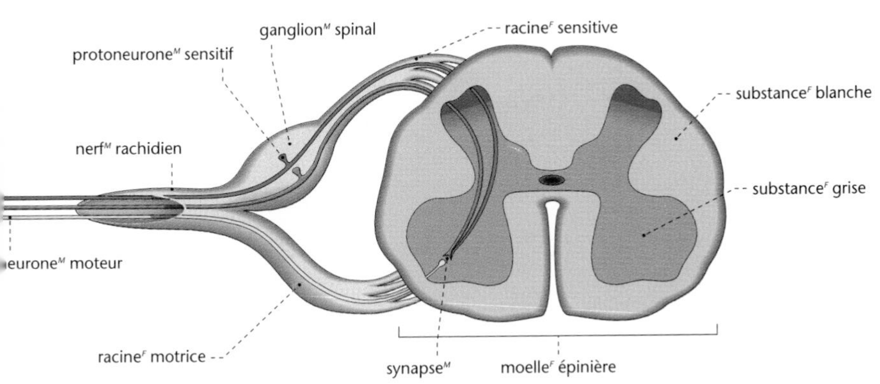

ORGANES^M DES SENS^M: TOUCHER^M

PEAU^F

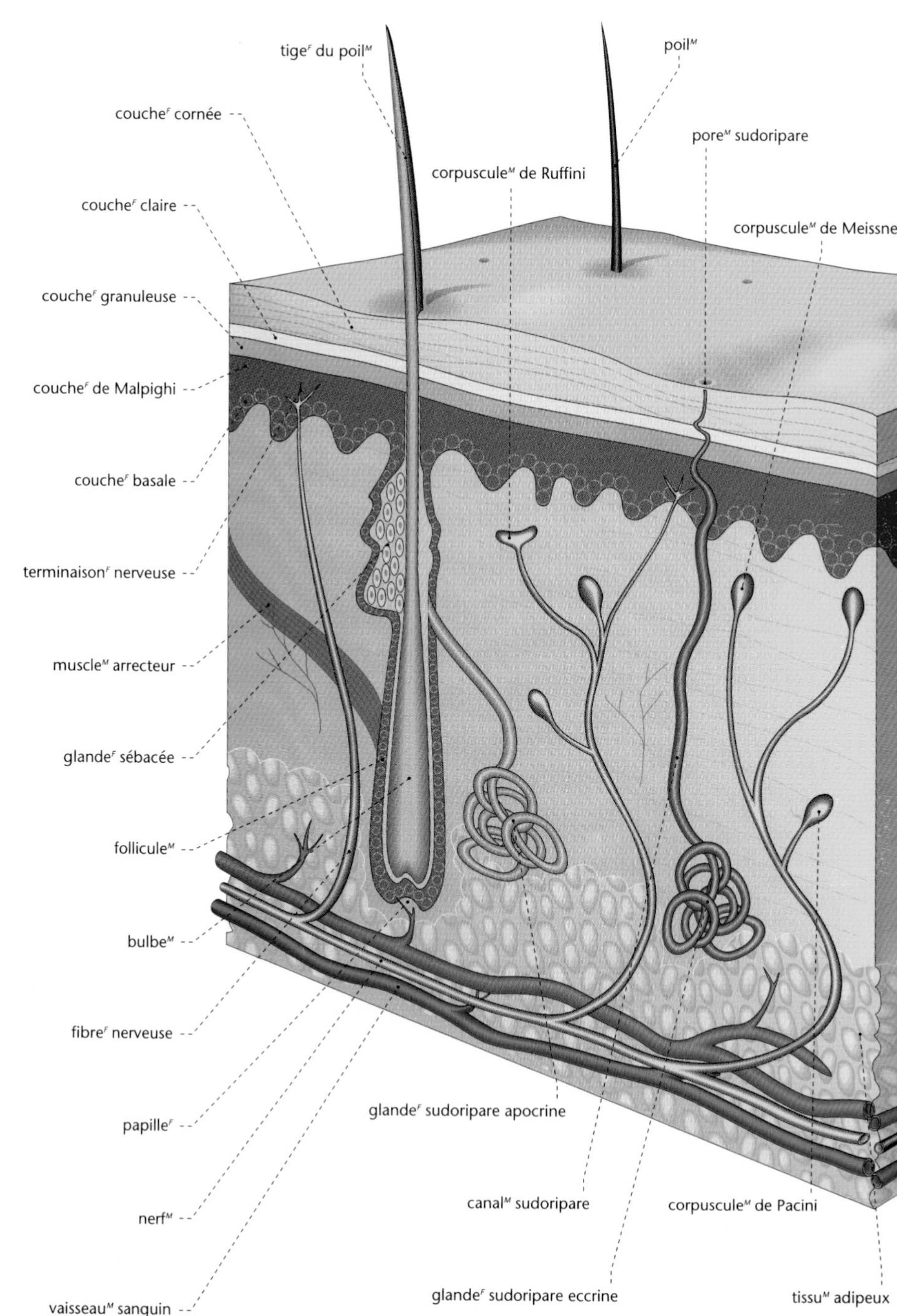

DOIGT^M

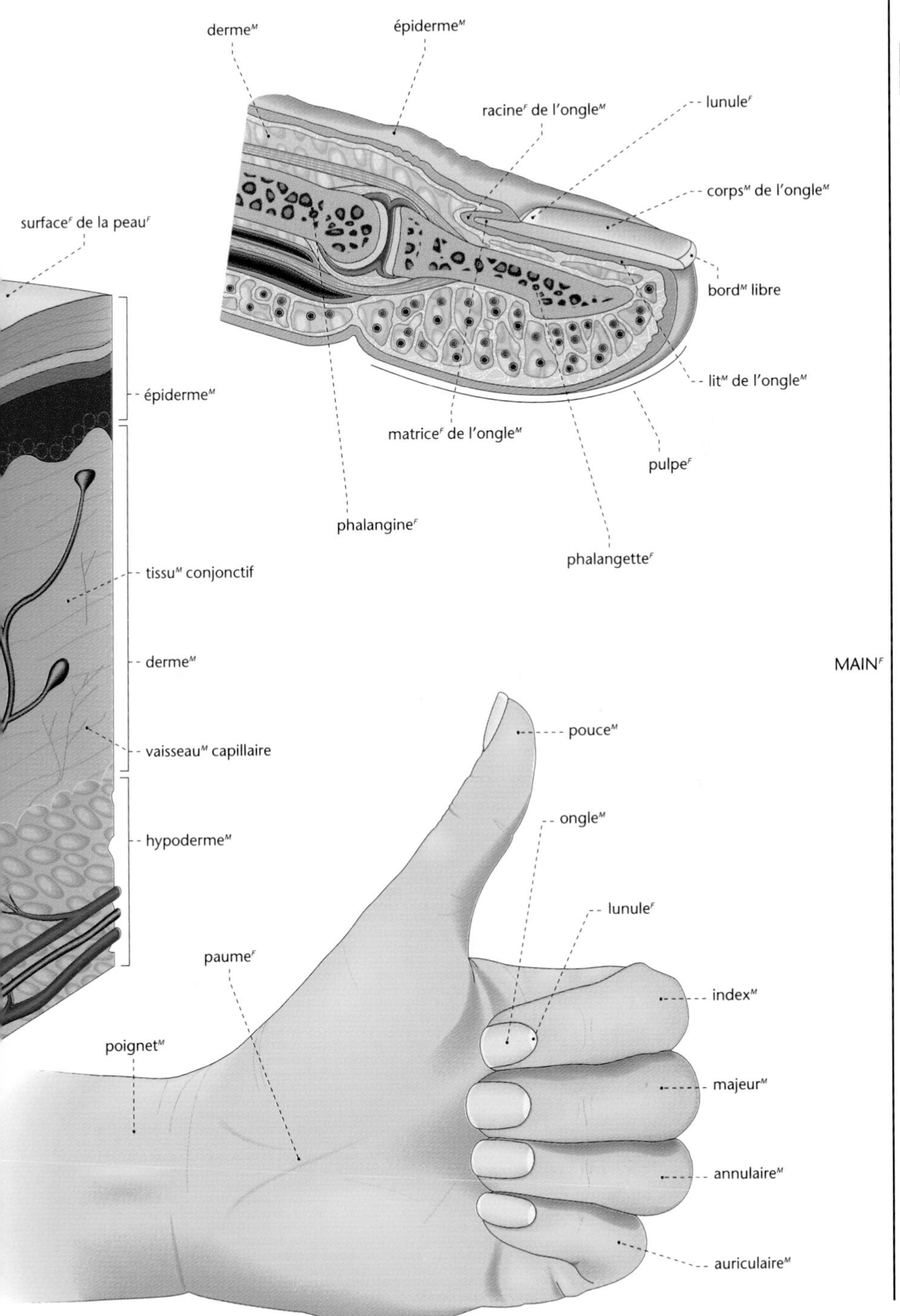

MAIN^F

PARTIES[F] DE L'OREILLE[F]

OSSELETS

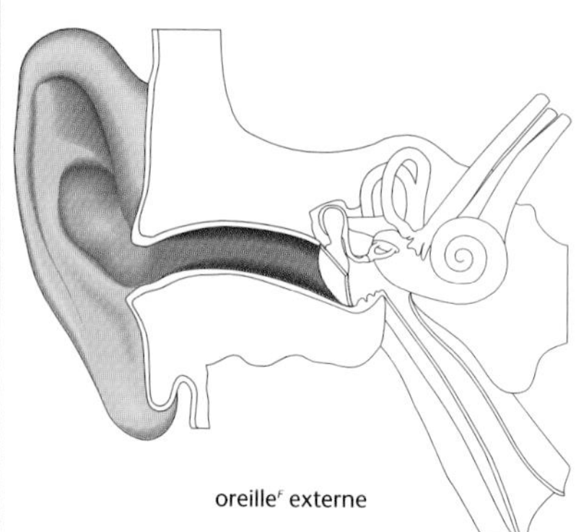

oreille[F] externe

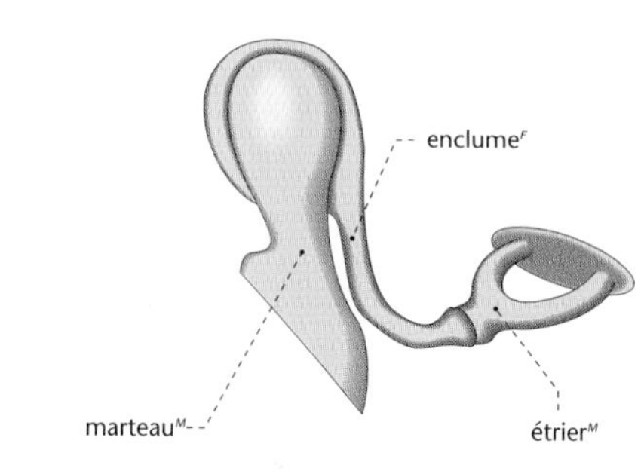

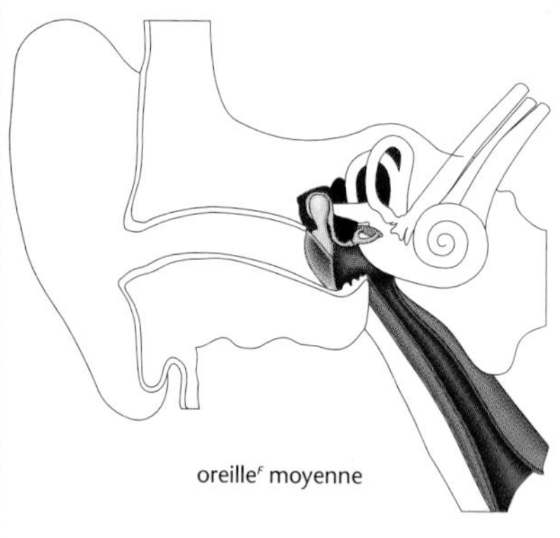

oreille[F] moyenne

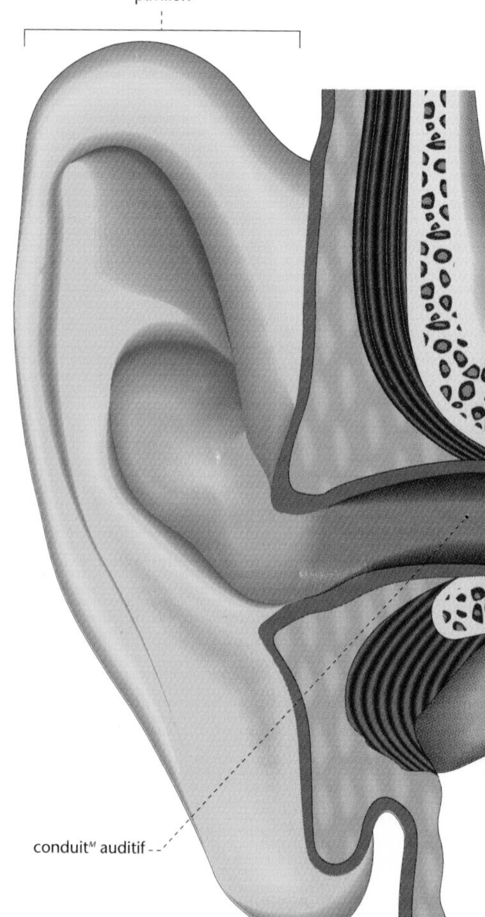

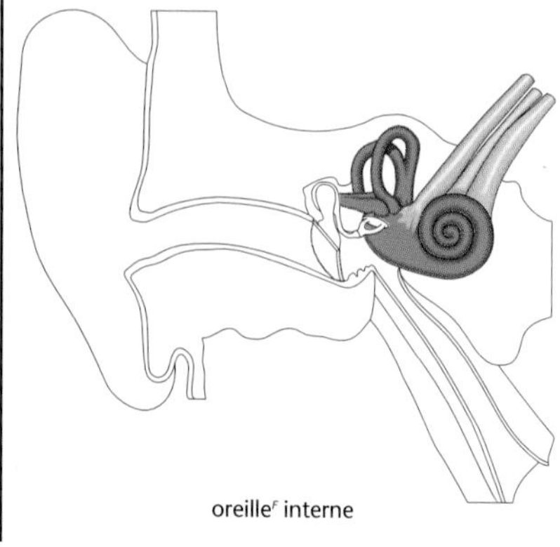

oreille[F] interne

PAVILLON^M

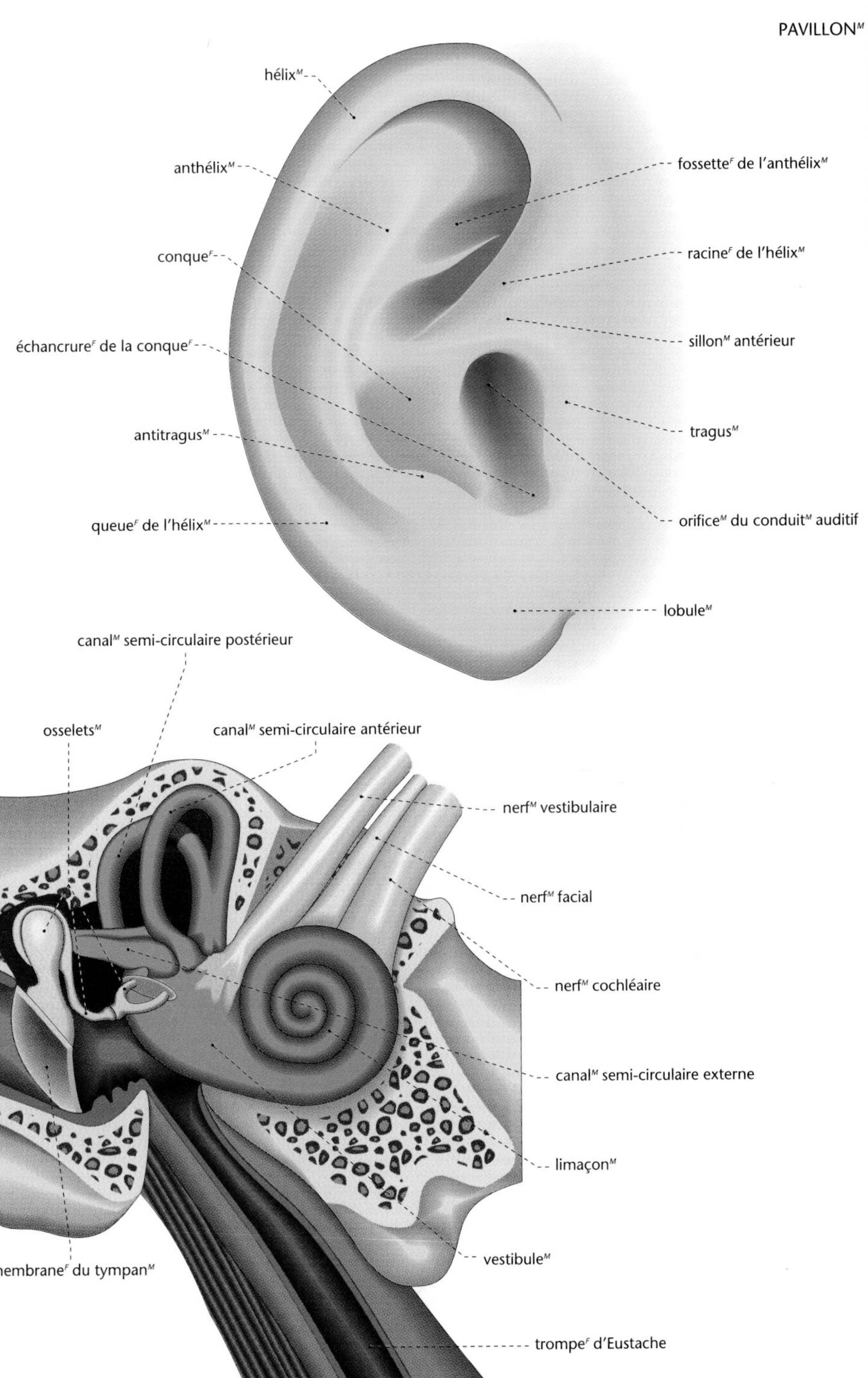
hélix^M
anthélix^M
fossette^F de l'anthélix^M
racine^F de l'hélix^M
conque^F
sillon^M antérieur
échancrure^F de la conque^F
tragus^M
antitragus^M
orifice^M du conduit^M auditif
queue^F de l'hélix^M
lobule^M
canal^M semi-circulaire postérieur
osselets^M
canal^M semi-circulaire antérieur
nerf^M vestibulaire
nerf^M facial
nerf^M cochléaire
canal^M semi-circulaire externe
limaçon^M
vestibule^M
membrane^F du tympan^M
trompe^F d'Eustache

ORGANES[M] DES SENS[M]: VUE[F]

ŒIL[M]

sourcil[M]
paupière[F] supérieure
cil[M]
pupille[F]
caroncule[F] lacrymale
sclérotique[F]
iris[M]
paupière[F] inférieure

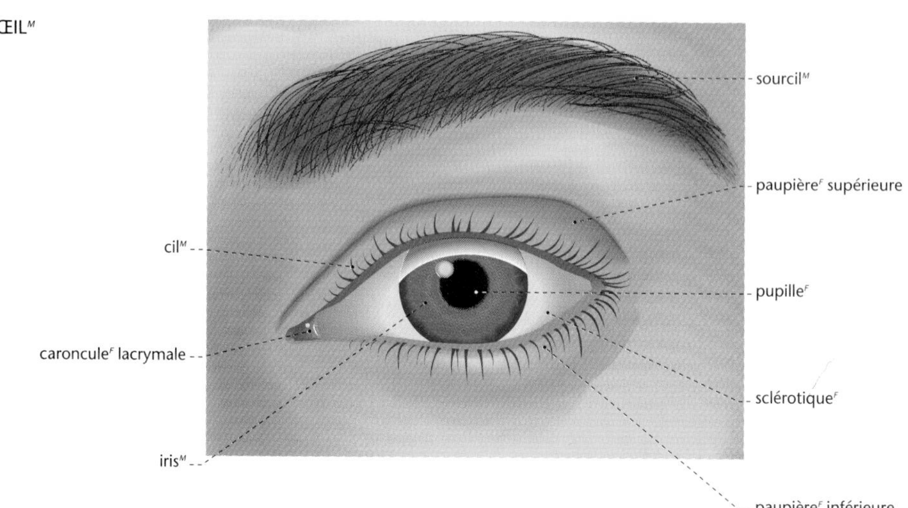

GLOBE[M] OCULAIRE

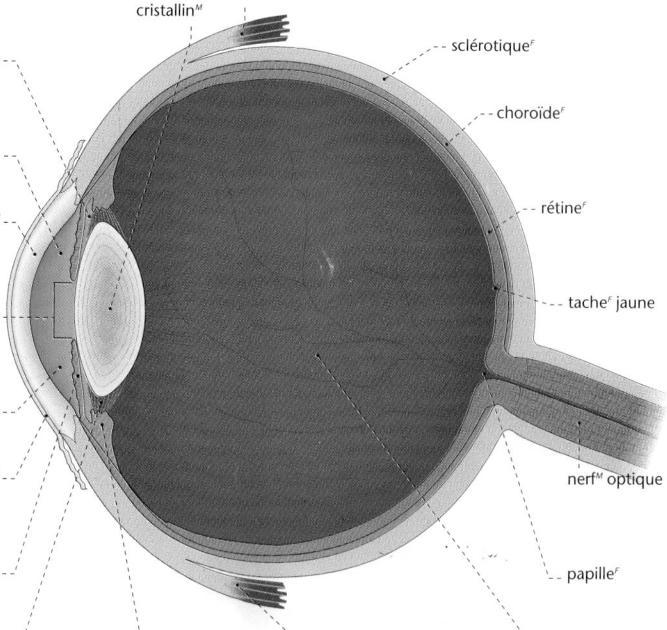

muscle[M] droit externe
cristallin[M]
chambre[F] postérieure
sclérotique[F]
choroïde[F]
chambre[F] antérieure
rétine[F]
cornée[F]
tache[F] jaune
pupille[F]
humeur[F] aqueuse
nerf[M] optique
conjonctive[F]
iris[M]
papille[F]
ligament[M] suspenseur
corps[M] ciliaire
muscle[M] droit interne
corps[M] vitré

ORGANES[M] DES SENS[M]: ODORAT[M]

PARTIES[F] EXTERNES DU NEZ[M]

racine[F] du nez[M]
dos[M] du nez[M]
cloison[F]
sillon[M] naso-labial
aile[F] du nez[M]
narine[F]
lobe[M] du nez[M]

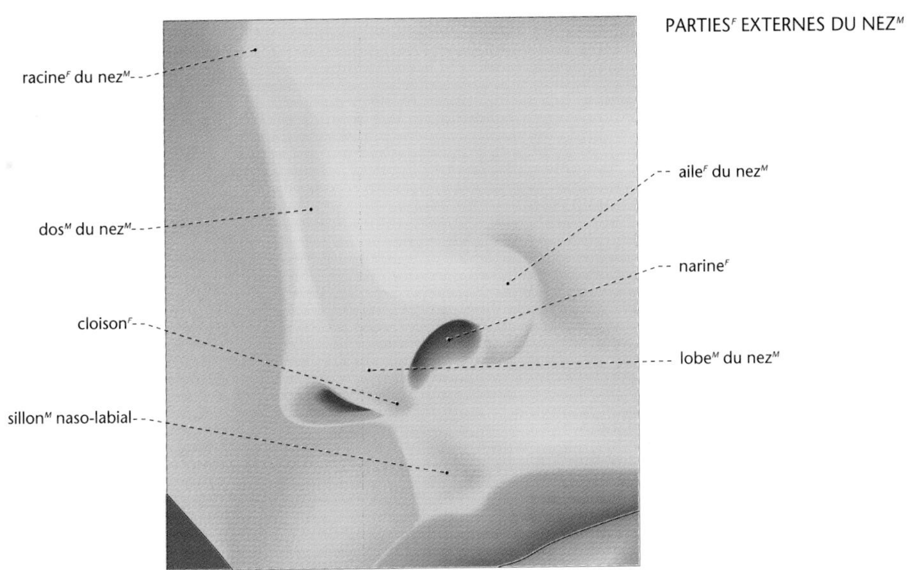

FOSSES[F] NASALES

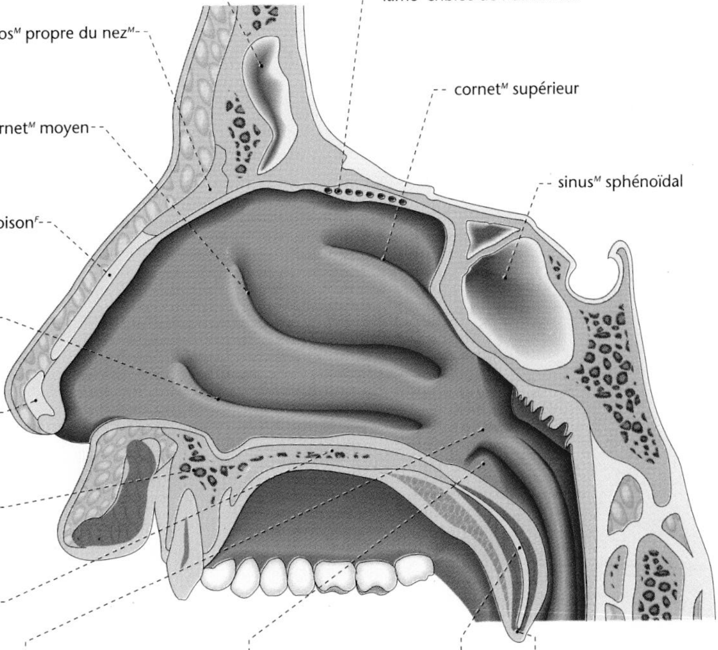

sinus[M] frontal
lame[F] criblée de l'ethmoïde[M]
os[M] propre du nez[M]
cornet[M] supérieur
cornet[M] moyen
sinus[M] sphénoïdal
cartilage[M] de la cloison[F]
cornet[M] inférieur
cartilage[M] de l'aile[F] du nez[M]
maxillaire[M]
voûte[F] du palais[M]
rhino-pharynx[M]
trompe[F] d'Eustache
voile[M] du palais[M]
luette[F]

SENS[M] DE L'ODORAT[M] ET DU GOÛT[M]

BOUCHE[F]

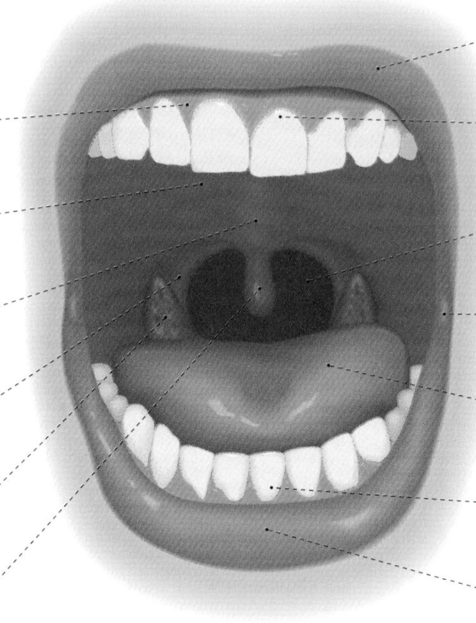

COUPE[F] SAGITTALE

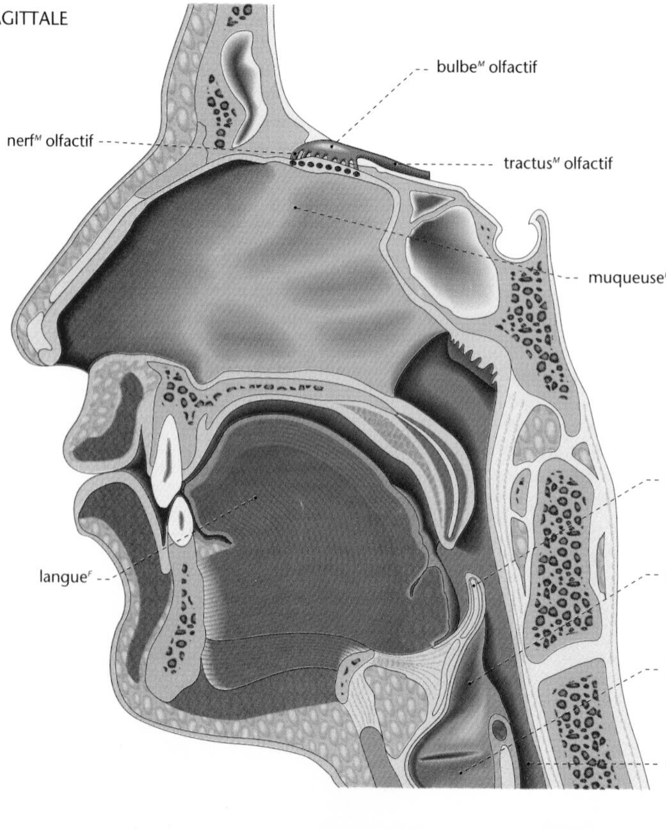

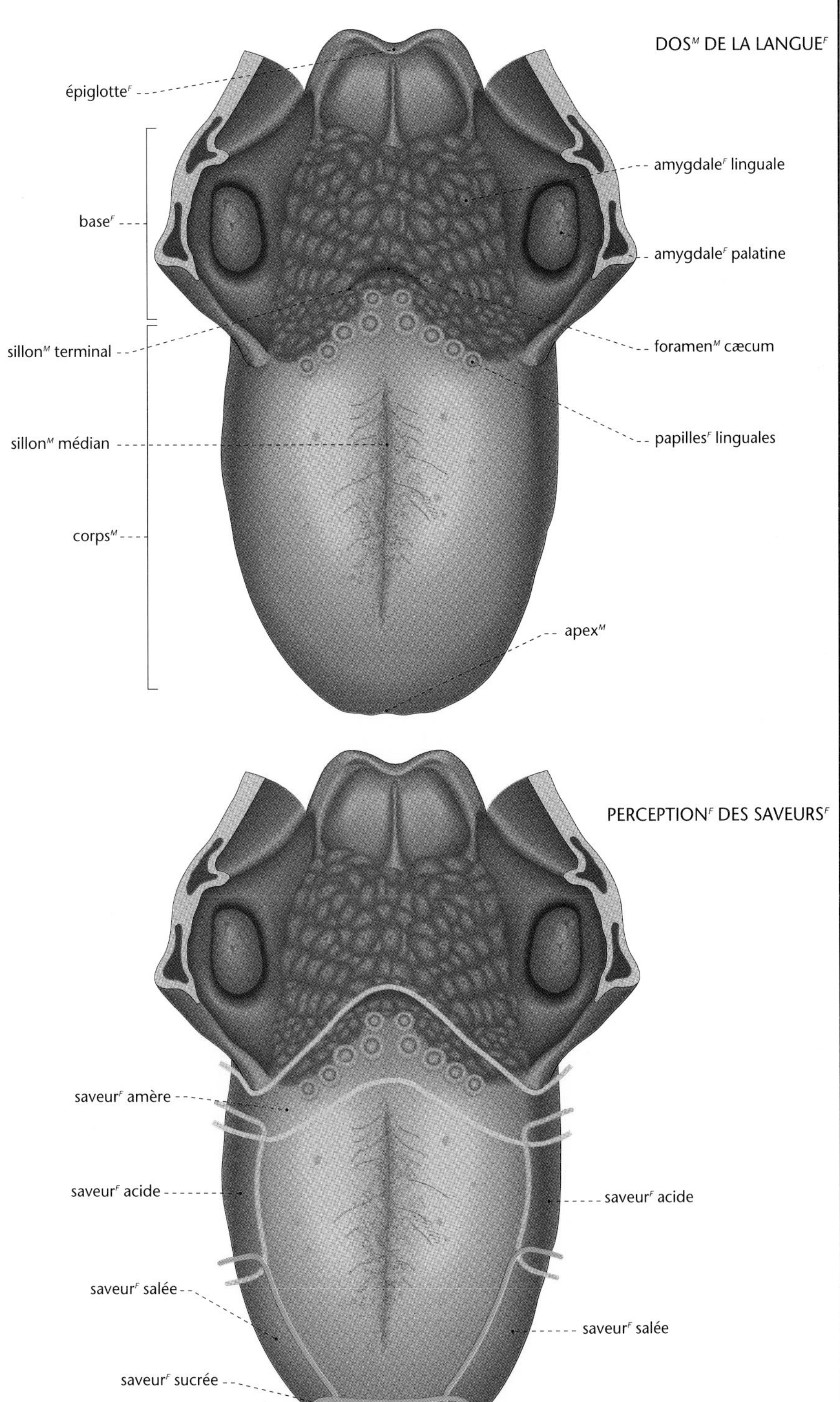
DOS[M] DE LA LANGUE[F]
épiglotte[F]
amygdale[F] linguale
base[F]
amygdale[F] palatine
sillon[M] terminal
foramen[M] cæcum
sillon[M] médian
papilles[F] linguales
corps[M]
apex[M]
PERCEPTION[F] DES SAVEURS[F]
saveur[F] amère
saveur[F] acide
saveur[F] acide
saveur[F] salée
saveur[F] salée
saveur[F] sucrée

DENTS[F]

DENTURE[F] HUMAINE

incisives[F]
incisive[F] latérale
prémolaires[F]
première prémolaire[F]
molaires[F]
deuxième prémolaire[F]
deuxième molaire[F]
première molaire[F]
dent[F] de sagesse[F]
canine[F]
incisive[F] centrale

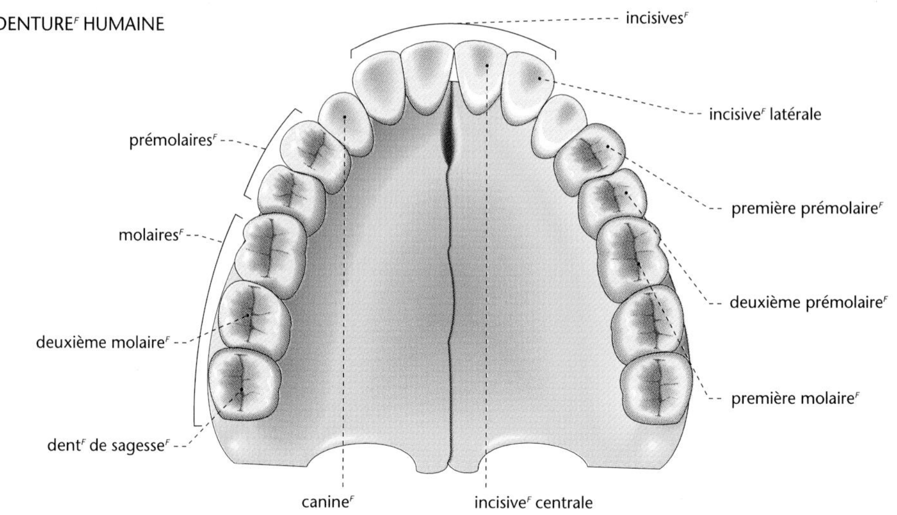

COUPE[F] D'UNE MOLAIRE[F]

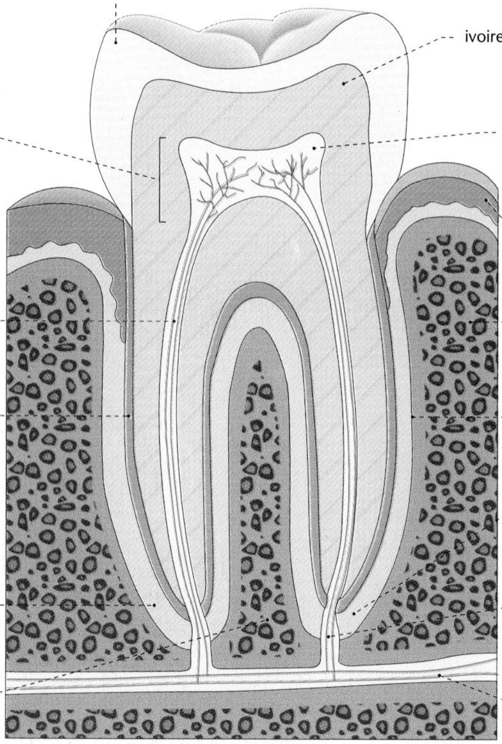

émail[M]
couronne[F]
ivoire[M]
chambre[F] pulpaire
pulpe[F]
collet[M]
gencive[F]
canal[M] radiculaire
os[M] maxillaire
cément[M]
ligament[M] alvéolo-dentaire
racine[F]
apex[M]
alvéole[F] dentaire
foramen[M] apical
os[M] alvéolaire
réseau[M] nerveux

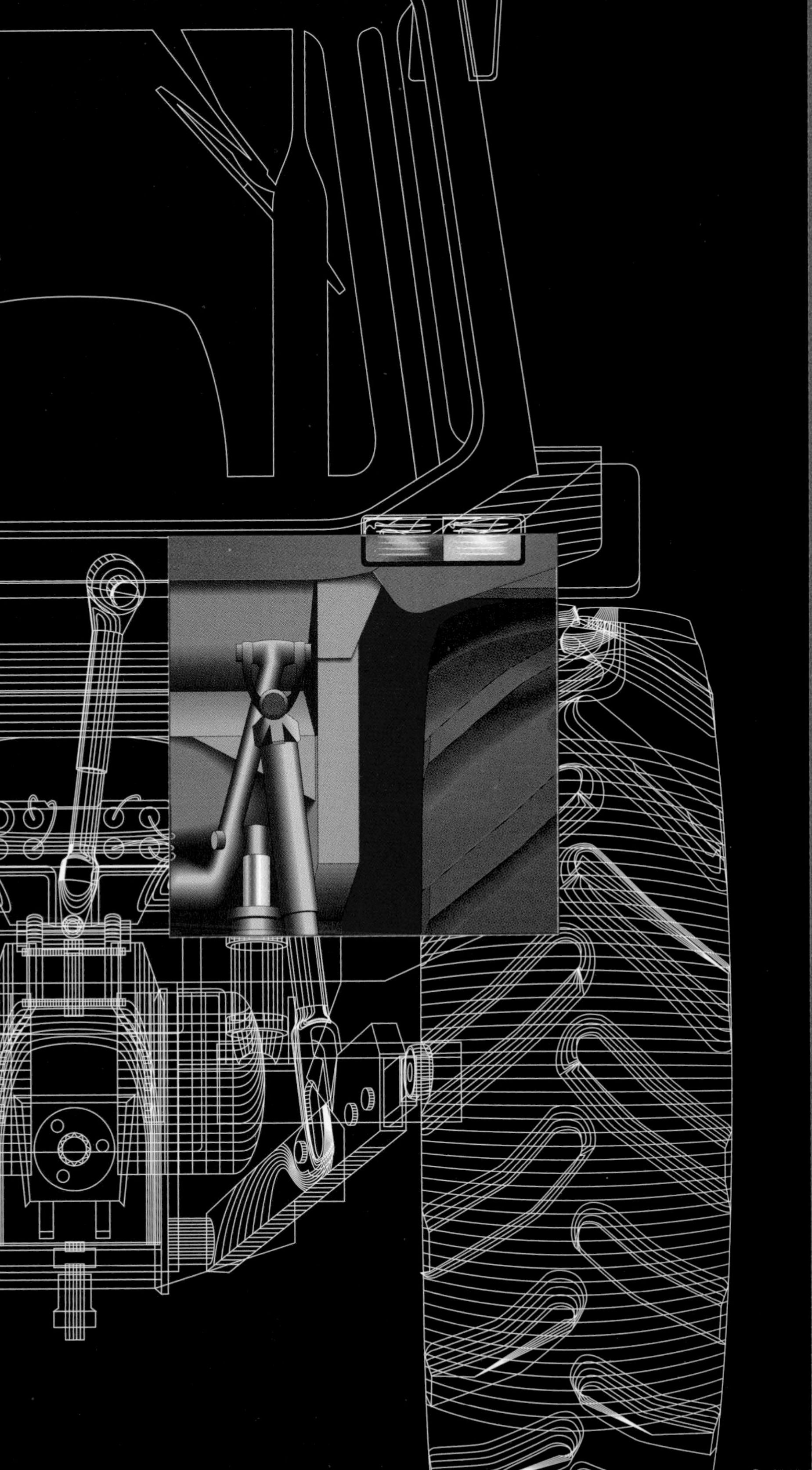

SOMMAIRE

TRACTEUR[M] AGRICOLE

VUE[F] ARRIÈRE

bielle[F] de compression[F]
phare[M]
phare[M] arrière
levier[M] de relevage[M]
coupleur[M] hydraulique
prise[F] de force[F]
vérin[M] hydraulique
bras[M] de relevage[M]
tête[F] d'attelage[M]
crochet[M] d'attelage[M]

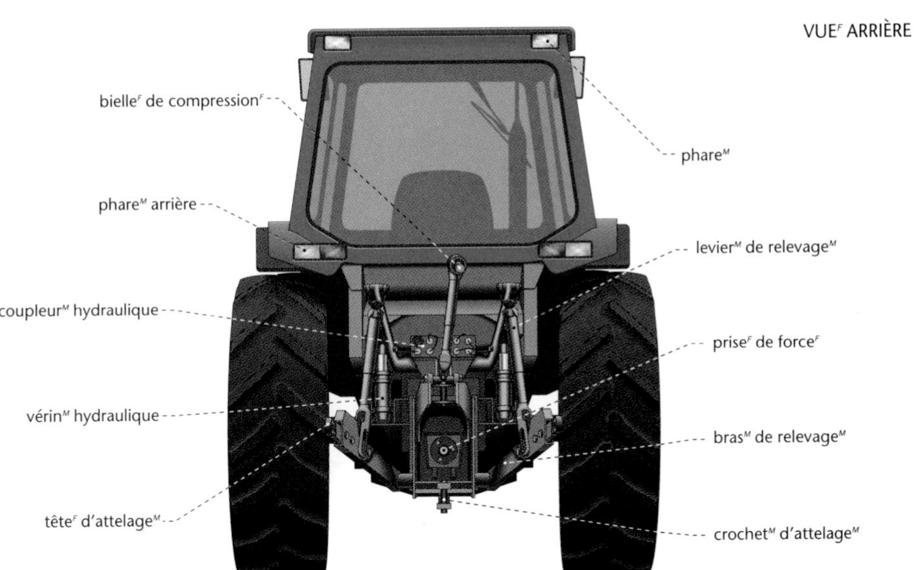

VUE[F] AVANT

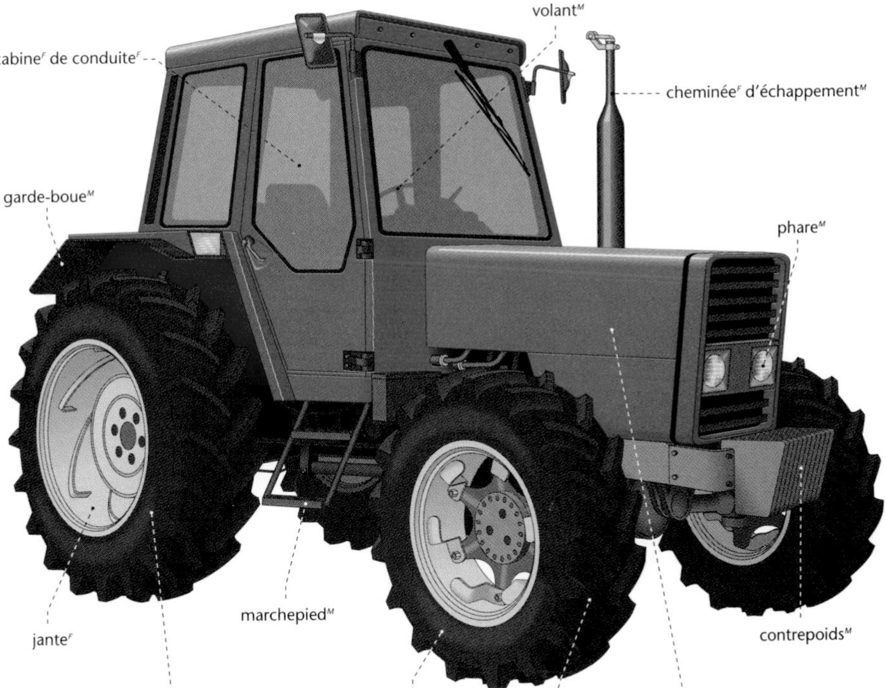

volant[M]
cabine[F] de conduite[F]
cheminée[F] d'échappement[M]
garde-boue[M]
phare[M]
jante[F]
marchepied[M]
contrepoids[M]
roue[F] avant
roue[F] motrice
sculpture[F]
moteur[M]

FERME

FERME[F]

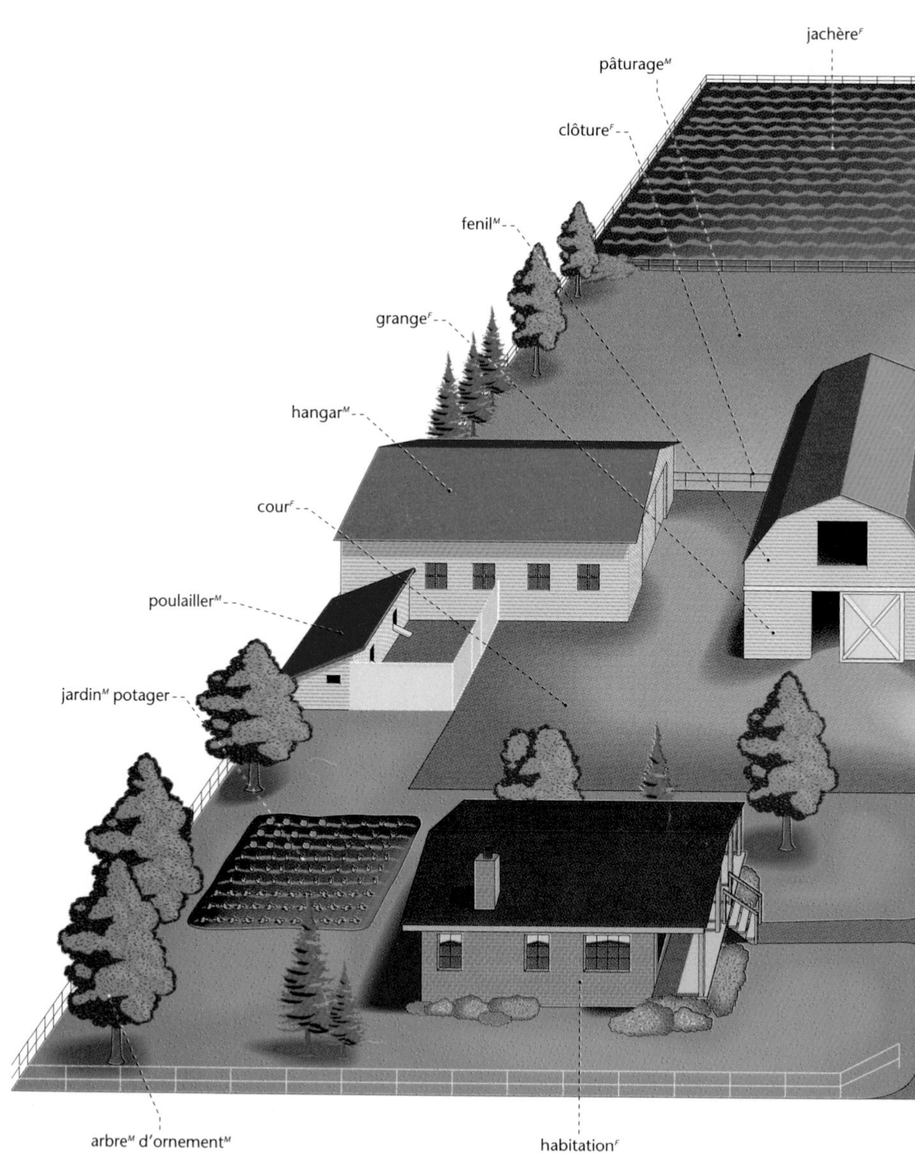
jachère[F]
pâturage[M]
clôture[F]
fenil[M]
grange[F]
hangar[M]
cour[F]
poulailler[M]
jardin[M] potager
arbre[M] d'ornement[M]
habitation[F]

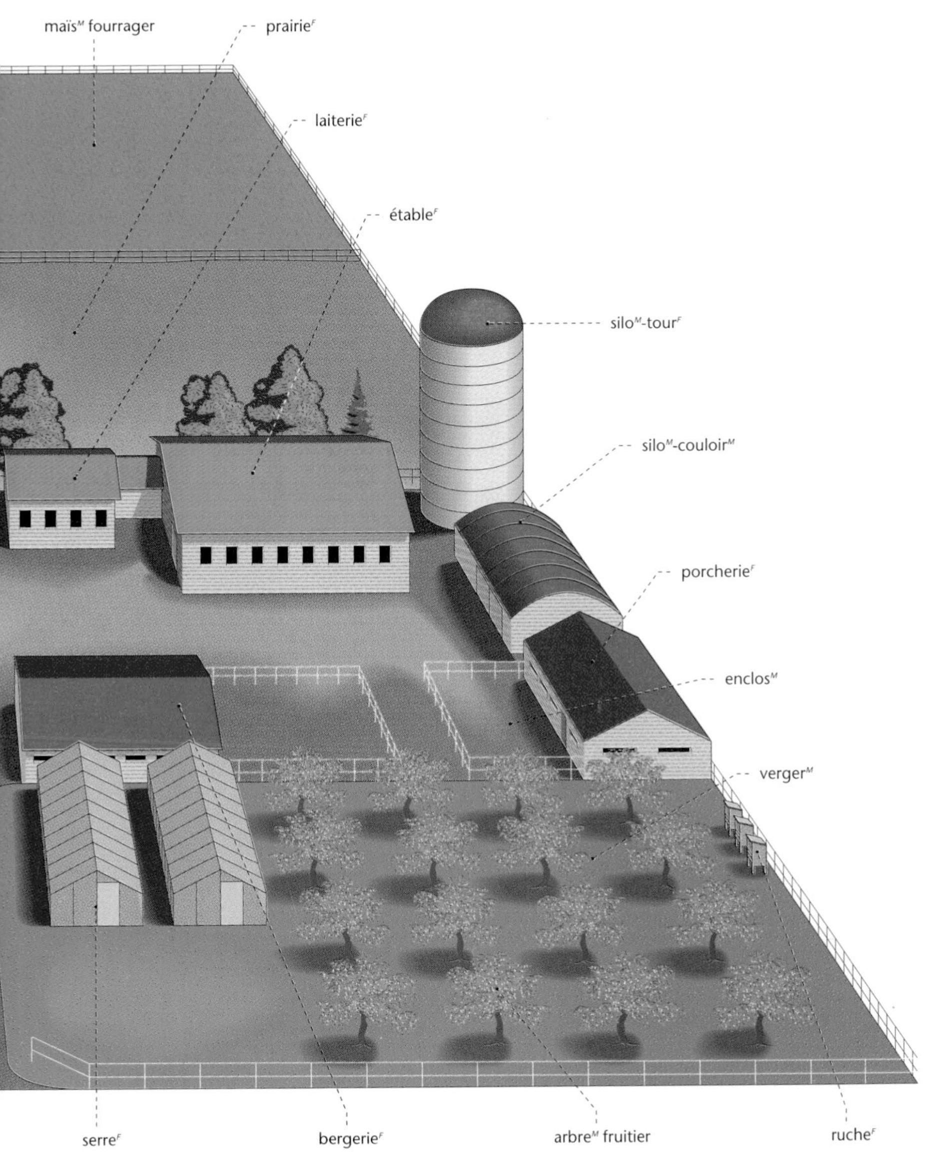
maïs[M] fourrager
prairie[F]
laiterie[F]
étable[F]
silo[M]-tour[F]
silo[M]-couloir[M]
porcherie[F]
enclos[M]
verger[M]
serre[F]
bergerie[F]
arbre[M] fruitier
ruche[F]

ANIMAUX[M] DE LA FERME[F]

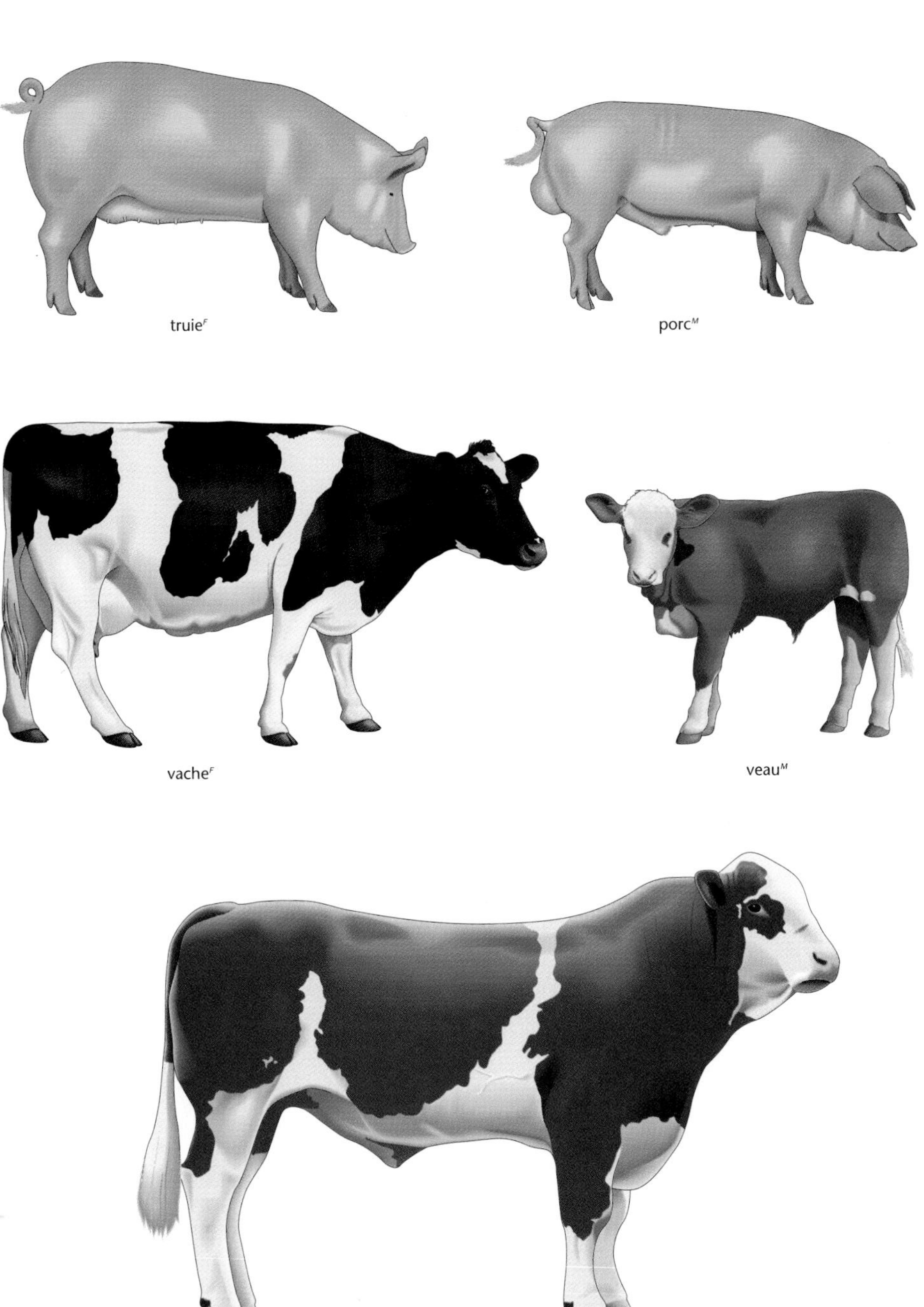
truie^F
porc^M
vache^F
veau^M
bœuf^M

PRINCIPALES VARIÉTÉS[F] DE CÉRÉALES[F]

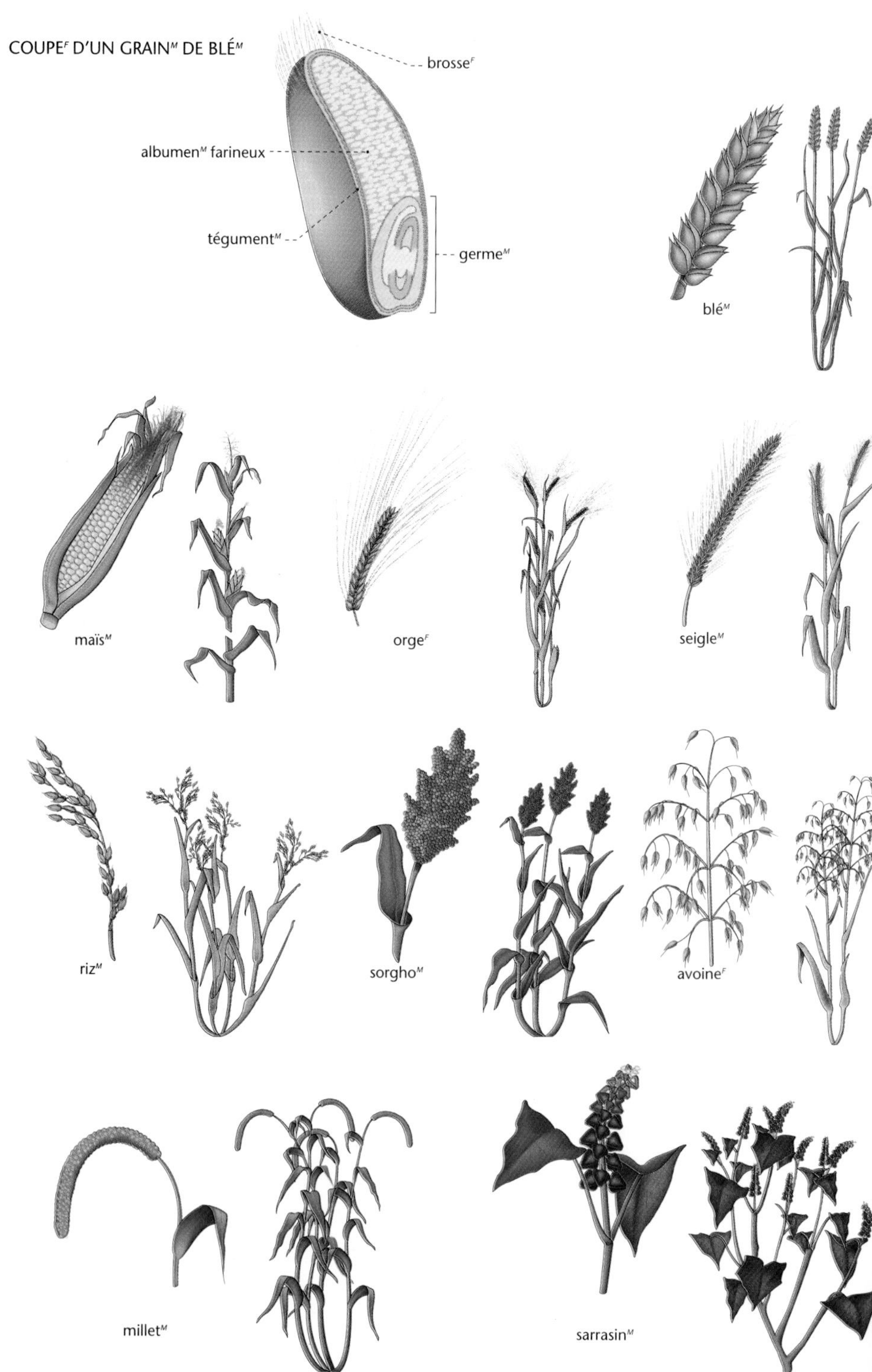

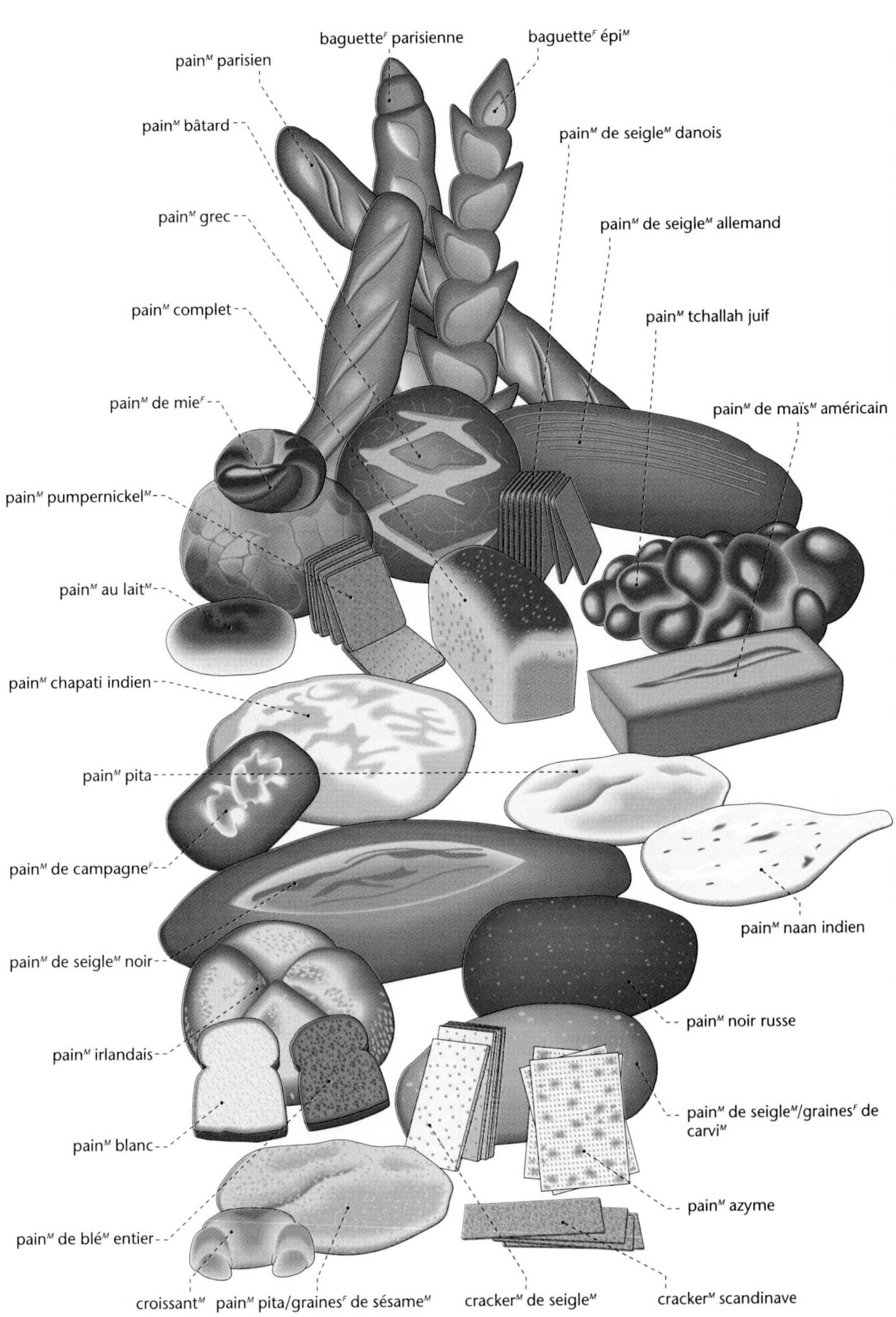
baguette[F] parisienne
baguette[F] épi[M]
pain[M] parisien
pain[M] bâtard
pain[M] de seigle[M] danois
pain[M] grec
pain[M] de seigle[M] allemand
pain[M] complet
pain[M] tchallah juif
pain[M] de mie[F]
pain[M] de maïs[M] américain
pain[M] pumpernickel[M]
pain[M] au lait[M]
pain[M] chapati indien
pain[M] pita
pain[M] de campagne[F]
pain[M] naan indien
pain[M] de seigle[M] noir
pain[M] noir russe
pain[M] irlandais
pain[M] de seigle[M]/graines[F] de carvi[M]
pain[M] blanc
pain[M] azyme
pain[M] de blé[M] entier
croissant[M]
pain[M] pita/graines[F] de sésame[M]
cracker[M] de seigle[M]
cracker[M] scandinave

ÉTAPES^F DE LA CULTURE^F DU SOL^M

RETOURNER LA TERRE^F

charrue^F à soc^M

FERTILISER LA TERRE^F

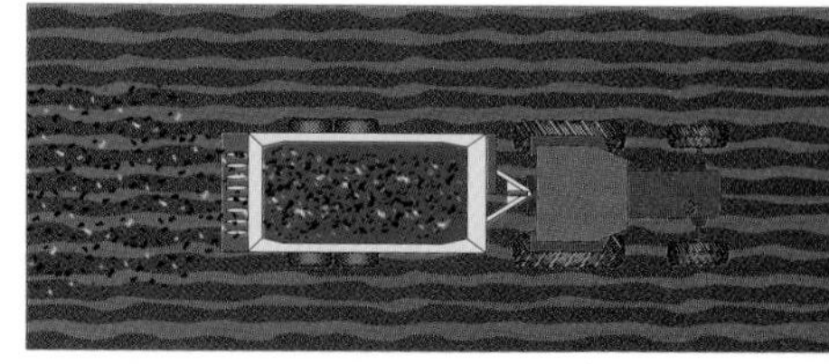

épandeur^M de fumier^M

AMEUBLIR LA TERRE^F

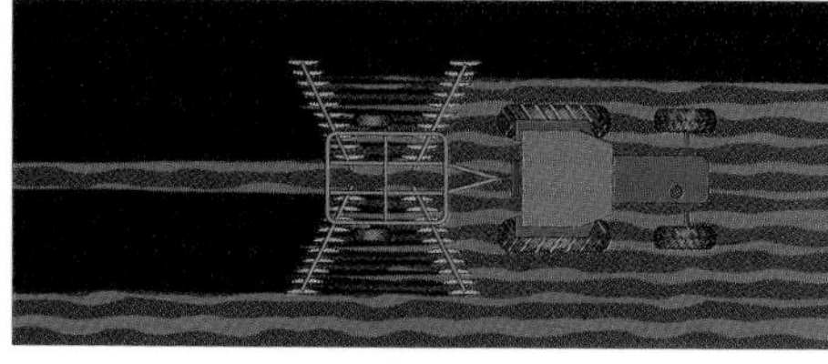

pulvérisateur^M tandem^M

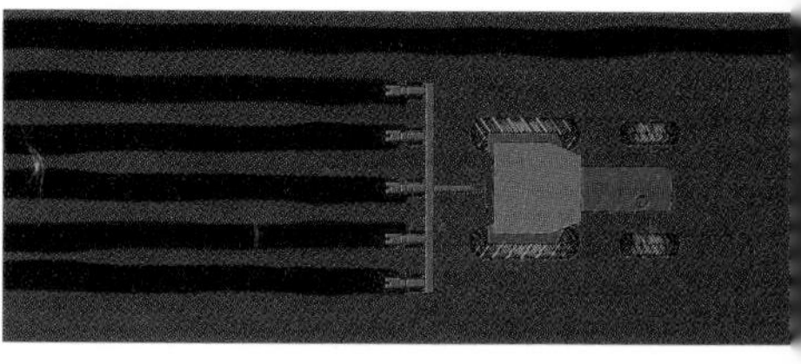

cultivateur^M

SEMER

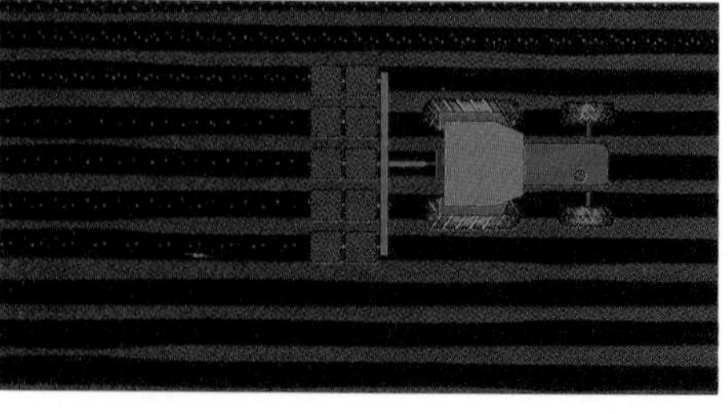

semoir^M en lignes^F

FAUCHER

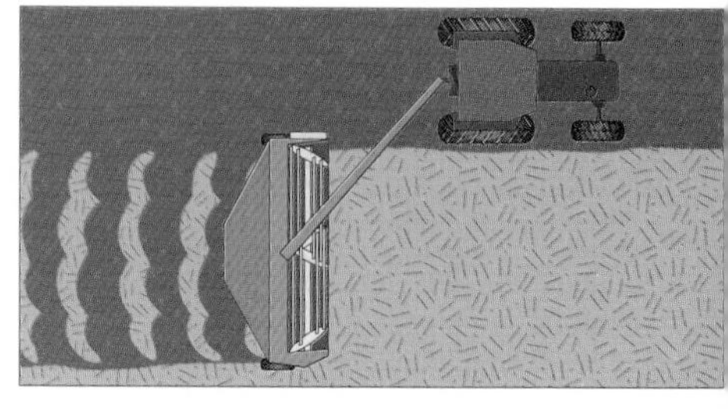

faucheuse^F-conditionneuse^F

FANER

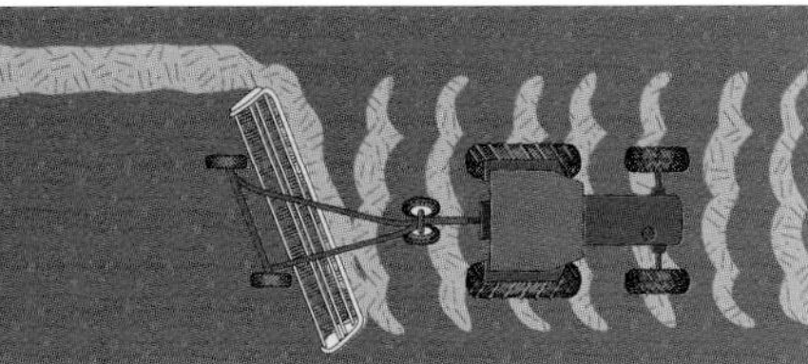

râteau[M]

RÉCOLTER

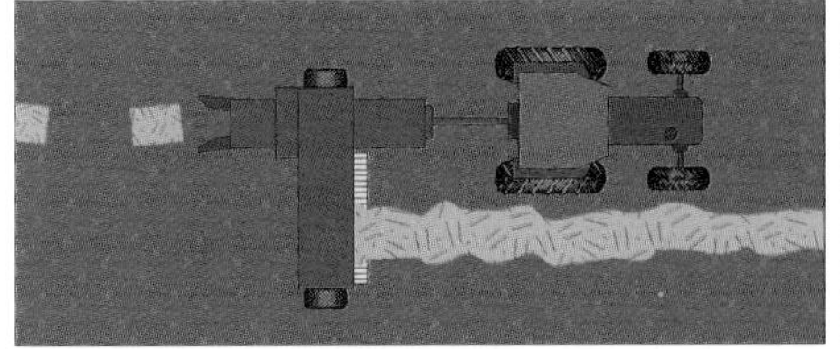

ramasseuse[F]-presse[F]

RÉCOLTER

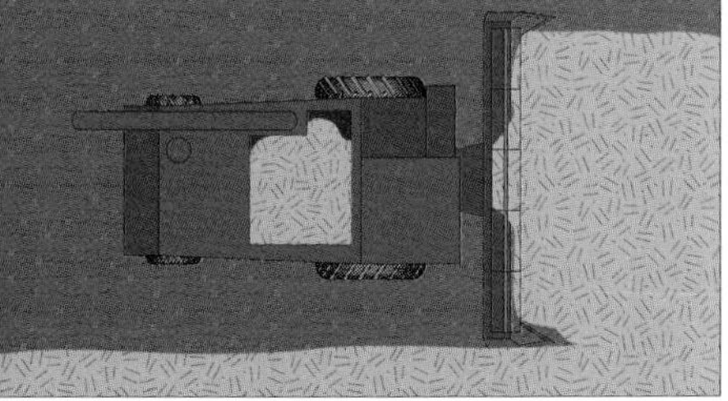

moissonneuse[F]-batteuse[F]

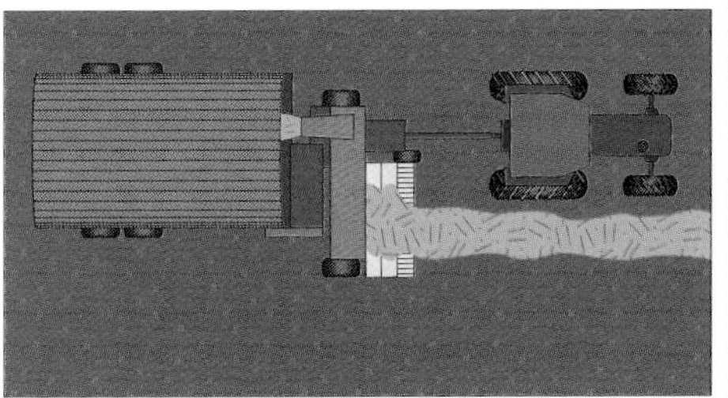

fourragère[F]

ENSILER

souffleuse[F] de fourrage[M]

RETOURNER LA TERRE[F]

CHARRUE[F] À SOC[M]

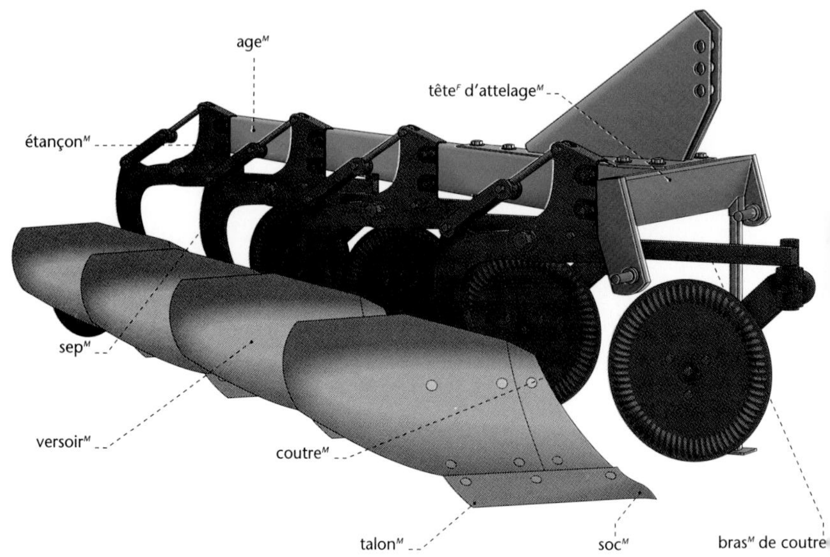

FERTILISER LA TERRE[F]

ÉPANDEUR[M] DE FUMIER[M]

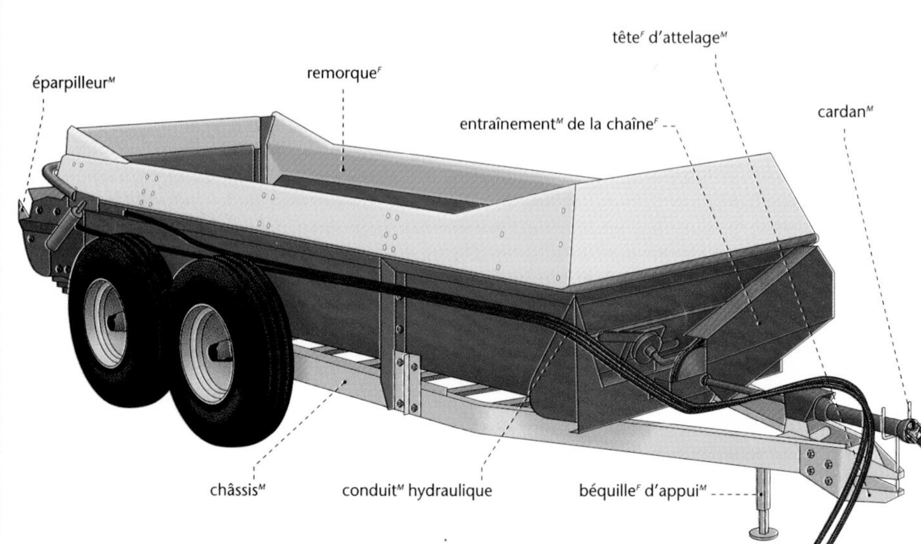

PULVÉRISEUR^M TANDEM^M

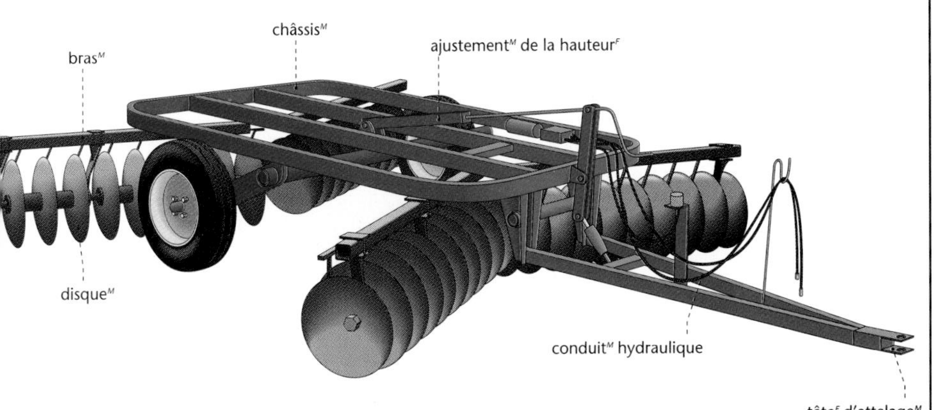

CULTIVATEUR^M

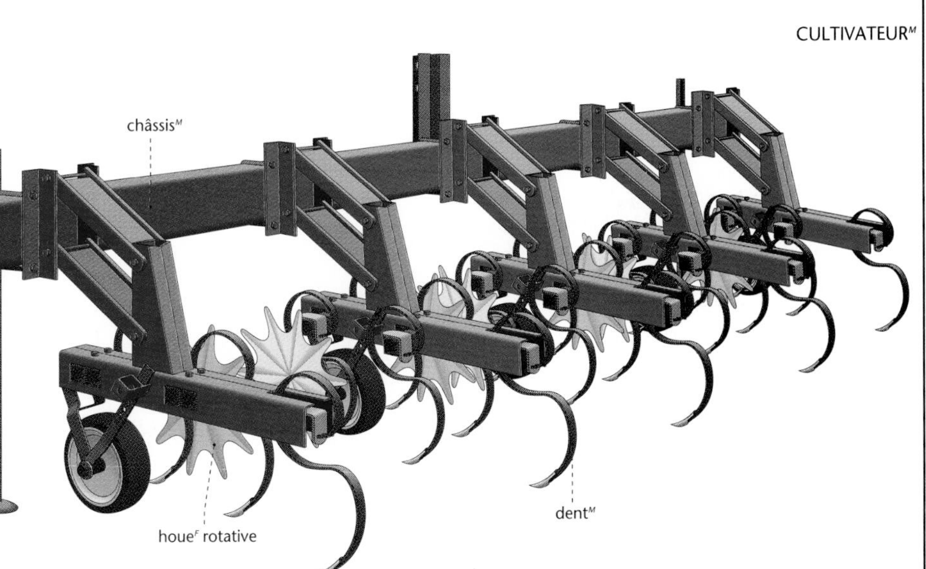

SEMER

SEMOIR^M EN LIGNES^F

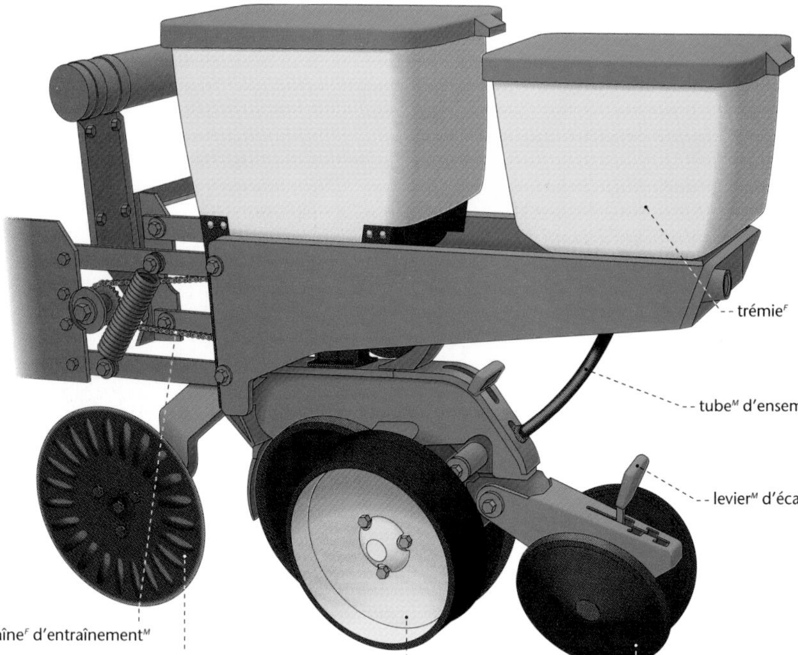

trémie^F
tube^M d'ensemencement^M
levier^M d'écartement^M
chaîne^F d'entraînement^M
coutre^M
roue^F de pression^F
disque^M d'enterrage^M

FAUCHER

FAUCHEUSE^F-CONDITIONNEUSE^F

rouleau^M conditionneur
rabatteur^M
dent^F
timon^M
conduit^M hydraulique
barre^F de coupe^F
tête^F d'attelage^M

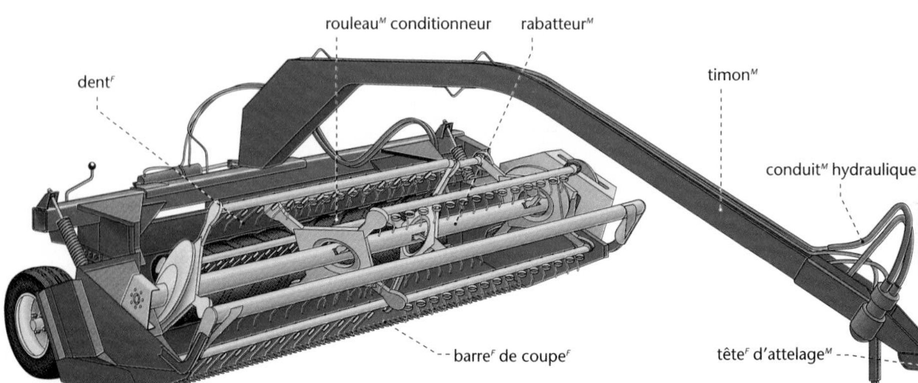

FANER

RÂTEAU[M]

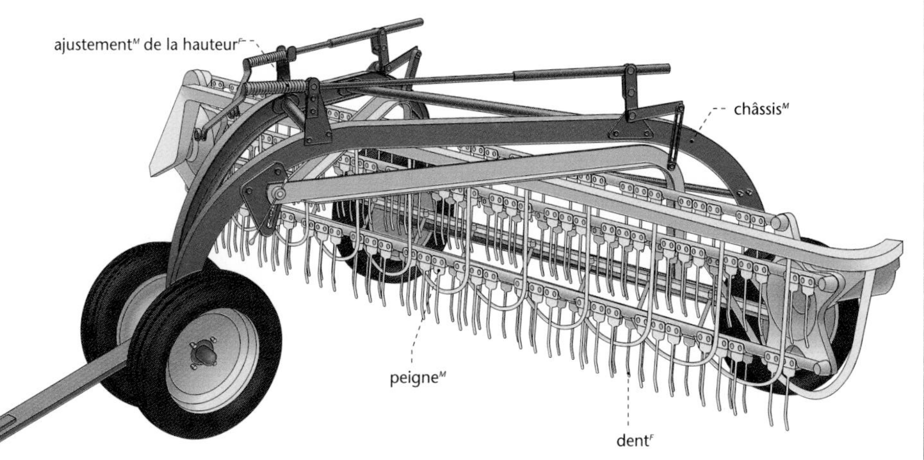

RÉCOLTER

RAMASSEUSE[F]-PRESSE[F]

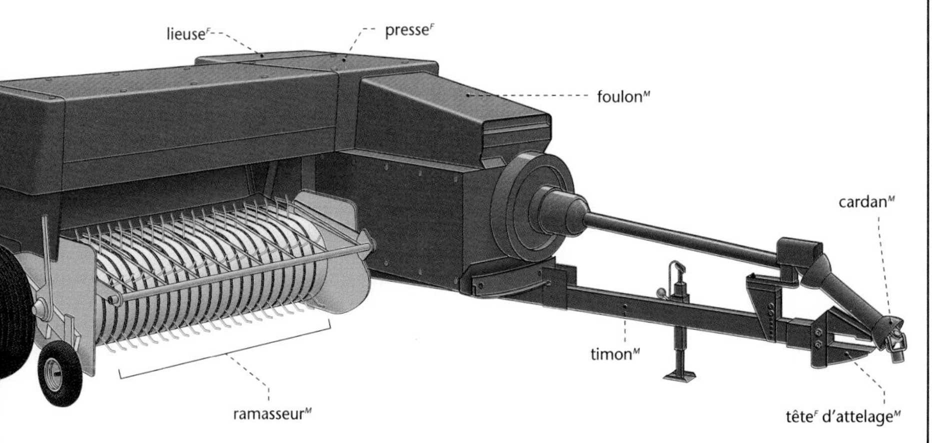

MOISSONNEUSE^F-BATTEUSE^F

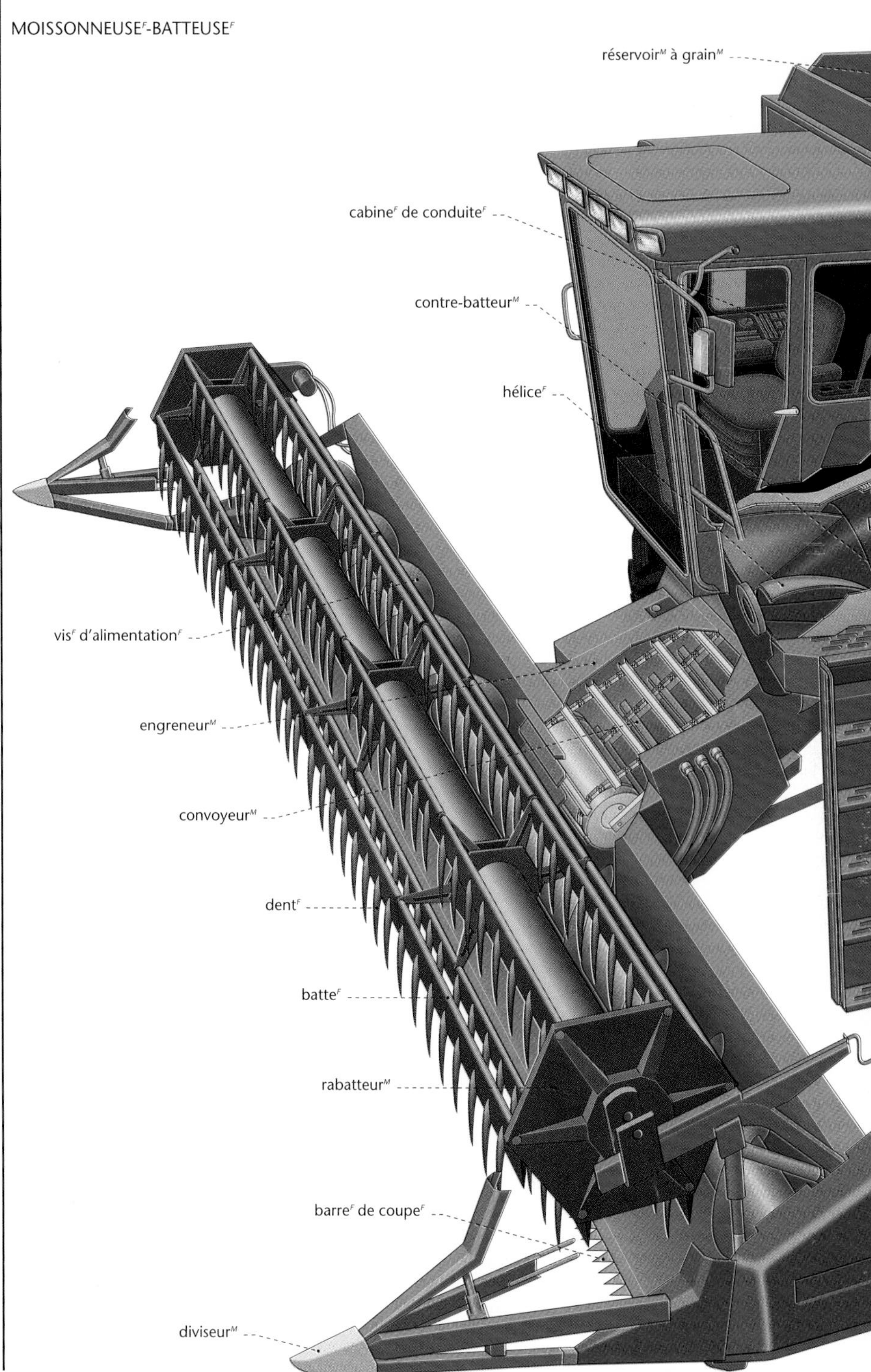

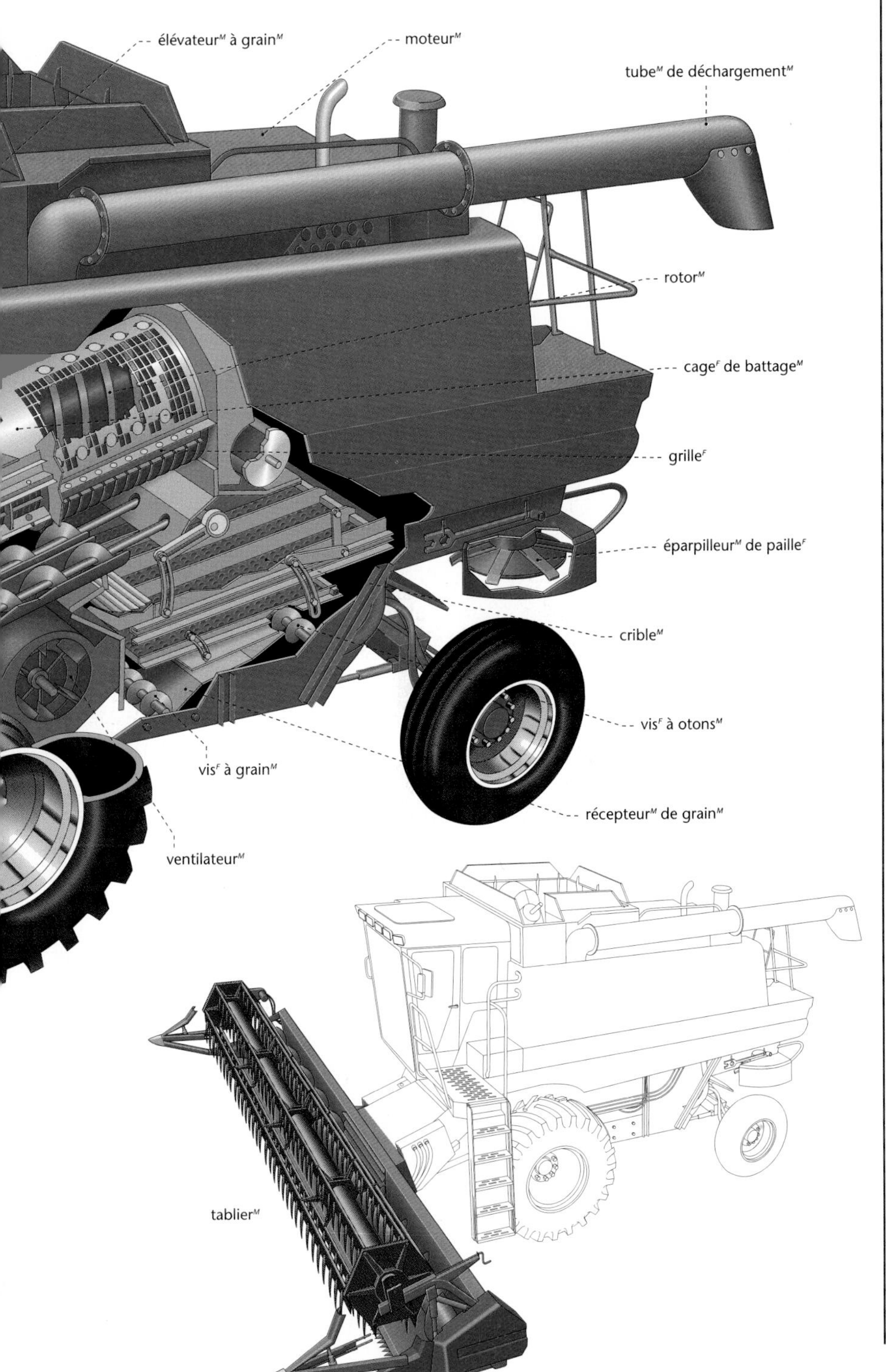
élévateurM à grainM
moteurM
tubeM de déchargementM
rotorM
cageF de battageM
grilleF
éparpilleurM de pailleF
cribleM
visF à otonsM
visF à grainM
récepteurM de grainM
ventilateurM
tablierM

RÉCOLTER

FOURRAGÈRE[F]

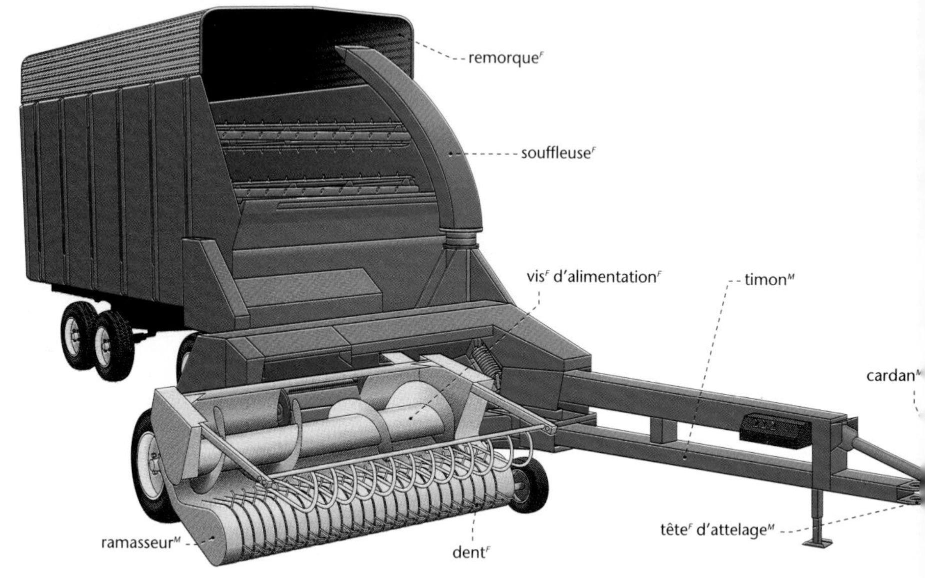

ENSILER

SOUFFLEUSE[F] DE FOURRAGE[M]

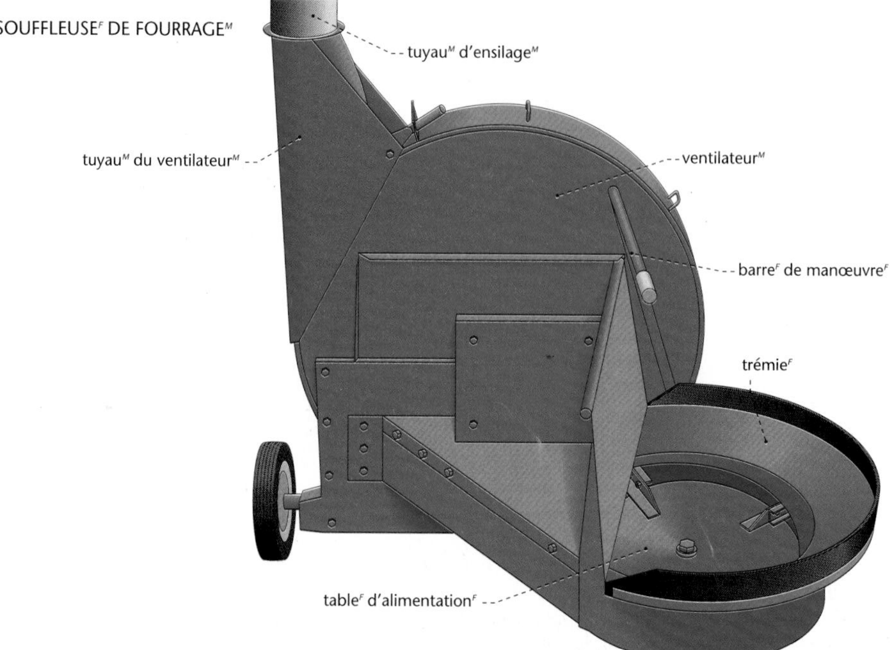

Jean-Claude Corbeil • Ariane Archambault

LE VISUEL

COMPACT

DICTIONNAIRE THÉMATIQUE FRANÇAIS

Éditions Québec/Amérique

Données de catalogage avant publication (Canada)

Corbeil, Jean-Claude

Le visuel compact : dictionnaire thématique français

(Collection Langue et culture)
Comprend des réf. bibliogr. et un index.

ISBN 2-89037-795-4

1. Dictionnaires illustrés français. I. Archambault, Ariane. II. Titre. III. Collection.

AG250.C68 1995 413'.1 C95-941080-5

425, rue Saint-Jean-Baptiste, Montréal, Québec H2Y 2Z7 - Téléphone : (514) 393-1450 - Télécopieur : (514) 866-2430

Conçu et créé par Québec/Amérique International, une division de Québec/Amérique inc.,
Le Visuel a été entièrement réalisé sur ordinateur Macintosh de Apple Computer Inc.

Imprimé et relié aux États-Unis
1095QT:2.1.1:AJ

DIRECTION ÉDITORIALE

Jacques Fortin - éditeur
Jean-Claude Corbeil - *directeur*
Ariane Archambault - *directrice adjointe*
François Fortin - *directeur infographique*
Jean-Louis Martin - *directeur artistique*

RÉALISATION INFOGRAPHIQUE

Jacques Perrault
Anne Tremblay
Jocelyn Gardner
Christiane Beauregard
Michel Blais
Rielle Lévesque
Marc Lalumière
Stéphane Roy
Alice Comtois
Jean-Yves Ahern
Benoît Bourdeau

GESTION DES DONNÉES

Daniel Beaulieu
Yves Ferland

DOCUMENTATION

Serge D'Amico

MONTAGE

Pascal Goyette
Lucie Mc Brearty
Martin Langlois

PRODUCTION

Marie Duclos

FABRICATION

Tony O'Riley
Éric Hince

CONCEPTION GRAPHIQUE

Emmanuel Blanc

REMERCIEMENTS

Pour la préparation du *Visuel*, nous avons bénéficié de la collaboration de nombreux organismes, sociétés et entreprises qui nous ont transmis la documentation technique la plus récente. Nous avons également bénéficié des avis judicieux de spécialistes, de collègues terminologues ou traducteurs. Nous remercions tout particulièrement nos premiers collaborateurs: Edith Girard, René Saint-Pierre, Marielle Hébert, Christiane Vachon, Anik Lapointe. Nous tenons également à exprimer notre plus vive reconnaissance aux personnes et sociétés suivantes:

A.C Delco
Administration de la Voie maritime du St-Laurent (Normand Dodier)
Aérospatiale (France)
Aérospatiale Canada (ACI) inc.
Air Canada (Services linguistiques)
Air liquide Canada ltée
Amity-Leather Products Company
Animat inc.
Archambault Musique
Association canadienne de Curling
Association des groupes d'astronomes amateurs (Jean-Marc Richard)
Association Internationale de Signalisation Maritime (Marie-Hélène Grillet)
Atlas Copco
Banque de terminologie du Gouvernement canadien
Bell Canada
Bell Helicopter Textron
Bellefontaine
Beretta
Black & Decker
Bombardier inc.
Boutique de harnais Pépin
British Hovercraft Corporation Ltd (Division of Westland Aerospace)
C. Plath North American Division
Caloritech inc.
Cambridge Instruments (Canada) Inc.
CAMIF (Direction relations extérieures)
Canada Billard & Bowling inc. (Bernard Monsec)
Canadian Coleman Supply Inc.
Canadian Kenworth Company
Canadien National (Communications visuelles, Services linguistiques)
Carpentier, Jean-Marc
Casavant Frères Limitée (Gilbert Lemieux)
Centre de Tissage Leclerc inc.
Chromalox inc.
Clerc, Redjean
Club de planeur Champlain
Club de tir à l'arc de Montréal
Collège Jean de Brébeuf (Paul-Émile Tremblay)
Collège militaire royal de Saint-Jean
Communauté urbaine de Montréal (Bureau de transport métropolitain)
Compagnie Pétrolière Impériale ltée
Complexe sportif Claude-Robillard
Control Data Canada ltée
Cycles Performance
Department of Defense (U.S.) , (Department of the Navy. Office of Information)
Detson
Direction des constructions navales (France), (programmes internationaux)
Distributions TTI inc.
Energie atomique du Canada ltée (Pierre Giguère)
Energie Mines et Ressources Canada (Centre canadien de télédétection)
Environnement Canada, (Service de l'environnement Atmosphérique, Gilles Sanscartier)
FACOM
Fédération de patinage de vitesse du Québec
Fédération québécoise d'escrime
Fédération québécoise d'haltérophilie
Fédération québécoise de badminton
Fédération québécoise de boxe olympique
Fédération québécoise de canot camping
Fédération québécoise de luge et bobsleigh
Fédération québécoise de tennis
Fédération québécoise des échecs
Festival des Mongolfières du Haut-Richelieu
Fincantieri Naval Shipbuilding Division
Fisher Scientific Limited
Ford New-Holland Inc.
G.E. Astro-Space Division
G.T.E Sylvania Canada ltée
Gadbois, Alain
GAM Pro Plongée
Garde côtière canadienne
General Motors du Canada ltée
Générale Électrique du Canada (Ateliers d'Ingénierie Dominion, Mony Schinasi)
GIAT Industries
Gym Plus
Harrison (1985) inc.
Hewitt Equipment ltée
Hippodrome Blue Bonnets (Robert Perez)
Honeywell ltée
Hortipro
Hughes Aircraft Company
Hydro-Québec (centre de documentation, Anne Crépeau)
IBM Canada ltée
Institut de recherche d'Hydro-Québec (IREQ)
International Telecommunications Satellite Organisation (Intelsat)
Jardin Botanique de Montréal
John Deere Limited
Johnson & Johnson inc.
La Cordée
La Maison olympique (Sylvia Doucette)
Le Beau Voyage
Le Coz, Jean-Pierre
Lee Valley Tools Ltd
Leica Camera
Les Appareils orthopédiques BBG inc.
Les Équipements Chalin ltée
Les Instruments de Musique Twigg inc.
Les Manufacturiers Draco ltée
Les Minoteries Ogilvie ltée (Michel Ladouceur)
Les Produits de défense SNC ltée
Liebherr-Québec
Manac inc.
Manufacture Leviton du Canada ltée
Manutan
Marcoux, Jean-Marie
Marrazza Musique
Matra Défense (Direction de la communication)
MATRA S.A.
Mazda Canada
Médiatel
Mendes inc. (François Caron)
Michelin
MIL Tracy (Henri Vacher)
Ministère canadien de la Défense nationale (Affaires publiques)
Ministère des transports du Québec (Sécurité routière, Signalisation routière)
Monette Sport inc.
Moto Internationale
Musée David M. Stewart (Philippe Butler)
Natation Canada
National Aeronautics and Space Administration (N.A.S.A.)
National Oceanic and Atmospheric Administration (NOAA)-National Environmental Satellite, Data, and Information Service (Frank Lepore)
Nikon Canada inc.
Northern Telecom Canada ltée
Office de la langue française du Québec (Chantal Robinson)
Olivetti Systèmes et Réseaux Canada ltée
Ontario Hydro
Organisation de l'Aviation civile internationale (O.A.C.I.)
Paterson Darkroom Necessities
Petro-Canada (Calgary)
Philips Électronique ltée (Division de l'éclairage)
Philips Scientific & Analytical Equipment
Pierre-Olivier Décor
Planétarium Dow (Pierre Lacombe)
Plastimo
Port de Montréal (Affaires publiques)
Pratt & Whitney Canada inc.
Quincaillerie A.C.L. inc.
Radio-Québec
Remington Products (Canada) inc.
Richard Benoît
Rodriquez Cantieri navali S.p.A.
Russell Rinfret
S.A. Redoute Catalogue (relations extérieures)
Samsonite
Secrétariat d'État du Canada: Bureau de la traduction
Shell Canada
SIAL Poterie
Ski Nautique Canada
Smith-Corona (Canada) ltée
Société de transport de la Communauté Urbaine de Montréal
Société Nationale des Chemins de Fer français (S.N.C.F) - Direction de la communication
Société Radio-Canada (Gilles Amyot, Pierre Beaucage, Claude L'Hérault, Pierre Laroche)
Spalding Canada
Spar Aérospatiale ltée (Hélène Lapierre)
Sunbeam Corporation (Canada) Limited
Téléglobe Canada inc. (Roger Leblanc)
Telesat Canada (Yves Comtois)
The British Petroleum Company p.l.c. (Photographic services)
The Coal Association of Canada
Thibault
Tideland Signal Canada Ltd
Transports Canada (Les Aéroports de Montréal, Gilbert L'Espérance, Koos R. Van der Peijl)
Ultramar Canada inc
Université du Québec (Institut national de la recherche scientifique, Benoît Jean)
Université du Québec à Montréal (Module des arts, Michel Fournier)
Varin, Claude
Viala L.R. inc (Jean Beaudin)
Ville de Montréal (Bureau du cinéma)
Ville de Montréal (Service de l'habitation et du développement urbain)
Ville de Montréal (Service de la prévention des incendies , Roger Gilbert, Réal Audet)
Ville de Montréal (Service des travaux publics)
Volcano inc.
Volkswagen Canada inc.
Volvo Canada ltée
Weider
Wild Leitz Canada ltée
Xerox Canada Inc.
Yamaha Canada Musique ltée

NOTE DE L'ÉDITEUR

Il arrive souvent que nous nous trouvions devant un objet sans être capable de l'identifier ou de le décrire. Nous ne parvenons pas à trouver les mots; les «machins» et les «choses» ne suffisent pas à renseigner adéquatement notre interlocuteur. De même, il nous arrive fréquemment en lisant un livre, un journal, en regardant la télévision ou en écoutant la radio d'avoir besoin d'une représentation visuelle pour comprendre toute la dimension d'un événement ou saisir le sens d'une communication. Pour remédier à cela, nous avons conçu et créé *Le Visuel*, un dictionnaire de référence original qui se distingue des dictionnaires traditionnels et des dictionnaires encyclopédiques.

Ici, c'est l'image qui définit le mot. L'illustration occupe donc dans cet ouvrage une place essentielle, car sa valeur didactique est irremplaçable. De plus, l'expérience prouve que l'image excite la curiosité pour s'inscrire rapidement dans la mémoire de chacun. En conséquence, nous avons greffé aux mots des illustrations de qualité, tracées avec toute la précision que permet la technologie de l'ordinateur. *Le Visuel* succède à la première édition monochrome publiée en 1986 et dont le succès a été immédiat. Publié en plusieurs langues et diffusé dans plus de cent pays, *Le Visuel* est devenu une référence internationale.

Le Visuel a d'abord paru, pour le marché francophone, en version bilingue, français-anglais. Par la suite, il a été publié dans d'autres langues, en collaboration avec des éditeurs d'autres pays qui ont assumé la responsabilité d'établir la terminologie du *Visuel* dans leurs propres langues nationales et d'en garantir la qualité. *Le Visuel* existe donc, aujourd'hui, dans les langues suivantes: français, anglais, espagnol, allemand, italien, néerlandais, danois, norvégien, japonais.

Ce nouveau dictionnaire visuel, avec un contenu qui couvre tous les thèmes de la vie quotidienne, s'adresse à quiconque se soucie d'enrichir son vocabulaire et d'employer le mot juste pour une meilleure communication. Il est à la fois unique et révolutionnaire par son originalité, par la qualité de ses illustrations, l'exactitude de sa terminologie, par l'abondance de l'information qu'il fournit et par sa souplesse d'utilisation. Avec les progrès apportés par les nouvelles technologies et le développement des moyens de communication, les besoins du lecteur d'aujourd'hui exigent l'accès à une information rapide, efficace et qui va à l'essentiel. Le lien direct entre l'image et le mot répond à ce double besoin de rapidité et de précision.

Associant le pouvoir de l'image à la justesse des termes, *Le Visuel* tout en couleurs devient un outil sans équivalent sur le marché. Il est l'œuvre d'une équipe. Linguistes, terminologues, documentalistes, lecteurs-correcteurs, illustrateurs-infographistes, maquettistes, techniciens de l'informatique, programmeurs, professionnels des arts graphiques, tous ont, pendant plus de trois ans, mis leur savoir-faire en commun pour réaliser cet outil culturel exceptionnel, dynamique, adapté à la vie d'aujourd'hui. Vous voudrez le consulter chaque fois que vous sentirez le besoin de savoir, de mieux comprendre et de mieux communiquer.

•

Jacques Fortin
éditeur

Le *Visuel* est très différent des autres dictionnaires par son contenu et sa présentation. Son originalité exige quelques mots d'explication pour comprendre son utilité et apprécier la qualité de l'information qu'il contient. Cette introduction décrit les caractéristiques du *Visuel* et explique comment et pourquoi il se distingue des dictionnaires de langue et des encyclopédies. Pour l'information des amateurs de dictionnaires et celle des professionnels de la lexicographie, on y expose également les principes et la méthode de travail qui en ont guidé la réalisation.

UN DICTIONNAIRE IMAGE/MOT

Le Visuel relie étroitement l'image et le mot.

L'image décrit et analyse le monde moderne qui nous entoure: les objets de notre vie quotidienne, l'environnement physique, végétal et animal où nous évoluons, les techniques de communication et de travail qui modifient nos modes de vie, les armes qui nous inquiètent, les moyens de transports qui bouleversent les frontières, les sources d'énergie dont nous dépendons, etc.

L'image remplit ici une fonction précise: elle sert de définition aux mots, en ce sens qu'il est possible de «voir» immédiatement ce que chaque mot désigne. Le lecteur peut ainsi reconnaître ce qu'il cherche et découvrir, du même coup d'œil, le mot correspondant.

Les mots du *Visuel* sont ceux dont chacun a besoin pour nommer, avec le terme exact, le monde où nous évoluons.

Les mots ont été sélectionnés par la lecture de documents modernes, rédigés par des spécialistes de chaque sujet. En cas de doute, ils ont été soumis à l'examen d'experts de chaque domaine et vérifiés dans les encyclopédies et les dictionnaires de langue. Toutes les précautions ont donc été prises pour garantir l'exactitude de chaque mot, au bon niveau de standardisation.

UN DICTIONNAIRE POUR TOUS

Le Visuel s'adresse à toute personne qui participe, d'une manière ou de l'autre, à la civilisation contemporaine et qui doit, en conséquence, connaître et utiliser un grand nombre de termes techniques dans des domaines très variés.

Il répond alors aux besoins et aux curiosités de chacun et de tous. Il n'est pas destiné aux seuls spécialistes.

Le niveau d'analyse varie d'un sujet à l'autre. Plutôt que de s'astreindre arbitrairement à une analyse uniforme de tous les sujets, les Auteurs ont respecté le fait que le degré de familiarité avec le sujet varie et que les sujets sont, en soi, plus ou moins complexes les uns par rapport aux autres. Par exemple, les vêtements ou l'automobile sont plus familiers et apparaissent donc plus simples à un plus grand nombre de personnes que l'énergie atomique ou les satellites de télécommunication. Autre aspect du même problème, pour décrire l'anatomie du corps humain, il faut respecter et utiliser la terminologie médicale, même si les mots semblent plus compliqués que les noms des fruits ou des légumes. D'un autre point de vue encore, les choses changent: le vocabulaire de la photographie est aujourd'hui plus compliqué à cause de l'automatisation des appareils photographiques. Ou encore, dernier exemple, l'informatique est devenue plus connue des amateurs de micro-ordinateurs mais demeure toujours un mystère pour tous les autres.

En conséquence, *Le Visuel* reflète le vocabulaire spécialisé d'usage courant dans chaque domaine en tenant compte de ce type de phénomènes.

UN DICTIONNAIRE FACILE DE CONSULTATION

Le Visuel se consulte de plusieurs façons différentes grâce à la liste des thèmes, à la table détaillée des matières et à l'index des mots cités.

On peut le parcourir:

De l'idée au mot, lorsque la chose à nommer est connue et son idée très précise dans l'esprit, alors que le mot manque ou est inconnu. La table détaillée des matières énumère chaque sujet traité selon un classement hiérarchisé où le lecteur se retrouve facilement. *Le Visuel* est ainsi le seul dictionnaire qui permette de trouver un mot inconnu à partir de sa signification.

Du mot à l'idée, lorsqu'il s'agit de vérifier le sens d'un mot. L'index renvoie à toutes les illustrations où le mot figure et l'illustration montre ce que désigne le mot dans chaque cas particulier.

Du bout des doigts, à partir de la liste des thèmes. Les repères de couleurs placés sur la tranche des pages facilitent l'accès au chapitre qui intéresse le lecteur.

Par vagabondage, pour le seul agrément de se promener au hasard, d'une image à l'autre, d'un mot à l'autre, sans autre préoccupation que le plaisir des yeux et de l'esprit.

UN DICTIONNAIRE DIFFÉRENT

Chacun connaît plusieurs genres de dictionnaires et d'encyclopédies. Il n'est pas toujours facile de saisir ce qui les caractérise et les différencie. Un rapide tour d'horizon s'impose pour situer correctement *Le Visuel* par rapport à ses semblables.

a) Les dictionnaires de langue

Ces dictionnaires visent à décrire les sens que les locuteurs accordent aux mots de la langue générale.

Ils sont constitués fondamentalement de deux grandes parties: une entrée sous la forme d'un mot, la nomen-

clature, et une énumération des sens de ce mot, l'article de dictionnaire.

La nomenclature est l'ensemble des mots qui sont l'objet d'un commentaire lexicographique. Elle forme la structure du dictionnaire. Pour plus de commodité, les entrées sont classées par ordre alphabétique. En général, on y trouve les mots de la langue commune contemporaine, des mots anciens dont la connaissance facilite la compréhension des textes ou de l'histoire de la civilisation et quelques mots techniques dont l'usage est suffisamment répandu.

L'article de dictionnaire est un commentaire qui décrit successivement les sens du mot. Généralement, l'article comprend la catégorie grammaticale du mot, son étymologie, la définition des différents sens du mot, classés le plus souvent par ordre chronologique, et des indications décrivant sommairement le mode d'usage social du mot (familier, populaire, vulgaire), selon une typologie encore aujourd'hui plutôt impressionniste.

On classe habituellement les dictionnaires de langue selon les publics cibles et selon le nombre de mots de la nomenclature, qui comprend non seulement les substantifs, mais toutes les catégories d'éléments, les verbes et les pronoms, les adjectifs et les adverbes, les prépositions, les conjonctions, etc. Ainsi, un dictionnaire de cinq mille mots est destiné aux enfants, un autre de quinze mille convient pour les écoles élémentaires, un dictionnaire de cinquante mille mots couvre les besoins du grand public, etc.

b) Les dictionnaires encyclopédiques

Au dictionnaire de langue, ces dictionnaires ajoutent des développements sur la nature, le fonctionnement ou l'histoire des choses pour en permettre la compréhension à un profane de bonne culture générale ou à un spécialiste voulant vérifier la portée d'un mot. Ils font une place beaucoup plus grande aux termes techniques, suivant de près l'état des sciences et des techniques. En général, l'image y joue un rôle important, en illustration du texte. Les dictionnaires encyclopédiques sont plus ou moins volumineux, selon l'étendue de la nomenclature, l'importance des commentaires, la place accordée aux noms propres et le nombre de spécialités traitées.

c) Les encyclopédies

Contrairement à ceux de la catégorie précédente, ces ouvrages ne traitent pas la langue. Ils sont consacrés à la description scientifique, technique, parfois économique, historique et géographique des choses. La structure de la nomenclature peut varier, tous les classements étant légitimes; alphabétique, notionnel, chronologique, par spécialité, etc. Le nombre de ces ouvrages est pratiquement illimité, comme l'est la fragmentation de la civilisation en catégories multiples. Il faut également distinguer entre l'encyclopédie universelle et l'encyclopédie spécialisée.

d) Les lexiques ou vocabulaires spécialisés

Le plus souvent, ces ouvrages répondent à des besoins particuliers, suscités par l'évolution des sciences et des techniques. Leur premier souci est d'assurer l'efficacité de la communication par la rigueur et l'uniformité de la terminologie. Ici, tout peut varier: la méthode de confection des lexiques, la relation des auteurs avec la spécialité, l'étendue de la nomenclature, le nombre de langues traitées et la manière d'établir les équivalences d'une langue à l'autre, par simple traduction ou par comparaison entre terminologies unilingues. La lexicographie spécialisée est aujourd'hui un champ d'activité intense. Les ouvrages se multiplient dans tous les secteurs et dans toutes les langues qu'on juge utile de croiser.

e) *Le Visuel*

Le Visuel est un dictionnaire d'orientation terminologique. Son intention est de mettre à la portée du grand public le vocabulaire précis nécessaire à la désignation des différents éléments de notre univers quotidien et d'en faire saisir le sens par l'illustration. Les mots se définissent les uns par rapport aux autres à l'intérieur de regroupements qui s'emboîtent, d'où la structure du *Visuel* en thèmes, sujets, objets spécifiques et parties de ces objets. Selon les thèmes et leur caractère plus ou moins familier, les mots apparaissent simples ou techniques. L'essentiel cependant est de présenter une analyse cohérente du vocabulaire de chaque sujet, dont la connaissance est utile et nécessaire à qui n'est pas un spécialiste du domaine.

Le Visuel n'est pas une encyclopédie, pour au moins deux raisons: il ne décrit pas les choses, il les nomme; il évite aussi l'énumération des objets de même classe. Par exemple, il ne recense pas toutes les variétés d'arbres mais s'arrête sur un représentant typique de la catégorie pour en examiner la structure et chacune des parties.

Il est encore moins un dictionnaire de langue puisqu'il ne comporte aucune définition écrite et n'inclut que des substantifs, surtout beaucoup de termes complexes, comme il arrive habituellement en terminologie.

Il n'est pas non plus une somme de vocabulaires spécialisés puisqu'il évite les termes connus des seuls spécialistes au profit des termes d'usage général, au risque de passer pour simpliste aux yeux des connaisseurs de domaines particuliers.

Le Visuel est le premier dictionnaire qui réunisse en un seul corps d'ouvrage les milliers de mots plus ou moins techniques d'usage courant dans notre société où les sciences, les techniques et leurs produits font partie de la vie quotidienne.

Telle est la politique éditoriale qui a orienté la réalisation de l'ouvrage. En conséquence, le nombre de mots qu'il contient ne peut pas être interprété de la même manière que pour un dictionnaire de langue puisqu'il s'agit ici d'un choix guidé par la politique éditoriale et puisqu'il ne contient que des substantifs, les mots lourds de la langue, à l'exclusion des adjectifs, des verbes, des prépositions, etc., qu'on trouve dans les dictionnaires traditionnels et surtout parce qu'on ne sait pas trop comment compter les mots composés!

DES IMAGES SUR ORDINATEUR

Les illustrations du *Visuel* ont été réalisées sur ordinateur, à partir de documents récents ou de photographies originales.

L'usage de l'informatique donne aux illustrations un haut niveau de réalisme, proche de la photographie, tout en permettant de mettre en relief les éléments essentiels d'un objet, qui correspondent aux mots. La précision du dessin est à la base de la qualité du *Visuel* comme instrument de référence lexicographique et encyclopédique.

De plus, grâce à l'ordinateur, les filets qui relient le mot à sa désignation sont placés avec une plus grande précision, ce qui assure plus de clarté à la relation entre le mot et ce qu'il désigne.

UN VOCABULAIRE SOIGNEUSEMENT ÉTABLI

Le Visuel a été élaboré d'après la méthodologie de la recherche terminologique systématique et comparée, qui est aujourd'hui le standard professionnel pour la préparation d'ouvrages de cette nature.

Cette méthodologie comporte plusieurs étapes qui s'enchaînent dans un ordre logique. Voici une description succincte de chacune des étapes.

Délimitation de l'ouvrage

Il faut d'abord délimiter soigneusement la taille et le contenu de l'ouvrage projeté en fonction de ses objectifs.

Les auteurs ont d'abord sélectionné les thèmes qu'il apparaissait nécessaire de traiter. Ils ont ensuite divisé chacun d'eux en domaines et sous-domaines en prenant soin de rester fidèles à l'objectif de la politique éditoriale et de ne pas verser dans l'encyclopédisme ou l'hyperspécialité. Il en est résulté une table des matières provisoire, structure de base du dictionnaire, qui a servi de guide au cours des étapes subséquentes et qui s'est perfectionnée en cours de route. La table détaillée des matières est l'aboutissement de ce processus.

Recherche documentaire

Conformément au plan de l'ouvrage, la documentation pertinente à chaque sujet, susceptible de fournir l'information requise sur les mots et les notions, a été recueillie.

Voici, dans l'ordre de fiabilité, la liste des sources de documentation utilisées:

• Les articles ou ouvrages rédigés en langue maternelle par des spécialistes du sujet, au niveau de spécialisation convenable. Leurs traductions vers d'autres langues peuvent être très révélatrices de l'usage du vocabulaire, quoiqu'il faille les utiliser avec circonspection.

• Les documents techniques, comme les normes nationales ou les normes de l'International Standard Organization (ISO), les modes d'emploi des produits, la documentation technique fournie par les fabricants, les publications officielles des gouvernements, etc.

• Les catalogues, les textes commerciaux, la publicité dans les revues spécialisées et les grands quotidiens.

• Les encyclopédies ou dictionnaires encyclopédiques, et les dictionnaires de langue unilingues.

• Les vocabulaires ou dictionnaires spécialisés unilingues, bilingues ou multilingues, dont il faut cependant apprécier soigneusement la qualité et la fiabilité.

• Les dictionnaires de langue bilingues ou multilingues.

Au total, quatre à cinq mille références. La bibliographie sélective qui figure dans l'ouvrage n'inclut que les sources documentaires d'orientation générale et non pas les sources spécialisées.

Dépouillement des documents

Pour chaque sujet, le terminologue a parcouru la documentation, à la recherche des notions spécifiques et des mots qui les expriment, d'un auteur à l'autre et d'un document à l'autre. Ainsi se dessine progressivement la structure notionnelle du sujet: l'uniformité de la désignation de la même notion d'une source à l'autre ou, au contraire, la concurrence de plusieurs termes pour désigner la même réalité. Dans ce cas, le terminologue poursuit sa recherche jusqu'à ce qu'il se soit formé une opinion bien documentée sur chacun des termes concurrents. Il note tout, avec références à l'appui.

Constitution des dossiers terminologiques

Le dépouillement de la documentation permet de réunir tous les éléments d'un dossier terminologique.

À chaque notion, identifiée et définie par l'illustration, est relié le terme le plus fréquemment utilisé pour la désigner par les meilleurs auteurs ou dans les sources les plus dignes de confiance. Lorsque plusieurs termes sont en concurrence, l'un d'eux est sélectionné après discussion et accord entre le terminologue et le directeur scientifique.

Certains dossiers terminologiques, généralement dans des domaines spécialisés où le terminologue est plus sujet à erreur, ont été soumis à des spécialistes du domaine.

Variation terminologique

Il arrive fréquemment que plusieurs mots désignent sensiblement la même notion.

D'une manière pragmatique, les choses se présentent de la manière suivante:

• Il peut arriver qu'un terme ne soit utilisé que par un auteur ou ne trouve qu'une attestation dans la documentation. Le terme le plus fréquent a alors été retenu.

• Les termes techniques se présentent souvent sous forme composée, avec ou sans trait d'union ou préposition. Cette caractéristique entraîne au moins deux types de variantes terminologiques:

a) Le terme technique composé peut se réduire par l'abandon d'un ou de plusieurs de ses éléments, surtout si le contexte est très significatif. A la limite, le terme réduit devient la désignation habituelle de la notion. Dans ces cas, la forme composée a été conservée lorsqu'elle est couramment utilisée, laissant à l'utilisateur le soin de la réduire selon le contexte.

b) L'un des éléments du mot composé peut lui-

même avoir des formes équivalentes. Il s'agit le plus souvent de synonymie en langue commune. La forme la plus fréquente a alors été retenue.

• Enfin, la variante peut provenir de l'évolution du langage, sans incidence terminologique. Nous avons alors privilégié la forme la plus contemporaine ou la plus connue.

SENTIMENT TERMINOLOGIQUE

Un commentaire sur l'état du sentiment terminologique par rapport au sentiment lexicographique s'impose ici.

Les dictionnaires de langue ont une longue histoire. Ce sont des ouvrages de référence familiers, connus et utilisés depuis l'école, avec tradition établie, connue et acceptée de tous. Chacun sait comment interpréter le dictionnaire et comment utiliser les renseignements qu'il donne... ou ne donne pas.

Les dictionnaires terminologiques sont ou bien très récents ou bien destinés à un public spécialisé. Il n'existe pas de vraie tradition guidant leur conception et leur réalisation. Si le spécialiste sait interpréter un dictionnaire de sa spécialité parce que la terminologie lui en est familière, il n'en est pas de même pour le profane. Les variantes le laissent perplexe. Enfin, les dictionnaires de langue ont jusqu'à un certain point discipliné l'usage du vocabulaire usuel chez leurs usagers alors que les vocabulaires de spécialité sont d'autant plus marqués par la concurrence des termes qu'ils appartiennent à des spécialités nouvelles.

L'utilisation d'un dictionnaire comme *Le Visuel* doit tenir compte de ce type de réaction devant un instrument de référence nouveau.

FRANÇAIS DE FRANCE ET FRANÇAIS DU QUÉBEC

Le Visuel tient compte de la variation de l'usage entre français de France et français du Québec. En effet, dans quelques cas, plus rares qu'en anglais il est vrai, le français du Québec se distingue du français de France. Il n'y a jamais de différence d'orthographe. Mais parfois, il arrive que des notions soient désignées par des mots distincts. Ainsi, en France, on appelle *bonnet* et *moufle* ce que les Québécois appellent *tuque* et *mitaine*.

Dans le vocubulaire technique, ces cas sont moins fréquents que dans le vocabulaire général.

Lorsque la chose s'est produite et que nous avons jugé utile ou indispensable de noter les deux usages, le terme utilisé au Québec est imprimé en italique en regard du mot de France, écrit en caractères romains.

JEAN-CLAUDE CORBEIL
ARIANE ARCHAMBAULT

LE TITRE •
identifie le contenu de chaque page.

LE SOUS-TITRE •
identifie le sujet avec les mots appropriés.

LE THÈME •
de chaque section du dictionnaire est clairement indiqué à chaque page.

On peut consulter le dictionnaire de l'idée au mot grâce à la table des matières qui présente les thèmes, titres et sous-titres avec renvoi à la page initiale de chaque titre.

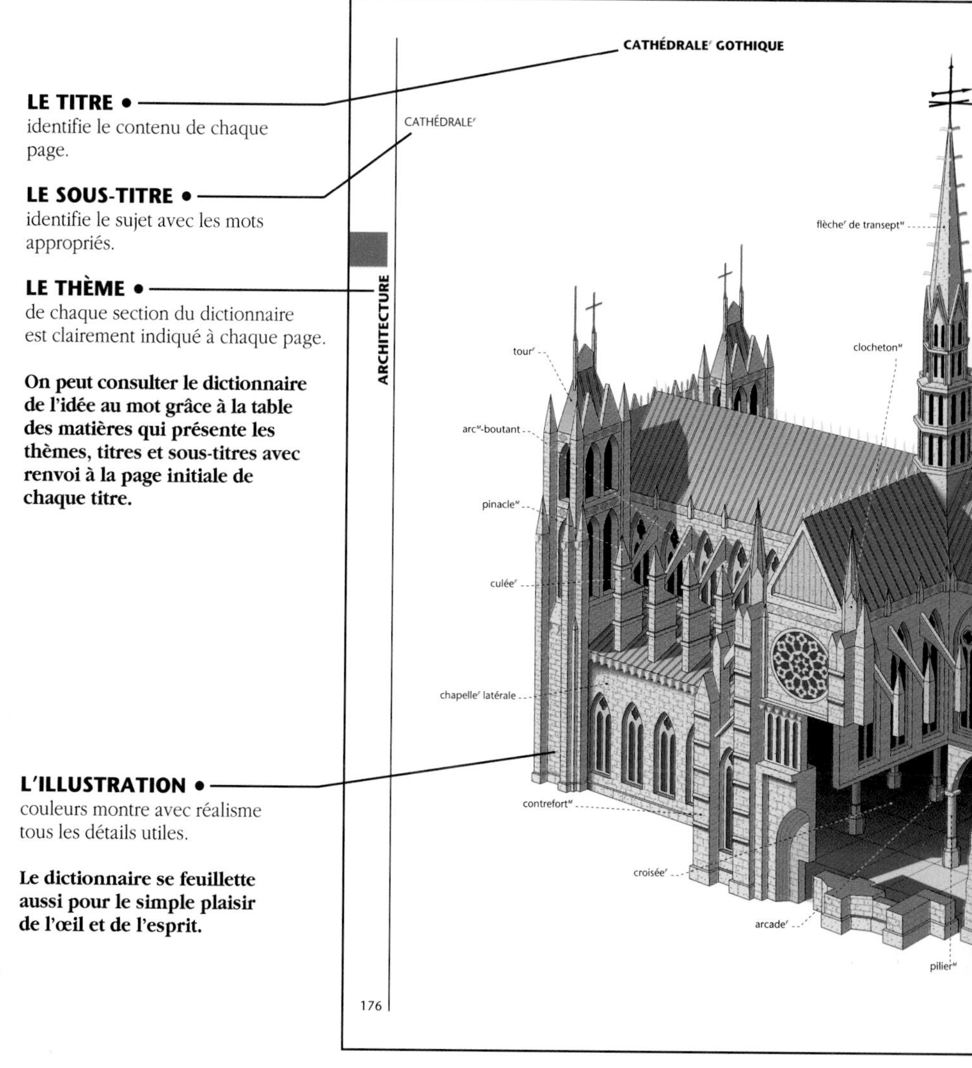

L'ILLUSTRATION •
couleurs montre avec réalisme tous les détails utiles.

Le dictionnaire se feuillette aussi pour le simple plaisir de l'œil et de l'esprit.

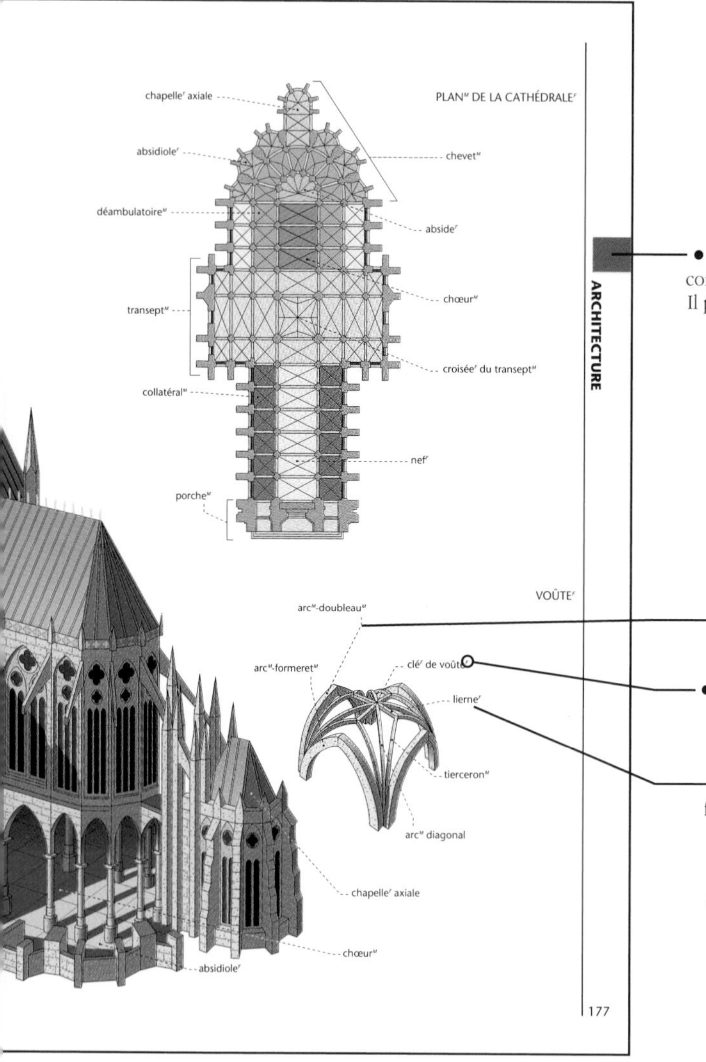

• LE REPÈRE DE COULEUR
correspond à chacun des thèmes. Il permet de localiser rapidement le sujet recherché.

• LE FILET
relie le mot à ce qu'il désigne.

• L'INDICATION DU GENRE
f: féminin
m: masculin

• CHAQUE MOT
figure dans l'index avec renvoi aux pages où il apparaît.

On peut consulter le dictionnaire du mot à l'idée en partant de l'index.

BIBLIOGRAPHIE SÉLECTIVE

OUVRAGES DE LANGUE FRANÇAISE

DICTIONNAIRES

- *Grand Larousse en 5 volumes,* Paris, Larousse, 1987.
- *Le dictionnaire couleurs* , Paris, Hachette, 1991, 1652 p.
- *Le Grand Robert de la langue française,* Paris, Dictionnaire Le Robert, 1985, 9 vol.
- *Le Petit Robert,* dictionnaire alphabétique et analogique de la langue française, Paris, Dictionnaire Le Robert, 1985, 2172 p.
- *Lexis,* dictionnaire de la langue française, Paris, Larousse, 1975, 1946 p.
- *Petit Larousse en couleurs,* dictionnaire encyclopédique pour tous, Paris, Larousse, éd. 1988, 1713 p.
- *Le dictionnaire de notre temps,* Paris, Hachette, 1989, 1714 p.

DICTIONNAIRES ENCYCLOPÉDIQUES

- *Dictionnaire encyclopédique Alpha,* Paris, Alpha éditions, 1983, 6 vol.
- *Dictionnaire encyclopédique Larousse,* Paris, Larousse, 1979.
- *Dictionnaire encyclopédique Quillet,* Paris, Quillet, 1979.
- *Grand dictionnaire encyclopédique Larousse,* Paris, Larousse, 1982, 12 vol.

ENCYCLOPÉDIES

- Caratani, Roger, *Bordas Encyclopédie,* Paris, Bordas, 1974, 22 vol.
- *Comment ça marche, Encyclopédie pratique des inventions et des techniques,* Paris, Atlas, 1980.
- *Encyclopædia Universalis,* Paris, Encyclopædia Universalis France, 1968-1975, 20 vol.
- *Encyclopédie Alpha,* Paris, Grange-Batelière, 1968, 17 vol.
- *Encyclopédie AZ,* Paris, Atlas, 1978-1983, 15 vol.
- *Encyclopédie des techniques de pointe,* Paris, Alpha, 1982-1984, 8 vol.
- *Encyclopédie générale Hachette,* Paris, Hachette, 1975.
- *Encyclopédie générale Larousse en 3 volumes,* Paris, Larousse, 1988.
- *Encyclopédie internationale des sciences et des techniques,* Paris, Presses de la cité, 1975, 10 vol.
- *Encyclopédie scientifique et technique,* Paris, Lidès, 1973-1975, 5 vol.
- *Encyclopédie thématique Weber,* Paris, Weber, 1968-1975, 18 vol.
- *Encyclopédie universelle illustrée,* Paris, Bordas, Ottawa, Ed. Maisonneuve, 1968, 12 vol.
- *La Grande Encyclopédie,* Paris, Larousse, 1971-1976, 60 vol.
- *Mémo Larousse,* Paris, Larousse, 1989, 1280 p.
- *Techniques de l'ingénieur,* Paris, fascicules publiés à partir de 1980.

DICTIONNAIRES FRANÇAIS-ANGLAIS:

- Collins-Robert, *French-English, English-French Dictionary,* London, Glasgow, Cleveland, Toronto, 1978, 781 p.
- Dubois, Marguerite, *Dictionnaire moderne français-anglais,* Paris, Larousse, 1978, 752 p.
- Harrap's *New Standard French and English Dictionary,* part one, French-English, London, 1977, 2 vol., part two, English-French, London, 1983, 2 vol.
- Harrap's *Shorter French and English Dictionary,* London, Toronto, Willington, Sydney, 1953, 940 p.

OUVRAGES DE LANGUE ANGLAISE

DICTIONNAIRES

- *Gage Canadian Dictionary,* Toronto, Gage Publishing Limited, 1983, 1313 p.
- *The New Britannica/Webster Dictionary and Reference Guide,* Chicago, Toronto, Encyclopedia Britannica, 1981, 1505 p.
- *The Oxford English Dictionary,* second edition, Oxford, Clarendon Press, 1989, 20 vol.
- *The Oxford Illustrated Dictionary,* Oxford, Clarendon Press, 1967, 974 p.
- *Oxford American Dictionary,* Eugene Ehrlich and al., New York, Oxford, Oxford University Press, 1980, 816 p.
- *The Random House Dictionary of the English Language,* the unabridged edition, New York, 1983, 2059 p.
- *Webster's Encyclopedic Unabridged Dictionary of the English Language,* New York, Portland House, 1989, 2078 p.
- *Webster's Third New International Dictionary,* Springfield, Merriam-Webster, 1986, 2662 p.
- *Webster's Ninth New Collegiate Dictionary,* Springfield, Merriam-Webster, 1984, 1563 p.
- *Webster's New World Dictionary of American Language,* New York, The World Pub., 1953.

ENCYCLOPÉDIES

- *Academic American Encyclopedia,* Princeton, Arete Publishing Company, 1980, 21 vol.
- *Architectural Graphic Standards,* eighth edition, New York, John Wiley & Sons, 1988, 854 p.
- *Chamber's Encyclopedia,* new rev. edition, London, International Learning System, !989.
- *Collier's Encyclopedia,* New York, Macmillan Educational Company, 1984, 24 vol.
- *Compton's Encyclopedia,* Chicago, F.E. Compton Company, Division of Encyclopedia Britannica Inc., 1982, 26 vol.
- *Encyclopedia Americana,* Danbury, Internationaled., Conn.: Grolier, 1981, 30 vol.
- *How it works, The illustrated science and invention encyclopedia,* New York, H.S. Stuttman, 1977, 21 vol.
- *McGraw-Hill Encyclopedia of Science & Technology,* New York, McGraw-Hill Book Company, 1982, 15 vol.
- *Merit Students Encyclopedia,* New York, Macmillan Educational Company, 1984, 20 vol.
- *New Encyclopedia Britannica,* Chicago, Toronto, Encyclopedia Britannica, 1985, 32 vol.
- *The Joy of Knowledge Encyclopedia,* London, Mitchell Beazley Encyclopedias, 1976, 7 vol.
- *The Random House Encyclopedia,* New York, Random House, 1977, 2 vol.
- *The World Book Encyclopedia,* Chicago, Field Enterprises Educational Corporation, 1973.

TABLE DES MATIÈRES

ASTRONOMIE

coordonnées célestes 3
coordonnées terrestres 3
système solaire 4
planètes et satellites, orbites des planètes
Soleil 6
structure du Soleil
Lune 7
phases de la Lune, relief lunaire
éclipse de Soleil 8
éclipse de Lune 8
cycle des saisons 8
comète 9
galaxie 9
classification de Hubble
constellations de l'hémisphère boréal 10
constellations de l'hémisphère austral 12
observatoire astronomique 14
télescope, observatoire
radiotélescope 15
monture altazimutale
télescope spatial Hubble 16
planétarium 16

GÉOGRAPHIE

coupe de l'atmosphère terrestre 19
configuration des continents 20
structure de la Terre 22
coupe de la croûte terrestre 22
séisme 23
grotte 24
volcan 25
glacier 26
montagne 27
fond de l'océan 28
dorsale médio-océanique, éléments topographiques, plaine abyssale, marge continentale
vague 30
configuration du littoral 30
écologie 31
structure de la biosphère, chaîne alimentaire, pollution des aliments au sol, pollution des aliments dans l'eau, pollution de l'air, cycle de l'eau
précipitations 36
ciel d'orage, classification des cristaux de neige
météorologie 38
carte météorologique, disposition des informations d'une station, vent
symboles météorologiques internationaux 39
fronts, nébulosité, météores
instruments de mesure météorologique 40
mesure de l'ensoleillement, mesure de la pluviosité, mesure de la température, abri météorologique, mesure de la pression, mesure de la direction du vent, mesure de la vitesse du vent, mesure de l'humidité, mesure de la neige, mesure de la hauteur des nuages
satellite météorologique 42
satellite géostationnaire, orbite des satellites, satellite à défilement
nuages et symboles météorologiques 44
nuages de haute altitude, nuages à développement vertical, nuages de moyenne altitude, nuages de basse altitude

climats du monde 45
climats tropicaux, climats tempérés, climats polaires, climats continentaux, climats subtropicaux, climats de montagne, climats subarctiques
désert 46
cartographie 47
hémisphères, divisions cartographiques, projections cartographiques, carte politique, carte physique, plan urbain, carte routière
satellite de télédétection 48
satellite Radarsat

RÈGNE VÉGÉTAL
champignon 55
structure d'un champignon, champignons comestibles, champignon mortel, champignon vénéneux
feuille 56
bord d'une feuille, types de feuilles, feuilles composées, feuilles simples
structure d'une plante 57
conifère 58
rameau, types de feuilles
structure d'un arbre 59
arbre, coupe transversale du tronc, souche
structure d'une fleur 60
modes d'inflorescence
vigne 61
étapes de maturation, cep de vigne, grappe de raisins, feuille de vigne
fruits charnus: baies 62
coupe d'une baie, coupe d'une framboise, coupe d'une fraise, principales variétés de baies
fruits charnus à noyau 63
coupe d'un fruit à noyau, principales variétés de fruits à noyau
fruits charnus à pépins 64
coupe d'un fruit à pépins, principales variétés de fruits à pépins
fruits charnus: agrumes 65
coupe d'un agrume, principales variétés d'agrumes
fruits secs: noix 66
coupe d'une noisette, coupe d'une noix, principales variétés de noix, brou
fruits secs divers 67
coupe d'un follicule, coupe d'une silique, coupe d'une gousse, coupe d'une capsule
fruits tropicaux 68
principaux fruits tropicaux
légumes 69
légumes fruits, légumes fleurs, légumes bulbes, légumes tubercules, légumes racines, légumes tiges, légumes graines, légumes feuilles
fines herbes 74

RÈGNE ANIMAL
insectes et araignée 77
papillon 78
chenille, chrysalide, patte postérieure
abeille 80
patte antérieure (face externe), patte médiane (face externe), patte postérieure (face interne), pièces buccales, ouvrière, reine, faux bourdon, coupe d'un rayon de miel, ruche
gastéropode 83
escargot, principaux gastéropodes comestibles
amphibiens 84
grenouille, métamorphose de la grenouille, œufs, têtard, principaux amphibiens

poisson 86
morphologie, branchies, anatomie
crustacé 90
homard, principaux crustacés comestibles
mollusque 92
huître, principaux mollusques comestibles
coquille univalve 94
coquille bivalve 95
vue dorsale, valve gauche
reptile 96
serpent à sonnettes, tête de serpent venimeux, tortue
types de mâchoires 98
mâchoire de rongeur, mâchoire de carnivore, mâchoire d'herbivore
principaux types de cornes 99
principaux types de défenses 99
types de sabots 99
cheval 100
morphologie, squelette, allures, fer à cheval, sabot
cervidés 105
bois de cerf, principaux cervidés
chien 106
morphologie, patte antérieure
chat 107
tête, griffe abaissée, griffe rétractée
oiseau 108
morphologie, tête, œuf, aile, penne, principaux types de becs, principaux types de pattes
chauve-souris 112

ÊTRE HUMAIN

cellule végétale 115
cellule animale 115
corps humain 116
muscles 120
face antérieure, face postérieure
squelette 122
vue antérieure, vue postérieure
circulation sanguine 124
schéma de la circulation, cœur, principales veines et artères
organes génitaux masculins 127
spermatozoïde
organes génitaux féminins 128
ovule
sein 129
appareil respiratoire 130
appareil digestif 131
gros intestin, intestin grêle
appareil urinaire 132
système nerveux 133
système nerveux périphérique, système nerveux central, vertèbre lombaire, chaîne de neurones, influx nerveux
organes des sens: toucher 136
peau, doigt, main
organes des sens: ouïe 138
parties de l'oreille, osselets, pavillon
organes des sens: vue 140
œil, globe oculaire

organes des sens: odorat 141
parties externes du nez, fosses nasales
sens de l'odorat et du goût 142
bouche, dos de la langue, perception des saveurs
dents 144
denture humaine, coupe d'une molaire

FERME
tracteur agricole 147
ferme 148
animaux de la ferme 150
principales variétés de céréales 152
pain 153
étapes de la culture du sol 154
charrue à soc, épandeur de fumier, pulvériseur tandem, cultivateur, semoir en lignes, faucheuse-conditionneuse, râteau, ramasseuse-presse, moissonneuse-batteuse, fourragère, souffleuse de fourrage

ARCHITECTURE
maisons traditionnelles 165
styles d'architecture 166
ordre ionique, ordre dorique, ordre corinthien
temple grec 168
maison romaine 170
mosquée 172
arc 174
arc en plein cintre, types d'arcs
cathédrale gothique 175
fortification à la Vauban 178
château fort 180
toits 182
centre-ville 184
coupe d'une rue 186
maisons de ville 187
salle de spectacle 188
scène
édifice à bureaux 190

MAISON
lecture de plans 193
élévation, plan du terrain, mezzanine, étage, rez-de-chaussée
extérieur d'une maison 196
structure d'une maison 198
charpente, ferme de toit, fondations
parquet 200
parquet sur chape de ciment, parquet sur ossature de bois, arrangements des parquets
escalier 201
porte 202
types de portes
fenêtre 203
structure, types de fenêtres
chauffage 204
cheminée à foyer ouvert, poêle à combustion lente, cheminée, accessoires de foyer, installation à air chaud pulsé, générateur d'air chaud électrique, types de bouches, installation à eau chaude, radiateur à colonnes, chaudière, brûleur à mazout, humidificateur, hygromètre, plinthe chauffante électrique, convecteur, chauffage d'appoint, pompe à chaleur, thermostat d'ambiance

climatisation 214
ventilateur de plafond, climatiseur de fenêtre
circuit de plomberie 215
pompe de puisard 216
fosse septique 216

AMEUBLEMENT DE LA MAISON
table 219
principaux types de tables
fauteuil 220
principaux types de fauteuils
sièges 222
chaise 223
types de chaises
lit 224
literie
meubles de rangement 225
armoire
parures de fenêtre 228
types de rideaux, types de plis, types de têtes, tringle-barre, tringle-rail, tringle extensible, store à enroulement automatique, store vénitien
luminaires 232
lampe à incandescence, tube fluorescent, lampe à halogène, lampe à économie d'énergie, lampe d'architecte, rail d'éclairage, lustre
verres 237
vaisselle 238
couvert 239
principaux types de couteaux, principaux types de fourchettes, principaux types de cuillers
ustensiles de cuisine 242
types de couteaux de cuisine, pour passer et égoutter, pour broyer et râper, jeu d'ustensiles, pour ouvrir, pour mesurer, pour la pâtisserie
cafetières 247
cafetière filtre, cafetière à infusion, percolateur, cafetière à piston, cafetière napolitaine, cafetière espresso
batterie de cuisine 248
wok, poissonnière, service à fondue, autocuiseur
appareils électroménagers 250
mélangeur, batteur à main, mélangeur à main, batteur sur socle, fouets, robot de cuisine, presse-agrumes, sorbetière, centrifugeuse, bouilloire, grille-pain, friteuse, gaufrier-gril, four à micro-ondes, gril électrique, réfrigérateur, hotte, cuisinière électrique, fer à vapeur, moulin à café, ouvre-boîtes, lave-vaisselle, lave-linge, sèche-linge électrique, aspirateur à main, aspirateur-traîneau

JARDINAGE
jardin d'agrément 263
outillage 264
arroseur canon, dévidoir sur roues, arrosoir, taille-haies, tarière motorisée, brouette, tondeuse mécanique, taille-bordures, tondeuse à moteur, scie à chaîne, motoculteur

BRICOLAGE
menuiserie: outils 275
marteau de charpentier, clou, marteau à panne ronde, maillet, tournevis, tournevis à spirale, vis, rabot, scie à métaux, scie égoïne, pince motoriste, pince multiprise, pince-étau, rondelles, clé à molette, boulon, écrou, perceuse électrique, chignole, vilebrequin, foret hélicoïdal, mèche hélicoïdale, serre-joint, étau, toupie, perceuse à colonne, scie circulaire, plateau de sciage

matériaux de construction 286
matériaux de base, matériaux de revêtement, isolants, bois, planche, dérivés du bois
serrure 290
serrure à mortaiser, serrure tubulaire
maçonnerie 291
truelle de maçon, pistolet à calfeutrer
plomberie: salle de bains 292
w.c.
plomberie 294
robinet, mitigeur à bille creuse, mitigeur à disque, mitigeur à cartouche, évier-broyeur, chauffe-eau au gaz, outils pour plomberie, adapteurs, raccords
plomberie: exemples de branchement 298
lave-linge, lave-vaisselle
échelles et escabeaux 302
escabeau, échelle coulissante, marchepied
peinture d'entretien 304
pistolet à peinture, grattoir, pinceau, rouleau
soudage 305
pistolet à souder, soudage à l'arc, chalumeau coupeur, chalumeau soudeur, soudage oxyacétylénique, régulateur de pression, soudage bout à bout, lampe à souder, briquet
soudage: équipement de protection 308
électricité 309
douille de lampe, fiche américaine, fiche européenne, outils d'électricien, multimètre, vérificateur de tension, baladeuse, pince universelle, pince d'électricien, tableau de distribution, fusibles

VÊTEMENTS
éléments du costume ancien 315
vêtements d'homme 319
imperméable, trench, duffle-coat, pardessus, blouson long, parka, blouson court, veston croisé, gilet, veste droite, ceinture, bretelles, pantalon, chemise, cravate, gilet athlétique, sous-vêtements, slip ouvert, chaussettes
tricots 326
gilet de laine
gants 327
coiffure 328
chapeau de feutre
vêtements de femme 330
types de manteaux, caban, raglan, pèlerine, tailleur, types de robes, types de jupes, types de plis, types de pantalons, types de chemisiers, vestes et pulls, types de poches, types de manches, types de cols, décolletés et encolures, bas, sous-vêtements, soutien-gorge, vêtements de nuit
vêtements d'enfant 349
cape de bain, culotte plastique, dormeuse-couverture, combinaison de nuit, salopette à dos montant, dormeuse de croissance, tenue d'exercice, salopette à bretelles croisées, esquimau
tenue d'exercice 352
chaussure de sport, survêtement, vêtement d'exercice
chaussures 354
parties d'une chaussure, principaux types de chaussures, accessoires, nécessaire à chaussures

PARURE
bijouterie 361
boucles d'oreille, colliers, taille des pierres, taille d'un diamant, pierres précieuses, pierres fines, bagues, bracelets, épingles, breloques
manucure 365
trousse de manucure, accessoires de manucure, coupe-ongles

maquillage 366
maquillage des lèvres, maquillage des yeux, éponges
coiffure 368
miroir lumineux, brosses à cheveux, peignes, ciseaux de coiffeur, ciseaux à effiler, ciseaux sculpteurs, bigoudi, fer à friser, brosse à coiffer, sèche-cheveux

OBJETS PERSONNELS
hygiène dentaire 373
brosse à dents, combiné bucco-dentaire
rasoirs 374
rasoir électrique, rasoir à manche, rasoir à double tranchant, blaireau
parapluie et canne 375
parapluie, parapluie télescopique, parapluie-canne
lunettes 376
parties des lunettes, verre bifocal, monture, principaux types de lunettes
articles de maroquinerie 378
mallette porte-documents, serviette, porte-documents à soufflet, portefeuille chéquier, porte-cartes
sacs à main 380
sac cartable, sac à bandoulière, sac accordéon, sac seau
bagages 382
sac de vol, mallette de toilette, housse à vêtements, porte-bagages, valise pullman, valise fin de semaine, malle
articles de fumeur 384
cigare, cigarette, paquet de cigarettes, pipe, bourre-pipe, pochette d'allumettes, boîte d'allumettes, briquet à gaz, cendrier

COMMUNICATIONS
instruments d'écriture 389
stylo-plume, stylo-bille
photographie 390
coupe d'un appareil reflex, dos de l'appareil, appareil à visée reflex mono-objectif, objectifs, flash électronique, trépied, appareils photographiques, pellicules, posemètre photo-électrique, posemètre à visée reflex, projecteur de diapositives, écran de projection, diapositive, cuve de développement, porte-négatif, agrandisseur, bains de développement, laveuse pour épreuves
chaîne stéréo 400
composantes d'un système, enceinte acoustique, tuner, amplificateur, cassette, platine cassette, disque, platine tourne-disque, disque compact, lecteur de disque compact
microphone dynamique 406
casque d'écoute 406
radio: studio et régie 407
appareils de son portatifs 408
baladeur, radiocassette
caméra vidéo 409
télévision 410
téléviseur, tube-image, télécommande, magnétoscope, plateau et régies, régie de production, plateau, caméra
car de reportage 415
télédiffusion par satellite 416
télécommunications par satellite 417
satellites de télécommunications 418
exemples de satellites, Eutelsat II, mise en orbite
communication par téléphone 420
répondeur téléphonique, poste téléphonique, télex, télécopieur, types de postes téléphoniques, terminal de télécommunication, téléphone public

TRANSPORT ROUTIER

automobile 425
types de carrosseries, carrosserie, siège-baquet, banquette arrière, portière, feux, tableau de bord, instruments de bord, essuie-glace, frein à disque, frein à tambour, pneu, roue, moteur à essence, radiateur, moteur à turbocompression, bougie d'allumage, système d'échappement, batterie d'accumulateurs
types de moteurs 436
moteur à quatre temps, moteur à deux temps, moteur diesel, moteur rotatif
camionnage 440
tracteur routier, train routier, semi-remorque, semi-remorque plate-forme
moto 442
casque de protection, tableau de bord
motoneige 445
bicyclette 446
mécanisme de propulsion, accessoires
caravane 449
caravane tractée, auto-caravane
système routier 450
coupe d'une route, principaux types d'échangeurs, échangeur en trèfle
station-service 453
distributeur d'essence, station-service
ponts fixes 454
types de ponts à poutre, types de ponts en arc, types d'arcs, pont suspendu à câble porteur, ponts suspendus à haubans
ponts mobiles 457
pont tournant, pont basculant à simple volée, pont flottant, pont levant, pont transbordeur

TRANSPORT FERROVIAIRE

train à grande vitesse (T.G.V.) 458
types de voitures 460
voiture-coach, voiture-lit, voiture-restaurant
gare de voyageurs 462
gare 464
gare de triage 465
voie ferrée 466
joint de rail, profil de rail, aiguillage manœuvré à distance, aiguillage manœuvré à pied d'œuvre
locomotive diesel-électrique 468
wagon 470
wagon couvert, conteneur, tête d'attelage
passage à niveau 471
types de wagons 472

TRANSPORT PAR MÉTRO

chemin de fer métropolitain 474
station de métro, bogie et voie, rame de métro, voiture

TRANSPORT MARITIME

quatre-mâts barque 478
mâture et gréement, voilure
types de voiles 482
types de gréements 482
ancre 483
ancre de marine, types d'ancres
appareils de navigation 484
sextant, compas magnétique liquide, sonde, sondeur à éclats
signalisation maritime 486
lanterne de phare, phare, bouée cylindrique, bouée à plan focal élevé

système de balisage maritime 488
marques cardinales, régions de balisage, rythme des marques de nuit, marques de jour (région B)
port maritime 490
écluse 492
aéroglisseur 492
transbordeur 494
cargo porte-conteneurs 494
hydroptère 495
paquebot 496

TRANSPORT AÉRIEN
avion long-courrier 498
types d'empennages 498
types de voilures 499
poste de pilotage 500
turboréacteur à double flux 501
aéroport 502
aérogare, piste, équipements aéroportuaires
hélicoptère 508

TRANSPORT SPATIAL
fusée 509
navette spatiale 510
navette spatiale au décollage, navette spatiale en orbite
scaphandre spatial 512

FOURNITURES DE BUREAU
articles de bureau 515
mobilier de bureau 520
calculatrice 523
calculette, calculatrice à imprimante
machine à écrire électronique 524

BUREAUTIQUE
configuration d'un système bureautique 526
périphériques d'entrée, périphériques de communication, périphériques de stockage, périphériques de sortie
système de base 528
micro-ordinateur (vue en plongée), écran, disquette souple, disquette rigide, lecteur de disque dur, clavier, souris, imprimante matricielle
photocopieur 532
tableau de commande

MUSIQUE
instruments traditionnels 535
cithare, lyre, balalaïka, mandoline, banjo, accordéon, cornemuse, guimbarde
notation musicale 537
portée, clés, mesures, gamme, intervalles, valeur des notes, valeur des silences, altérations, ornements, accord, autres signes
accessoires 539
pupitre à musique, diapason, métronome à quartz, métronome mécanique
instruments à clavier 540
piano droit, mécanique du piano droit
orgue 542
console d'orgue, tuyau à bouche, tuyau à anche, mécanisme de l'orgue, production du son
instruments à cordes 544
violon, archet, famille du violon, harpe, guitare acoustique, guitare électrique

instruments à vent 548
saxophone, famille des bois, anches, trompette, famille des cuivres
instruments à percussion 552
batterie, caisse claire, timbale, triangle, tambour de basque, xylophone
instruments électroniques 555
synthétiseur, piano électronique
orchestre symphonique 556
exemples de groupes instrumentaux 558

LOISIRS DE CRÉATION
couture 561
machine à coudre, commande au pied, pied presseur, aiguille, bloc-tension, boîte à canette, pelote, roulette, ciseaux, tissus de soutien, patron, attaches, bouton-pression, agrafes, boucle, structure du tissu, fermeture à glissière
tricot 567
aiguilles à tricoter, crochet, points de tricot
machine à tricoter 568
fonture et chariots, aiguille à clapet, bloc-tension
dentelle aux fuseaux 570
carreau, fuseau
broderie 571
métier à broder, tambour, points croisés, points plats, points couchés, points noués, points bouclés
tissage 572
métier de basse lisse, lisses, navette, métier de haute lisse, canetière, bobinoir, ourdissoir, schéma de principe du tissage, armures de base, autres techniques
reliure d'art 577
livre relié, plaçure, ébarbage, cisaille, grecquage, cousoir, couture, endossure, étau à endosser, mise en presse, presse à percussion, marteau à endosser, couvrure, peau
impression 580
impression en relief, impression en creux, impression à plat
gravure en relief 581
matériel, marbre, presse à taille-douce
gravure en creux 582
matériel
lithographie 583
matériel, bourriquet, presse lithographique
poterie 584
tournage, tour à pied, colombin, galettage, outils, cuisson, four électrique
sculpture sur bois 586
étapes, accessoires, types d'outils, principales formes de lames
peinture et dessin 588
principales techniques, matériel, supports, aérographe, table à dessin, liquides d'appoint

SPORTS D'ÉQUIPE
baseball 595
receveur, frappeur, bâton, balle de baseball, gant, terrain
cricket 598
joueur de cricket, batte, balle de cricket, guichet, terrain, livrée
football 600
footballeur, ballon de football, terrain
football américain 602
footballeur, équipement de protection, ballon de football, mêlée, attaque, défense, terrain de football américain, terrain de football canadien, mêlée au football canadien

rugby 606
terrain, ballon de rugby
hockey sur gazon 607
terrain, crosse, balle de hockey
hockey sur glace 608
patinoire, rondelle, bâton de joueur, gardien de but, hockeyeur
basketball 610
terrain, panier, ballon de basket
netball 611
terrain, ballon de netball
handball 612
terrain, ballon de handball
volleyball 613
terrain, ballon de volleyball, filet
tennis 614
terrain, filet, joueuse de tennis, raquette de tennis, balle de tennis
squash 616
balle de squash, raquette de squash, terrain international de simples
racquetball 617
balle de racquetball, raquette de racquetball, terrain
badminton 618
raquette de badminton, volant, terrain, filet
tennis de table 619
table, types de prises, raquette de tennis de table
curling 620
pierre de curling, terrain, balais de curling

SPORTS NAUTIQUES
natation 621
bassin de compétition, plot de départ, crawl, brasse, papillon, départ de dos, nage sur le dos
plongeon 624
plongeoir, positions de départ, vols, entrées dans l'eau, plongeon en avant, plongeon en arrière, plongeon en équilibre, tire-bouchon, plongeon renversé, plongeon retourné
water-polo 626
surface de jeu, but, ballon de water-polo
plongée sous-marine 627
plongeur
voile 628
dériveur, allures, accastillage, barre d'écoute
planche à voile 631
aviron 632
avirons à couple, aviron en pointe, types d'avirons, bateaux de couple, bateaux de pointe
ski nautique 633
types de skis, ski de tourisme, ski de slalom, ski de figure, types de trapèzes

SPORTS AÉRIENS
montgolfière 634
ballon, nacelle
chute libre 635
sauteur
parapente 636
aile
vol libre 637
aile libre
vol à voile 638
planeur, cabine de pilotage

SPORTS D'HIVER
ski alpin ... 640
skieur alpin, fixation de sécurité, chaussure de ski
ski de fond ... 642
skieuse de fond, ski de fond
luge ... 643
bobsleigh ... 643
patinage ... 644
patin de figure, patin de hockey, patin de course, protège-lame
raquette ... 645
raquette algonquine
patin à roulettes ... 645

SPORTS ÉQUESTRES
équitation ... 646
parcours d'obstacles, obstacles, cavalier, selle, bride
types de mors ... 650
mors de filet, mors de bride
course de chevaux ... 651
jockey, estrade et piste
course sous harnais ... 652
ambleur sous harnais

SPORTS ATHLÉTIQUES
athlétisme ... 654
stade, bloc de départ, saut en hauteur, saut à la perche, lancers, marteau, javelots, poids, disques
gymnastique ... 659
cheval-sautoir, barres asymétriques, tremplin, poutre d'équilibre, trampoline, anneaux, barre fixe, cheval d'arçons, barres parallèles
haltérophilie ... 662
haltérophile, arraché à deux bras, épaulé-jeté à deux bras
appareils de conditionnement physique ... 663
banc de musculation, haltère long, vélo d'exercice, simulateur d'escalier, haltère court, rameur, poignée à ressort, bracelet lesté, corde à sauter, ressort athlétique, extenseur

SPORTS DE COMBAT
escrime ... 666
parties de l'arme, armes, piste, escrimeur, cibles, positions
judo ... 668
costume de judo, exemples de prises, tapis
boxe ... 669
ring, bandage, protège-dents, gants de boxe

SPORTS DE LOISIR
pêche ... 670
canne à mouche, moulinet à mouche, mouche artificielle, canne à lancer, moulinet à tambour fixe, hameçon, cuiller, bas de ligne, vêtements, accessoires
billard ... 673
billard français, billard pool, billard anglais, snooker, table, râteau, queue de billard
golf ... 676
parcours, balle de golf, bois, fer, bâtons de golf, gant de golf, capuchon, chaussure de golf, chariot, sac de golf, voiturette de golf électrique
alpinisme ... 680
alpiniste, marteau-piolet, mousqueton, vis à glace, piolet, descendeur, coinceur, piton

boules anglaises et pétanque 682
pelouse, lancement de la boule
jeu de quilles 683
boule de quilles, types de quilles, quillier, piste
tir à l'arc 684
flèche, archer, arc à poulies, cible

CAMPING
camping 685
tente deux places, tente familiale, tente canadienne, principaux types de tentes, lit et matelas, sacs de couchage, couteau suisse, popote, ustensiles de campeur, accessoires au propane ou au butane, lanterne, chaufferette, réchaud à deux feux, réchaud à un feu, outils
nœuds 691
épissure courte
câble 692
cordage commis, cordage tressé

JEUX DE SOCIÉTÉ
cartes 695
symboles, combinaisons au poker
dominos 695
échecs 696
échiquier, types de déplacements, pièces
jacquet 697
go 697
terrain, principaux mouvements
jeu de fléchettes 698
cible, fléchette, aire de jeu
système de jeux vidéo 699
dés 699
table de roulette 700
roulette américaine, tableau américain des mises, roulette française, tableau français des mises
machine à sous 702

APPAREILS DE MESURE
mesure de la température 705
thermomètre, thermomètre médical, thermomètre bimétallique, thermostat d'ambiance
mesure du temps 706
chronomètre, montre mécanique, montre à affichage analogique, montre à affichage numérique, cadran solaire, horloge de parquet, mécanisme de l'horloge à poids
mesure de la masse 708
balance à fléau, balance romaine, balance de Roberval, peson, balance électronique, pèse-personne, balance de précision
mesure de la pression 710
baromètre/thermomètre, tensiomètre
mesure de la longueur 711
mètre à ruban
mesure de la distance 711
podomètre
mesure de l'épaisseur 711
micromètre palmer
wattheuremètre 712
vue extérieure, mécanisme

mesure des angles 713
théodolite, fausse-équerre, rapporteur d'angle
mesure des ondes sismiques 714
détection des ondes sismiques, amplification des ondes sismiques, transcription des ondes sismiques, visualisation des ondes sismiques

APPAREILS DE VISION

microscope électronique 717
coupe d'un microscope électronique, composantes d'un microscope électronique
microscope binoculaire 718
lunette de visée 718
jumelles à prismes 719
boussole magnétique 719
télescope 720
lunette astronomique 721
lentilles 722
lentilles convergentes, lentilles divergentes
radar 722

SANTÉ ET SÉCURITÉ

trousse de secours 725
matériel de secours 726
stéthoscope, seringue, civière, brancard
fauteuil roulant 727
aides à la marche 728
béquille d'avant-bras, béquille commune, cannes
protection de l'ouïe 729
protège-tympan, serre-tête antibruit
protection des yeux 729
lunettes de sécurité, lunettes de protection
protection de la tête 729
casque de sécurité
protection des voies respiratoires 730
masque respiratoire, masque bucco-nasal
gilet de sécurité 730
protection des pieds 730

ÉNERGIES

mine de charbon 733
carrière en entonnoir, carrière exploitée en chassant, marteau perforateur à poussoir pneumatique, carreau de mine, marteau pneumatique, mine souterraine
pétrole 737
appareil de forage, système rotary, plate-forme de production, forage en mer, arbre de Noël, réseau d'oléoducs, réservoir à toit fixe, réservoir à toit flottant, semi-remorque citerne, pétrolier, wagon-citerne, produits de la raffinerie
électricité 746
complexe hydroélectrique, coupe d'une centrale hydroélectrique, barrage en remblai, barrage-poids, barrage-voûte, barrage à contreforts, usine marémotrice, groupe turbo-alternateur, roue Francis, roue Kaplan, roue Pelton, étapes de production de l'électricité, pylône, transport de l'électricité, branchement aérien
énergie nucléaire 758
centrale nucléaire, réacteur au gaz carbonique, réacteur à eau lourde, réacteur à eau sous pression, réacteur à eau bouillante, séquence de manipulation du combustible, grappe de combustible, réacteur nucléaire, production d'électricité par énergie nucléaire

énergie solaire 768
photopile, capteur solaire plan, circuit de photopiles, four solaire, production d'électricité par énergie solaire, maison solaire, mur Trombe
énergie éolienne 773
moulin à vent, moulin pivot, éolienne à axe horizontal, éolienne à axe vertical

ENGINS ET MACHINES
prévention des incendies 777
lampe portative, sapeur-pompier, attache pour tuyaux et échelles, casque de sapeur-pompier
véhicules d'incendie 778
fourgon-pompe, tuyau de refoulement, lance, pièce d'embranchement, clé de barrage, grande échelle, extincteur, gaffe, clé à percussion, hache, échelle à crochets
machinerie lourde 782
chargeuse-pelleteuse, bouteur, décapeuse, niveleuse, camion-benne, pelle hydraulique
manutention 786
grue à tour, grue sur porteur, portique, chariot élévateur, palette à ailes, palette-caisse, gerbeur

ARMES
armes de l'âge de pierre 791
armes de l'époque romaine 791
guerrier gaulois, légionnaire romain
armure 792
armet
arcs et arbalète 793
arc, arc moderne, flèche, arbalète
armes blanches 794
arquebuse 795
platine à silex
pistolet mitrailleur 795
fusil automatique 796
fusil mitrailleur 796
revolver 797
pistolet 797
armes de chasse 798
cartouche (carabine), carabine (canon rayé), cartouche (fusil), fusil (canon lisse)
canon du XVIIe siècle 800
bouche à feu, coupe d'une bouche à feu, accessoires de mise à feu, projectiles
obusier moderne 802
mortier 803
mortier moderne, mortier du XVIIe siècle
grenade à main 804
bazooka 804
canon sans recul 804
char d'assaut 805
sous-marin 806
frégate 808
porte-avions 810
avion de combat 812
ravitaillement en vol
missiles 814
structure d'un missile, principaux types de missiles

SYMBOLES
héraldique 817
éléments d'un drapeau, formes de drapeaux, divisions de l'écu, exemples de partitions, exemples de pièces honorables, exemples de meubles, exemples de métaux, exemples de fourrures, exemples de couleurs
signes du zodiaque 820
signes de feu, signes de terre, signes d'air, signes d'eau
symboles de sécurité 821
matières dangereuses, protection
symboles d'usage courant 822
signalisation routière 824
principaux panneaux nord-américains, principaux panneaux internationaux
entretien des tissus 829
lavage, séchage, repassage
symboles scientifiques usuels 830
mathématiques, géométrie, biologie, chimie, symboles divers
signes diacritiques 832
signes de ponctuation 832
exemples d'unités monétaires 832

INDEX 833

LISTE DES THÈMES

1 ASTRONOMIE

17 GÉOGRAPHIE

53 RÈGNE VÉGÉTAL

75 RÈGNE ANIMAL

113 ÊTRE HUMAIN

145 FERME

163 ARCHITECTURE

191 MAISON

217 AMEUBLEMENT DE LA MAISON

261 JARDINAGE

273 BRICOLAGE

313 VÊTEMENTS

359 PARURE

371 OBJETS PERSONNELS

387 COMMUNICATIONS

422 TRANSPORT

513 FOURNITURES DE BUREAU

533 MUSIQUE

559 LOISIRS DE CRÉATION

592 SPORTS

693 JEUX DE SOCIÉTÉ

703 APPAREILS DE MESURE

715 APPAREILS DE VISION

723 SANTÉ ET SÉCURITÉ

731 ÉNERGIES

775 ENGINS ET MACHINES

789 ARMES

815 SYMBOLES

833 INDEX

ASTRONOMIE

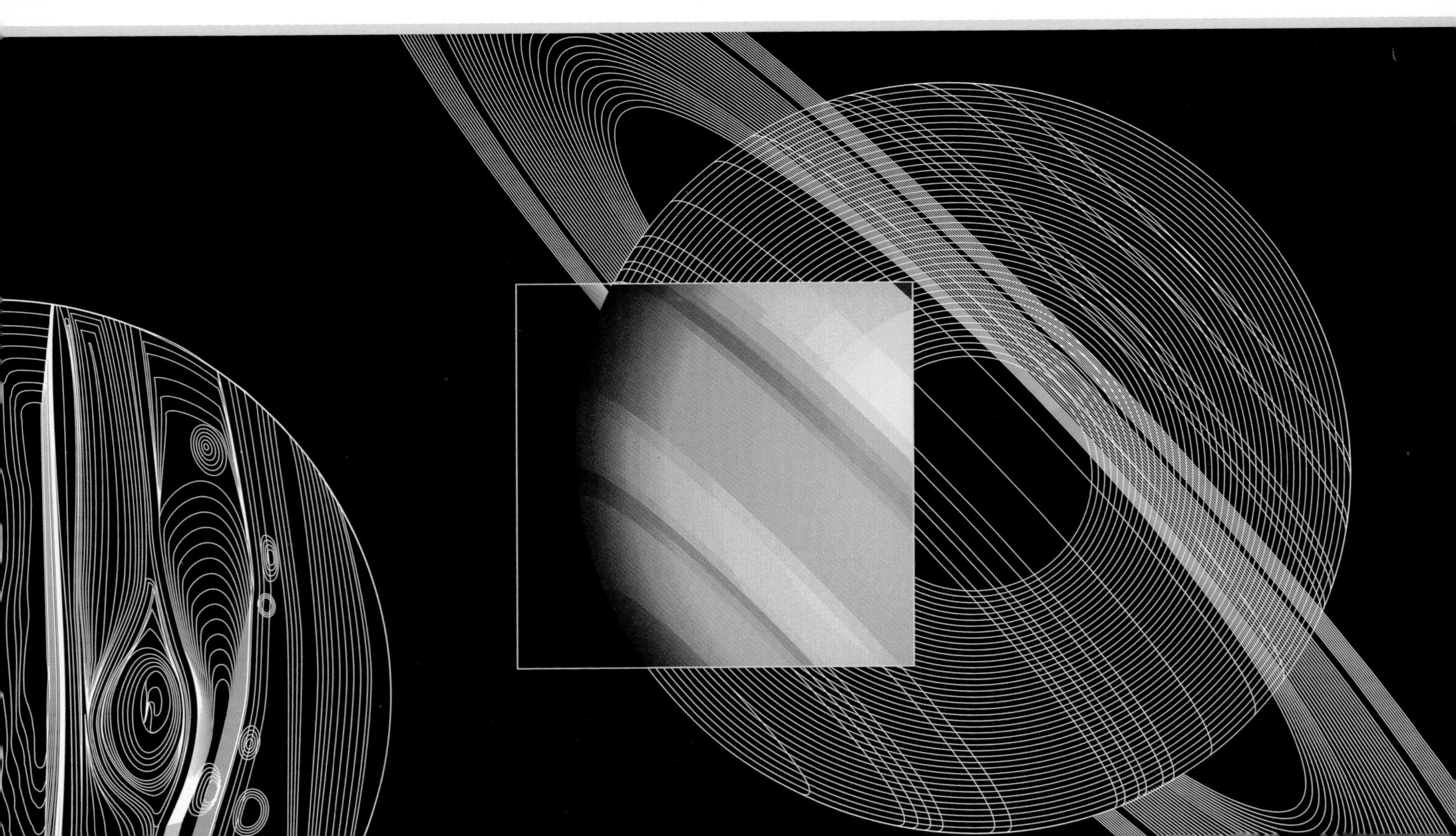

SOMMAIRE

COORDONNÉES CÉLESTES 3
COORDONNÉES TERRESTRES 3
SYSTÈME SOLAIRE 4
SOLEIL 6
PHASES DE LA LUNE 6
LUNE 7
ÉCLIPSE DE SOLEIL 8
ÉCLIPSE DE LUNE 8
CYCLE DES SAISONS 8
COMÈTE 9
GALAXIE 9
CONSTELLATIONS DE L'HÉMISPHÈRE BORÉAL 10
CONSTELLATIONS DE L'HÉMISPHÈRE AUSTRAL 12
OBSERVATOIRE ASTRONOMIQUE 14
RADIOTÉLESCOPE 15
TÉLESCOPE SPATIAL HUBBLE 16
PLANÉTARIUM 16

COORDONNÉES[F] CÉLESTES

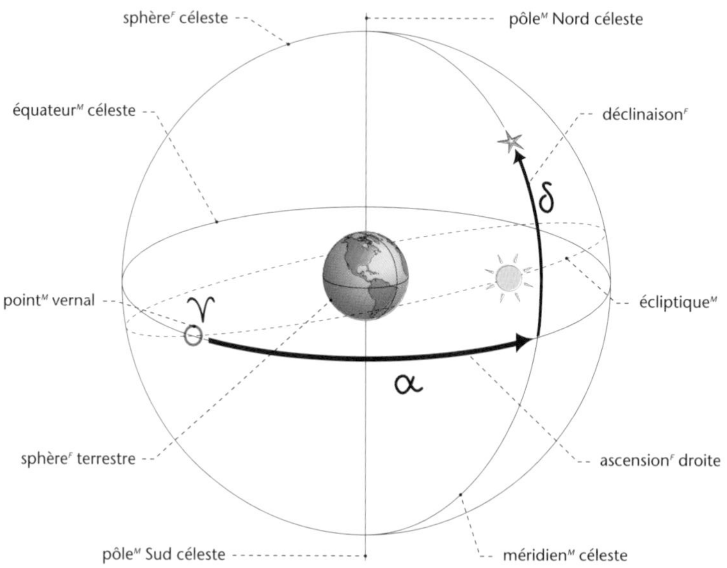

COORDONNÉES[F] TERRESTRES

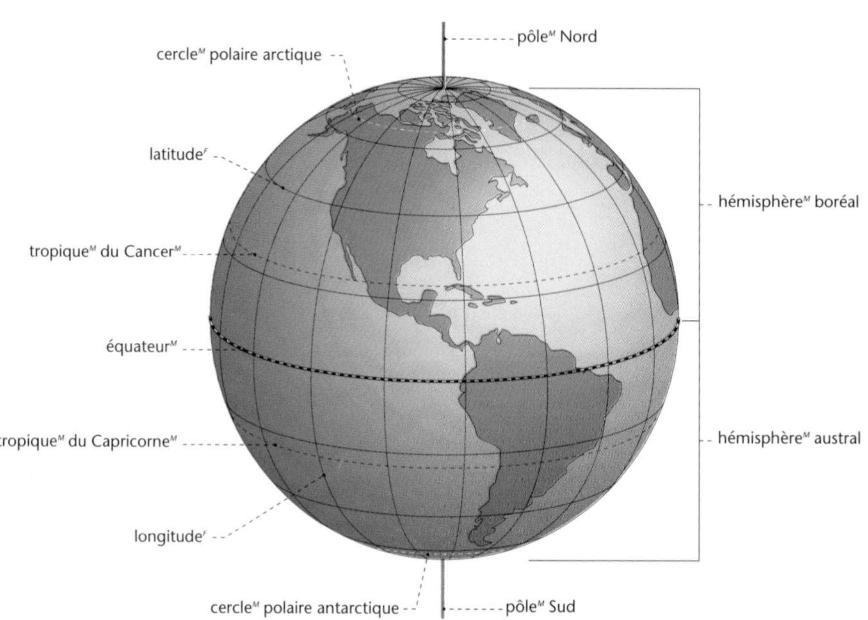

SYSTÈME[M] SOLAIRE

PLANÈTES[F] ET SATELLITES[M]

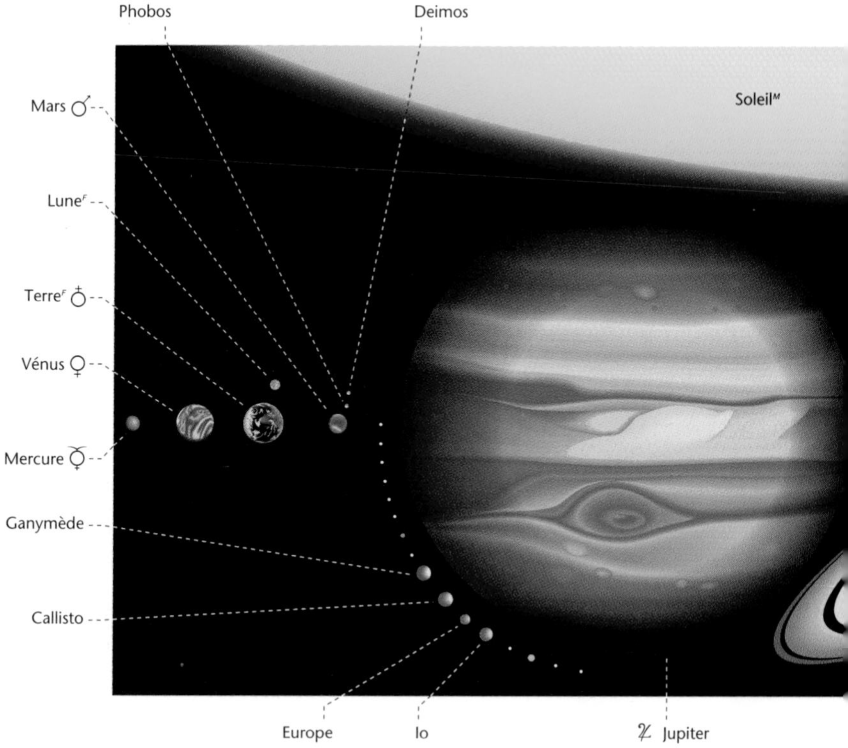

Phobos
Deimos
Soleil[M]
Mars ♂
Lune[F]
Terre[F] ♁
Vénus ♀
Mercure ☿
Ganymède
Callisto
Europe
Io
♃ Jupiter

ORBITES[F] DES PLANÈTES[F]

astéroïdes[M]
☿
♀
♁
♂
♃
♄

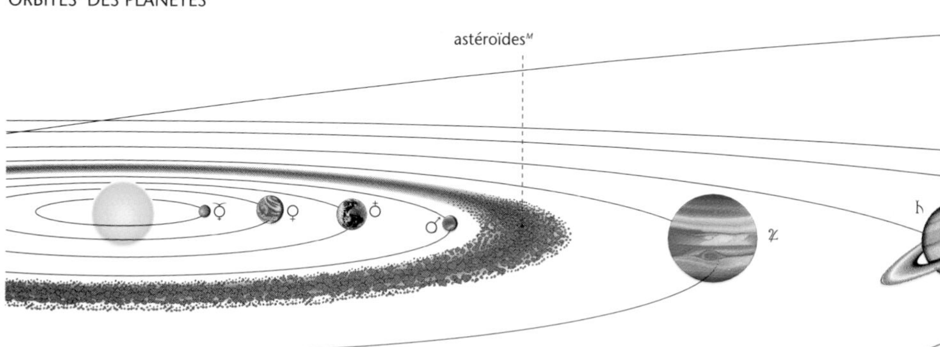

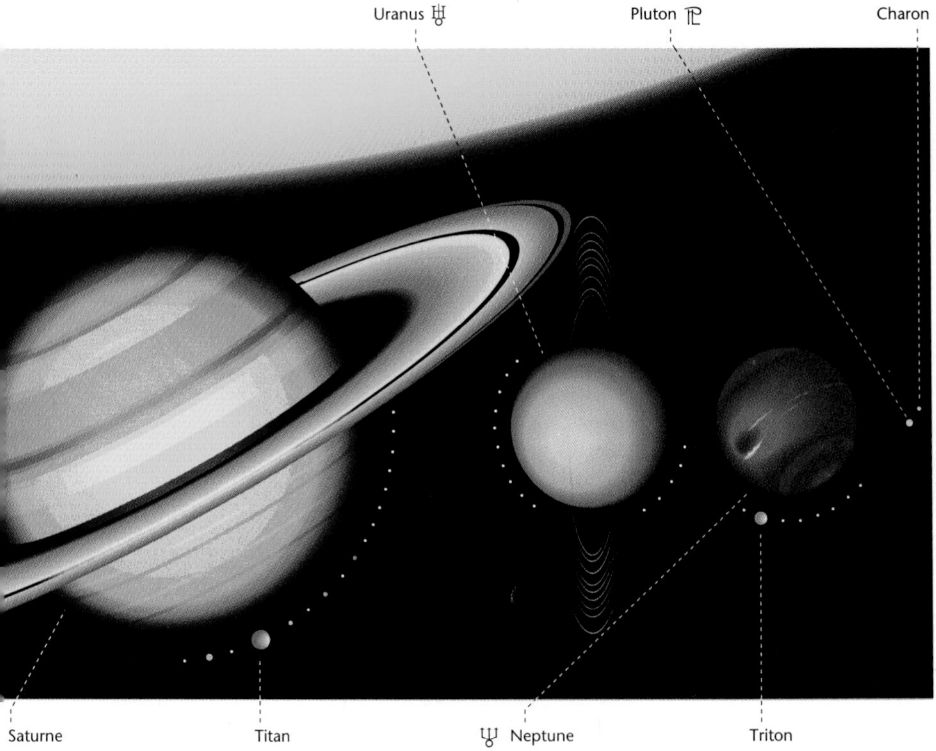

Uranus ♅
Pluton ♇
Charon

Saturne
Titan
♆ Neptune
Triton

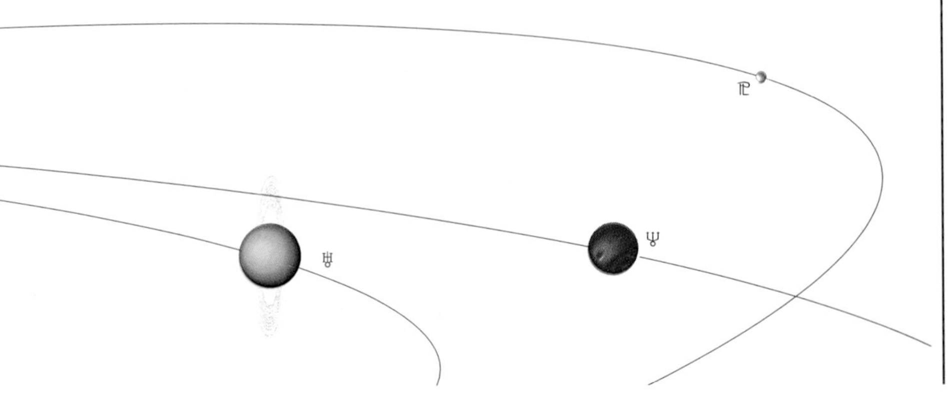

SOLEIL[M]

STRUCTURE[F] DU SOLEIL[M]

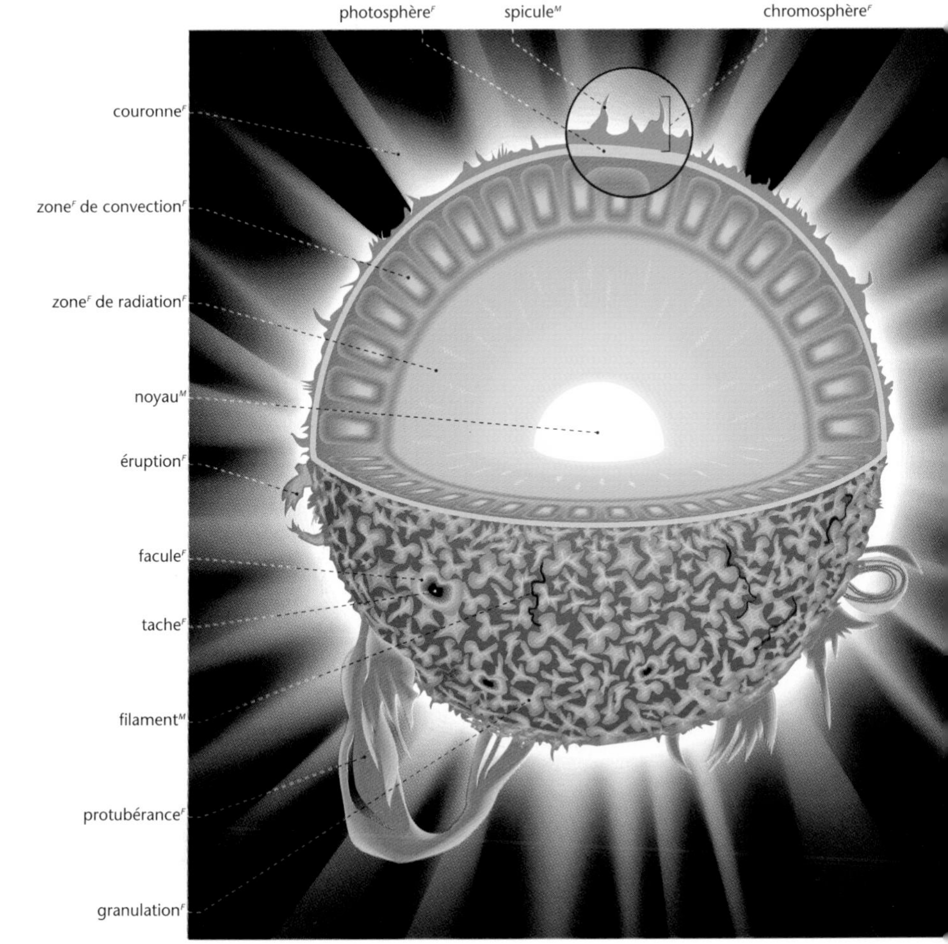

photosphère[F]
spicule[M]
chromosphère[F]
couronne[F]
zone[F] de convection[F]
zone[F] de radiation[F]
noyau[M]
éruption[F]
facule[F]
tache[F]
filament[M]
protubérance[F]
granulation[F]

PHASES[F] DE LA LUNE[F]

nouvelle Lune[F] | premier croissant[M] | premier quartier[M] | gibbeuse[F] croissante

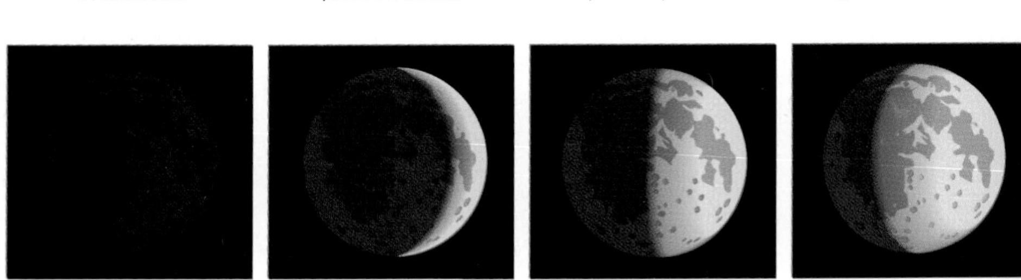

LUNE[F]

RELIEF[M] LUNAIRE

baie[F]
falaise[F]
océan[M]
lac[M]
mer[F]
chaîne[F] de montagnes[F]
cratère[M]
rempart[M]
cirque[M]

pleine Lune[F]
gibbeuse[F] décroissante
dernier quartier[M]
dernier croissant[M]

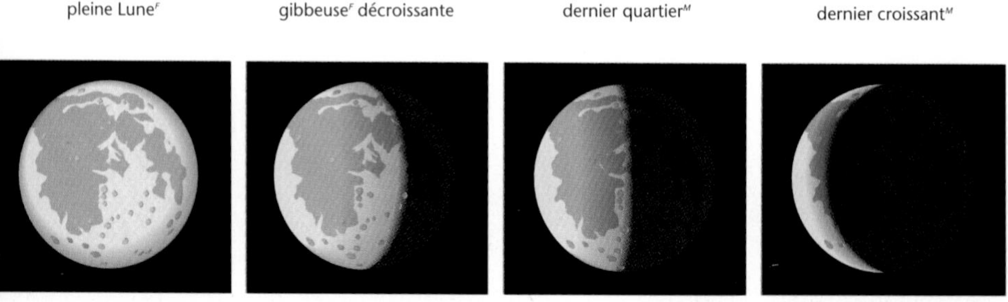

ÉCLIPSE[F] DE SOLEIL[M]

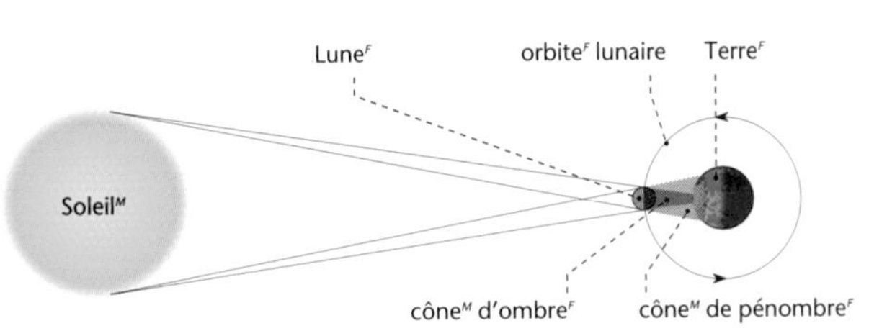

TYPES[M] D'ÉCLIPSES[F]

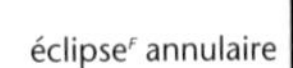

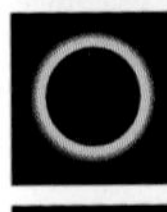

éclipse[F] partielle

ÉCLIPSE[F] DE LUNE[F]

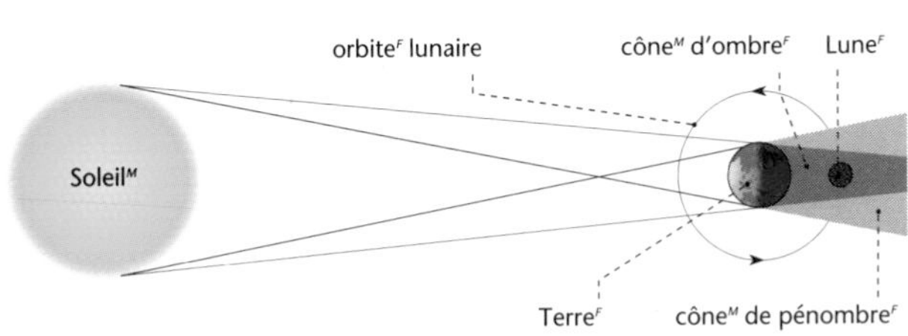

TYPES[M] D'ÉCLIPSES[F]

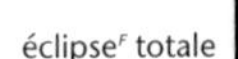

CYCLE[M] DES SAISONS[F]

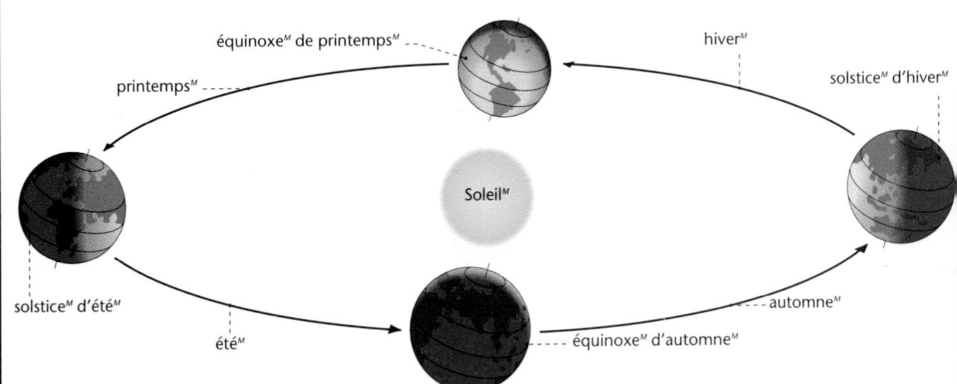

COMÈTE[F]

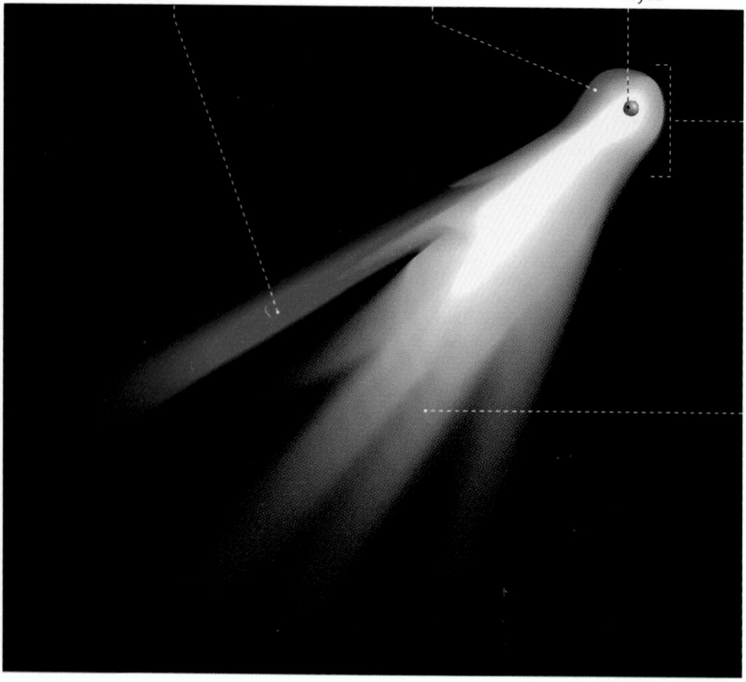

queue[F] de gaz[M]

chevelure[F]

noyau[M]

tête[F]

queue[F] de poussières[F]

GALAXIE[F]

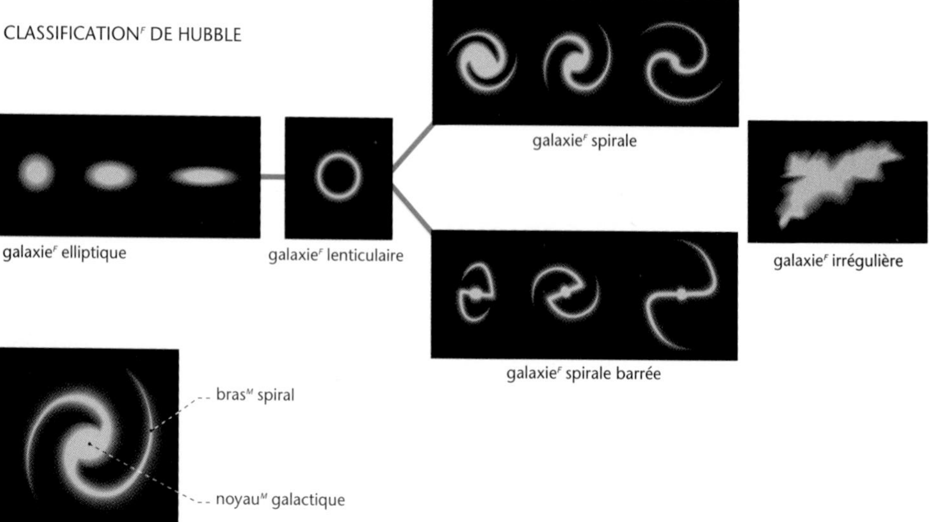

CONSTELLATIONS[F] DE L'HÉMISPHÈRE[M] BORÉAL

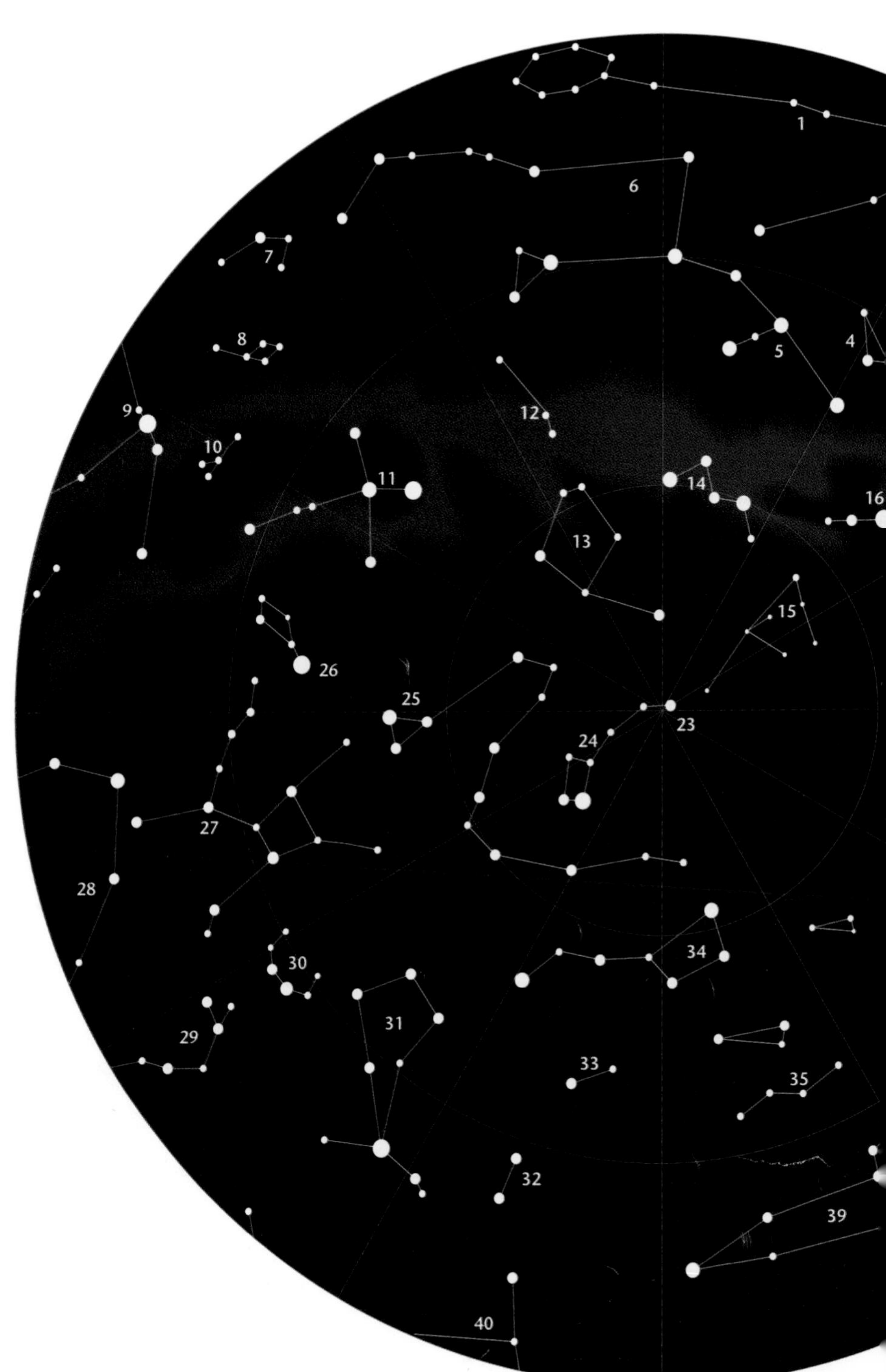

1 Poissons[M]
2 Baleine[F]
3 Bélier[M]
4 Triangle[M]
5 Andromède
6 Pégase[M]
7 Petit Cheval[M]
8 Dauphin[M]
9 Aigle[M]
10 Flèche[F]
11 Cygne[M]
12 Lézard[M]
13 Céphée
14 Cassiopée
15 Girafe[F]
16 Persée
17 Cocher[M]
18 Taureau[M]
19 Orion
20 Voie[F] lactée
21 Gémeaux[M]
22 Lynx[M]
23 étoile[F] Polaire
24 Petite Ourse[F]
25 Dragon[M]
26 Lyre[F]
27 Hercule
28 Ophiucus
29 Serpent[M]
30 Couronne[F] boréale
31 Bouvier[M]
32 Chevelure[F] de Bérénice
33 Chiens[M] de chasse[F]
34 Grande Ourse[F]
35 Petit Lion[M]
36 Cancer[M]
37 Petit Chien[M]
38 Hydre[F] femelle
39 Lion[M]
40 Vierge[F]

CONSTELLATIONS[F] DE L'HÉMISPHÈRE[M] AUSTRAL

LE VISUEL
COMPACT
DICTIONNAIRE THÉMATIQUE FRANÇAIS

ARCHITECTURE

SOMMAIRE

igloo[M]
wigwam[M]
yourte[F]
isba[F]
case[F]
hutte[F]
tipi[M]
maison[F] sur pilotis[M]

ORDRE^M IONIQUE

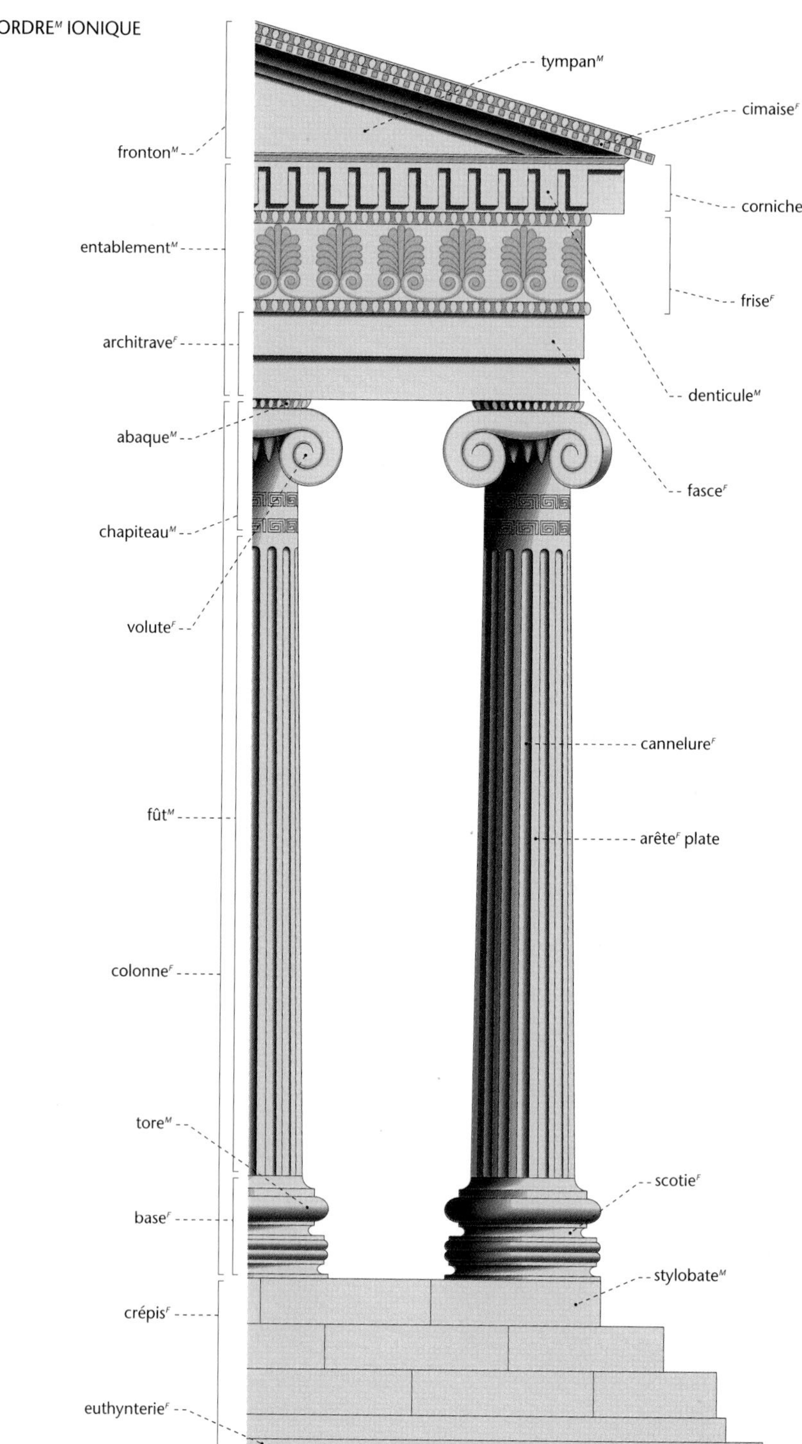

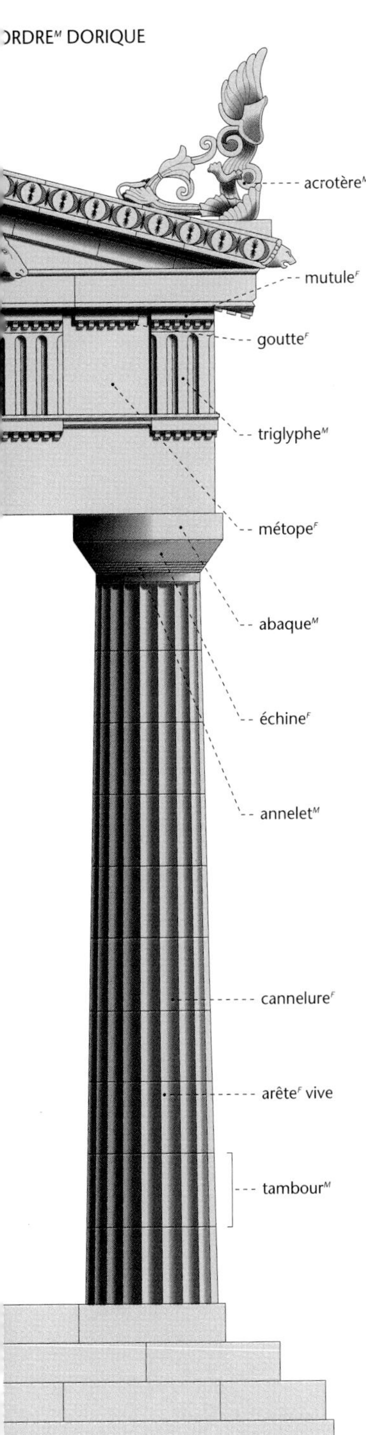
)RDRE[M] DORIQUE
acrotère[M]
mutule[F]
goutte[F]
triglyphe[M]
métope[F]
abaque[M]
échine[F]
annelet[M]
cannelure[F]
arête[F] vive
tambour[M]

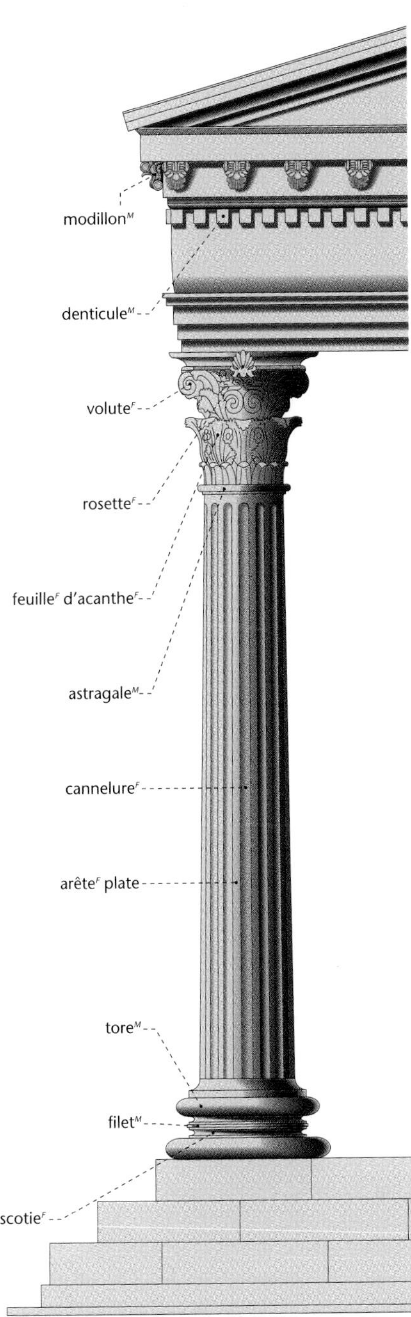
ORDRE[M] CORINTHIEN
modillon[M]
denticule[M]
volute[F]
rosette[F]
feuille[F] d'acanthe[F]
astragale[M]
cannelure[F]
arête[F] plate
tore[M]
filet[M]
scotie[F]

TEMPLE^M GREC

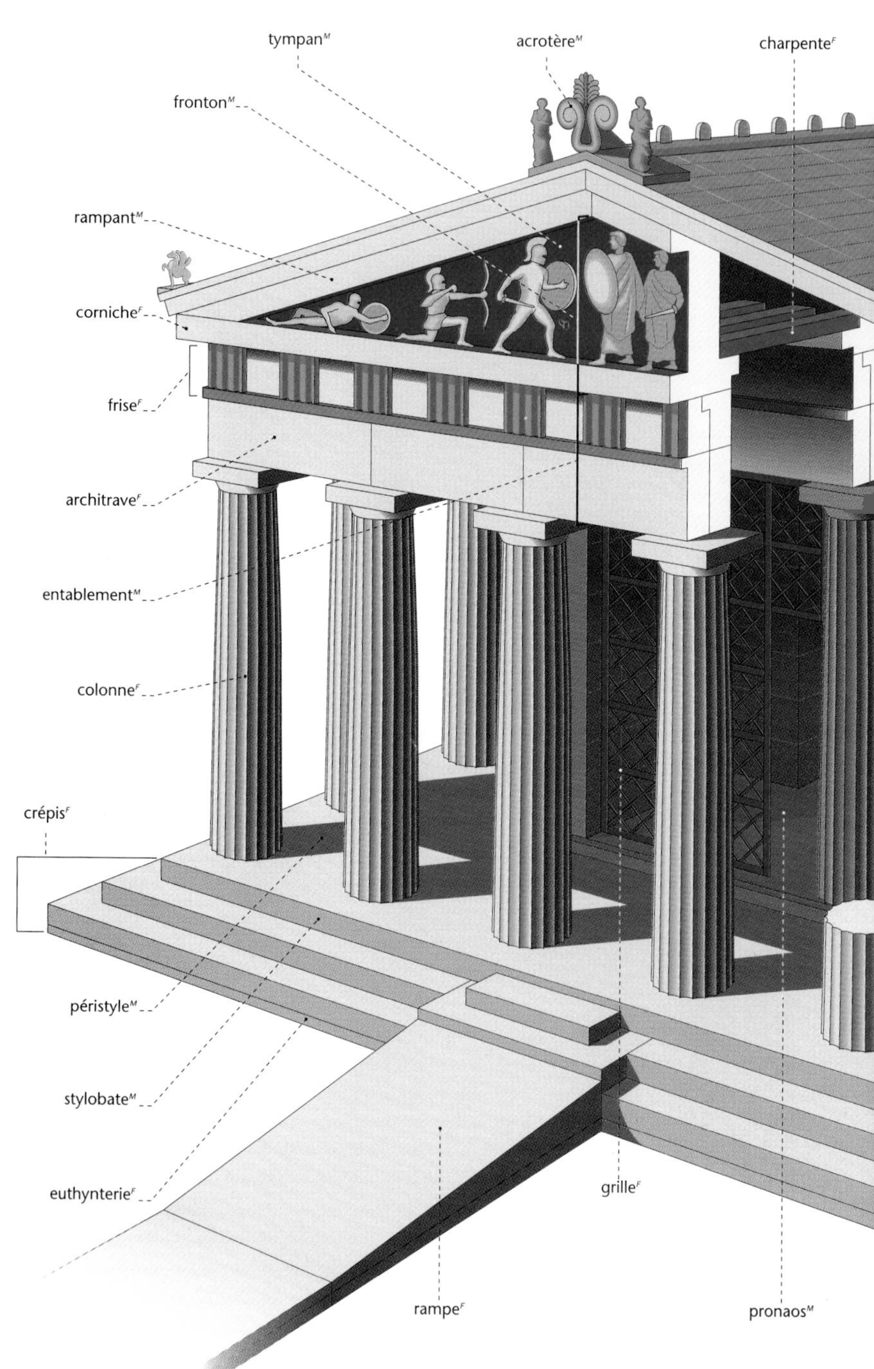

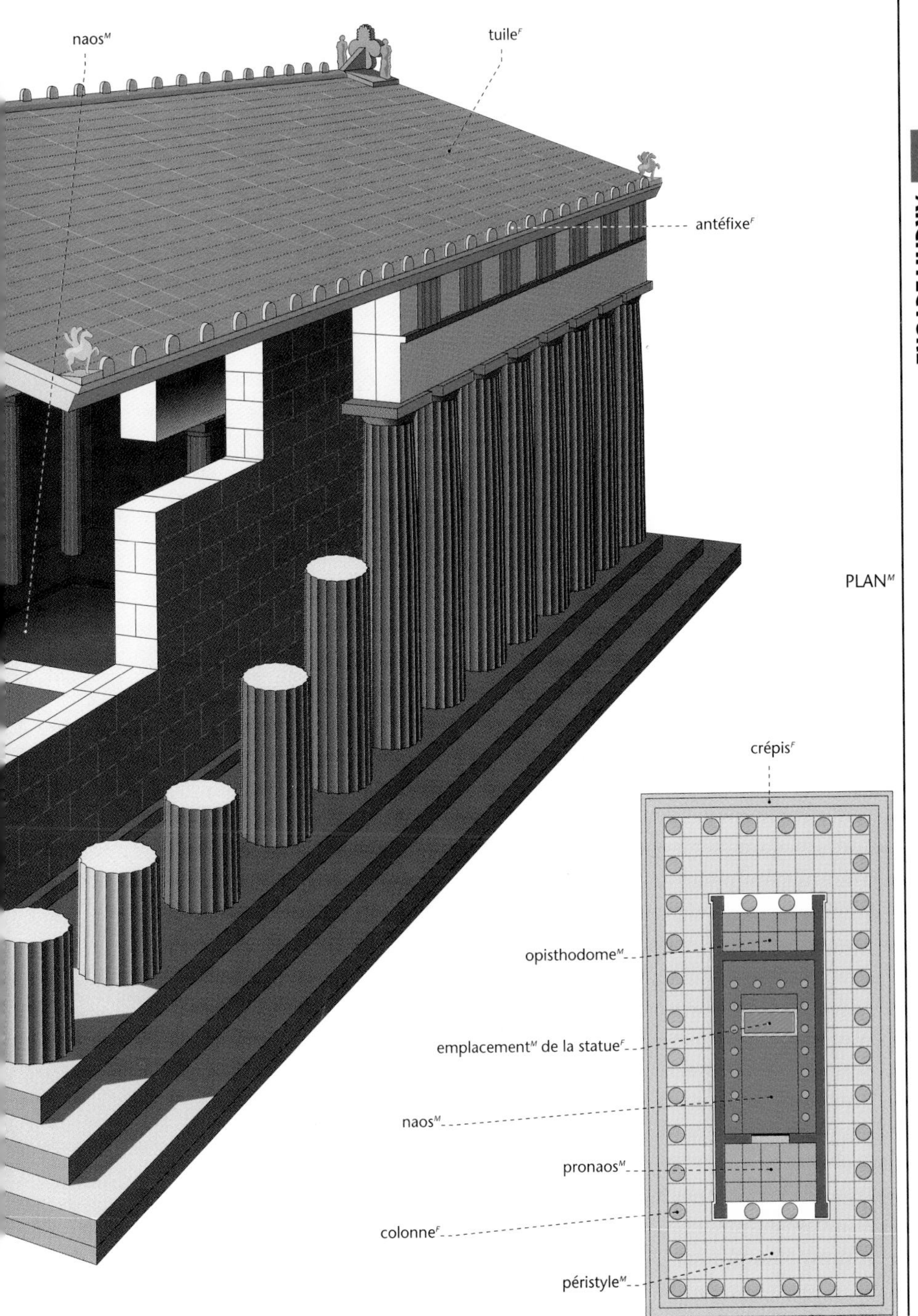
naosᴹ
tuileᶠ
antéfixeᶠ
PLANᴹ
crépisᶠ
opisthodomeᴹ
emplacementᴹ de la statueᶠ
naosᴹ
pronaosᴹ
colonneᶠ
péristyleᴹ

MAISON[F] ROMAINE

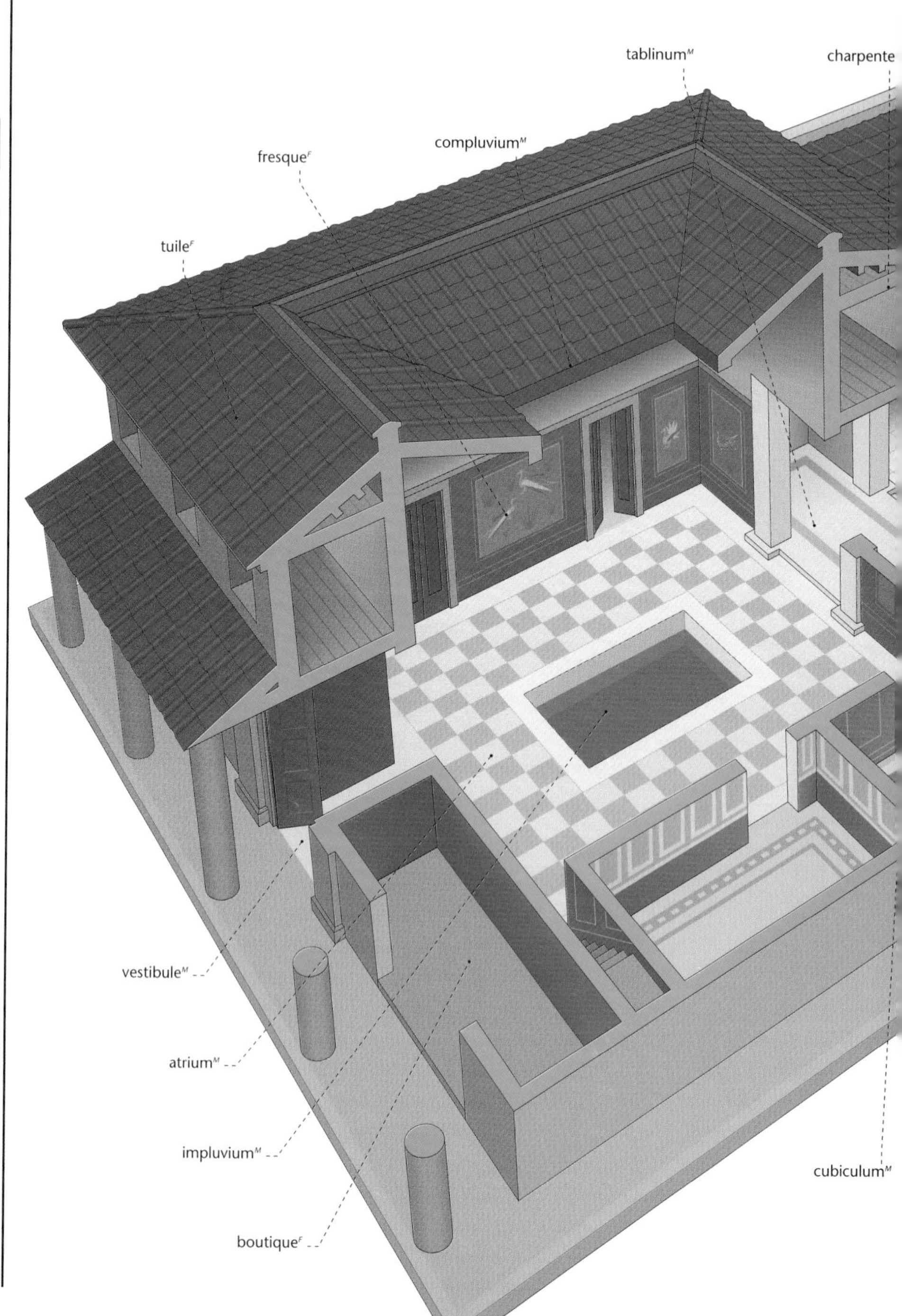

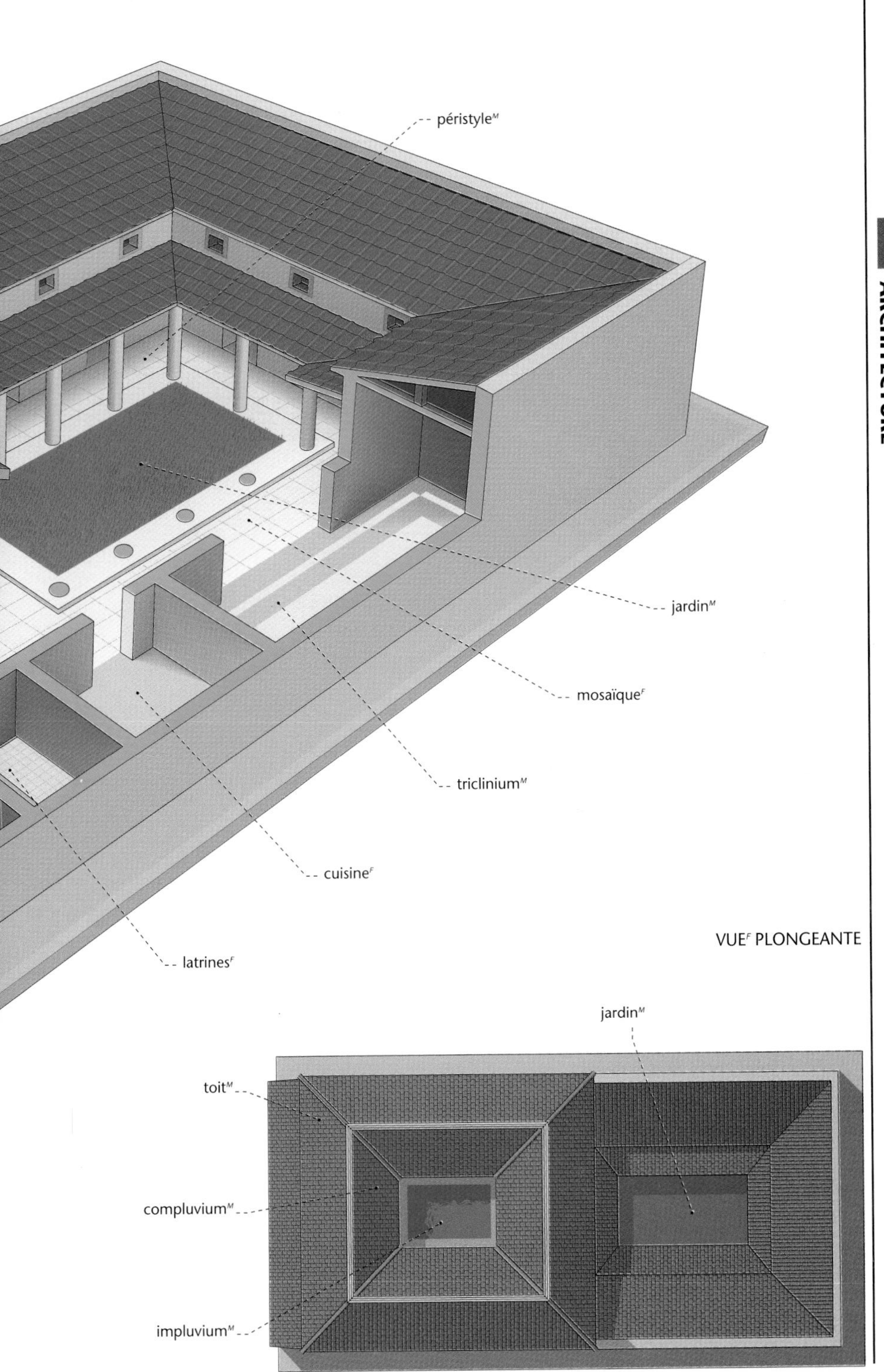
péristyle^M
jardin^M
mosaïque^F
triclinium^M
cuisine^F
latrines^F
VUE^F PLONGEANTE
jardin^M
toit^M
compluvium^M
impluvium^M

MOSQUÉE[F]

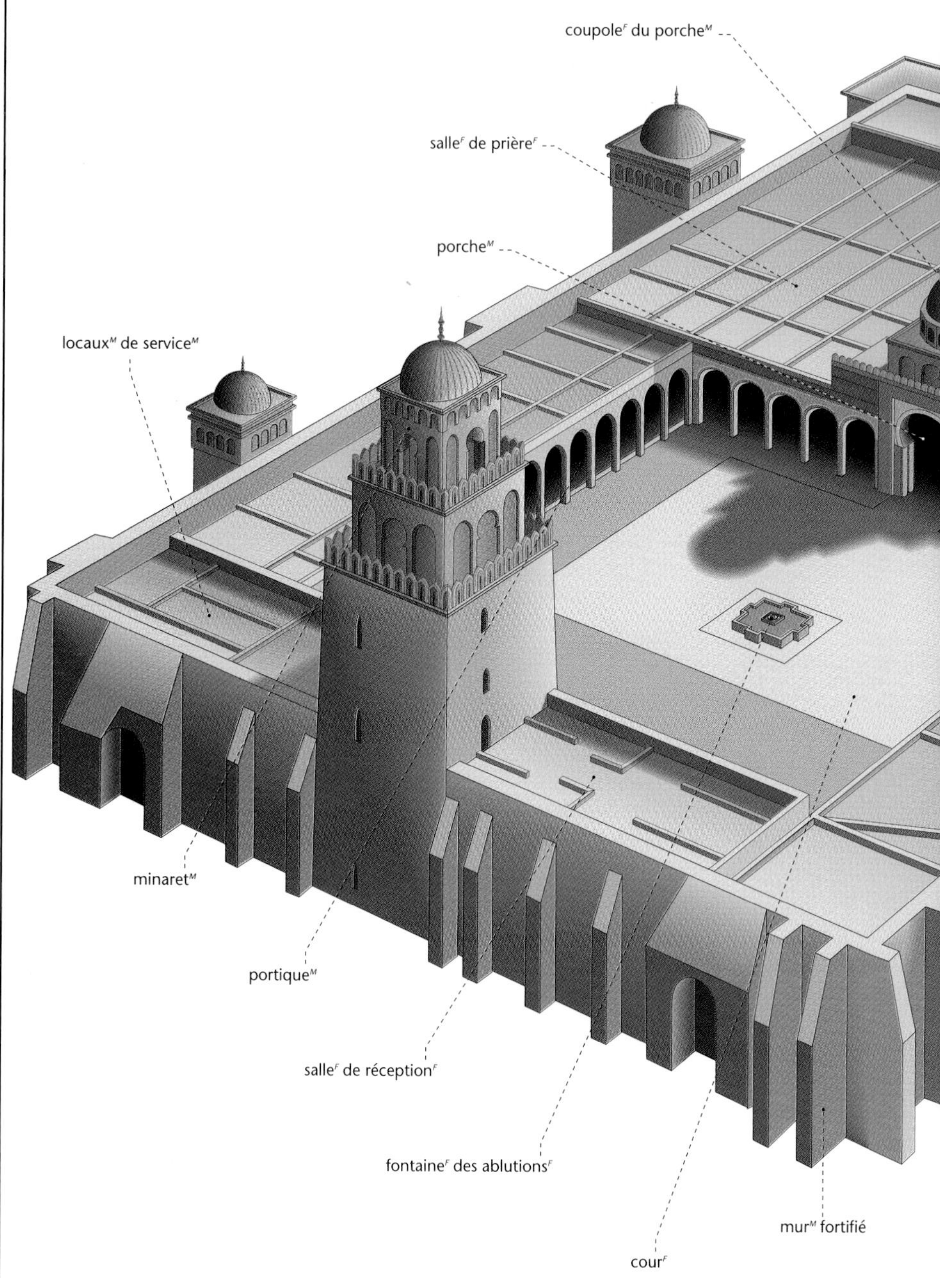

coupole[F] du porche[M]
salle[F] de prière[F]
porche[M]
locaux[M] de service[M]
minaret[M]
portique[M]
salle[F] de réception[F]
fontaine[F] des ablutions[F]
mur[M] fortifié
cour[F]

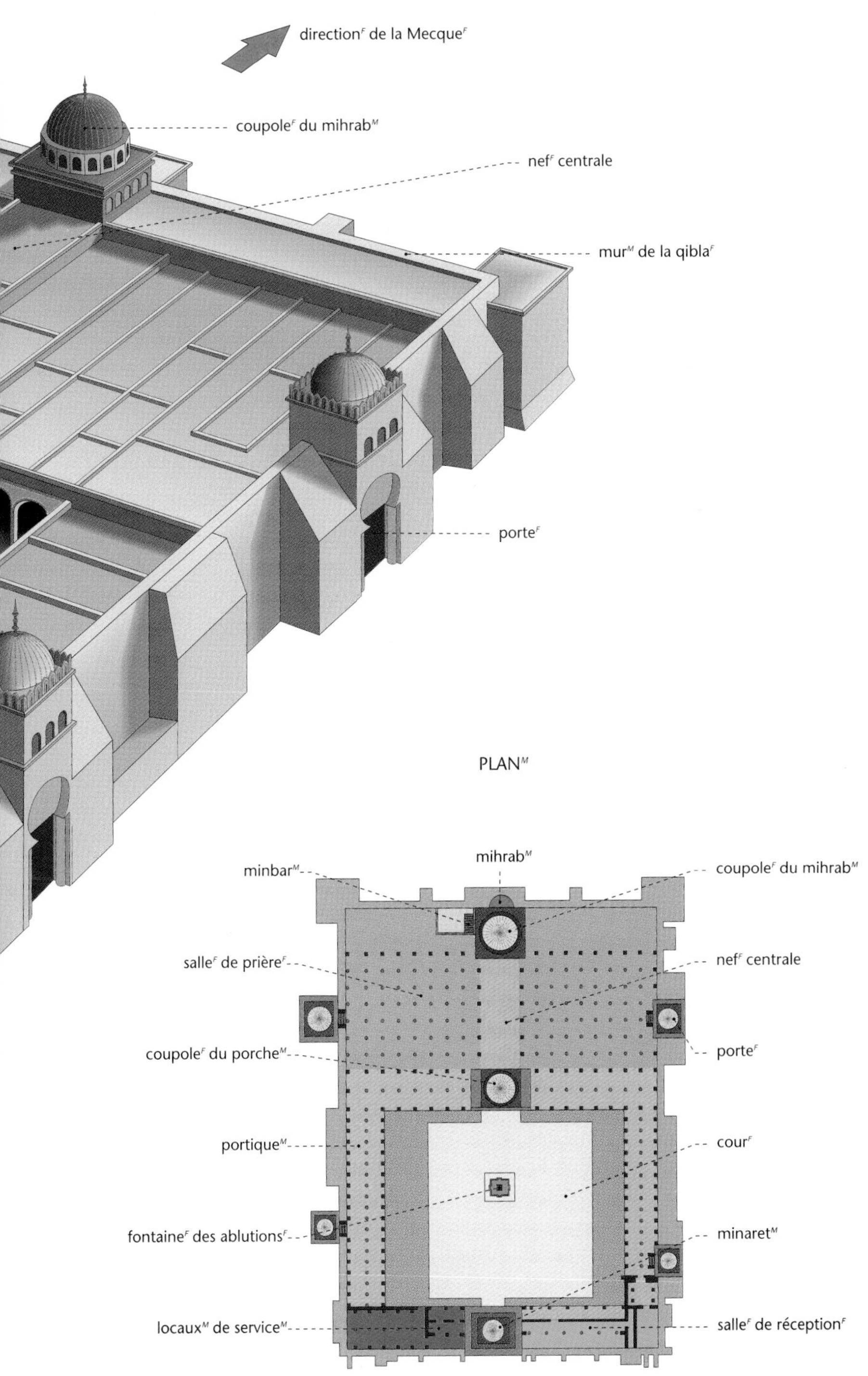

direction[F] de la Mecque[F]
coupole[F] du mihrab[M]
nef[F] centrale
mur[M] de la qibla[F]
porte[F]
PLAN[M]
mihrab[M]
minbar[M]
coupole[F] du mihrab[M]
salle[F] de prière[F]
nef[F] centrale
porte[F]
coupole[F] du porche[M]
portique[M]
cour[F]
fontaine[F] des ablutions[F]
minaret[M]
locaux[M] de service[M]
salle[F] de réception[F]

ARC[M]

ARC[M] EN PLEIN CINTRE[M]

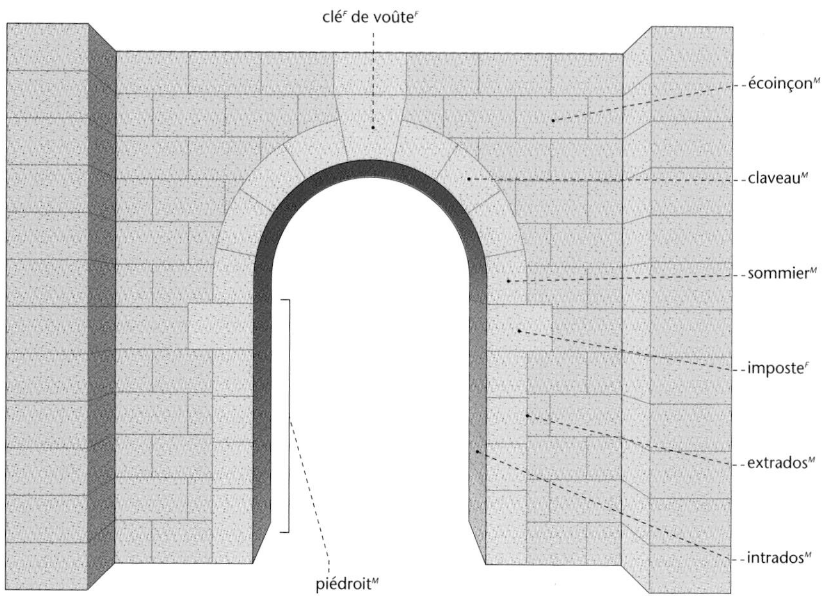

TYPES[M] D'ARCS[M]

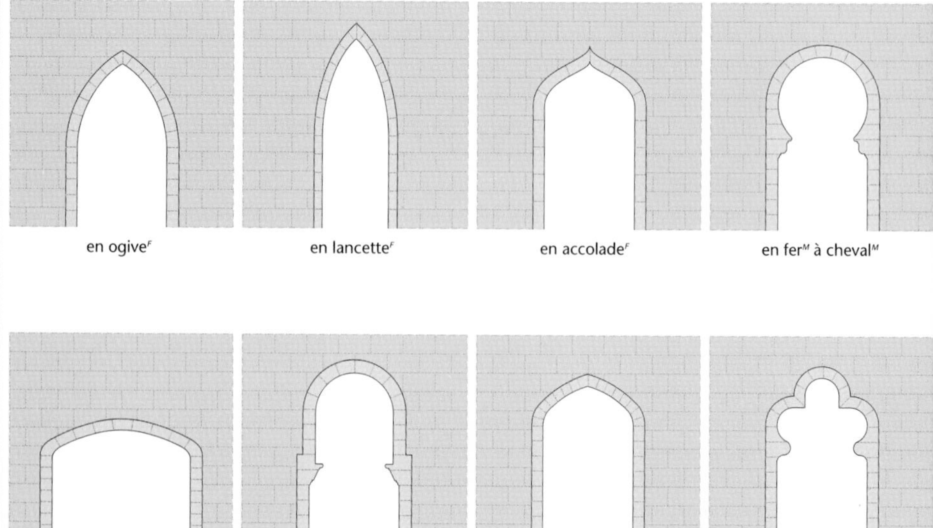

en ogive[F]

en lancette[F]

en accolade[F]

en fer[M] à cheval[M]

surbaissé

surhaussé

Tudor

trilobé

CATHÉDRALE^F GOTHIQUE

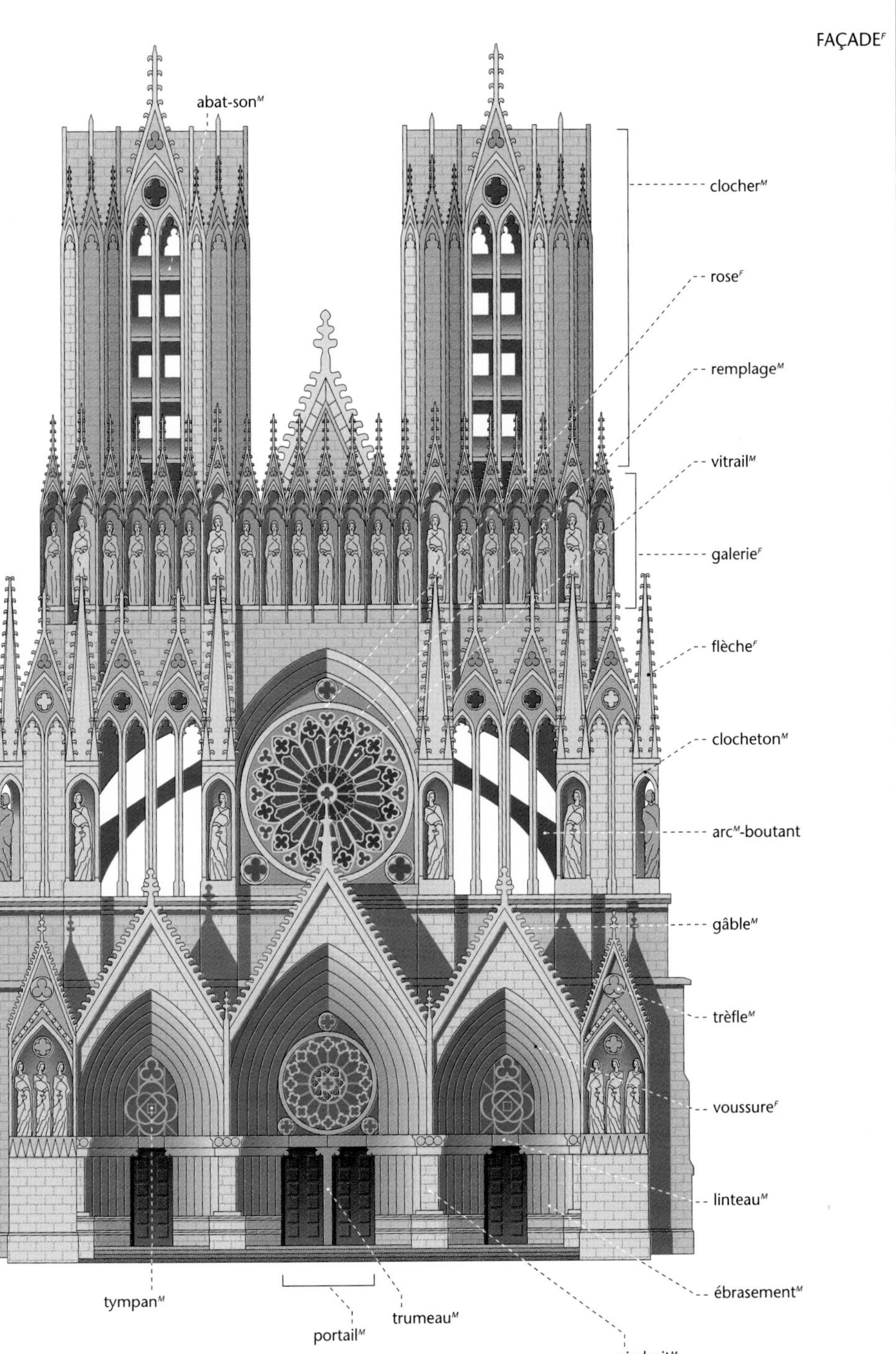

CATHÉDRALE[F] GOTHIQUE

CATHÉDRALE[F]

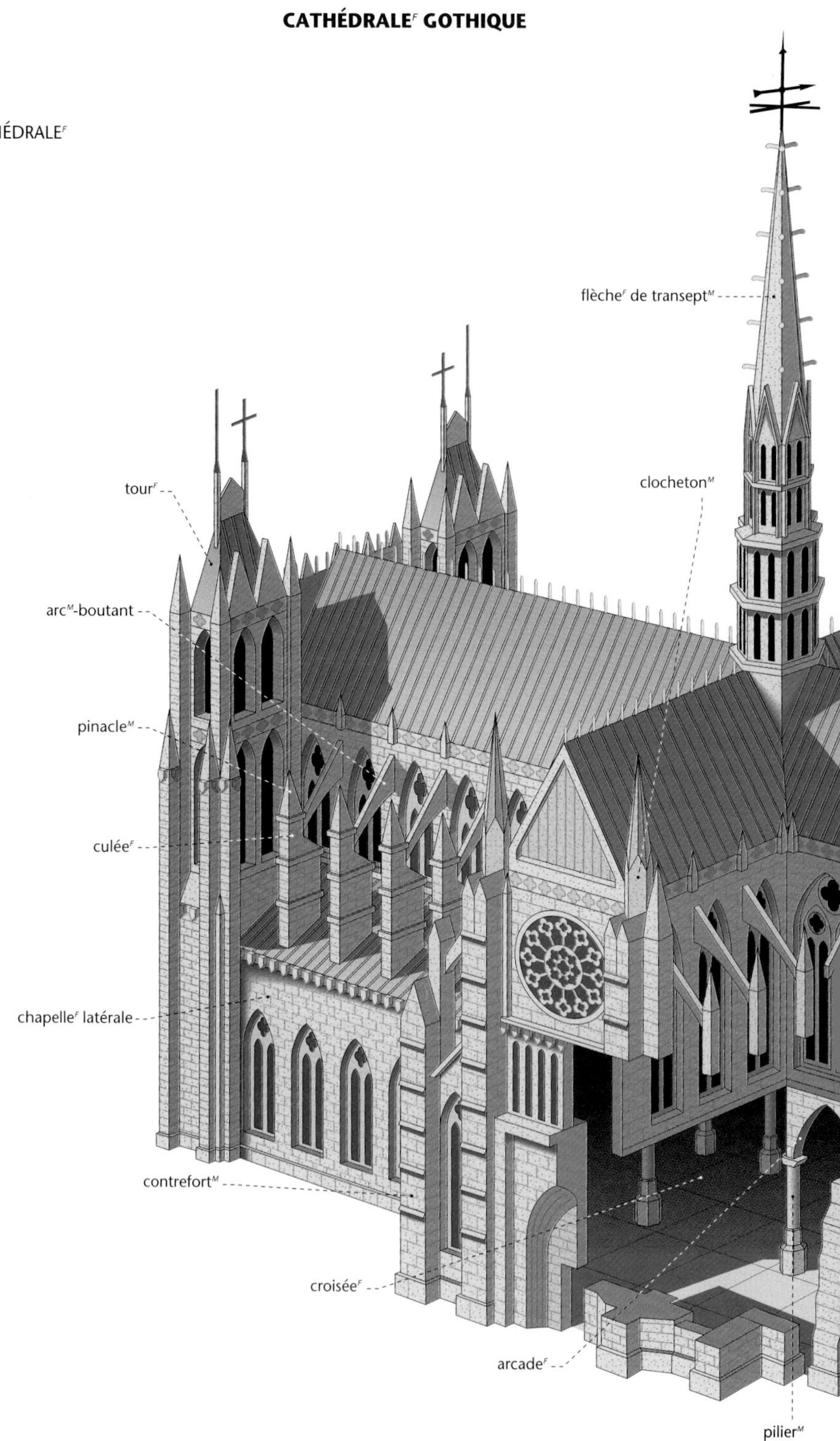

PLAN[M]

VOÛTE[F]

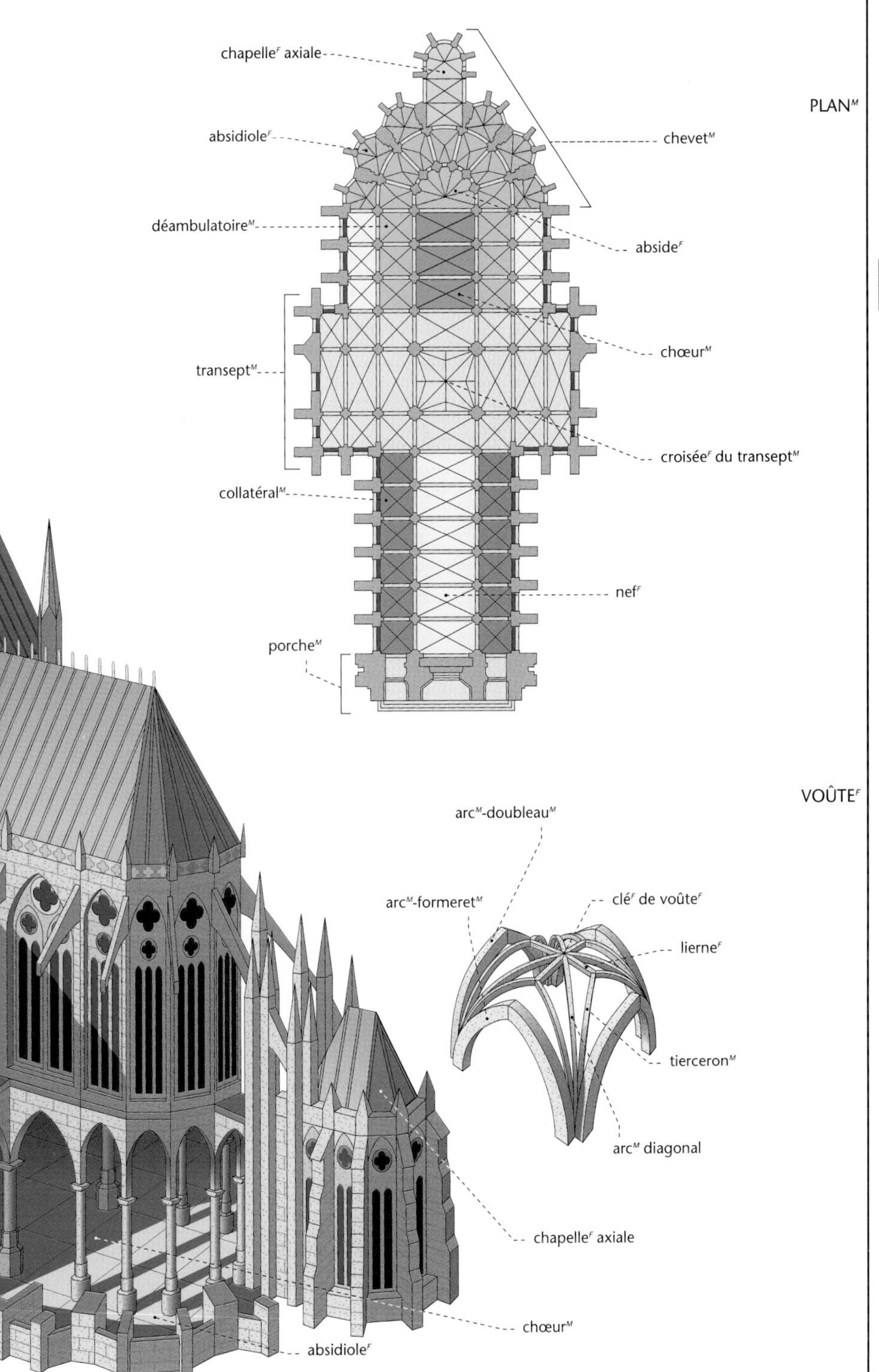

FORTIFICATION[F] À LA VAUBAN

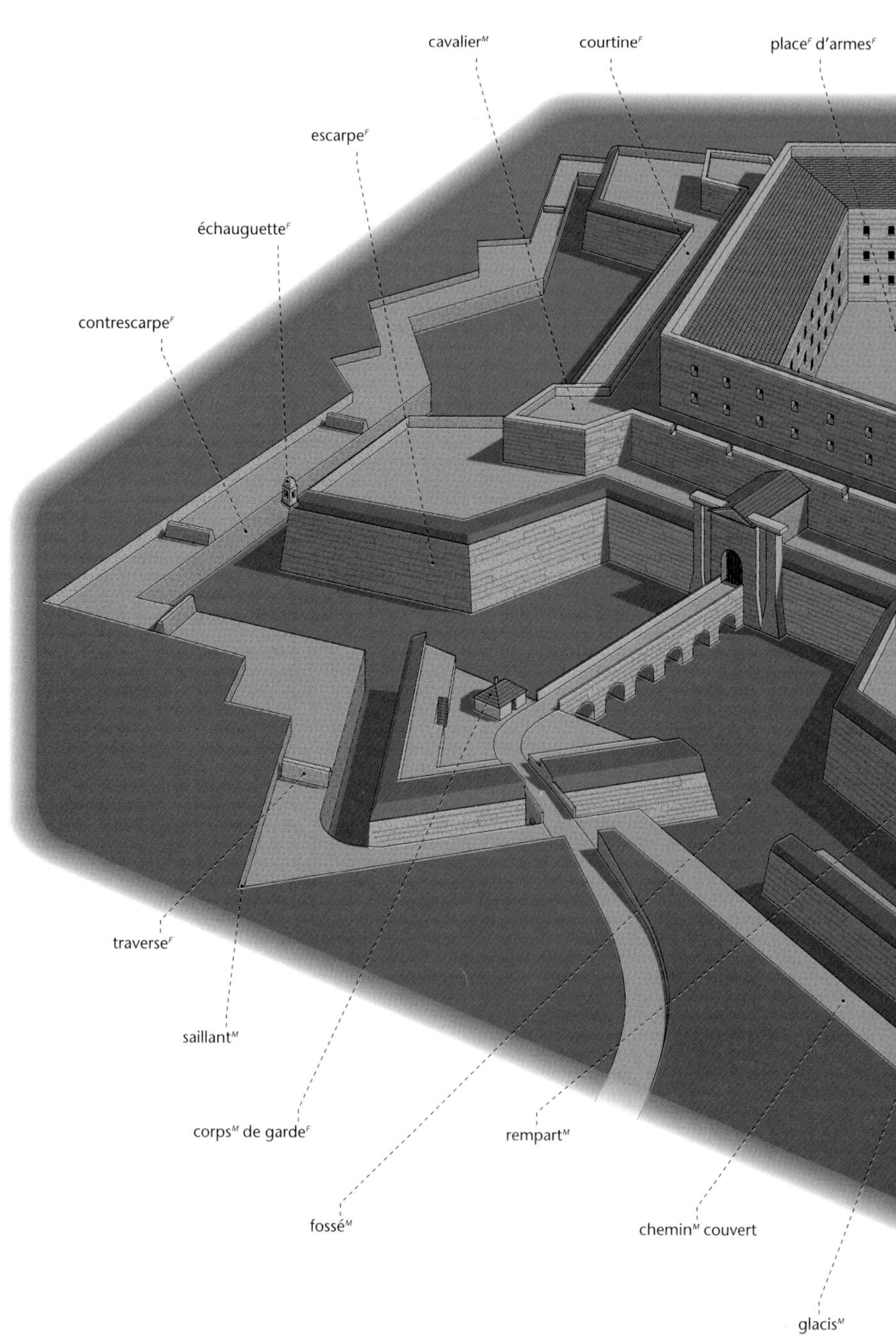

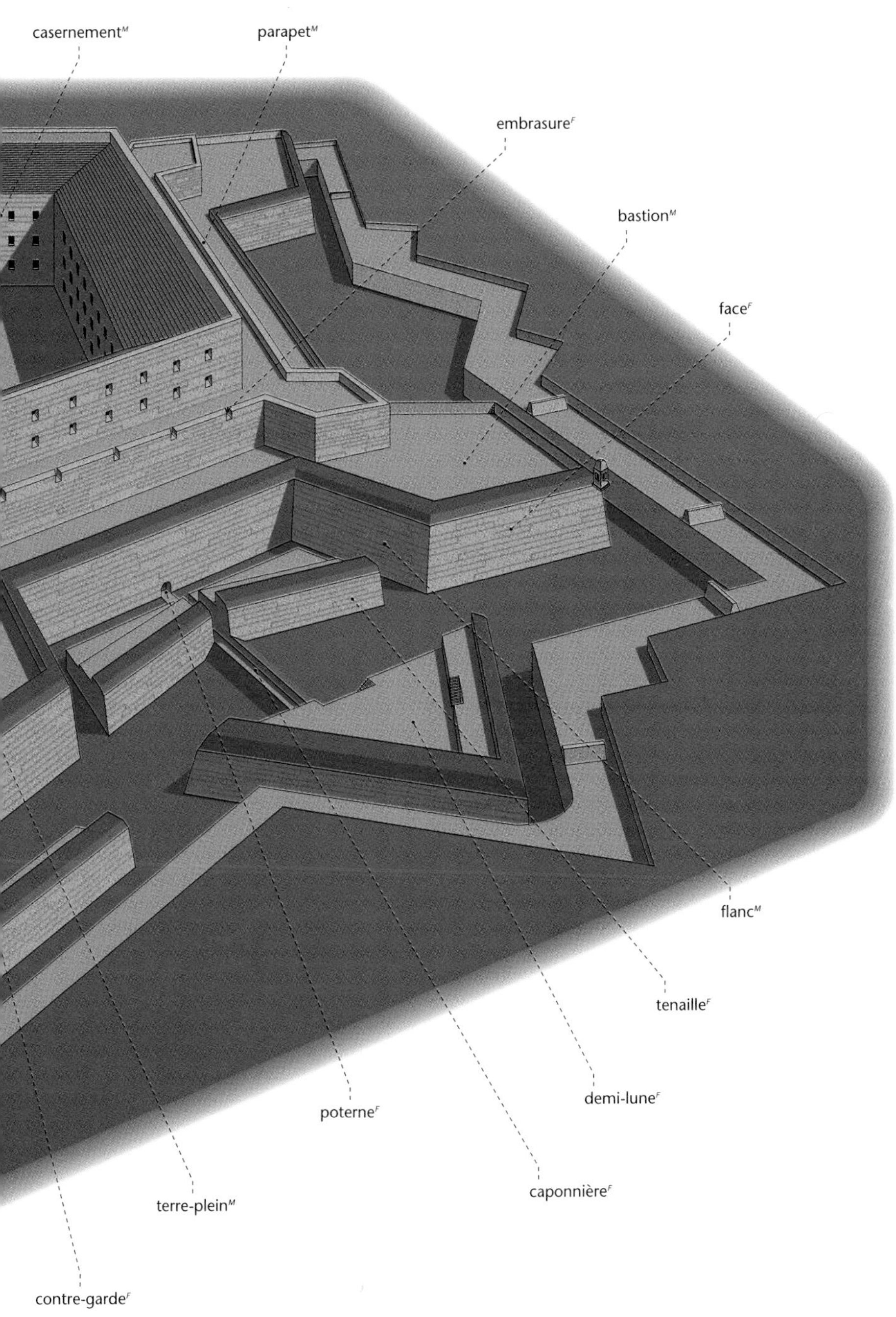
casernementM
parapetM
embrasureF
bastionM
faceF
flancM
tenailleF
demi-luneF
poterneF
caponnièreF
terre-pleinM
contre-gardeF

CHÂTEAU[M] FORT

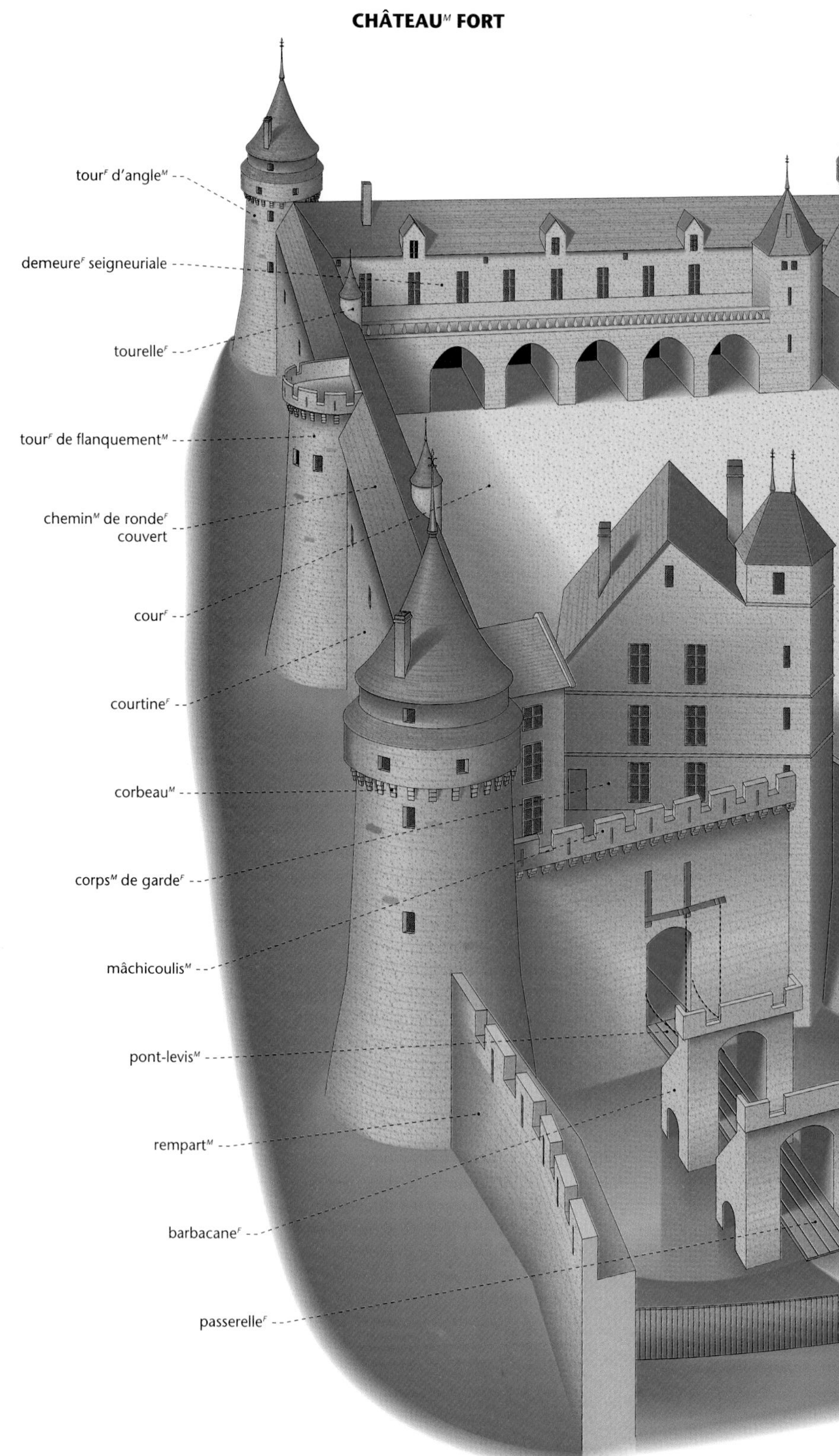

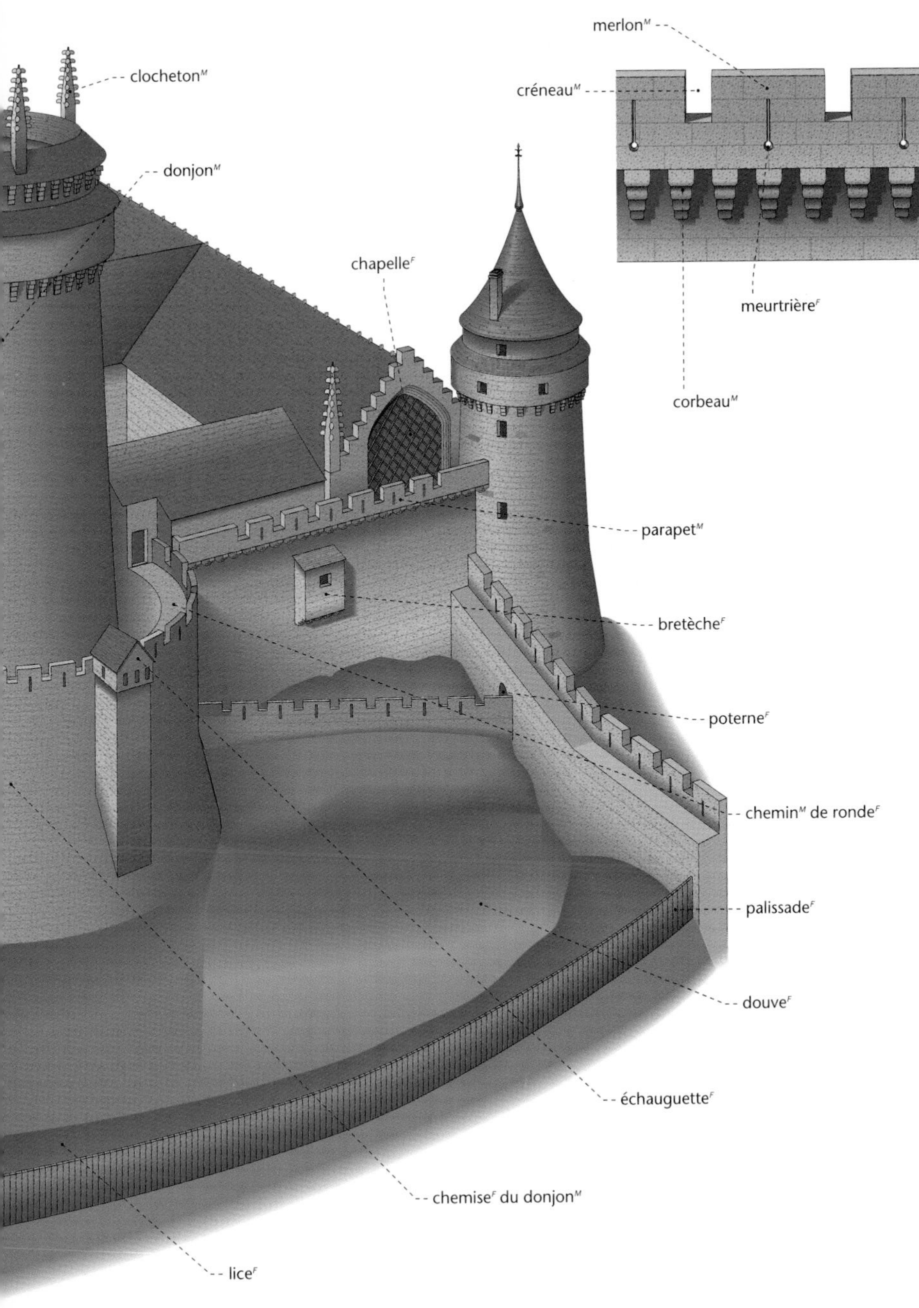
MÂCHICOULIS
merlon
créneau
meurtrière
corbeau
clocheton
donjon
chapelle
parapet
bretèche
poterne
chemin de ronde
palissade
douve
échauguette
chemise du donjon
lice

TOITS[M]

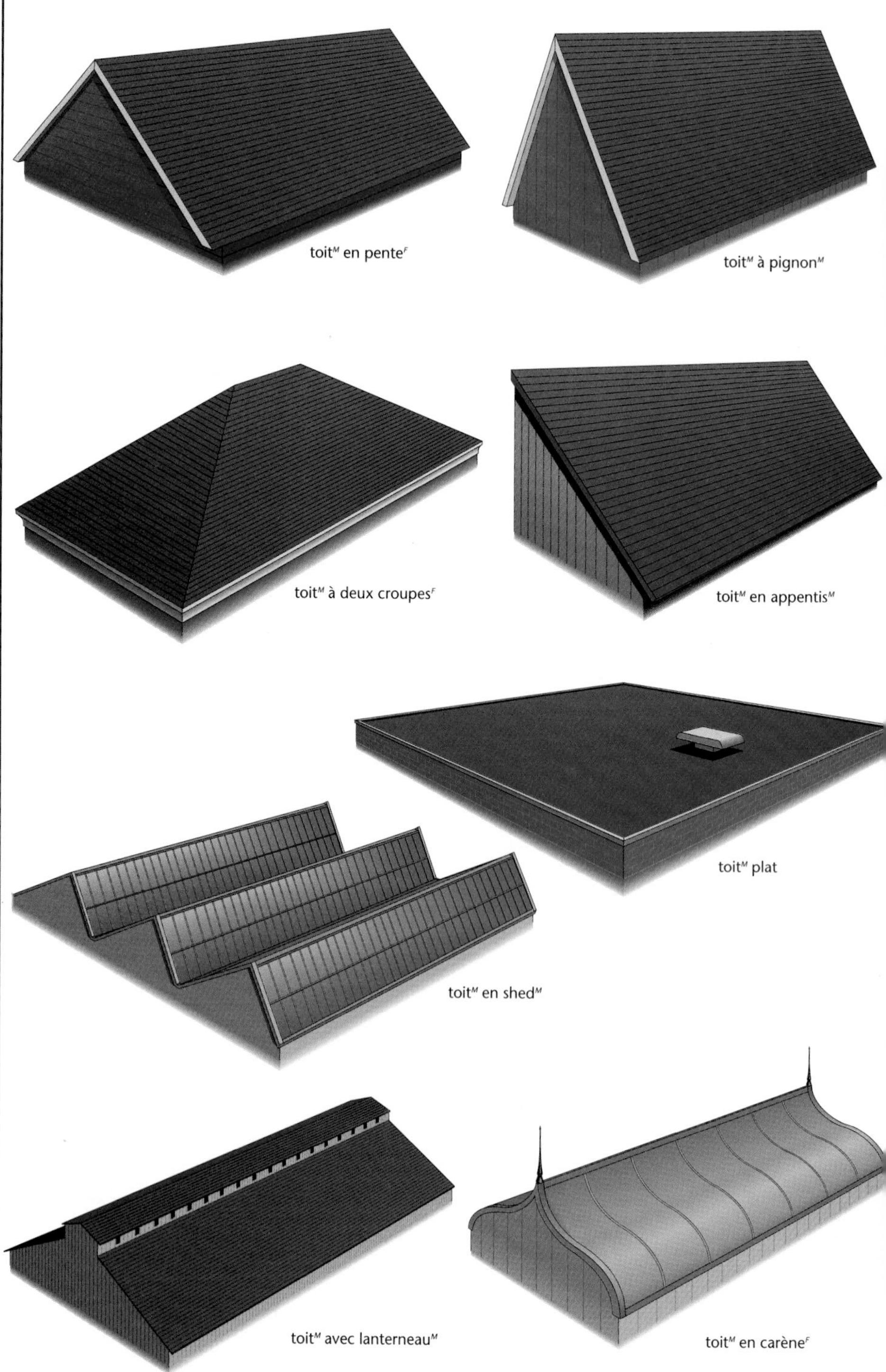
toit[M] en pente[F]
toit[M] à pignon[M]
toit[M] à deux croupes[F]
toit[M] en appentis[M]
toit[M] plat
toit[M] en shed[M]
toit[M] avec lanterneau[M]
toit[M] en carène[F]

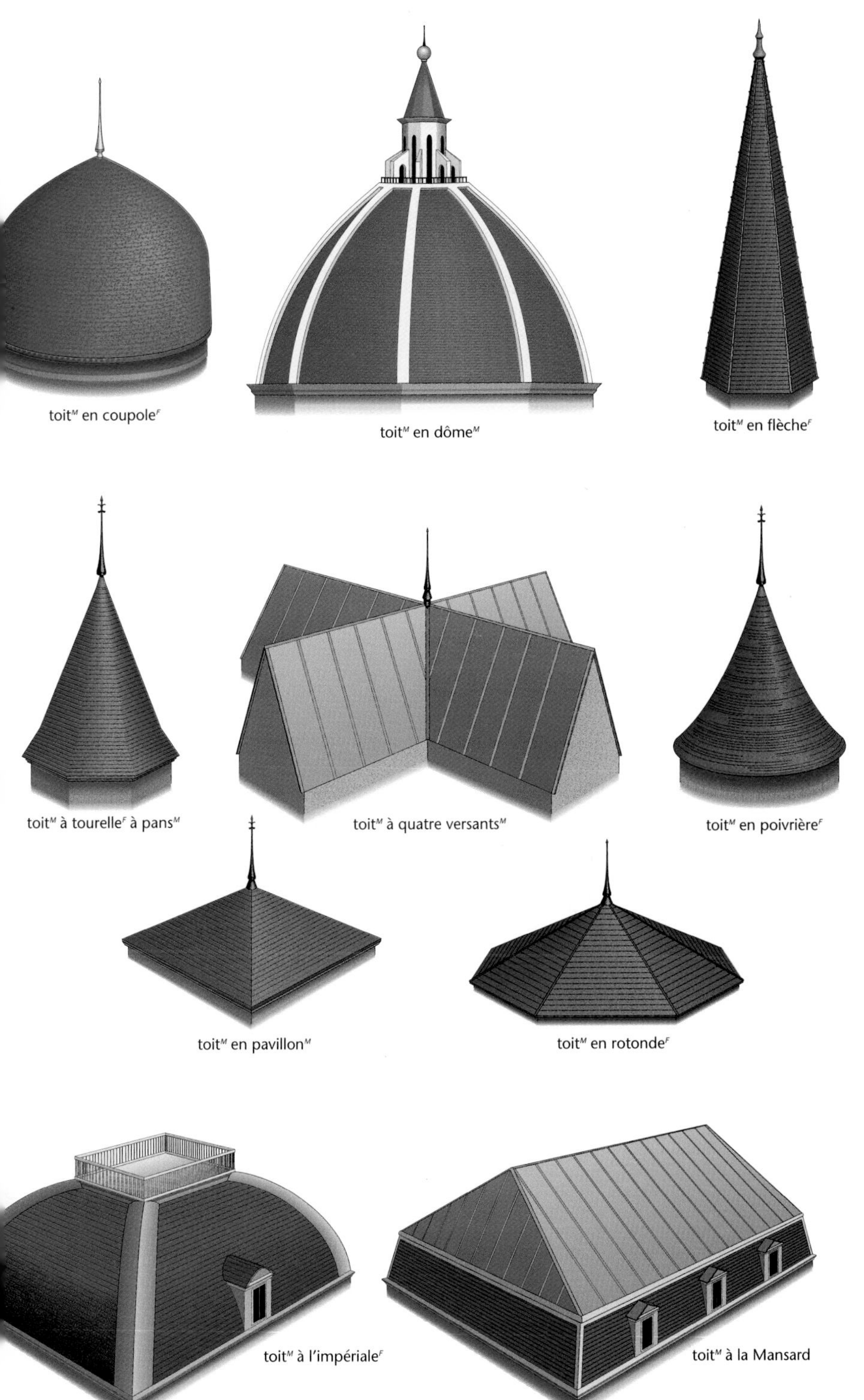
toit^M en coupole^F
toit^M en dôme^M
toit^M en flèche^F
toit^M à tourelle^F à pans^M
toit^M à quatre versants^M
toit^M en poivrière^F
toit^M en pavillon^M
toit^M en rotonde^F
toit^M à l'impériale^F
toit^M à la Mansard

CENTRE^M-VILLE^F

hôtel^M
gratte-ciel^M
restaurant^M
église^F
tour^F d'habitation^F
lampadaire^M
aire^F de stationnement^M
immeuble^M commercial
immeuble^M à bureaux^M
musée^M
stade^M

COUPEF D'UNE RUEF

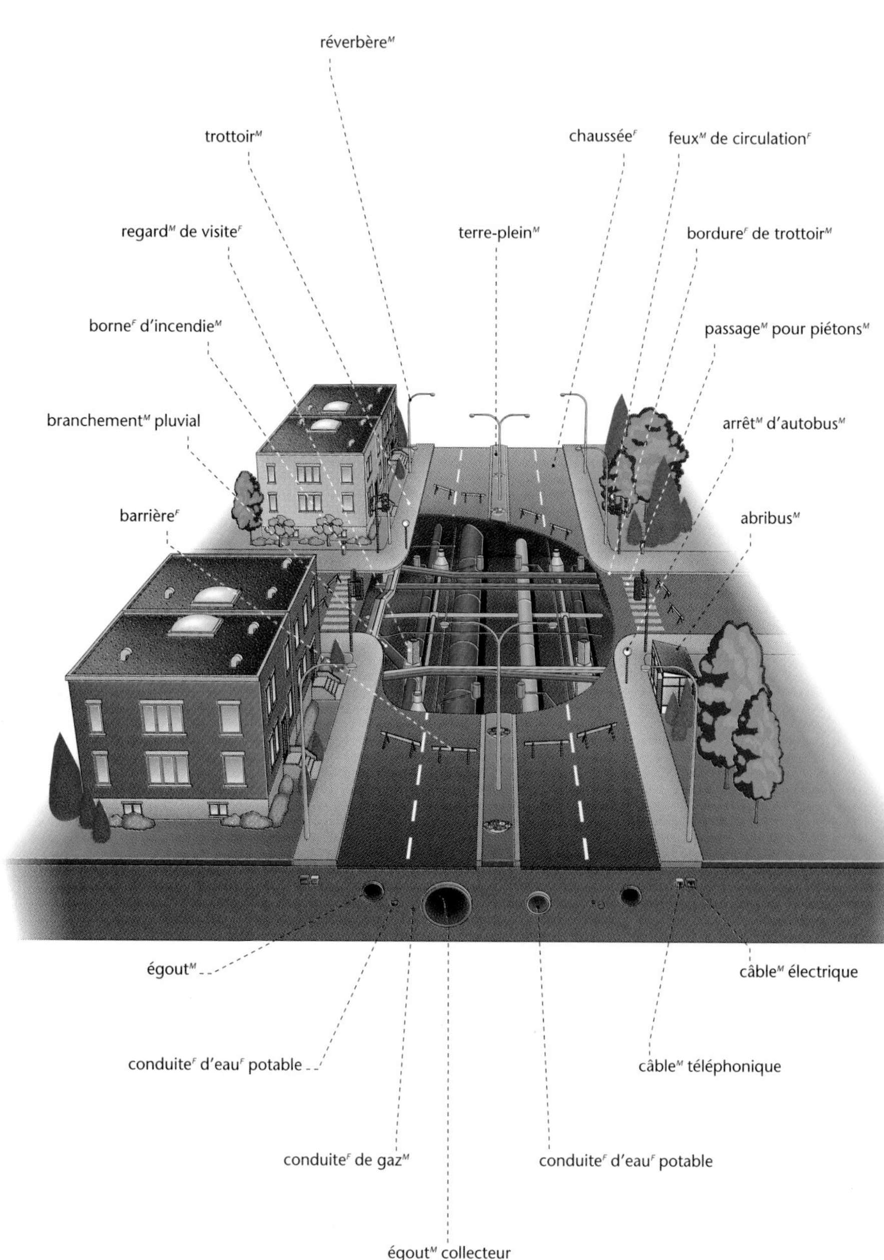

MAISONS^F DE VILLE^F

villa^F; *cottage*^M

maison^F individuelle

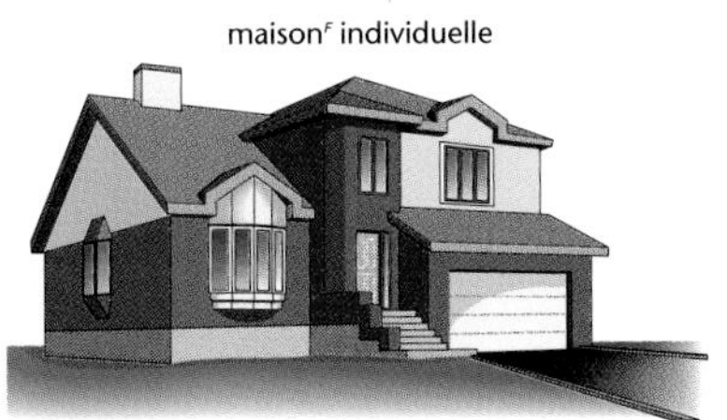

appartements^M en copropriété^F

maison^F individuelle jumelée

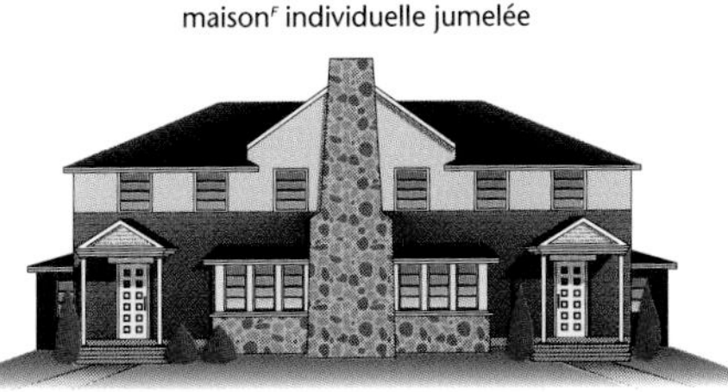

maisons^F en rangée^F

tour^F d'habitation^F

SALLE^F DE SPECTACLE^M

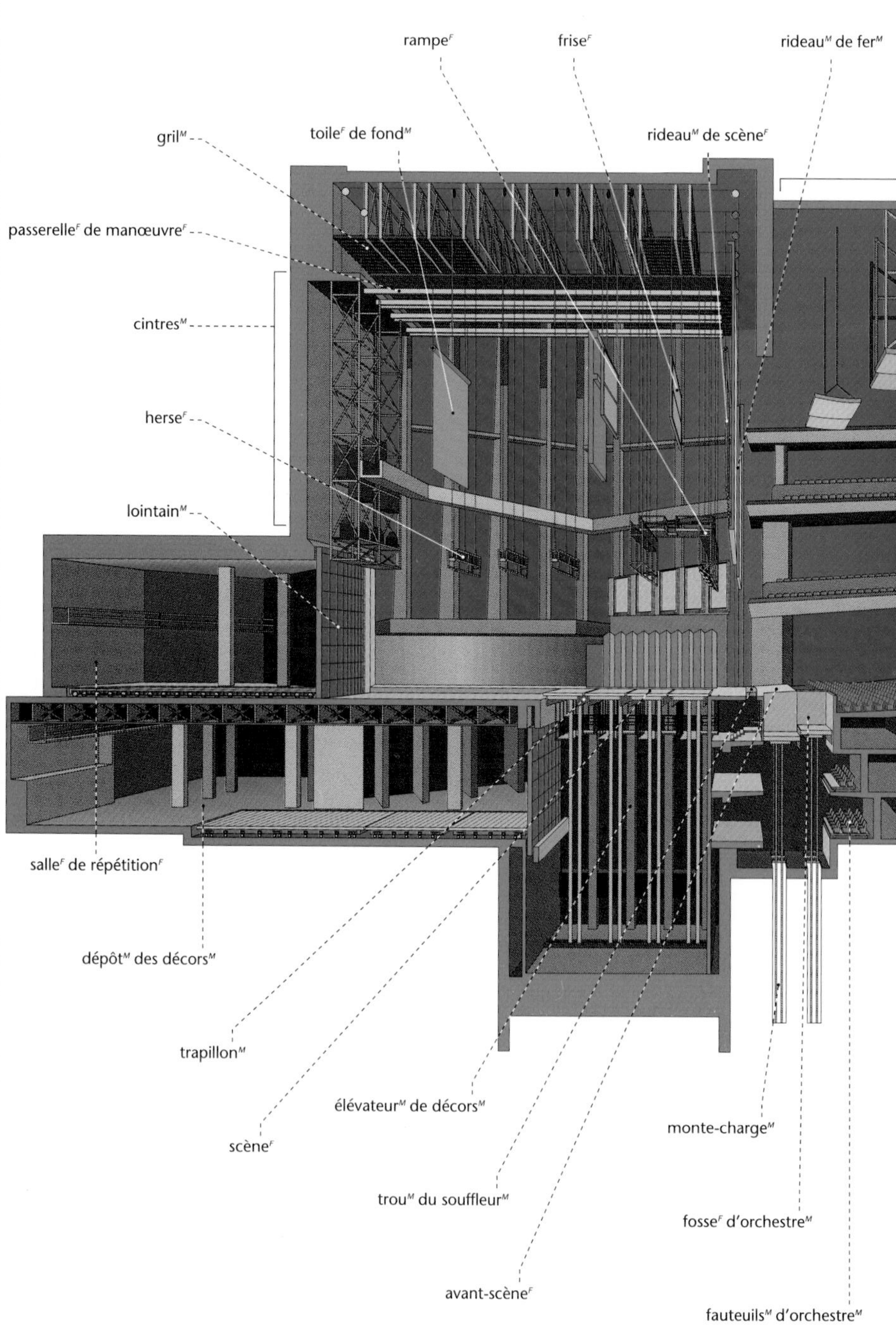

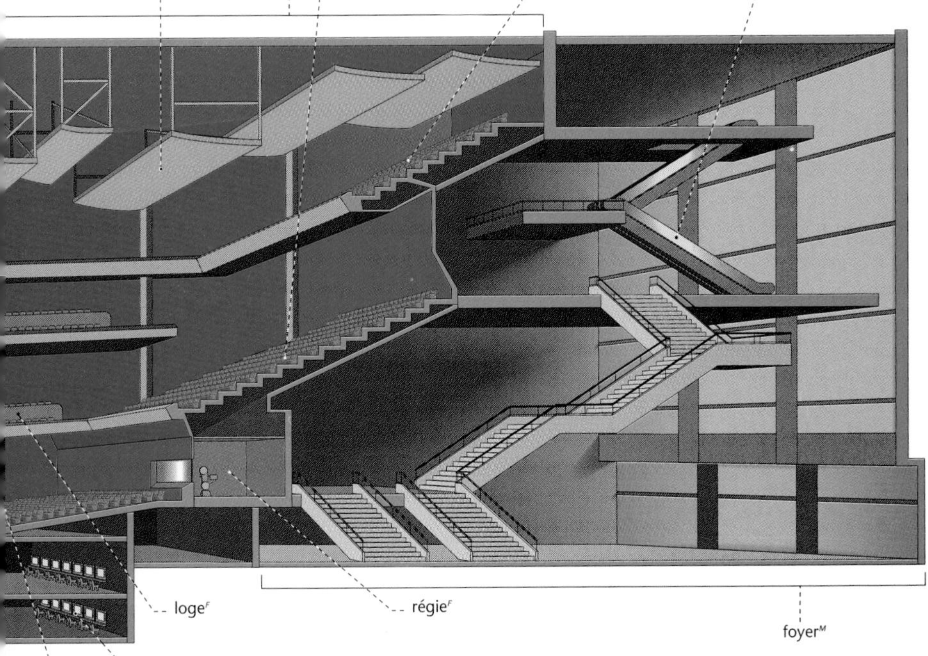

projecteursM
salleF
plafondM acoustique
balconM
galerieF
escalierM mobile
logeF
régieF
foyerM
logeF d'artisteM
parterreM

SCÈNEF

friseF
rideauM de scèneF
coulissesF
côtéM jardinM
côtéM courF
lointainM

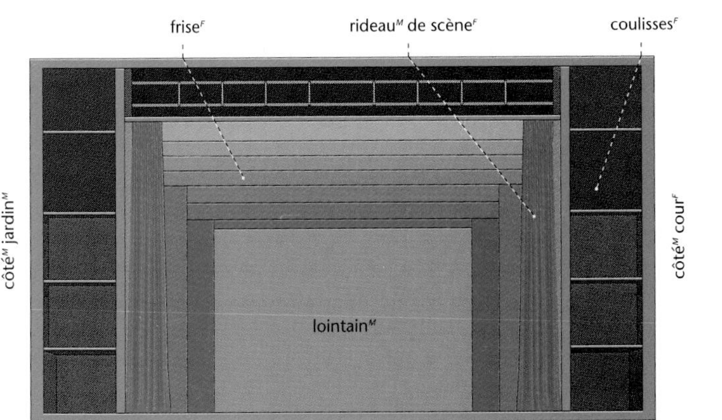

ÉDIFICE^M À BUREAUX^M

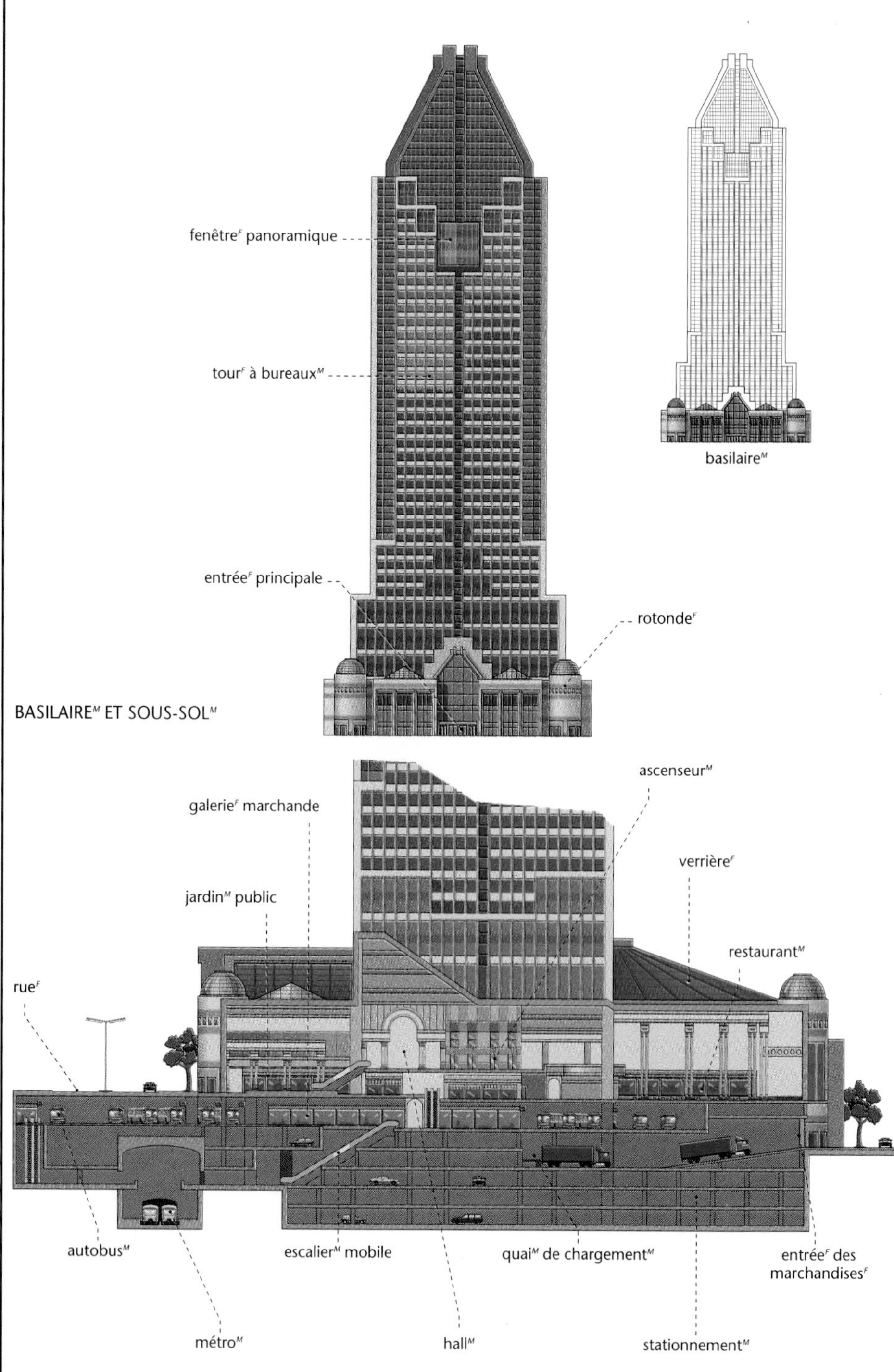

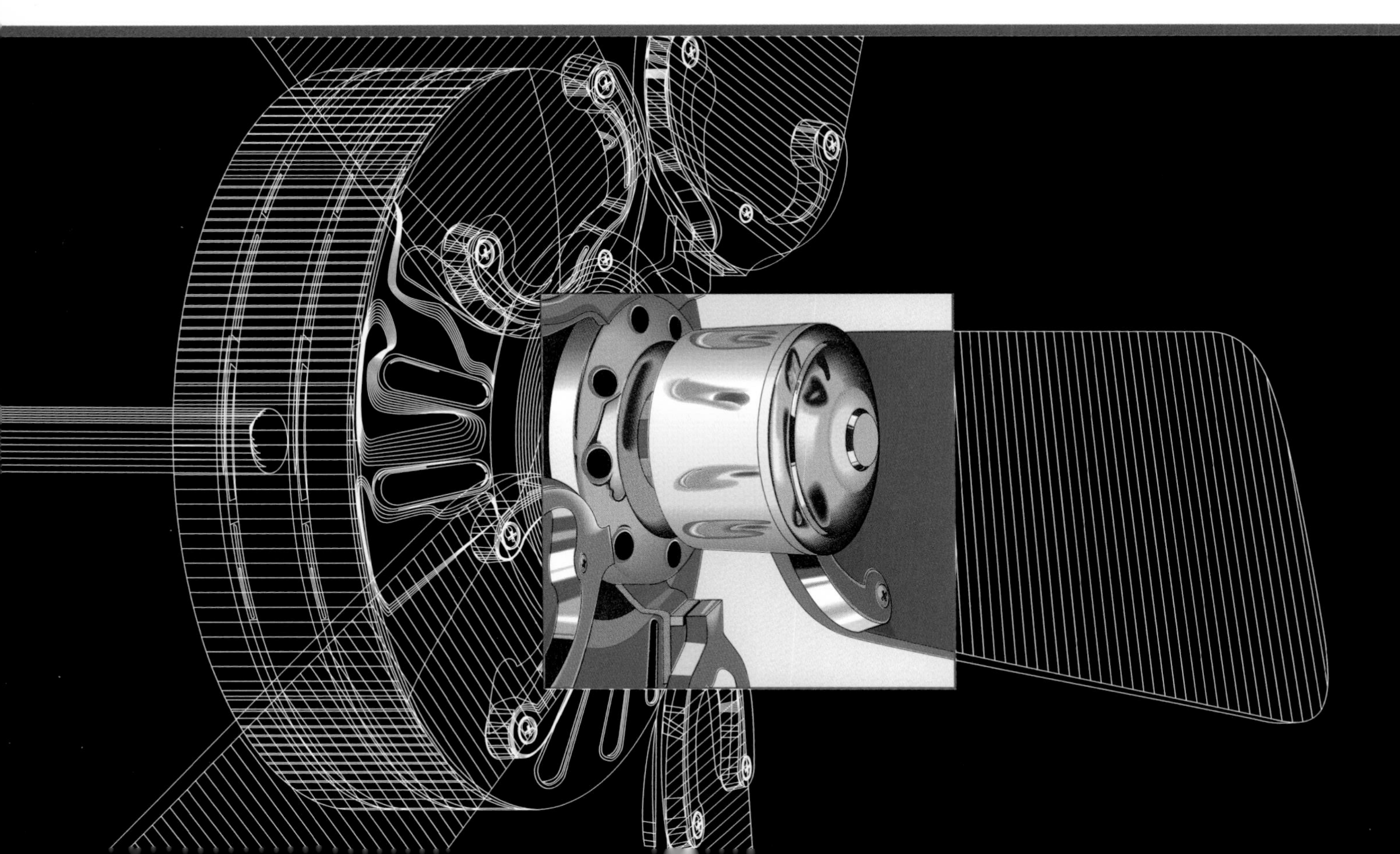

SOMMAIRE

LECTURE[F] DE PLANS[M]

ÉLÉVATION[F]

PLAN[M] DU TERRAIN[M]

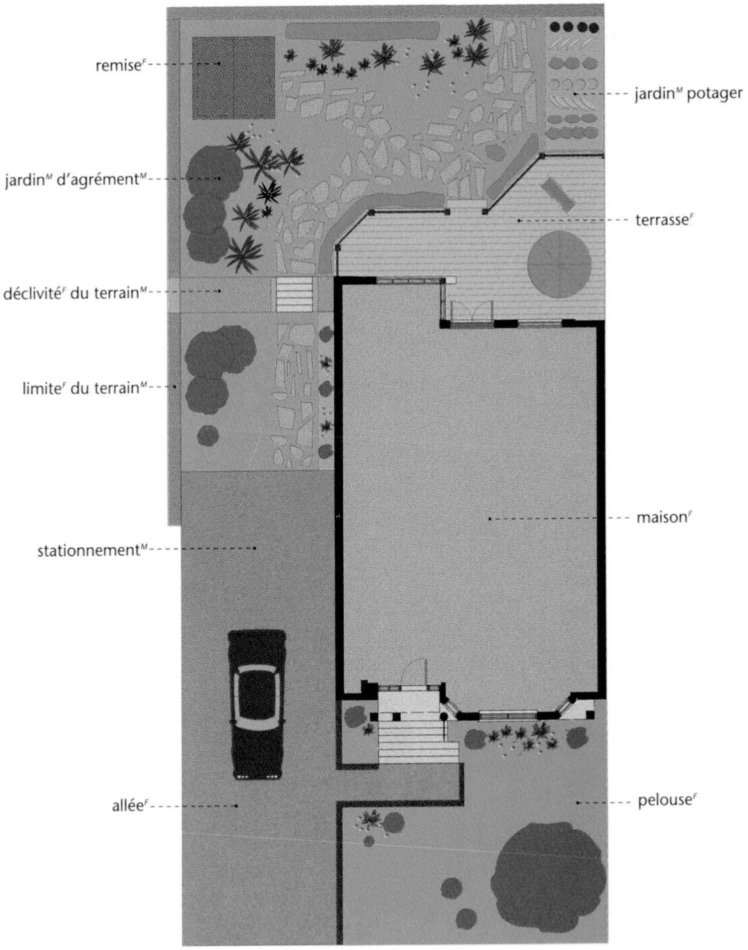

remise[F]

jardin[M] potager

jardin[M] d'agrément[M]

terrasse[F]

déclivité[F] du terrain[M]

limite[F] du terrain[M]

maison[F]

stationnement[M]

allée[F]

pelouse[F]

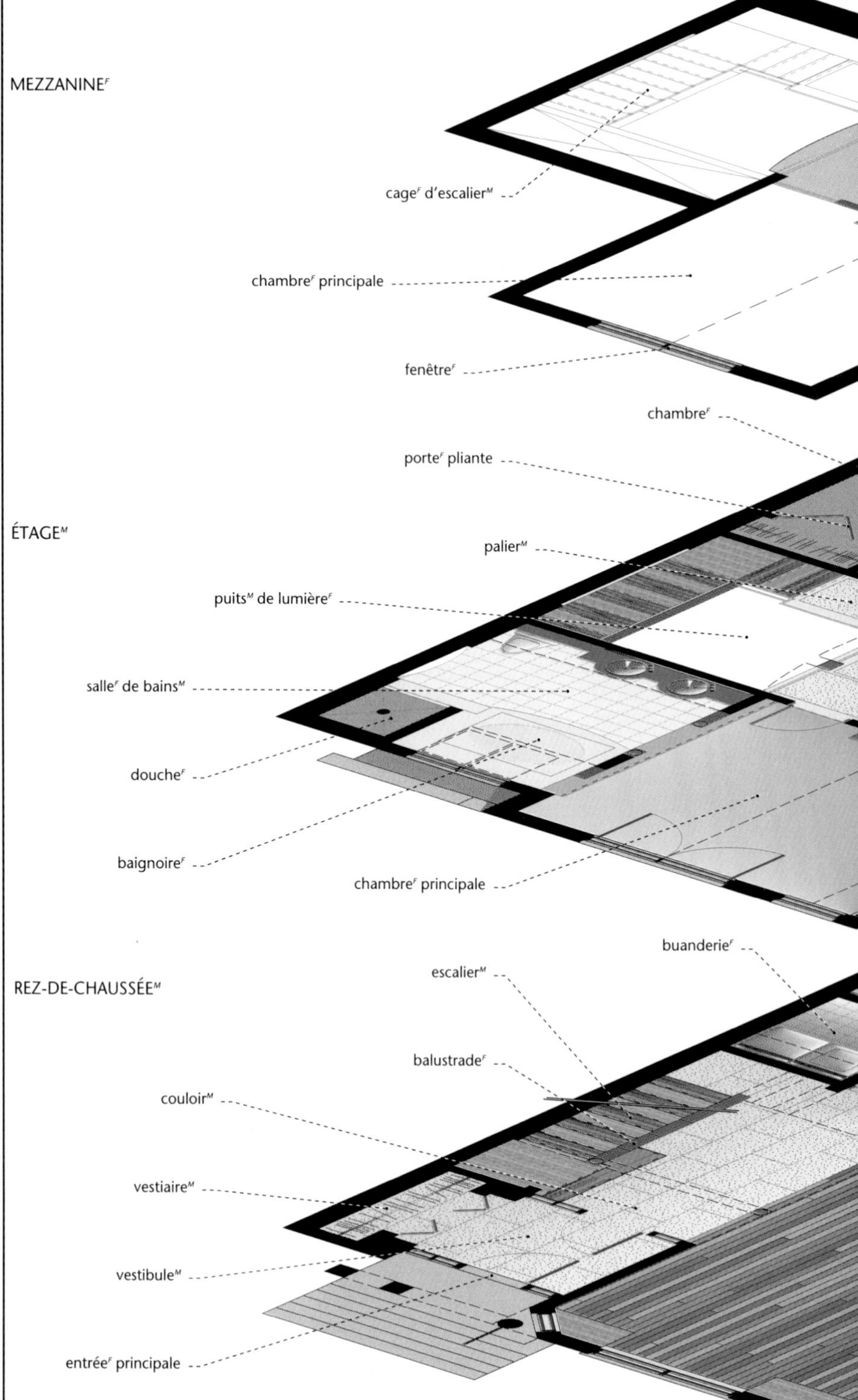
MEZZANINE[F]
cage[F] d'escalier[M]
chambre[F] principale
fenêtre[F]
chambre[F]
porte[F] pliante
ÉTAGE[M]
palier[M]
puits[M] de lumière[F]
salle[F] de bains[M]
douche[F]
baignoire[F]
chambre[F] principale
buanderie[F]
escalier[M]
REZ-DE-CHAUSSÉE[M]
balustrade[F]
couloir[M]
vestiaire[M]
vestibule[M]
entrée[F] principale

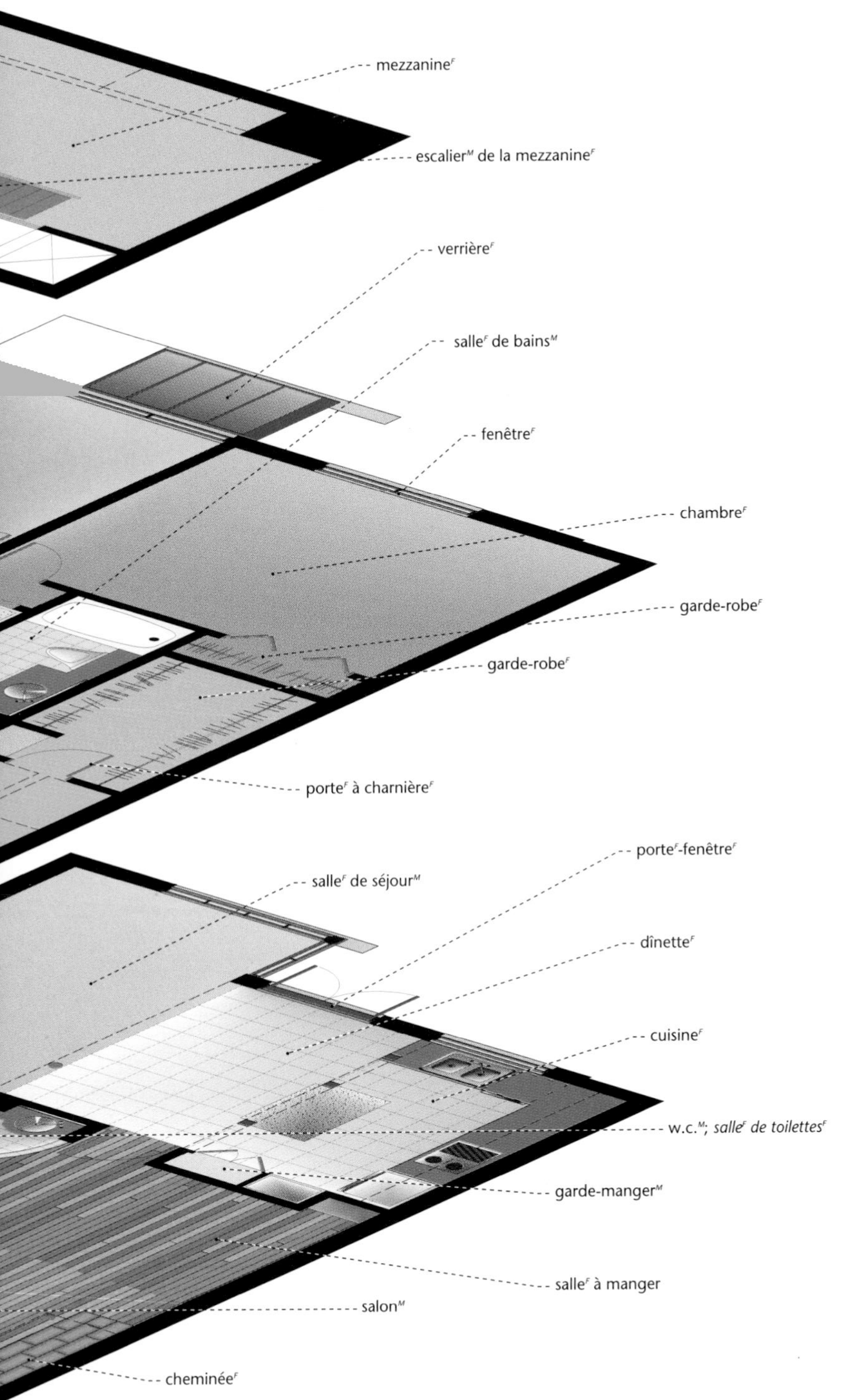
mezzanine^F
escalier^M de la mezzanine^F
verrière^F
salle^F de bains^M
fenêtre^F
chambre^F
garde-robe^F
garde-robe^F
porte^F à charnière^F
porte^F-fenêtre^F
salle^F de séjour^M
dînette^F
cuisine^F
w.c.^M; *salle^F de toilettes^F*
garde-manger^M
salle^F à manger
salon^M
cheminée^F

EXTÉRIEUR^M D'UNE MAISON^F

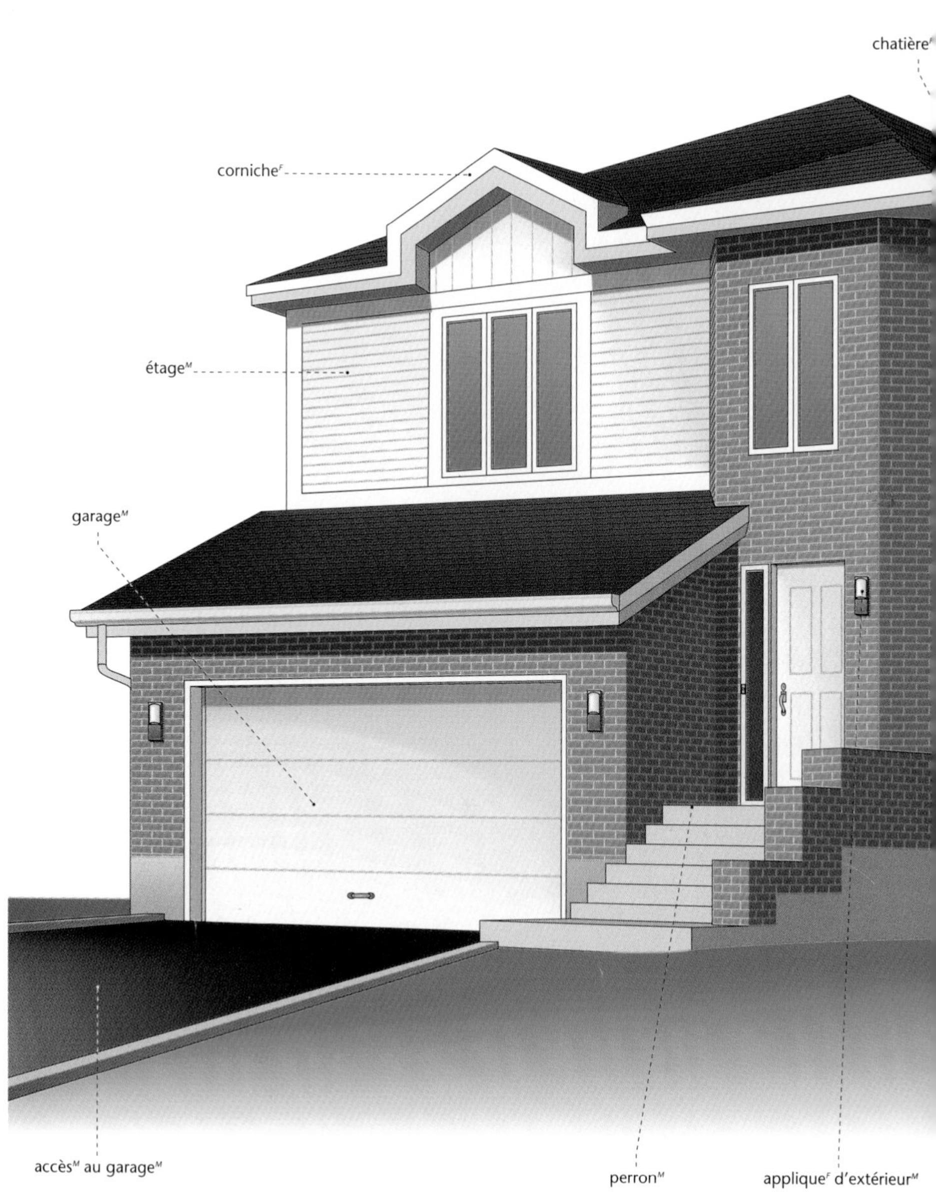

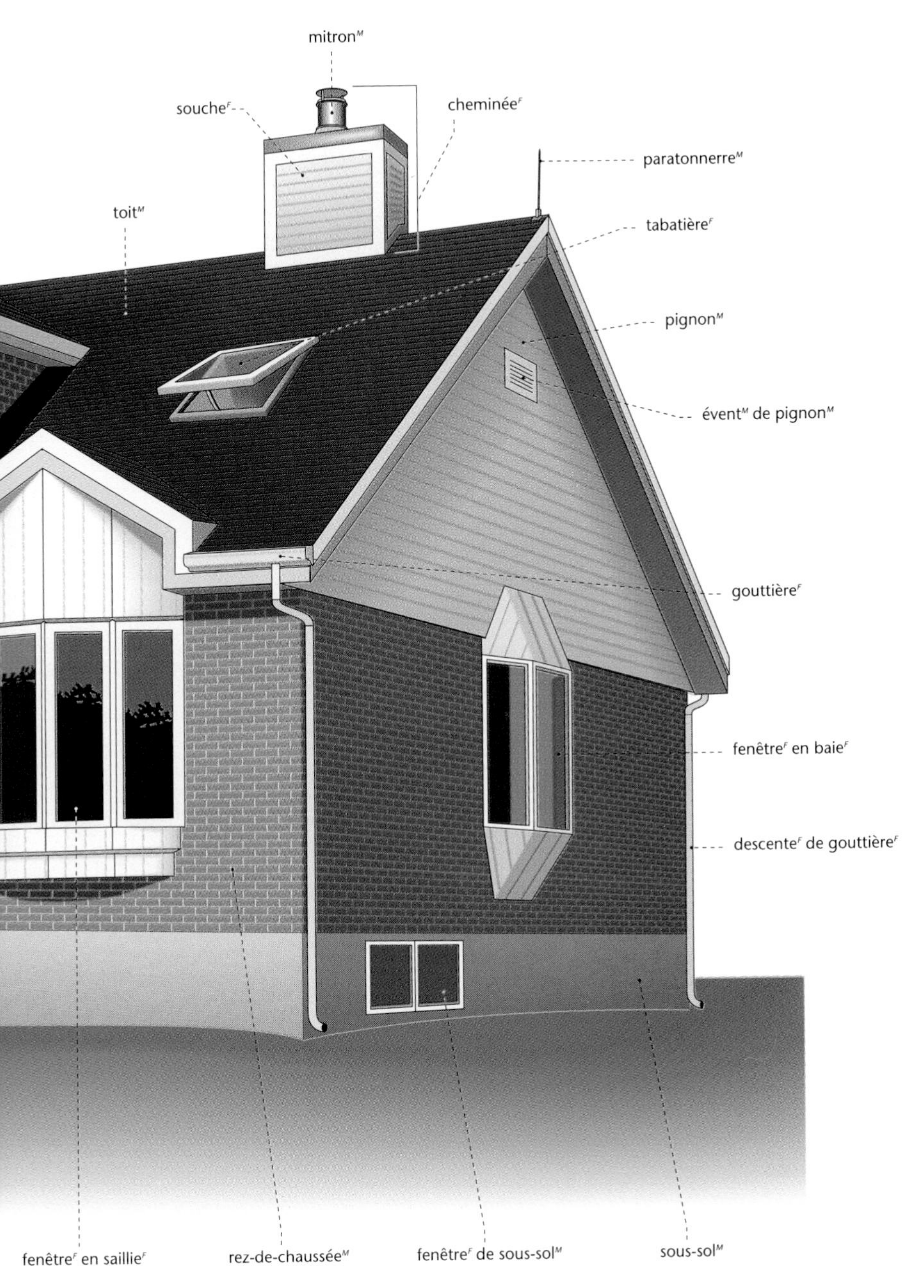
mitron^M
souche^F
cheminée^F
paratonnerre^M
toit^M
tabatière^F
pignon^M
évent^M de pignon^M
gouttière^F
fenêtre^F en baie^F
descente^F de gouttière^F
fenêtre^F en saillie^F
rez-de-chaussée^M
fenêtre^F de sous-sol^M
sous-sol^M

STRUCTURE^F D'UNE MAISON^F

CHARPENTE^F

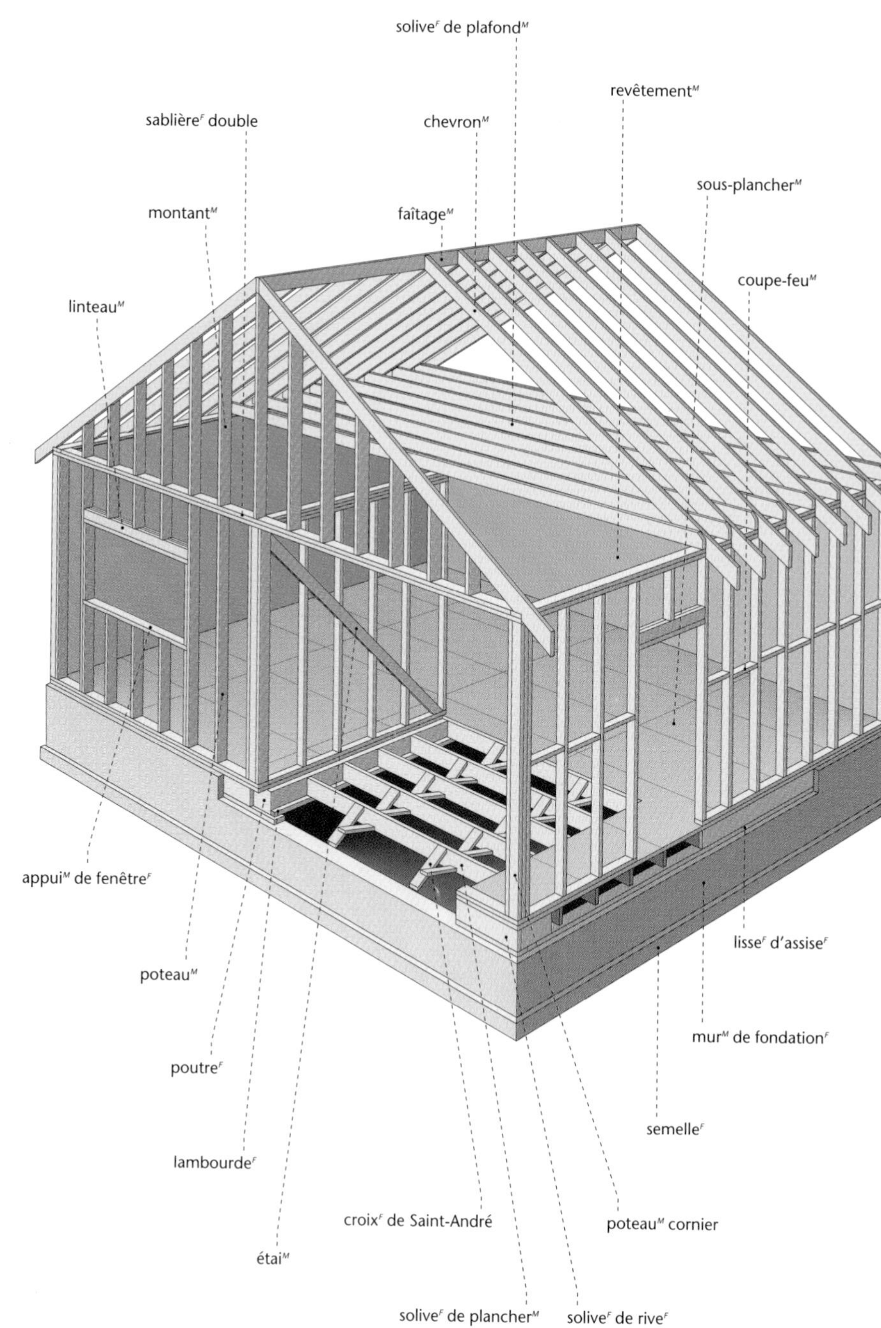

FERME[F] DE TOIT[M]

poinçon[M]
jambette[F]
arbalétrier[M]
entrait[M]
contre-fiche[F]

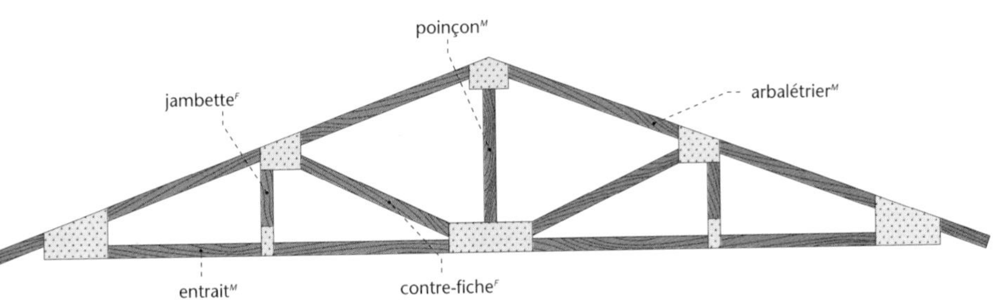

FONDATIONS[F]

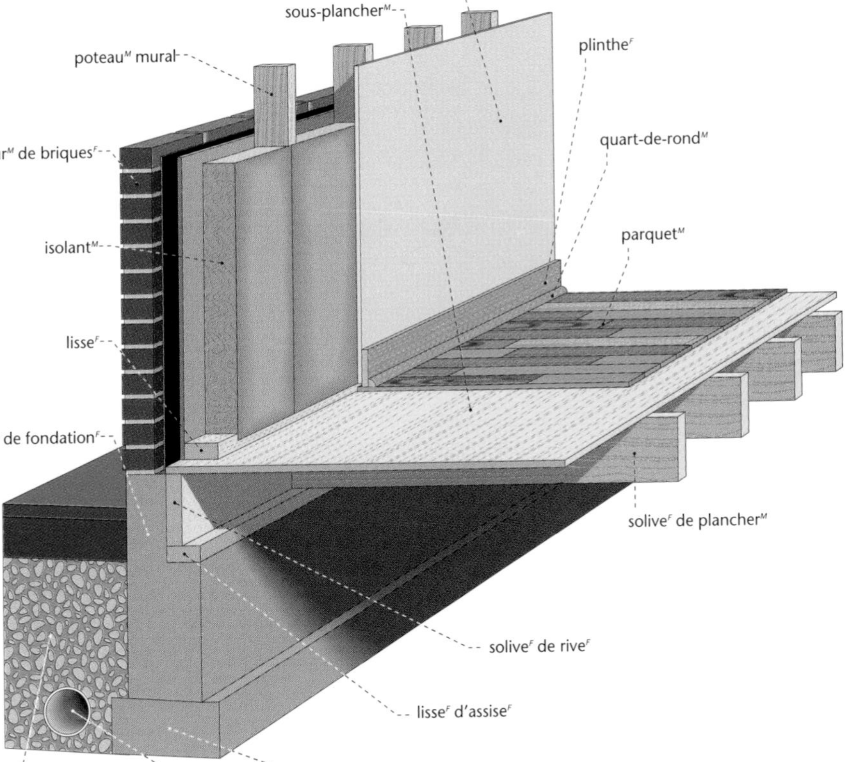

revêtement[M]
sous-plancher[M]
poteau[M] mural
plinthe[F]
quart-de-rond[M]
mur[M] de briques[F]
isolant[M]
parquet[M]
lisse[F]
mur[M] de fondation[F]
solive[F] de plancher[M]
solive[F] de rive[F]
lisse[F] d'assise[F]
semelle[F]
gravier[M]
drain[M]

PARQUET[M]

PARQUET[M] SUR CHAPE[F] DE CIMENT[M]

PARQUET[M] SUR OSSATURE[F] DE BOIS

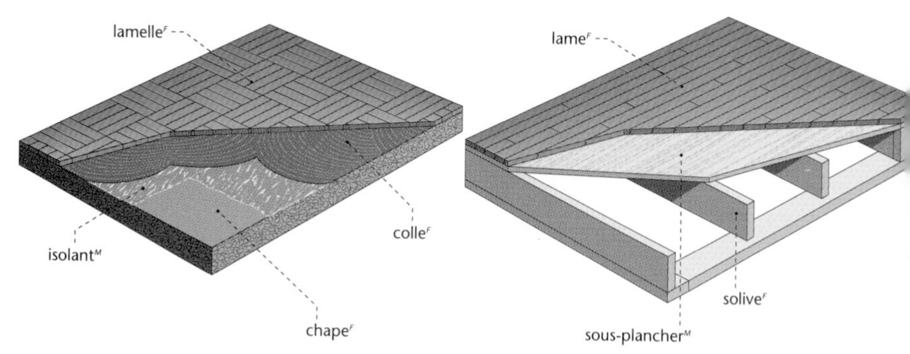

ARRANGEMENTS[M] DES PARQUETS[M]

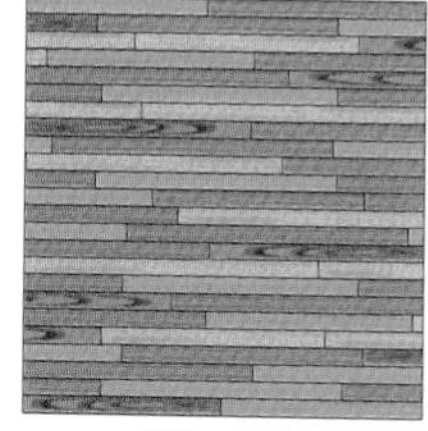
parquet[M] à coupe[F] perdue

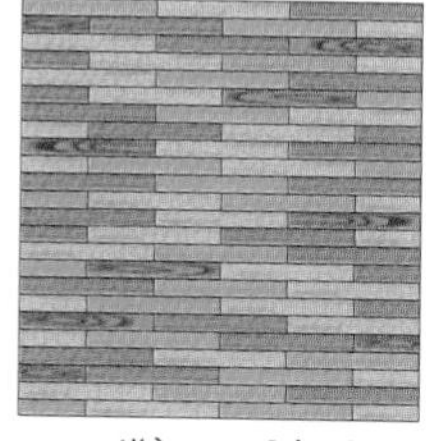
parquet[M] à coupe[F] de pierre[F]

parquet[M] à bâtons[M] rompus

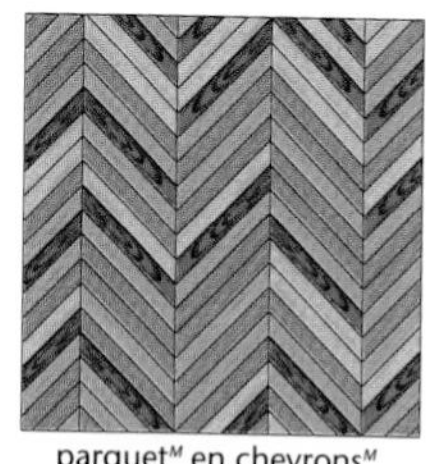
parquet[M] en chevrons[M]

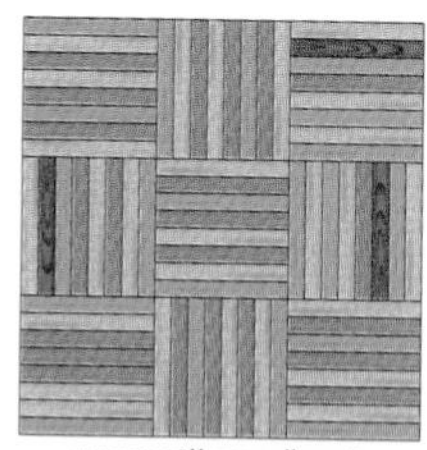
parquet[M] mosaïque[F]

parquet[M] en vannerie[F]

parquet[M] d'Arenberg

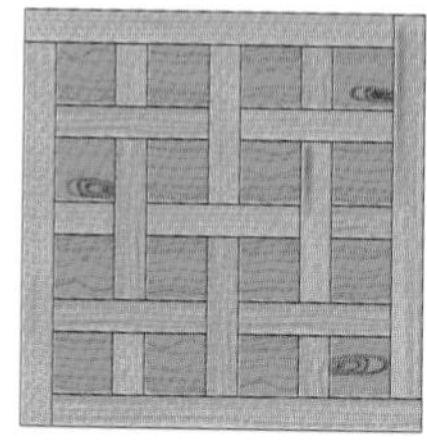
parquet[M] Chantilly

parquet[M] Versailles

ESCALIER[M]

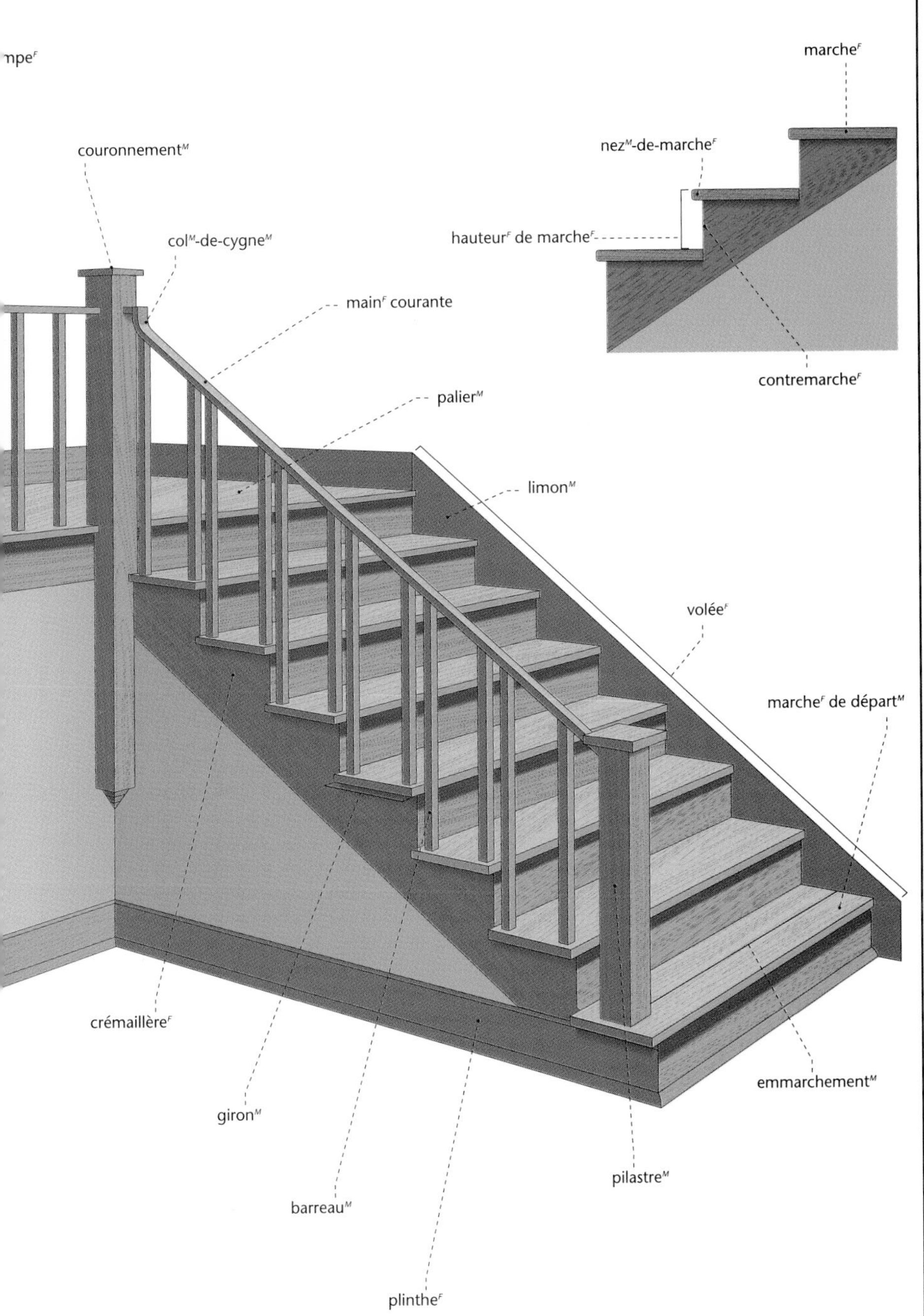

mpe[F]
couronnement[M]
col[M]-de-cygne[M]
main[F] courante
palier[M]
limon[M]
volée[F]
marche[F] de départ[M]
emmarchement[M]
pilastre[M]
plinthe[F]
barreau[M]
giron[M]
crémaillère[F]
marche[F]
nez[M]-de-marche[F]
hauteur[F] de marche[F]
contremarche[F]

PORTE[F]

PORTE[F] EXTÉRIEURE

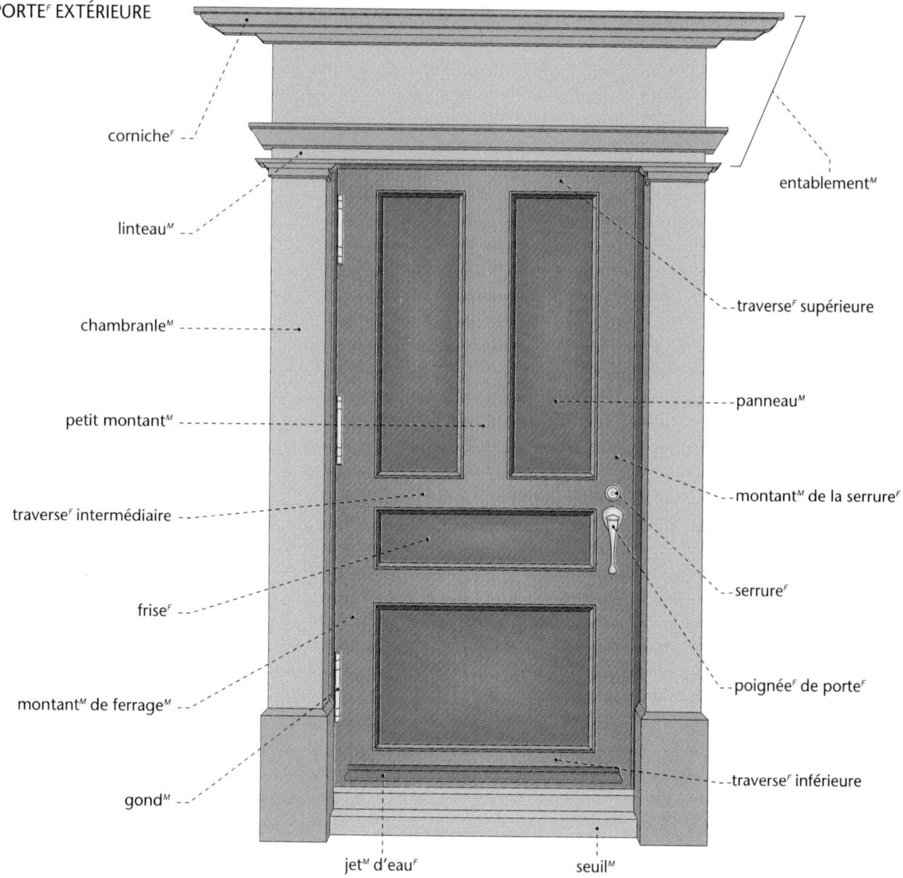

corniche[F]
linteau[M]
chambranle[M]
petit montant[M]
traverse[F] intermédiaire
frise[F]
montant[M] de ferrage[M]
gond[M]
jet[M] d'eau[F]
seuil[M]
entablement[M]
traverse[F] supérieure
panneau[M]
montant[M] de la serrure[F]
serrure[F]
poignée[F] de porte[F]
traverse[F] inférieure

TYPES[M] DE PORTES[F]

porte[F] classique

porte[F] accordéon[M]

porte[F] pliante

porte[F] coulissante

FENÊTRE[F]

STRUCTURE[F]

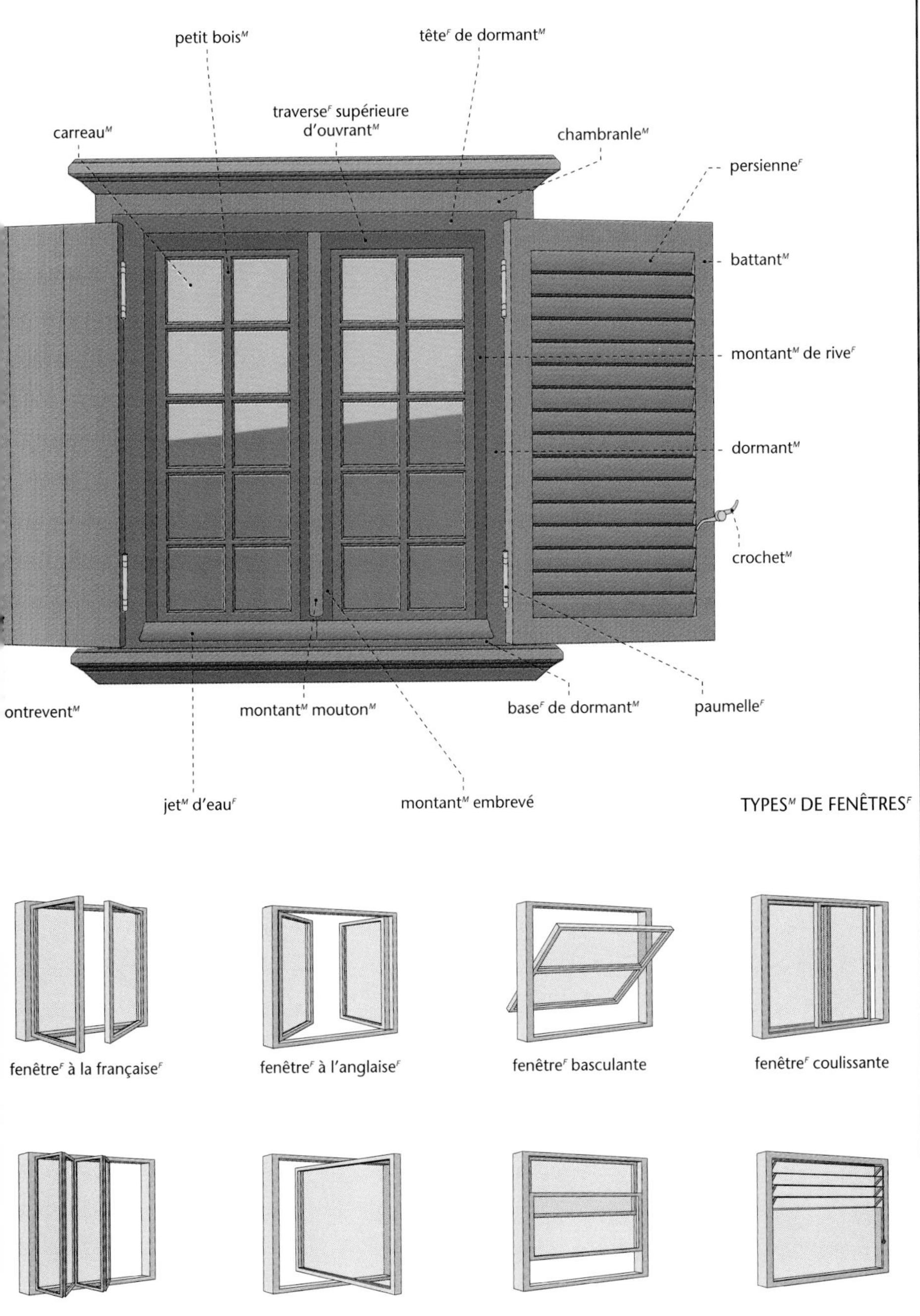

MAISON

CHEMINÉE[F] À FOYER[M] OUVERT

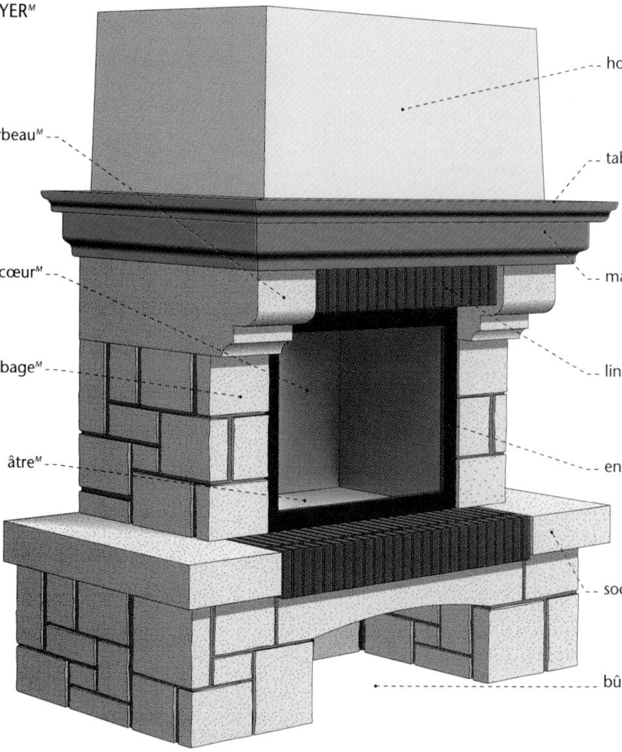

hotte[F]

corbeau[M]

tablette[F]

manteau[M]

cœur[M]

linteau[M]

jambage[M]

encadrement[M]

âtre[M]

socle[M]

bûcher[M]

POÊLE[M] À COMBUSTION[F] LENTE

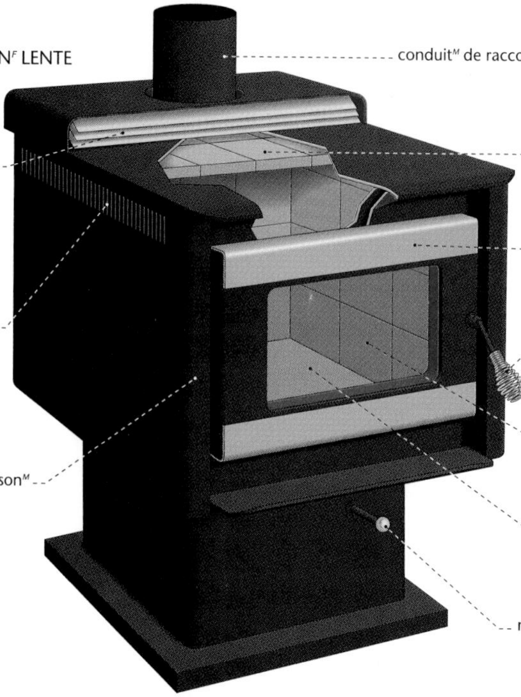

conduit[M] de raccordement[M]

déflecteur[M] d'air[M] chaud

déflecteur[M] de fumée[F]

porte[F]-foyer[M]

sortie[F] d'air[M] chaud

poignée[F]

brique[F] réfractaire

caisson[M]

chambre[F] de combustion

manette[F] d'admission[F] d'air[M]

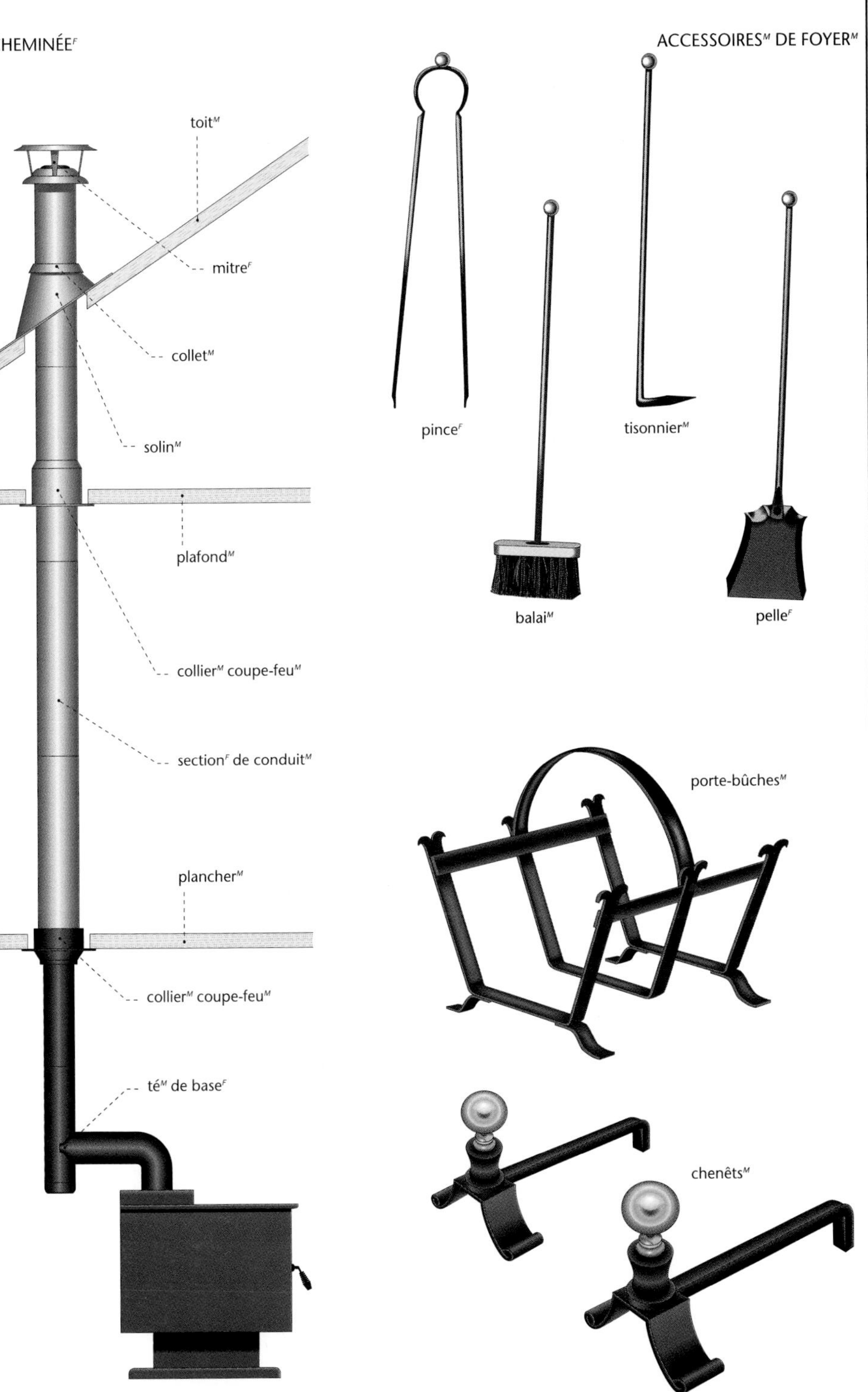

:HEMINÉE F
toit M
mitre F
collet M
solin M
plafond M
collier M coupe-feu M
section F de conduit M
plancher M
collier M coupe-feu M
té M de base F
ACCESSOIRES M DE FOYER M
pince F
tisonnier M
balai M
pelle F
porte-bûches M
chenêts M

MAISON

INSTALLATION^F À AIR^M CHAUD PULSÉ

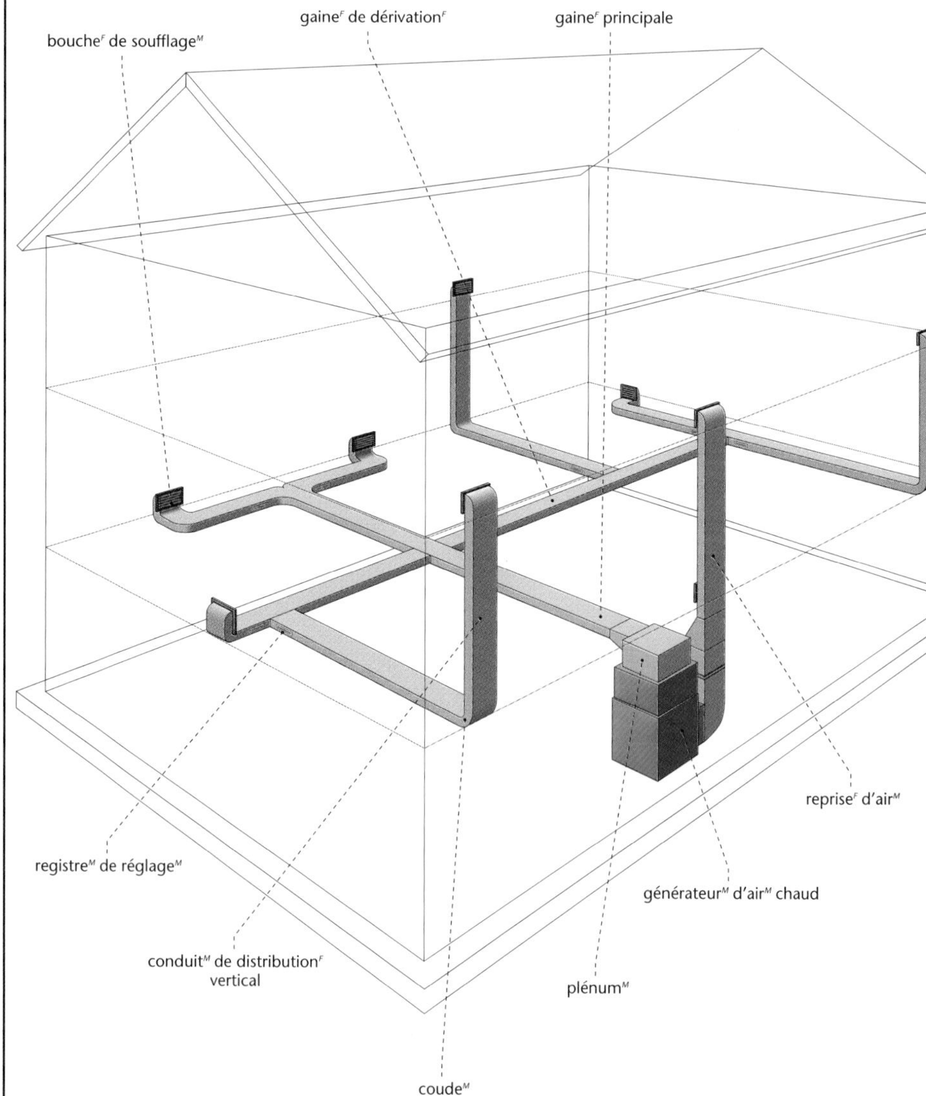

GÉNÉRATEUR[M] D'AIR[M] CHAUD ÉLECTRIQUE

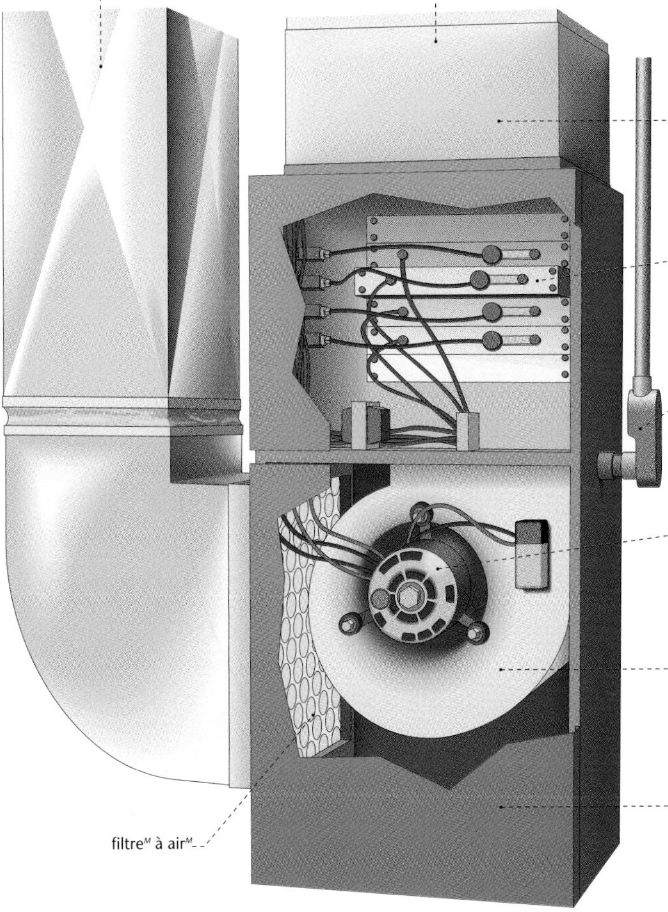

reprise[F] d'air[M]

sortie[F] d'air[M] chaud

plénum[M]

élément[M] de chauffe[F]

entrée[F] électrique

moteur[M]

ventilateur[M]

panneau[M] d'accès[M]

filtre[M] à air[M]

TYPES[M] DE BOUCHES[F]

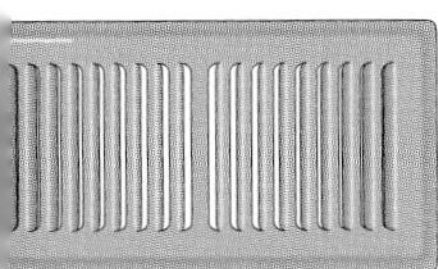

bouche[F] de soufflage[M]

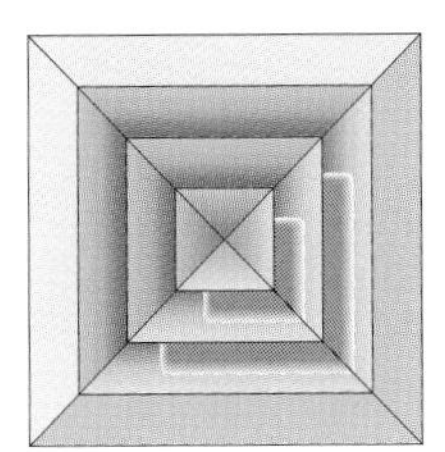

bouche[F] à induction[F]

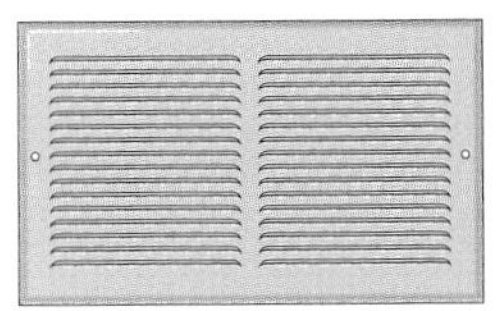

bouche[F] d'extraction[F]

CHAUFFAGE[M]

INSTALLATION[F] À EAU[F] CHAUDE

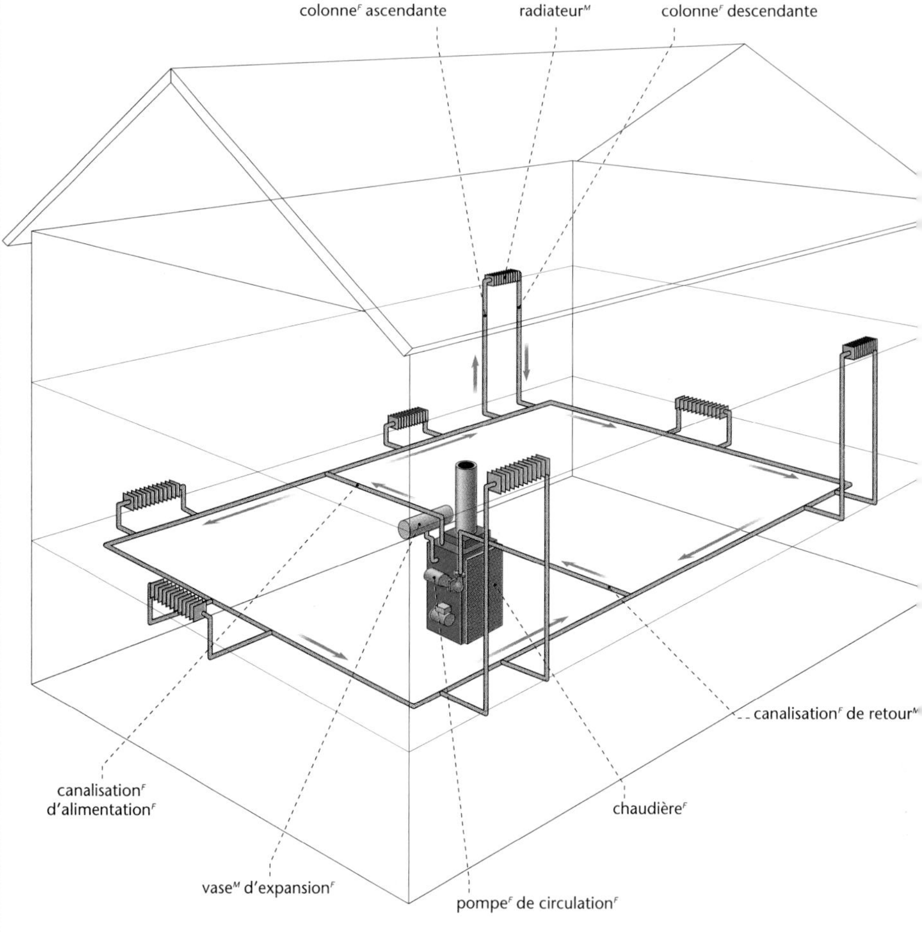

colonne[F] ascendante

radiateur[M]

colonne[F] descendante

canalisation[F] de retour[M]

canalisation[F] d'alimentation[F]

chaudière[F]

vase[M] d'expansion[F]

pompe[F] de circulation[F]

RADIATEUR[M] À COLONNES[F]

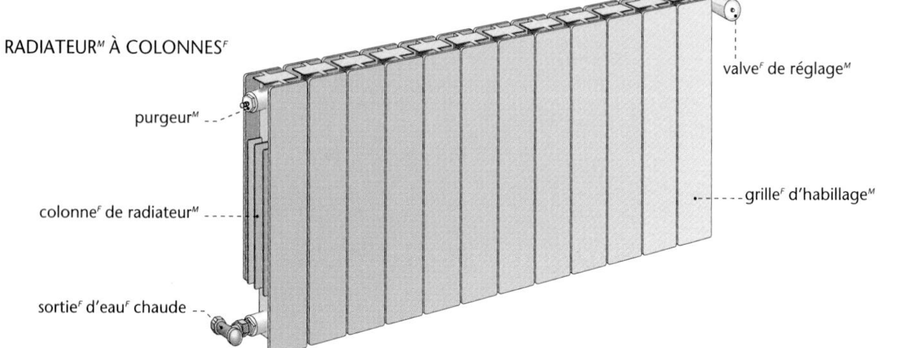

CHAUDIÈRE[F]

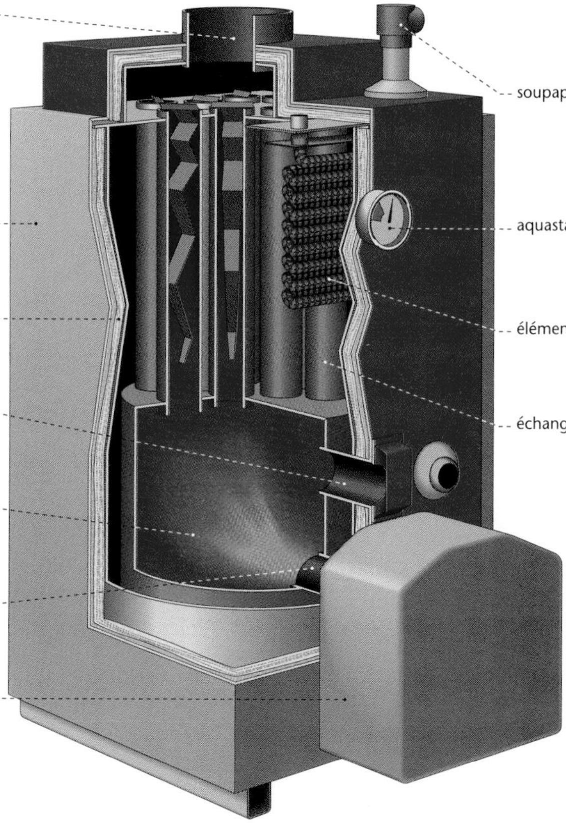

cheminée[F]
soupape[F] de sureté[F]
caisson[M]
aquastat[M]
isolant[M]
élément[M] de chauffe[F]
regard[M]
échangeur[M] de chaleur[F]
hambre[F] de combustion[F]
manchon[M]
brûleur[M]

BRÛLEUR[M] À MAZOUT[M]

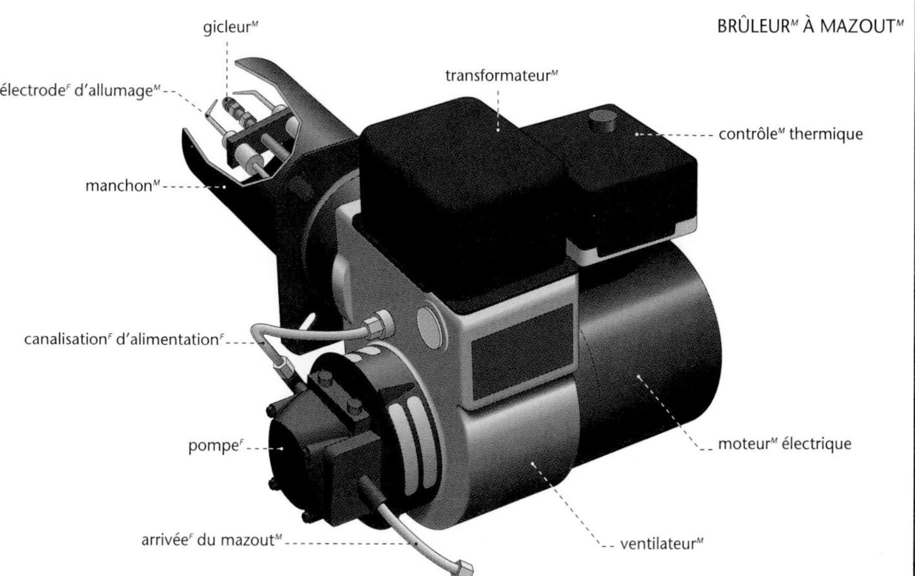

CHAUFFAGE[M]

HUMIDIFICATEUR[M]

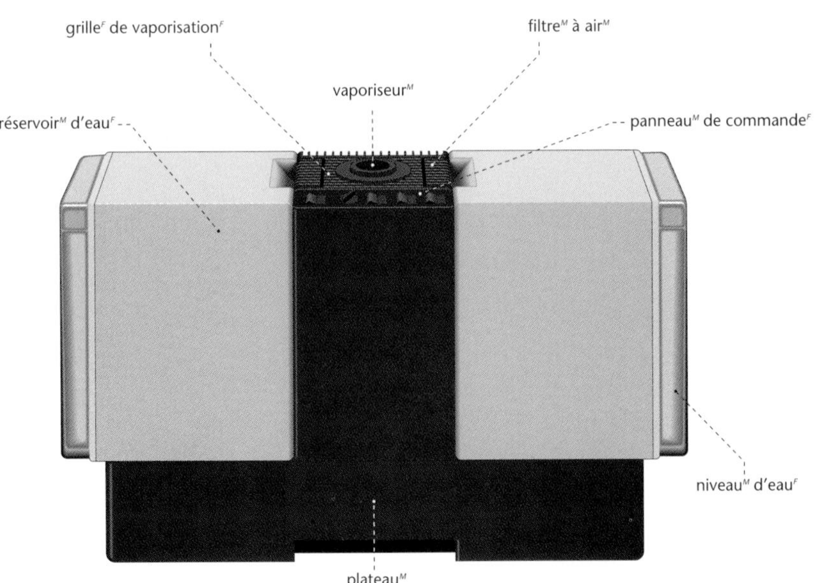

HYGROMÈTRE[M]

purificateur[M] d'air[M]

PLINTHE[F] CHAUFFANTE ÉLECTRIQUE

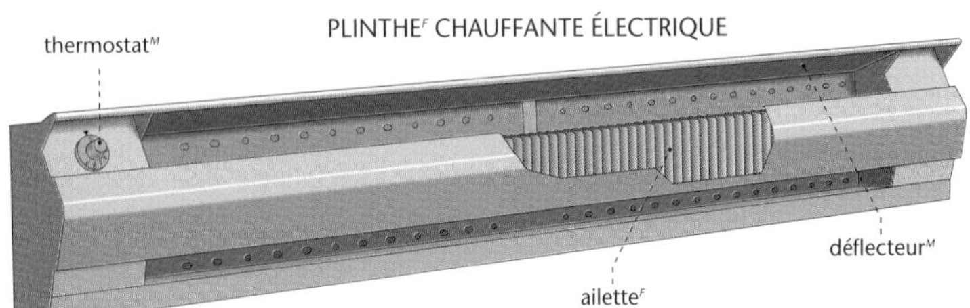

CONVECTEUR[M]

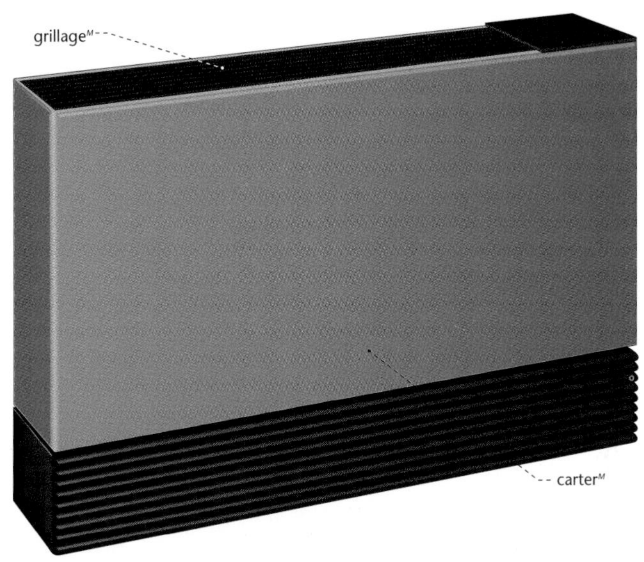

CHAUFFAGE[M] D'APPOINT[M]

radiateur[M] rayonnant

radiateur[M] bain[M] d'huile[F]

radiateur[M] soufflant

POMPE[F] À CHALEUR[F]

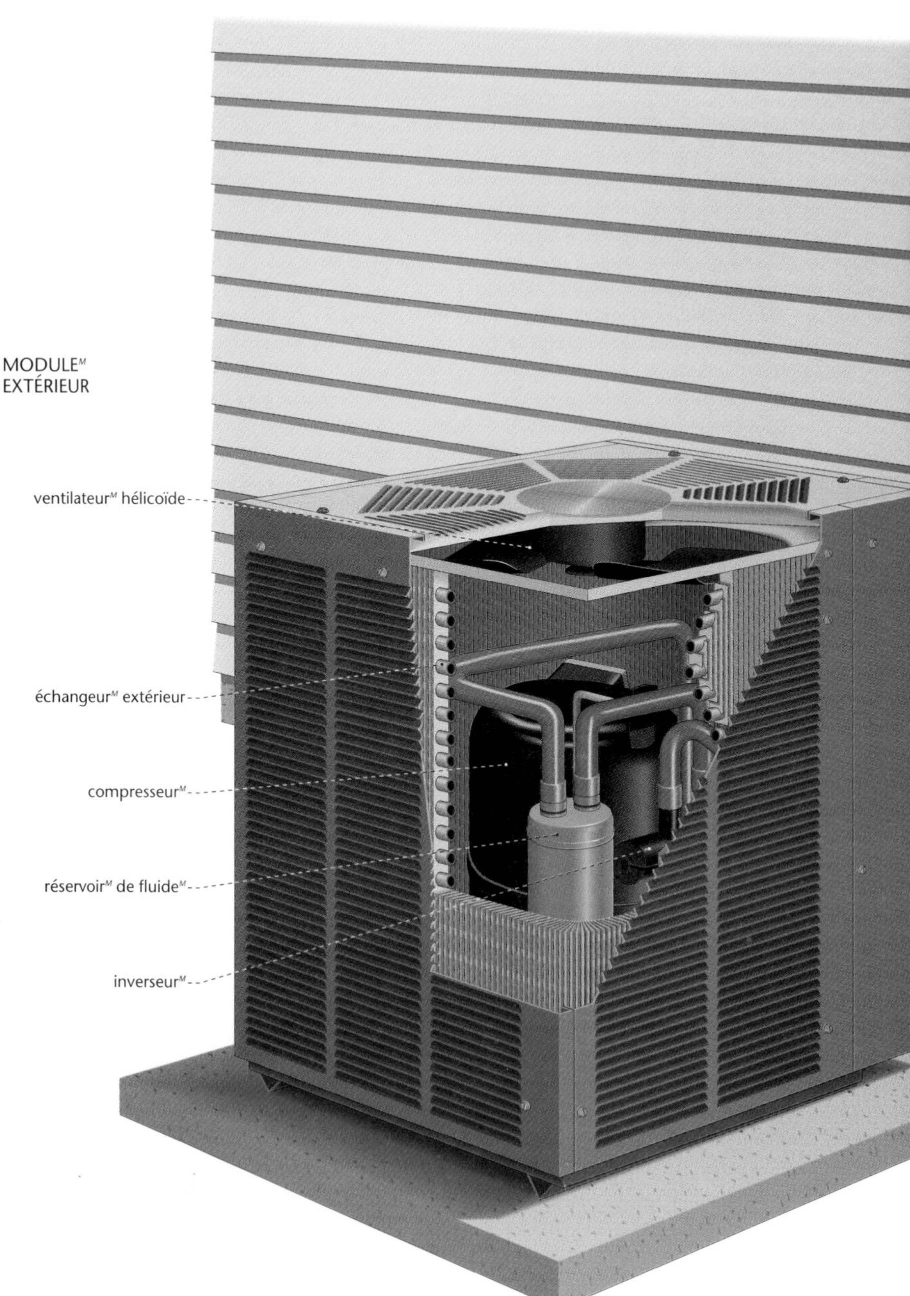

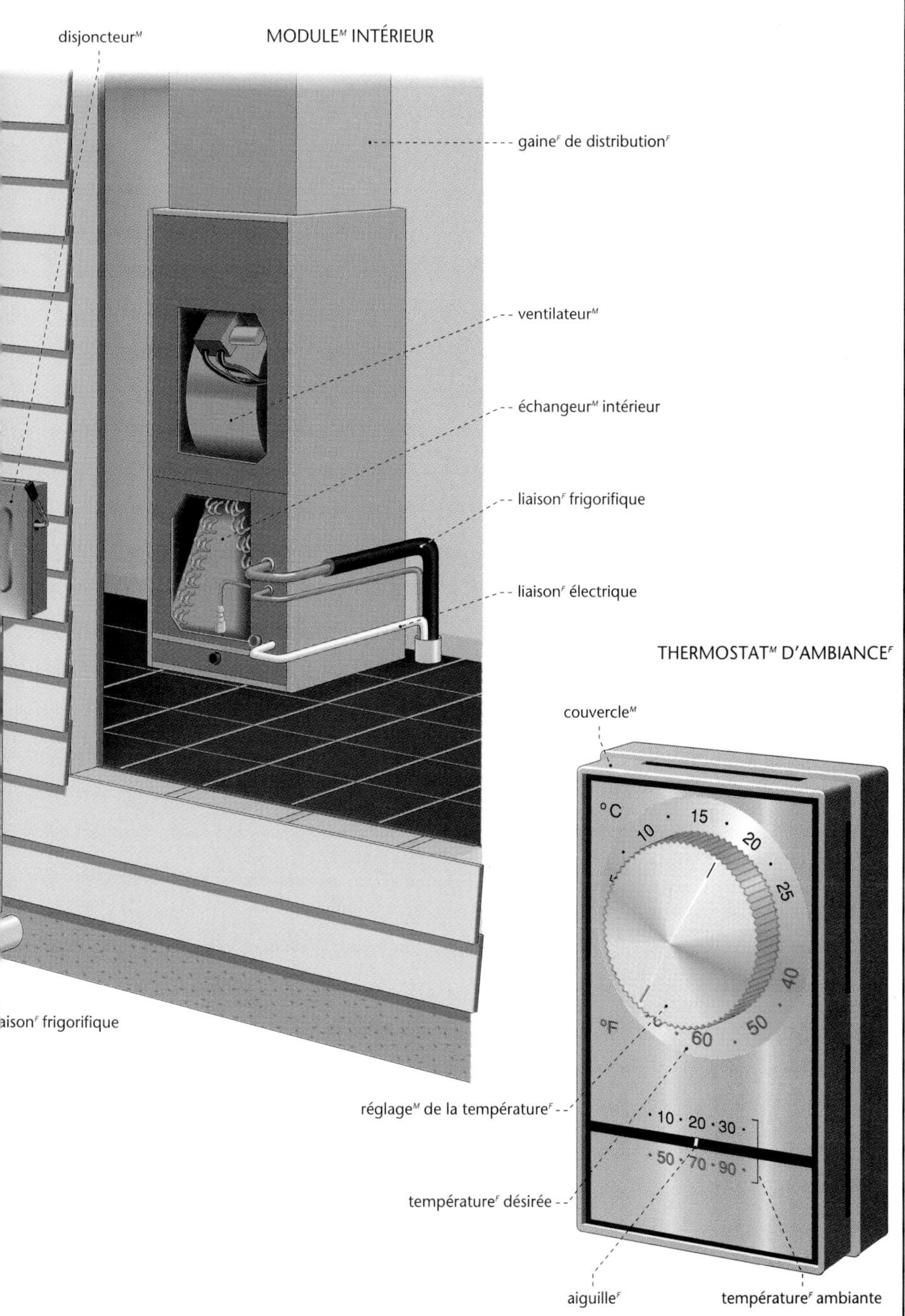

MODULEᴹ INTÉRIEUR
disjoncteurᴹ
gaineᶠ de distributionᶠ
ventilateurᴹ
échangeurᴹ intérieur
liaisonᶠ frigorifique
liaisonᶠ électrique
aisonᶠ frigorifique
THERMOSTATᴹ D'AMBIANCEᶠ
couvercleᴹ
°C
10
15
20
25
°F
40
50
60
10 · 20 · 30
50 · 70 · 90
réglageᴹ de la températureᶠ
températureᶠ désirée
aiguilleᶠ
températureᶠ ambiante

CLIMATISATION[F]

VENTILATEUR[M] DE PLAFOND[M]

tige[F]

moteur[M]

pale[F]

CLIMATISEUR[M] DE FENÊTRE[F]

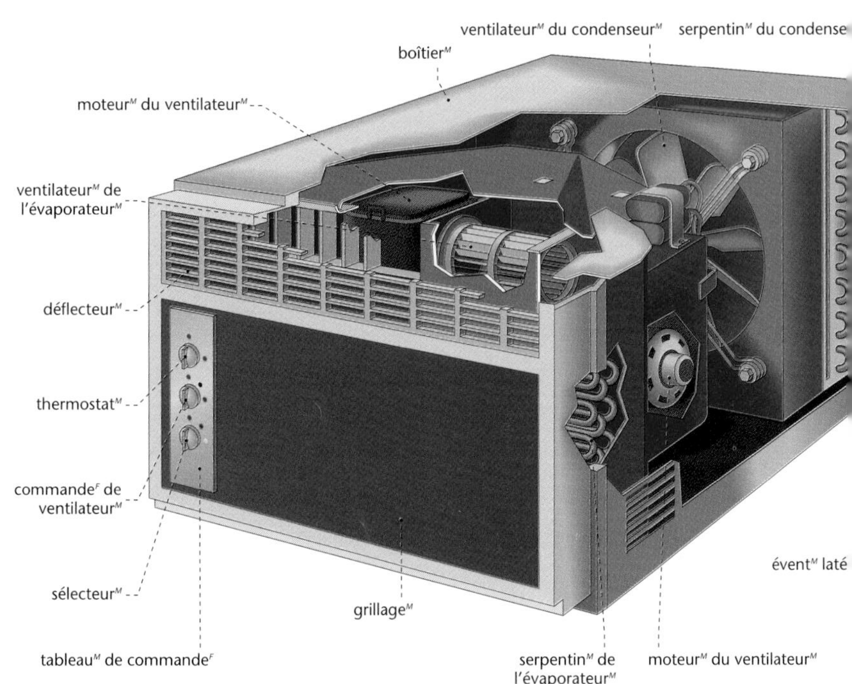

CIRCUIT^M DE PLOMBERIE^F

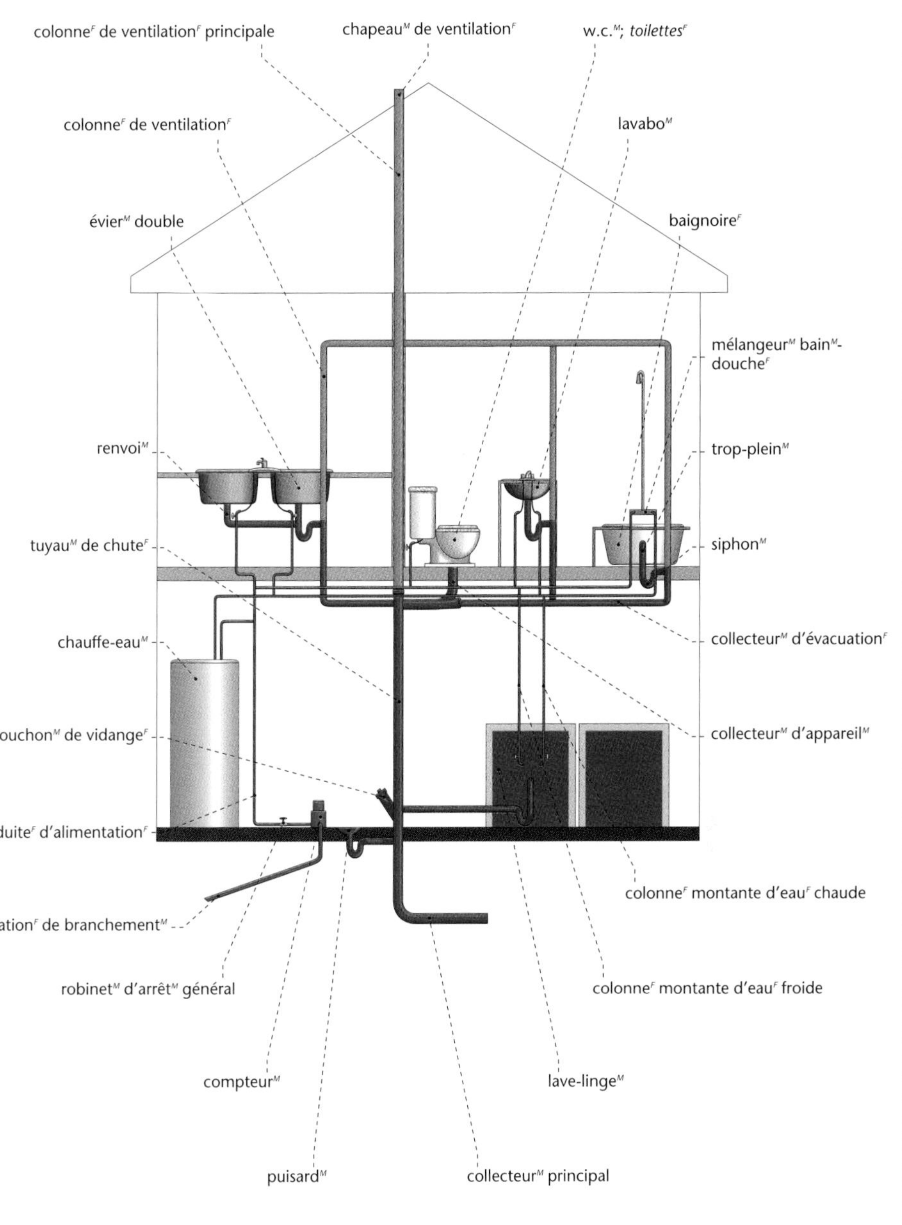

circuit^M de ventilation^F | circuit^M d'évacuation^F | circuit^M d'eau^F froide | circuit^M d'eau^F chaude

POMPE[F] DE PUISARD[M]

moteur[M] électrique
contacteur[M]
clapet[M] de retenue[F]
prise[F] avec borne[F] de terre[F]
canalisation[F] de refoulement[M]
étrier[M] du flotteur[M]
flotteur[M]
puisard[M]
gravier[M]
tête[F] d'aspiration[F]

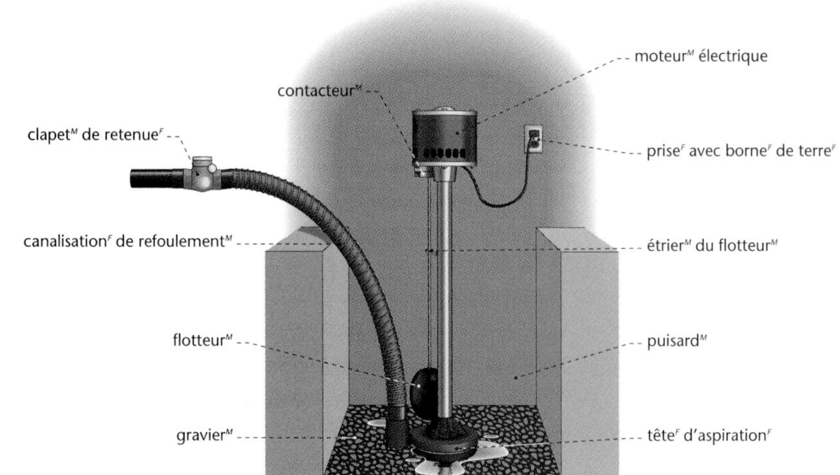

FOSSE[F] SEPTIQUE

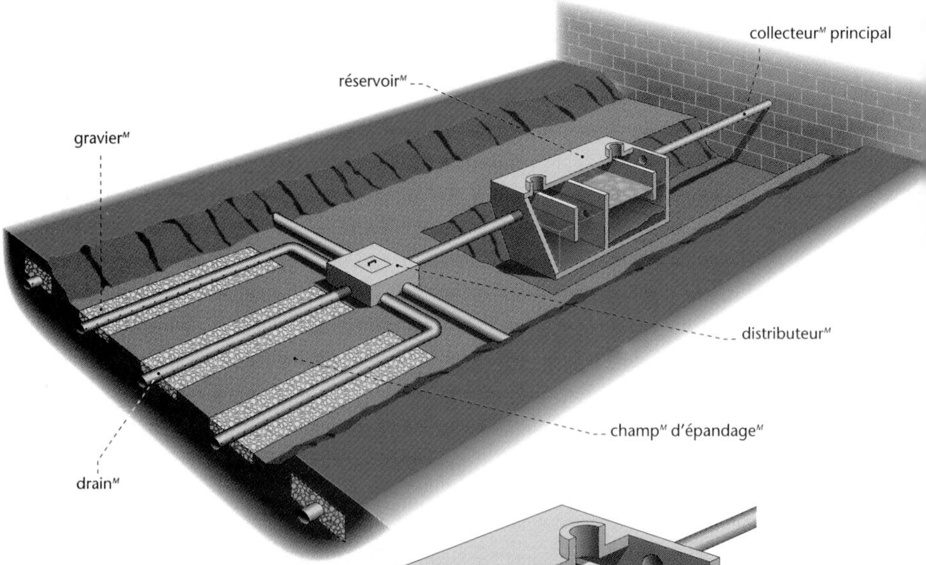

collecteur[M] principal
réservoir[M]
gravier[M]
distributeur[M]
champ[M] d'épandage[M]
drain[M]

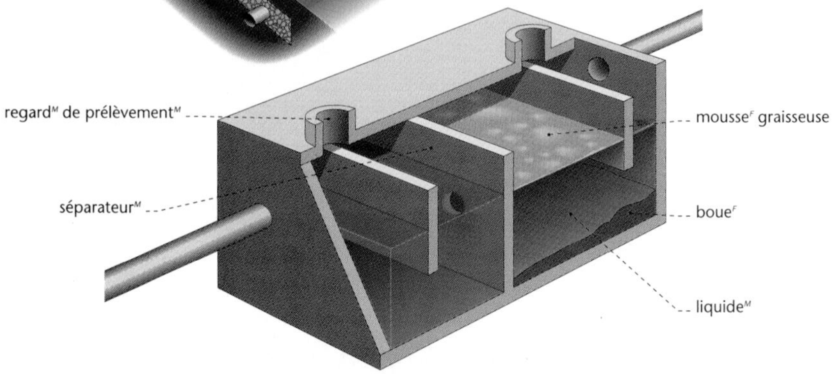

regard[M] de prélèvement[M]
mousse[F] graisseuse
séparateur[M]
boue[F]
liquide[M]

AMEUBLEMENT DE LA MAISON

SOMMAIRE

TABLE[F]

TABLE[F] À ABATTANTS[M]

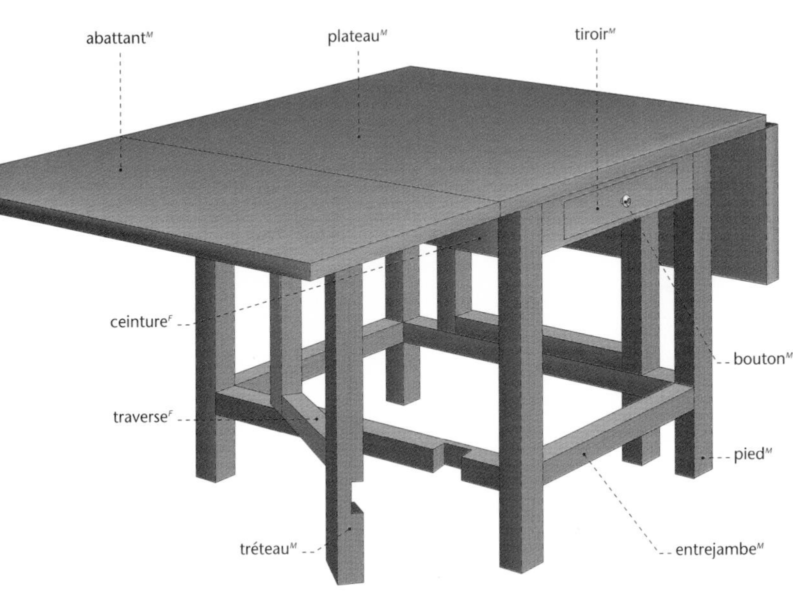

PRINCIPAUX TYPES[M] DE TABLES[F]

table[F] à rallonges[F]

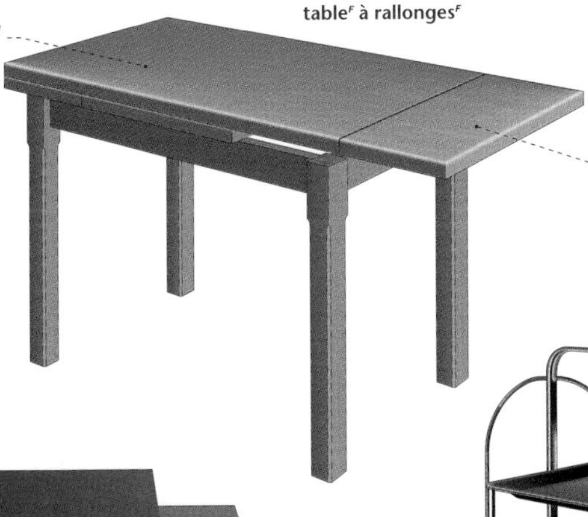

plateau[M]

rallonge[F]

desserte[F]

tables[F] gigognes

FAUTEUILᴹ

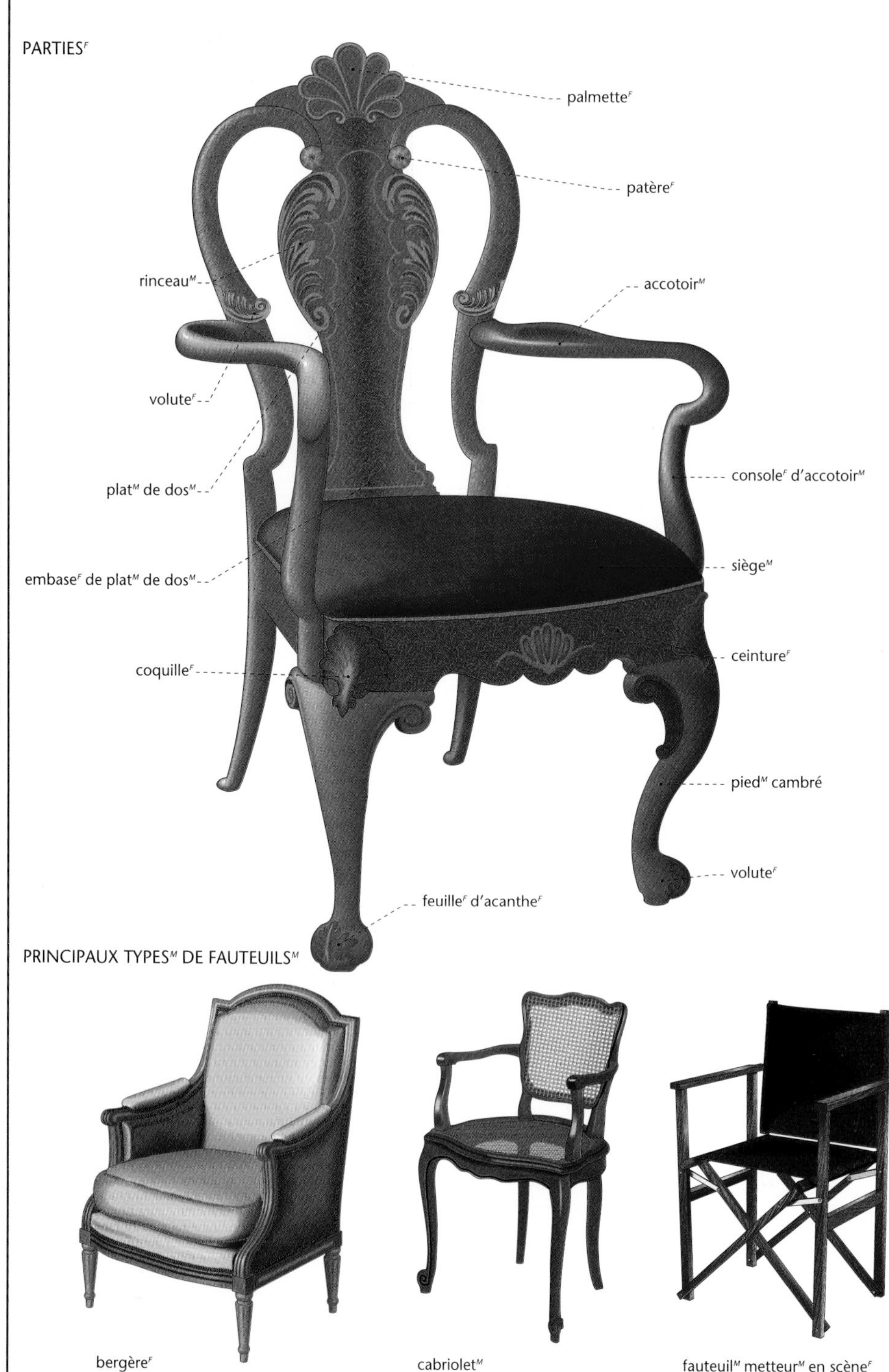
PARTIES^F
palmette^F
patère^F
rinceau^M
accotoir^M
volute^F
console^F d'accotoir^M
plat^M de dos^M
embase^F de plat^M de dos^M
siège^M
ceinture^F
coquille^F
pied^M cambré
volute^F
feuille^F d'acanthe^F
PRINCIPAUX TYPES^M DE FAUTEUILS^M
bergère^F
cabriolet^M
fauteuil^M metteur^M en scène^F

canapé[M]

causeuse[F]

récamier[M]

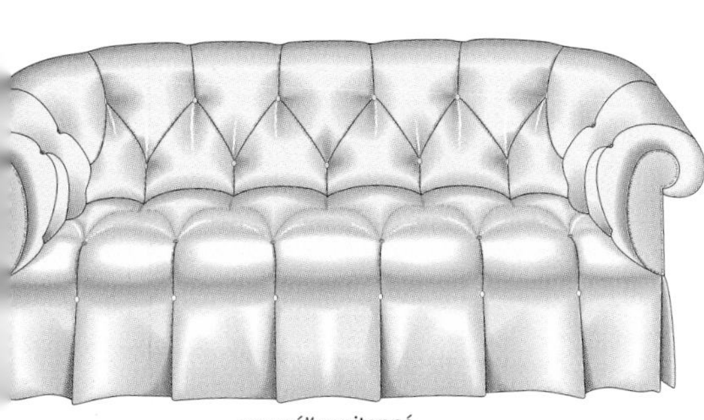

canapé[M] capitonné

méridienne[F]

fauteuil[M] Wassily

berceuse[F]

fauteuil[M] club[M]

banquette^F
pouf^M
fauteuil^M-sac^M
banc^M
tabouret^M-bar^M
tabouret^M
chaise^F-escabeau^M

CHAISE[F]

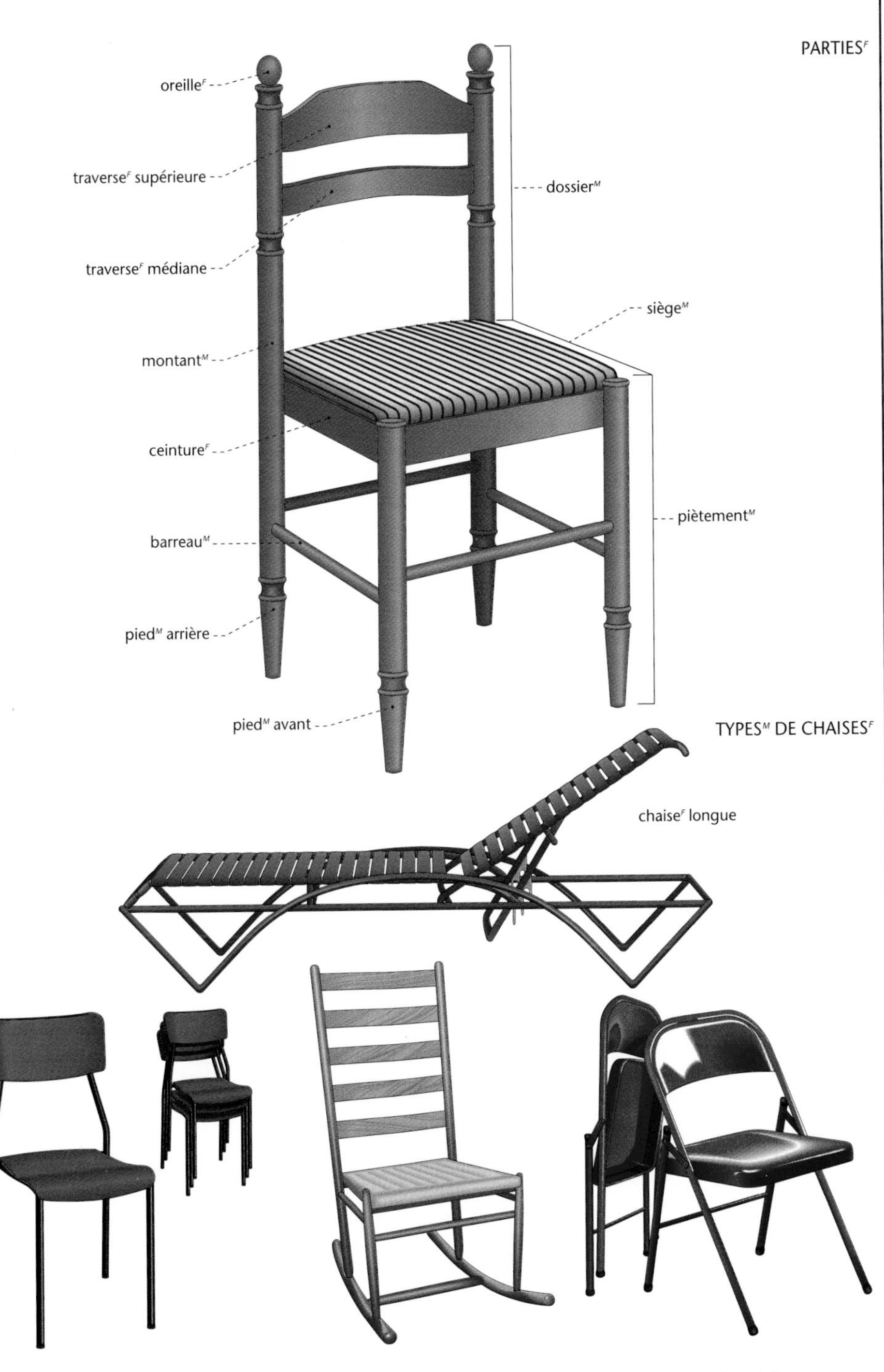

chaises[F] empilables

chaise[F] berçante

chaise[F] pliante

LIT[M]

PARTIES[F]

tête[F] de lit[M]
traversin[M]
pied[M] de lit[M]
protège-matelas[M]
housse[F] d'oreiller[M]
poignée[F]
matelas[M]
sommier[M] tapissier[M]
oreiller[M]
élastique[M]
pied[M]

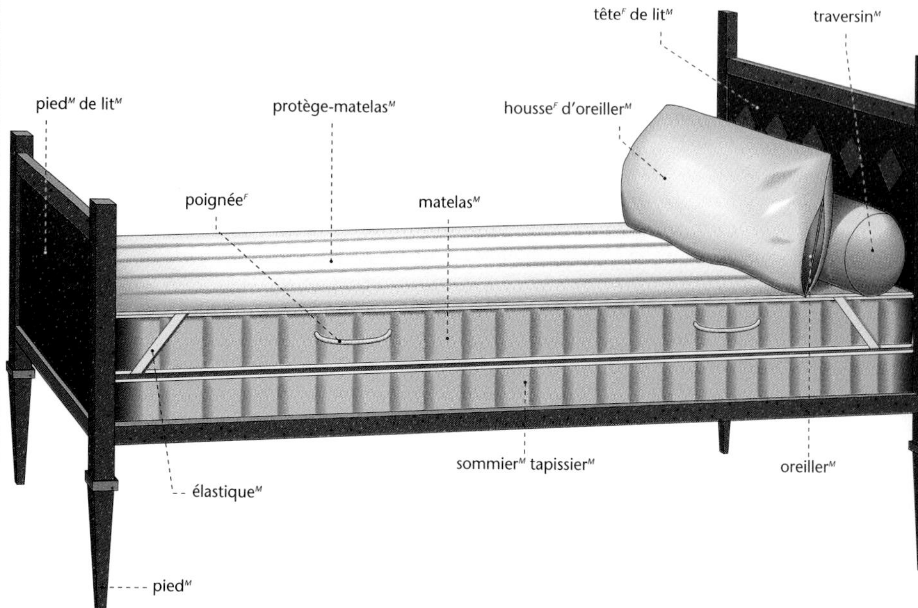

LITERIE[F]

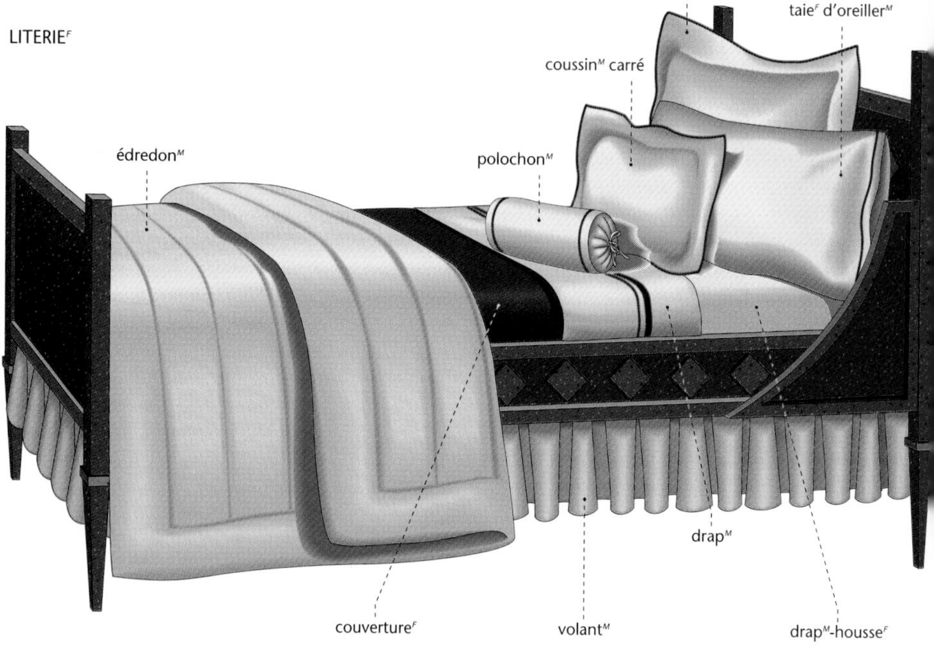

couvre-oreiller[M]
taie[F] d'oreiller[M]
coussin[M] carré
édredon[M]
polochon[M]
drap[M]
couverture[F]
volant[M]
drap[M]-housse[F]

ARMOIRE^F

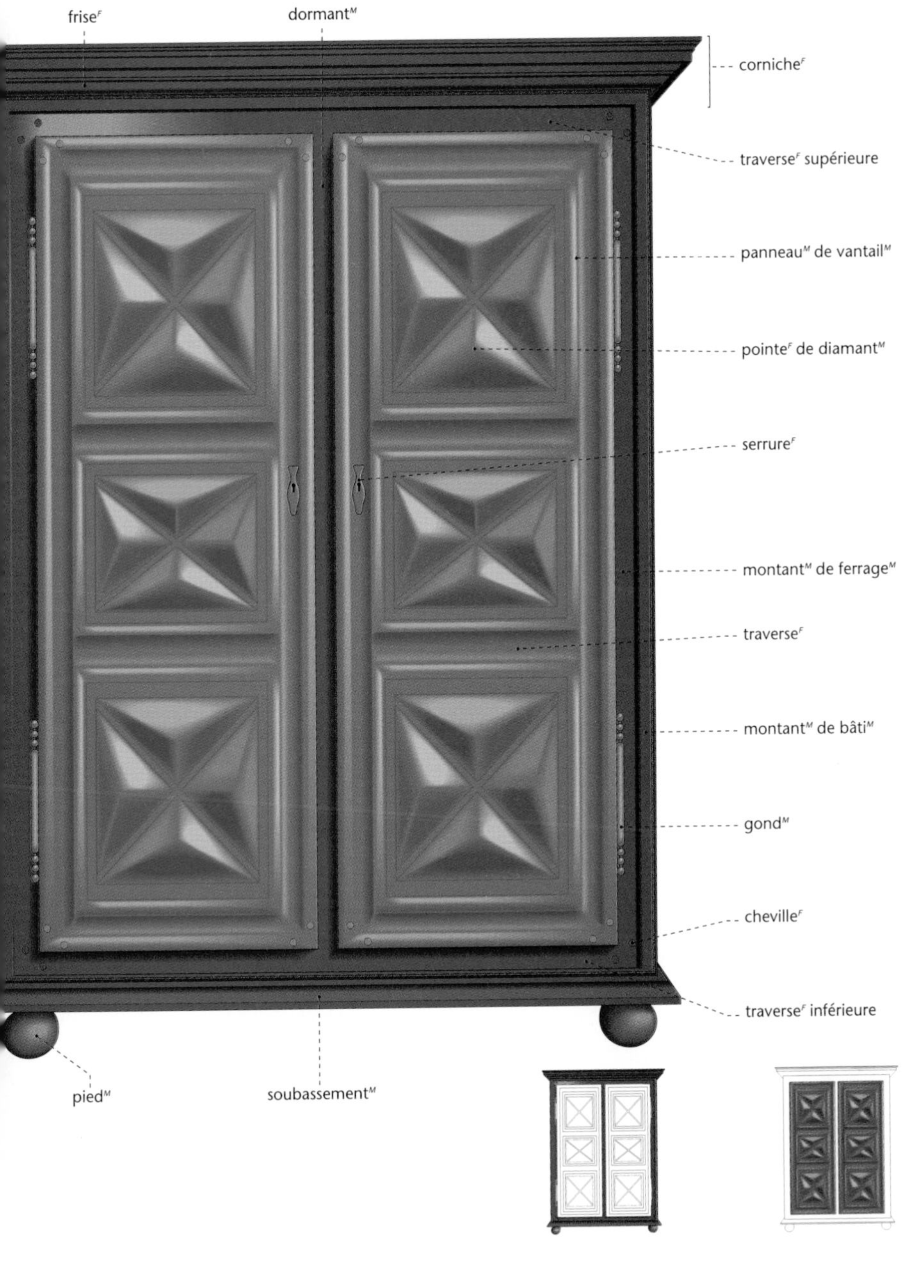
frise^F
dormant^M
corniche^F
traverse^F supérieure
panneau^M de vantail^M
pointe^F de diamant^M
serrure^F
montant^M de ferrage^M
traverse^F
montant^M de bâti^M
gond^M
cheville^F
traverse^F inférieure
pied^M
soubassement^M
bâti^M
vantail^M

MEUBLES[M] DE RANGEMENT[M]

coffre[M]

commode[F]

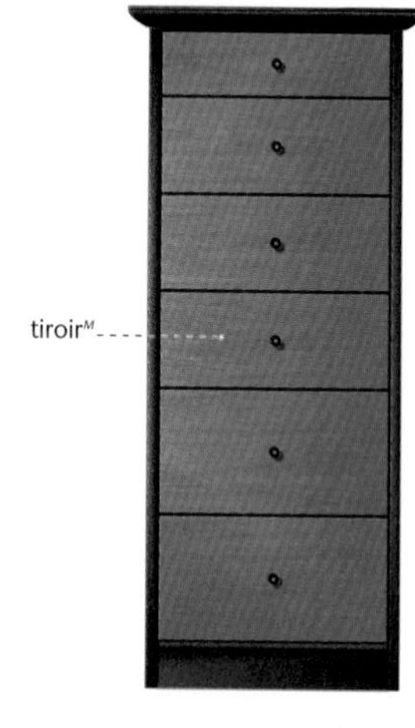

chiffonnier[M]

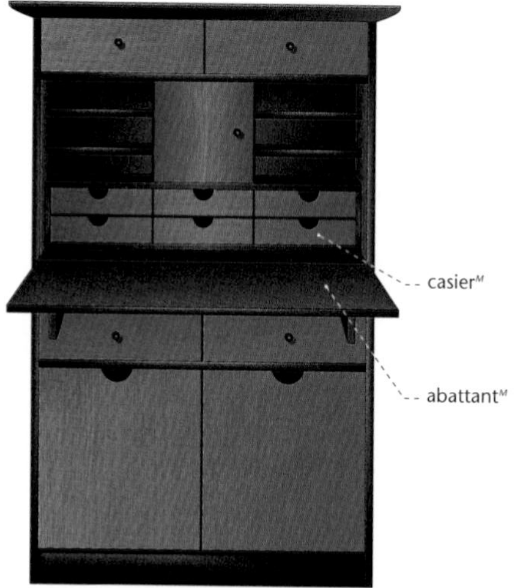

secrétaire[M]

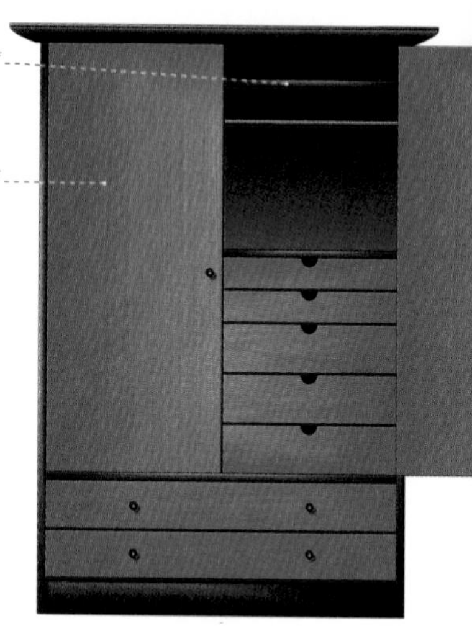

armoire[F]-penderie[F]

vitrine[F]

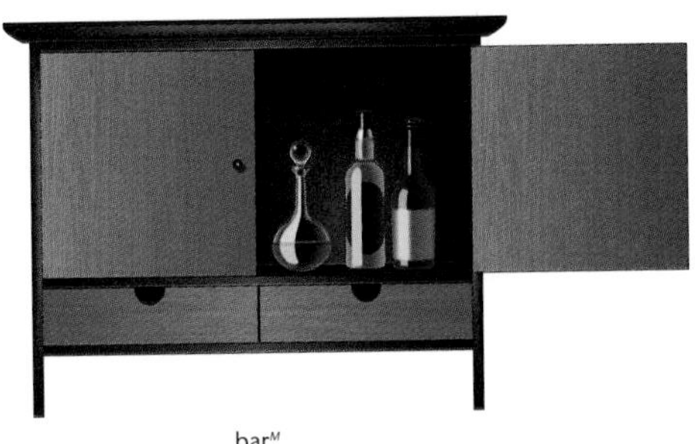
bar[M]

buffet[M]-vaisselier[M]

encoignure[F]

buffet[M]

PARURES^F DE FENÊTRE^F

TYPES^M DE RIDEAUX^M

RIDEAU^M DE VITRAGE^M

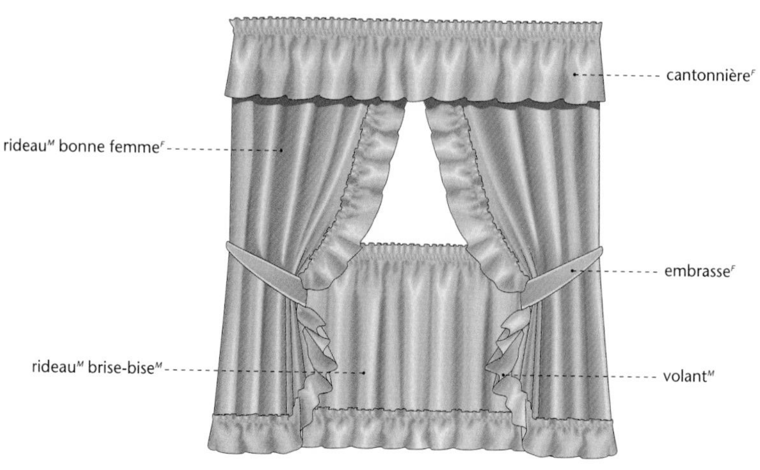

RIDEAU^M COULISSÉ

RIDEAU^M FLOTTANT

TYPES^M DE PLIS^M

pli^M creux

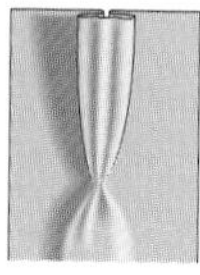

pli^M pincé

pli^M rond

RIDEAU^M

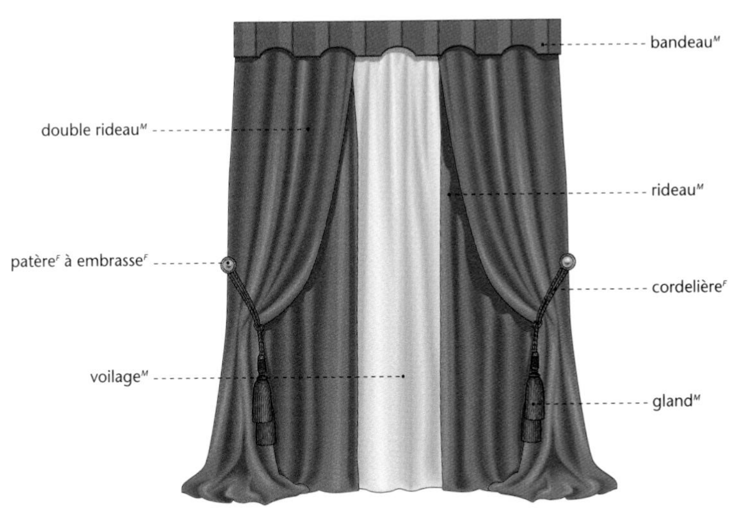

RIDEAU^M BALLON^M

RIDEAUX^M CROISÉS

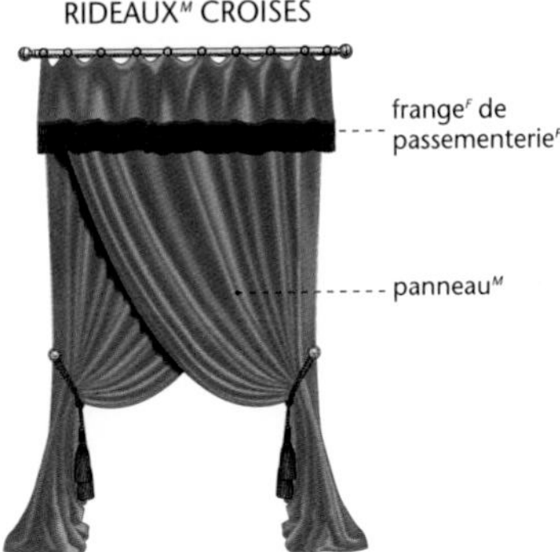

TYPES^M DE TÊTES^F

cantonnière^F drapée

fronçage^M tuyauté

tête^F plissée

tête^F froncée

PARURES[F] DE FENÊTRE[F]

TRINGLE[F]-BARRE[F]

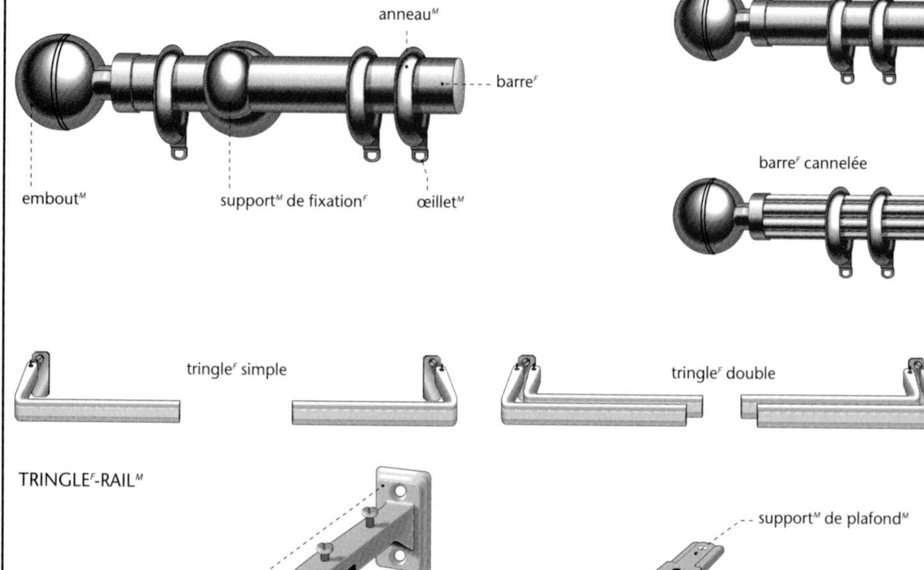

TRINGLE[F]-RAIL[M]

support[M] de plafond[M]
galet[M]
support[M] mural
bride[F] de raccord[M]
butoir[M]
rail[M]
pince[F]
anneau[M]
agrafe[F]
chariot[M]

TRINGLE[F] EXTENSIBLE

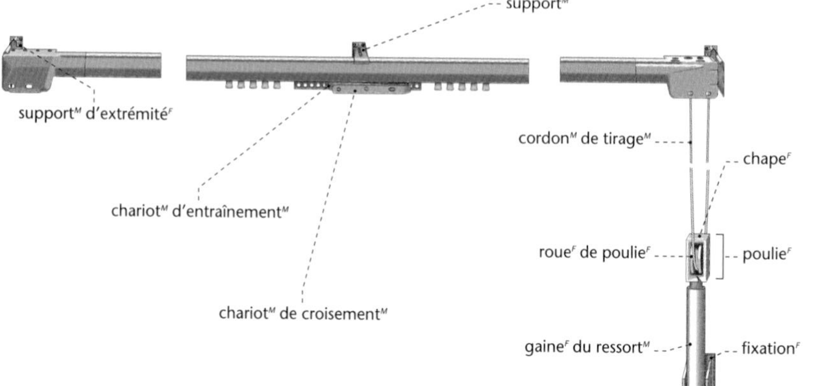

STORE[M] À ENROULEMENT[M] AUTOMATIQUE

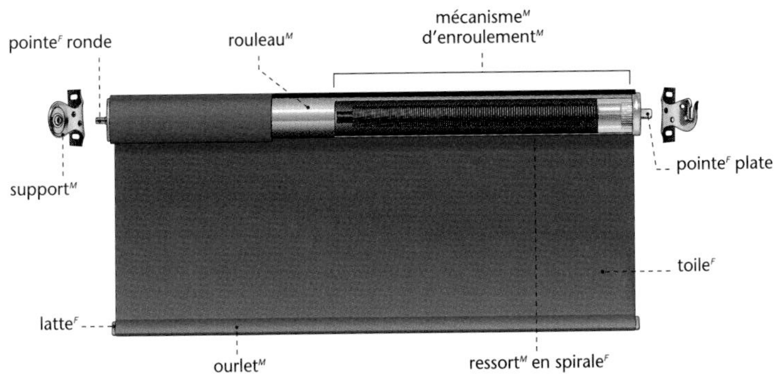

STORE[M] VÉNITIEN

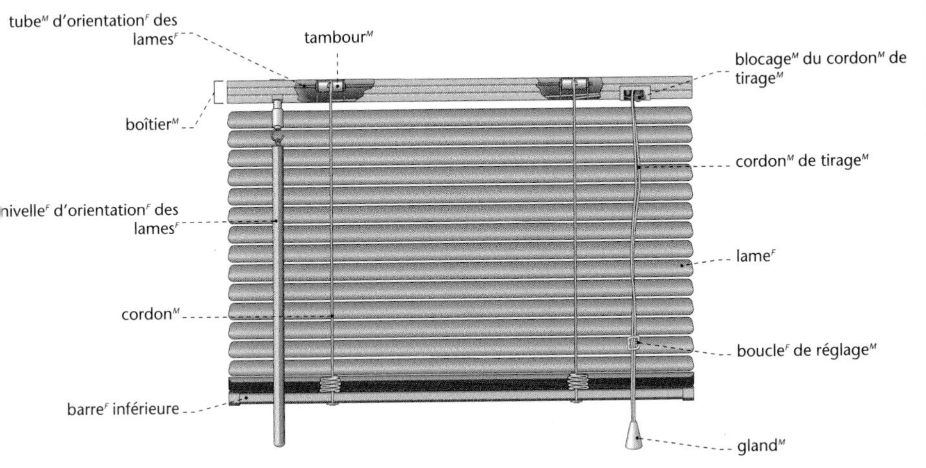

store[M] bateau[M]; *store[M] romain*

store[M] à enroulement[M] manuel

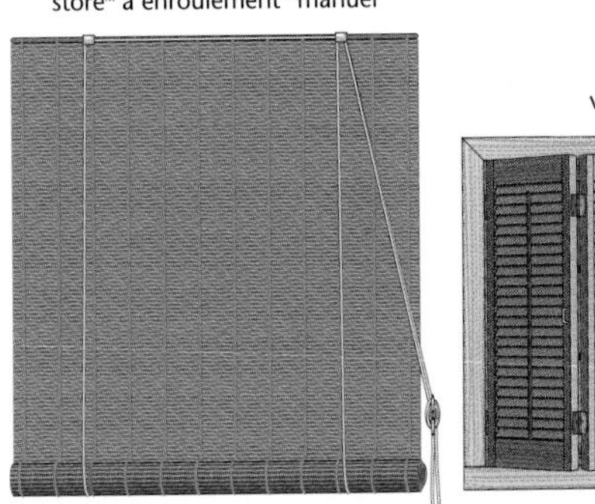

volets[M] d'intérieur[M]

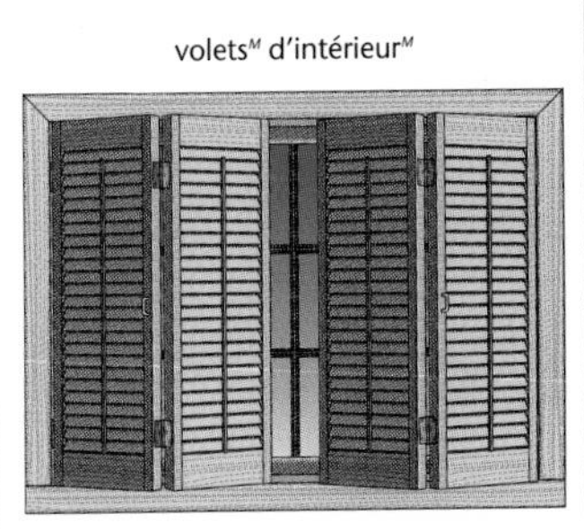

LAMPE[F] À INCANDESCENCE[F]

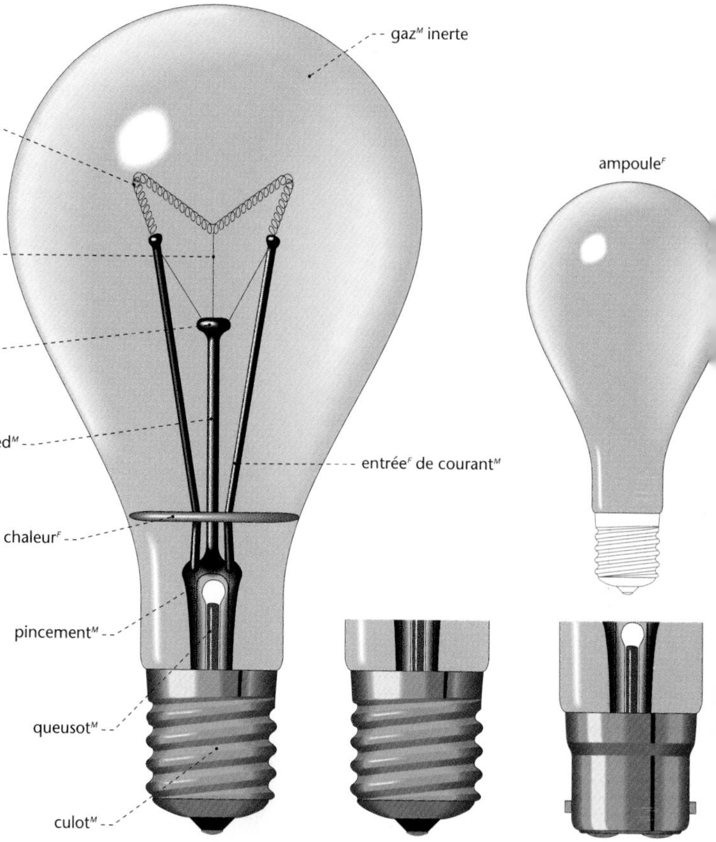

gaz[M] inerte
filament[M]
ampoule[F]
support[M]
bouton[M]
pied[M]
entrée[F] de courant[M]
déflecteur[M] de chaleur[F]
pincement[M]
queusot[M]
culot[M]
culot[M] à vis[F]
culot[M] à baïonnette[F]

TUBE[M] FLUORESCENT

culot[M] à broches[F]
couche[F] fluorescente
électrode[F]
entrée[F] de courant[M]
queusot[M]
pincement[M]
broche[F]
tube[M]
gaz[M]
mercure[M]

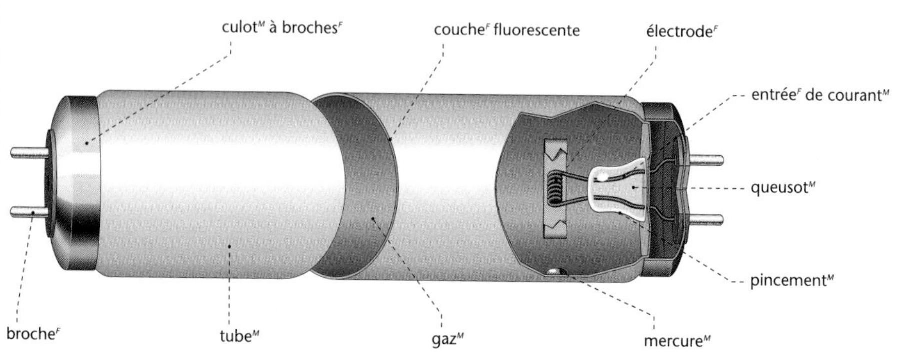

LAMPE[F] À HALOGÈNE[M]

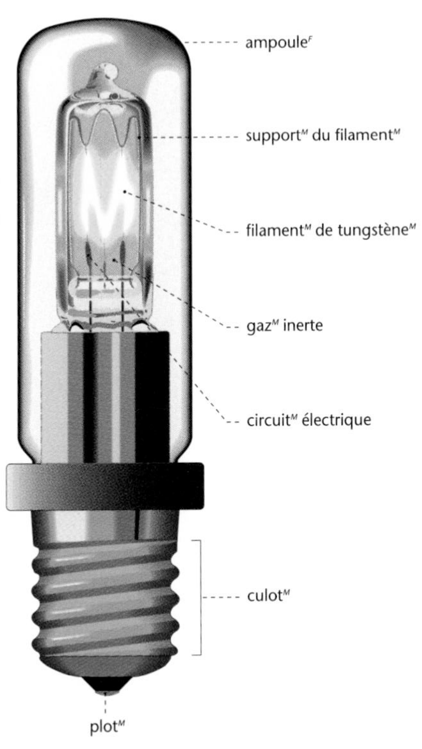

LAMPE[F] À HALOGÈNE[M]

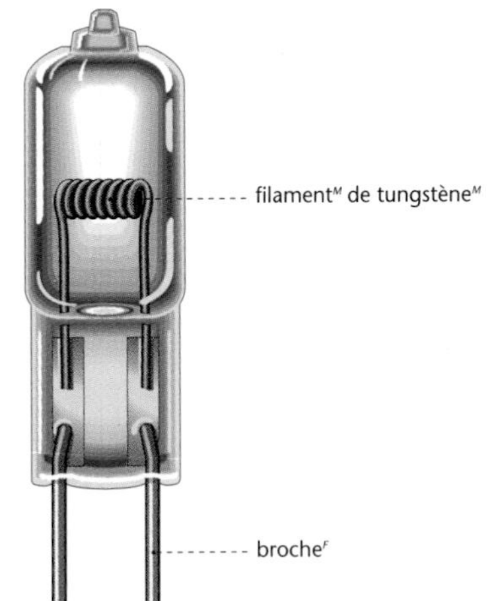

LAMPE[F] À ÉCONOMIE[F] D'ÉNERGIE[F]

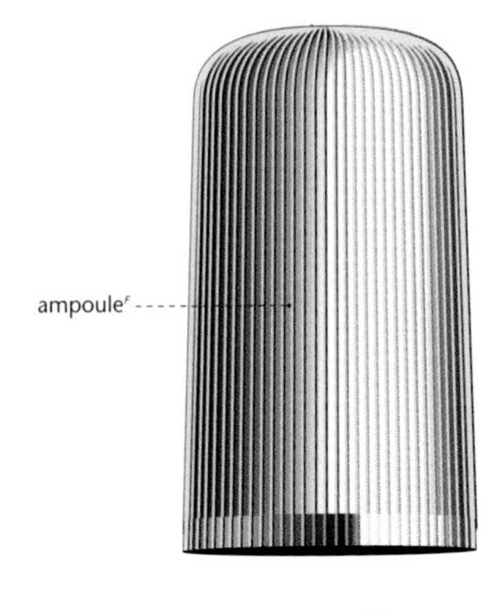

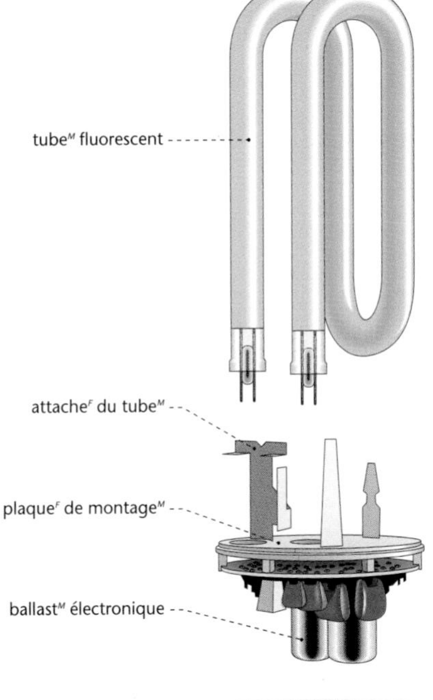

boîtier[M]

culot[M]

LUMINAIRES[M]

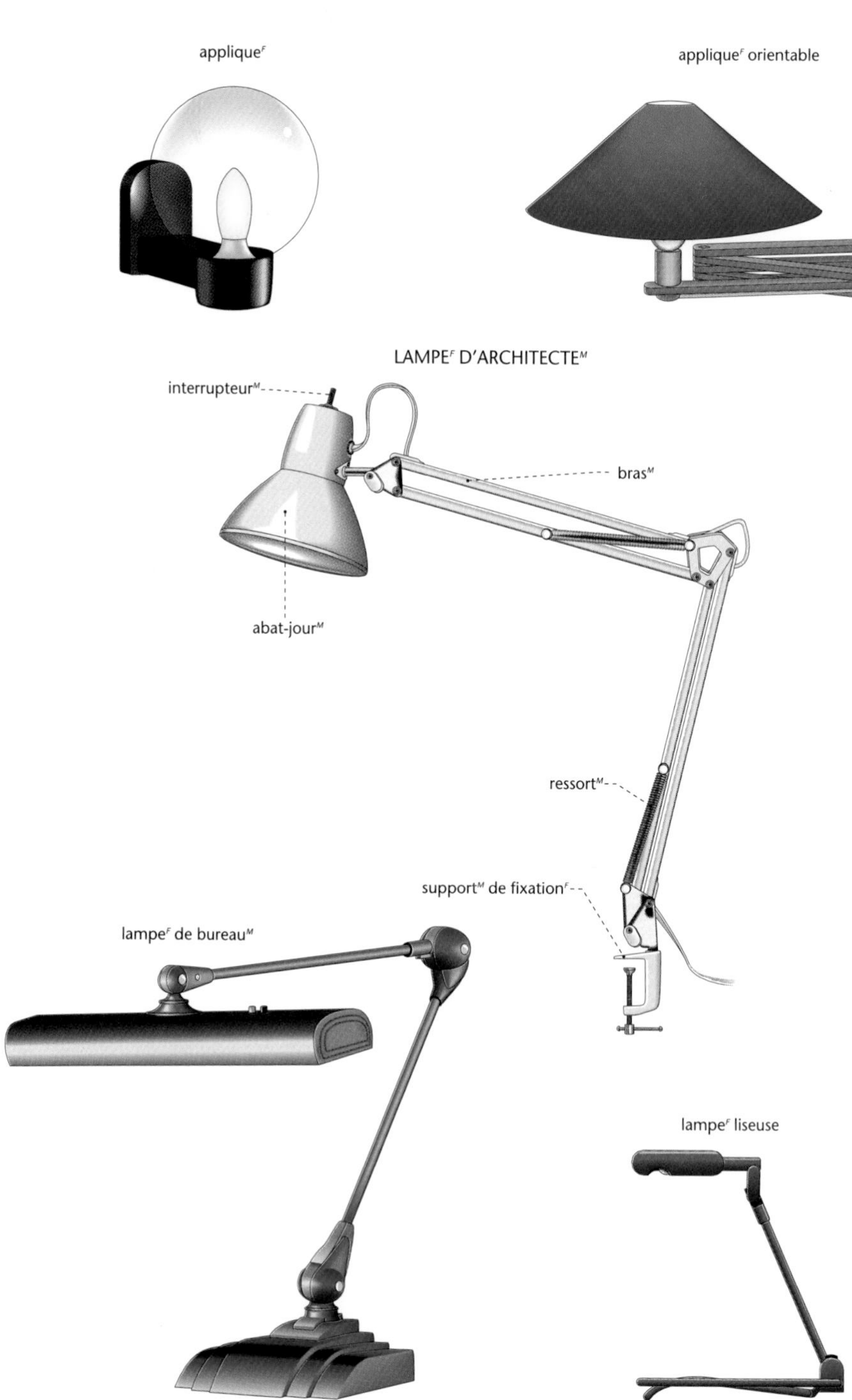

RAIL[M] D'ÉCLAIRAGE[M]

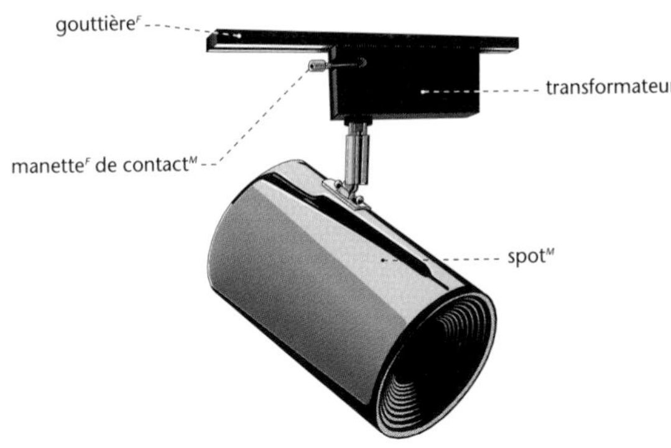

lanterne[F] de pied[M]

spot[M] à pince[F]

lanterne[F] murale

rampe[F] d'éclairage[M]

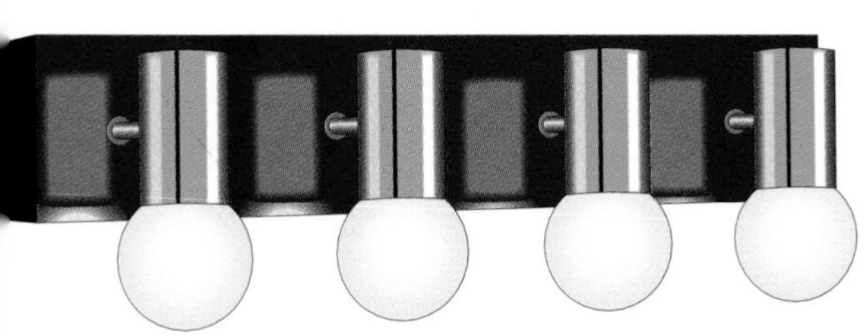

LUMINAIRES[M]

LUSTRE[M]

coupelle[F]
pendeloque[F]
pampille[F]
fût[M]

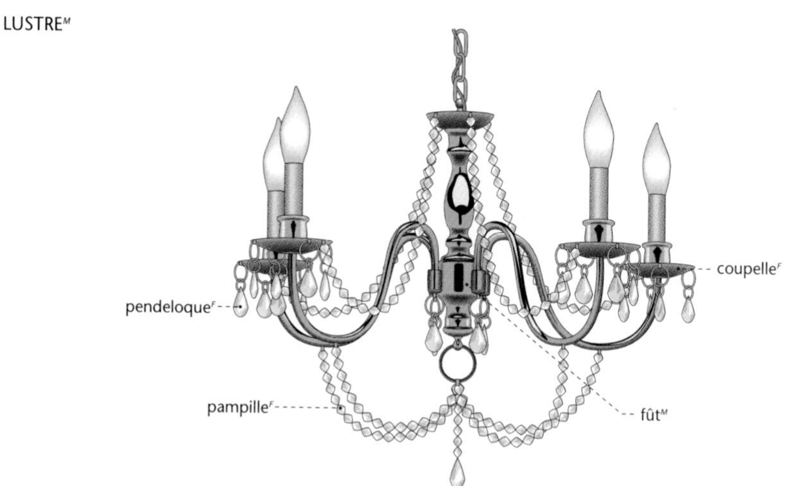

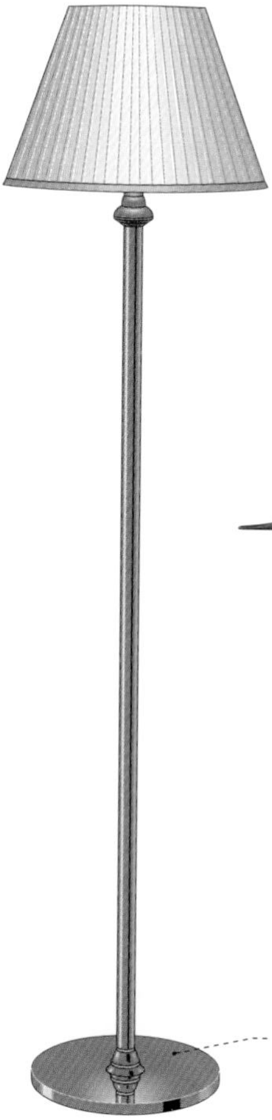

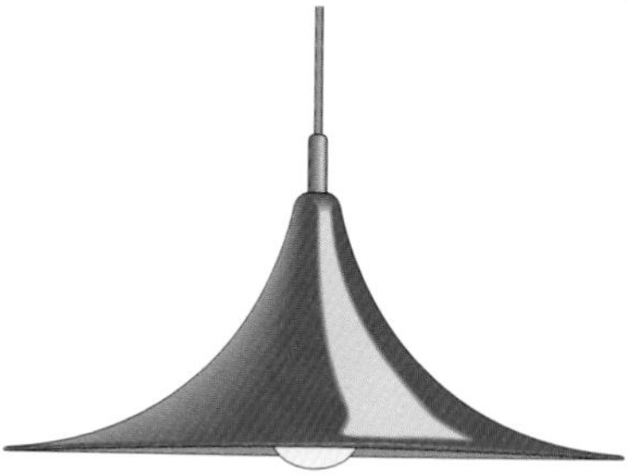

lampadaire[M]
socle[M]

suspension[F]

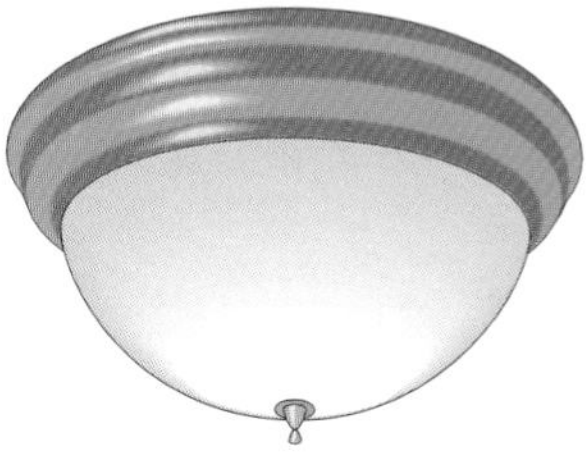

plafonnier[M]

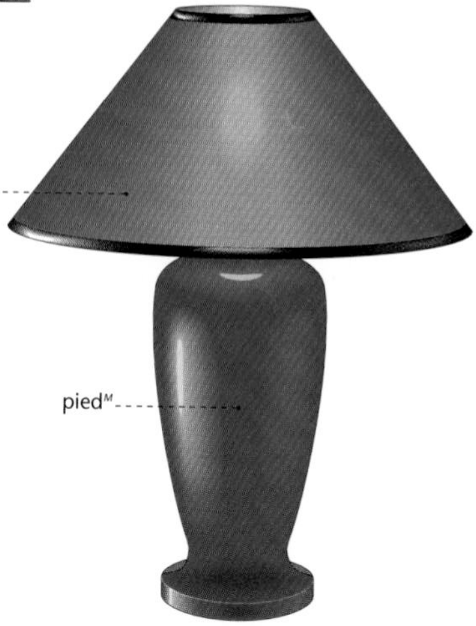

lampe[F] de table[F]
abat-jour[M]
pied[M]

VERRES[M]

verre[M] à porto[M]

coupe[F] à mousseux[M]

verre[M] à cognac[M]

verre[M] à liqueur[F]

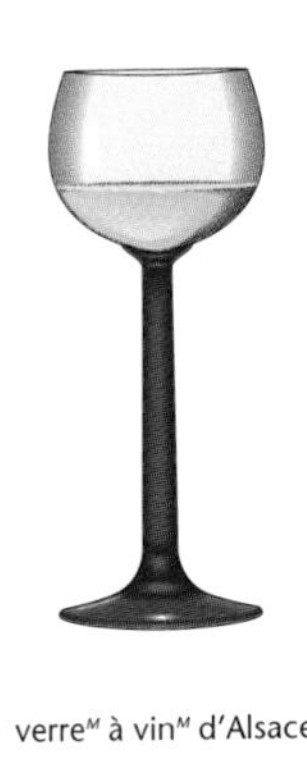

verre[M] à vin[M] blanc

verre[M] à bordeaux[M]

verre[M] à bourgogne[M]

verre[M] à vin[M] d'Alsace

verre[M] à whisky[M]

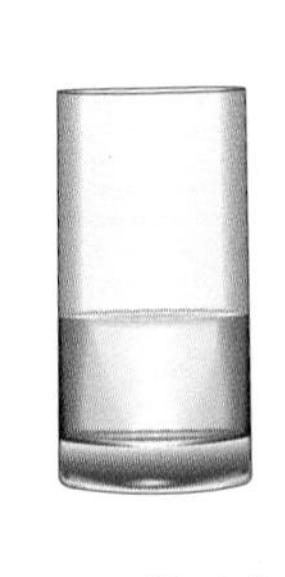

verre[M] à gin[M]

verre[M] à cocktail[M]

verre[M] à eau[F]

carafe[F]

carafon[M]

flûte[F] à champagne[M]

chope[F] à bière[F]

VAISSELLE[F]

tasse[F] à café[M]
tasse[F] à thé[M]
chope[F] à café[M]
crémier[M]
sucrier[M]
poivrière[F]
salière[F]
saucière[F]
beurrier[M]
ramequin[M]
bol[M]
assiette[F] creuse
assiette[F] plate
assiette[F] à salade[F]
assiette[F] à dessert[M]
théière[F]
plat[M] ovale
légumier[M]
plat[M] à poisson[M]
ravier[M]
pichet[M]
saladier[M]
bol[M] à salade[F]
soupière[F]

COUTEAU[M]

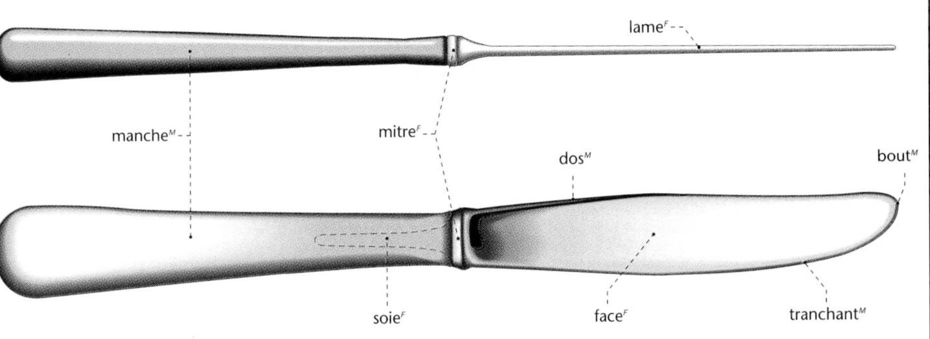

PRINCIPAUX TYPES[M] DE COUTEAUX[M]

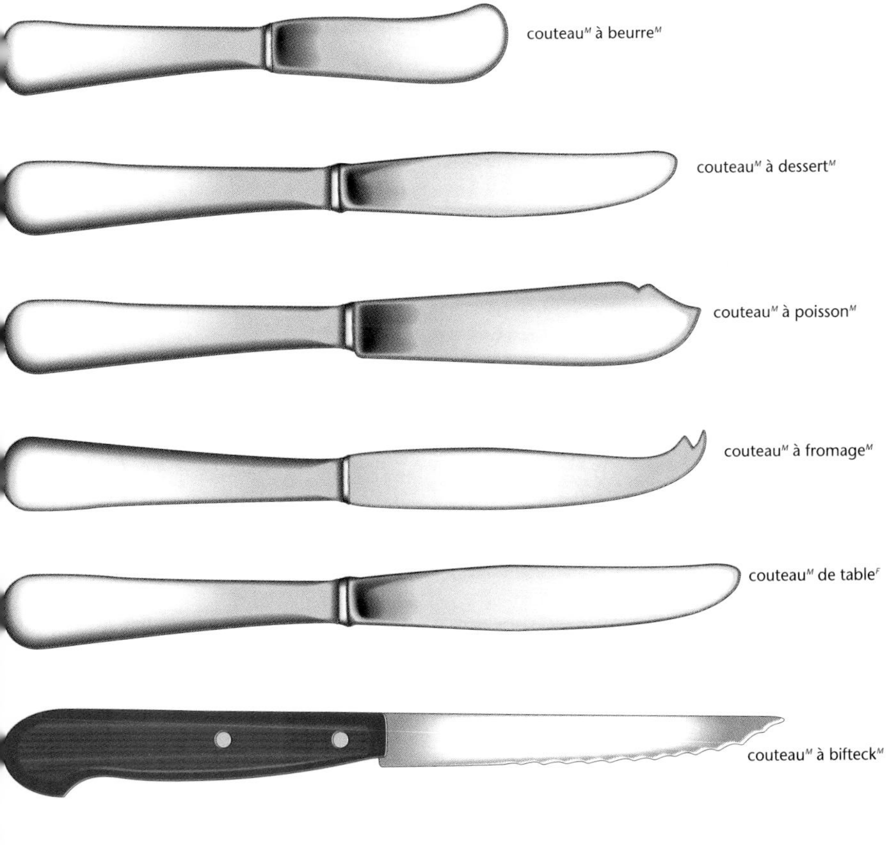

couteau[M] à beurre[M]

couteau[M] à dessert[M]

couteau[M] à poisson[M]

couteau[M] à fromage[M]

couteau[M] de table[F]

couteau[M] à bifteck[M]

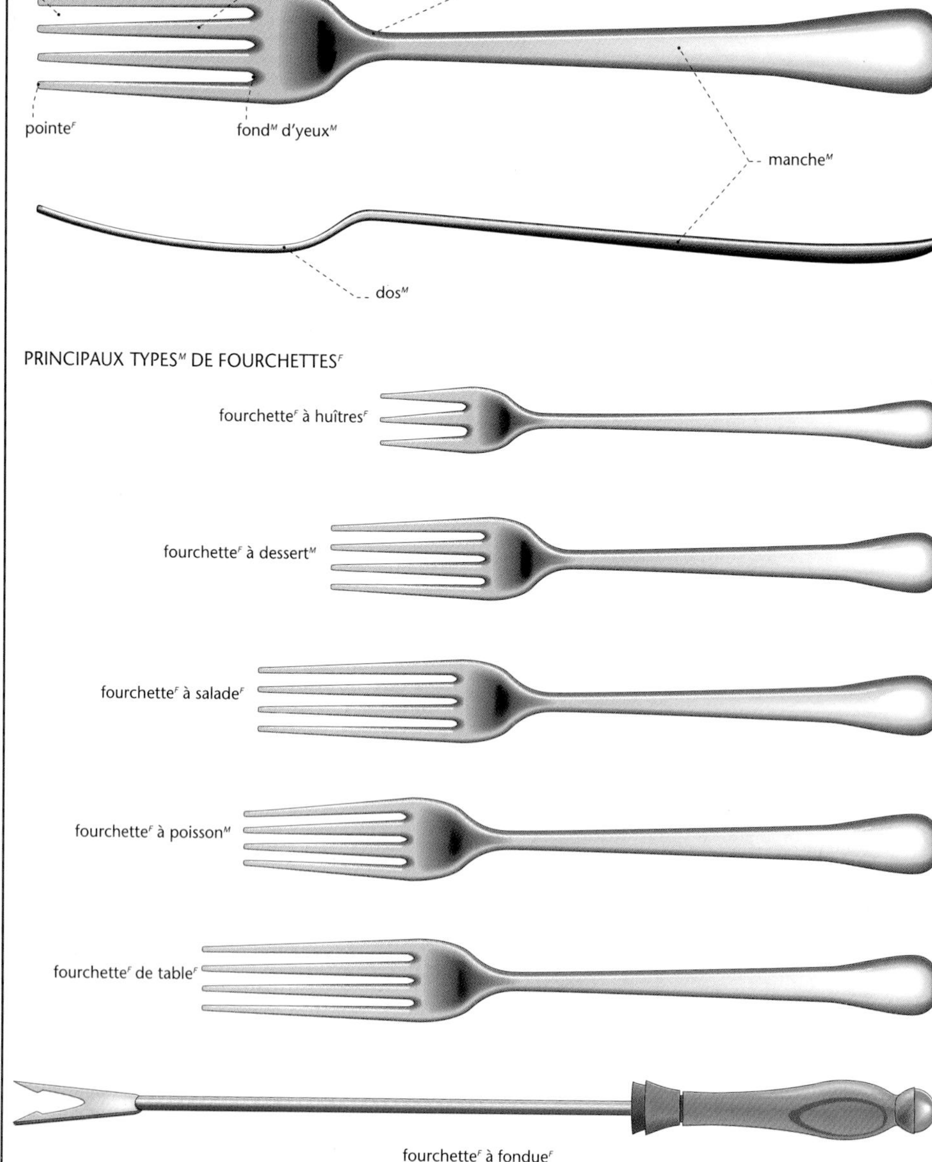
FOURCHETTE^F
entredent^M
dent^F
collet^M
pointe^F
fond^M d'yeux^M
manche^M
dos^M
PRINCIPAUX TYPES^M DE FOURCHETTES^F
fourchette^F à huîtres^F
fourchette^F à dessert^M
fourchette^F à salade^F
fourchette^F à poisson^M
fourchette^F de table^F
fourchette^F à fondue^F

CUILLER[F]

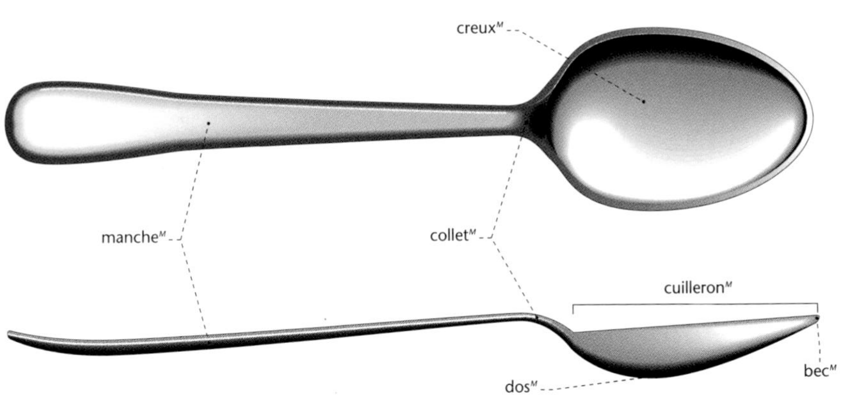

PRINCIPAUX TYPES[M] DE CUILLERS[F]

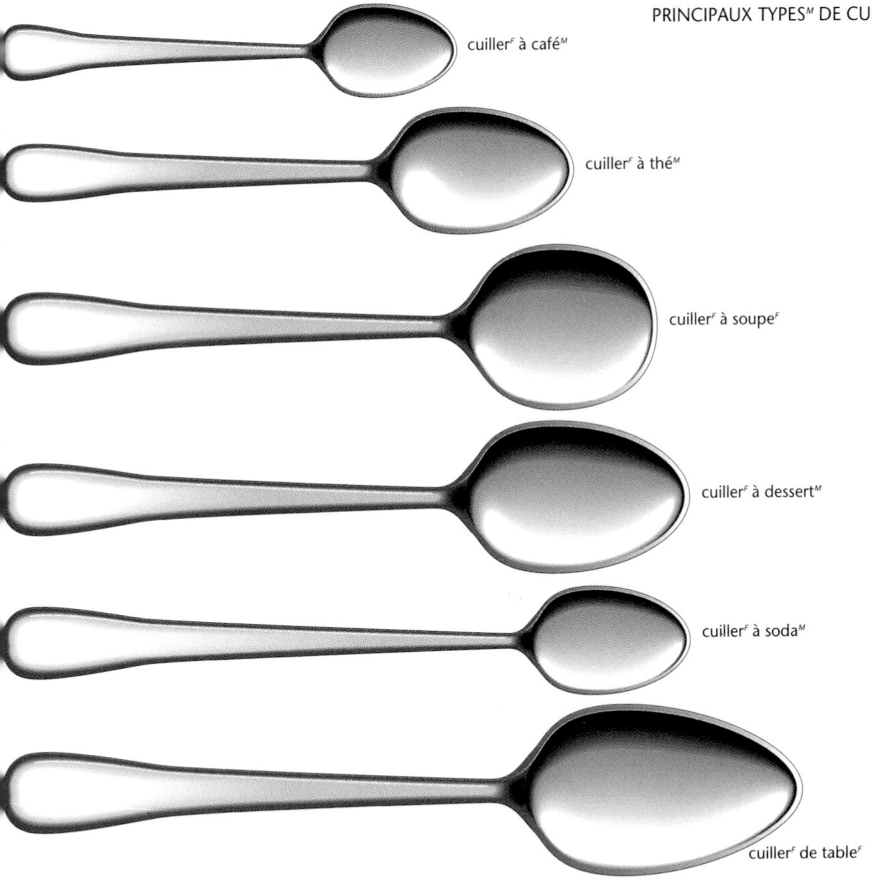

cuiller[F] à café[M]

cuiller[F] à thé[M]

cuiller[F] à soupe[F]

cuiller[F] à dessert[M]

cuiller[F] à soda[M]

cuiller[F] de table[F]

USTENSILES[M] DE CUISINE[F]

COUTEAU[M] DE CUISINE[F]

demi-manche[M]
so
mitre[F]
dos[M]
pointe[F]
tranchant[M]
lame[F]
épaulement[M]
talon[M]
rivet

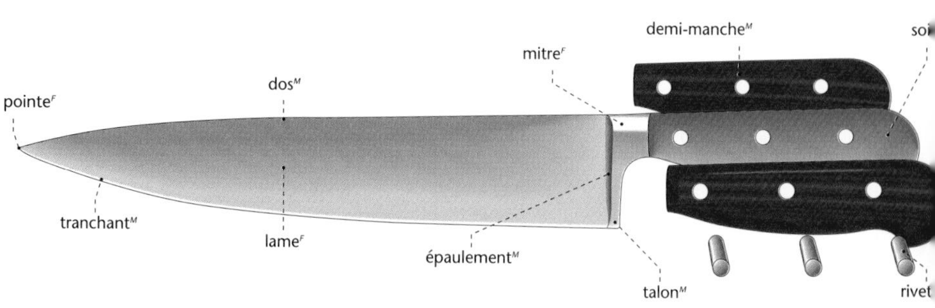

TYPES[M] DE COUTEAUX[M] DE CUISINE[F]

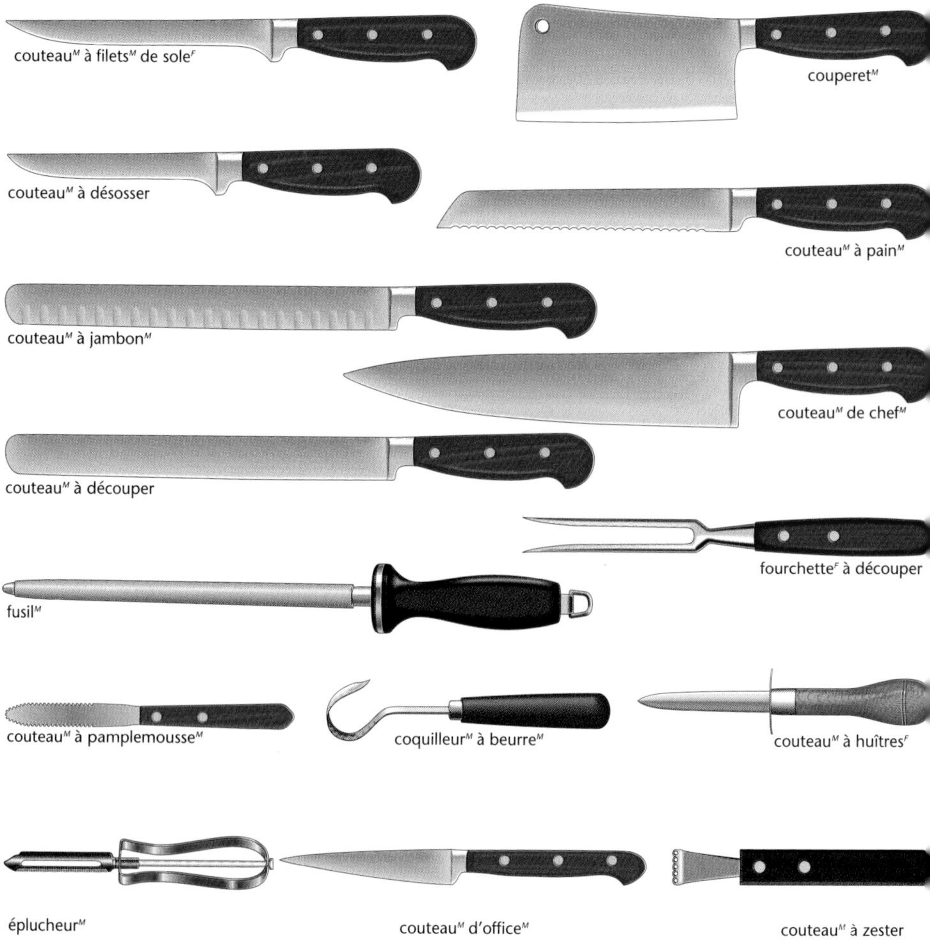

couteau[M] à filets[M] de sole[F]
couperet[M]
couteau[M] à désosser
couteau[M] à pain[M]
couteau[M] à jambon[M]
couteau[M] de chef[M]
couteau[M] à découper
fourchette[F] à découper
fusil[M]
couteau[M] à pamplemousse[M]
coquilleur[M] à beurre[M]
couteau[M] à huîtres[F]
éplucheur[M]
couteau[M] d'office[M]
couteau[M] à zester

POUR PASSER ET ÉGOUTTER

POUR BROYER ET RÂPER

USTENSILES[M] DE CUISINE[F]

JEU[M] D'USTENSILES[M]

pilon[M]
spatule[F]
écumoire[F]
louche[F]
pelle[F]
cuiller[F] à égoutter

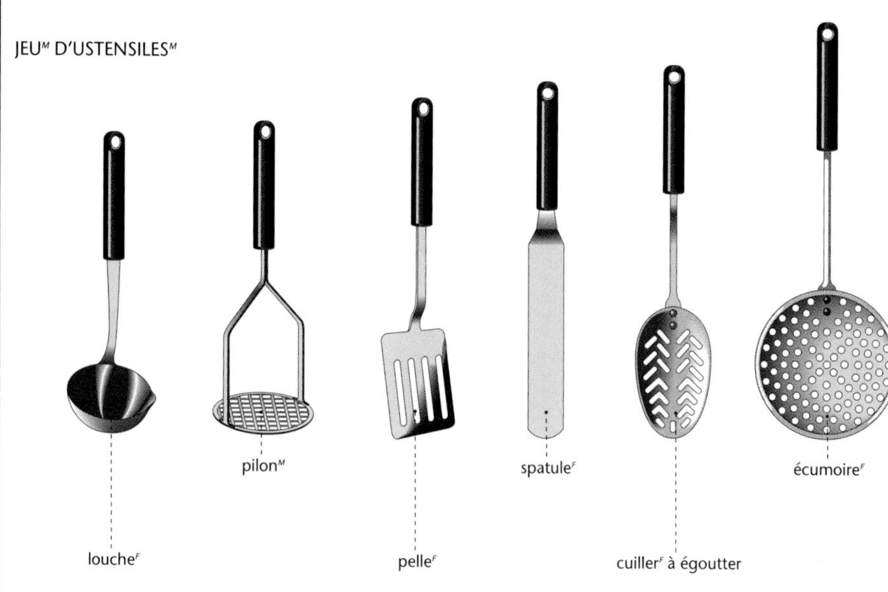

POUR OUVRIR

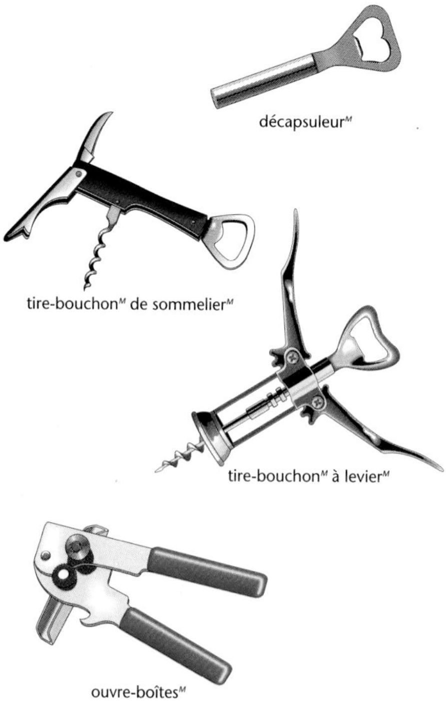
décapsuleur[M]
tire-bouchon[M] de sommelier[M]
tire-bouchon[M] à levier[M]
ouvre-boîtes[M]

POUR MESURER

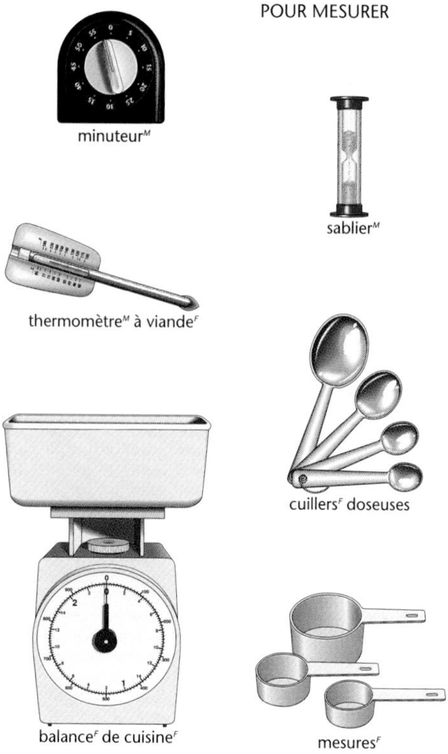
minuteur[M]
sablier[M]
thermomètre[M] à viande[F]
cuillers[F] doseuses
balance[F] de cuisine[F]
mesures[F]

pinceau[M] à pâtisserie[F]
piston[M] à décorer
fouet[M]
batteur[M] à œufs[M]
roulette[F] de pâtissier[M]
tamis[M] à farine[F]
moule[M] à muffins[M]
poche[F] à douilles[F]
plaque[F] à biscuits[M]
rouleau[M] à pâtisserie[F]
bols[M] à mélanger
emporte-pièces[M]
moule[M] à fond[M] amovible
moule[M] à tarte[F]
moule[M] à quiche[F]
moule[M] à gâteau[M]

USTENSILES[M] DE CUISINE[F]

USTENSILES[M] DIVERS

dénoyauteur[M]

cuiller[F] à glace[F]; *cuiller[F] à crème[F] glacée*

cisaille[F] à volaille[F]

pince[F] à spaghettis[M]

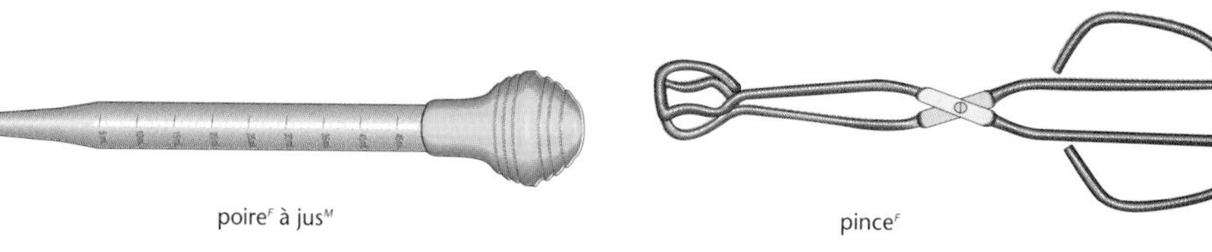

poire[F] à jus[M]

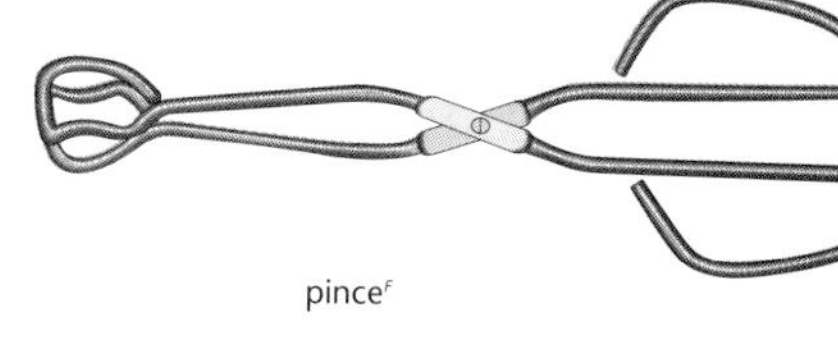
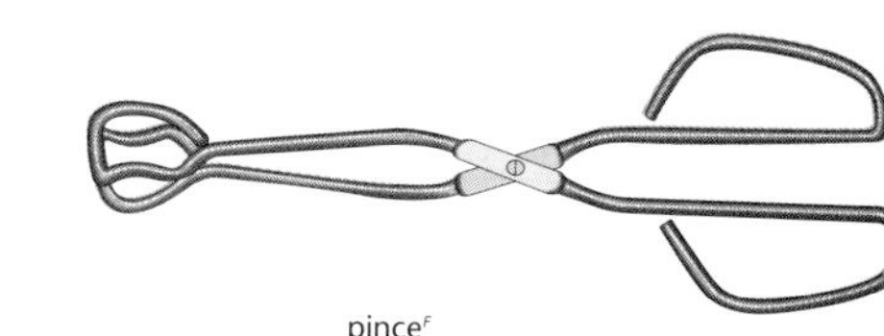
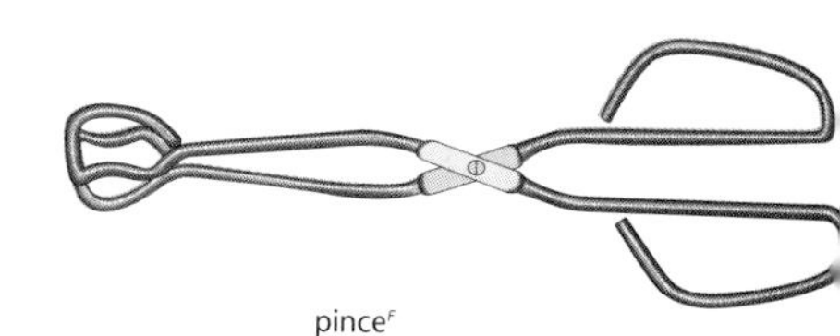

pince[F]

brosse[F] à légumes[M]

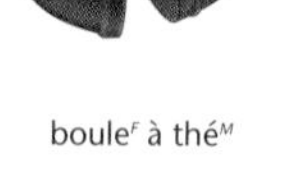

boule[F] à thé[M]

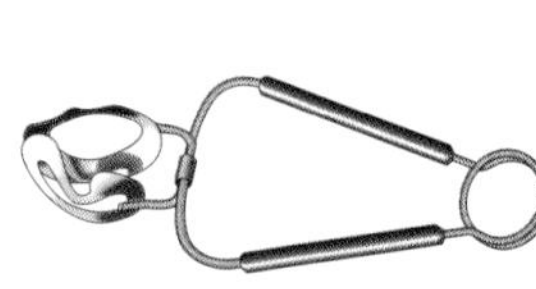
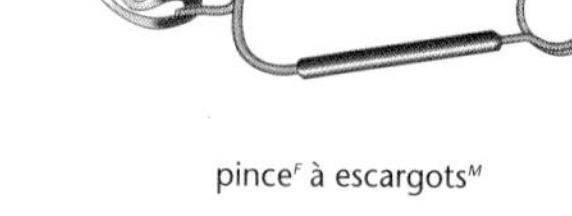

pince[F] à escargots[M]

saupoudreuse[F]

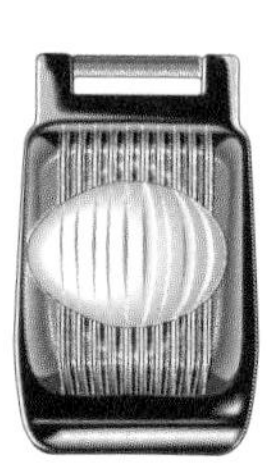
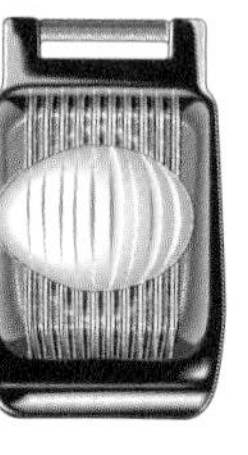

coupe-œuf[M]

plat[M] à escargots[M]

CAFETIÈRES^F

CAFETIÈRE^F FILTRE^M

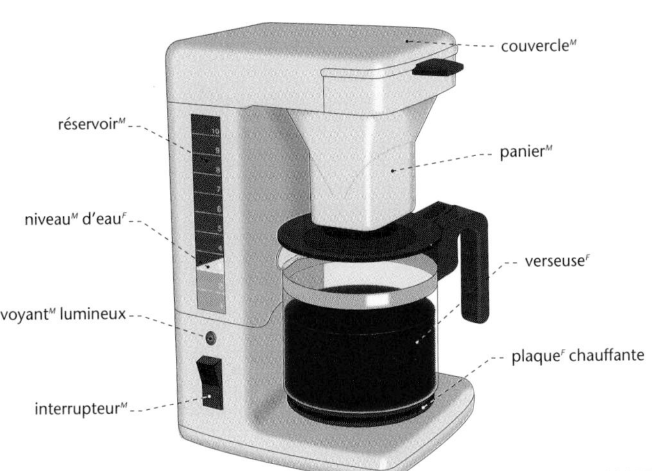

CAFETIÈRE^F À INFUSION^F

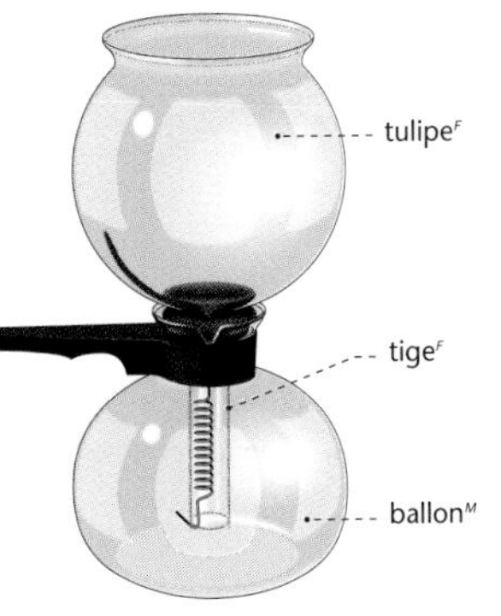

PERCOLATEUR^M

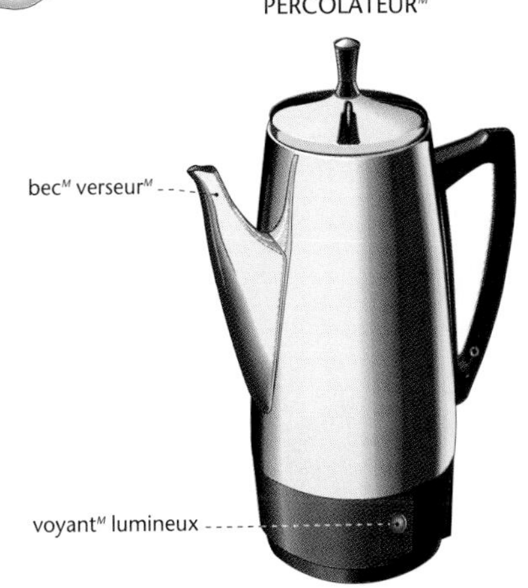

CAFETIÈRE^F À PISTON^M

CAFETIÈRE^F NAPOLITAINE

CAFETIÈRE^F ESPRESSO^M

BATTERIE[F] DE CUISINE[F]

WOK[M]

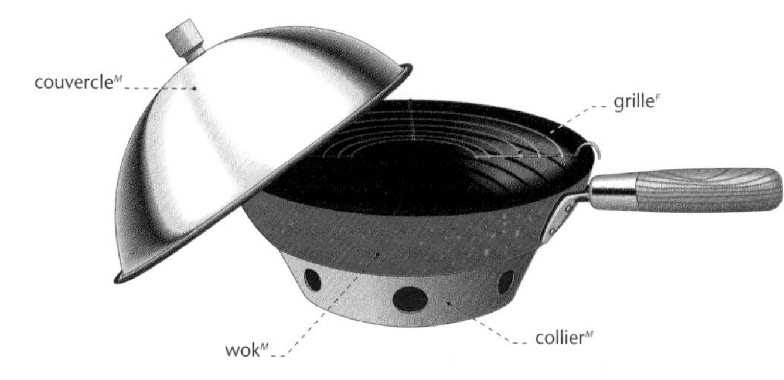

POISSONNIÈRE[F]

SERVICE[M] À FONDUE[F]

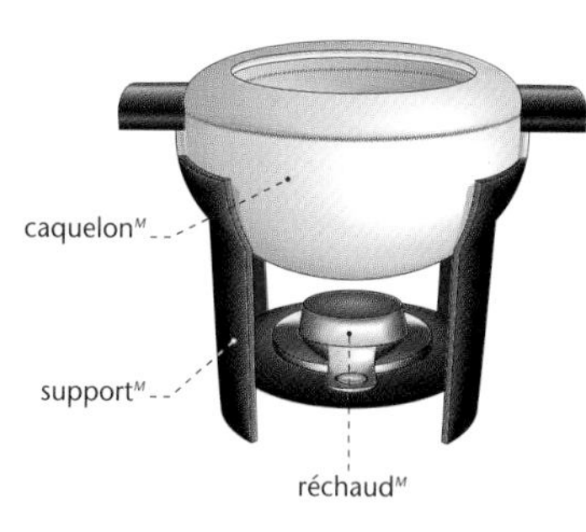

AUTOCUISEUR[M]

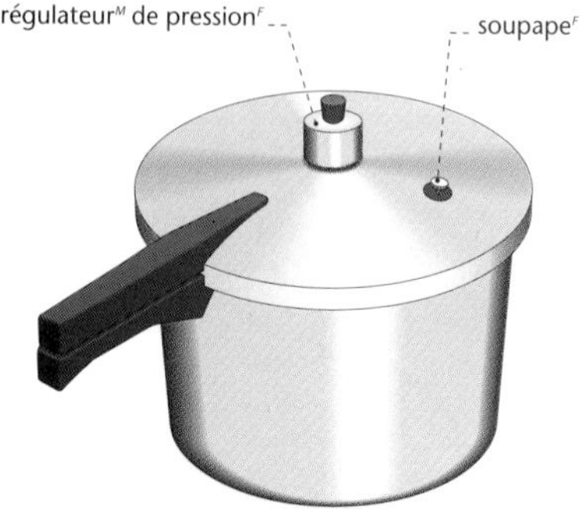

plats[M] à four[M]

faitout[M]
marmite[F]
poêle[F] à frire
poêle[F] à crêpes[F]
couscoussier[M]
pocheuse[F]
sauteuse[F]
étuveuse[F]
bain-marie[M]
casserole[F]

APPAREILS^M ÉLECTROMÉNAGERS

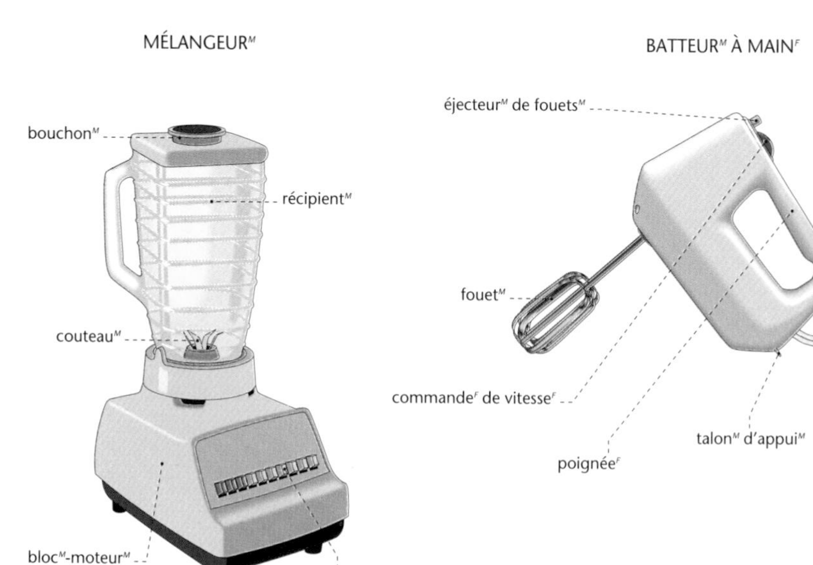

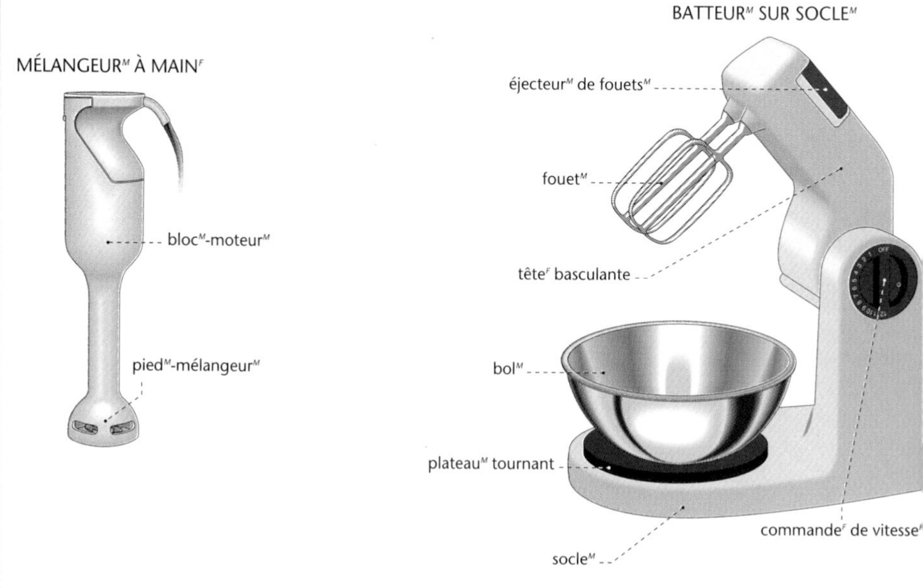

FOUETS^M

ROBOT[M] DE CUISINE[F]

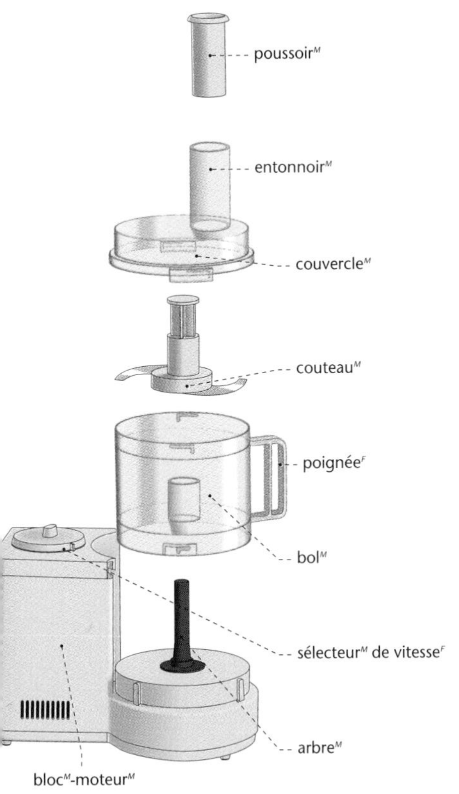

DISQUES[M]

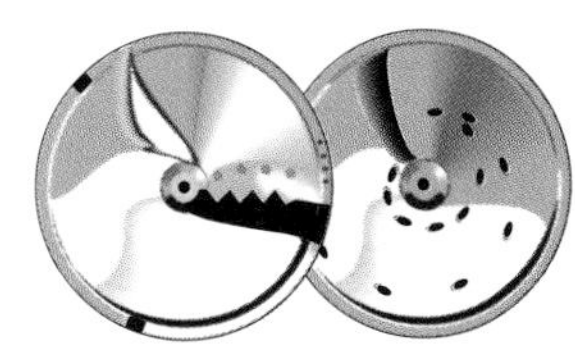

PRESSE-AGRUMES[M]

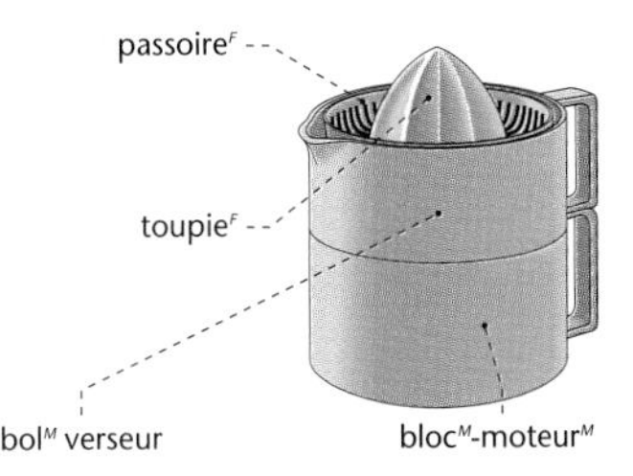

CENTRIFUGEUSE[F]

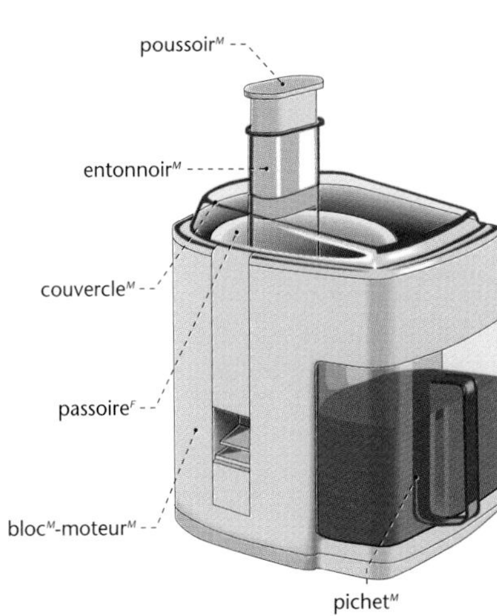

SORBETIÈRE[F]

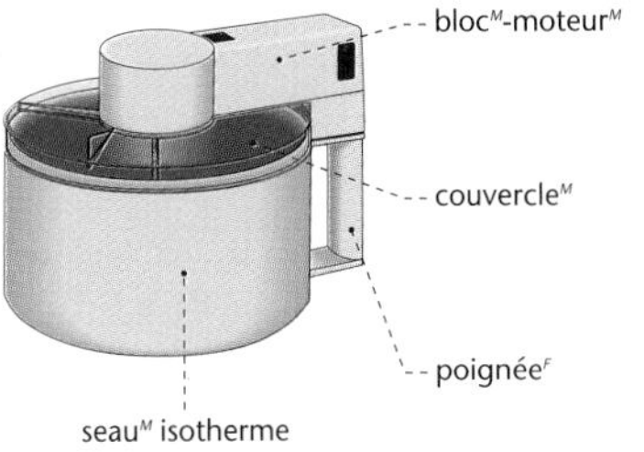

BOUILLOIRE^F

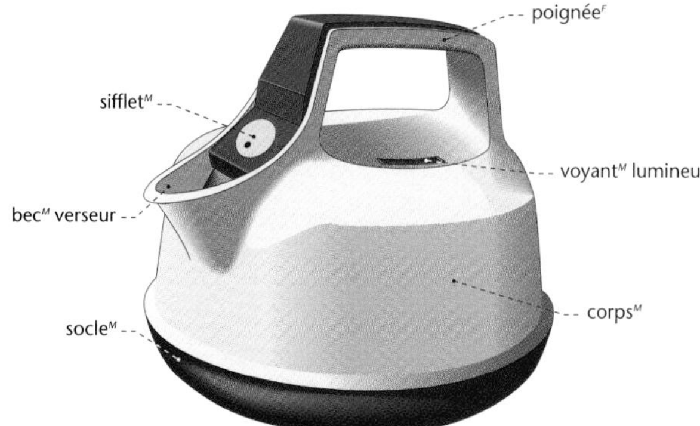

GRILLE-PAIN^M

FRITEUSE^F

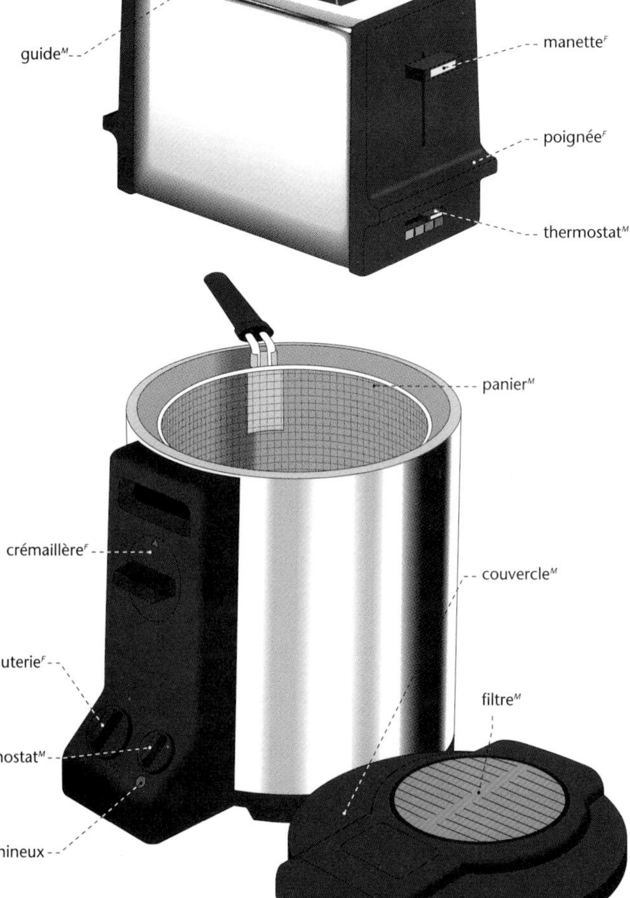

GAUFRIER[M]-GRIL[M]

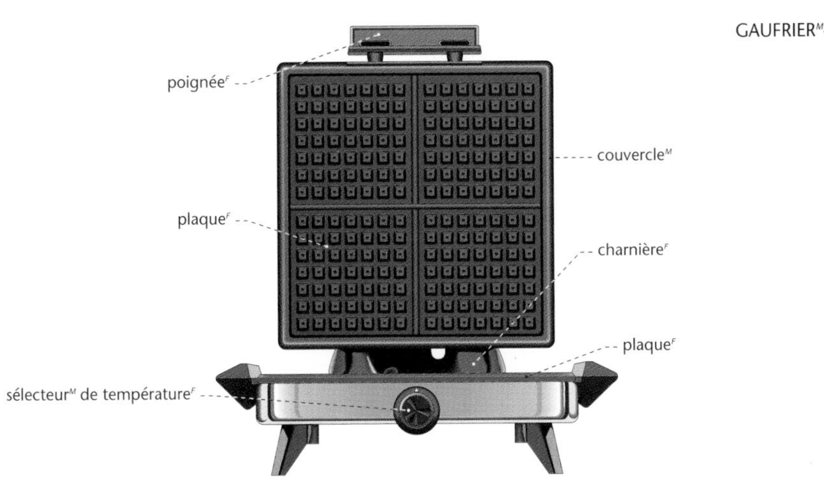

FOUR[M] À MICRO-ONDES[F]

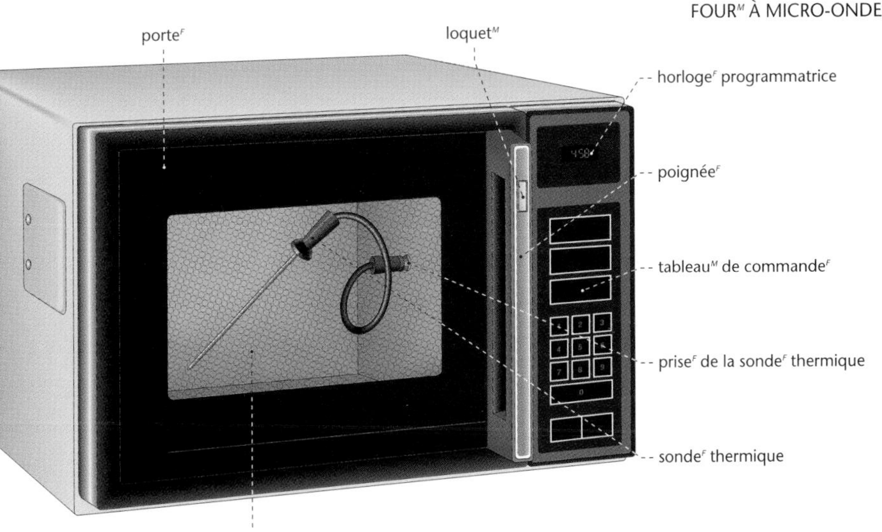

GRIL[M] ÉLECTRIQUE

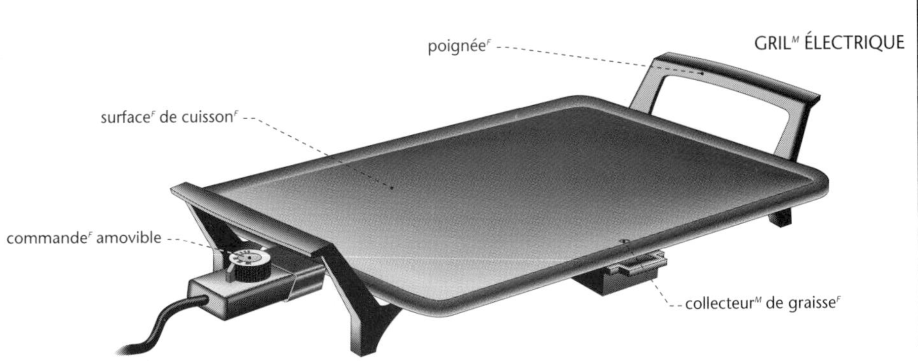

RÉFRIGÉRATEUR^M

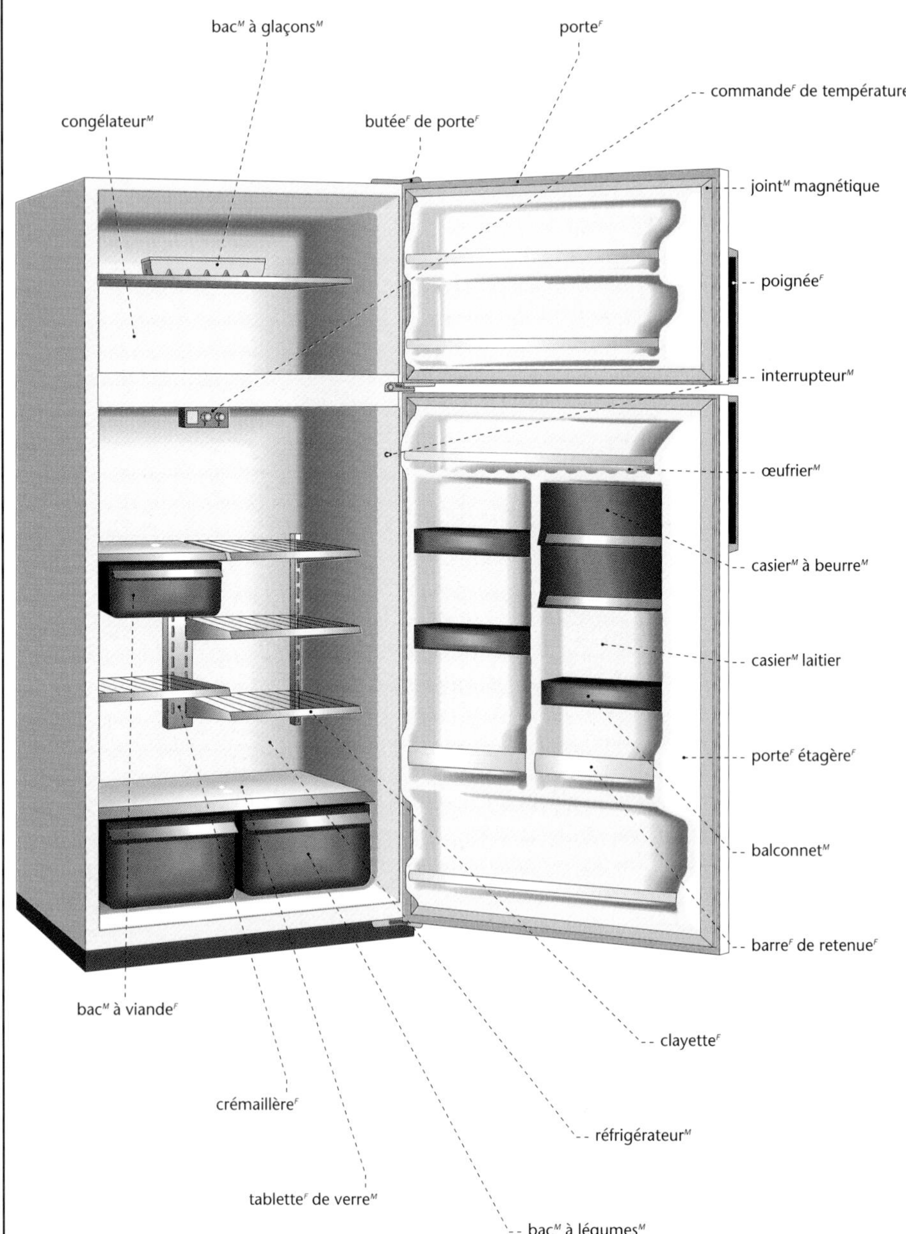

HOTTE[F]

filtre[M]

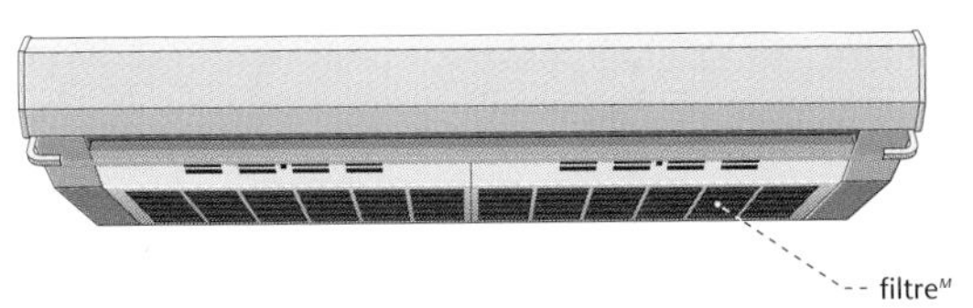

CUISINIÈRE[F] ÉLECTRIQUE

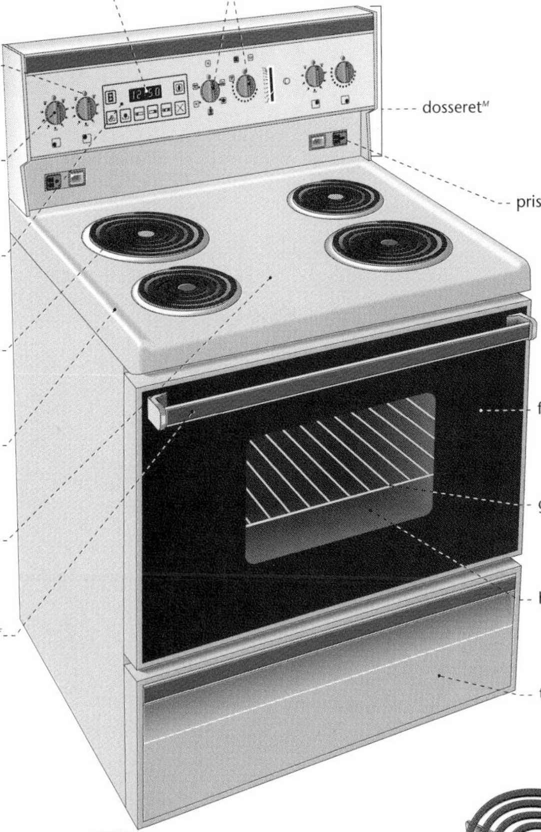

horloge[F] programmatrice
réglage[M] du four[M]
voyant[M] lumineux
dosseret[M]
bouton[M] de commande[F]
prise[F] chronométrée
tableau[M] de commande[F]
serpentin[M]
four[M]
rebord[M]
grille[F]
surface[F] de cuisson[F]
hublot[M]
poignée[F]
tiroir[M]

anneau[M]

cuvette[F]

borne[F]
élément[M] tubulaire

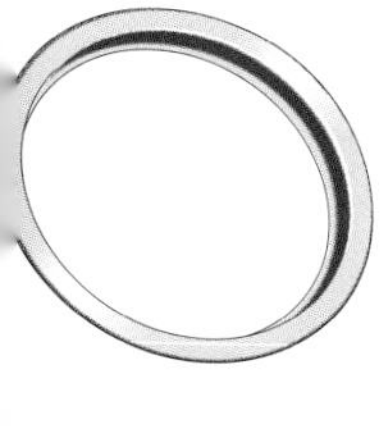

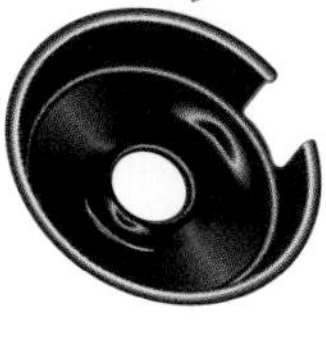

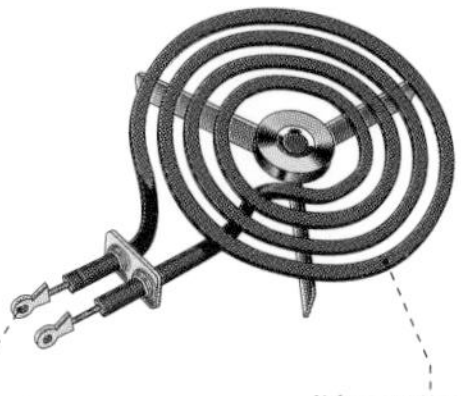

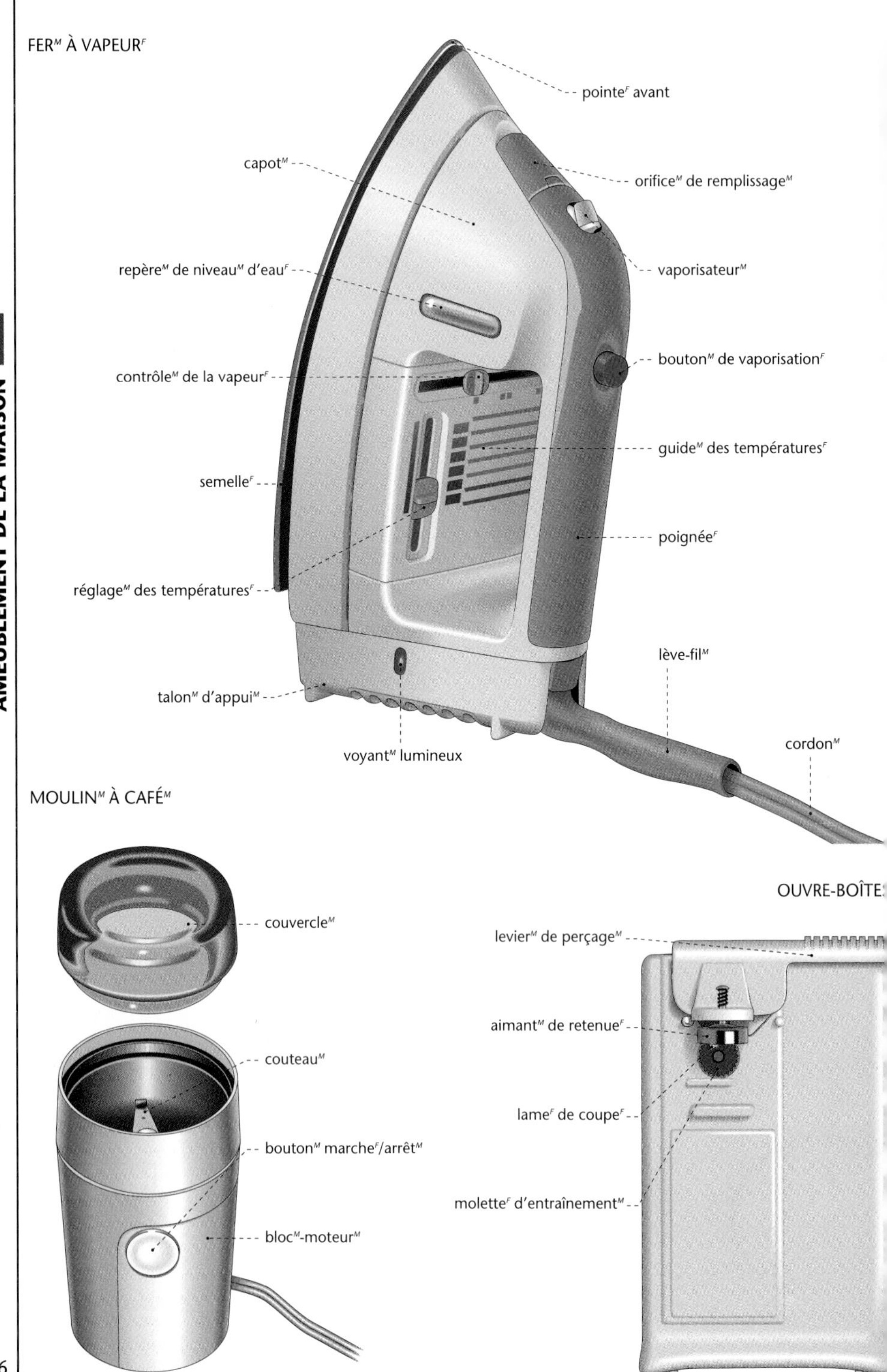
FER^M À VAPEUR^F
pointe^F avant
capot^M
orifice^M de remplissage^M
vaporisateur^M
repère^M de niveau^M d'eau^F
bouton^M de vaporisation^F
contrôle^M de la vapeur^F
guide^M des températures^F
semelle^F
poignée^F
réglage^M des températures^F
lève-fil^M
talon^M d'appui^M
voyant^M lumineux
cordon^M
MOULIN^M À CAFÉ^M
couvercle^M
couteau^M
bouton^M marche^F/arrêt^M
bloc^M-moteur^M
OUVRE-BOÎTE
levier^M de perçage^M
aimant^M de retenue^F
lame^F de coupe^F
molette^F d'entraînement^M

TABLEAU^M DE COMMANDE^F

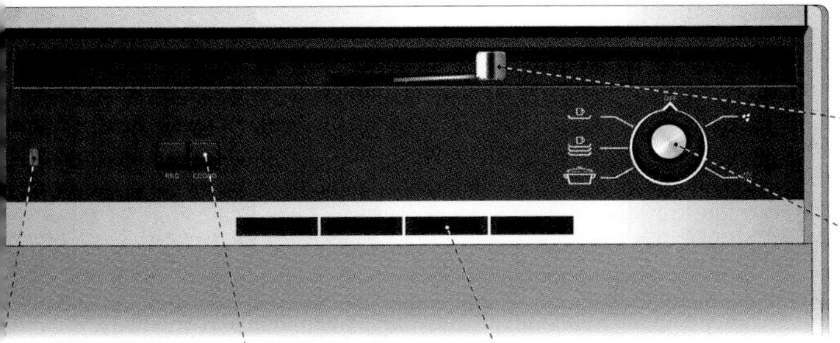
loquet^M
programmateur^M
voyant^M lumineux
bouton^M-poussoir^M
grille^F d'aération^F

LAVE-VAISSELLE^M

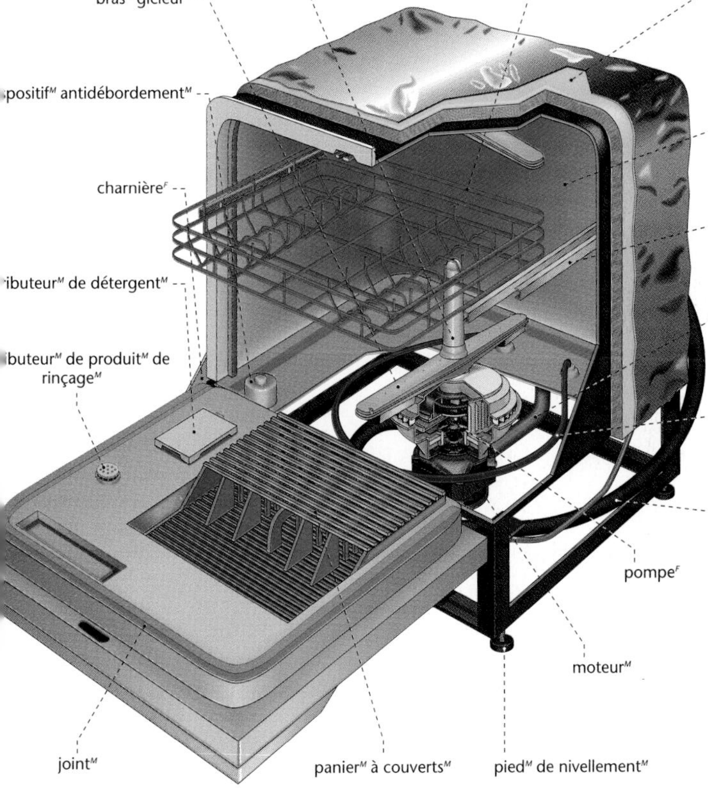
tourelle^F
panier^M
bras^M gicleur^M
isolant^M
dispositif^M antidébordement^M
cuve^F
charnière^F
glissière^F
distributeur^M de détergent^M
conduite^F d'eau^F
distributeur^M de produit^M de rinçage^M
élément^M chauffant
tuyau^M de vidange^F
pompe^F
moteur^M
joint^M
panier^M à couverts^M
pied^M de nivellement^M

LAVE-LINGE^M; *LAVEUSE^F*

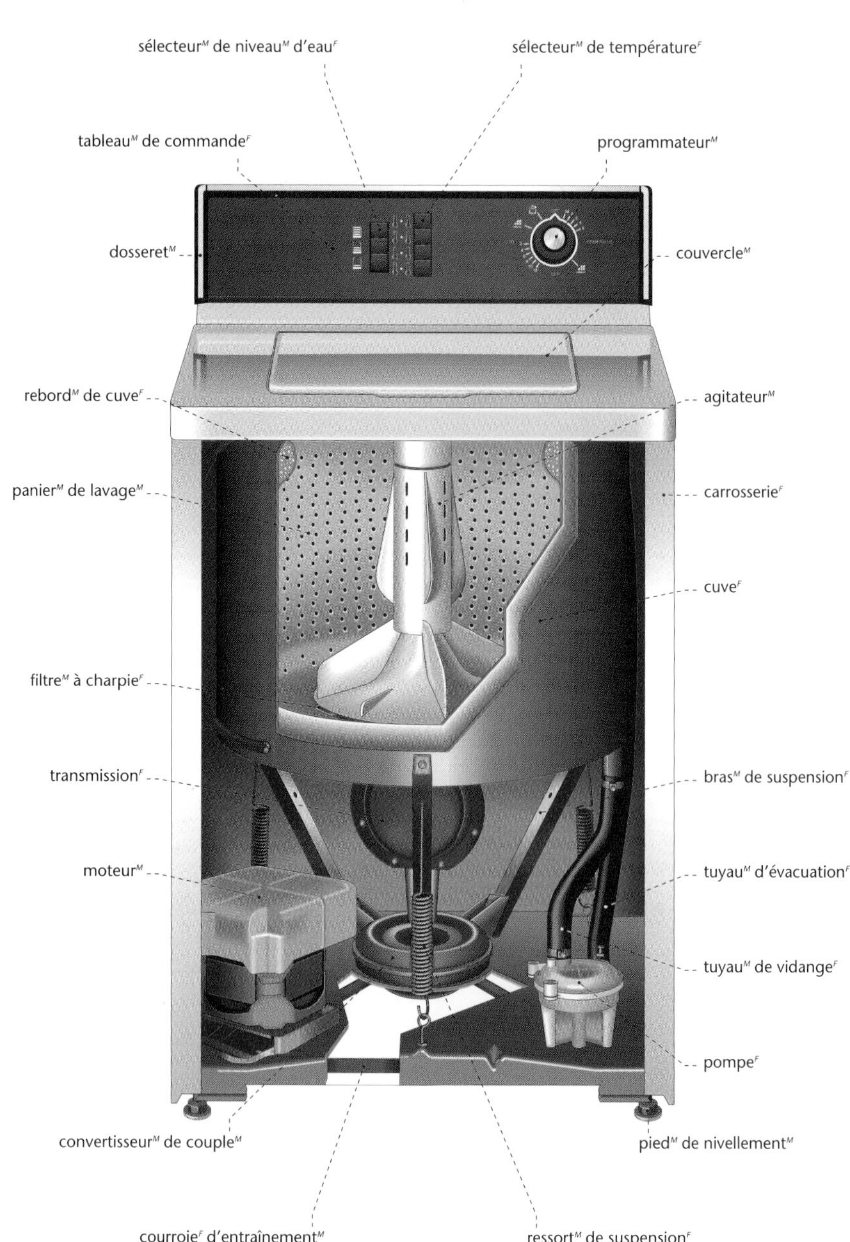

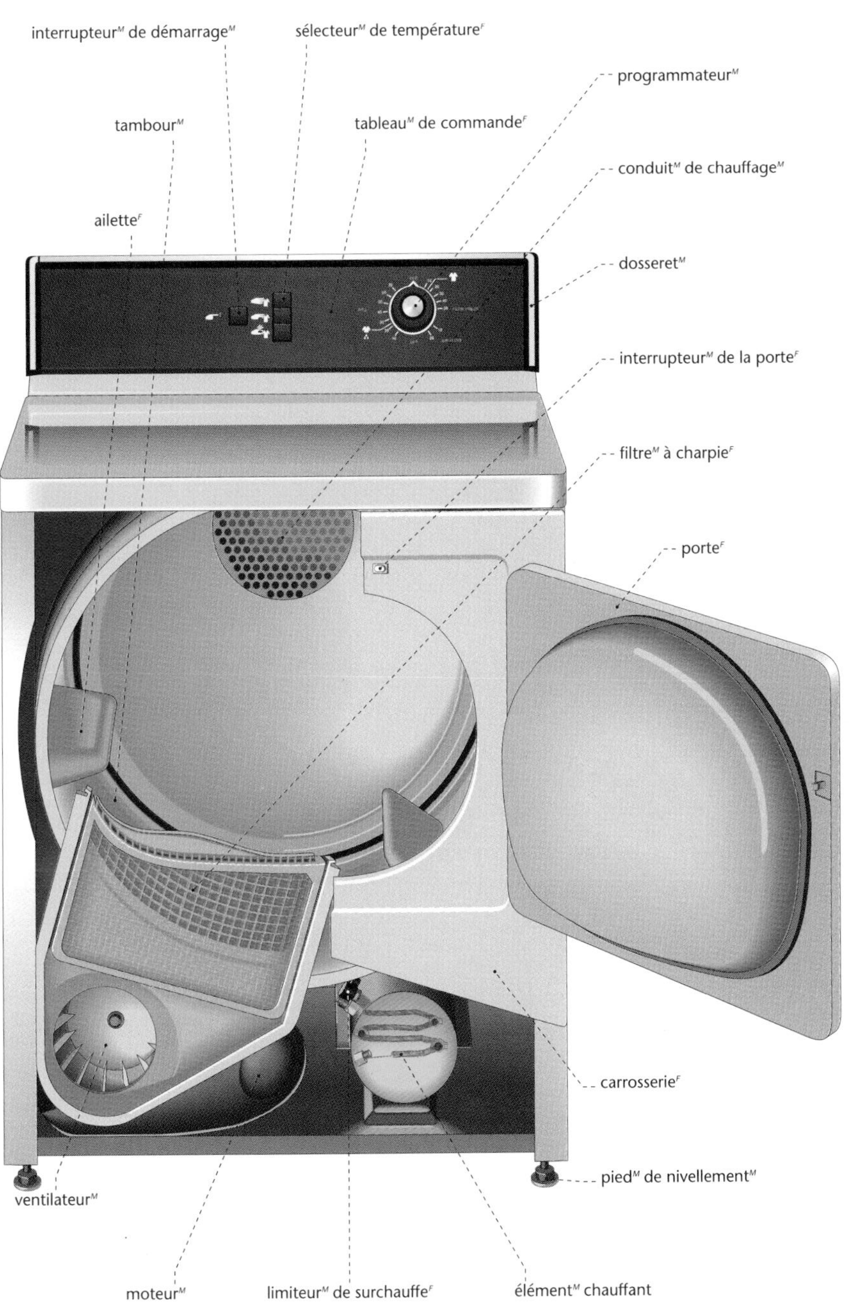
interrupteurᴹ de démarrageᴹ
sélecteurᴹ de températureᶠ
programmateurᴹ
tambourᴹ
tableauᴹ de commandeᶠ
conduitᴹ de chauffageᴹ
ailetteᶠ
dosseretᴹ
interrupteurᴹ de la porteᶠ
filtreᴹ à charpieᶠ
porteᶠ
carrosserieᶠ
pied ᴹ de nivellementᴹ
ventilateurᴹ
moteurᴹ
limiteurᴹ de surchauffeᶠ
élémentᴹ chauffant

APPAREILS[M] ÉLECTROMÉNAGERS

ASPIRATEUR[M] À MAIN[F]

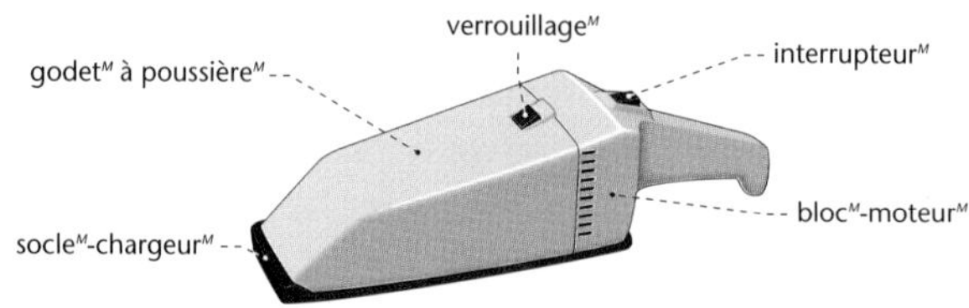

ASPIRATEUR[M]-TRAÎNEAU[M]

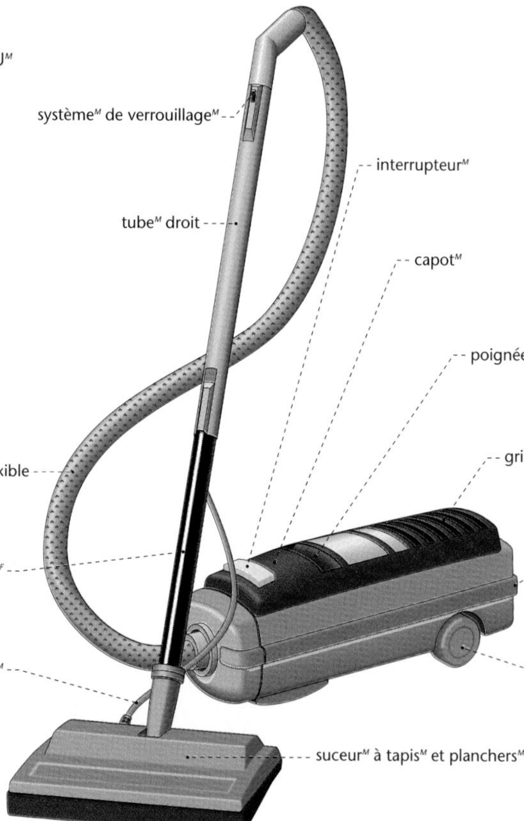

système[M] de verrouillage[M]

interrupteur[M]

tube[M] droit

capot[M]

poignée[F]

grille[F] de ventilation[F]

tuyau[M] flexible

rallonge[F]

pare-chocs[M]

cordon[M]

roulette[F]

suceur[M] à tapis[M] et planchers[M]

ACCESSOIRES[M]

SOMMAIRE

JARDIN^M D'AGRÉMENT^M

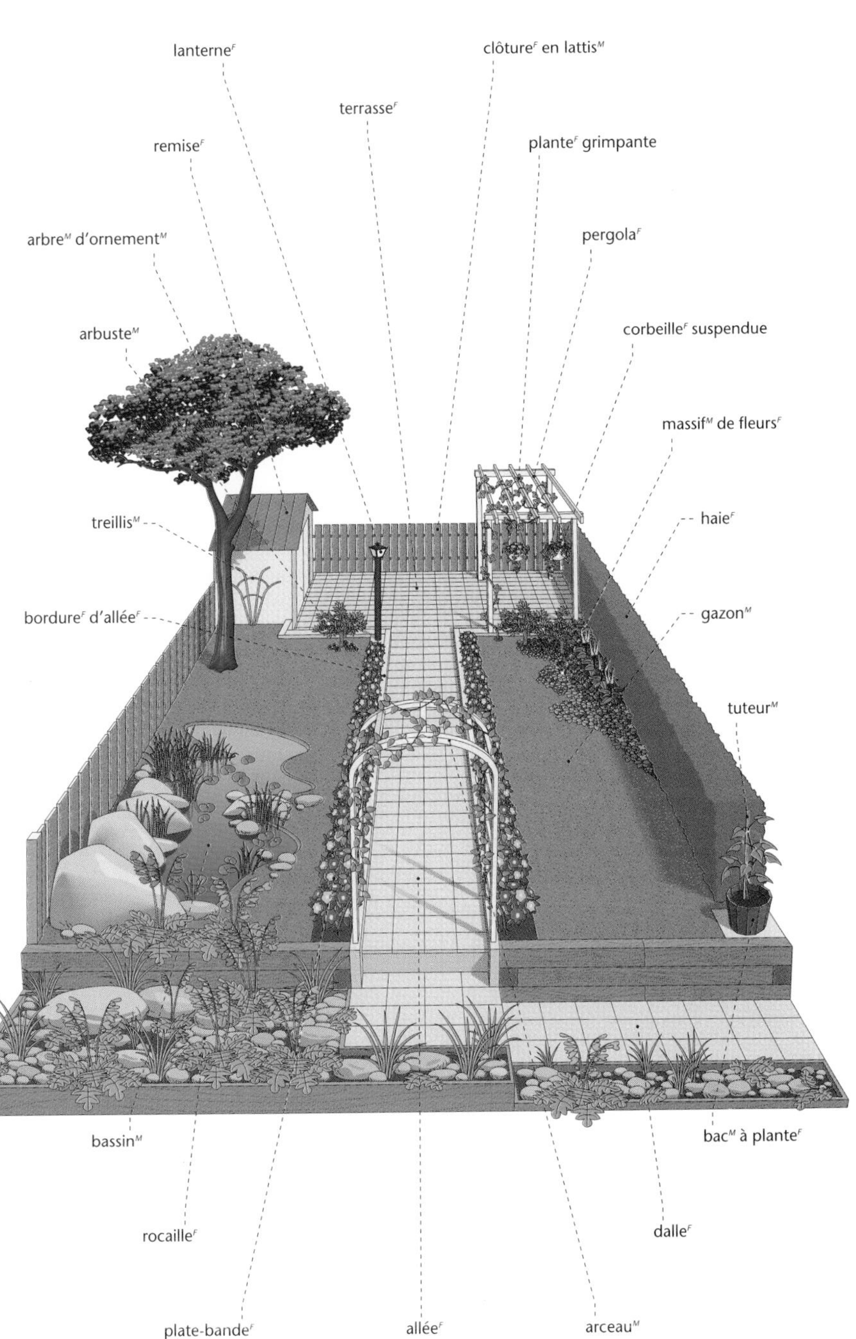

OUTILLAGE[M]

pistolet[M] d'arrosage[M]

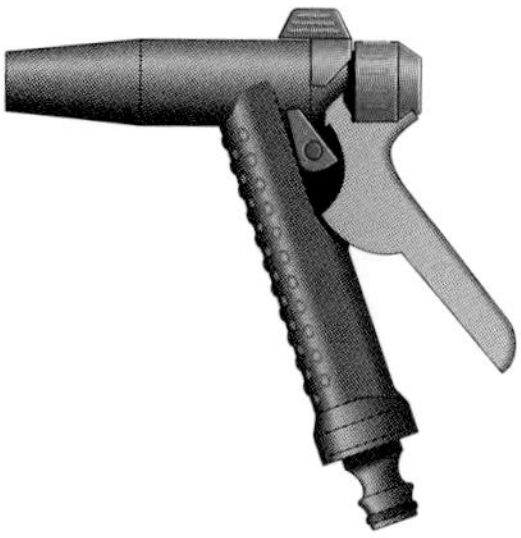

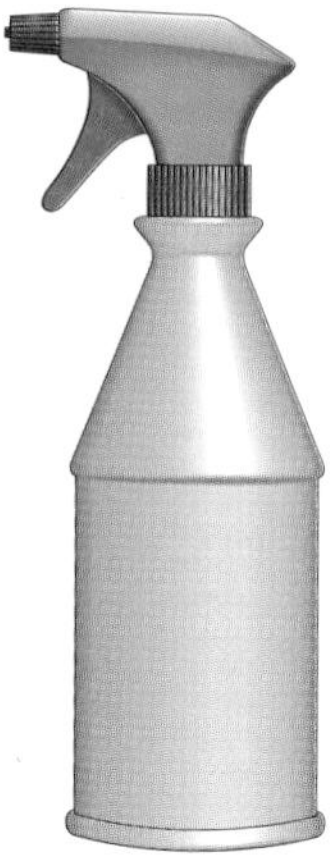

vaporisateur[M]

pistolet[M] arrosoir[M]

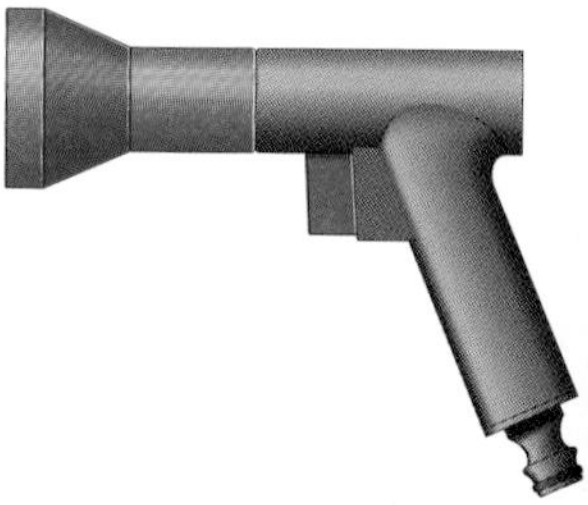

bras[M]

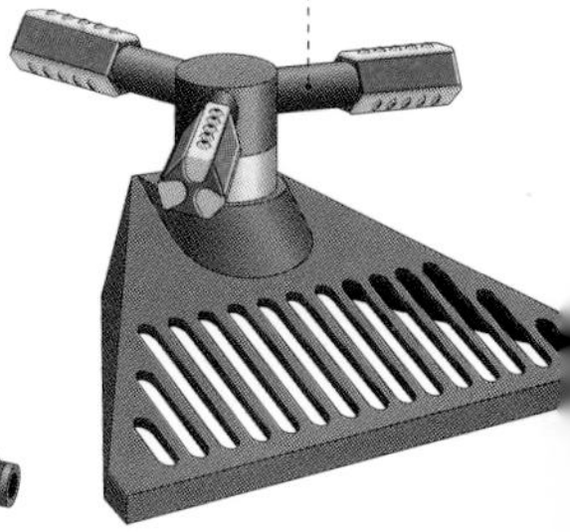

ARROSEUR[M] ROTATIF

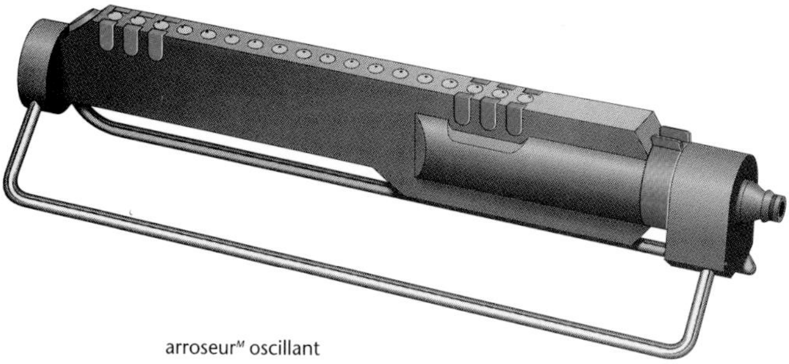

arroseur[M] oscillant

ARROSEUR[M] CANON[M]

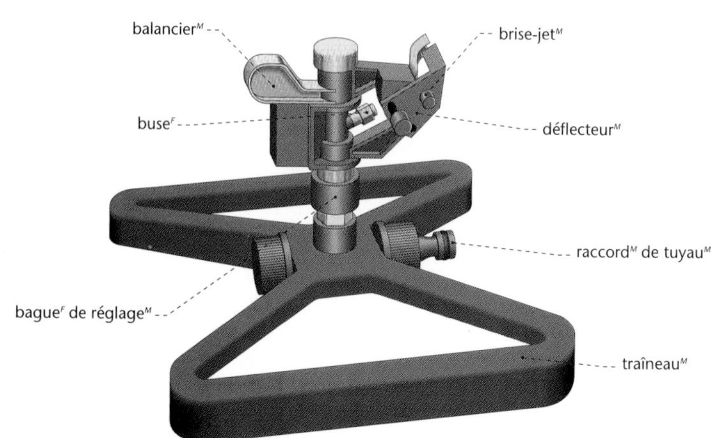

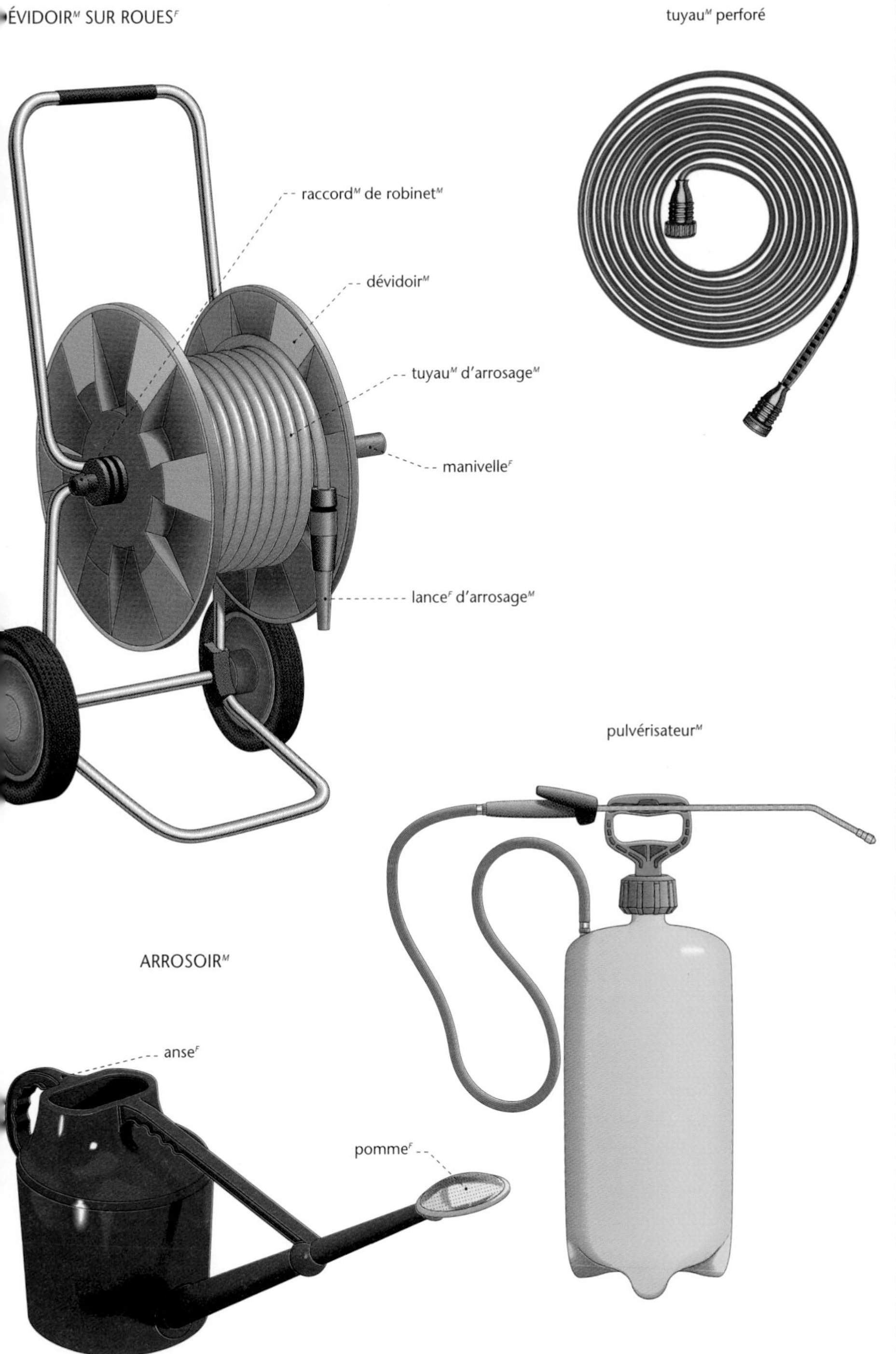
ÉVIDOIR[M] SUR ROUES[F]
raccord[M] de robinet[M]
dévidoir[M]
tuyau[M] d'arrosage[M]
manivelle[F]
lance[F] d'arrosage[M]
tuyau[M] perforé
pulvérisateur[M]
ARROSOIR[M]
anse[F]
pomme[F]

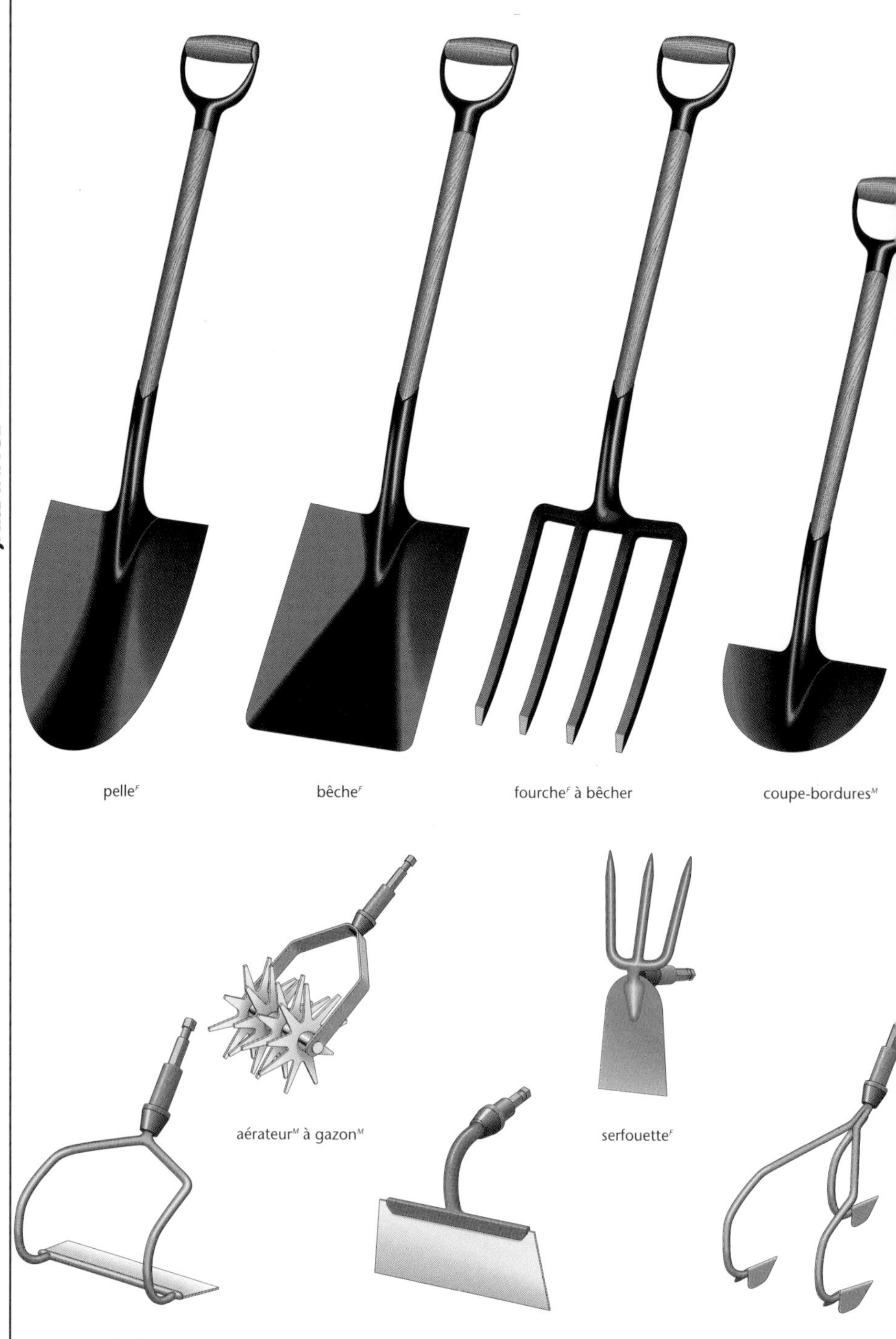
pelle[F]
bêche[F]
fourche[F] à bêcher
coupe-bordures[M]
aérateur[M] à gazon[M]
serfouette[F]
ratissoire[F]
binette[F]
sarcloir[M]

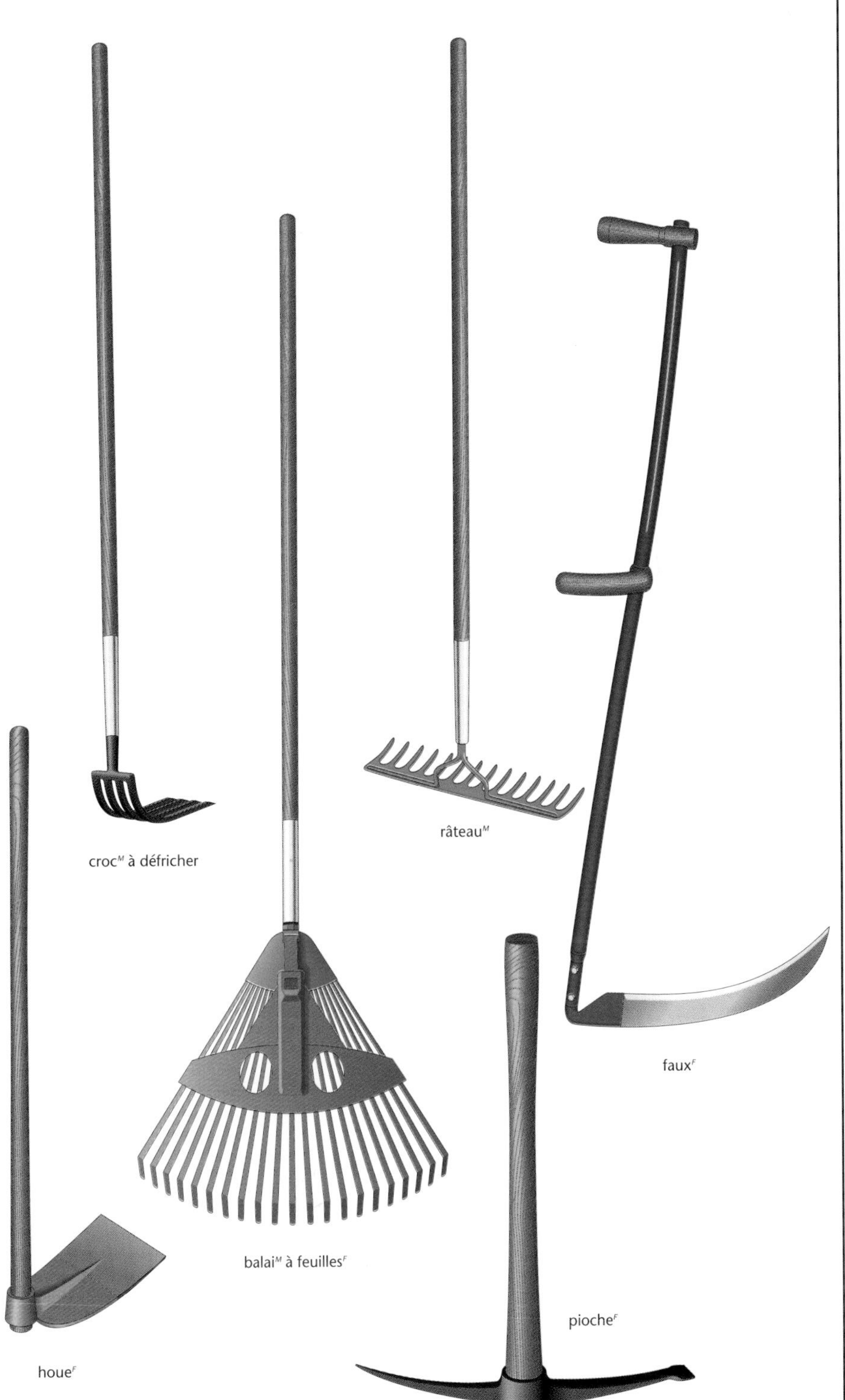
croc[M] à défricher
râteau[M]
faux[F]
balai[M] à feuilles[F]
pioche[F]
houe[F]

OUTILLAGE[M]

fourche[F] à fleurs[F]

tire-racine[M]

transplantoir[M]

griffe[F] à fleurs[F]

semoir[M] à main[F]

cordeau[M]

plantoir[M]

plantoir[M] à bulbes[M]

TAILLE-HAIES[M]

cordon[M]

bouclier[M]

gâchette[F]

dent[F]

lame[F]

moteur[M] électrique

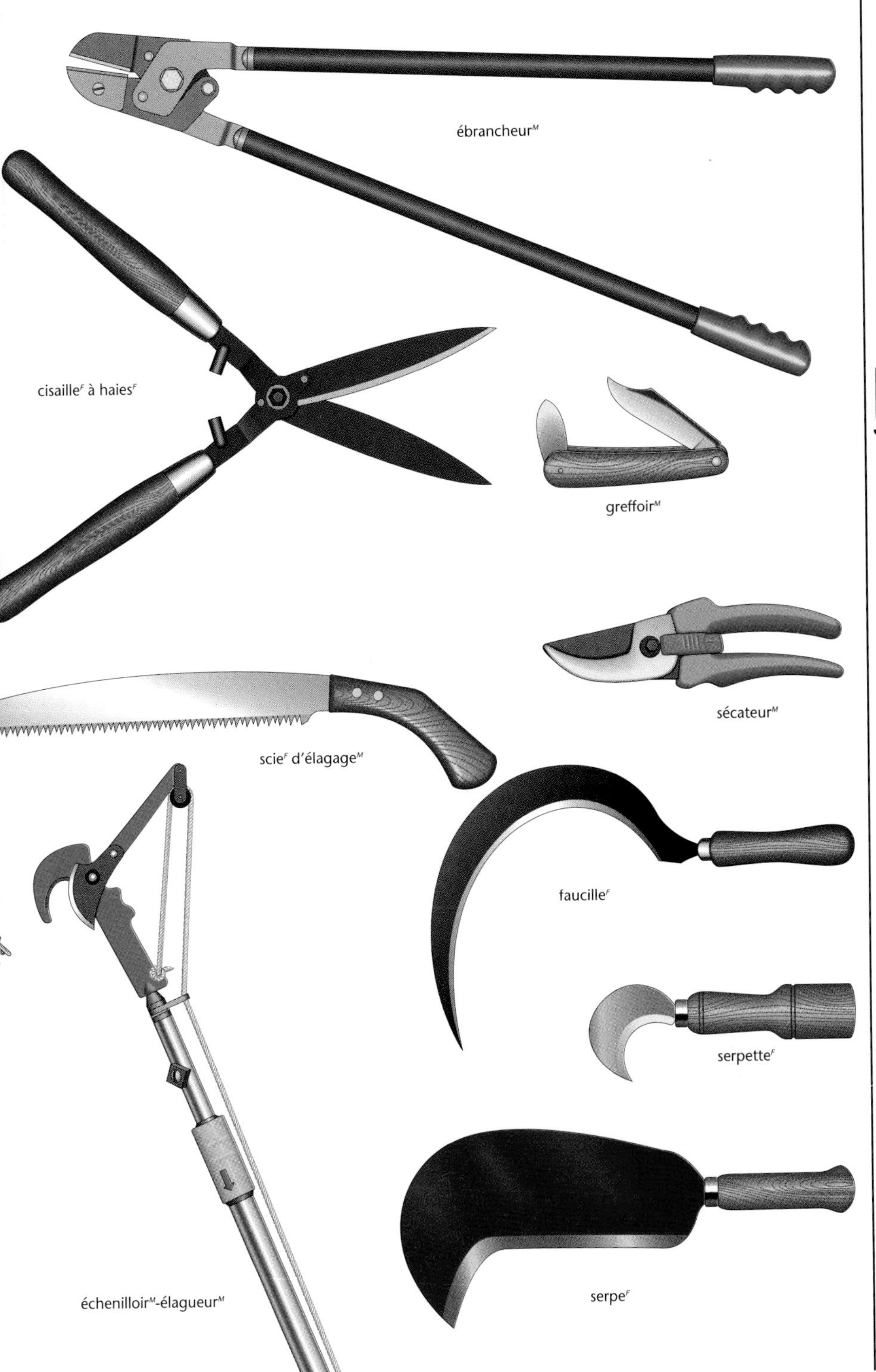
ébrancheur^M
cisaille^F à haies^F
greffoir^M
sécateur^M
scie^F d'élagage^M
faucille^F
serpette^F
échenilloir^M-élagueur^M
serpe^F

OUTILLAGE^M

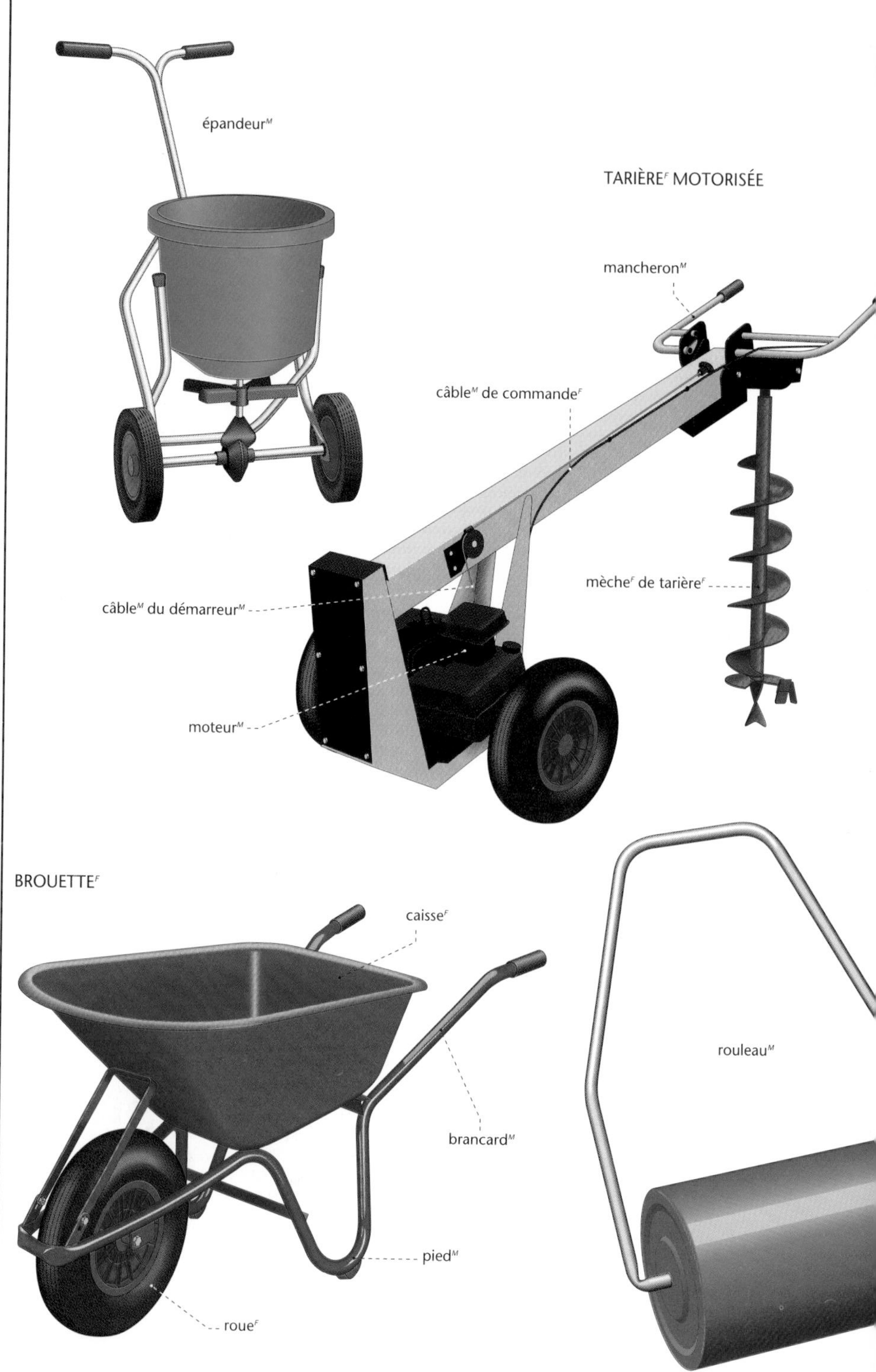
épandeur^M
TARIÈRE^F MOTORISÉE
mancheron^M
câble^M de commande^F
mèche^F de tarière^F
câble^M du démarreur^M
moteur^M
BROUETTE^F
caisse^F
brancard^M
pied^M
roue^F
rouleau^M

TONDEUSE[F] MÉCANIQUE

lame[F]
cylindre[M] de coupe[F]

TAILLE-BORDURES[M]

cordon[M]
moteur[M] électrique
carter[M] de sécurité[F]
fil[M] de nylon[M]

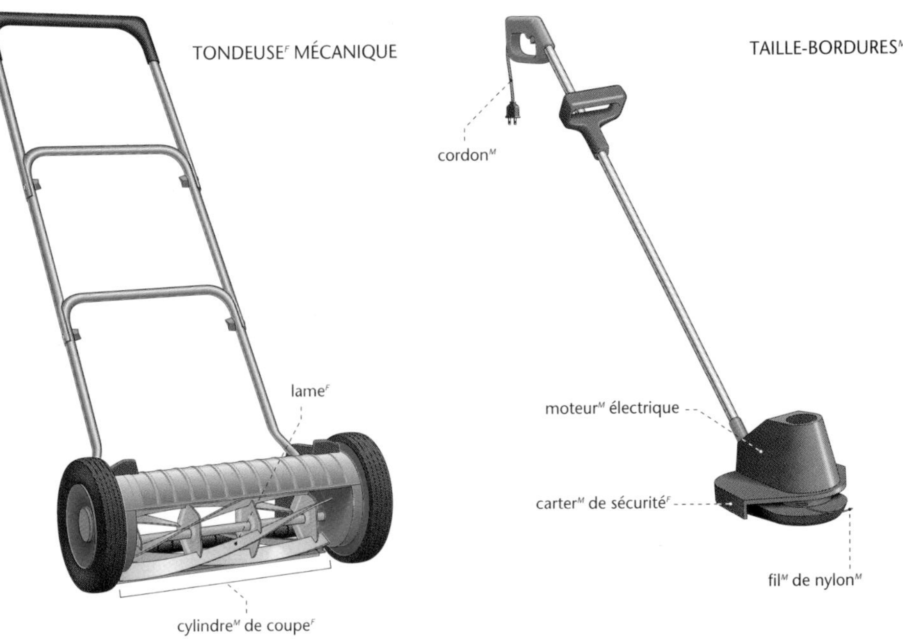

TONDEUSE[F] À MOTEUR[M]

guidon[M]
sélecteur[M] de régime[M]
poignée[F] de sécurité[F]
clé[F] de contact[M]
bac[M] de ramassage[M]
moteur[M]
démarreur[M] manuel
câble[M] d'accélération[F]
bouchon[M] de remplissage[M]
bougie[F]
déflecteur[M]
carter[M]

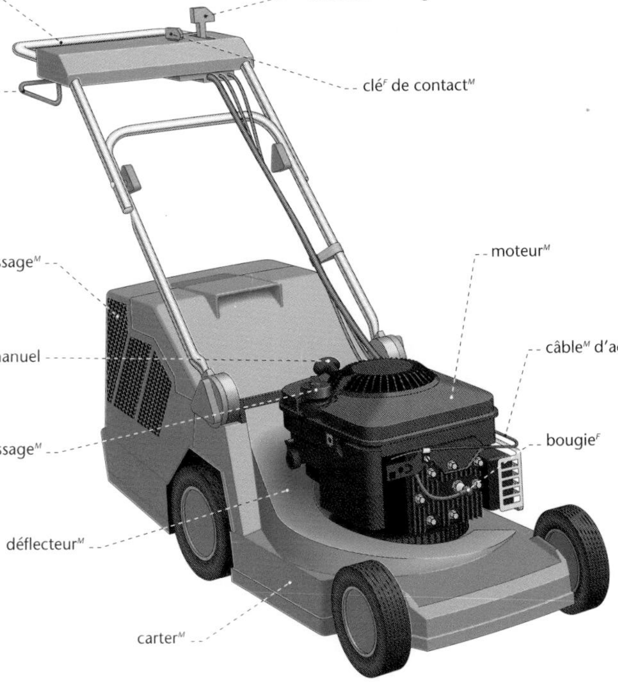

OUTILLAGE[M]

SCIE[F] À CHAÎNE[F]

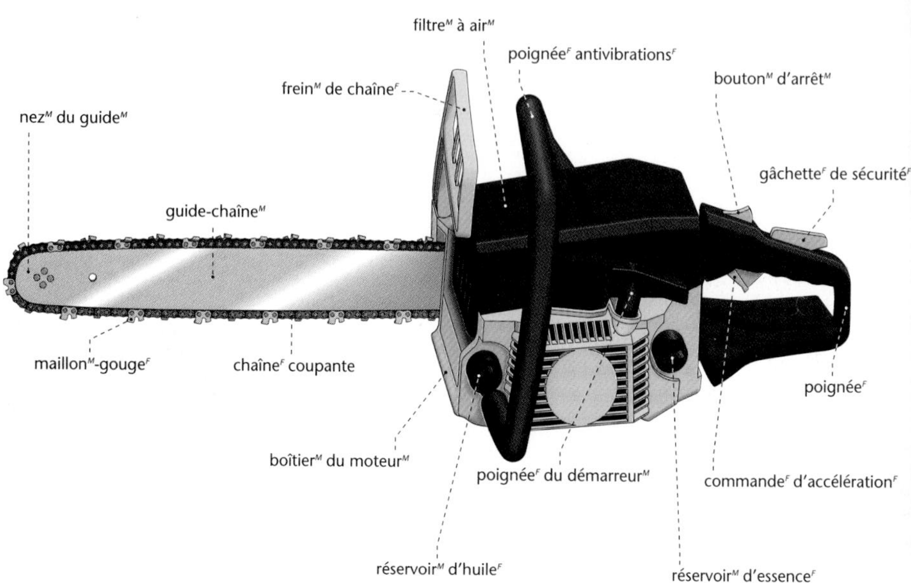

MOTOCULTEUR[M]

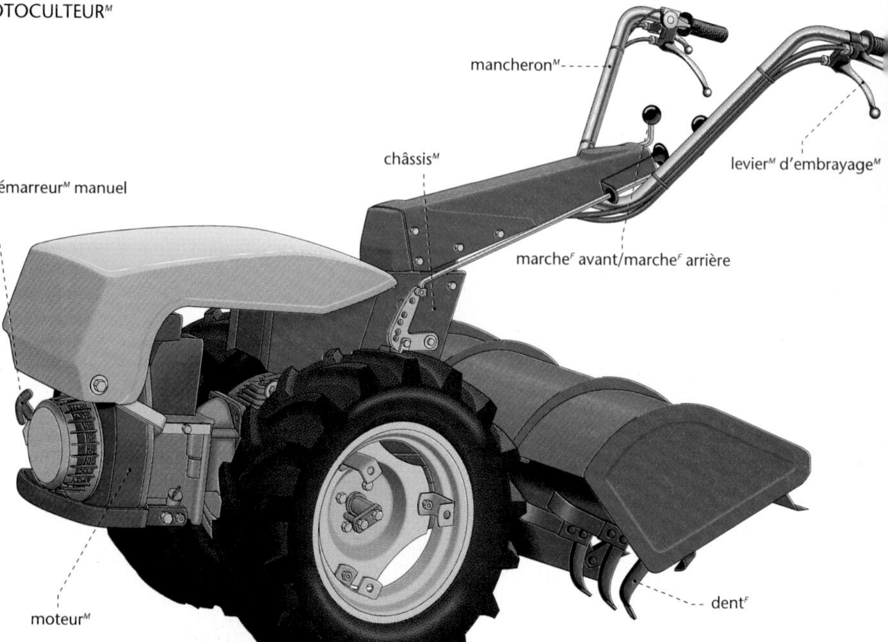

mancheron[M]
châssis[M]
levier[M] d'embrayage[M]
démarreur[M] manuel
marche[F] avant/marche[F] arrière
dent[F]
moteur[M]

BRICOLAGE

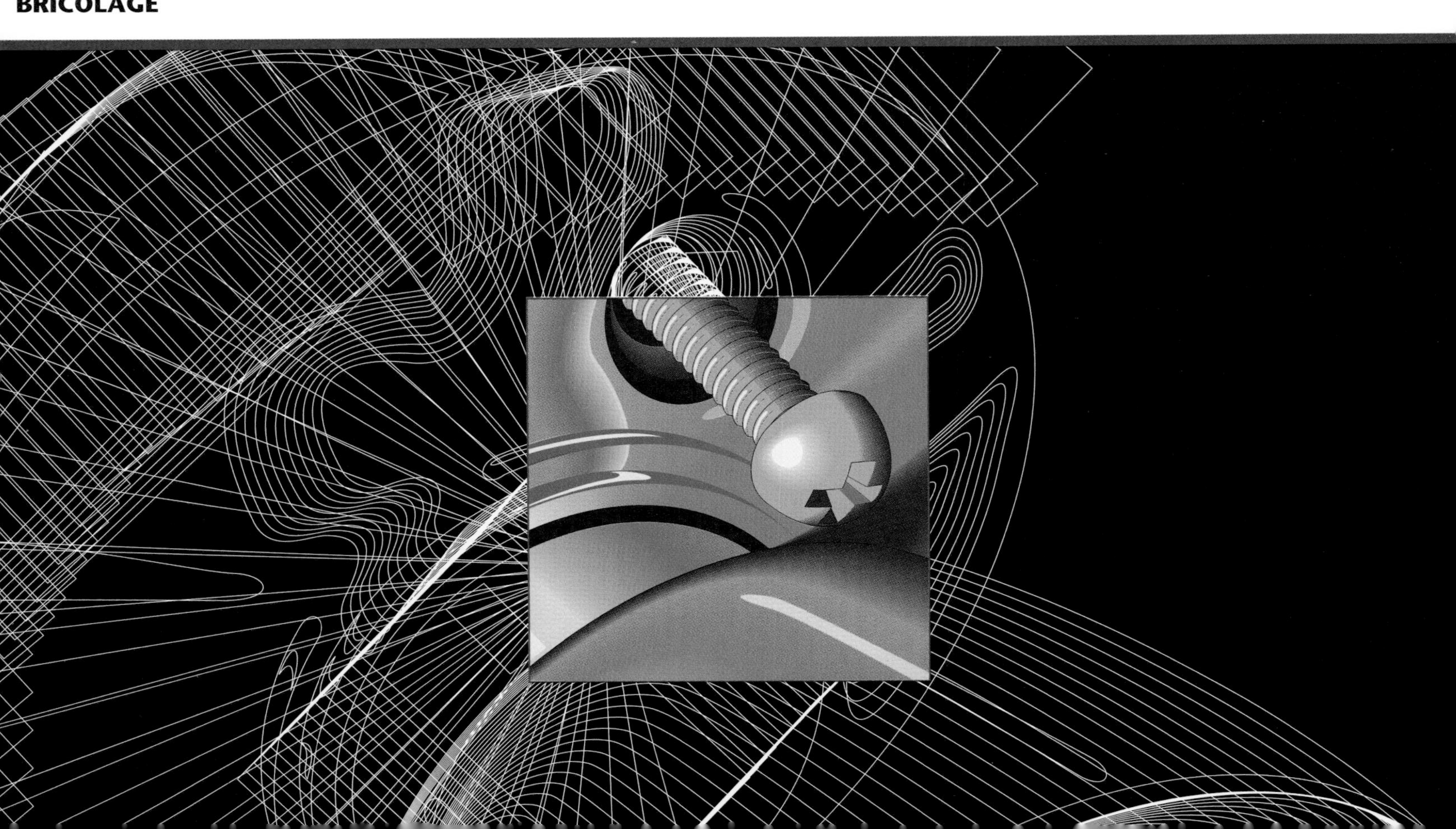

SOMMAIRE

MENUISERIE: OUTILS 275
MATÉRIAUX DE CONSTRUCTION 286
SERRURE 289
MAÇONNERIE 291
PLOMBERIE: SALLE DE BAINS 292
PLOMBERIE 294
ÉCHELLES ET ESCABEAUX 302
PEINTURE D'ENTRETIEN 304
SOUDAGE 305
ÉLECTRICITÉ 309

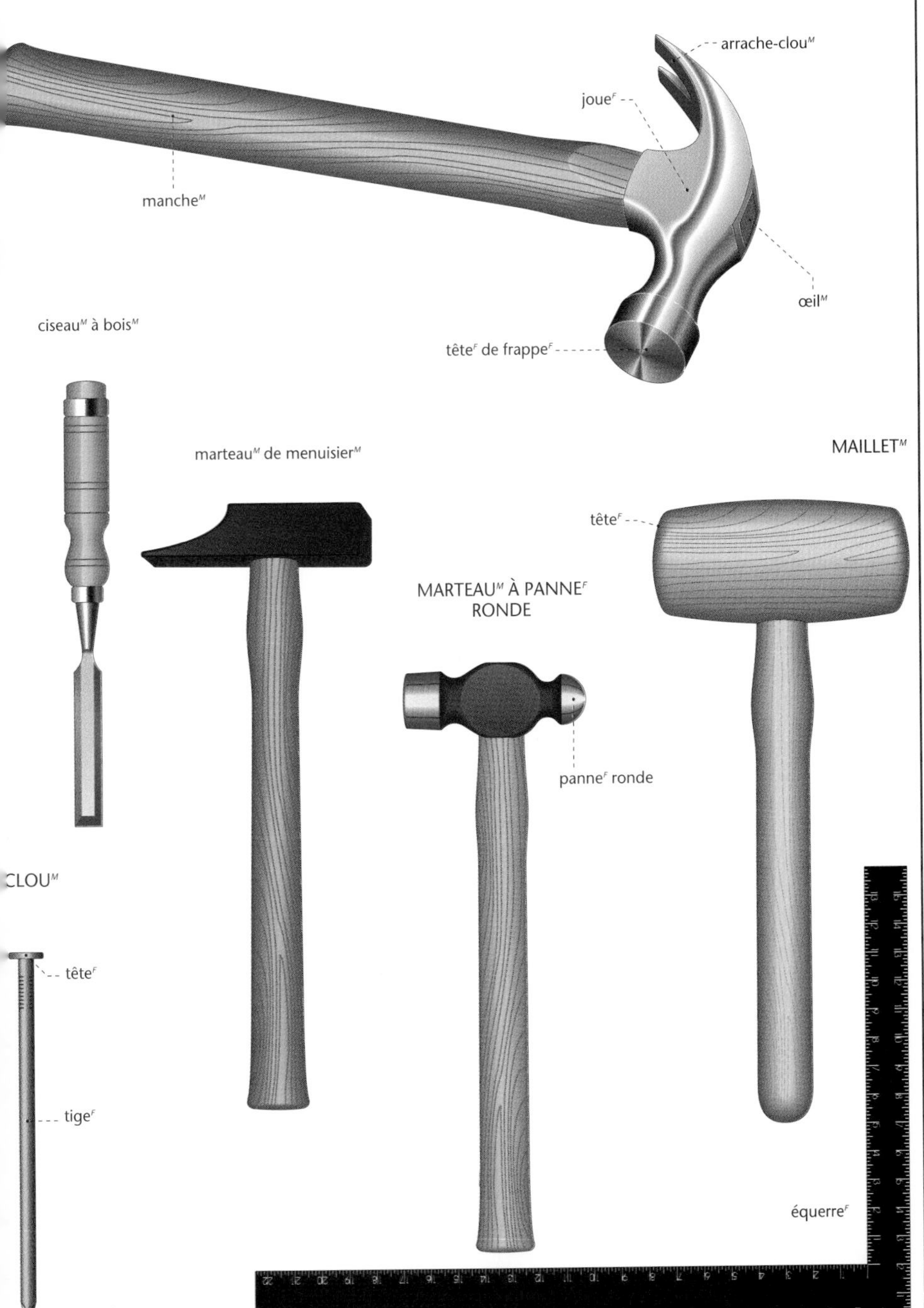
MARTEAU^M DE CHARPENTIER^M
arrache-clou^M
joue^F
manche^M
œil^M
tête^F de frappe^F
ciseau^M à bois^M
marteau^M de menuisier^M
MAILLET^M
tête^F
MARTEAU^M À PANNE^F RONDE
panne^F ronde
CLOU^M
tête^F
tige^F
pointe^F
équerre^F

MENUISERIE^{F}: OUTILS^{M}

TOURNEVIS^{M}

tige^{F}
pointe^{F}
manche^{M}
lame^{F}

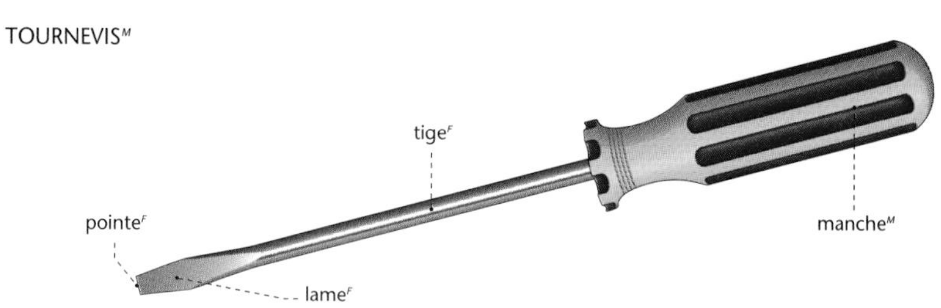

TOURNEVIS^{M} À SPIRALE^{F}

cliquet^{M}
spirale^{F}
poignée^{F}
mors^{M}
bague^{F} de blocage^{M}
mandrin^{M}
lame^{F}

pointe^{F} carrée
pointe^{F} cruciforme
pointe^{F} plate

BOULON^{M} À AILETTES^{F}

ailette^{F} à ressort^{M}

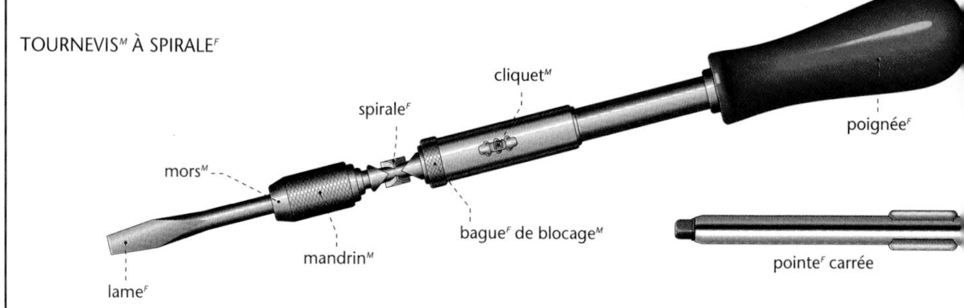

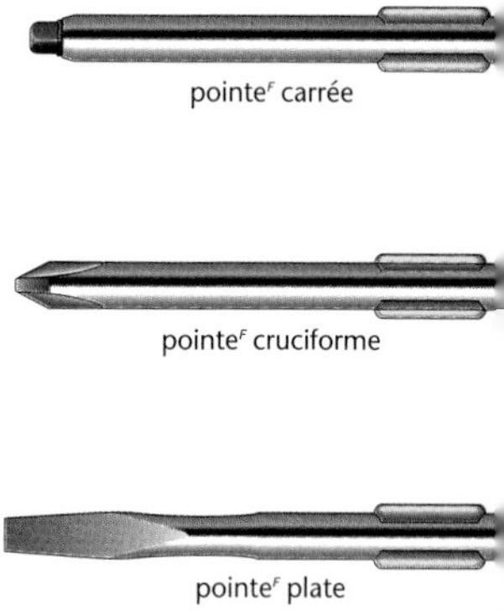

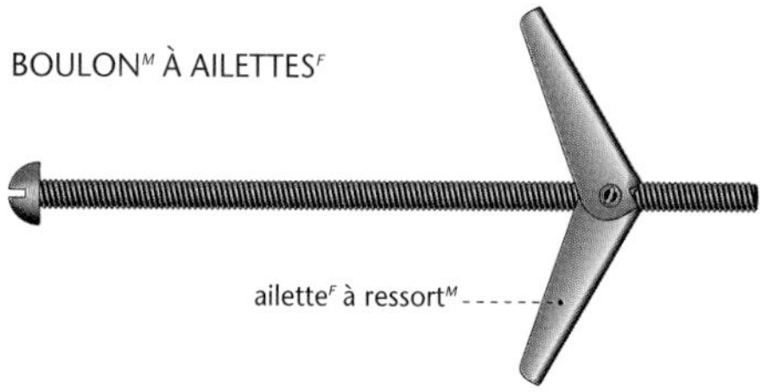

boulon^{M} à gaine^{F} d'expansion^{F}

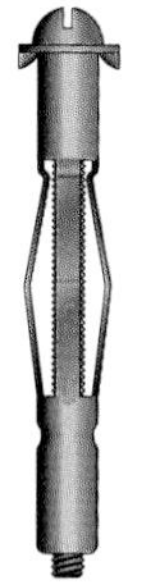

VIS^{F}

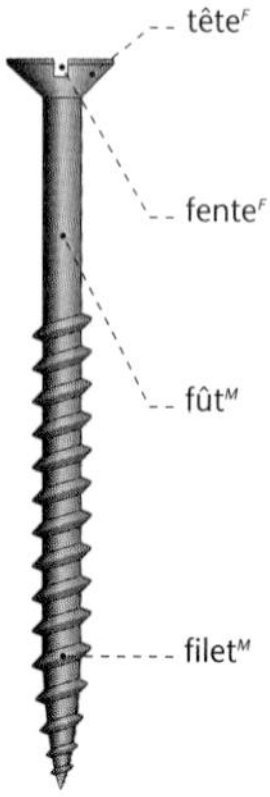

tête^{F}
fente^{F}
fût^{M}
filet^{M}

TYPES^{M} DE TÊTE

tête^{F} plate
tête^{F} creuse
tête^{F} cruciforme
tête^{F} à sens^{M} unique
tête^{F} ronde
tête^{F} bombée

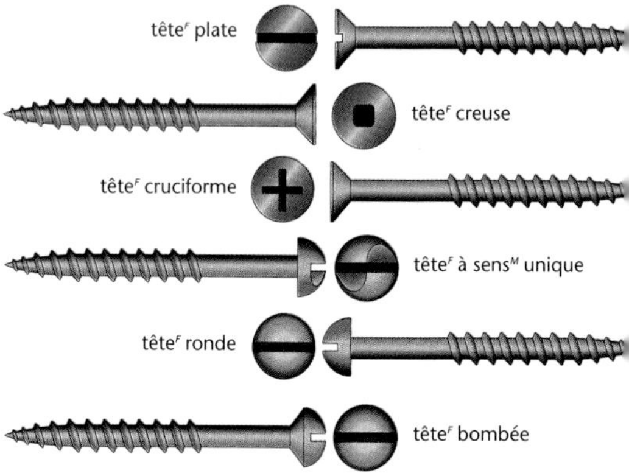

RABOT[M]

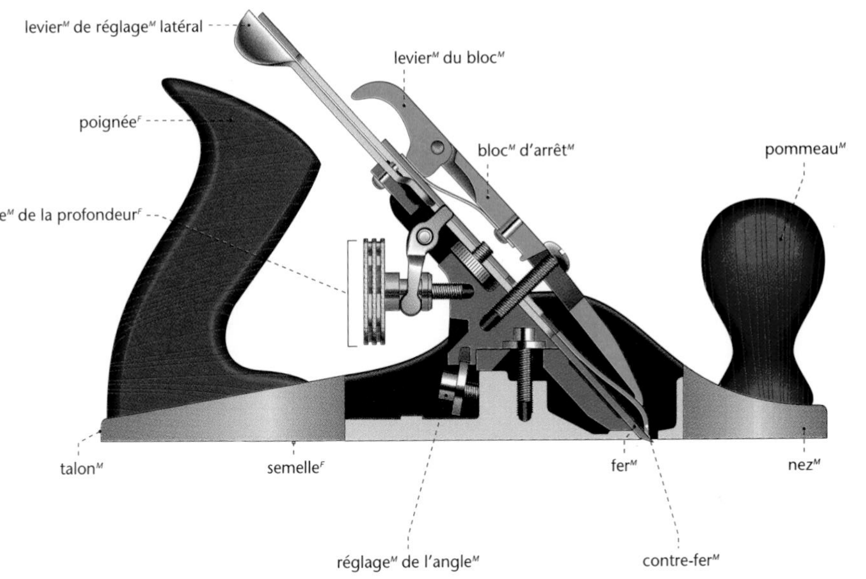

CIE[F] À MÉTAUX[M]

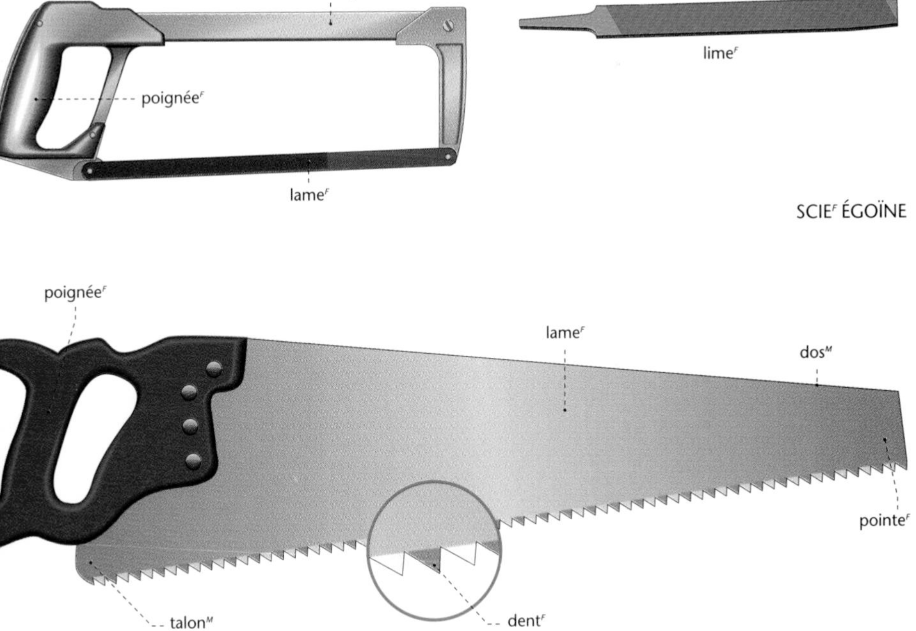

BRICOLAGE

PINCE^F MOTORISTE

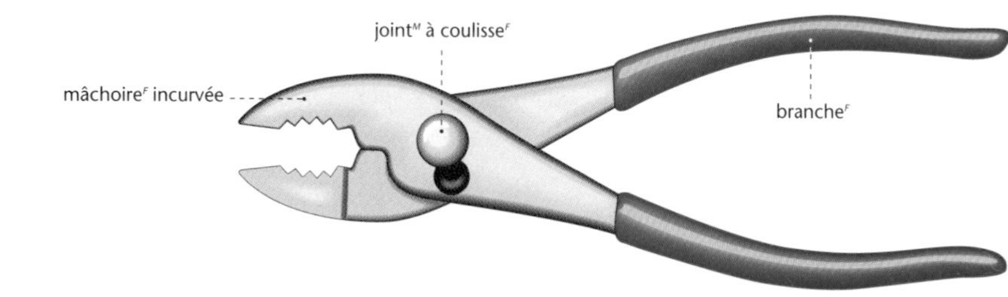

PINCE^F MULTIPRISE

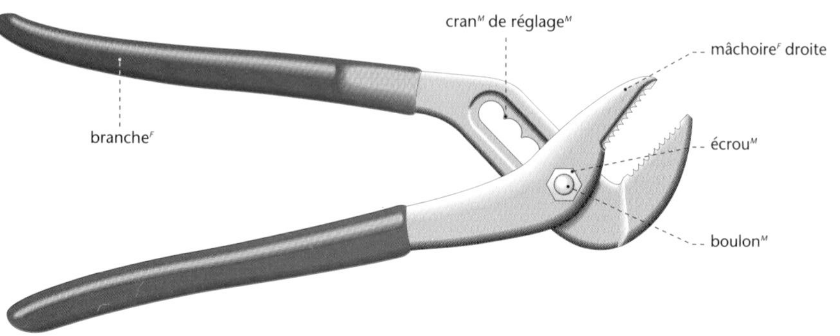

PINCE^F-ÉTAU^M

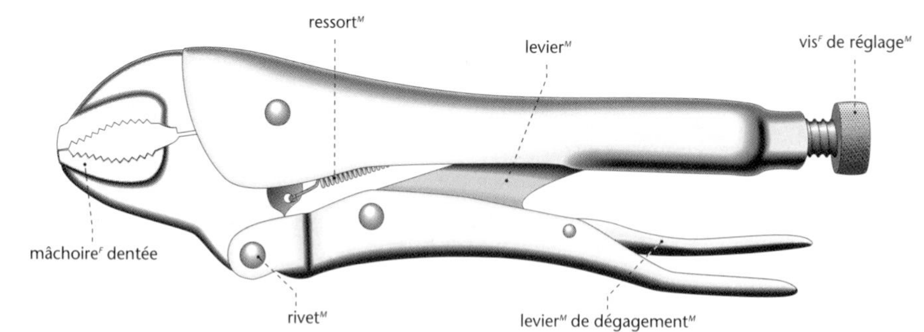

RONDELLES^F

rondelle^F plate

rondelle^F à ressort^M

rondelle^F à denture^F intérieure

rondelle^F à denture^F extéri

CLÉ[F] À MOLETTE[F]

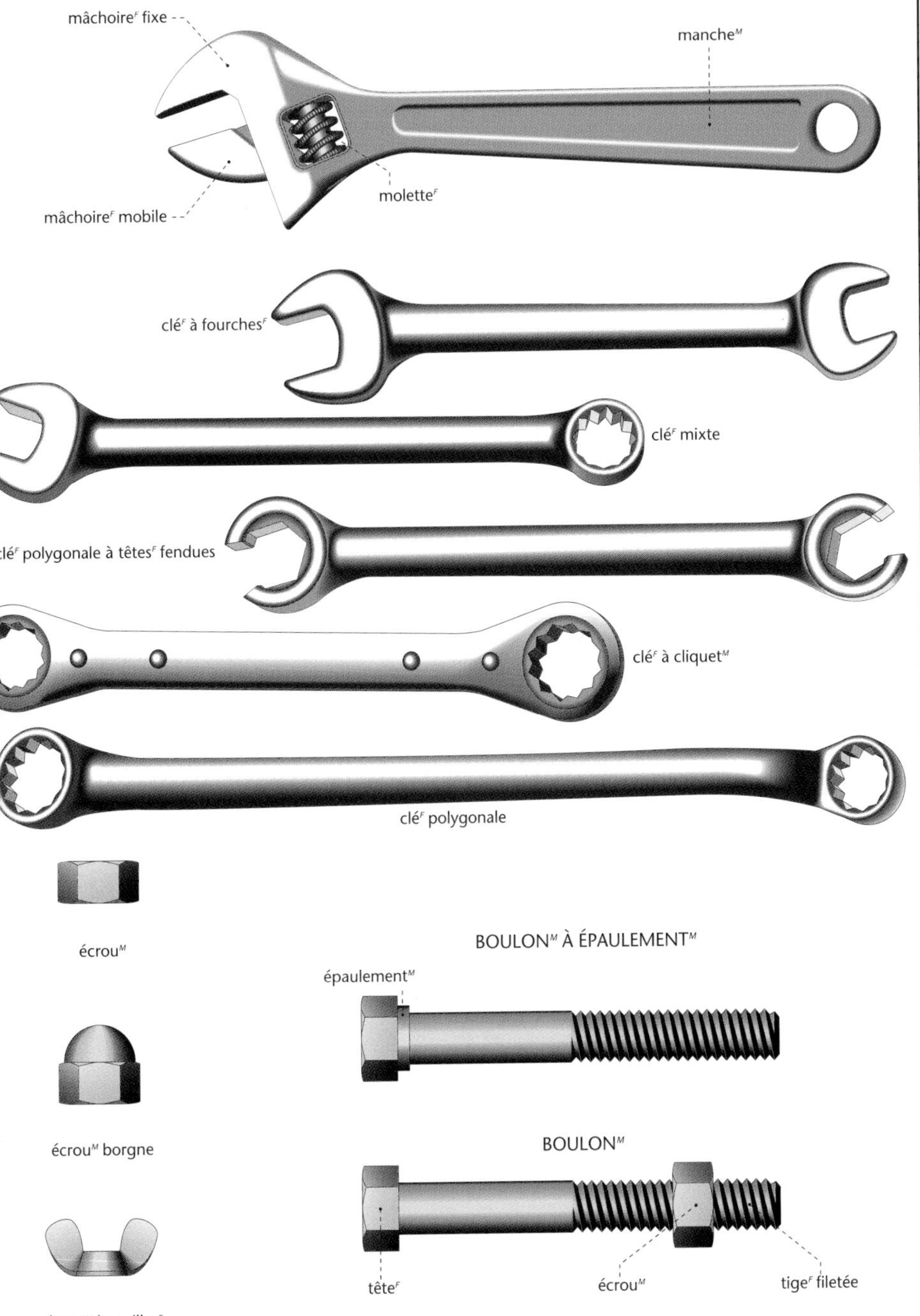

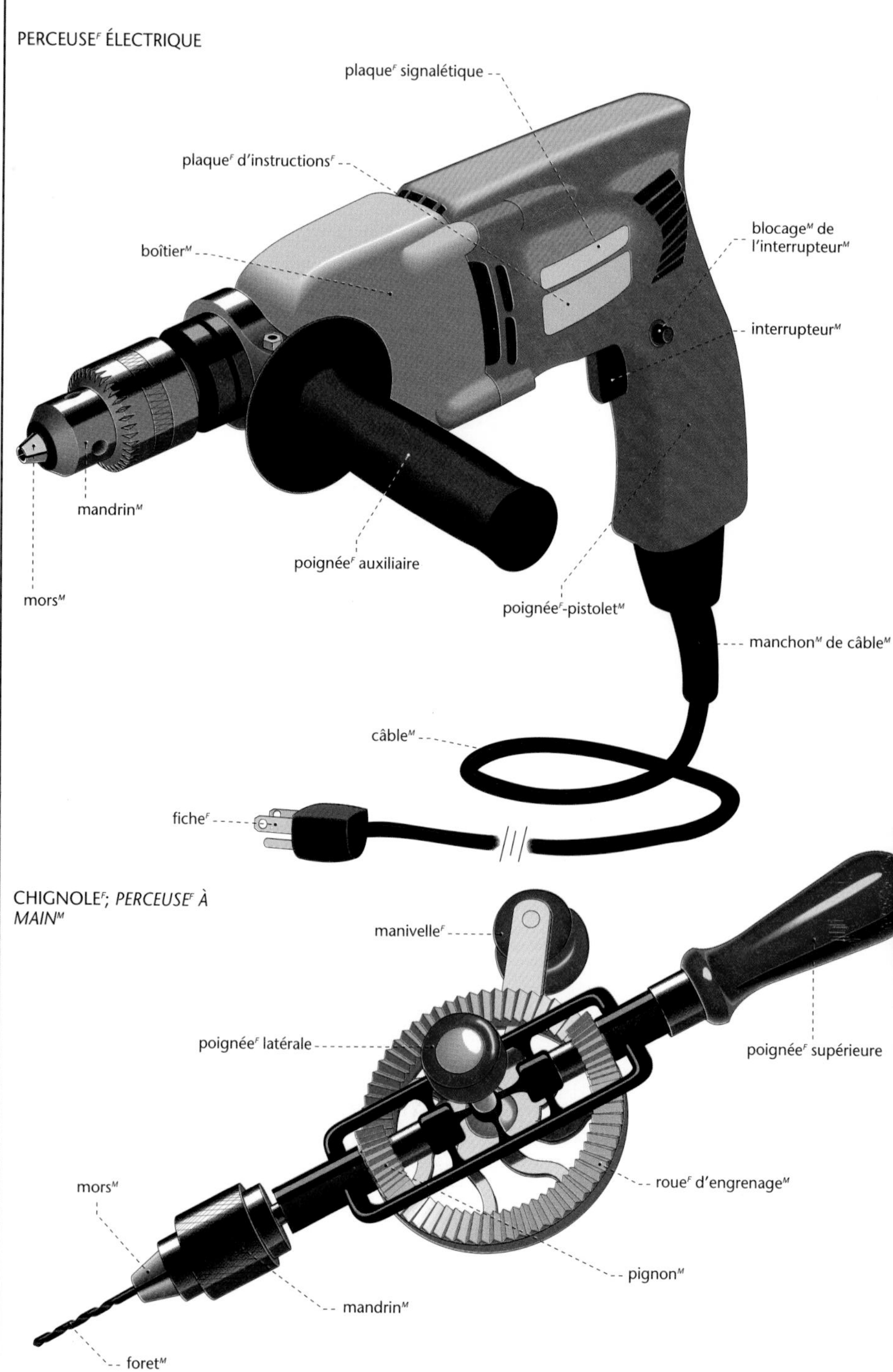
PERCEUSE^F ÉLECTRIQUE
plaque^F signalétique
plaque^F d'instructions^F
boîtier^M
blocage^M de l'interrupteur^M
interrupteur^M
mandrin^M
poignée^F auxiliaire
mors^M
poignée^F-pistolet^M
manchon^M de câble^M
câble^M
fiche^F
CHIGNOLE^F; PERCEUSE^F À MAIN^M
manivelle^F
poignée^F latérale
poignée^F supérieure
roue^F d'engrenage^M
mors^M
pignon^M
mandrin^M
foret^M

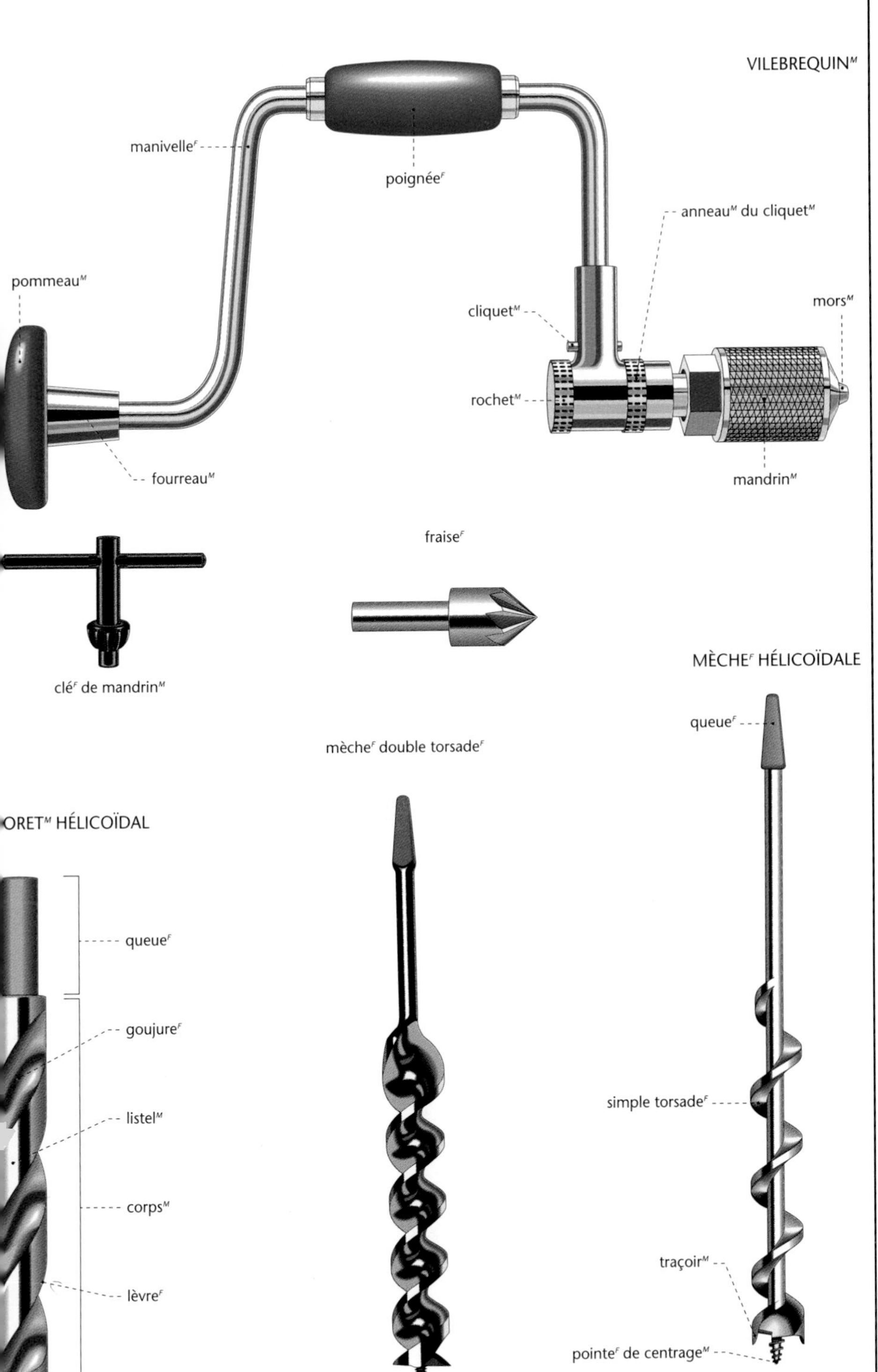
VILEBREQUIN^M
manivelle^F
poignée^F
anneau^M du cliquet^M
pommeau^M
cliquet^M
mors^M
rochet^M
fourreau^M
mandrin^M
fraise^F
clé^F de mandrin^M
MÈCHE^F HÉLICOÏDALE
queue^F
mèche^F double torsade^F
ORET^M HÉLICOÏDAL
queue^F
goujure^F
listel^M
simple torsade^F
corps^M
traçoir^M
lèvre^F
pointe^F de centrage^M
pointe^F de centrage^M

SERRE-JOINT[M]

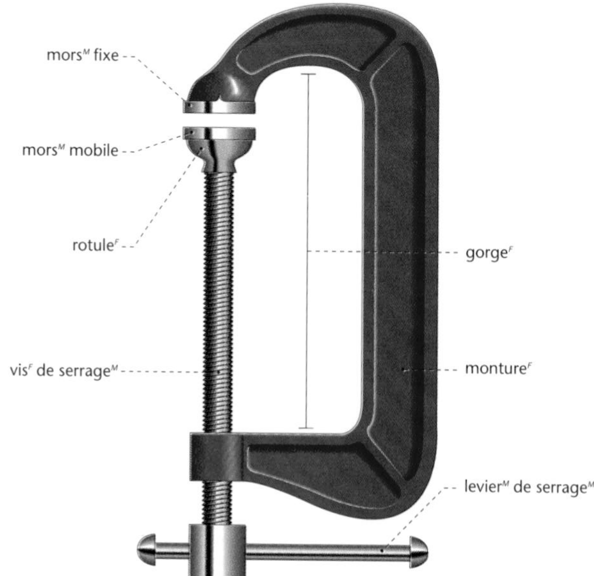

ÉTAU[M]

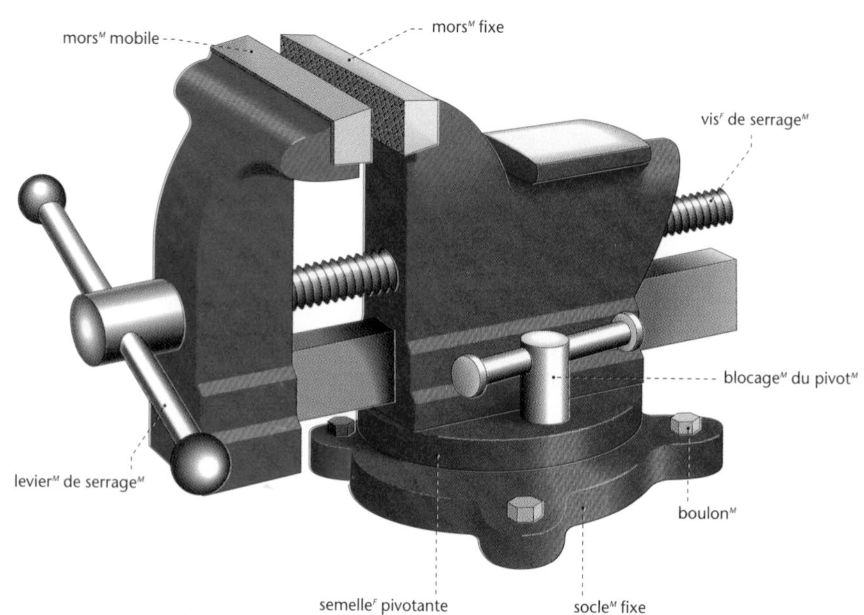

TOUPIE[F]

PERCEUSE[F] À COLONNE[F]

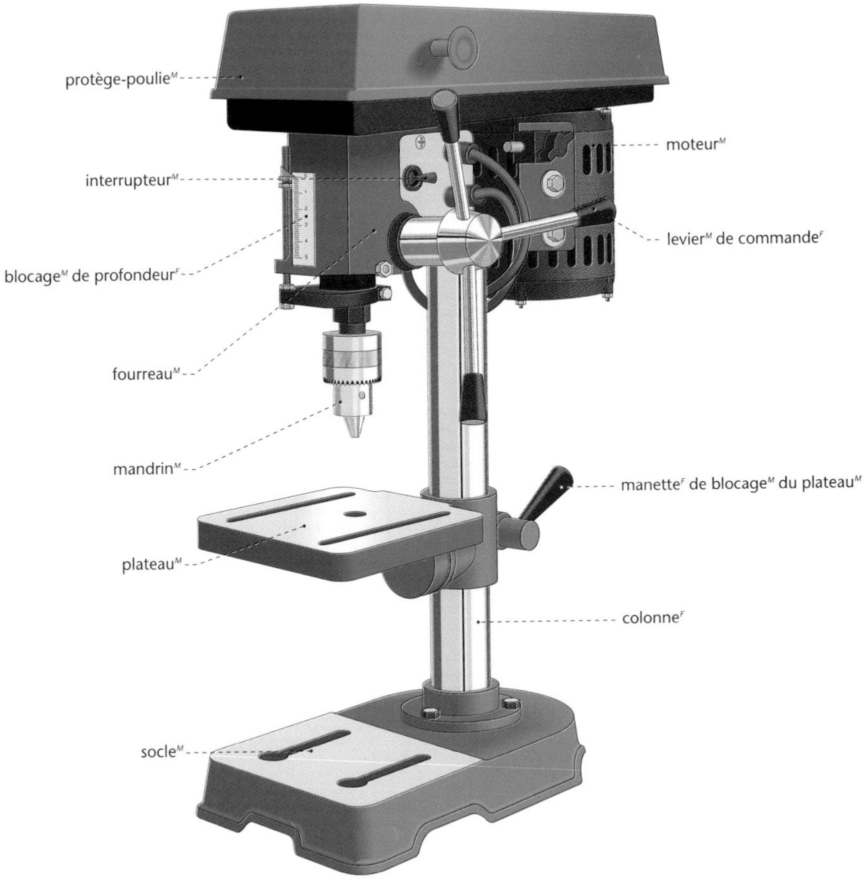

LAME^F DE SCIE^F CIRCULAIRE

dent^F
pointe^F

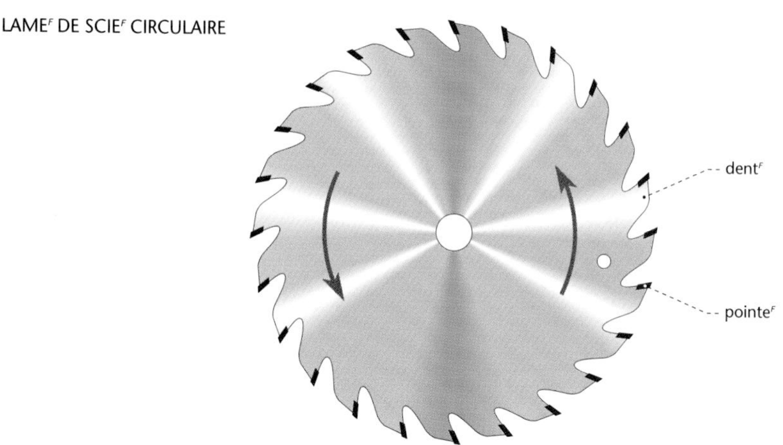

SCIE^F CIRCULAIRE

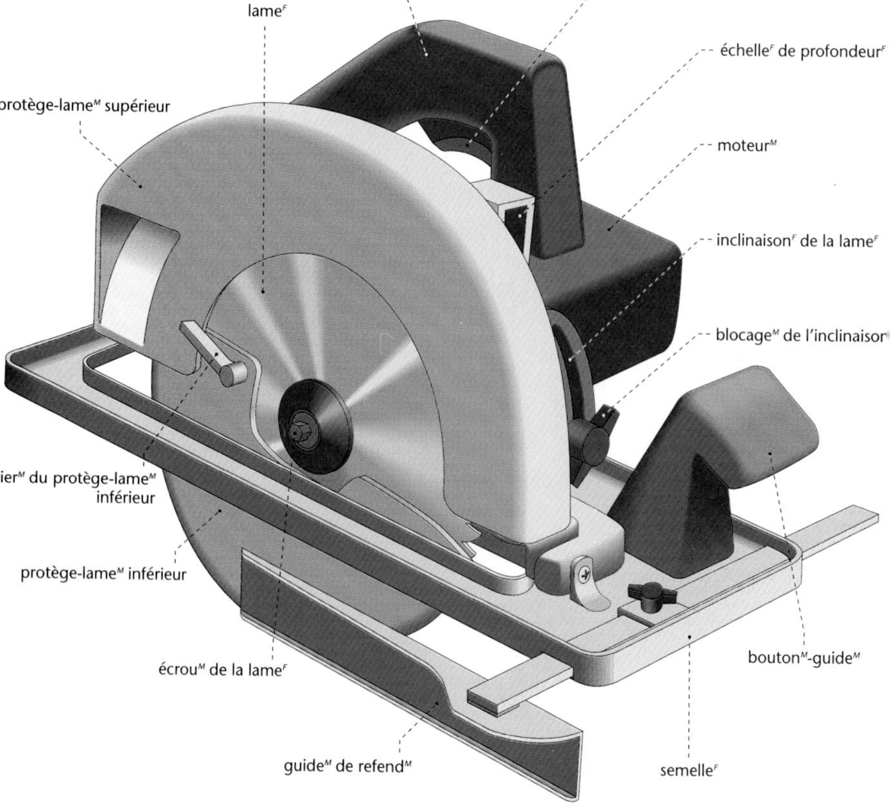

poignée^F
interrupteur^M à gâchette^F
lame^F
échelle^F de profondeur^F
protège-lame^M supérieur
moteur^M
inclinaison^F de la lame^F
blocage^M de l'inclinaison
levier^M du protège-lame^M inférieur
protège-lame^M inférieur
écrou^M de la lame^F
bouton^M-guide^M
guide^M de refend^M
semelle^F

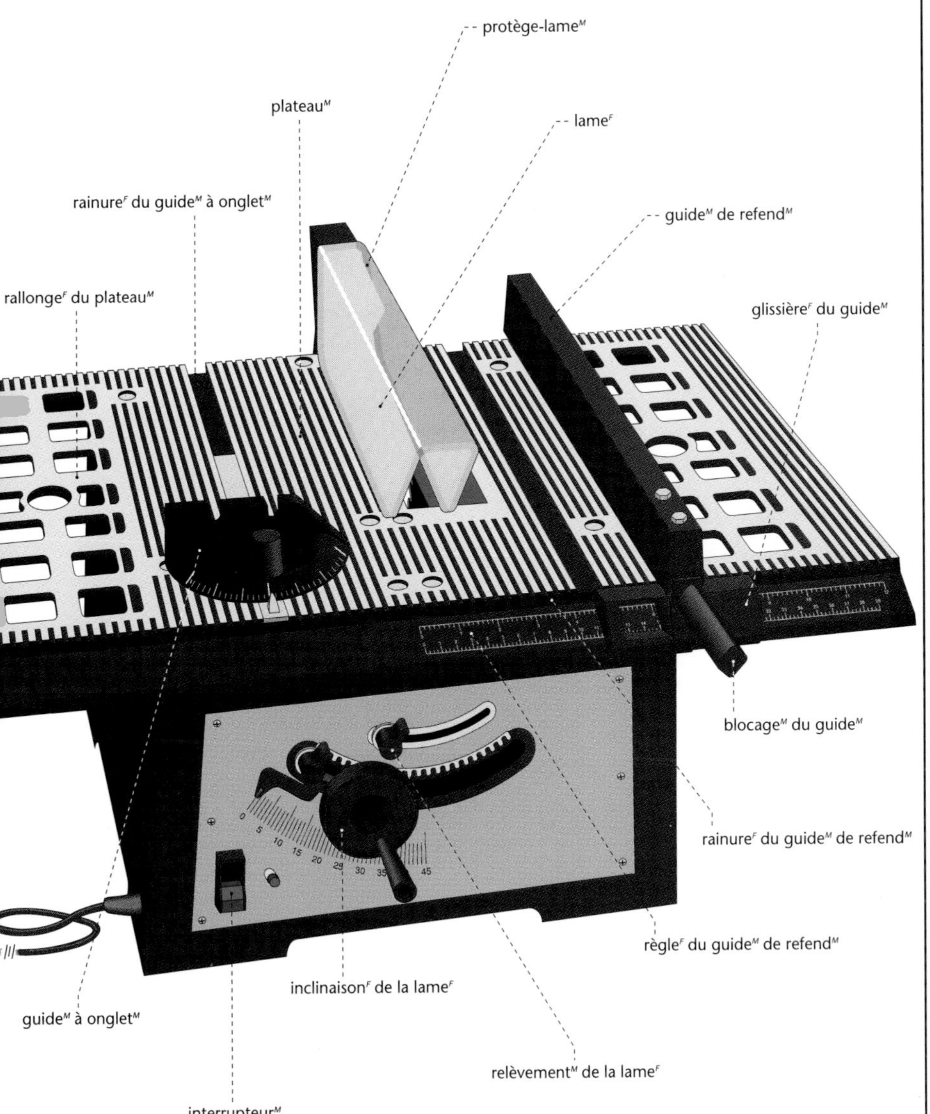
protège-lame[M]
plateau[M]
lame[F]
rainure[F] du guide[M] à onglet[M]
guide[M] de refend[M]
rallonge[F] du plateau[M]
glissière[F] du guide[M]
blocage[M] du guide[M]
rainure[F] du guide[M] de refend[M]
règle[F] du guide[M] de refend[M]
inclinaison[F] de la lame[F]
guide[M] à onglet[M]
relèvement[M] de la lame[F]
interrupteur[M]

MATÉRIAUX^M DE CONSTRUCTION^F

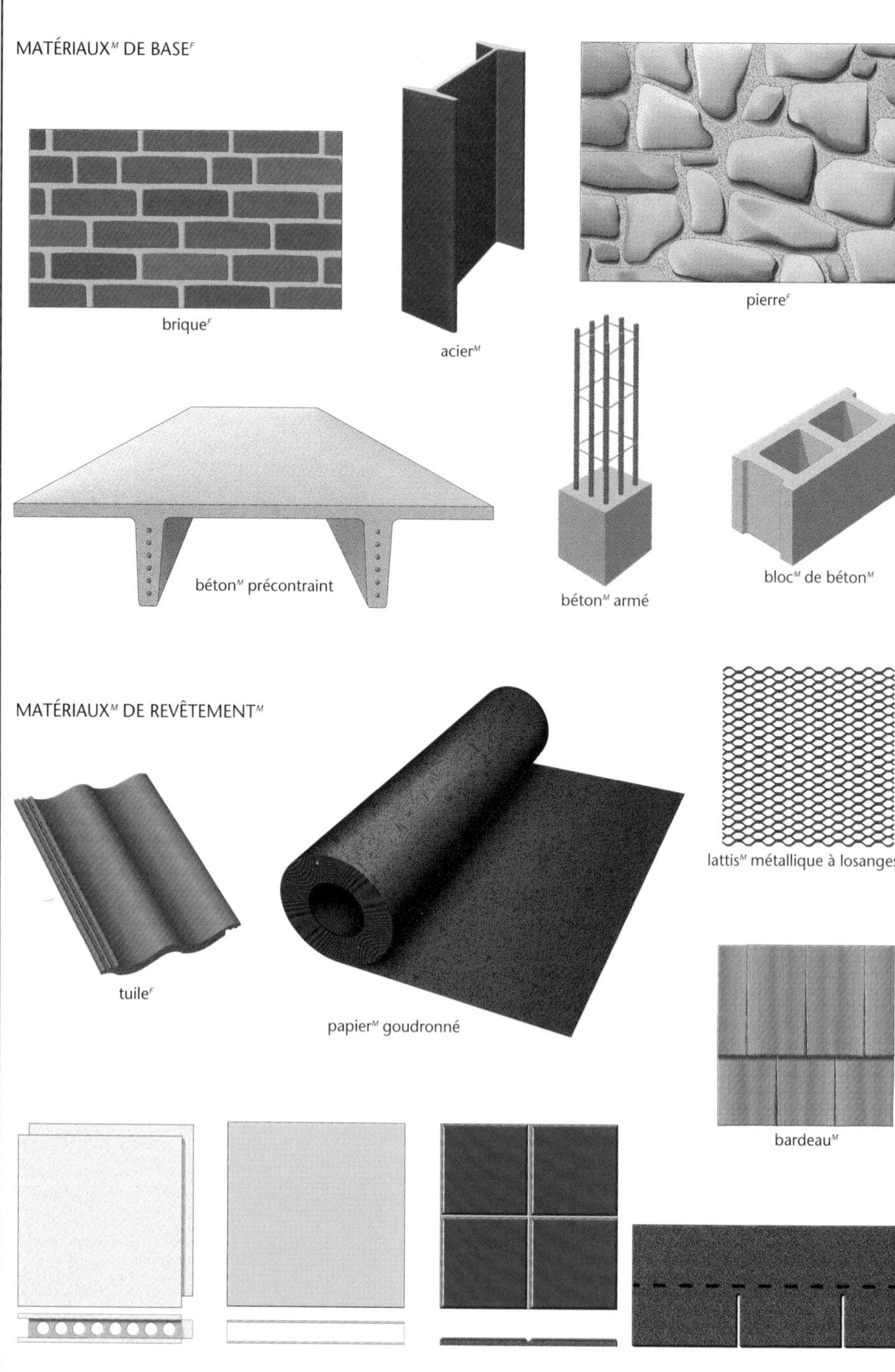

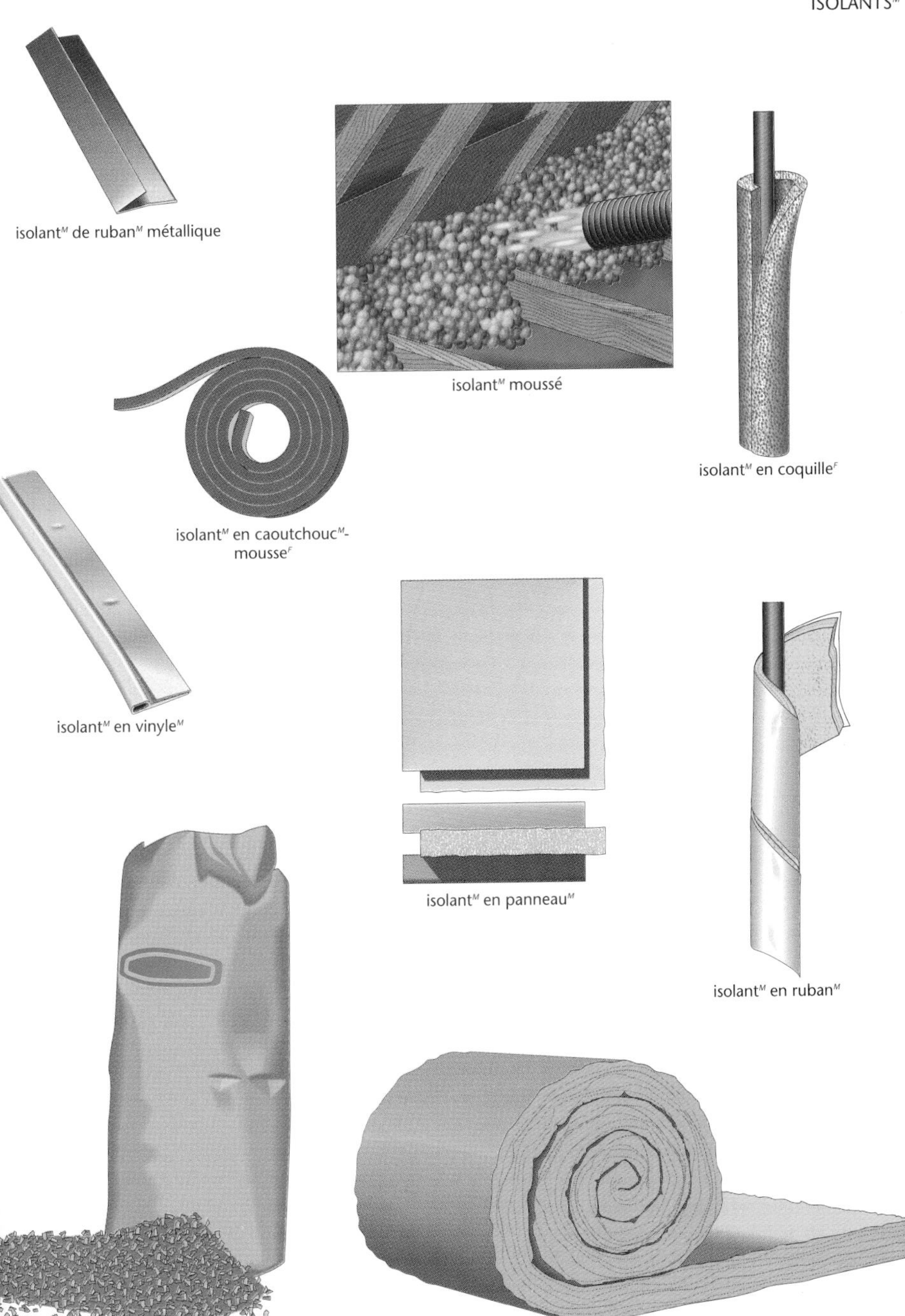
isolant[M] de ruban[M] métallique
isolant[M] moussé
isolant[M] en coquille[F]
isolant[M] en caoutchouc[M]-mousse[F]
isolant[M] en vinyle[M]
isolant[M] en panneau[M]
isolant[M] en ruban[M]
isolant[M] en vrac[M]
isolant[M] en rouleau[M]

MATÉRIAUX[M] DE CONSTRUCTION[F]

BOIS[M]

COUPE[F] D'UNE BILLE[F]

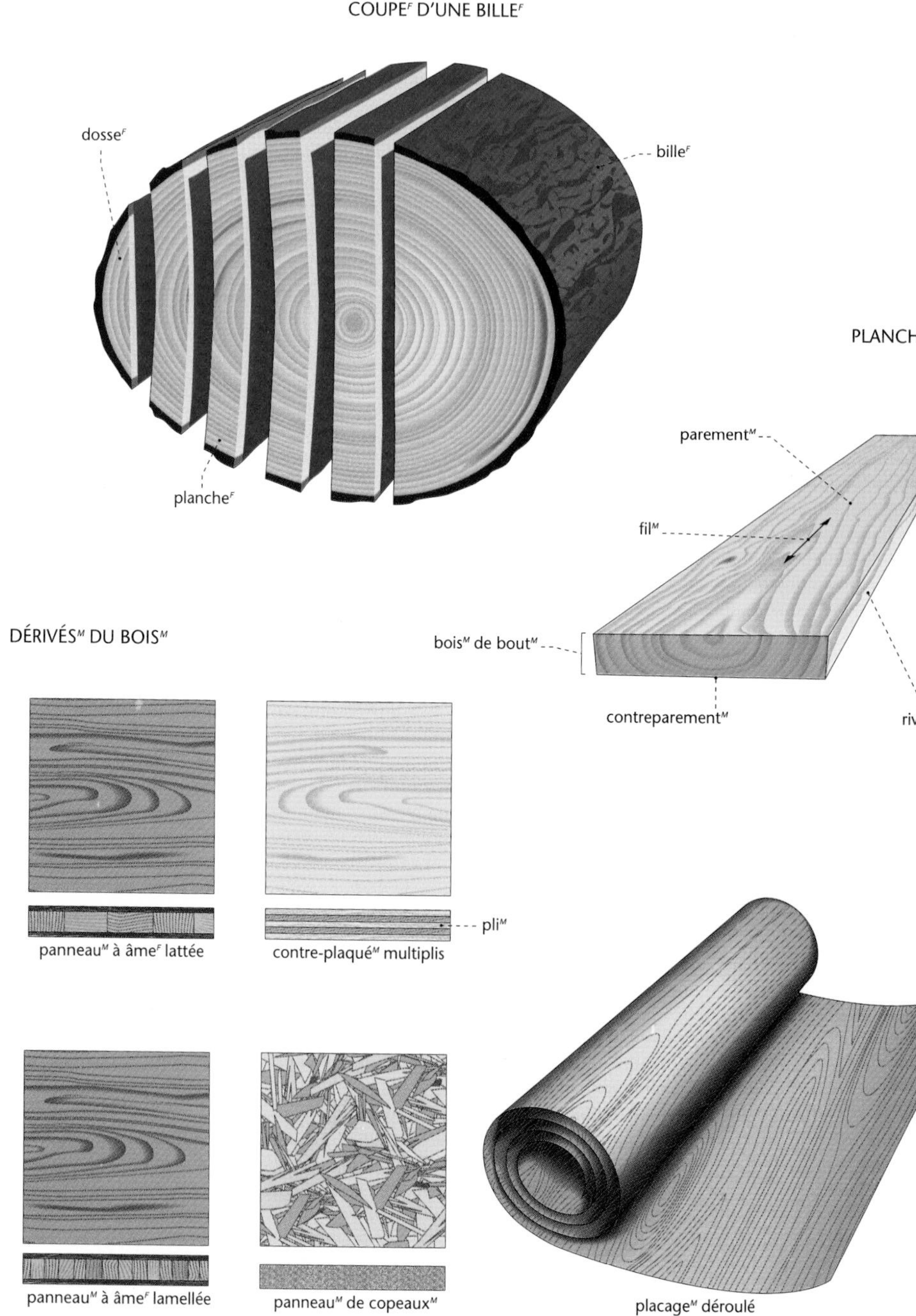

DÉRIVÉS[M] DU BOIS[M]

panneau[M] de fibres[F]

panneau[M] de fibres[F] perforé

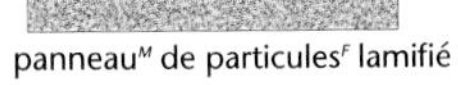

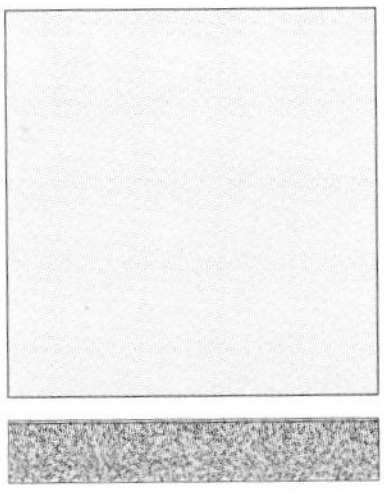

panneau[M] de particules[F] lamifié

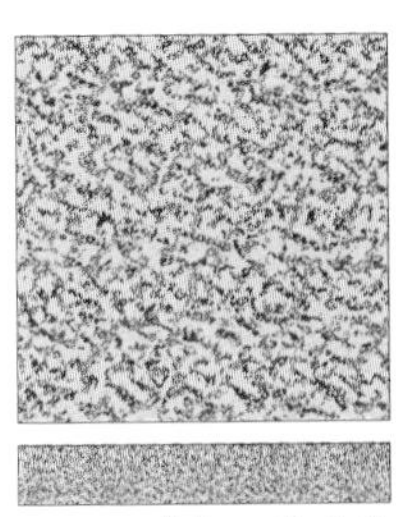

panneau[M] de particules[F]

SERRURE[F]

VUE[F] D'ENSEMBLE[M]

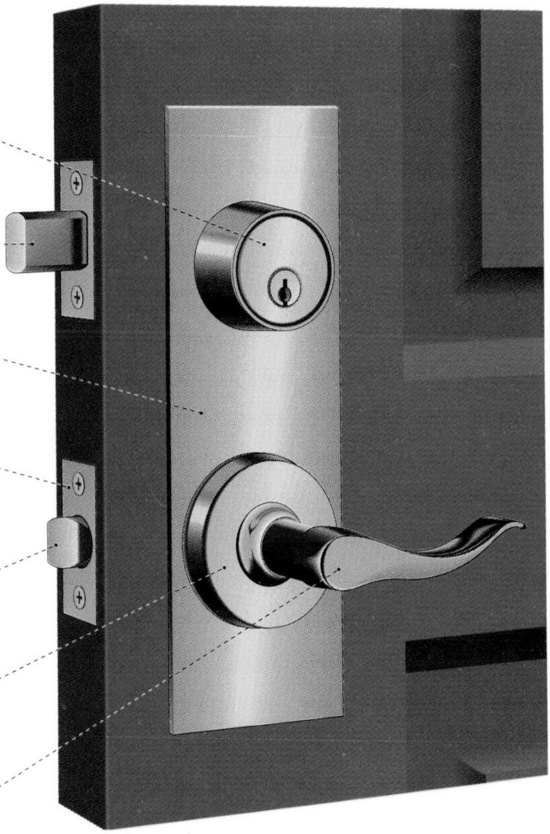

serrure[F]

pêne[M] dormant

écusson[M]

têtière[F]

pêne[M] demi-tour[M]

rosette[F]

bec-de-cane[M]

SERRURE^F À MORTAISER

SERRURE^F TUBULAIRE

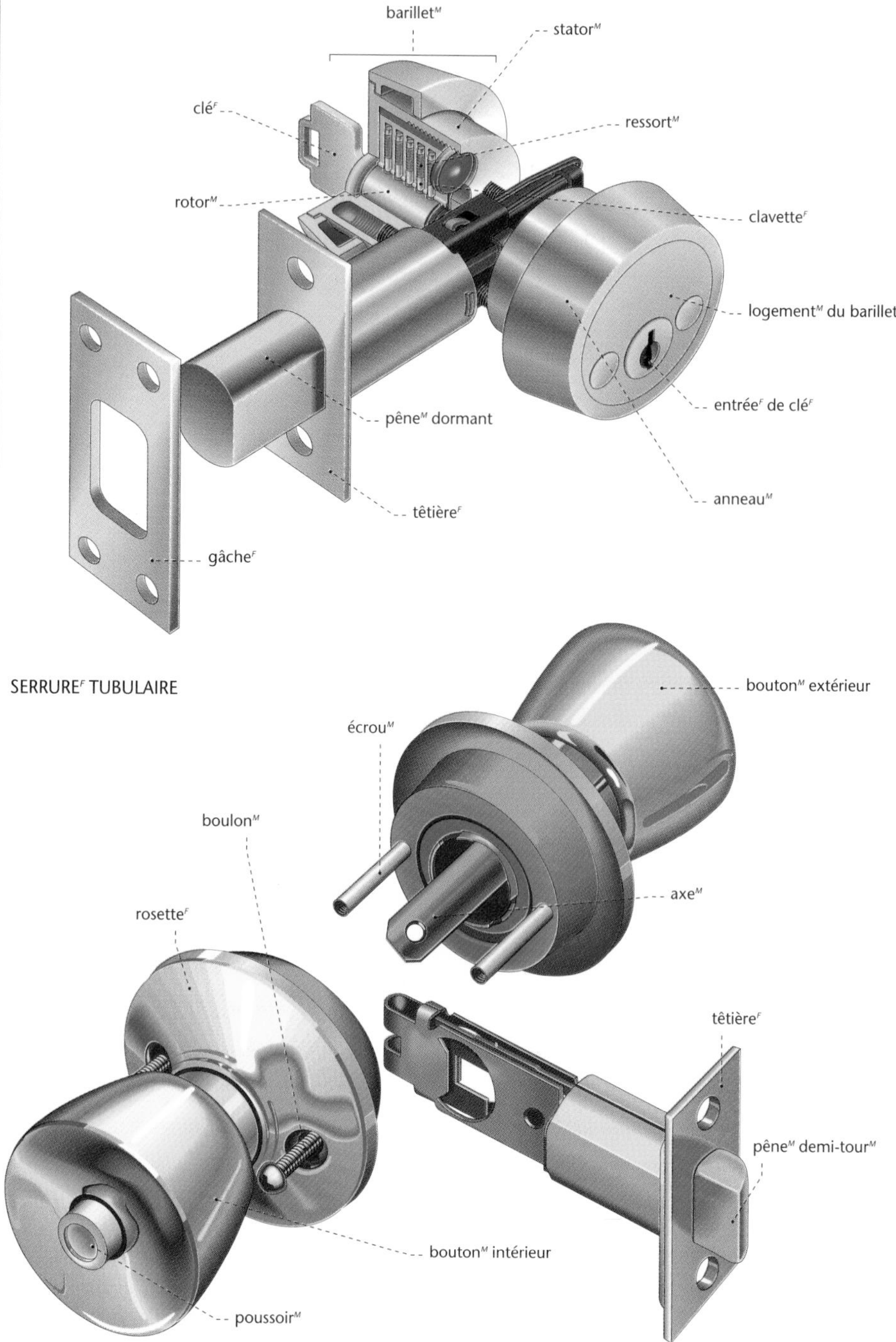

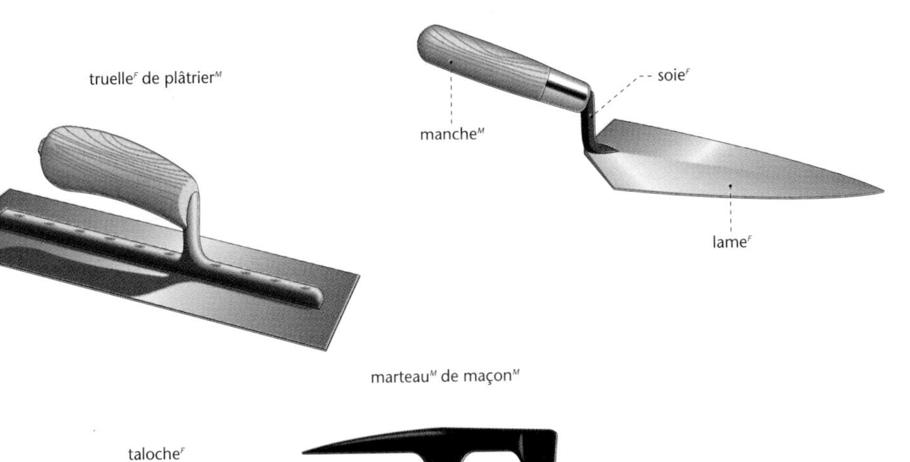
TRUELLE[F] DE MAÇON[M]
truelle[F] de plâtrier[M]
soie[F]
manche[M]
lame[F]

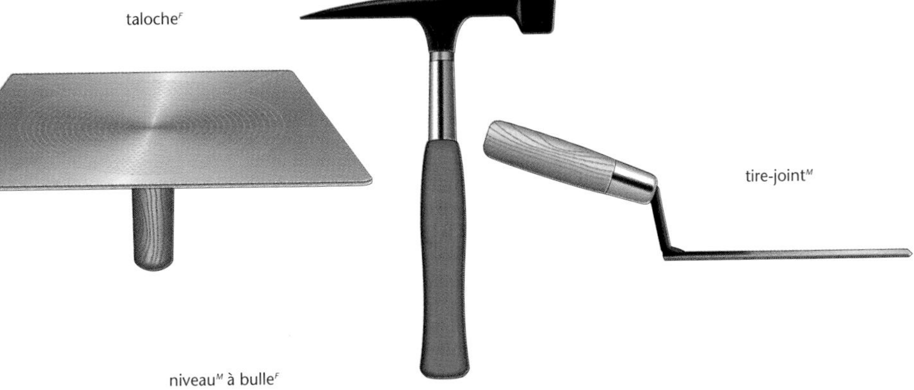
marteau[M] de maçon[M]
taloche[F]
tire-joint[M]

niveau[M] à bulle[F]

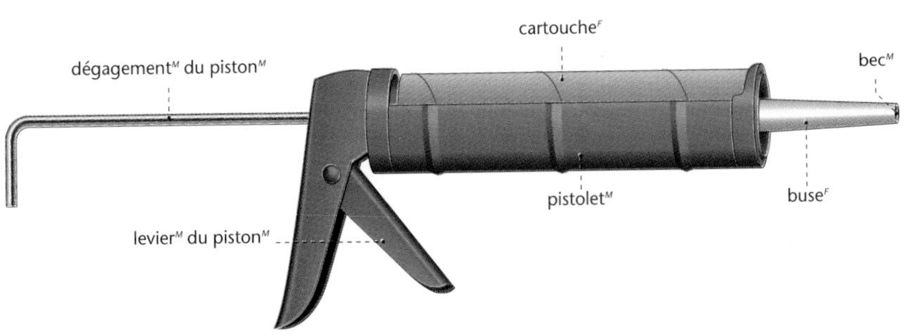
PISTOLET[M] À CALFEUTRER
cartouche[F]
dégagement[M] du piston[M]
bec[M]
pistolet[M]
buse[F]
levier[M] du piston[M]

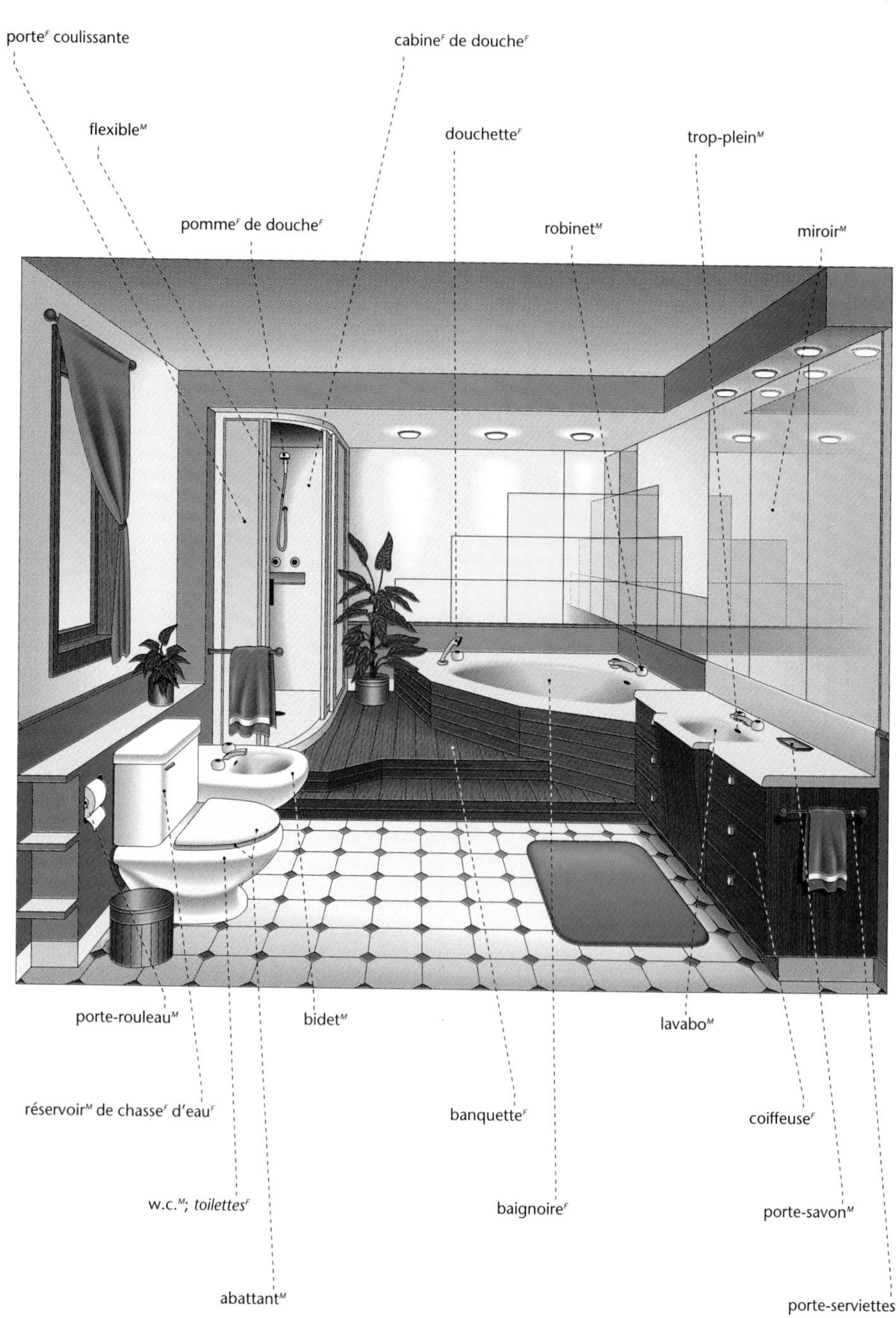
porte^F coulissante
cabine^F de douche^F
flexible^M
douchette^F
trop-plein^M
pomme^F de douche^F
robinet^M
miroir^M
porte-rouleau^M
bidet^M
lavabo^M
réservoir^M de chasse^F d'eau^F
banquette^F
coiffeuse^F
w.c.^M; *toilettes*^F
baignoire^F
porte-savon^M
abattant^M
porte-serviettes^M

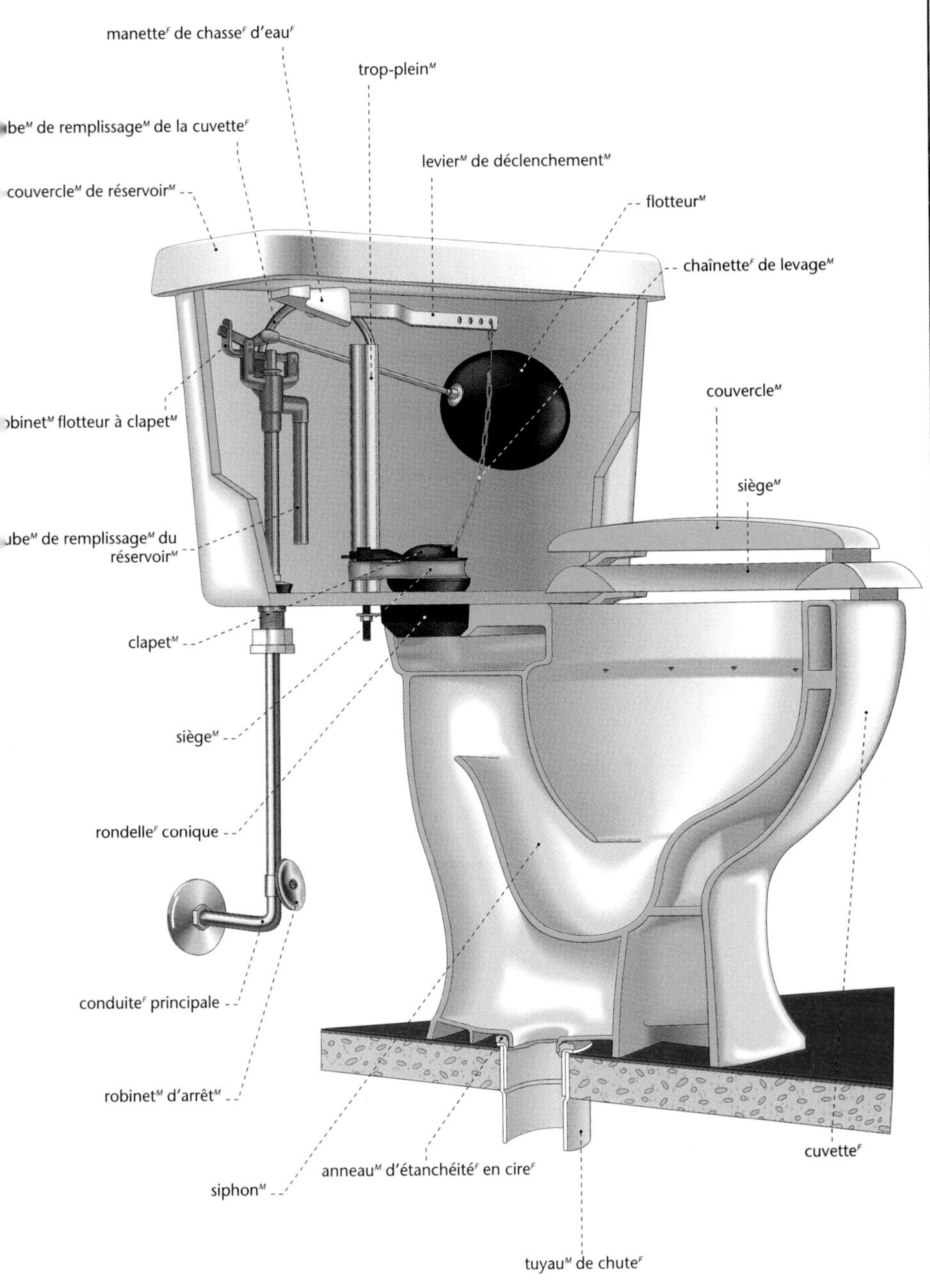

manetteF de chasseF d'eauF
trop-pleinM
ıbeM de remplissageM de la cuvetteF
levierM de déclenchementM
couvercleM de réservoirM
flotteurM
chaînetteF de levageM
couvercleM
ɔbinetM flotteur à clapetM
siègeM
ıbeM de remplissageM du réservoirM
clapetM
siègeM
rondelleF conique
conduiteF principale
robinetM d'arrêtM
cuvetteF
anneauM d'étanchéitéF en cireF
siphonM
tuyauM de chuteF

ROBINET[M]

MITIGEUR[M] À BILLE[F] CREUSE

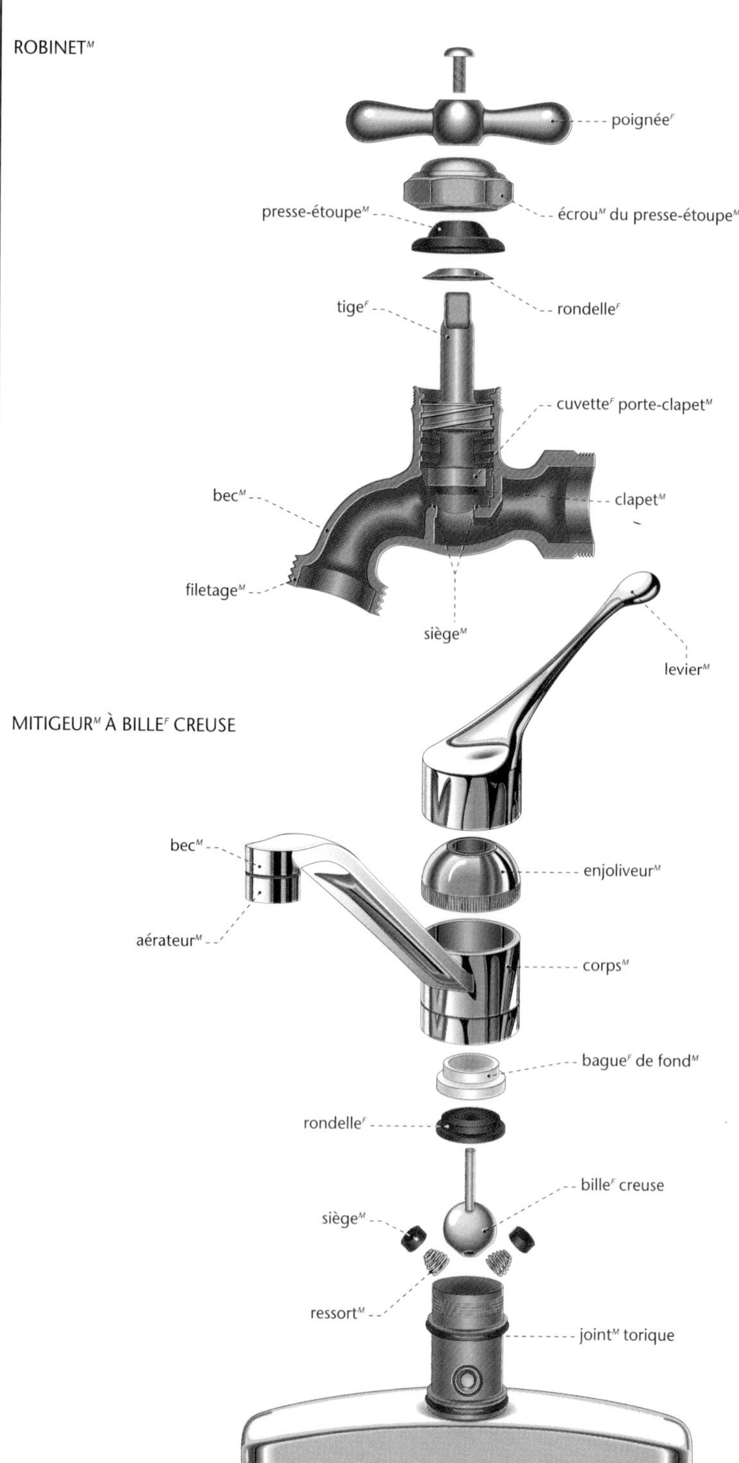

MITIGEUR[M] À DISQUE[M]

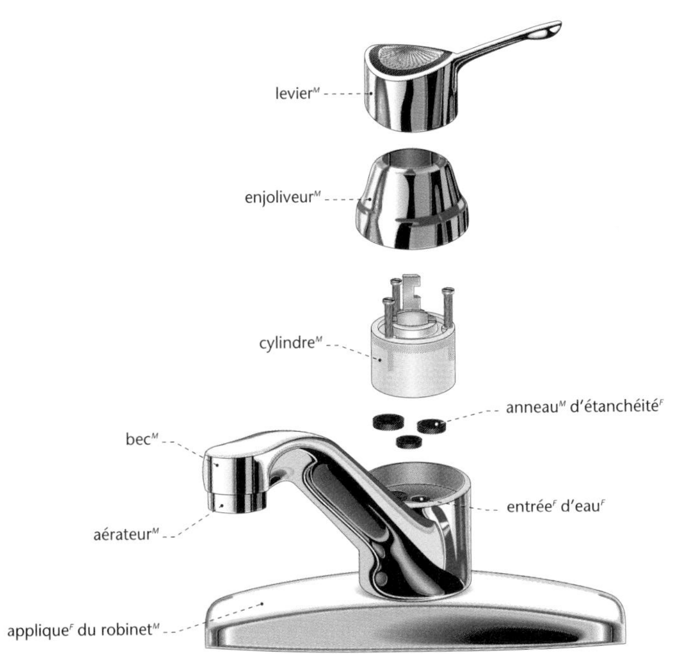

MITIGEUR[M] À CARTOUCHE[F]

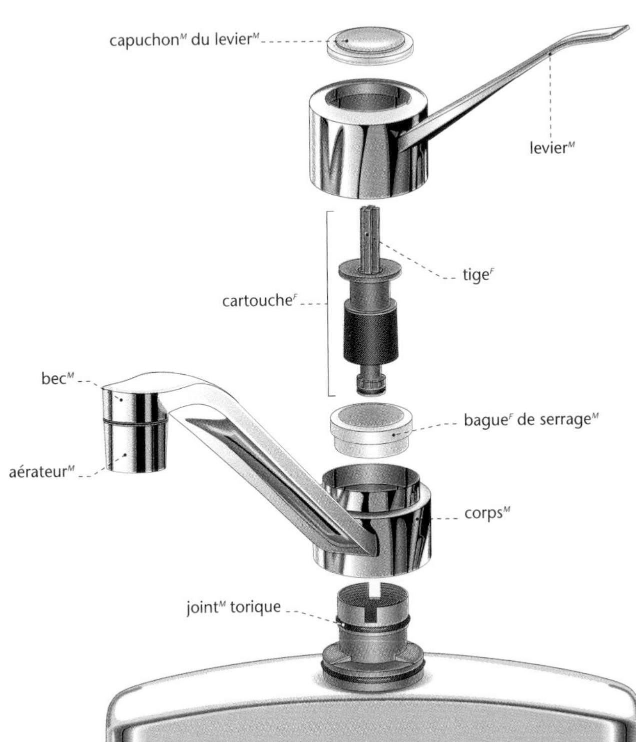

ÉVIER^M-BROYEUR^M

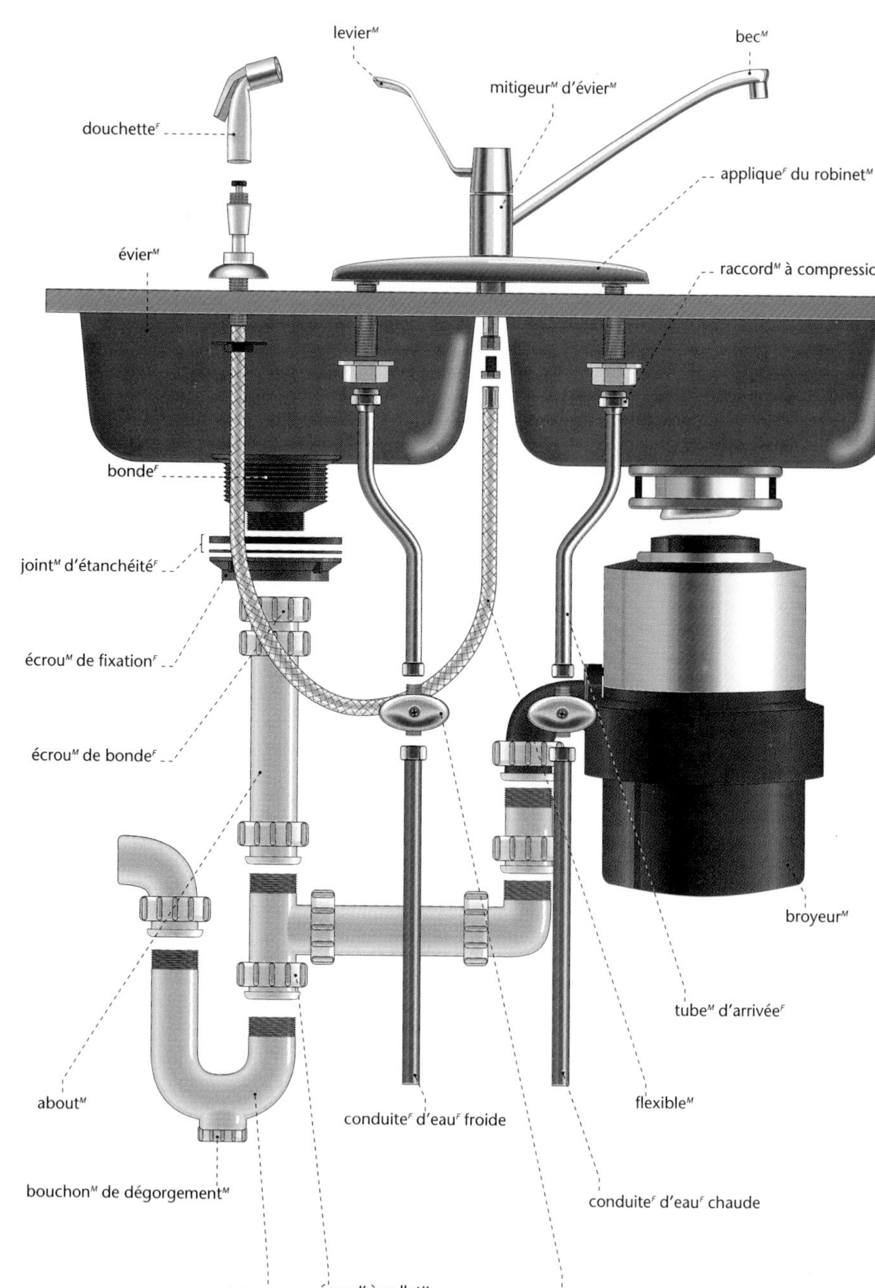

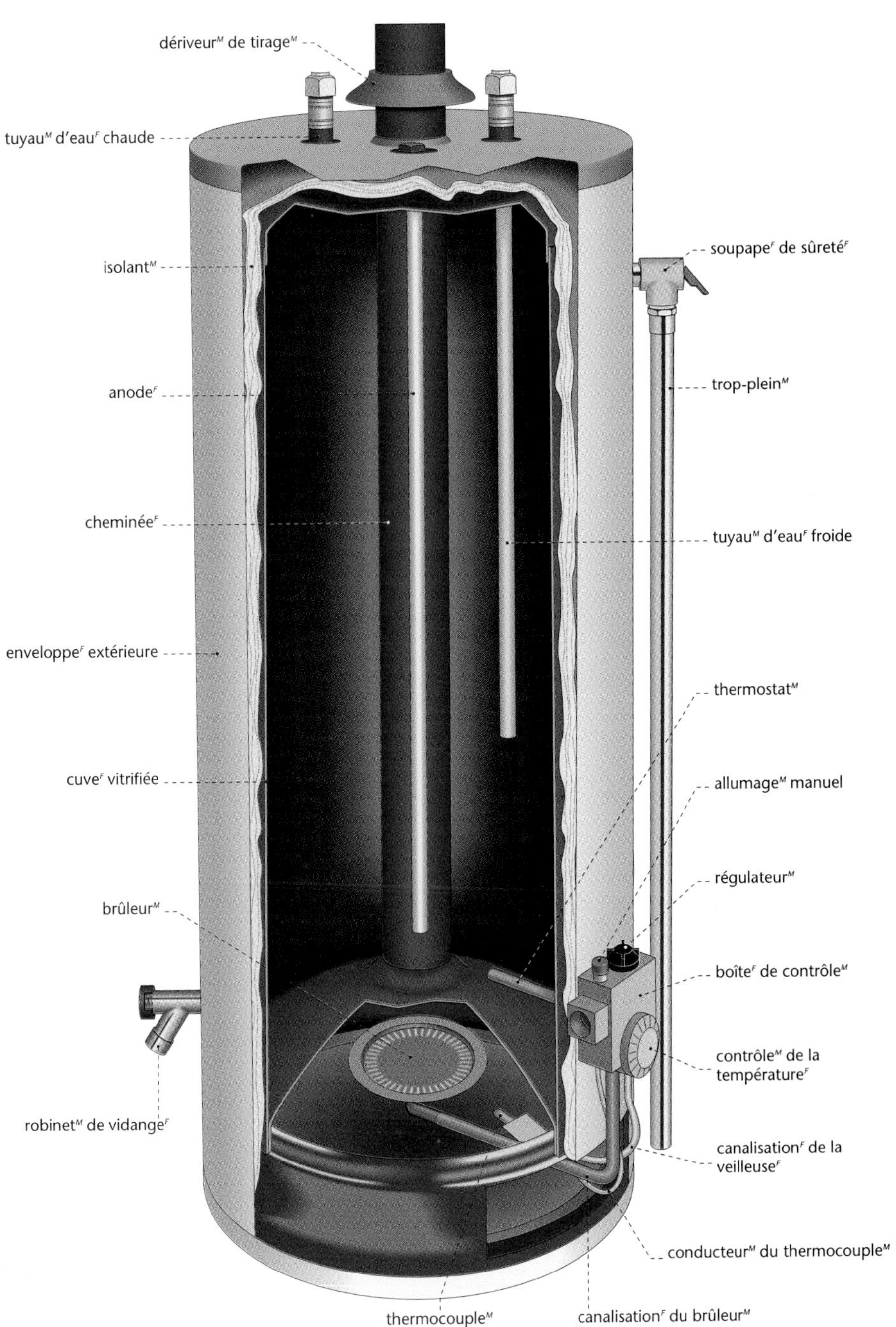
dériveurᴹ de tirageᴹ
tuyauᴹ d'eauᶠ chaude
isolantᴹ
anodeᶠ
cheminéeᶠ
enveloppeᶠ extérieure
cuveᶠ vitrifiée
brûleurᴹ
robinetᴹ de vidangeᶠ
soupapeᶠ de sûretéᶠ
trop-pleinᴹ
tuyauᴹ d'eauᶠ froide
thermostatᴹ
allumageᴹ manuel
régulateurᴹ
boîteᶠ de contrôleᴹ
contrôleᴹ de la températureᶠ
canalisationᶠ de la veilleuseᶠ
conducteurᴹ du thermocoupleᴹ
thermocoupleᴹ
canalisationᶠ du brûleurᴹ

PLOMBERIE^F: EXEMPLES^M DE BRANCHEMENT^M

LAVE-LINGE^M; *LAVEUSE^F*

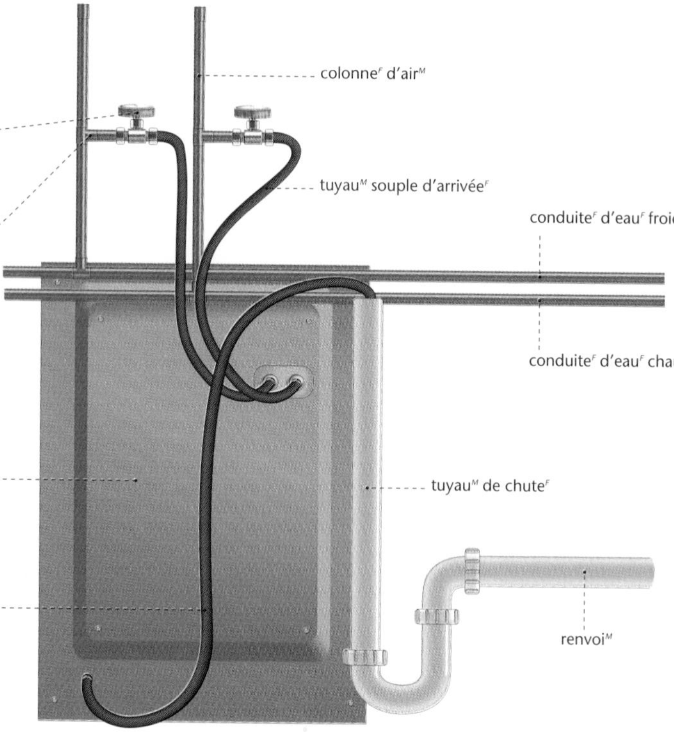

colonne^F d'air^M
robinet^M d'arrêt^M
tuyau^M souple d'arrivée^F
raccord^M té^M
conduite^F d'eau^F froide
conduite^F d'eau^F chaude
lave-linge^M; *laveuse^F*
tuyau^M de chute^F
tuyau^M d'évacuation^F
renvoi^M

LAVE-VAISSELLE^M

tuyau^M de vidange^F
lave-vaisselle^M
colonne^F d'air^M
raccord^M té^M d'égout^M
conduite^F d'eau^F chaude
robinet^M d'arrêt^M
arrivée^F d'eau^F chaude

BRICOLAGE

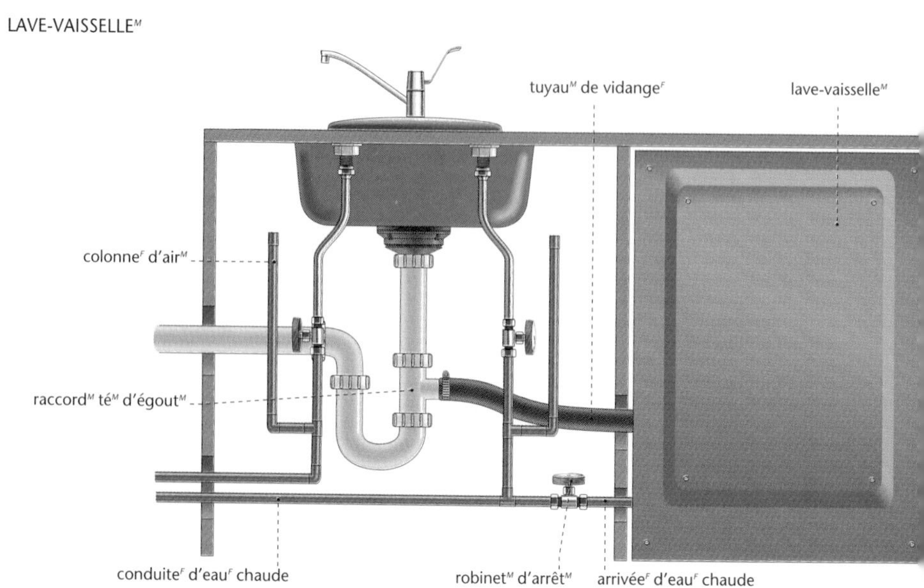

OUTILS^M POUR PLOMBERIE^F

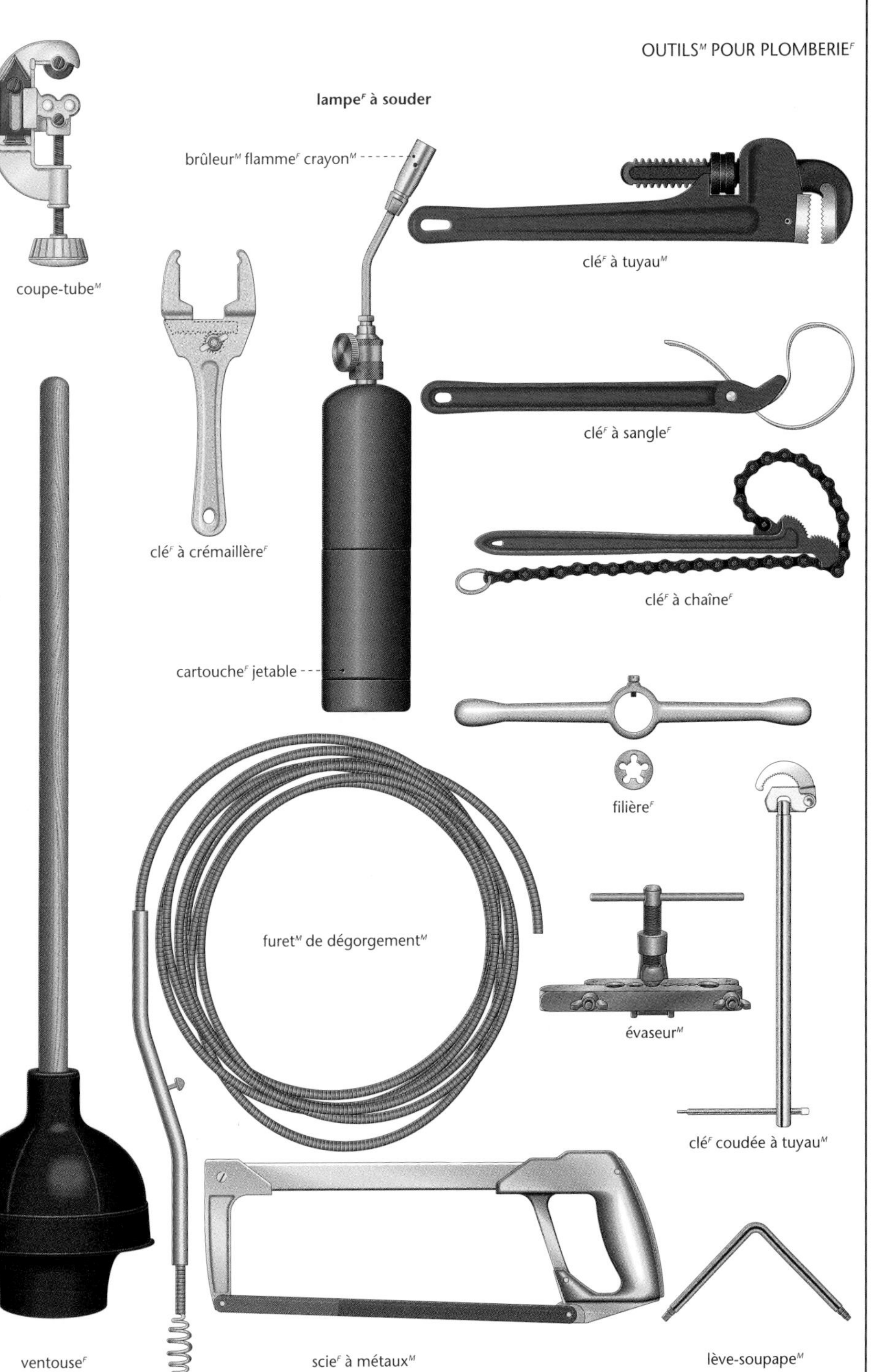

RACCORDS[M] MÉCANIQUES

raccord[M] à compression[F]

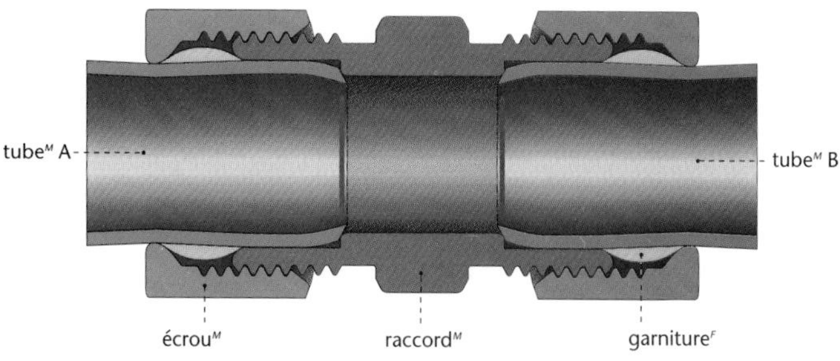

raccord[M] à collet[M] repoussé

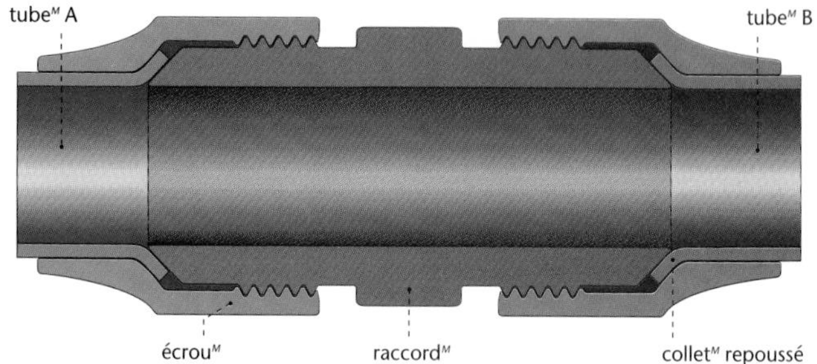

raccord[M] union[F]

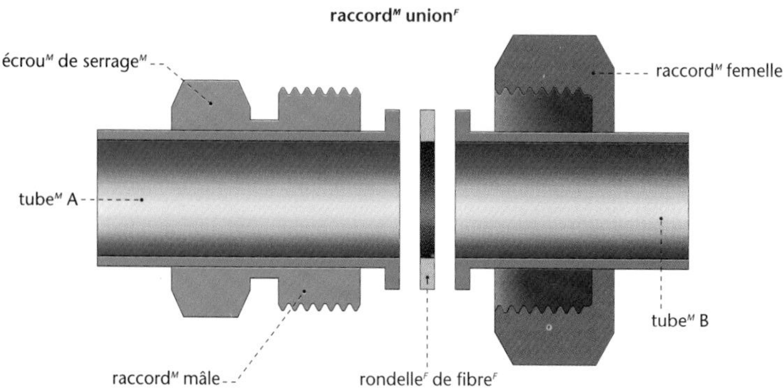

ADAPTEURS[M]

plastique[M] et acier[M]

plastique[M] et cuivre[M]

cuivre[M] et acier[M]

RACCORDS[M]

coude[M] à 45°

coude[M]

coude[M] à 180°

té[M]

culotte[F]

coude[M] de renvoi[M]

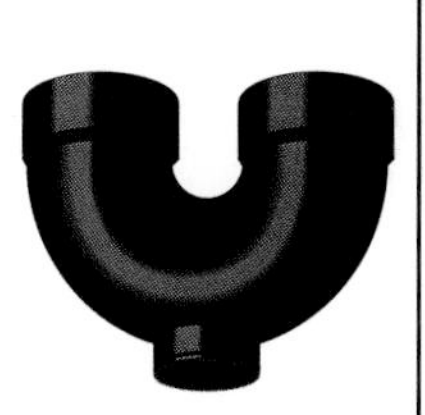
siphon[M]

hon[M] mâle sans bourrelet[M]

bouchon[M] femelle

réduction[F] mâle-femelle

mamelon[M] double

accord[M] de réduction[F]

bouchon[M] femelle à visser

manchon[M]

réduction[F] mâle-femelle hexagonale

ÉCHELLES[F] ET ESCABEAUX[M]

ÉCHELLE[F] COULISSANTE

ESCABEAU[M]

plateau[M]

tablette[F] porte-outil[M]

marche[F]

entretoise[F]

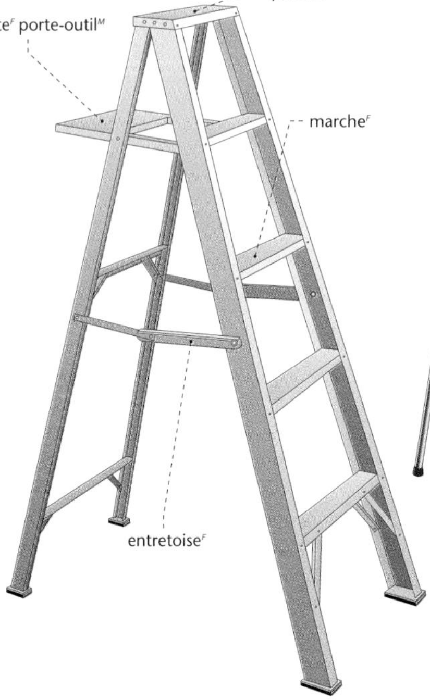

tabouret[M]-escabeau[M]

échelon[M]

montant[M]

poulie[F]

dispositif[M] de blocage[M]

corde[F] de tirage[M]

patin[M] antidérapant

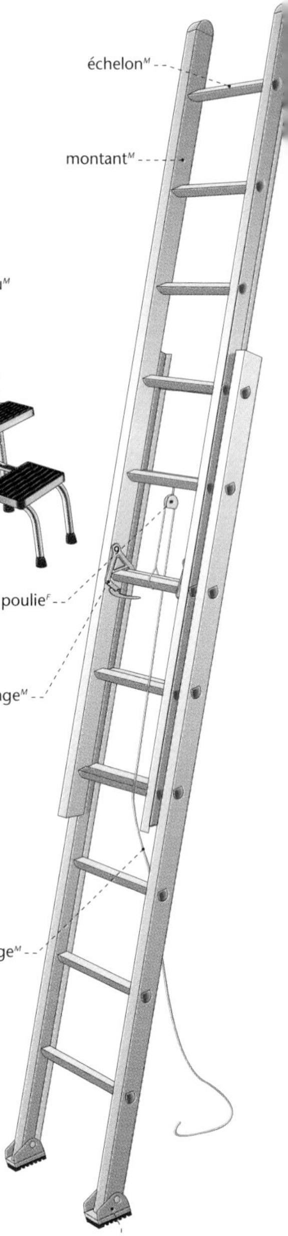

MARCHEPIED[M]

garde-corps[M]

tablette[F]

plate-forme[F]

piètement[M]

marche[F]

embout[M]

échelle[F] droite
échelle[F] escamotable
échelle[F] à crochets[M]
échelle[F] de corde[F]
échelle[F] transformable
échelle[F] d'échafaudage[M]
échelle[F] roulante
échelle[F] fruitière

PISTOLET^M À PEINTURE^F

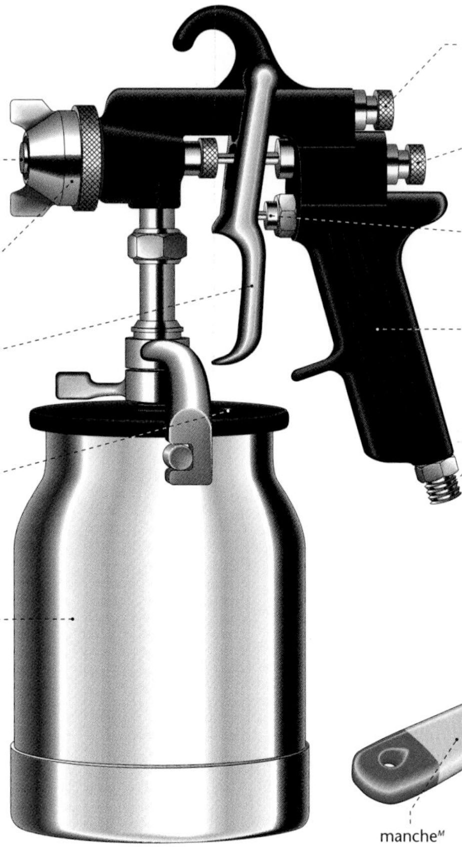
soupape^F de réglage^M du fluide^M
réglage^M du pointeau^M du fl
buse^F à fluide^M
bouchon^M d'air^M
soupape^F à air^M
gâchette^F
corps^M du pistolet^M
raccord^M d'arrivée^F d'a
orifice^M d'aération^F
godet^M

GRAT

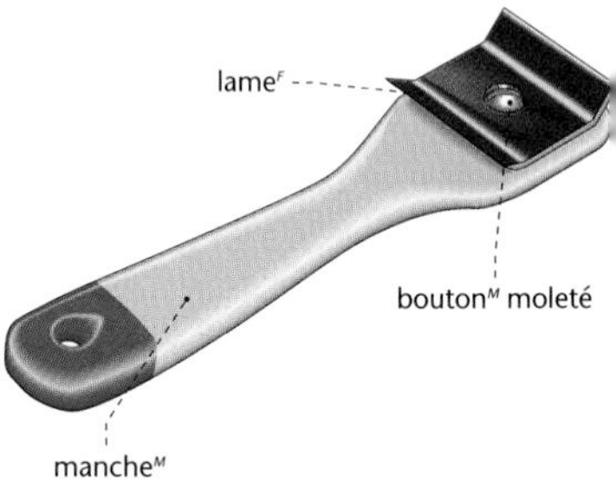
lame^F
bouton^M moleté
manche^M

PINCEAU^M

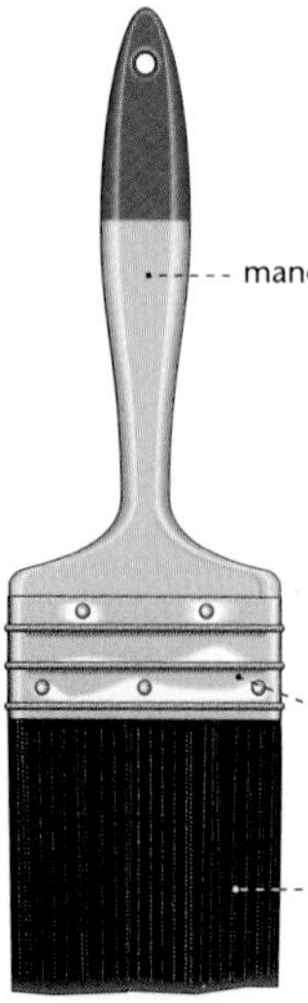
manche^M
virole^F
soies^F

ROU

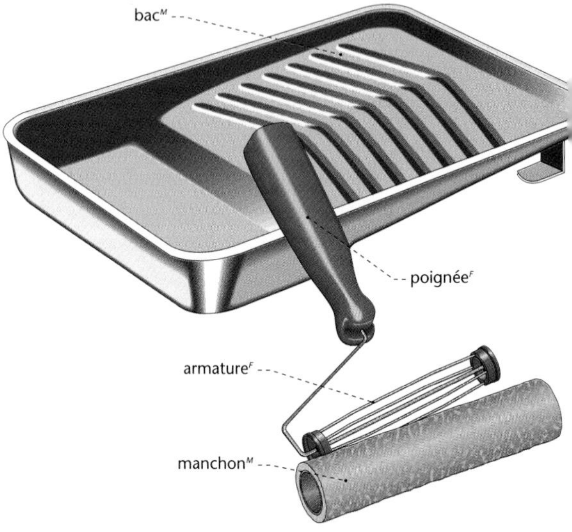
bac^M
poignée^F
armature^F
manchon^M

SOUDAGE[M]

fer[M] à souder

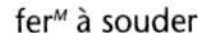

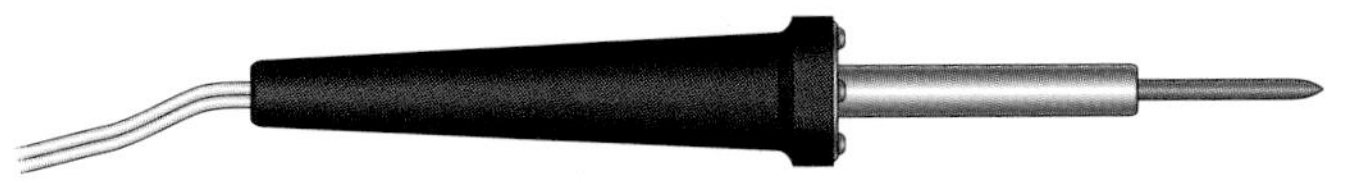

PISTOLET[M] À SOUDER

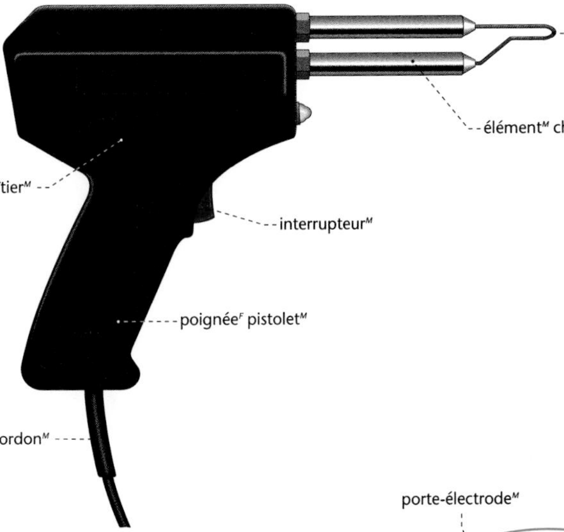
panne[F]
élément[M] chauffant
boîtier[M]
interrupteur[M]
poignée[F] pistolet[M]
manchon[M] du cordon[M]

SOUDAGE[M] À L'ARC[M]

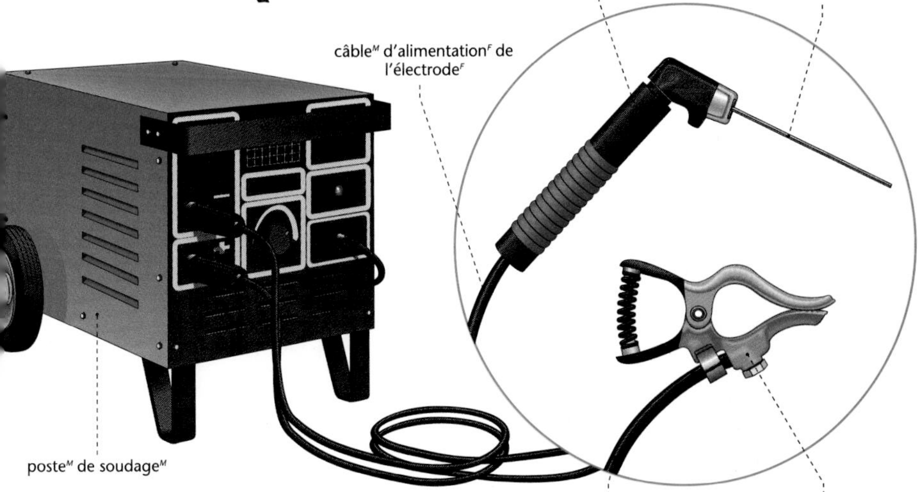
porte-électrode[M]
électrode[F]
câble[M] d'alimentation[F] de l'électrode[F]
poste[M] de soudage[M]
câble[M] de masse[F]
prise[F] de masse[F]

SOUDAGE[M]

CHALUMEAU[M] COUPEUR

tête[F] de coupe[F]
poignée[F]-oxygène[M] de coupe[F]

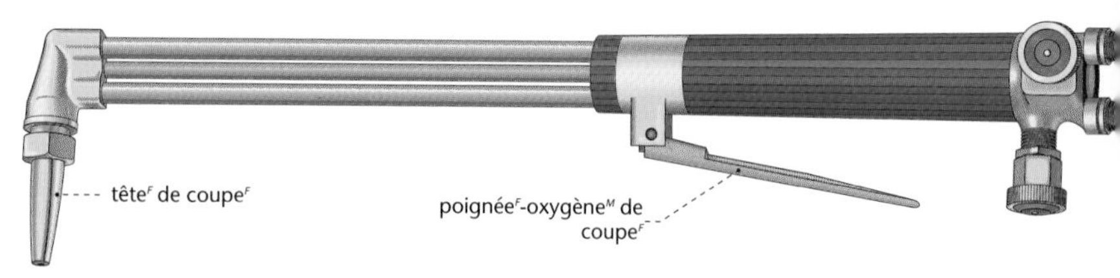

CHALUMEAU[M] SOUDEUR

robinet[M] d'oxygène[M]
lance[F]
manche[M]
buse[F]
robinet[M] d'acétylène[M]
chambre[F] de mélange[M]

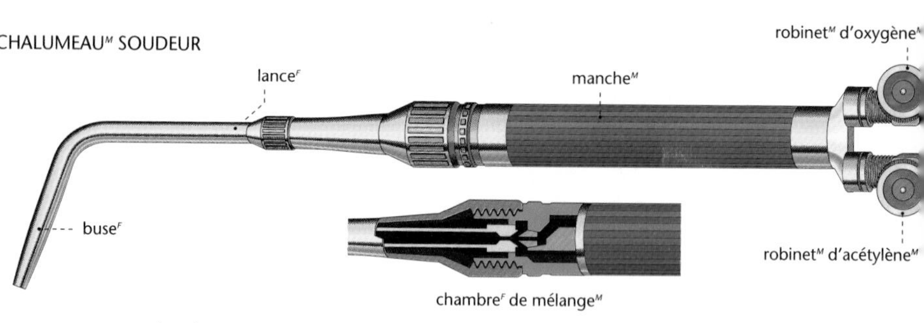

SOUDAGE[M] OXYACÉTYLÉNIQUE

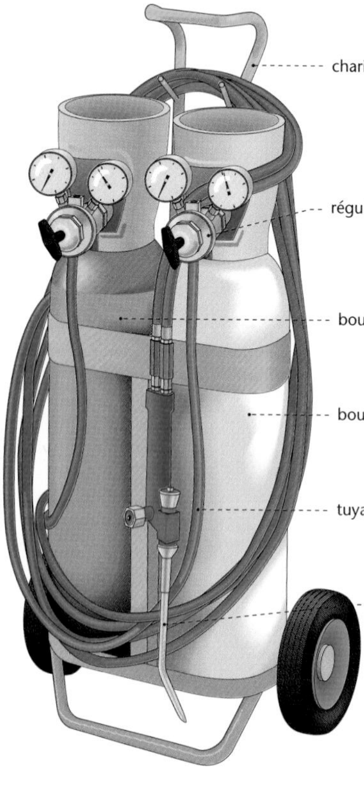

chariot[M]
régulateur[M] de pression[F]
bouteille[F] d'acétylène[M]
bouteille[F] d'oxygène[M]
tuyau[M]
chalumeau[M]

RÉGULATEUR[M] DE PRESSIO

manomètre[M] de chalumeau[M]
manomètre[M] de bouteille[F]
vis[F] de réglage[M]
clapet[M] de non-retour[M]

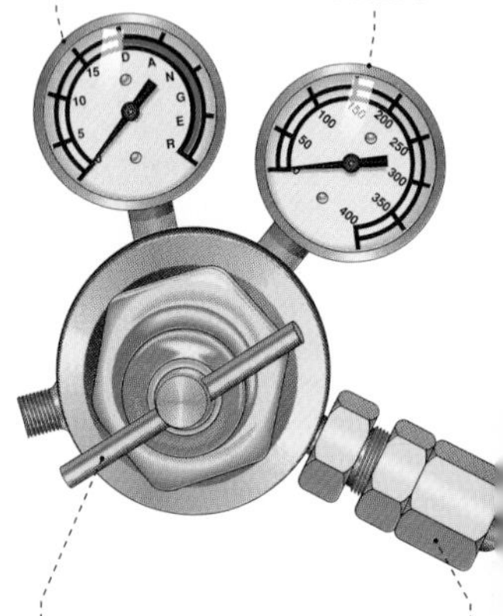

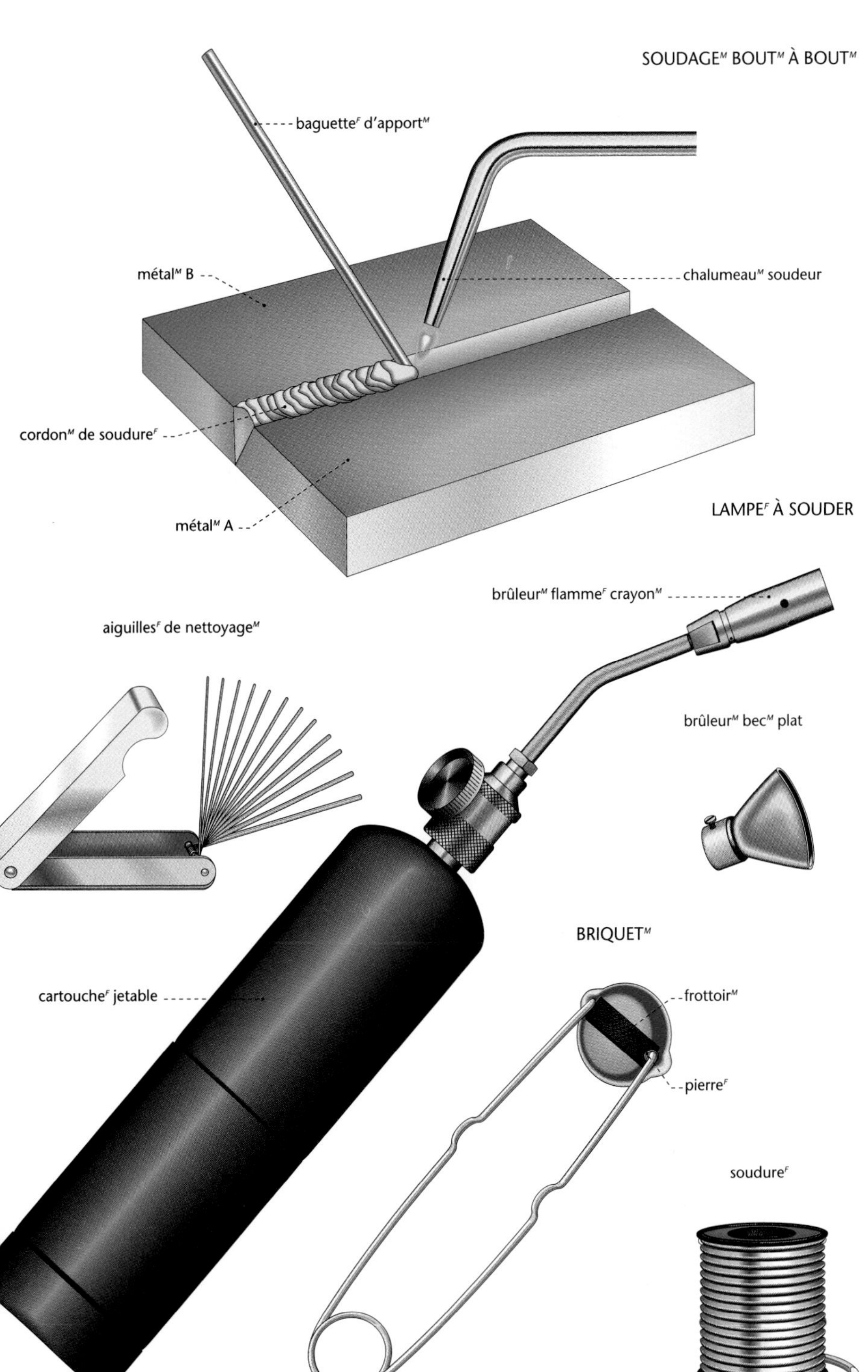
SOUDAGEᴹ BOUTᴹ À BOUTᴹ
baguetteᶠ d'apportᴹ
métalᴹ B
chalumeauᴹ soudeur
cordonᴹ de soudureᶠ
métalᴹ A
LAMPEᶠ À SOUDER
brûleurᴹ flammeᶠ crayonᴹ
aiguillesᶠ de nettoyageᴹ
brûleurᴹ becᴹ plat
BRIQUETᴹ
cartoucheᶠ jetable
frottoirᴹ
pierreᶠ
soudureᶠ

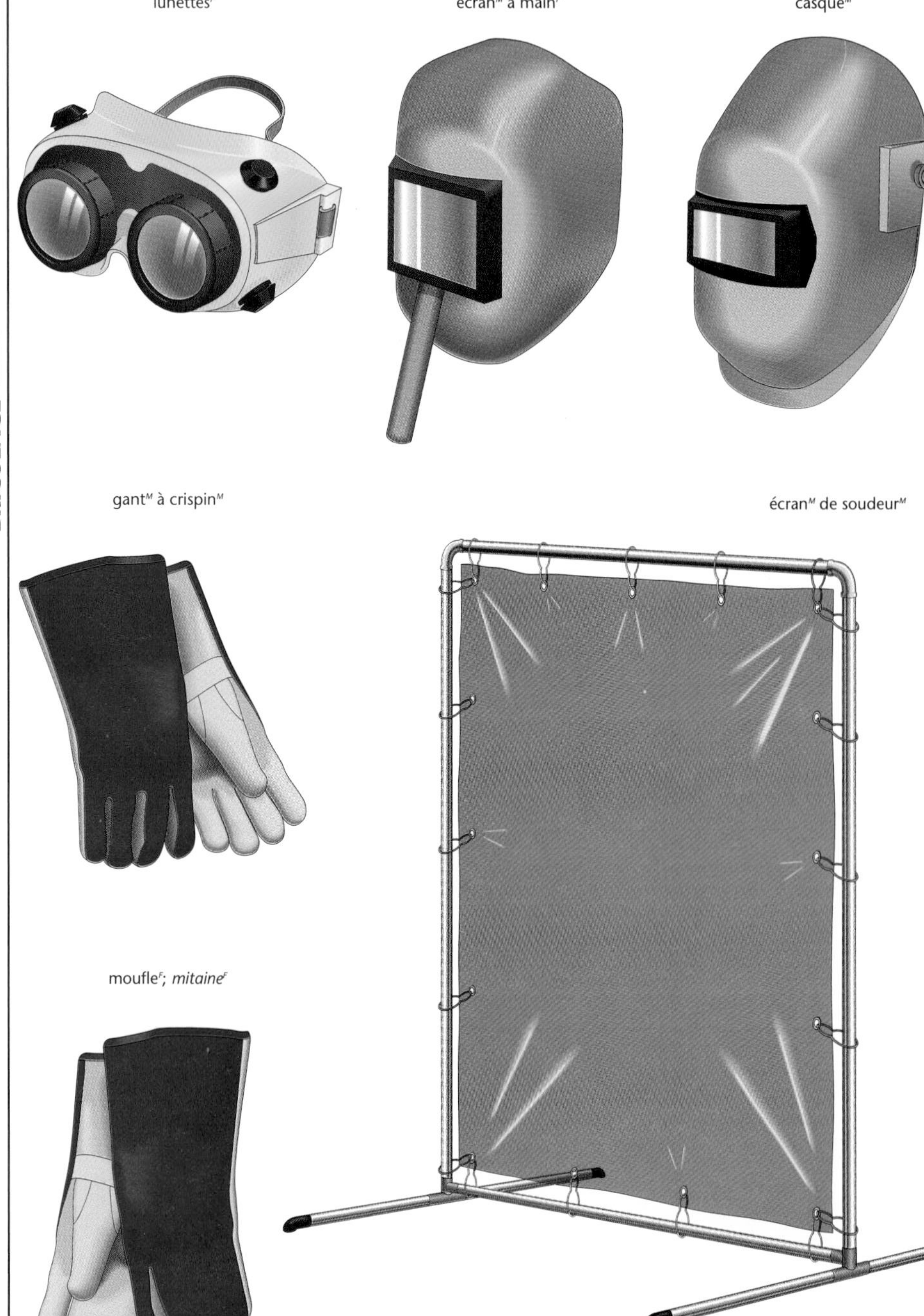
lunettes[F]
écran[M] à main[F]
casque[M]
gant[M] à crispin[M]
écran[M] de soudeur[M]
moufle[F]; *mitaine*[F]

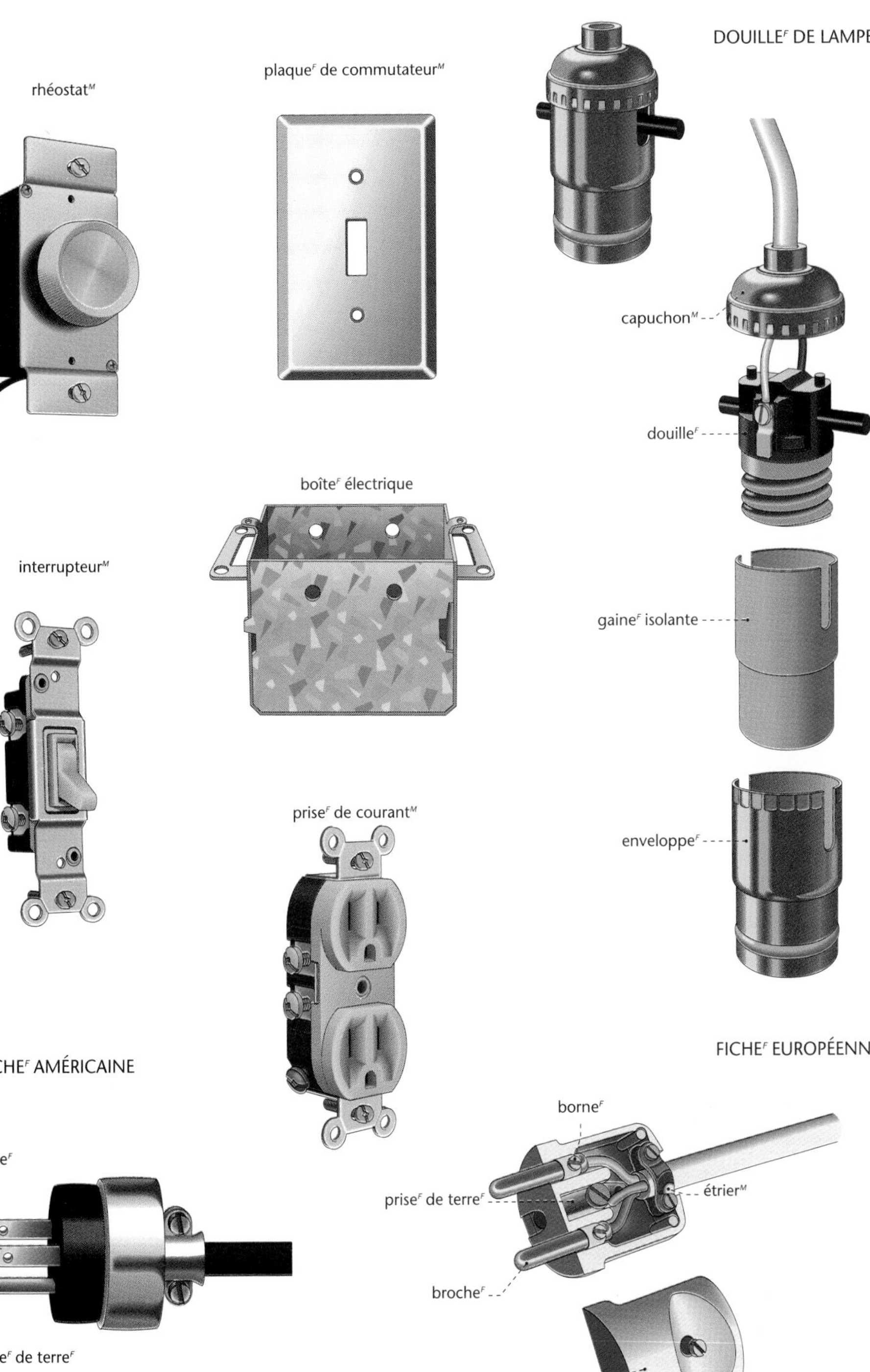
DOUILLE[F] DE LAMPE[F]
plaque[F] de commutateur[M]
rhéostat[M]
capuchon[M]
douille[F]
boîte[F] électrique
interrupteur[M]
gaine[F] isolante
prise[F] de courant[M]
enveloppe[F]
FICHE[F] EUROPÉENNE
CHE[F] AMÉRICAINE
borne[F]
ne[F]
prise[F] de terre[F]
étrier[M]
broche[F]
ise[F] de terre[F]
couvercle[M]

OUTILS^M D'ÉLECTRICIEN^M

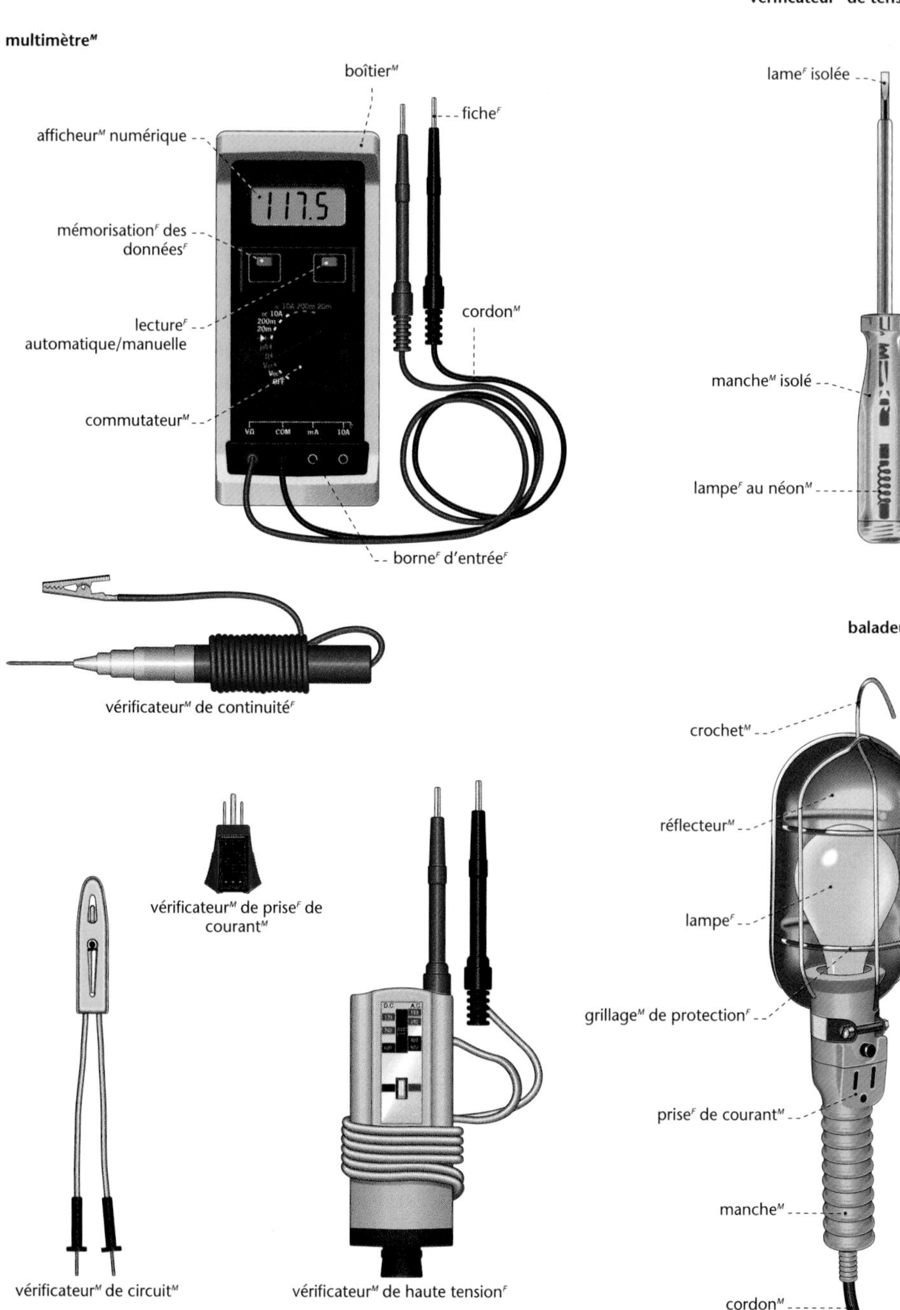

vérificateur^M de continuité^F

vérificateur^M de prise^F de courant^M

vérificateur^M de circuit^M

vérificateur^M de haute tension^F

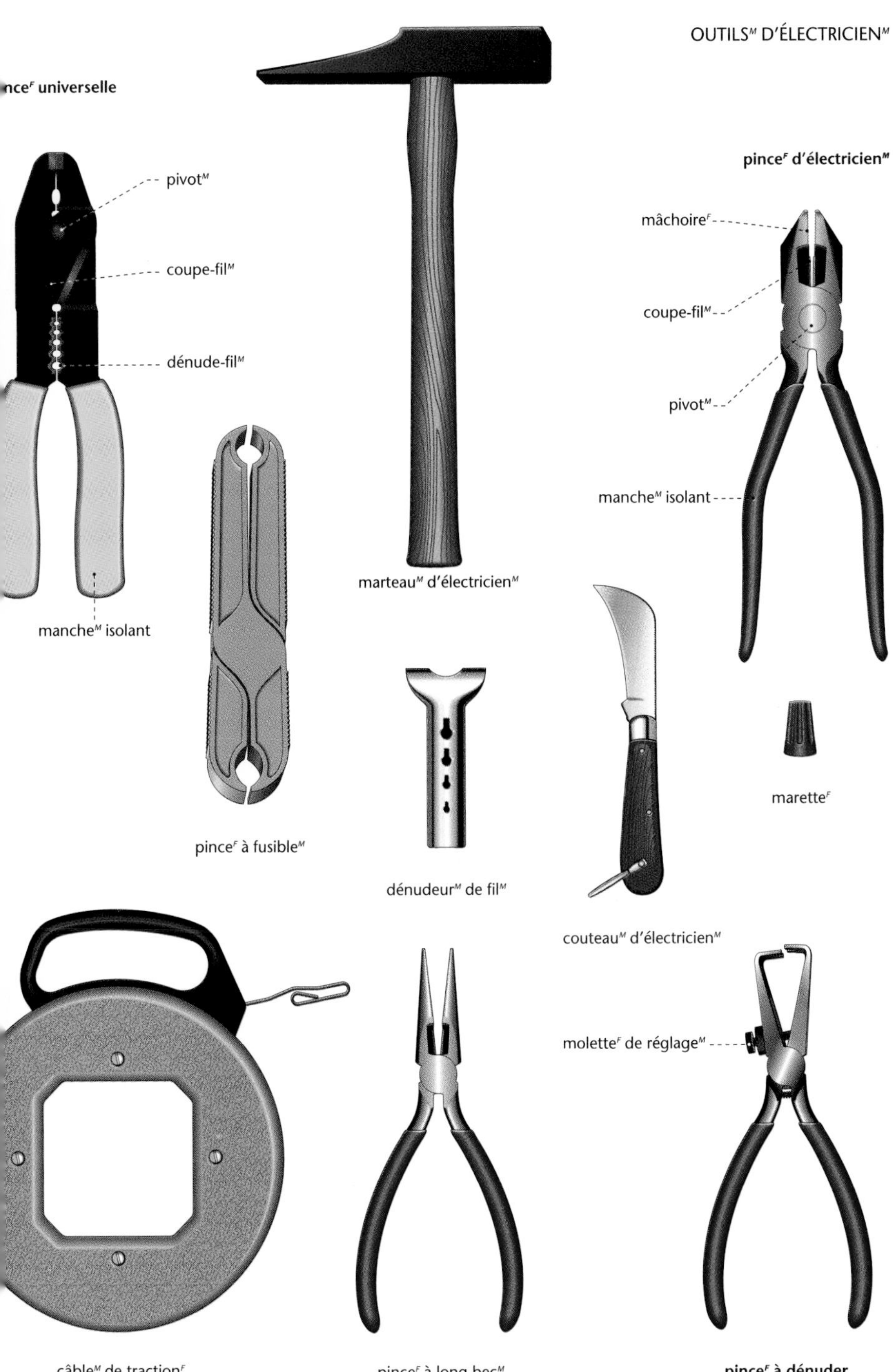

nce^{F} universelle
pivot^{M}
coupe-fil^{M}
dénude-fil^{M}
manche^{M} isolant
pince^{F} à fusible^{M}
marteau^{M} d'électricien^{M}
dénudeur^{M} de fil^{M}
pince^{F} d'électricien^{M}
mâchoire^{F}
coupe-fil^{M}
pivot^{M}
manche^{M} isolant
couteau^{M} d'électricien^{M}
marette^{F}
câble^{M} de traction^{F}
pince^{F} à long bec^{M}
molette^{F} de réglage^{M}
pince^{F} à dénuder

TABLEAU[M] DE DISTRIBUTION[F]

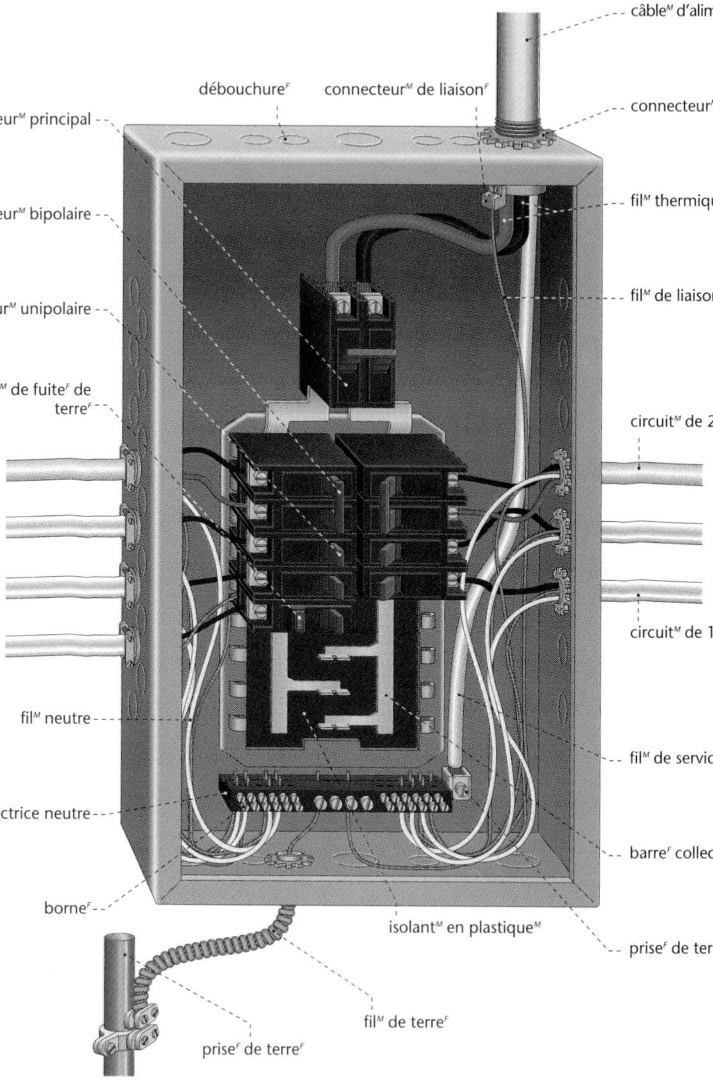

câble[M] d'alimentation[F] de

débouchure[F]

connecteur[M] de liaison[F]

connecteur[M]

disjoncteur[M] principal

fil[M] thermique

disjoncteur[M] bipolaire

fil[M] de liaison[F]

disjoncteur[M] unipolaire

disjoncteur[M] de fuite[F] de terre[F]

circuit[M] de 240 V

circuit[M] de 120 V

fil[M] neutre

fil[M] de service[M] neutre

barre[F] collectrice neutre

barre[F] collectrice thermi

borne[F]

isolant[M] en plastique[M]

prise[F] de terre[F]

fil[M] de terre[F]

prise[F] de terre[F]

FUSIBLES[M]

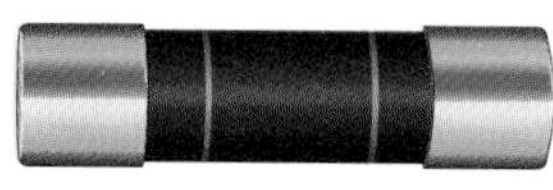

fusible[M]-cartouche[F]

fusible[M] à culot[M]

fusible[M]-cartouche[F] à lames[F]

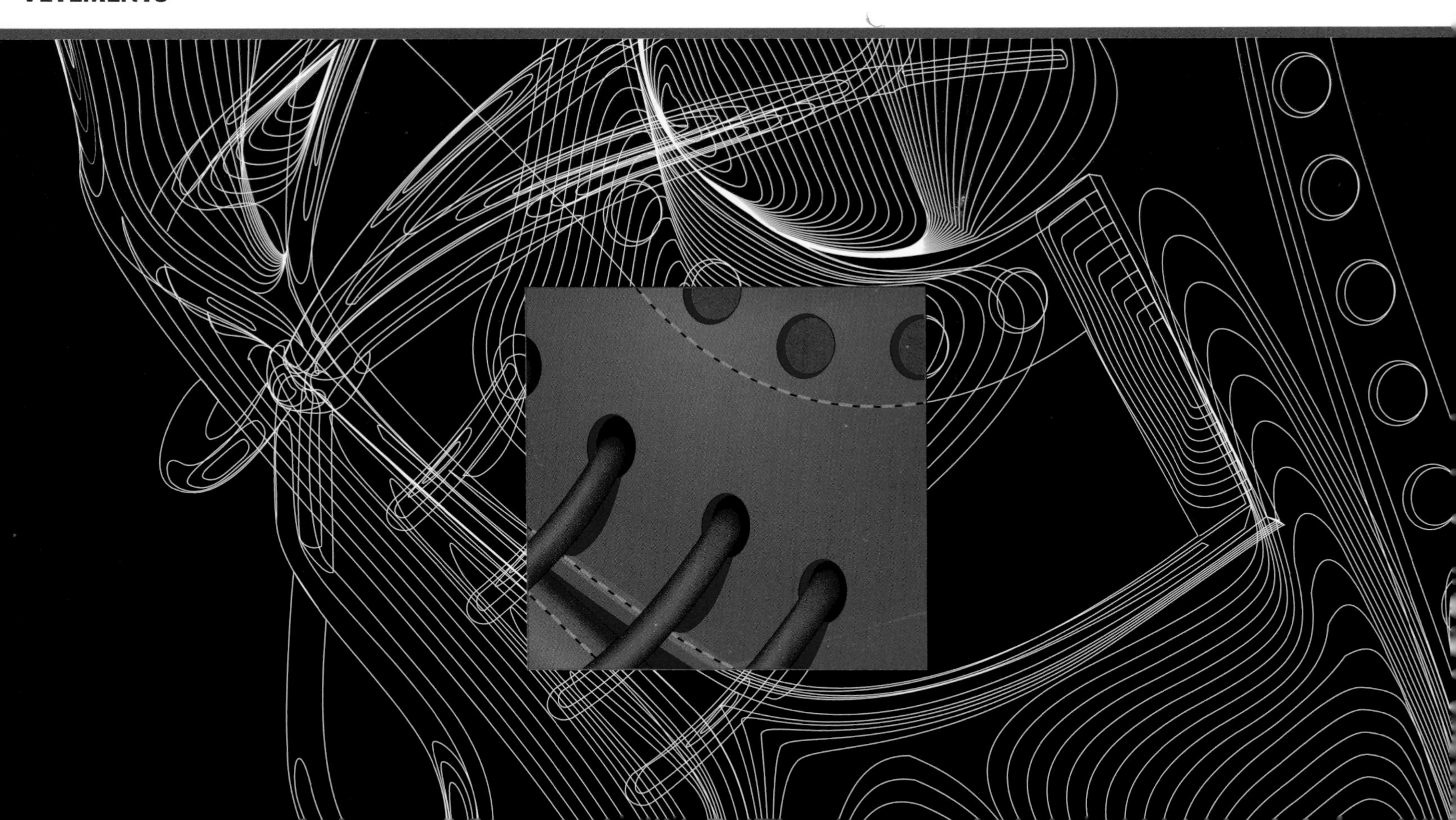

SOMMAIRE

ÉLÉMENTS DU COSTUME ANCIEN 315
VÊTEMENTS D'HOMME 319
TRICOTS 326
GANTS 327
COIFFURE 328
VÊTEMENTS DE FEMME 330
VÊTEMENTS D'ENFANT 349
TENUE D'EXERCICE 352
CHAUSSURES 354

ÉLÉMENTS^M DU COSTUME^M ANCIEN

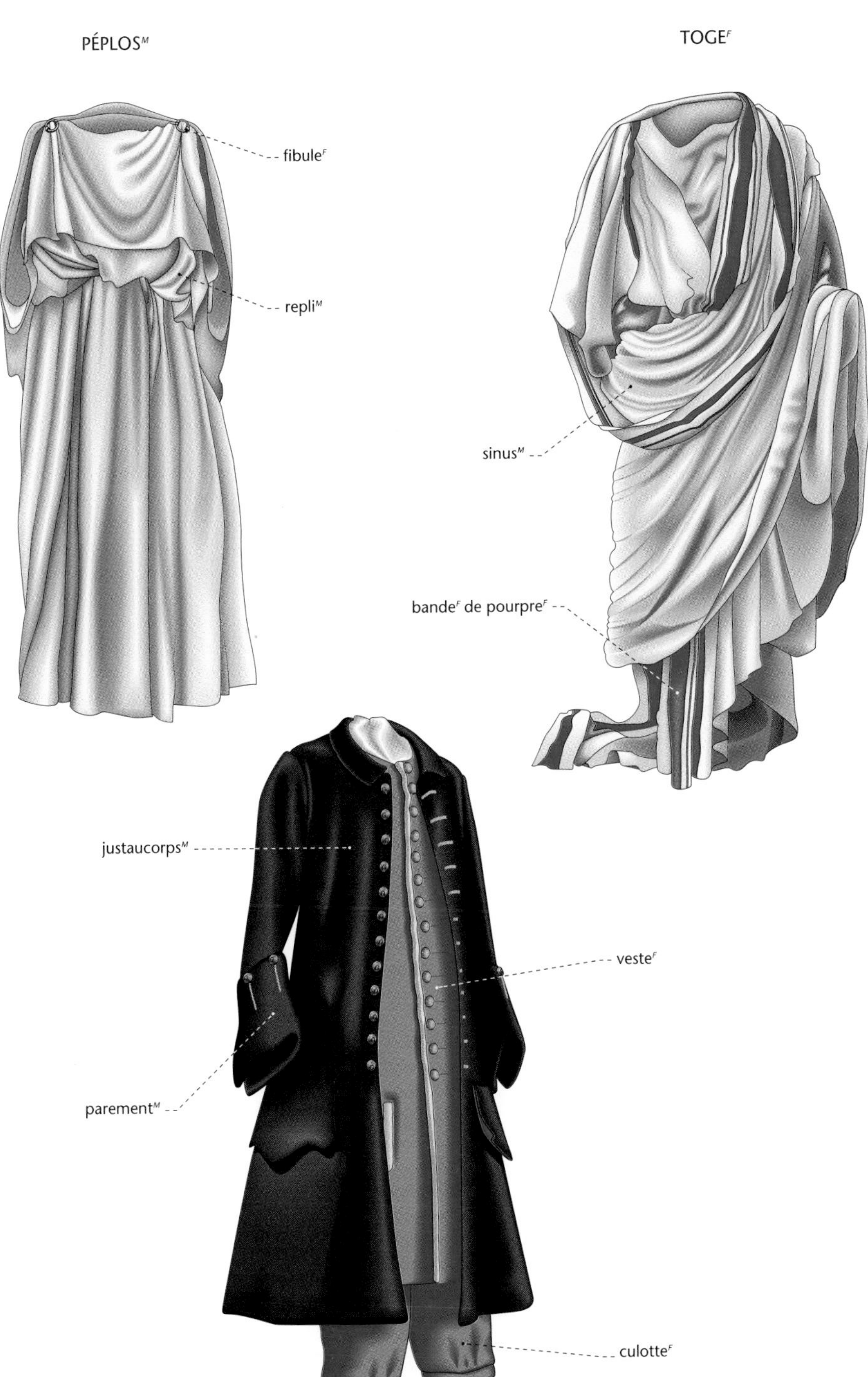

VÊTEMENTS

ÉLÉMENTS[M] DU COSTUME[M] ANCIEN

aileron[M]
pourpoint[M]
manche[F] pendante
haut-de-chausse[M]

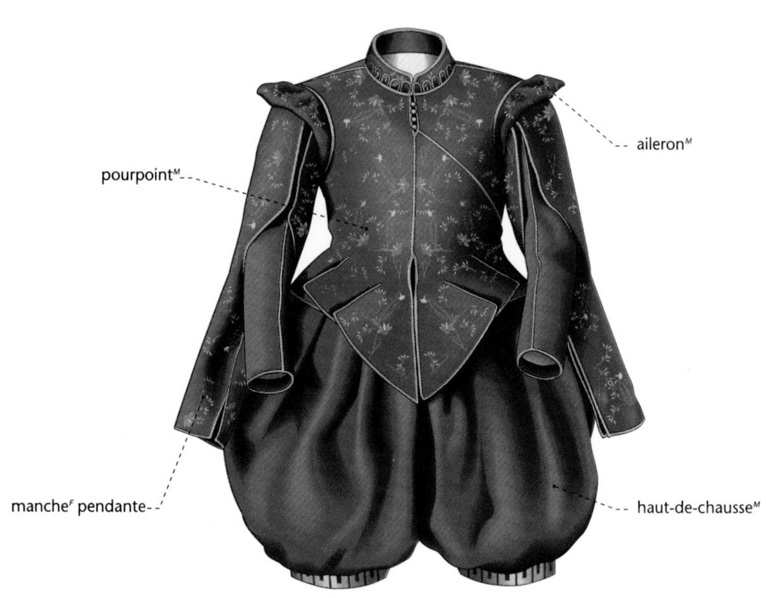

COTARDIE[F]

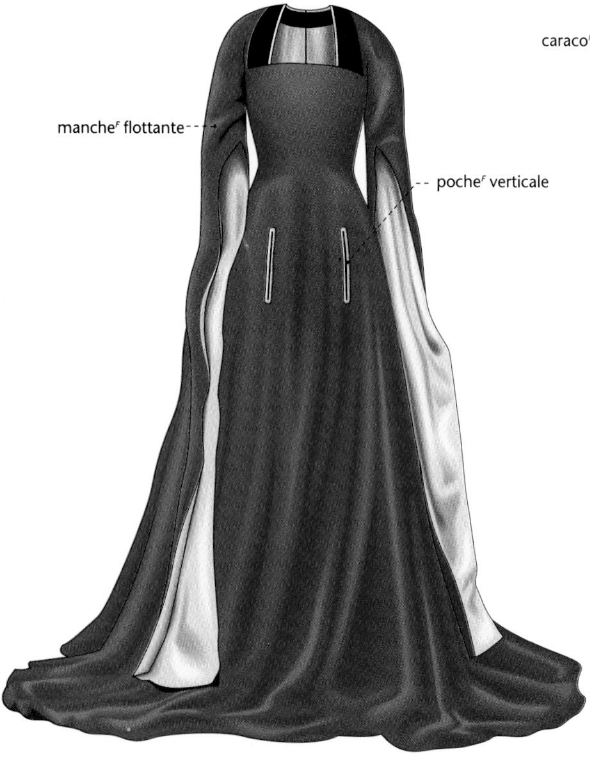

manche[F] flottante
poche[F] verticale

ROBE[F] À TOURNURE[F]

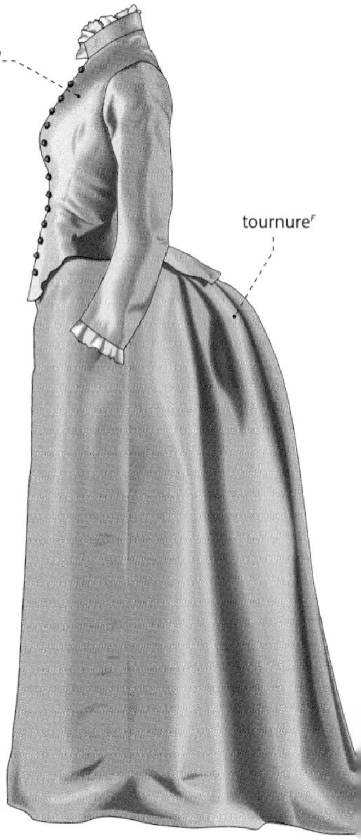

caraco[M]
tournure[F]

HOUPPELANDEF

ROBEF À PANIERSM

ÉLÉMENTS[M] DU COSTUME[M] ANCIEN

ROBE[F] À CRINOLINE[F]

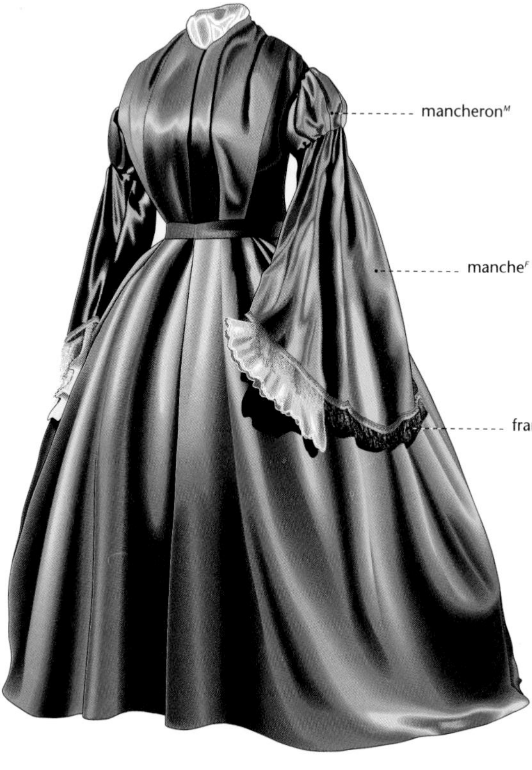

mancheron[M]

manche[F]

frange[F]

hennin[M]

bicorne[M]

tricorne[M]

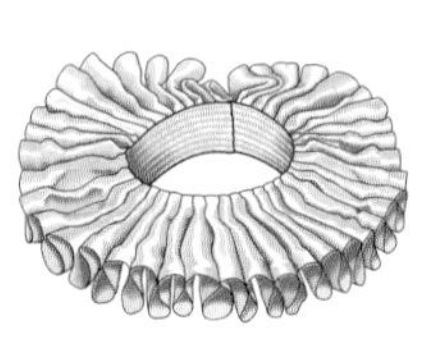

fraise[F]

collerette[F]

soulier[M] à talon[M]

soulier[M] à la poulaine[F]

VÊTEMENTS[M] D'HOMME[M]

IMPERMÉABLE[M]

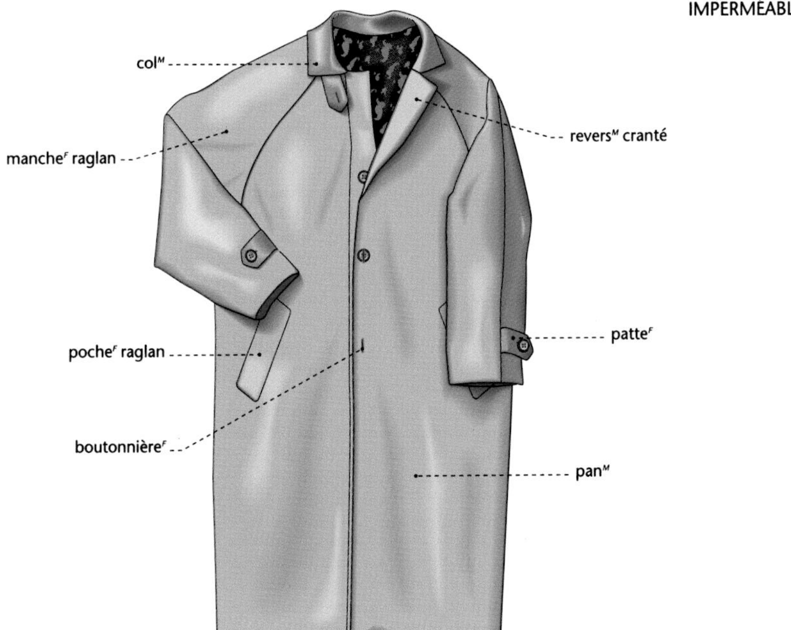

TRENCH[M]

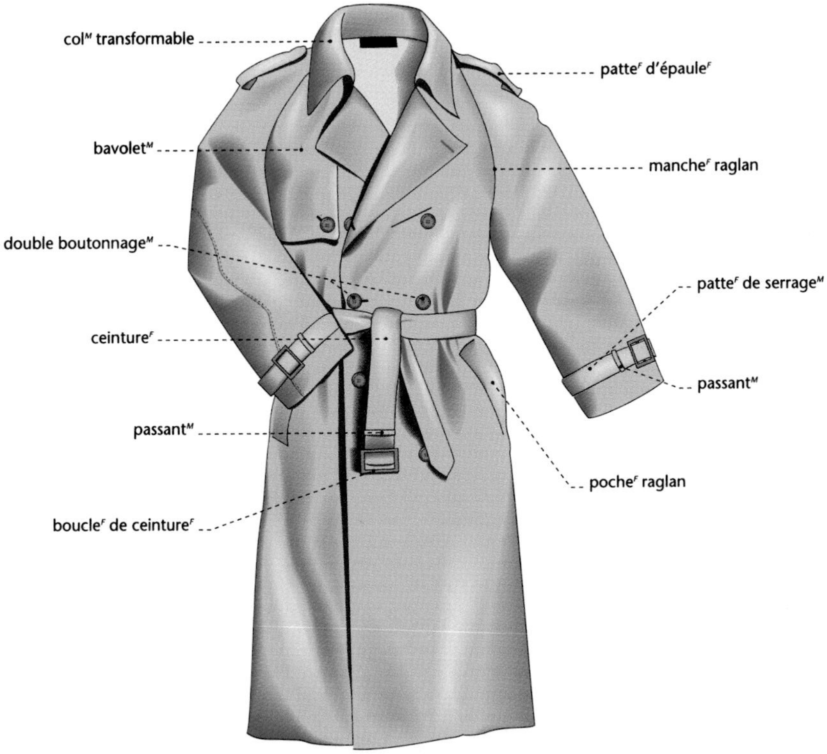

col[M] transformable
patte[F] d'épaule[F]
bavolet[M]
manche[F] raglan
double boutonnage[M]
patte[F] de serrage[M]
ceinture[F]
passant[M]
passant[M]
poche[F] raglan
boucle[F] de ceinture[F]

VÊTEMENTS^M D'HOMME^M

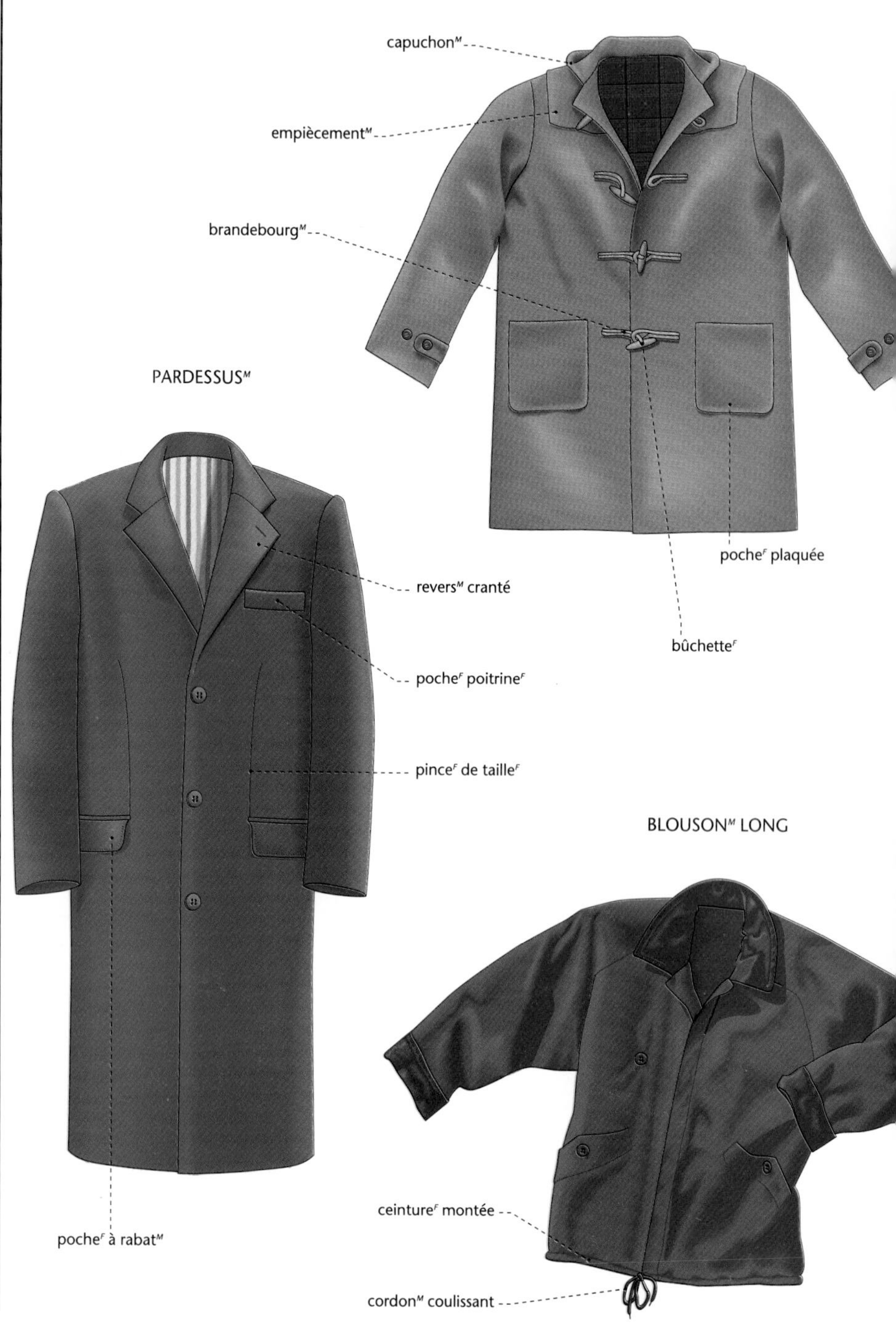

paletot[M]

PARKA[F]; *PARKA*[M]

fermeture[F] à glissière[F]

patte[F] à boutons[M]-pression[F]

BLOUSON[M] COURT

bouton[M]-pression[F]

poche[F] repose-bras[M]

ceinture[F] élastique

canadienne[F]

VESTONᴹ CROISÉ
doublureᶠ
reversᴹ à cranᴹ aigu
colᴹ
pochetteᶠ
mancheᶠ
rabatᴹ
fenteᶠ latérale
pocheᶠ-ticketᴹ
pocheᶠ plaquée
GILETᴹ
encolureᶠ en V
doublureᶠ
patteᶠ
devantᴹ
découpeᶠ
pocheᶠ giletᴹ
tirantᴹ de réglageᴹ
VESTEᶠ DROITE
cranᴹ
doublureᶠ
dosᴹ
pochetteᶠ
reversᴹ
mancheᶠ
devantᴹ
pocheᶠ tiroirᴹ
fenteᶠ médiane

CEINTURE^F

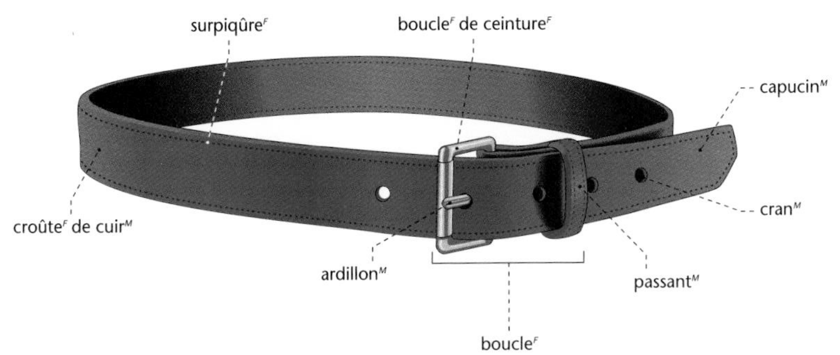

BRETELLES^F

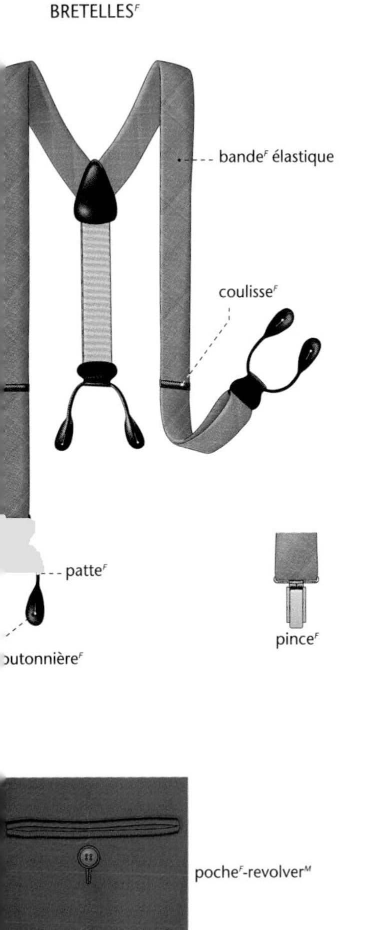

PANTALON^M

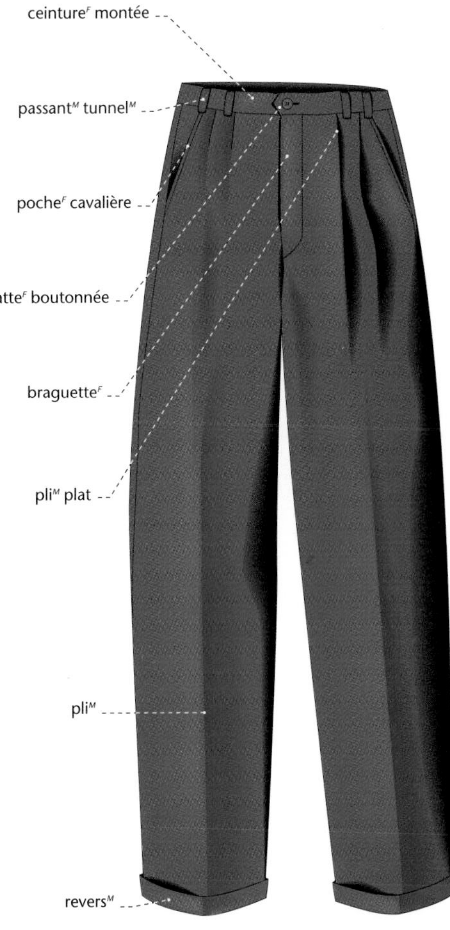

CHEMISE[F]

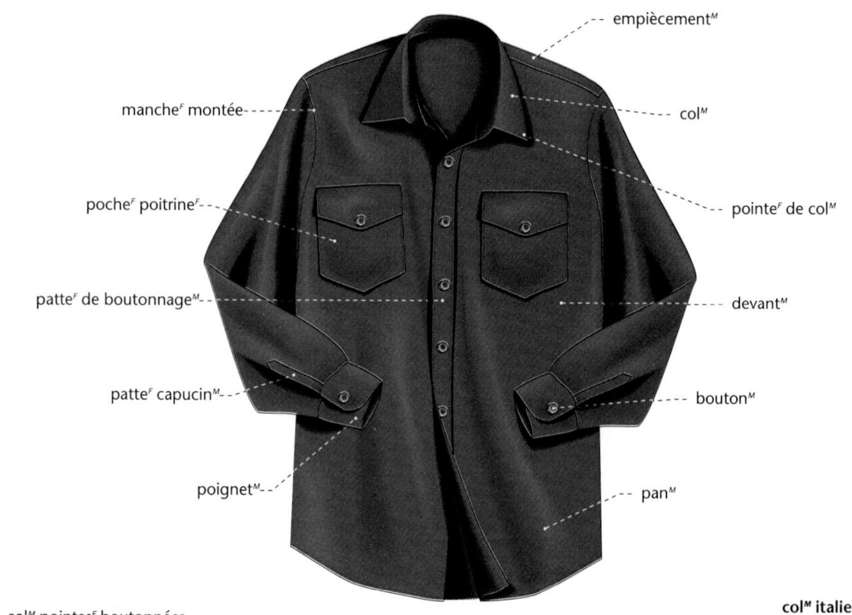

col[M] pointes[F] boutonnées

lavallière[F]

col[M] italien

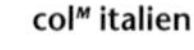

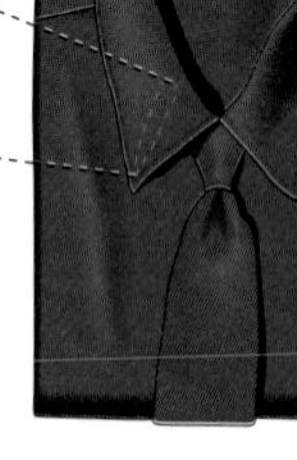

nœud[M] papillon[M]

CRAVATE[F]

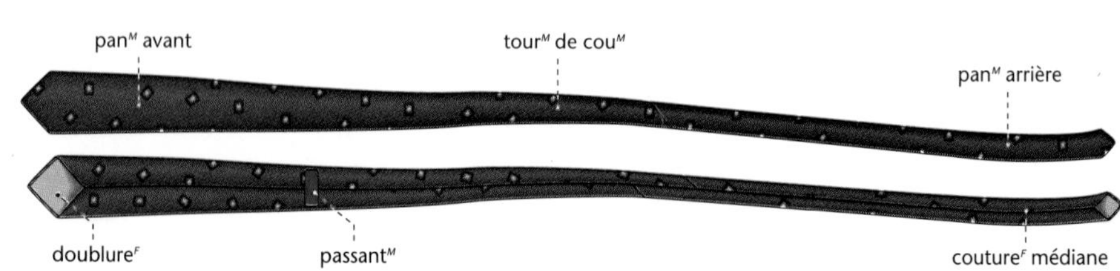

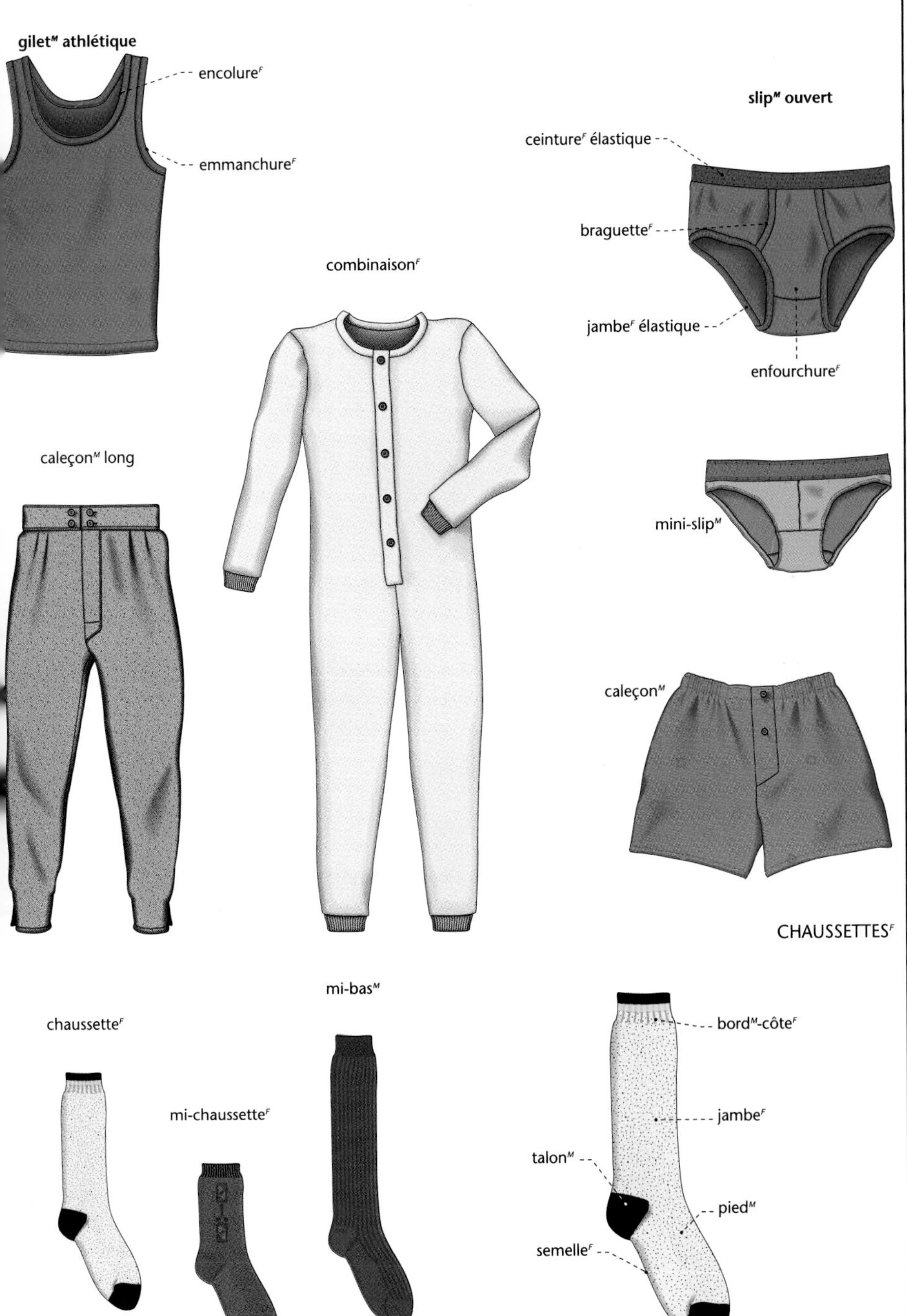

CHAUSSETTES^F

GILET[M] DE LAINE[F]

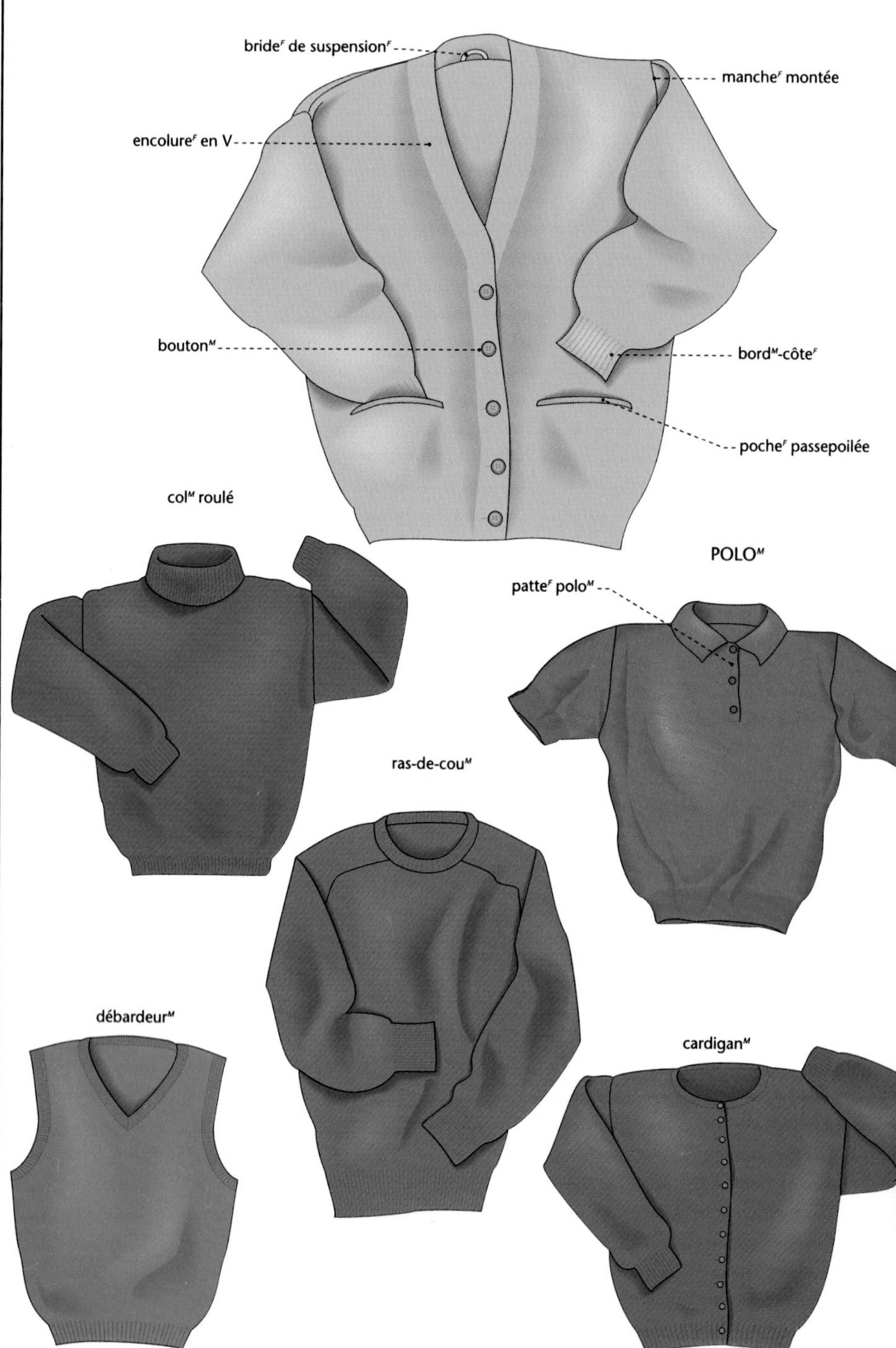

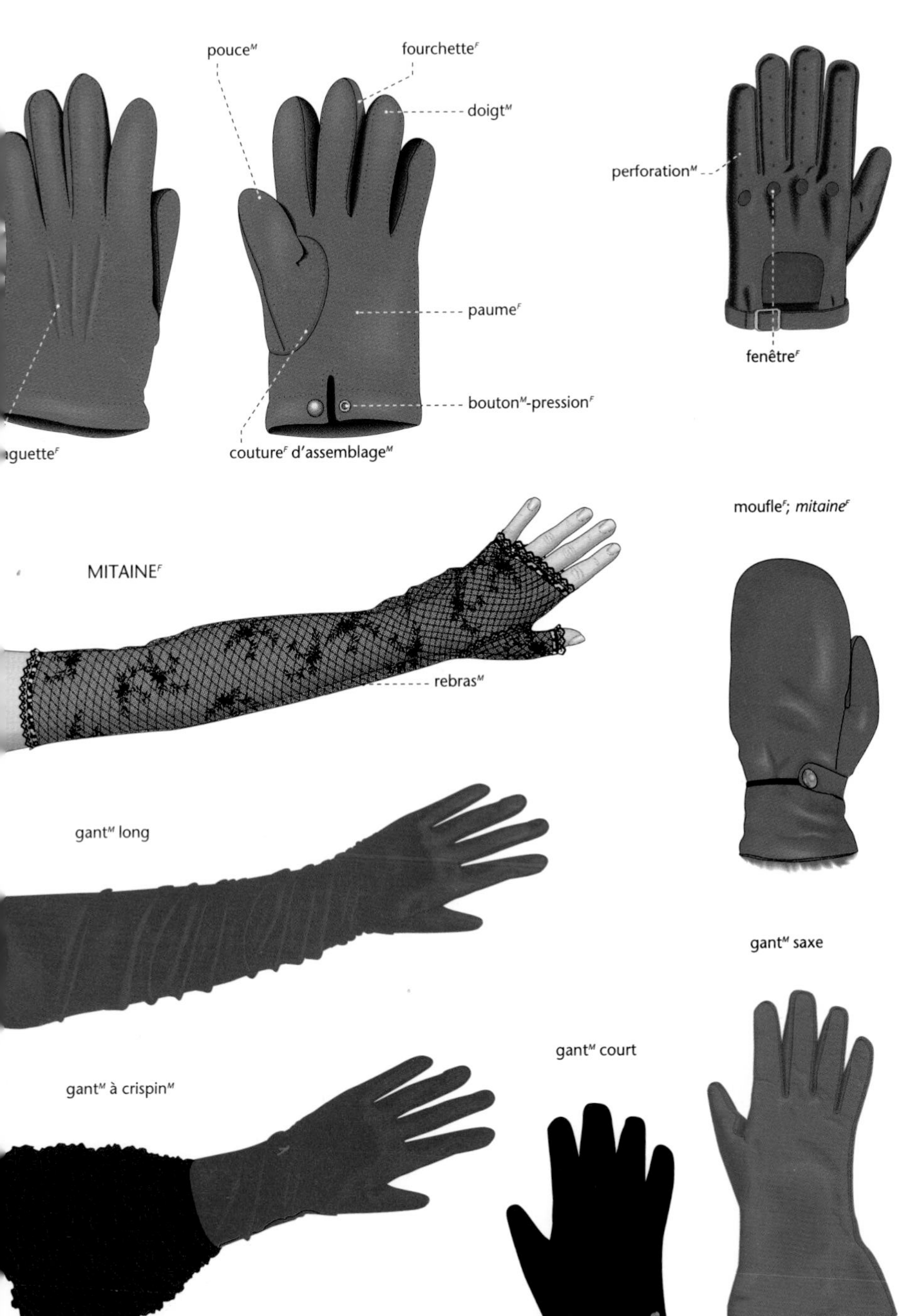
GANT[M] DE CONDUITE[F]
pouce[M]
fourchette[F]
doigt[M]
perforation[M]
paume[F]
fenêtre[F]
bouton[M]-pression[F]
guette[F]
couture[F] d'assemblage[M]
moufle[F]; *mitaine*[F]
MITAINE[F]
rebras[M]
gant[M] long
gant[M] saxe
gant[M] court
gant[M] à crispin[M]

COIFFURE[F]

CHAPEAU[M] DE FEUTRE[M]

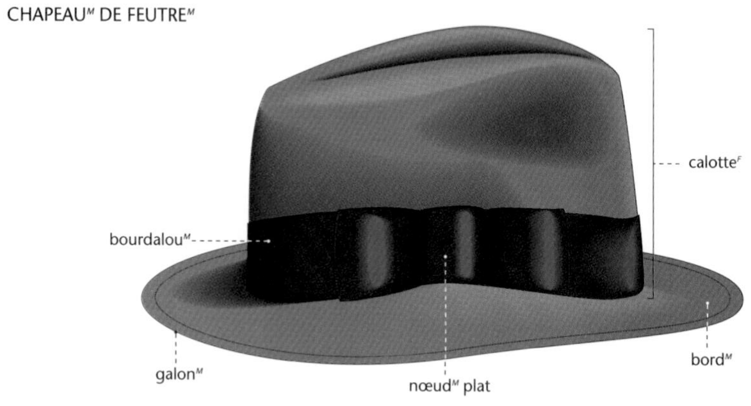

canotier[M]

haut-de-forme[M]

melon[M]

CASQUETTE[F] NORVÉGIENNE

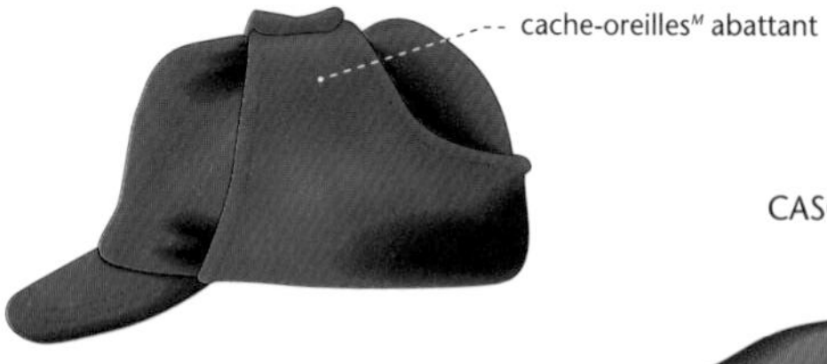

cache-oreilles[M] abattant

chapka[M]

CASQUETTE[F]

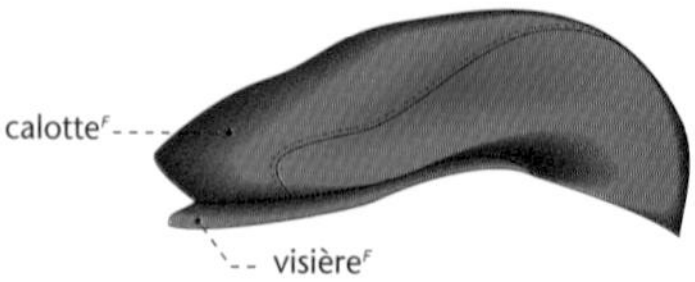

calotte[F]

visière[F]

panama[M]

calot[M]

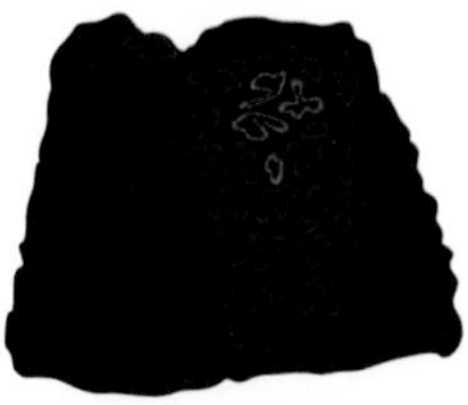

calotte[F]

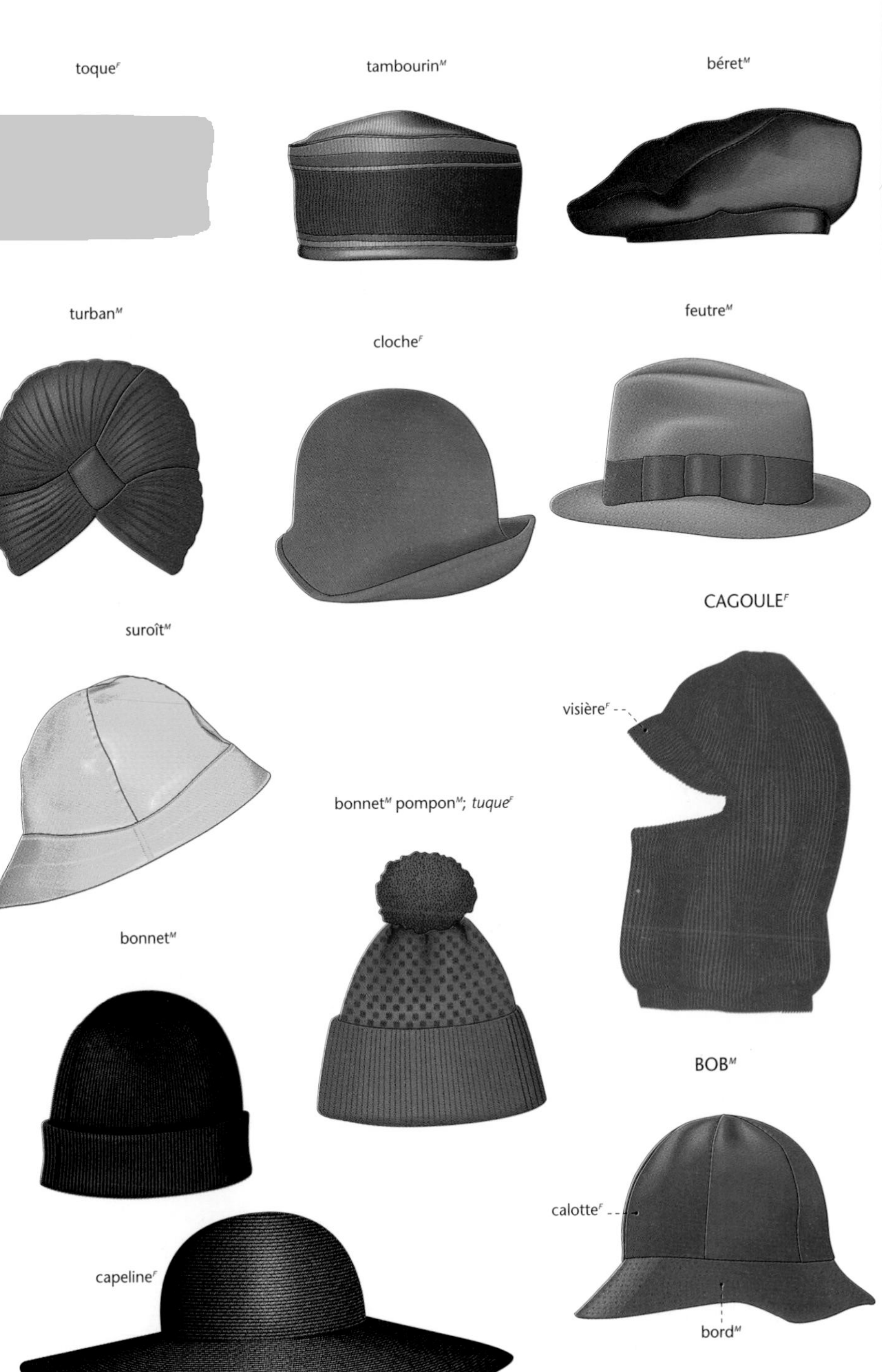
toqueF
tambourinM
béretM
turbanM
clocheF
feutreM
CAGOULEF
visièreF
suroîtM
bonnetM pomponM; tuqueF
bonnetM
BOBM
calotteF
capelineF
bordM

TYPES^M DE MANTEAUX^M

capeF
manteau M
redingote F
passe-bras M
poncho M
tailleur M
veste F
jupe F
veste F

VÊTEMENTS

TYPES^{M} DE ROBES^{F}

robe^{F} fourreau^{M}

robe^{F} princesse^{F}

robe^{F}-manteau^{M}

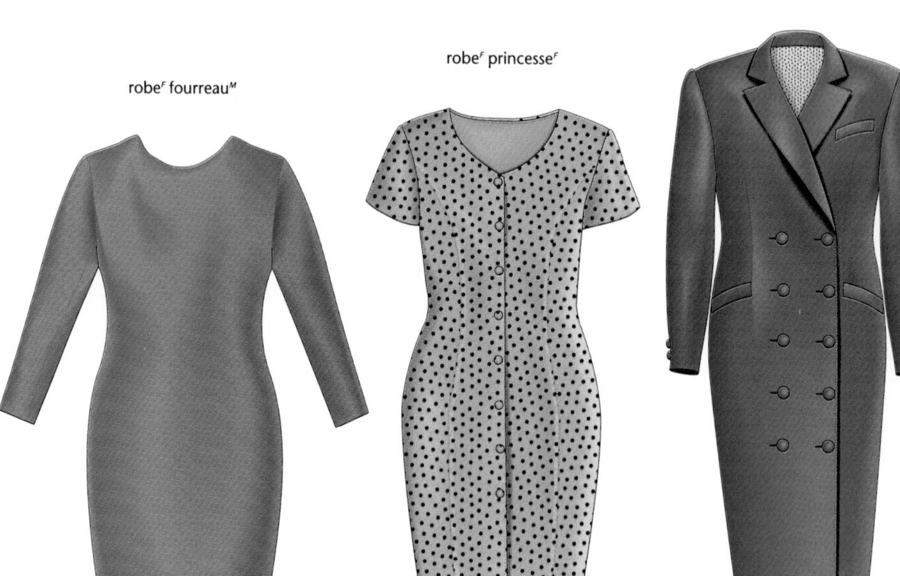

robe^{F} taille^{F} basse

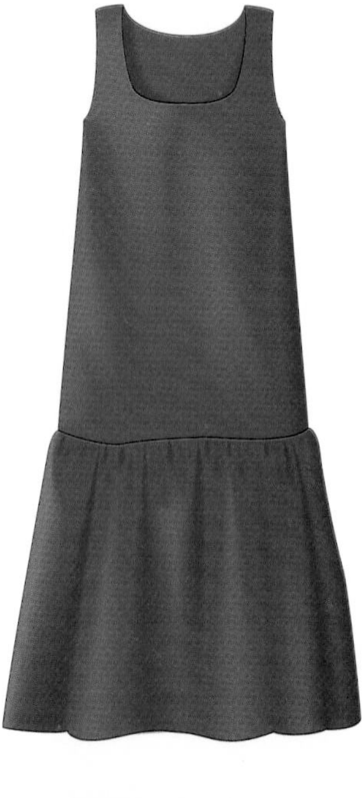

robe^{F} trapèze^{M}

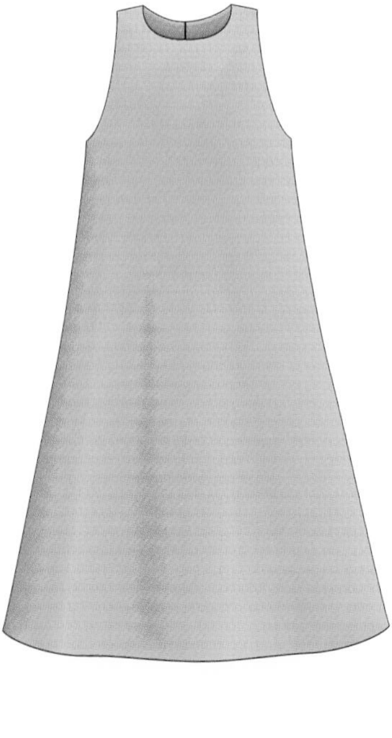

robe^{F} bain^{M}-de-soleil^{M}

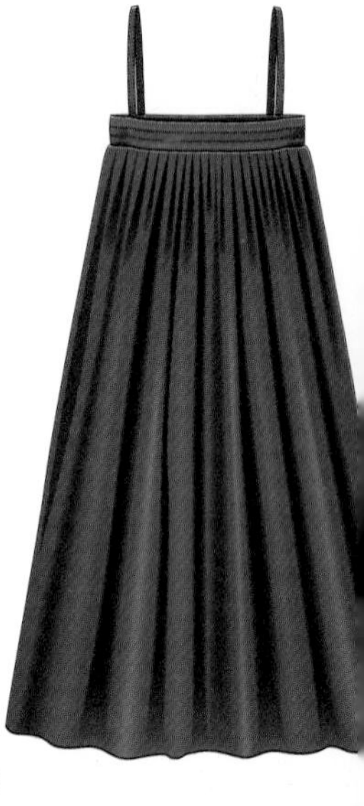

robe[F]-polo[M]

robe[F] de maison[F]

robe[F] chemisier[M]

chasuble[F]

robe[F] enveloppe[F]

robe[F] tunique[F]

TYPES^M DE JUPES^F

jupe^F à empiècement^M

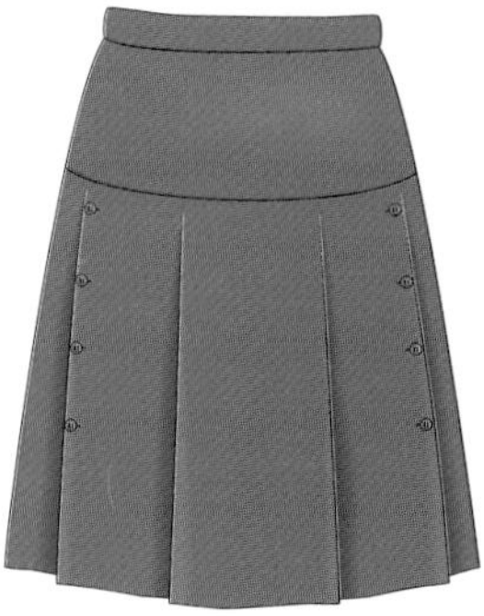

jupe^F à lés^M

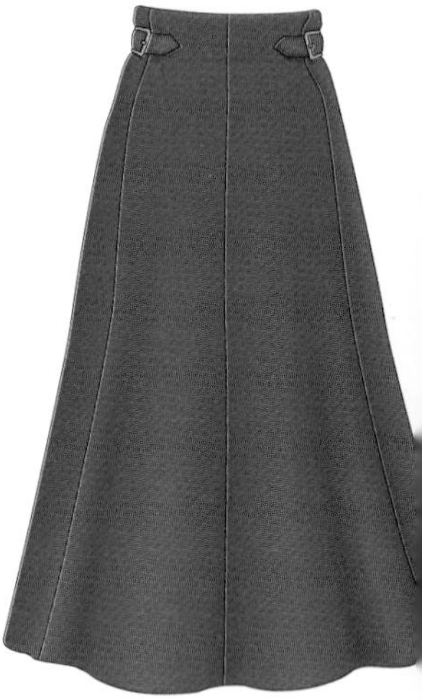

jupe^F fourreau^M

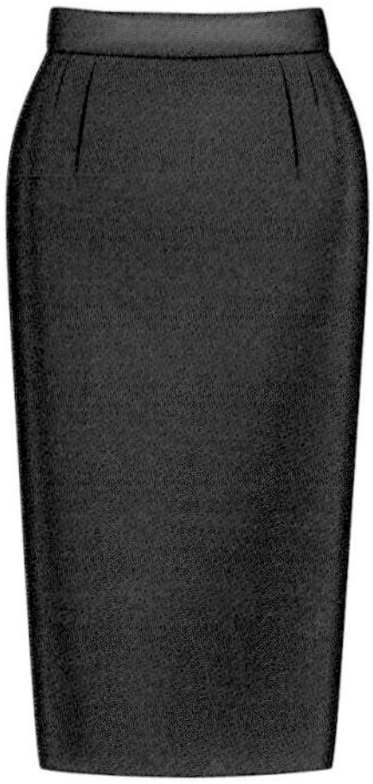

jupe^F à volants^M étagés

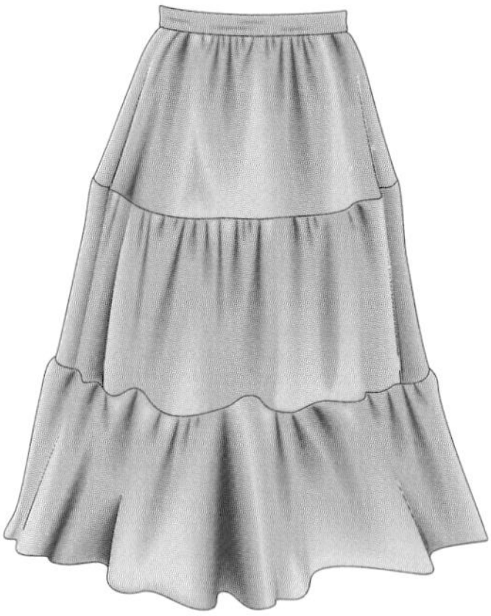

paréo^M

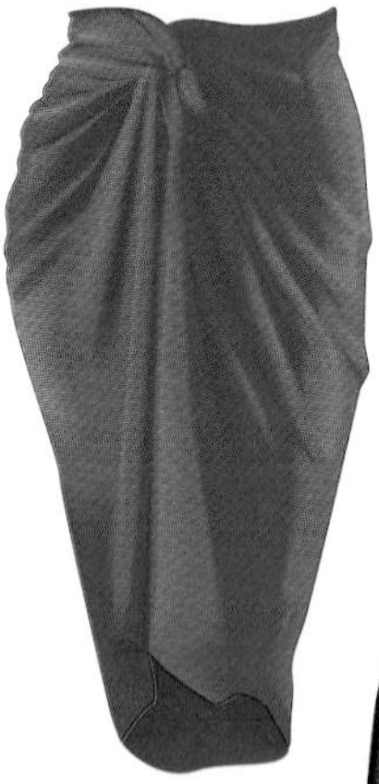

jupe^F portefeuille^M

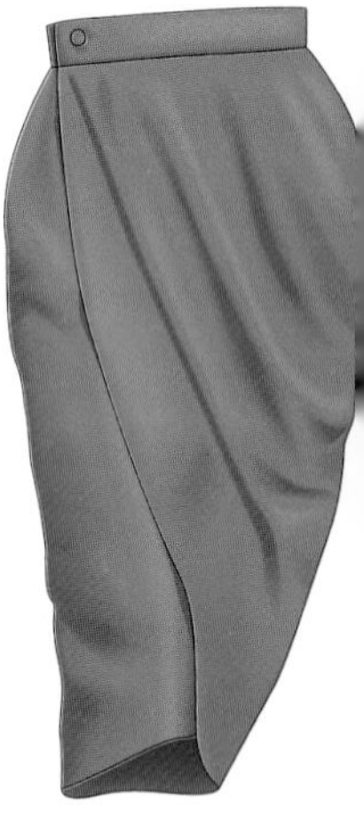

jupe^F droite

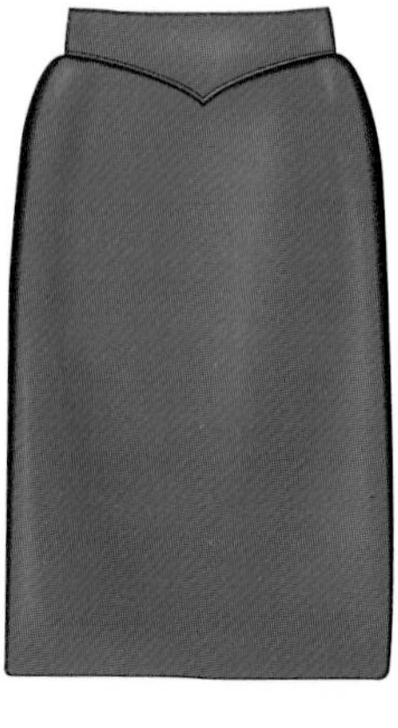

jupe^F-culotte^F

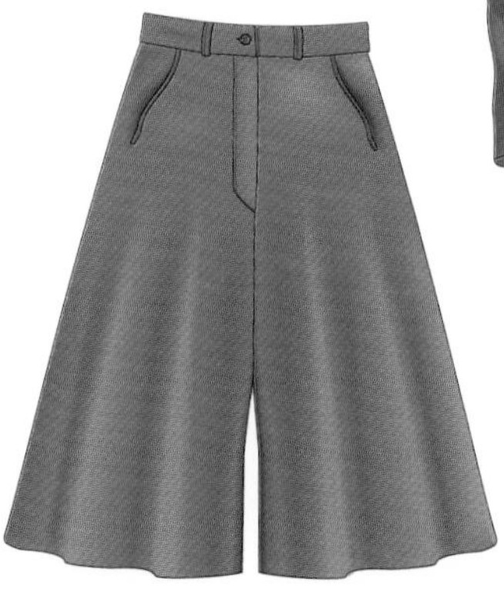

kilt^M
jupe^F froncée
TYPES^M DE PLIS^M
pli^M creux
pli^M d'aisance^F
plissé^M accordéon^M
pli^M plat
pli^M surpiqué

TYPES^M DE PANTALONS^M

TYPES[M] DE CHEMISIERS[M]

chemisier[M] classique

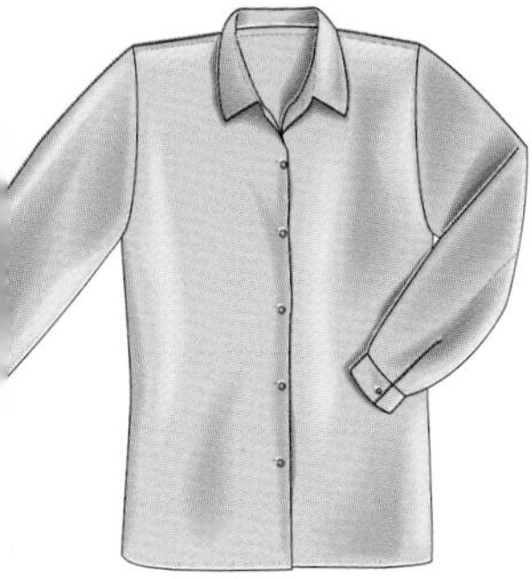

marinière[F]

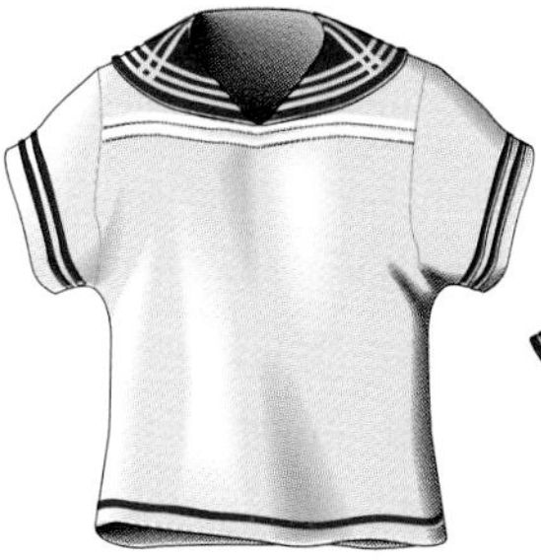

polo[M]

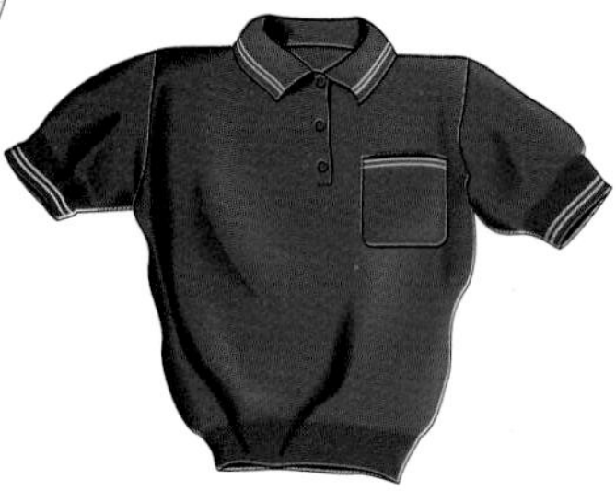

tablier[M]-blouse[F]

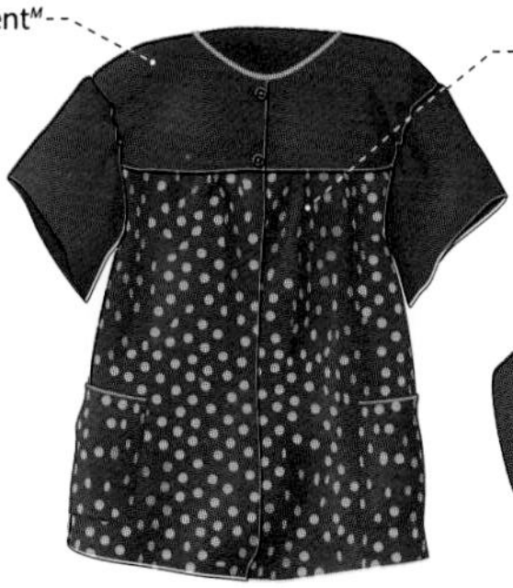
empiècement[M]
fronce[F]

tunique[F]

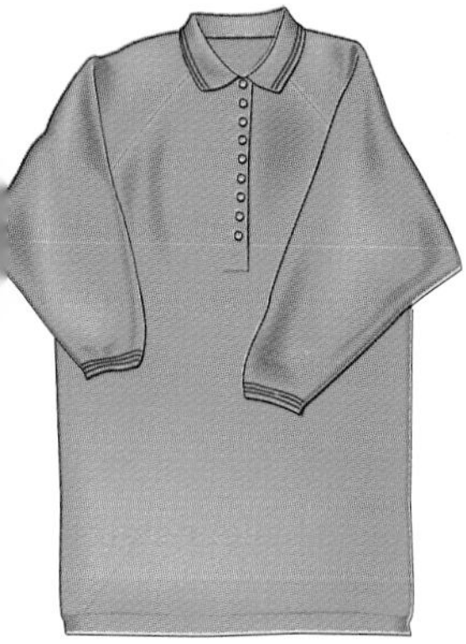

cache-cœur[M]

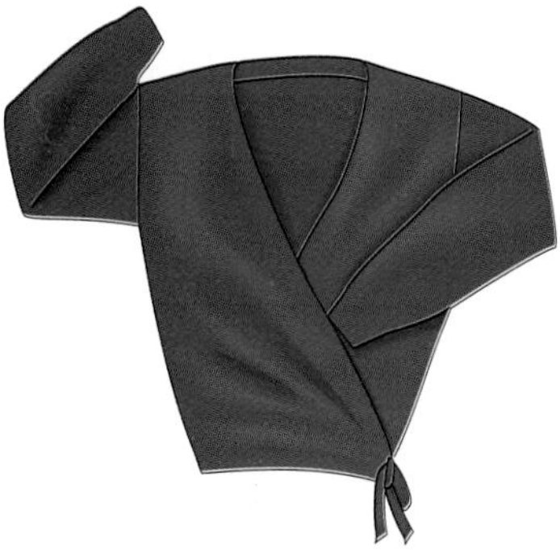

liquette[F]

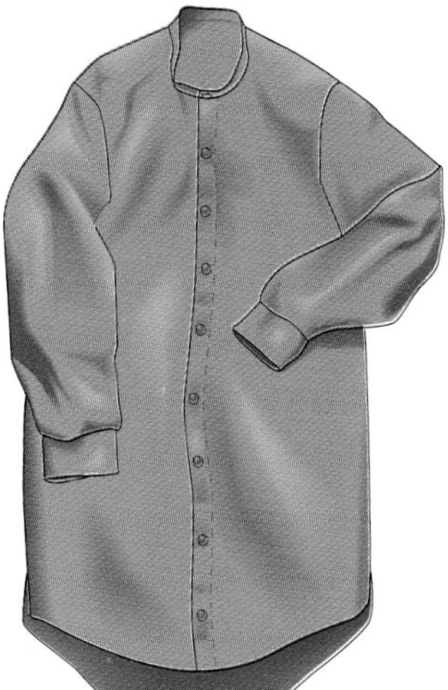
pan[M]

corsage[M]-culotte[F]

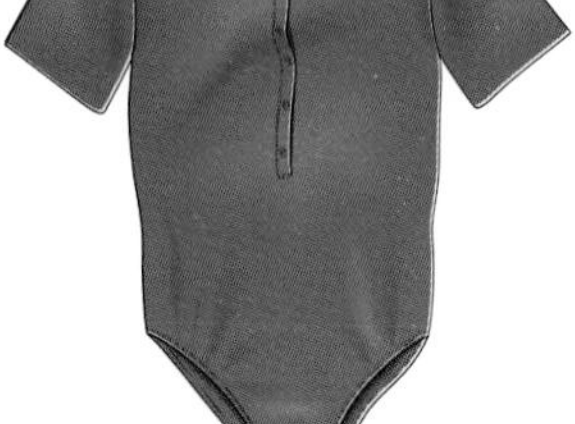
patte[F] d'entrejambe[M]

casaque[F]

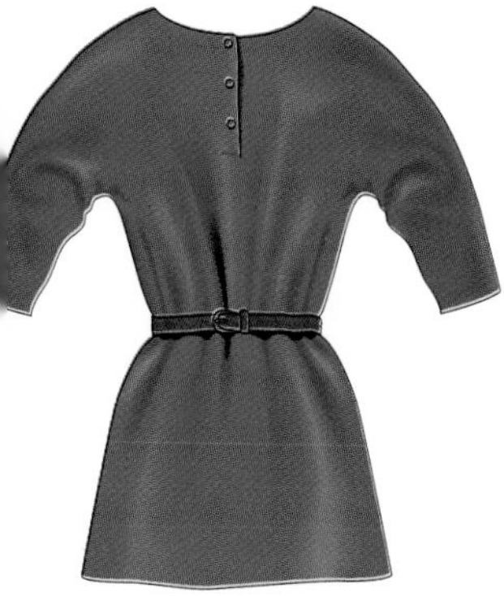

VESTES^{F} ET PULLS^{M}

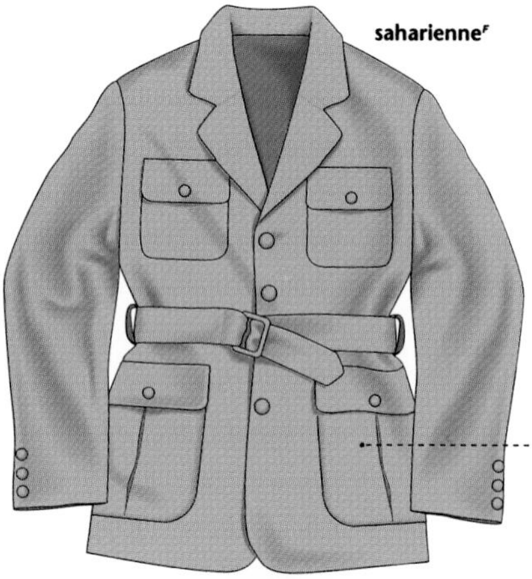

saharienne^{F}
poche^{F} soufflet^{M}

blazer^{M}

boléro^{M}

spencer^{M}

gilet^{M}

tandem^{M}
col^{M} roulé
gilet^{M} de laine^{F}

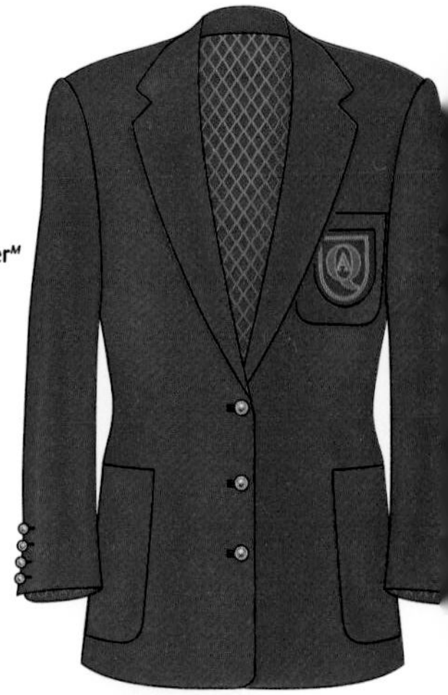

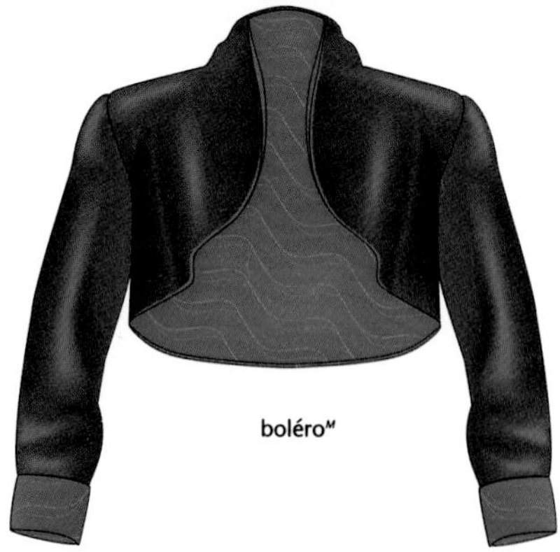

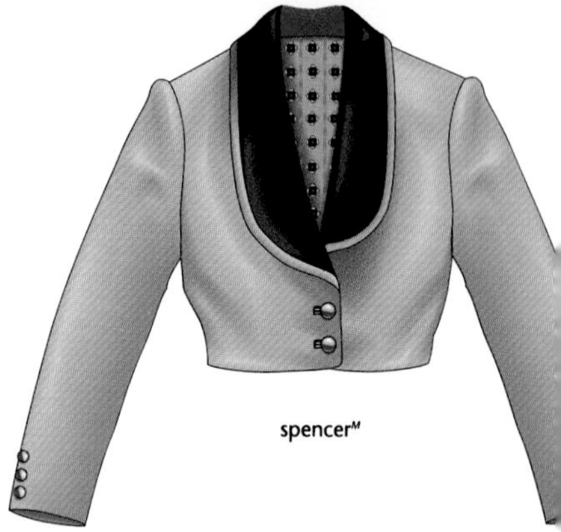

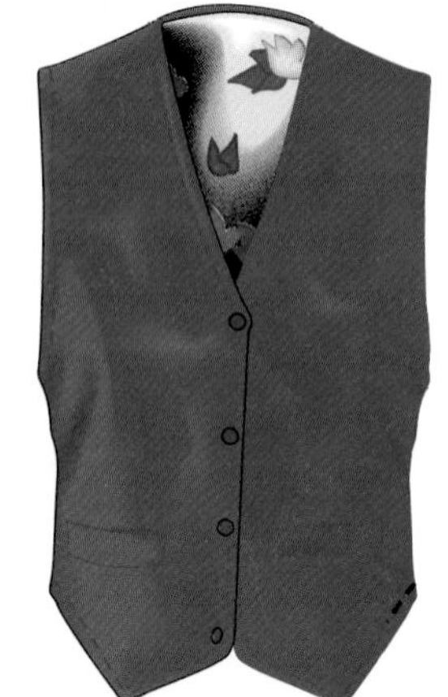

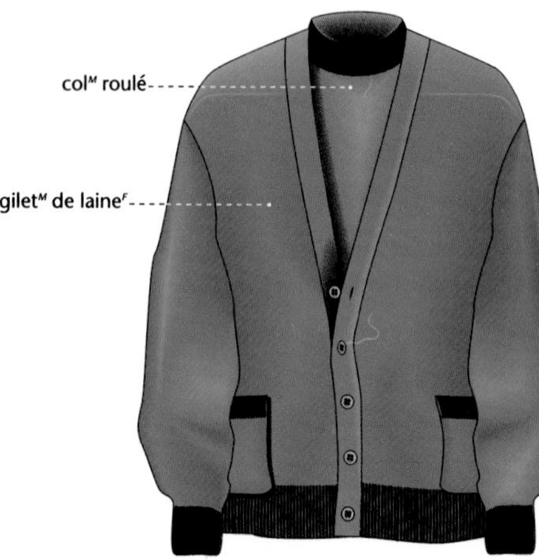

TYPES[M] DE POCHES[F]

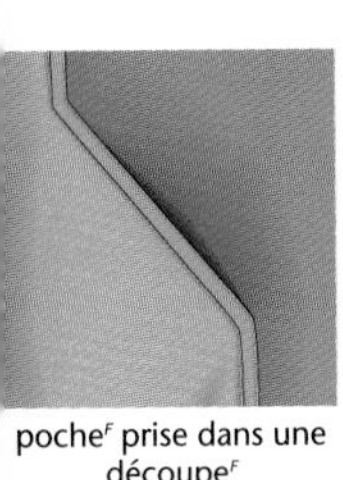
poche[F] prise dans une découpe[F]

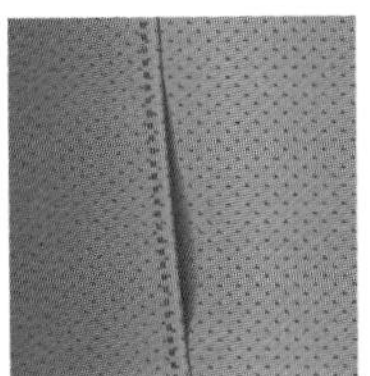
poche[F] prise dans une couture[F]

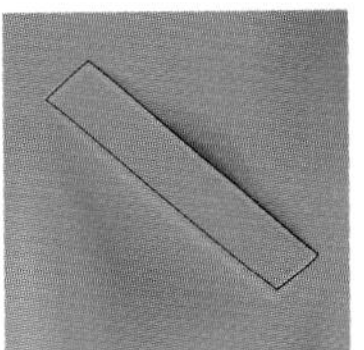
poche[F] raglan

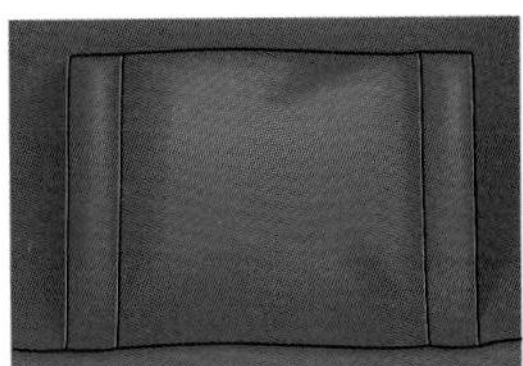
poche[F] manchon[M]

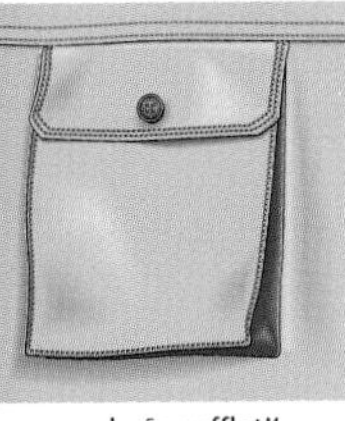
poche[F] soufflet[M]

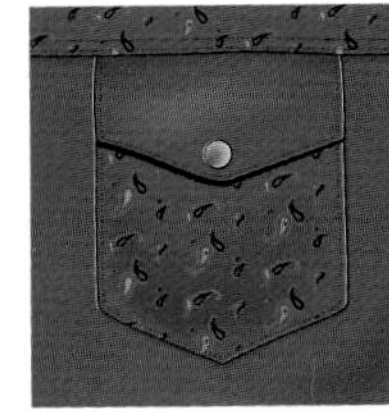
poche[F] à rabat[M]

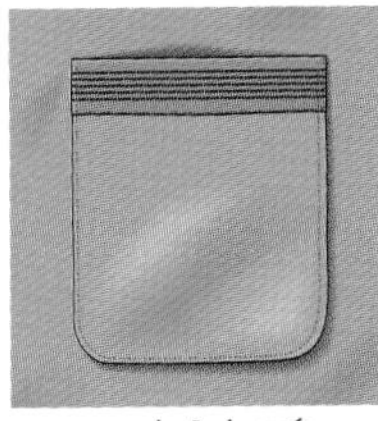
poche[F] plaquée

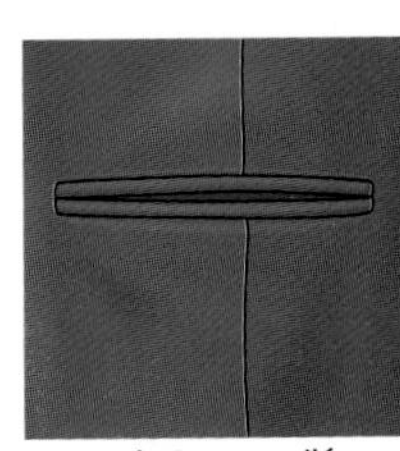
poche[F] passepoilée

TYPES[M] DE MANCHES[F]

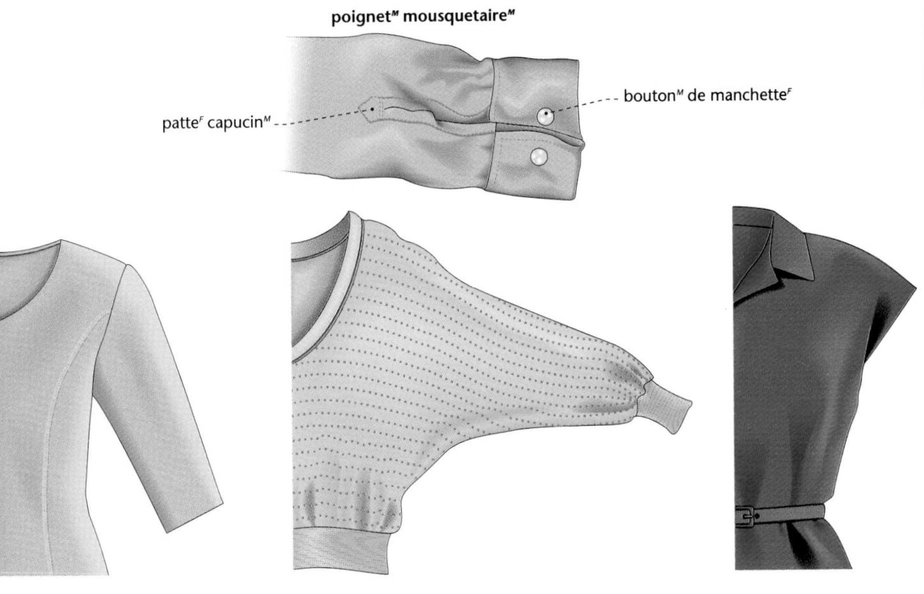

manche[F] trois-quarts

manche[F] chauve-souris[F]

mancheron[M]

TYPES^M DE MANCHES^F

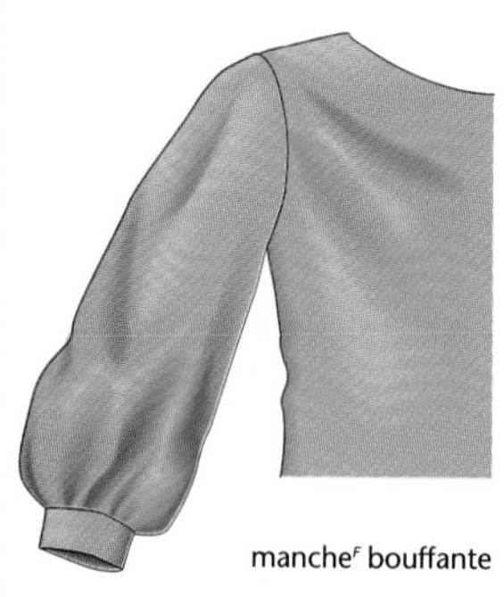
manche^F bouffante

manche^F gigot^M

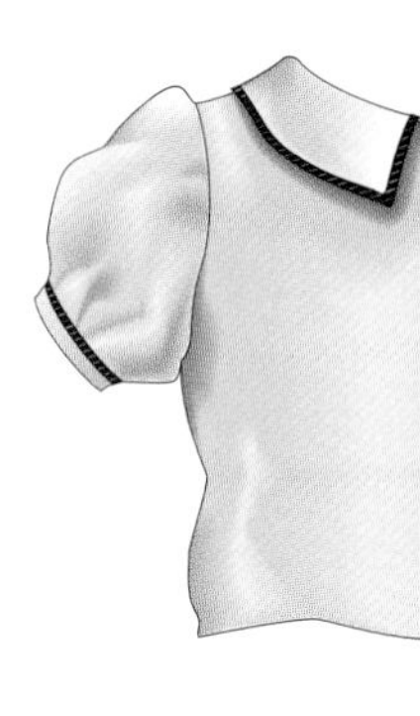
manche^F ballon^M

manche^F tailleur^M

manche^F marteau^M

manche^F kimono^M

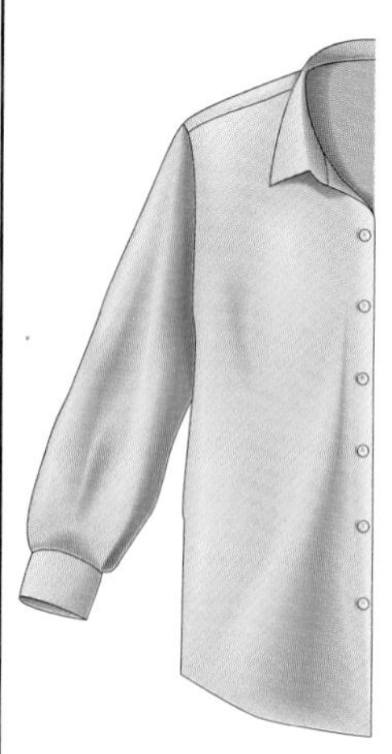
manche^F chemisier^M

manche^F raglan

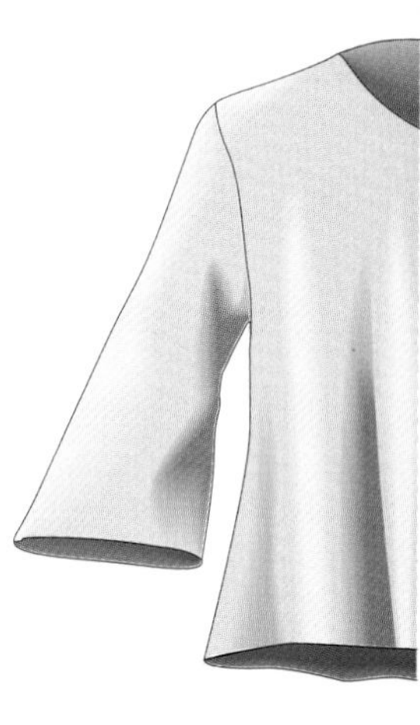
manche^F pagode^F

COL[M]

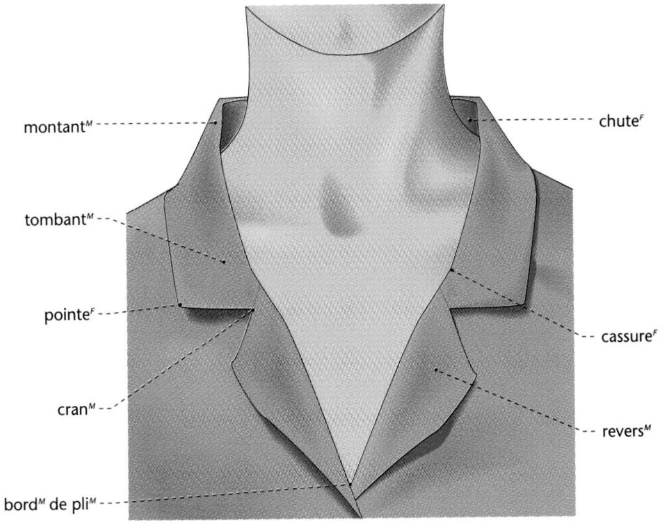

TYPES[M] DE COLS[M]

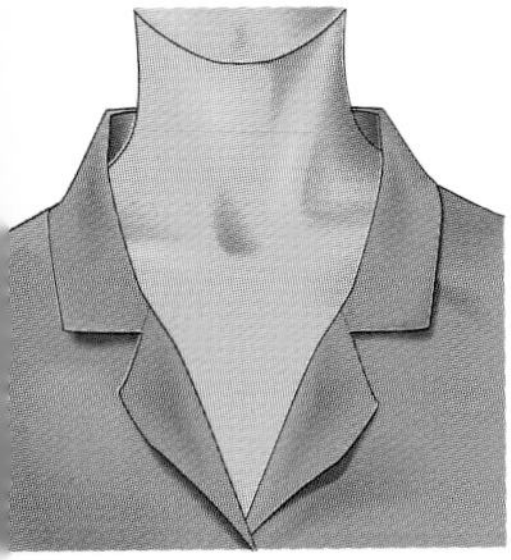

col[M] chemisier[M]

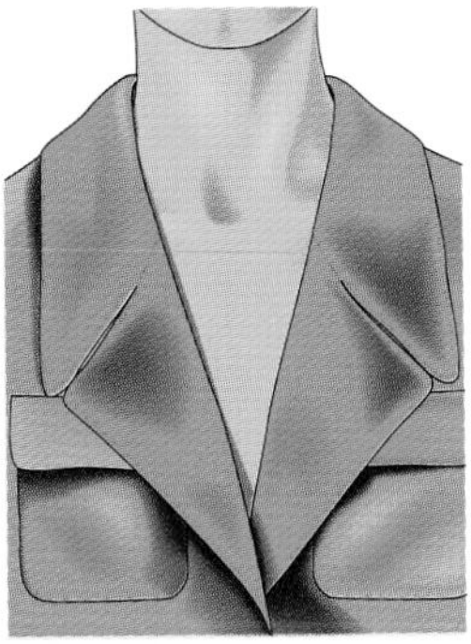

col[M] tailleur[M]

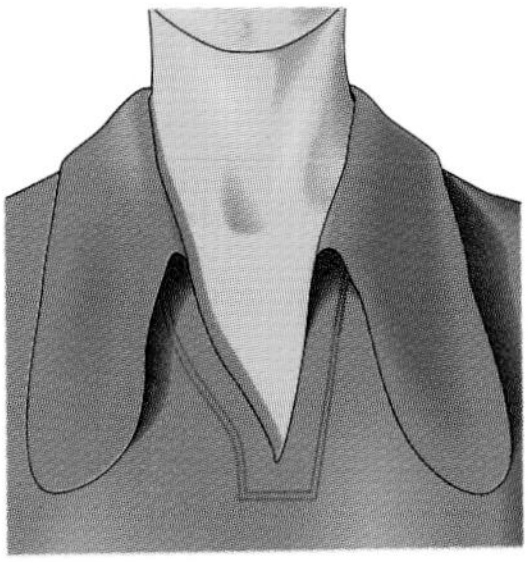

col[M] banane[F]

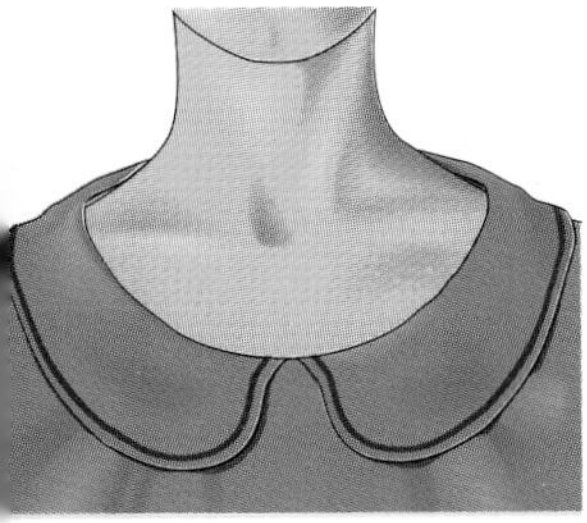

col[M] Claudine

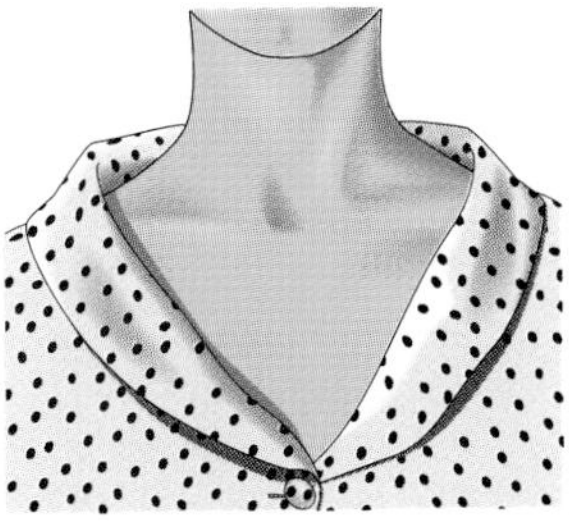

col[M] châle[M]

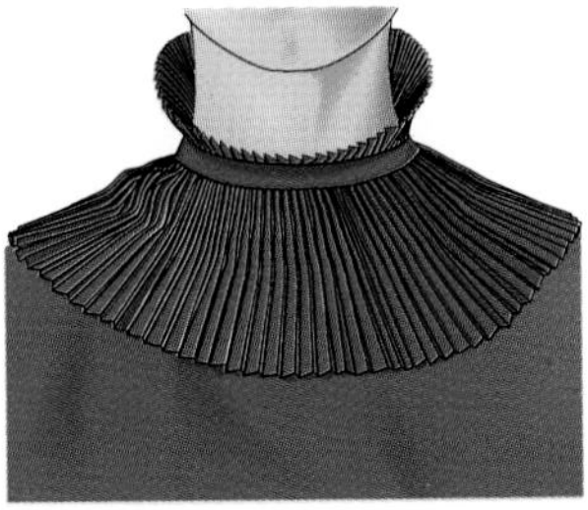

collerette[F]

TYPES[M] DE COLS[M]

col[M] berthe[F]

col[M] cravate[F]

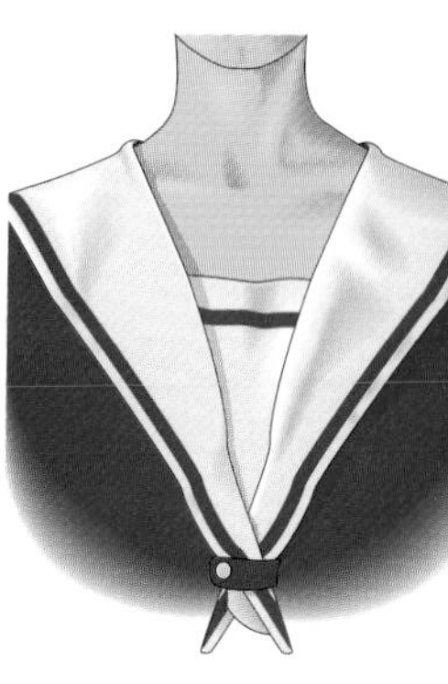

col[M] marin[M]

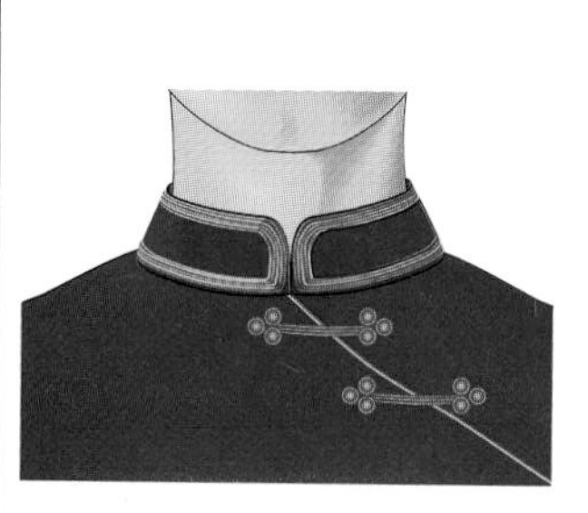

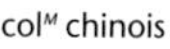

col[M] chinois

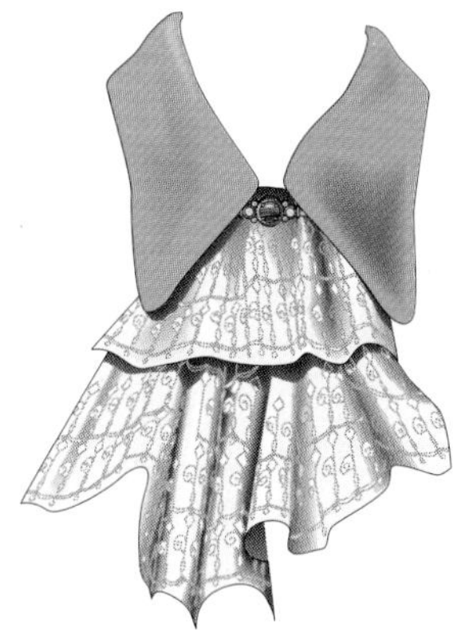

jabot[M]

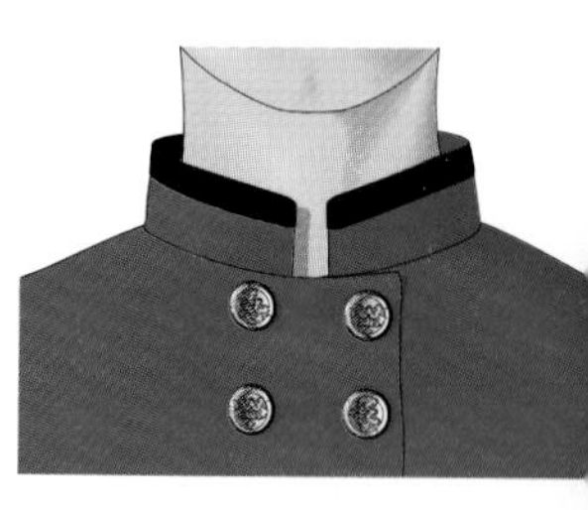

col[M] officier[M]

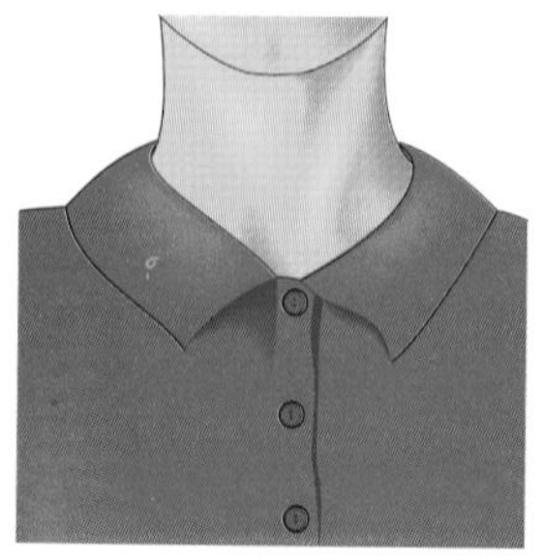

col[M] polo[M]

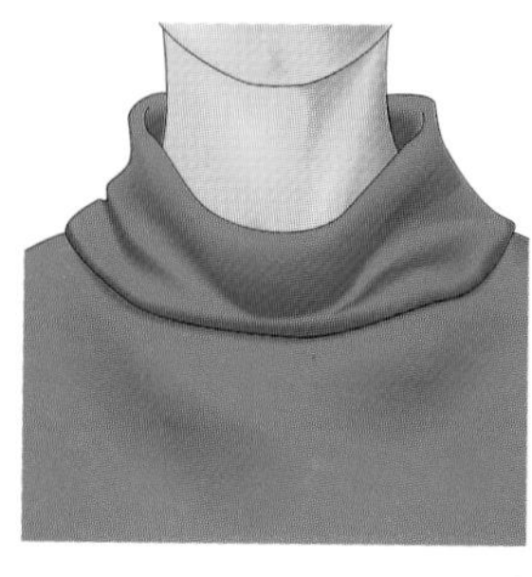

col[M] cagoule[F]

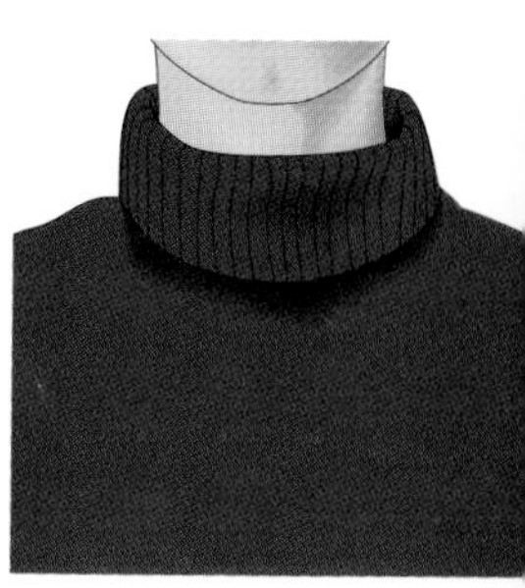

col[M] roulé

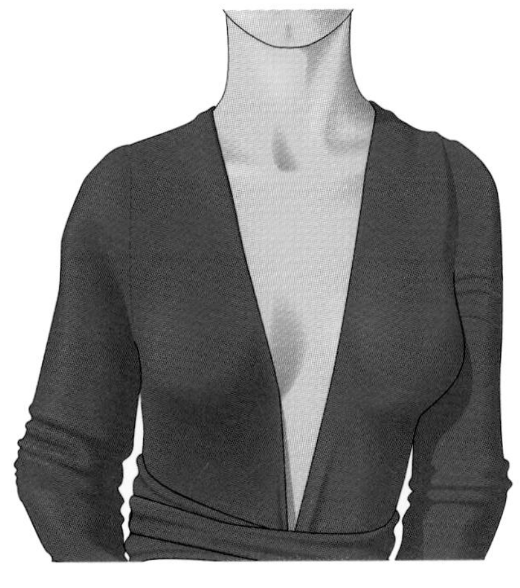

décolleté^M plongeant

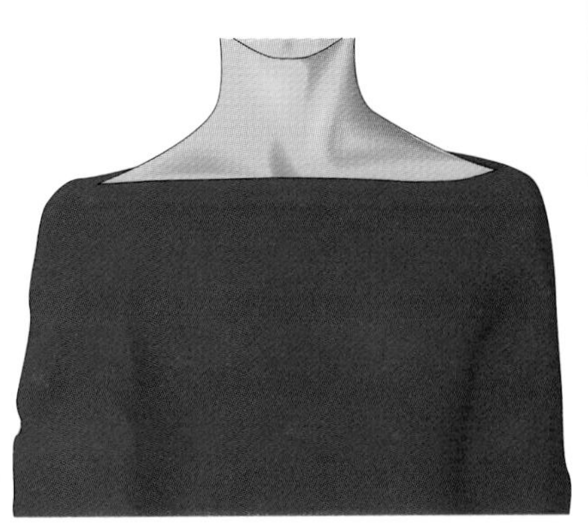

encolure^F bateau^M

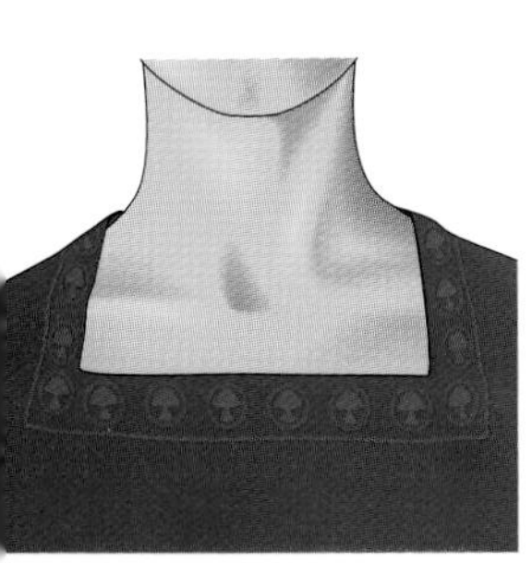

décolleté^M carré

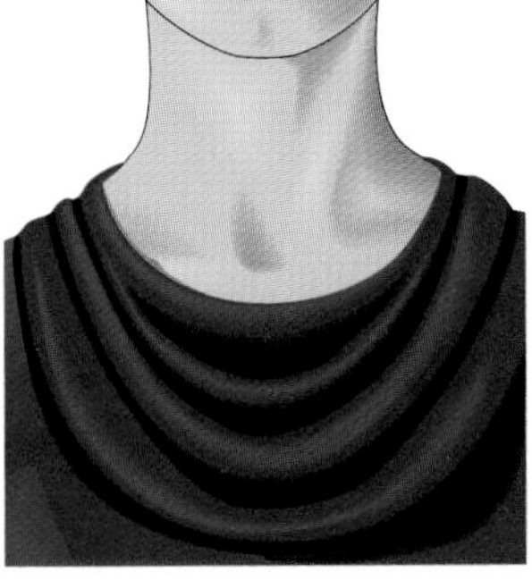

encolure^F drapée

encolure^F ras-de-cou^M

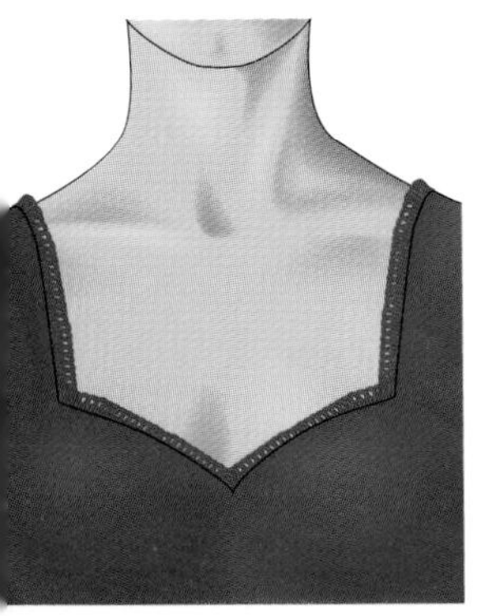

décolleté^M en cœur^M

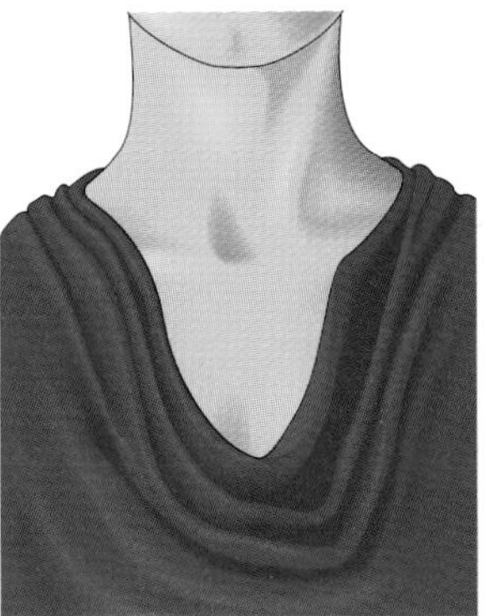

décolleté^M drapé

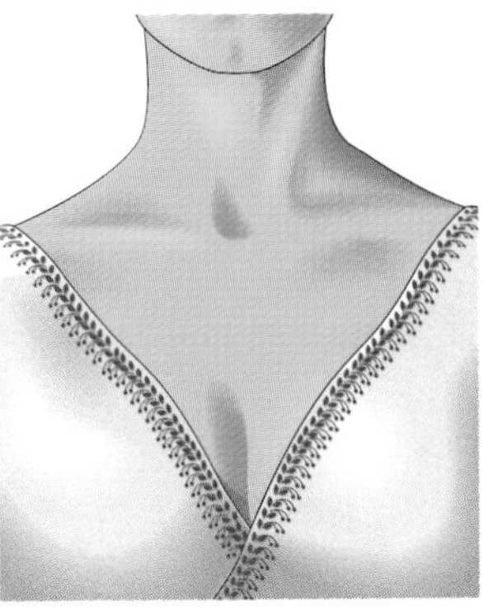

décolleté^M en V

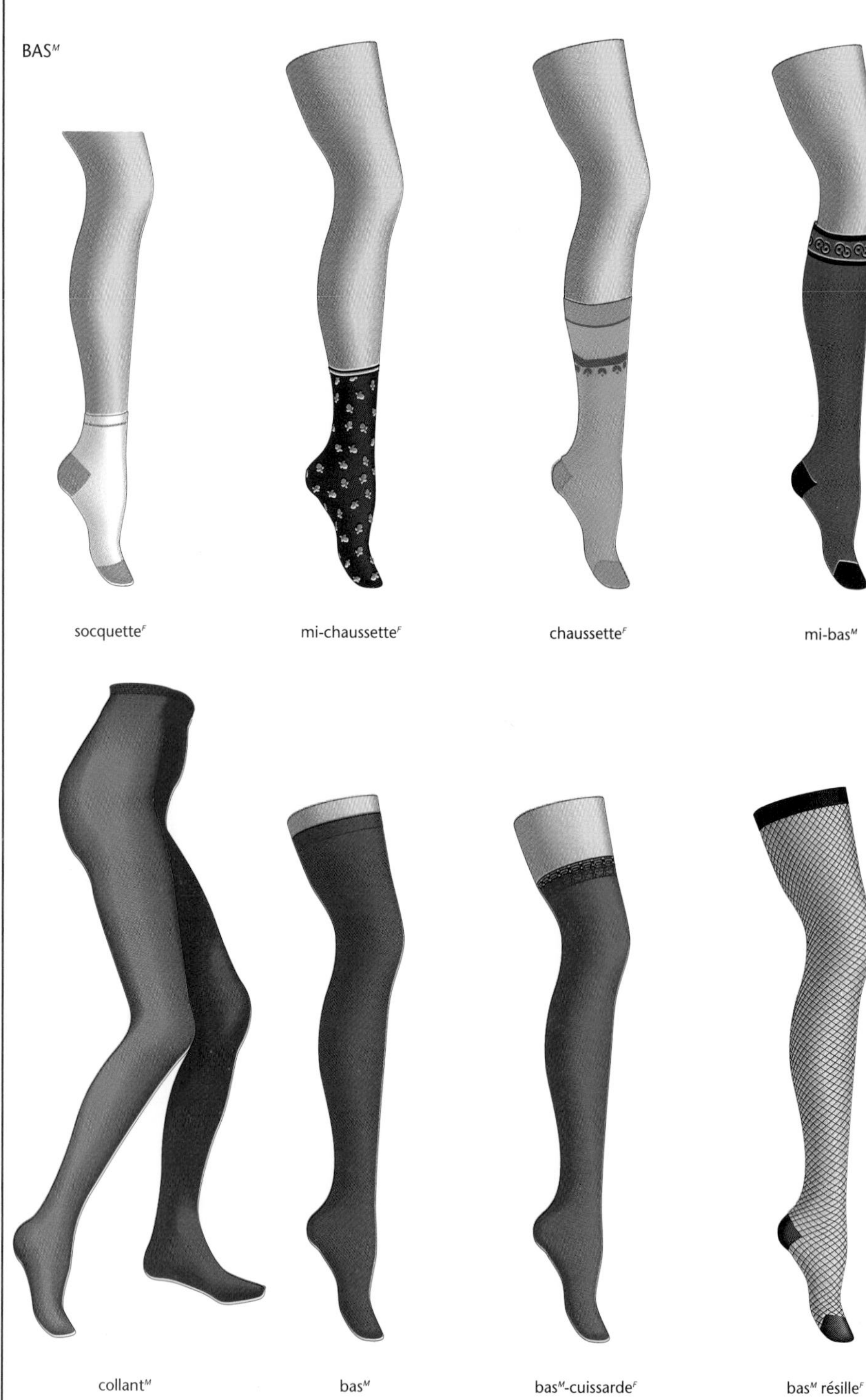
BAS^M
socquette^F
mi-chaussette^F
chaussette^F
mi-bas^M
collant^M
bas^M
bas^M-cuissarde^F
bas^M résille^F

body[M]; *combiné-slip*[M]
teddy[M]; *combinaison*[F]*-culotte*[F]
caraco[M]; *camisole*[F]
fond[M] de robe[F]
combinaison[F]-jupon[M]
découpe[F] princesse[F]
jupon[M]

VÊTEMENTS^M DE FEMME^F

SOUS-VÊTEMENTS^M

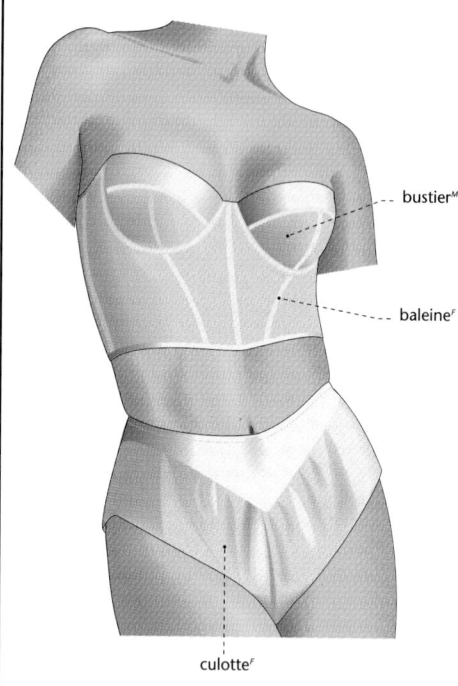

soutien-gorge^M corbeille^F

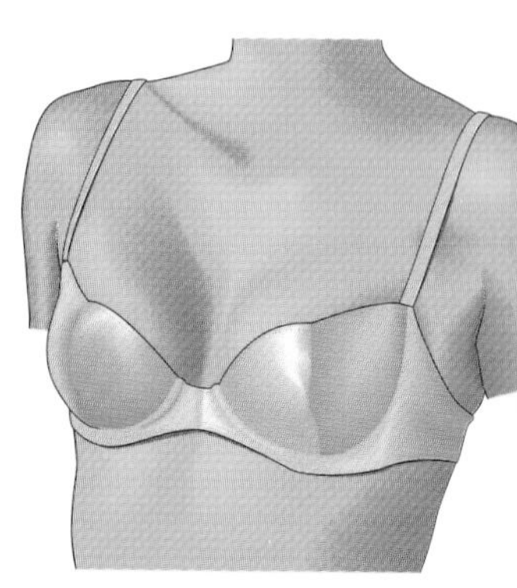

soutien-gorge^M

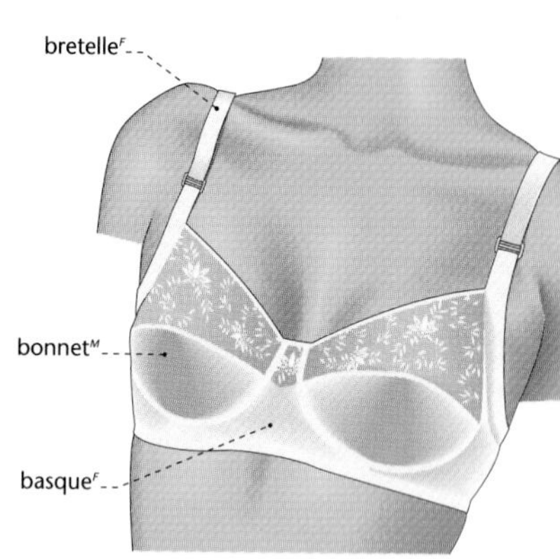

gaine^F

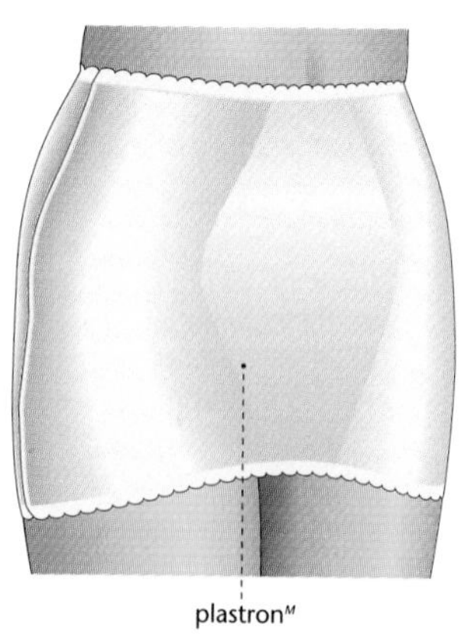

gaine^F-culotte^F

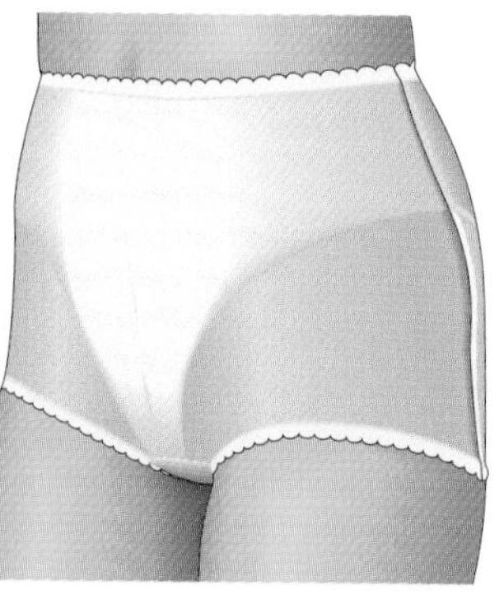

corset^M

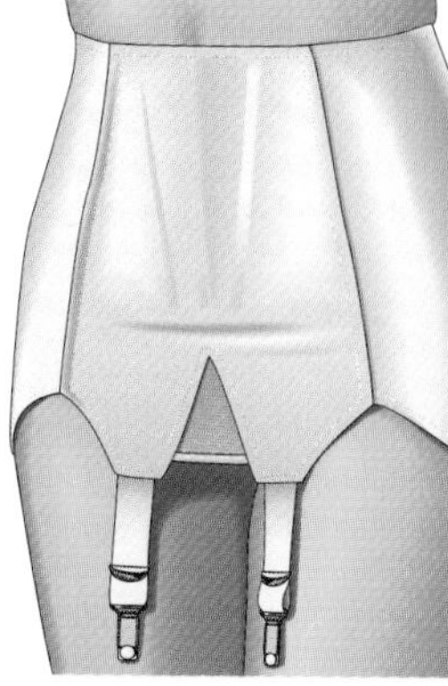

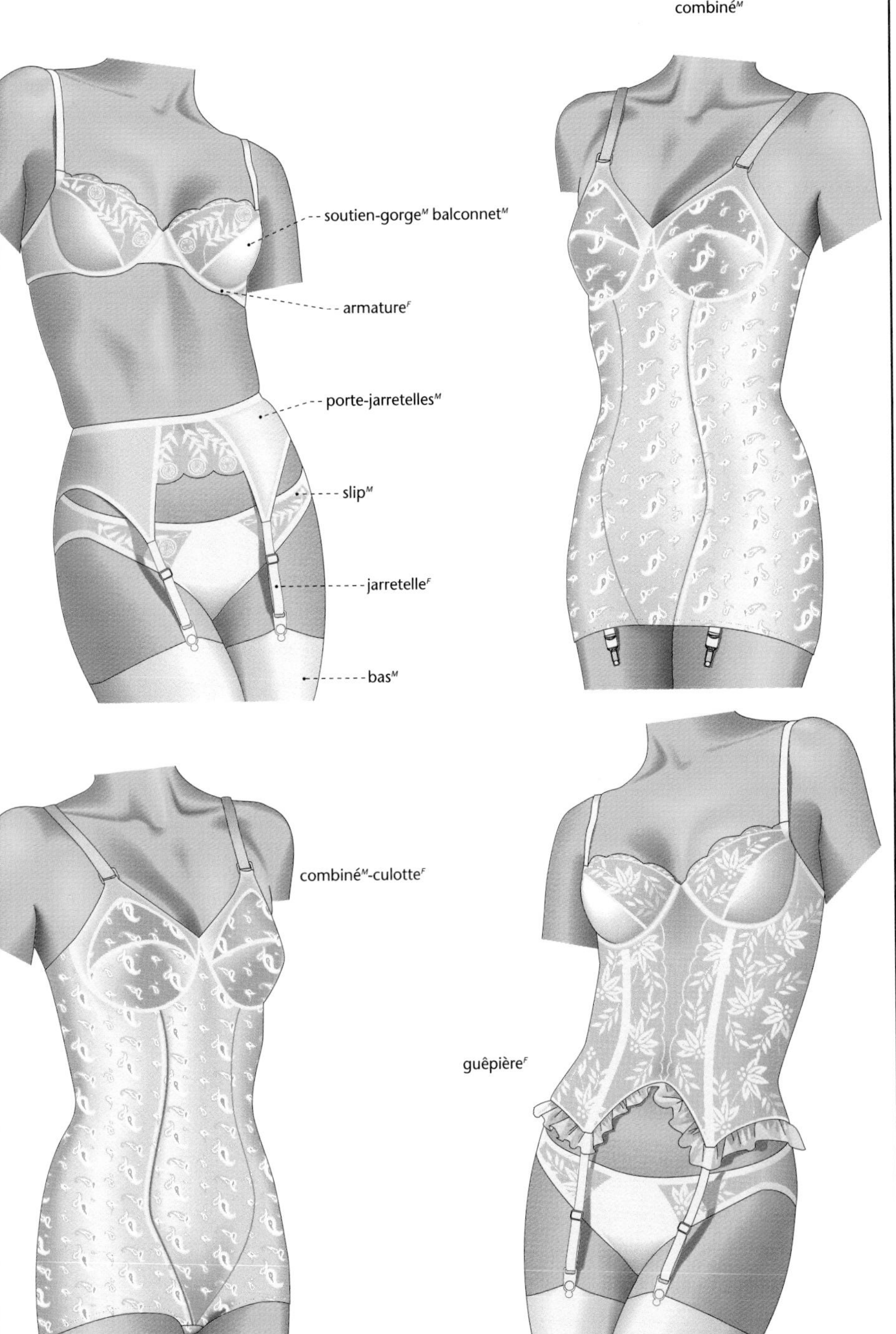
combinéᴹ
soutien-gorgeᴹ balconnetᴹ
armatureᶠ
porte-jarretellesᴹ
slipᴹ
jarretelleᶠ
basᴹ
combinéᴹ-culotteᶠ
guêpièreᶠ

VÊTEMENTS[M] DE NUIT[F]

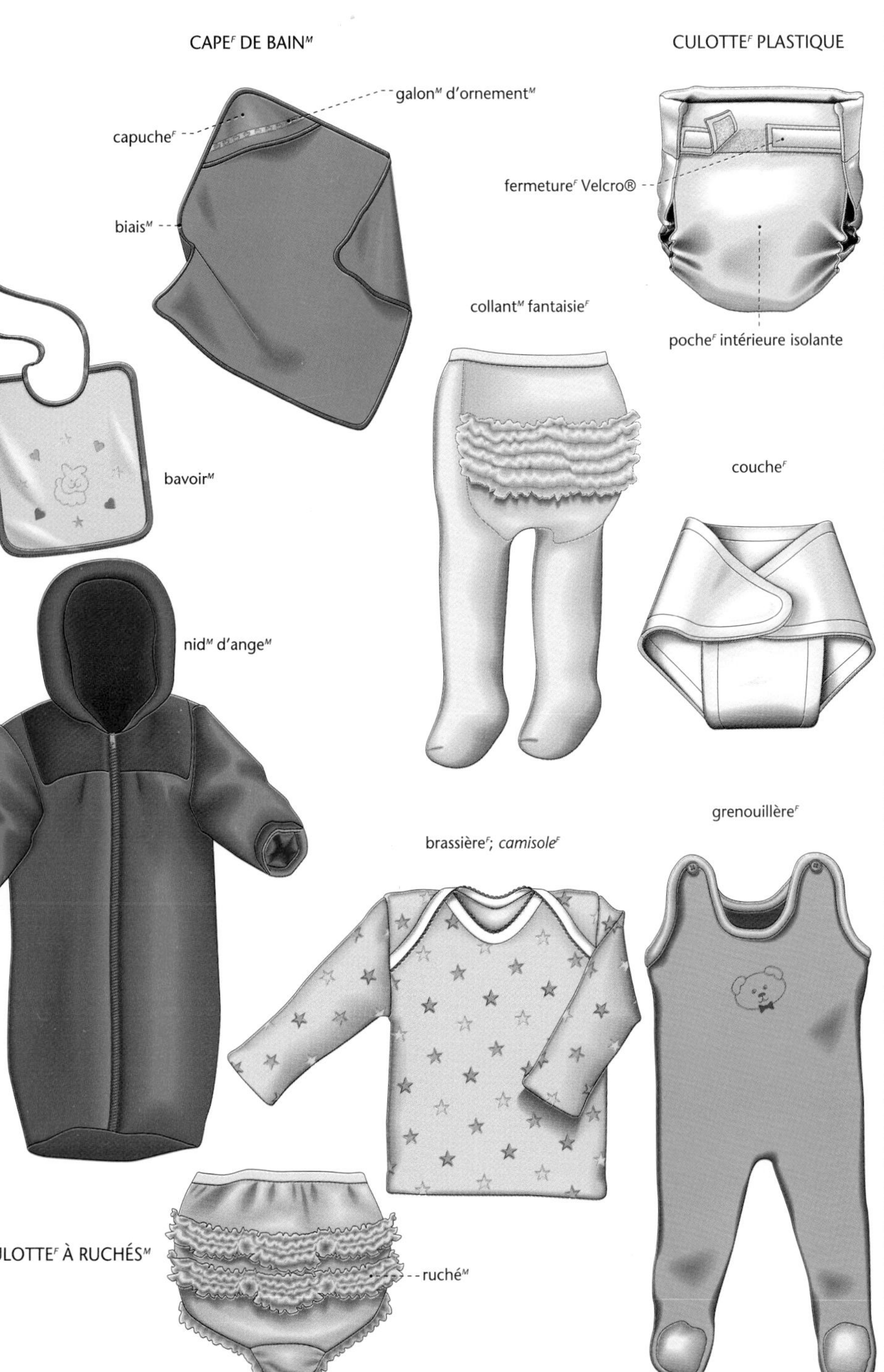
CAPE^F DE BAIN^M
galon^M d'ornement^M
capuche^F
biais^M
bavoir^M
nid^M d'ange^M
CULOTTE^F PLASTIQUE
fermeture^F Velcro®
poche^F intérieure isolante
collant^M fantaisie^F
couche^F
grenouillère^F
brassière^F; *camisole*^F
ULOTTE^F À RUCHÉS^M
ruché^M

VÊTEMENTS^M D'ENFANT^M

DORMEUSE^F-COUVERTURE^F

COMBINAISON^F DE NUIT^F; *DORMEUSE^F*

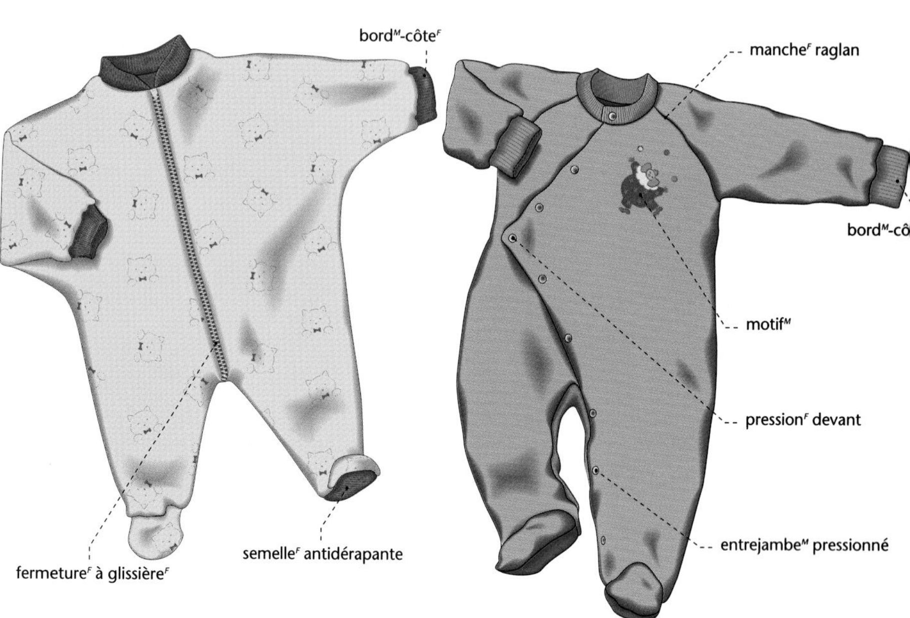

SALOPETTE^F À DOS^M MONTANT

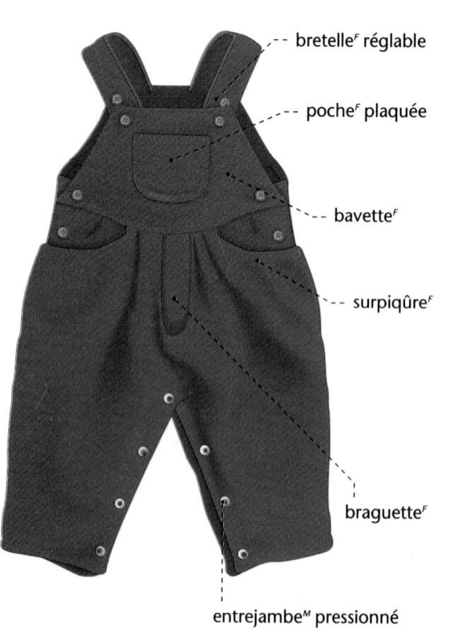

DORMEUSE^F DE CROISSANCE^F

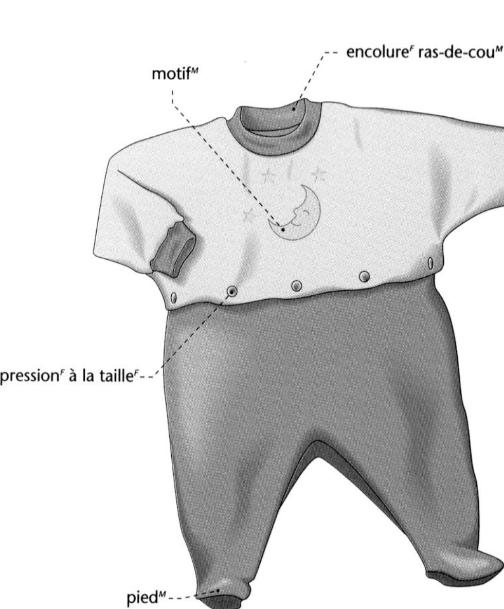

TENUE[F] D'EXERCICE[M]
débardeur[M]
short[M]
SALOPETTE[F] À BRETELLES[F] CROISÉES
bretelle[F] boutonnée
bavette[F]
polojama[M]
ESQUIMAU[M]
capuche[F] coulissée
fermeture[F] sous patte[F]
barboteuse[F]
combinaison[F]
robe[F] tee-shirt[M]

TENUE[F] D'EXERCICE[M]

CHAUSSURE[F] DE SPORT[M]

languette[F]

aile[F] de quartier[M]

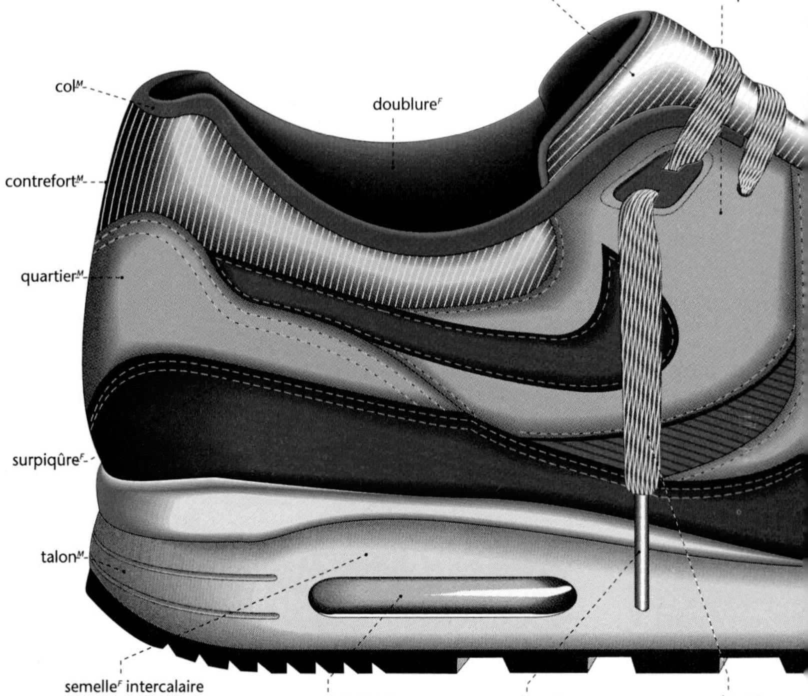

col[M]

doublure[F]

contrefort[M]

quartier[M]

surpiqûre[F]

talon[M]

semelle[F] intercalaire

coussin[M] d'air[M]

ferret[M]

lacet[M]

SURVÊTEMENT[M]

pull[M] à capuche[F]

pantalon[M] molleton[M]

pull[M] d'entraînement[M]

VÊTEMENTᴹ D'EXERCICEᴹ
slipᴹ de bainᴹ
maillotᴹ de bainᴹ
justaucorpsᴹ
œilletᴹ
claqueᶠ
perforationᶠ
collantᴹ sans piedᴹ
cramponᴹ
melleᶠ d'usureᶠ
jambièreᶠ
shortᴹ boxeurᴹ
pantalonᴹ
anorakᴹ
débardeurᴹ

PARTIES^F D'UNE CHAUSSURE^F
revers^M
glissoir^M
quartier^M
talonnette^F de dessus^M
talon^M
bonbout^M
cambrure^F
doublure^F
languette^F
lacet^M
aile^F de quartier^M
ferret^M
œillet^M
garant^M
PRINCIPAUX TYPES^M DE CHAUSSURES^F
richelieu^M
chukka^M
bottillon^M

tennis[M]
derby[M]
claque[F]
surpiqûre[F]
perforation[F]
bout[M] fleuri
trépointe[F]
semelle[F] d'usure[F]
mocassin[M]
loafer[M]; *flâneur*[M]
mule[F]
brodequin[M]
claque[F]

PRINCIPAUX TYPES[M] DE CHAUSSURES[F]

nu-pied[M]
tong[M]
bottine[F]
socque[M]
espadrille[F]
cuissarde[F]
sandalette[F]

ACCESSOIRES^M

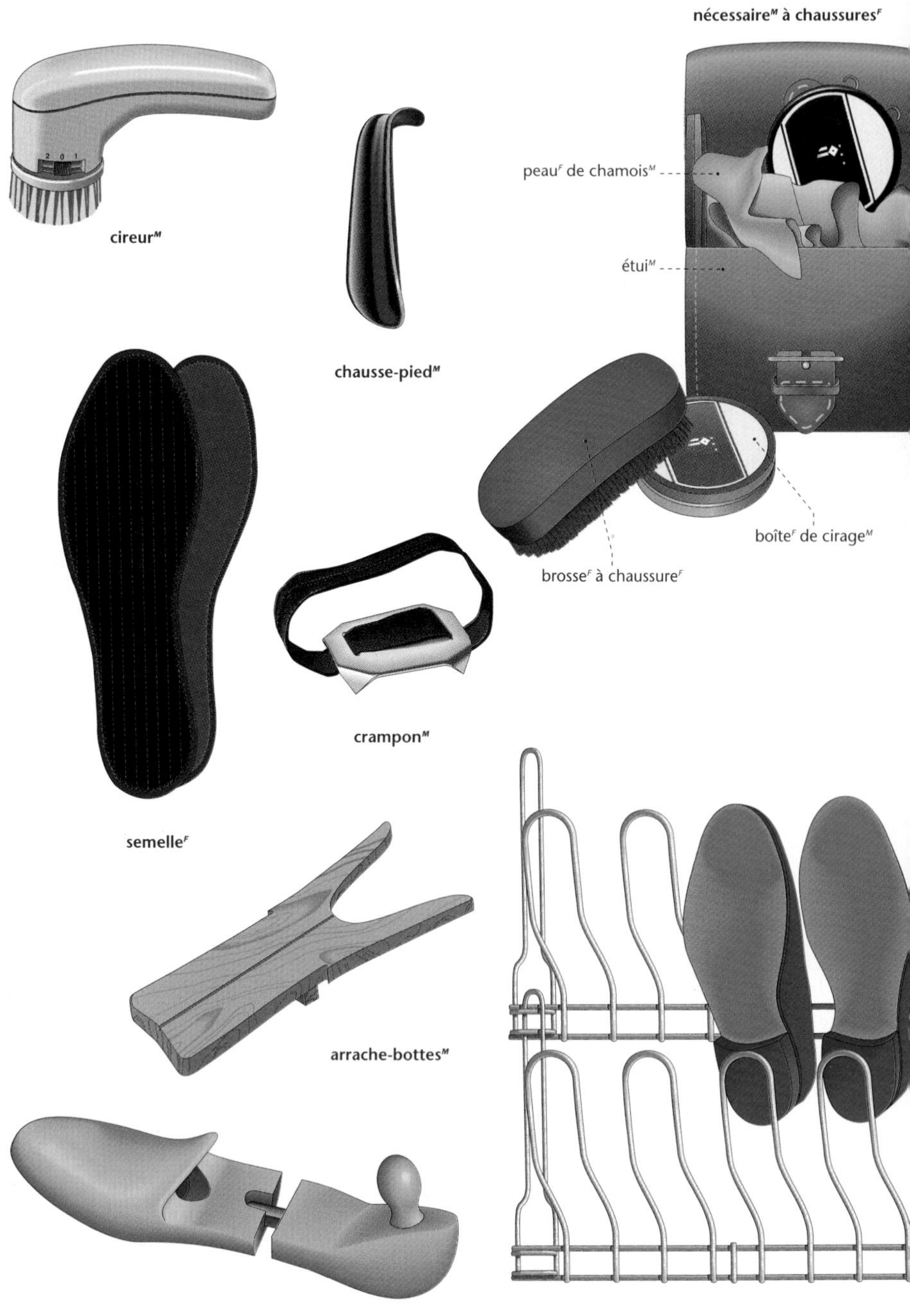

SOMMAIRE

BIJOUTERIE[F]

BOUCLES[F] D'OREILLE[F]

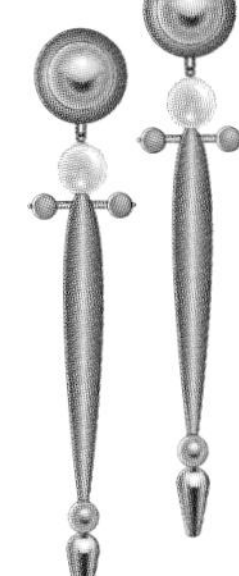
pendants[M] d'oreille[F]

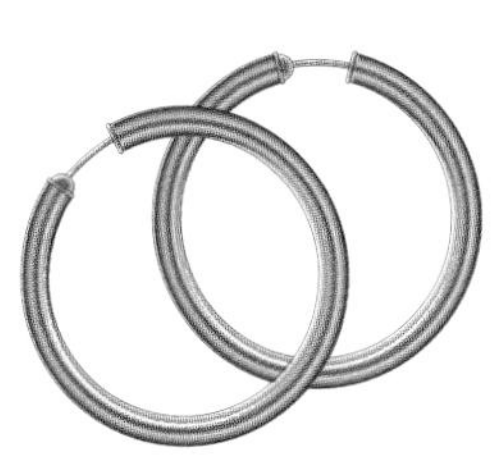
anneaux[M]

boucles[F] d'oreille[F] à pince[F]

boucles[F] d'oreille[F] à tige[F]

boucles[F] d'oreille[F] à vis[F]

COLLIERS[M]

pendentif[M]

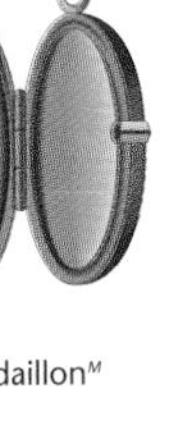
médaillon[M]

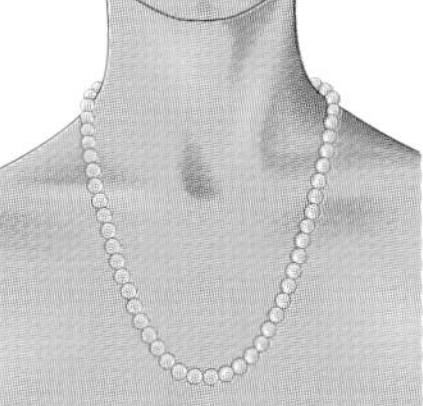
collier[M] de perles[F], longueur[F] matinée[F]

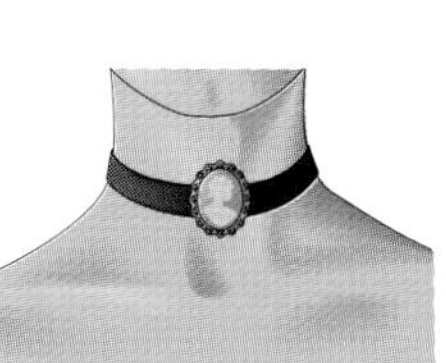
collier[M]-de-chien[M]

sautoir[M], longueur[F] opéra[M]

sautoir[M]

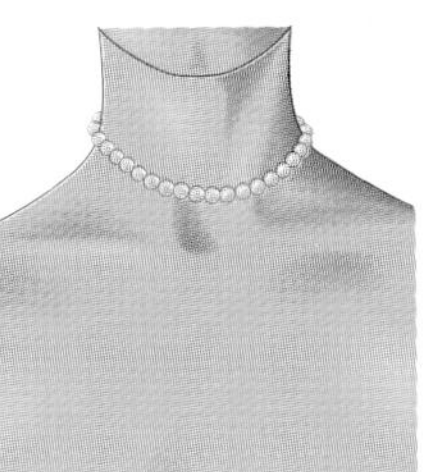
ras-de-cou[M]

collier[M] de soirée[F]

TAILLE[F] DES PIERRES[F]

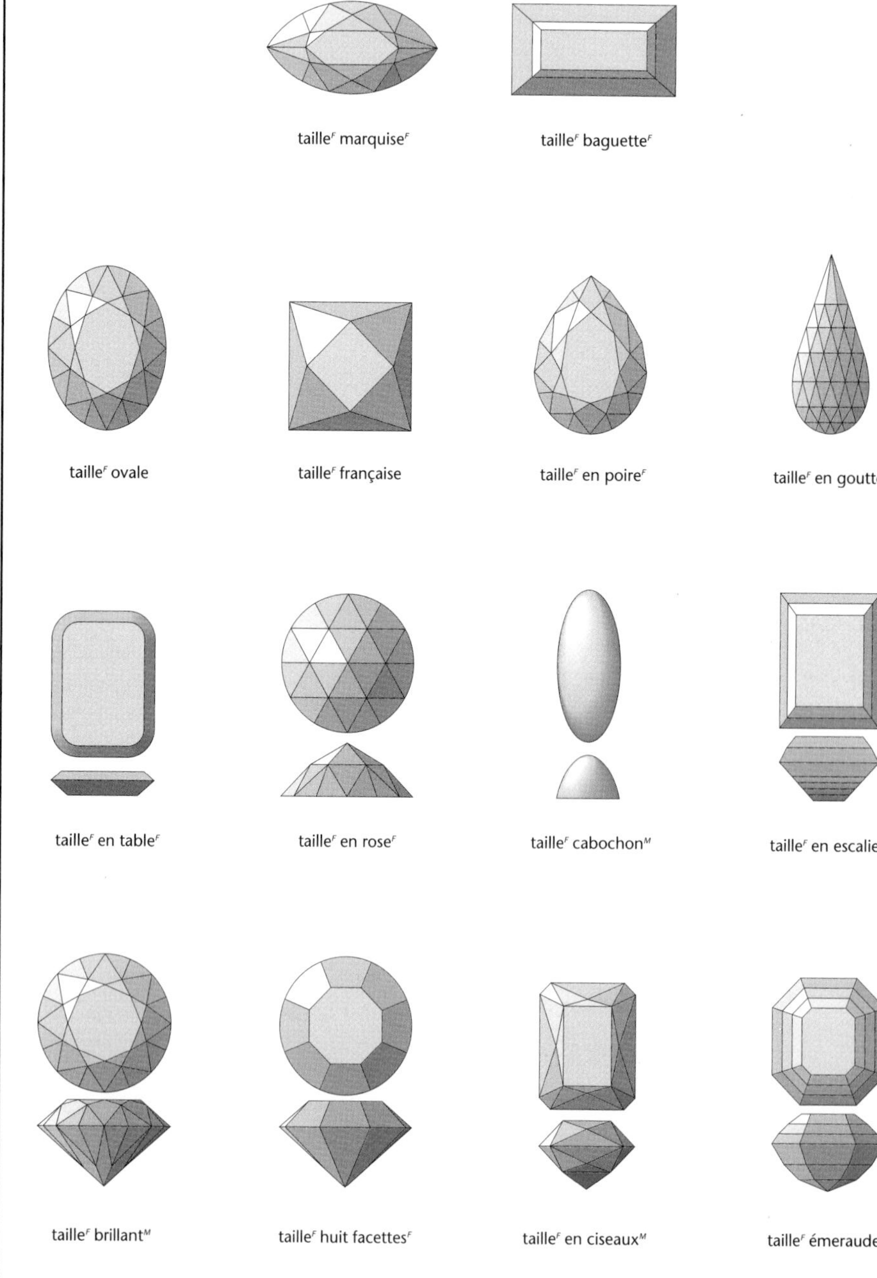

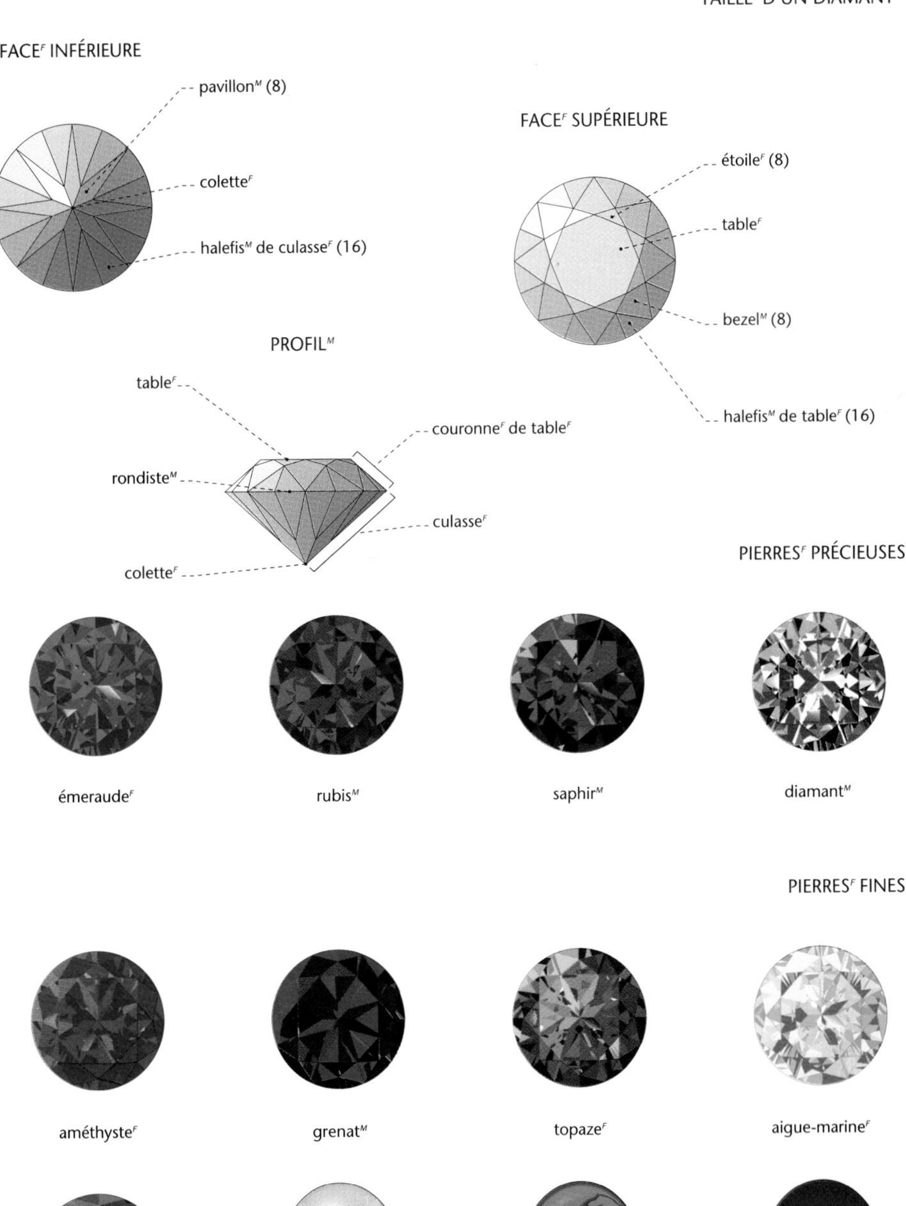
TAILLE F D'UN DIAMANT M
FACE F INFÉRIEURE
pavillon M (8)
colette F
halefis M de culasse F (16)
FACE F SUPÉRIEURE
étoile F (8)
table F
bezel M (8)
halefis M de table F (16)
PROFIL M
table F
couronne F de table F
rondiste M
culasse F
colette F
PIERRES F PRÉCIEUSES
émeraude F
rubis M
saphir M
diamant M
PIERRES F FINES
améthyste F
grenat M
topaze F
aigue-marine F
tourmaline F
opale F
turquoise F
lapis-lazuli M

BIJOUTERIE[F]

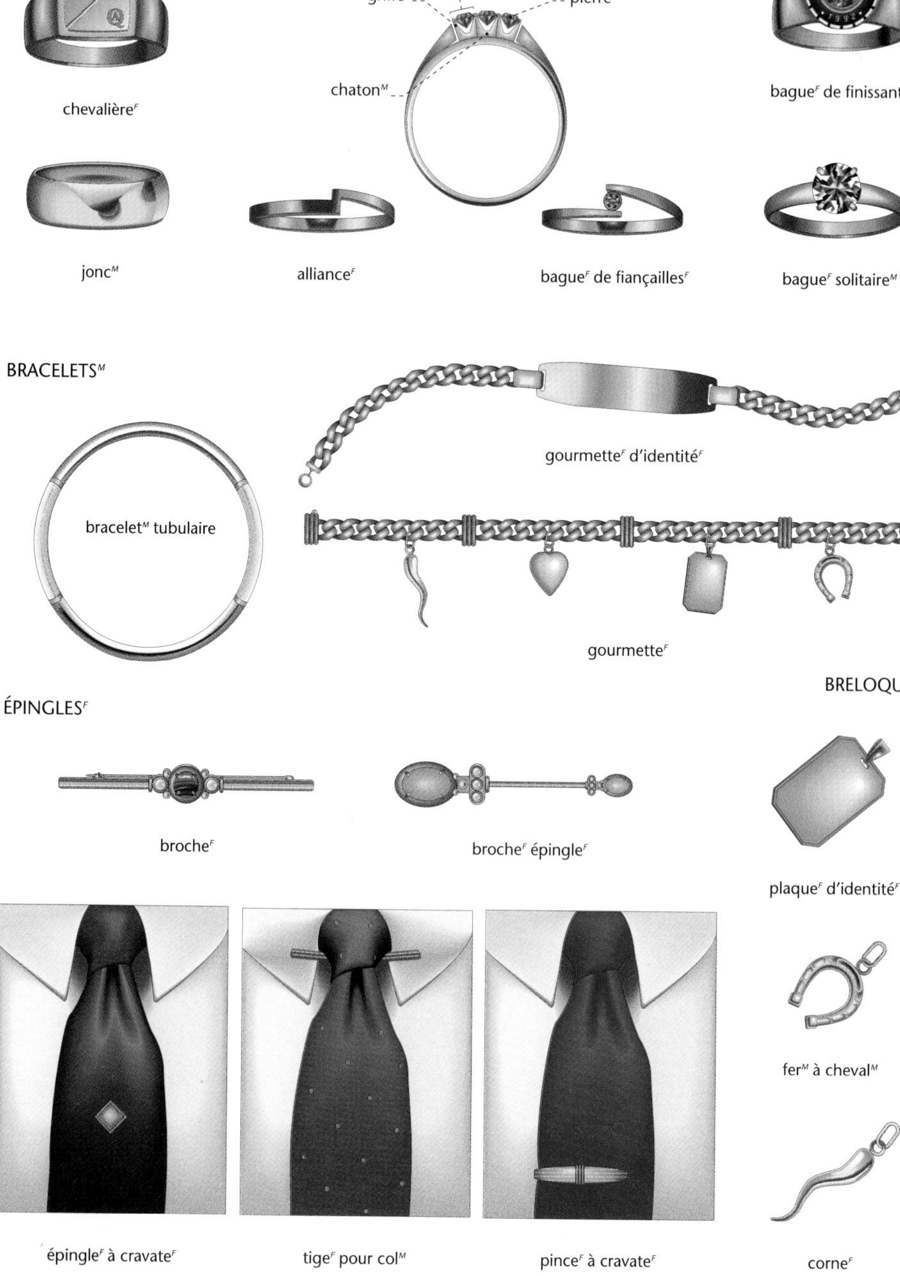

MANUCURE[F]

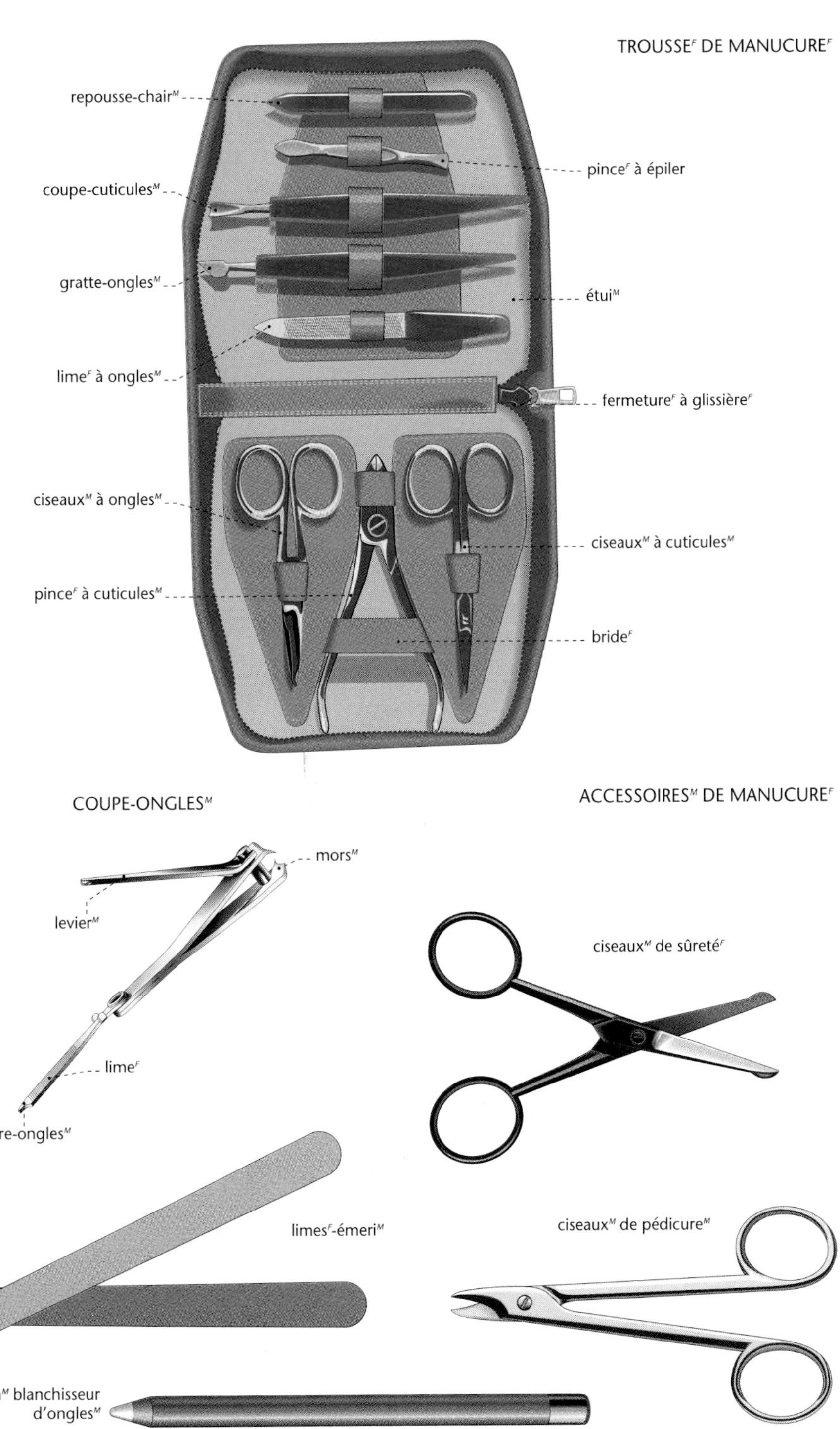
TROUSSE[F] DE MANUCURE[F]
repousse-chair[M]
pince[F] à épiler
coupe-cuticules[M]
gratte-ongles[M]
étui[M]
lime[F] à ongles[M]
fermeture[F] à glissière[F]
ciseaux[M] à ongles[M]
ciseaux[M] à cuticules[M]
pince[F] à cuticules[M]
bride[F]
COUPE-ONGLES[M]
ACCESSOIRES[M] DE MANUCURE[F]
mors[M]
levier[M]
ciseaux[M] de sûreté[F]
lime[F]
cure-ongles[M]
limes[F]-émeri[M]
ciseaux[M] de pédicure[M]
crayon[M] blanchisseur
d'ongles[M]

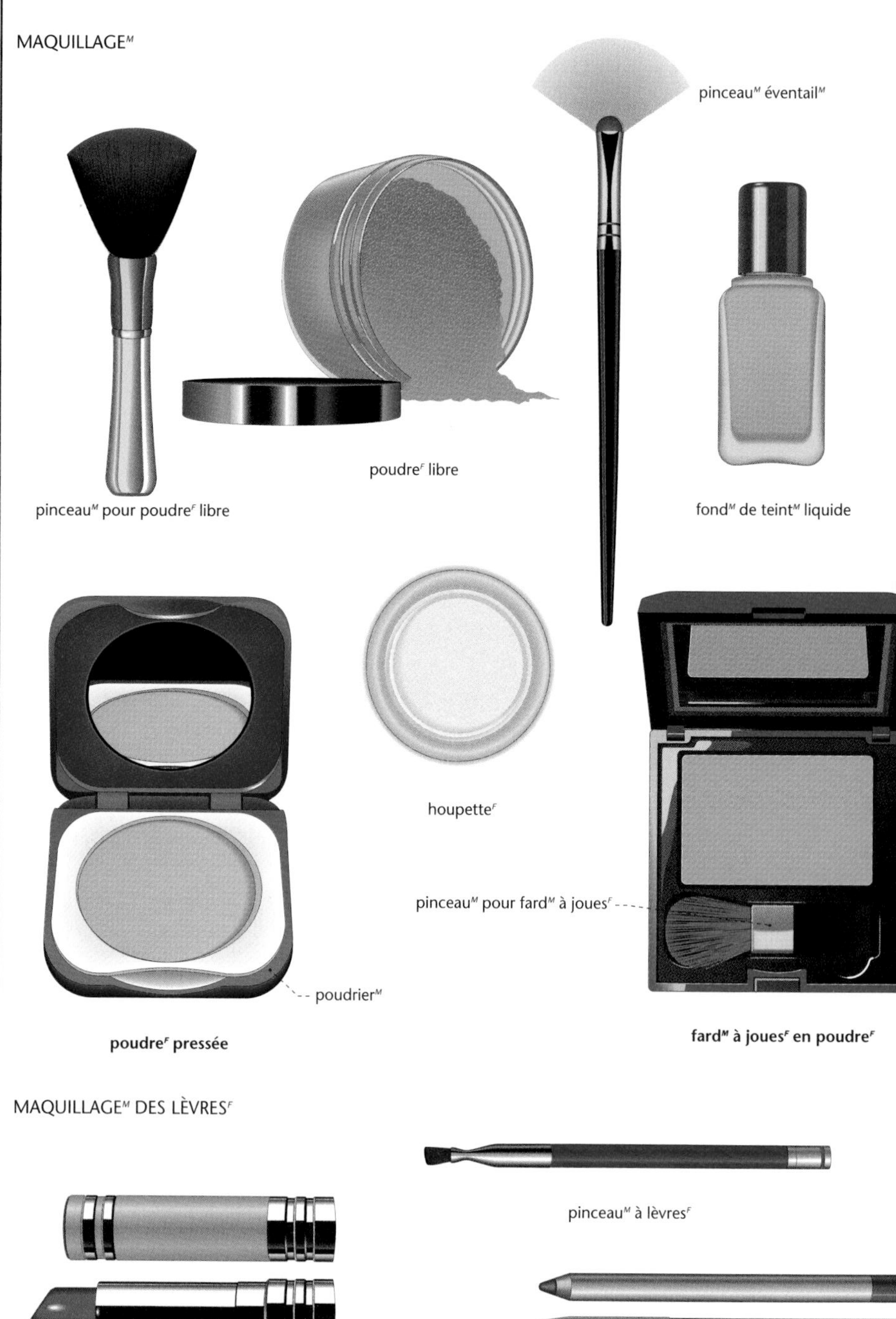
MAQUILLAGE[M]
pinceau[M] éventail[M]
poudre[F] libre
pinceau[M] pour poudre[F] libre
fond[M] de teint[M] liquide
houpette[F]
pinceau[M] pour fard[M] à joues[F]
poudrier[M]
poudre[F] pressée
fard[M] à joues[F] en poudre[F]
MAQUILLAGE[M] DES LÈVRES[F]
pinceau[M] à lèvres[F]
rouge[M] à lèvres[F]
crayon[M] contour[M] des lèvres[F]

PARURE

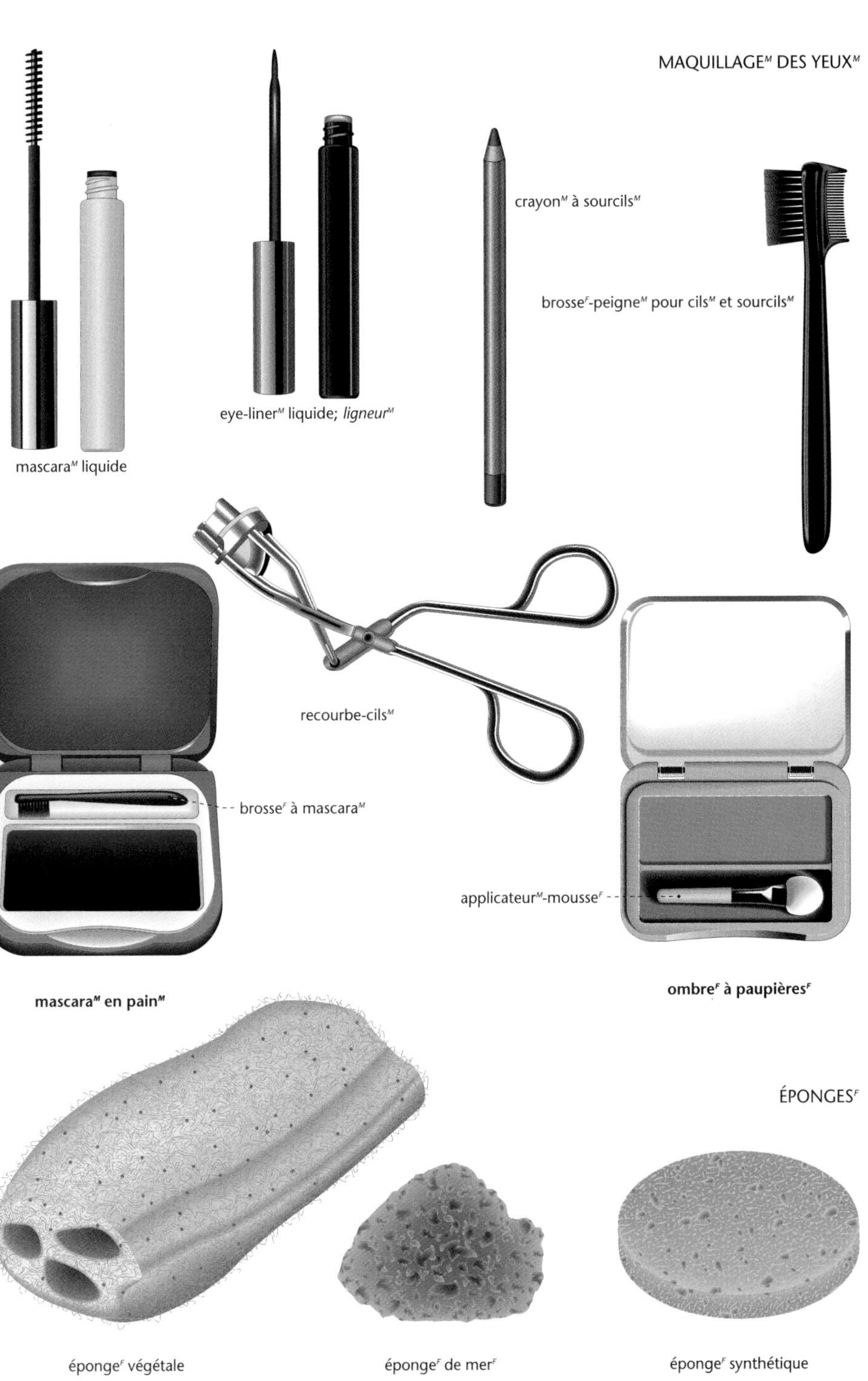

mascara en pain

ombre à paupières

PARURE

COIFFURE^{F}

MIROIR^{M} LUMINEUX

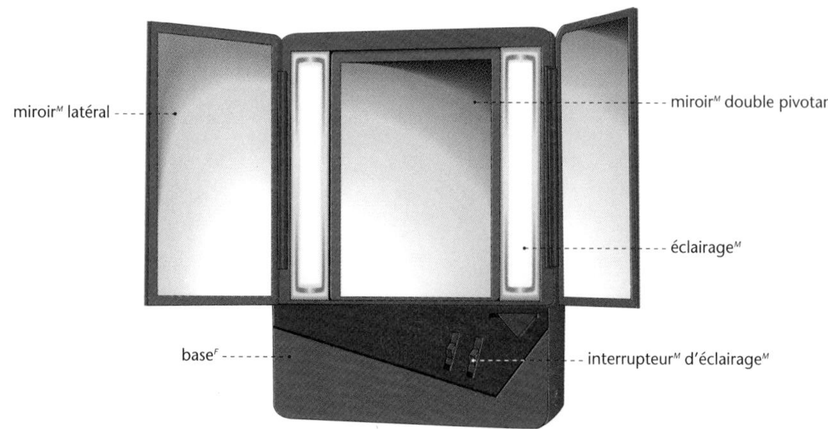

BROSSES^{F} À CHEVEUX^{M}

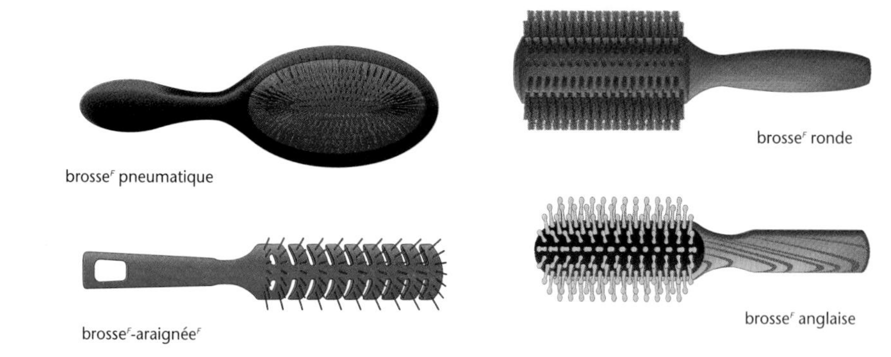

brosse^{F} pneumatique

brosse^{F} ronde

brosse^{F}-araignée^{F}

brosse^{F} anglaise

PEIGNES^{M}

peigne^{M} à crêper

démêloir^{M}

peigne^{M} à tige^{F}

combiné^{M} 2 dans 1

peigne^{M} afro

peigne^{M} de coiffeur^{M}

CISEAUX^M DE COIFFEUR^M

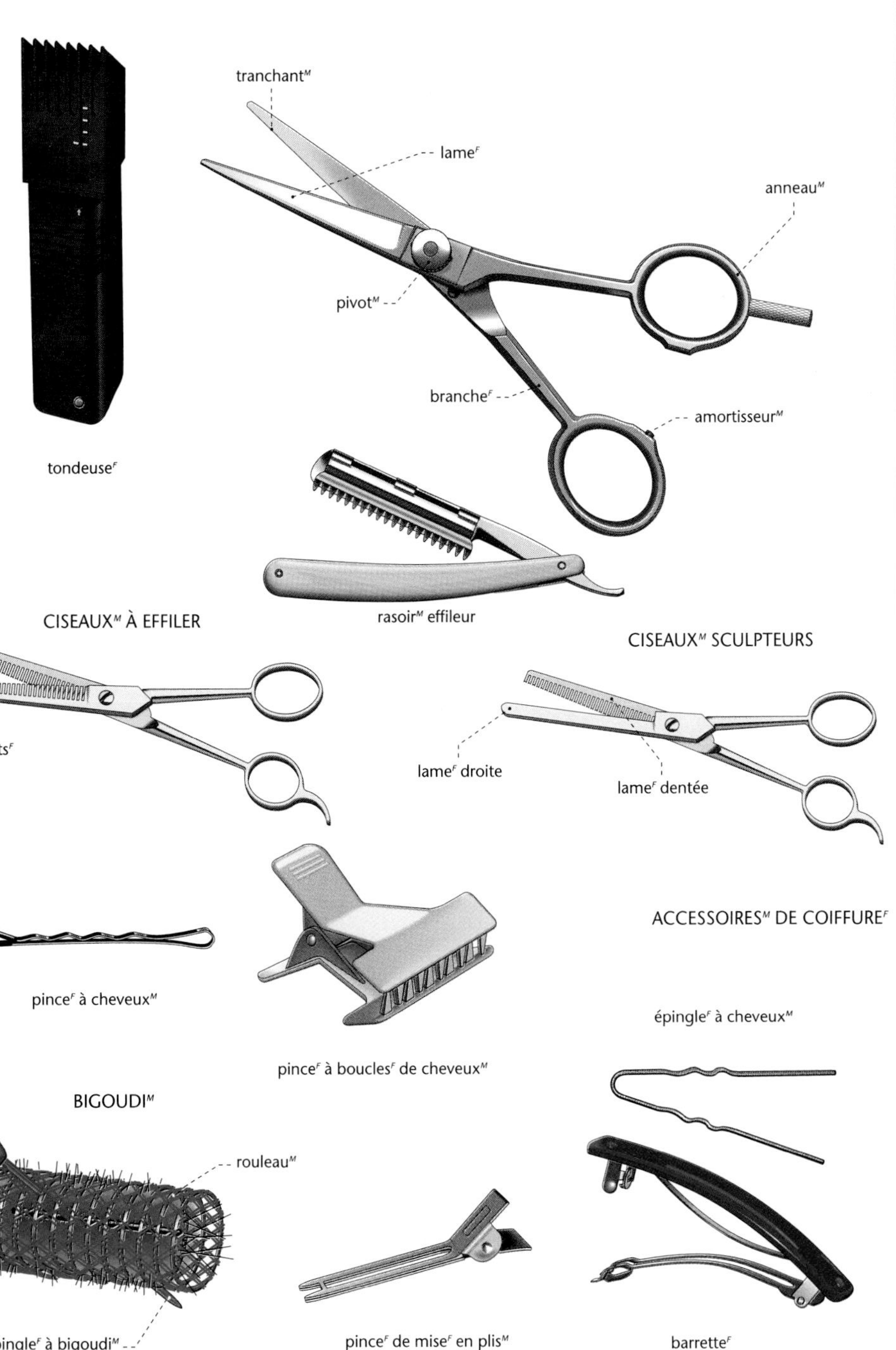

COIFFURE^F

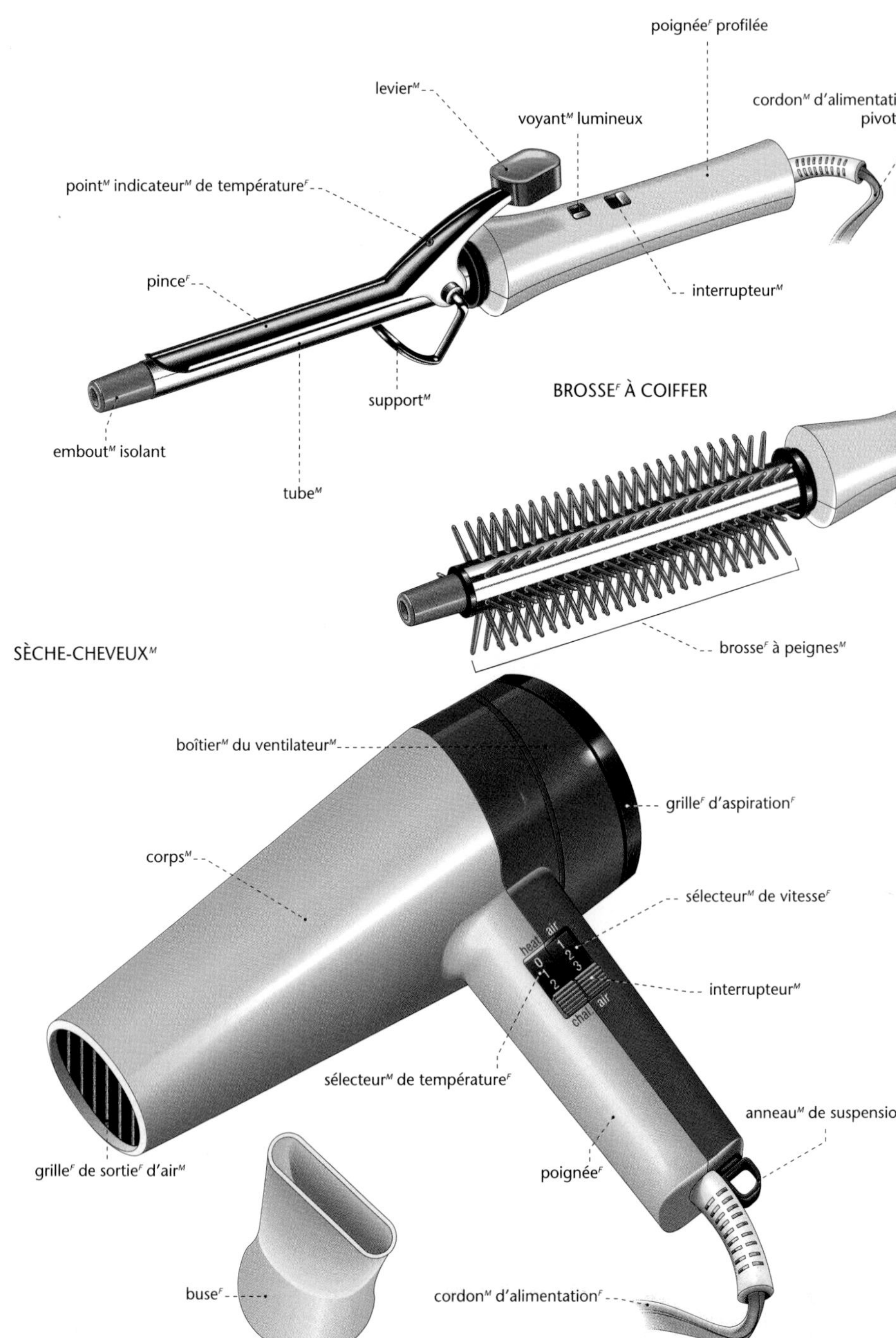

PARURE

OBJETS PERSONNELS

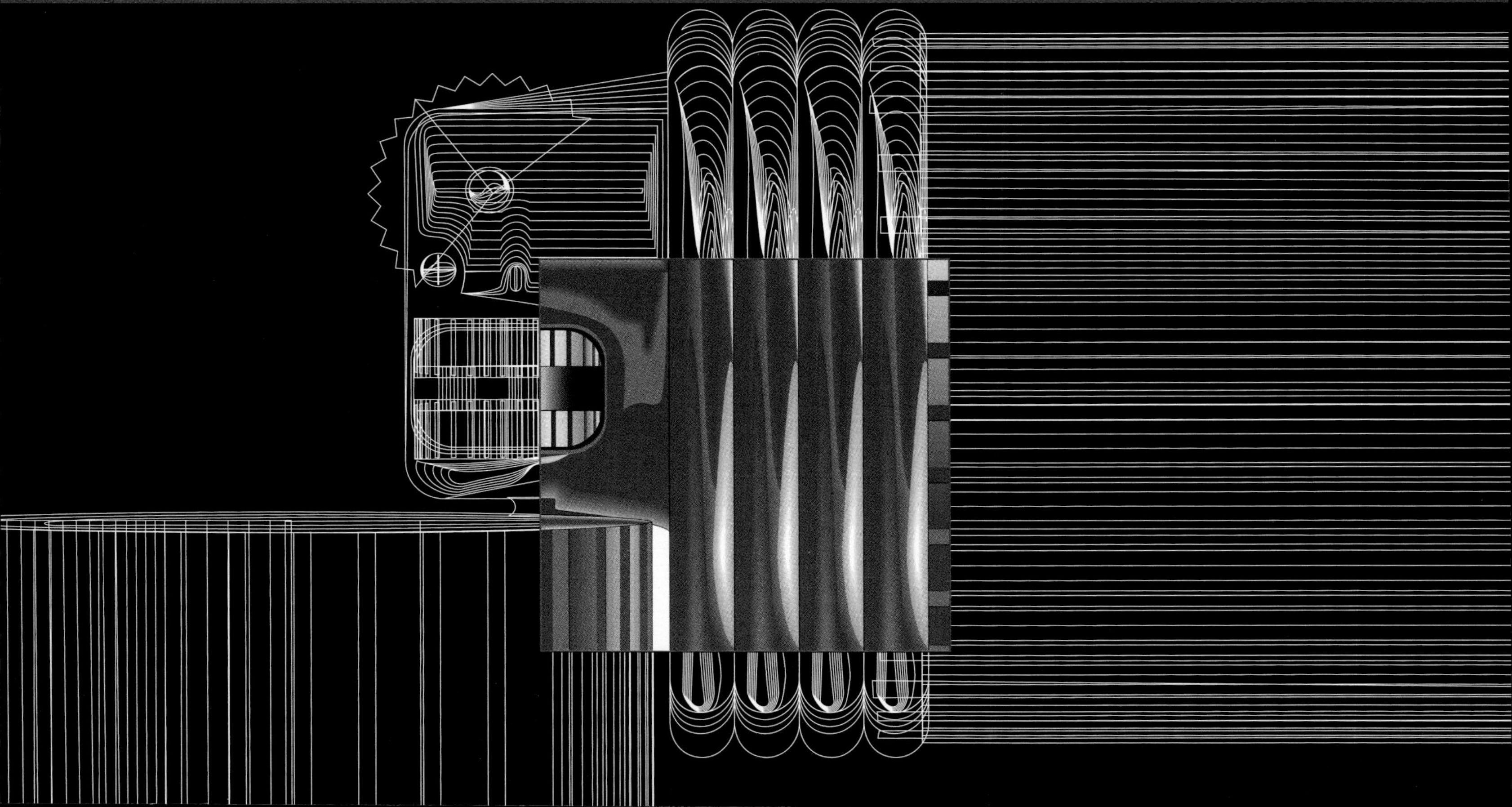

SOMMAIRE

HYGIÈNE[F] DENTAIRE

BROSSE[F] À DENTS[F]

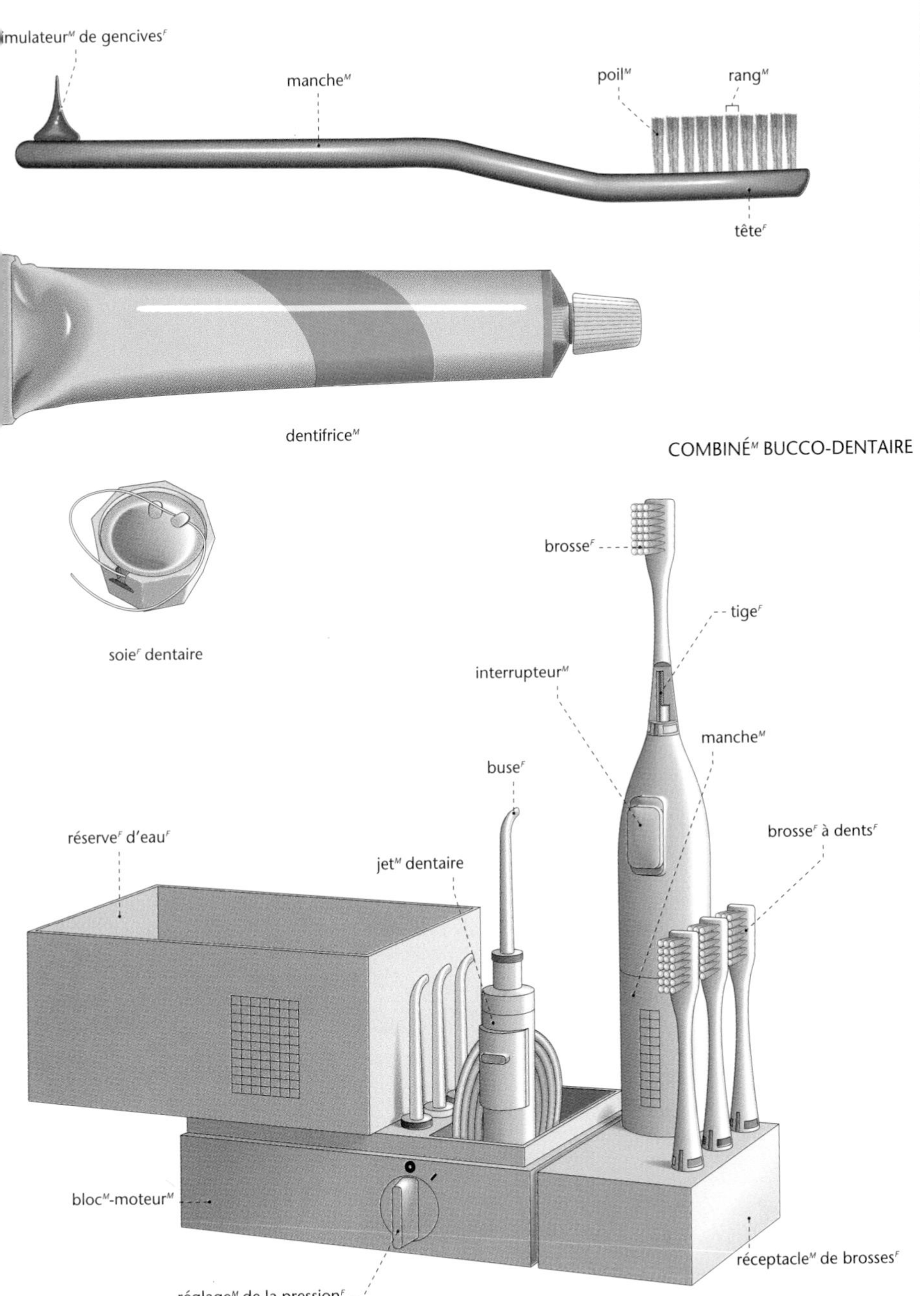

RASOIR^M ÉLECTRIQUE

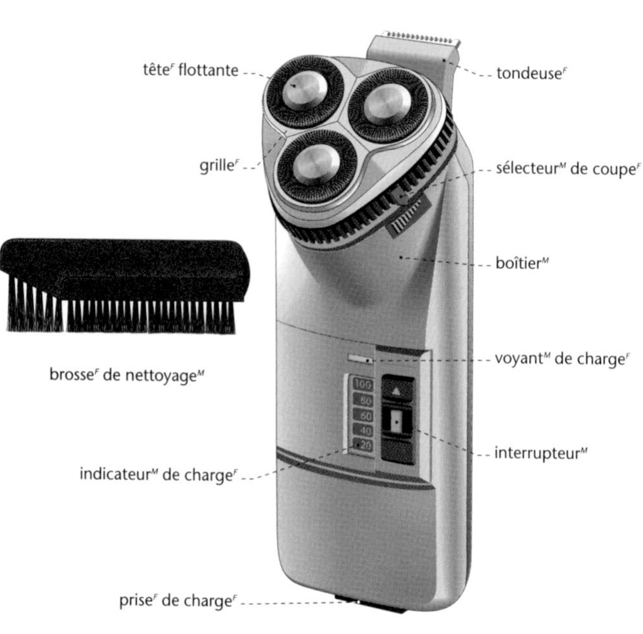

cordon^M d'alimentation

RASOIR^M À MANCHE^M

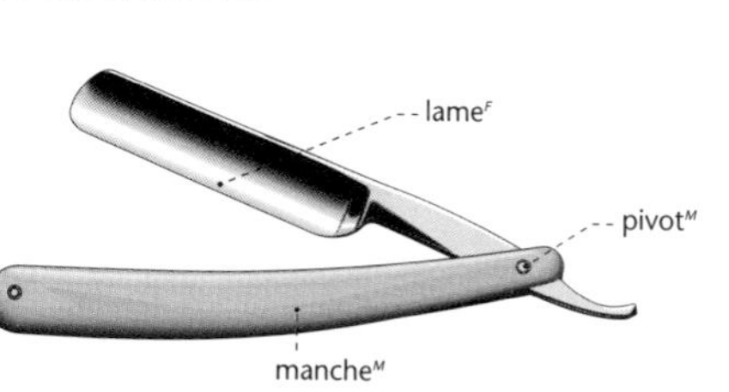

adaptateur^M de fiche^F

RASOIR^M À DOUBLE TRANCHANT

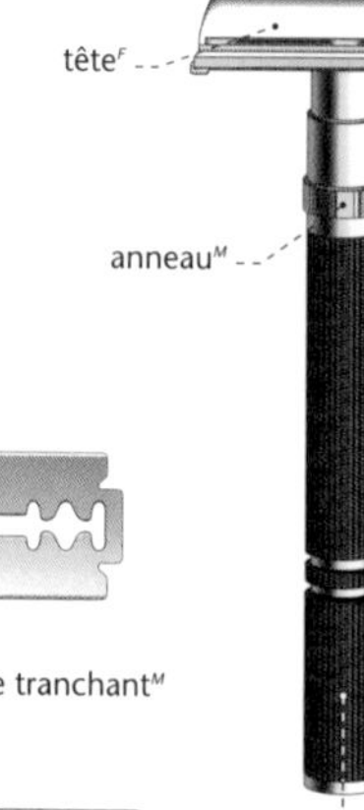

rasoir^M jetable

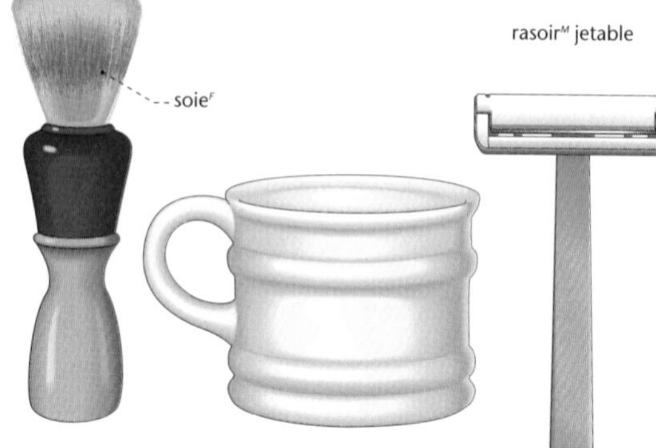

lame^F à double tranchant^M

BLAIREAU^M

bol^M à raser

distributeur^M de lames^F

PARAPLUIE^{M} ET CANNE^{F}

PARAPLUIE^{M}

rayon^{M}
coulant^{M}
attache^{F}
baleine^{F}
embout^{M} de baleine^{F}
manche^{M}
toile^{F}
ferret^{M}
poignée^{F}

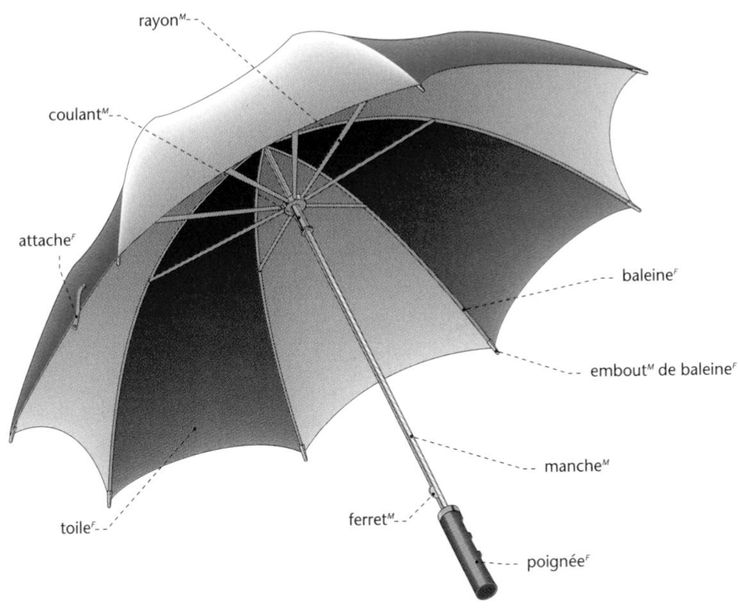

PARAPLUIE^{M} TÉLESCOPIQUE

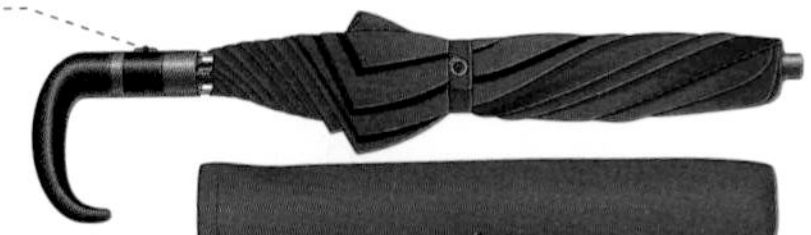

poussoir^{M} d'ouverture^{F}
fourreau^{M}

PARAPLUIE^{M}-CANNE^{F}

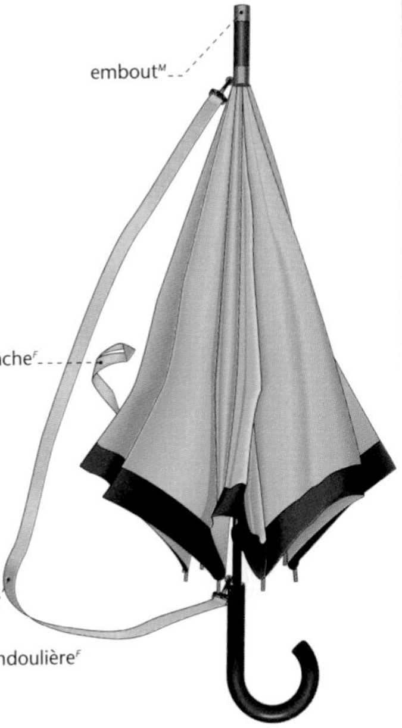

embout^{M}
courroie^{F} d'attache^{F}
bandoulière^{F}

badine^{F}
canne^{F}

porte-parapluies^{M}

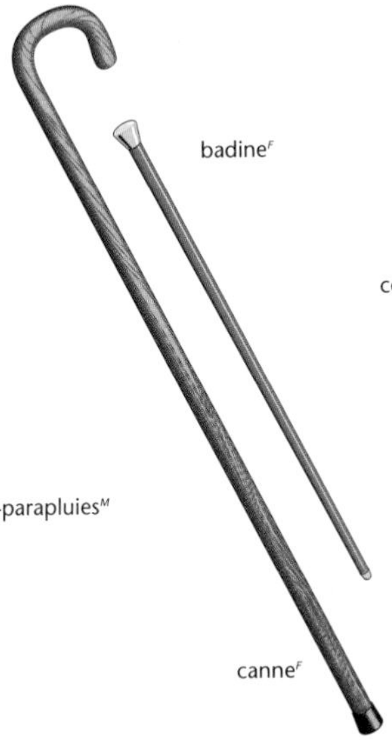

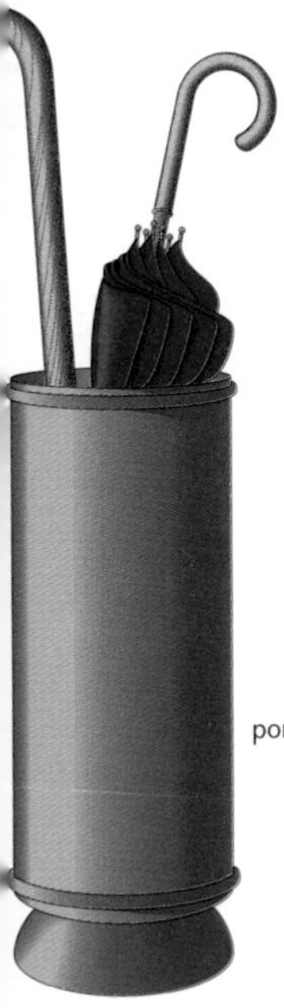

LUNETTES[F]

PARTIES[F] DES LUNETTES[F]

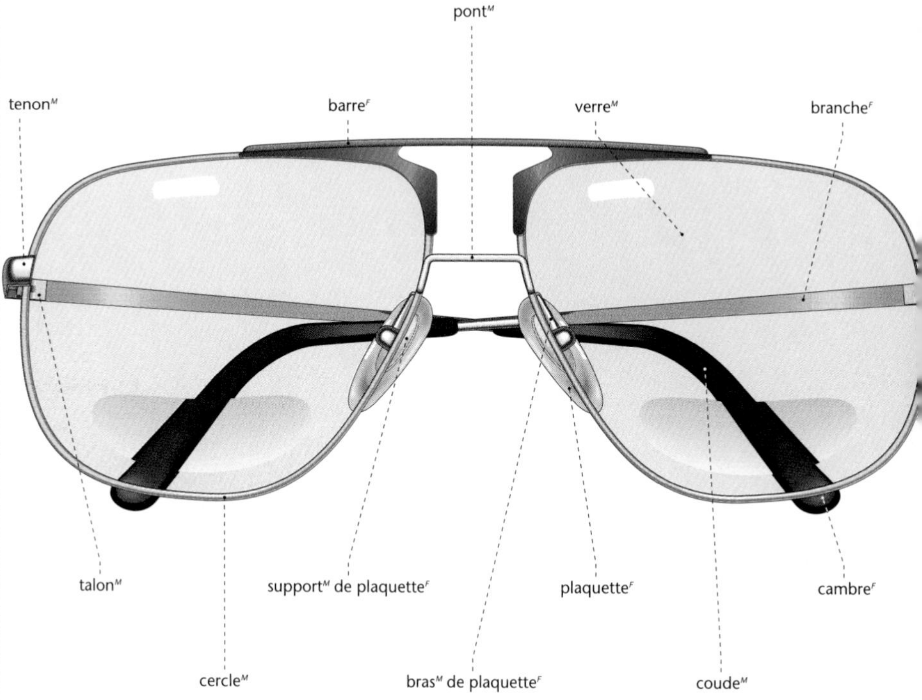

pont[M]
tenon[M]
barre[F]
verre[M]
branche[F]
talon[M]
support[M] de plaquette[F]
plaquette[F]
cambre[F]
cercle[M]
bras[M] de plaquette[F]
coude[M]

VERRE[M] BIFOCAL
segment[M] de loin
cercle[M]
segment[M] de près
MONTURE[F]

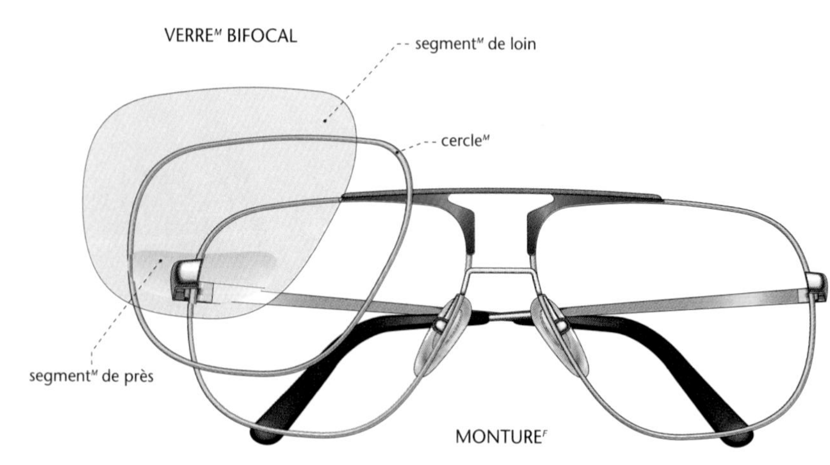

binocle^M
demi-lune^F
lunettes^F de soleil^M
bésicles^F à pont^M élastique
face-à-main^M
monocle^M
lorgnette^F

ARTICLES^M DE MAROQUINERIE^F

MALLETTE^F PORTE-DOCUMENTS^M

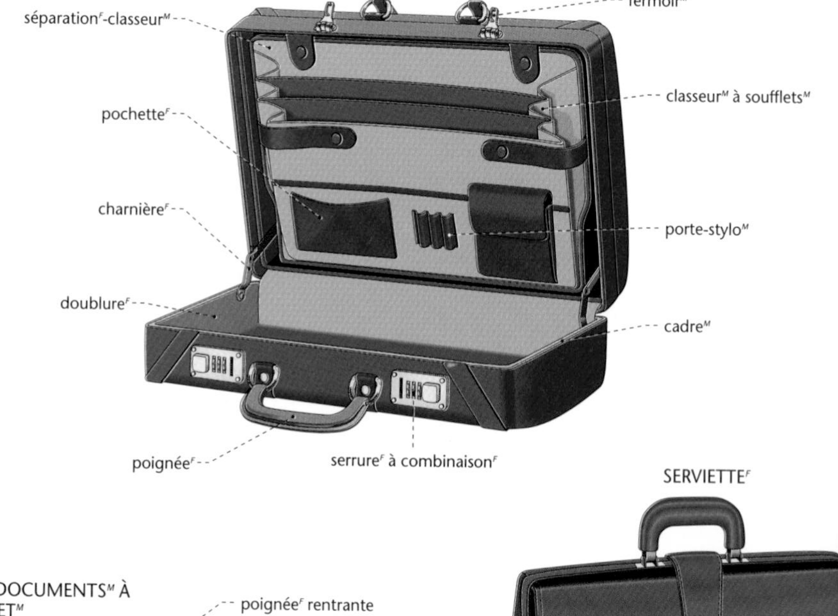

SERVIETTE^F

PORTE-DOCUMENTS^M À SOUFFLET^M

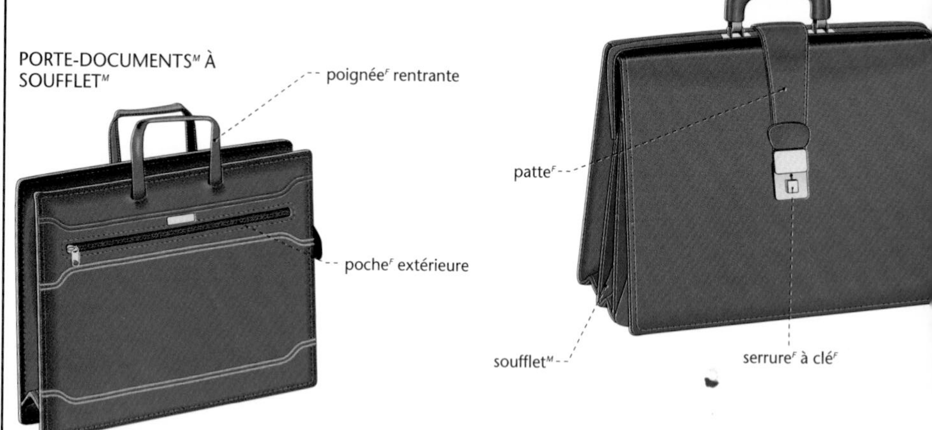

porte-documents^M plat

écritoire^F

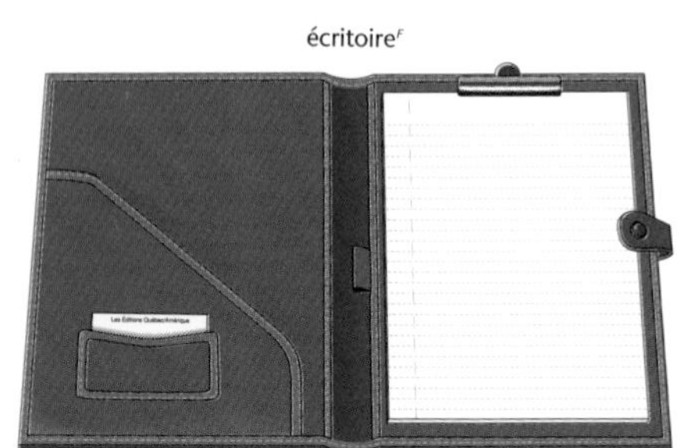

étui[M] à lunettes[F]

PORTEFEUILLE[M] CHÉQUIER[M]

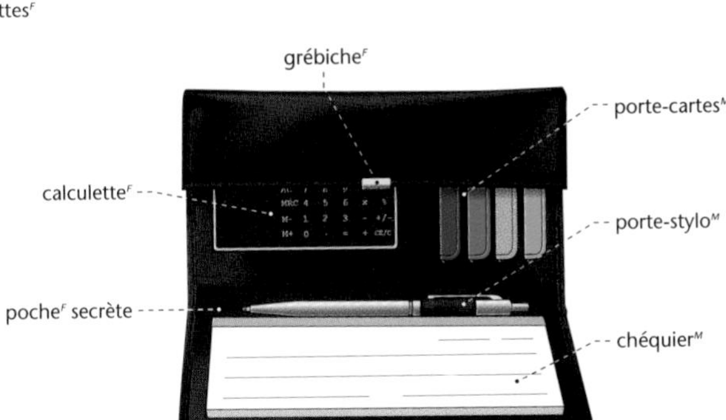

PORTE-CARTES[M]

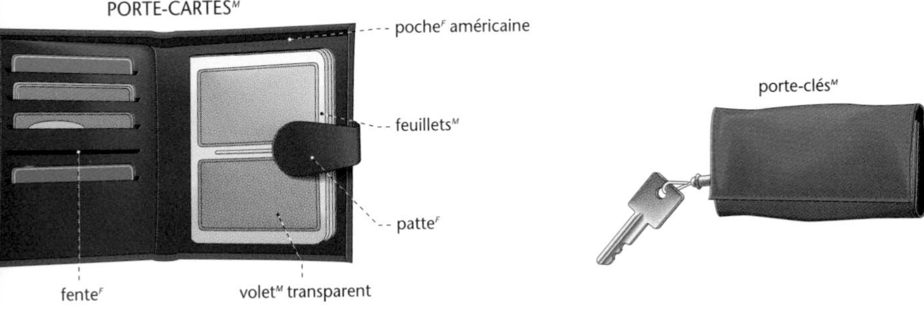

porte-clés[M]

porte-coupures[M]

bourse[F] à monnaie[F]

portefeuille[M]

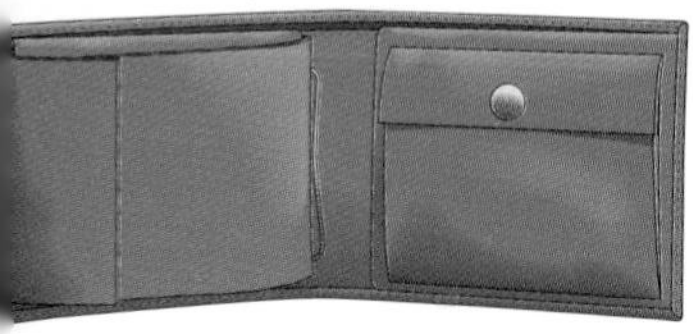

porte-chéquier[M]

porte-passeport[M]

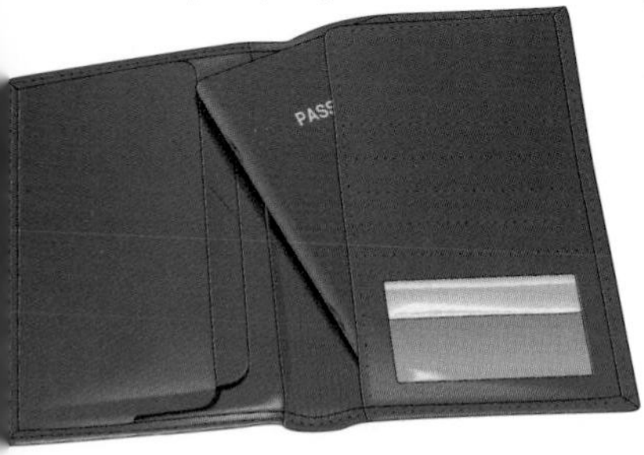

porte-monnaie[M]

SACS[M] À MAIN[F]

pochette[F] d'homme[M]

SAC[M] CARTABLE[M]

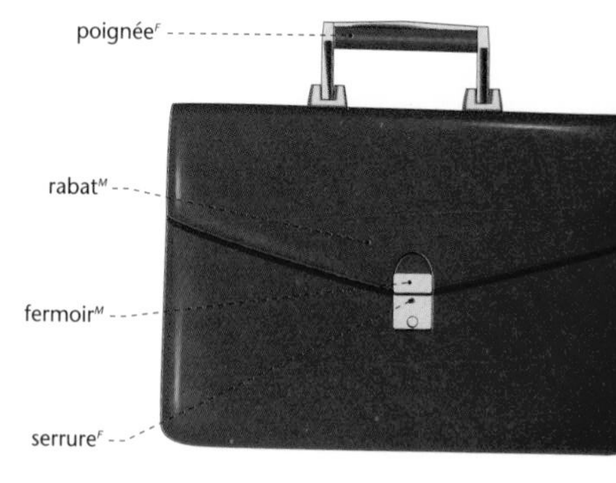

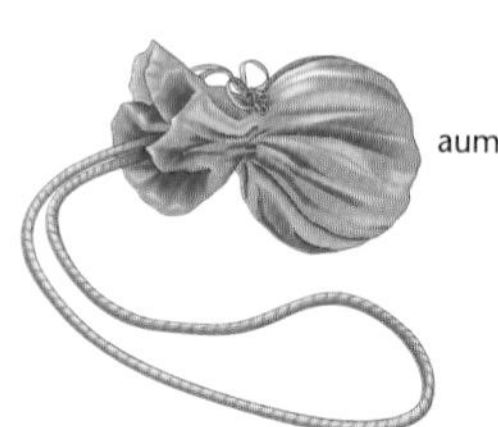

aumonière[F]

SAC[M] À BANDOULIÈRE[F]

SAC[M] ACCORDÉON[M]

soufflet[M]

sac[M] fourre-tout[M]

balluchon[M]

sac[M] besace[F]

OBJETS PERSONNELS

sac^M^ boîte^F^
pochette^F^
SAC^M^ SEAU^M^
œillet^M^
lacet^M^ de serrage^M^
poche^F^ frontale
sac^M^ marin^M^
sac^M^ polochon^M^
manchon^M^
cabas^M^
sac^M^ à provisions^F^

BAGAGES[M]

SAC[M] DE VOL[M]

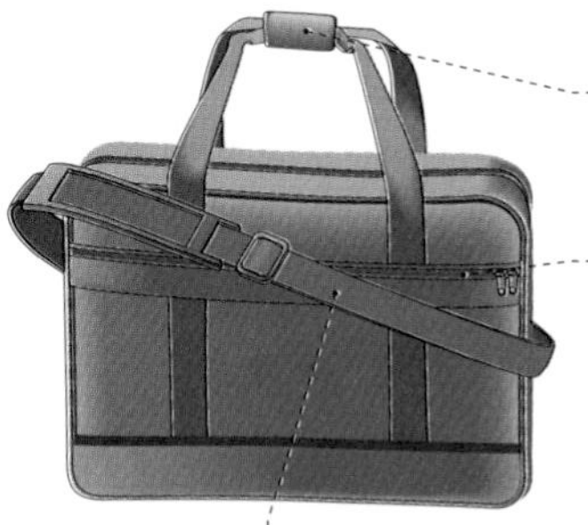

sac[M] fourre-tout[M]

MALLETTE[F] DE TOILETTE[F]

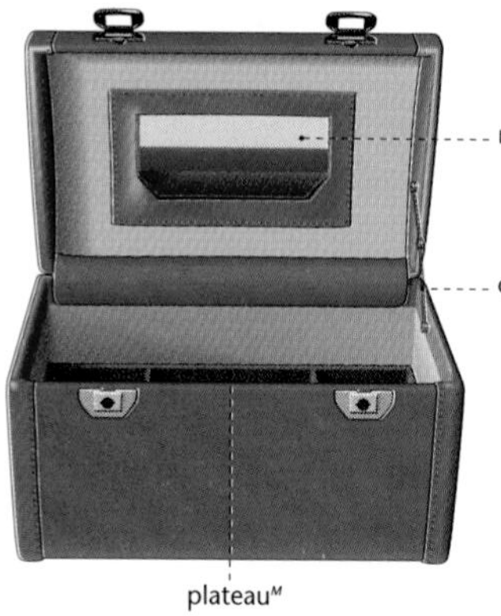

HOUSSE[F] À VÊTEMENTS[M]

trousse[F] de toilette[F]

PORTE-BAGAGES[M]

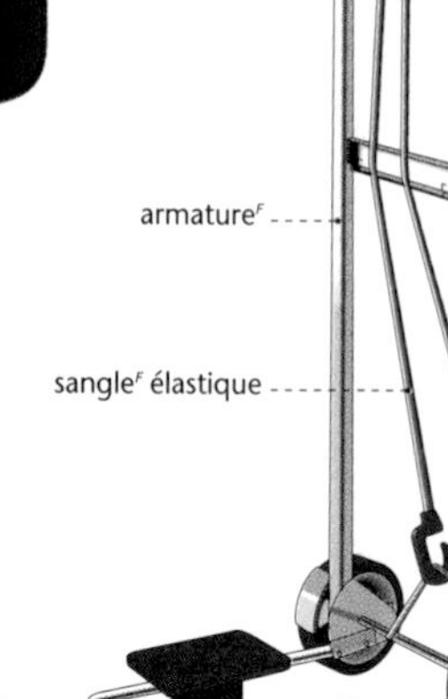

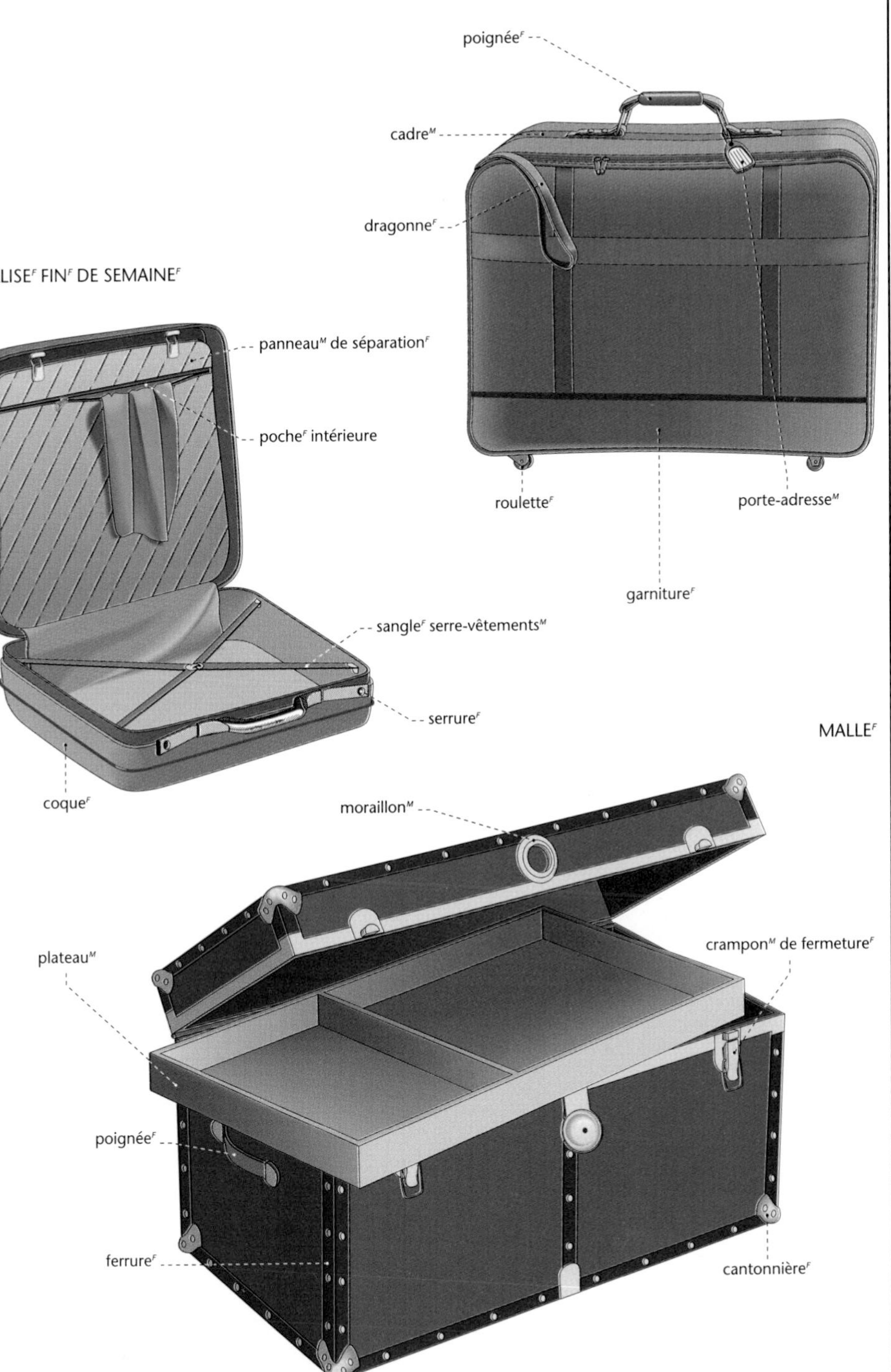
VALISE^F PULLMAN^M
poignée^F
cadre^M
dragonne^F
roulette^F
porte-adresse^M
garniture^F
ALISE^F FIN^F DE SEMAINE^F
panneau^M de séparation^F
poche^F intérieure
sangle^F serre-vêtements^M
serrure^F
coque^F
MALLE^F
moraillon^M
crampon^M de fermeture^F
plateau^M
poignée^F
ferrure^F
cantonnière^F

ARTICLES[M] DE FUMEUR[M]

CIGARE[M]

bague[F]
cape[F]
tabac[M]
tripe[F]
tête[F]
corps[M]
pied[M]

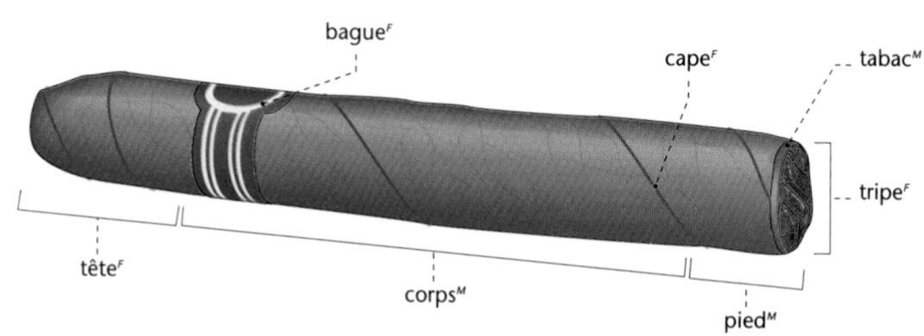

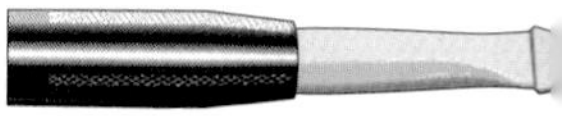

fume-cigarettes[M]

CIGARETTE[F]

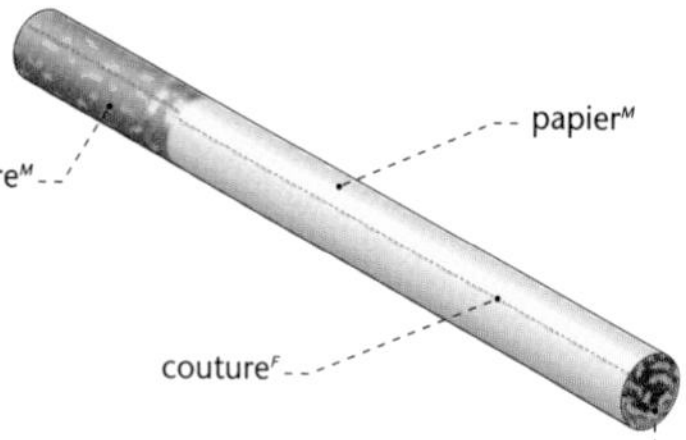

papier[M]
bout[M]-filtre[M]
couture[F]
tabac[M]

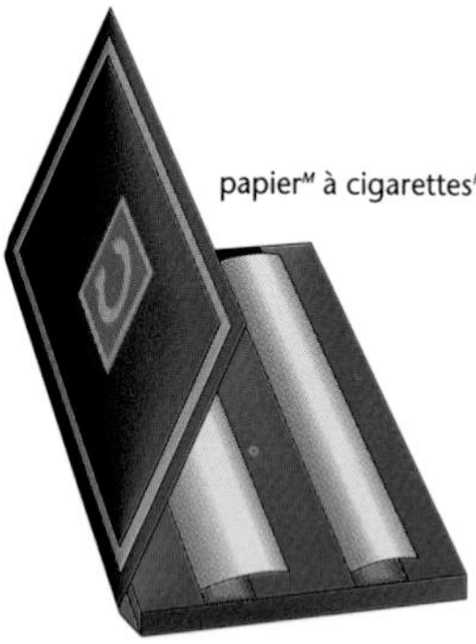

papier[M] à cigarettes[F]

PAQUET[M] DE CIGARETTES[F]

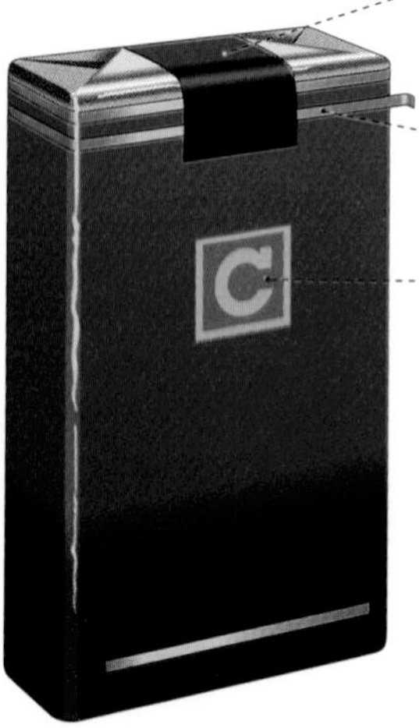

timbre[M]
bandelette[F] d'arrachage[M]
marque[F] déposée

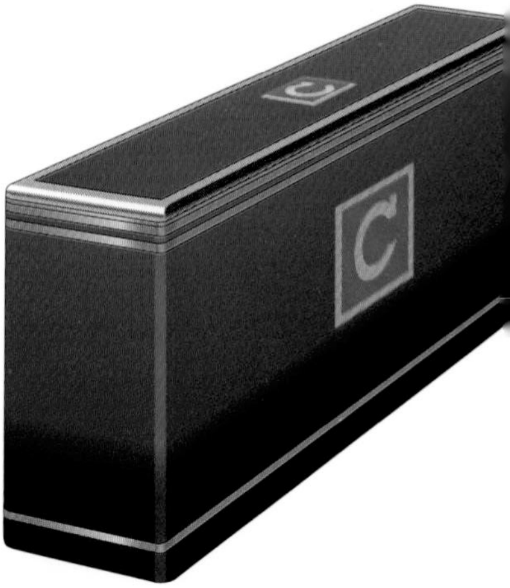

cartouche[F]

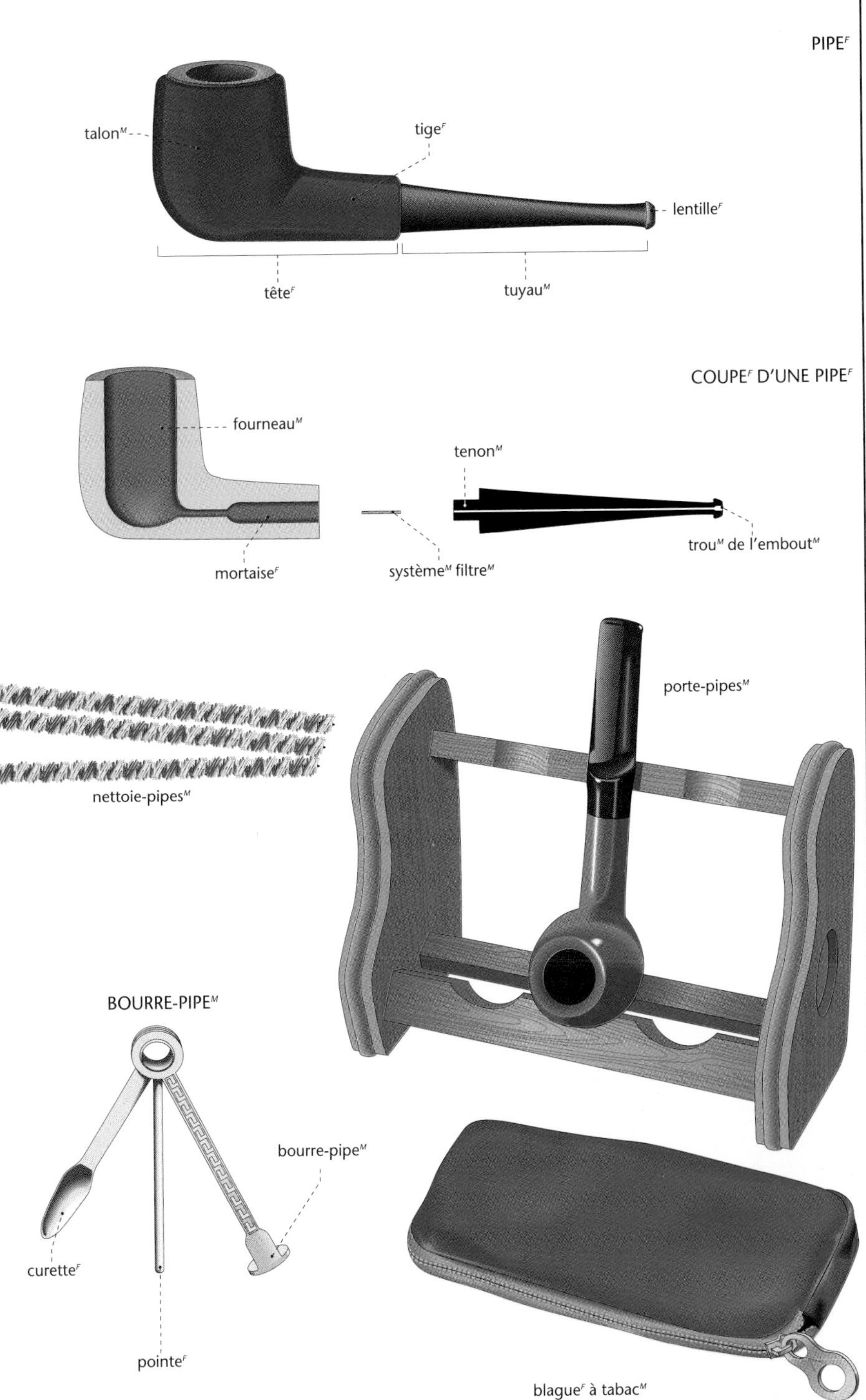
PIPE^{F}
talon^{M}
tige^{F}
lentille^{F}
tête^{F}
tuyau^{M}
COUPE^{F} D'UNE PIPE^{F}
fourneau^{M}
tenon^{M}
trou^{M} de l'embout^{M}
mortaise^{F}
système^{M} filtre^{M}
porte-pipes^{M}
nettoie-pipes^{M}
BOURRE-PIPE^{M}
bourre-pipe^{M}
curette^{F}
pointe^{F}
blague^{F} à tabac^{M}

ARTICLES^M DE FUMEUR^M

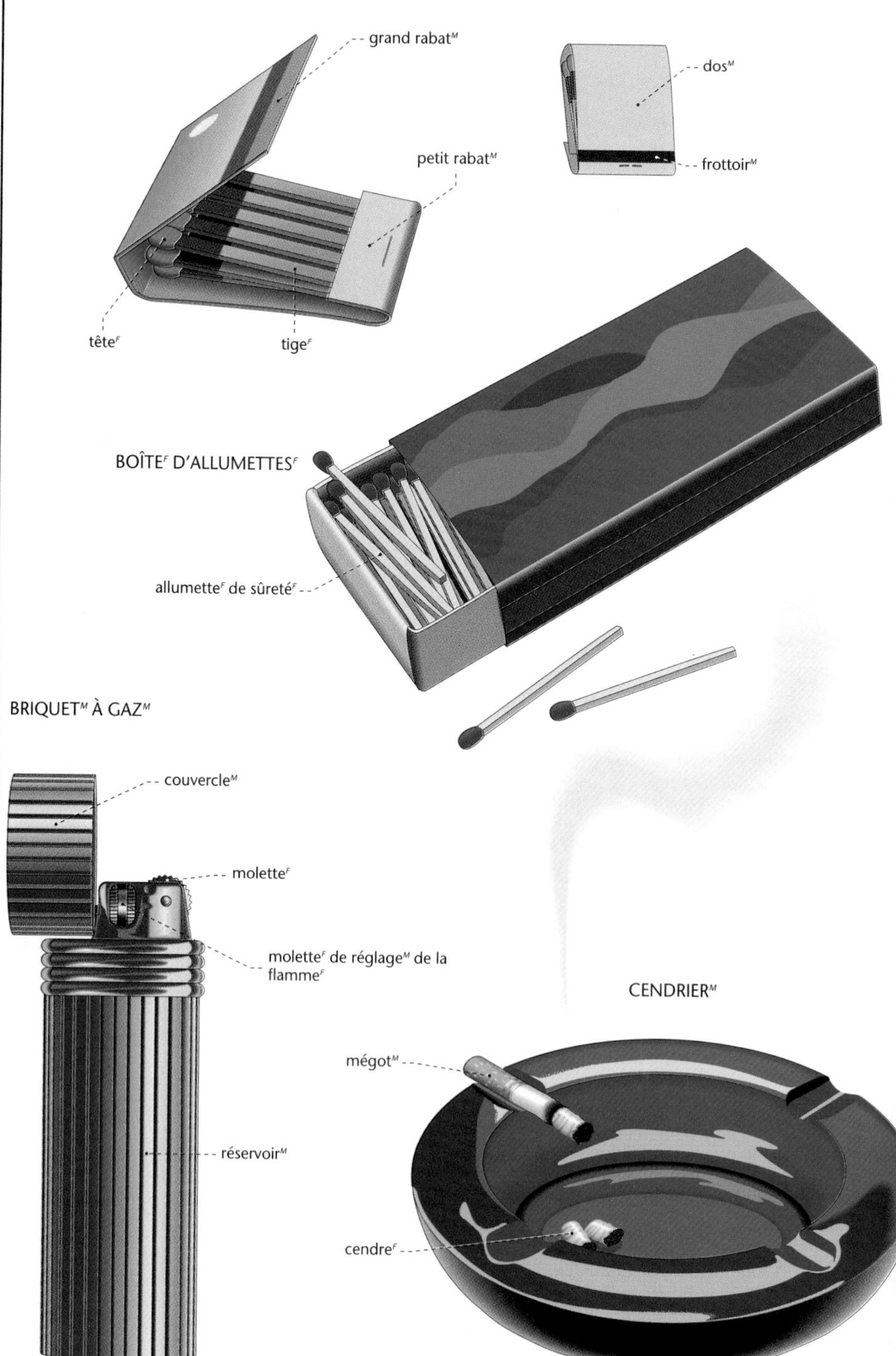

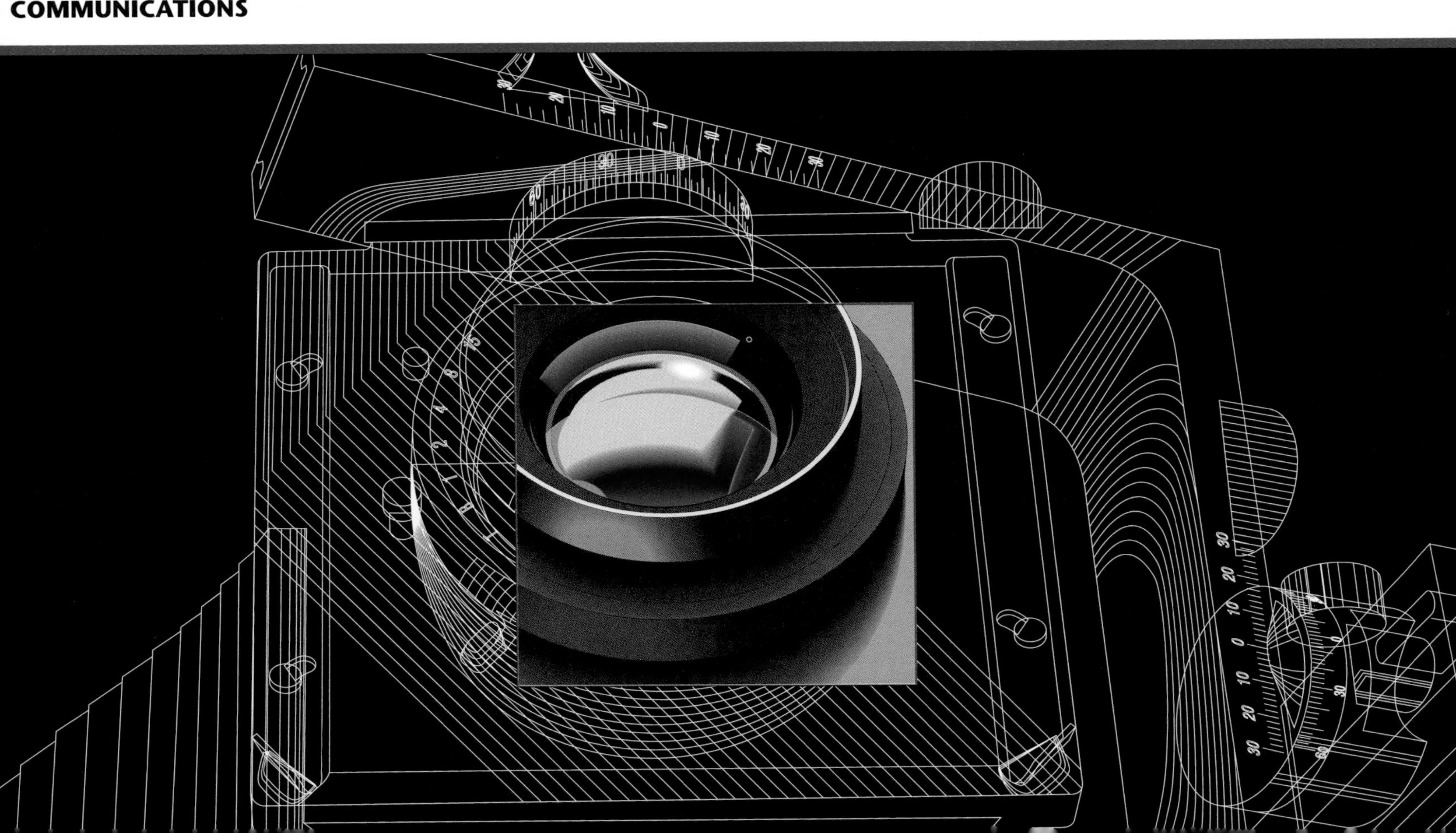

SOMMAIRE

INSTRUMENTS[M] D'ÉCRITURE[F]

plume[F] d'oie[F]

plume[F] métallique romaine

plume[F] creuse de roseau[M]

calame[M]

pinceau[M]

stylet[M]

crayon[M] en plomb[M]

plume[F] métallique

crayon[M]

marqueur[M]

TYLO[M]-PLUME[F]

plume[F]

capuchon[M]

corps[M]

évent[M]

porte-mine[M]

STYLO[M]-BILLE[F]

tube[M] de poussée[F]

agrafe[F]

joint[M]

pointe[F]

bouton[M]-poussoir[M]

dispositif[M] de poussée[F]

cartouche[F]

ressort[M]

recharge[F]

encre[F]

bille[F]

COUPE^F D'UN APPAREIL^M REFLEX

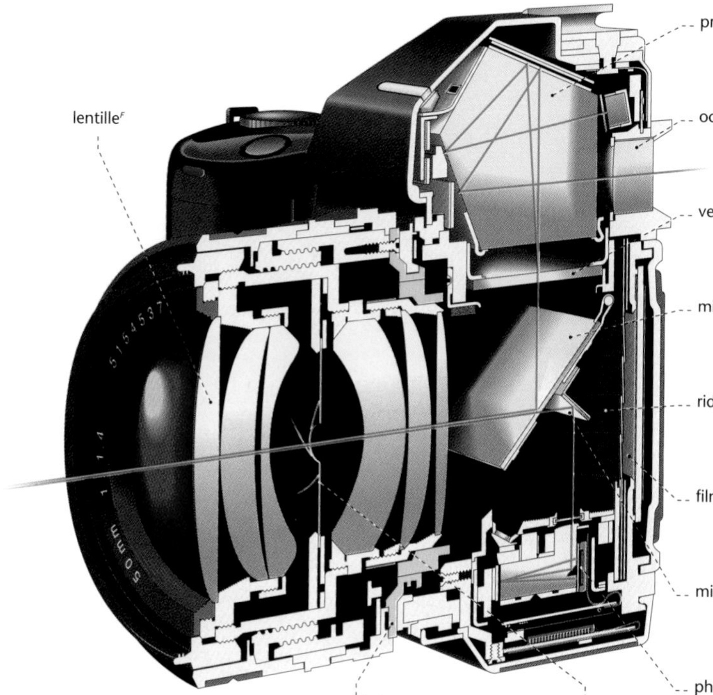

prisme^M pentagonal
lentille^F
oculaire^M
verre^M de visée^F
miroir^M principal
rideau^M d'obturateur^M
film^M
miroir^M secondaire
photodiode^F
monture^F d'objectif^M
diaphragme^M

DOS^M DE L'APPAREIL^M

viseur^M
bobine^F réceptrice
œillet^M d'attache^F
mécanisme^M de rebobinage^M
rideau^M d'obturateur^M
tambour^M d'entraînement^M
presseur^M
logement^M de la bobine^F
cylindre^M guide^M-film^M
rail^M guide^M-film^M
témoin^M de l'amorce^F du film^M

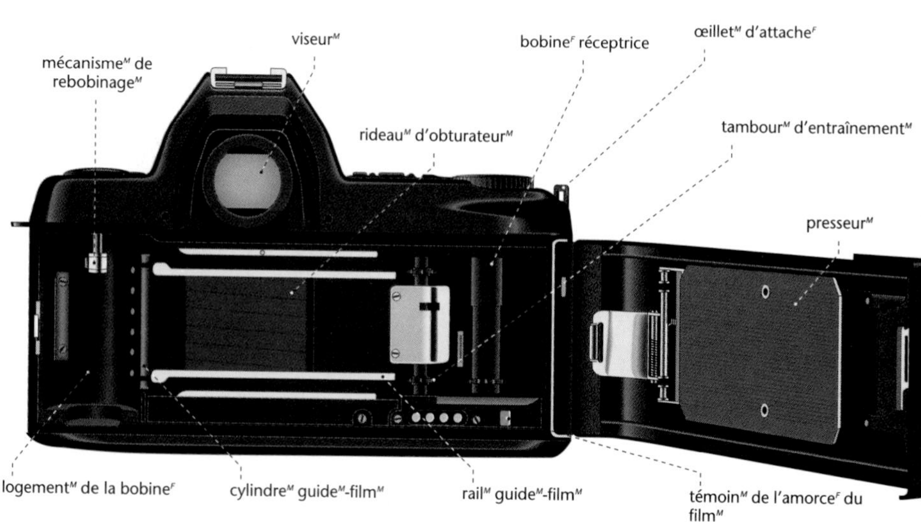

APPAREIL[M] À VISÉE[F] REFLEX MONO-OBJECTIF[M]

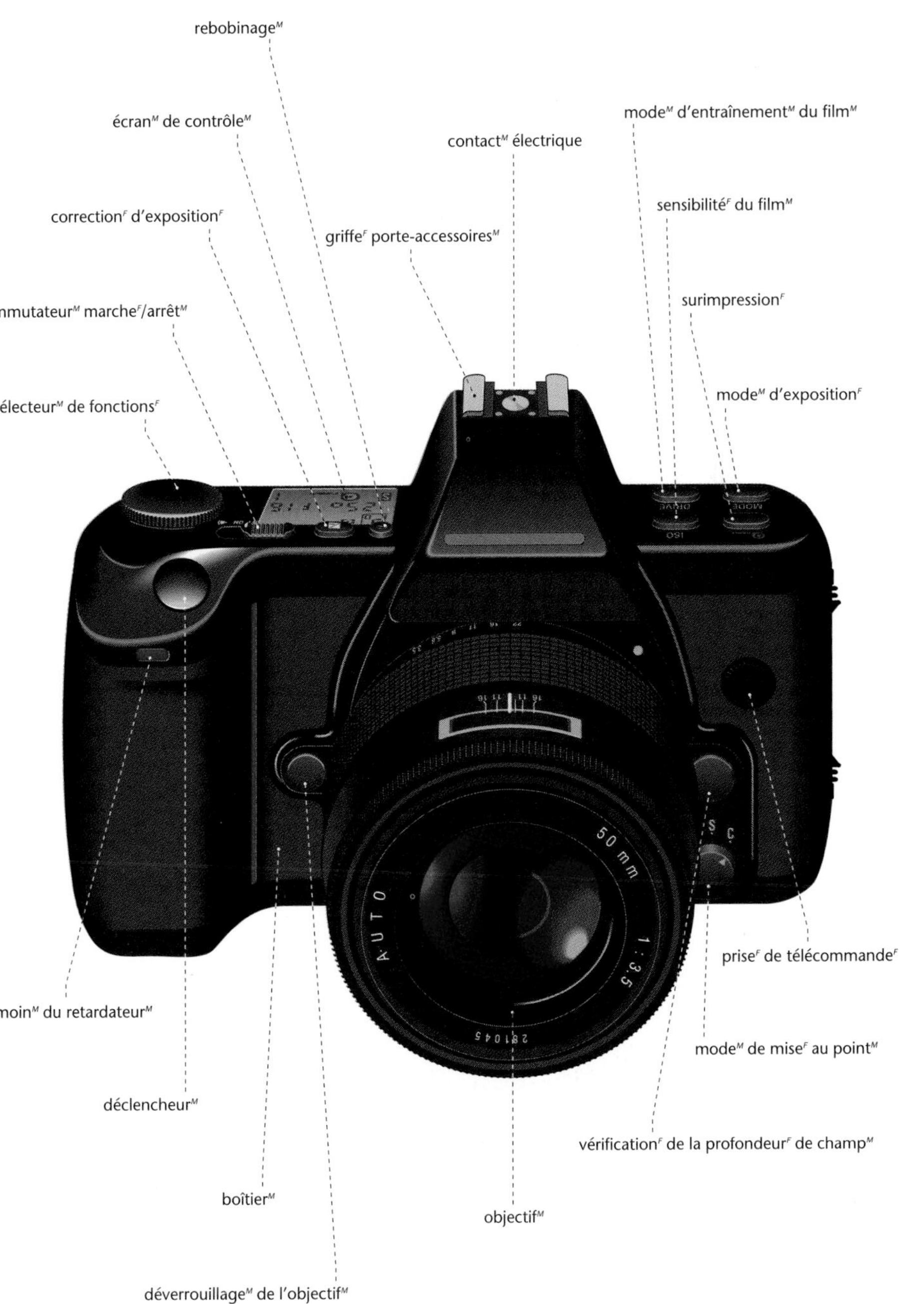

OBJECTIFS[M]
objectif[M] normal
lentille[F]
échelle[F] des distances[F]
bague[F] de mise[F] au point[M]
échelle[F] de profondeur[F] de c
échelle[F] d'ouverture[F] de diaphragme[M]
objectif[M] grand-angulaire
monture[F] baïonnette[F]
ACCESSOIRES[M] DE L'OBJECTIF
capuchon[M] d'objectif[M]
parasoleil[M]
objectif[M] zoom[M]
objectif[M] super-grand-angle[M]
filtre[M] de couleur[F]
lentille[F] de macrophotographie[F]
filtre[M] de polarisation[F]
objectif[M]
téléobjectif[M]
hypergone[M]
multiplicateur[M] de focale[F]

ACCESSOIRES^{M} PHOTOGRAPHIQUES

déclencheur^{M} pneumatique

ash^{M} électronique

réflecteur^{M}
cellule^{F} photoélectrique
pied^{M} de fixation^{F}

lampe^{F}-éclair^{M}

déclencheur^{M} souple

flash^{M}-cube^{M}

pile^{F}

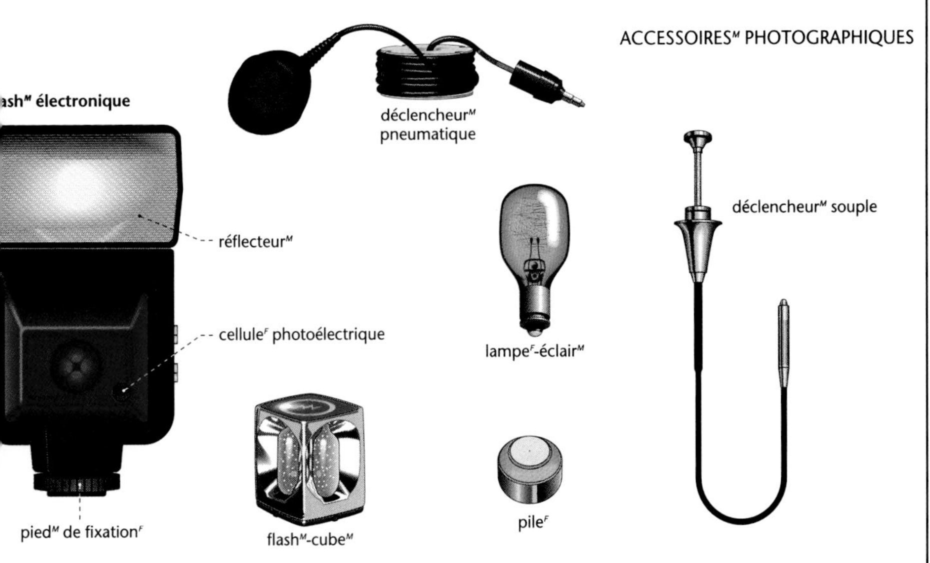

TRÉPIED^{M}

vis^{F} de fixation^{F}
plate-forme^{F}
embase^{F}
tête^{F} panoramique
déblocage^{M} instantané
blocage^{M} de la plate-forme^{F}
blocage^{M} vertical
blocage^{M} de la colonne^{F}
blocage^{M} horizontal
manivelle^{F} de la colonne^{F}
colonne^{F}
bague^{F} de serrage^{M}
branche^{F} télescopique

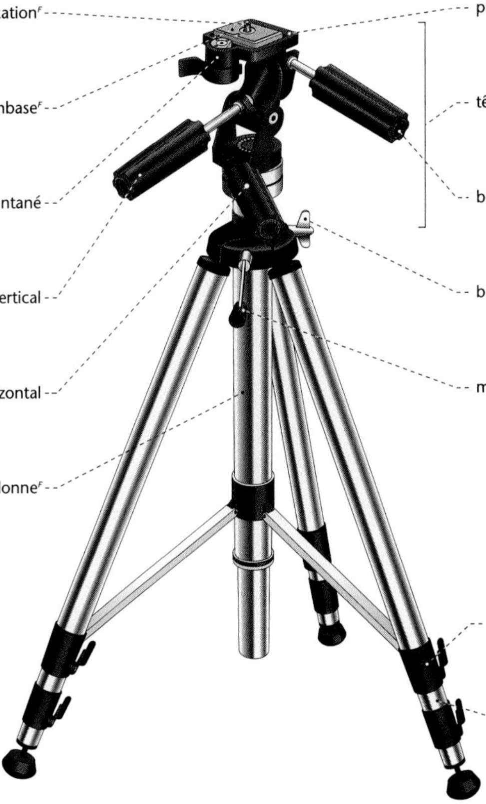

APPAREILS[M] PHOTOGRAPHIQUES

appareil[M] à télémètre[M] couplé

appareil[M] de plongée[F]

Polaroid®[M]

appareil[M] à visée[F] reflex mono-objectif[M]

appareil[M] jetable

appareil[M] reflex à deux objectifs[M]

chambre[F] photographique

APPAREILS[M] PHOTOGRAPHIQUES

appareil[M] reflex 6 X 6 mono-objectif[M]

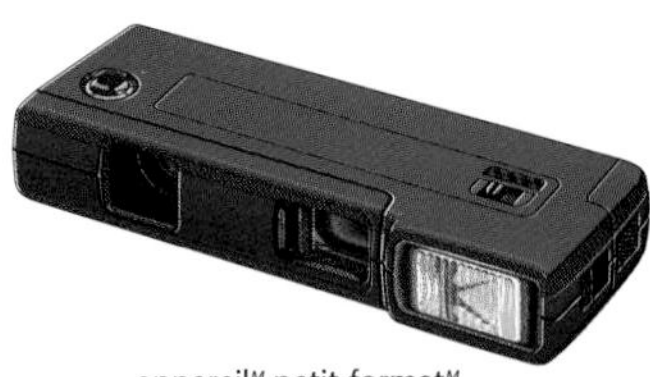

appareil[M] petit-format[M]

appareil[M] pour photodisque[M]

appareil[M] stéréoscopique

appareil[M] de vidéophoto[F]

PELLICULES[F]

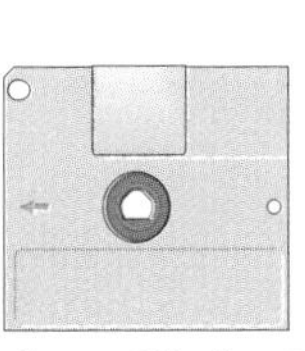

disque[M] vidéophoto[F]

cartouche[F] de pellicule[F]

film[M]-disque[M]

cassette[F] de pellicule[F]

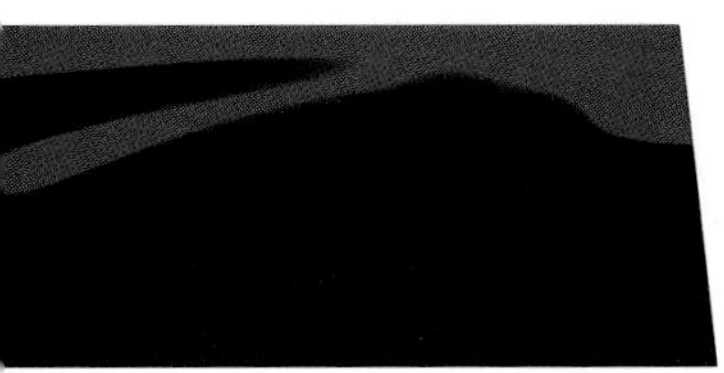

pellicule[F] en feuille[F]

rouleau[M] de pellicule[F]

film[M]-pack[M]

POSEMÈTRE[M] PHOTO-ÉLECTRIQUE

tête[F] diffusante
aiguille[F]
échelle[F] de lecture[F] de la luminosité
indice[F] d'exposition[F]
cadence[F] images[F]/seconde[F]
échelle[F] des temps[M] d'exposition[F]
échelle[F] d'ouverture[F]
sensibilité[F] du film[M]
disque[M] de réglage[M]
report[M] de lecture[F]

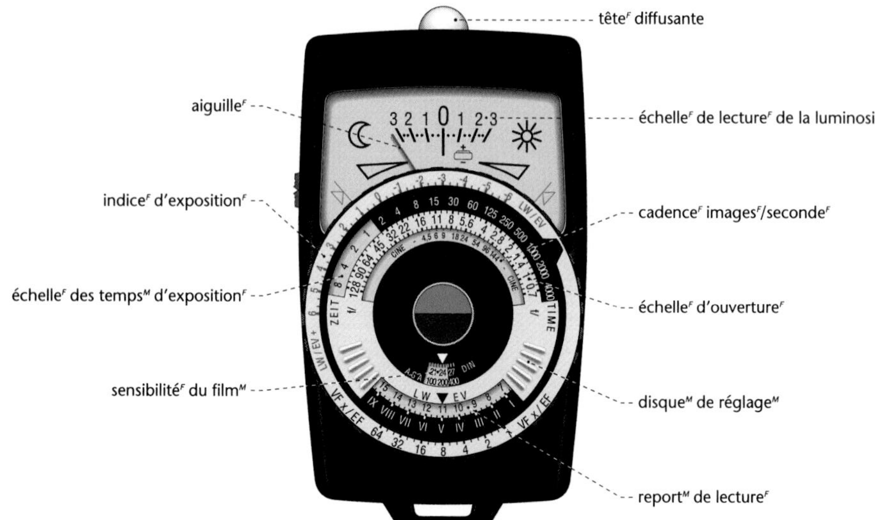

POSEMÈTRE[M] À VISÉE[F] REFLEX

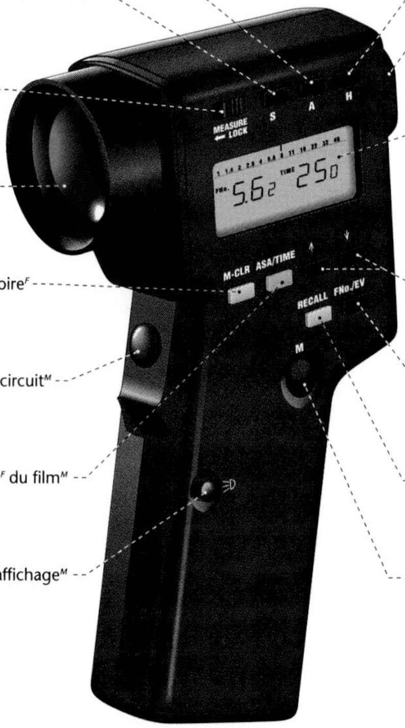

réglage[M] sur haute lumière[F]
réglage[M] sur demi-teinte[F]
réglage[M] sur ombre[F]
oculaire[M]
fixe-lecture[M]
écran[M] d'affichage[M]
objectif[M]
effacement[M] de mémoire[F]
réglage[M] de la vitesse[F] d'obturati
bouton[M] de mise[F] en circuit[M]
affichage[M] ouverture[F]/temps[M] d'exposition[F]
sensibilité[F] du film[M]
rappel[M] de mémoire[F]
éclairage[M] de l'écran[M] d'affichage[M]
commande[F] de mémoire[F]
MEASURE LOCK
M-CLR
ASA/TIME
RECALL
FNo./EV

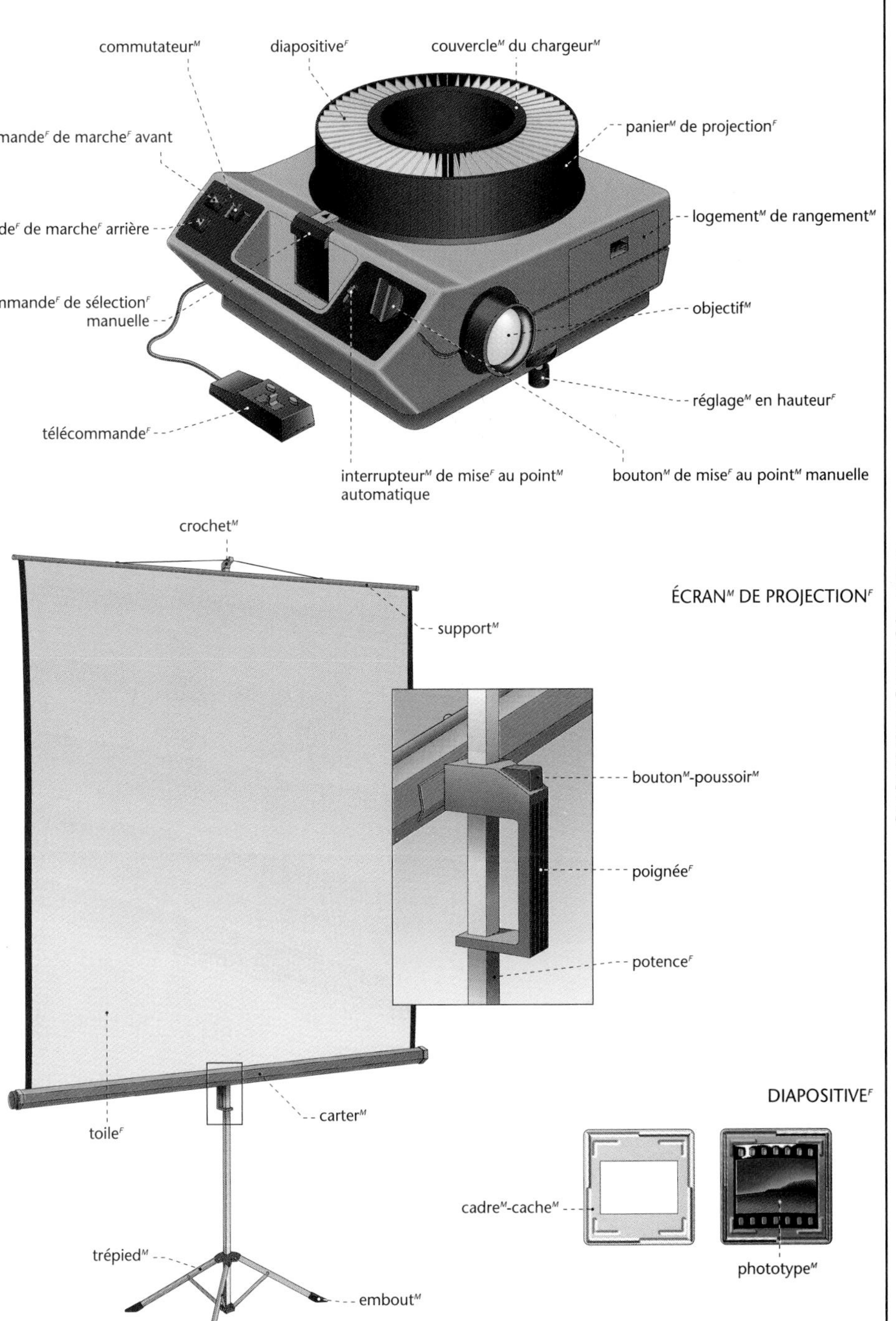

COMMUNICATIONS

CUVE^F DE DÉVELOPPEMENT^M

négatoscope^M

minuterie^F

cisaille^F

éclairage^M inactinique

armoire^F de séchage^M

margeur^M

châssis^M-presse^F

PORTE-NÉGATIF[M]

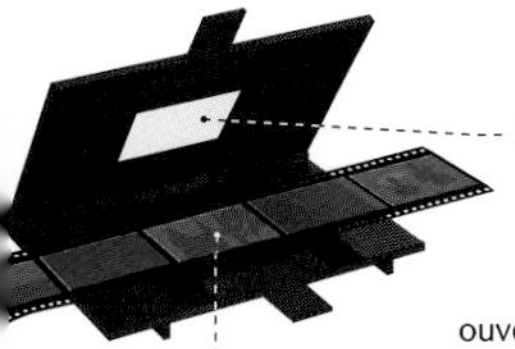

fenêtre[F]
négatif[M]

AGRANDISSEUR[M]

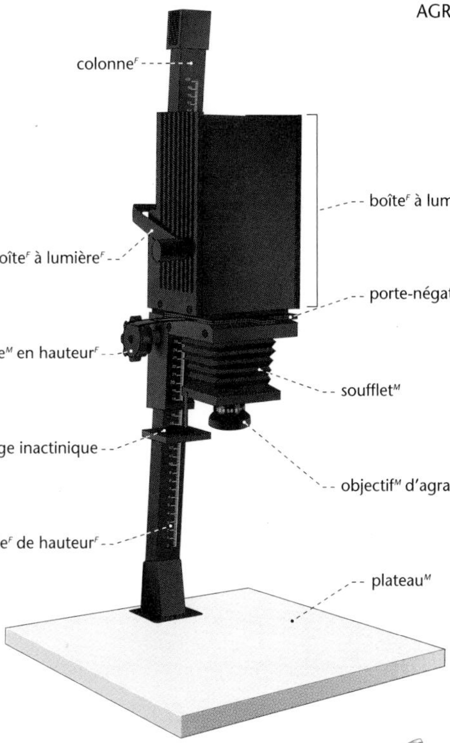

colonne[F]
boîte[F] à lumière[F]
ouverture[F] de la boîte[F] à lumière[F]
porte-négatif[M]
réglage[M] en hauteur[F]
soufflet[M]
filtre[M] rouge inactinique
objectif[M] d'agrandissement[M]
échelle[F] de hauteur[F]
plateau[M]

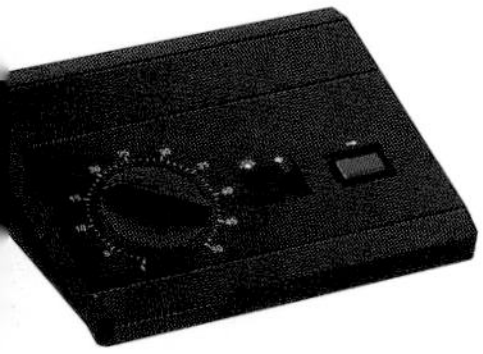

compte-pose[M]

BAINS[M] DE DÉVELOPPEMENT[M]

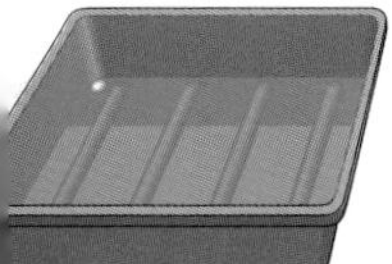

bain[M] de révélateur[M]

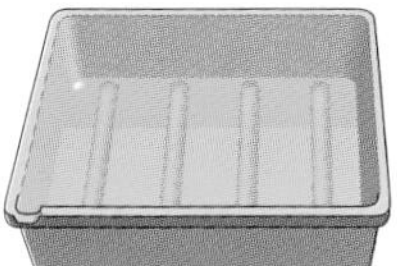

bain[M] d'arrêt[M]

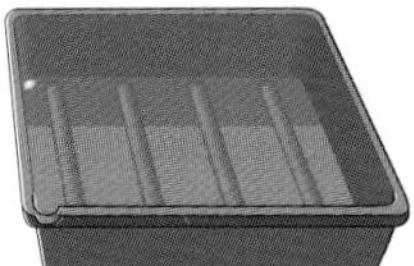

bain[M] de fixation[F]

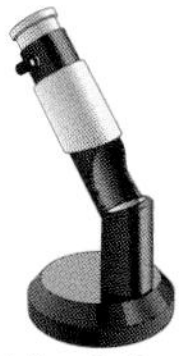

loupe[F] de mise[F] au point[M]

LAVEUSE[F] POUR ÉPREUVES[F]

trop-plein[M]
réservoir[M]
flexible[M] de branchement[M]
cadre[M] porte-épreuves[M]
raccord[M]
renvoi[M] d'eau[F]

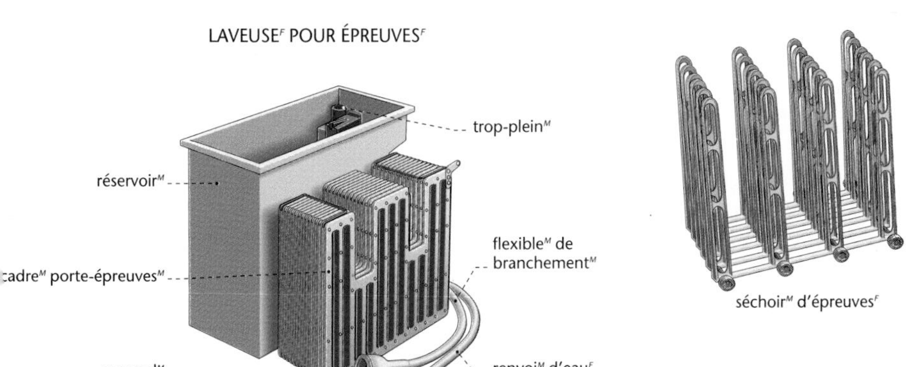

séchoir[M] d'épreuves[F]

COMPOSANTES^F D'UN SYSTÈME^M

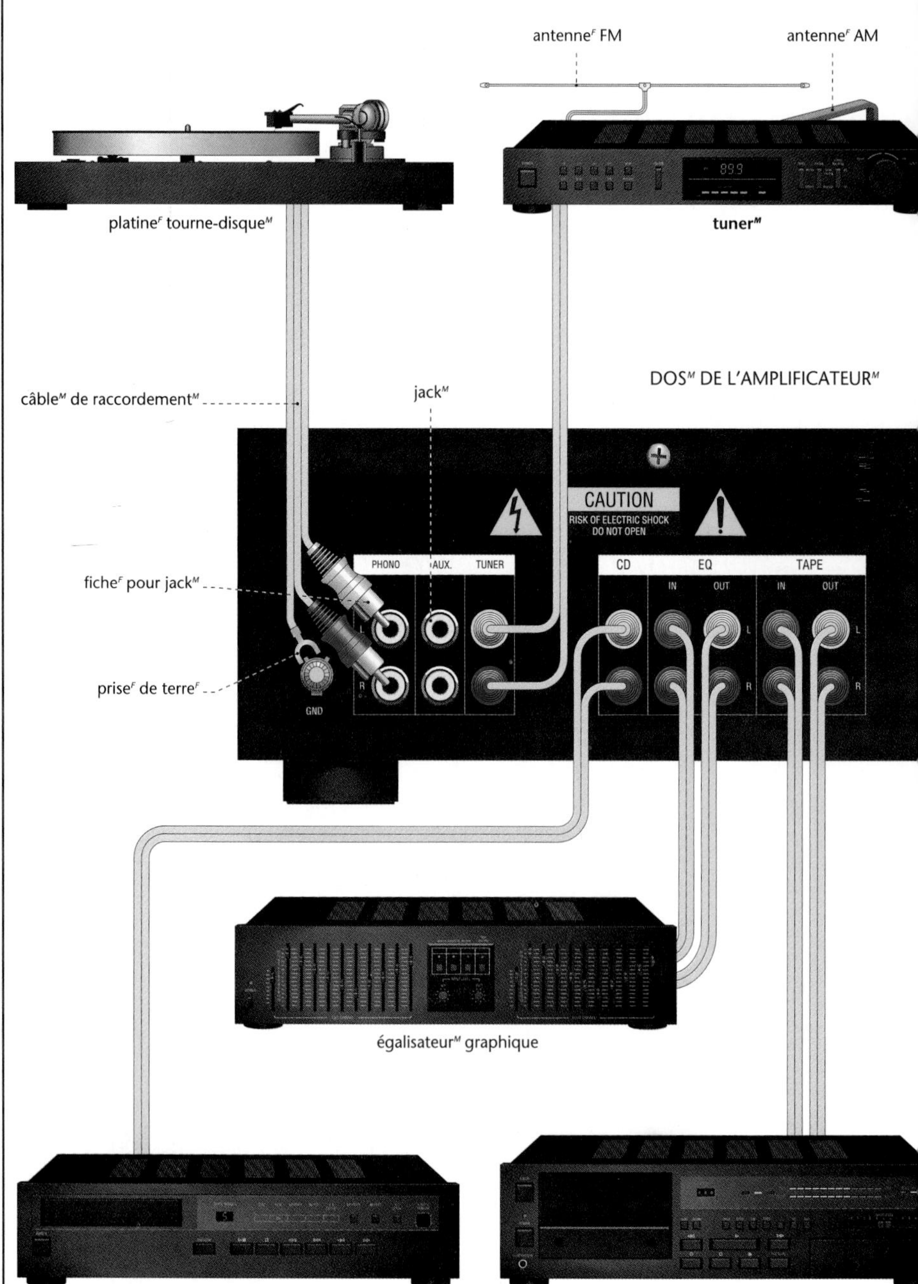

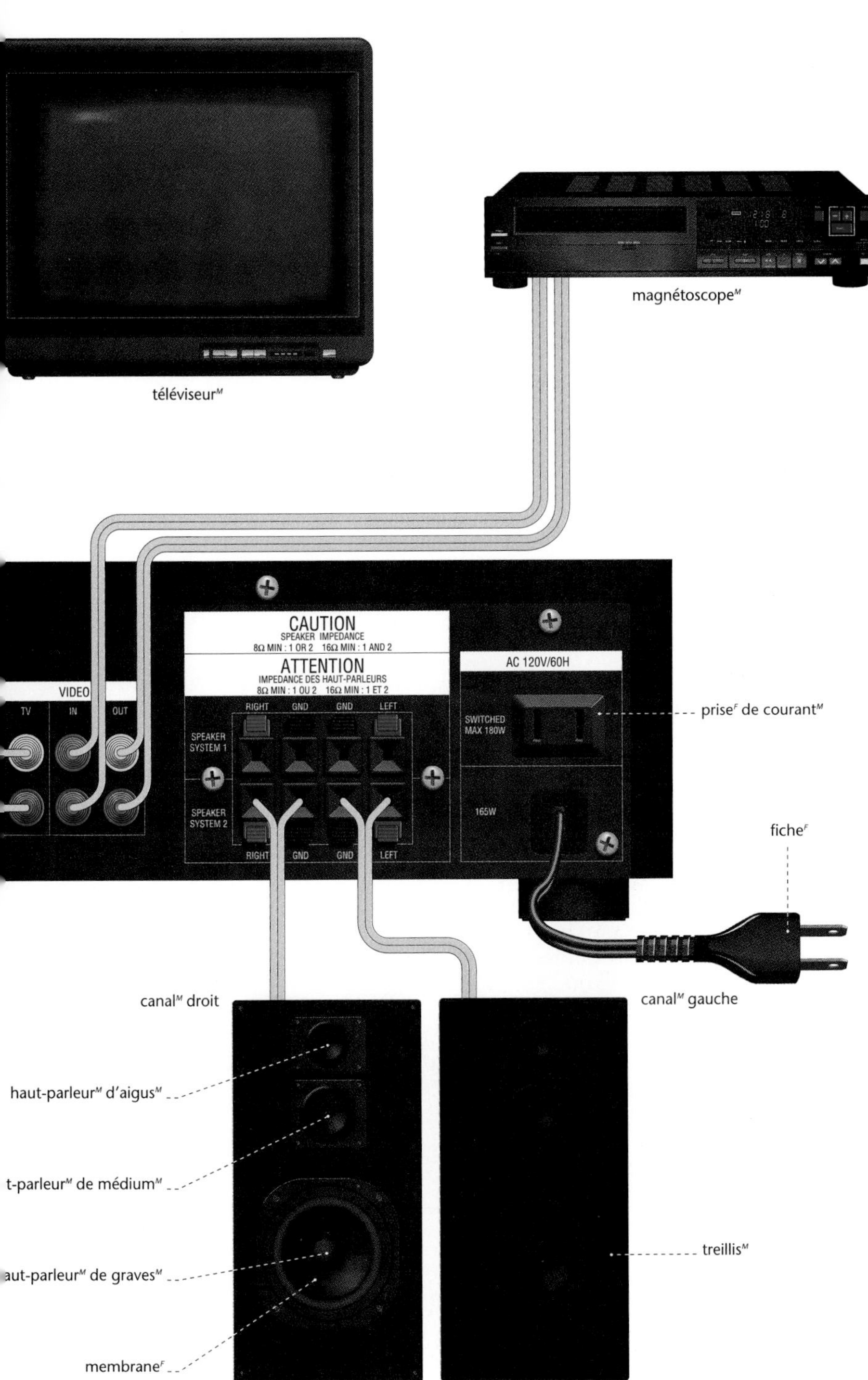

enceinte^F acoustique

COMMUNICATIONS

CHAÎNE[F] STÉRÉO

TUNER[M]

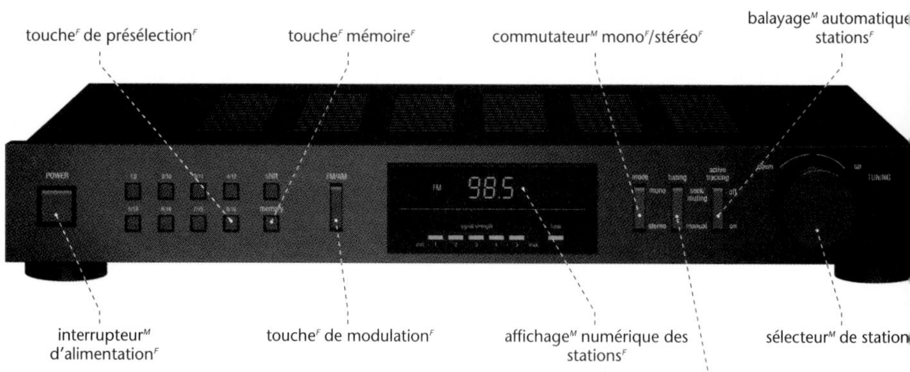

AMPLIFICATEUR[M]

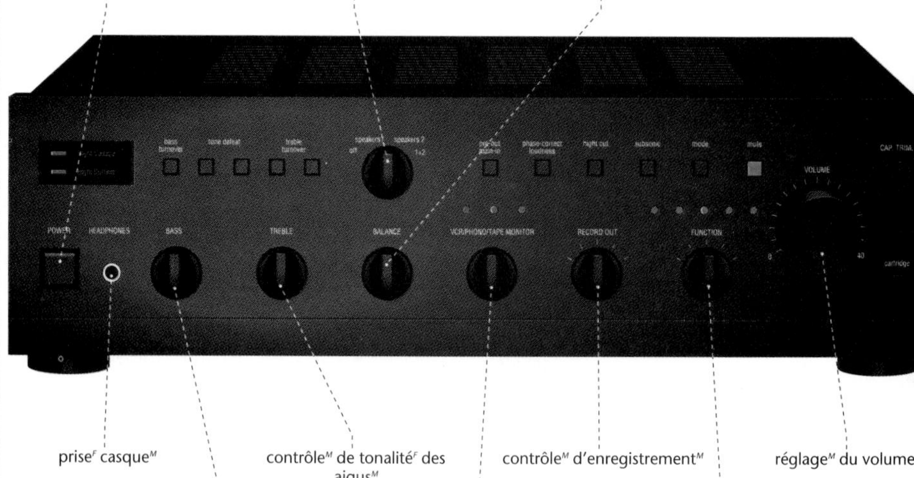

CASSETTE[F]

bobine[F] réceptrice
boîtier[M]
bande[F] magnétique
galet[M]
fenêtre[F] de lecture[F]
guide-bande[M]
A

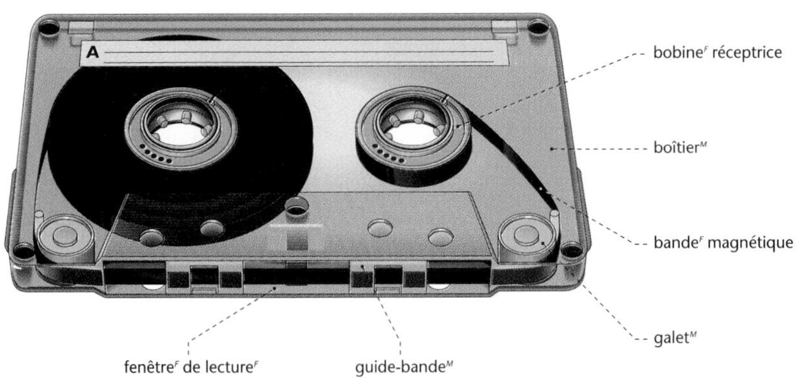

PLATINE[F] CASSETTE[F]

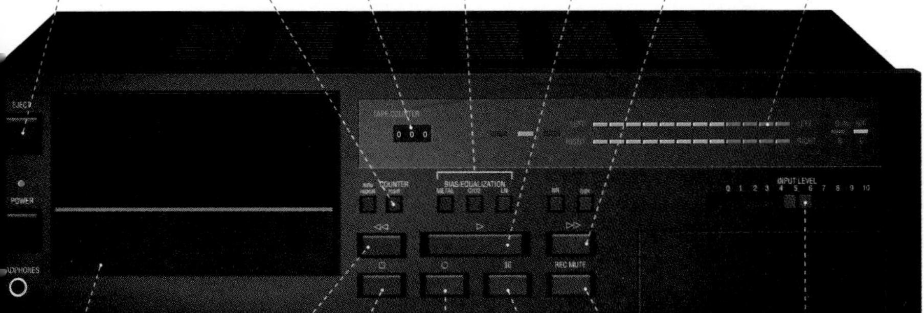

bouton[M] de remise[F] à zéro[M]
sélecteur[M] de bandes[F]
avance[F] rapide
outon[M] d'éjection[F]
compteur[M]
lecture[F]
indicateur[M] de niveau[M]
gement[M] de cassette[F]
arrêt[M]
pause[F]
réglage[M] de niveau[M] d'enregistrement[M]
rebobinage[M]
enregistrement[M]
interrupteur[M] d'accord[M]
EJECT
POWER
COUNTER
BIAS/EQUALIZATION
METAL
LN
REC MUTE
INPUT LEVEL
0 1 2 3 4 5 6 7 8 9 10

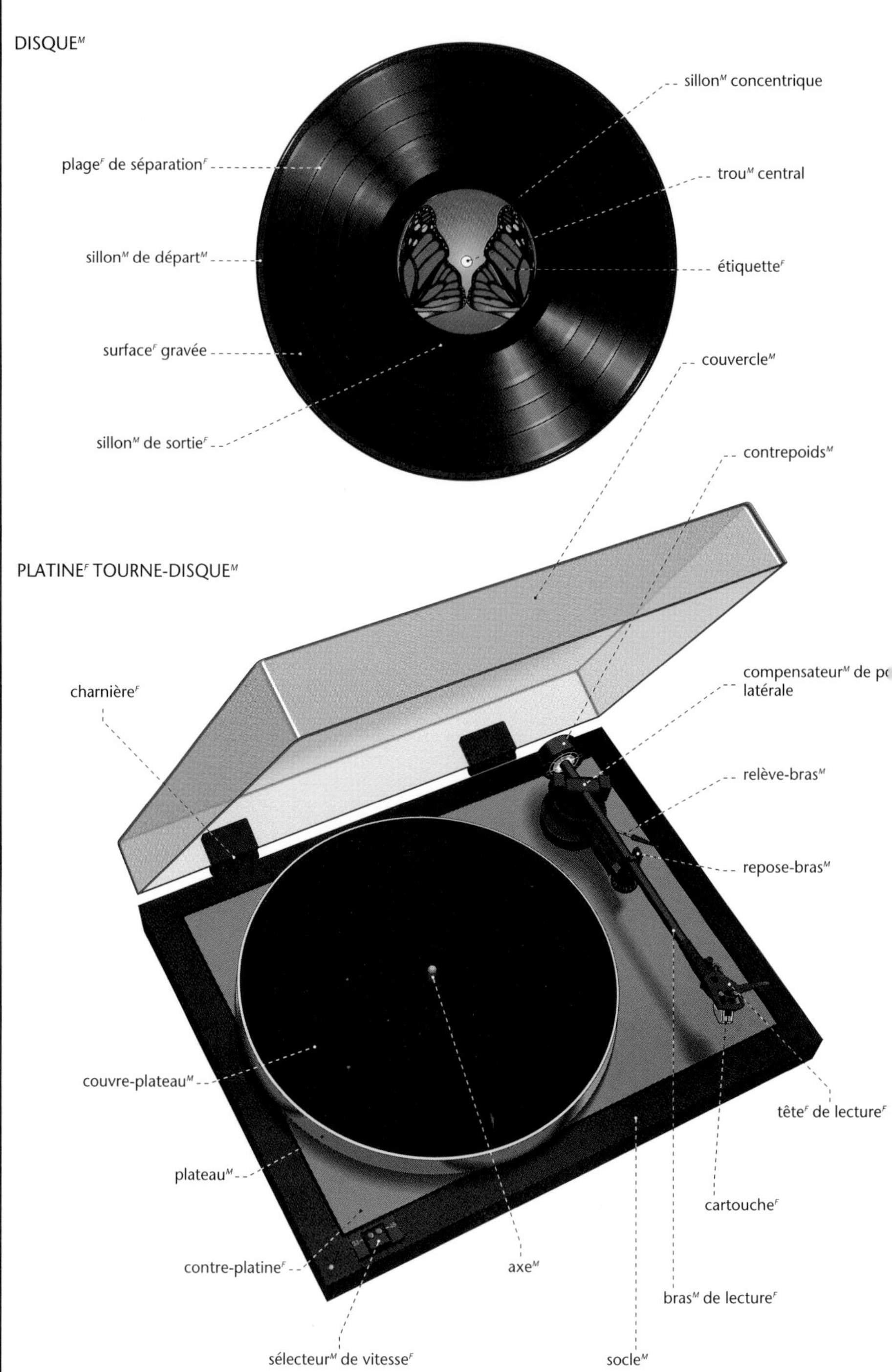
DISQUE^M
sillon^M concentrique
plage^F de séparation^F
trou^M central
sillon^M de départ^M
étiquette^F
surface^F gravée
couvercle^M
sillon^M de sortie^F
contrepoids^M
PLATINE^F TOURNE-DISQUE^M
compensateur^M de po
latérale
charnière^F
relève-bras^M
repose-bras^M
couvre-plateau^M
tête^F de lecture^F
plateau^M
cartouche^F
contre-platine^F
axe^M
bras^M de lecture^F
sélecteur^M de vitesse^F
socle^M

DISQUE[M] COMPACT

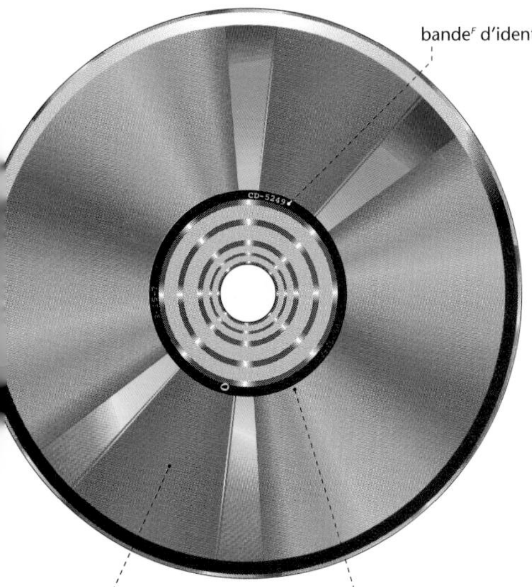

bande[F] d'identification[F] technique
CD-5249
surface[F] pressée
début[M] de lecture[F]

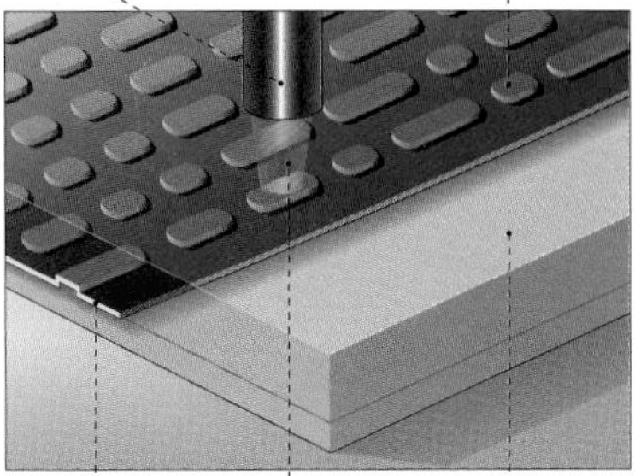

objectif[M]
aspérité[F]
couche[F] d'aluminium[M]
surface[F] de résine[F]
faisceau[M] laser[M]

LECTEUR[M] DE DISQUE[M] COMPACT

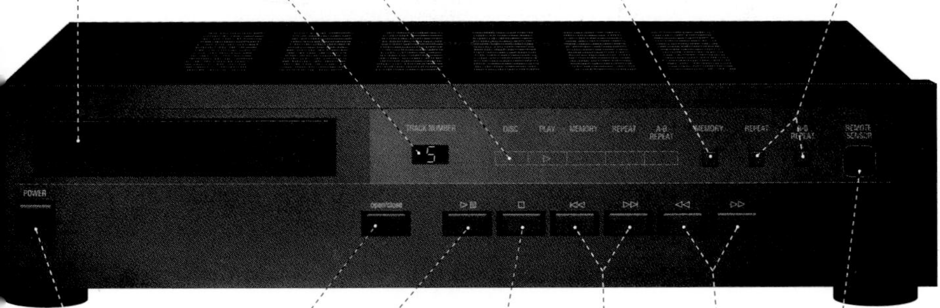

numéro[M] de la piste[F]
ogement[M] du plateau[M]
voyants[M] de contrôle[M]
touche[F] mémoire[F]
touches[F] de répétition[F]
POWER
open/close
rrupteur[M] d'alimentation[F]
lecture[F]/pause[F]
changement[M] de piste[F]
capteur[M] de télécommande[F]
contrôle[M] du plateau[M]
arrêt[M]/effacement[M] de mémoire[F]
lecture[F] rapide

MICROPHONE[M] DYNAMIQUE

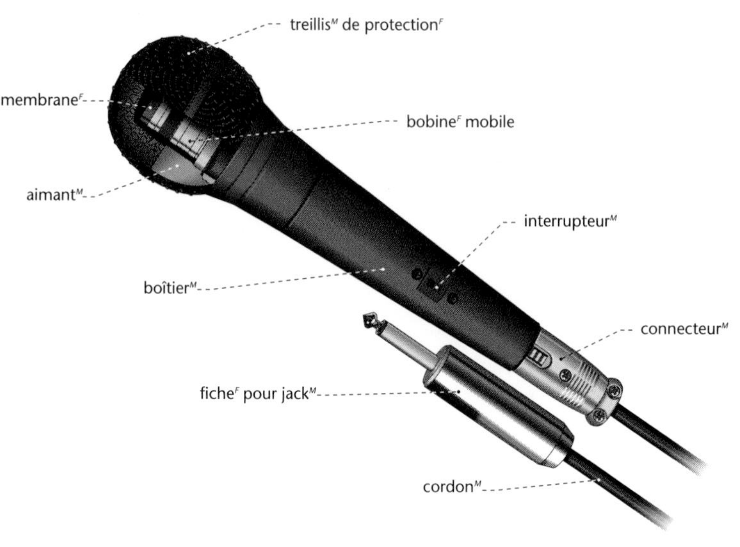

CASQUE[M] D'ÉCOUTE[F]

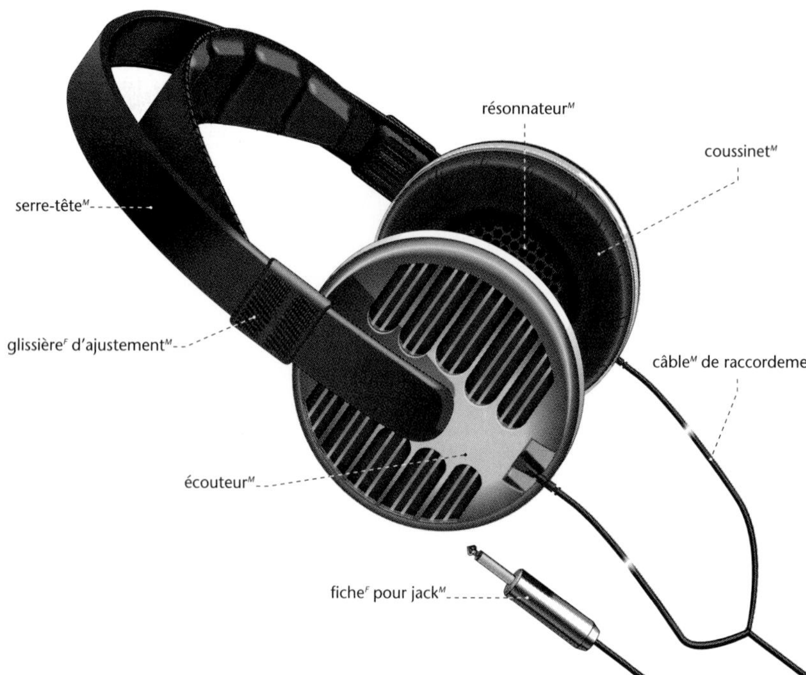

COMMUNICATIONS

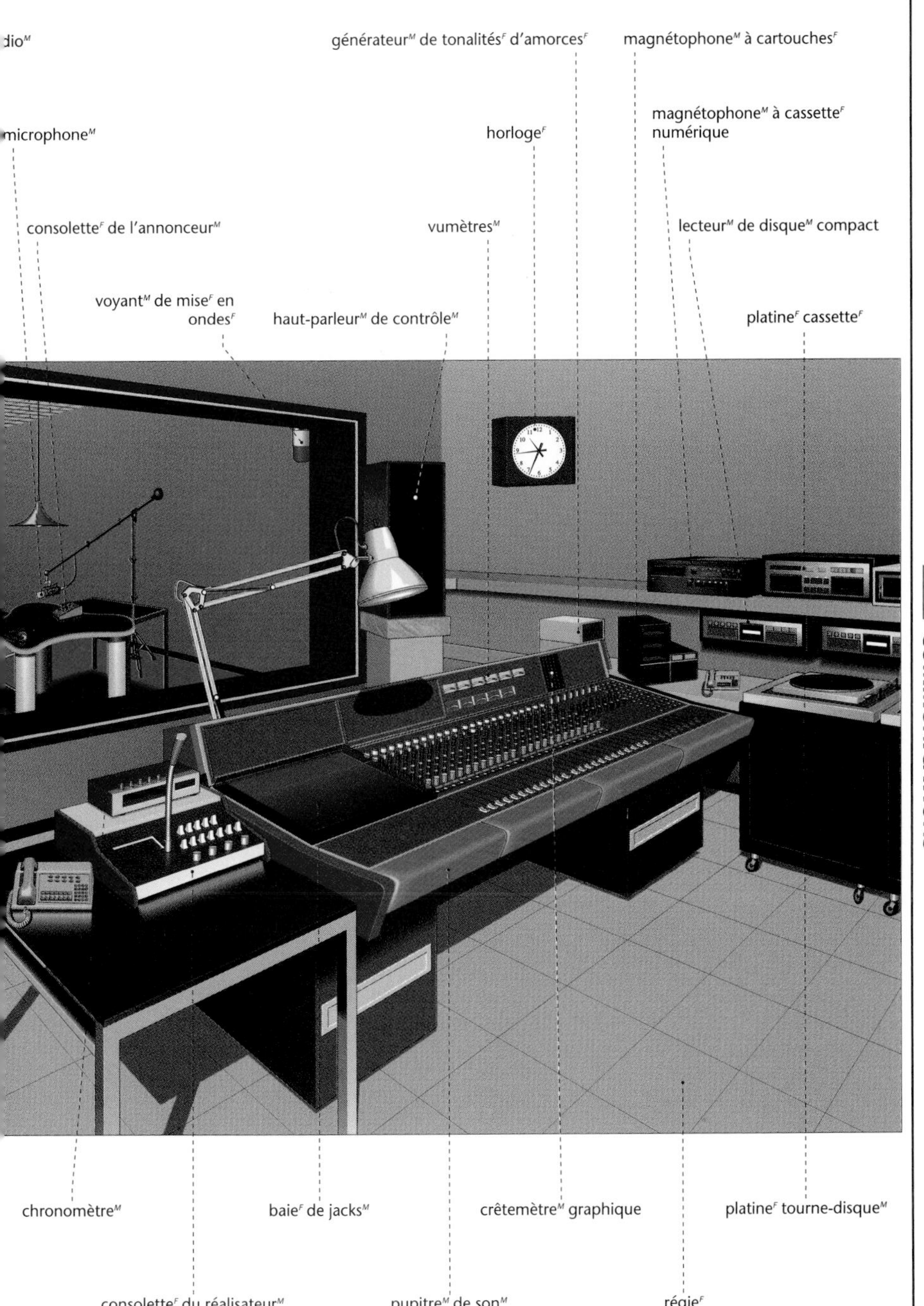
générateur[M] de tonalités[F] d'amorces[F]
magnétophone[M] à cartouches[F]
microphone[M]
horloge[F]
magnétophone[M] à cassette[F] numérique
consolette[F] de l'annonceur[M]
vumètres[M]
lecteur[M] de disque[M] compact
voyant[M] de mise[F] en ondes[F]
haut-parleur[M] de contrôle[M]
platine[F] cassette[F]
chronomètre[M]
baie[F] de jacks[M]
crêtemètre[M] graphique
platine[F] tourne-disque[M]
consolette[F] du réalisateur[M]
pupitre[M] de son[M]
régie[F]

APPAREILS[M] DE SON[M] PORTATIFS

BALADEUR[M]

cordon[M]
prise[F] casque[M]
serre-tête[M]
marche[F]/arrêt[M]
réglage[M] du volume[M]
rebobinage[M]
sélecteur[M] de stations[F]
FM AM
108 160
104 120
100 90
96 70
92 60
88 53
MHZ KHZ
avance[F]
casque[M] d'écoute[F]
avance[F] rapide
cassette[F]
auto-inversion[F]
radio[F]
lecteur[M] de cassette[F]

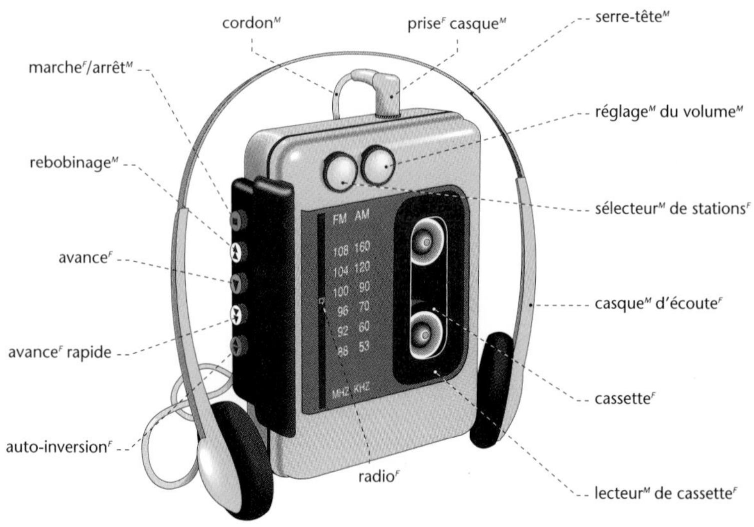

RADIOCASSETTE[F]

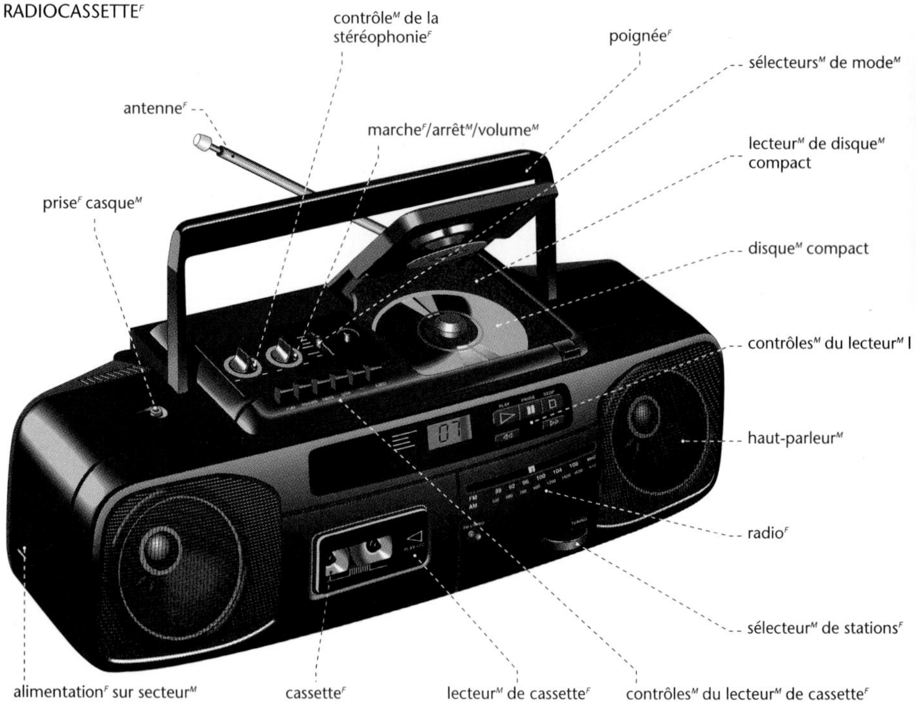

contrôle[M] de la stéréophonie[F]
poignée[F]
sélecteurs[M] de mode[M]
antenne[F]
marche[F]/arrêt[M]/volume[M]
lecteur[M] de disque[M] compact
prise[F] casque[M]
disque[M] compact
contrôles[M] du lecteur[M] l
haut-parleur[M]
radio[F]
sélecteur[M] de stations[F]
alimentation[F] sur secteur[M]
cassette[F]
lecteur[M] de cassette[F]
contrôles[M] du lecteur[M] de cassette[F]

CAMÉRA[F] VIDÉO

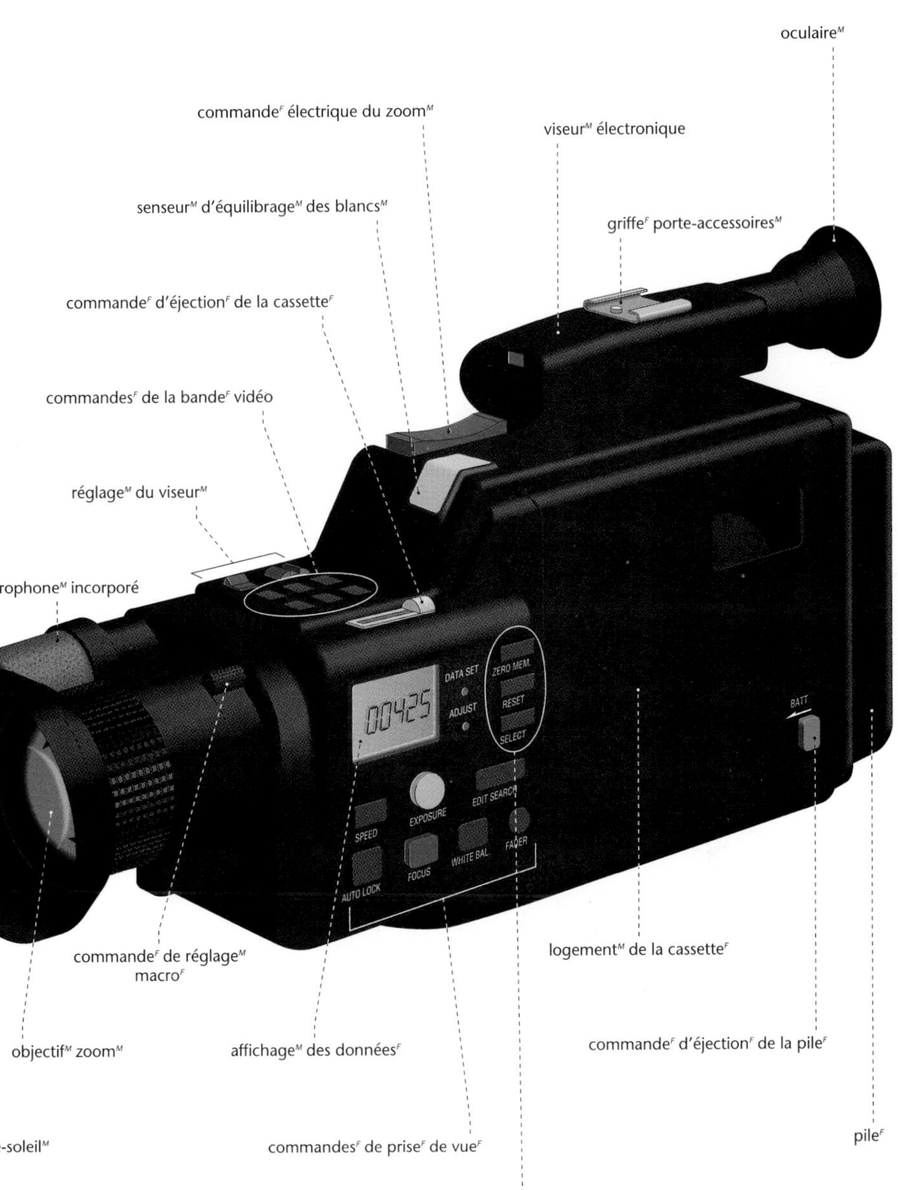

TÉLÉVISION[F]

TÉLÉVISEUR[M]

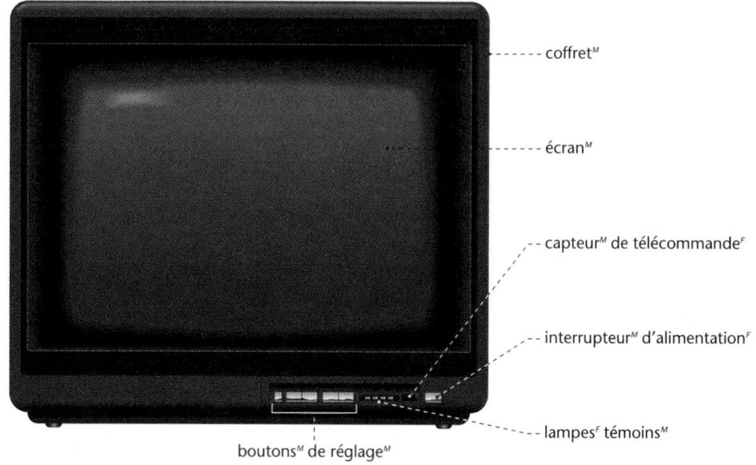

TUBE[M]-IMAGE[F]

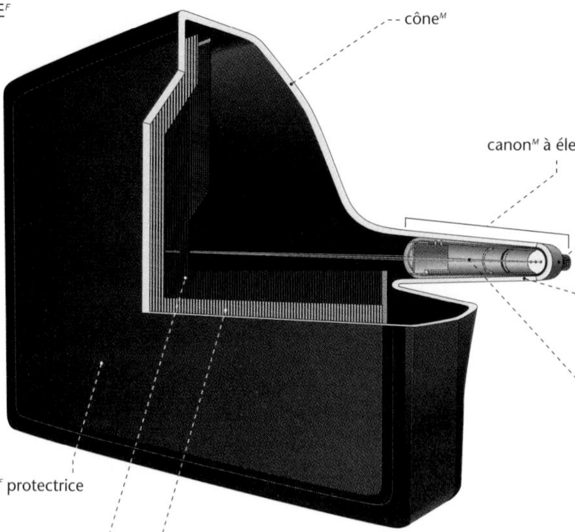

cône[M]

canon[M] à électrons[M]

culot[M]

col[M]

faisceau[M] d'électrons[M]

vitre[F] protectrice

masque[M] de sélection[F] des couleurs[F]

écran[M]

canon[M] à électror

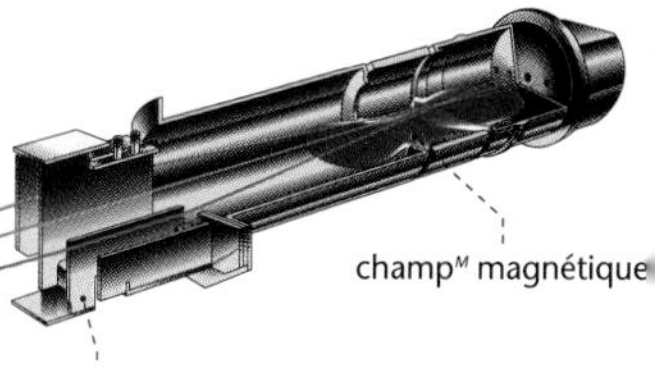

faisceau[M] rouge

faisceau[M] vert

faisceau[M] bleu

grille[F]

champ[M] magnétique

COMMUNICATIONS

TÉLÉCOMMANDE^F

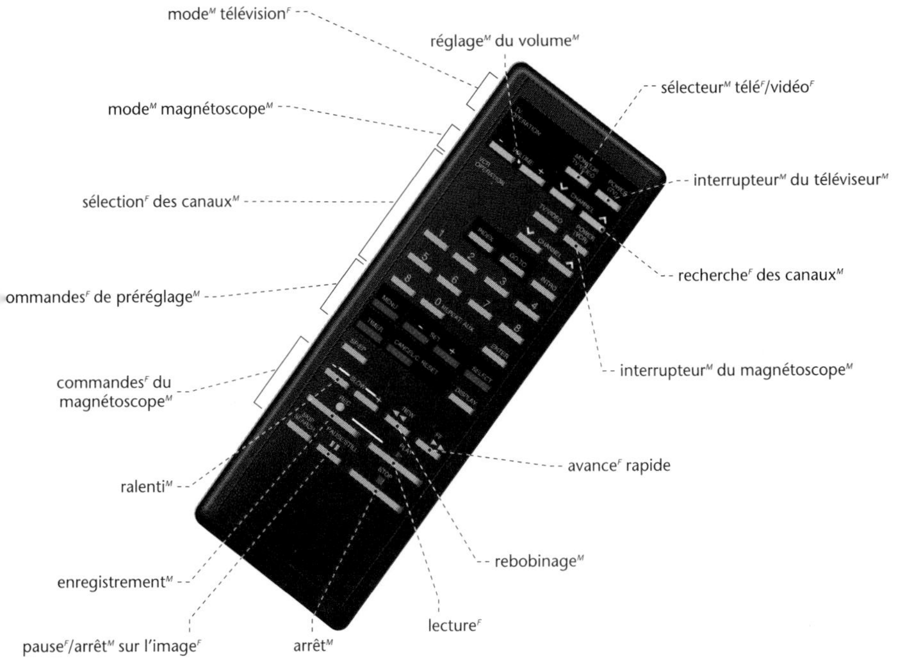

mode^M télévision^F
réglage^M du volume^M
sélecteur^M télé^F/vidéo^F
mode^M magnétoscope^M
interrupteur^M du téléviseur^M
sélection^F des canaux^M
recherche^F des canaux^M
ommandes^F de préréglage^M
interrupteur^M du magnétoscope^M
commandes^F du magnétoscope^M
avance^F rapide
ralenti^M
rebobinage^M
enregistrement^M
lecture^F
pause^F/arrêt^M sur l'image^F
arrêt^M

MAGNÉTOSCOPE^M

commande^F de lecture^F
rrupteur^M d'alimentation^F
affichage^M des données^F
commande^F d'avance^F rapide
commandes^F de préréglage^M
commande^F de remise^F à zéro^M
commande^F d'enregistrement^M
nmande^F d'éjection^F de la cassette^F
commande^F d'arrêt^M
pause^F/arrêt^M sur l'image^F
recherche^F des canaux^M
logement^M de la cassette^F
commande^F de rebobinage^M

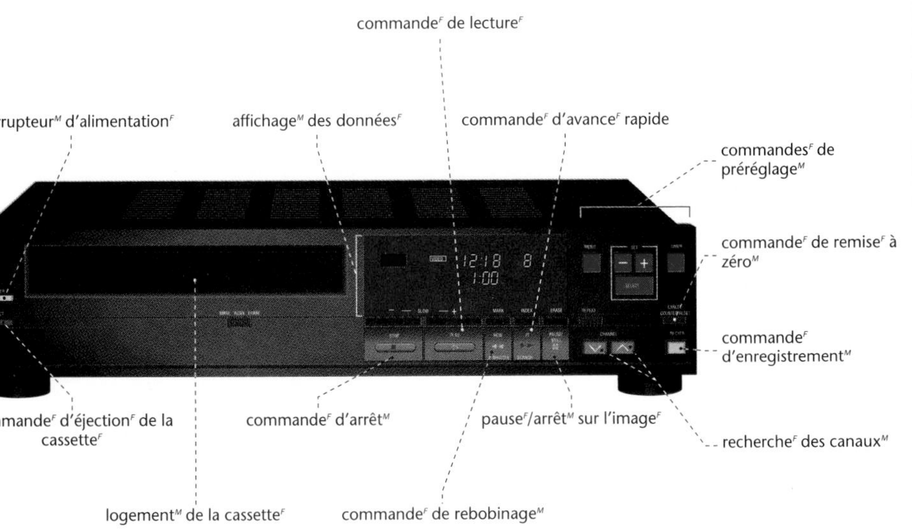

PLATEAU[M] ET RÉGIES[F]

accès[M] à la grille[F] d'éclairage[M]

personnel[M] additionnel de production

salle[F] polyvalente

boîte[F] de raccordement[M]

éclairagiste[M]

bloc[M] de commande[F] des caméras[F]

caméra[F]

salle[F] des gradateurs[M]

opérateur[M] de régie[F] d'éclairage[M]

contrôleur[M] d'images[F]

perche[F]

pupitre[M] d'éclairage[M]

directeur[M] technique

technicien[M] aiguilleur[M]

baie[F] de contrôle[M]

réalisateur[M]

assistant[M] à la réalisation[F]

conseiller[M] de production[F]

pupitre[M] de son[M]

preneur[M] de son[M]

trappe[F] acoustique

conseillers[M] musicaux

bâti[M] d'équipement[M]

haut-parleur[M] de contrôle

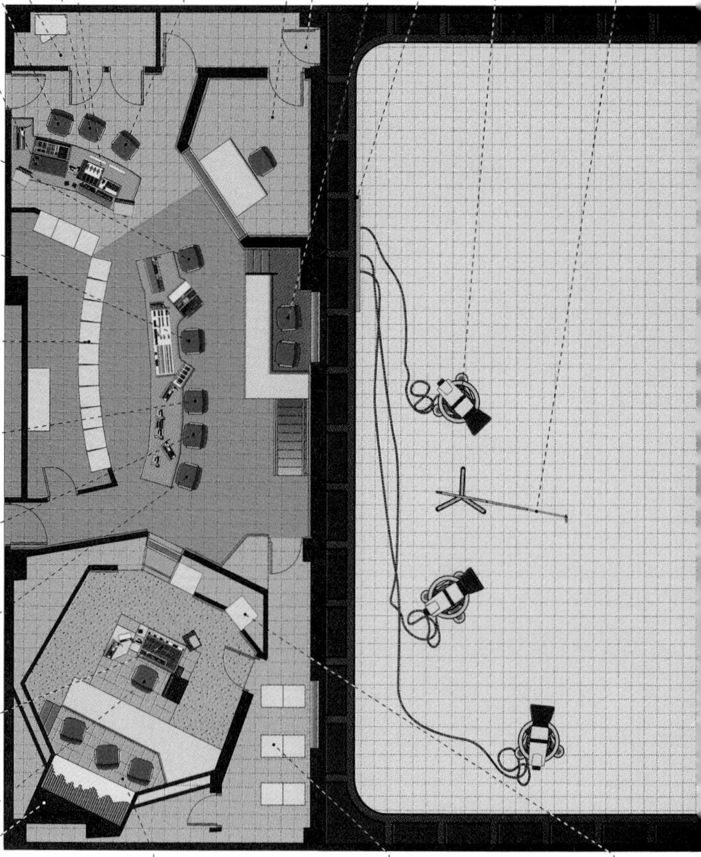

plateau[M]

régie[F] image[F]/éclairage[M]

régie[F] du son[M]

régie[F] de production[F]

RÉGIE[F] DE PRODUCTION[F]

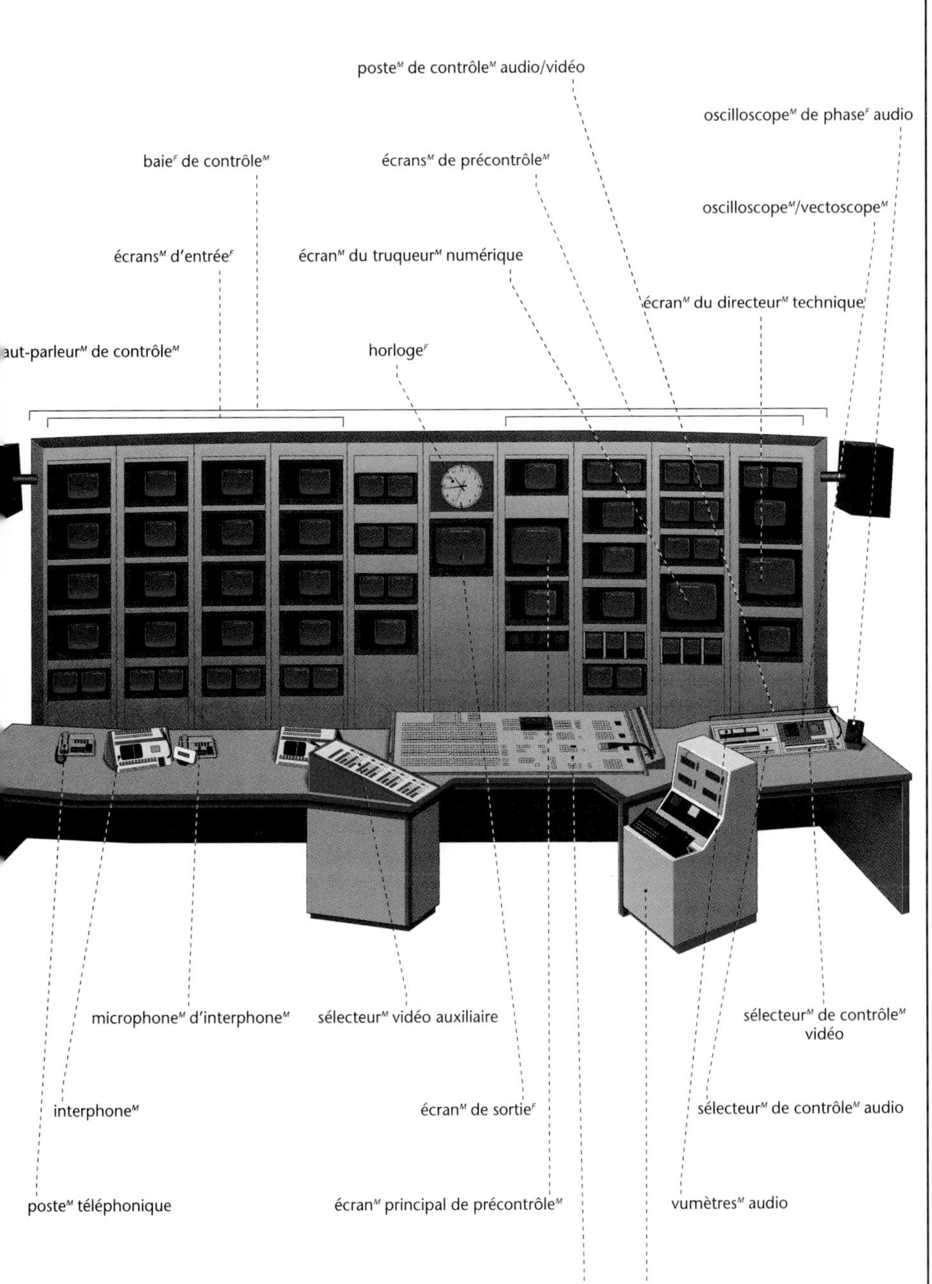

PLATEAU^M

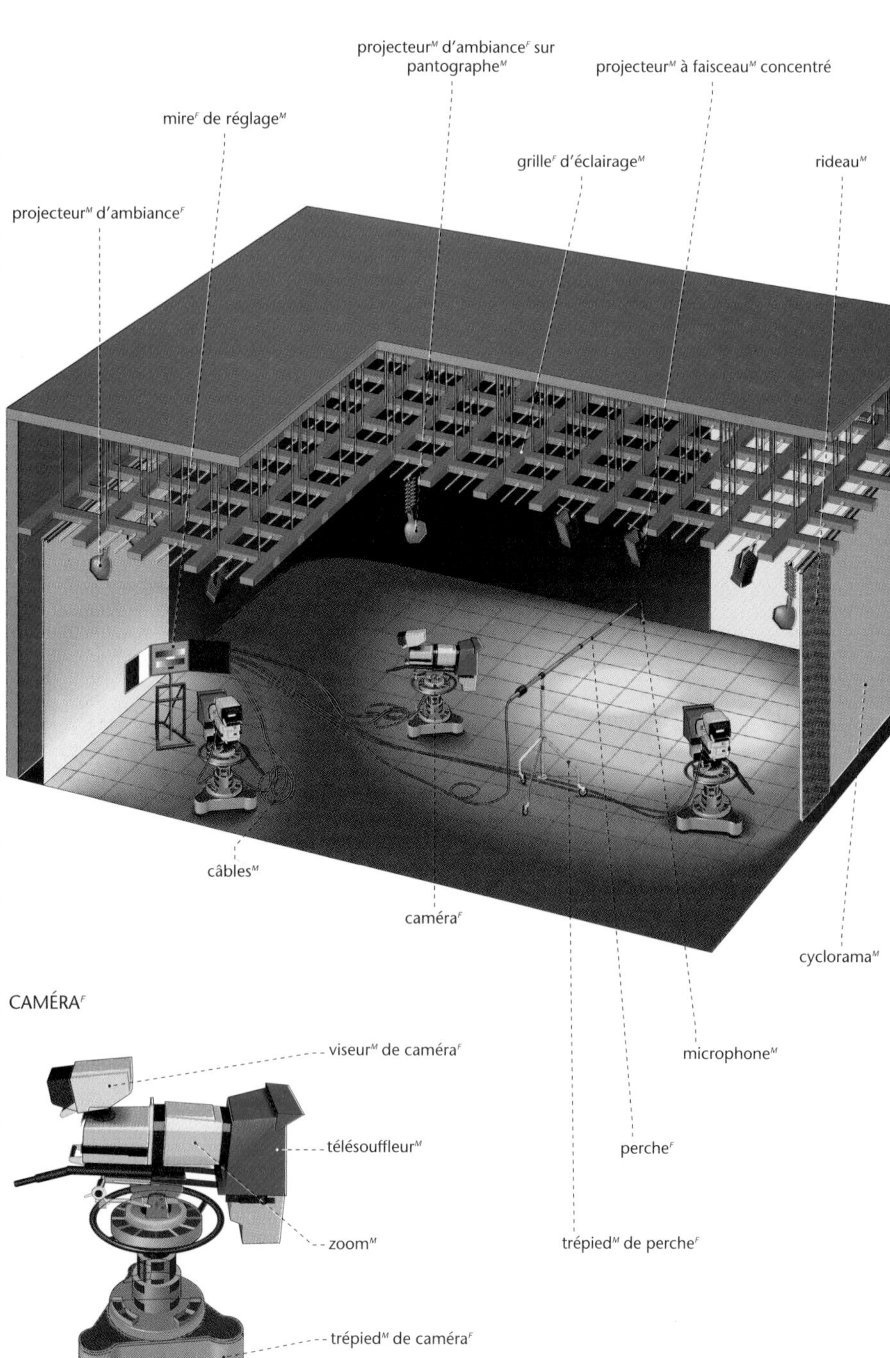

CAMÉRA^F

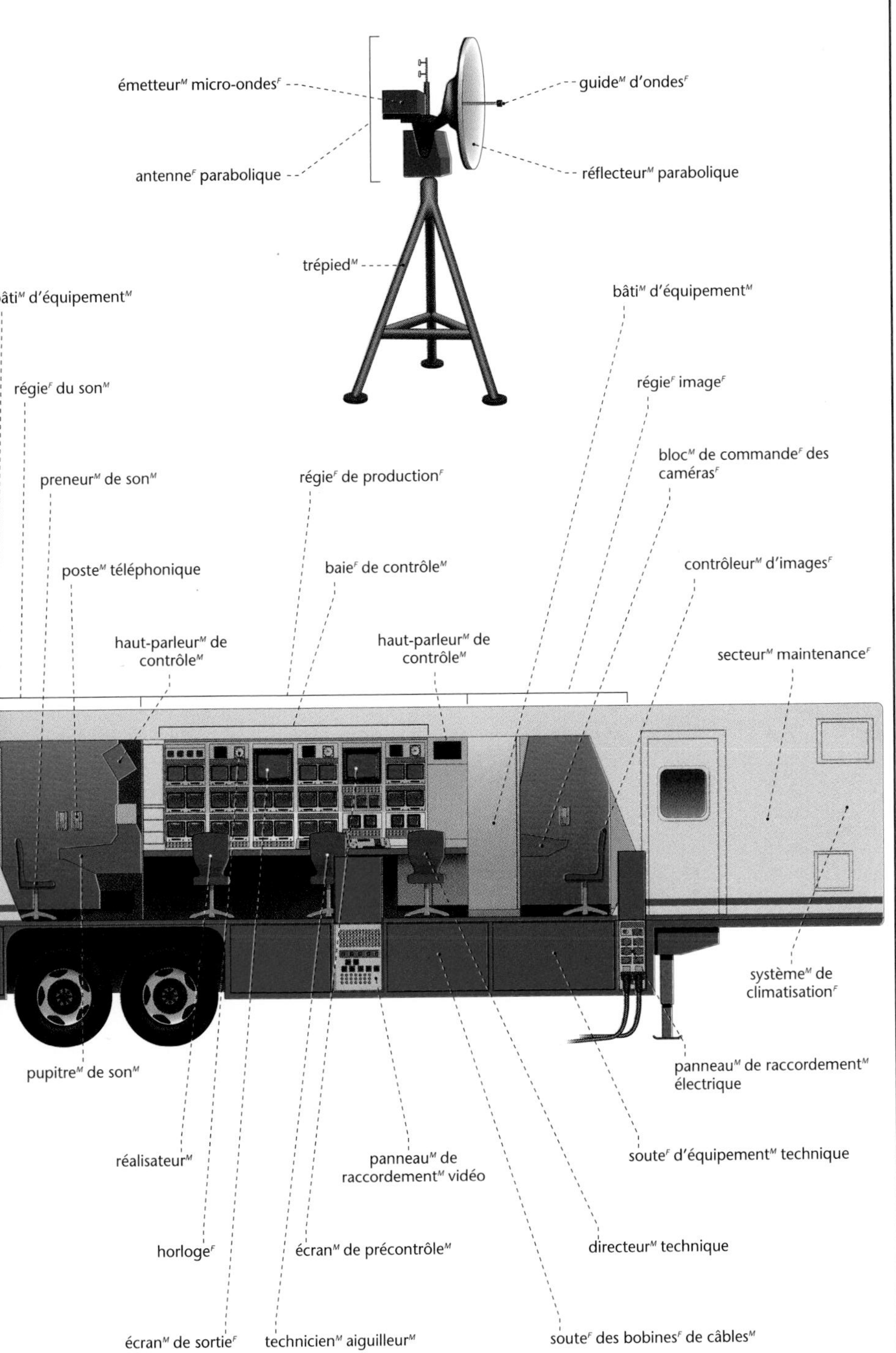
émetteur[M] micro-ondes[F]
guide[M] d'ondes[F]
antenne[F] parabolique
réflecteur[M] parabolique
trépied[M]
bâti[M] d'équipement[M]
bâti[M] d'équipement[M]
régie[F] du son[M]
régie[F] image[F]
bloc[M] de commande[F] des caméras[F]
preneur[M] de son[M]
régie[F] de production[F]
poste[M] téléphonique
baie[F] de contrôle[M]
contrôleur[M] d'images[F]
haut-parleur[M] de contrôle[M]
haut-parleur[M] de contrôle[M]
secteur[M] maintenance[F]
système[M] de climatisation[F]
panneau[M] de raccordement[M] électrique
pupitre[M] de son[M]
réalisateur[M]
panneau[M] de raccordement[M] vidéo
soute[F] d'équipement[M] technique
horloge[F]
écran[M] de précontrôle[M]
directeur[M] technique
écran[M] de sortie[F]
technicien[M] aiguilleur[M]
soute[F] des bobines[F] de câbles[M]

TÉLÉDIFFUSION^F PAR SATELLITE^M

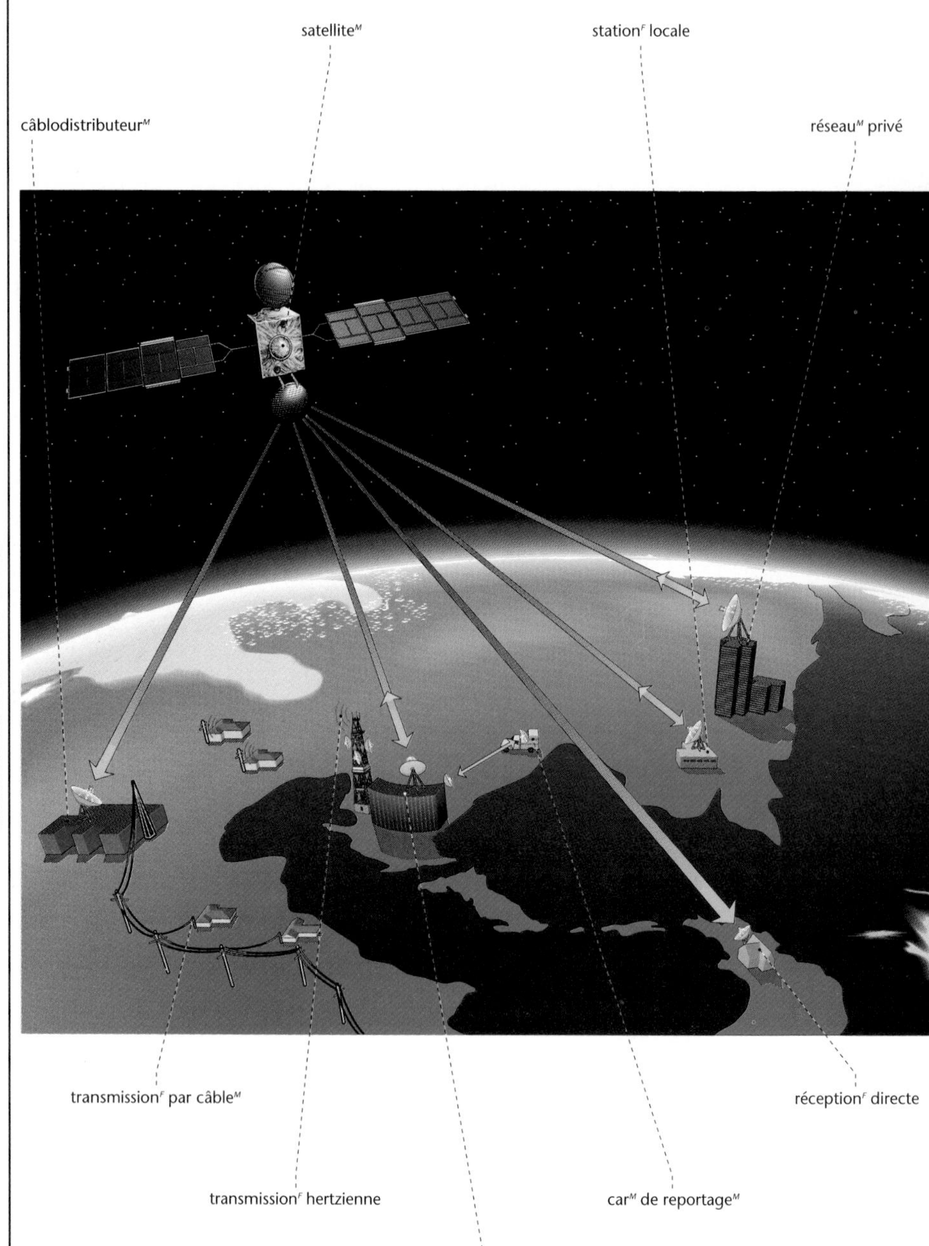

TÉLÉCOMMUNICATIONS[F] PAR SATELLITE[M]

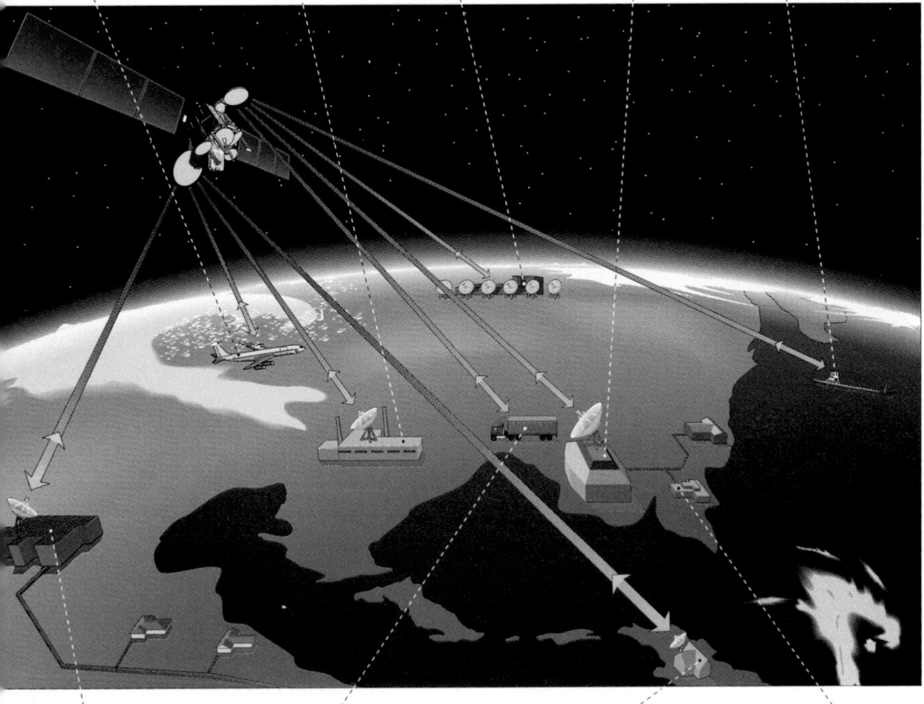

communications[F] industrielles
téléport[M]
mmunications[F] aériennes
communications[F] militaires
communications[F] maritimes
réseau[M] téléphonique
communications[F] routières
communications[F] individuelles
client[M]

TÉLÉCOMMUNICATIONS[F] PAR LIGNE[F] TÉLÉPHONIQUE

téléinformatique[F]

télécopieur[M]

télex[M]

téléphone[M] cellulaire

poste[M] téléphonique

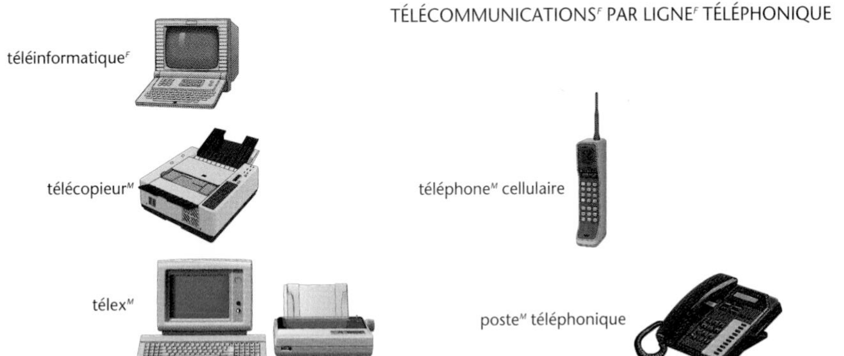

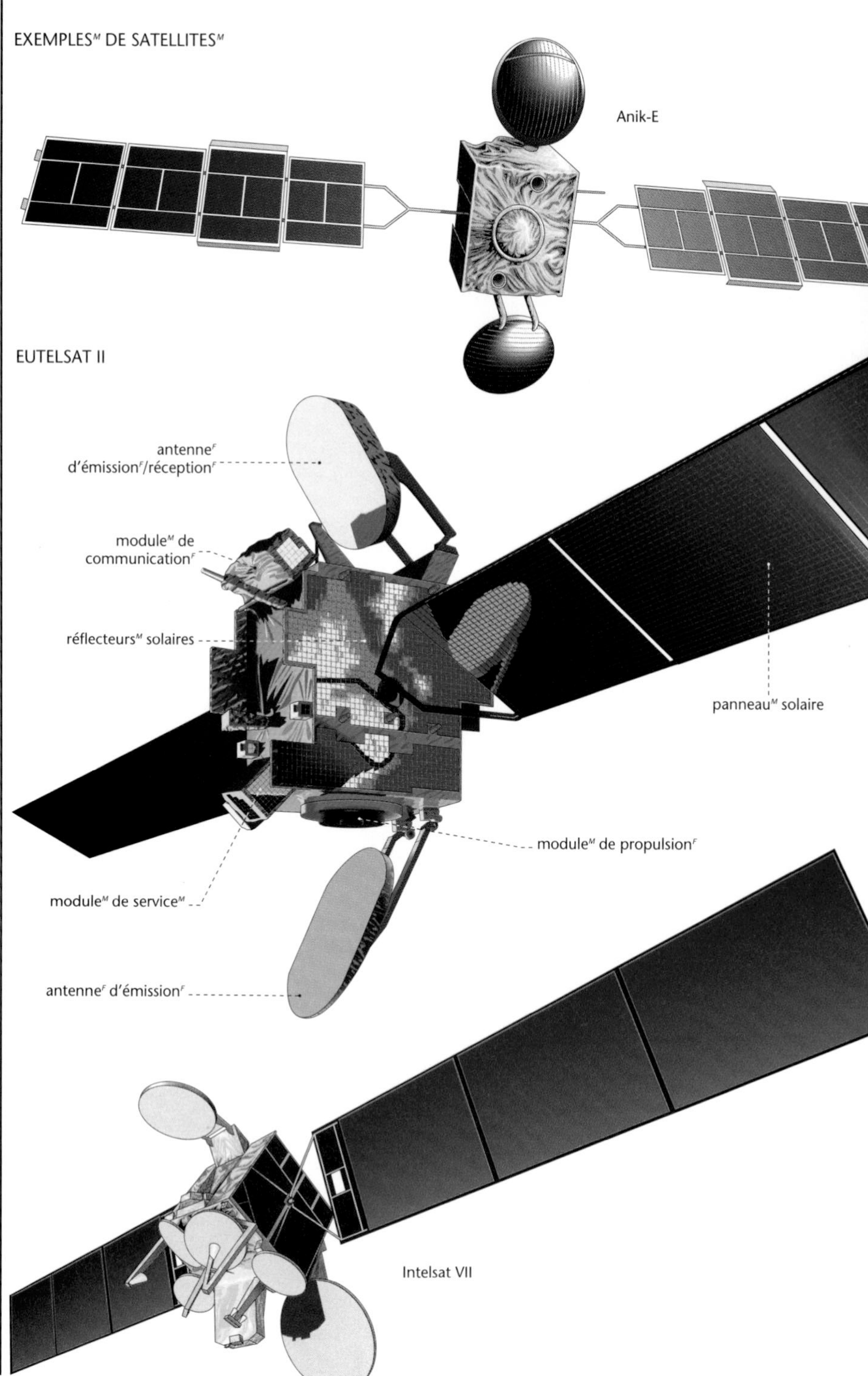
EXEMPLES[M] DE SATELLITES[M]
Anik-E
EUTELSAT II
antenne[F] d'émission[F]/réception[F]
module[M] de communication[F]
réflecteurs[M] solaires
panneau[M] solaire
module[M] de propulsion[F]
module[M] de service[M]
antenne[F] d'émission[F]
Intelsat VII

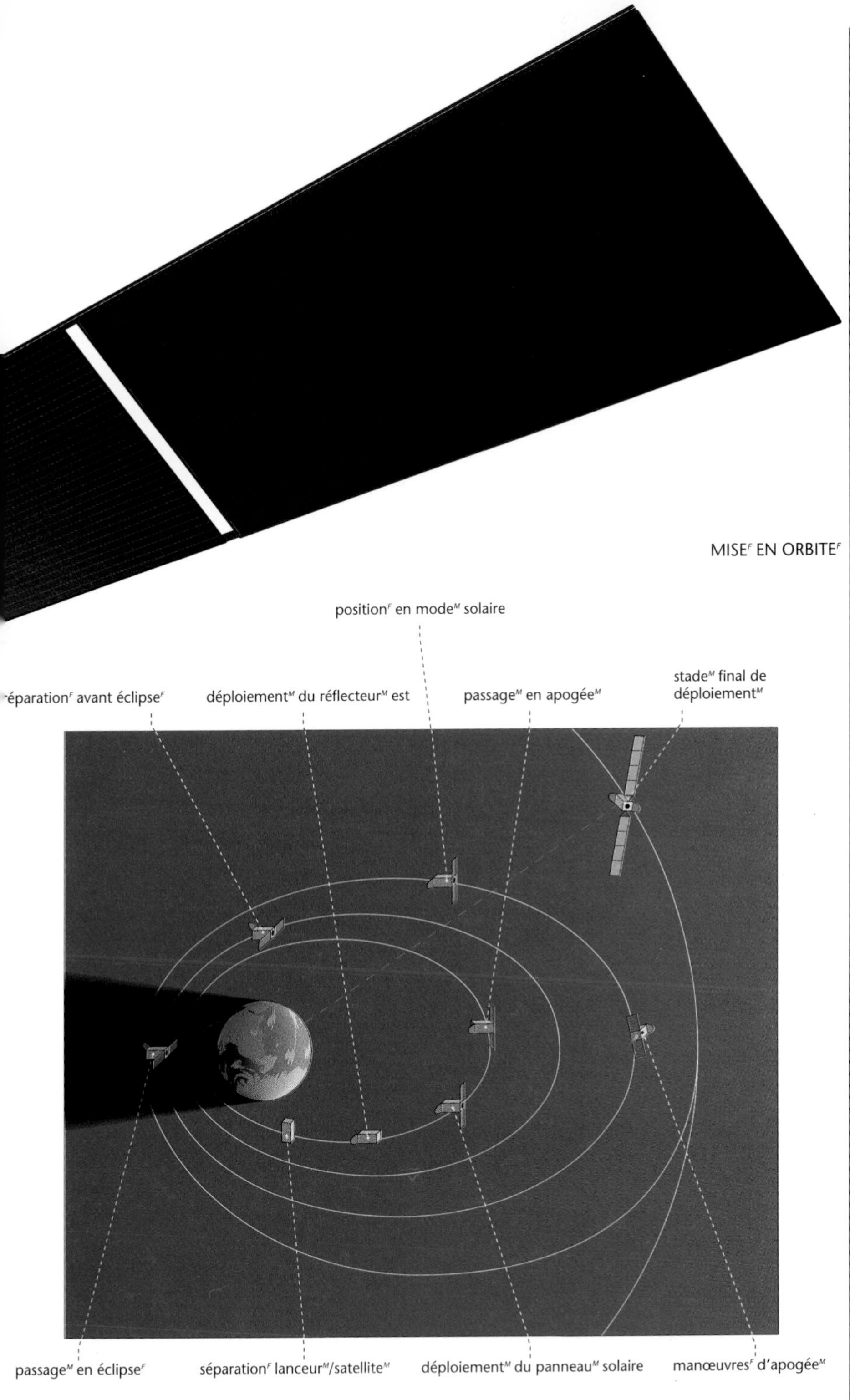
MISE[F] EN ORBITE[F]
position[F] en mode[M] solaire
éparation[F] avant éclipse[F]
déploiement[M] du réflecteur[M] est
passage[M] en apogée[M]
stade[M] final de déploiement[M]
passage[M] en éclipse[F]
séparation[F] lanceur[M]/satellite[M]
déploiement[M] du panneau[M] solaire
manœuvres[F] d'apogée[M]

COMMUNICATION[F] PAR TÉLÉPHONE[M]

RÉPONDEUR[M] TÉLÉPHONIQUE

cassette[F] messages[M]
voyant[M] de réception[F] de messages[M]
voyant[M] de mise[F] en circ
cassette[F] annonce[F]
voyant[M] de réponse[F] automatique
bouton[M] de mise[F] en circuit[M]
écoute[F]
haut-parleur[M]
avance[F] rapide
microphone[M]
enregistrement[M]
arrêt[M]
mise[F] en marche[F]
rebobinage[M]
commande[F] de volume[M]
effacement[M]

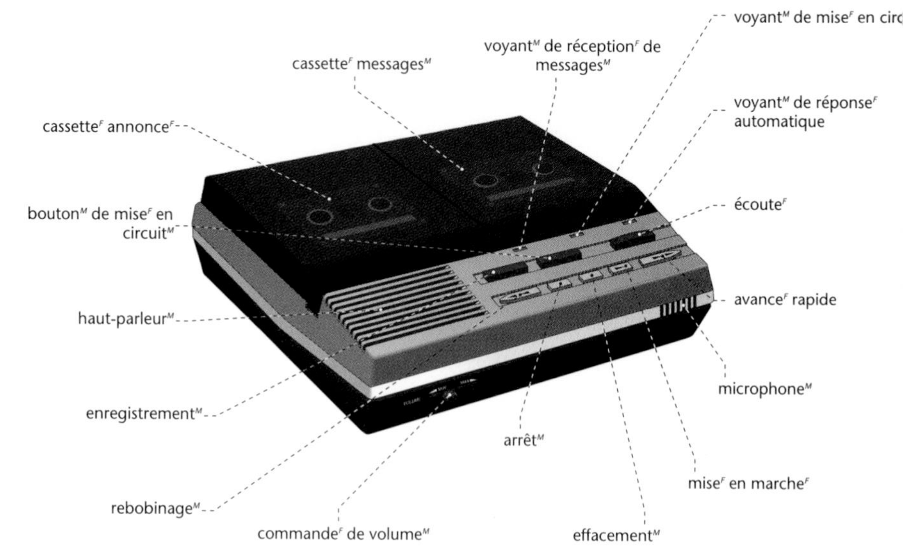

POSTE[M] TÉLÉPHONIQUE

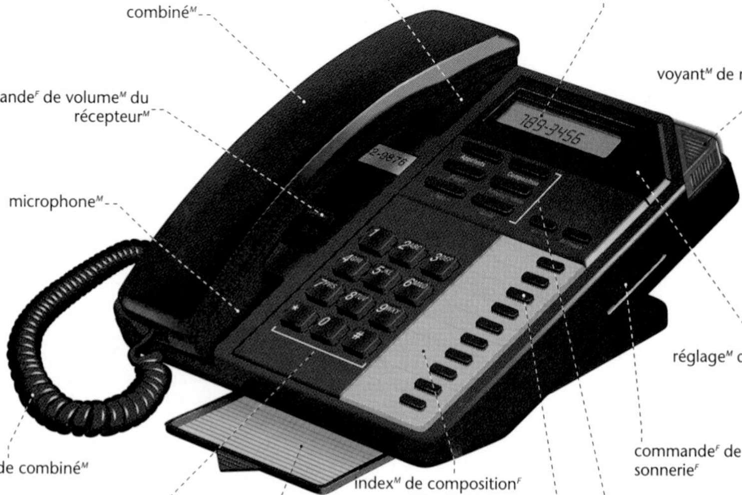

récepteur[M]
afficheur[M]
combiné[M]
voyant[M] de mise[F] en circu
commande[F] de volume[M] du récepteur[M]
2-9876
789-3456
microphone[M]
réglage[M] de l'afficheur
cordon[M] de combiné[M]
commande[F] de volume[M] de sonnerie[F]
index[M] de composition[F] automatique
sélecteurs[M] de fonctions[F]
clavier[M]
répertoire[M] téléphonique
commande[F] mémoire[F]

TÉLEX[M]

terminal[M]

écran[M] d'affichage[M]
expédition[F]/réception[F] des messages[M]

imprimante[F]

impression[F] des messages[M]

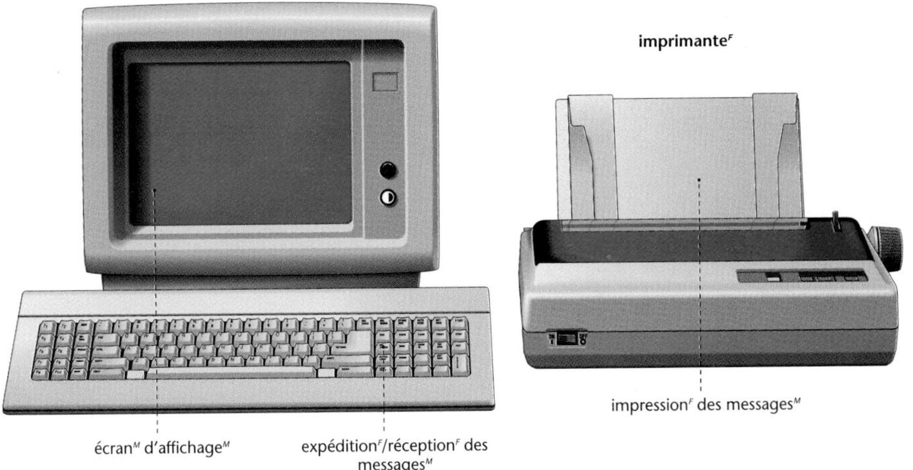

TÉLÉCOPIEUR[M]

écran[M] d'affichage[M]
mise[F] en marche[F]
sortie[F] des originaux[M]
réception[F] des messages[M]
entrée[F] des originaux[M]
guide-papier[M]
panneau[M] de fonctions[F]
touche[F] de correction[F]
panneau[M] de commande[F]
touche[F] de composition[F] automatique

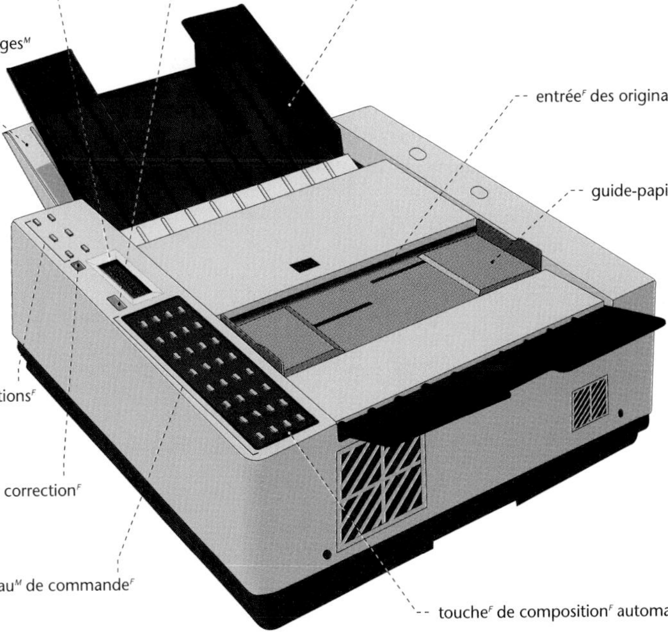

COMMUNICATION[F] PAR TÉLÉPHONE[M]

TYPES[M] DE POSTES[M] TÉLÉPHONIQUES

TERMINAL[M] DE TÉLÉCOMMUNICATION[F]

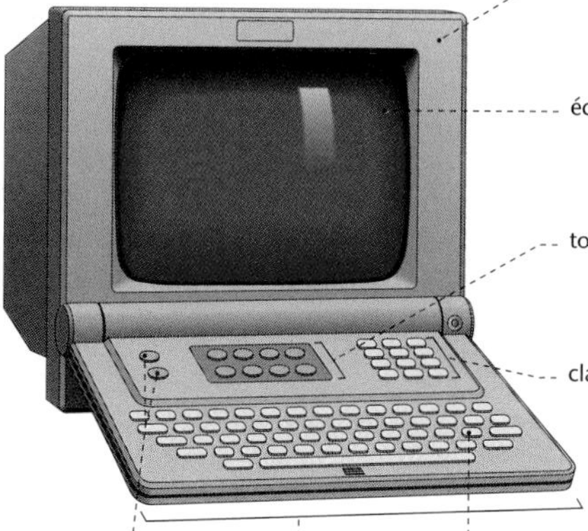

boîtier[M]

écran[M]

touches[F] de fonctions[F]

clavier[M] numérique

touches[F] de commande[F]

clavier[M] alphanumérique

clavier[M]

poste[M] sans cordon[M]

pupitre[M] dirigeur

téléphone[M] cellulaire portatif

poste[M] à clavier[M]

TÉLÉPHONE[M] PUBLIC

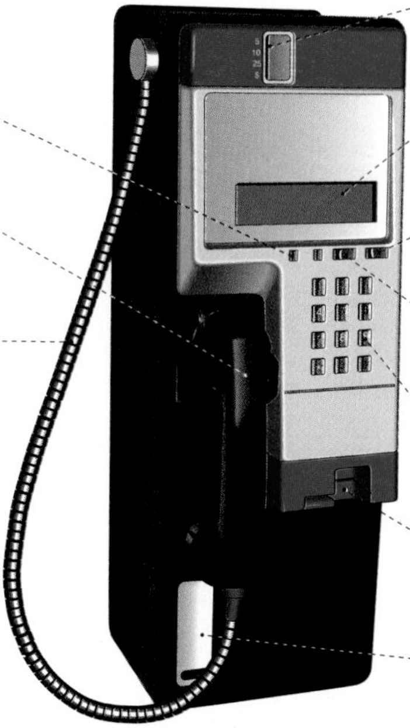

fente[F] à monnaie[F]

écran[M]

contrôle[M] du volume[M]

appel[M] suivant

combiné[M]

choix[M] de la langue[F] d'affichage[M]

cordon[M] à gaine[F] métallique

clavier[M]

lecteur[M] de carte[F]

sébile[F] de remboursement[M]

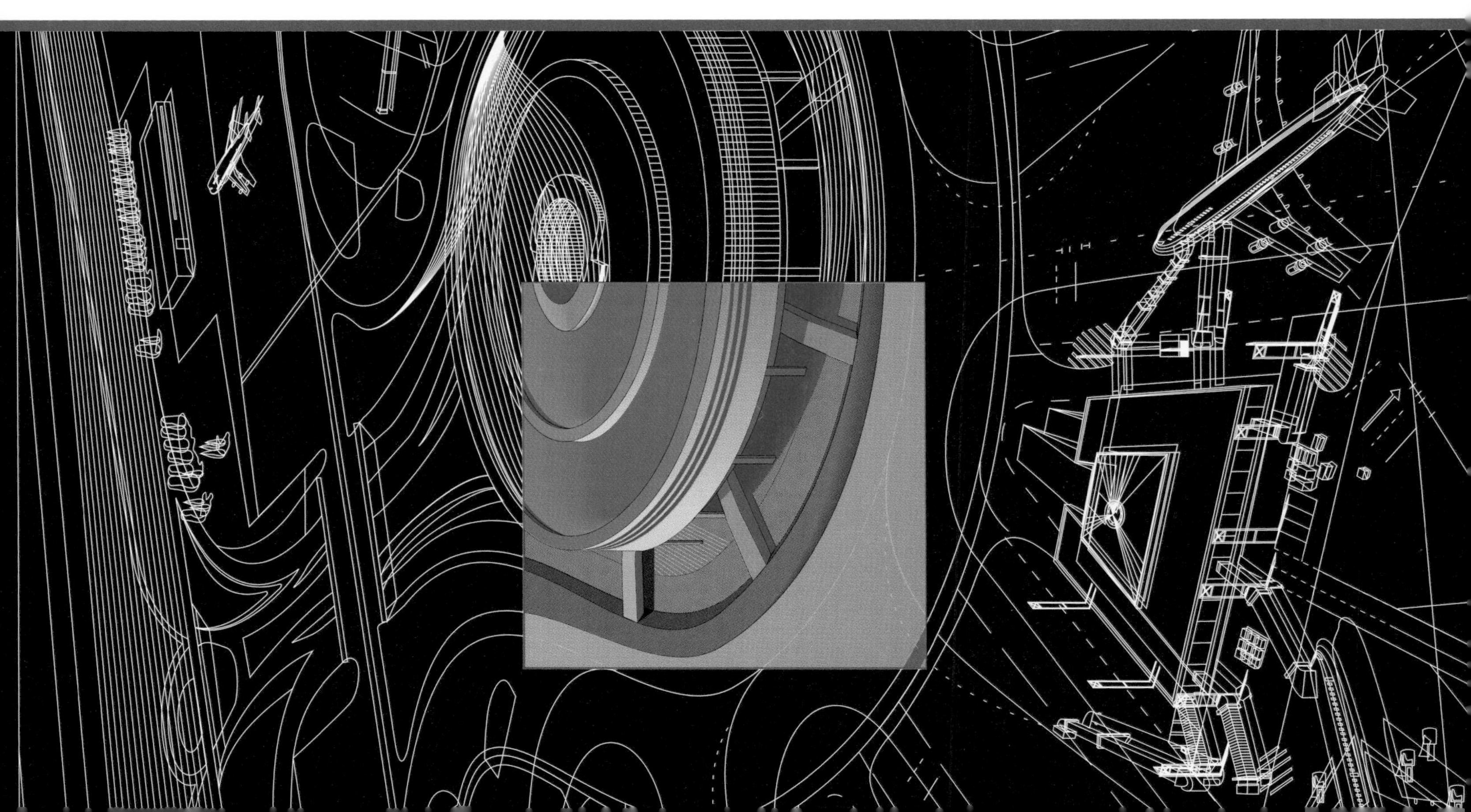

SOMMAIRE

TRANSPORT ROUTIER

AUTOMOBILE 425
CAMIONNAGE 440
MOTO 442
MOTONEIGE 445
BICYCLETTE 446
CARAVANE 449
SYSTÈME ROUTIER 450
STATION-SERVICE 453
PONTS FIXES 454
PONTS MOBILES 457

TRANSPORT FERROVIAIRE

TRAIN À GRANDE VITESSE (T.G.V.) 458
TYPES DE VOITURES 460
GARE DE VOYAGEURS 462
GARE 464
GARE DE TRIAGE 465
VOIE FERRÉE 466
LOCOMOTIVE DIESEL-ÉLECTRIQUE 468
WAGON 470
TYPES DE WAGONS 472

TRANSPORT PAR MÉTRO

CHEMIN DE FER MÉTROPOLITAIN 474

TRANSPORT MARITIME

QUATRE-MÂTS BARQUE 478
TYPES DE VOILES 482
TYPES DE GRÉEMENTS 482
ANCRE 483
APPAREILS DE NAVIGATION 484
SIGNALISATION MARITIME 486
SYSTÈME DE BALISAGE MARITIME 488
PORT MARITIME 490
ÉCLUSE 492
AÉROGLISSEUR 492
TRANSBORDEUR 494
CARGO PORTE-CONTENEURS 494
HYDROPTÈRE 495
PAQUEBOT 496

TRANSPORT AÉRIEN

AVION LONG-COURRIER 498
TYPES D'EMPENNAGES 498
TYPES DE VOILURES 499
POSTE DE PILOTAGE 500
TURBORÉACTEUR À DOUBLE FLUX 501
AÉROPORT 502
HÉLICOPTÈRE 508

TRANSPORT SPATIAL

FUSÉE 509
NAVETTE SPATIALE 510
SCAPHANDRE SPATIAL 512

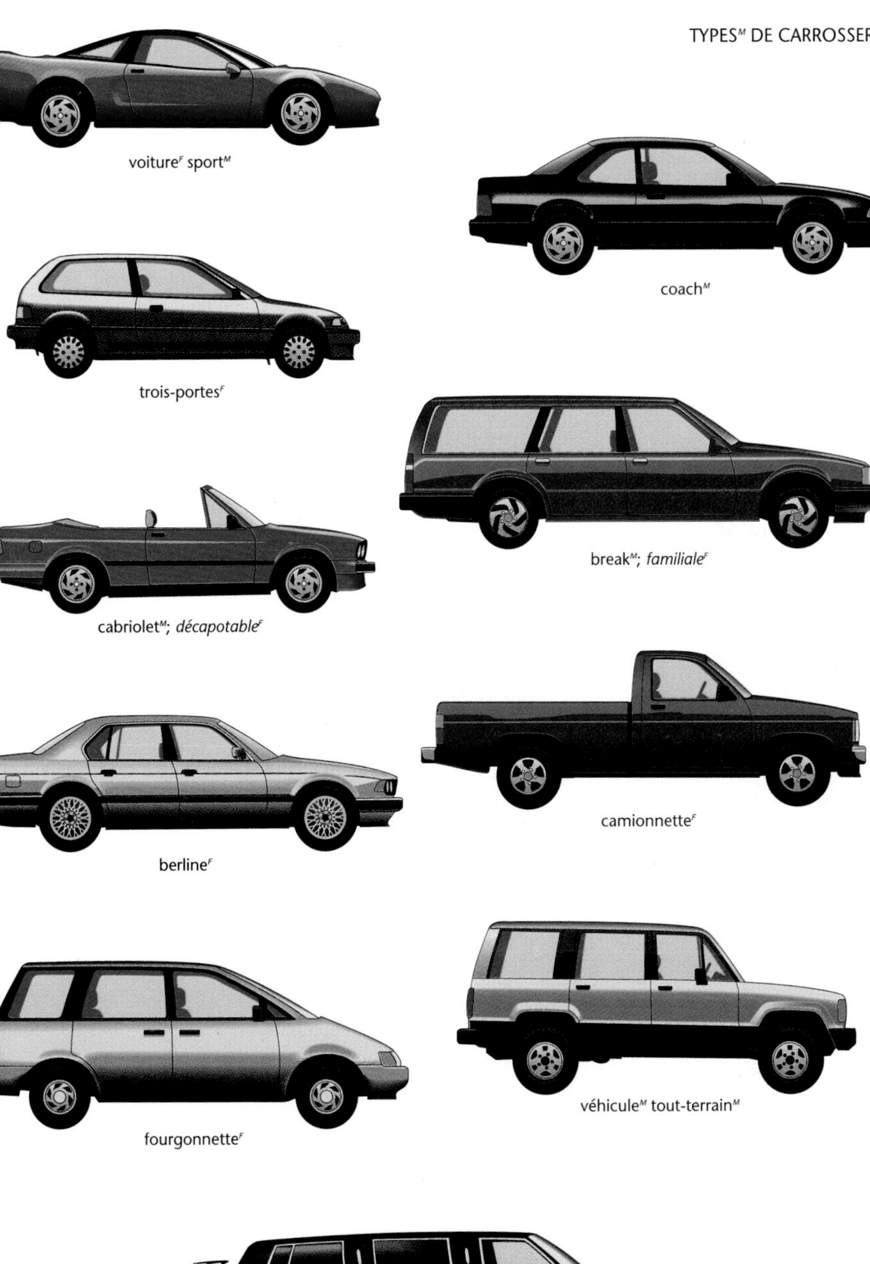
TYPES[M] DE CARROSSERIES[F]
voiture[F] sport[M]
coach[M]
trois-portes[F]
break[M]; *familiale*[F]
cabriolet[M]; *décapotable*[F]
camionnette[F]
berline[F]
véhicule[M] tout-terrain[M]
fourgonnette[F]
limousine[F]

CARROSSERIE^F

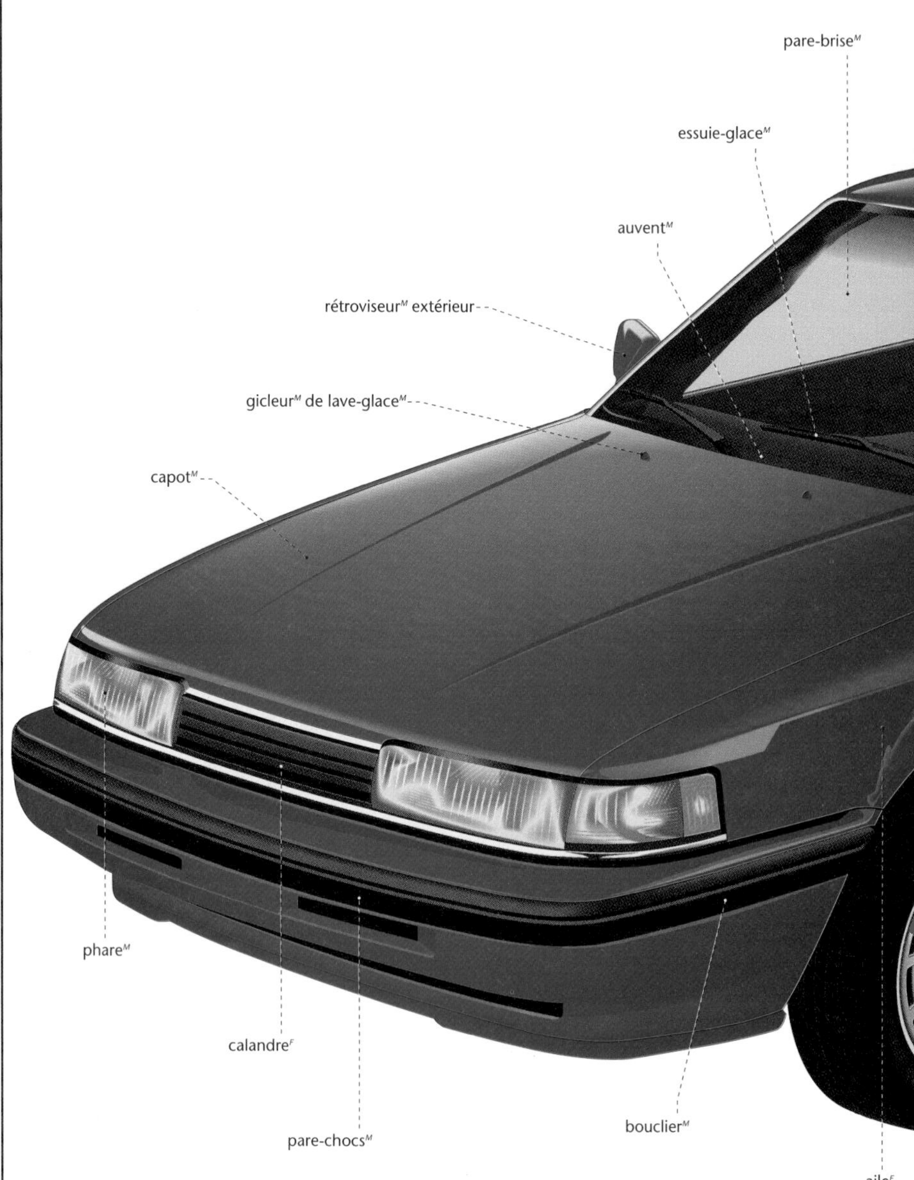

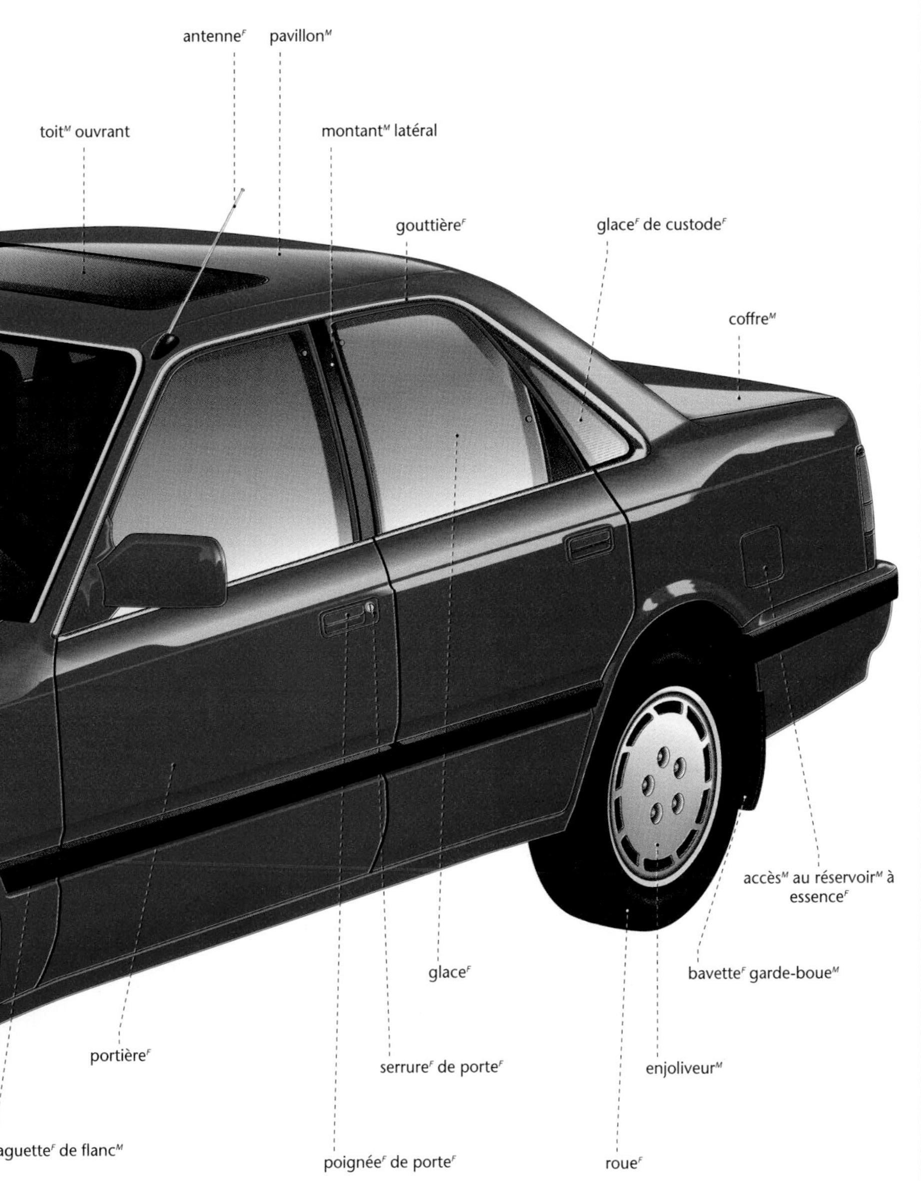
antenneF
pavillonM
toitM ouvrant
montantM latéral
gouttièreF
glaceF de custodeF
coffreM
accèsM au réservoirM à essenceF
glaceF
bavetteF garde-boueM
portièreF
serrureF de porteF
enjoliveurM
aguetteF de flancM
poignéeF de porteF
roueF

SIÈGE[M]-BAQUET[M]

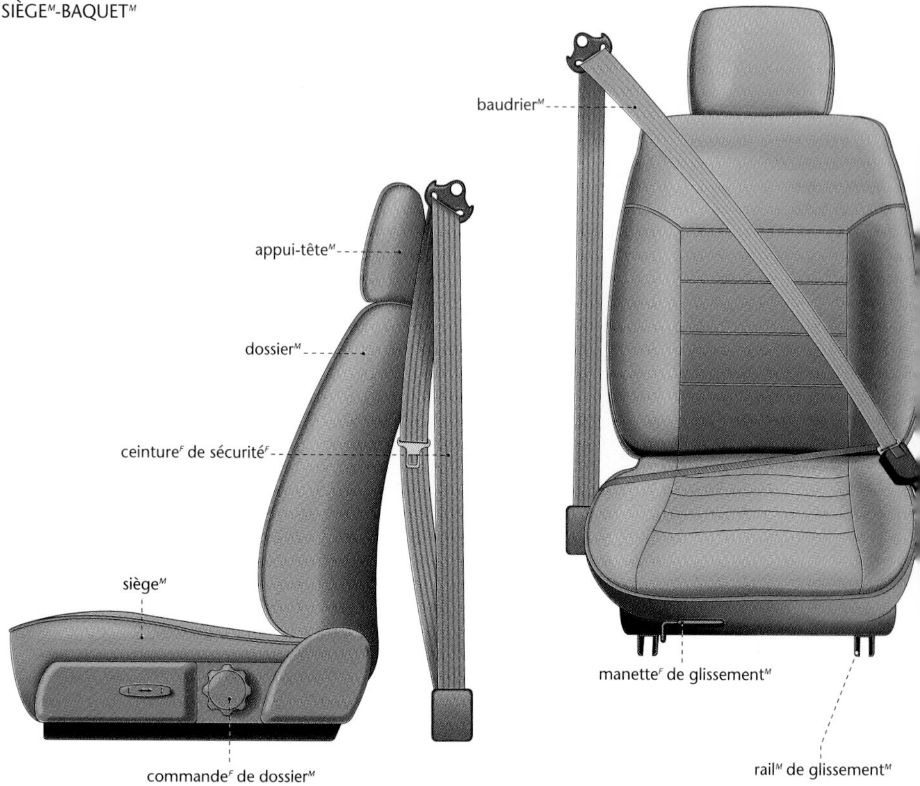
baudrier[M]
appui-tête[M]
dossier[M]
ceinture[F] de sécurité[F]
siège[M]
commande[F] de dossier[M]
manette[F] de glissement[M]
rail[M] de glissement[M]

BANQUETTE[F] ARRIÈRE

appui-bras[M]
sangle[F]
boucle[F]
banquette[F]

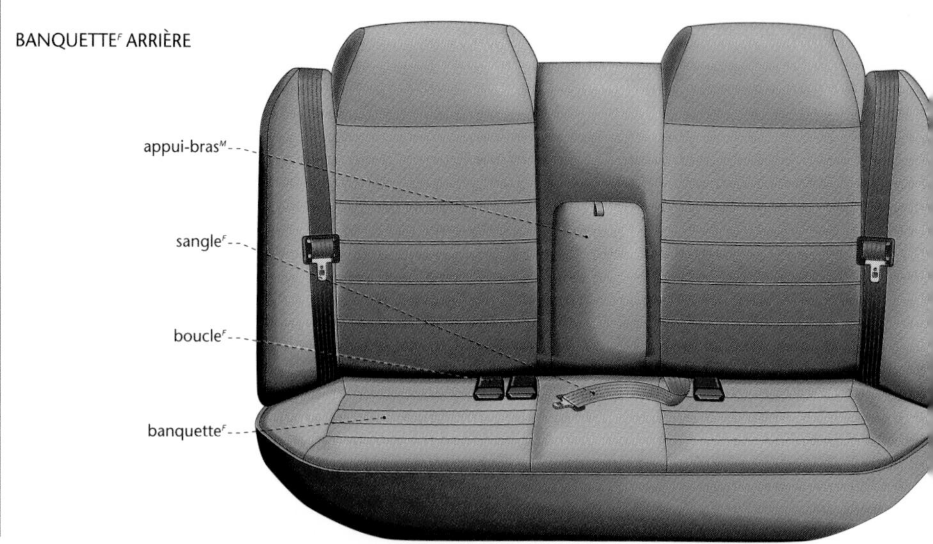

PORTIÈRE[F]

poignée[F] intérieure
glace[F]
poignée[F] de maintien[M]
appui-bras[M]
mande[F] du rétroviseur[M]
bouton[M] de verrouillage[M]
anivelle[F] de lève-glace[M]
serrure[F]
vide-poches[M]
panneau[M] de garnissage[M]
charnière[F]
caisson[M] de porte[F]

FEUX[M]

ux[M] avant

feux[M] de route[F]
feux[M] clignotants
feux[M] de croisement[M]
feux[M] de gabarit[M]
feux[M] de brouillard[M]

ux[M] arrière

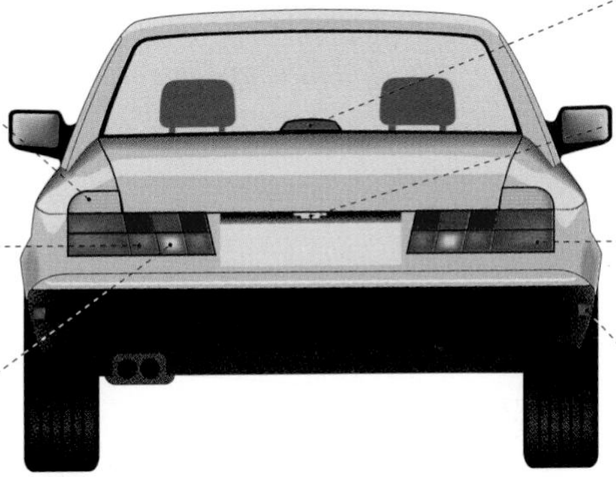
feu[M] stop[M]
feux[M] clignotants
feu[M] de plaque[F]
feux[M] stop[M]
feux[M] rouges arrière
feux[M] de recul[M]
feux[M] de gabarit[M]

TABLEAU[M] DE BORD[M]

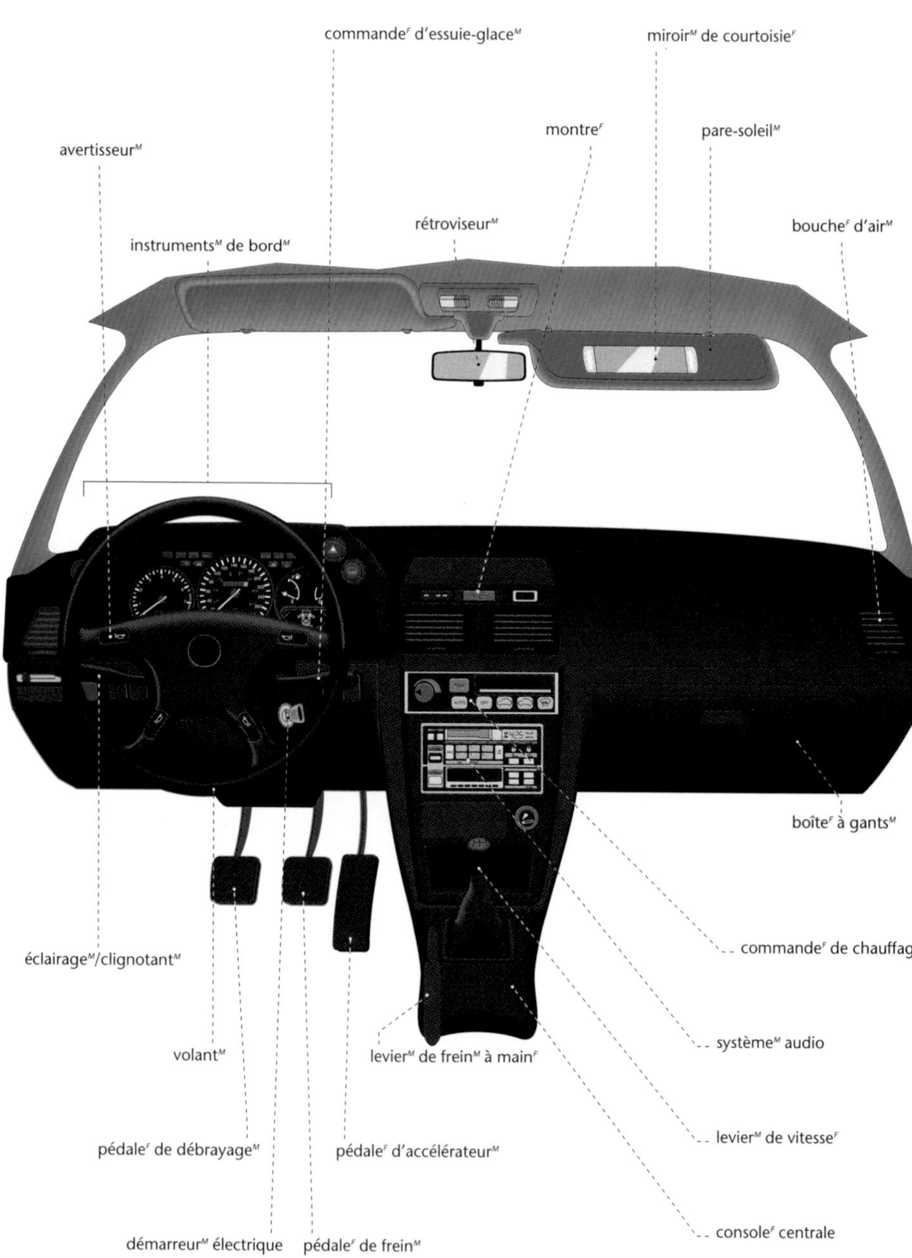

INSTRUMENTS^{M} DE BORD^{M}

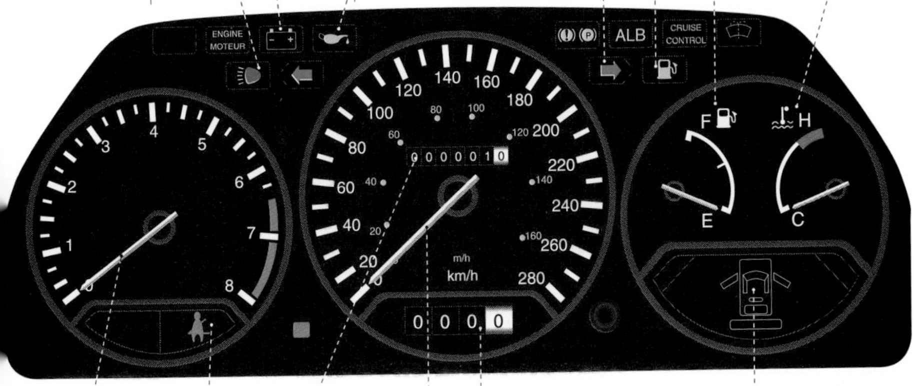

témoin^{M} de charge^{F}
témoin^{M} des feux^{M} de route^{F}
témoin^{M} de niveau^{M} d'huile^{F}
témoin^{M} de bas niveau^{M} de carburant^{M}
indicateur^{M} de niveau^{M} de carburant^{M}
lampes^{F} témoins^{M}
témoin^{M} de clignotants^{M}
indicateur^{M} de température^{F}
ENGINE
MOTEUR
ALB
CRUISE
CONTROL
compte-tours^{M}
compteur^{M} kilométrique
totalisateur^{M} journalier
témoin^{M} d'ouverture^{F} de porte^{F}
témoin^{M} de ceinture^{F} de sécurité^{F}
indicateur^{M} de vitesse^{F}

ESSUIE-GLACE^{M}

balai^{M} d'essuie-glace^{M}
articulation^{F}
bras^{M} d'essuie-glace^{M}
lame^{F}
ressort^{M} de tension^{F}
arbre^{M} cannelé

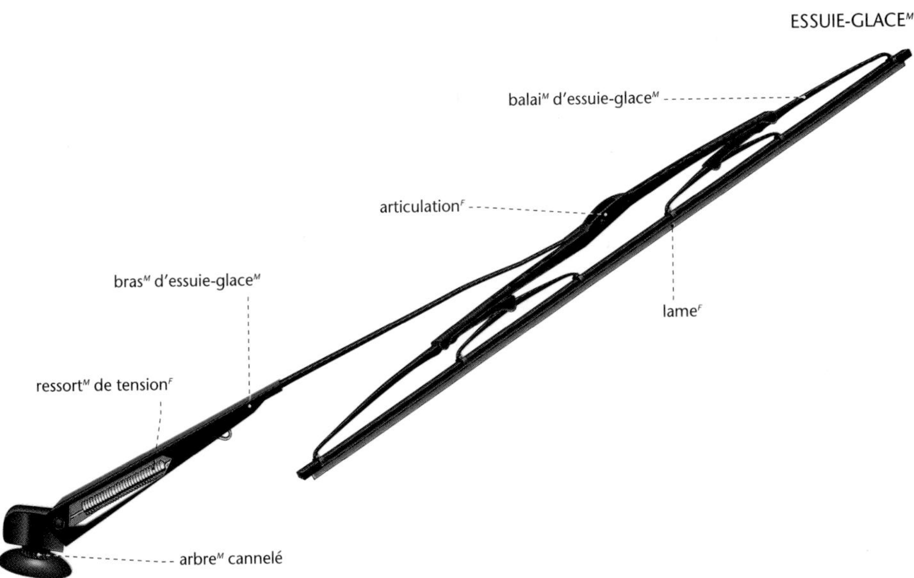

FREIN[M] À DISQUE[M]

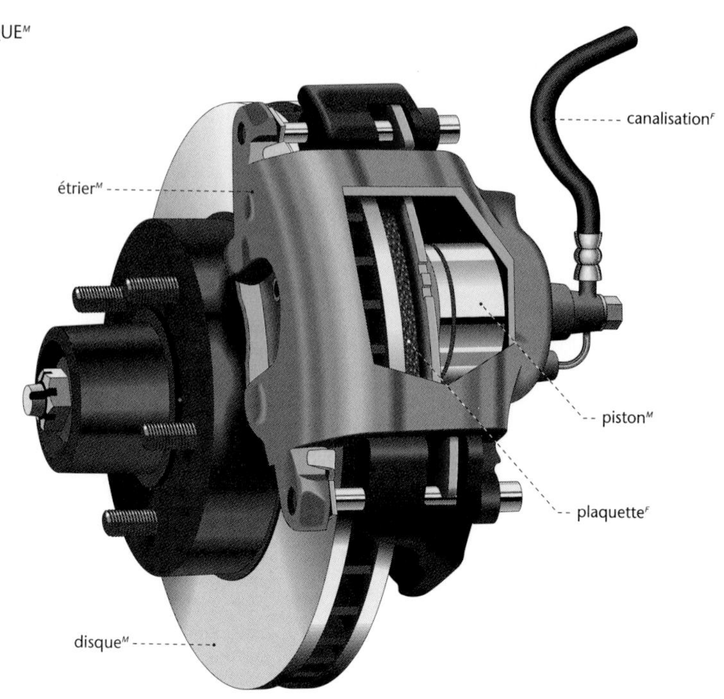

FREIN[M] À TAMBOUR[M]

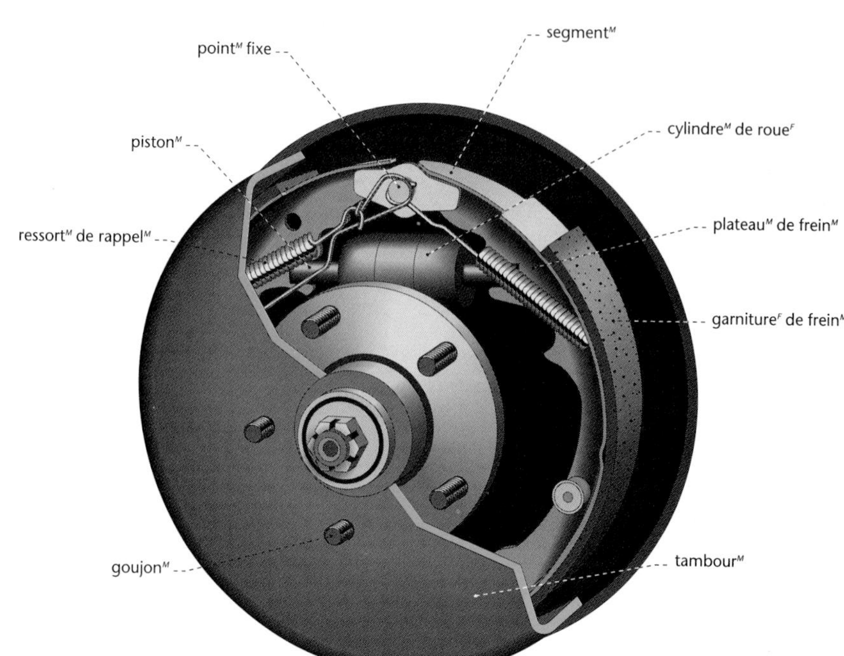

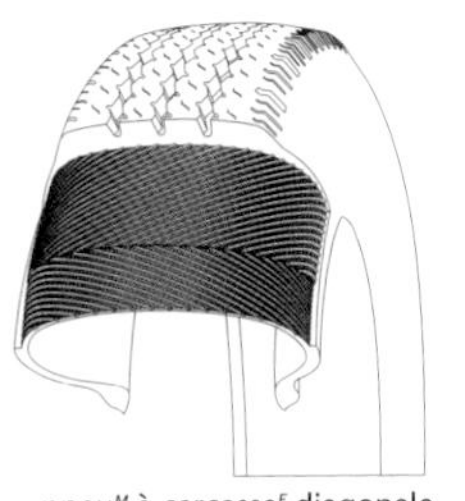
pneu[M] à carcasse[F] diagonale

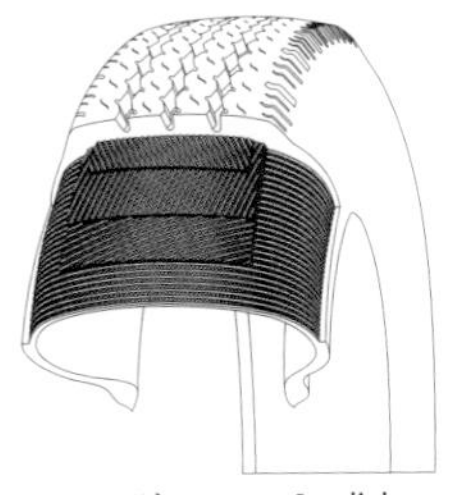
pneu[M] à carcasse[F] radiale

PNEU[M] À CARCASSE[F] RADIALE CEINTURÉE

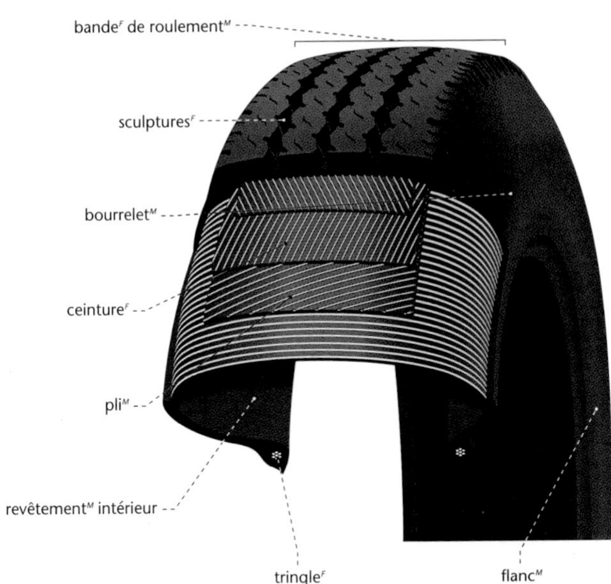

PNEU[M]

ROUE[F]

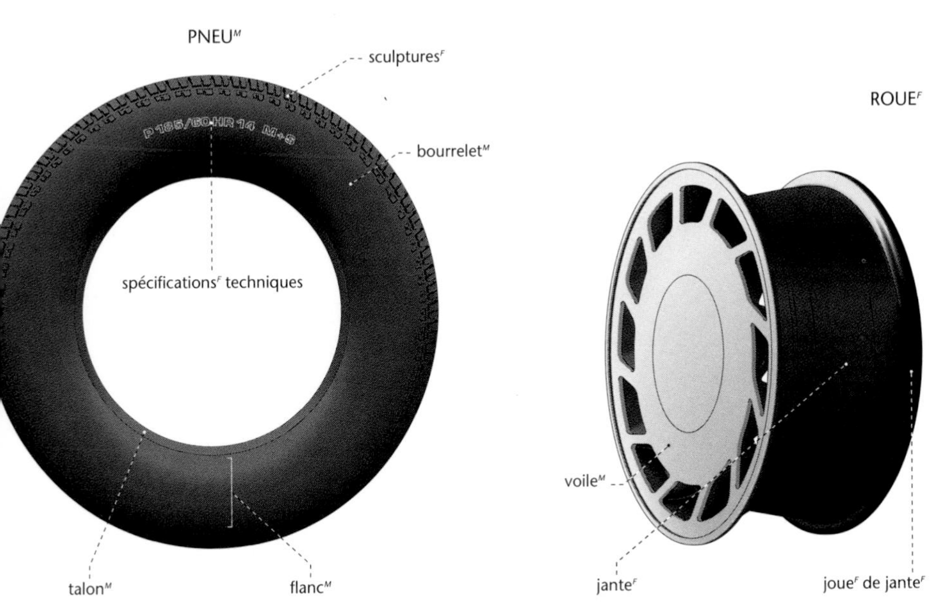

MOTEUR[M] À ESSENCE[F]

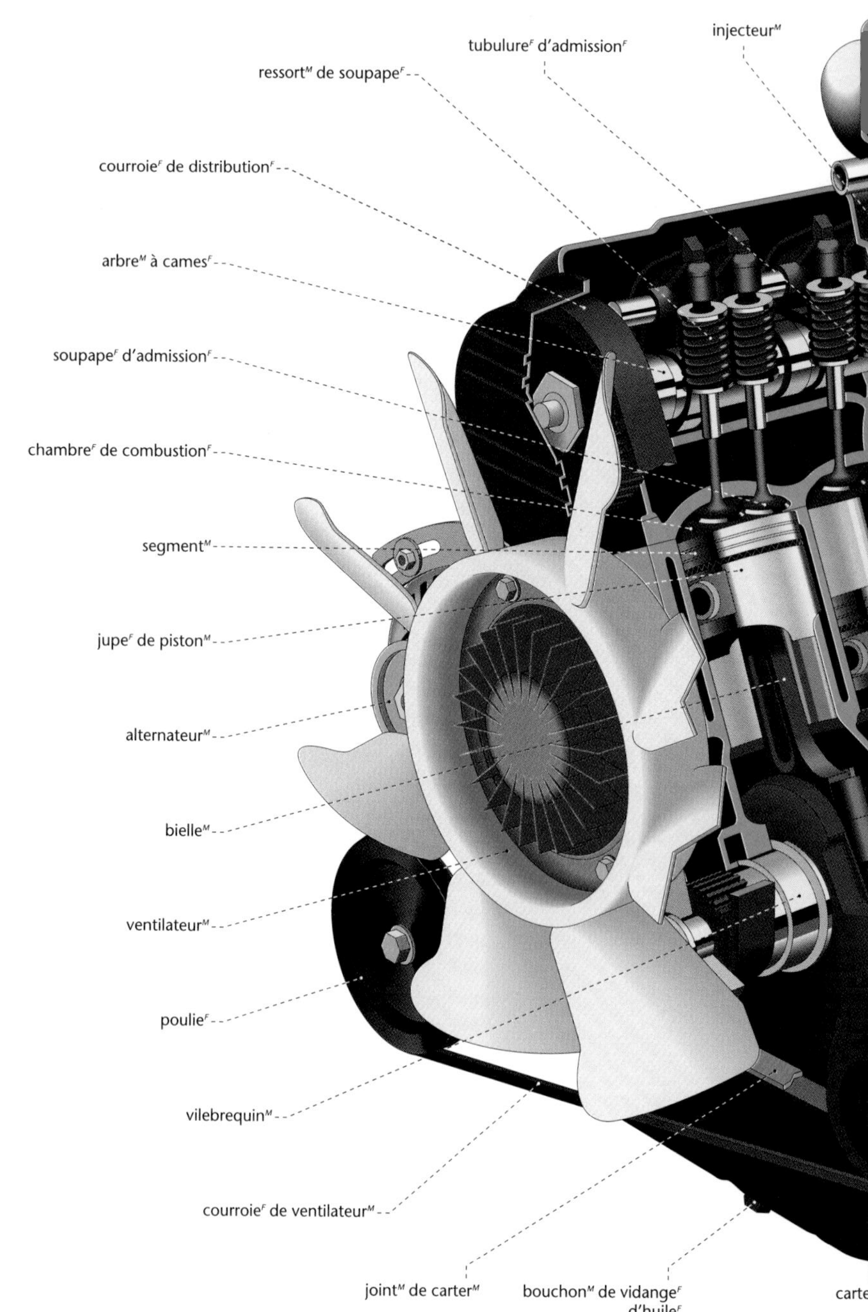

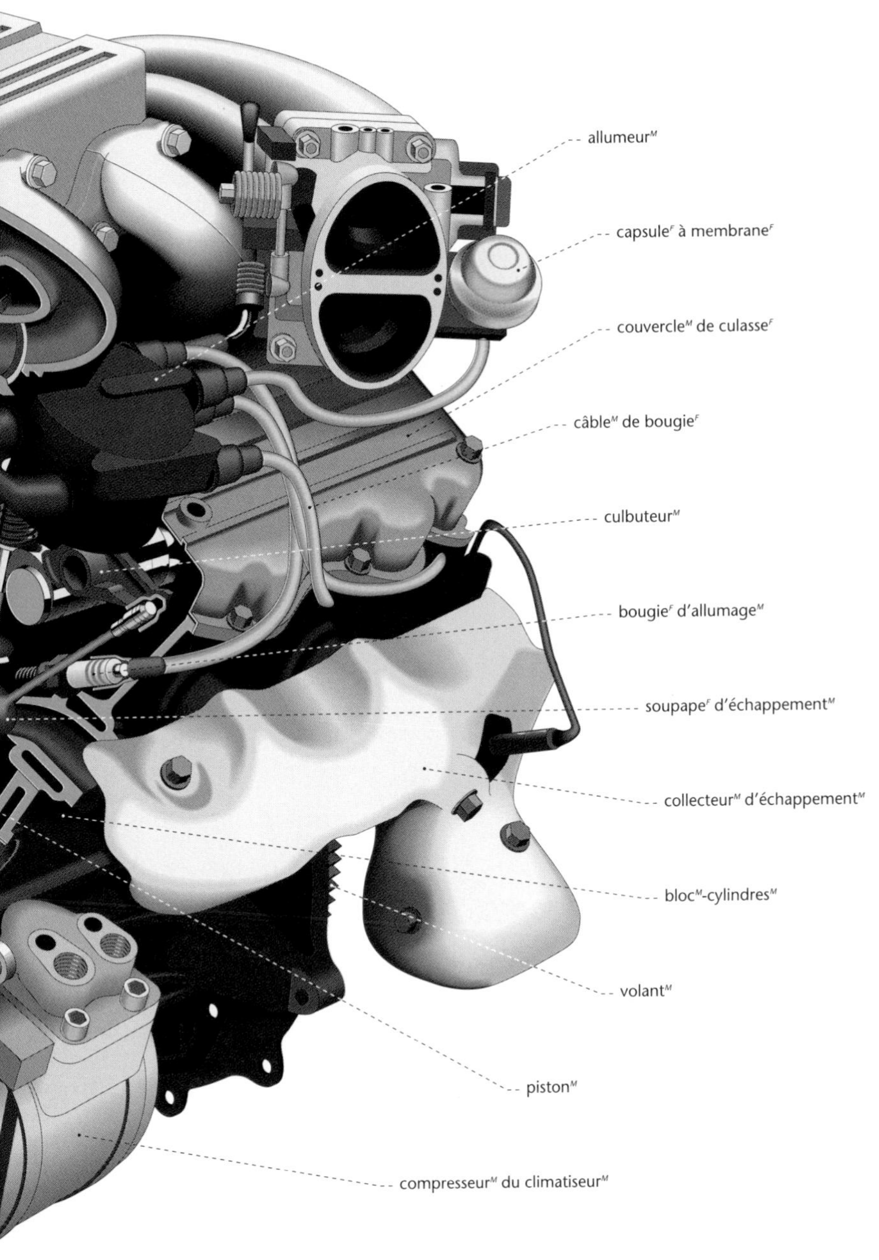
allumeurM
capsuleF à membraneF
couvercleM de culasseF
câbleM de bougieF
culbuteurM
bougieF d'allumageM
soupapeF d'échappementM
collecteurM d'échappementM
blocM-cylindresM
volantM
pistonM
compresseurM du climatiseurM

TYPES[M] DE MOTEURS[M]

MOTEUR[M] À QUATRE TEMPS[M]

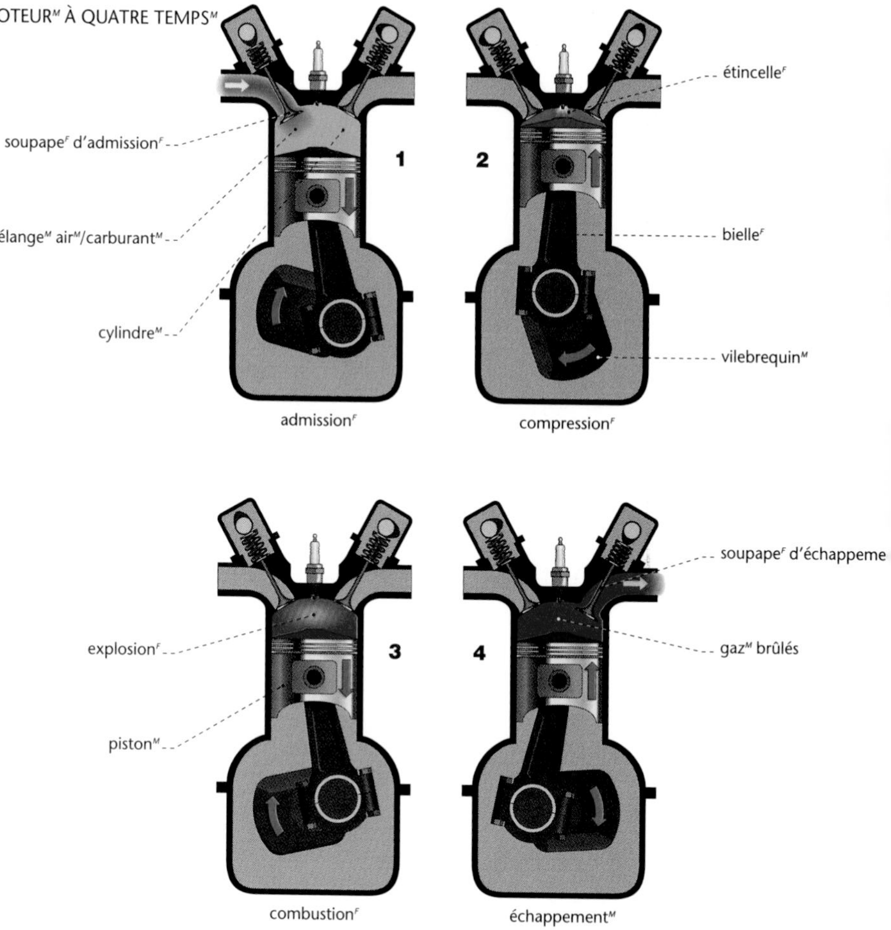

soupape[F] d'admission[F]
mélange[M] air[M]/carburant[M]
cylindre[M]
1
2
étincelle[F]
bielle[F]
vilebrequin[M]
admission[F]
compression[F]
explosion[F]
piston[M]
3
4
soupape[F] d'échappeme
gaz[M] brûlés
combustion[F]
échappement[M]

MOTEUR[M] À DEUX TEMPS[M]

canal[M] d'échappement[M]
canal[M] de transfert[M]
canal[M] d'admission[F]
carter[M]
compression[F]/admission[F]
combustion[F]
échappement[M]

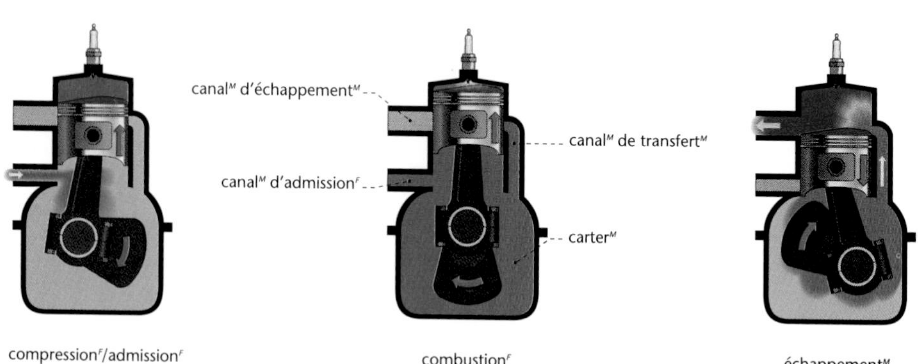

MOTEUR[M] DIESEL

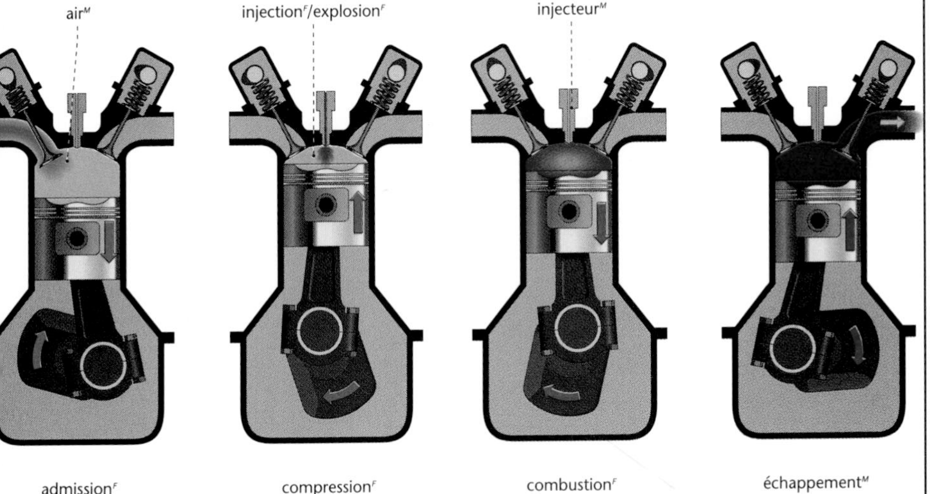

air[M]
injection[F]/explosion[F]
injecteur[M]
admission[F]
compression[F]
combustion[F]
échappement[M]

MOTEUR[M] ROTATIF

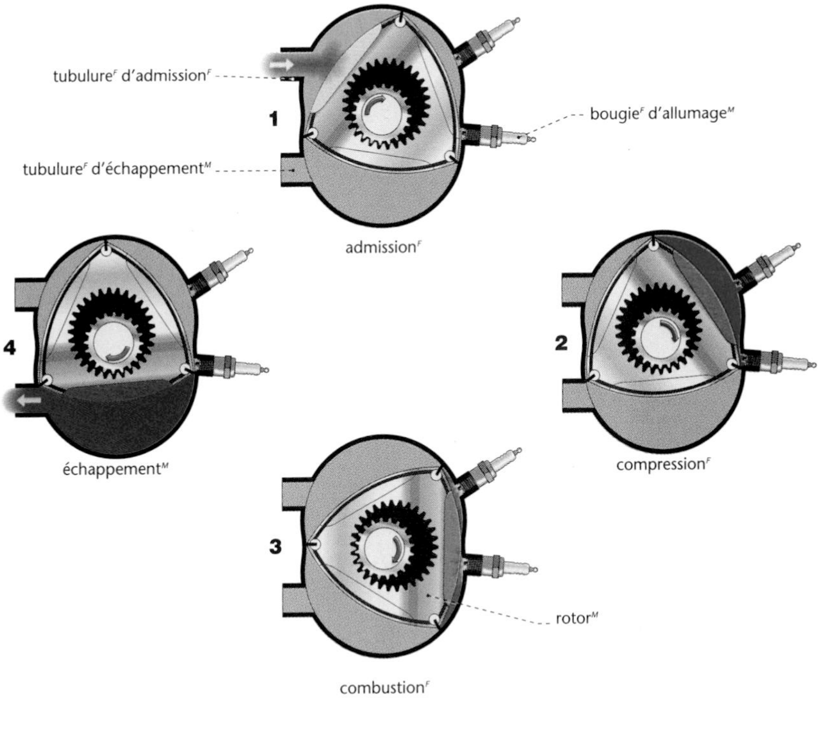

tubulure[F] d'admission[F]
1
bougie[F] d'allumage[M]
tubulure[F] d'échappement[M]
admission[F]
4
2
échappement[M]
compression[F]
3
rotor[M]
combustion[F]

RADIATEUR^M

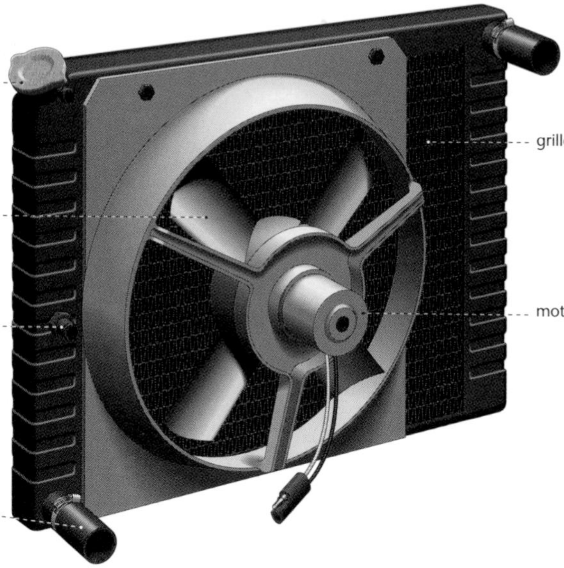
bouchon^M de remplissage^M
grille^F
ventilateur^M
thermocontact^M
moteur^M électrique
durite^F de radiateur^M

MOTEUR^M À TURBOCOMPRESSION^F

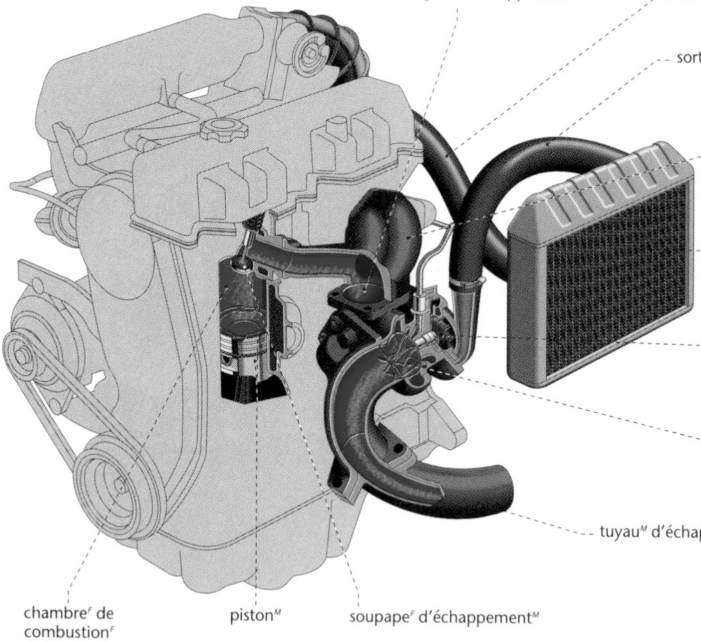
entrée^F des gaz^M d'échappement^M
admission^F d'air^M refroidi
sortie^F d'air^M chaud
collecteur^M d'échappem
refroidisseur^M d'air^M
turbine^F du compresseu
turbine^F d'entraînement
tuyau^M d'échappement^M
chambre^F de combustion^F
piston^M
soupape^F d'échappement^M

BOUGIE[F] D'ALLUMAGE[M]

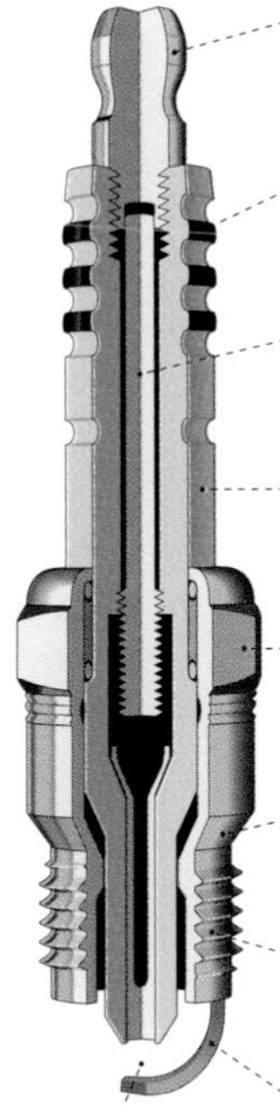

borne[F]
cannelure[F]
électrode[F] centrale
isolateur[M]
écrou[M] hexagonal
joint[M] de bougie[F]
culot[M]
électrode[F] de masse[F]
artement[M] des électrodes[F]

SYSTÈME[M] D'ÉCHAPPEMENT[M]

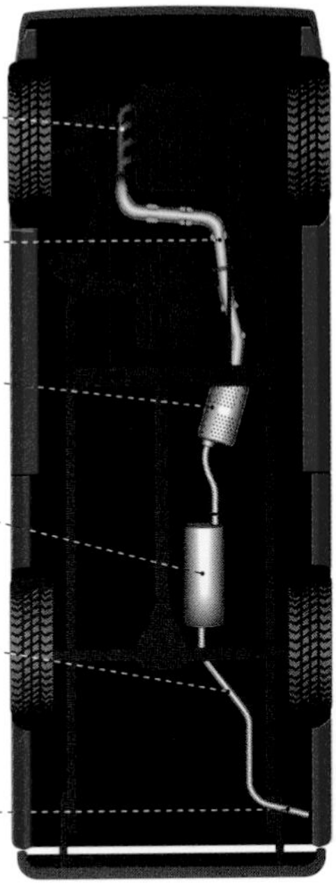

collecteur[M] d'échappement[M]
tuyau[M] d'échappement[M]
convertisseur[M] catalytique
pot[M] d'échappement[M]
tuyau[M] arrière
embout[M]

BATTERIE[F] D'ACCUMULATEURS[M]

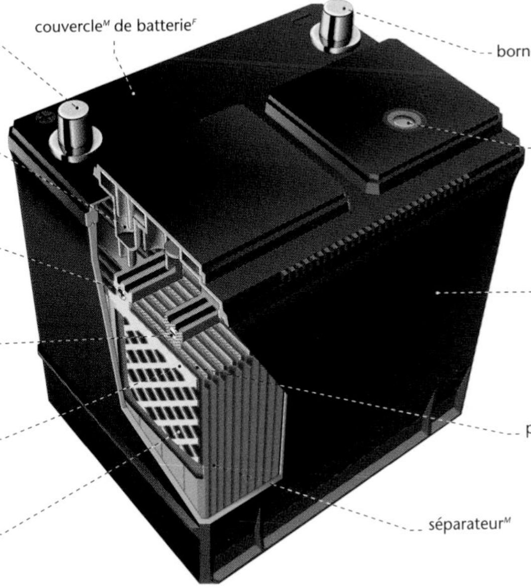

borne[F] positive
couvercle[M] de batterie[F]
borne[F] négative
parateur[M] liquide[M]/gaz[M]
hydromètre[M]
barrette[F] positive
boîtier[M] de batterie[F]
barrette[F] négative
plaque[F] positive
plaque[F] négative
alvéole[F] de plaque[F]
séparateur[M]

CAMIONNAGE[M]

TRACTEUR[M] ROUTIER

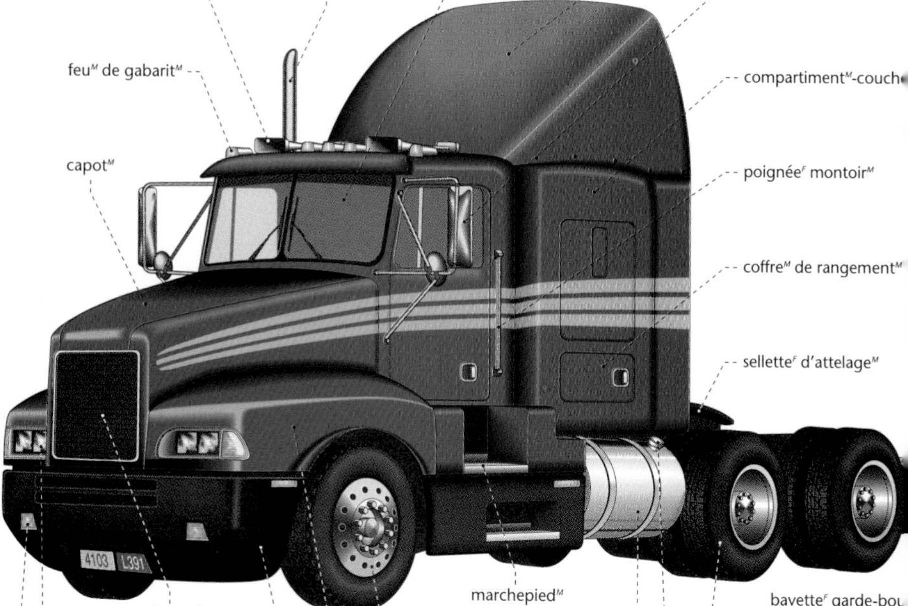

pare-brise[M]
déflecteur[M]
avertisseur[M] pneumatique
cheminée[F] d'échappement[M]
rétroviseur[M]
feu[M] de gabarit[M]
compartiment[M]-couch
capot[M]
poignée[F] montoir[M]
coffre[M] de rangement[M]
sellette[F] d'attelage[M]
marchepied[M]
bavette[F] garde-bou
calandre[F]
roue[F]
pneu[M]
phare[M]
aile[F]
bouchon[M] du réservoir[M]
phare[M] antibrouillard
pare-chocs[M]
réservoir[M] à carburant[M]

TRAIN[M] ROUTIER

tracteur[M]
semi-remorque[F]
remorque[F]

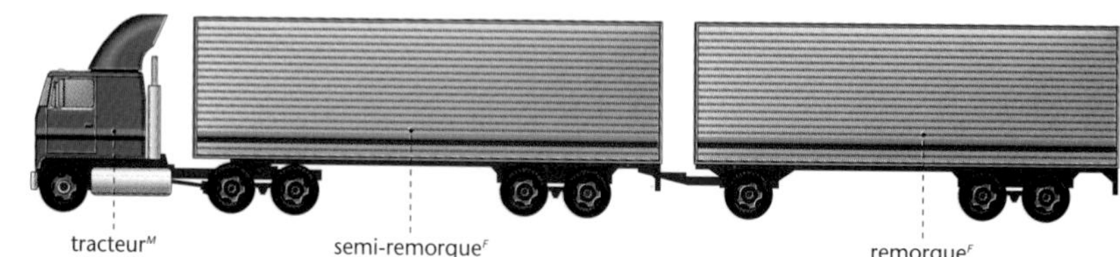

SEMI-REMORQUE^{F}

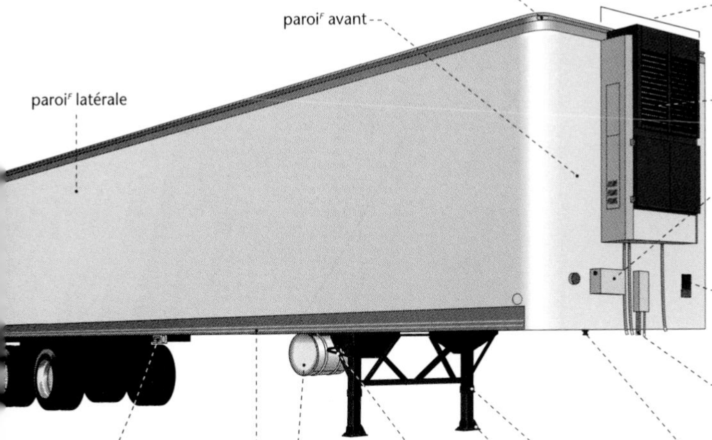

feu^{M} de gabarit^{M}
paroi^{F} avant
groupe^{M} frigorifique
paroi^{F} latérale
volet^{M} d'air^{M}
boîtier^{M} de batterie^{F}
disque^{M} de papier^{M}-diagramme^{M}
accouplement^{M} électrique
réflecteur^{M}
manivelle^{F}
pivot^{M} d'accouplement^{M}
vette^{F} garde-boue^{M}
réservoir^{M} auxiliaire
béquille^{F}
sabot^{M}
longeron^{M}

SEMI-REMORQUE^{F} PLATE-FORME^{F}

gaine^{F} de rancher^{M}
paroi^{F} de bout^{M}
plate-forme^{F}
feu^{M} rouge arrière
clignotant^{M}
bavette^{F} garde-boue^{M}
pare-chocs^{M}
rail^{M} de guidage^{M}
manivelle^{F}
feu^{M} de gabarit^{M}

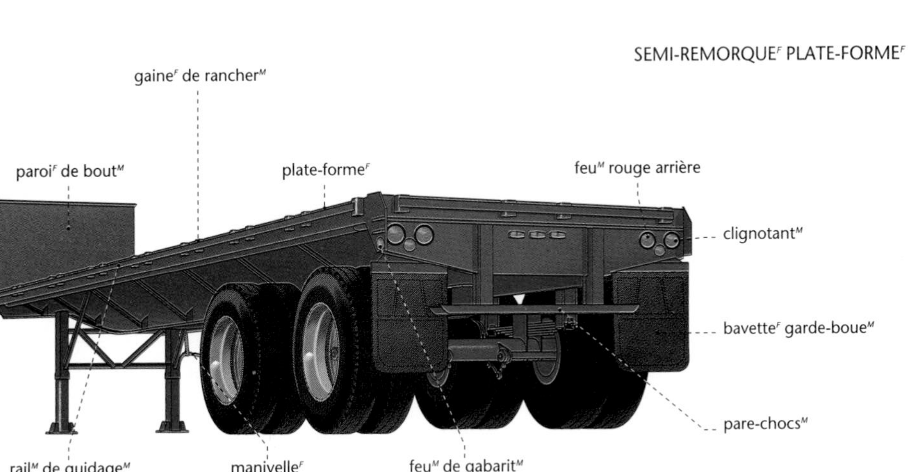

VUE[F] LATÉRALE

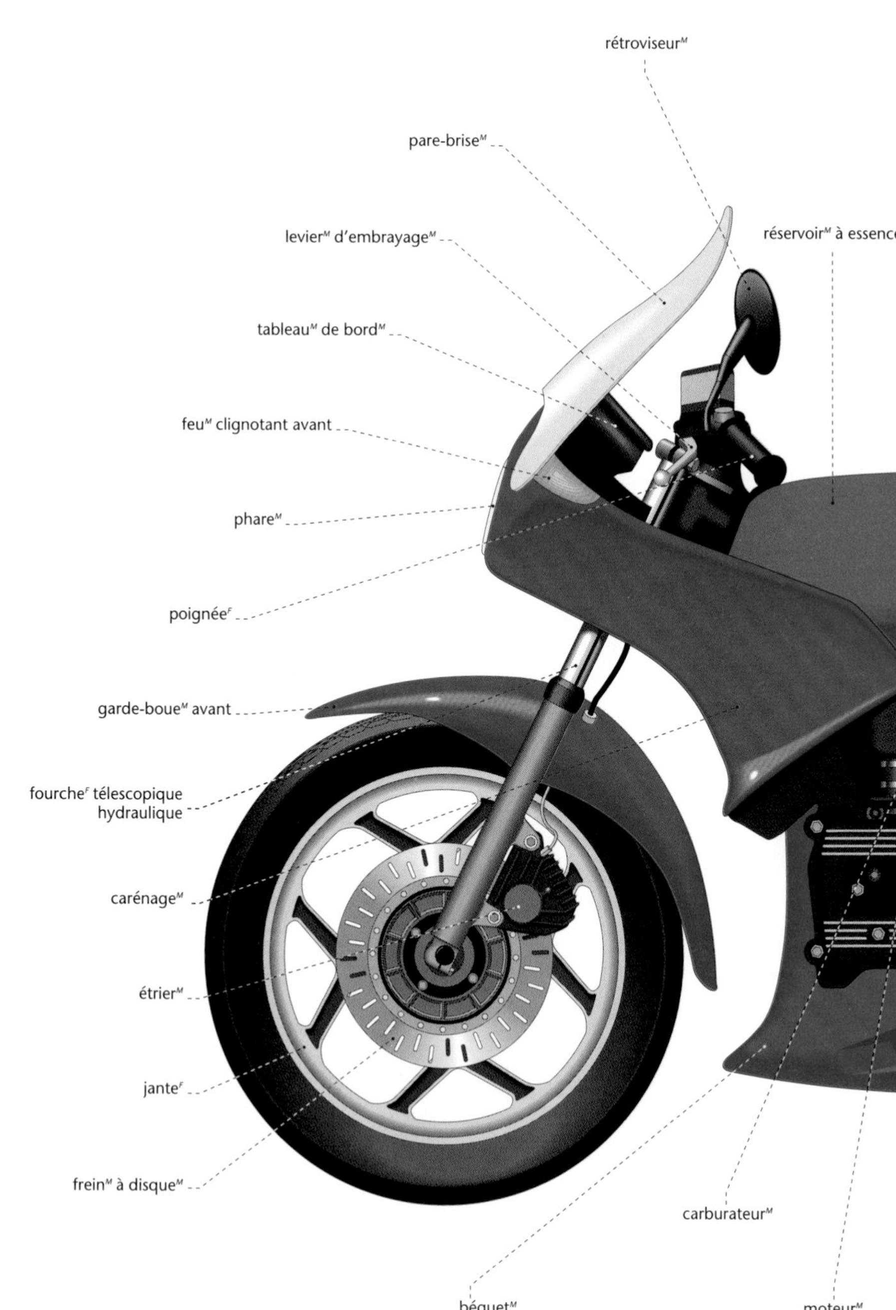

CASQUE[M] DE PROTECTION[F]

coque[F]
visière[F]
charnière[F] de la visière[F]
grille[F] d'entrée[F] d'air[M]
mentonnière[F]

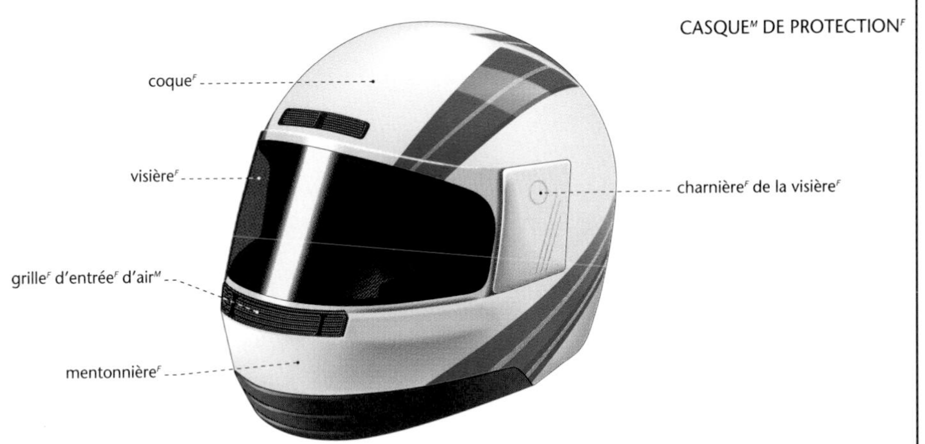

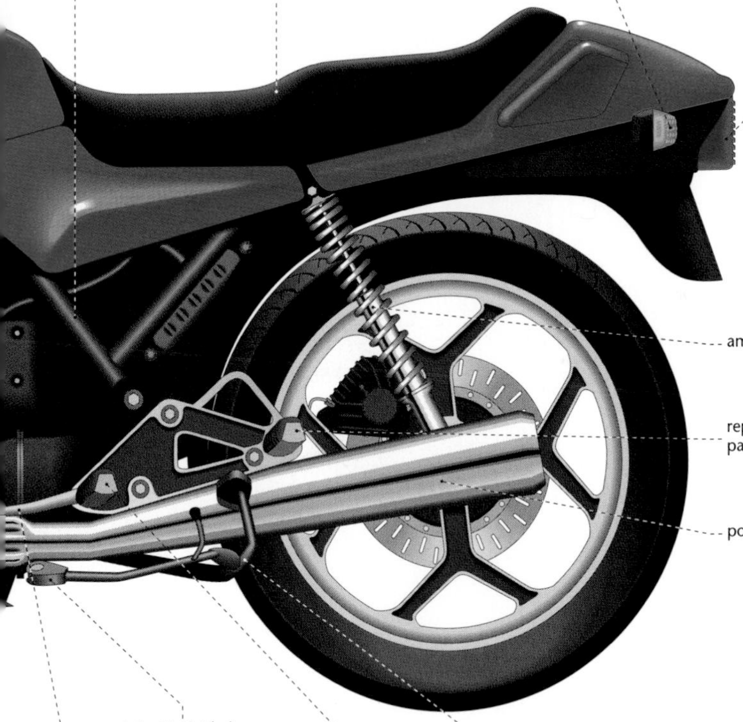

cadre[M]
selle[F] biplace
clignotant[M] arrière
feu[M] arrière
amortisseur[M] arrière
repose-pied[M] du passager[M]
pot[M] d'échappement[M]
béquille[F] latérale
béquille[F] centrale
électeur[M] de vitesses[F]
repose-pied[M] du pilote[M]

MOTO^F

VUE^F EN PLONGÉE^F

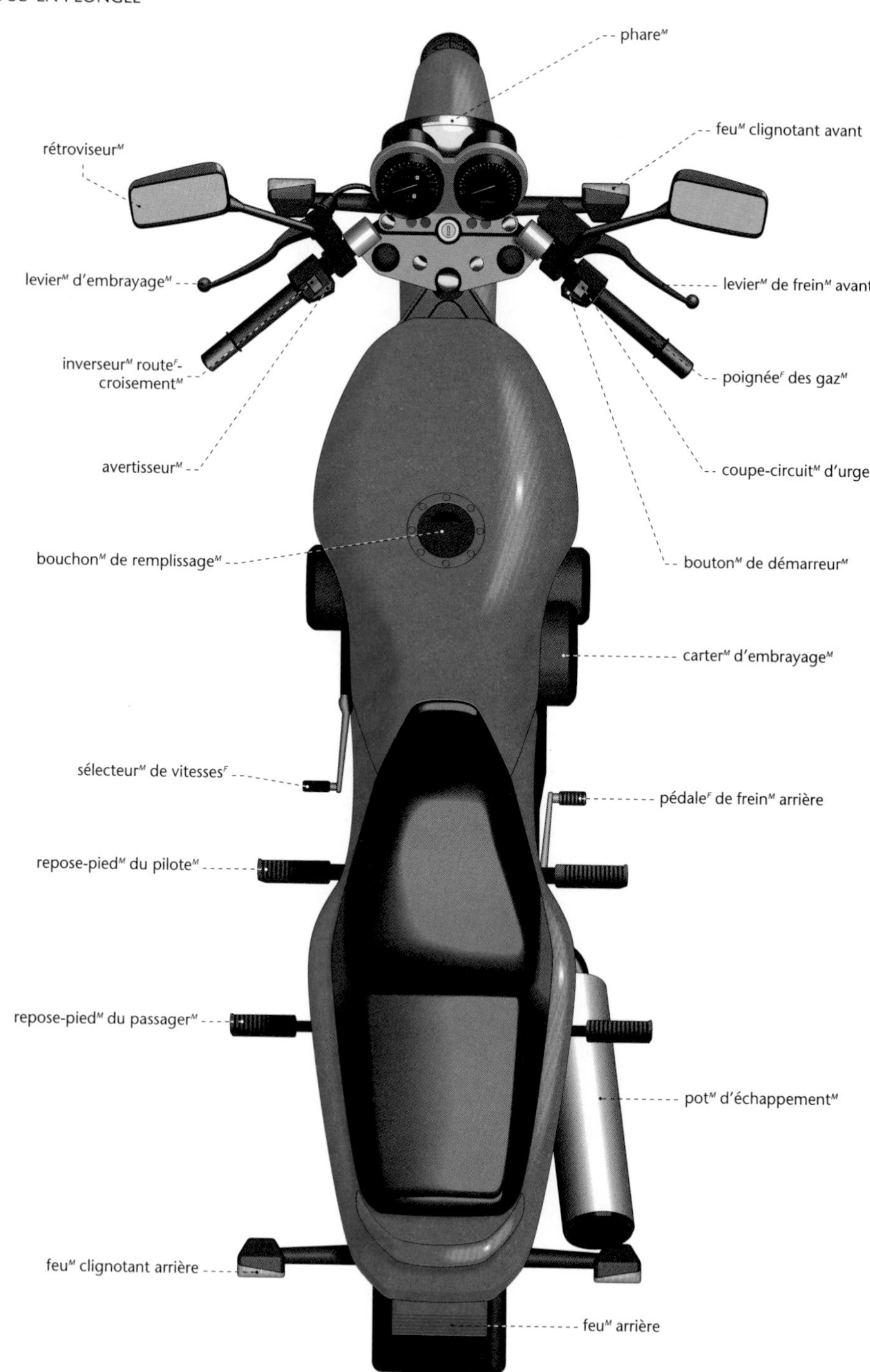

TABLEAU[M] DE BORD[M]

indicateur[M] de vitesse[F]
tachymètre[M]
témoin[M] de pression[F] d'huile[F]
témoin[M] de phare[M]
témoin[M] de position[F] neutre
témoin[M] de clignotants[M]
démarreur[M] électrique

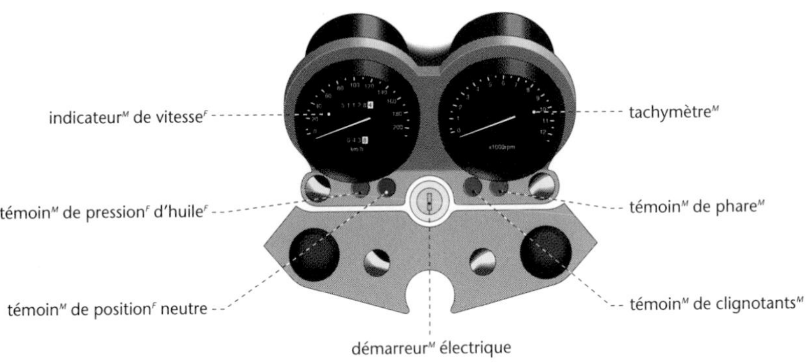

MOTONEIGE[F]

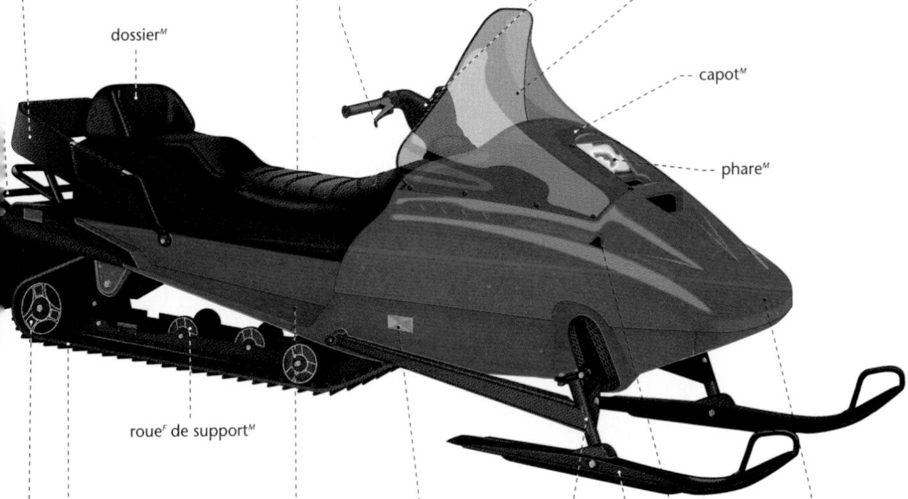

e-chocs[M] arrière
selle[F]
guidon[M]
support[M] à bagages[M]
pare-brise[M]
manette[F] du frein[M]
dossier[M]
capot[M]
phare[M]
roue[F] de support[M]
chenille[F]
catadioptre[M]
coque[F]
roue[F] dentée
marchepied[M]
prise[F] d'air[M]
ette[F] garde-neige[M]
amortisseur[M]
ski[M]

BICYCLETTE[F]

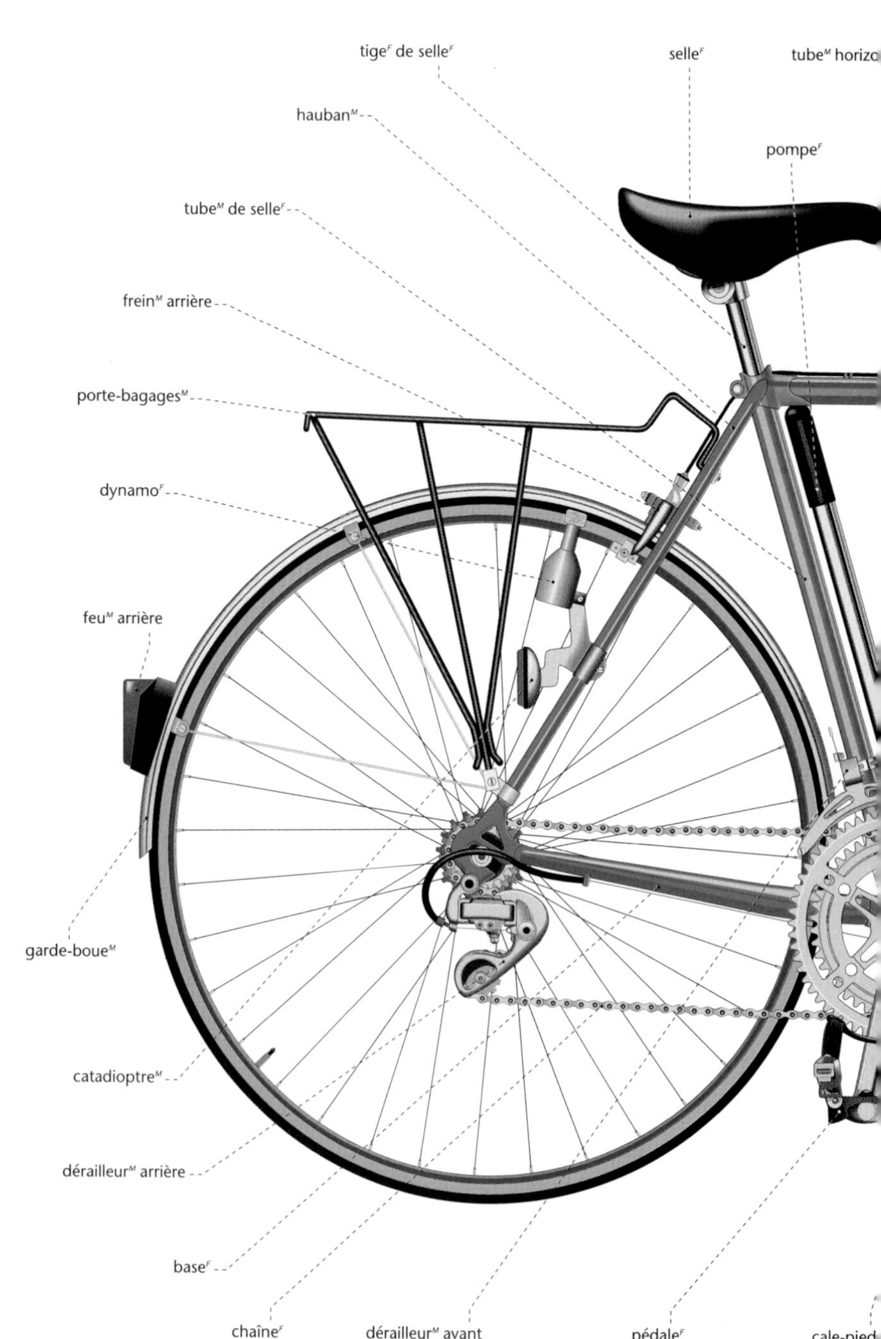

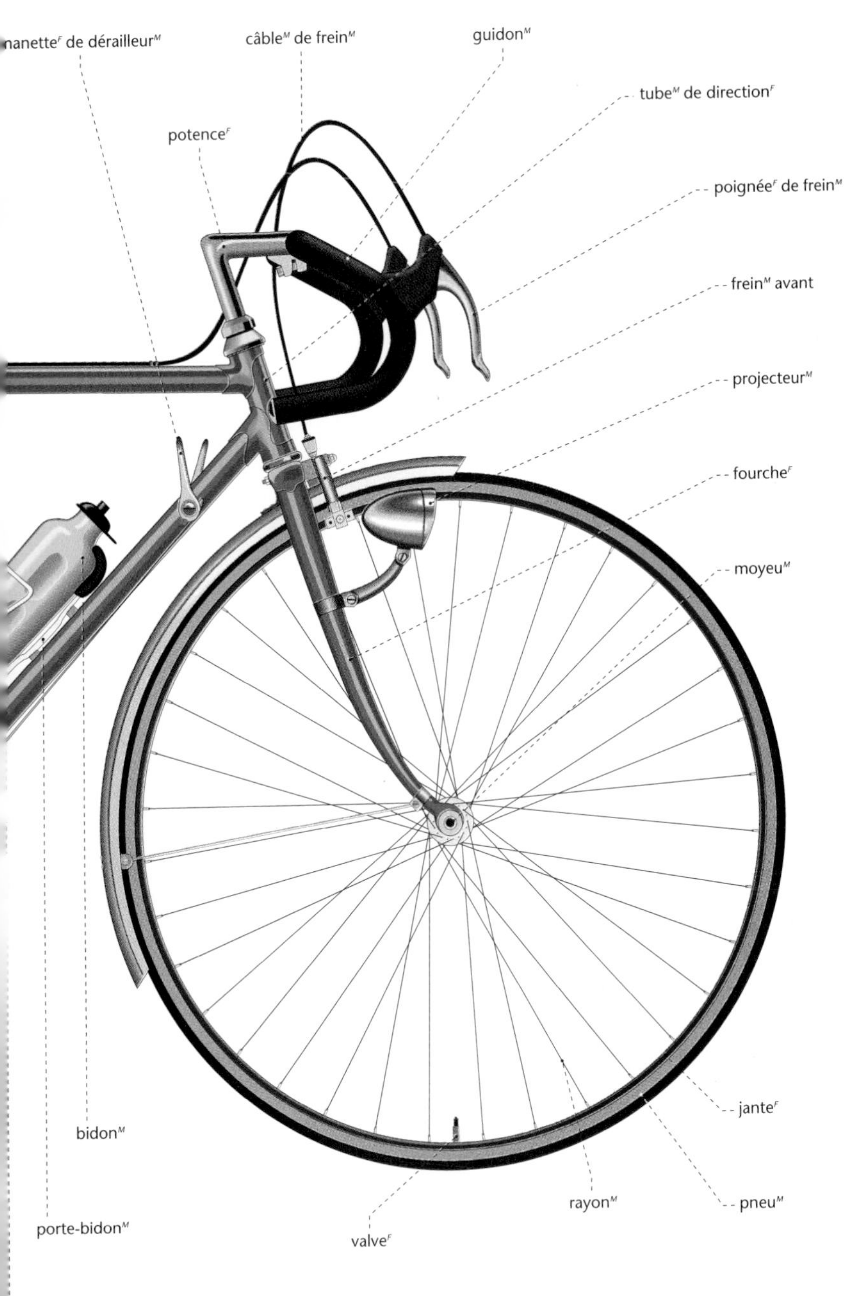
manette de dérailleur
câble de frein
guidon
tube de direction
potence
poignée de frein
frein avant
projecteur
fourche
moyeu
jante
bidon
rayon
pneu
porte-bidon
valve
ube oblique

BICYCLETTE[F]

MÉCANISME[M] DE PROPULSION[F]

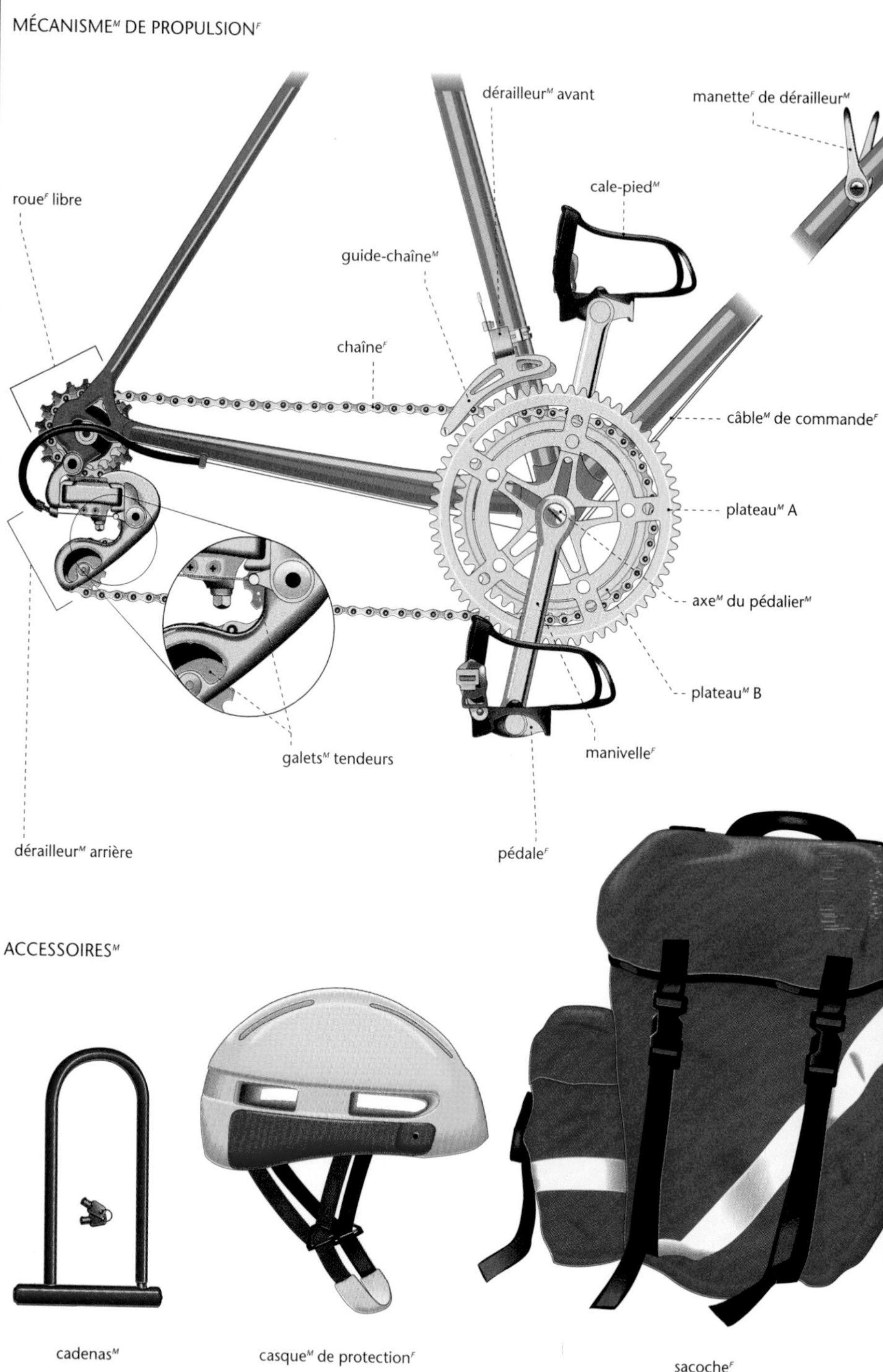

CARAVANE[F]

CARAVANE[F] TRACTÉE

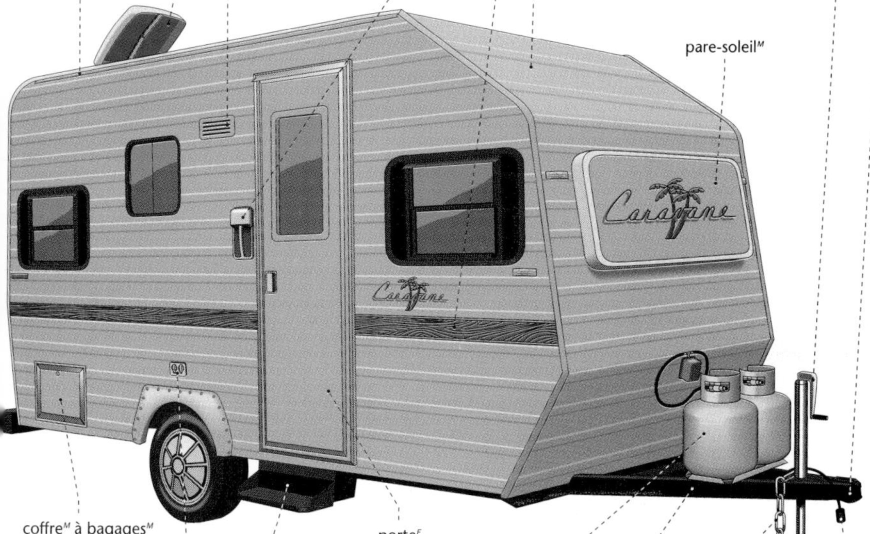

aérateur[M] latéral
coque[F]
aérateur[M] de toit[M]
moulure[F] de protection[F]
tête[F] d'attelage[M]
vérin[M] hydraulique
glissière[F] d'auvent[M]
poignée[F] montoir[M]
pare-soleil[M]
Caravane
Caravane
coffre[M] à bagages[M]
porte[F]
prise[F] électrique
réservoir[M] propane[M]
chaîne[F] de sureté[F]
marchepied[M] escamotable
timon[M]
béquille[F] d'appui[M]
raccord[M] de signalisation[F]

AUTO-CARAVANE[F]

climatiseur[M]
porte-bagages[M]
échelle[F]

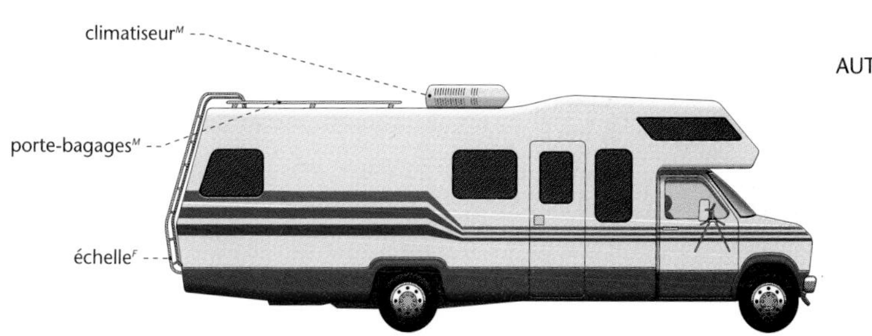

COUPE[F] D'UNE ROUTE[F]

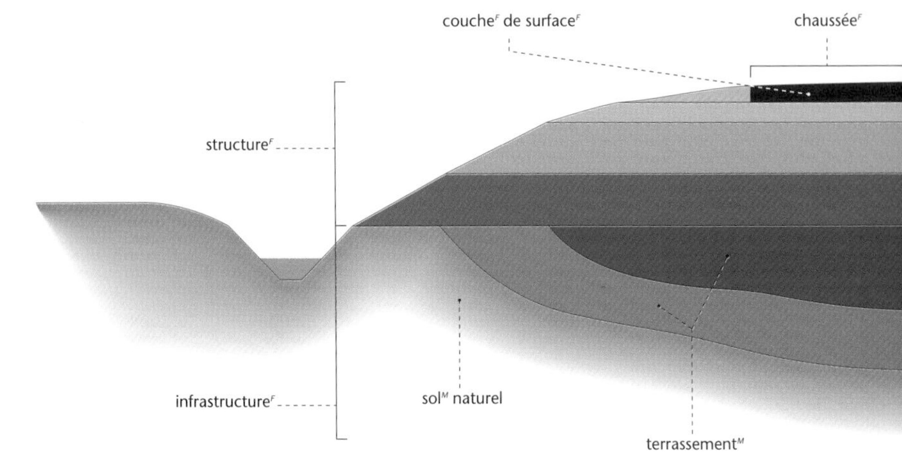

PRINCIPAUX TYPES[M] D'ÉCHANGEURS[M]

échangeur[M] en trèfle[M]

carrefour[M] giratoire

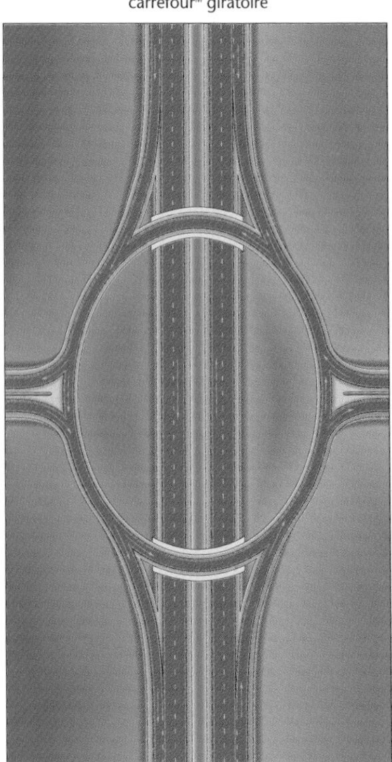

DISTRIBUTEUR[M] D'ESSENCE[F]

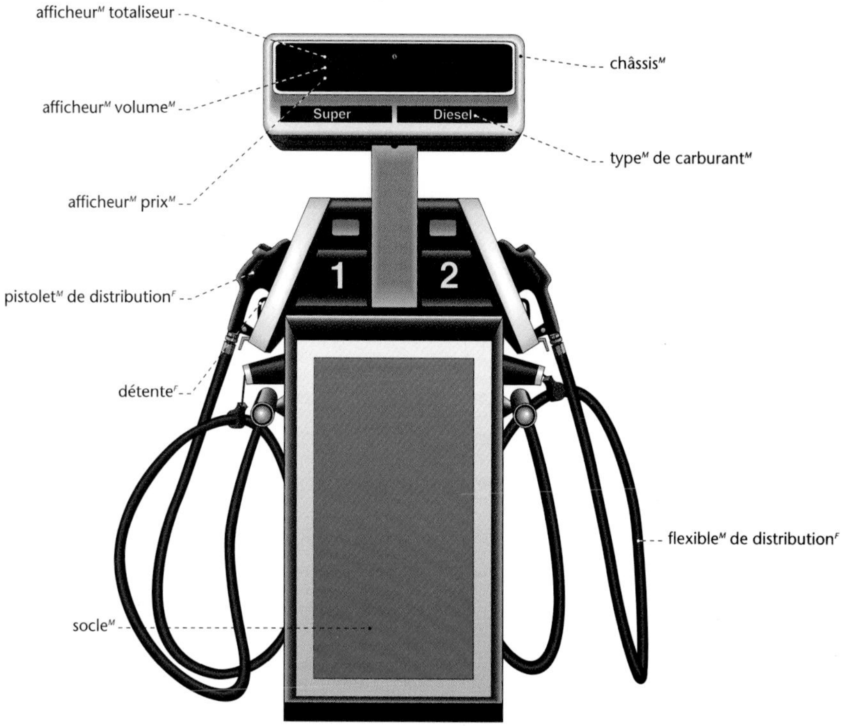

afficheur[M] totaliseur

châssis[M]

afficheur[M] volume[M]

Super

Diesel

type[M] de carburant[M]

afficheur[M] prix[M]

1

2

pistolet[M] de distribution[F]

détente[F]

flexible[M] de distribution[F]

socle[M]

STATION[F]-SERVICE[M]

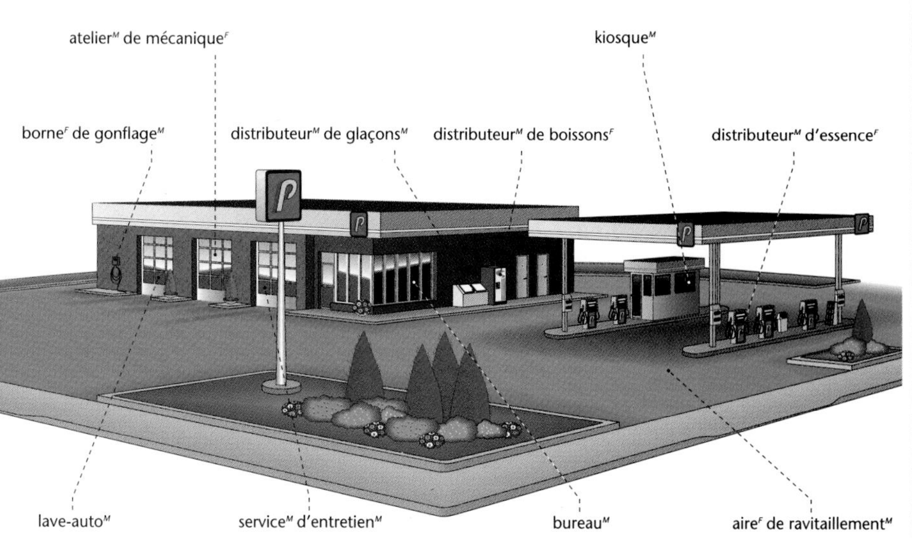

PONTS[M] FIXES

PONT[M] À POUTRE[F]

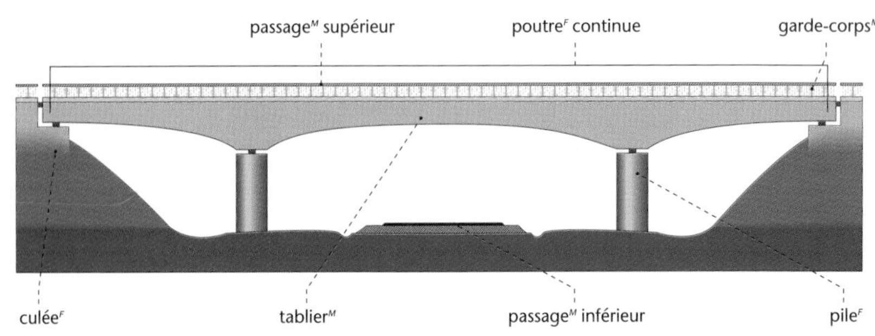

TYPES[M] DE PONTS[M] À POUTRE[F]

pont[M] à poutre[F] simple

pont[M] à poutres[F] indépendantes

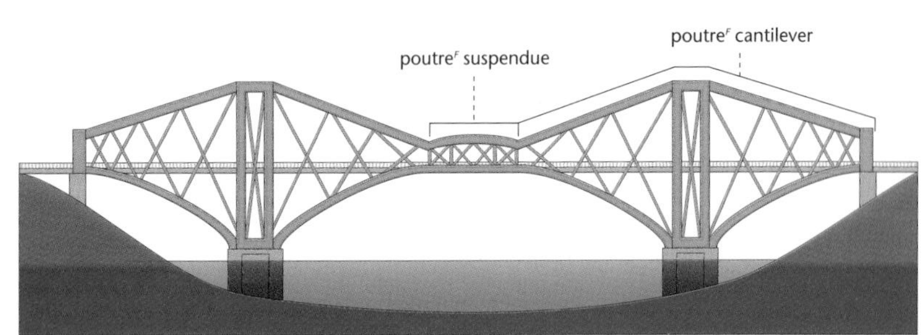

pont[M] cantilever

viaduc[M]

PONT[M] EN ARC[M]

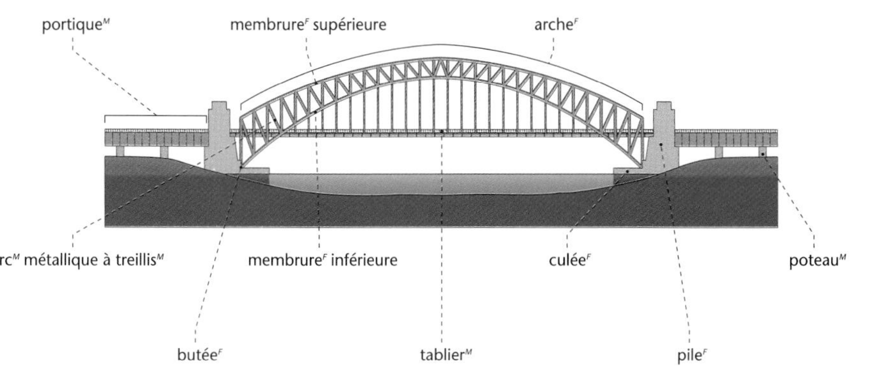

TYPES[M] DE PONTS[M] EN ARC[M]

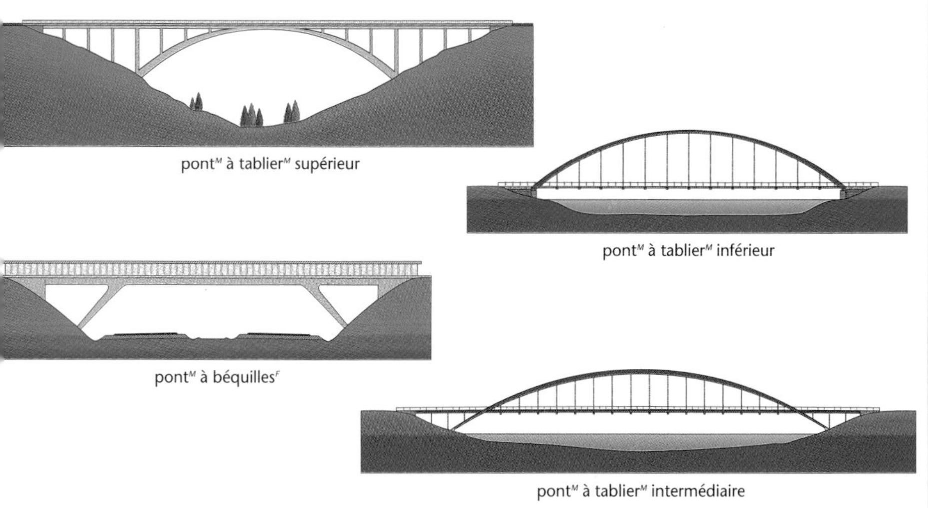

pont[M] à tablier[M] supérieur

pont[M] à tablier[M] inférieur

pont[M] à béquilles[F]

pont[M] à tablier[M] intermédiaire

TYPES[M] D'ARCS[M]

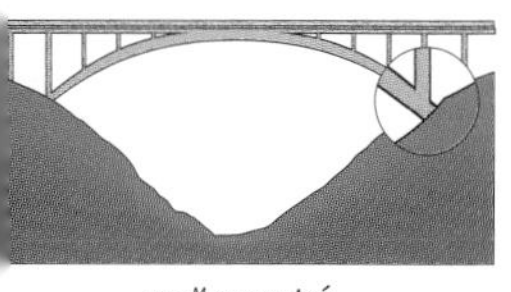

arc[M] encastré

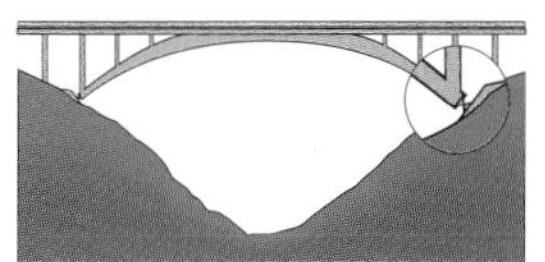

arc[M] à deux articulations[F]

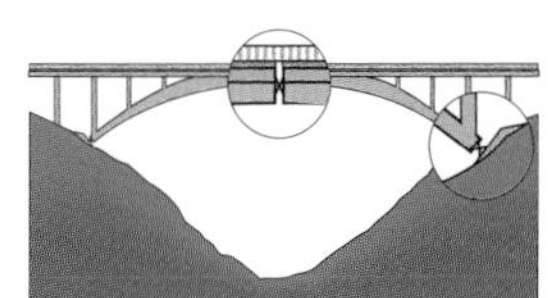

arc[M] à trois articulations[F]

PONT[M] SUSPENDU À CÂBLE[M] PORTEUR

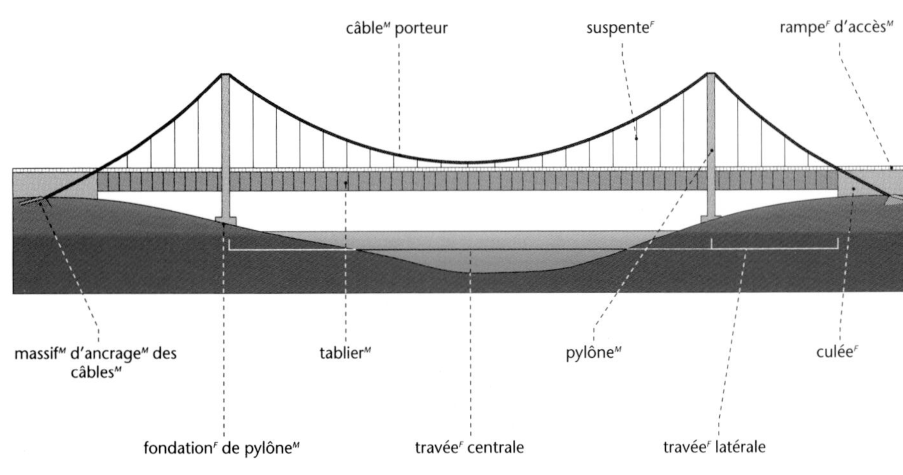

PONTS[M] SUSPENDUS À HAUBANS[M]

haubans[M] en éventail[M]

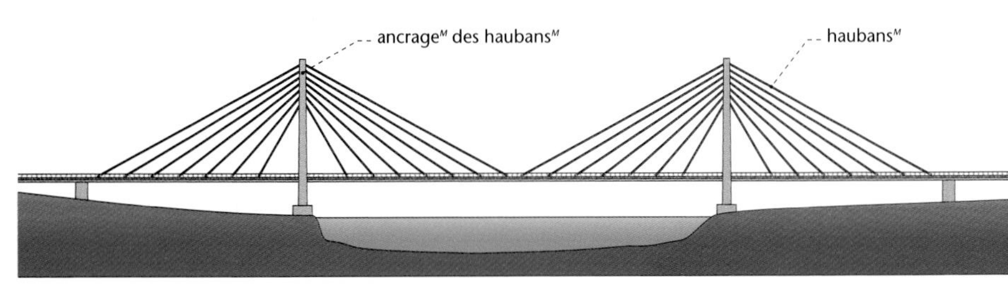

haubans[M] en harpe[F]

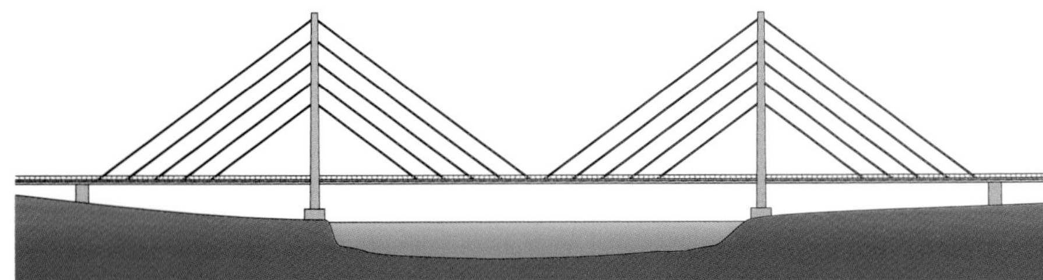

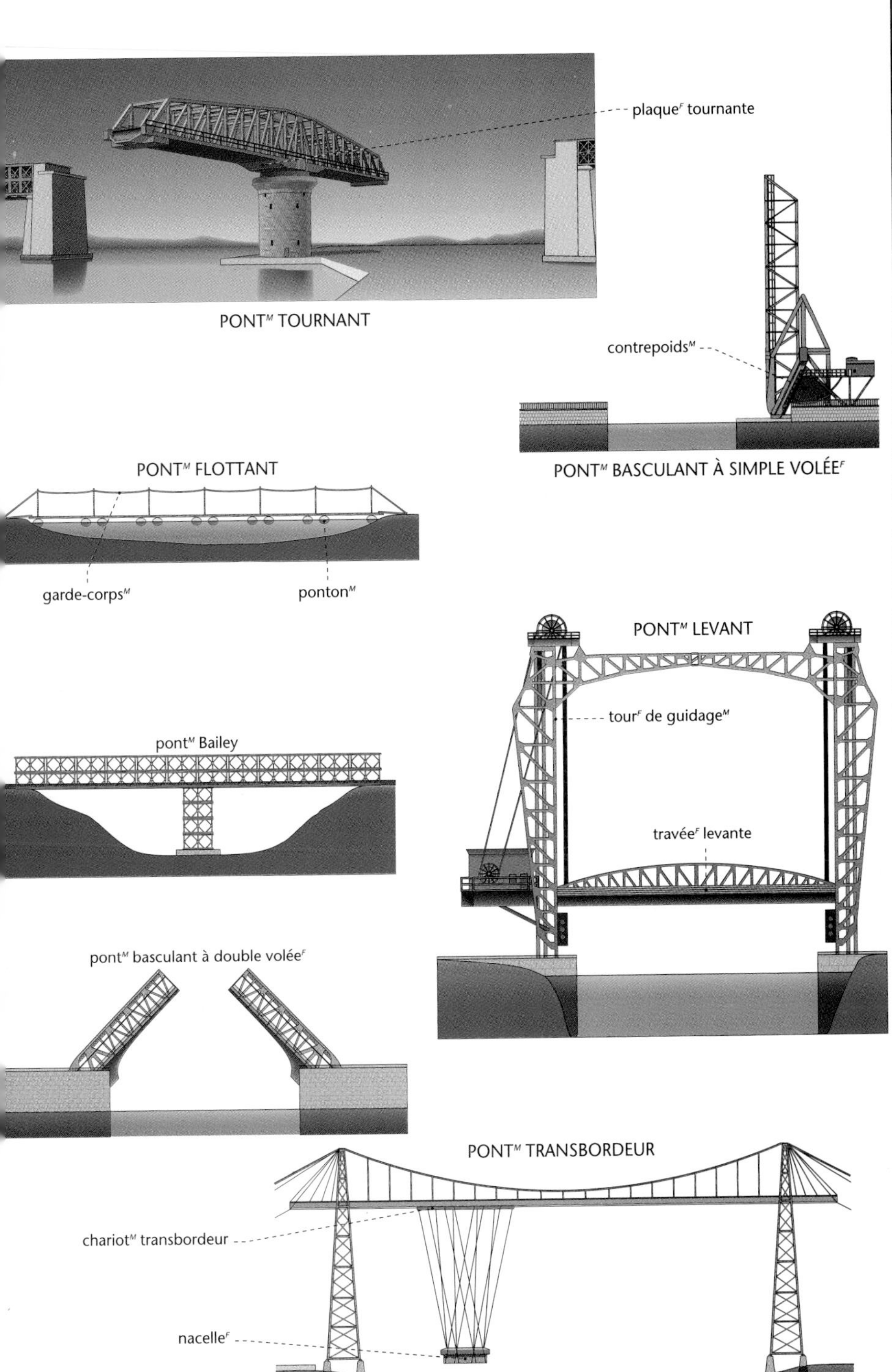
plaque[F] tournante
PONT[M] TOURNANT
contrepoids[M]
PONT[M] BASCULANT À SIMPLE VOLÉE[F]
PONT[M] FLOTTANT
garde-corps[M]
ponton[M]
PONT[M] LEVANT
tour[F] de guidage[M]
pont[M] Bailey
travée[F] levante
pont[M] basculant à double volée[F]
PONT[M] TRANSBORDEUR
chariot[M] transbordeur
nacelle[F]

TRAIN^M À GRANDE VITESSE^F (T.G.V.)

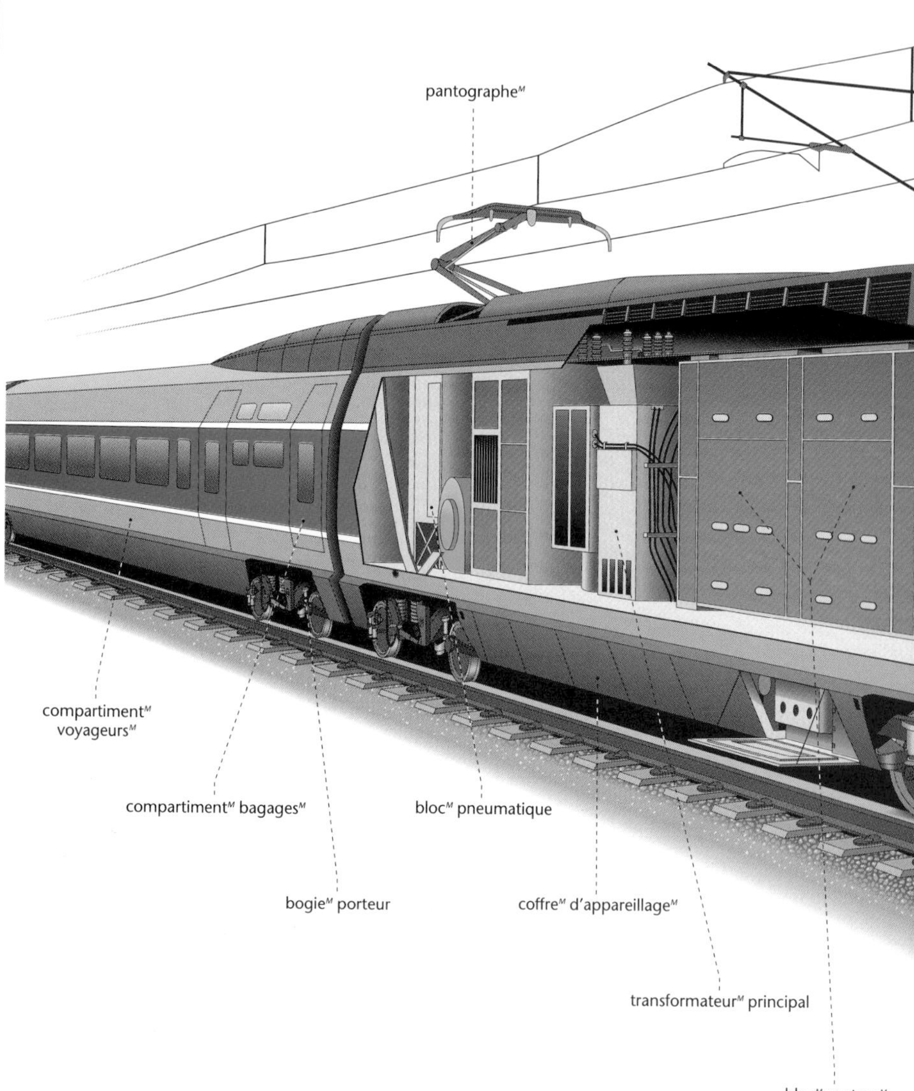

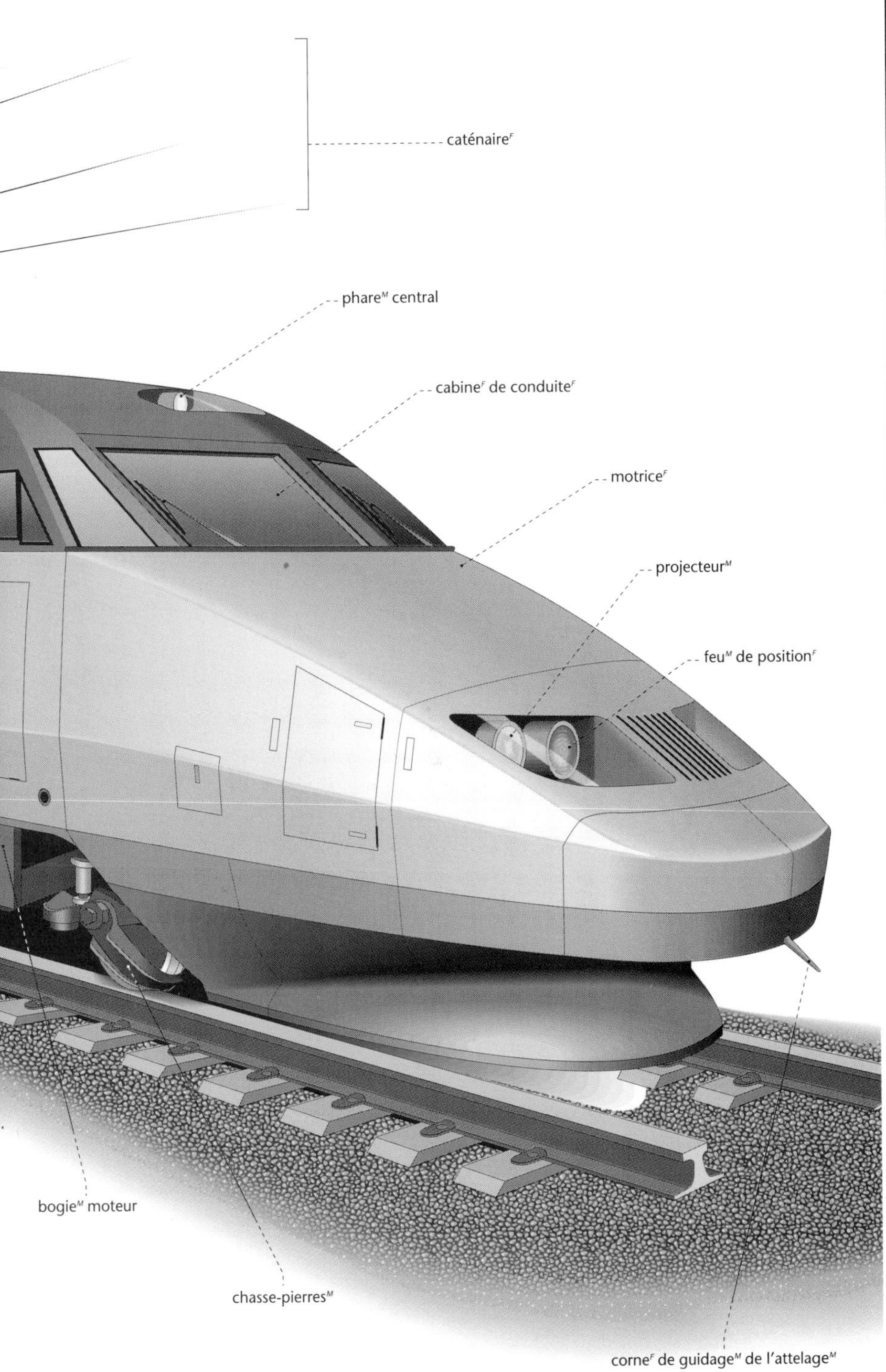
caténaireF
pharreM central
cabineF de conduiteF
motriceF
projecteurM
feuM de positionF
bogieM moteur
chasse-pierresM
corneF de guidageM de l'attelageM

TYPES^{M} DE VOITURES^{F}

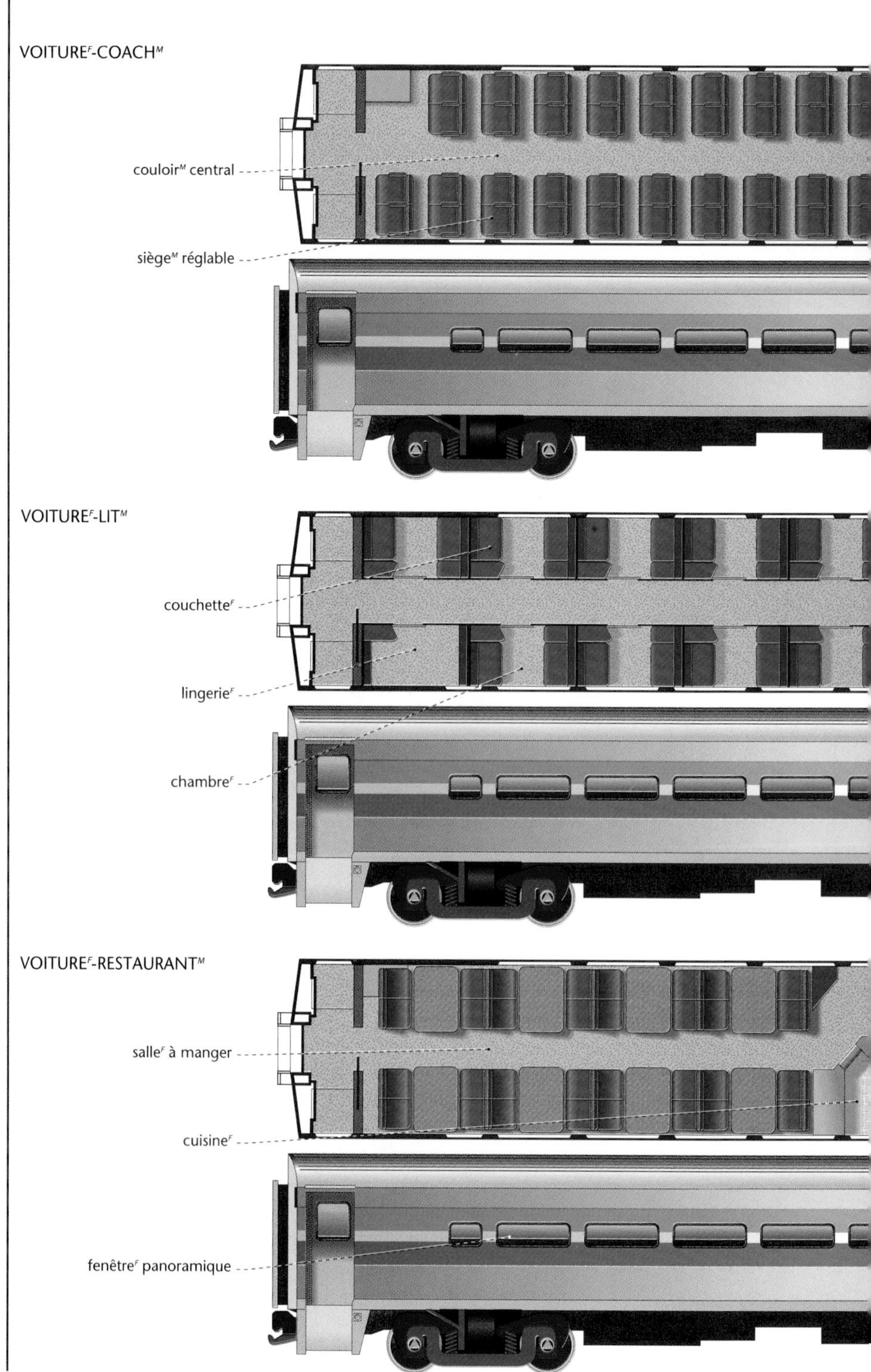

case[F] à bagages[M]
plate-forme[F]
porte[F] d'accès[M] de plate-forme[F]
toilettes[F]
fauteuil[M] roulant
couloir[M] d'intercommunication[F]
desserte[F]
rangement[M]
vestiaire[M] du personnel[M]
poignée[F] montoir[M]

GARE[F] DE VOYAGEURS[M]

structure^F métallique
chariot^M à bagages^M
affichage^M de l'heure^F de départ^M
contrôleur^M
consigne^F automatique
destination^F
accès^M aux quais^M
voie^F ferrée
tableau^M horaire
contrôle^M des billets^M

GARE[F]

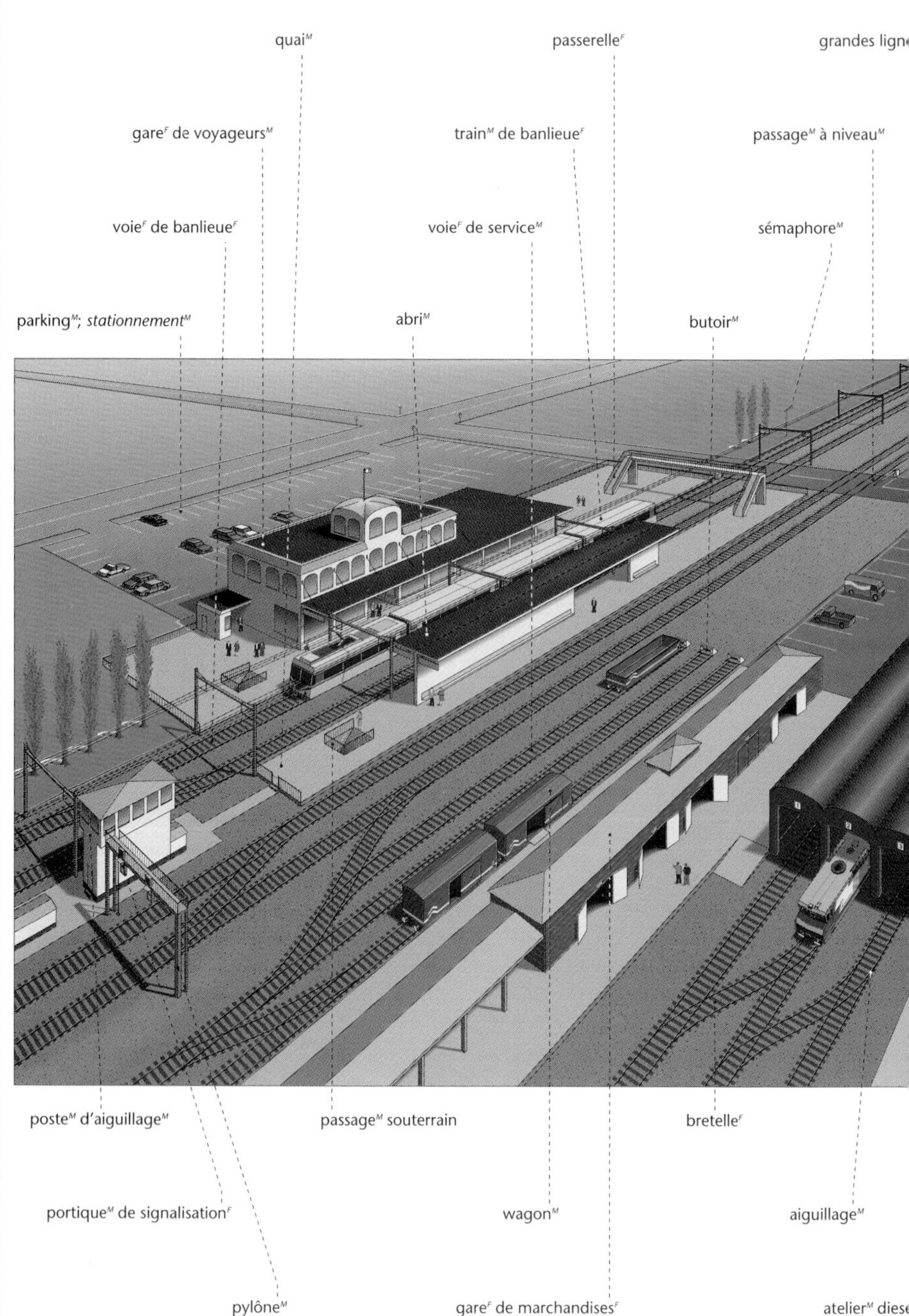
quai[M]
passerelle[F]
grandes lign
gare[F] de voyageurs[M]
train[M] de banlieue[F]
passage[M] à niveau[M]
voie[F] de banlieue[F]
voie[F] de service[M]
sémaphore[M]
parking[M]; *stationnement*[M]
abri[M]
butoir[M]
poste[M] d'aiguillage[M]
passage[M] souterrain
bretelle[F]
portique[M] de signalisation[F]
wagon[M]
aiguillage[M]
pylône[M]
gare[F] de marchandises[F]
atelier[M] dies

GARE[F] DE TRIAGE[M]

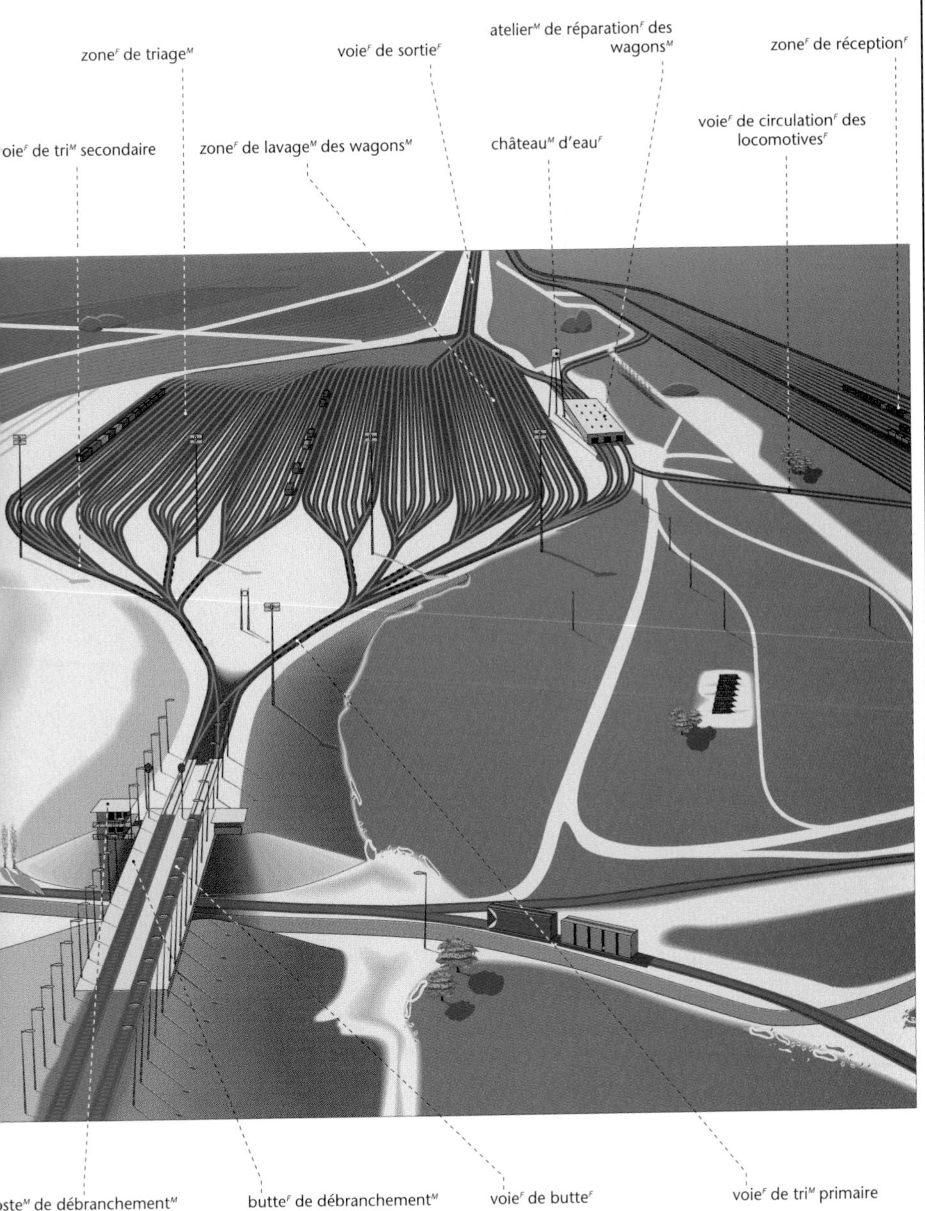

VOIE[F] FERRÉE

JOINT[M] DE RAIL[M]

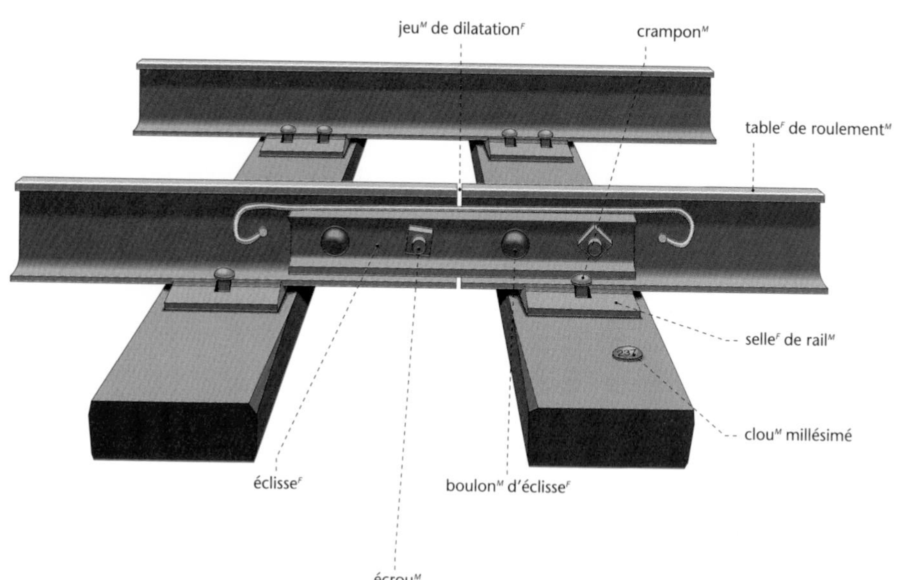

PROFIL[M] DE RAIL[M]

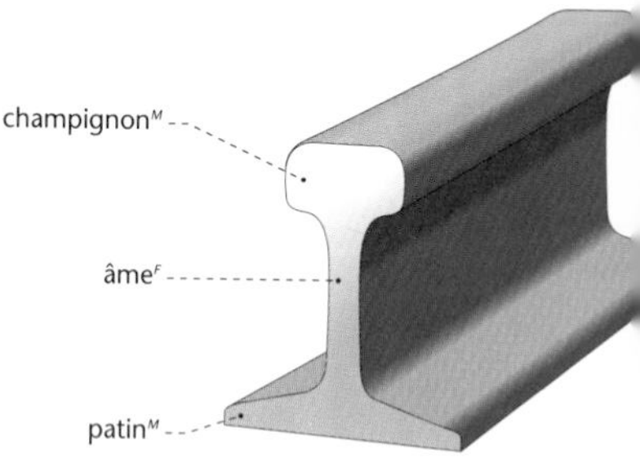

champignon[M]

âme[F]

patin[M]

VOIE[F] FERRÉE

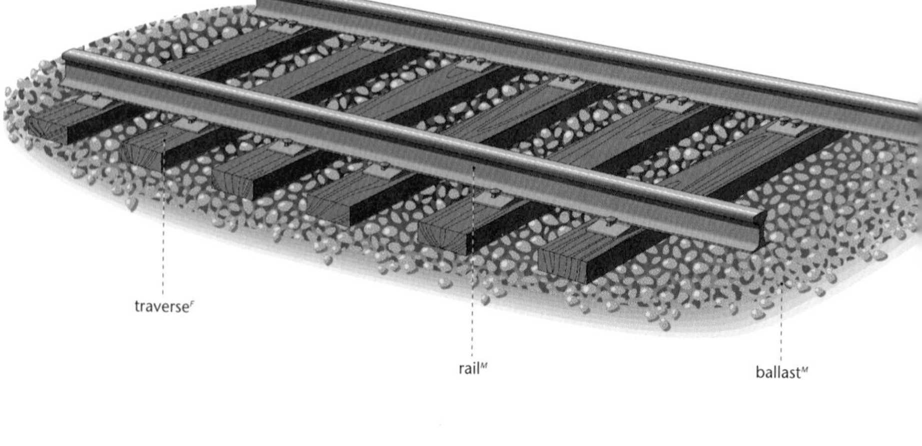

traverse[F]

rail[M]

ballast[M]

AIGUILLAGE[M] MANŒUVRÉ À DISTANCE[F]

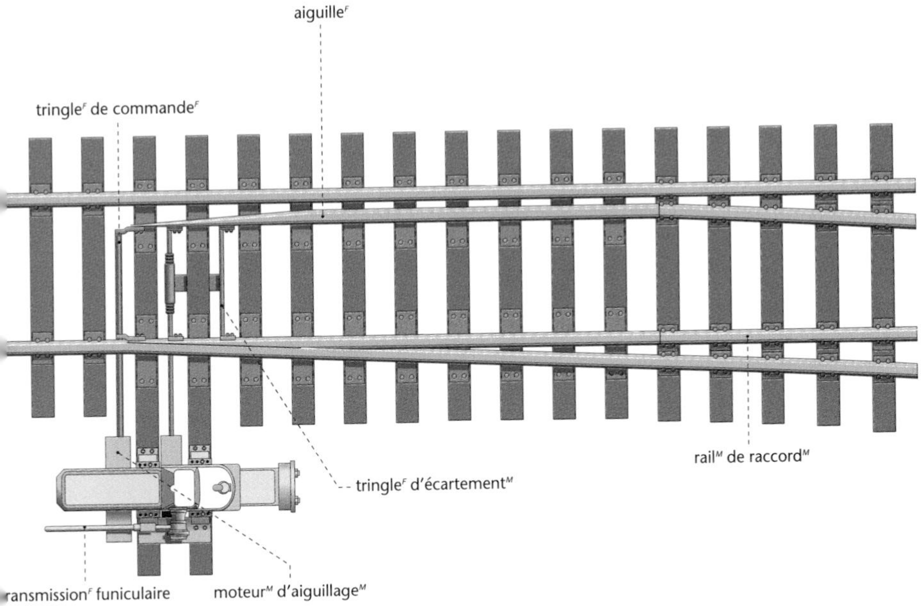

aiguille[F]

tringle[F] de commande[F]

rail[M] de raccord[M]

tringle[F] d'écartement[M]

ransmission[F] funiculaire

moteur[M] d'aiguillage[M]

AIGUILLAGE[M] MANŒUVRÉ À PIED[M] D'ŒUVRE[F]

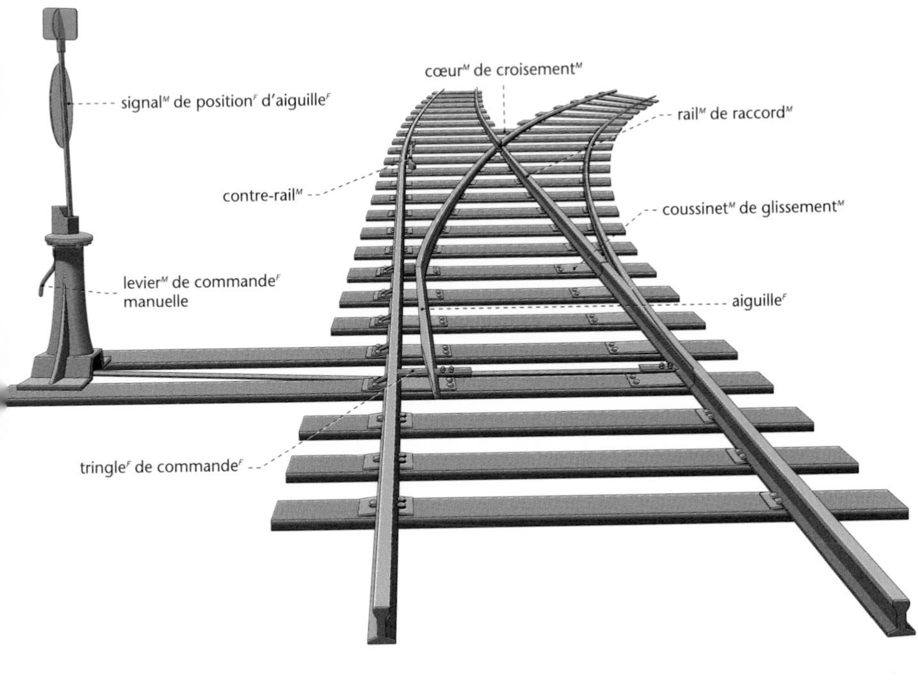

cœur[M] de croisement[M]

signal[M] de position[F] d'aiguille[F]

rail[M] de raccord[M]

contre-rail[M]

coussinet[M] de glissement[M]

levier[M] de commande[F] manuelle

aiguille[F]

tringle[F] de commande[F]

LOCOMOTIVE^{F} DIESEL-ÉLECTRIQUE

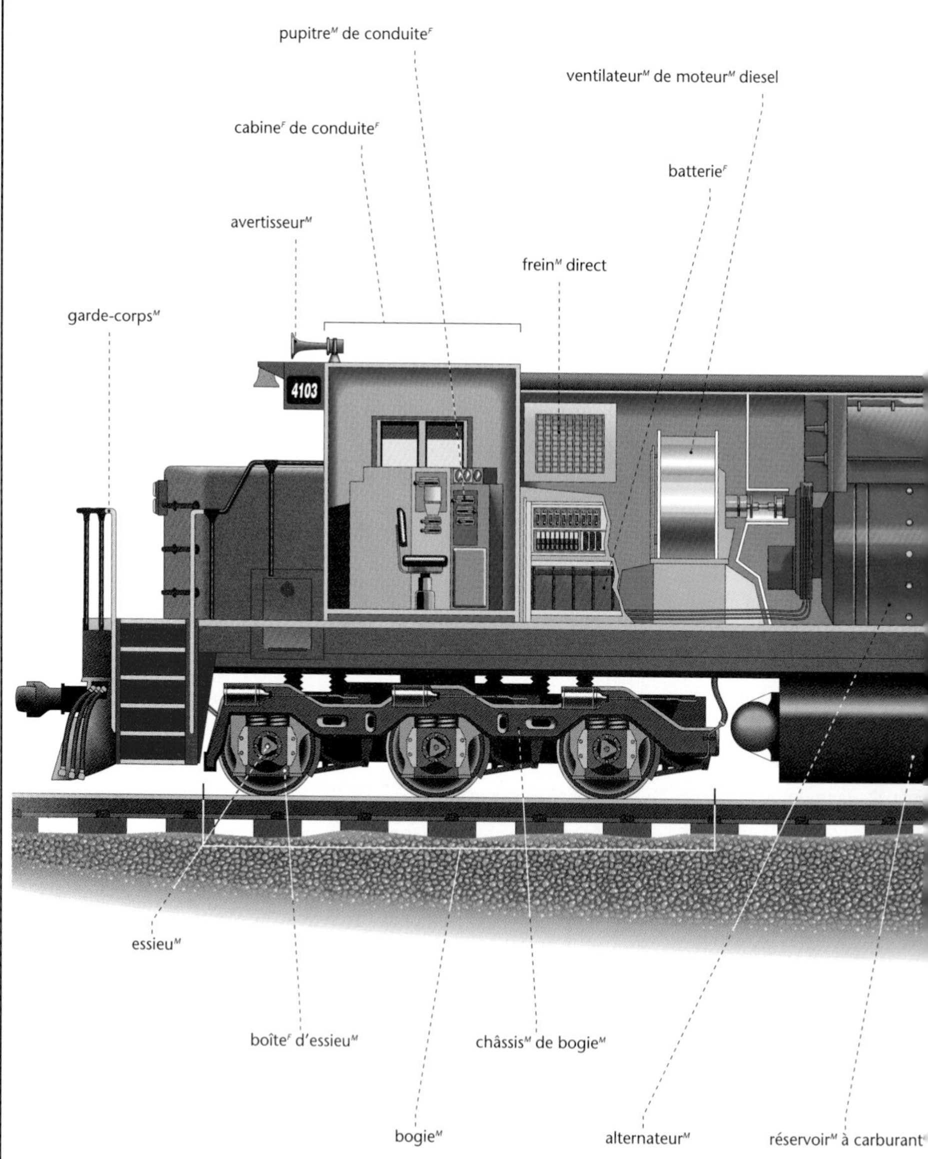

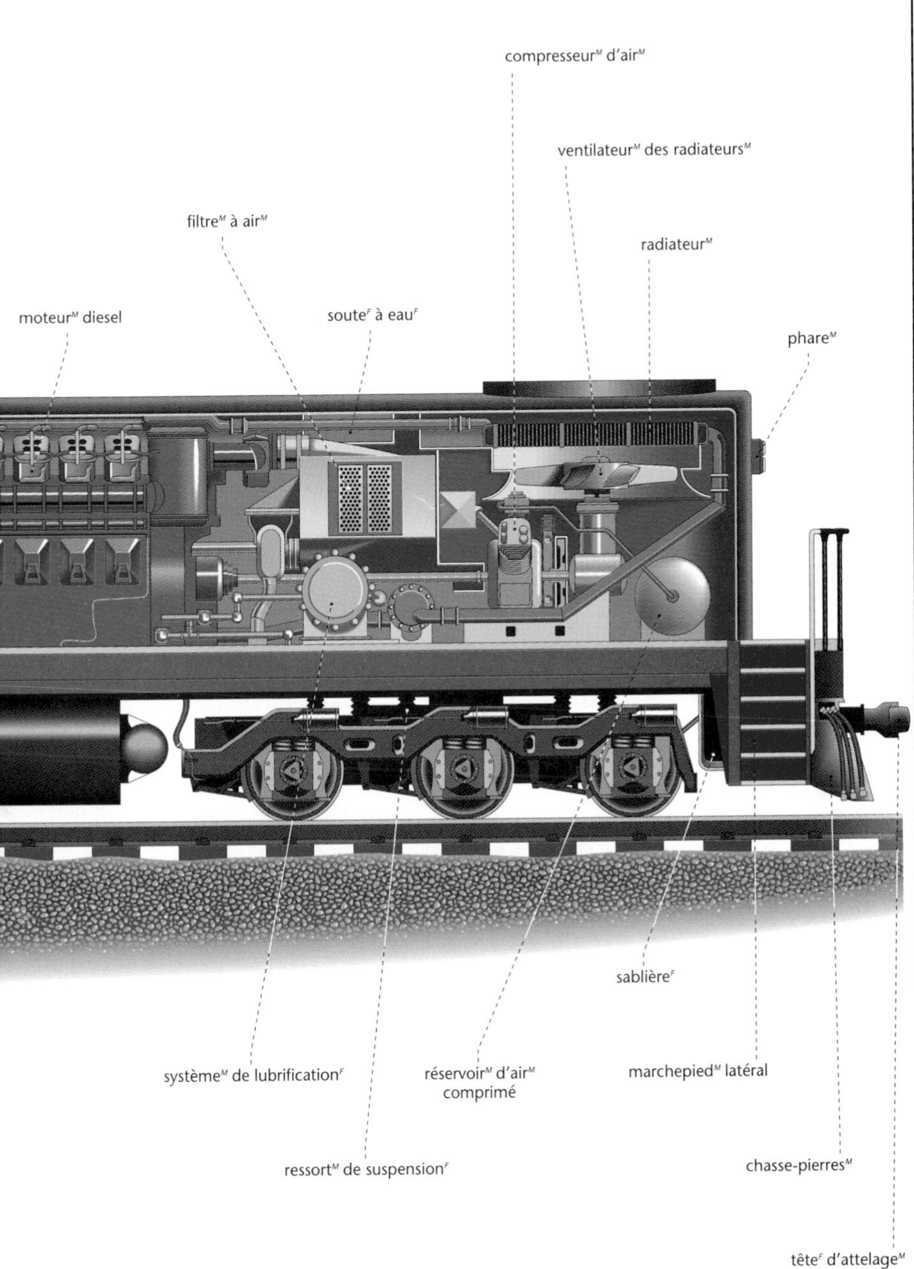
compresseurᴹ d'airᴹ
ventilateurᴹ des radiateursᴹ
filtreᴹ à airᴹ
radiateurᴹ
moteurᴹ diesel
souteᶠ à eauᶠ
phareᴹ
sablièreᶠ
systèmeᴹ de lubrificationᶠ
réservoirᴹ d'airᴹ comprimé
marchepiedᴹ latéral
ressortᴹ de suspensionᶠ
chasse-pierresᴹ
têteᶠ d'attelageᴹ

WAGON[M]

WAGON[M] COUVERT

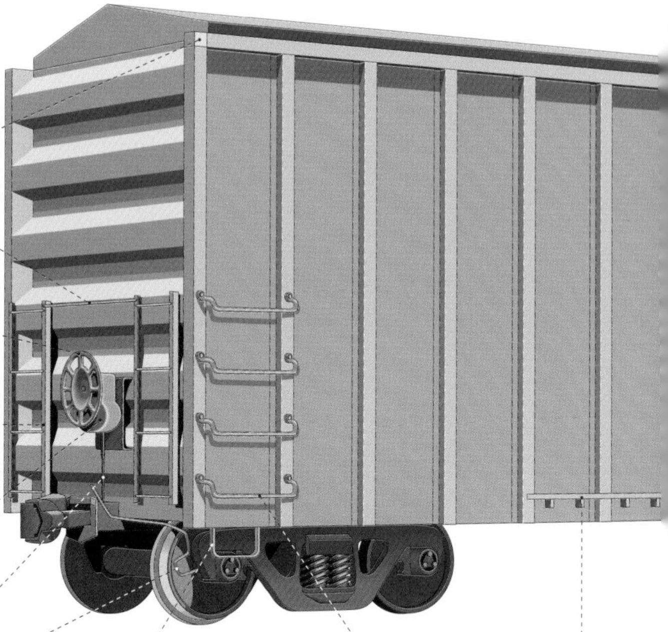

chapeau[M] d'angle[M]
main[F] courante
volant[M] de frein[M] à main[F]
échelle[F] de bout[M]
carter[M] d'engrenage[M] de frein[M] à main[F]
levier[M] de frein[M] à main[F]
levier[M] télescopique de dételage[M]
marchepied[M] en étrier[M]
échelle[F] latérale
glissière[F]

CONTENEUR[M]

toit[M]
pièce[F] de coin[M]
traverse[F] d'extrémité[F] supérieure
paroi[F] latérale
porte[F] d'extrémité[F]
traverse[F] d'extrémité[F] inférieure
montant[M] d'angle[M]
passage[M] de fourche[F]
longeron[M] latéral inférieur

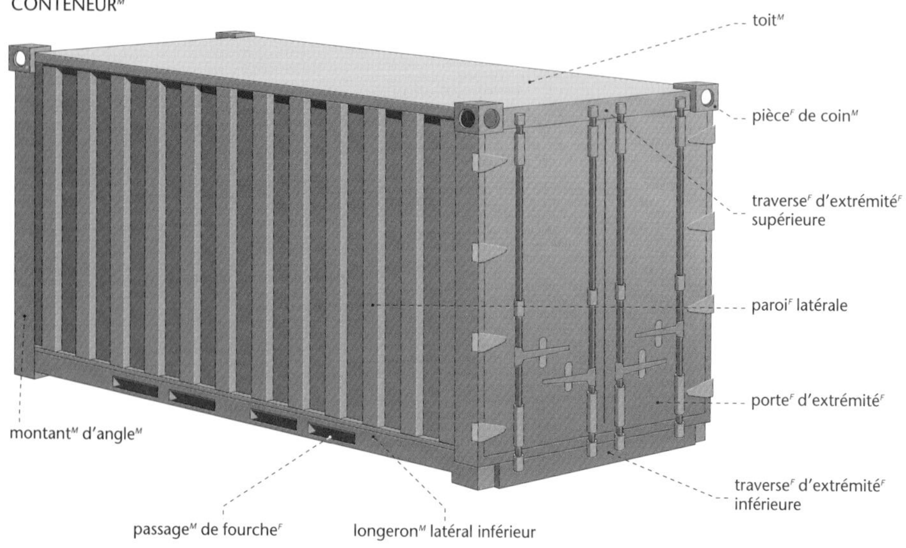

TÊTE^F D'ATTELAGE^M

PASSAGE^M À NIVEAU^M

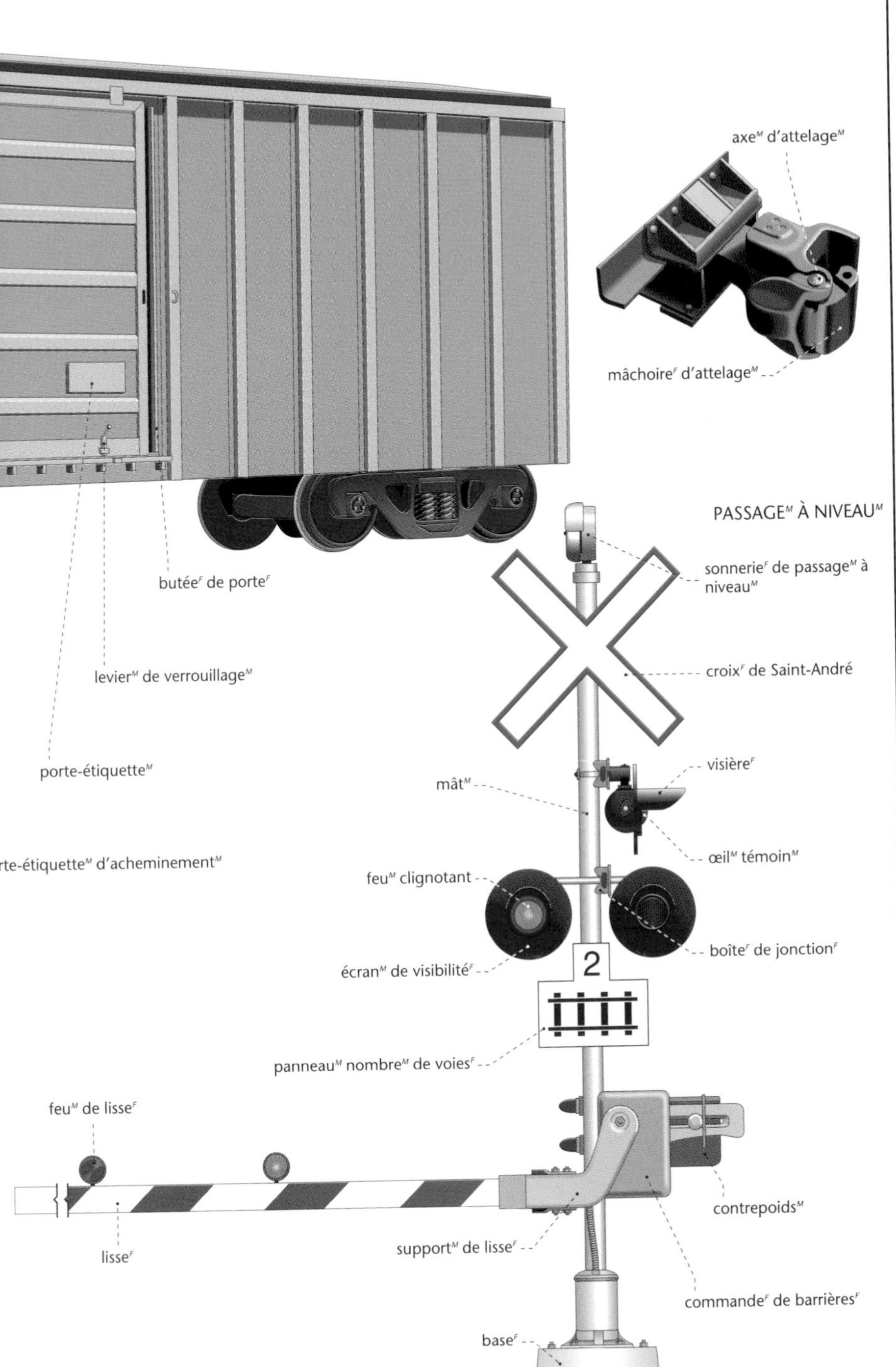

TYPES[M] DE WAGONS[M]

wagon[M] couvert
wagon[M]-citerne[F]

wagon[M] à copeaux[M]
wagon[M] à bestiaux[M]

wagon[M]-trémie[F]
wagon[M]-tombereau[M] couvert

wagon[M]-trémie[F] à minerai[M]
wagon[M] réfrigérant

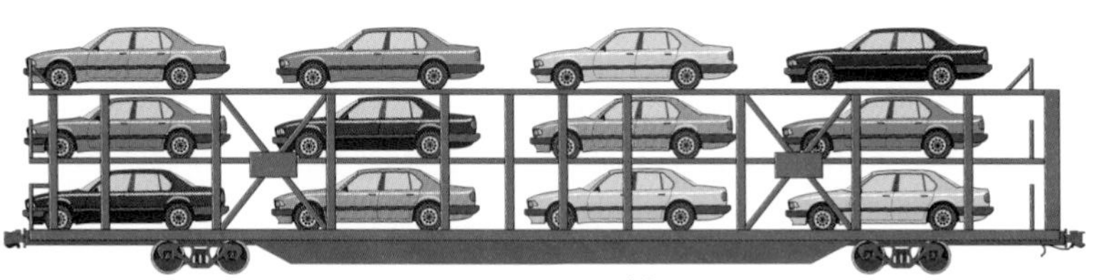

wagon[M] porte-automobiles[M]

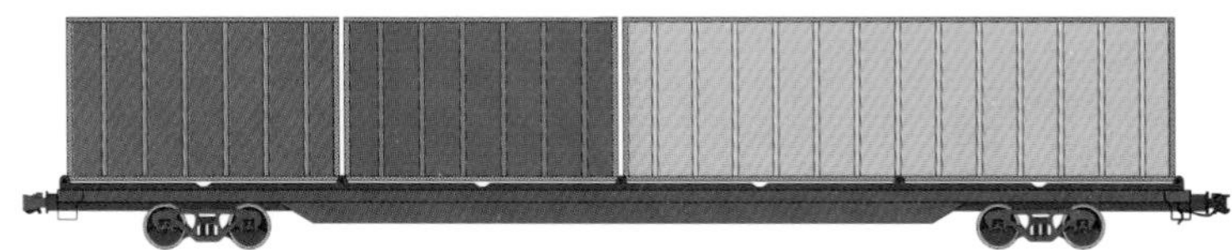

wagon[M] porte-conteneurs[M]

wagon[M] rail[M]-route[F]

wagon[M] plat

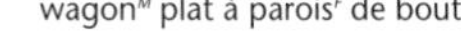

wagon[M] plat à parois[F] de bout[M]

wagon[M]-tombereau[M]

wagon[M] plat surbaissé

wagon[M] de queue[F]

STATION[F] DE MÉTRO[M]

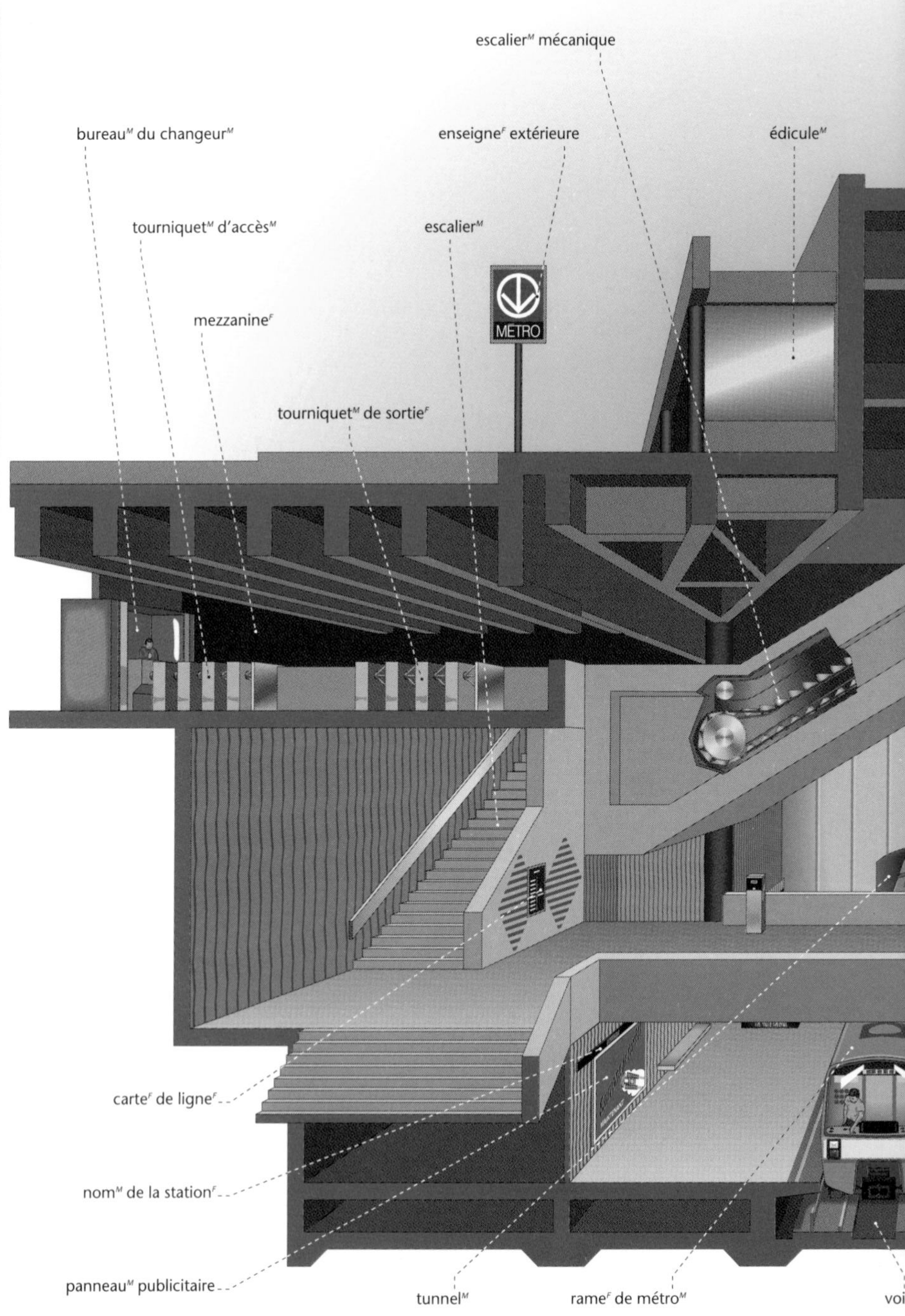

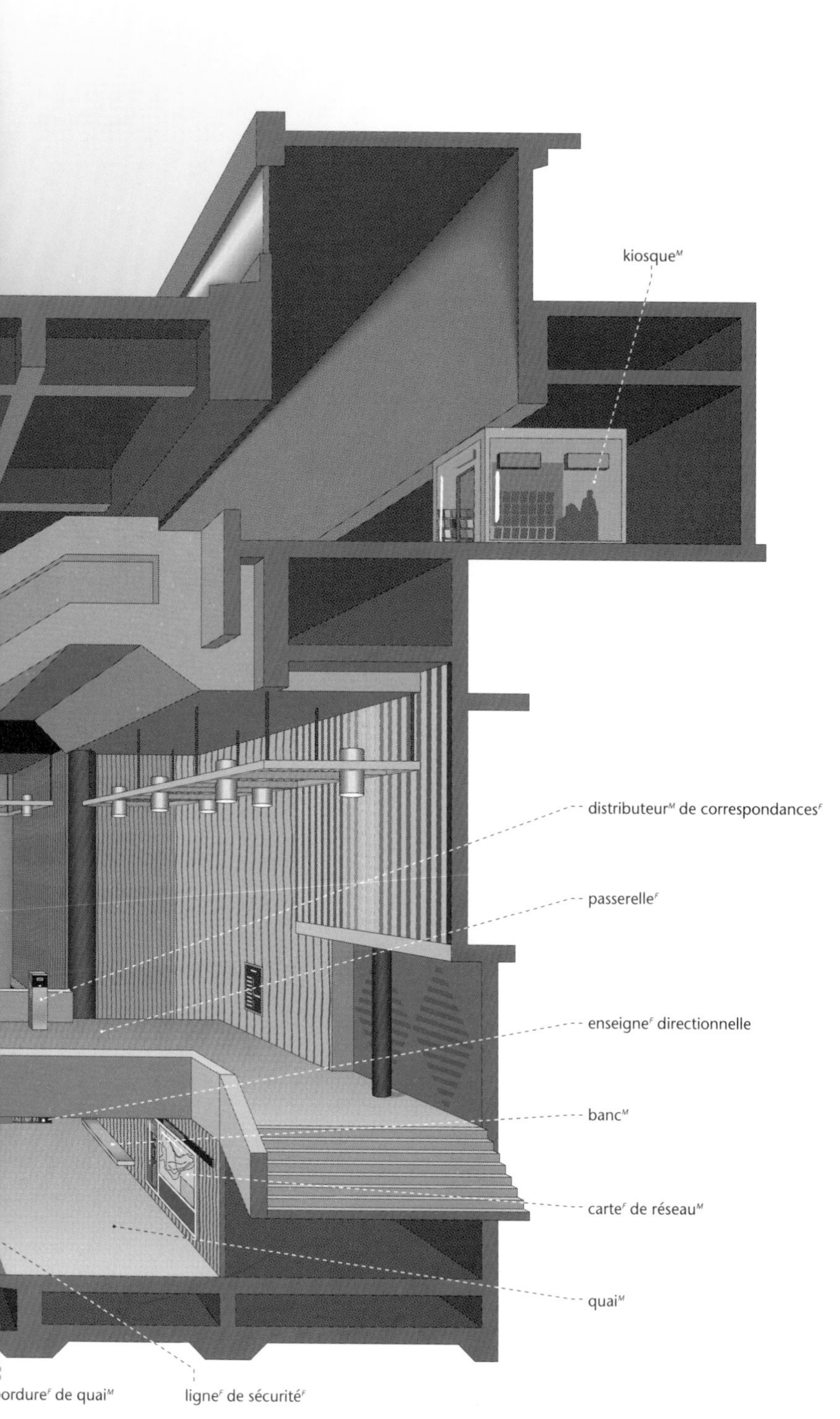
kiosqueM
distributeurM de correspondancesF
passerelleF
enseigneF directionnelle
bancM
carteF de réseauM
quaiM
ordureF de quaiM
ligneF de sécuritéF

CHEMIN[M] DE FER[M] MÉTROPOLITAIN

BOGIE[M] ET VOIE[F]

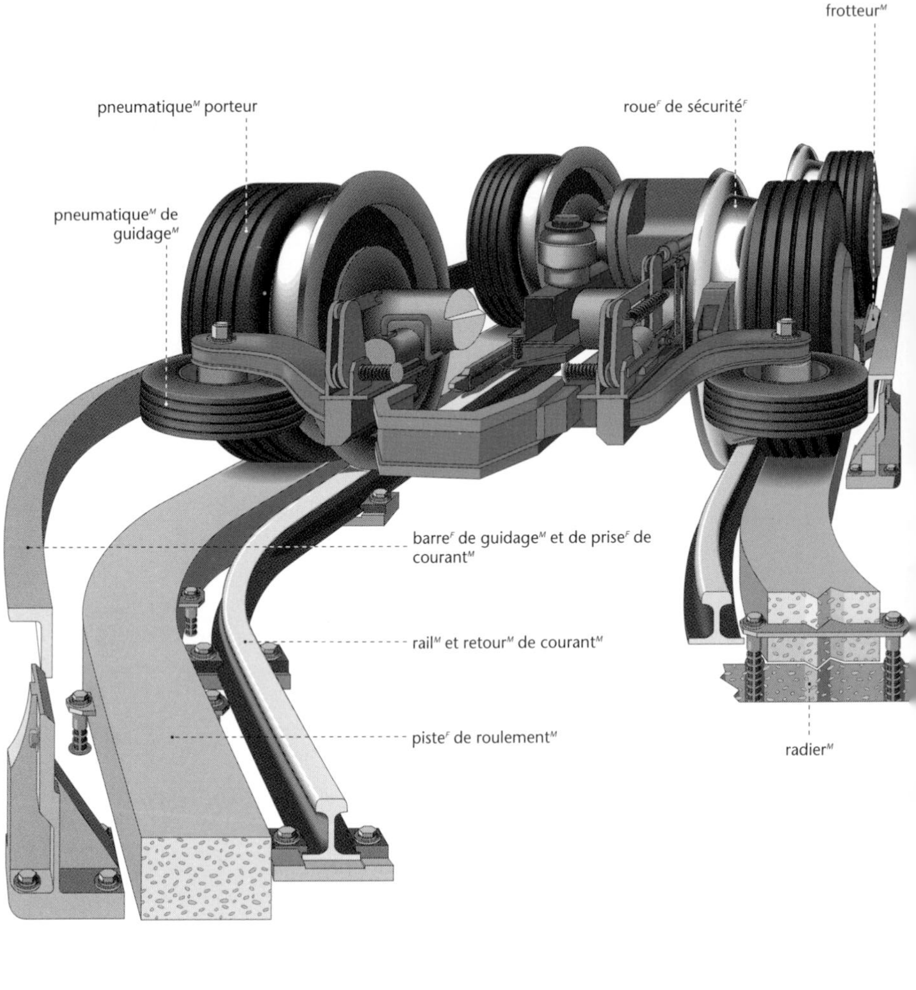

frotteur[M]

pneumatique[M] porteur

roue[F] de sécurité[F]

pneumatique[M] de guidage[M]

barre[F] de guidage[M] et de prise[F] de courant[M]

rail[M] et retour[M] de courant[M]

piste[F] de roulement[M]

radier[M]

RAME[F] DE MÉTRO[M]

motrice[F]

remorque[F]

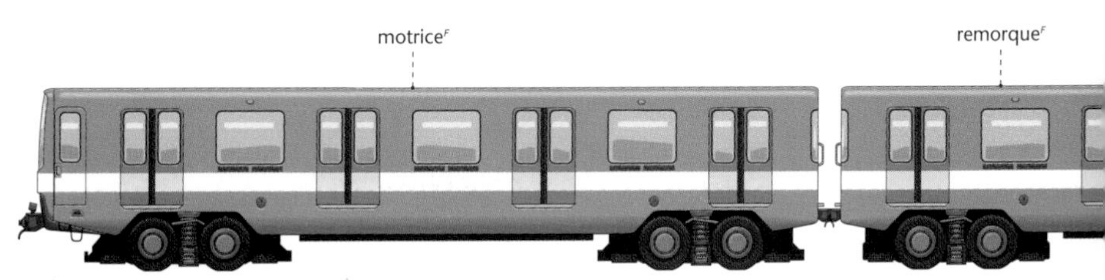

VOITURE[F]

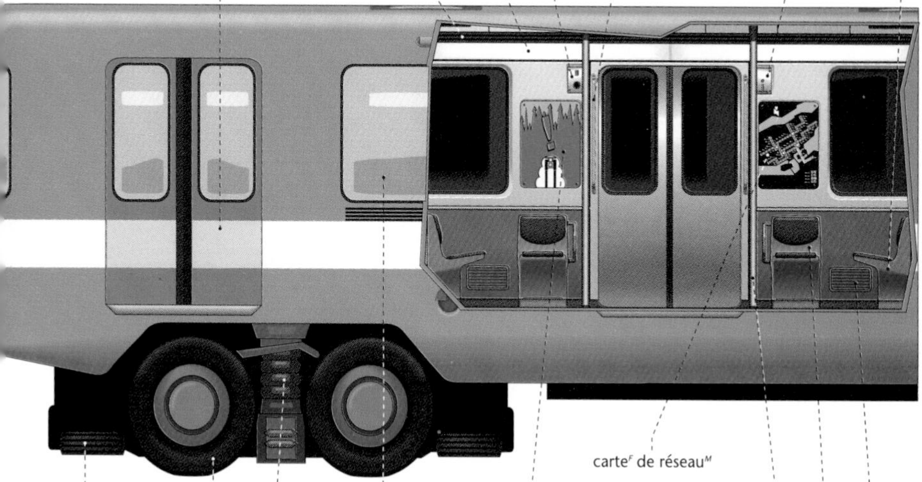

poste[M] de communication[F]

éclairage[M]

poignée[F]

siège[M] double

porte[F] latérale

grille[F] d'aération[F]

frein[M] d'urgence[F]

carte[F] de réseau[M]

fenêtre[F]

eumatique[M] de guidage[M]

colonne[F]

affiche[F] publicitaire

pneumatique[M] porteur

siège[M] simple

suspension[F]

grille[F] de chauffage[M]

motrice[F]

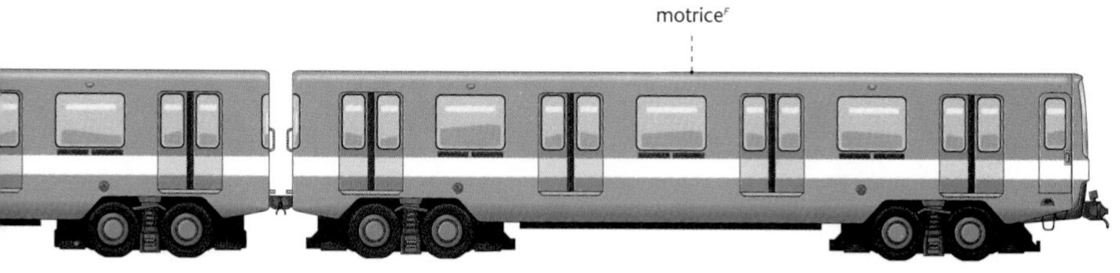

MÂTURE[F] ET GRÉEMENT[M]

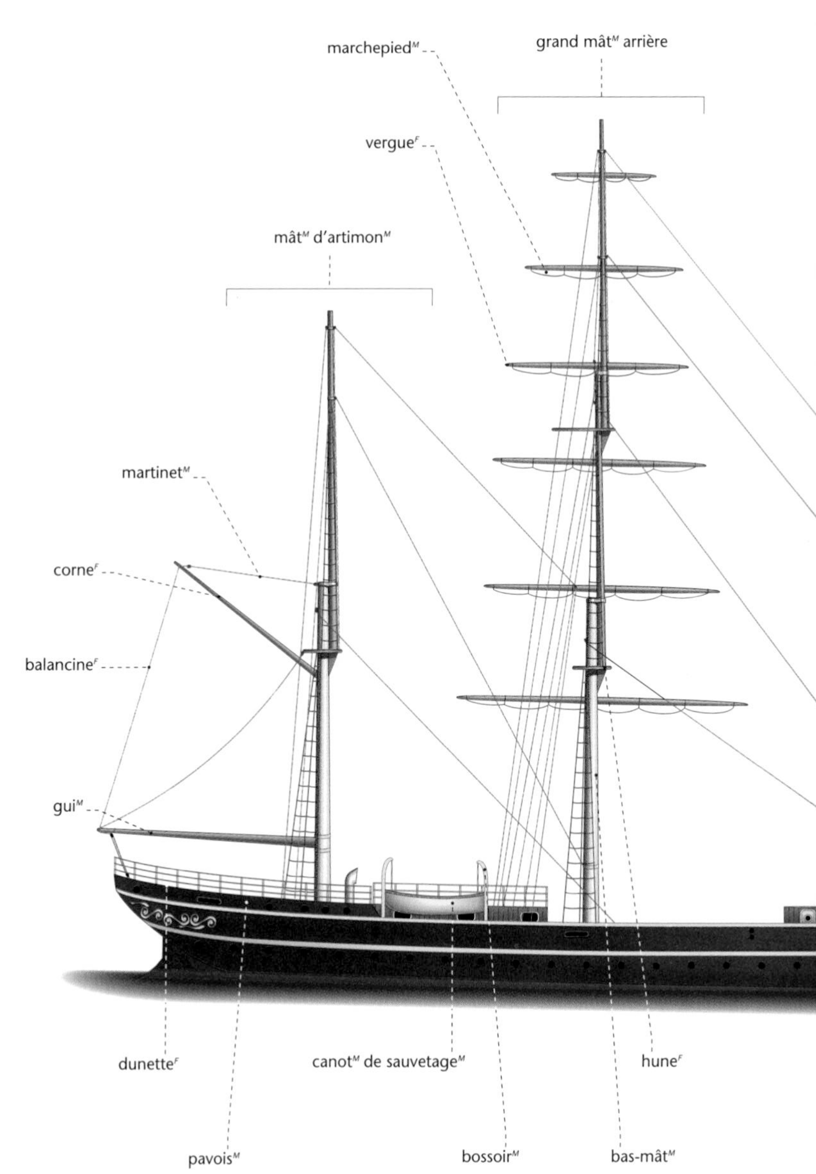

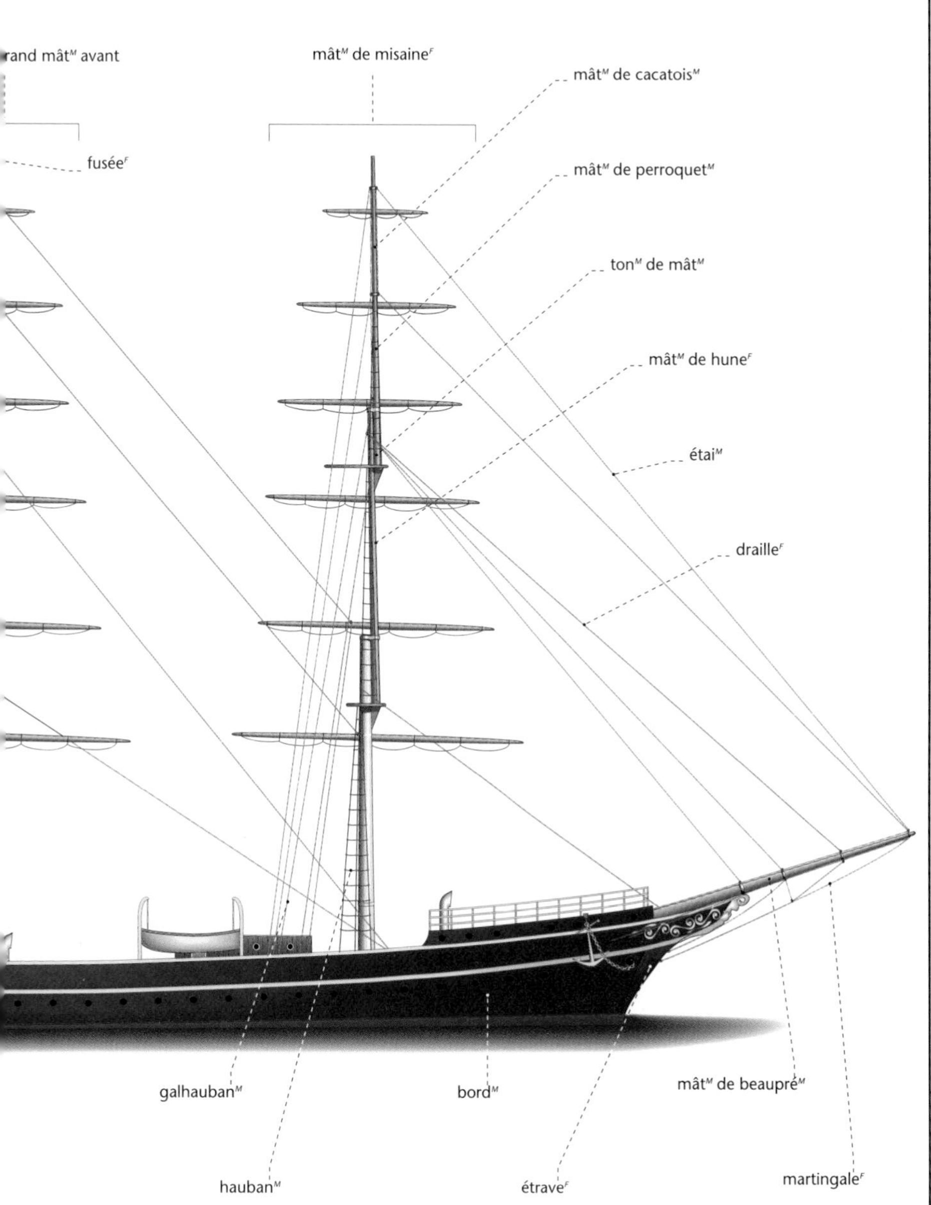
rand mât[M] avant
fusée[F]
mât[M] de misaine[F]
mât[M] de cacatois[M]
mât[M] de perroquet[M]
ton[M] de mât[M]
mât[M] de hune[F]
étai[M]
draille[F]
galhauban[M]
bord[M]
mât[M] de beaupré[M]
hauban[M]
étrave[F]
martingale[F]

QUATRE-MÂTS^M BARQUE^F

VOILURE^F

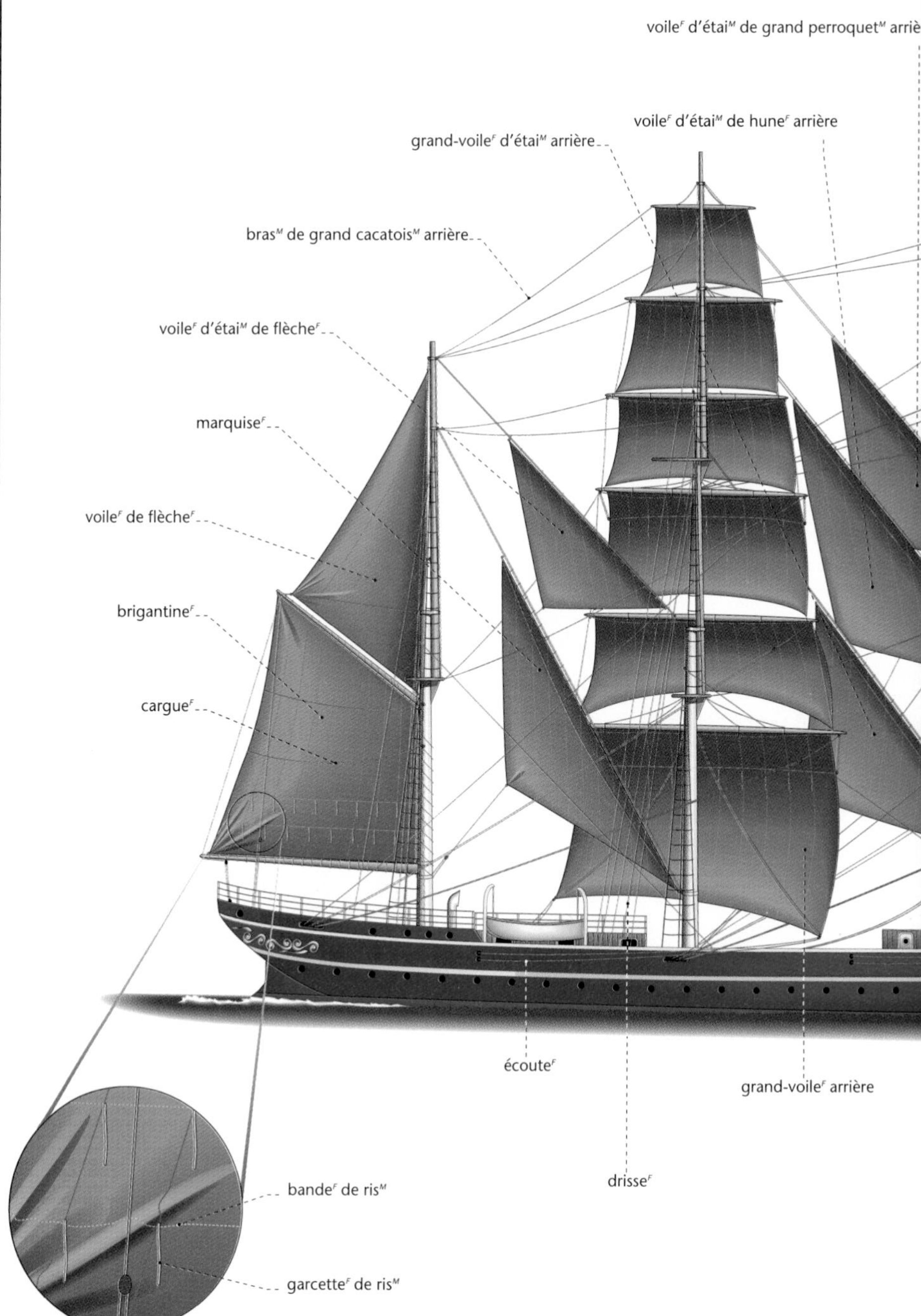

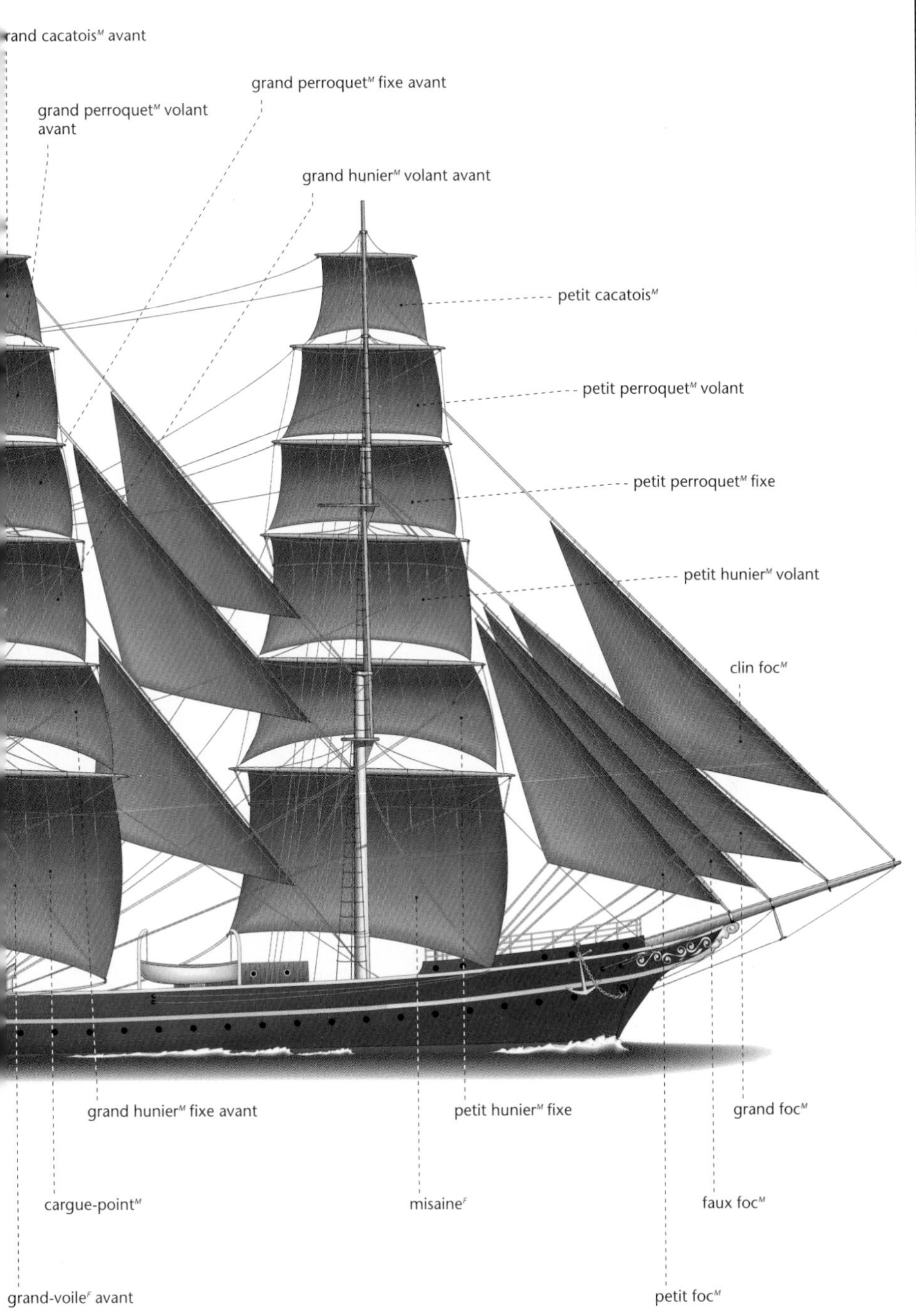
rand cacatois^M avant
grand perroquet^M fixe avant
grand perroquet^M volant avant
grand hunier^M volant avant
petit cacatois^M
petit perroquet^M volant
petit perroquet^M fixe
petit hunier^M volant
clin foc^M
grand hunier^M fixe avant
petit hunier^M fixe
grand foc^M
cargue-point^M
misaine^F
faux foc^M
grand-voile^F avant
petit foc^M

TYPES[M] DE VOILES[F]

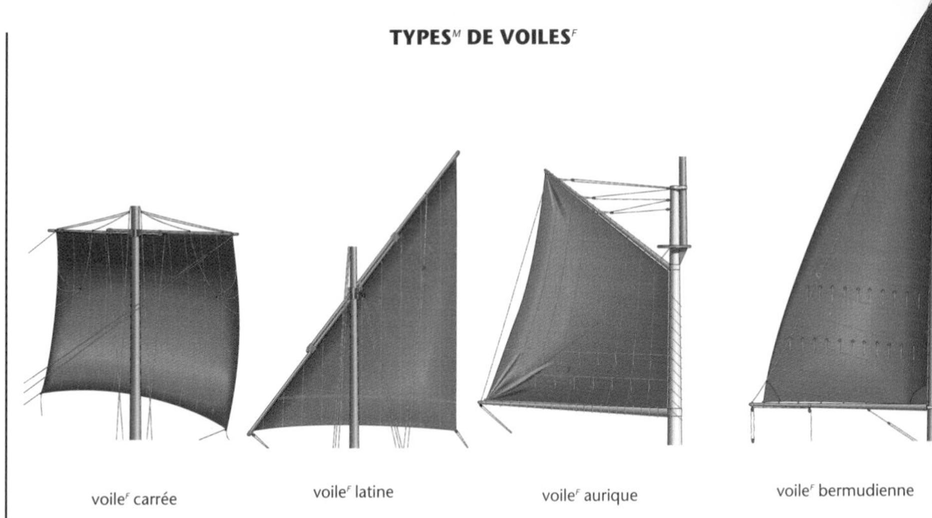

voile[F] carrée

voile[F] latine

voile[F] aurique

voile[F] bermudienne

TYPES[M] DE GRÉEMENTS[M]

baleinière[F]

brigantin[M]

ketch[M]

cotre[M] Marconi

brick[M]

goélette[F]

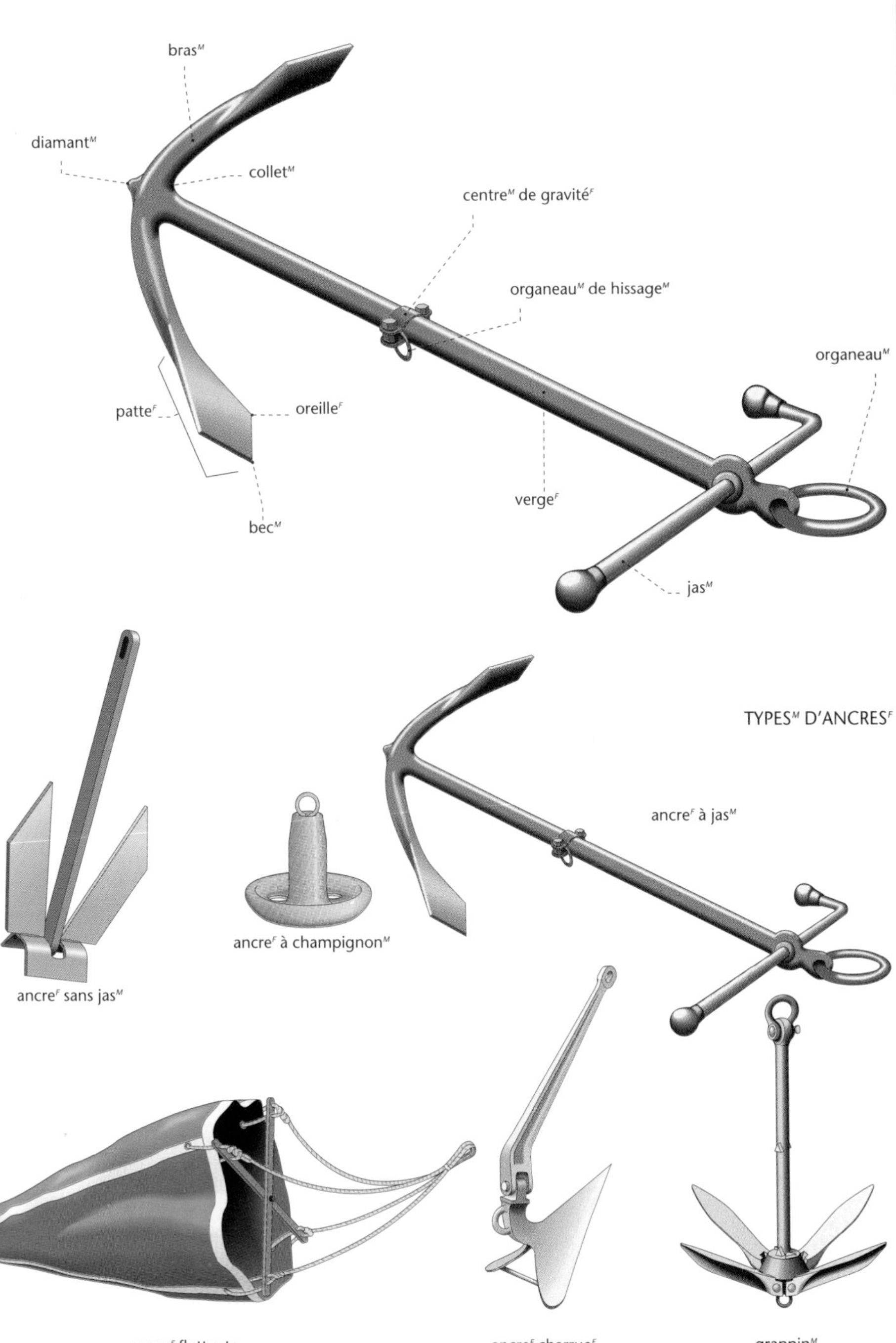
ANCRE[F] DE MARINE[F]
bras[M]
diamant[M]
collet[M]
centre[M] de gravité[F]
organeau[M] de hissage[M]
organeau[M]
patte[F]
oreille[F]
verge[F]
bec[M]
jas[M]
TYPES[M] D'ANCRES[F]
ancre[F] à jas[M]
ancre[F] à champignon[M]
ancre[F] sans jas[M]
ancre[F] flottante
ancre[F] charrue[F]
grappin[M]

TRANSPORT MARITIME

SEXTANT[M]

grand miroir[M]
filtre[M] coloré
alidade[F]
pare-soleil[M]
petit miroir[M]
lunette[F] prismatique
bâti[M]
limbe[M]
filtre[M] coloré
vernier[M]
vis[F] micrométrique
tambour[M]

COMPAS[M] MAGNÉTIQUE LIQUIDE

couvercle[M] coulissant
glace[F]
rose[F] des vents[M]
pivot[M]
cuvette[F]

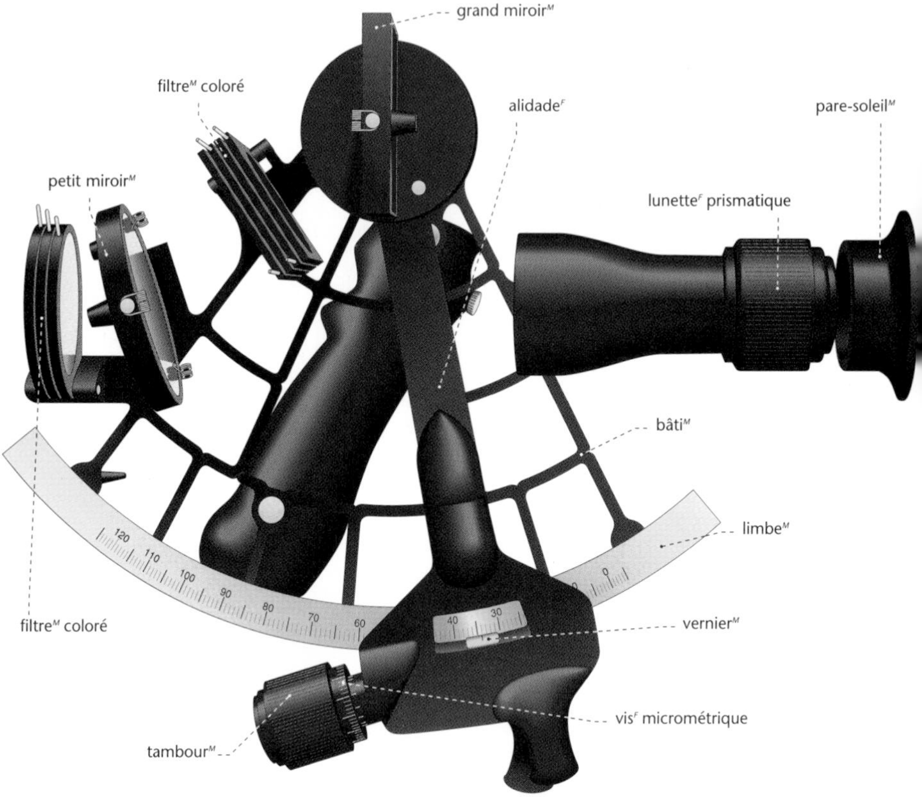

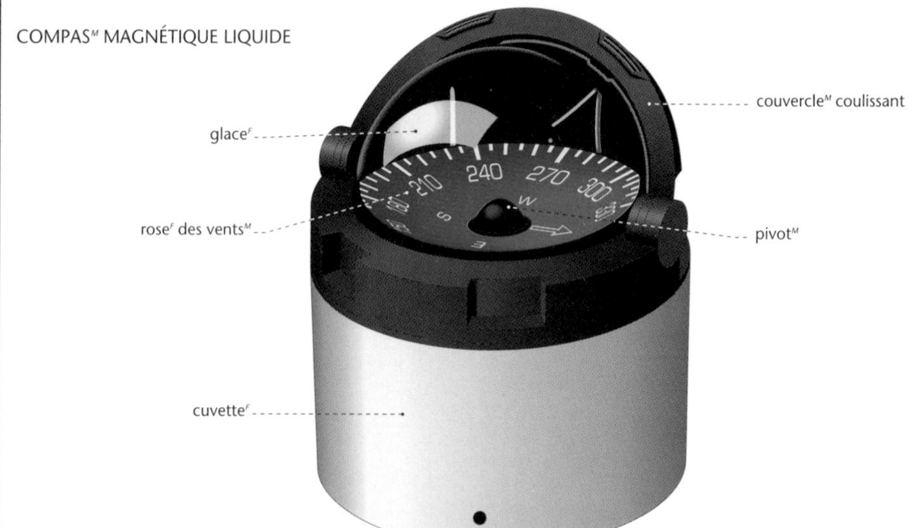

SONDEUR[M] À ÉCLATS[M]

écran[M]
échelle[F] de profondeur[F] en m
boîtier[M]
alarme[F] sonore
interrupteur[M]
contrôle[M] du gain[M]
age[M] du seuil[M] d'alarme[F]
visualisation[F] du seuil[M] d'alarme[F]
12
14
16
18
20
22
0
2
4
6
8
10
60
80
100
0
20
40
off
24
120

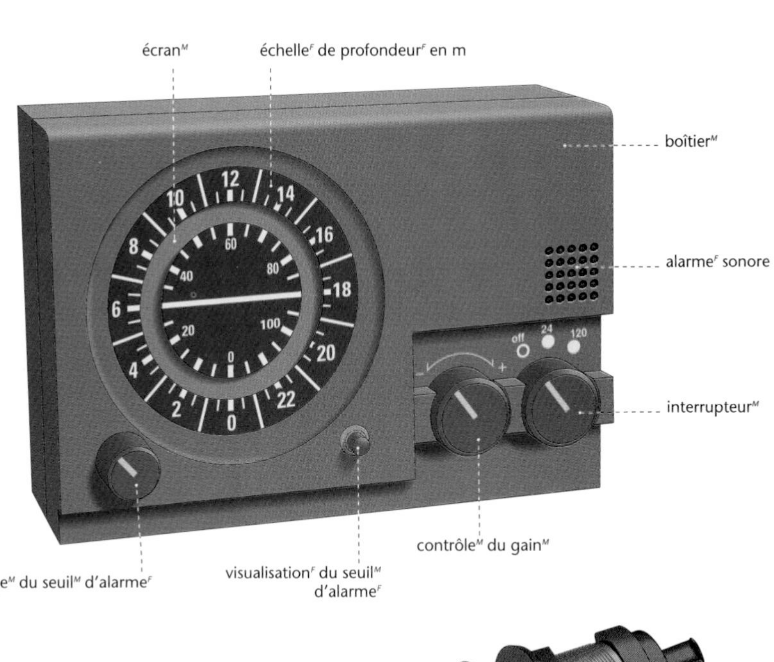

SONDE[F]

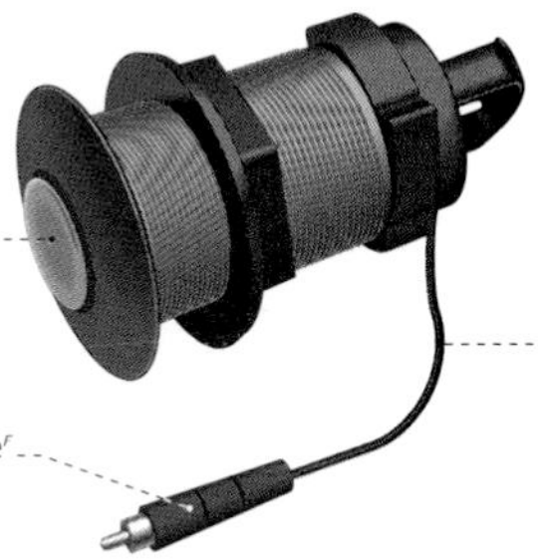

émetteur[M]/récepteur[M]
câble[M] de transmission[F]
fiche[F]

COUPE[F] D'UN COMPAS[M] MAGNÉTIQUE LIQUIDE

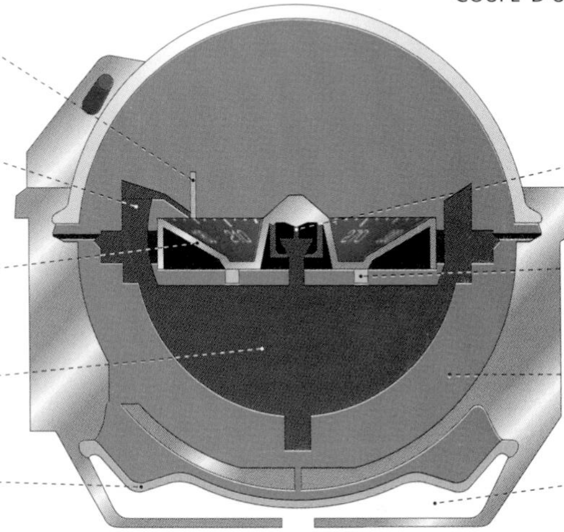

ligne[F] de foi[F]
suspension[F] à la Cardan
pivot[M]
chape[F]
aimant[M]
flotteur[M]
eau[F]/alcool[M]
aphragme[M] de dilatation[F]
chambre[F] de dilatation[F]

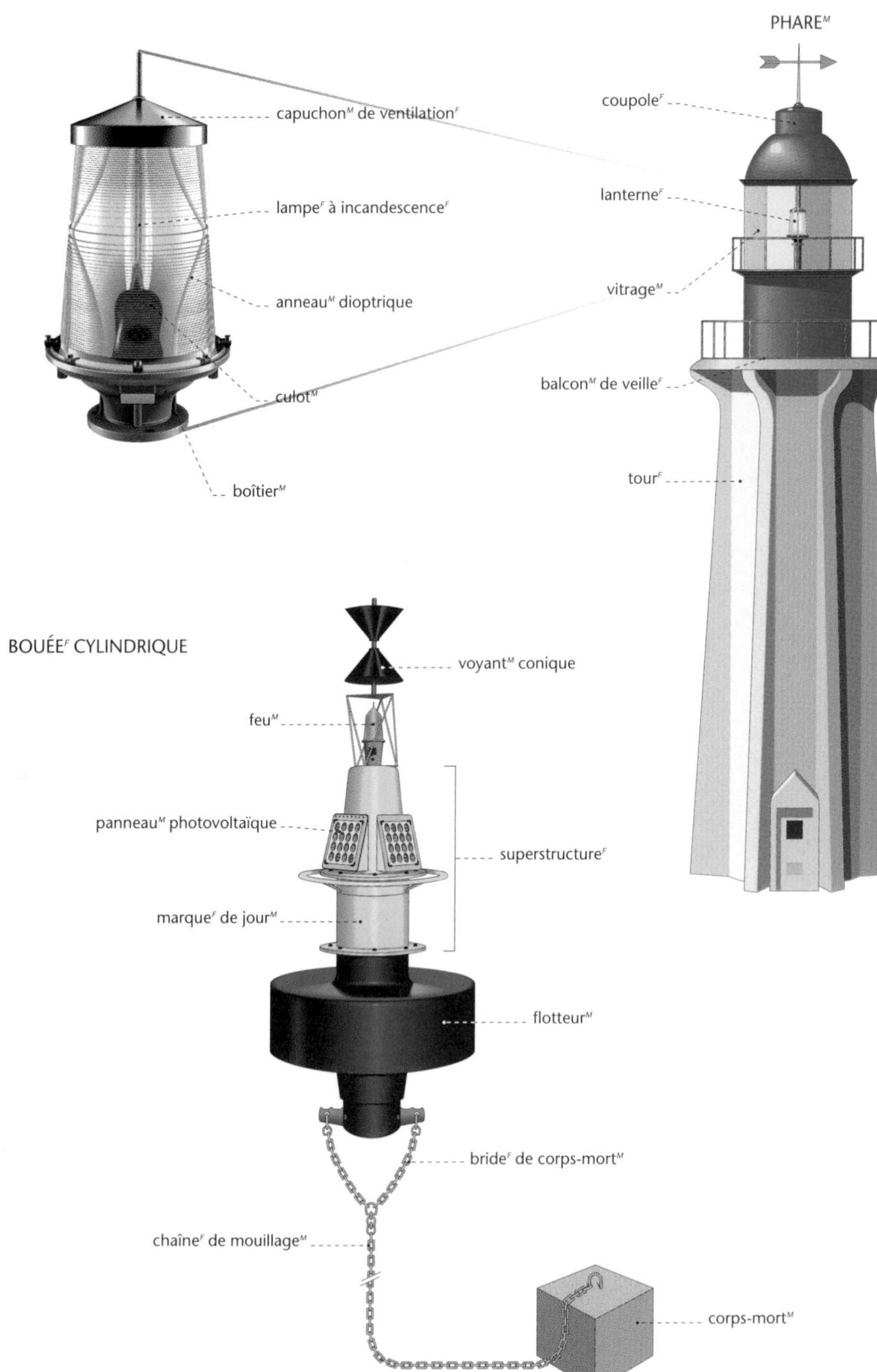
LANTERNE^F DE PHARE^M
capuchon^M de ventilation^F
lampe^F à incandescence^F
anneau^M dioptrique
culot^M
boîtier^M
PHARE^M
coupole^F
lanterne^F
vitrage^M
balcon^M de veille^F
tour^F
BOUÉE^F CYLINDRIQUE
voyant^M conique
feu^M
panneau^M photovoltaïque
superstructure^F
marque^F de jour^M
flotteur^M
bride^F de corps-mort^M
chaîne^F de mouillage^M
corps-mort^M

BOUÉE[F] À PLAN[M] FOCAL ÉLEVÉ

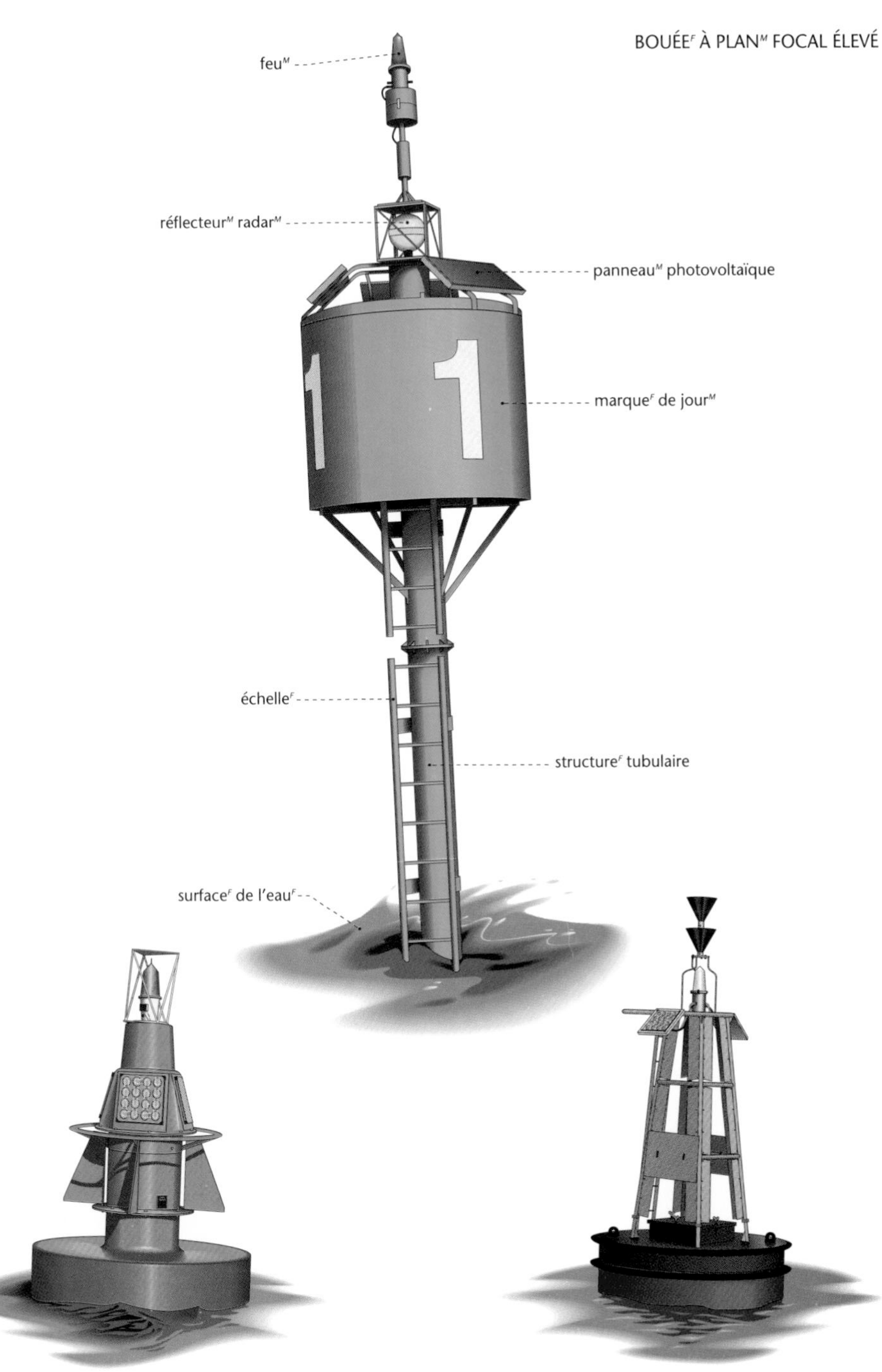

SYSTÈME[M] DE BALISAGE[M] MARITIME

MARQUES[F] CARDINALES

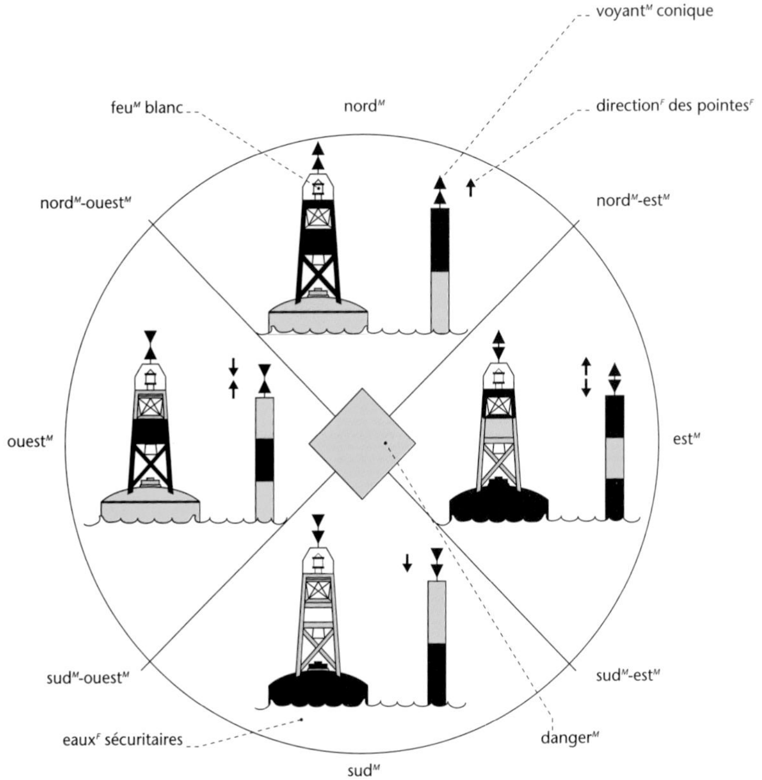

voyant[M] conique
feu[M] blanc
nord[M]
direction[F] des pointes[F]
nord[M]-ouest[M]
nord[M]-est[M]
ouest[M]
est[M]
sud[M]-ouest[M]
sud[M]-est[M]
eaux[F] sécuritaires
danger[M]
sud[M]

RÉGIONS[F] DE BALISAGE[M]

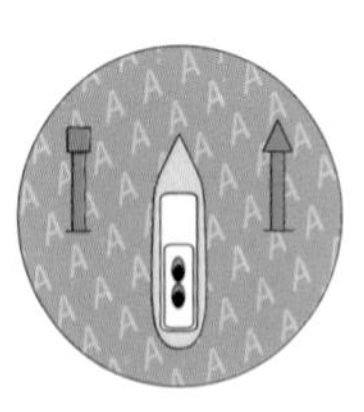

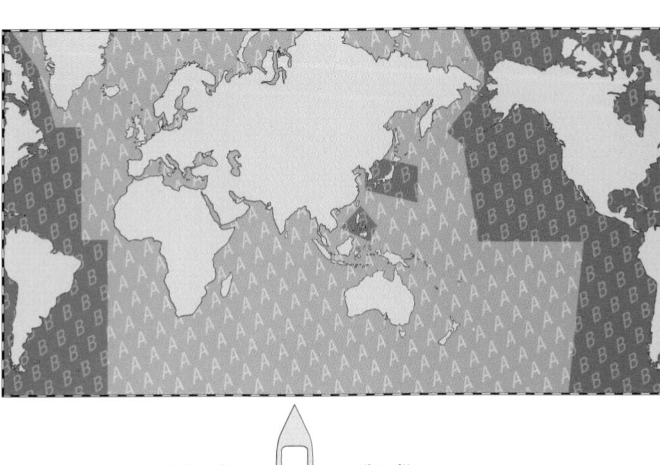

bâbord[M]
tribord[M]

RYTHME[M] DES MARQUES[F] DE NUIT[F]

lumière[F]
obscurité[F]
période[F]
période[F]
période[F]
intervalle[M]
intervalle[M]

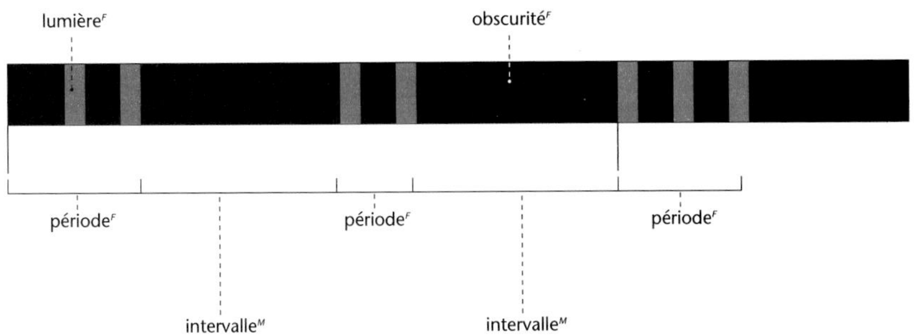

MARQUES[F] DE JOUR[M] (RÉGION[F] B)

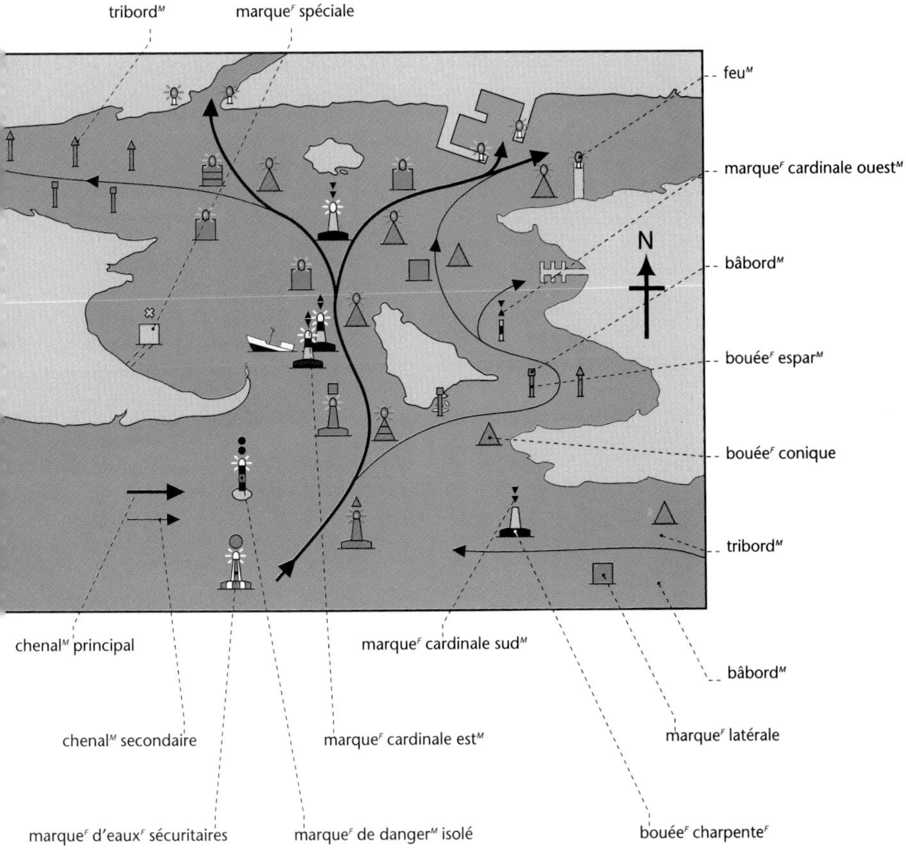

tribord[M]
marque[F] spéciale
feu[M]
marque[F] cardinale ouest[M]
N
bâbord[M]
bouée[F] espar[M]
bouée[F] conique
tribord[M]
chenal[M] principal
marque[F] cardinale sud[M]
bâbord[M]
chenal[M] secondaire
marque[F] cardinale est[M]
marque[F] latérale
marque[F] d'eaux[F] sécuritaires
marque[F] de danger[M] isolé
bouée[F] charpente[F]

PORT[M] MARITIME

entrepôt[M] frigorifique
transbordeur[M]
pétrolier[M]
phare[M]
gare[F] maritime
terminal[M] pétrolier
voie[F] ferrée bord[M] à quai[M]
transport[M] routier
bureau[M] des douanes[F]
portique[M]
bâtiment[M] administratif
erminal[M] à conteneurs[M]
parking[M]; *stationnement*[M]

ÉCLUSE[F]

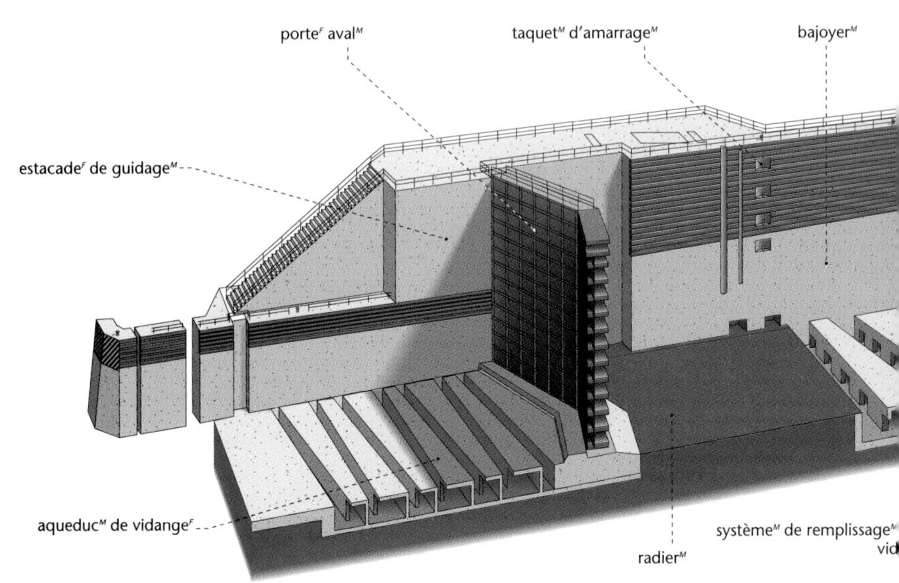

AÉROGLISSEUR[M]

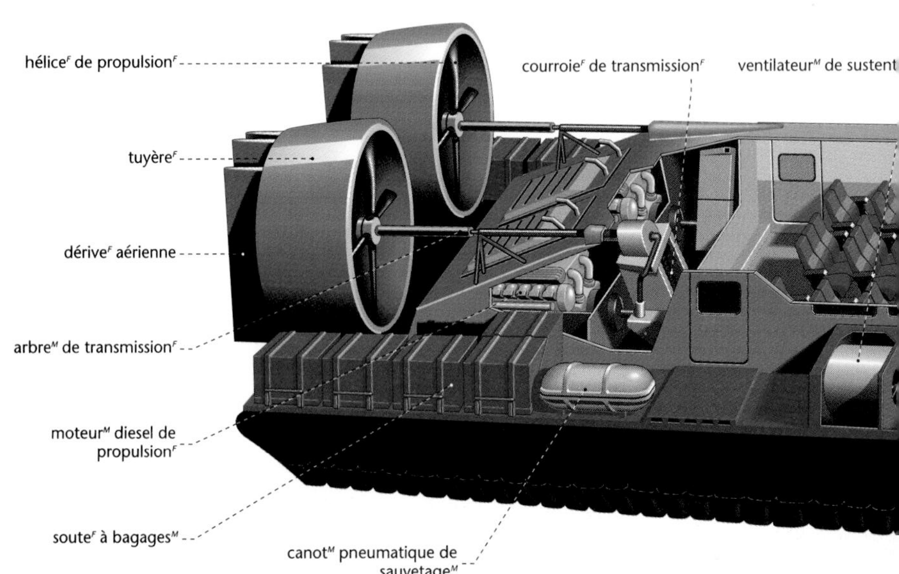

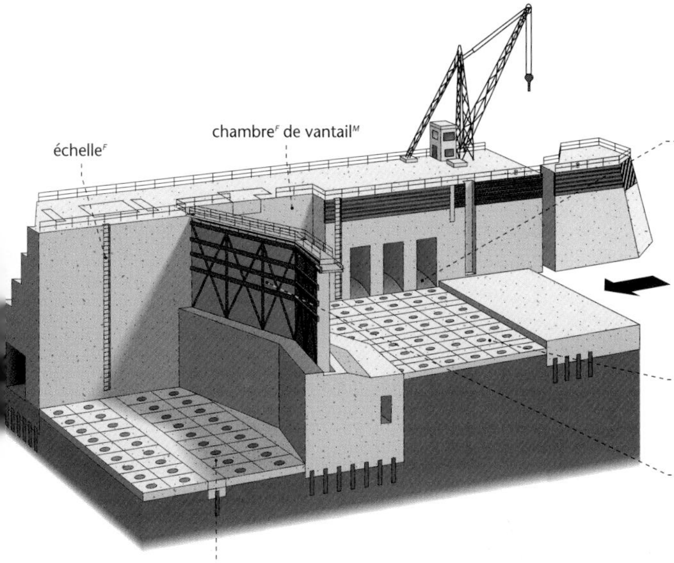

échelle^F

chambre^F de vantail^M

aqueduc^M de remplissage^M

courant^M

pertuis^M de remplissage^M

porte^F amont^M

de remplissage^M et de vidange^F

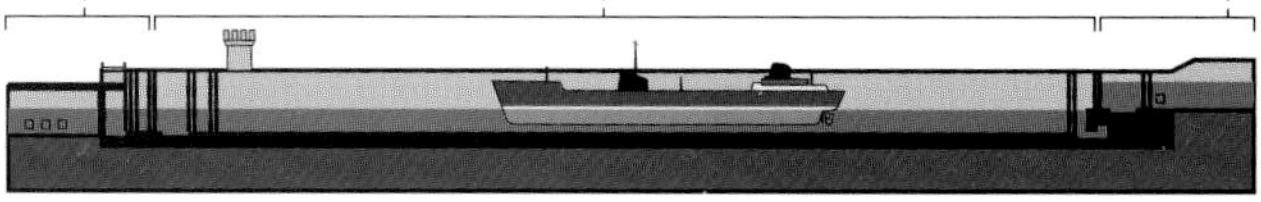

tête^F aval^M

sas^M

tête^F amont^M

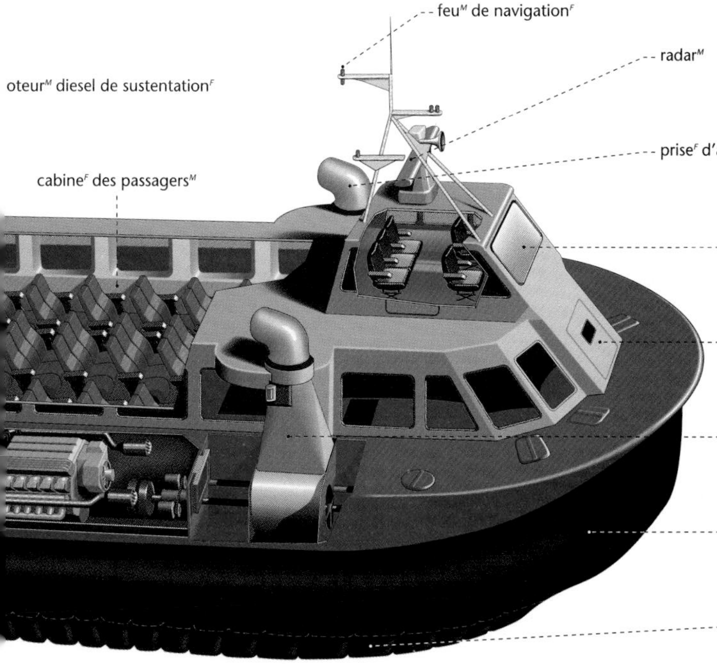

feu^M de navigation^F

radar^M

oteur^M diesel de sustentation^F

prise^F d'air^M

cabine^F des passagers^M

cabine^F de pilotage^M

porte^F avant

entrée^F d'air^M du ventilateur^M

jupe^F souple

doigt^M de jupe^F

TRANSBORDEUR[M]

passerelle[F] de navigatio
antenne[F] de télécommunication[F]
radar[M]
antenne[F] radio[F]
conditionnement[M] d'air[M]
porte[F] avant
restaurant[M]
compartiment[M] des voitures[F]
cabine[F] des passagers[M]
rampe[F] d'accès[M]

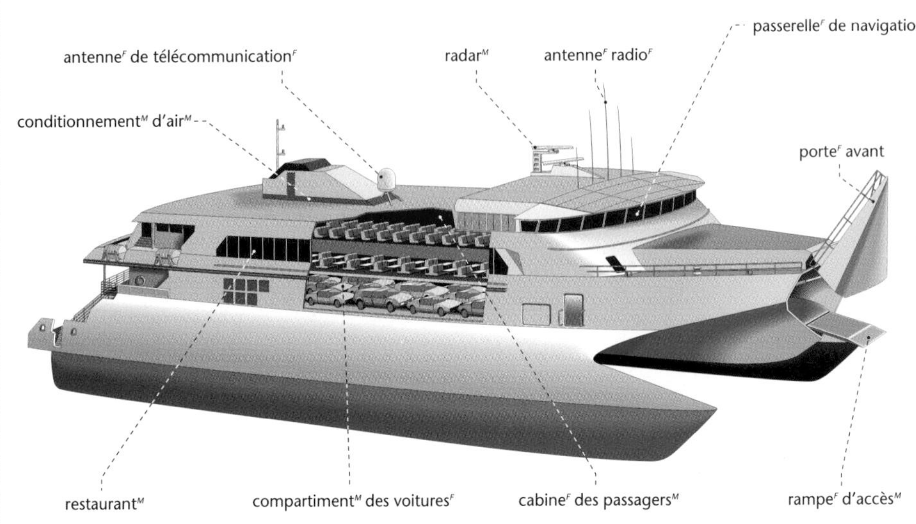

CARGO[M] PORTE-CONTENEURS[M]

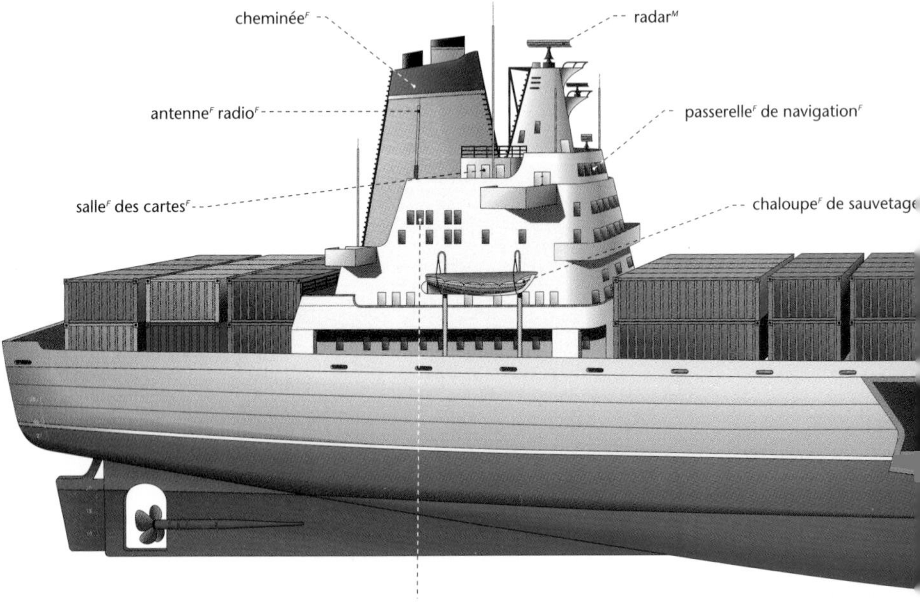

cheminée[F]
radar[M]
antenne[F] radio[F]
passerelle[F] de navigation[F]
salle[F] des cartes[F]
chaloupe[F] de sauvetag
locaux[M] du personnel[M]

HYDROPTÈRE[M]

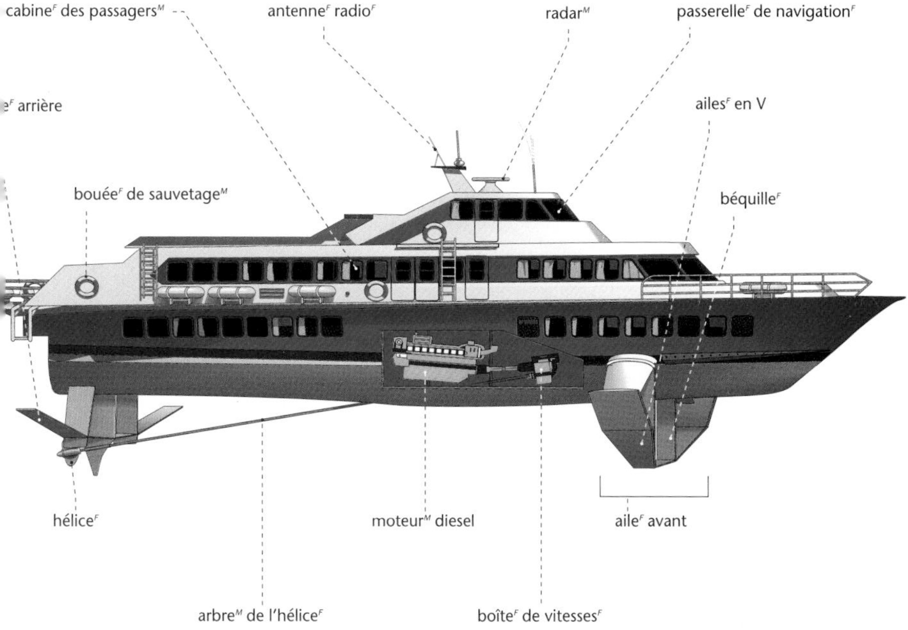

cabine[F] des passagers[M]
antenne[F] radio[F]
radar[M]
passerelle[F] de navigation[F]
e[F] arrière
ailes[F] en V
bouée[F] de sauvetage[M]
béquille[F]
hélice[F]
moteur[M] diesel
aile[F] avant
arbre[M] de l'hélice[F]
boîte[F] de vitesses[F]

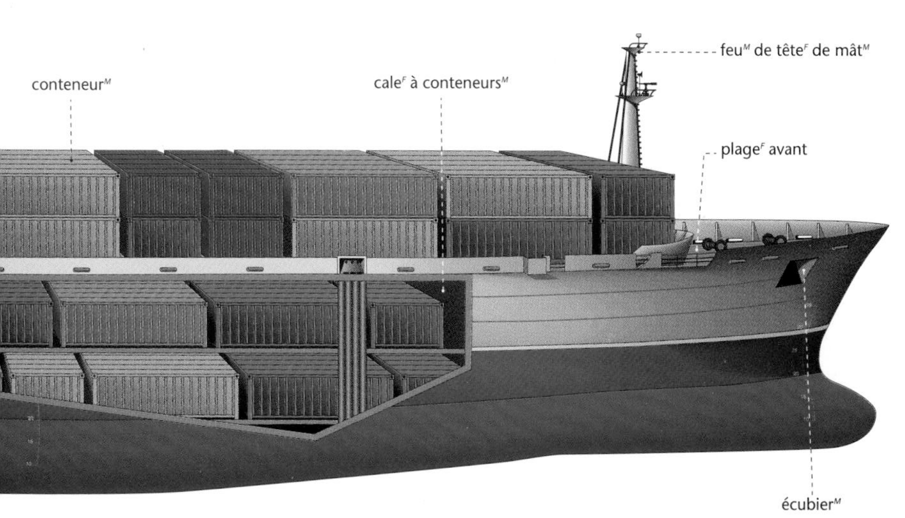

PAQUEBOT^M

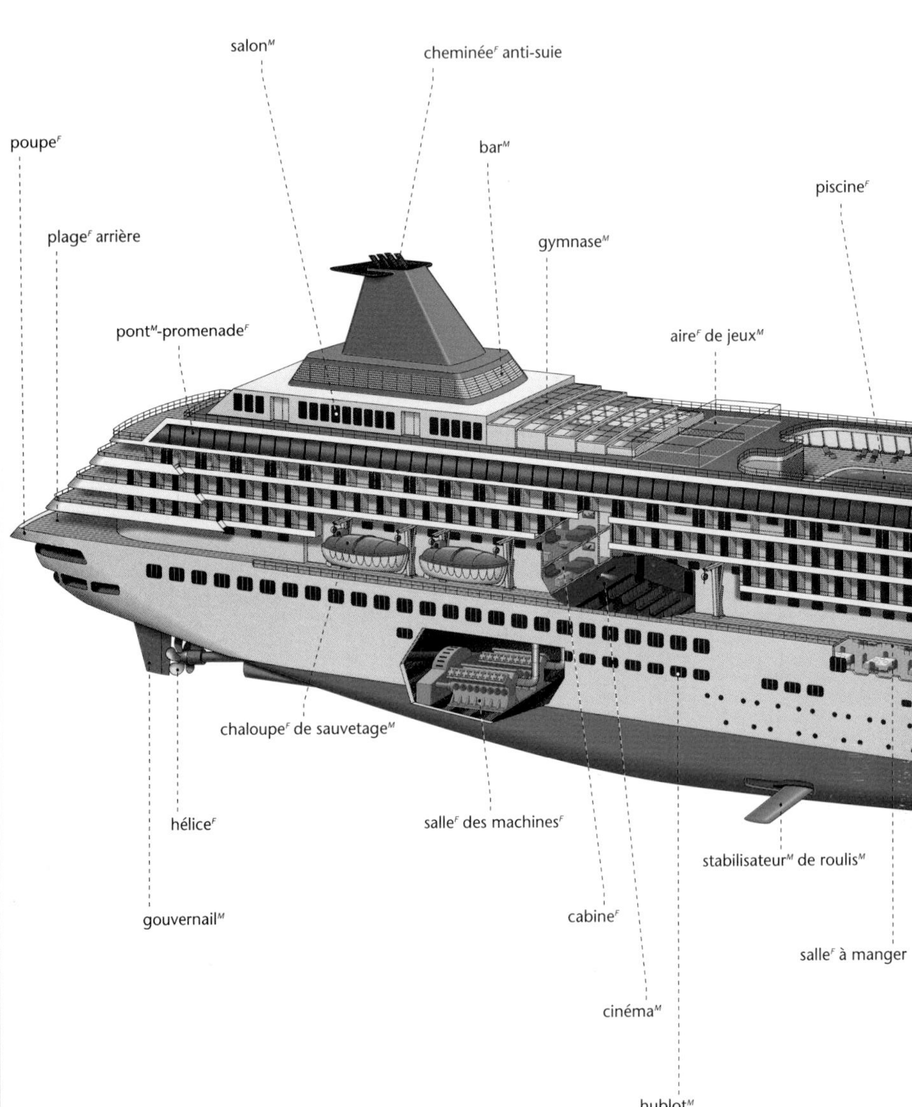
salon^M
cheminée^F anti-suie
poupe^F
bar^M
piscine^F
plage^F arrière
gymnase^M
pont^M-promenade^F
aire^F de jeux^M
chaloupe^F de sauvetage^M
hélice^F
salle^F des machines^F
stabilisateur^M de roulis^M
gouvernail^M
cabine^F
salle^F à manger
cinéma^M
hublot^M

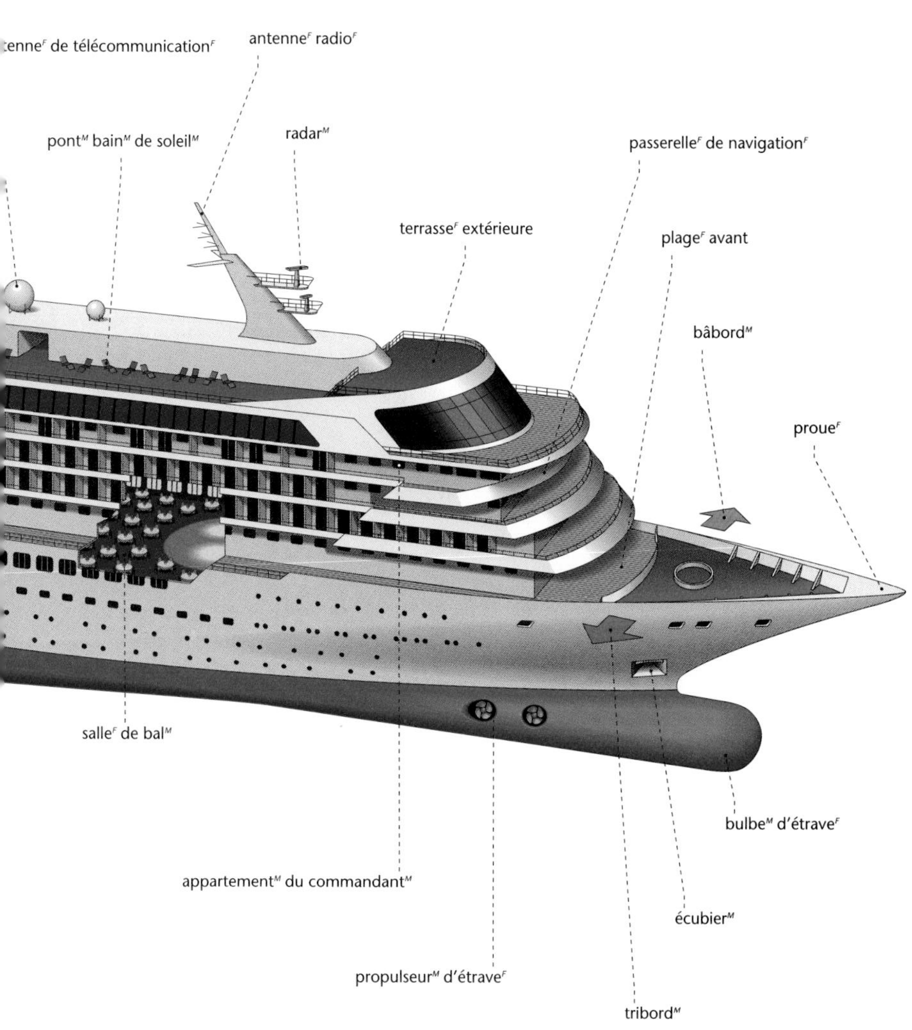

tenneF de télécommunicationF
antenneF radioF
pontM bainM de soleilM
radarM
passerelleF de navigationF
terrasseF extérieure
plageF avant
bâbordM
proueF
salleF de balM
bulbeM d'étraveF
appartementM du commandantM
écubierM
propulseurM d'étraveF
tribordM

AVION[M] LONG-COURRIER[M]

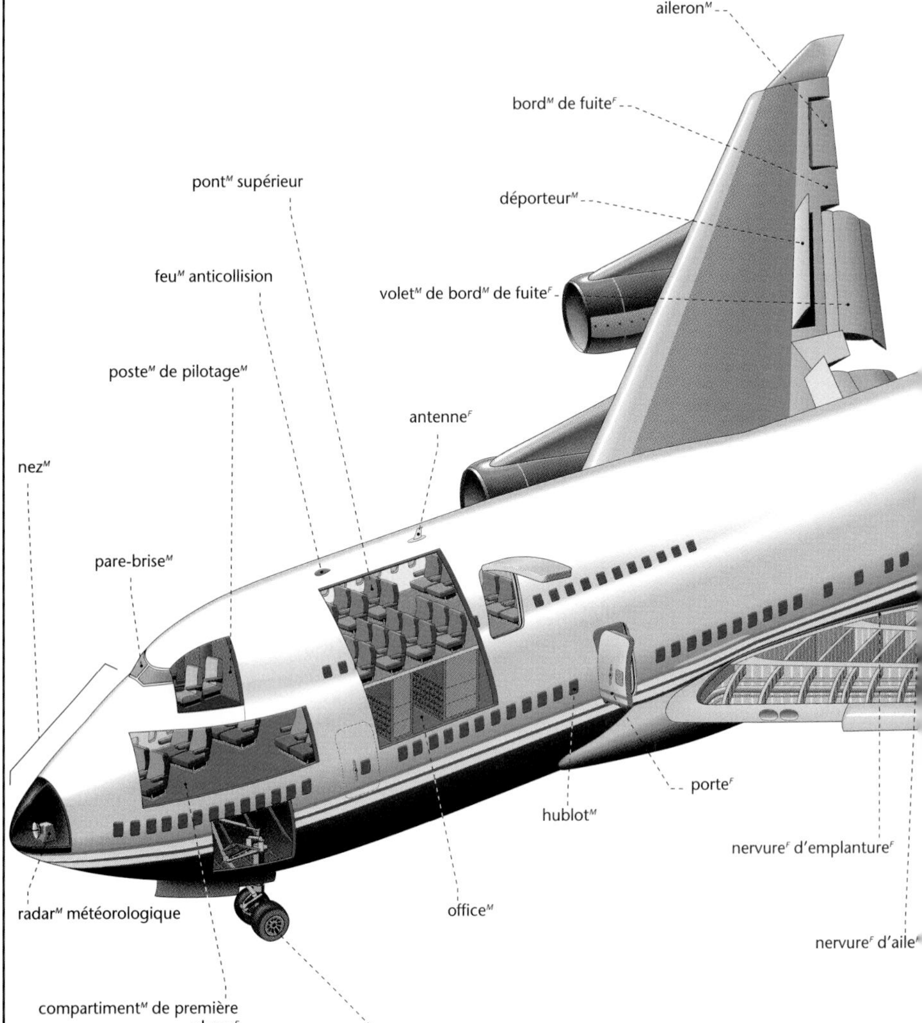

aileron[M]
bord[M] de fuite[F]
déporteur[M]
volet[M] de bord[M] de fuite[F]
pont[M] supérieur
feu[M] anticollision
poste[M] de pilotage[M]
antenne[F]
nez[M]
pare-brise[M]
porte[F]
hublot[M]
nervure[F] d'emplanture[F]
radar[M] météorologique
office[M]
nervure[F] d'aile[F]
compartiment[M] de première classe[F]
train[M] d'atterrissage[M] avant
longer

TYPES[M] D'EMPENNAGES[M]

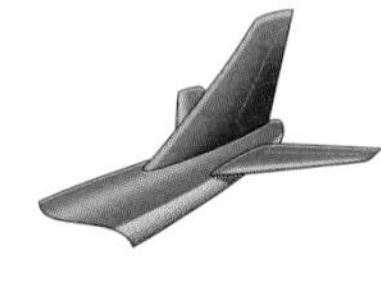
empennage[M] bas

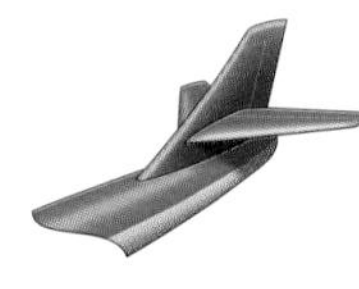
empennage[M] surélevé

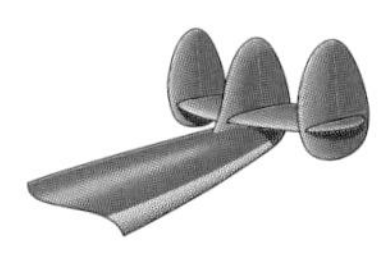
stabilisateur[M] à triple plan[M] vertical

empennage[M] en T

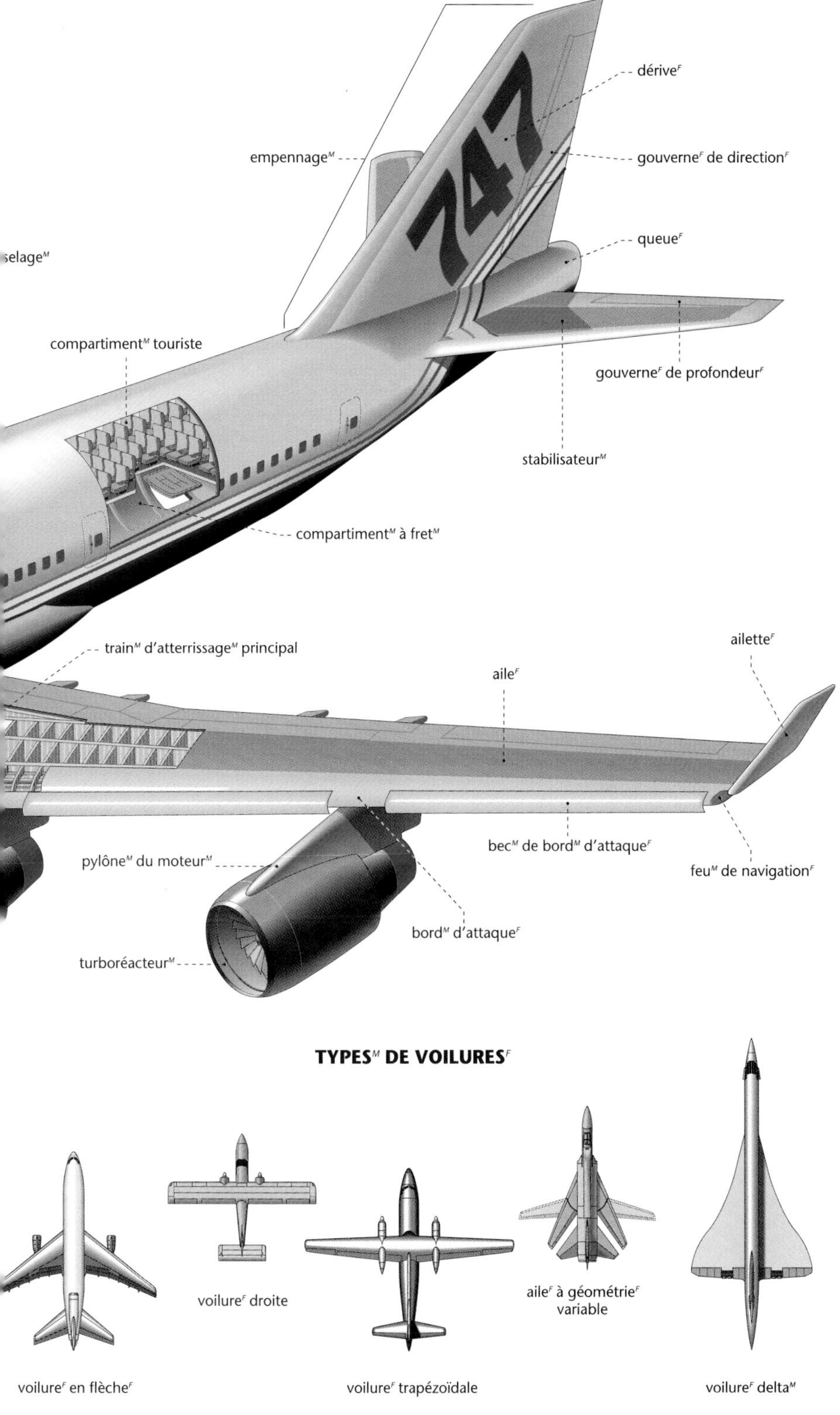

TYPES^M DE VOILURES^F

POSTE[M] DE PILOTAGE[M]

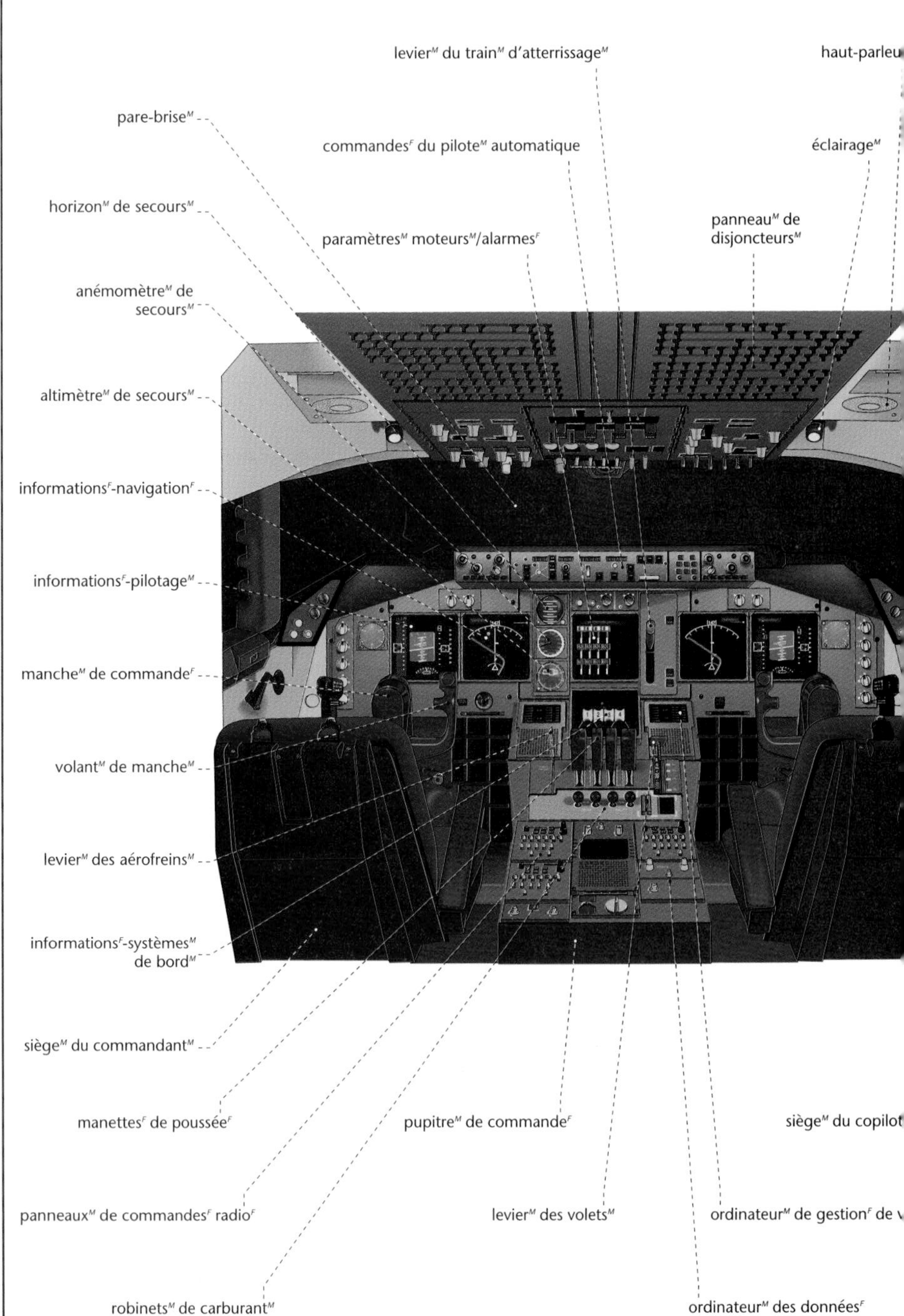

TURBORÉACTEUR[M] À DOUBLE FLUX[M]

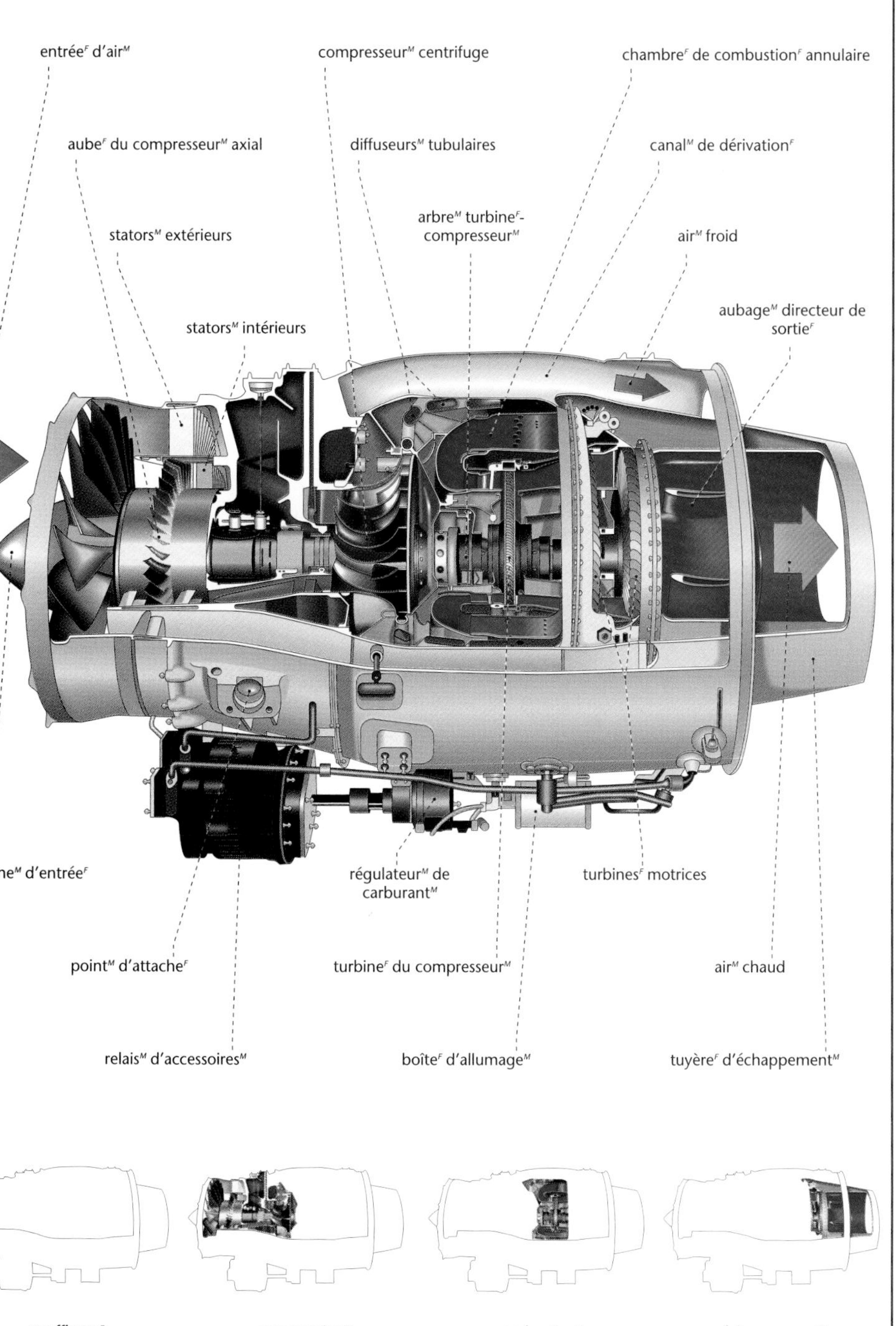

AÉROPORT[M]

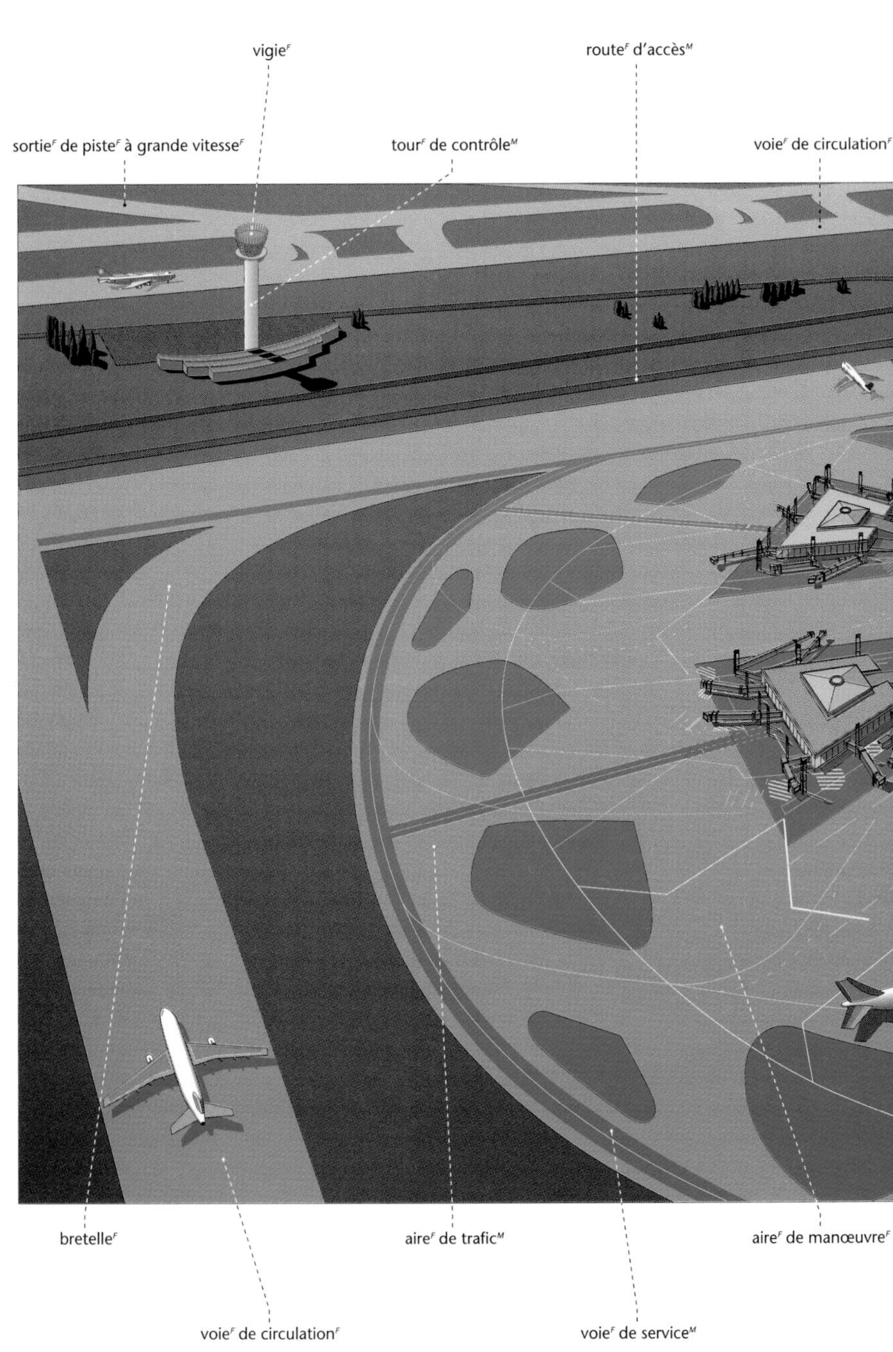
vigie[F]
route[F] d'accès[M]
sortie[F] de piste[F] à grande vitesse[F]
tour[F] de contrôle[M]
voie[F] de circulation[F]
bretelle[F]
aire[F] de trafic[M]
aire[F] de manœuvre[F]
voie[F] de circulation[F]
voie[F] de service[M]

hangar[M]
érogare[F] de passagers[M]
aire[F] de stationnement[M]
asserelle[F] télescopique
quai[M] d'embarquement[M]
aérogare[F] satellite[M]
aire[F] de service[M]
marques[F] de circulation[F]

AÉROPORT[M]

AÉROGARE[F]

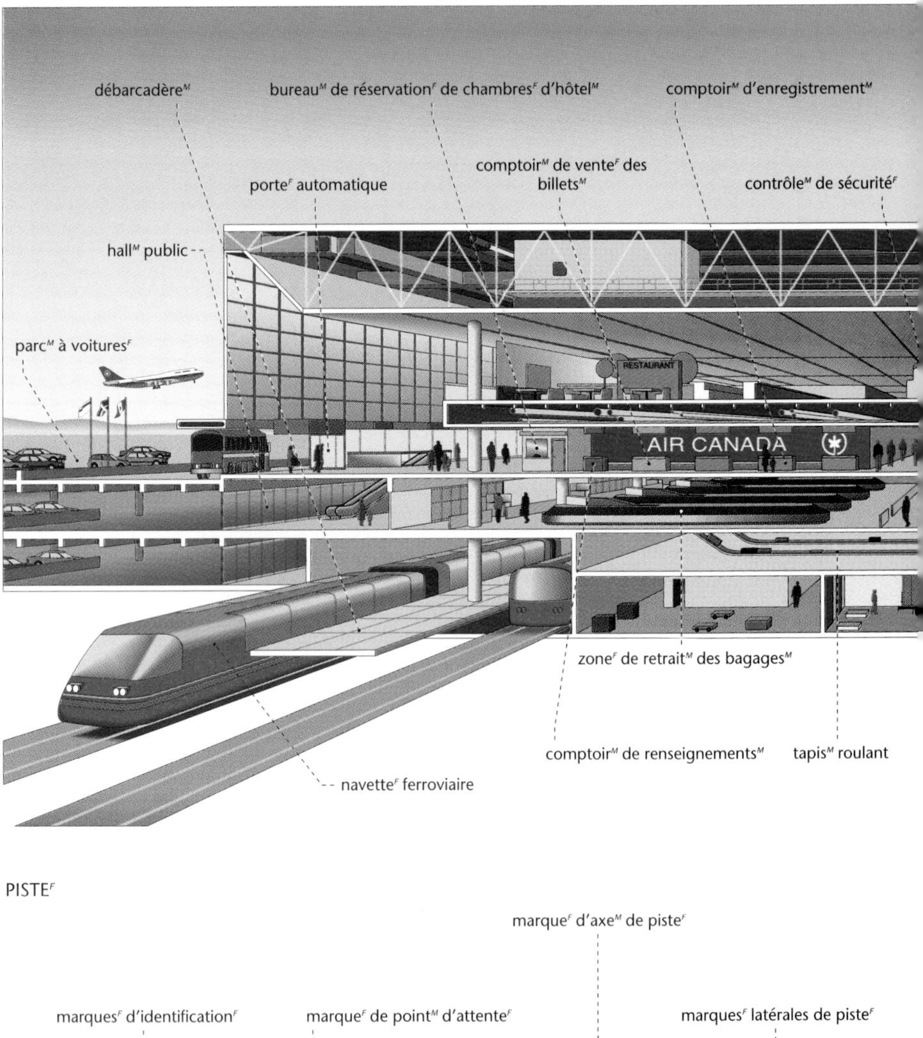

débarcadère[M]
bureau[M] de réservation[F] de chambres[F] d'hôtel[M]
comptoir[M] d'enregistrement[M]
comptoir[M] de vente[F] des billets[M]
porte[F] automatique
contrôle[M] de sécurité[F]
hall[M] public
parc[M] à voitures[F]
zone[F] de retrait[M] des bagages[M]
comptoir[M] de renseignements[M]
tapis[M] roulant
navette[F] ferroviaire

PISTE[F]

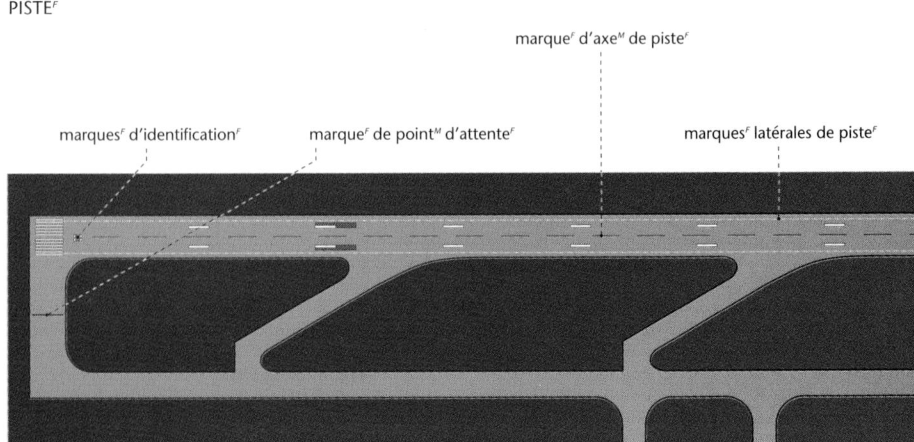

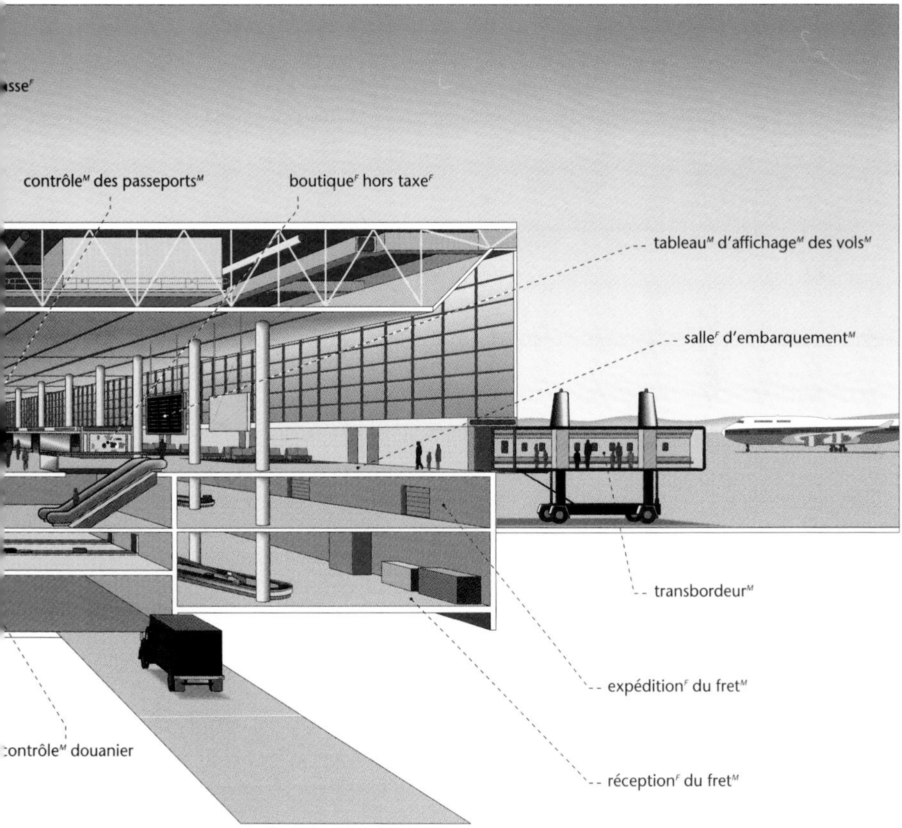

sse[F]

contrôle[M] des passeports[M]

boutique[F] hors taxe[F]

tableau[M] d'affichage[M] des vols[M]

salle[F] d'embarquement[M]

transbordeur[M]

expédition[F] du fret[M]

contrôle[M] douanier

réception[F] du fret[M]

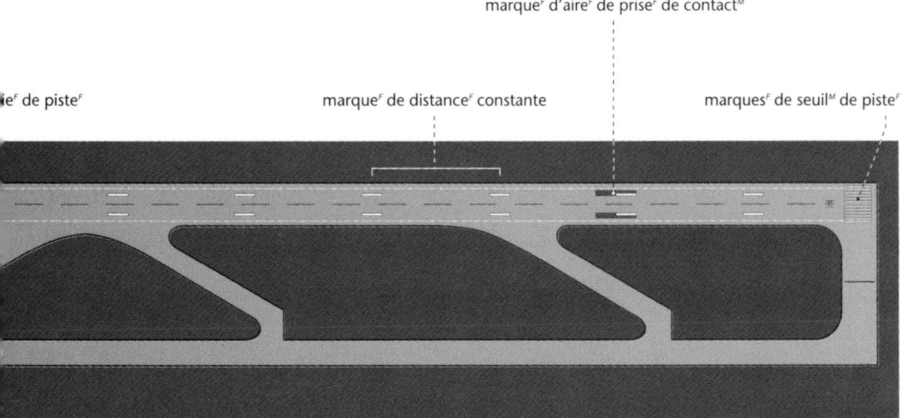

ÉQUIPEMENTS[M] AÉROPORTUAIRES

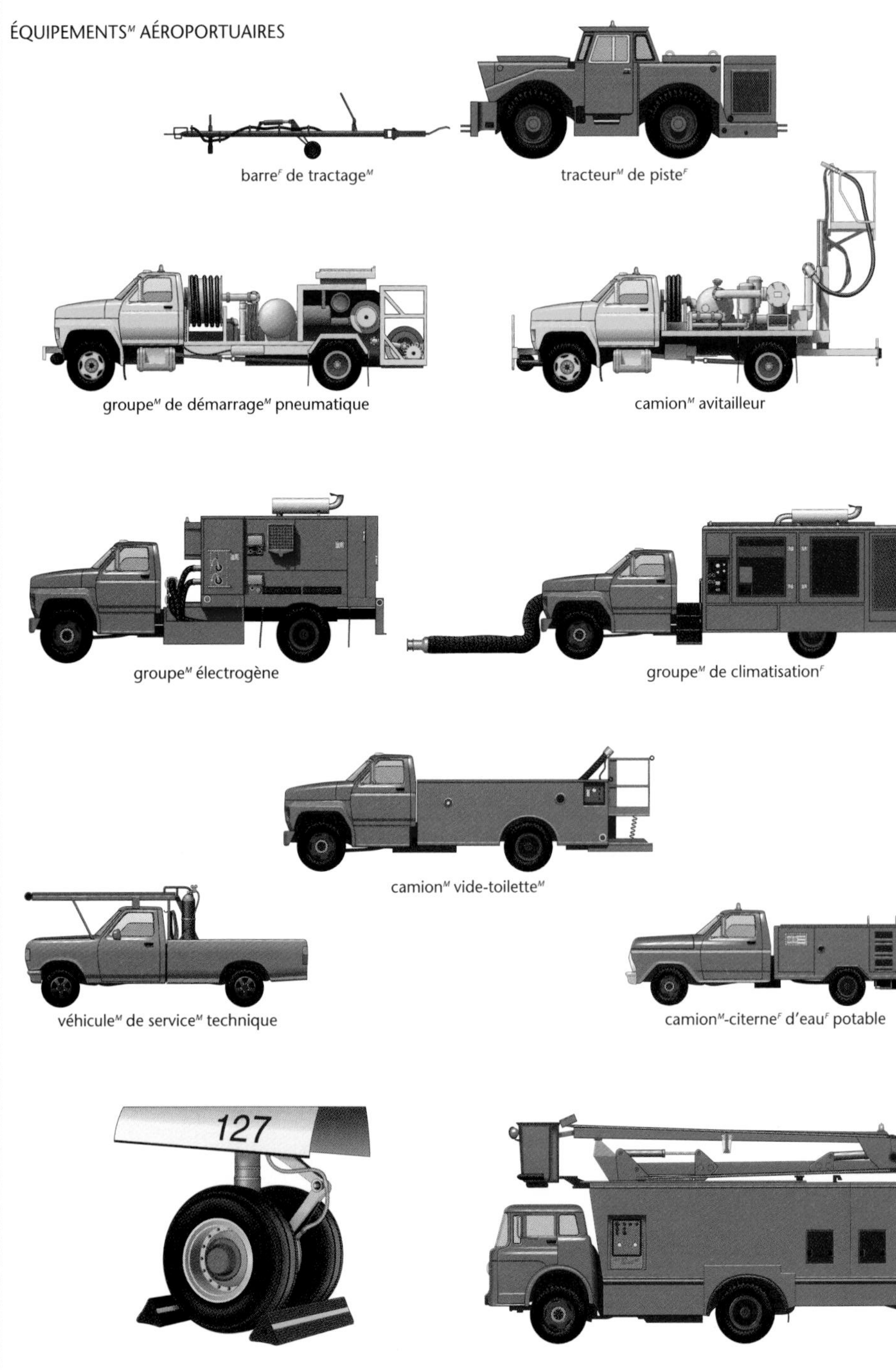

barre[F] de tractage[M]

tracteur[M] de piste[F]

groupe[M] de démarrage[M] pneumatique

camion[M] avitailleur

groupe[M] électrogène

groupe[M] de climatisation[F]

camion[M] vide-toilette[M]

véhicule[M] de service[M] technique

camion[M]-citerne[F] d'eau[F] potable

cale[F]

nacelle[F] élévatrice

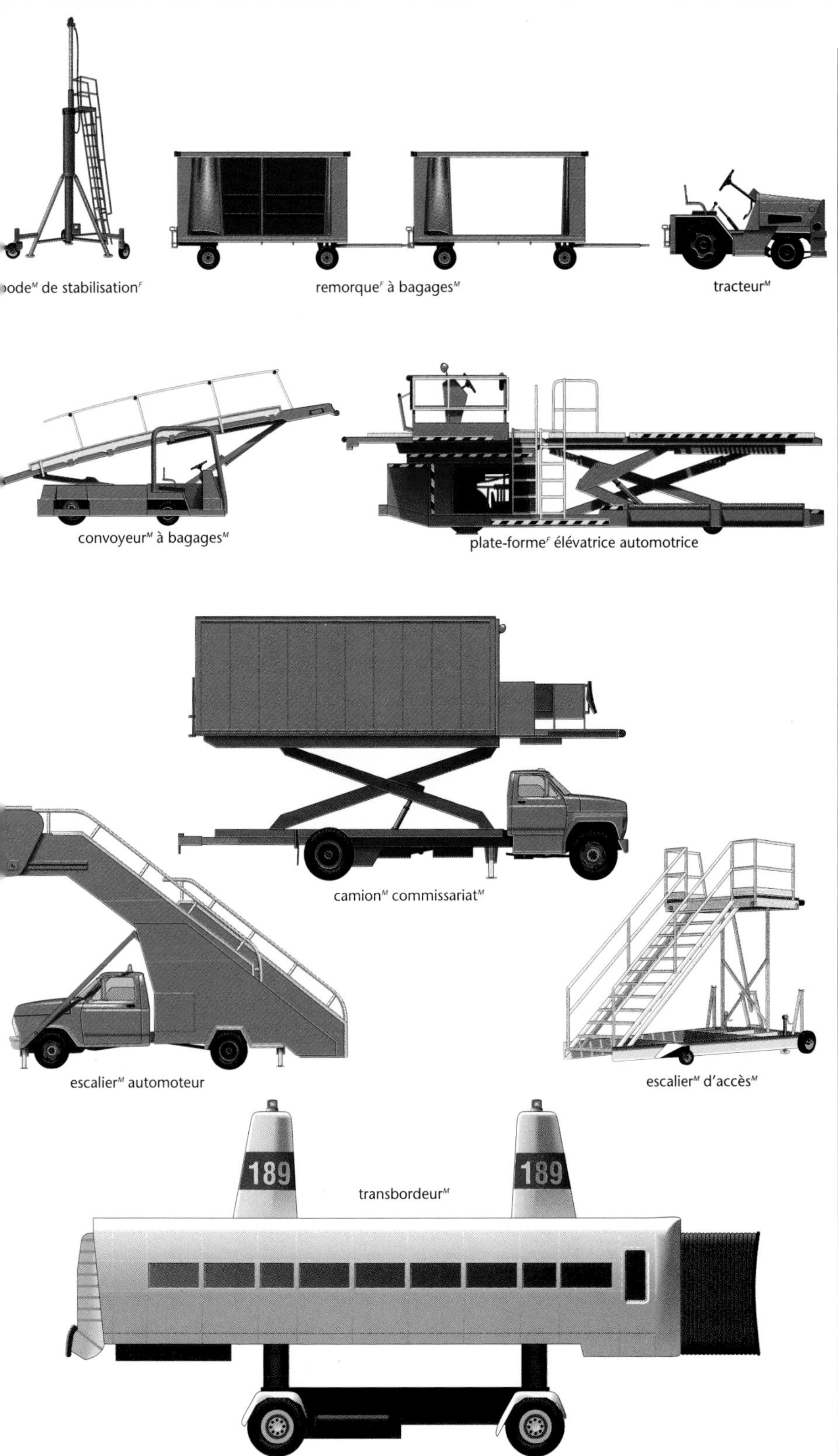

ode^M de stabilisation^F

remorque^F à bagages^M

tracteur^M

convoyeur^M à bagages^M

plate-forme^F élévatrice automotrice

camion^M commissariat^M

escalier^M automoteur

escalier^M d'accès^M

transbordeur^M

HÉLICOPTÈRE[M]

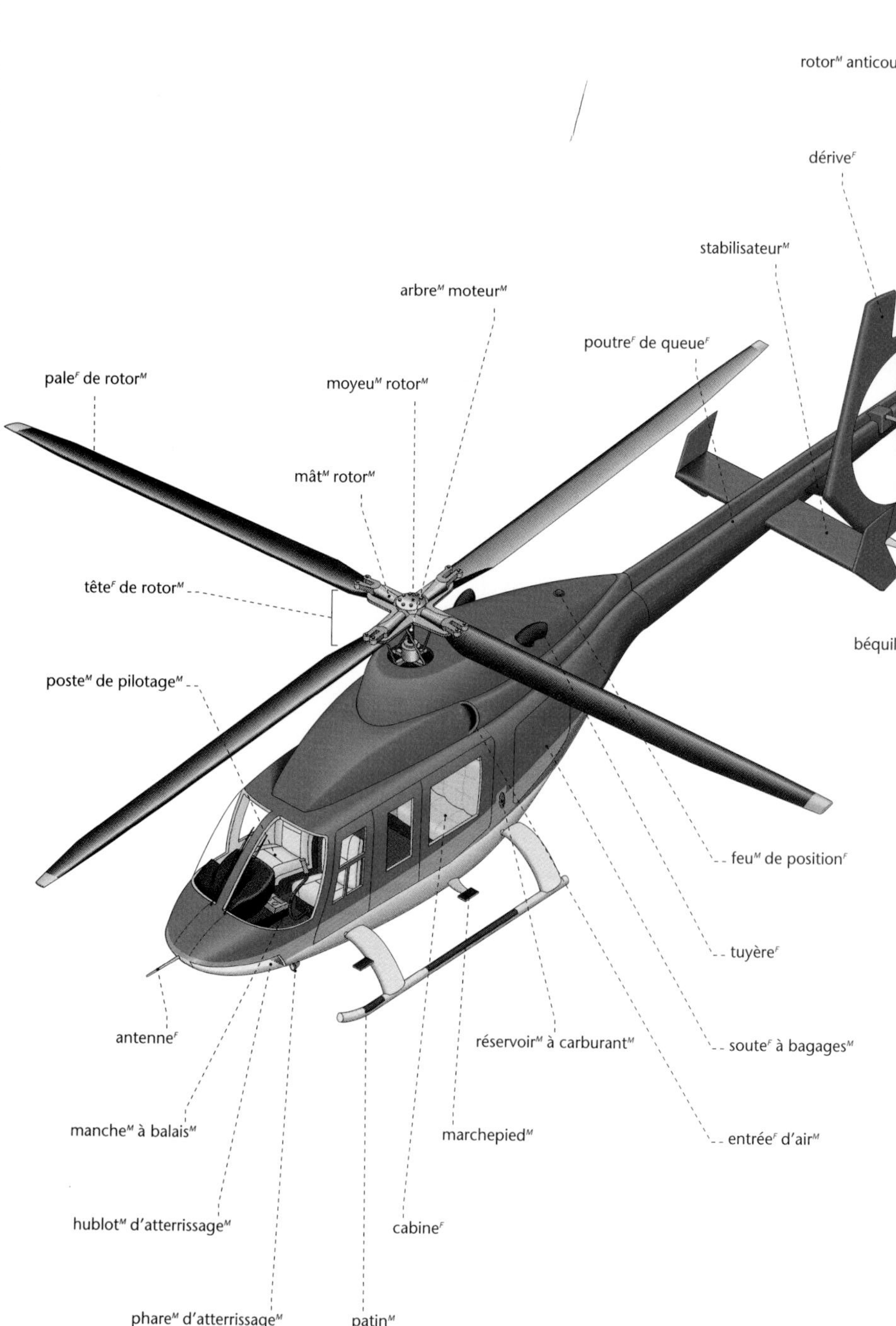

FUSÉE[F]

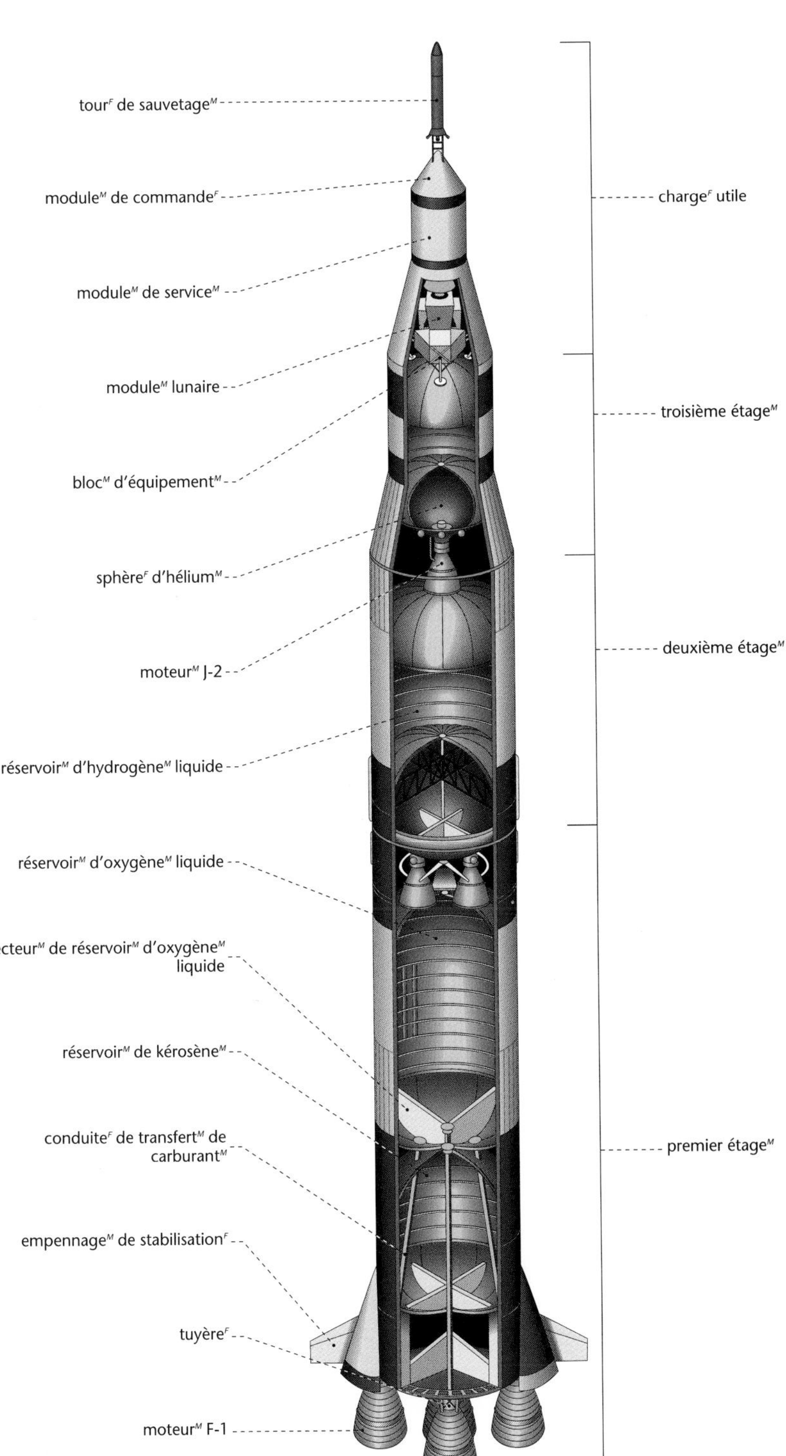
tour[F] de sauvetage[M]
module[M] de commande[F]
module[M] de service[M]
module[M] lunaire
bloc[M] d'équipement[M]
sphère[F] d'hélium[M]
moteur[M] J-2
réservoir[M] d'hydrogène[M] liquide
réservoir[M] d'oxygène[M] liquide
flecteur[M] de réservoir[M] d'oxygène[M] liquide
réservoir[M] de kérosène[M]
conduite[F] de transfert[M] de carburant[M]
empennage[M] de stabilisation[F]
tuyère[F]
moteur[M] F-1
charge[F] utile
troisième étage[M]
deuxième étage[M]
premier étage[M]

NAVETTE[F] SPATIALE

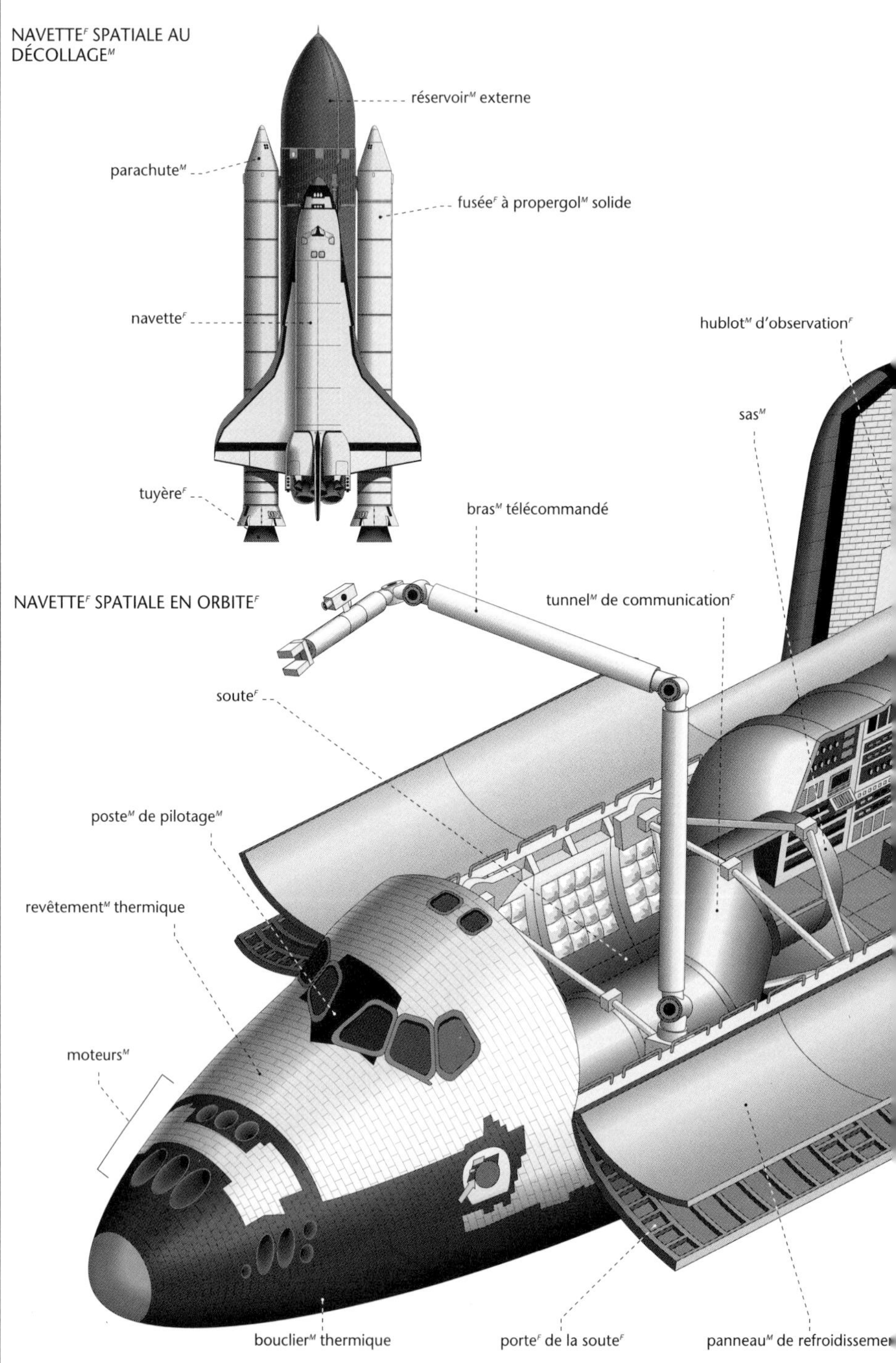

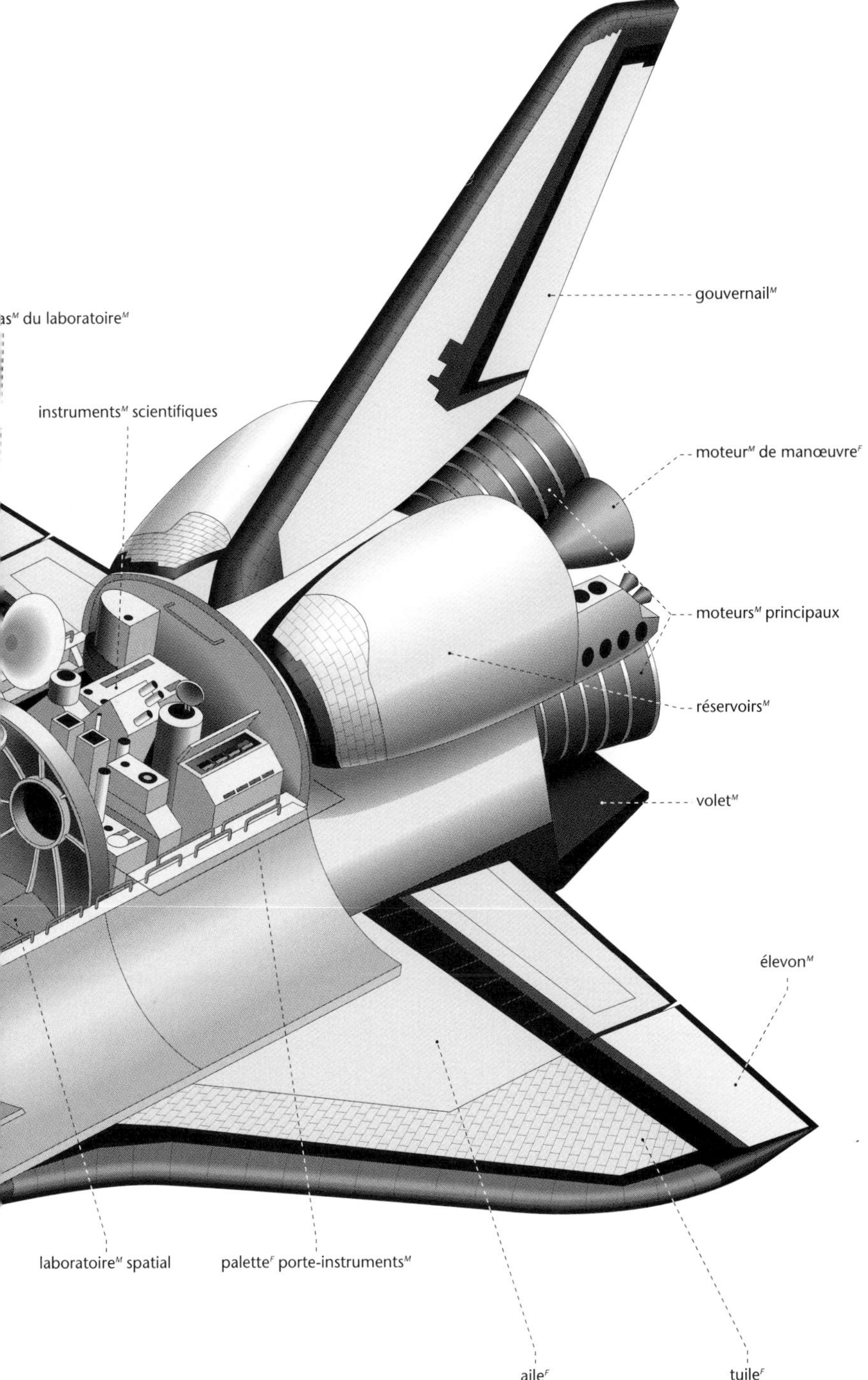
as[M] du laboratoire[M]
instruments[M] scientifiques
gouvernail[M]
moteur[M] de manœuvre[F]
moteurs[M] principaux
réservoirs[M]
volet[M]
élevon[M]
laboratoire[M] spatial
palette[F] porte-instruments[M]
aile[F]
tuile[F]

SCAPHANDRE[M] SPATIAL

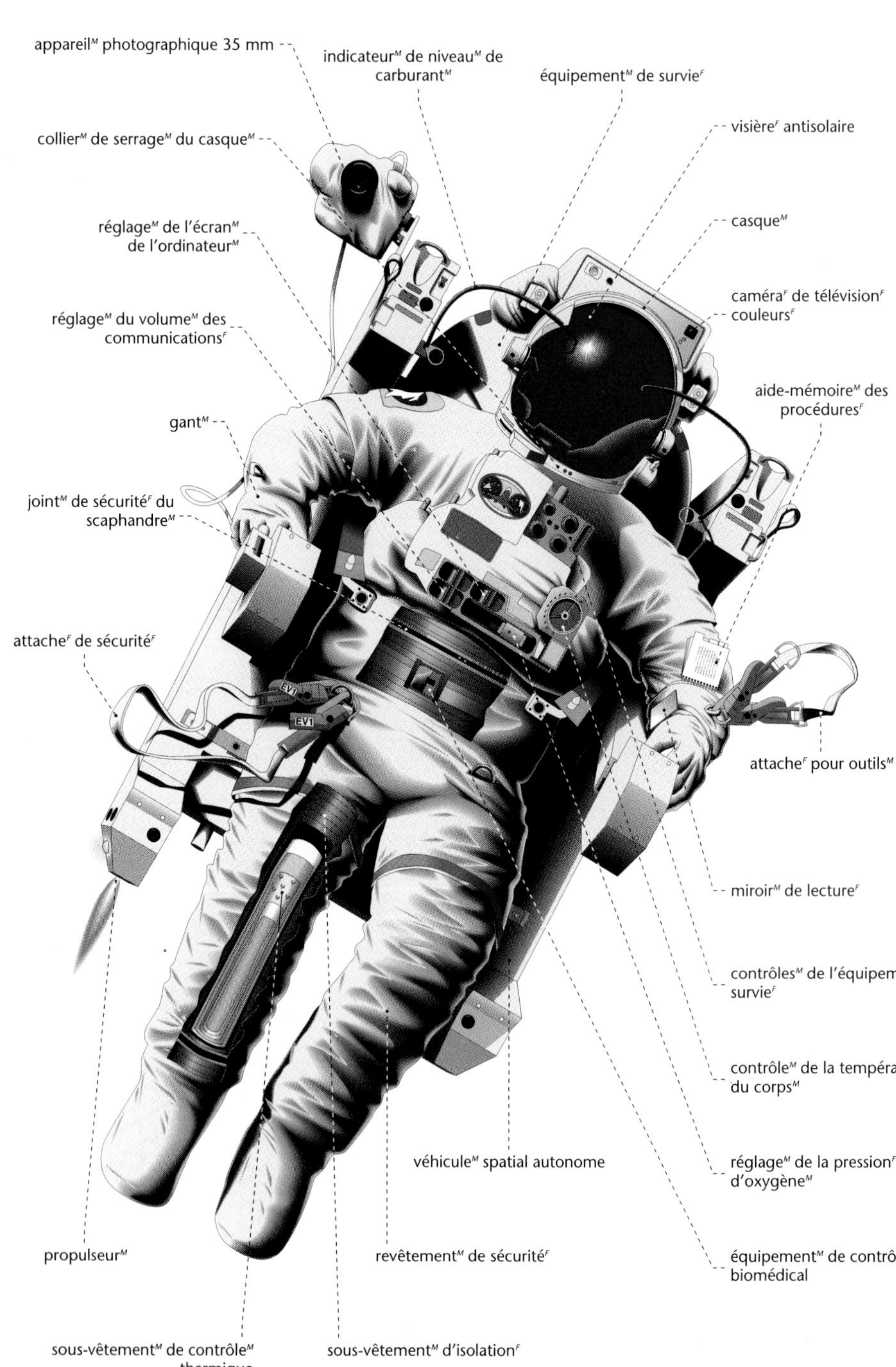

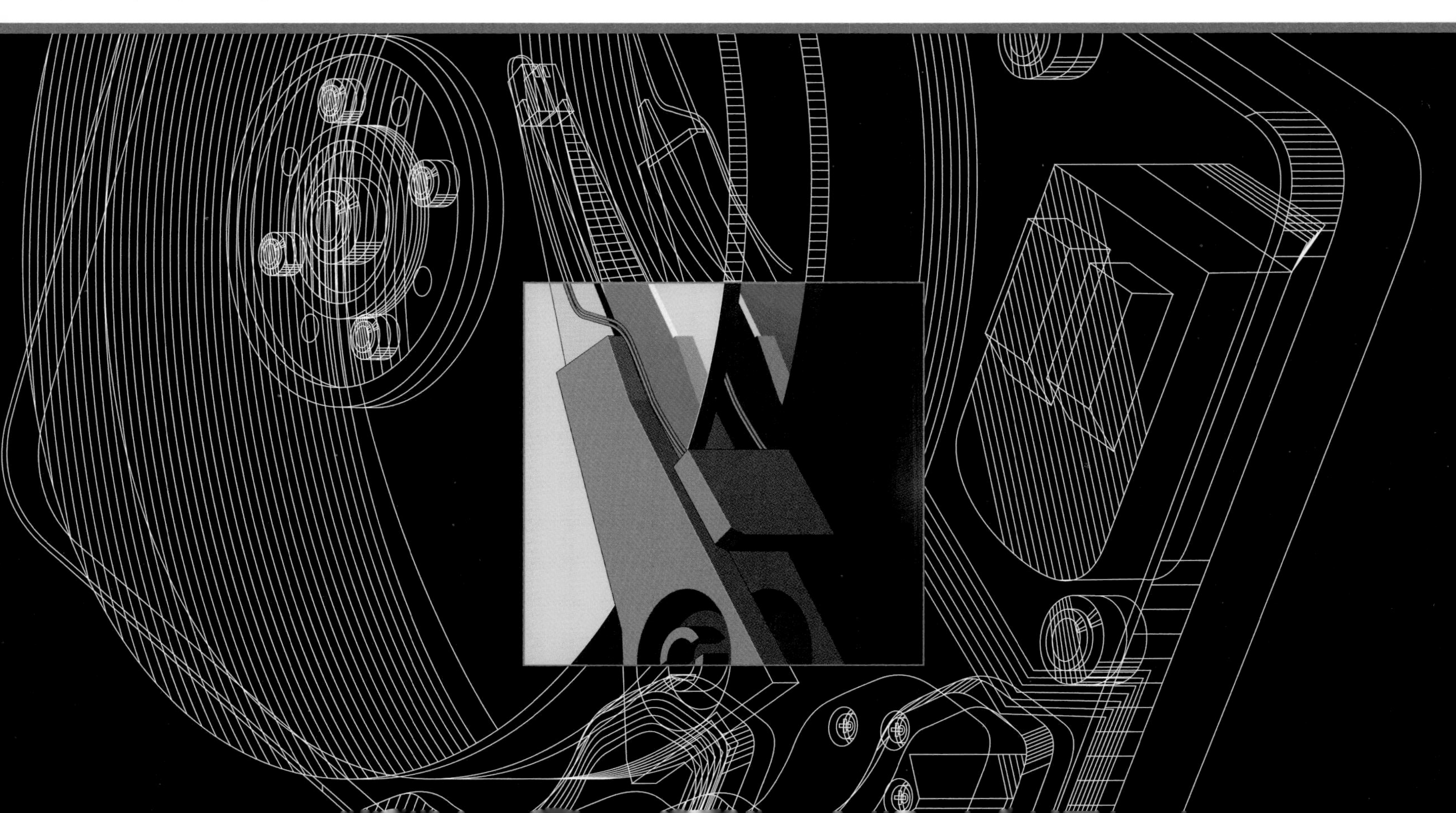

SOMMAIRE

ARTICLES[M] DE BUREAU[M]

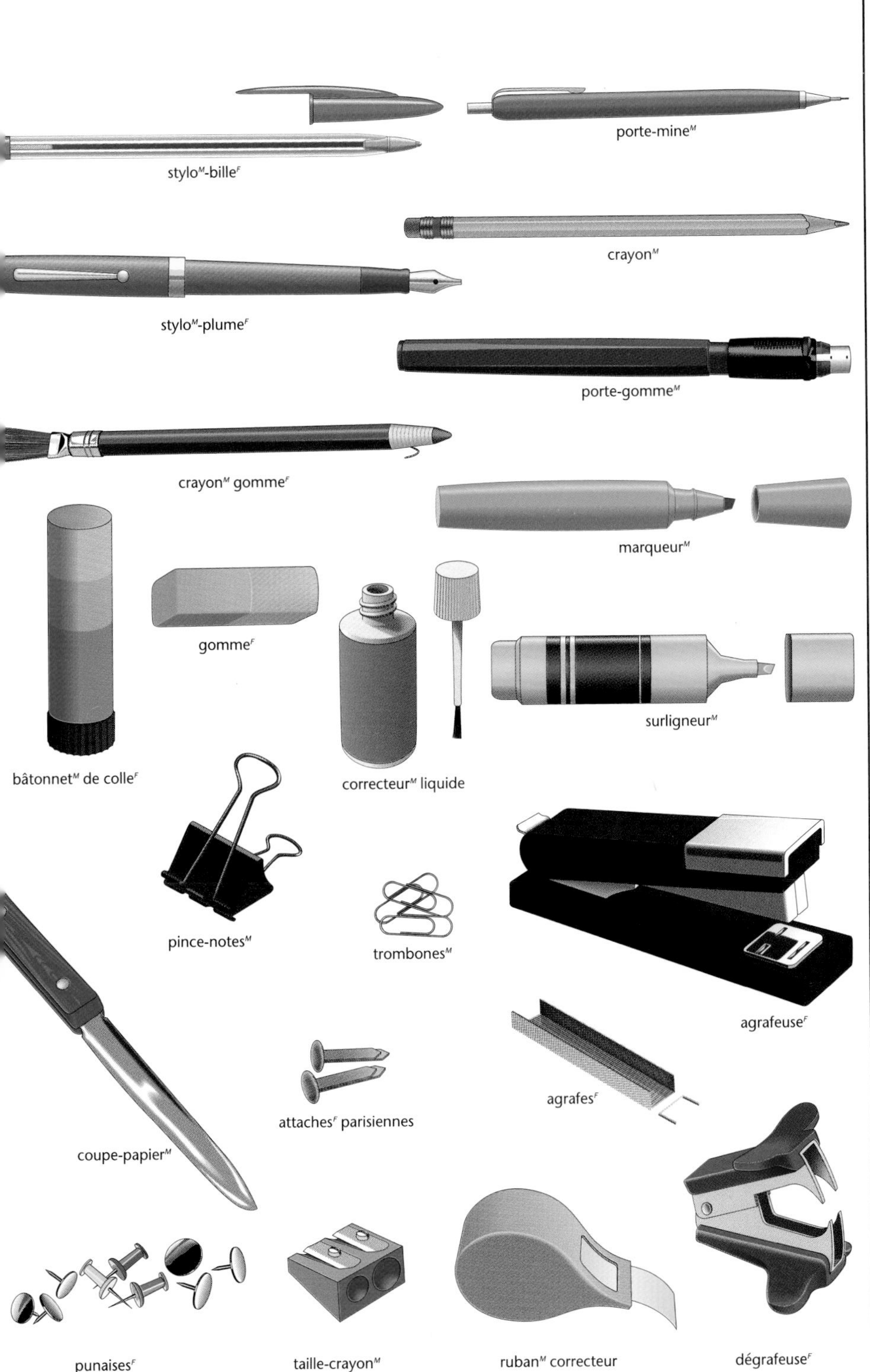

ARTICLES[M] DE BUREAU[M]

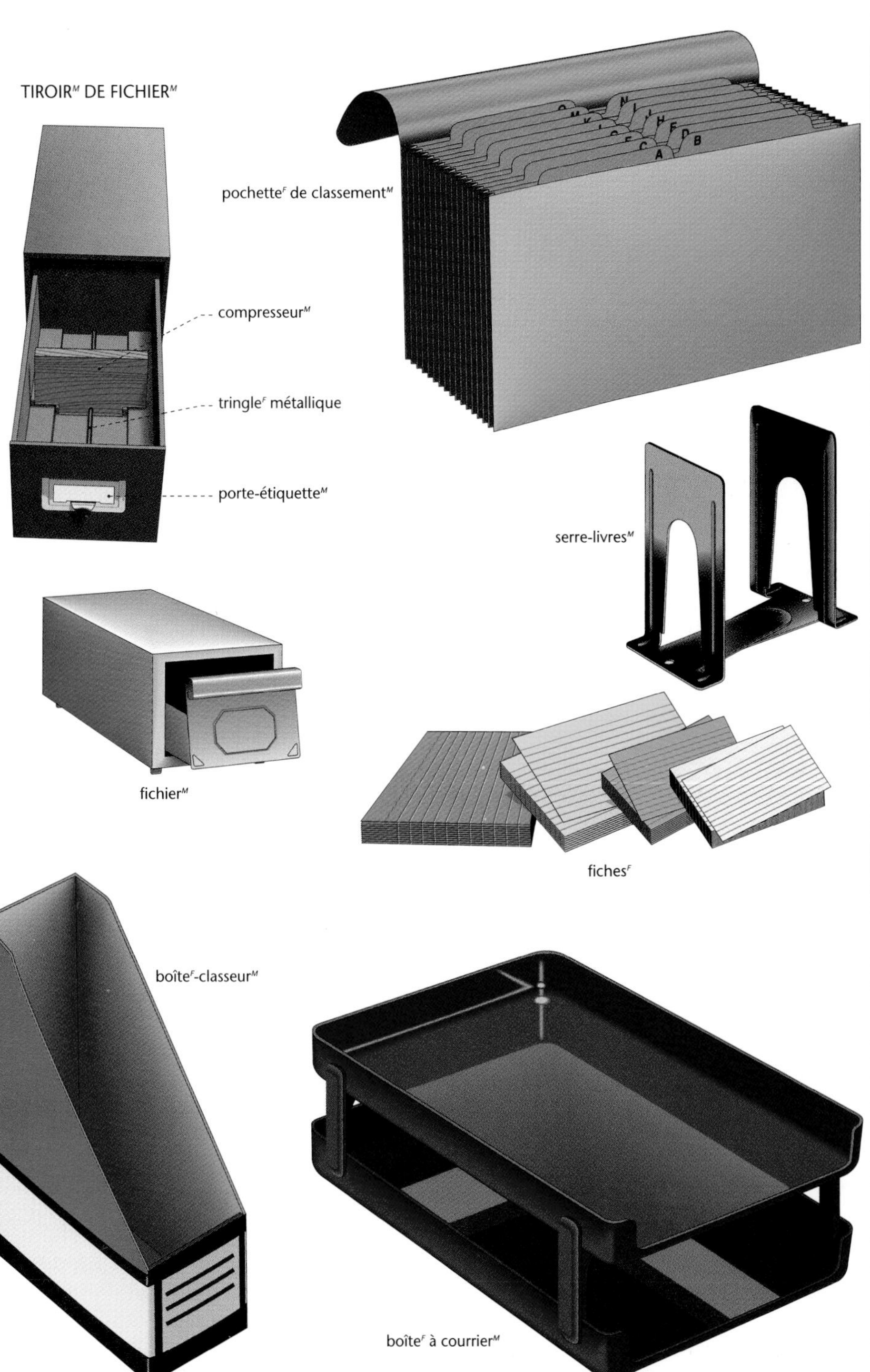
TIROIR[M] DE FICHIER[M]
compresseur[M]
tringle[F] métallique
porte-étiquette[M]
pochette[F] de classement[M]
serre-livres[M]
fichier[M]
fiches[F]
boîte[F]-classeur[M]
boîte[F] à courrier[M]

ARTICLES^M DE BUREAU^M

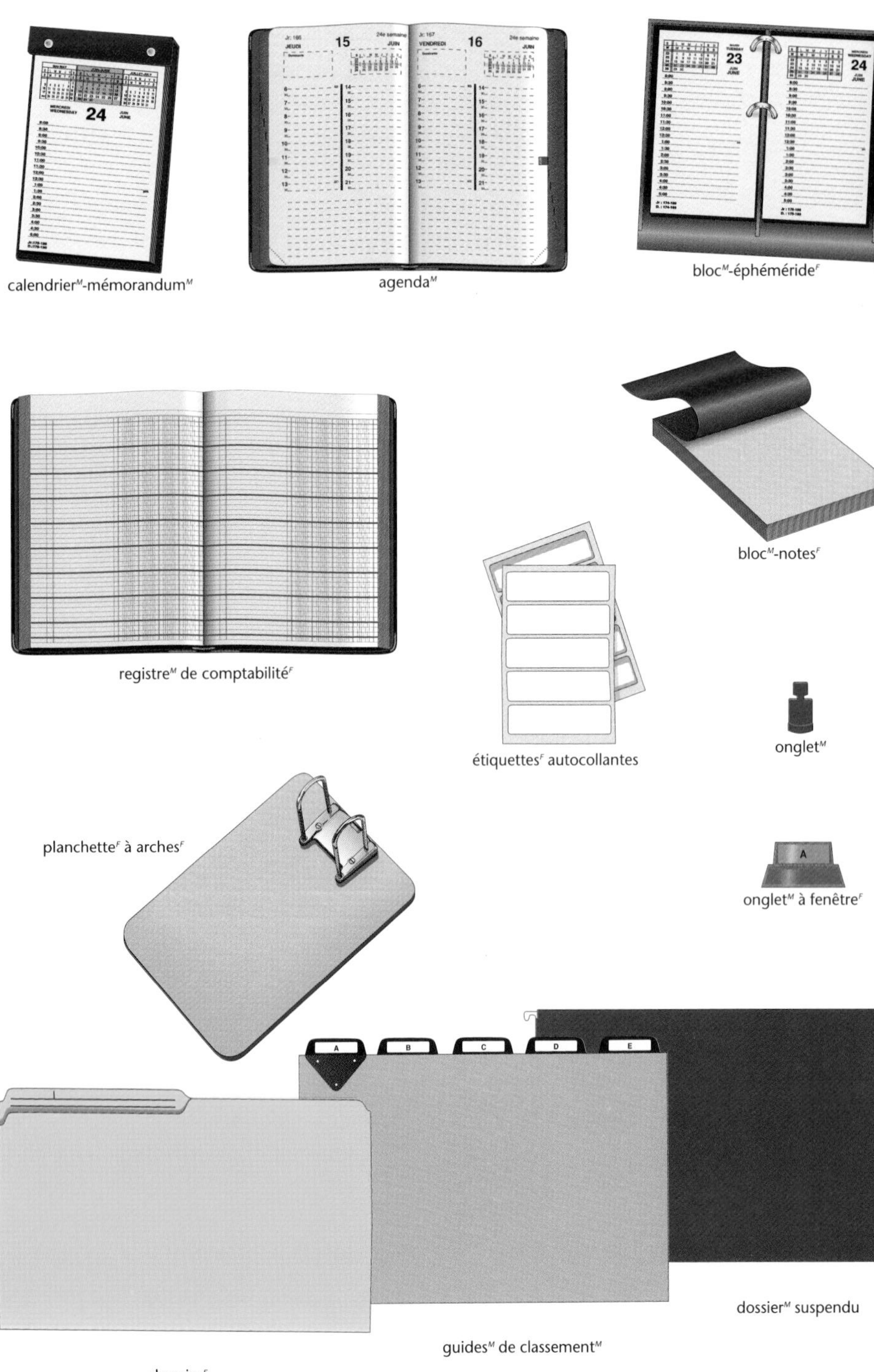

reliure[F] à vis[F]
reliure[F] à ressort[M]
planchette[F] à pince[F]
classeur[M]; *reliure[F] à anneaux[M]*
pochette[F] d'information[F]
feuillets[M] intercalaires
reliure[F] spirale[F]
reliure[F] à pince[F]
reliure[F] à glissière[F]

MOBILIER^M DE BUREAU^M

TABLE^{F} D'ORDINATEUR^{M}
TABLE^{F} D'IMPRIMANTE^{F}
panier^{M} de réception^{F}
support^{M} ajustable
panier^{M} d'alimentation^{F}
panneau^{M} de modestie^{F}
fente^{F} d'alimentation^{F}
classeur^{M} mobile
caisson^{M}
chaise^{F} dactylo^{M}
retour^{M}
BUREAU^{M} SECRÉTAIRE^{M}

MOBILIER[M] DE BUREAU[M]

CALCULATRICE[F]

CALCULETTE[F]

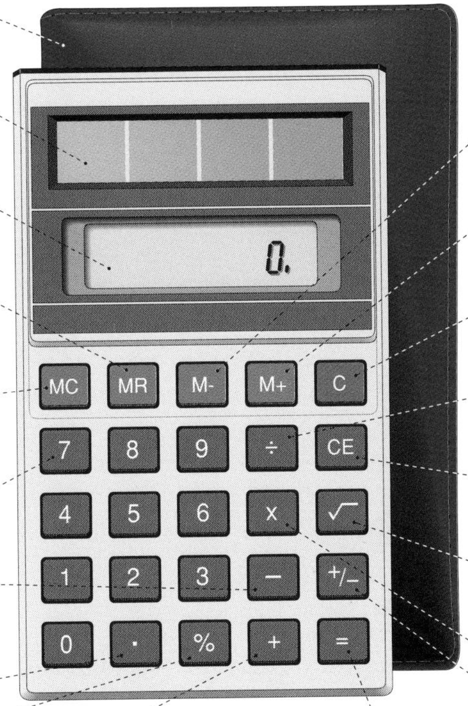
étui[M]
alimentation[F] solaire
affichage[M]
rappel[M] de mémoire[F]
facement[M] de mémoire[F]
touche[F] numérique
soustraction[F]
touche[F] de décimale[F]
pourcentage[M]
addition[F]
touche[F] de résultat[M]
inverseur[M] de signe[M]
multiplication[F]
racine[F] carrée
effacement[M] partiel
division[F]
effacement[M] total
addition[F] en mémoire[F]
soustraction[F] en mémoire[F]
MC
MR
M-
M+
C
7
8
9
÷
CE
4
5
6
x
1
2
3
–
+/–
0
·
%
+
=
0.

CALCULATRICE[F] À IMPRIMANTE[F]

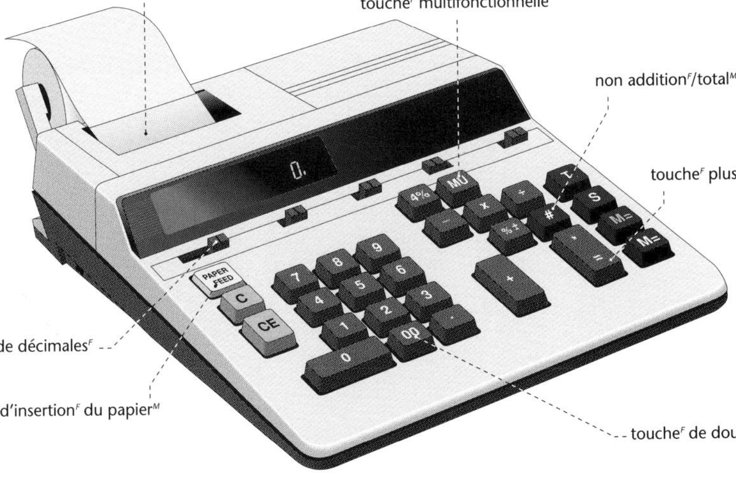
imprimante[F]
touche[F] multifonctionnelle
non addition[F]/total[M] partiel
touche[F] plus[M]-égalité[F]
nombre[M] de décimales[F]
ommande[F] d'insertion[F] du papier[M]
touche[F] de double zéro[M]
PAPER FEED
C
CE
0.

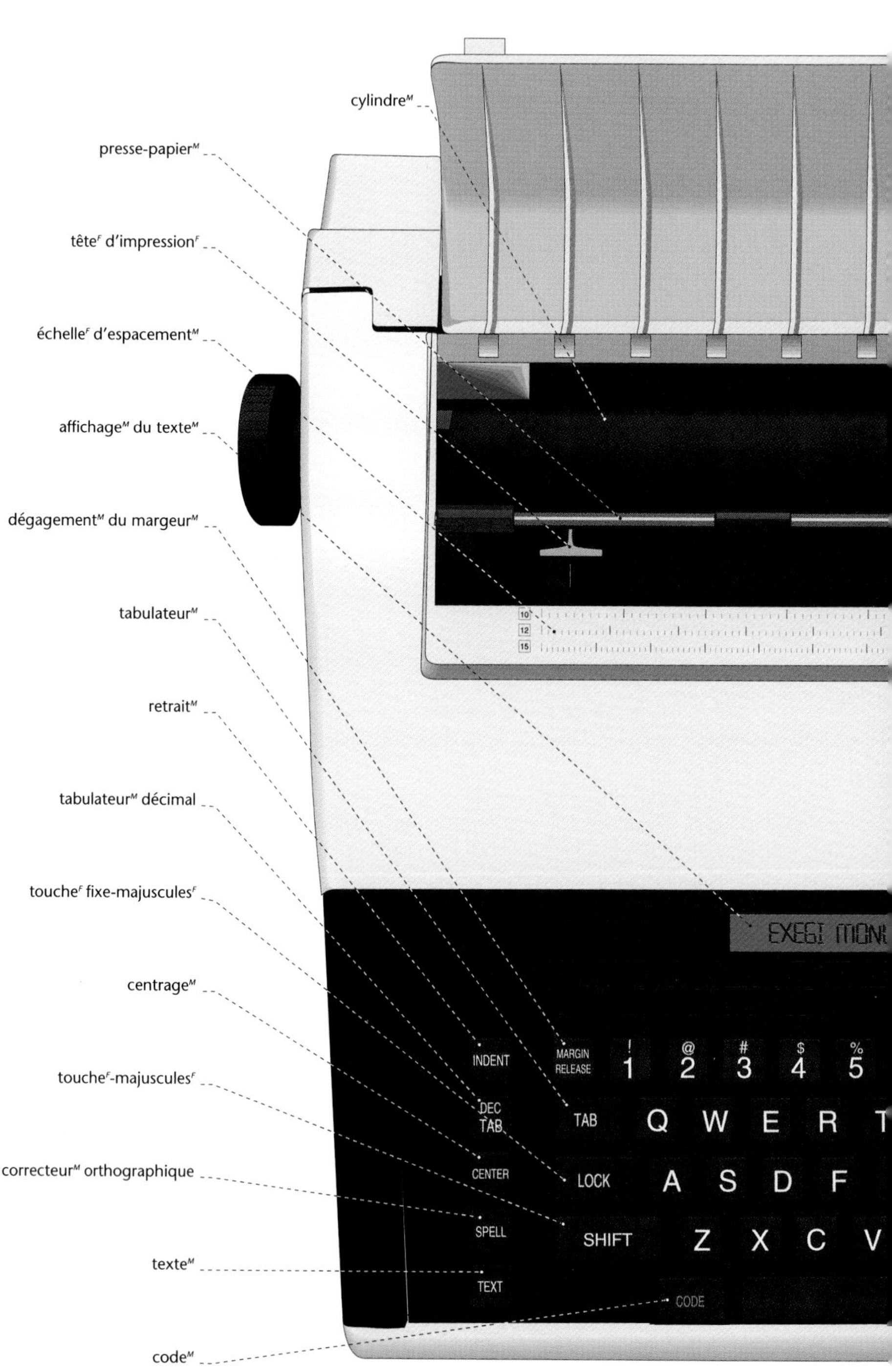
cylindre[M]
presse-papier[M]
tête[F] d'impression[F]
échelle[F] d'espacement[M]
affichage[M] du texte[M]
dégagement[M] du margeur[M]
tabulateur[M]
retrait[M]
tabulateur[M] décimal
touche[F] fixe-majuscules[F]
centrage[M]
touche[F]-majuscules[F]
correcteur[M] orthographique
texte[M]
code[M]
EXEGI MONI
INDENT
MARGIN RELEASE
DEC TAB
TAB
CENTER
LOCK
SPELL
SHIFT
TEXT
CODE
Q W E R T
A S D F
Z X C V

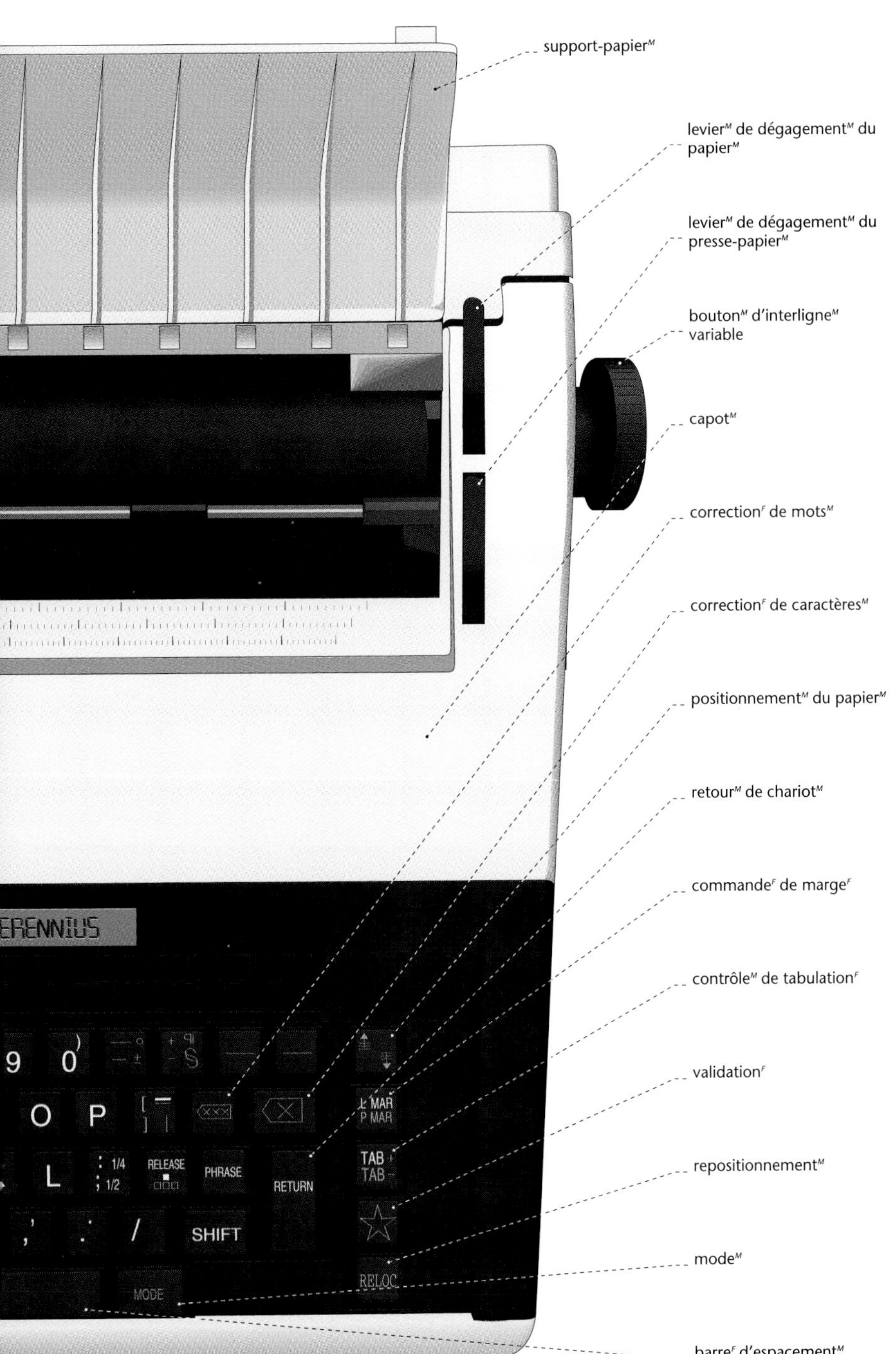
support-papier[M]
levier[M] de dégagement[M] du papier[M]
levier[M] de dégagement[M] du presse-papier[M]
bouton[M] d'interligne[M] variable
capot[M]
correction[F] de mots[M]
correction[F] de caractères[M]
positionnement[M] du papier[M]
retour[M] de chariot[M]
commande[F] de marge[F]
contrôle[M] de tabulation[F]
validation[F]
repositionnement[M]
mode[M]
barre[F] d'espacement[M]
ERENNIUS
RELEASE
PHRASE
RETURN
SHIFT
MODE
RELOC
TAB +
TAB −
L MAR
P MAR

CONFIGURATION[F] D'UN SYSTÈME[M] BUREAUTIQUE

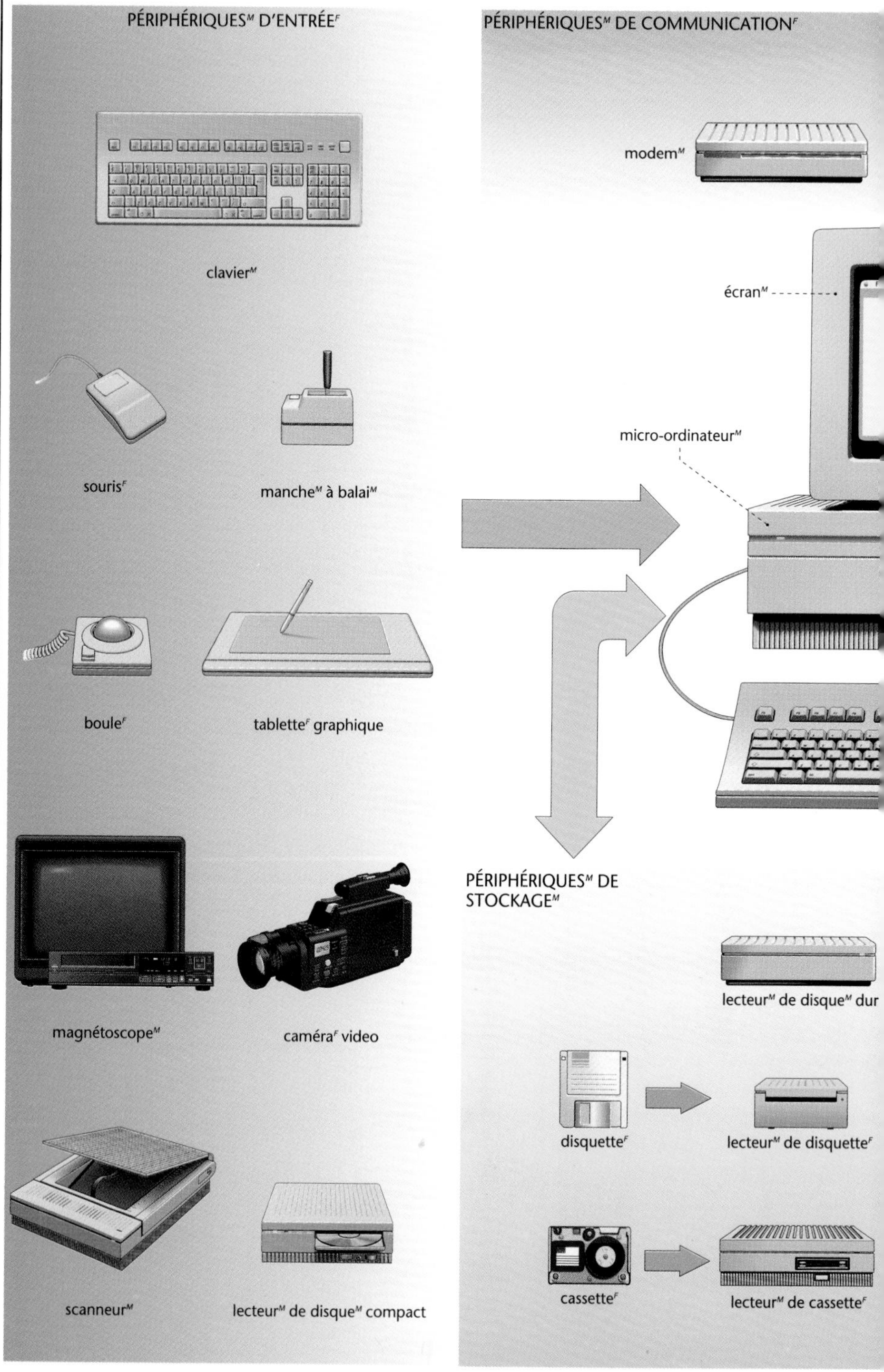

PÉRIPHÉRIQUES[M] D'ENTRÉE[F]

clavier[M]

souris[F]

manche[M] à balai[M]

boule[F]

tablette[F] graphique

magnétoscope[M]

caméra[F] video

scanneur[M]

lecteur[M] de disque[M] compact

PÉRIPHÉRIQUES[M] DE COMMUNICATION[F]

modem[M]

écran[M]

micro-ordinateur[M]

PÉRIPHÉRIQUES[M] DE STOCKAGE[M]

lecteur[M] de disque[M] dur

disquette[F]

lecteur[M] de disquette[F]

cassette[F]

lecteur[M] de cassette[F]

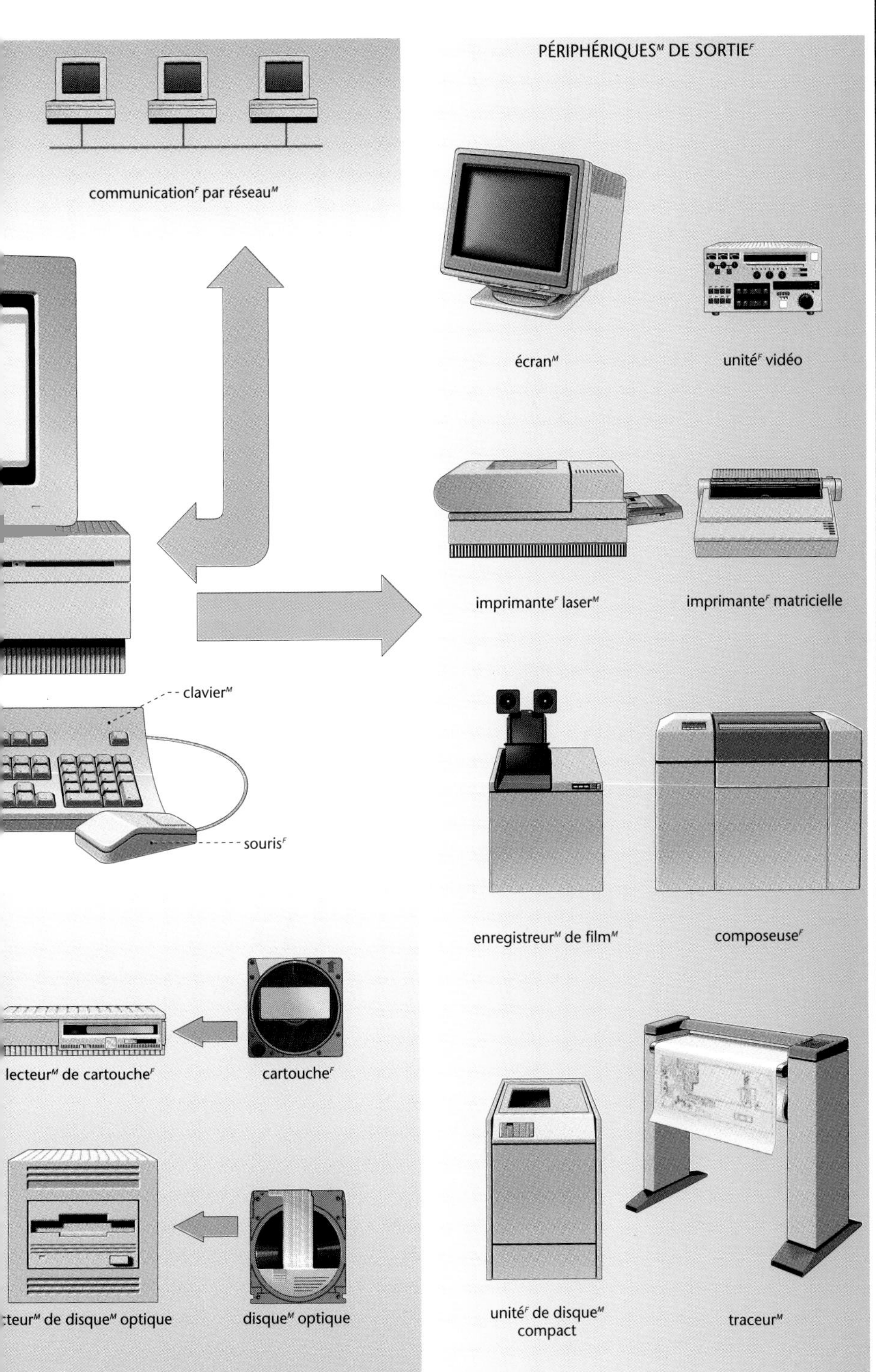
communicationᶠ par réseauᴹ
PÉRIPHÉRIQUESᴹ DE SORTIEᶠ
écranᴹ
unitéᶠ vidéo
imprimanteᶠ laserᴹ
imprimanteᶠ matricielle
clavierᴹ
sourisᶠ
enregistreurᴹ de filmᴹ
composeuseᶠ
lecteurᴹ de cartoucheᶠ
cartoucheᶠ
:teurᴹ de disqueᴹ optique
disqueᴹ optique
unitéᶠ de disqueᴹ
compact
traceurᴹ

MICRO-ORDINATEUR[M] (VUE[F] EN PLONGÉE[F])

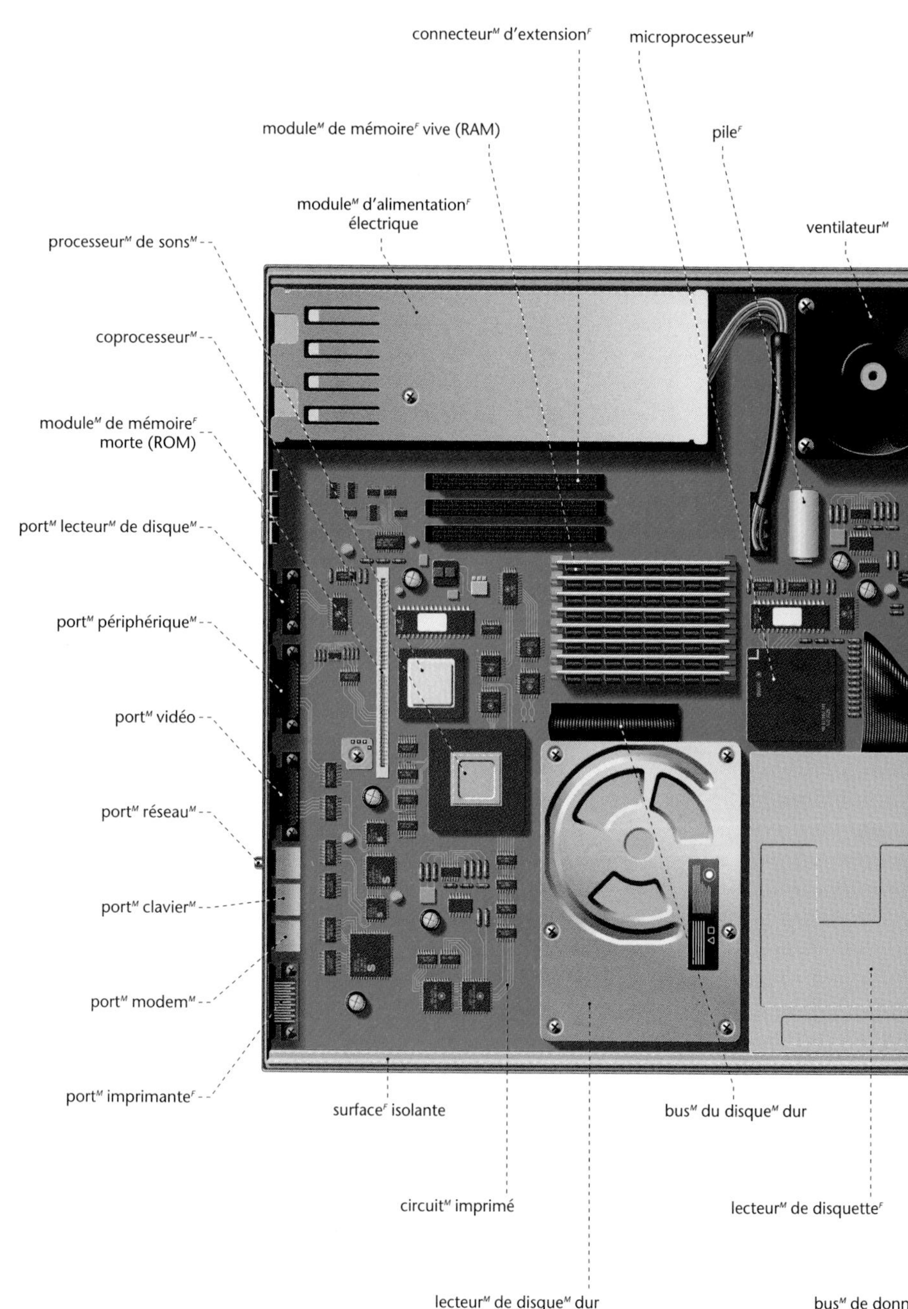

ÉCRAN[M]

DISQUETTE[F] SOUPLE

DISQUETTE[F] RIGIDE

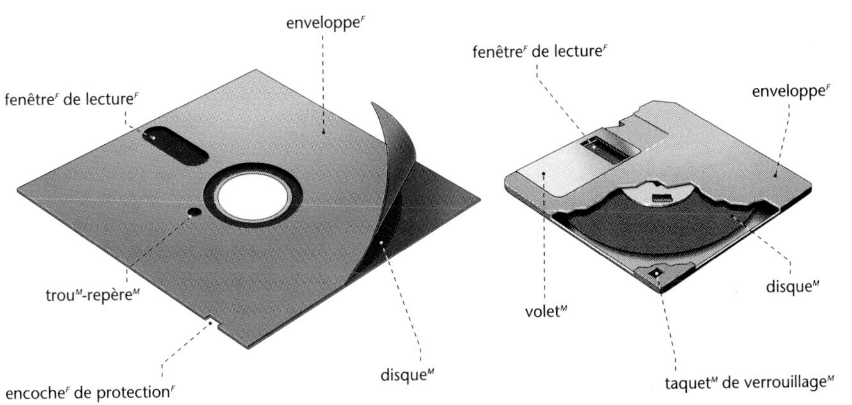

LECTEUR[M] DE DISQUE[M] DUR

SYSTÈME[M] DE BASE[F]

CLAVIER[M]

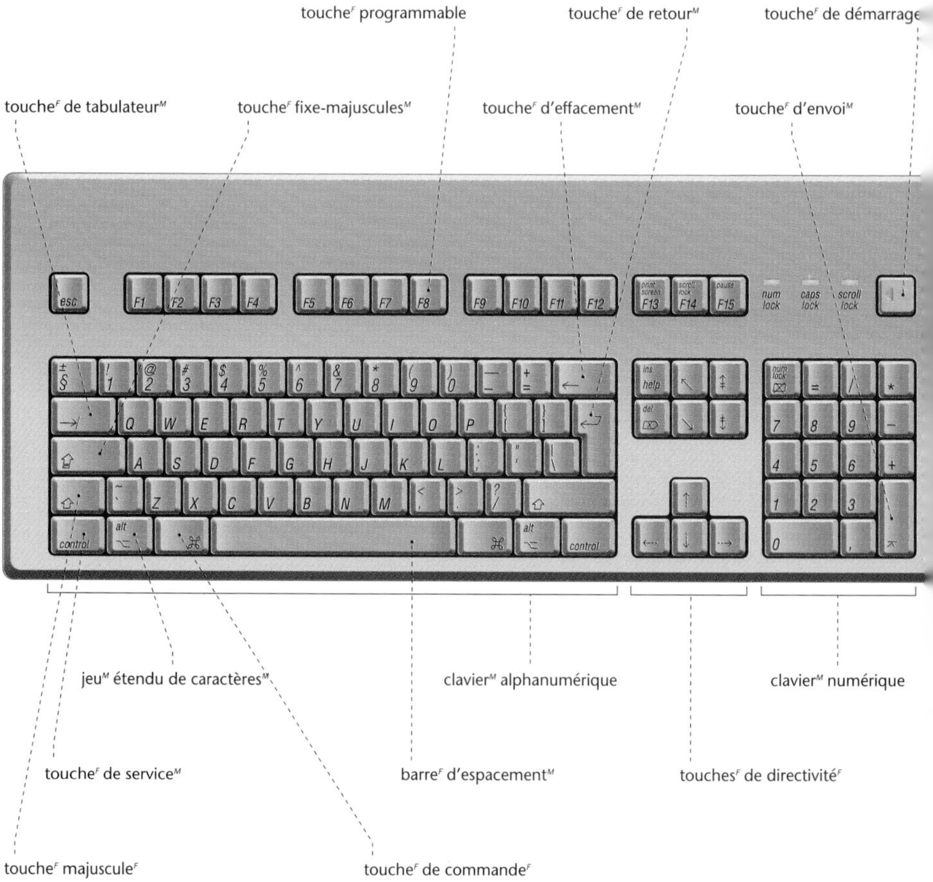

touche[F] programmable
touche[F] de retour[M]
touche[F] de démarrage
touche[F] de tabulateur[M]
touche[F] fixe-majuscules[M]
touche[F] d'effacement[M]
touche[F] d'envoi[M]
jeu[M] étendu de caractères[M]
clavier[M] alphanumérique
clavier[M] numérique
touche[F] de service[M]
barre[F] d'espacement[M]
touches[F] de directivité[F]
touche[F] majuscule[F]
touche[F] de commande[F]

SOURIS[F]

câble[M] de raccordement[M]
galet[M]
verrou[M]
bouton[M]
bille[F]

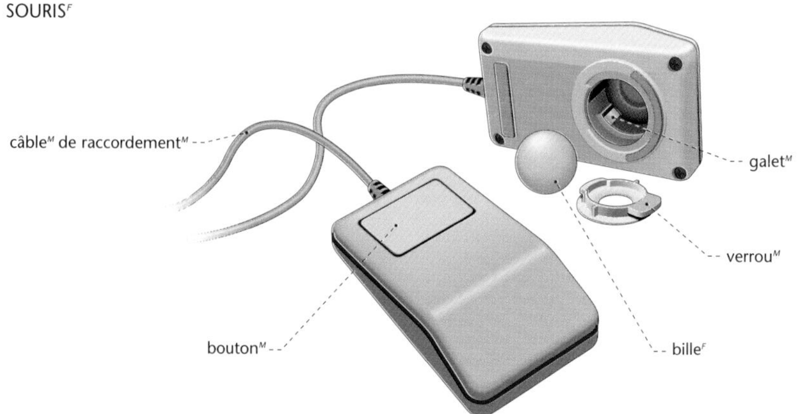

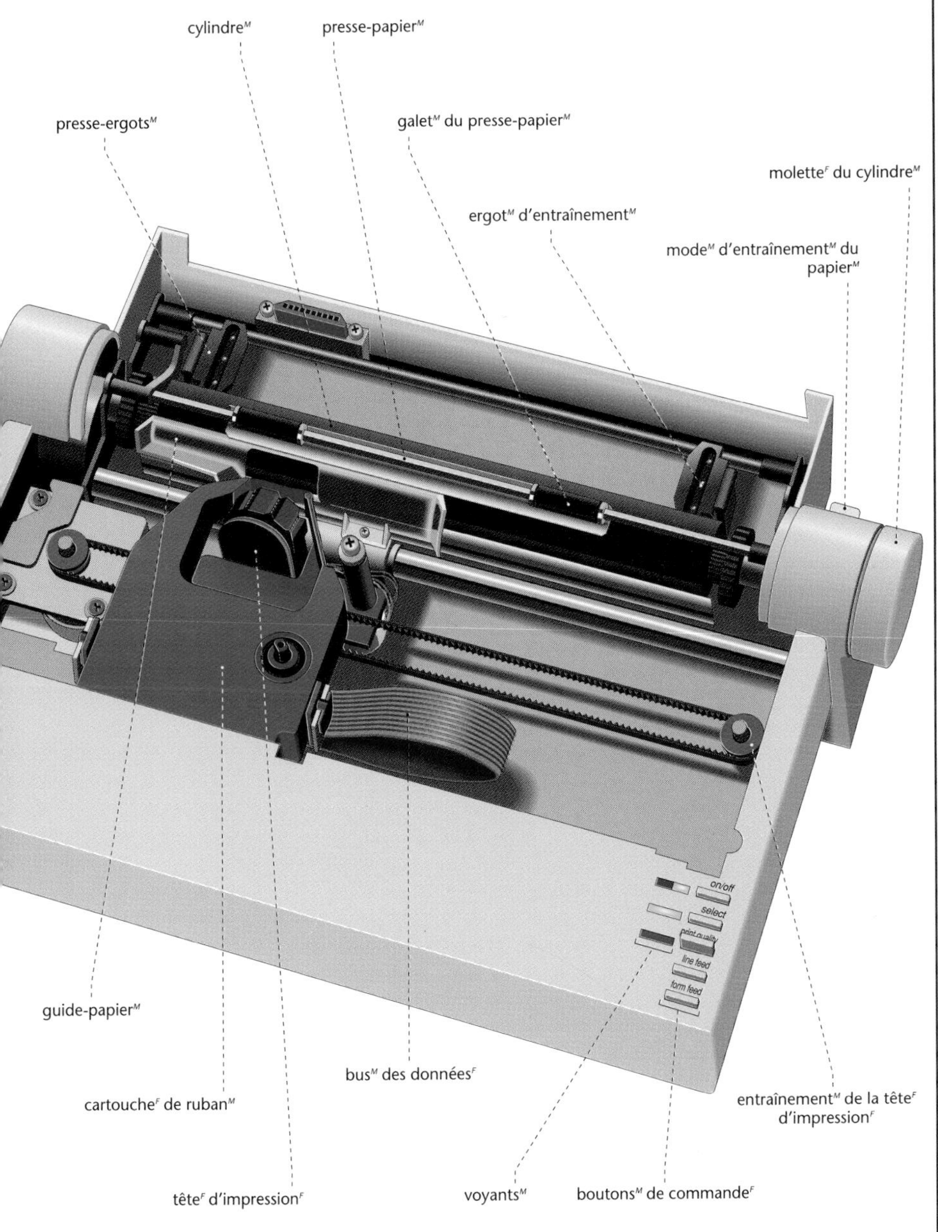
cylindre^M
presse-papier^M
presse-ergots^M
galet^M du presse-papier^M
molette^F du cylindre^M
ergot^M d'entraînement^M
mode^M d'entraînement^M du papier^M
on/off
select
print quality
line feed
form feed
guide-papier^M
bus^M des données^F
cartouche^F de ruban^M
entraînement^M de la tête^F d'impression^F
tête^F d'impression^F
voyants^M
boutons^M de commande^F

PHOTOCOPIEUR[M]

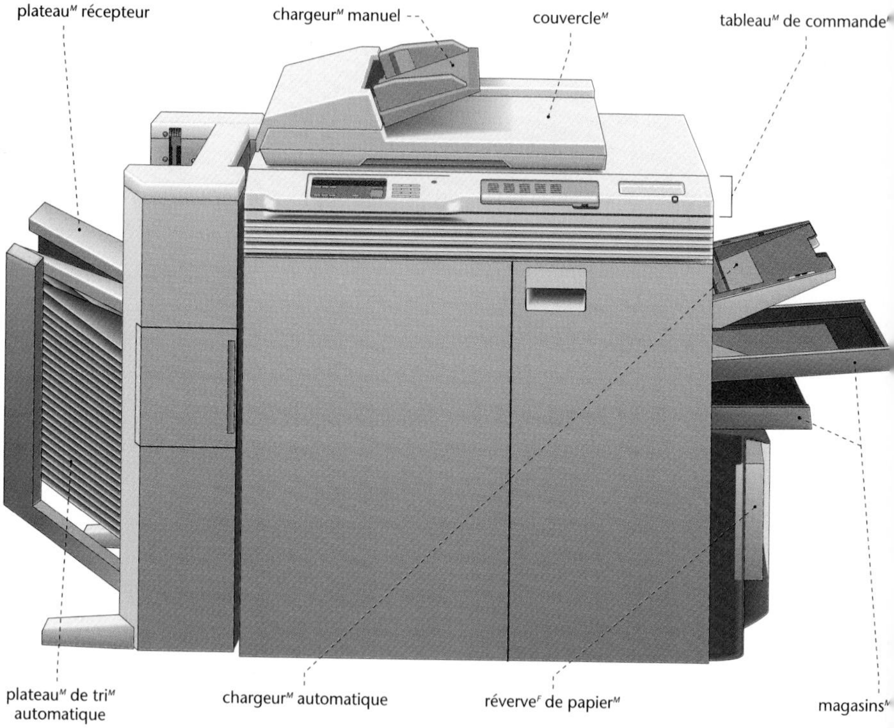
plateau[M] récepteur
chargeur[M] manuel
couvercle[M]
tableau[M] de commande[F]
plateau[M] de tri[M] automatique
chargeur[M] automatique
réverve[F] de papier[M]
magasins[M]

TABLEAU[M] DE COMMANDE[F]

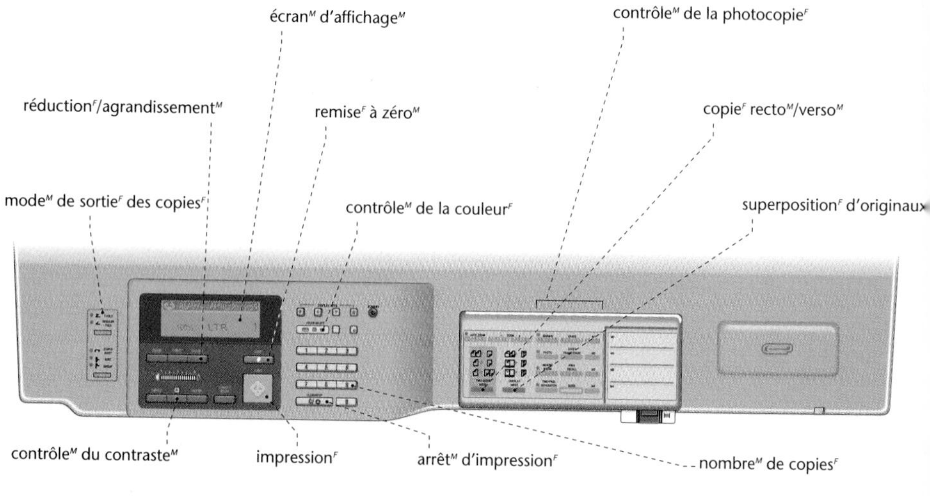
écran[M] d'affichage[M]
contrôle[M] de la photocopie[F]
réduction[F]/agrandissement[M]
remise[F] à zéro[M]
copie[F] recto[M]/verso[M]
mode[M] de sortie[F] des copies[F]
contrôle[M] de la couleur[F]
superposition[F] d'originaux
contrôle[M] du contraste[M]
impression[F]
arrêt[M] d'impression[F]
nombre[M] de copies[F]

MUSIQUE

SOMMAIRE

INSTRUMENTS TRADITIONNELS 535
NOTATION MUSICALE 537
ACCESSOIRES 539
INSTRUMENTS À CLAVIER 540
ORGUE 542
INSTRUMENTS À CORDES 544
INSTRUMENTS À VENT 548
INSTRUMENTS À PERCUSSION 552
INSTRUMENTS ÉLECTRONIQUES 555
ORCHESTRE SYMPHONIQUE 556
EXEMPLES DE GROUPES INSTRUMENTAUX 558

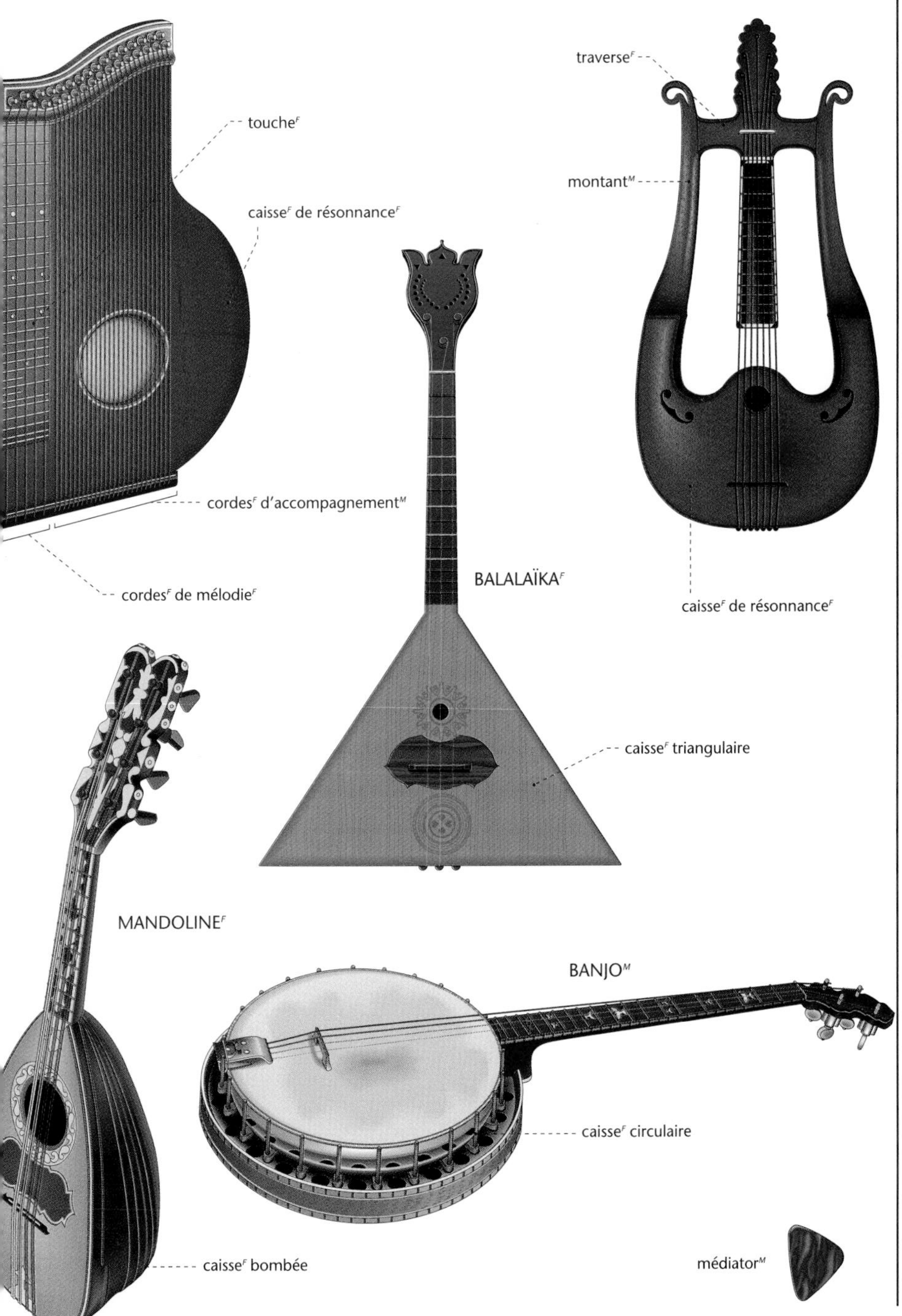
ITHARE^F
LYRE^F
traverse^F
touche^F
montant^M
caisse^F de résonnance^F
cordes^F d'accompagnement^M
BALALAÏKA^F
cordes^F de mélodie^F
caisse^F de résonnance^F
caisse^F triangulaire
MANDOLINE^F
BANJO^M
caisse^F circulaire
caisse^F bombée
médiator^M

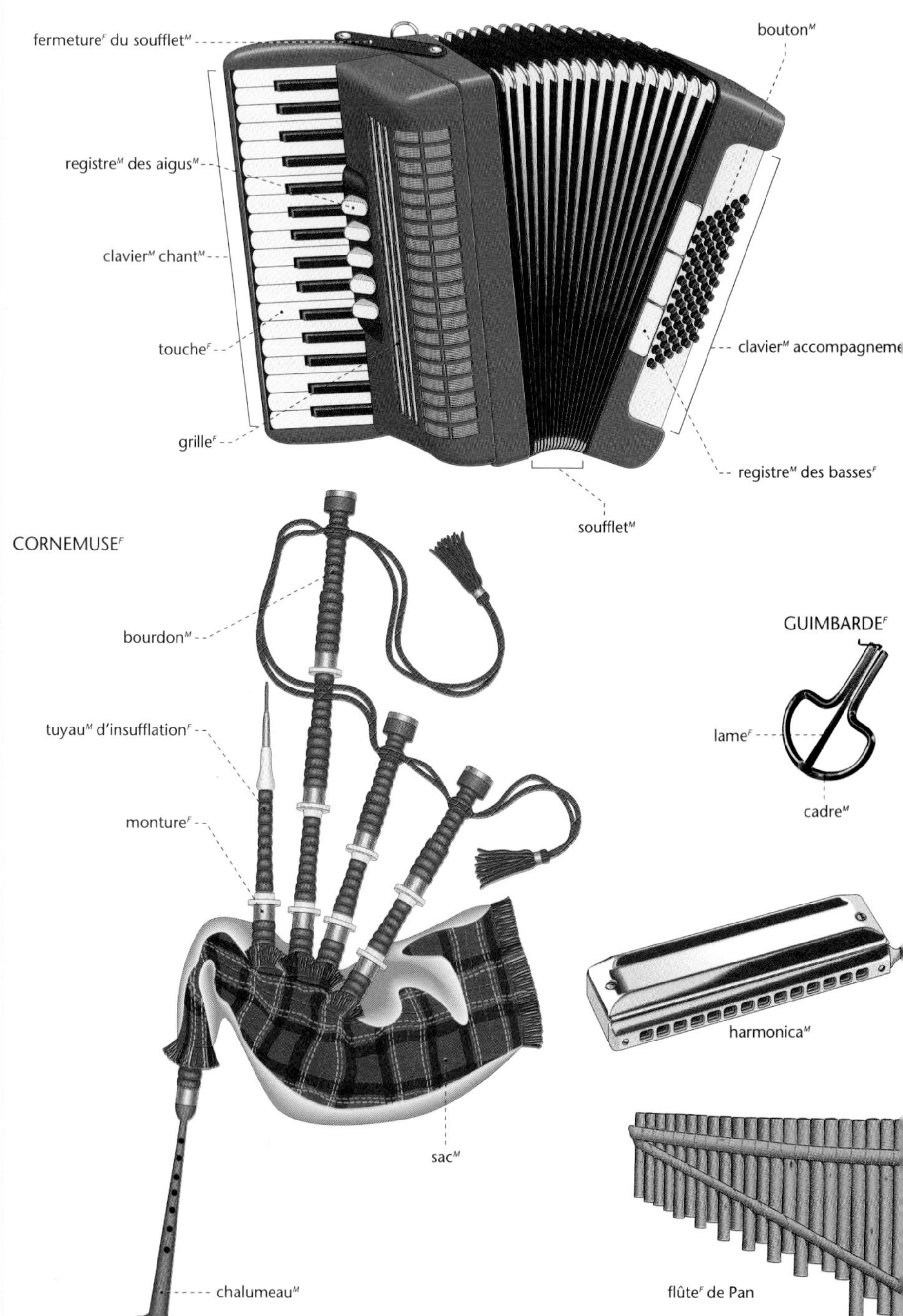
ACCORDÉON^M
fermeture^F du soufflet^M
registre^M des aigus^M
clavier^M chant^M
touche^F
grille^F
bouton^M
clavier^M accompagneme
registre^M des basses^F
soufflet^M
CORNEMUSE^F
bourdon^M
tuyau^M d'insufflation^F
monture^F
sac^M
chalumeau^M
GUIMBARDE^F
lame^F
cadre^M
harmonica^M
flûte^F de Pan

NOTATION^F MUSICALE

PORTÉE^F

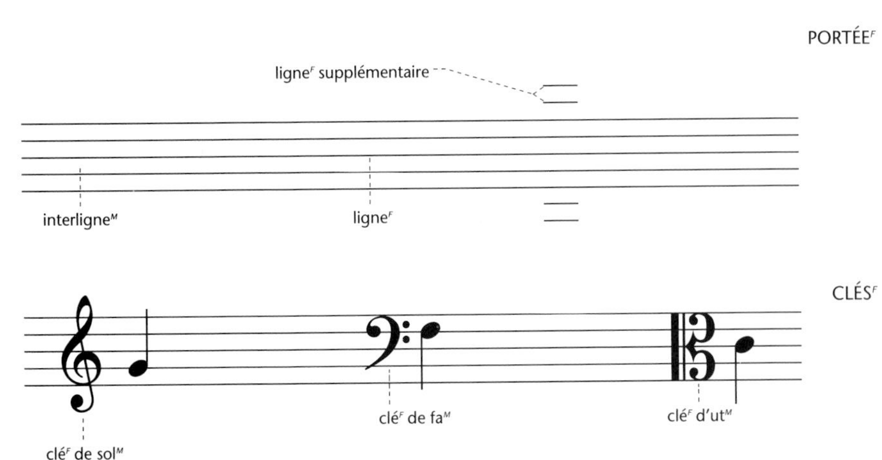

CLÉS^F

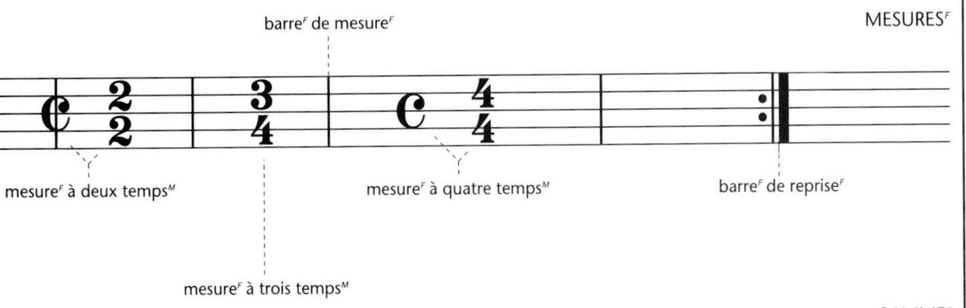

MESURES^F

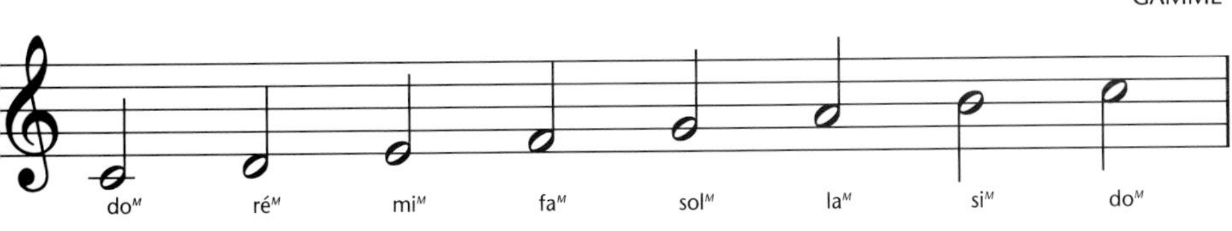

GAMME^F

INTERVALLES^M

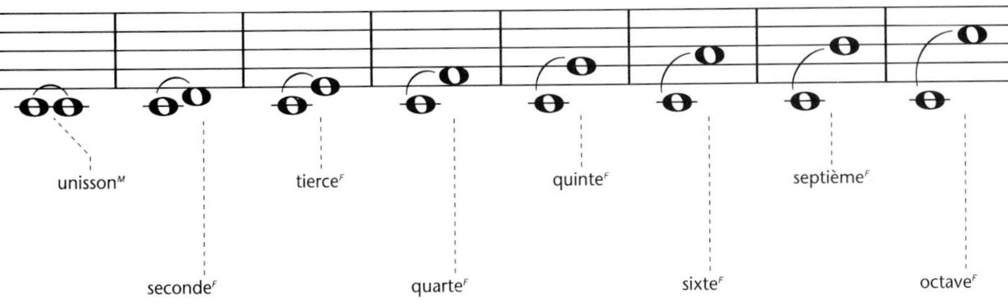

MUSIQUE

NOTATIONᶠ MUSICALE

VALEURᶠ DES NOTESᶠ

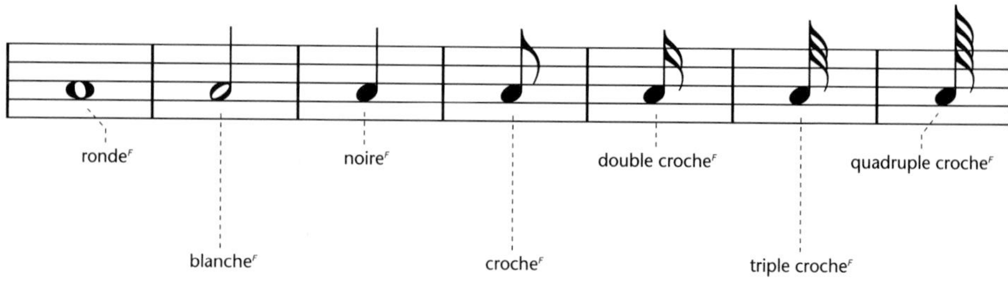

VALEURᶠ DES SILENCESᴹ

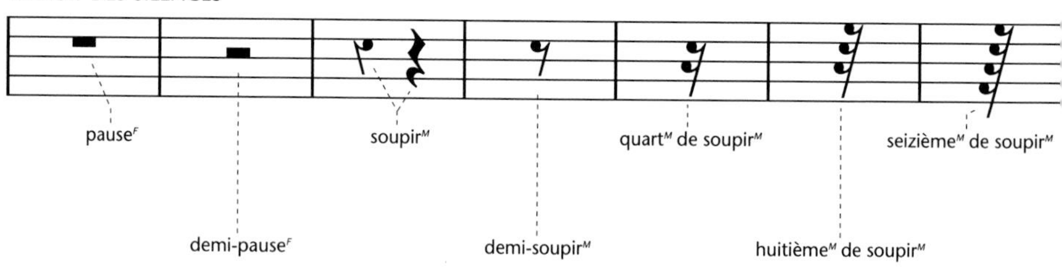

ALTÉRATIONSᶠ

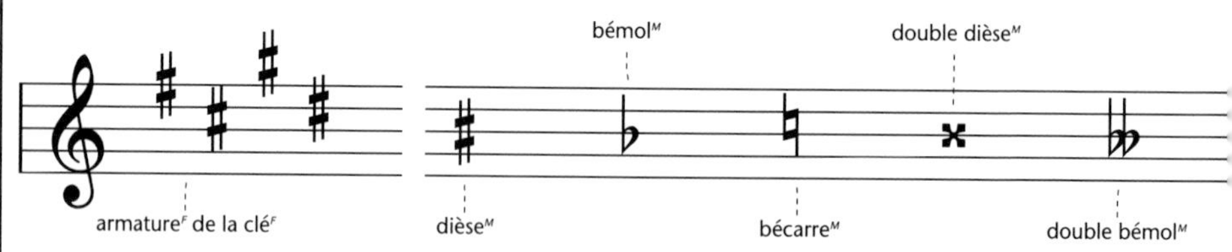

ORNEMENTSᴹ

CCORD[M]

AUTRES SIGNES[M]

accent[M]
arpège[M]
liaison[F]
point[M] d'orgue[M]

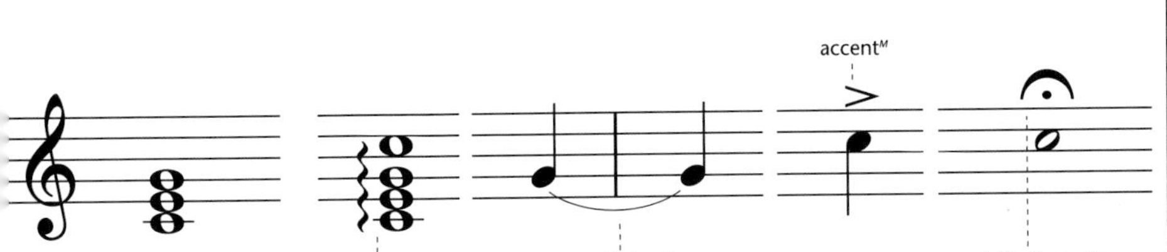

ACCESSOIRES[M]

PUPITRE[M] À MUSIQUE[F]

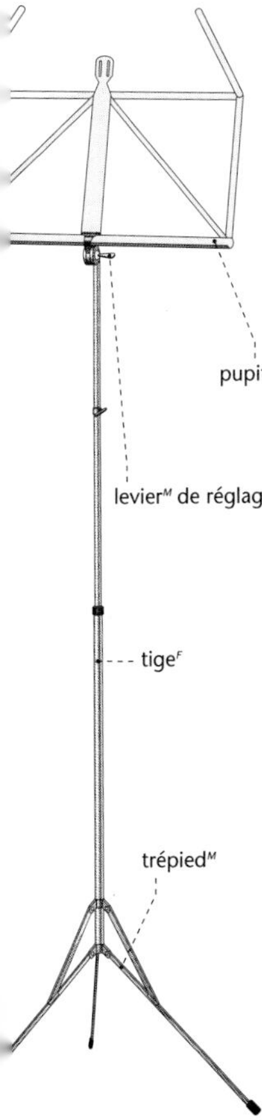

pupitre[M]
levier[M] de réglage[M]
tige[F]
trépied[M]

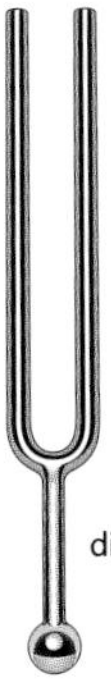

diapason[M]

MÉTRONOME[M] À QUARTZ[M]

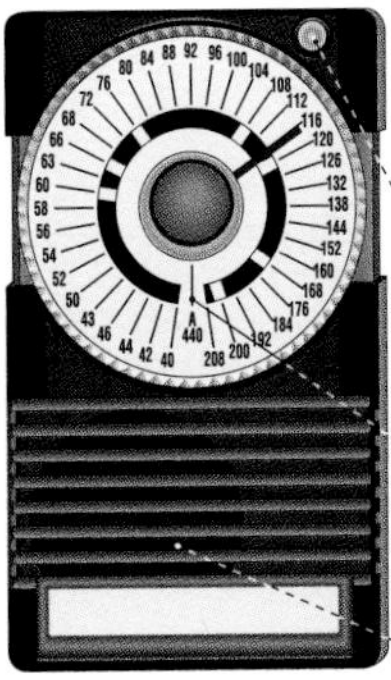

signal[M] lumineux
la[M] universel
signal[M] sonore

MÉTRONOME[M] MÉCANIQUE

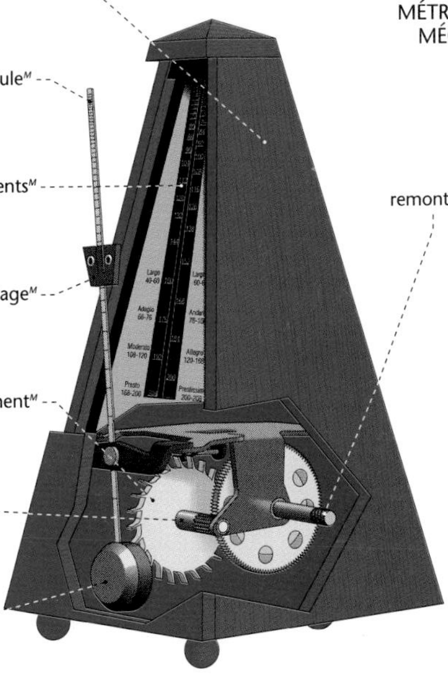

boîtier[M]
tige[F] de pendule[M]
échelle[F] des mouvements[M]
massette[F] de réglage[M]
mécanisme[M] à échappement[M]
pivot[M]
masse[F] pendulaire
remontoir[M]

PIANO[M] DROIT

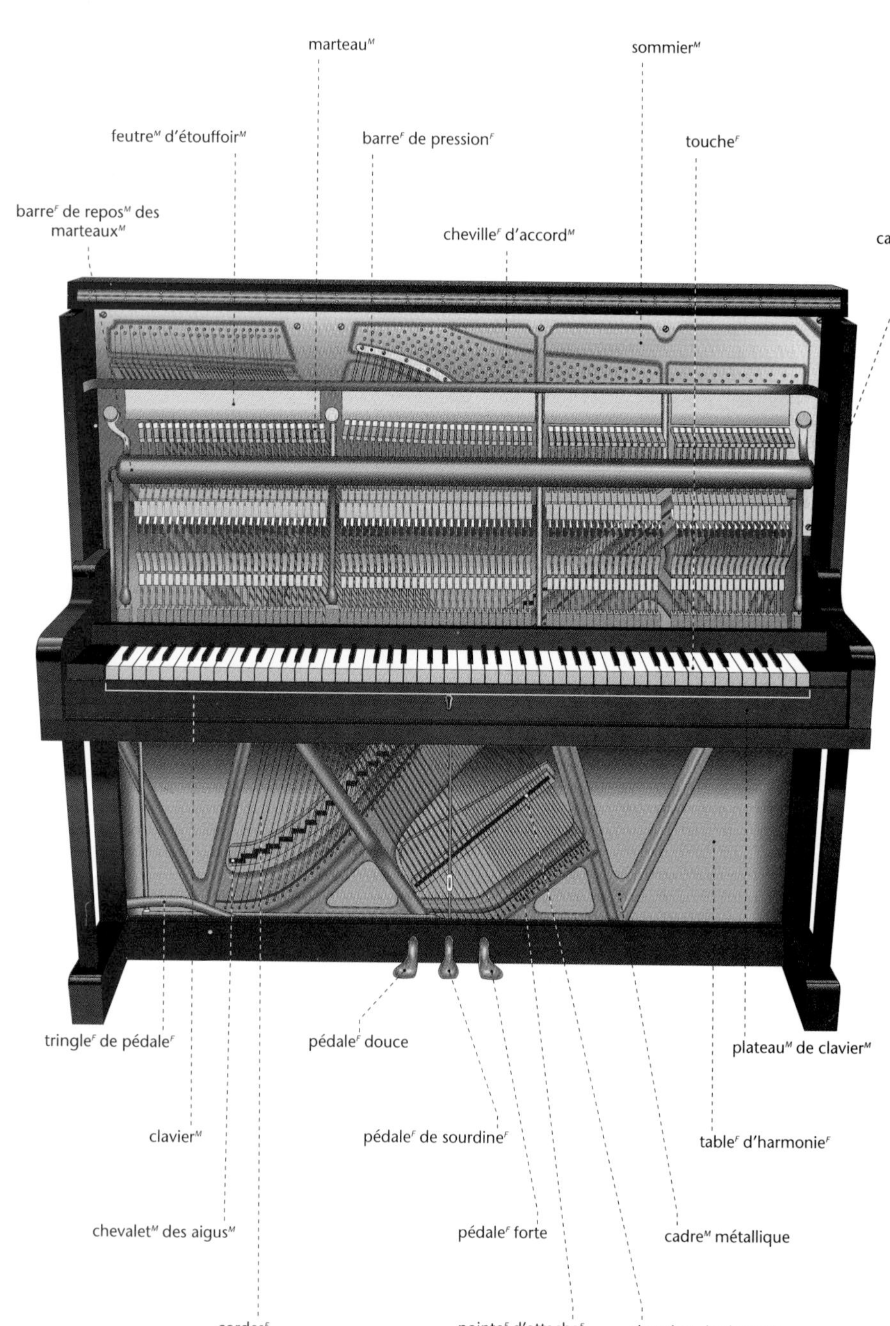

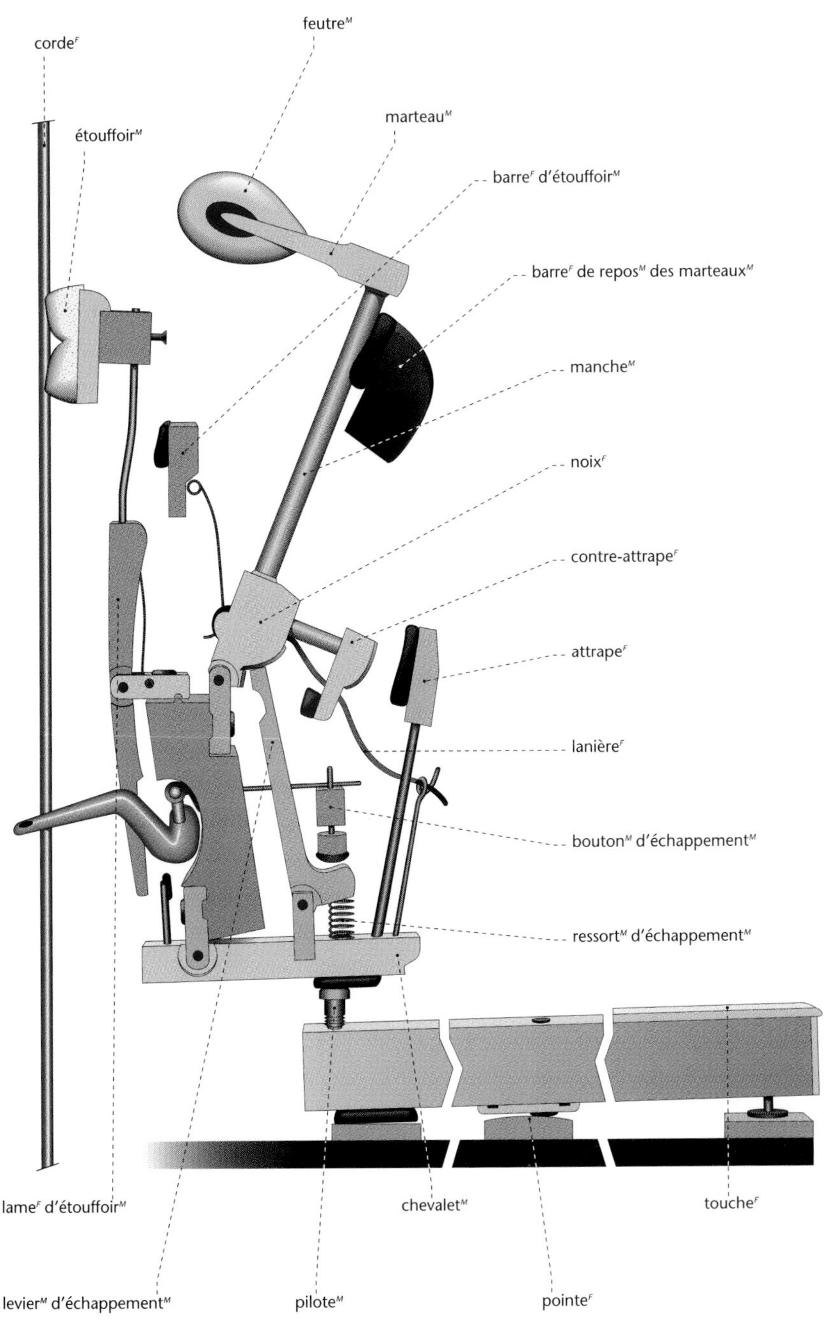
cordeF
feutreM
étouffoirM
marteauM
barreF d'étouffoirM
barreF de reposM des marteauxM
mancheM
noixF
contre-attrapeF
attrapeF
lanièreF
boutonM d'échappementM
ressortM d'échappementM
lameF d'étouffoirM
chevaletM
toucheF
levierM d'échappementM
piloteM
pointeF

CONSOLE[F] D'ORGUE[M]

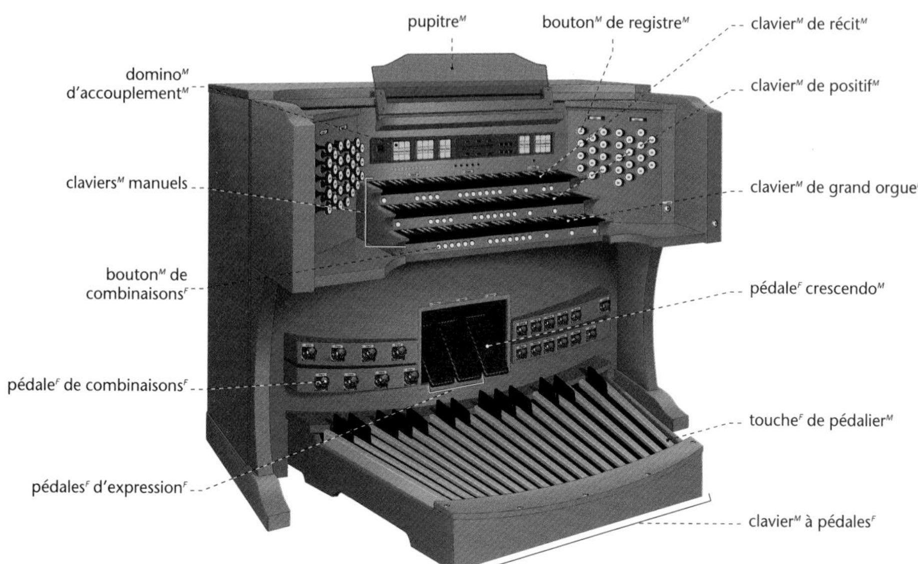

TUYAU[M] À ANCH

TUYAU[M] À BOUCHE[F]

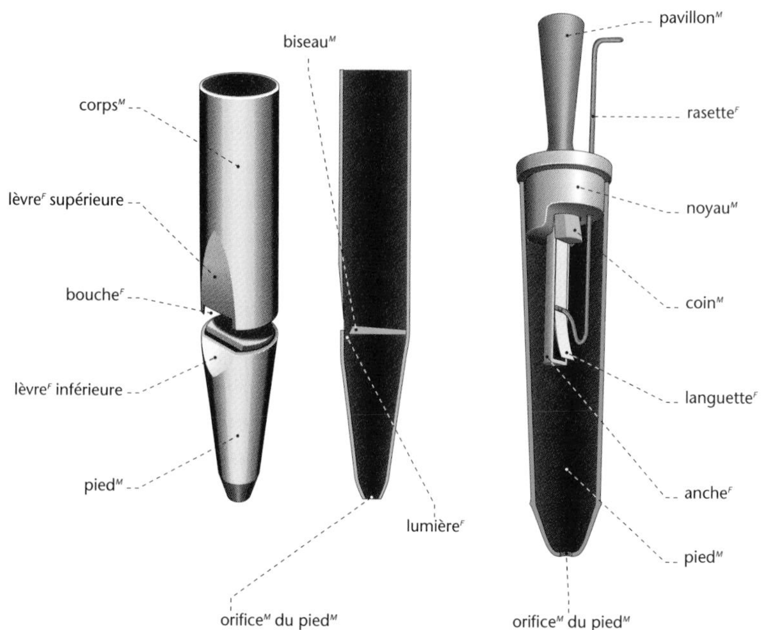

MÉCANISME[M] DE L'ORGUE[M]

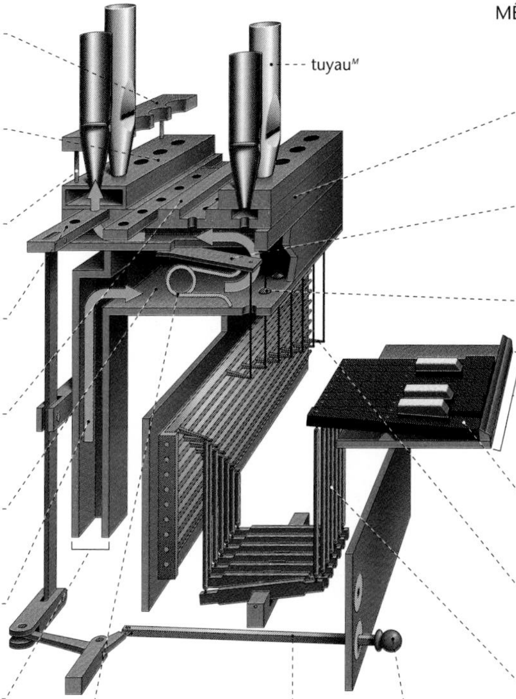

faux sommier[M]
tuyau[M]
table[F] du sommier[M]
chape[F]
pilotin[M]
soupape[F]
registre[M] coulissant
boursette[F]
clavier[M] manuel
faux registre[M]
laye[F]
touche[F]
alimentation[F] en air[M]
abrégé[M] et pilotes[M]
vergette[F]
porte-vent[M]
ressort[M] de soupape[F]
tirant[M] de registre[M]
bouton[M] de registre[M]

PRODUCTION[F] DU SON[M]

faux sommier[M]
tuyauterie[F]
chape[F]
sommier[M]
porte-vent[M]
conduit[M]
soufflet[M]
soufflerie[F]
réservoir[M]

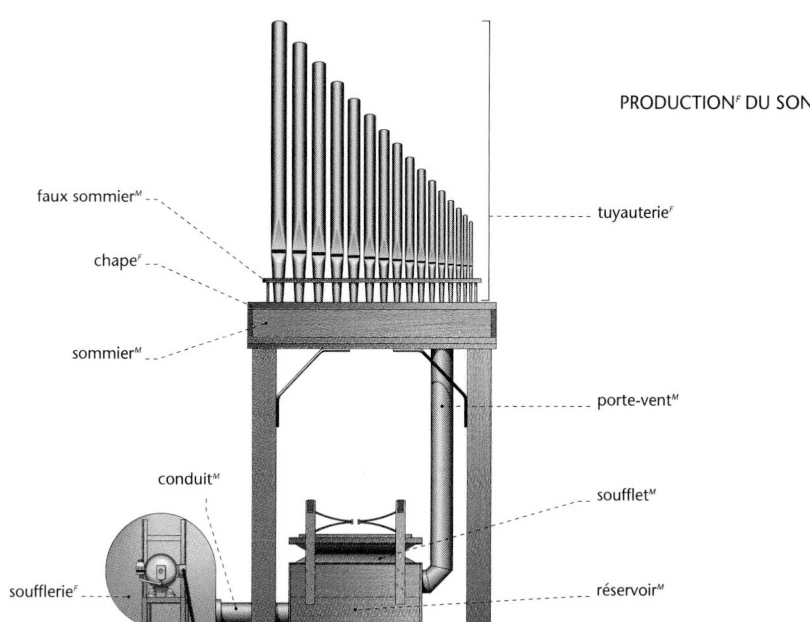

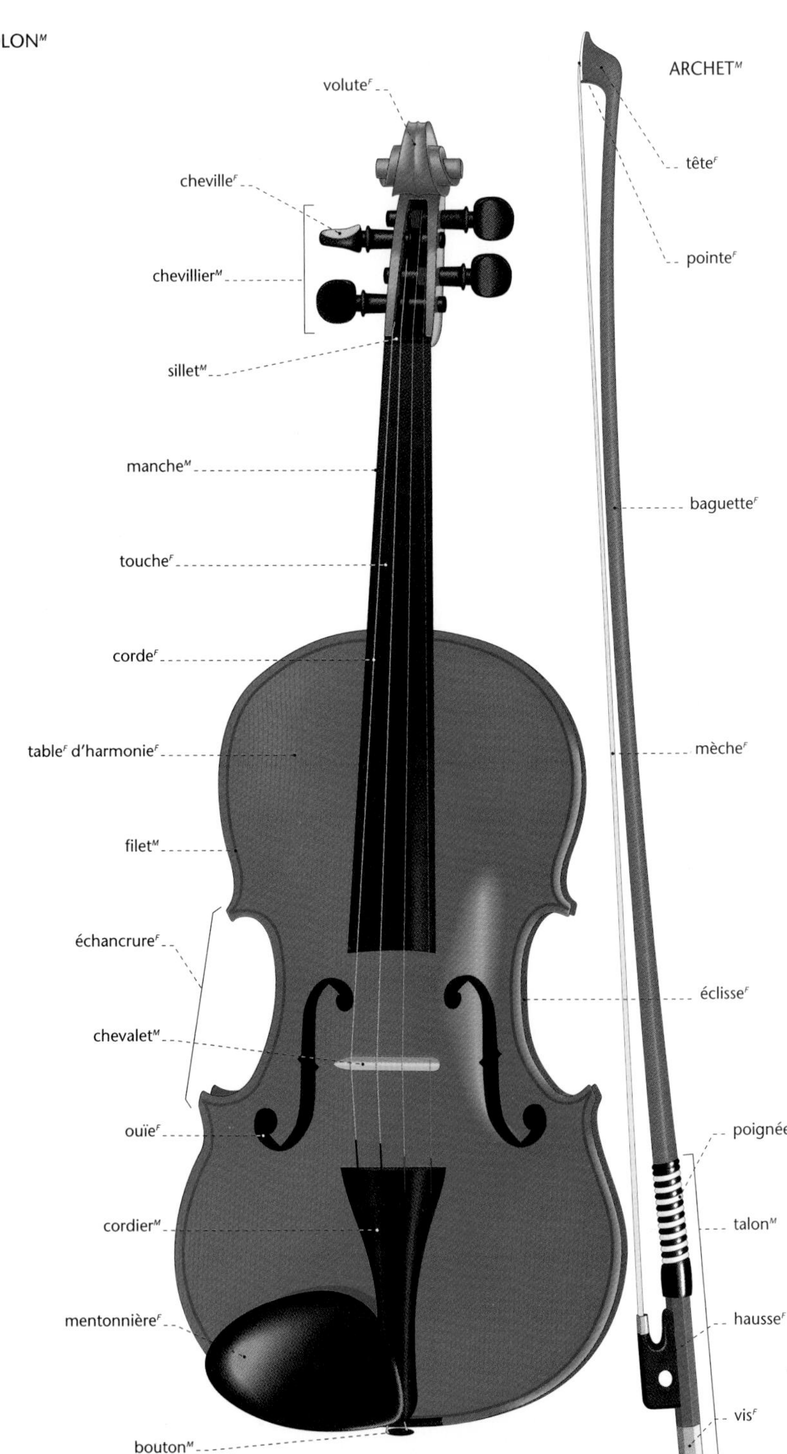
VIOLON^M
volute^F
cheville^F
chevillier^M
sillet^M
manche^M
touche^F
corde^F
table^F d'harmonie^F
filet^M
échancrure^F
chevalet^M
ouïe^F
cordier^M
mentonnière^F
bouton^M
ARCHET^M
tête^F
pointe^F
baguette^F
mèche^F
éclisse^F
poignée^F
talon^M
hausse^F
vis^F

FAMILLE[F] DU VIOLON[M]

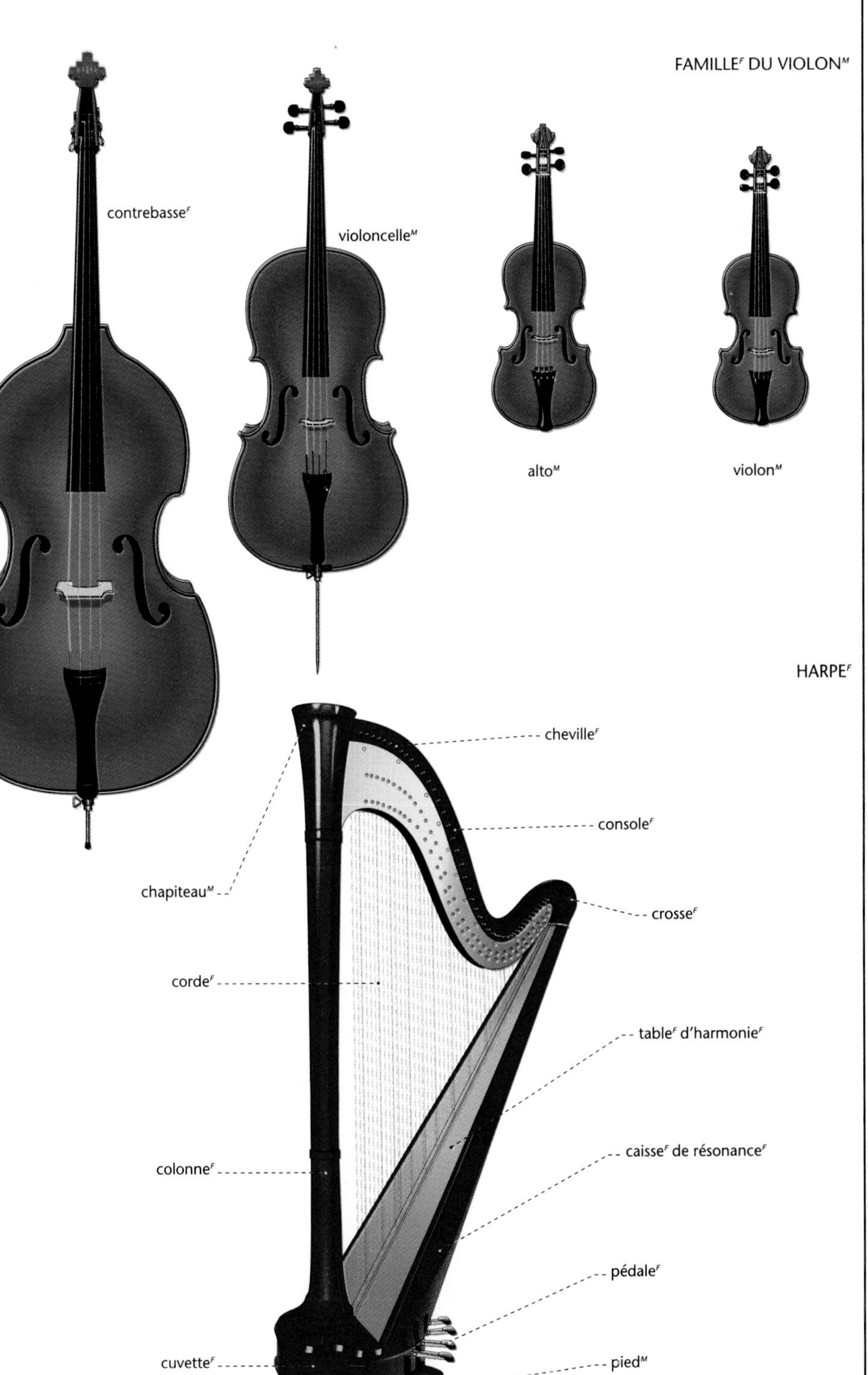

HARPE[F]

GUITARE^F ACOUSTIQUE

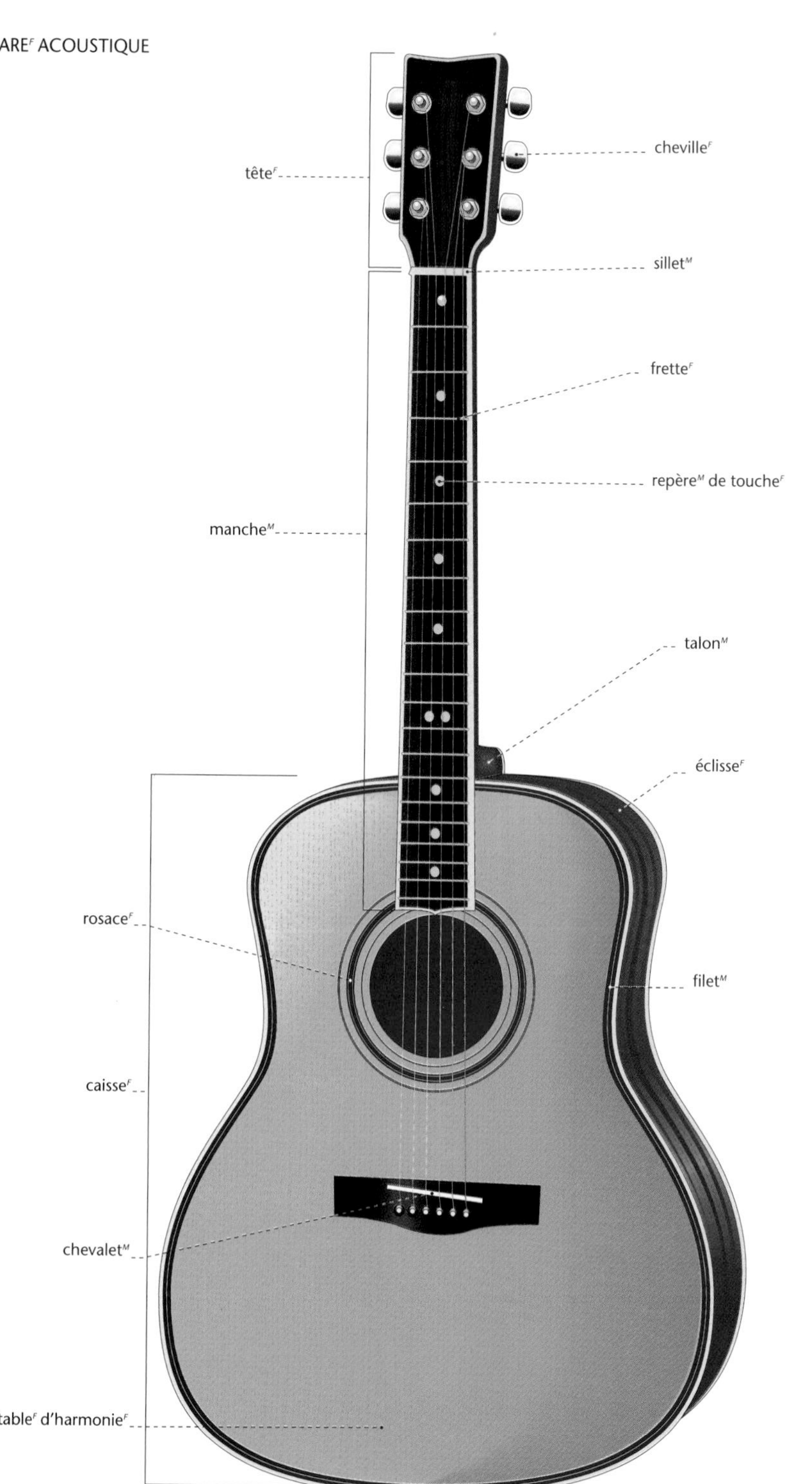

GUITARE[F] ÉLECTRIQUE

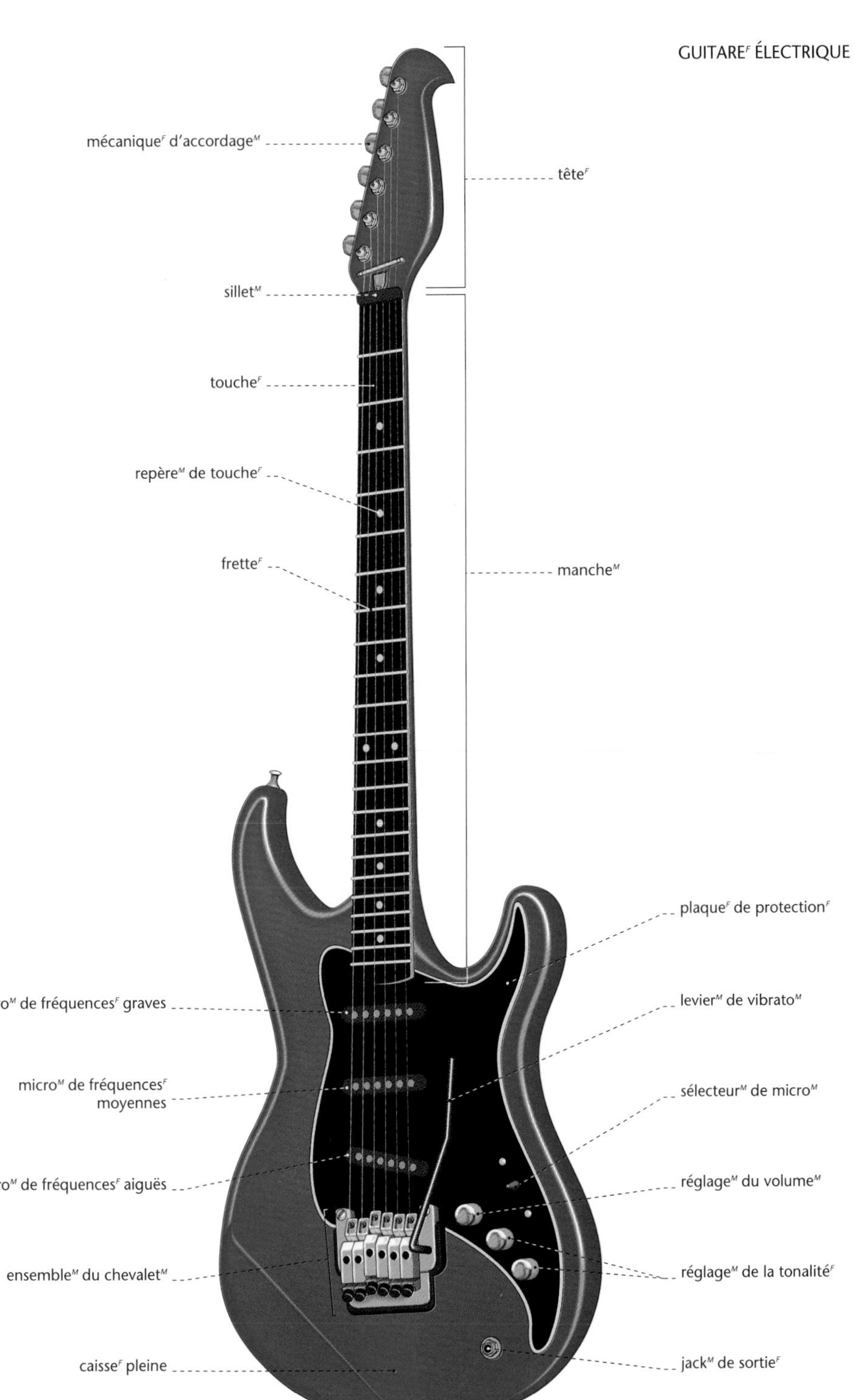

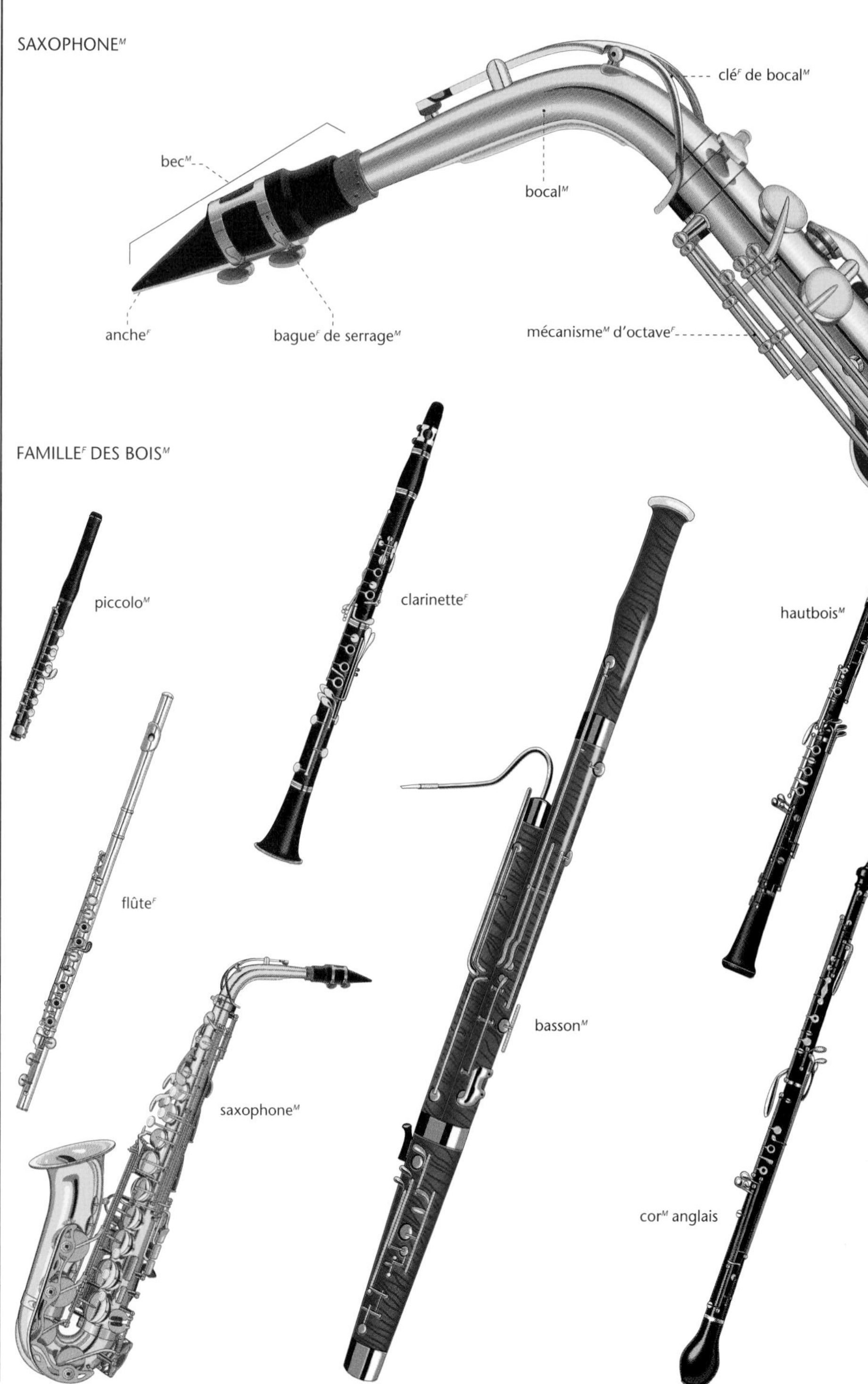
SAXOPHONE^M
clé^F de bocal^M
bec^M
bocal^M
anche^F
bague^F de serrage^M
mécanisme^M d'octave^F
FAMILLE^F DES BOIS^M
piccolo^M
clarinette^F
hautbois^M
flûte^F
basson^M
saxophone^M
cor^M anglais

ANCHES[F]

anche[F] simple

anche[F] double

levier[M] de clé[F]

pavillon[M]

attache[F] de pavillon[M]

clé[F]

garde[F] de clé[F]

corps[M]

bouton[M] de clé[F]

support[M] de pouce[M]

culasse[F]

garde[F] de culasse[F]

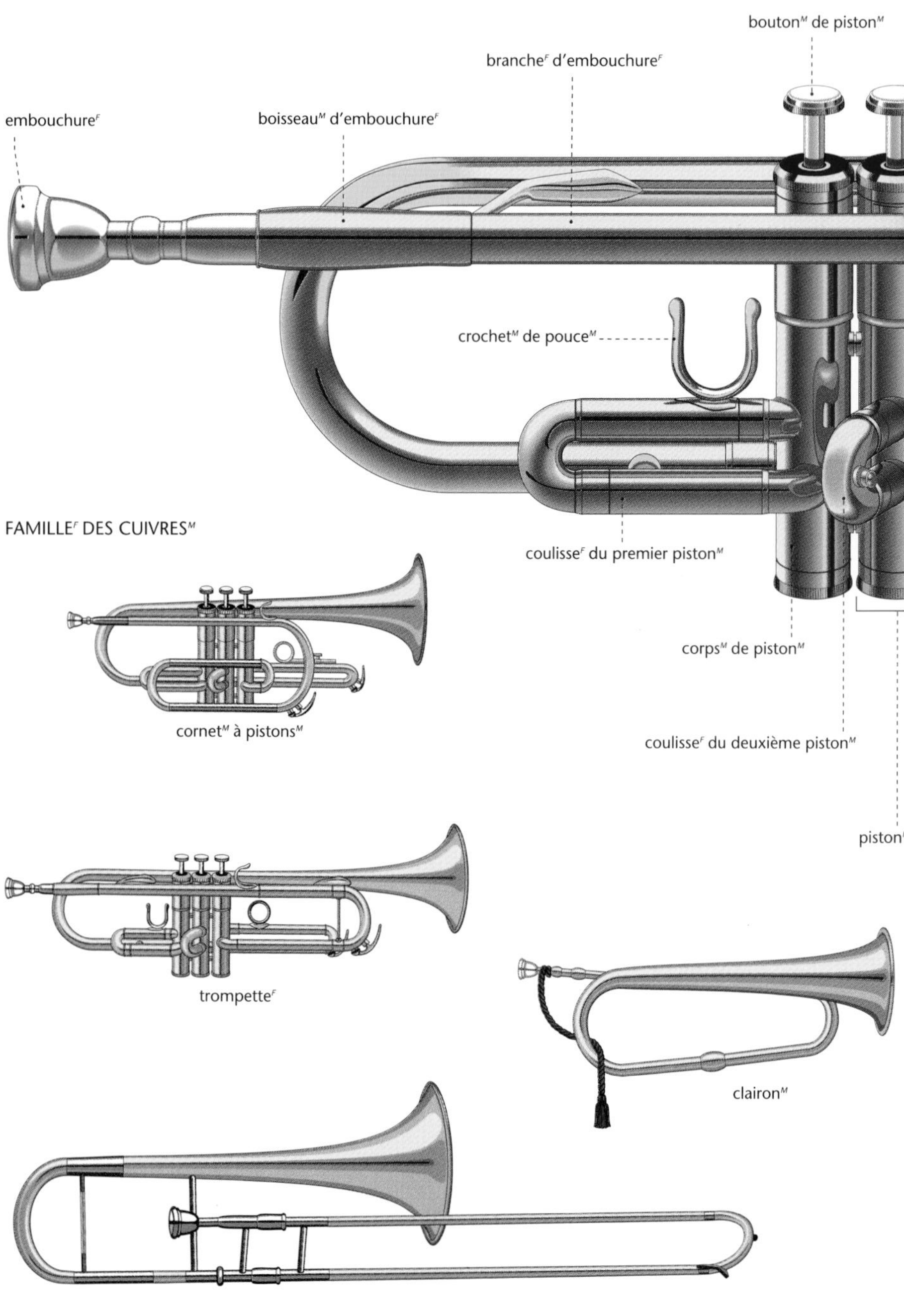
TROMPETTE[F]
bouton[M] de piston[M]
branche[F] d'embouchure[F]
embouchure[F]
boisseau[M] d'embouchure[F]
crochet[M] de pouce[M]
FAMILLE[F] DES CUIVRES[M]
coulisse[F] du premier piston[M]
corps[M] de piston[M]
coulisse[F] du deuxième piston[M]
piston
cornet[M] à pistons[M]
trompette[F]
clairon[M]
trombone[M]

pavillonM
crochetM de petit doigtM
bagueF
coulisseF d'accordM
coulisseF du troisième pistonM
soupapeF d'évacuationF
sourdineF
tubaM
saxhornM
corM d'harmonieF

BATTERIE^F

cymbale^F suspendue
tam-tam^M
cymbale^F charleston
cymbale^F supérieure
cymbale^F inférieure
peau^F de batterie^F
caisse^F claire
trépied^M
grosse caisse^F
vis^F de tension^F
éperon^M
pédale^F
support^M
mailloche^F

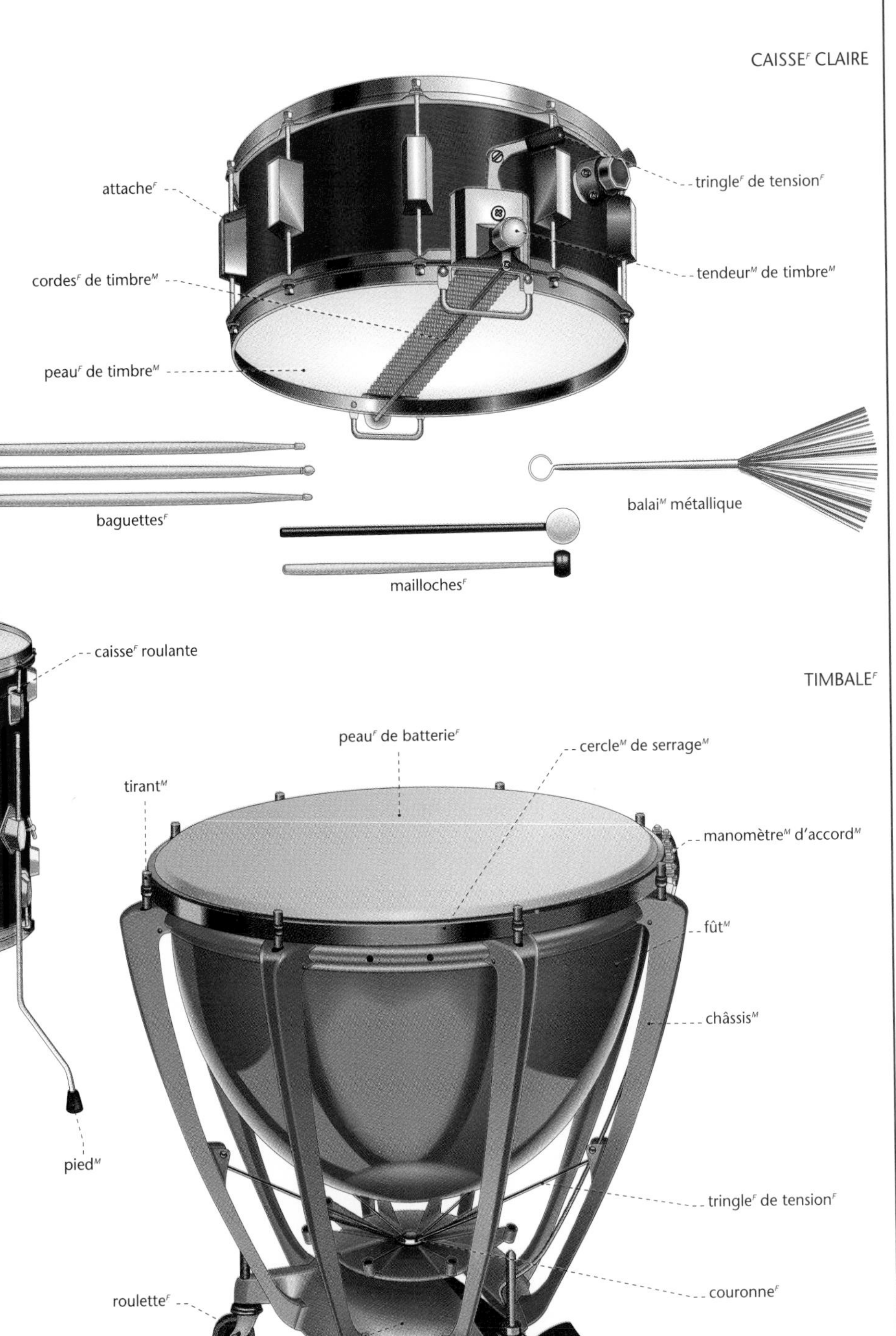
CAISSE^F CLAIRE
attache^F
tringle^F de tension^F
cordes^F de timbre^M
tendeur^M de timbre^M
peau^F de timbre^M
baguettes^F
balai^M métallique
mailloches^F
caisse^F roulante
TIMBALE^F
peau^F de batterie^F
cercle^M de serrage^M
tirant^M
manomètre^M d'accord^M
fût^M
châssis^M
pied^M
tringle^F de tension^F
couronne^F
roulette^F
pied^M
pédale^F

INSTRUMENTS[M] À PERCUSSION[F]

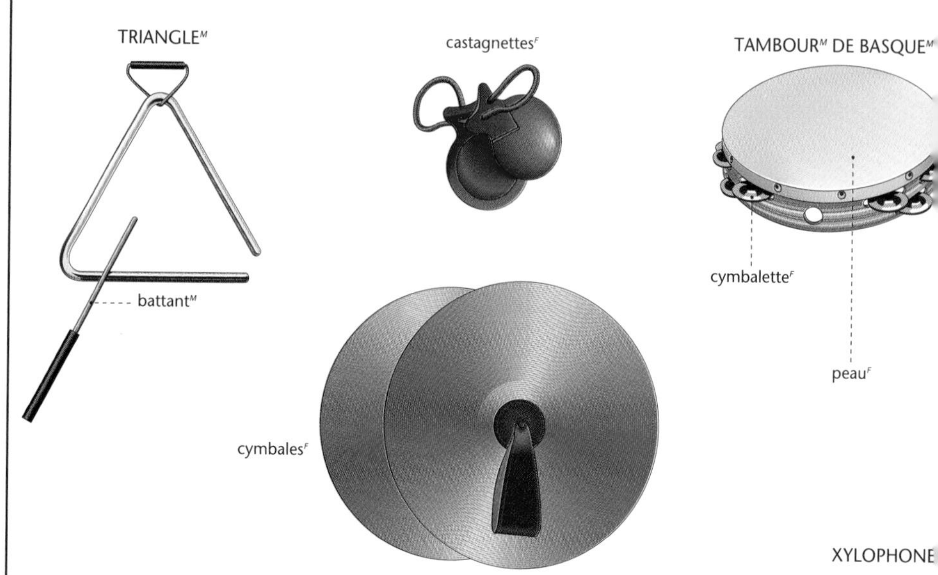

TRIANGLE[M]

battant[M]

castagnettes[F]

TAMBOUR[M] DE BASQUE[M]

cymbalette[F]
peau[F]

cymbales[F]

XYLOPHONE

carillon[M] tubulaire

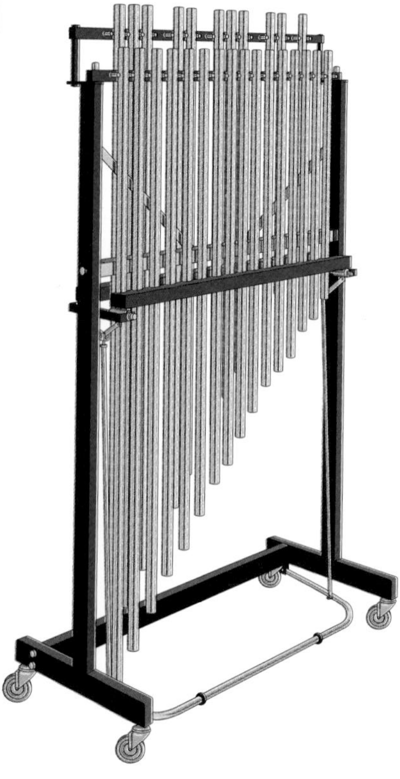

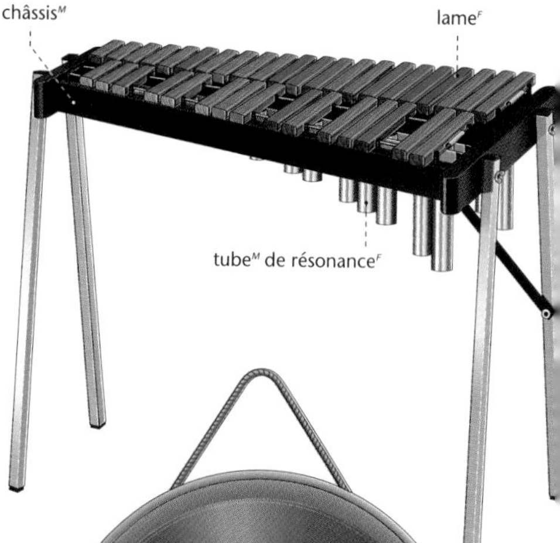

châssis[M]
lame[F]
tube[M] de résonance[F]

gong[M]

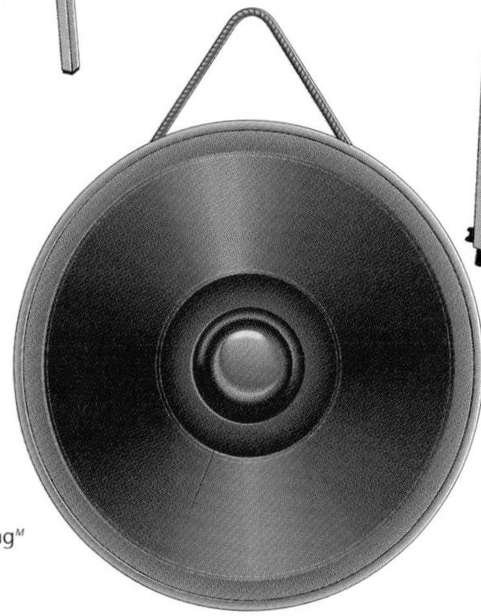

INSTRUMENTS[M] ÉLECTRONIQUES

SYNTHÉTISEUR[M]

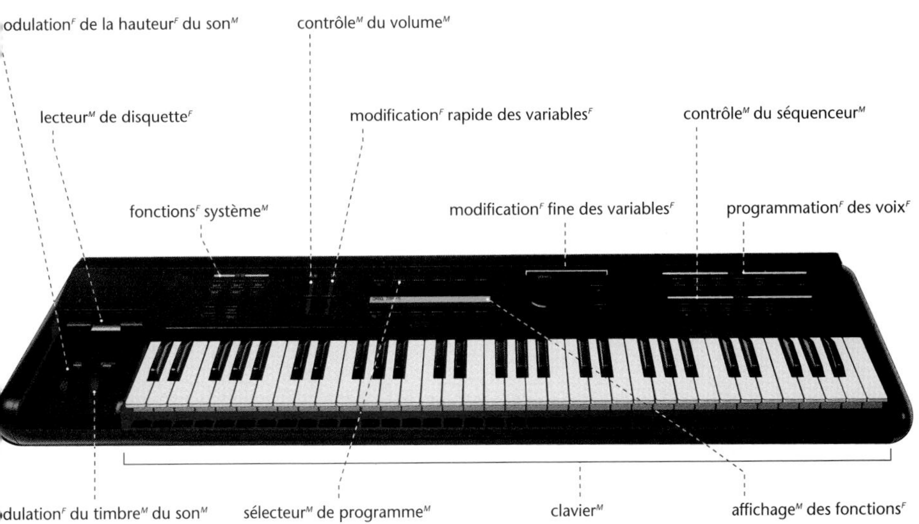

PIANO[M] ÉLECTRONIQUE

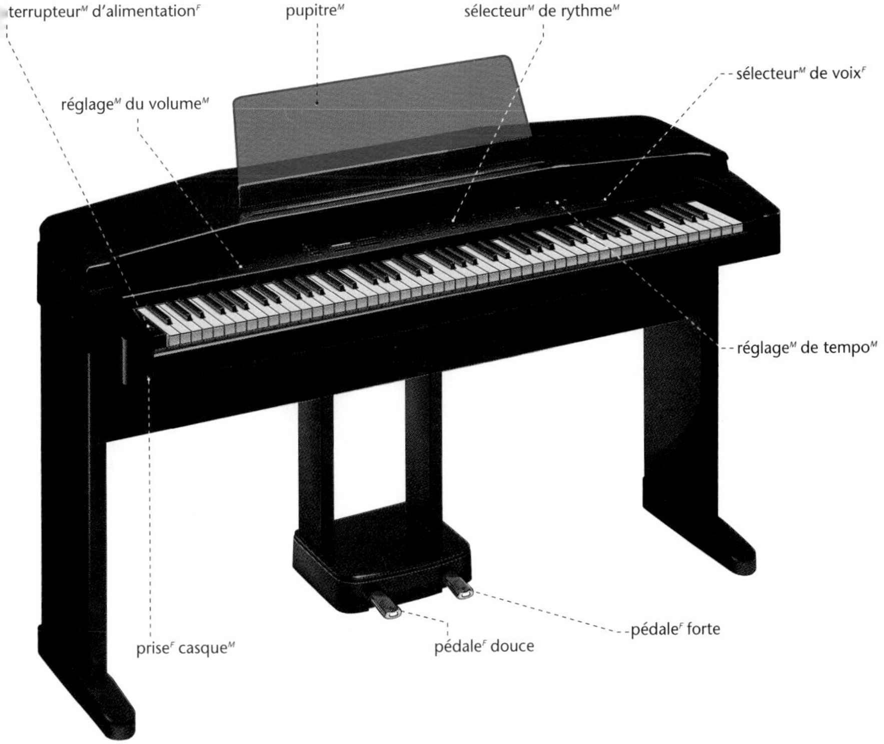

terrupteur[M] d'alimentation[F]

pupitre[M]

sélecteur[M] de rythme[M]

sélecteur[M] de voix[F]

réglage[M] du volume[M]

réglage[M] de tempo[M]

prise[F] casque[M]

pédale[F] douce

pédale[F] forte

ORCHESTRE^M SYMPHONIQUE

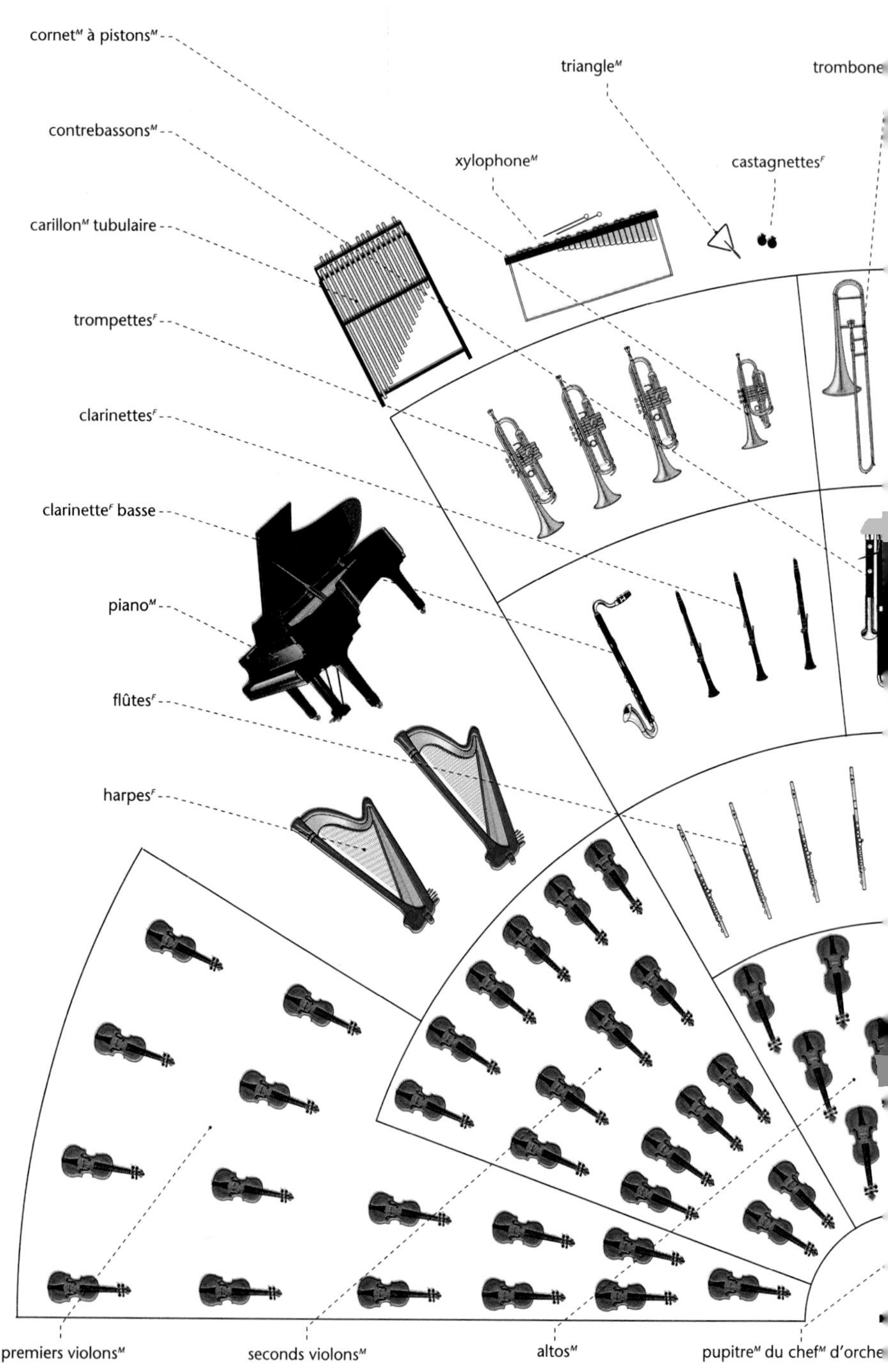

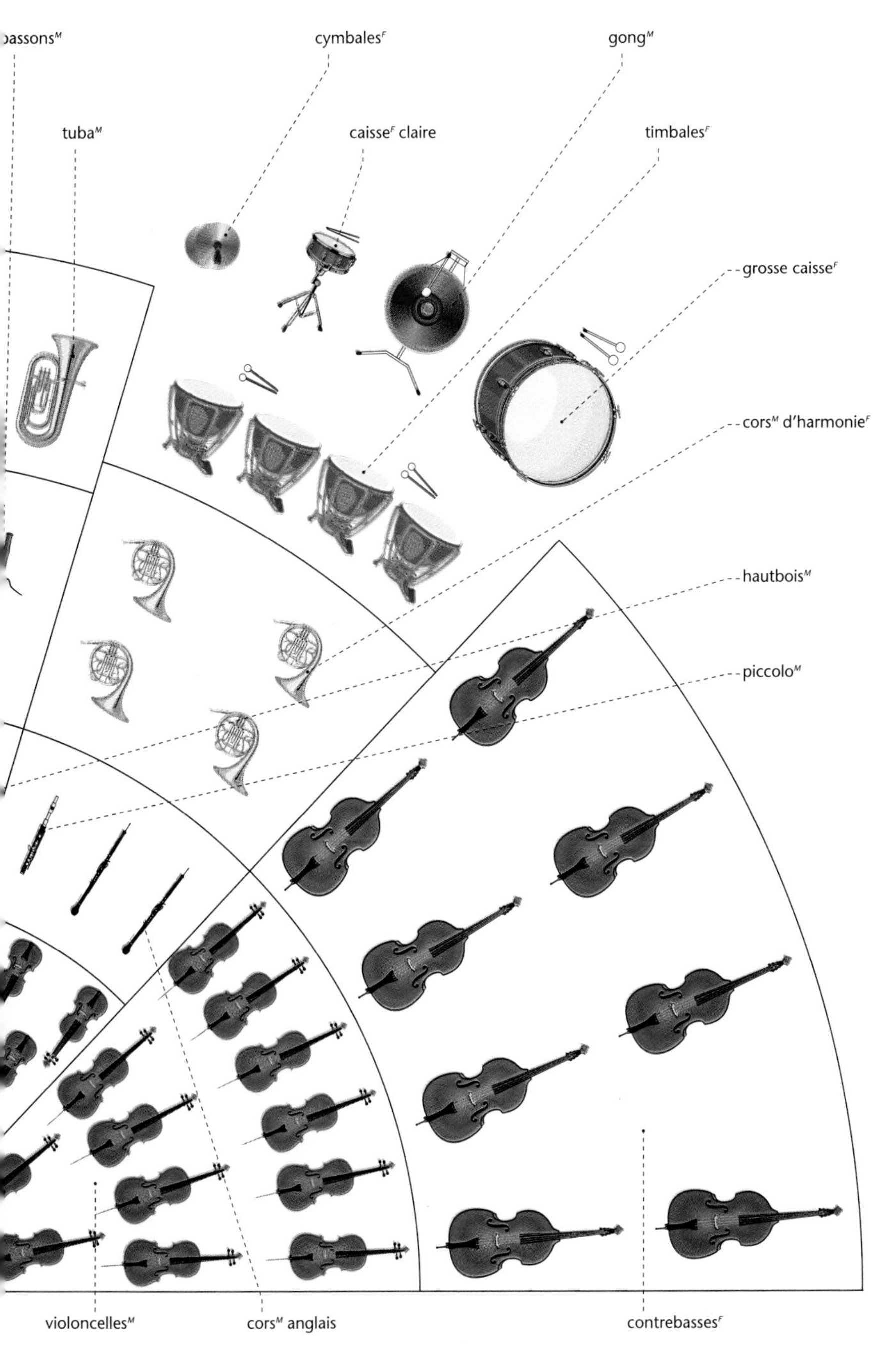

bassons^M
cymbales^F
gong^M
tuba^M
caisse^F claire
timbales^F
grosse caisse^F
cors^M d'harmonie^F
hautbois^M
piccolo^M
violoncelles^M
cors^M anglais
contrebasses^F

EXEMPLES[M] DE GROUPES[M] INSTRUMENTAUX

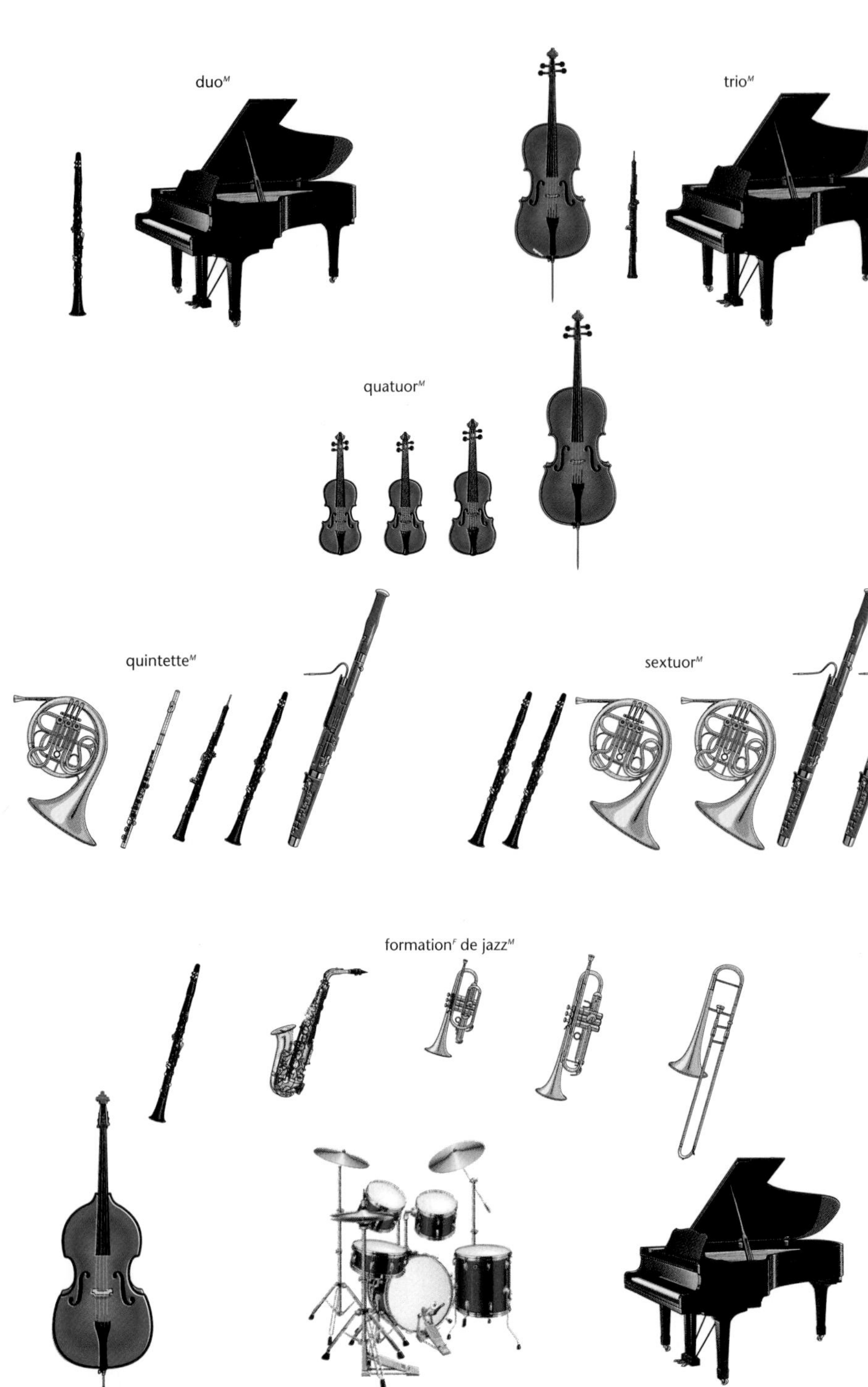

LOISIRS DE CRÉATION

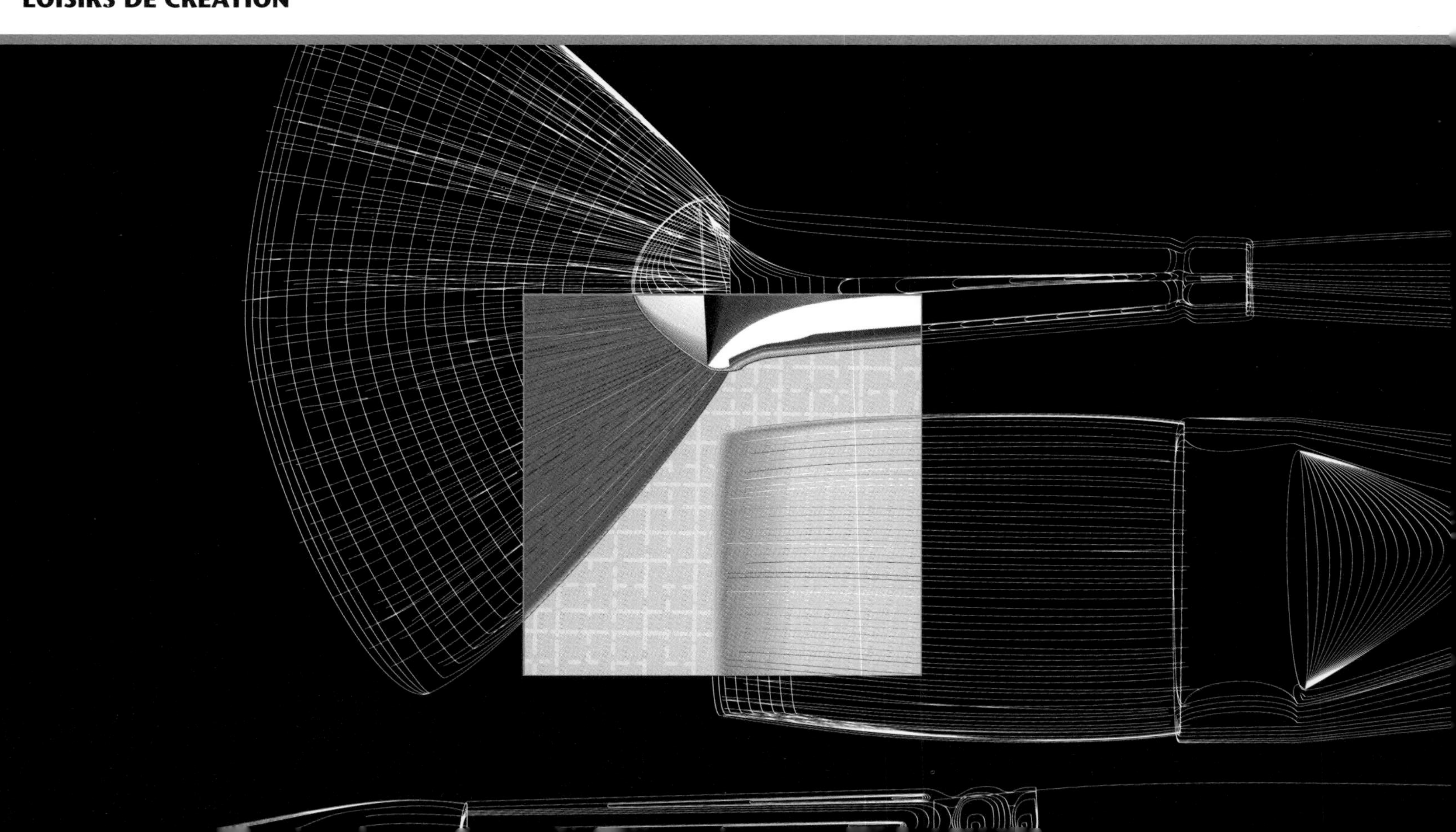

SOMMAIRE

COUTURE 561
TRICOT 567
MACHINE À TRICOTER 568
DENTELLE AUX FUSEAUX 570
BRODERIE 571
TISSAGE 572
RELIURE D'ART 577
IMPRESSION 580
GRAVURE EN RELIEF 581
GRAVURE EN CREUX 582
LITHOGRAPHIE 583
POTERIE 584
SCULPTURE SUR BOIS 586
PEINTURE ET DESSIN 588

MACHINE^F À COUDRE

COMMANDE^F AU PIED^M

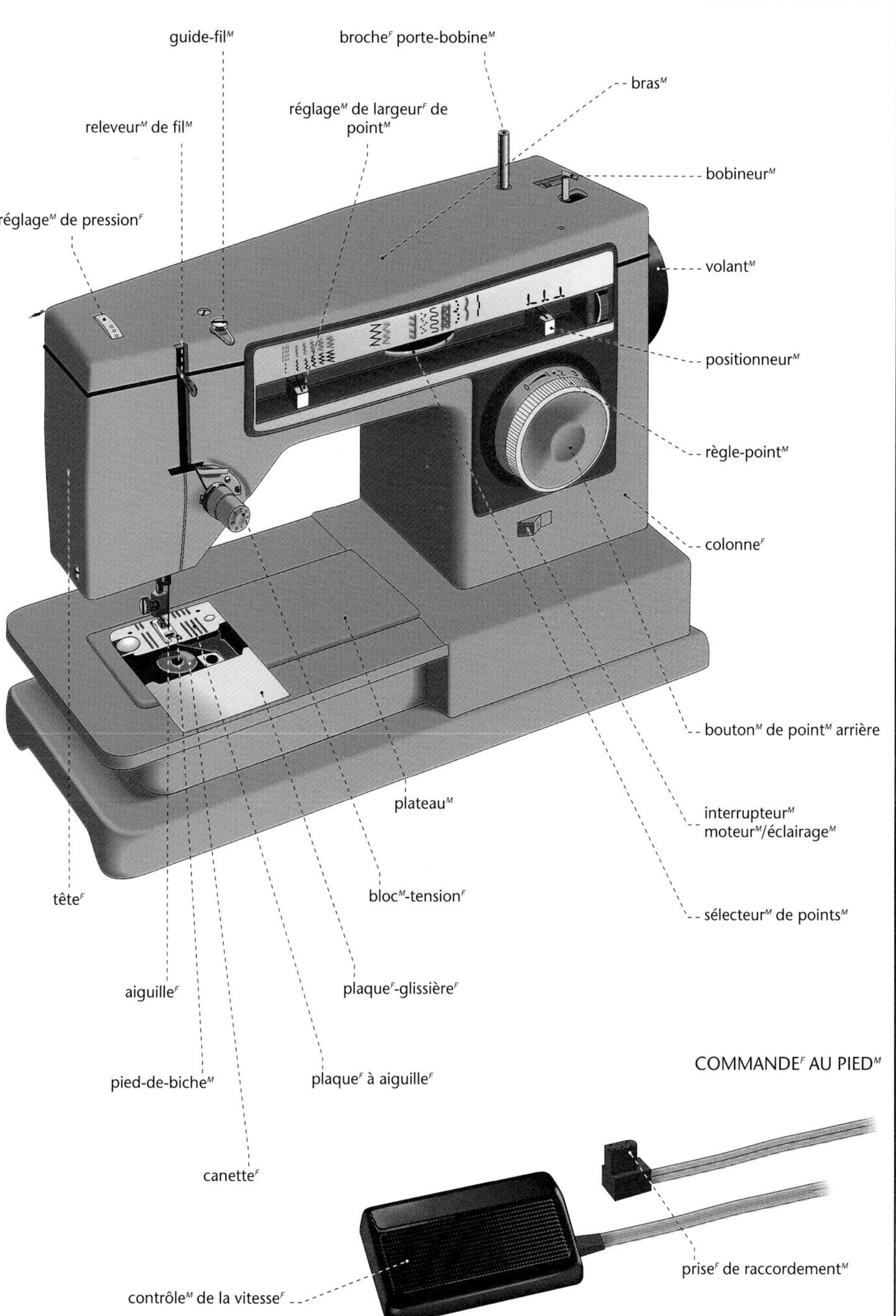

COUTURE[F]

PIED[M] PRESSEUR

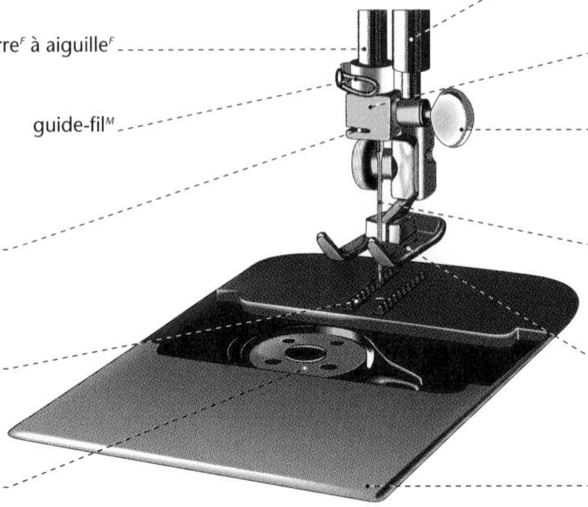
barre[F] de pied[M] presseur
barre[F] à aiguille[F]
pince-aiguille[M]
guide-fil[M]
vis[F] de pince-aiguille[M]
coupe-fil[M]
aiguille[F]
griffe[F] d'entraînement[M]
pied-de-biche[M]
canette[F]
plaque[F]-glissière[F]

AIGUILLE[F]

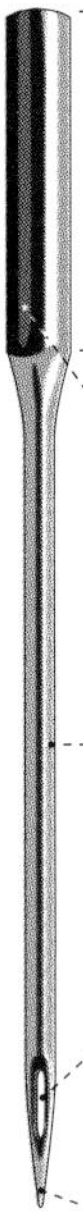
talon[M]
rainure[F]
tige[F]
chas[M]
pointe[F]

BLOC[M]-TENSION[F]

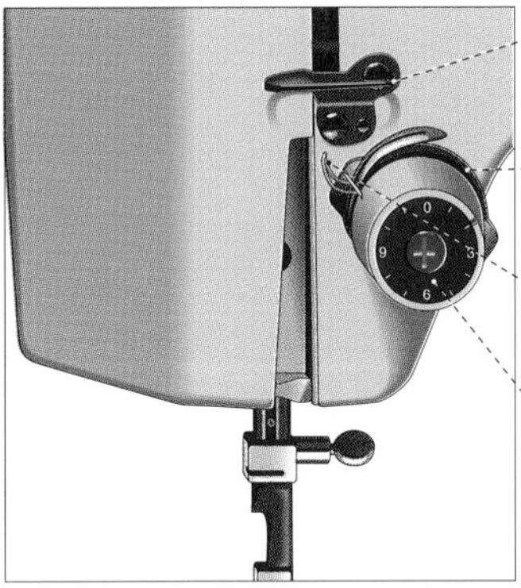
guide-fil[M]
disque[M] de tension[F]
ressort[M] compensateur c
fil[M]
indicateur[M] de tension[F]

BOÎTE[F] À CANETTE[F]

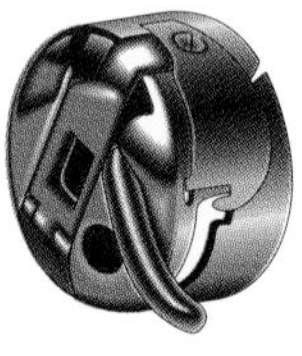

verrou[M]

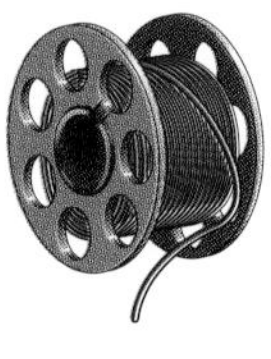

canette[F]

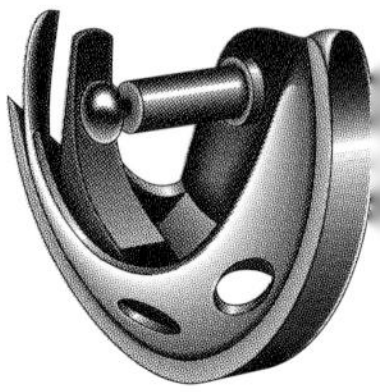

crochet[M]

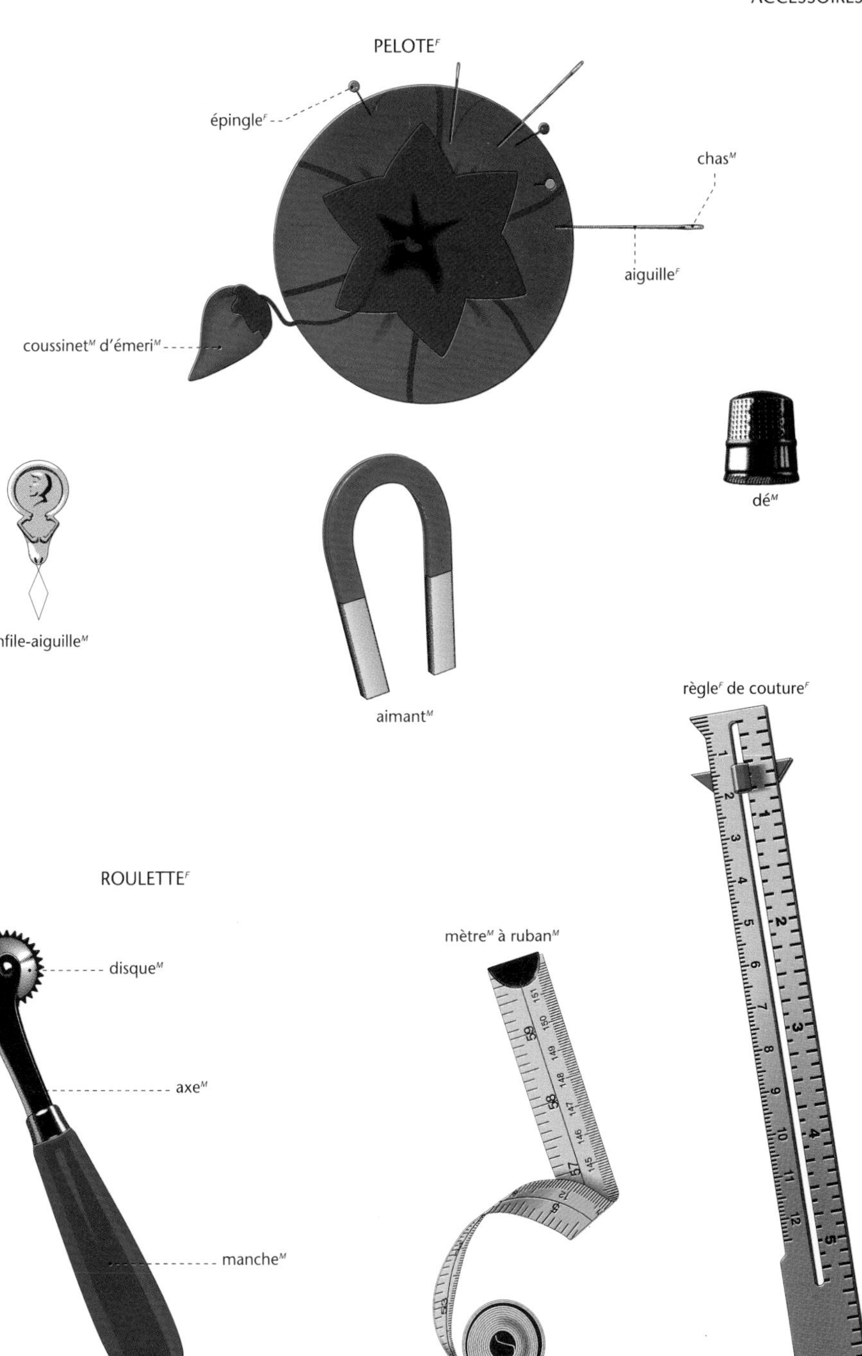
PELOTE[F]
épingle[F]
chas[M]
aiguille[F]
coussinet[M] d'émeri[M]
dé[M]
enfile-aiguille[M]
aimant[M]
règle[F] de couture[F]
ROULETTE[F]
disque[M]
axe[M]
manche[M]
mètre[M] à ruban[M]

ACCESSOIRES[M]

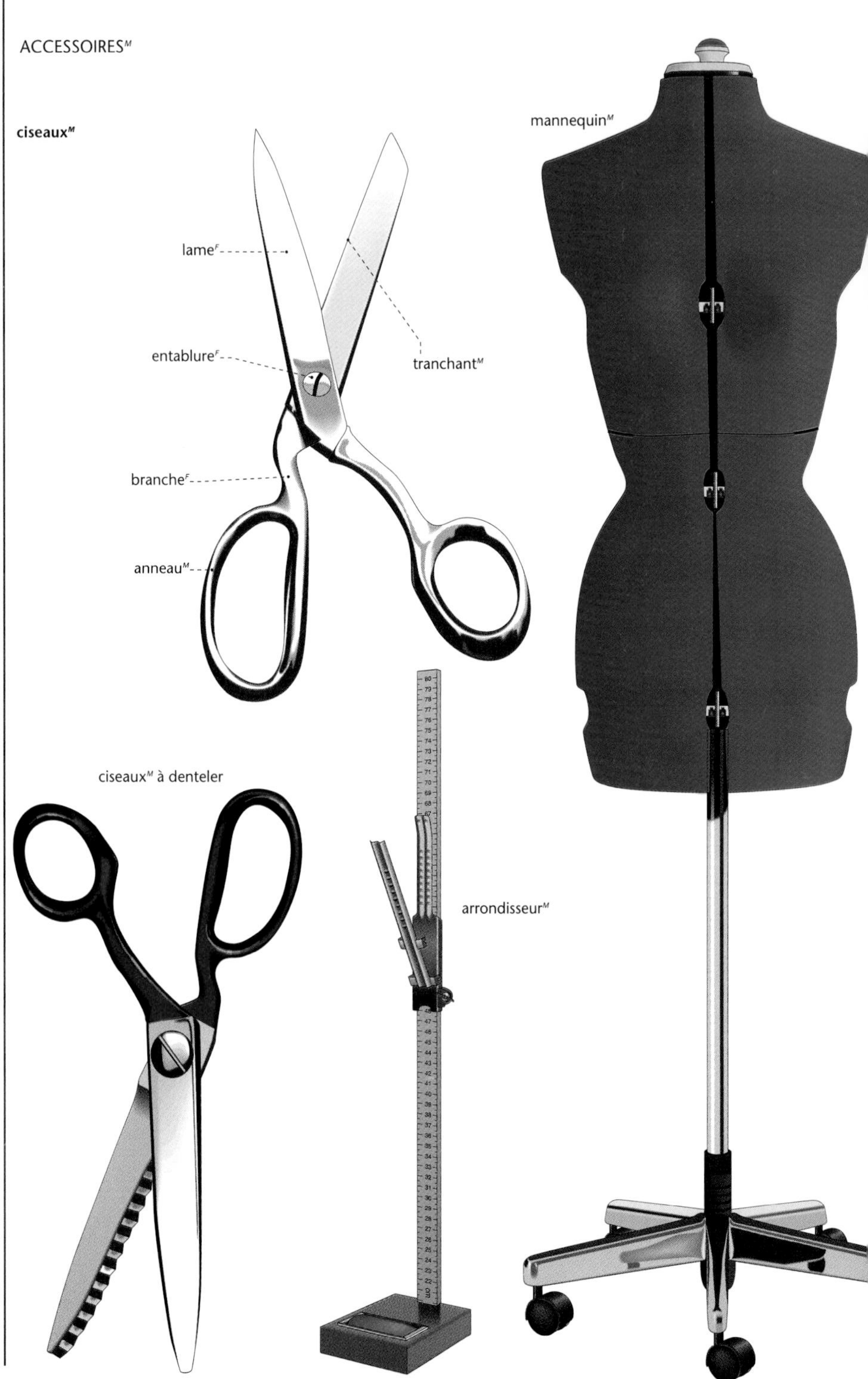

TISSUS[M] DE SOUTIEN[M]

tissu[M] du vêtement[M]
entredoublure[F]
entoilage[M]
doublure[F]
triplure[F]

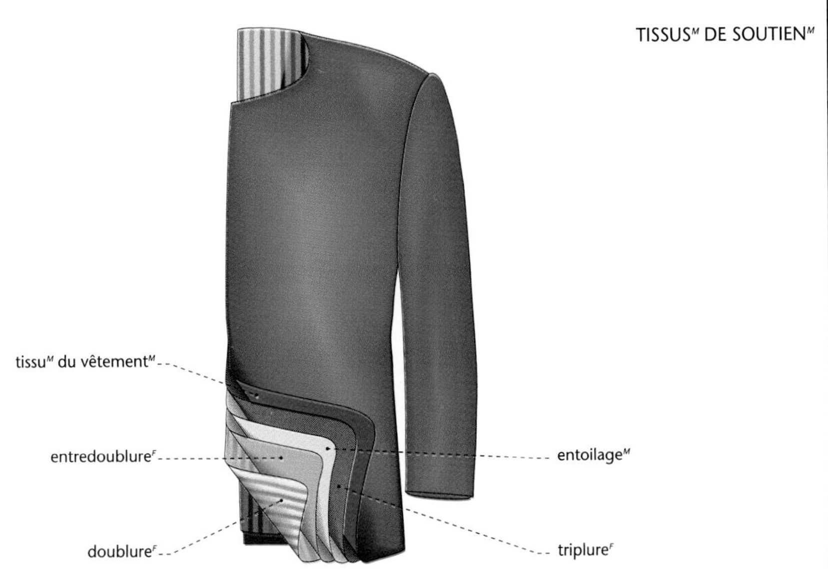

PATRON[M]

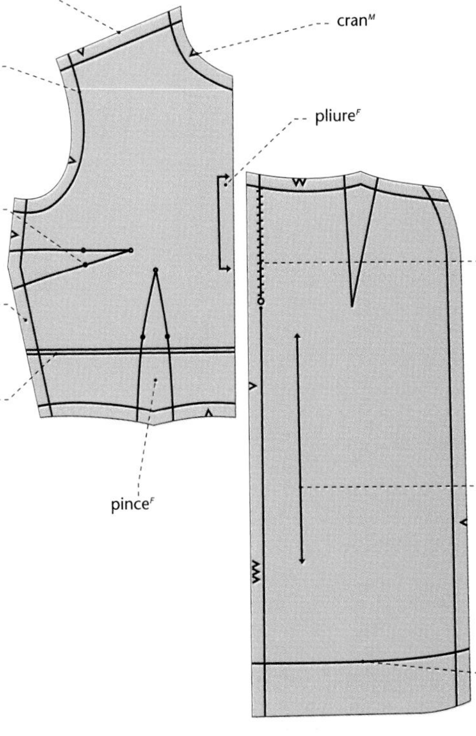

ligne[F] de coupe[F]
cran[M]
ligne[F] de bâti[M]
pliure[F]
point[M] de repère[M]
ligne[F] de piqûre[F] de la fermeture[F]
rentré[M]
ligne[F] de modification[F]
pince[F]
droit fil[M]
ligne[F] d'ourlet[M]

COUTURE[F]

ATTACHES[F]

bouton[M] à tige[F]

boutons[M] à trous[M]

bouton[M]-pression[F]

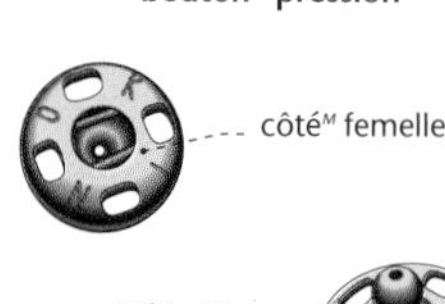

agrafes[F]

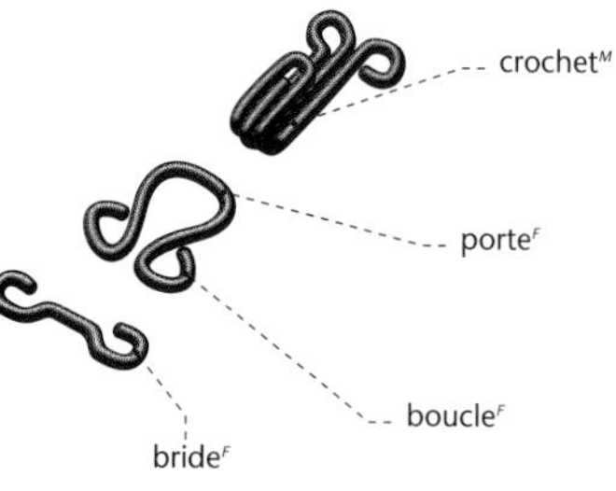

boucle[F]

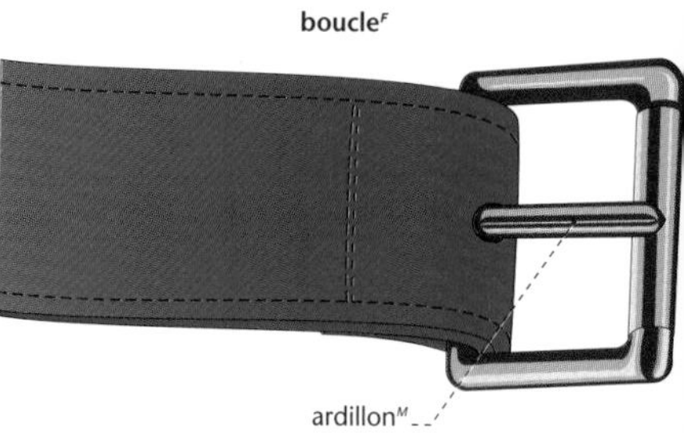

épingle[F] de sûreté[F]

FERMETURE[F] À GLISSIÈRE

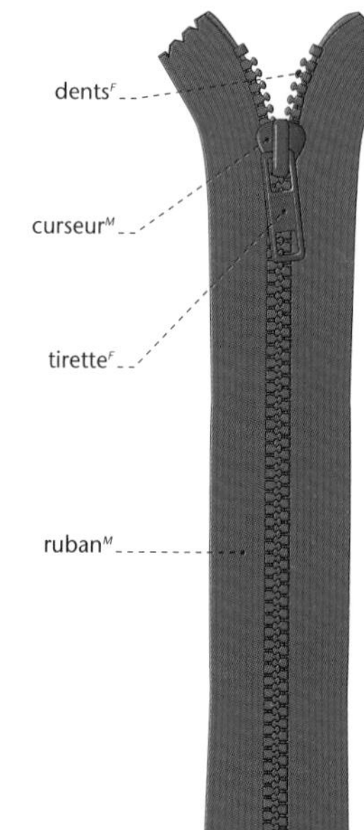

STRUCTURE[F] DU TISSU[M]

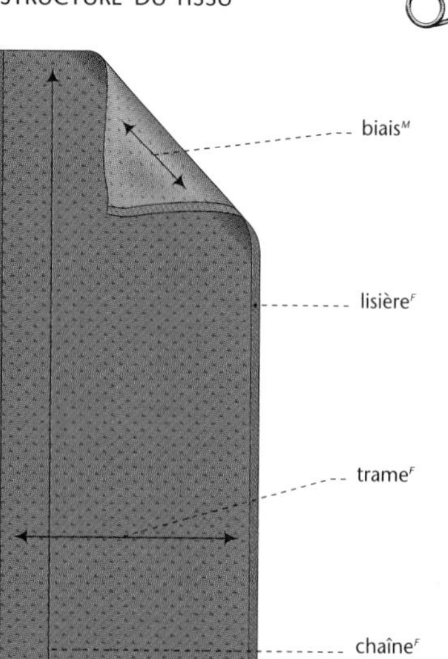

TRICOT[M]

AIGUILLES[F] À TRICOTER

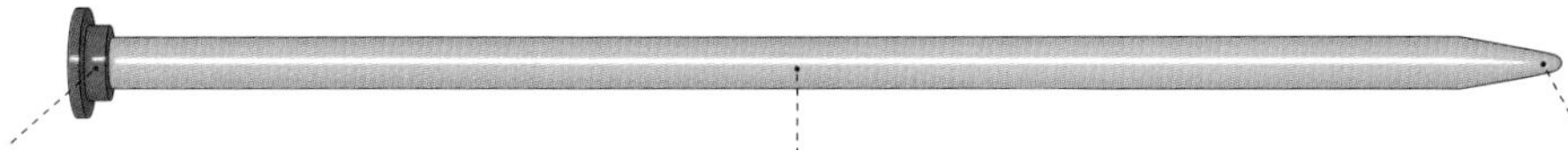

ête[F]

tige[F]

pointe[F]

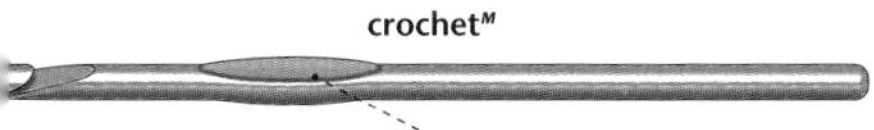

crochet[M]

ec[M]

méplat[M]

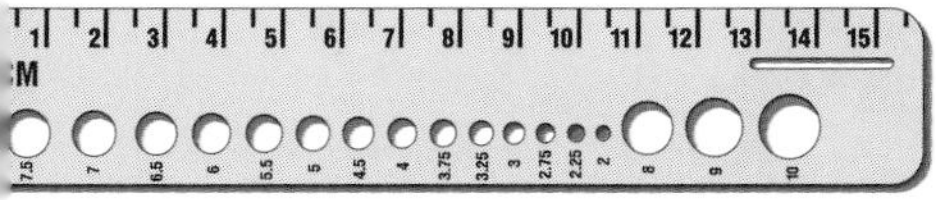

jauge[F] à aiguilles[F]

mailles[F] de montage[M]

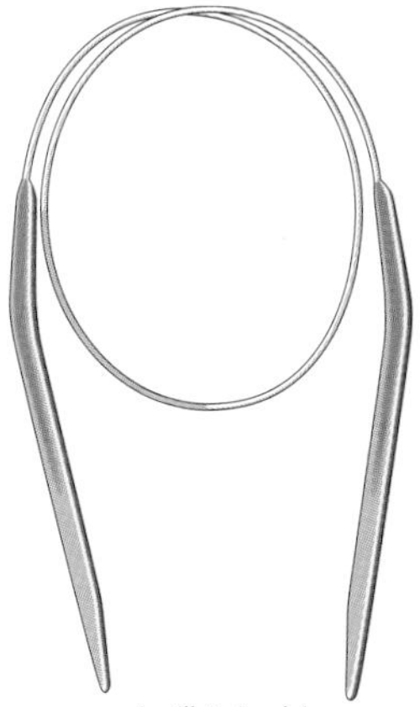

aiguille[F] circulaire

POINTS[M] DE TRICOT[M]

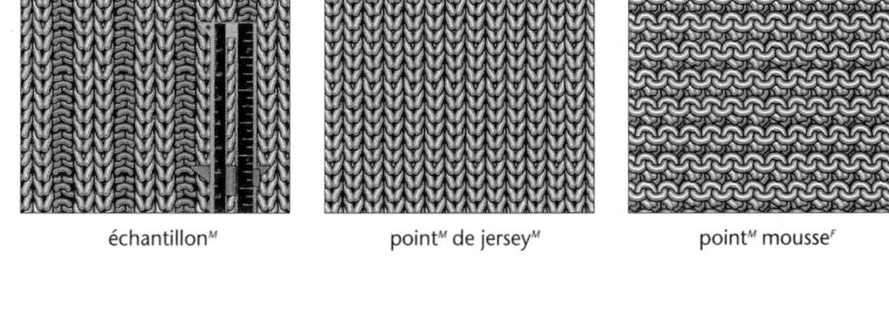

échantillon[M]

point[M] de jersey[M]

point[M] mousse[F]

point[M] de riz[M]

point[M] de côtes[F]

point[M] de damier[M]

point[M] de torsades[F]

MACHINE[F] À TRICOTER

FONTURE[F] ET CHARIOTS[M]

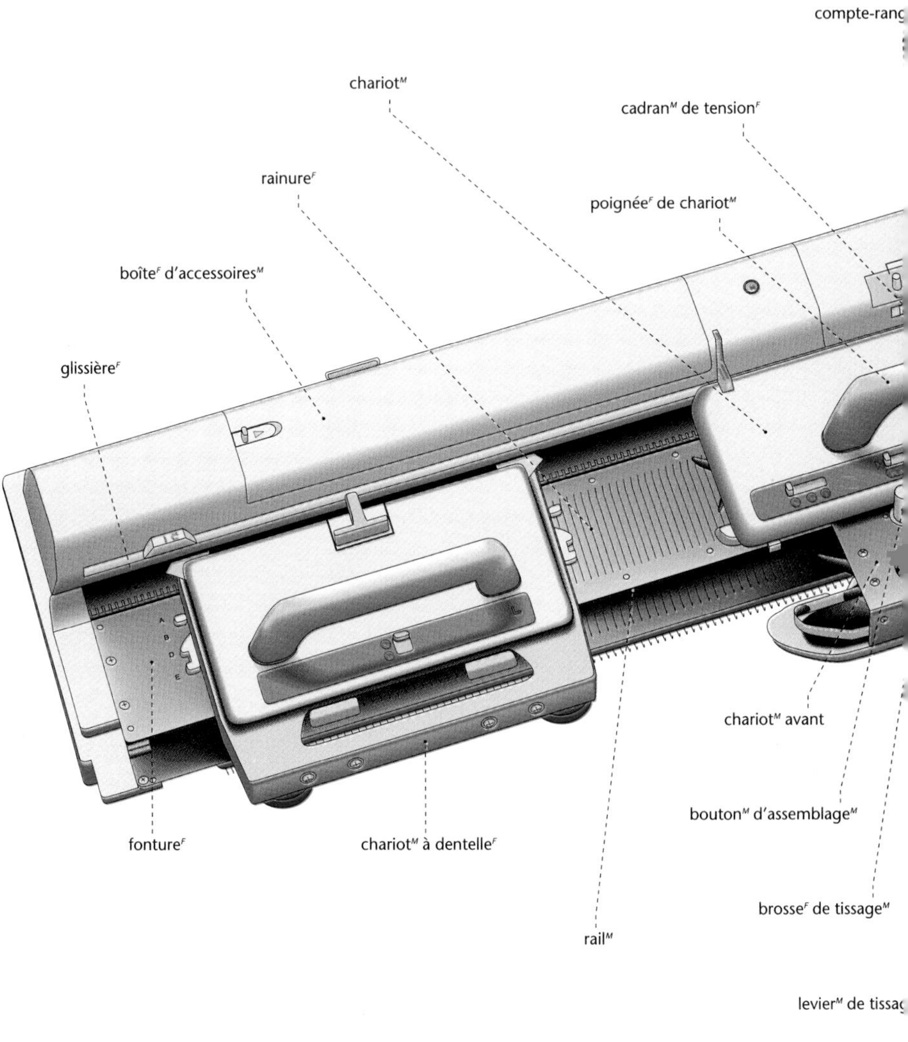
compte-ran
chariot[M]
cadran[M] de tension[F]
rainure[F]
poignée[F] de chariot[M]
boîte[F] d'accessoires[M]
glissière[F]
chariot[M] avant
bouton[M] d'assemblage[M]
fonture[F]
chariot[M] à dentelle[F]
brosse[F] de tissage[M]
rail[M]
levier[M] de tissa

AIGUILLE[F] À CLAPET[M]

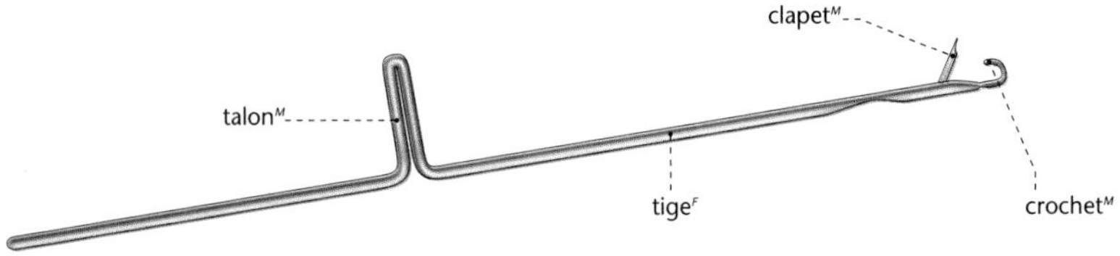
clapet[M]
talon[M]
tige[F]
crochet[M]

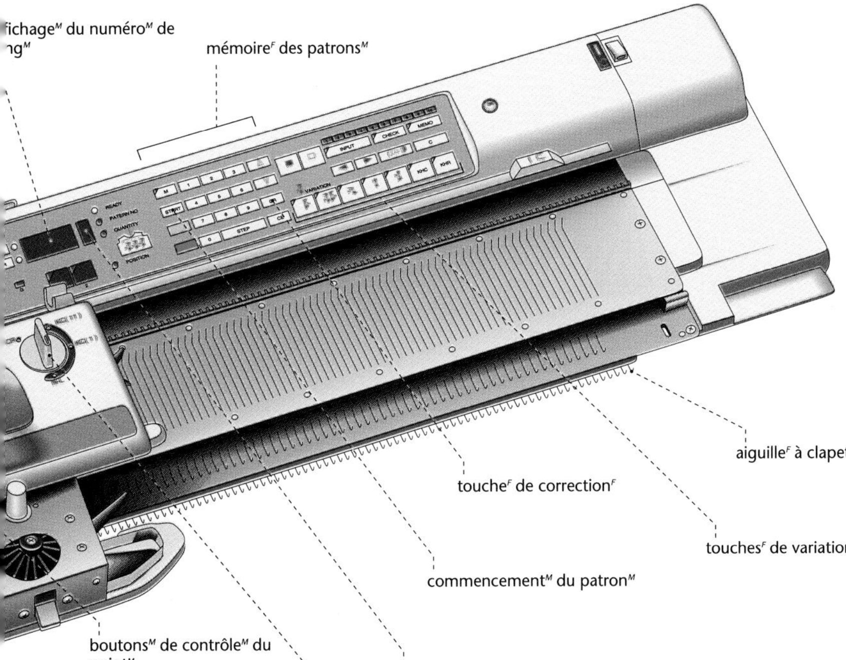

fichage[M] du numéro[M] de
ng[M]
mémoire[F] des patrons[M]
aiguille[F] à clapet[M]
touche[F] de correction[F]
touches[F] de variation[F]
commencement[M] du patron[M]
boutons[M] de contrôle[M] du point[M]
affichage[M] de la couleur[F]
noix[F]
commande[F] du chariot[M]

BLOC[M]-TENSION[F]

pêcheur[M]
disque[M] de tension[F]
porte-tension[M]
bouton[M] de tension[F]
pince-fil[M]
œillet[M]
support[M] de tension[F]
guide-fil[M]

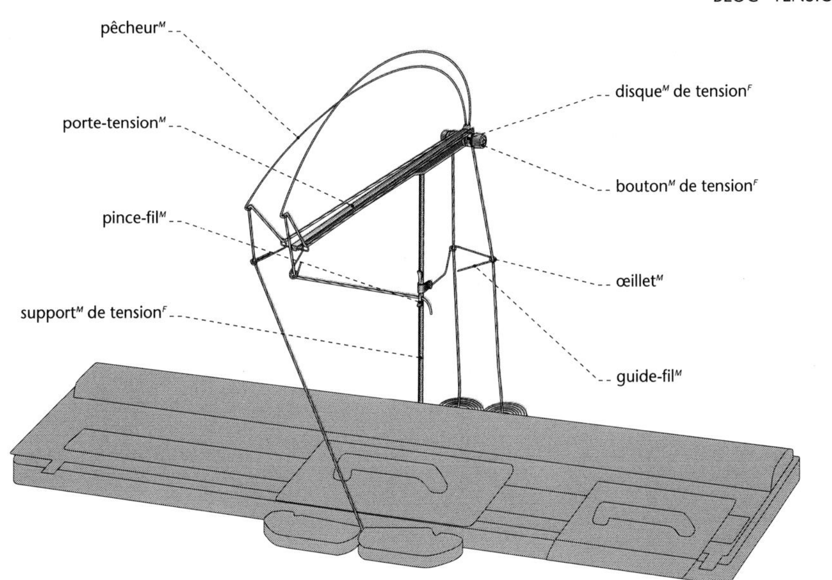

DENTELLE[F] AUX FUSEAUX[M]

CARREAU[M]

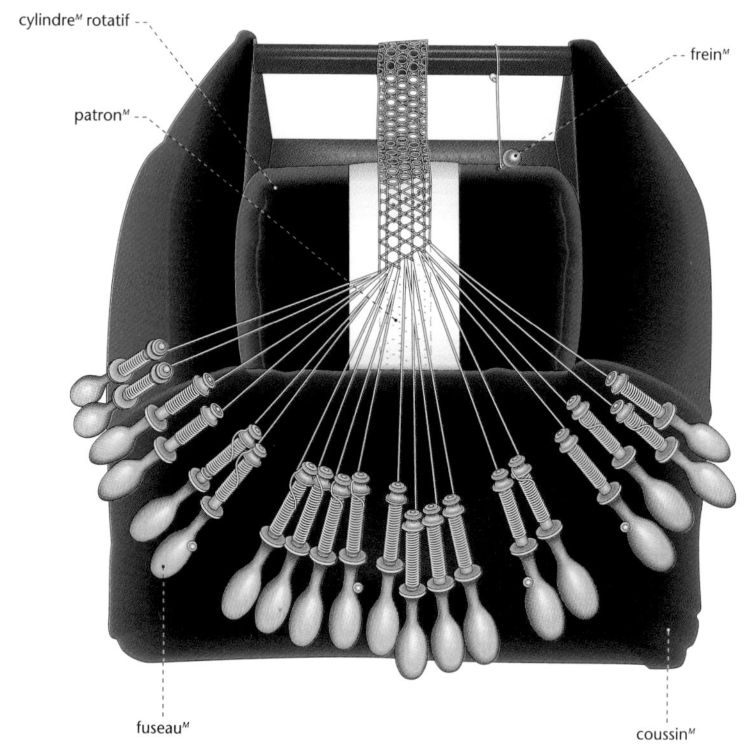

piquoir[M]

FUSEAU[M]

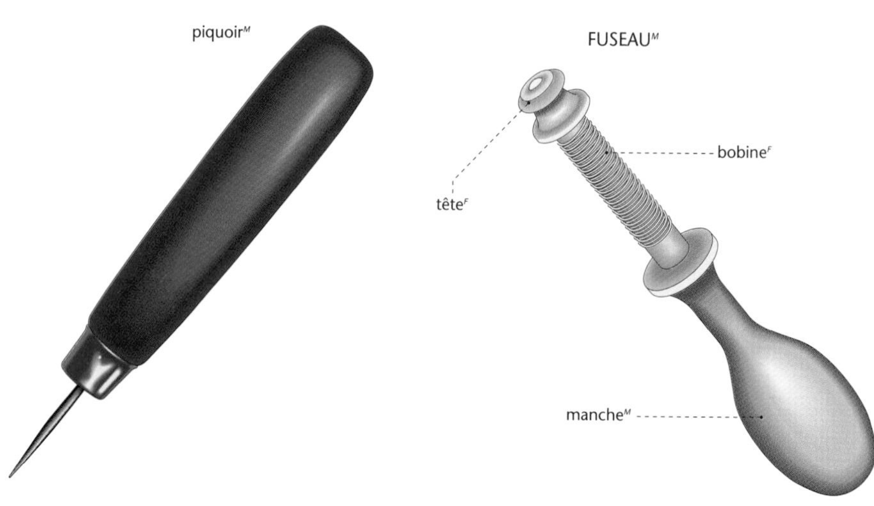

BRODERIE[F]

MÉTIER[M] À BRODER

tissu[M] brodé

cheville[F]

tirette[F]

latte[F]

coutisse[F]

tambour[M]

CATÉGORIES[F] DE POINTS[M]

points[M] croisés

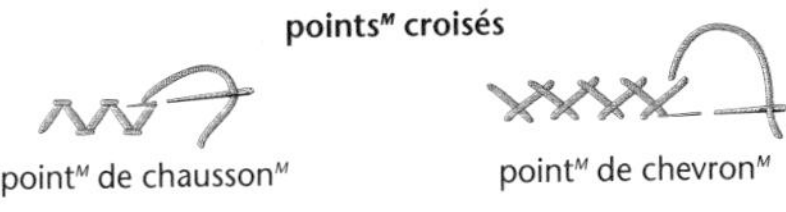

point[M] de chausson[M]

point[M] de chevron[M]

points[M] plats

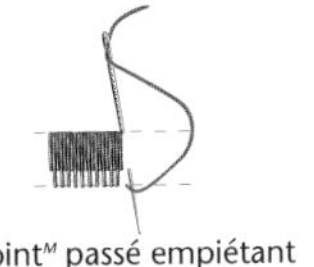

point[M] passé empiétant

point[M] d'arête[F]

points[M] couchés

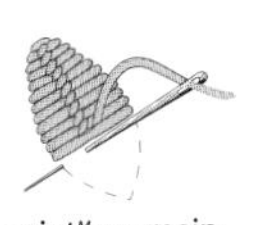

point[M] roumain

point[M] d'Orient[M]

points[M] noués

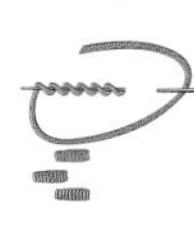

point[M] de poste[F]

point[M] de nœud[M]

points[M] bouclés

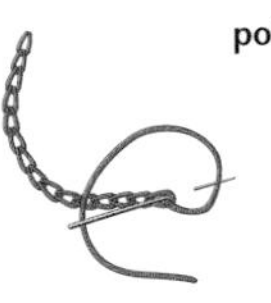

point[M] de chaînette[F]

point[M] d'épine[F]

MÉTIER^M DE BASSE LISSE^F

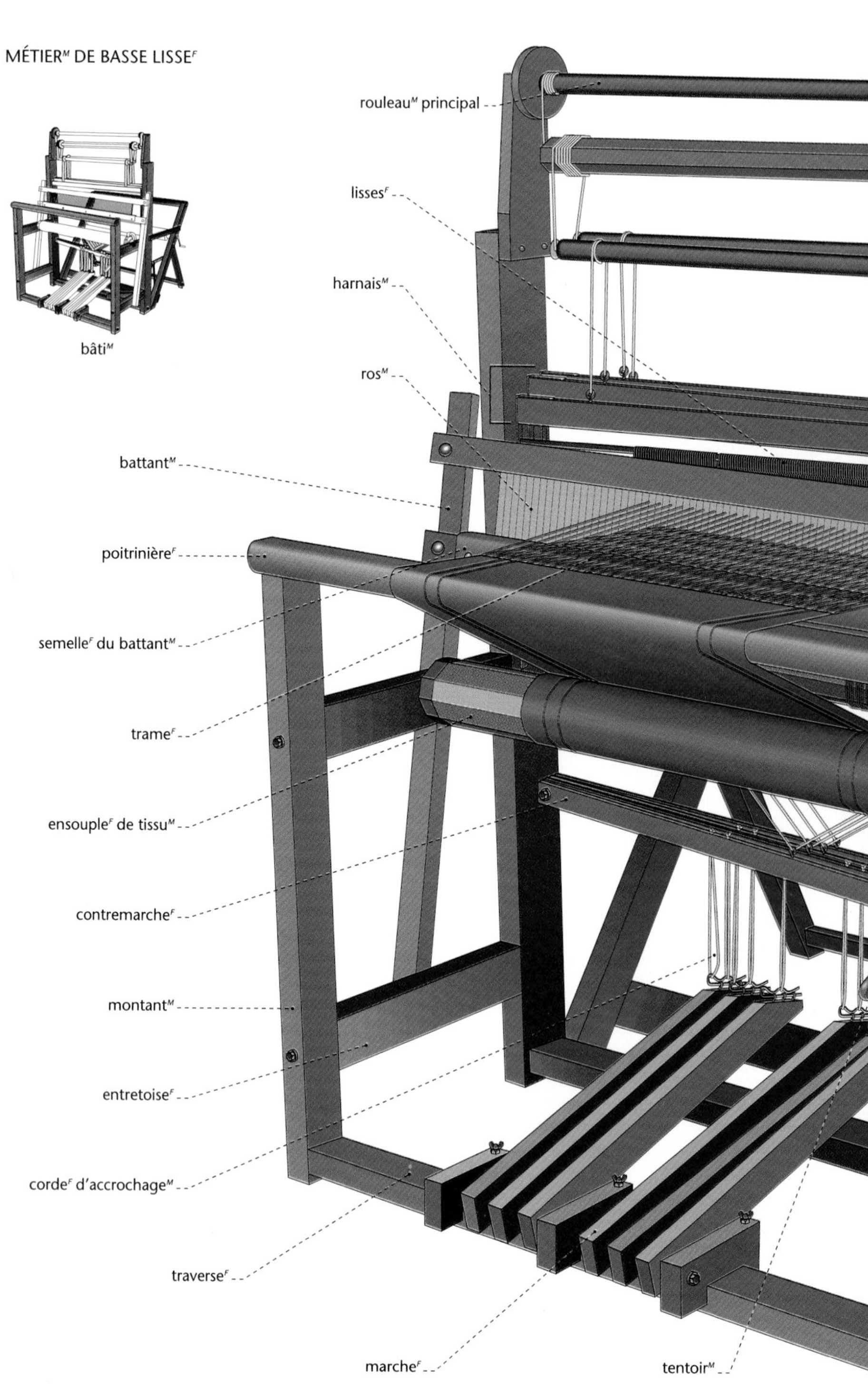

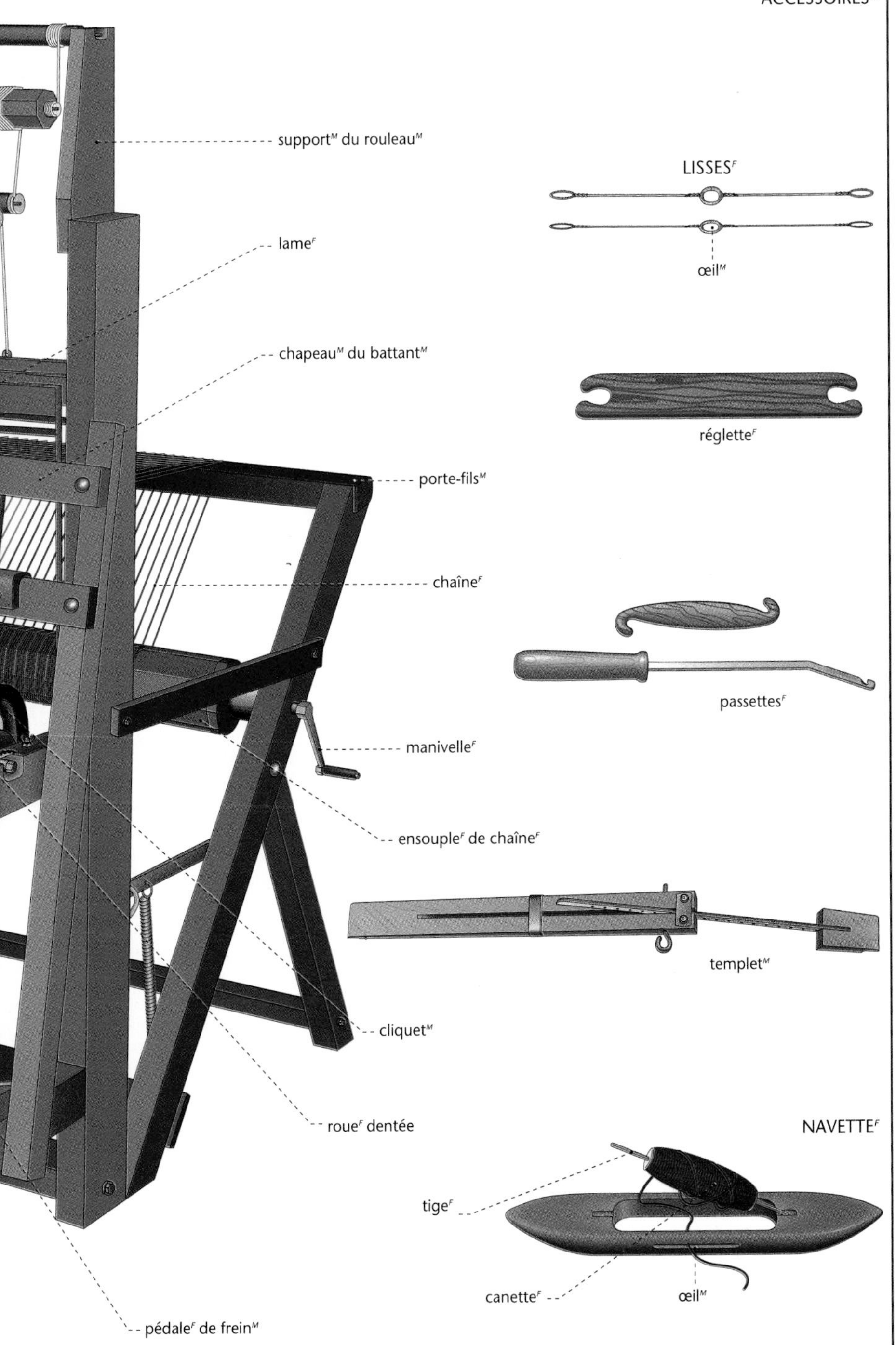
support^M du rouleau^M
lame^F
chapeau^M du battant^M
porte-fils^M
chaîne^F
manivelle^F
ensouple^F de chaîne^F
cliquet^M
roue^F dentée
pédale^F de frein^M
ACCESSOIRES^M
LISSES^F
œil^M
réglette^F
passettes^F
templet^M
NAVETTE^F
tige^F
canette^F
œil^M

MÉTIER[M] DE HAUTE LISSE[F]

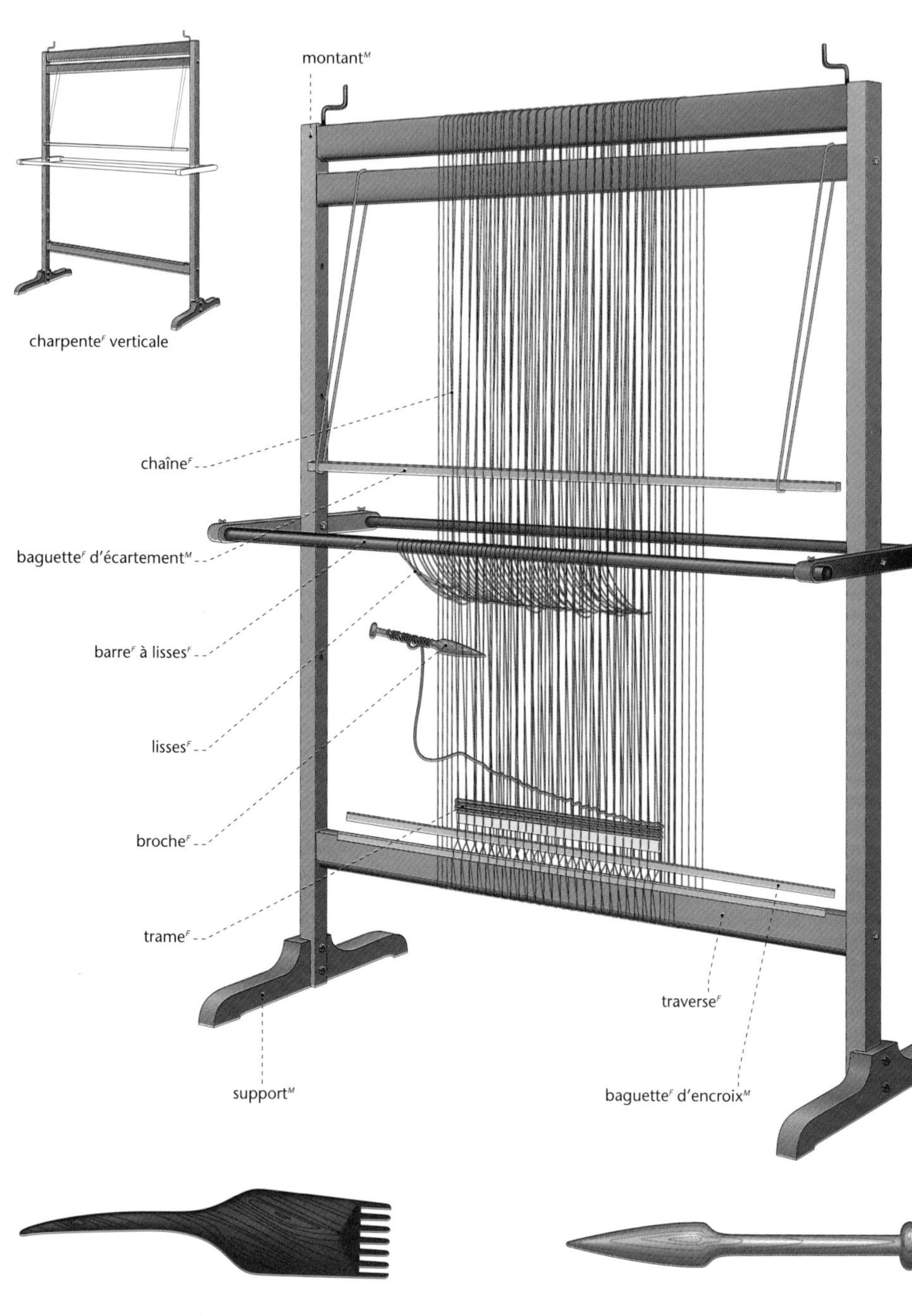

peigne[M]

broche[F]

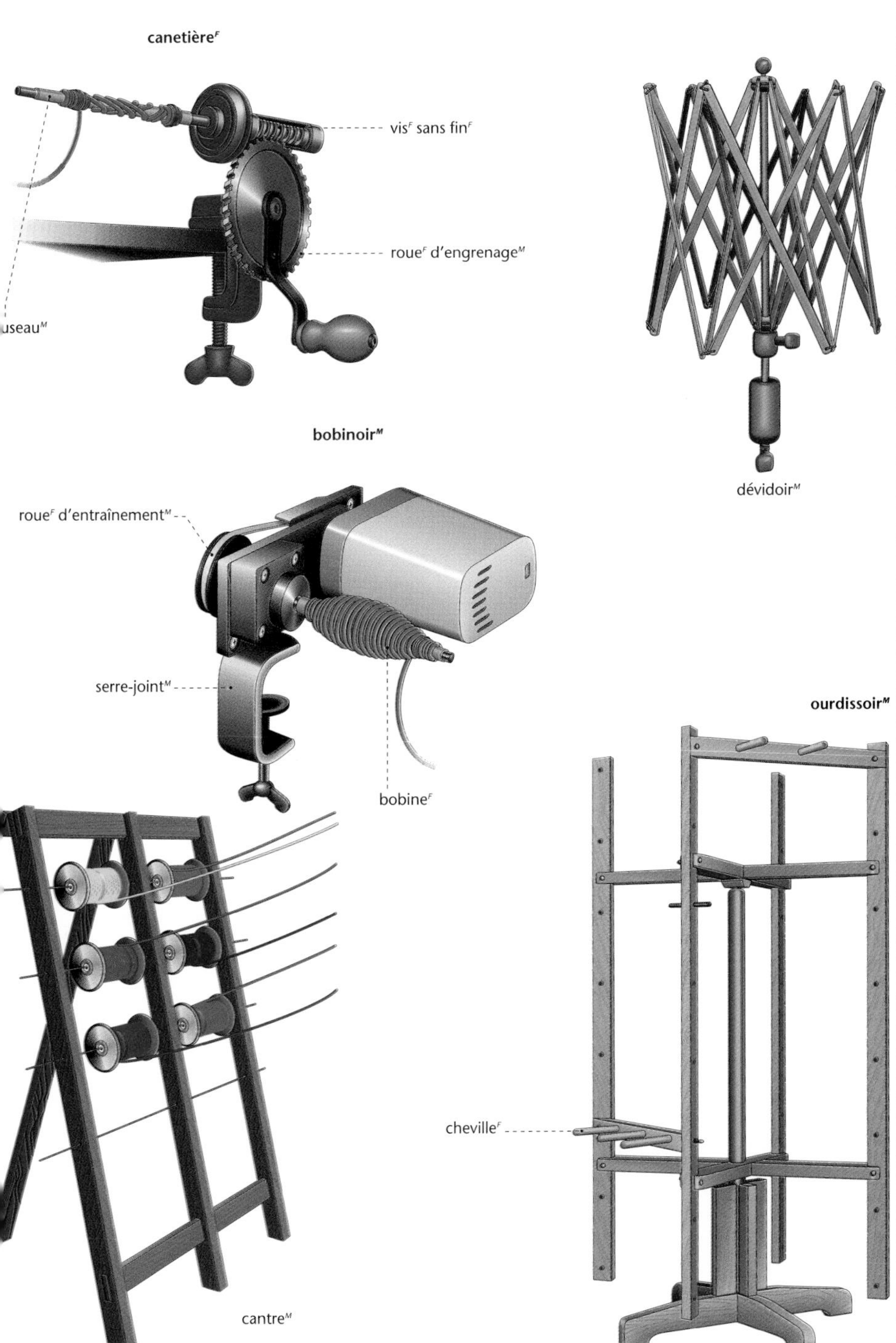
canetière[F]
vis[F] sans fin[F]
roue[F] d'engrenage[M]
useau[M]
dévidoir[M]
bobinoir[M]
roue[F] d'entraînement[M]
serre-joint[M]
bobine[F]
ourdissoir[M]
cheville[F]
cantre[M]

TISSAGE[M]

SCHÉMA[M] DE PRINCIPE[M] DU TISSAGE[M]

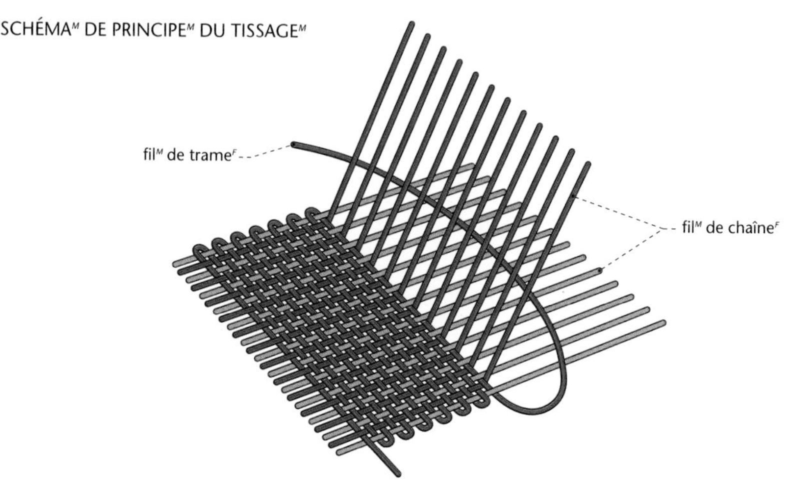

ARMURES[F] DE BASE[F]

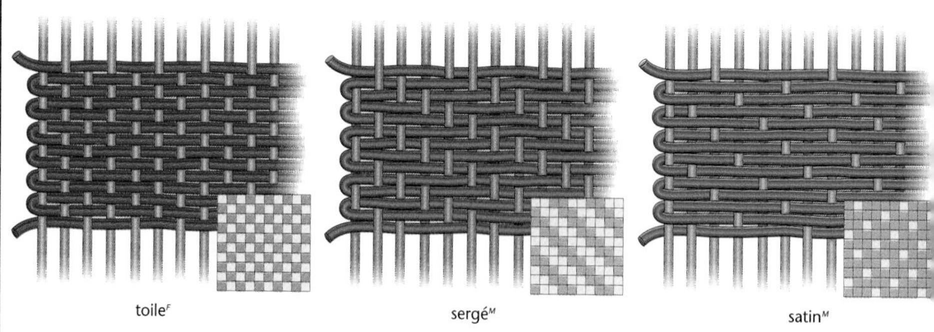

toile[F]

sergé[M]

satin[M]

AUTRES TECHNIQUES[F]

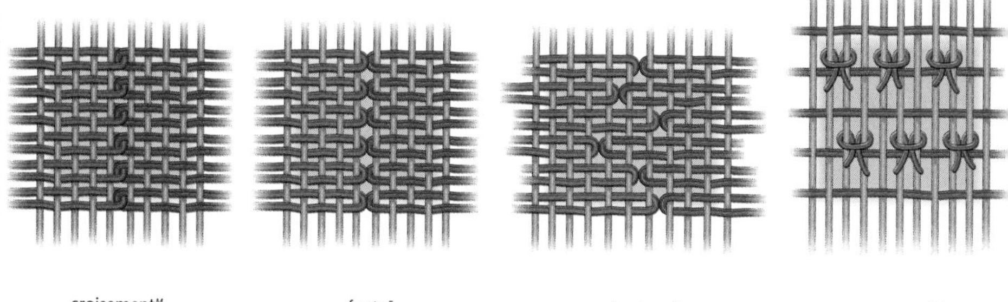

croisement[M]

fente[F]

hachure[F]

nœud[M]

RELIURE[F] D'ART[M]

LIVRE[M] RELIÉ

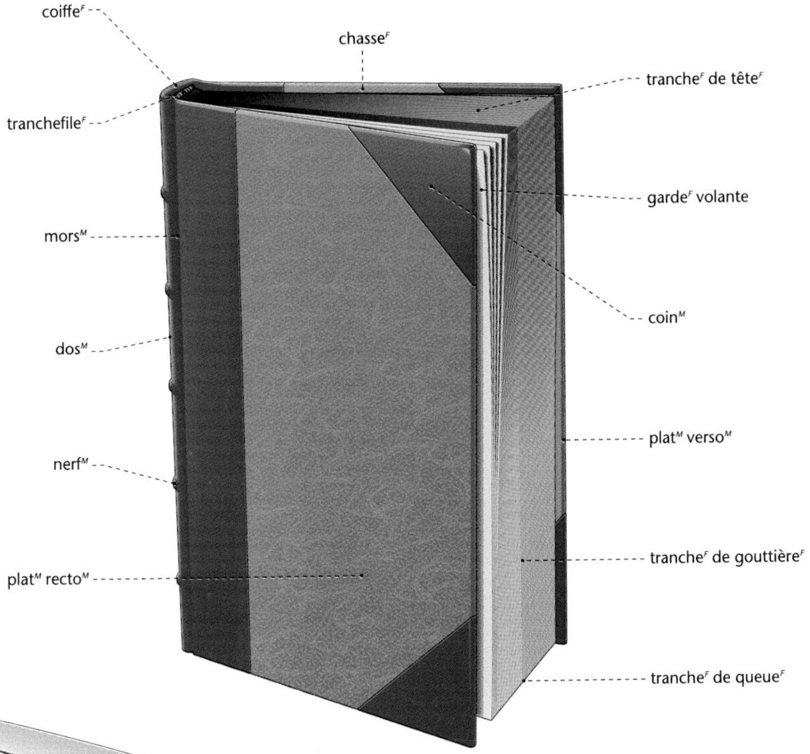

coiffe[F]
chasse[F]
tranche[F] de tête[F]
tranchefile[F]
garde[F] volante
mors[M]
coin[M]
dos[M]
plat[M] verso[M]
nerf[M]
tranche[F] de gouttière[F]
plat[M] recto[M]
tranche[F] de queue[F]

plioir[M]

PLAÇURE[F]

cahier[M]
feuillet[M]
garde[F]

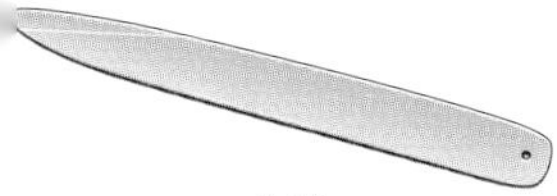

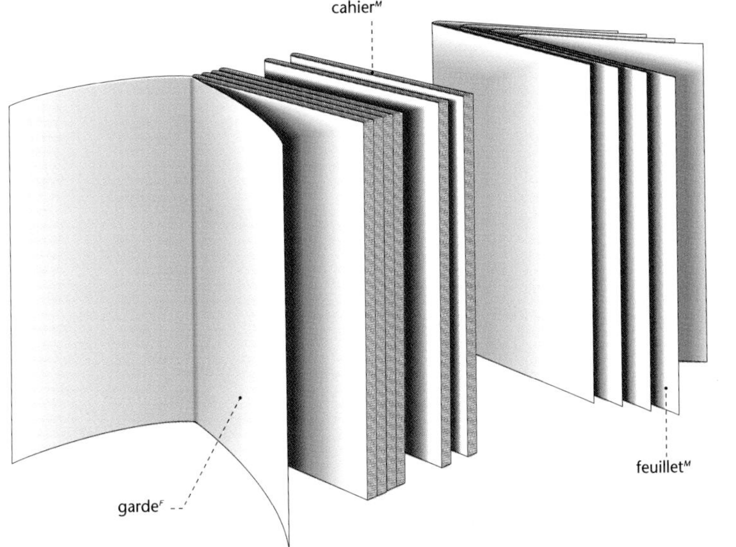

RELIURE[F] D'ART[M]

ÉBARBAGE[M]

cisaille[F]

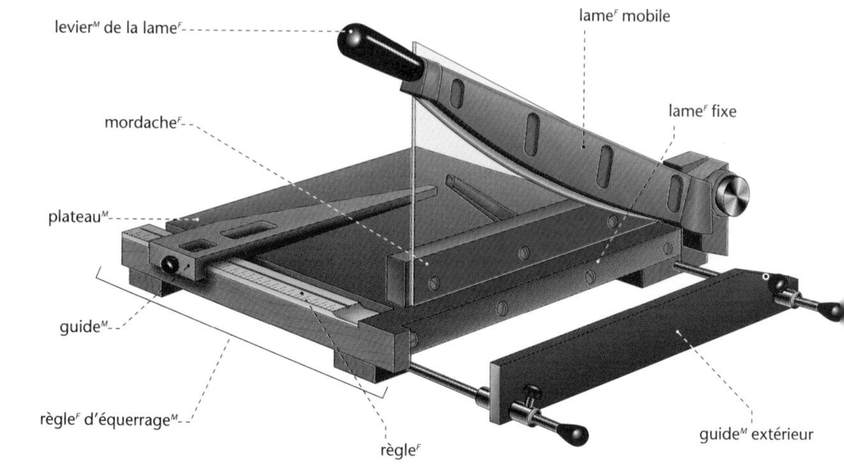

GRECQUAGE[M]

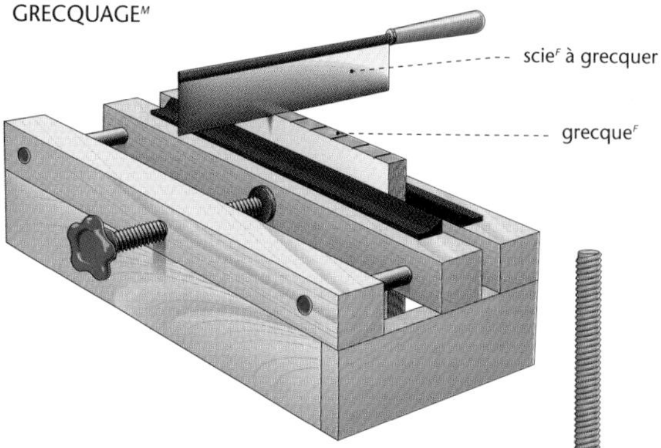

scie[F] à grecquer

grecque[F]

COUTURE[F]

cousoir[M]

traverse[F]

ficelle[F]

montant[M]

templet[M]

fente[F]

table[F]

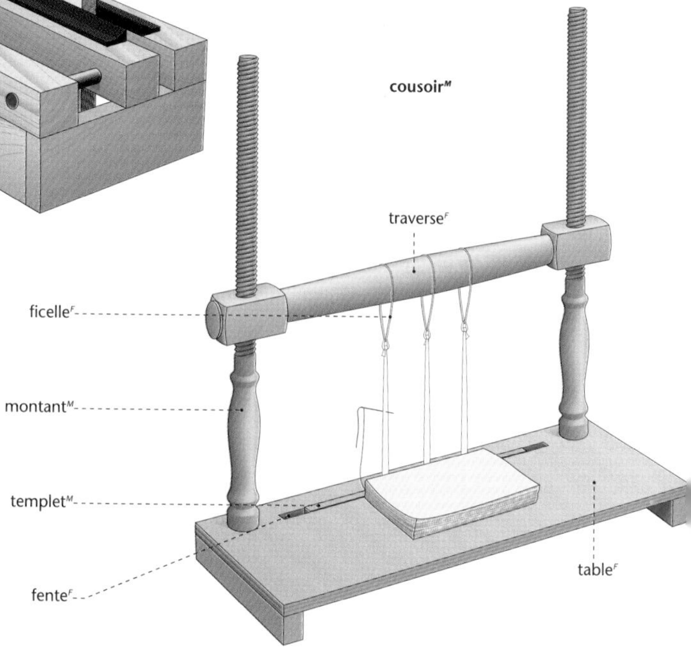

ENDOSSURE[F]

ÉTAU[M] À ENDOSSER

MISE[F] EN PRESSE[F]

MARTEAU[M] À ENDOSSER

COUVRURE[F]

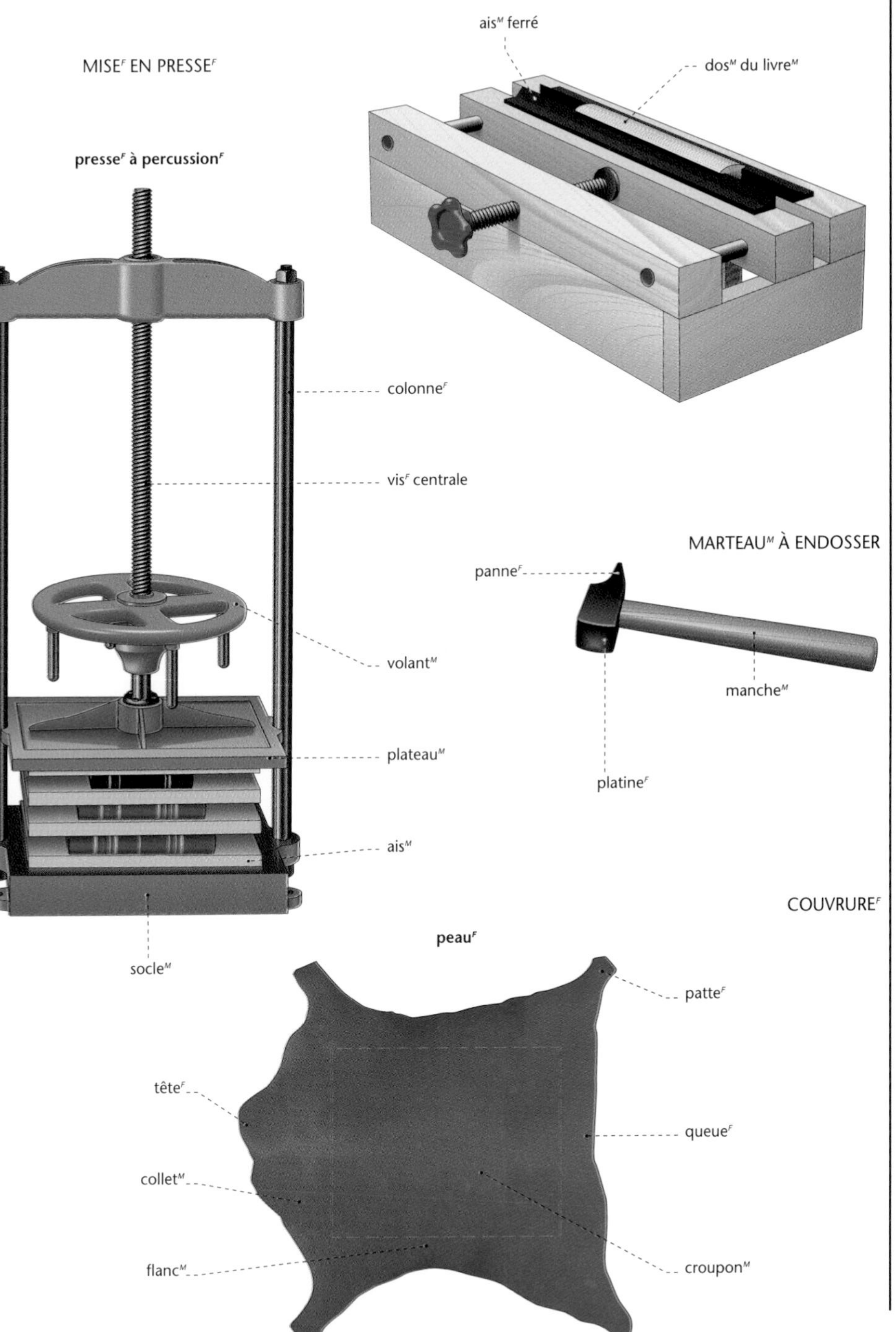

IMPRESSION[F]

IMPRESSION[F] EN RELIEF[M]

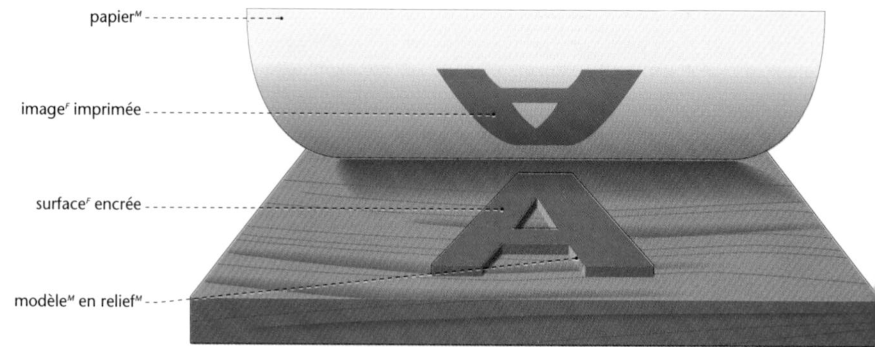

IMPRESSION[F] EN CREUX[M]

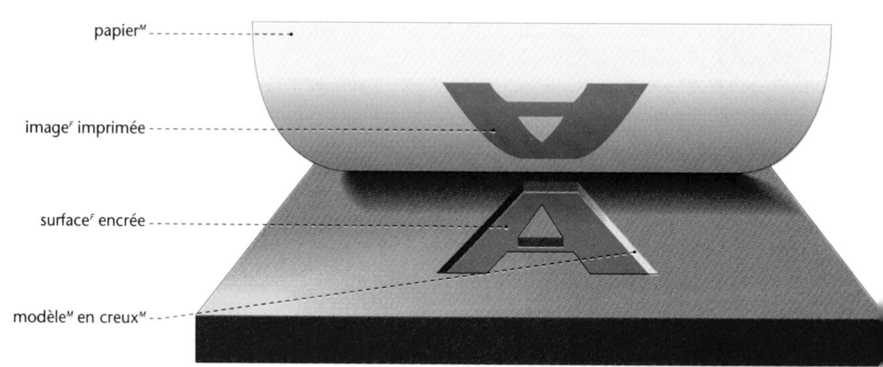

IMPRESSION[F] À PLAT[M]

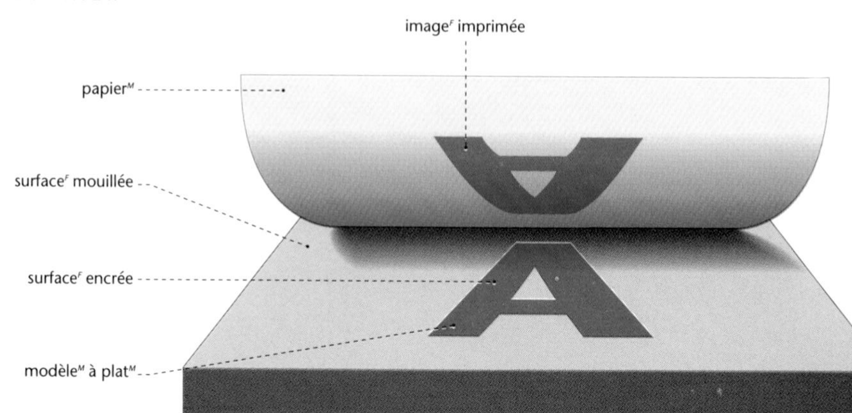

GRAVURE[F] EN RELIEF[M]

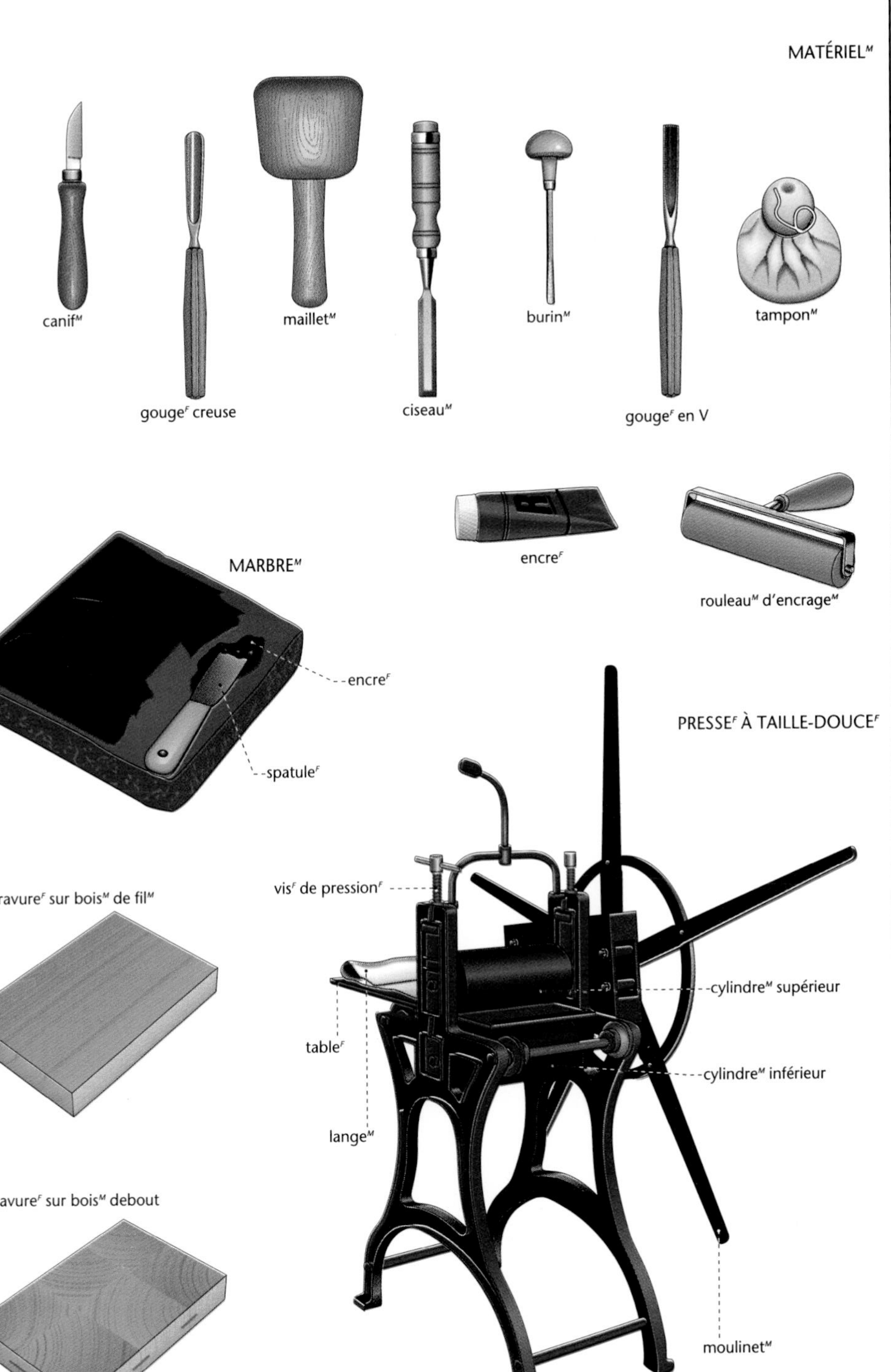

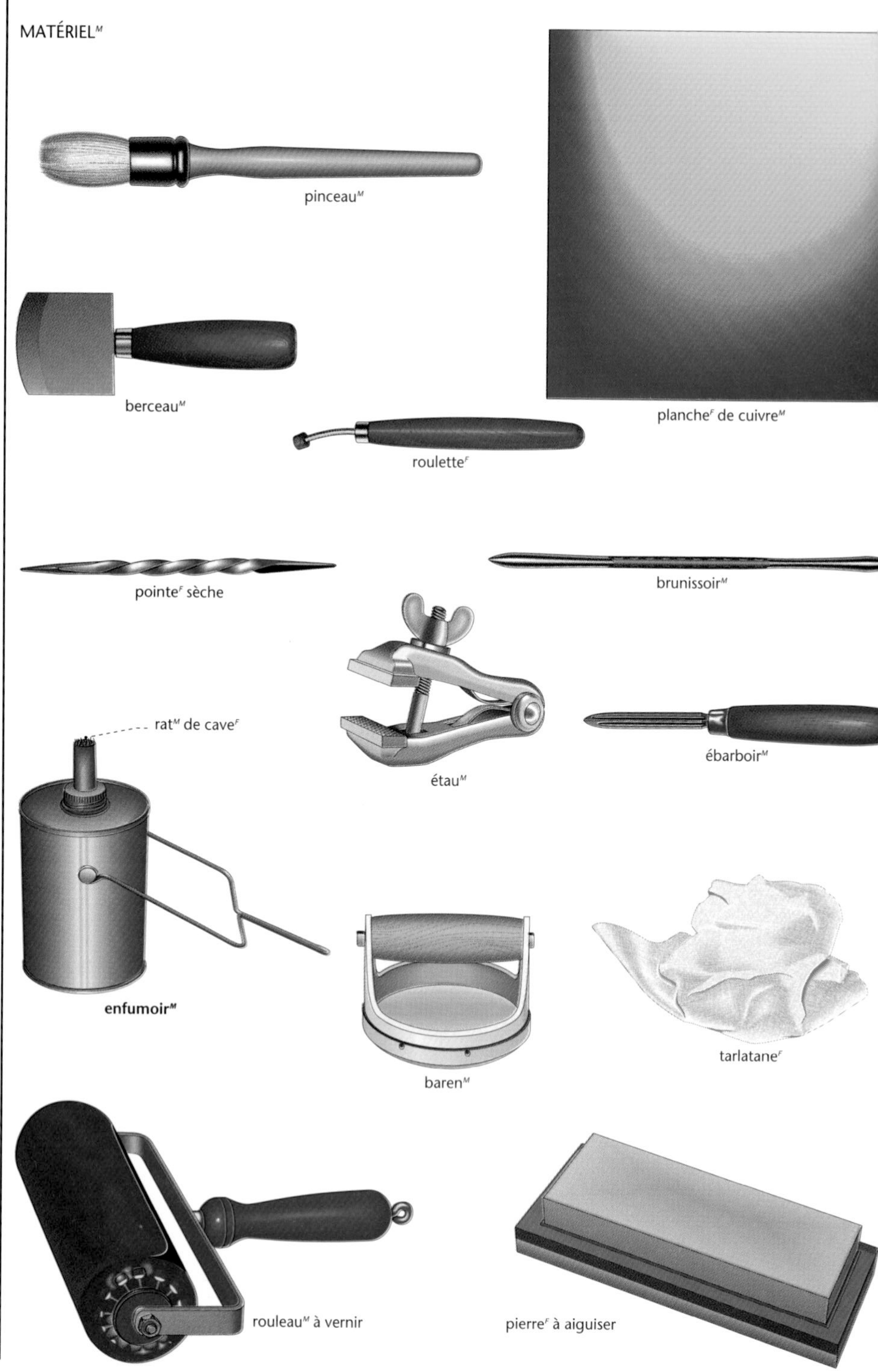
MATÉRIEL[M]
pinceau[M]
berceau[M]
planche[F] de cuivre[M]
roulette[F]
pointe[F] sèche
brunissoir[M]
rat[M] de cave[F]
étau[M]
ébarboir[M]
enfumoir[M]
baren[M]
tarlatane[F]
rouleau[M] à vernir
pierre[F] à aiguiser

LITHOGRAPHIE[F]

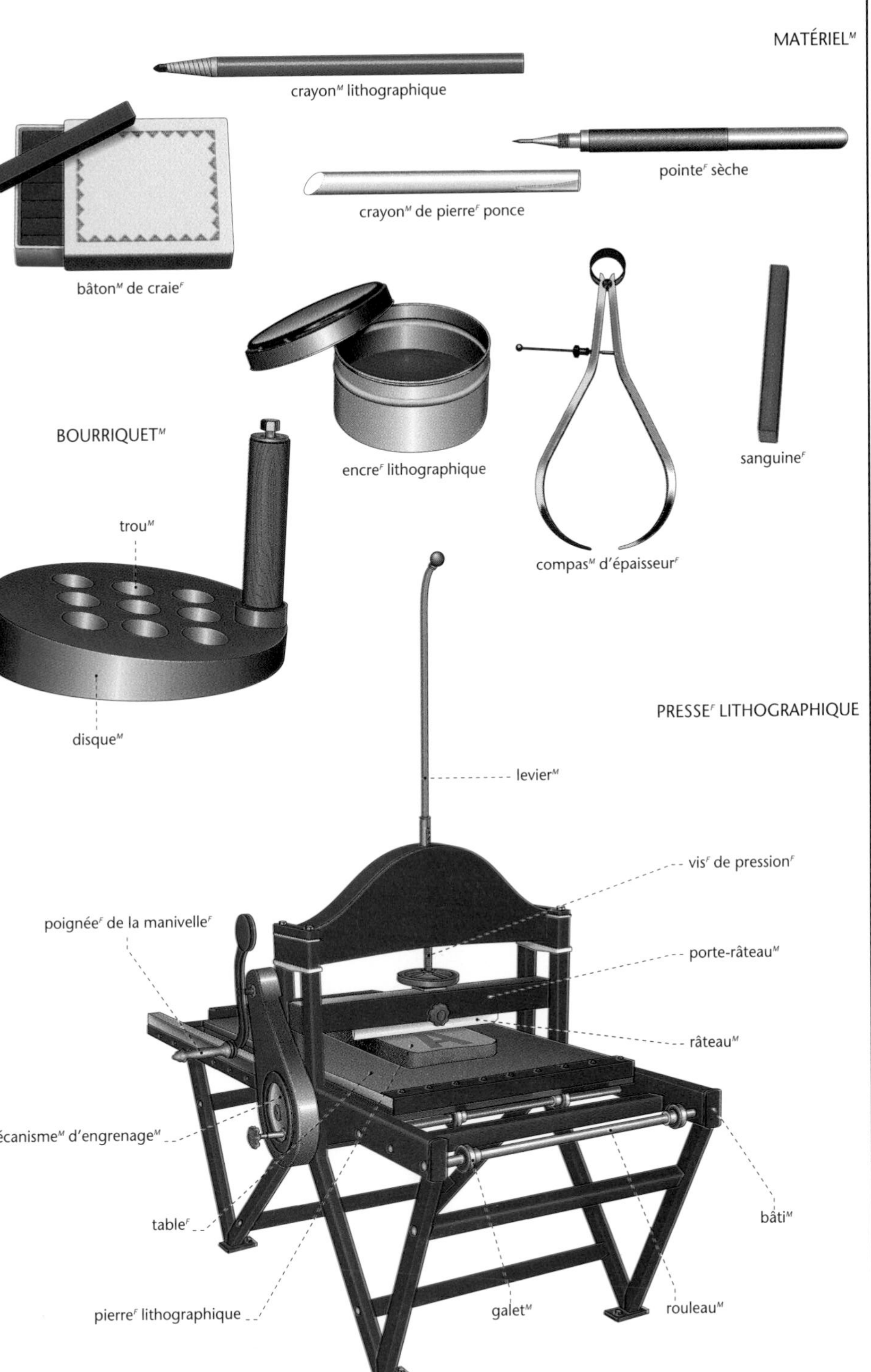

POTERIE^F

TOURNAGE^M

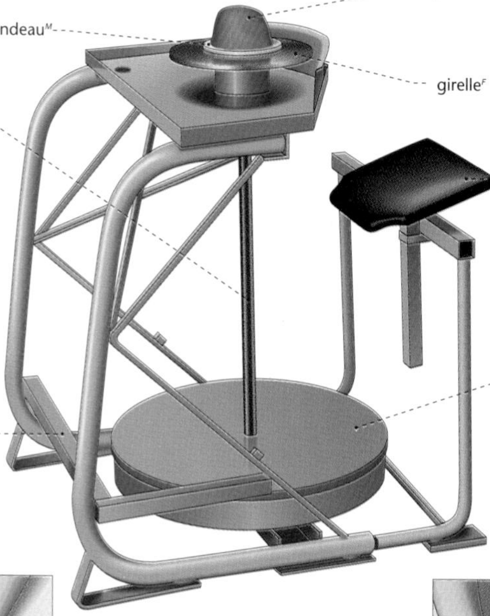

tour^M à pied^M

pâte^F d'argile^F

rondeau^M

girelle^F

axe^M

siège^M

volant^M

appui-pied^M

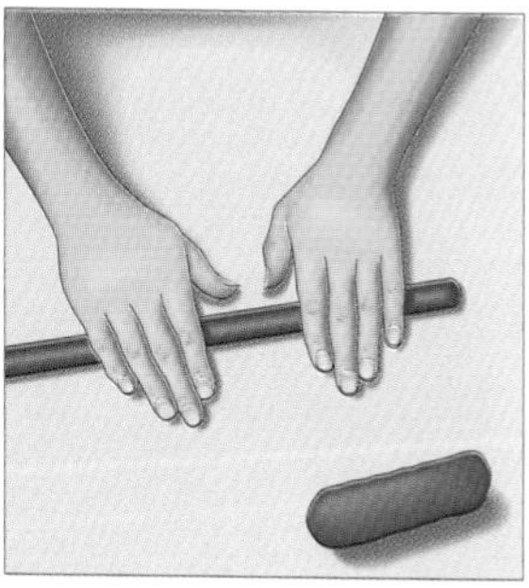

GALETTAGE^M

COLOMBIN^M

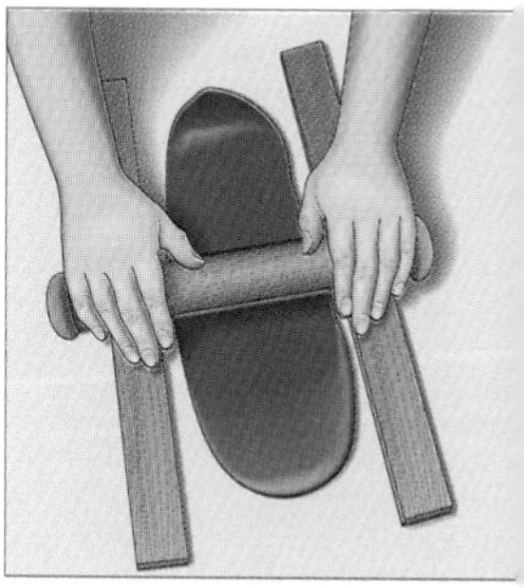

OUTILS^M

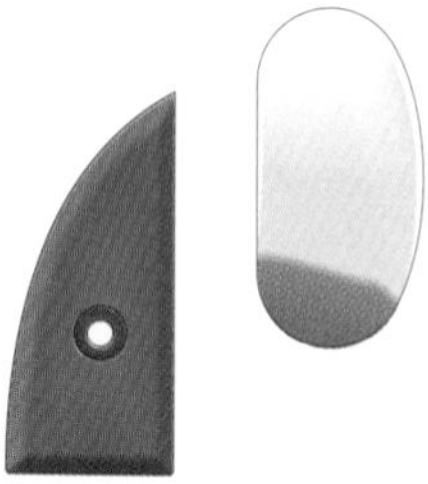

esthèques^F

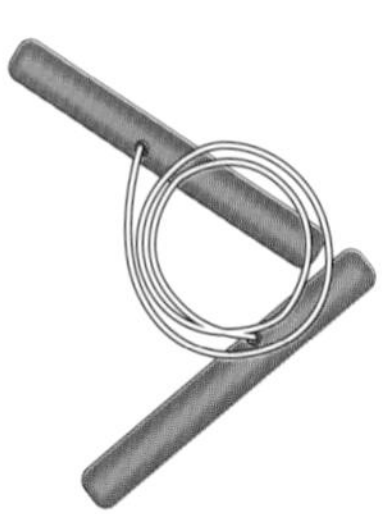

fil^M à couper la pâte^F

tournette^F

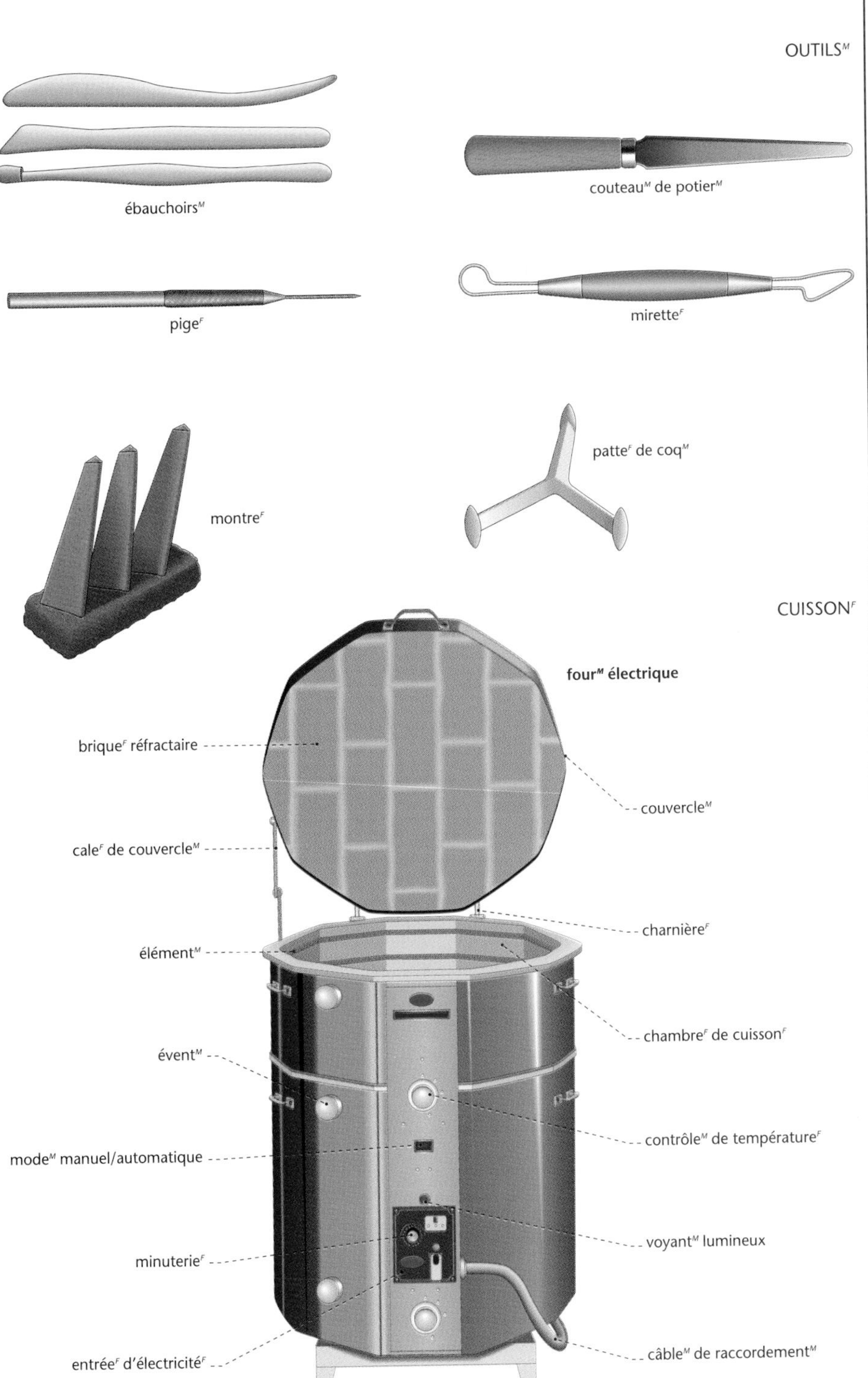

OUTILS^M
ébauchoirs^M
couteau^M de potier^M
pige^F
mirette^F
montre^F
patte^F de coq^M
CUISSON^F
four^M électrique
brique^F réfractaire
couvercle^M
cale^F de couvercle^M
charnière^F
élément^M
chambre^F de cuisson^F
évent^M
contrôle^M de température^F
mode^M manuel/automatique
voyant^M lumineux
minuterie^F
entrée^F d'électricité^F
câble^M de raccordement^M

SCULPTURE[F] SUR BOIS[M]

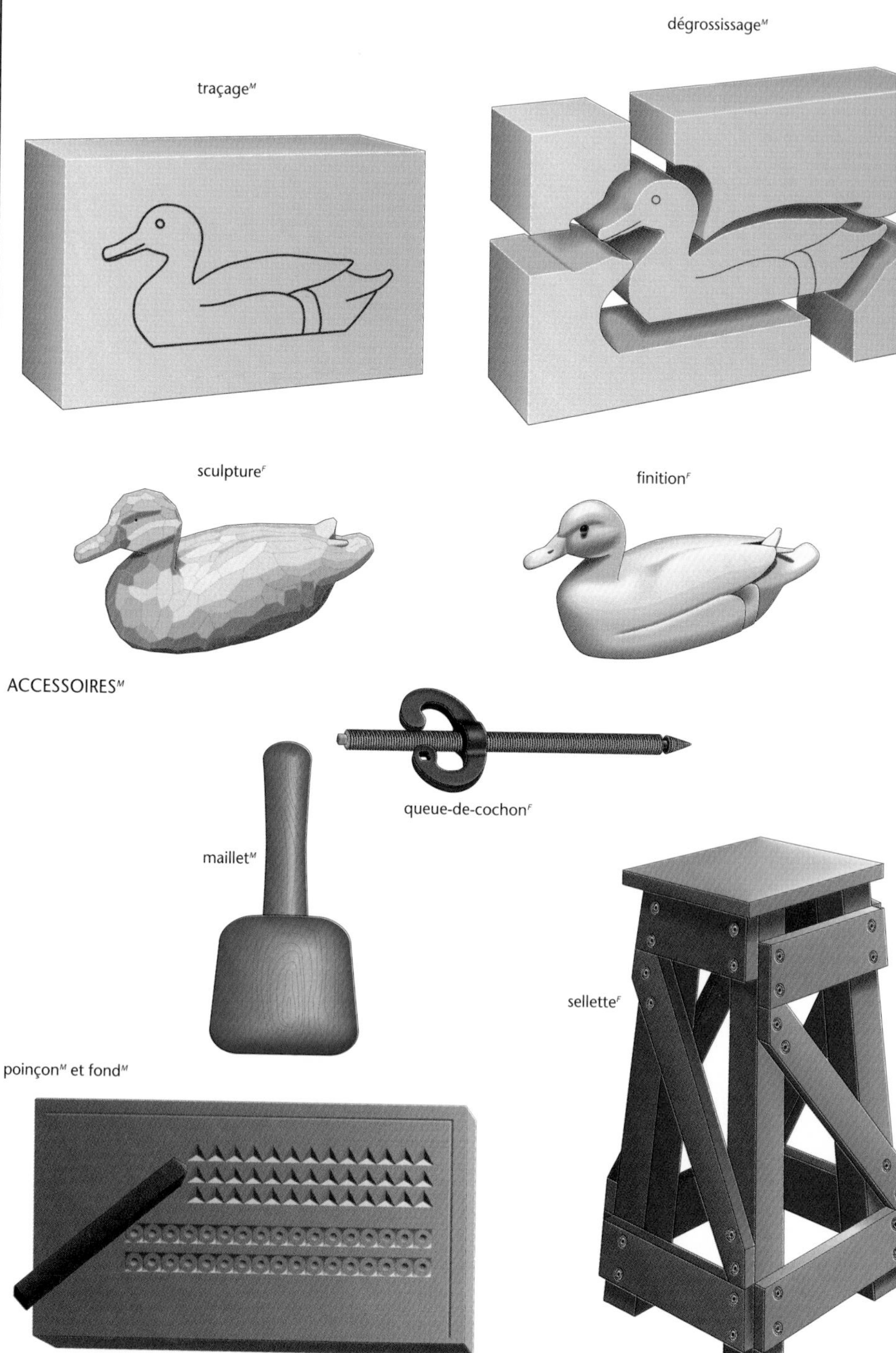

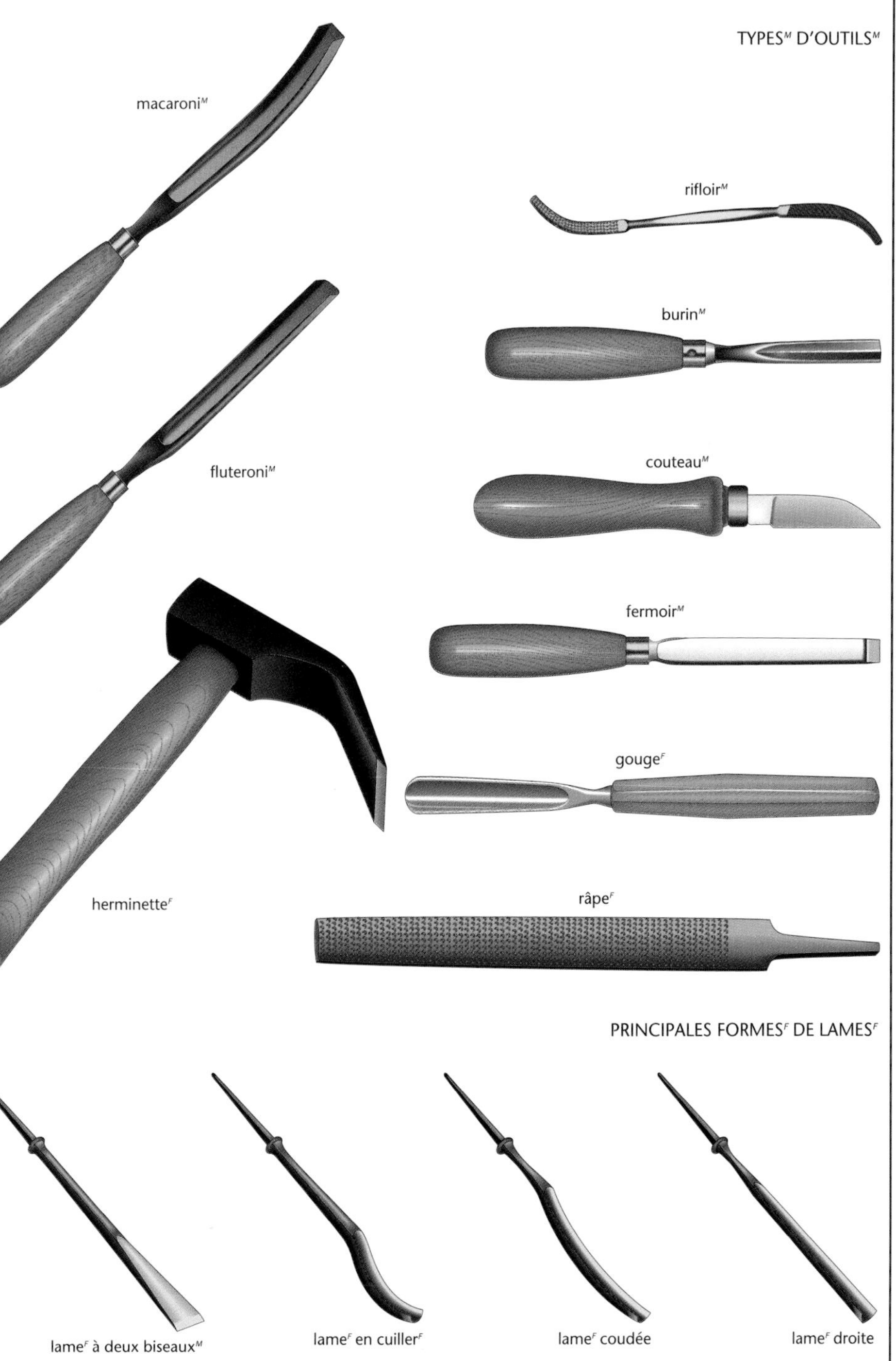
TYPES^M D'OUTILS^M
macaroni^M
rifloir^M
burin^M
fluteroni^M
couteau^M
fermoir^M
gouge^F
herminette^F
râpe^F
PRINCIPALES FORMES^F DE LAMES^F
lame^F à deux biseaux^M
lame^F en cuiller^F
lame^F coudée
lame^F droite

PEINTURE[F] ET DESSIN[M]

PRINCIPALES TECHNIQUES[F]

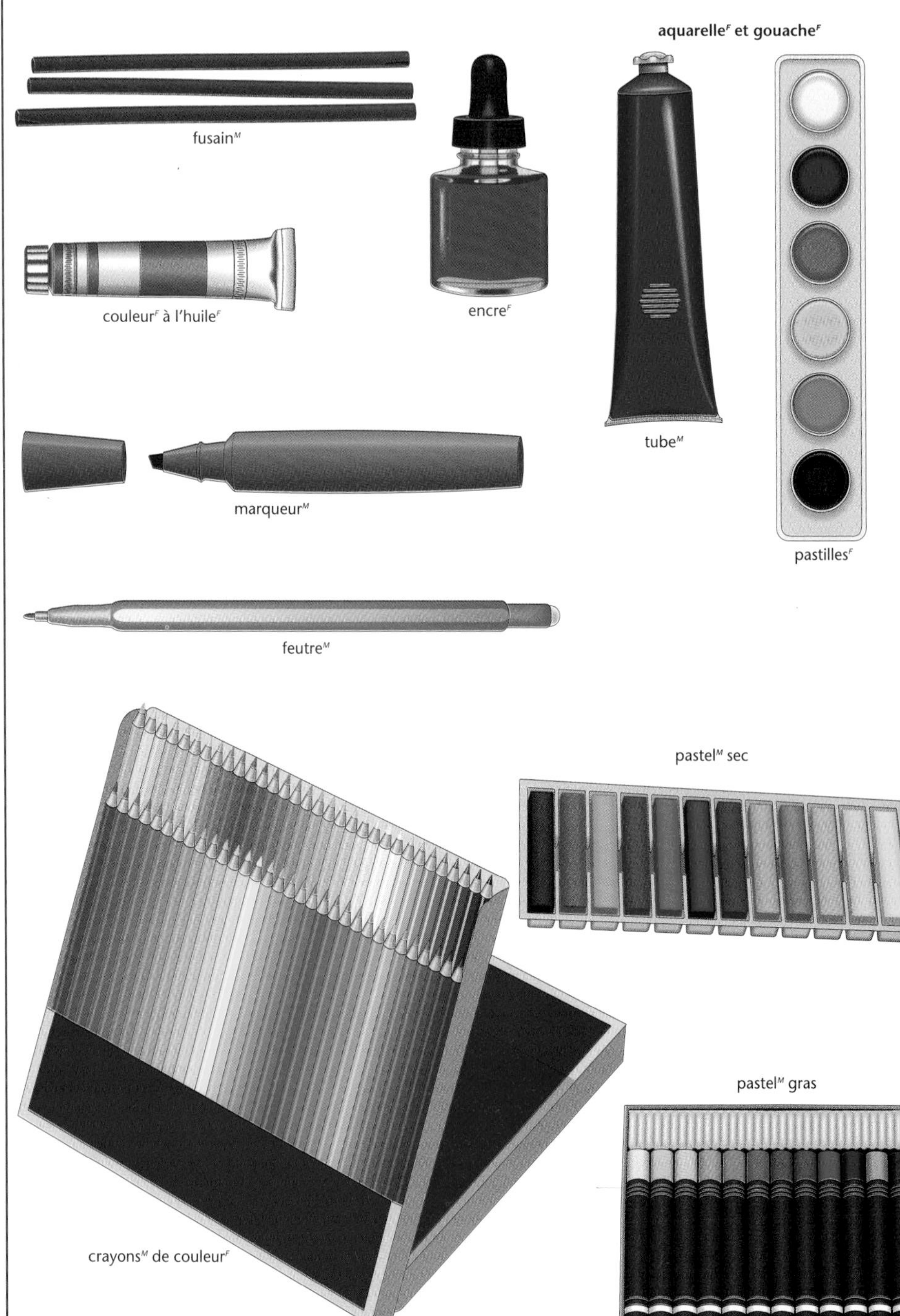

MATÉRIEL[M]

spatule[F]

couteau[M] à peindre

plume[F]

brosse[F]

pinceau[M] à sumie[M]

brosse[F] éventail[M]

pinceau[M]

SUPPORTS[M]

papier[M]

carton[M]

toile[F]

panneau[M]

AÉROGRAPHE[M]

gâchette[F]
couvercle[M]
godet[M] à couleur[F]
flexible[M] d'air[M]
couronne[F]

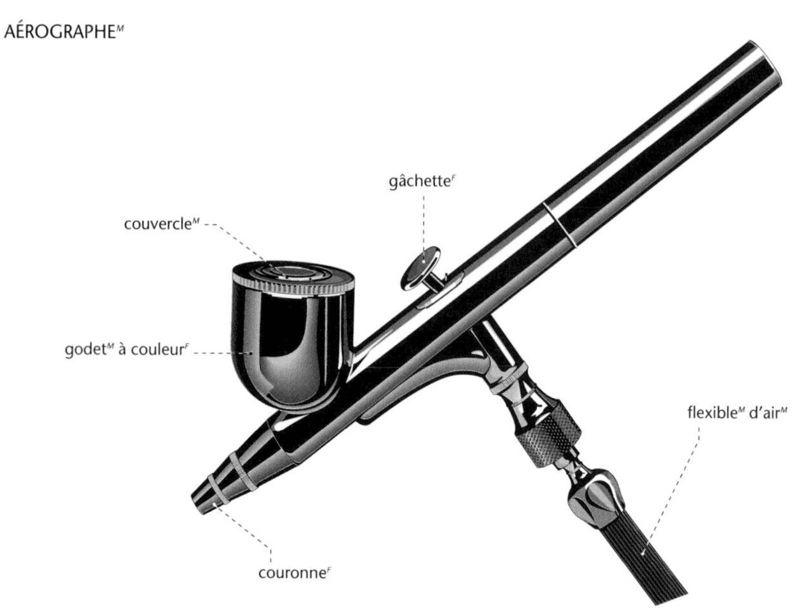

COUPE[F] D'UN AÉROGRAPHE[M]

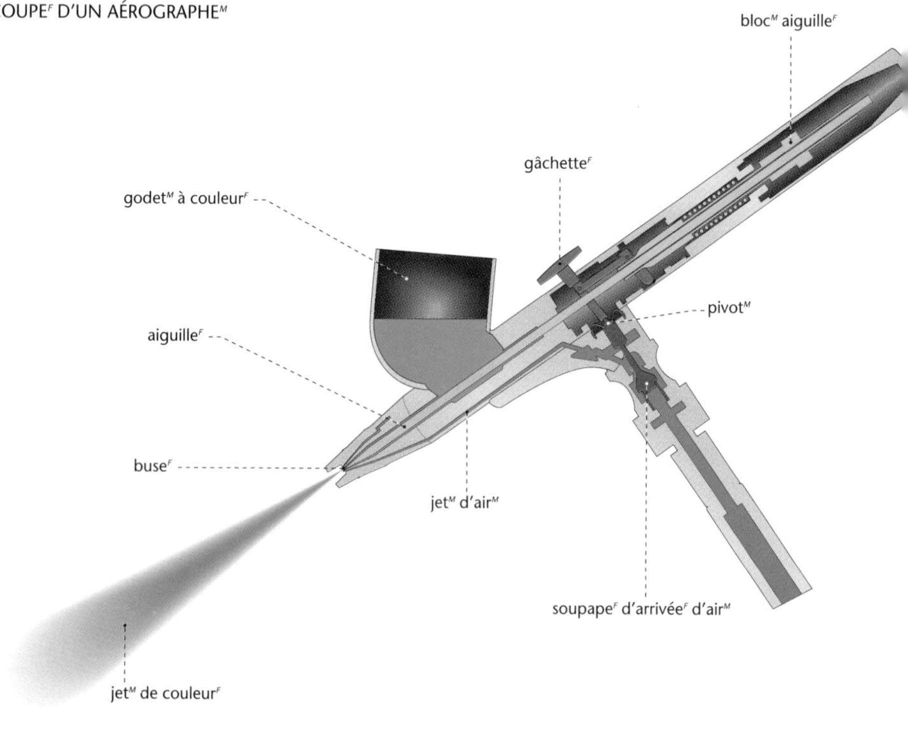

bloc[M] aiguille[F]
gâchette[F]
godet[M] à couleur[F]
pivot[M]
aiguille[F]
buse[F]
jet[M] d'air[M]
soupape[F] d'arrivée[F] d'air[M]
jet[M] de couleur[F]

TABLE^F À DESSIN^M

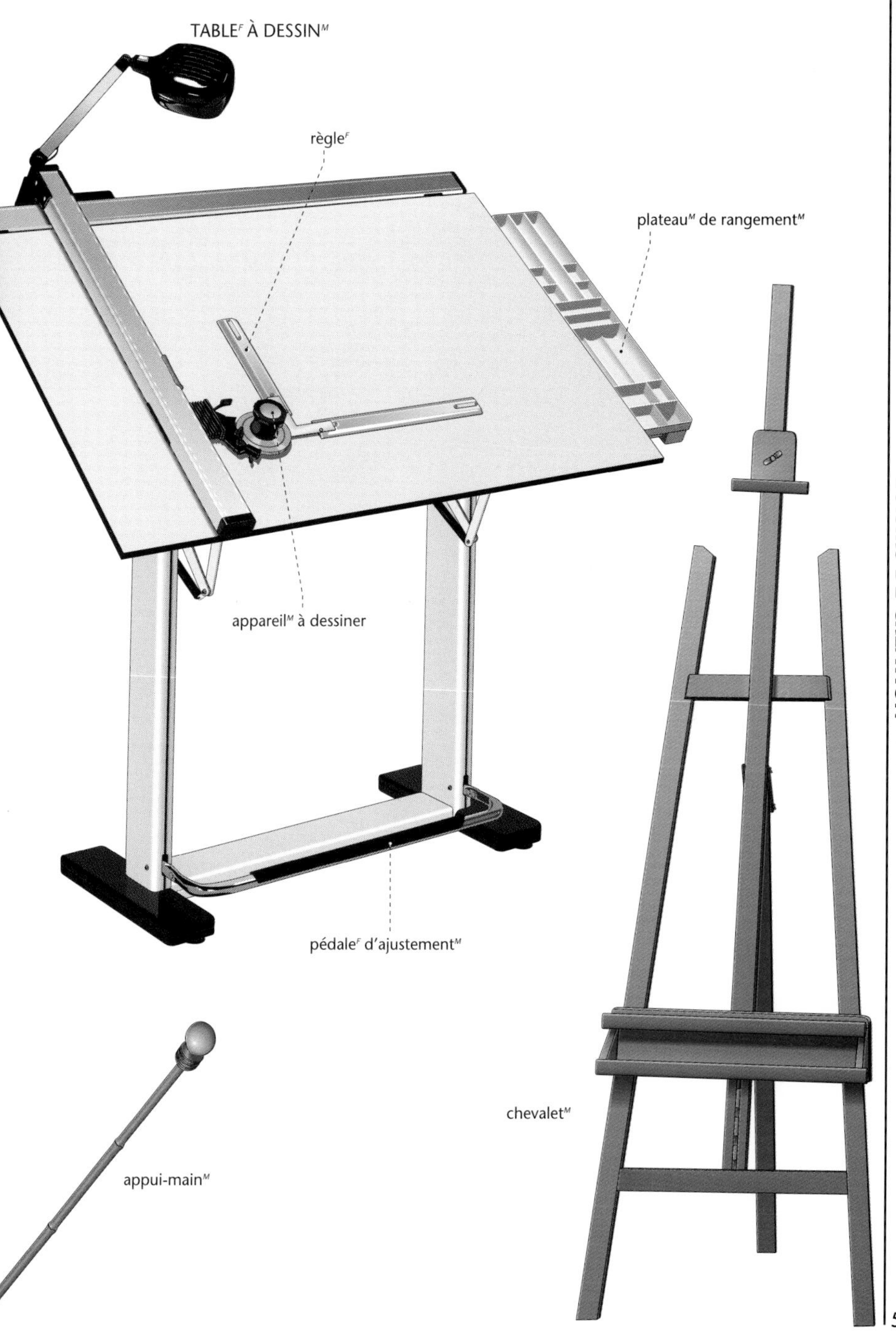

ACCESSOIRES[M]

nuancier[M]

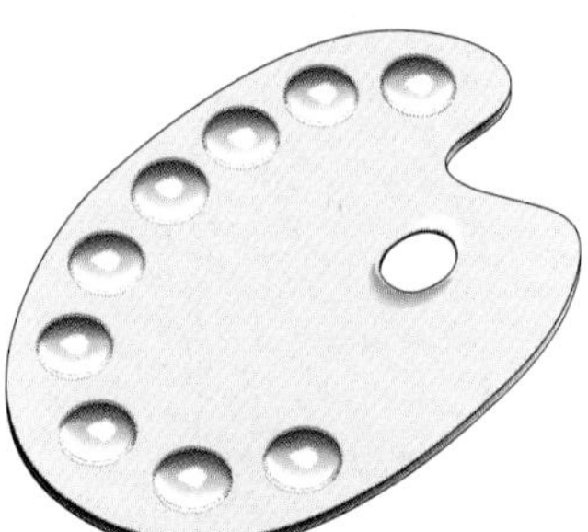
palette[F] à alvéoles[F]

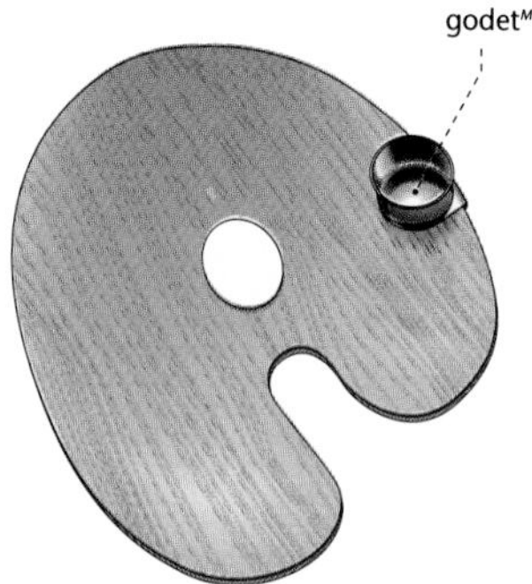

palette[F] avec godet[M]

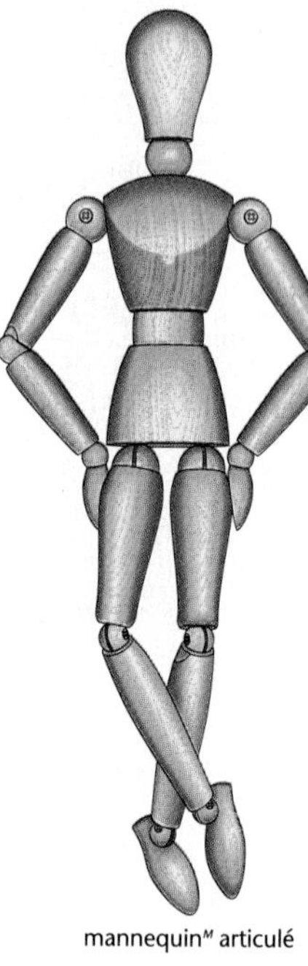
mannequin[M] articulé

LIQUIDES[M] D'APPOINT[M]

vernis[M]

huile[F] de lin[M]

térébenthine[F]

fixatif[M]

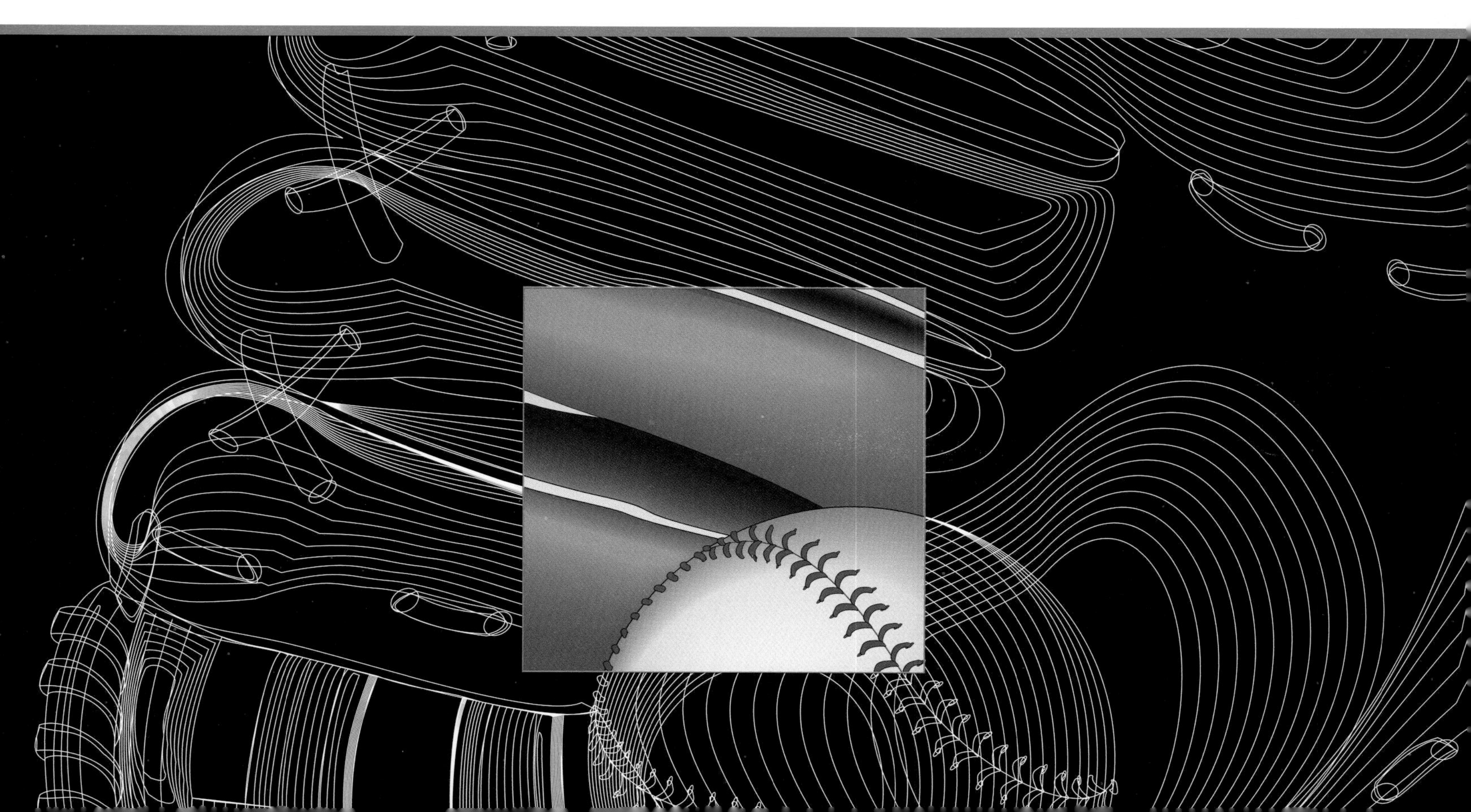

SOMMAIRE

SPORTS D'ÉQUIPE
BASEBALL ... 595
CRICKET ... 598
FOOTBALL ... 600
FOOTBALL AMÉRICAIN ... 602
RUGBY ... 606
HOCKEY SUR GAZON ... 607
HOCKEY SUR GLACE ... 608
BASKETBALL ... 610
NETBALL ... 611
HANDBALL ... 612
VOLLEYBALL ... 613
TENNIS ... 614
SQUASH ... 616
RACQUETBALL ... 617
BADMINTON ... 618
TENNIS DE TABLE ... 619
CURLING ... 620
SPORTS NAUTIQUES
NATATION ... 621
PLONGEON ... 624
WATER-POLO ... 626
PLONGÉE SOUS-MARINE ... 627
VOILE ... 628
PLANCHE À VOILE ... 631
AVIRON ... 632
SKI NAUTIQUE ... 633
SPORTS AÉRIENS
MONTGOLFIÈRE ... 634
CHUTE LIBRE ... 635
PARAPENTE ... 636
VOL LIBRE ... 637
VOL À VOILE ... 638
SPORTS D'HIVER
SKI ALPIN ... 640
SKI DE FOND ... 642
LUGE ... 643
BOBSLEIGH ... 643
PATINAGE ... 644
RAQUETTE ... 645
PATIN À ROULETTES ... 645
SPORTS ÉQUESTRES
ÉQUITATION ... 646
TYPES DE MORS ... 650
COURSE DE CHEVAUX ... 651
COURSE SOUS HARNAIS ... 652
SPORTS ATHLÉTIQUES
ATHLÉTISME ... 654
GYMNASTIQUE ... 659
HALTÉROPHILIE ... 662
APPAREILS DE CONDITIONNEMENT PHYSIQUE ... 663
SPORTS DE COMBAT
ESCRIME ... 666
JUDO ... 668
BOXE ... 669
SPORTS DE LOISIR
PÊCHE ... 672
BILLARD ... 673
GOLF ... 676
ALPINISME ... 680
BOULES ANGLAISES ET PÉTANQUE ... 682
JEU DE QUILLES ... 683
TIR À L'ARC ... 684
CAMPING
CAMPING ... 685
NŒUDS ... 691
CÂBLE ... 692

FRAPPEUR[M]
CEVEUR[M]
casque[M] de frappeur[M]
bâton[M]
grille[F]
chandail[M] d'équipe[F]
masque[M]
gant[M] de frappeur[M]
otège-gorge[M]
chandail[M] de dessous[M]
gant[M] de receveur[M]
chaussette[F]-étrier[M]
protège-tibia[M]
protecteur[M] de poitrine[F]
pantalon[M]
protège-orteils[M]
genouillère[F]
chaussure[F] à crampons[M]

BASEBALL[M]

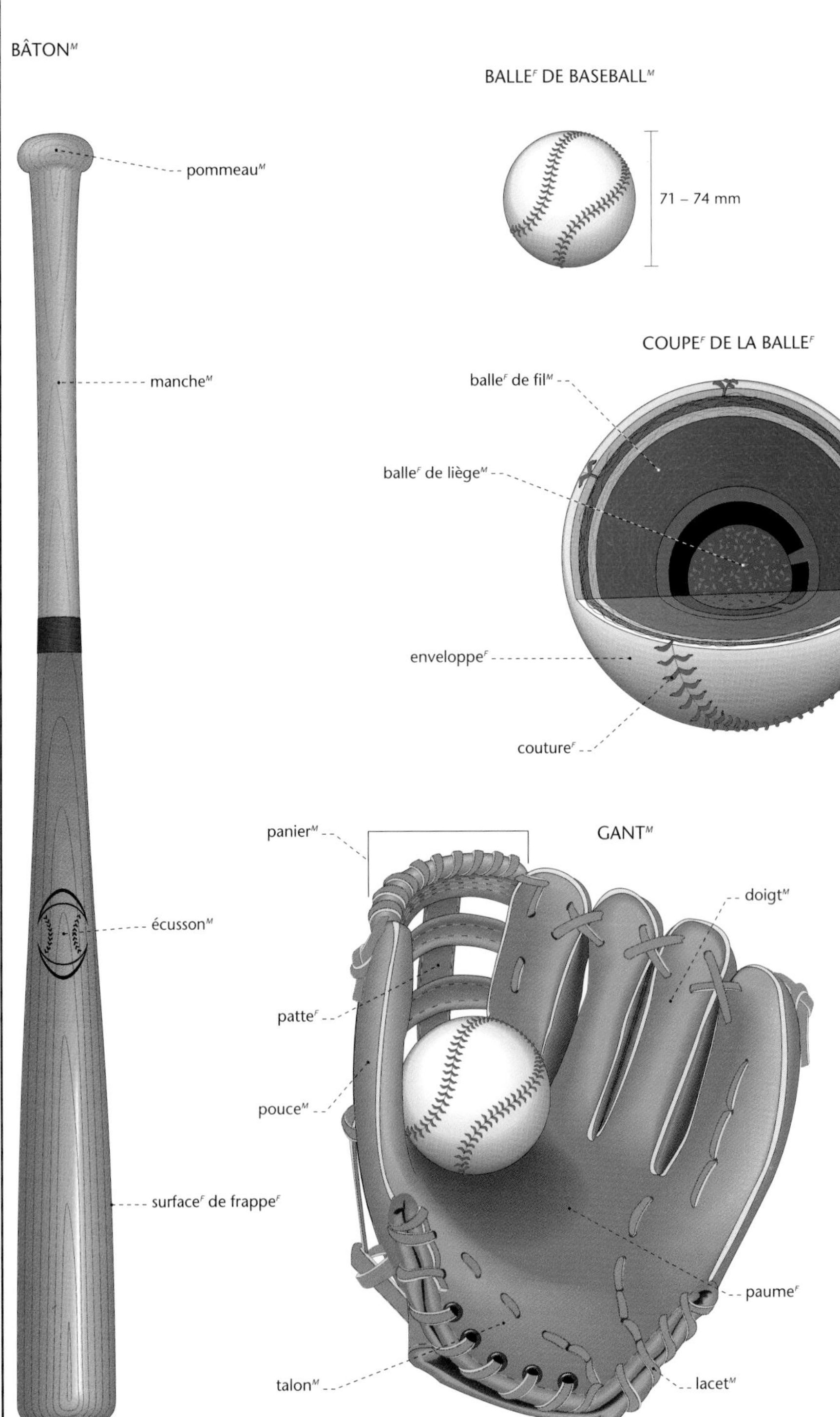
BÂTON[M]
pommeau[M]
manche[M]
écusson[M]
surface[F] de frappe[F]
BALLE[F] DE BASEBALL[M]
71 – 74 mm
COUPE[F] DE LA BALLE[F]
balle[F] de fil[M]
balle[F] de liège[M]
enveloppe[F]
couture[F]
GANT[M]
panier[M]
doigt[M]
patte[F]
pouce[M]
paume[F]
talon[M]
lacet[M]

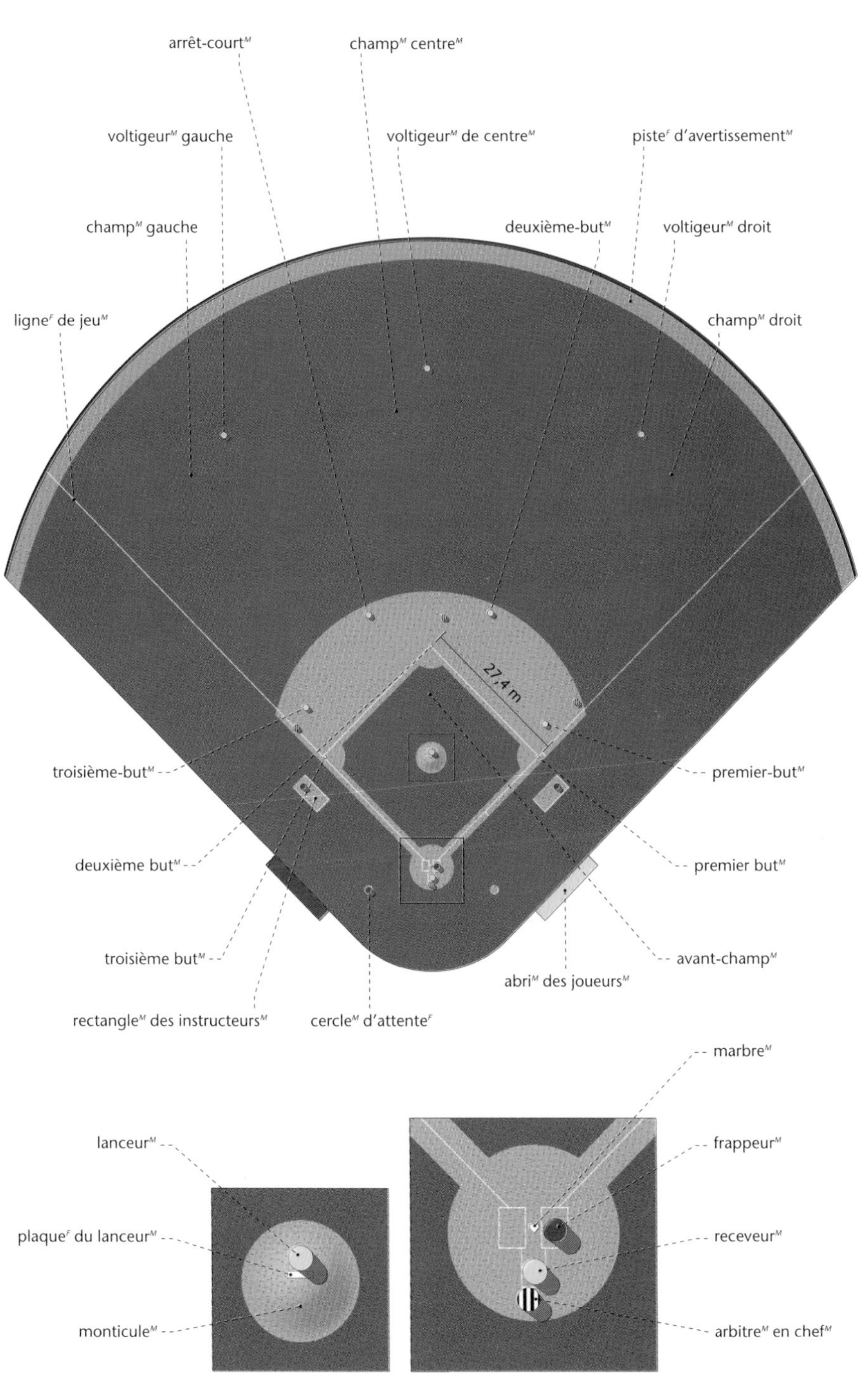
arrêt-court^M
champ^M centre^M
voltigeur^M gauche
voltigeur^M de centre^M
piste^F d'avertissement^M
champ^M gauche
deuxième-but^M
voltigeur^M droit
ligne^F de jeu^M
champ^M droit
27,4 m
troisième-but^M
premier-but^M
deuxième but^M
premier but^M
troisième but^M
avant-champ^M
abri^M des joueurs^M
rectangle^M des instructeurs^M
cercle^M d'attente^F
marbre^M
lanceur^M
frappeur^M
plaque^F du lanceur^M
receveur^M
monticule^M
arbitre^M en chef^M

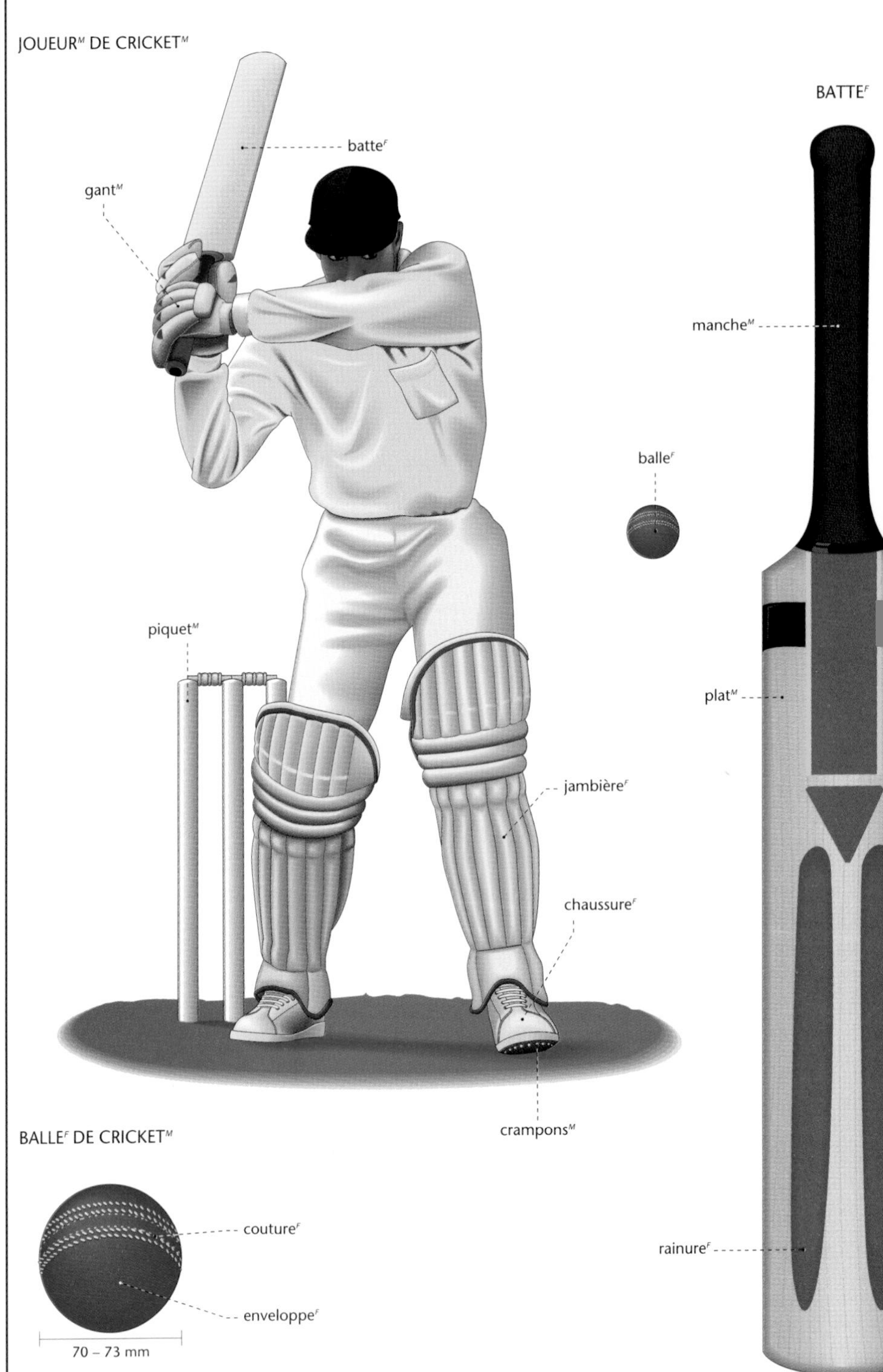
JOUEUR^M DE CRICKET^M
batte^F
gant^M
piquet^M
jambière^F
chaussure^F
crampons^M
BATTE^F
manche^M
balle^F
plat^M
rainure^F
BALLE^F DE CRICKET^M
couture^F
enveloppe^F
70 – 73 mm

UICHET[M]

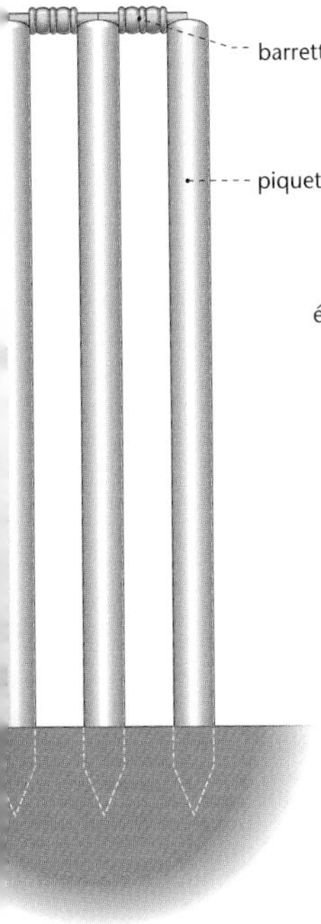

barrette[F]
piquet[M]

TERRAIN[M]

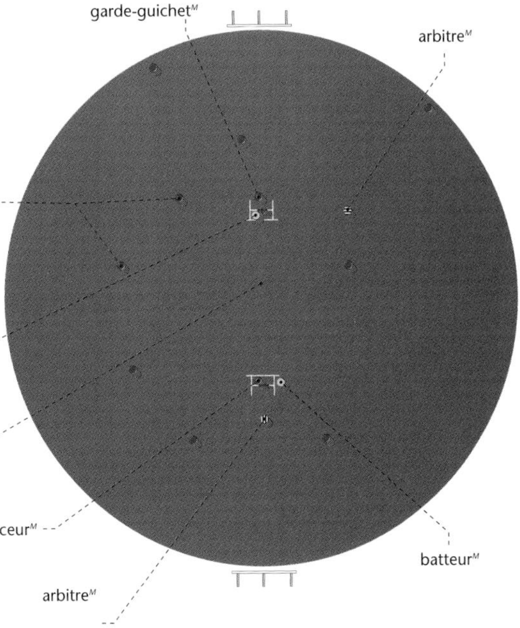

garde-guichet[M]
arbitre[M]
équipe[F] au champ[M]
batteur[M]
livrée[F]
lanceur[M]
arbitre[M]
batteur[M]

LIVRÉE[F]

garde-guichet[M]
guichet[M]
course[F]
batteur[M]
limite[F] de retour[M]
batteur[M]
20,12 m
limite[F] du batteur[M]
ligne[F] de retrait[M]
lanceur[M]

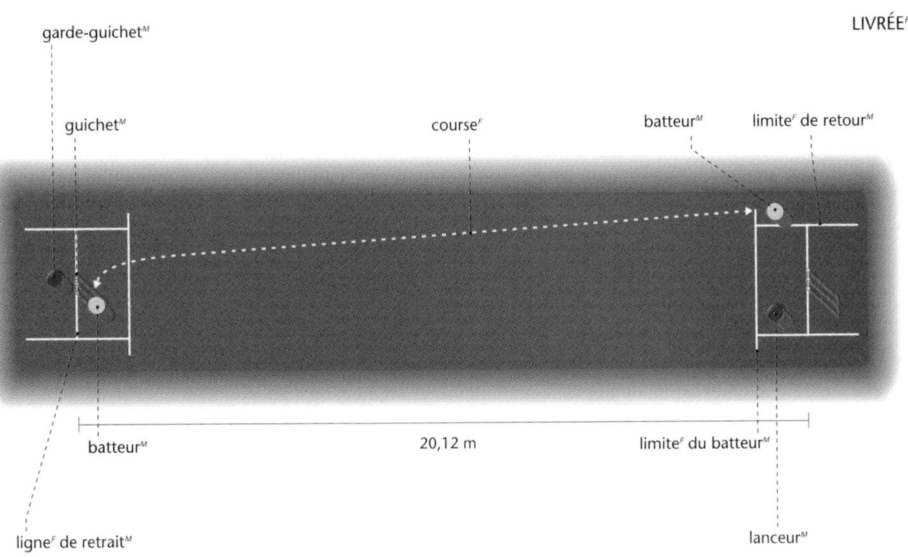

FOOTBALLEUR^M
BALLON^M DE FOOTBALL^M
218 mm
chandail^M d'équipe^F
short^M
protège-tibia^M
chaussure^F de football^M
crampons^M interchangeables

TERRAIN^M

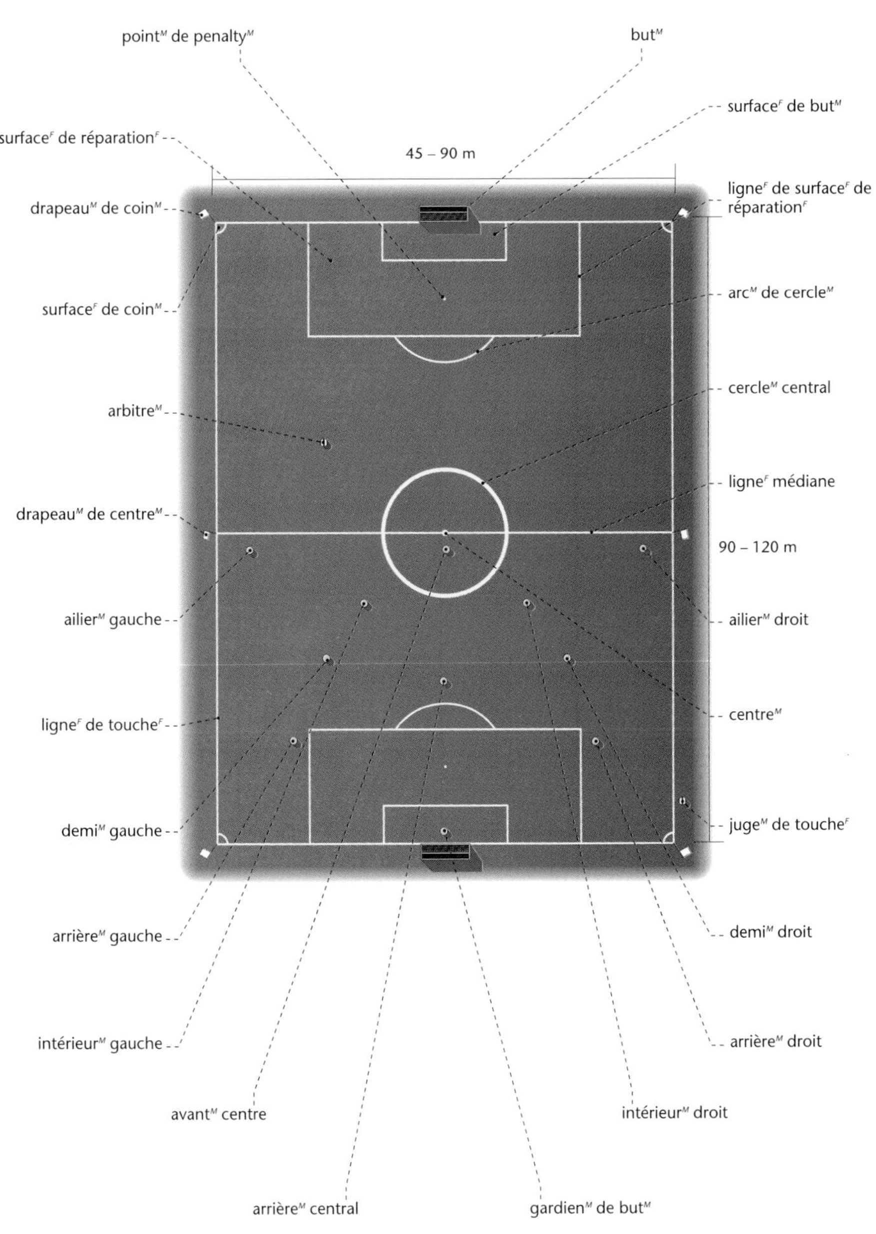
point^M de penalty^M
but^M
surface^F de but^M
surface^F de réparation^F
45 – 90 m
drapeau^M de coin^M
ligne^F de surface^F de réparation^F
surface^F de coin^M
arc^M de cercle^M
cercle^M central
arbitre^M
ligne^F médiane
drapeau^M de centre^M
90 – 120 m
ailier^M gauche
ailier^M droit
ligne^F de touche^F
centre^M
demi^M gauche
juge^M de touche^F
arrière^M gauche
demi^M droit
intérieur^M gauche
arrière^M droit
avant^M centre
intérieur^M droit
arrière^M central
gardien^M de but^M

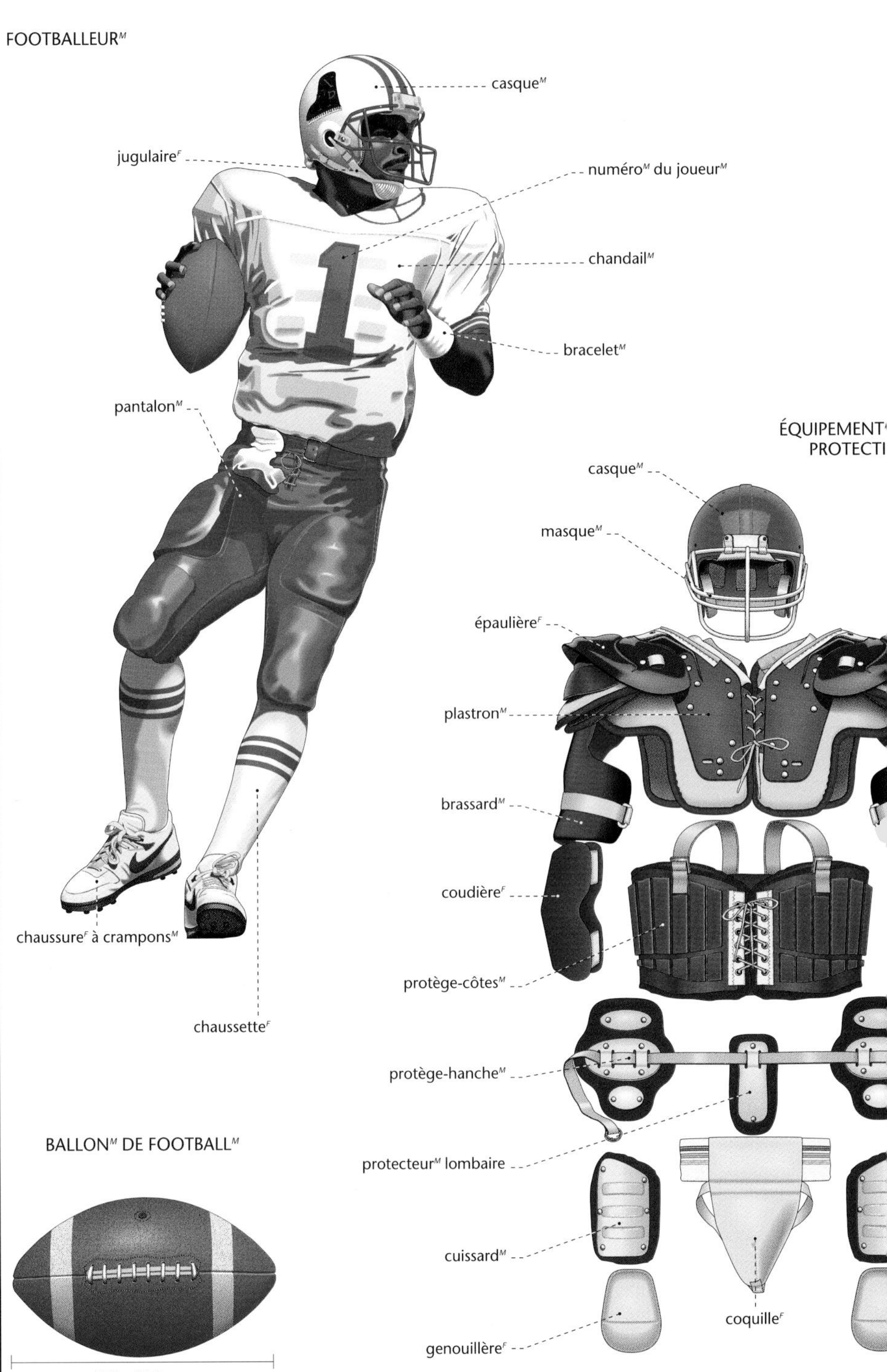
FOOTBALLEUR^M
casque^M
jugulaire^F
numéro^M du joueur^M
chandail^M
bracelet^M
pantalon^M
chaussure^F à crampons^M
chaussette^F
ÉQUIPEMENT
PROTECTI
casque^M
masque^M
épaulière^F
plastron^M
brassard^M
coudière^F
protège-côtes^M
protège-hanche^M
protecteur^M lombaire
cuissard^M
coquille^F
genouillère^F
BALLON^M DE FOOTBALL^M
279 – 286 mm

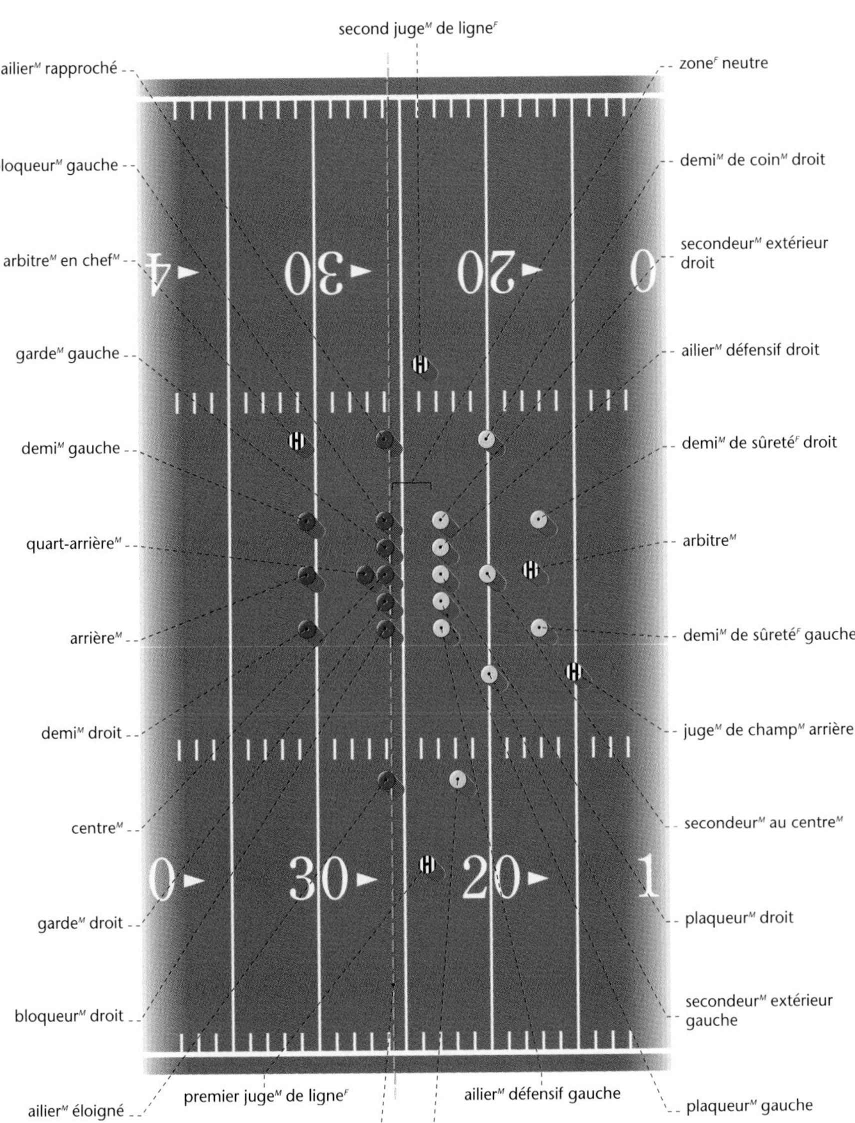
attaque[F]
défense[F]
second juge[M] de ligne[F]
ailier[M] rapproché
zone[F] neutre
bloqueur[M] gauche
demi[M] de coin[M] droit
arbitre[M] en chef[M]
secondeur[M] extérieur droit
garde[M] gauche
ailier[M] défensif droit
demi[M] gauche
demi[M] de sûreté[F] droit
quart-arrière[M]
arbitre[M]
arrière[M]
demi[M] de sûreté[F] gauche
demi[M] droit
juge[M] de champ[M] arrière
centre[M]
secondeur[M] au centre[M]
garde[M] droit
plaqueur[M] droit
bloqueur[M] droit
secondeur[M] extérieur gauche
ailier[M] éloigné
premier juge[M] de ligne[F]
ailier[M] défensif gauche
plaqueur[M] gauche
ligne[F] de mêlée[F]
demi[M] de coin[M] gauche

TERRAIN^M DE FOOTBALL^M AMÉRICAIN

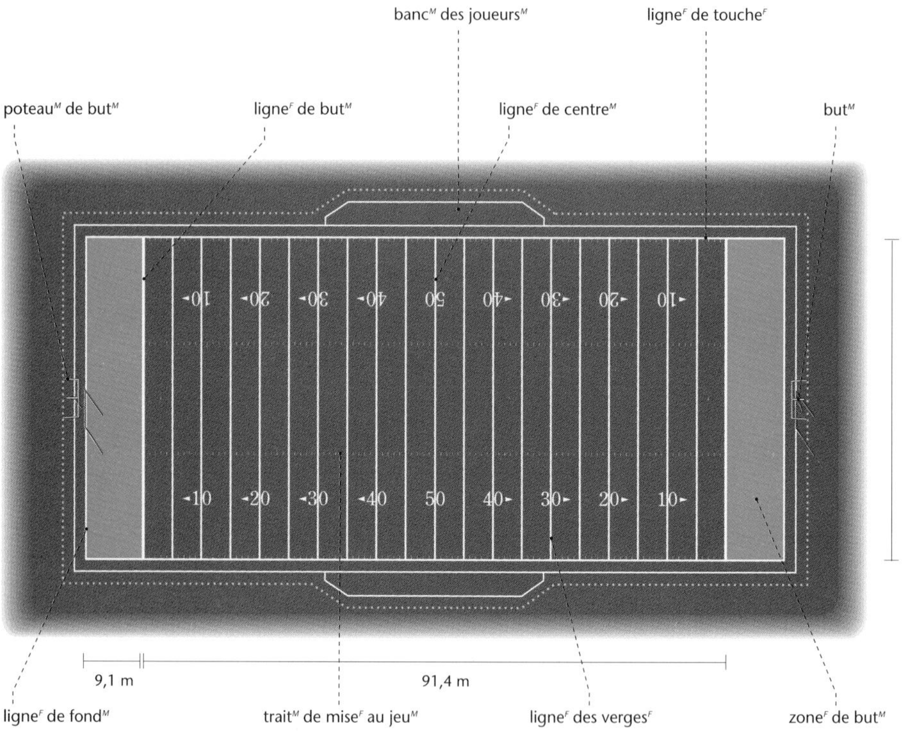

banc^M des joueurs^M
ligne^F de touche^F
poteau^M de but^M
ligne^F de but^M
ligne^F de centre^M
but^M
10 20 30 40 50 40 30 20 10
9,1 m
91,4 m
ligne^F de fond^M
trait^M de mise^F au jeu^M
ligne^F des verges^F
zone^F de but^M

TERRAIN^M DE FOOTBALL^M CANADIEN

C
10 20 30 40 50 50 40 30 20 10
60 m
18,2 m
100 m

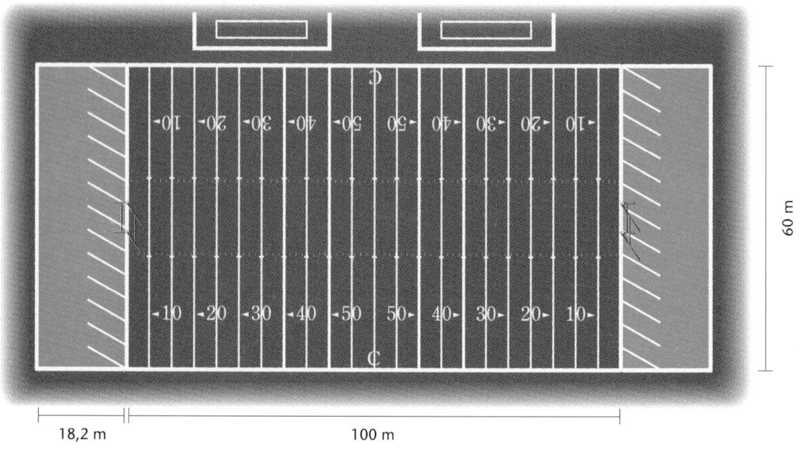

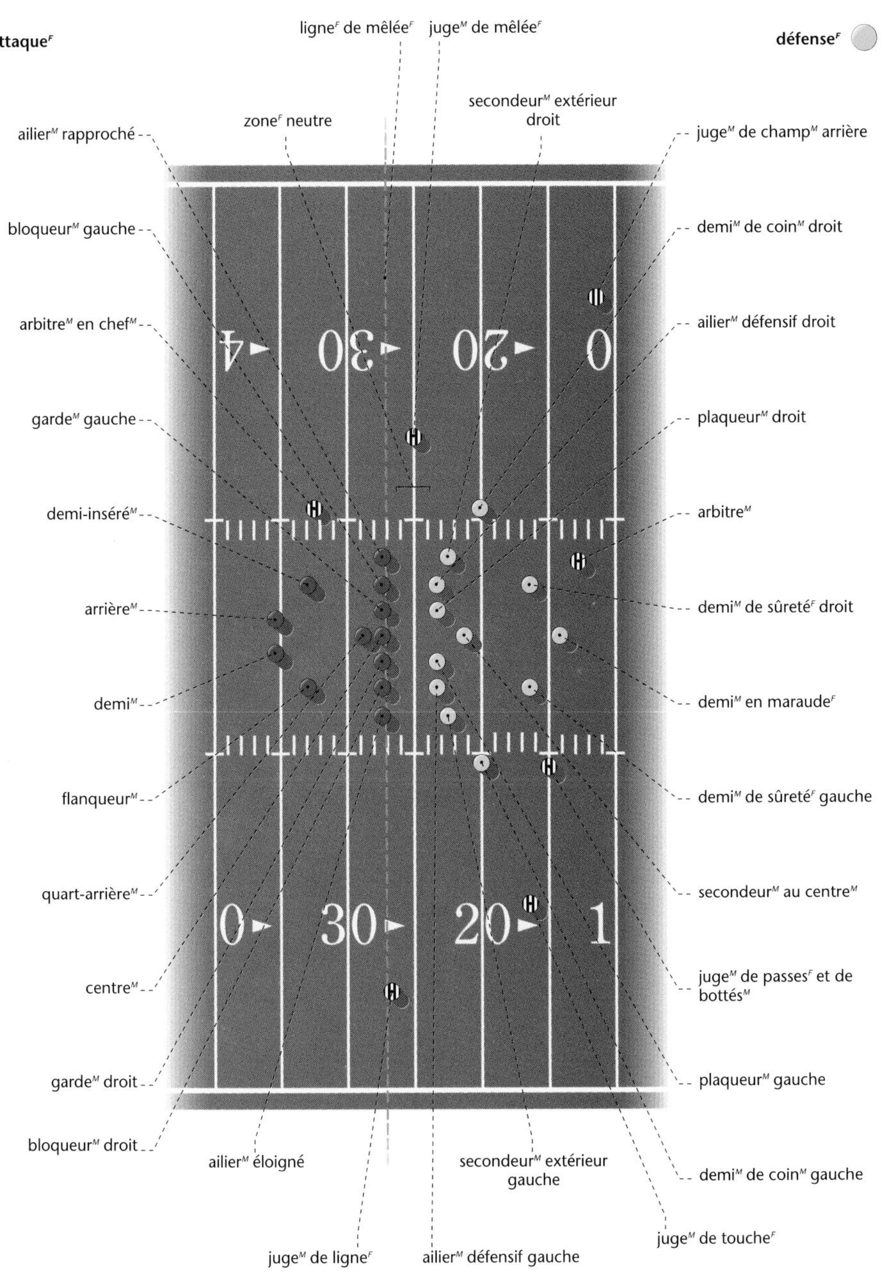
attaque^F
ligne^F de mêlée^F
juge^M de mêlée^F
défense^F
zone^F neutre
secondeur^M extérieur droit
ailier^M rapproché
juge^M de champ^M arrière
bloqueur^M gauche
demi^M de coin^M droit
arbitre^M en chef^M
ailier^M défensif droit
garde^M gauche
plaqueur^M droit
demi-inséré^M
arbitre^M
arrière^M
demi^M de sûreté^F droit
demi^M
demi^M en maraude^F
flanqueur^M
demi^M de sûreté^F gauche
quart-arrière^M
secondeur^M au centre^M
centre^M
juge^M de passes^F et de bottés^M
garde^M droit
plaqueur^M gauche
bloqueur^M droit
ailier^M éloigné
secondeur^M extérieur gauche
demi^M de coin^M gauche
juge^M de touche^F
juge^M de ligne^F
ailier^M défensif gauche

RUGBY^M

TERRAIN^M

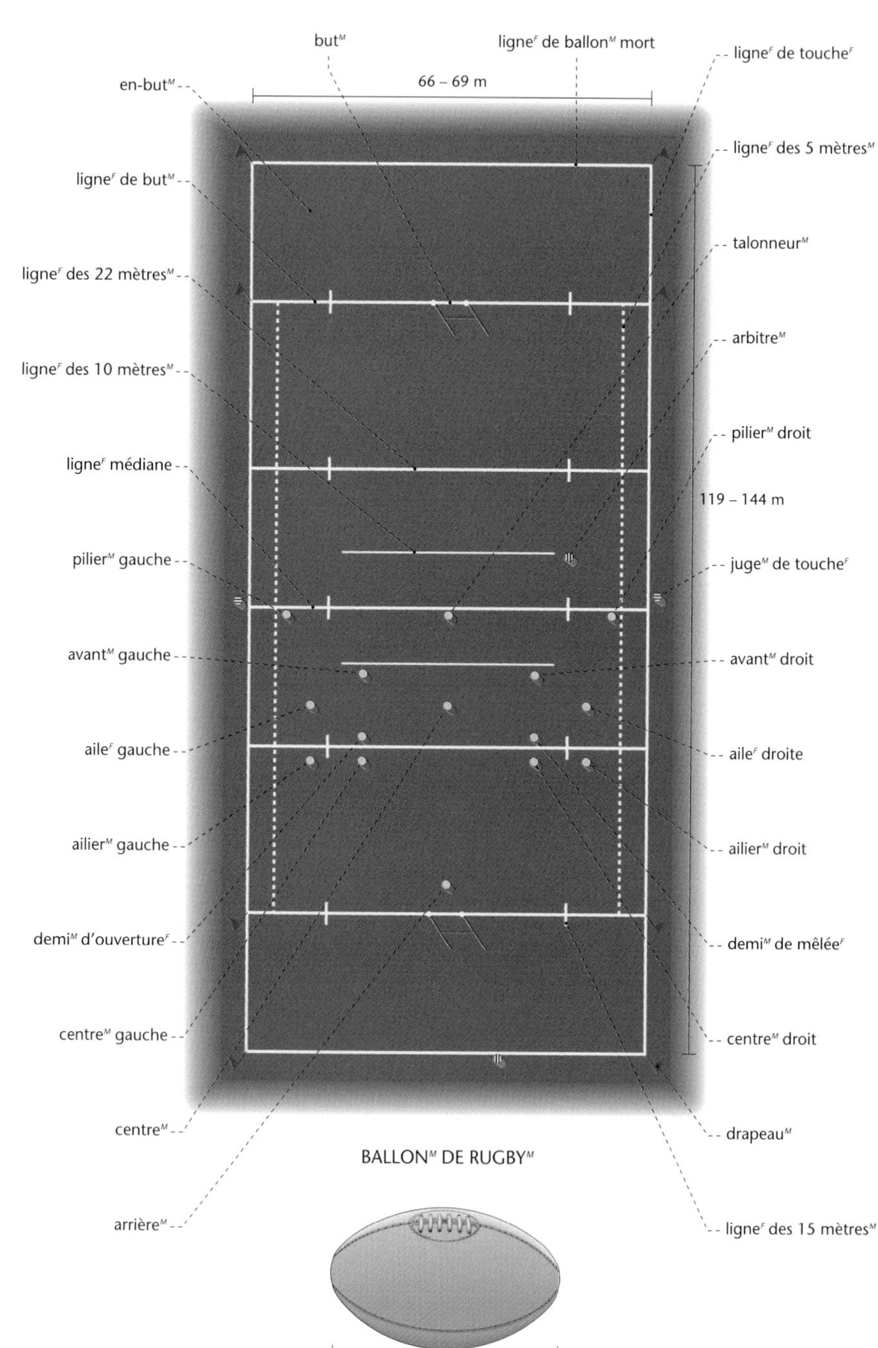

HOCKEY[M] SUR GAZON[M]

TERRAIN[M]

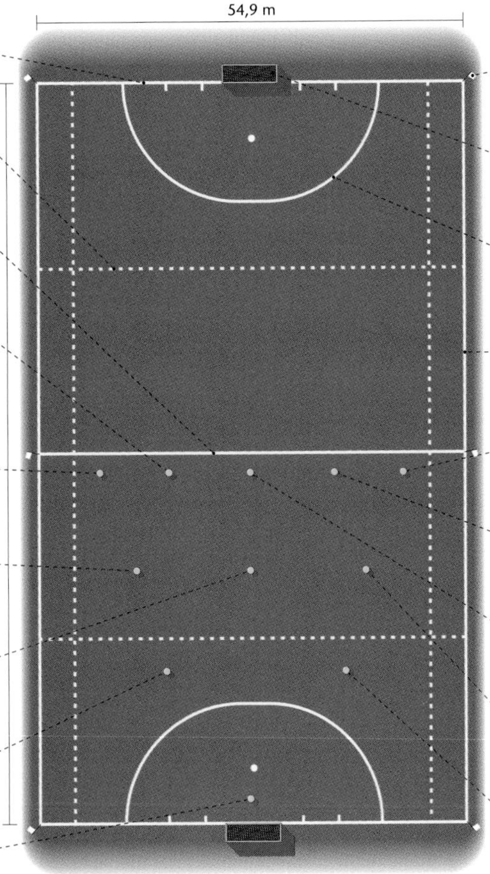

54,9 m

91,4 m

ligne[F] de but[M]

ligne[F] des 22,9 mètres[M]

ligne[F] de centre[M]

avant[M] gauche

ailier[M] gauche

demi[M] gauche

demi[M] centre

arrière[M] gauche

gardien[M] de but[M]

drapeau[M] de coin[M]

but[M]

cercle[M] d'envoi[M]

ligne[F] de touche[F]

ailier[M] droit

avant[M] droit

avant[M] centre

demi[M] droit

arrière[M] droit

CROSSE[F]

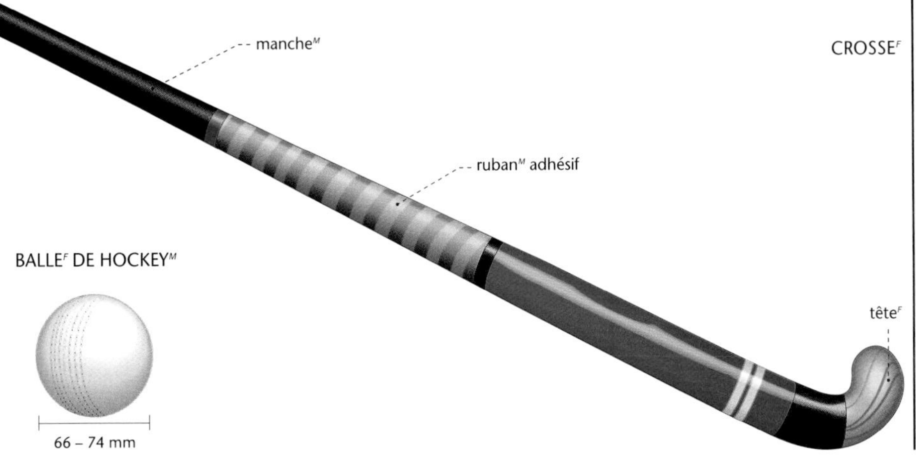

PATINOIRE^F

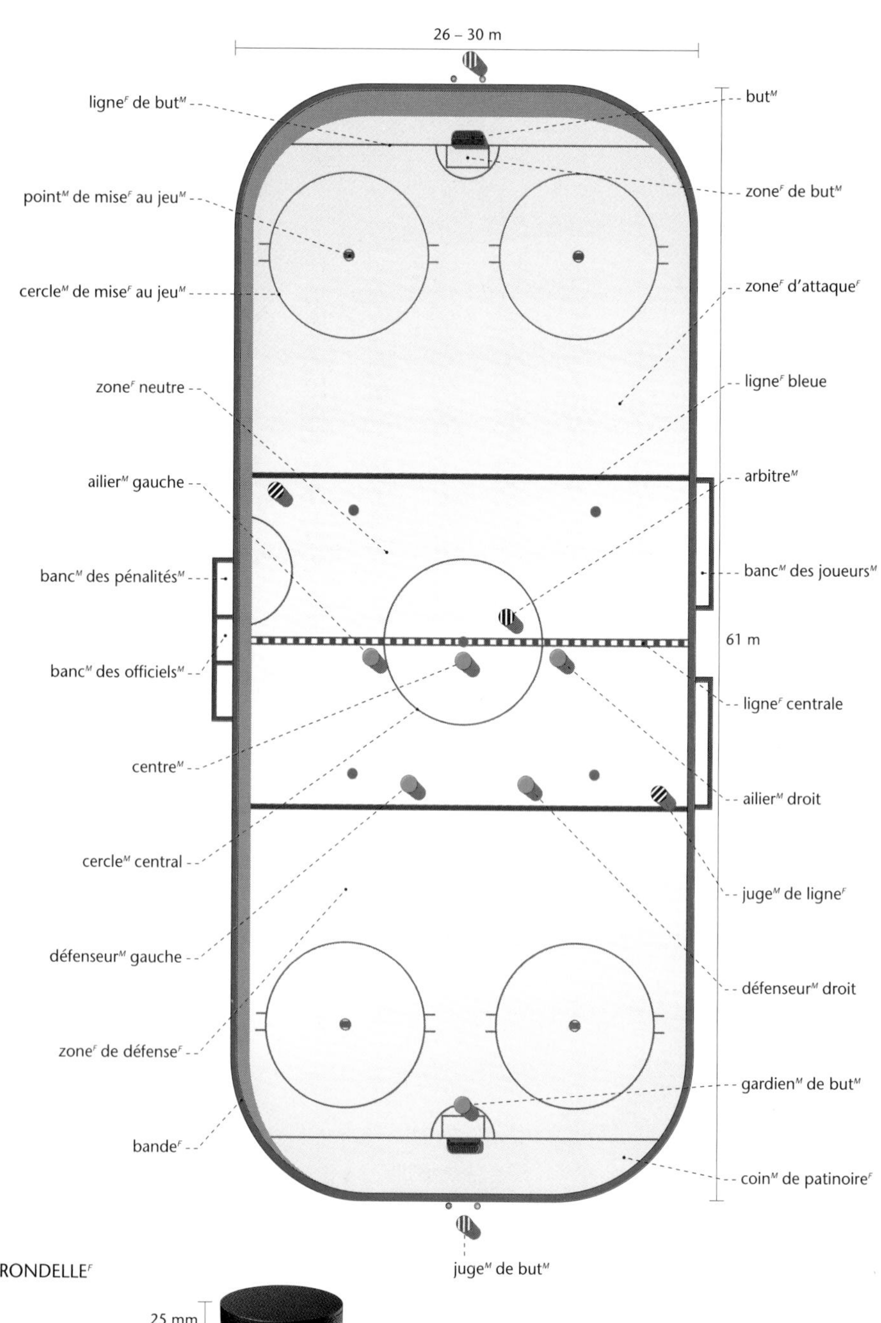

RONDELLE^F

25 mm

76 mm

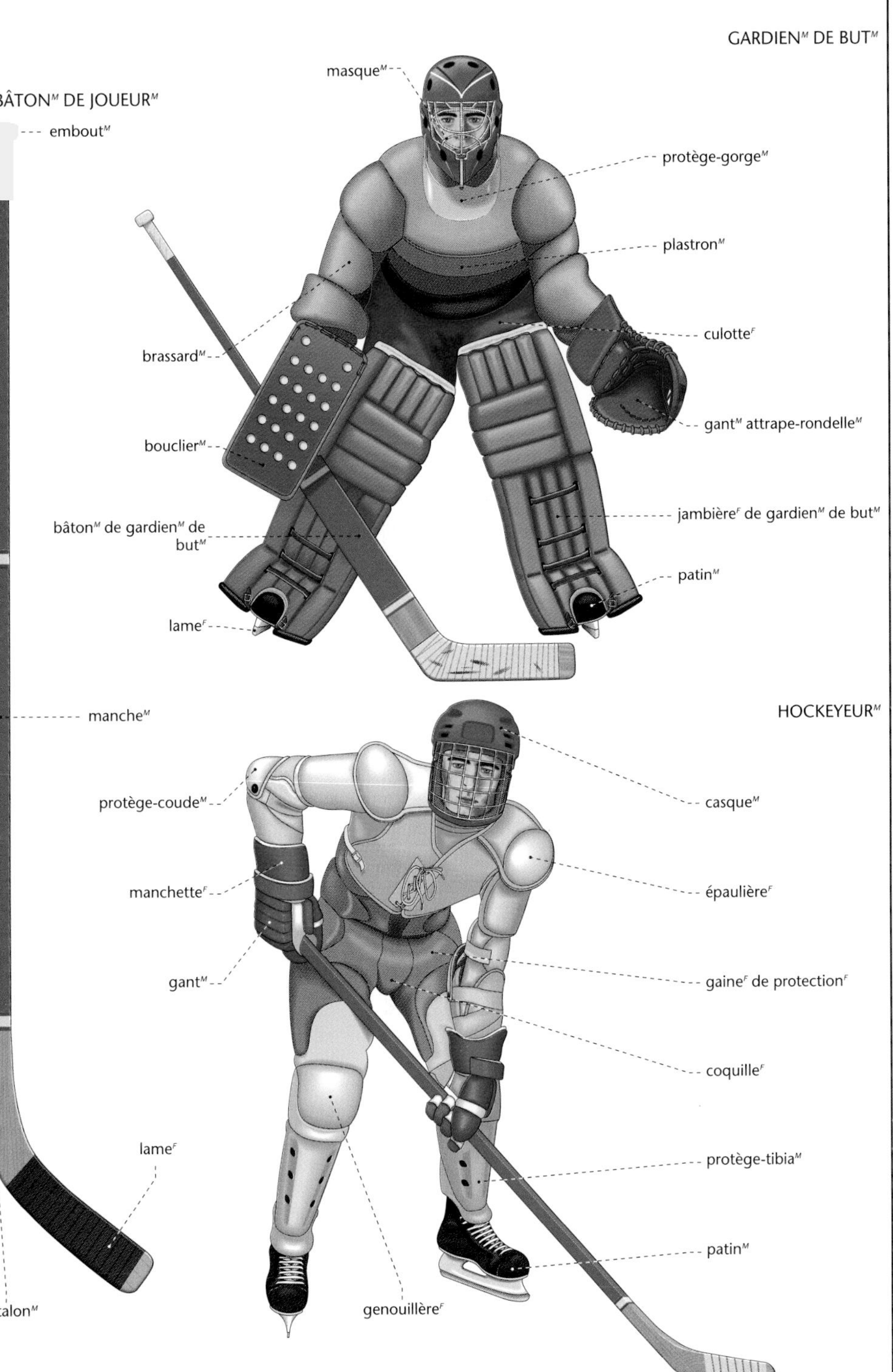
GARDIEN^M DE BUT^M
BÂTON^M DE JOUEUR^M
embout^M
masque^M
protège-gorge^M
plastron^M
culotte^F
brassard^M
gant^M attrape-rondelle^M
bouclier^M
jambière^F de gardien^M de but^M
bâton^M de gardien^M de but^M
patin^M
lame^F
manche^M
HOCKEYEUR^M
casque^M
protège-coude^M
épaulière^F
manchette^F
gant^M
gaine^F de protection^F
coquille^F
lame^F
protège-tibia^M
patin^M
talon^M
genouillère^F

BASKETBALL[M]

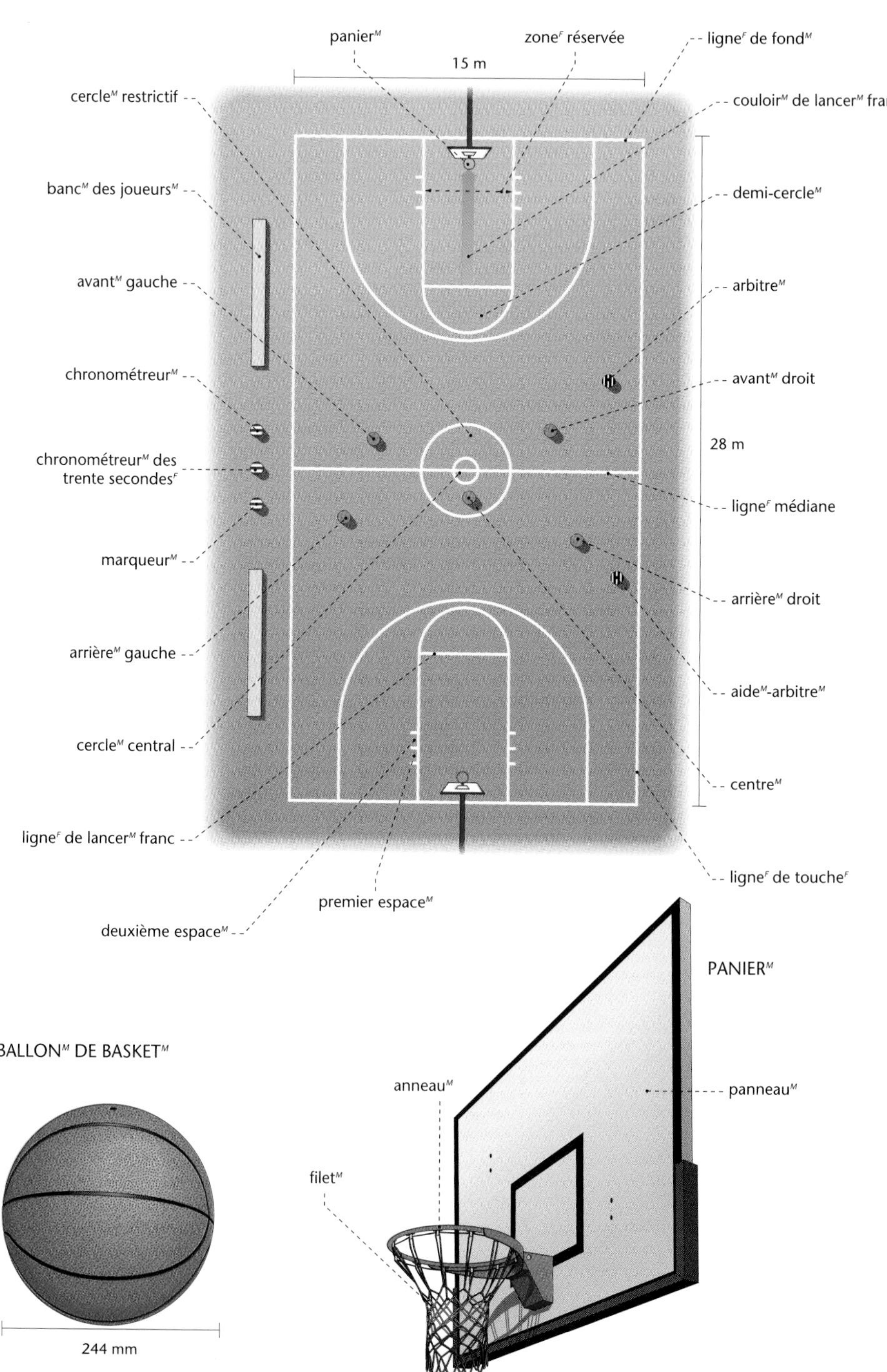

NETBALL^{M}

TERRAIN^{M}

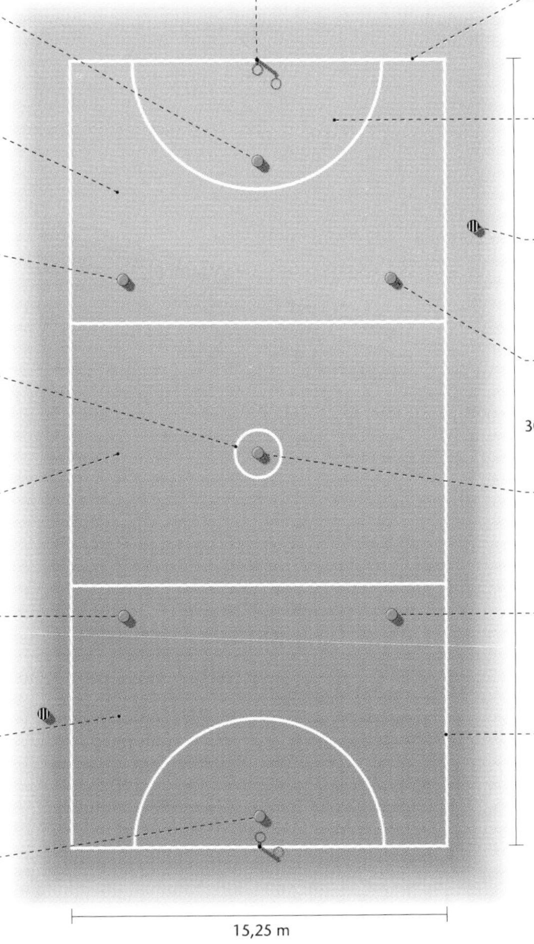

poteau^{M} de but^{M}

gardien^{M} de but^{M}

ligne^{F} arrière

demi-cercle^{M} de but^{M}

zone^{F} de défense^{F}

arbitre^{M}

défenseur^{M} au but^{M}

défenseur^{M} à l'aile^{F}

cercle^{M} central

30,5 m

zone^{F} centrale

centre^{M}

attaquant^{M} à l'aile^{F}

attaquant^{M} au but^{M}

zone^{F} de but^{M}

ligne^{F} de touche^{F}

tireur^{M} au but^{M}

15,25 m

BALLON^{M} DE NETBALL^{M}

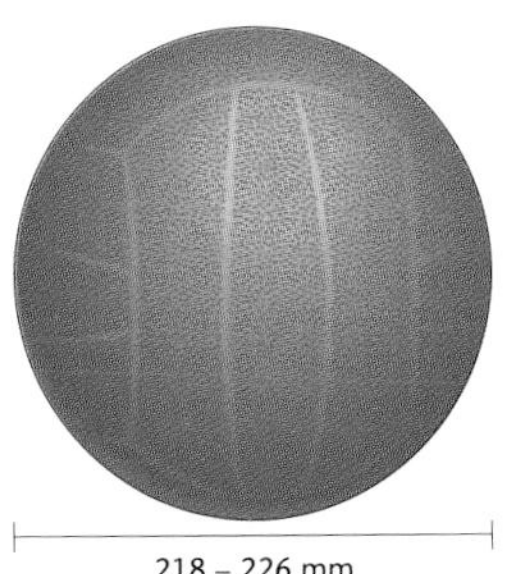

218 – 226 mm

HANDBALL[M]

TERRAIN[M]

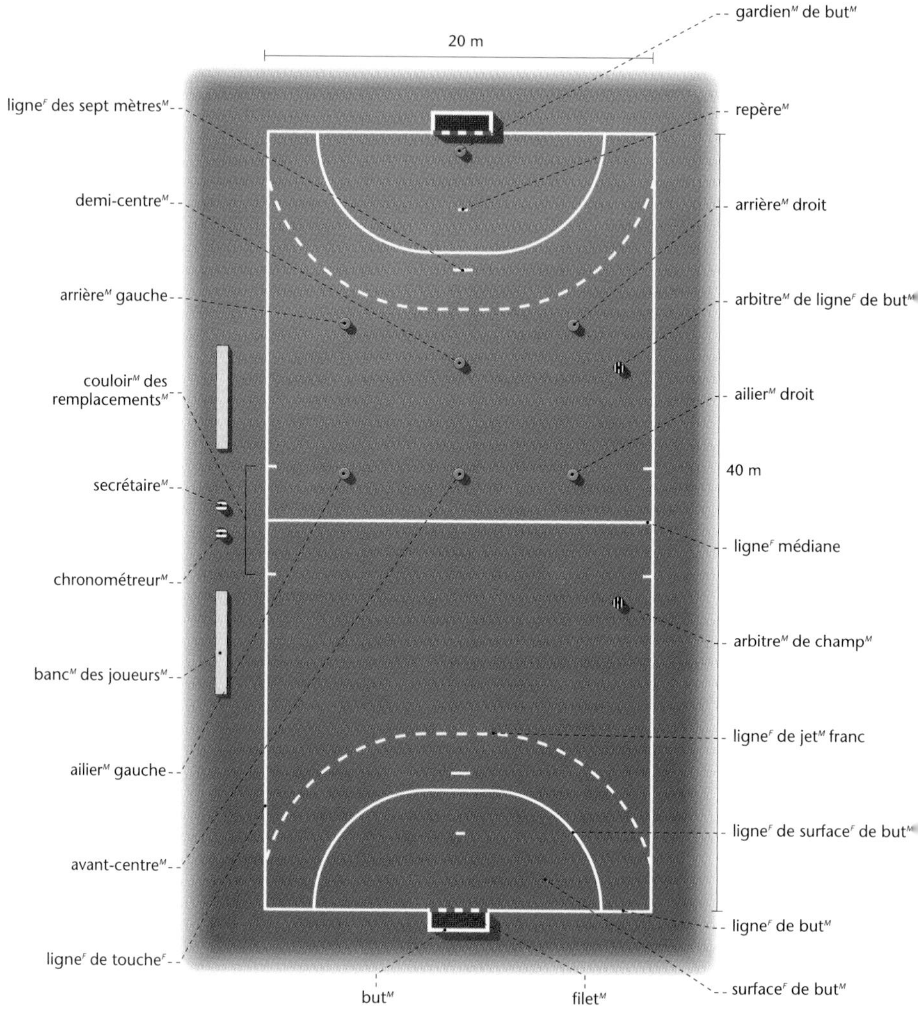

20 m
40 m
gardien[M] de but[M]
ligne[F] des sept mètres[M]
repère[M]
demi-centre[M]
arrière[M] droit
arrière[M] gauche
arbitre[M] de ligne[F] de but[M]
couloir[M] des remplacements[M]
ailier[M] droit
secrétaire[M]
ligne[F] médiane
chronométreur[M]
arbitre[M] de champ[M]
banc[M] des joueurs[M]
ligne[F] de jet[M] franc
ailier[M] gauche
ligne[F] de surface[F] de but[M]
avant-centre[M]
ligne[F] de but[M]
ligne[F] de touche[F]
but[M]
filet[M]
surface[F] de but[M]

BALLON[M] DE HANDBALL[M]

♀
♂
173 – 178 mm
183 – 188 mm

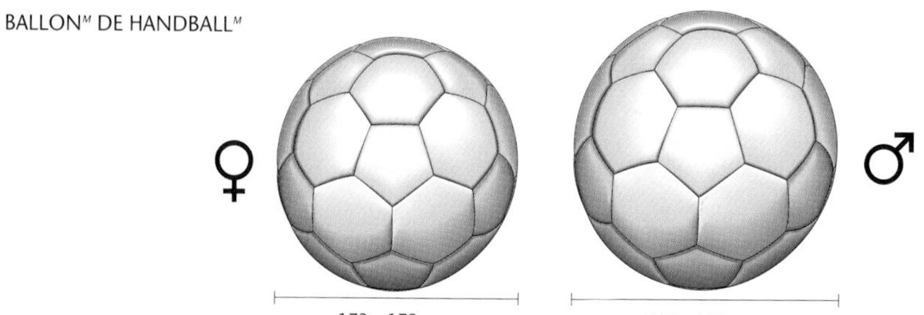

VOLLEYBALL[M]

TERRAIN[M]

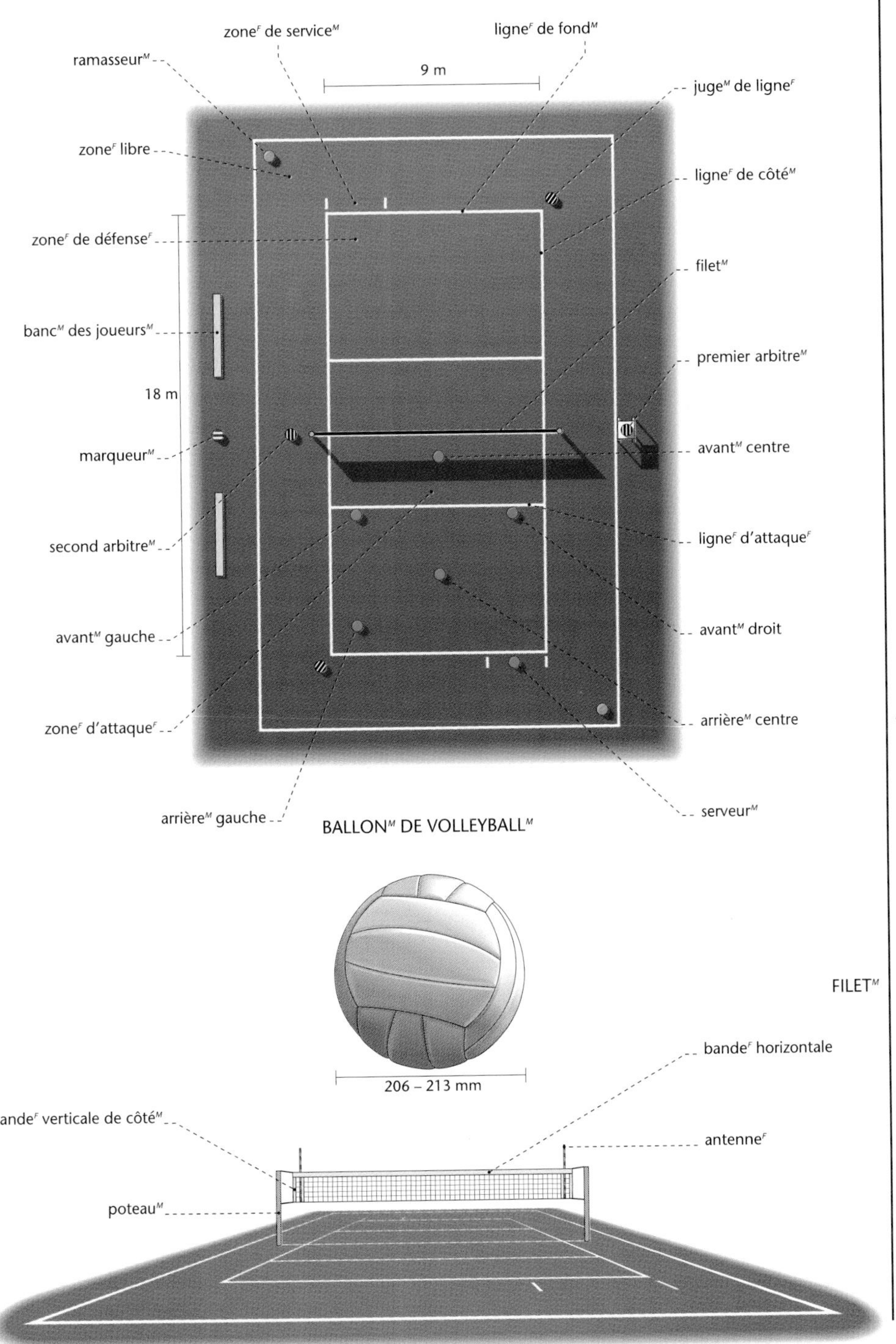

SPORTS D'ÉQUIPE

TENNIS[M]

TERRAIN[M]

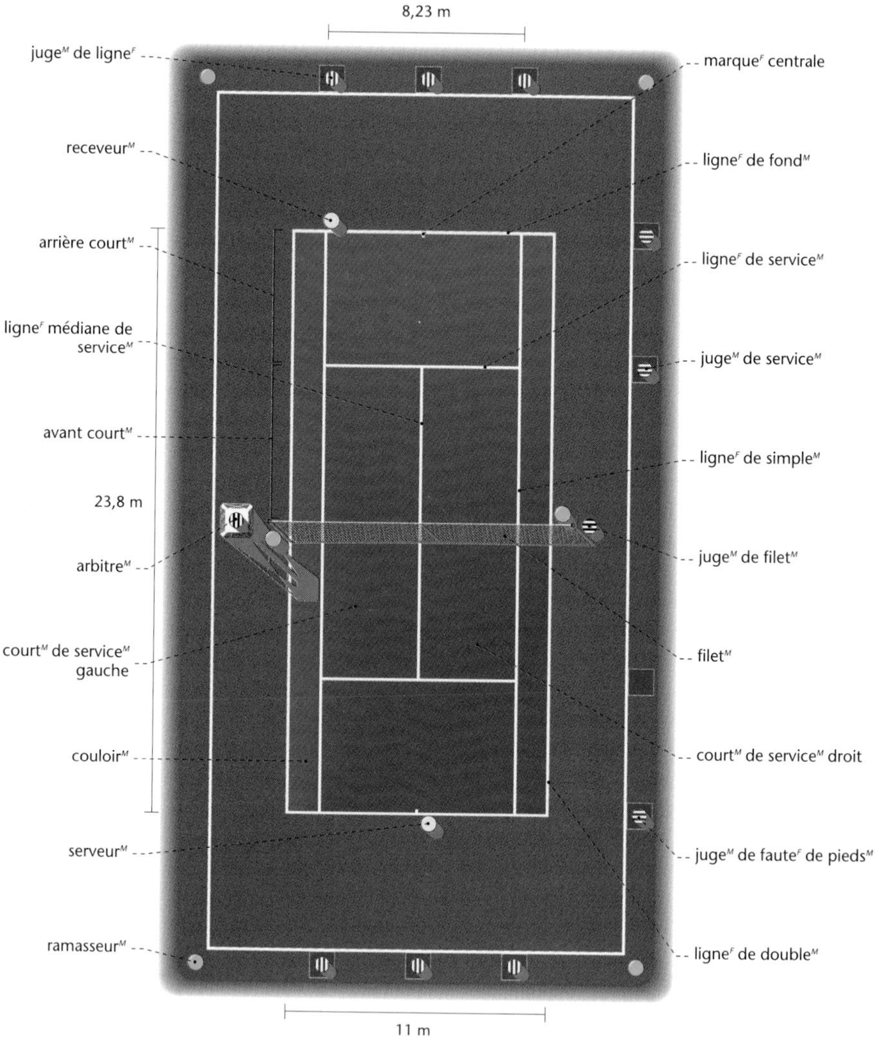

8,23 m

juge[M] de ligne[F]

marque[F] centrale

receveur[M]

ligne[F] de fond[M]

arrière court[M]

ligne[F] de service[M]

ligne[F] médiane de service[M]

juge[M] de service[M]

avant court[M]

ligne[F] de simple[M]

23,8 m

arbitre[M]

juge[M] de filet[M]

filet[M]

court[M] de service[M] gauche

couloir[M]

court[M] de service[M] droit

serveur[M]

juge[M] de faute[F] de pieds[M]

ramasseur[M]

ligne[F] de double[M]

11 m

FILET[M]

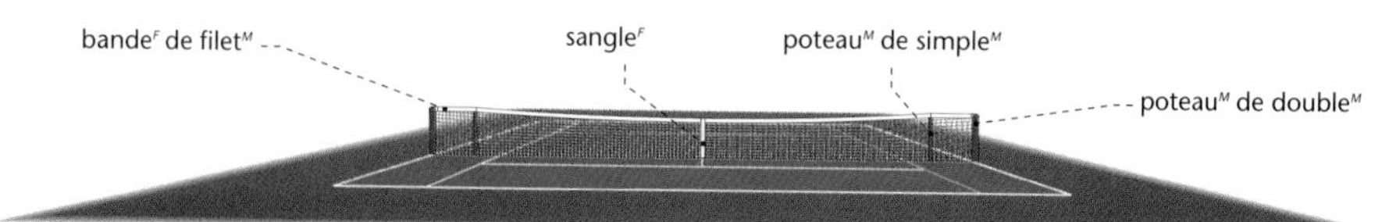

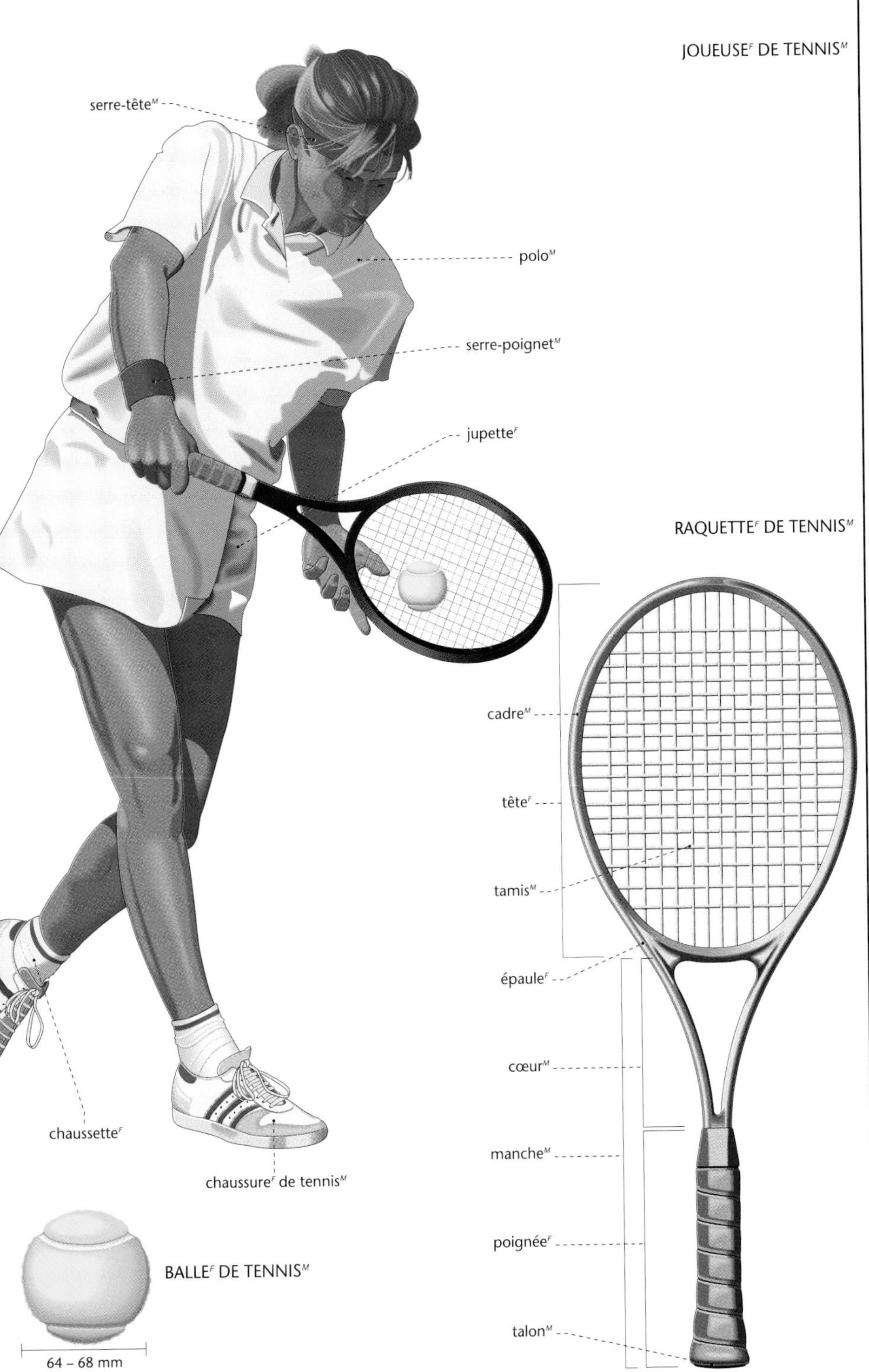
JOUEUSE[F] DE TENNIS[M]
serre-tête[M]
polo[M]
serre-poignet[M]
jupette[F]
chaussette[F]
chaussure[F] de tennis[M]
RAQUETTE[F] DE TENNIS[M]
cadre[M]
tête[F]
tamis[M]
épaule[F]
cœur[M]
manche[M]
poignée[F]
talon[M]
BALLE[F] DE TENNIS[M]
64 – 68 mm

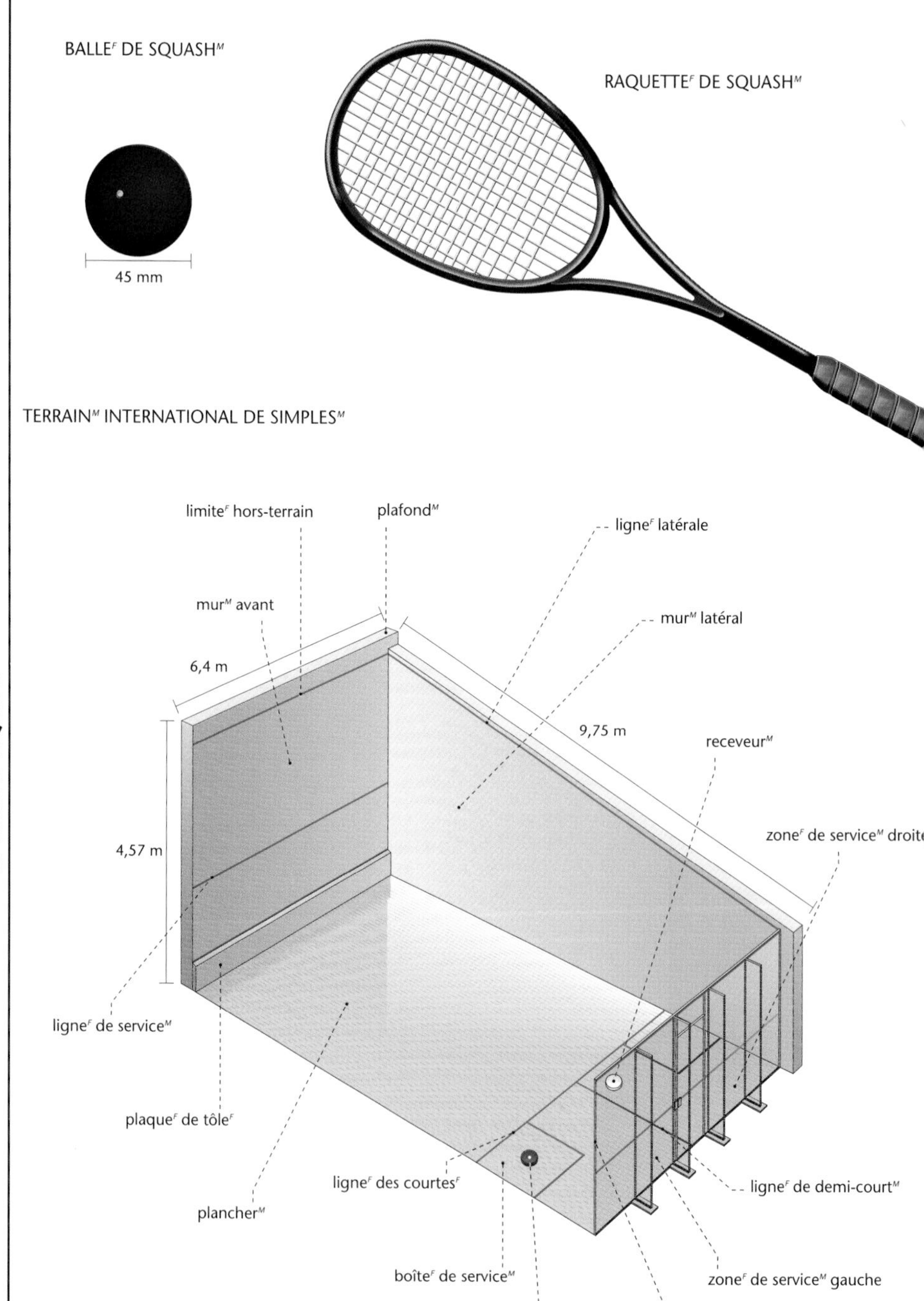
BALLE^F DE SQUASH^M
45 mm
RAQUETTE^F DE SQUASH^M
TERRAIN^M INTERNATIONAL DE SIMPLES^M
limite^F hors-terrain
plafond^M
ligne^F latérale
mur^M avant
mur^M latéral
6,4 m
9,75 m
receveur^M
zone^F de service^M droite
4,57 m
ligne^F de service^M
plaque^F de tôle^F
ligne^F des courtes^F
ligne^F de demi-court^M
plancher^M
boîte^F de service^M
zone^F de service^M gauche
serveur^M
mur^M arrière

RACQUETBALL[M]

RAQUETTE[F] DE RACQUETBALL[M]

pare-chocs[M]
courroie[F] de sécurité[F]

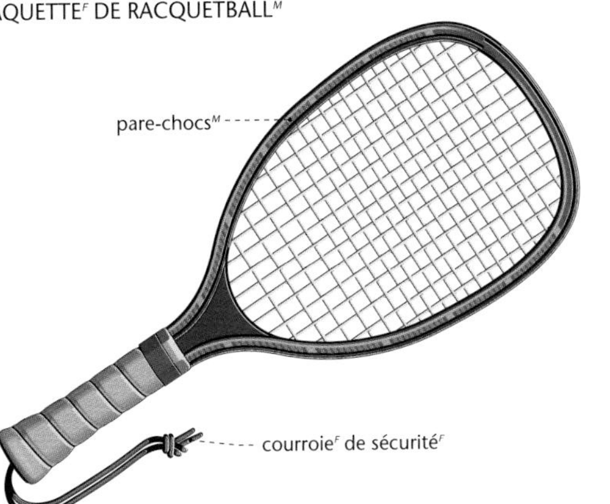

BALLE[F] DE RACQUETBALL[M]

48 mm

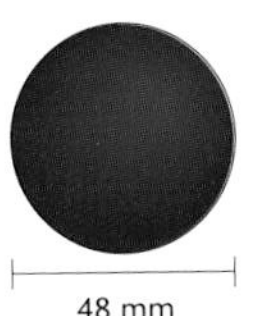

TERRAIN[M]

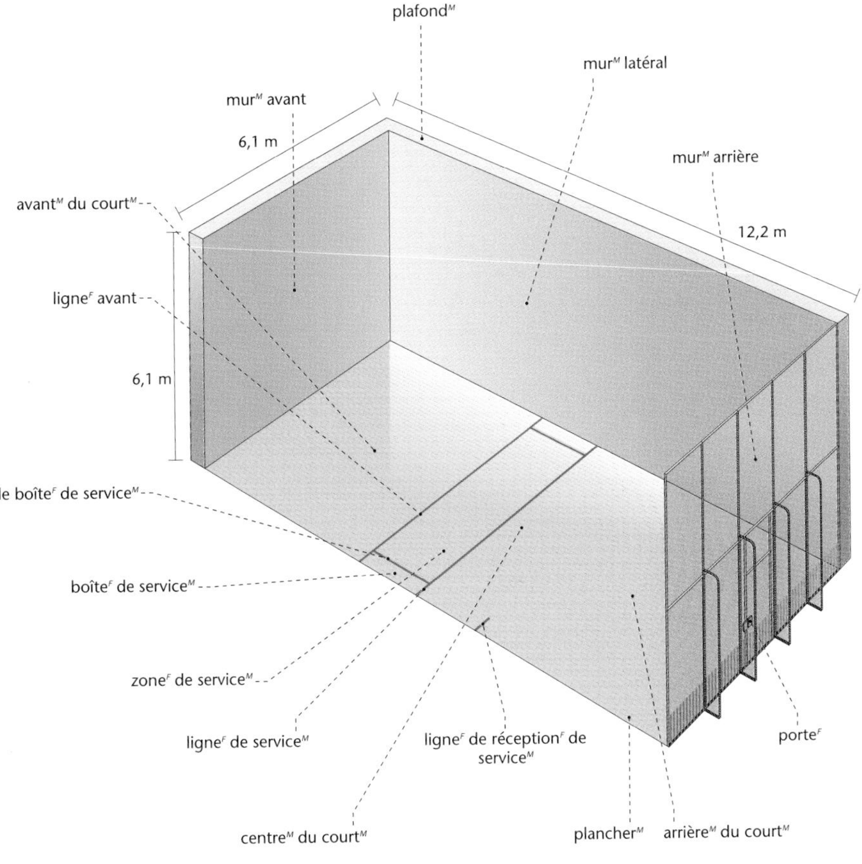
plafond[M]
mur[M] latéral
mur[M] avant
6,1 m
mur[M] arrière
12,2 m
avant[M] du court[M]
ligne[F] avant
6,1 m
ligne[F] de boîte[F] de service[M]
boîte[F] de service[M]
zone[F] de service[M]
ligne[F] de service[M]
ligne[F] de réception[F] de service[M]
porte[F]
centre[M] du court[M]
plancher[M]
arrière[M] du court[M]

BADMINTON[M]

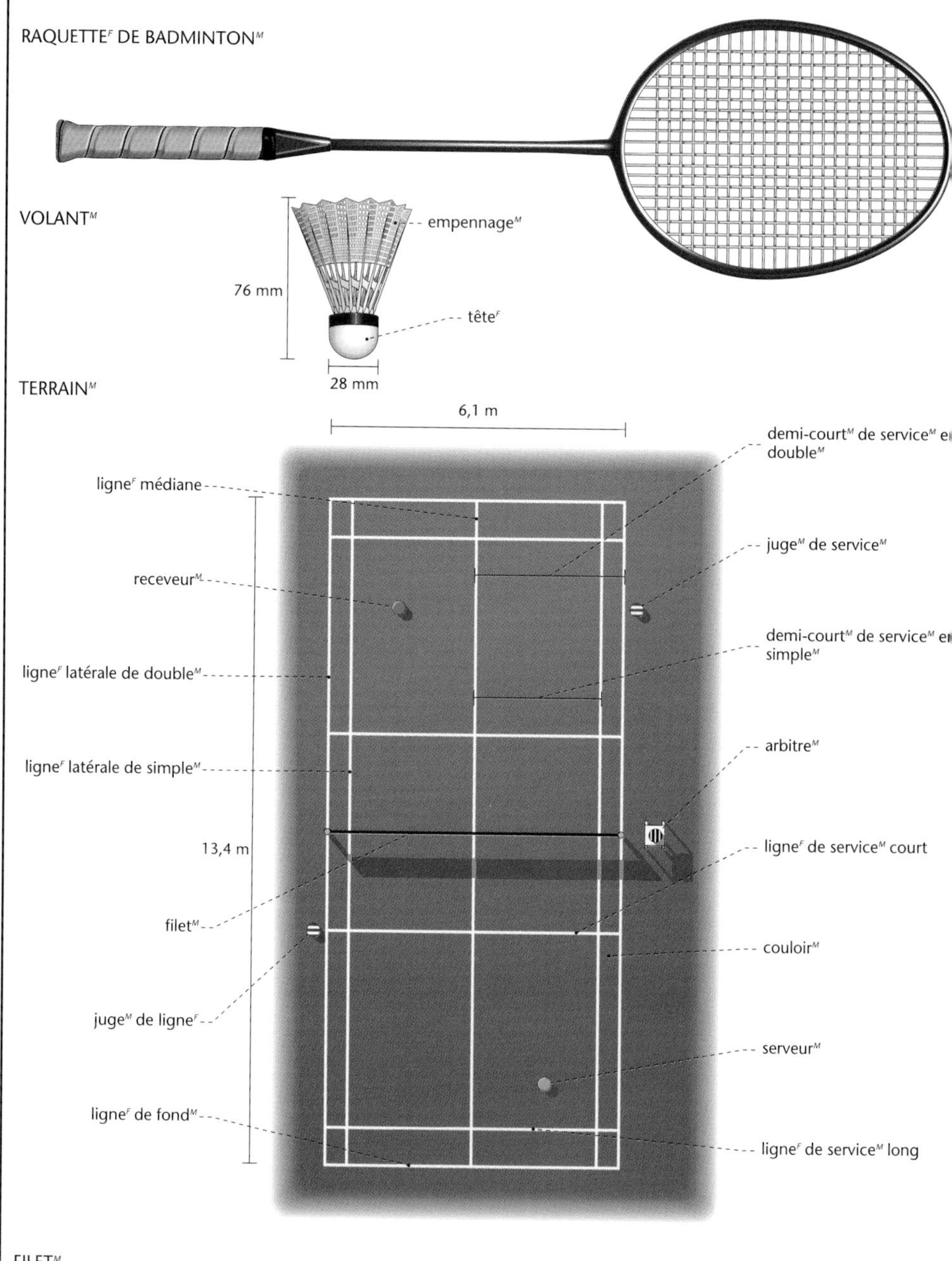

FILET[M]

ruban[M] blanc

poteau[M]

filet[M]

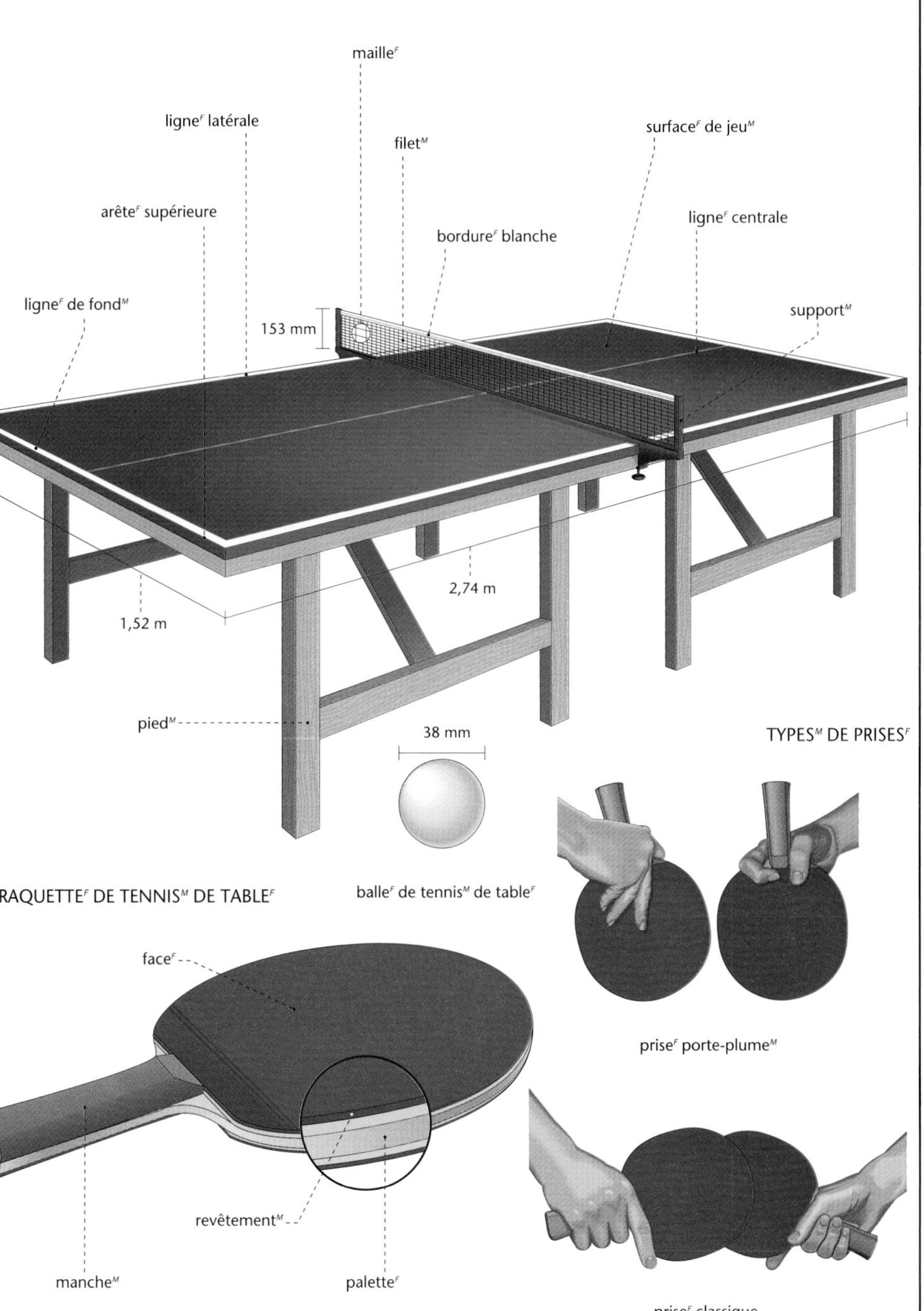
TABLE^{F}
maille^{F}
ligne^{F} latérale
filet^{M}
surface^{F} de jeu^{M}
arête^{F} supérieure
ligne^{F} centrale
bordure^{F} blanche
ligne^{F} de fond^{M}
support^{M}
153 mm
2,74 m
1,52 m
pied^{M}
38 mm
TYPES^{M} DE PRISES^{F}
balle^{F} de tennis^{M} de table^{F}
RAQUETTE^{F} DE TENNIS^{M} DE TABLE^{F}
face^{F}
prise^{F} porte-plume^{M}
revêtement^{M}
manche^{M}
palette^{F}
prise^{F} classique

CURLING^M

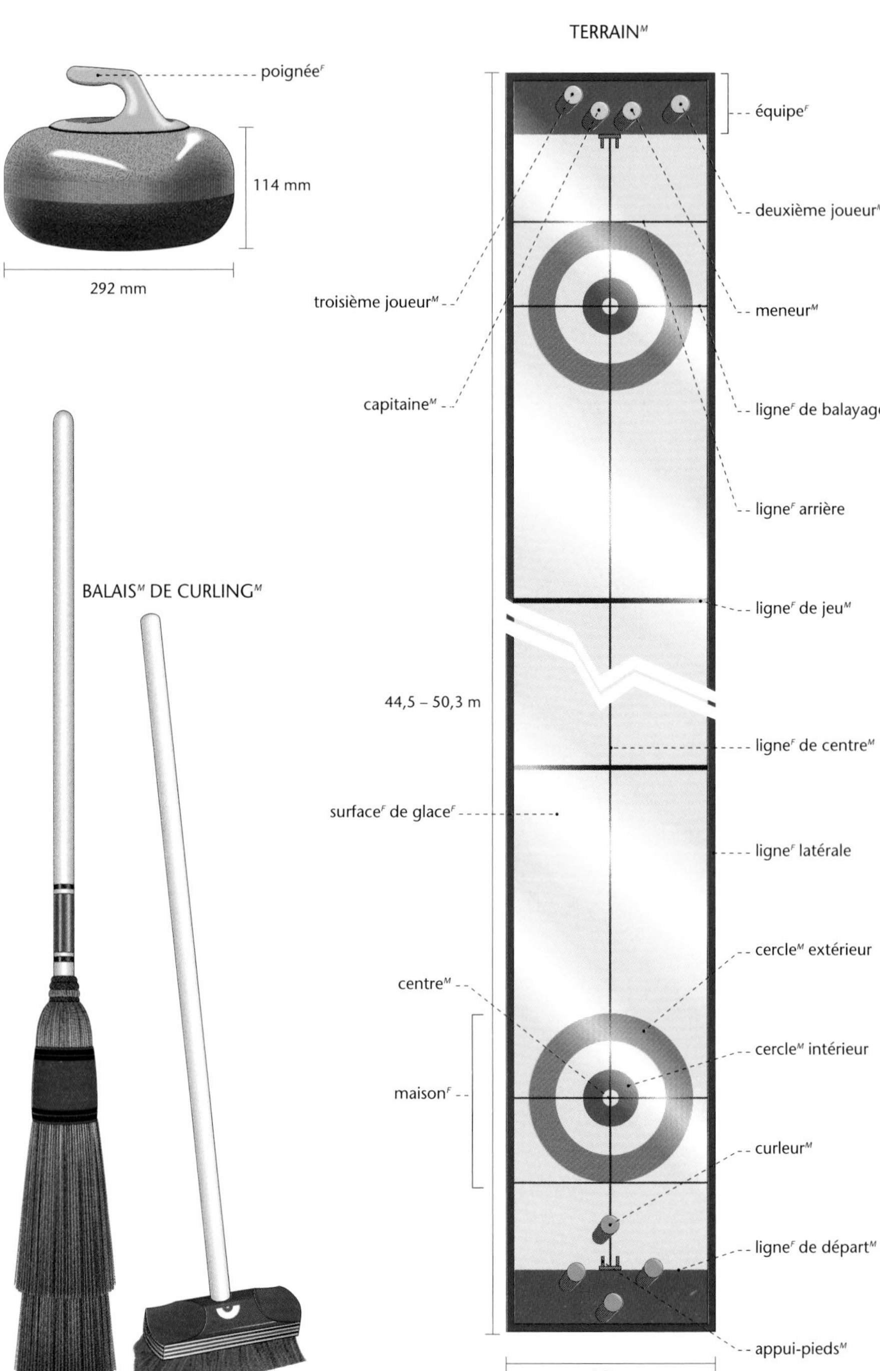

PIERRE^F DE CURLING^M
poignée^F
114 mm
292 mm
BALAIS^M DE CURLING^M
TERRAIN^M
équipe^F
deuxième joueur^M
troisième joueur^M
meneur^M
capitaine^M
ligne^F de balayage^M
ligne^F arrière
ligne^F de jeu^M
44,5 – 50,3 m
ligne^F de centre^M
surface^F de glace^F
ligne^F latérale
cercle^M extérieur
centre^M
cercle^M intérieur
maison^F
curleur^M
ligne^F de départ^M
appui-pieds^M
4,3 m

NATATION[F]

BASSIN[M] DE COMPÉTITION[F]

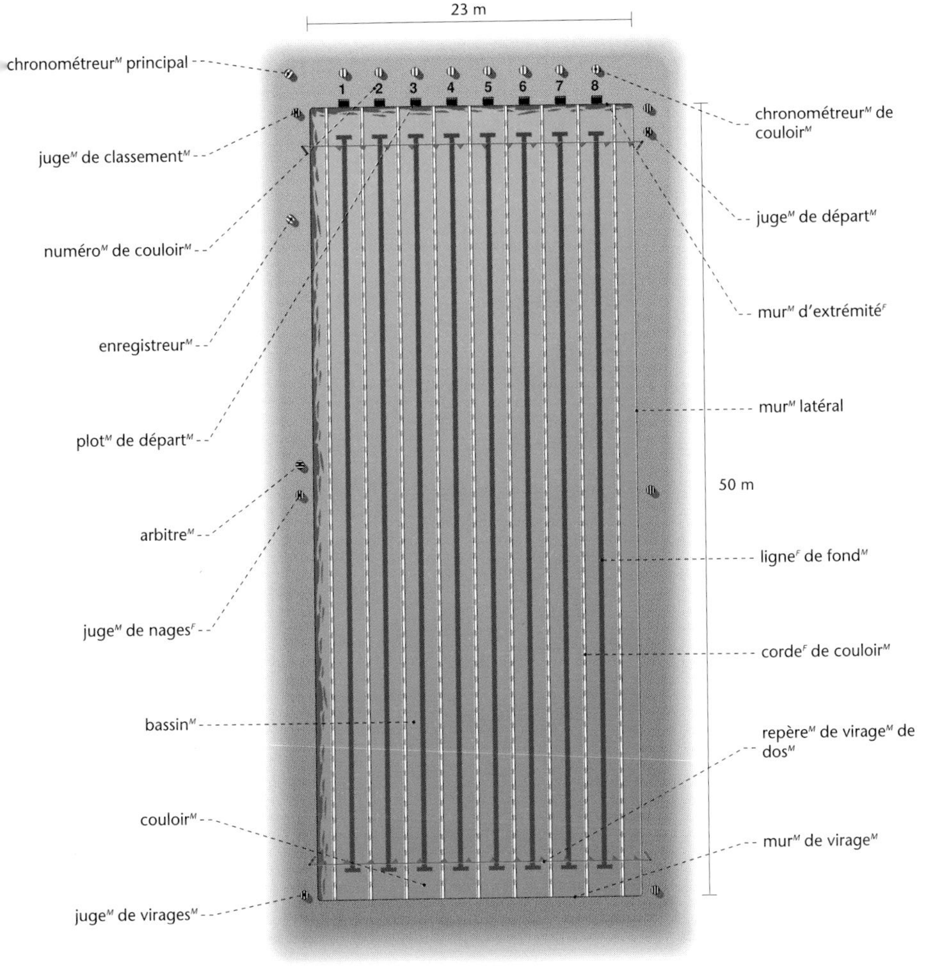

23 m

chronométreur[M] principal

1 2 3 4 5 6 7 8

chronométreur[M] de couloir[M]

juge[M] de classement[M]

juge[M] de départ[M]

numéro[M] de couloir[M]

mur[M] d'extrémité[F]

enregistreur[M]

mur[M] latéral

plot[M] de départ[M]

50 m

arbitre[M]

ligne[F] de fond[M]

juge[M] de nages[F]

corde[F] de couloir[M]

bassin[M]

repère[M] de virage[M] de dos[M]

couloir[M]

mur[M] de virage[M]

juge[M] de virages[M]

PLOT[M] DE DÉPART[M]

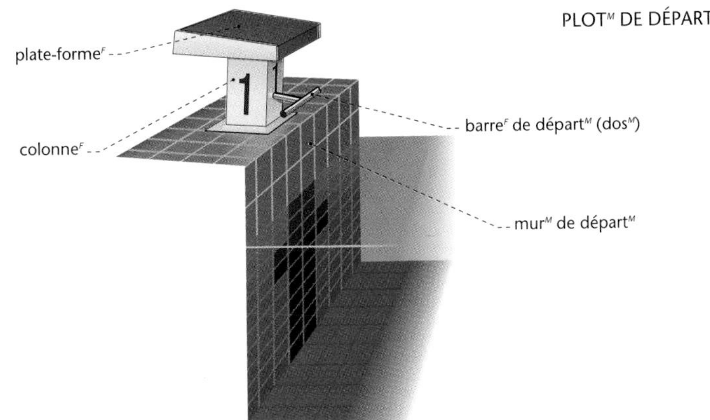

NATATION[F]

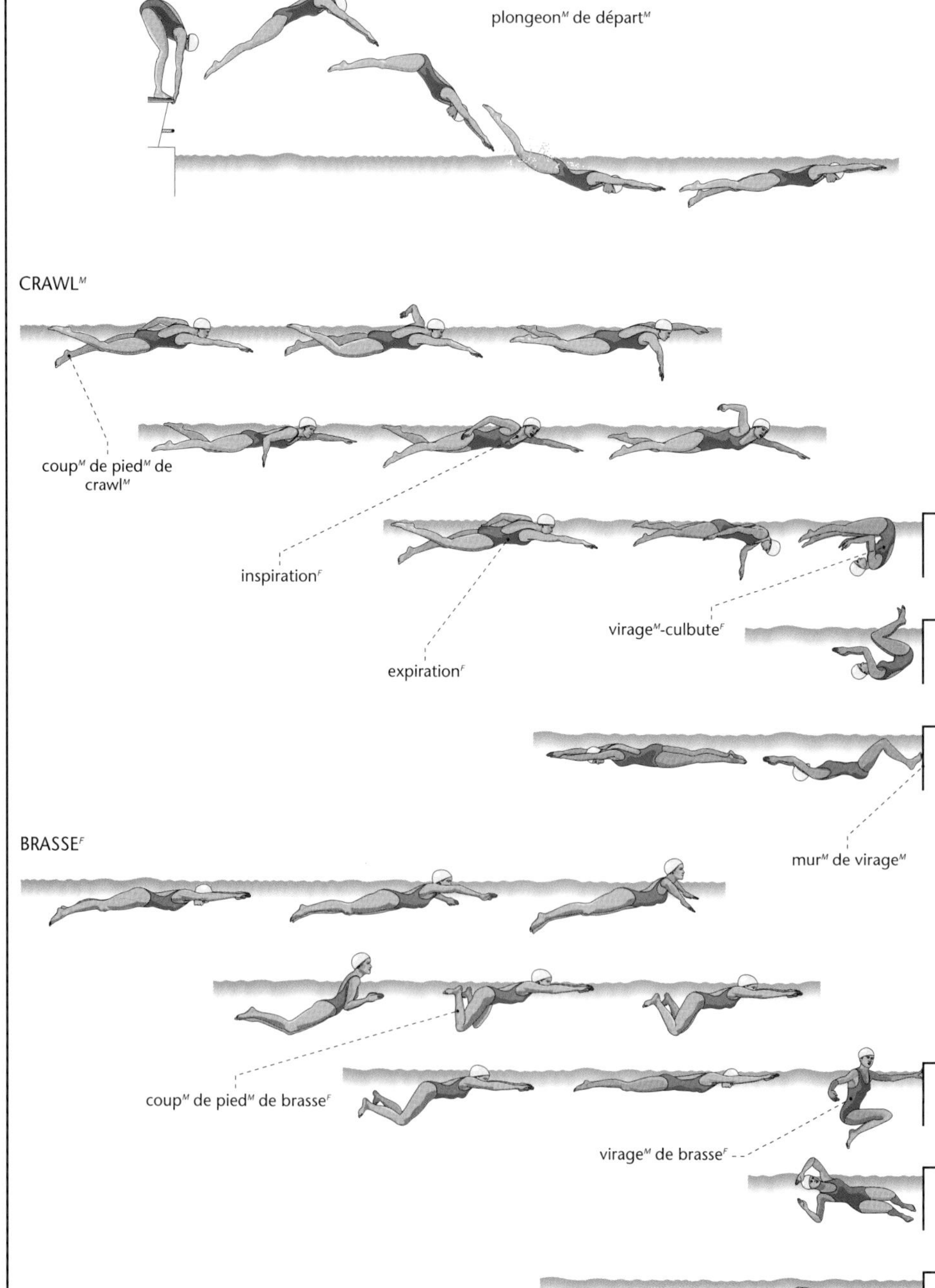
TYPES[M] DE NAGES[F]
plongeon[M] de départ[M]
CRAWL[M]
coup[M] de pied[M] de crawl[M]
inspiration[F]
expiration[F]
virage[M]-culbute[F]
mur[M] de virage[M]
BRASSE[F]
coup[M] de pied[M] de brasse[F]
virage[M] de brasse[F]

PAPILLON[M]

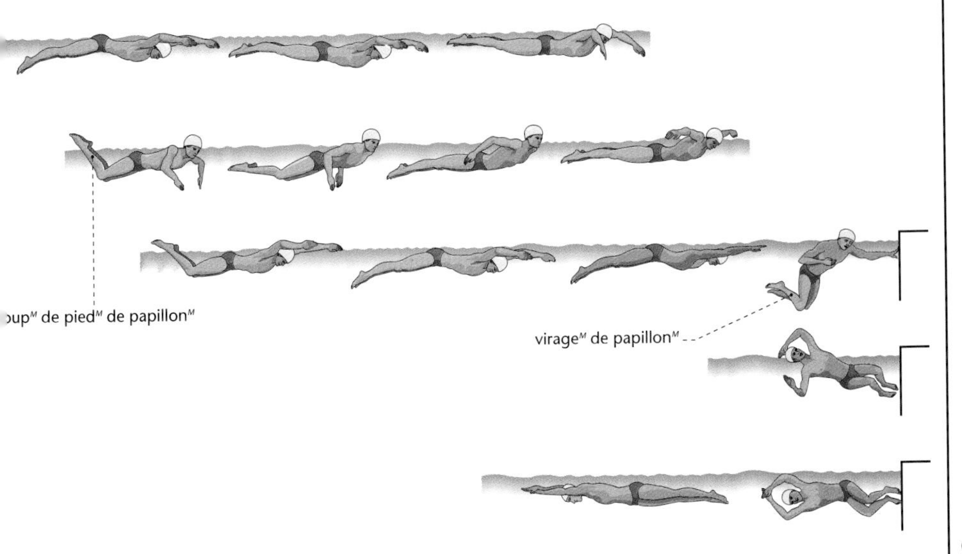

DÉPART[M] DE DOS[M]

NAGE[F] SUR LE DOS[M]

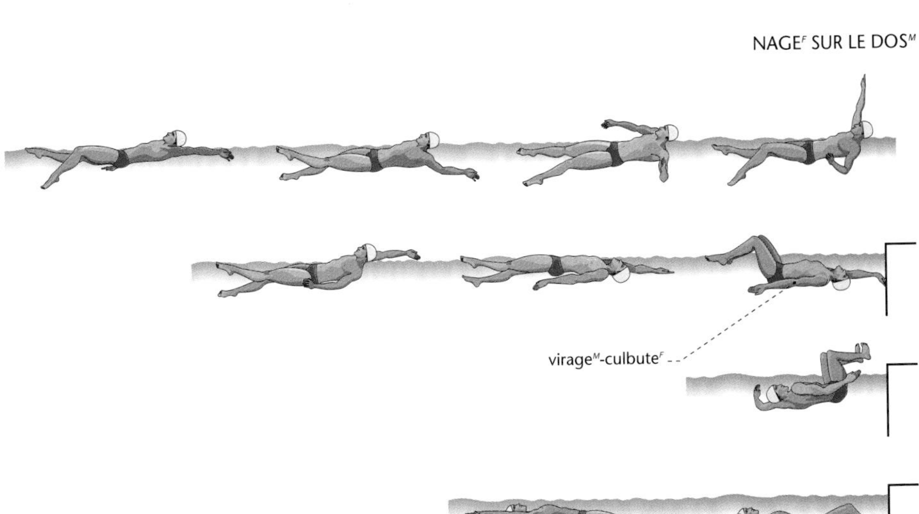

PLONGEON[M]

PLONGEOIR[M]

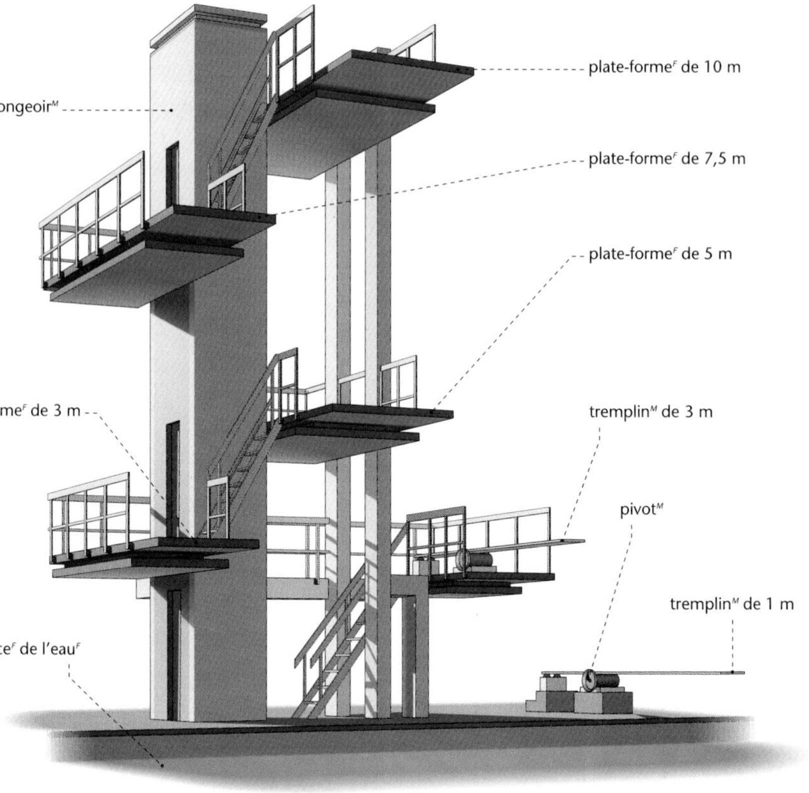

plate-forme[F] de 10 m
tour[F] du plongeoir[M]
plate-forme[F] de 7,5 m
plate-forme[F] de 5 m
plate-forme[F] de 3 m
tremplin[M] de 3 m
pivot[M]
tremplin[M] de 1 m
surface[F] de l'eau[F]

POSITIONS[F] DE DÉPART[M]

avant

arrière

en équilibre[M]

VOLS[M]

position[F] carpée

position[F] droite

position[F] groupée

ENTRÉES[F] DANS L'EAU[F]

entrée[F] tête[F] première

entrée[F] pieds[M] premiers

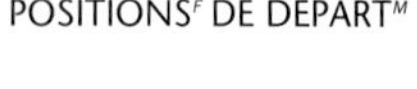

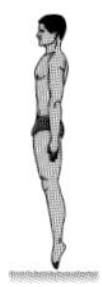

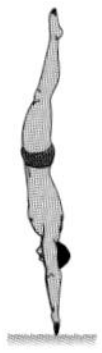

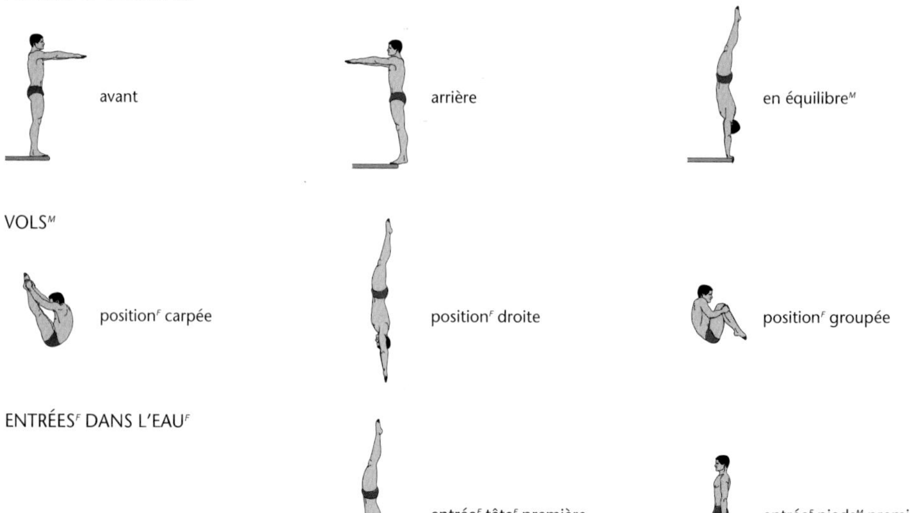

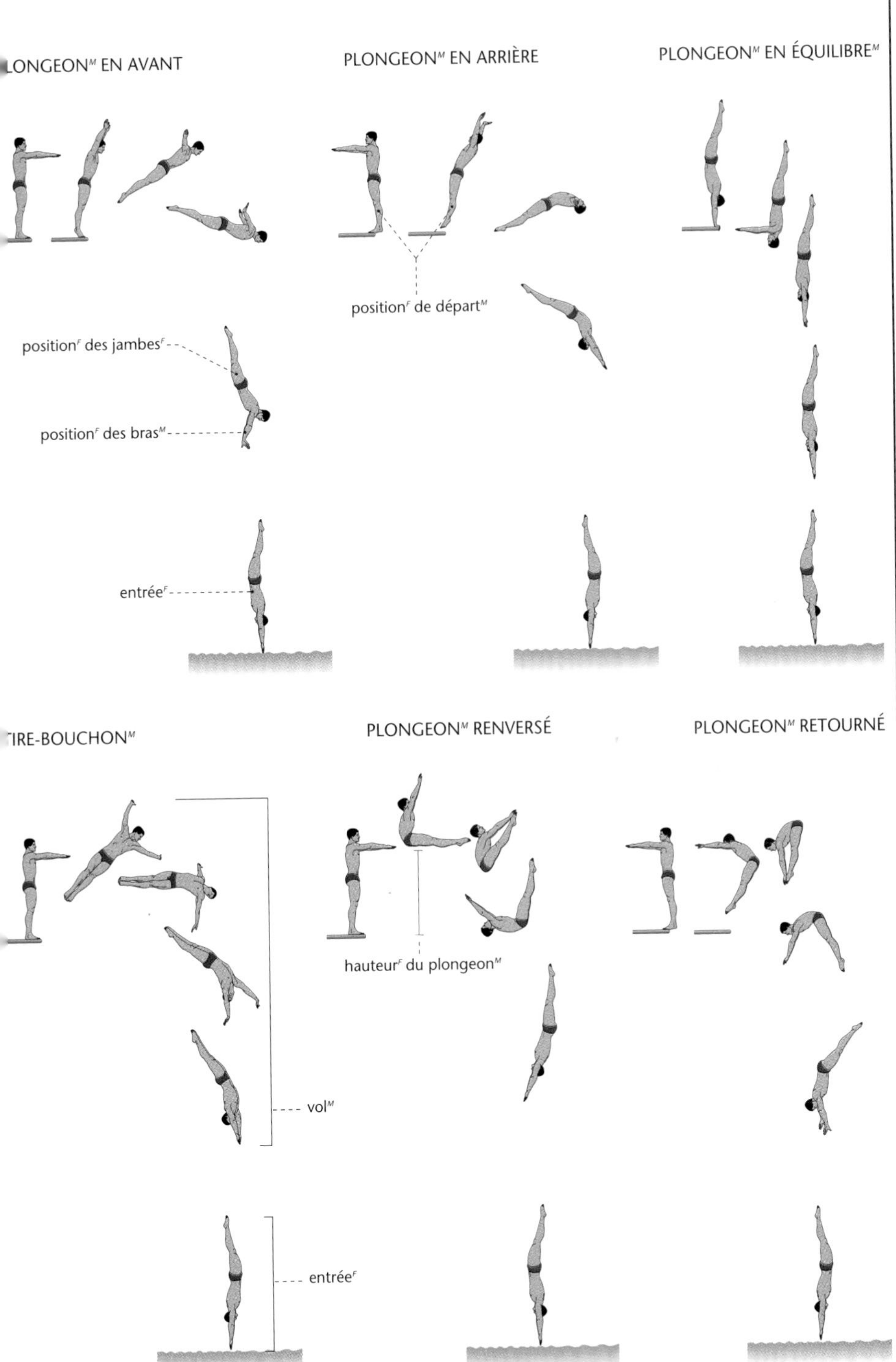

SPORTS NAUTIQUES

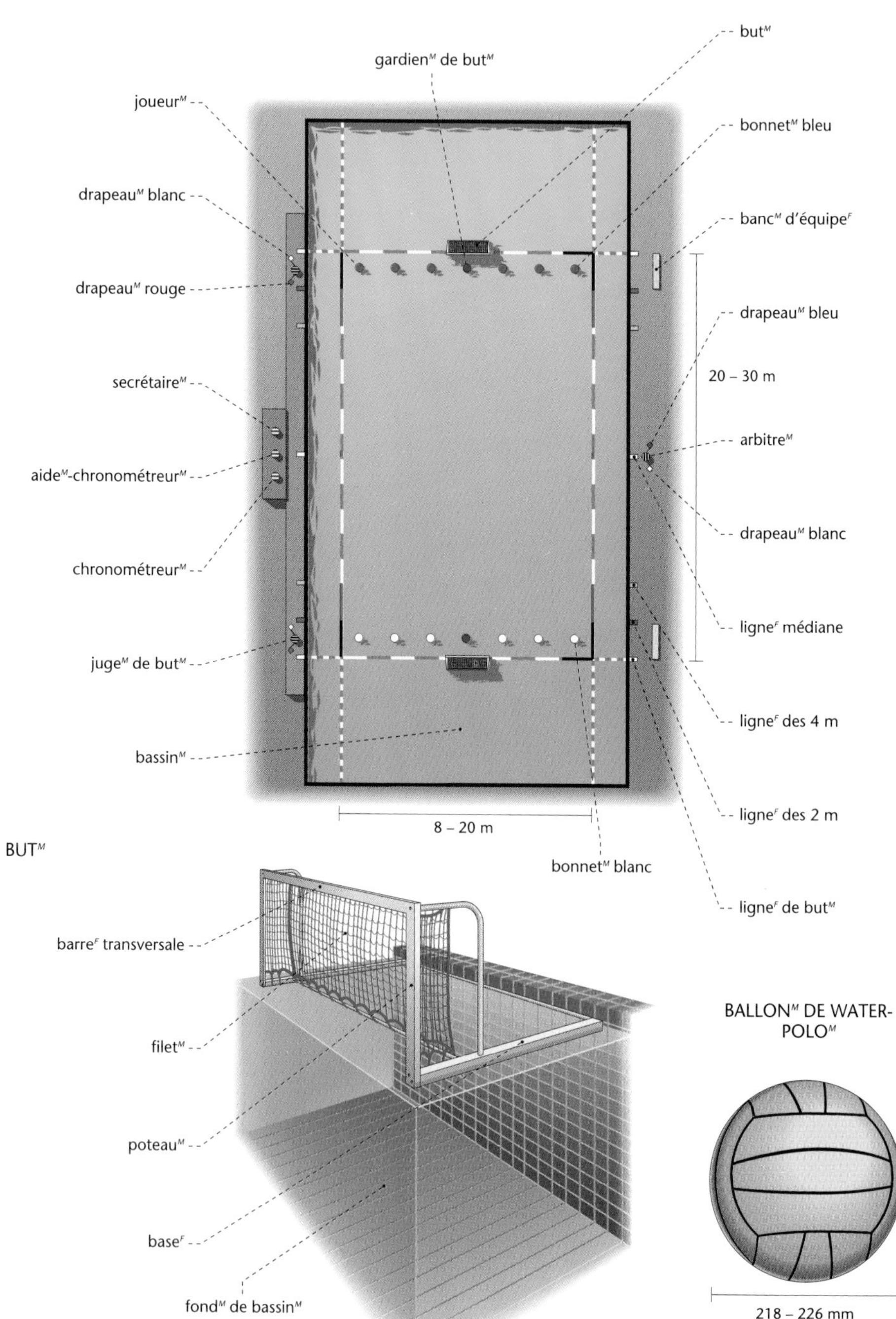
SURFACE^F DE JEU^M
but^M
gardien^M de but^M
joueur^M
bonnet^M bleu
drapeau^M blanc
banc^M d'équipe^F
drapeau^M rouge
drapeau^M bleu
20 – 30 m
secrétaire^M
arbitre^M
aide^M-chronométreur^M
drapeau^M blanc
chronométreur^M
ligne^F médiane
juge^M de but^M
ligne^F des 4 m
bassin^M
ligne^F des 2 m
8 – 20 m
BUT^M
bonnet^M blanc
ligne^F de but^M
barre^F transversale
filet^M
BALLON^M DE WATER-POLO^M
poteau^M
base^F
fond^M de bassin^M
218 – 226 mm

PLONGÉE SOUS-MARINE

PLONGEUR

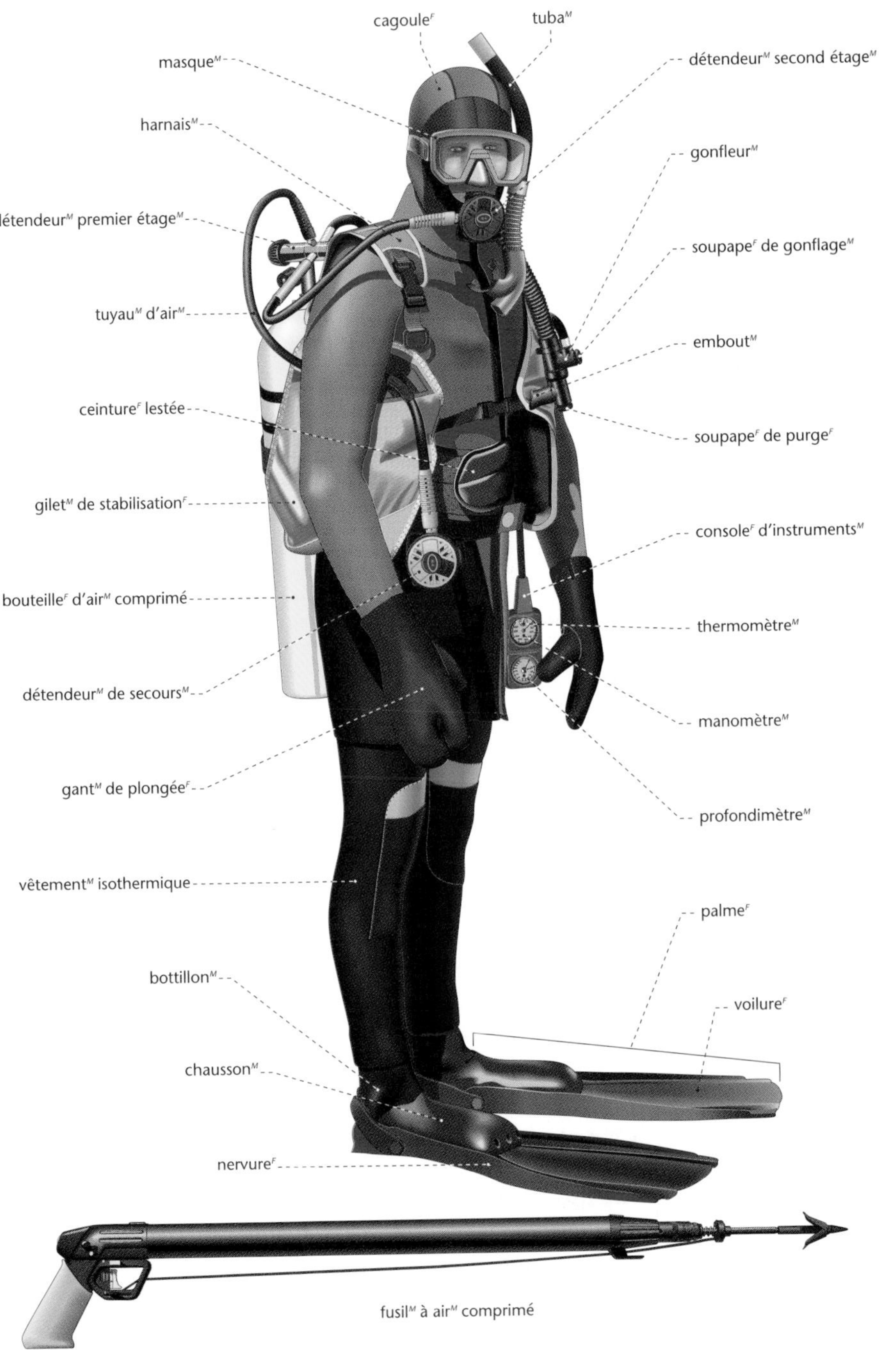

fusil à air comprimé

VOILE[F]

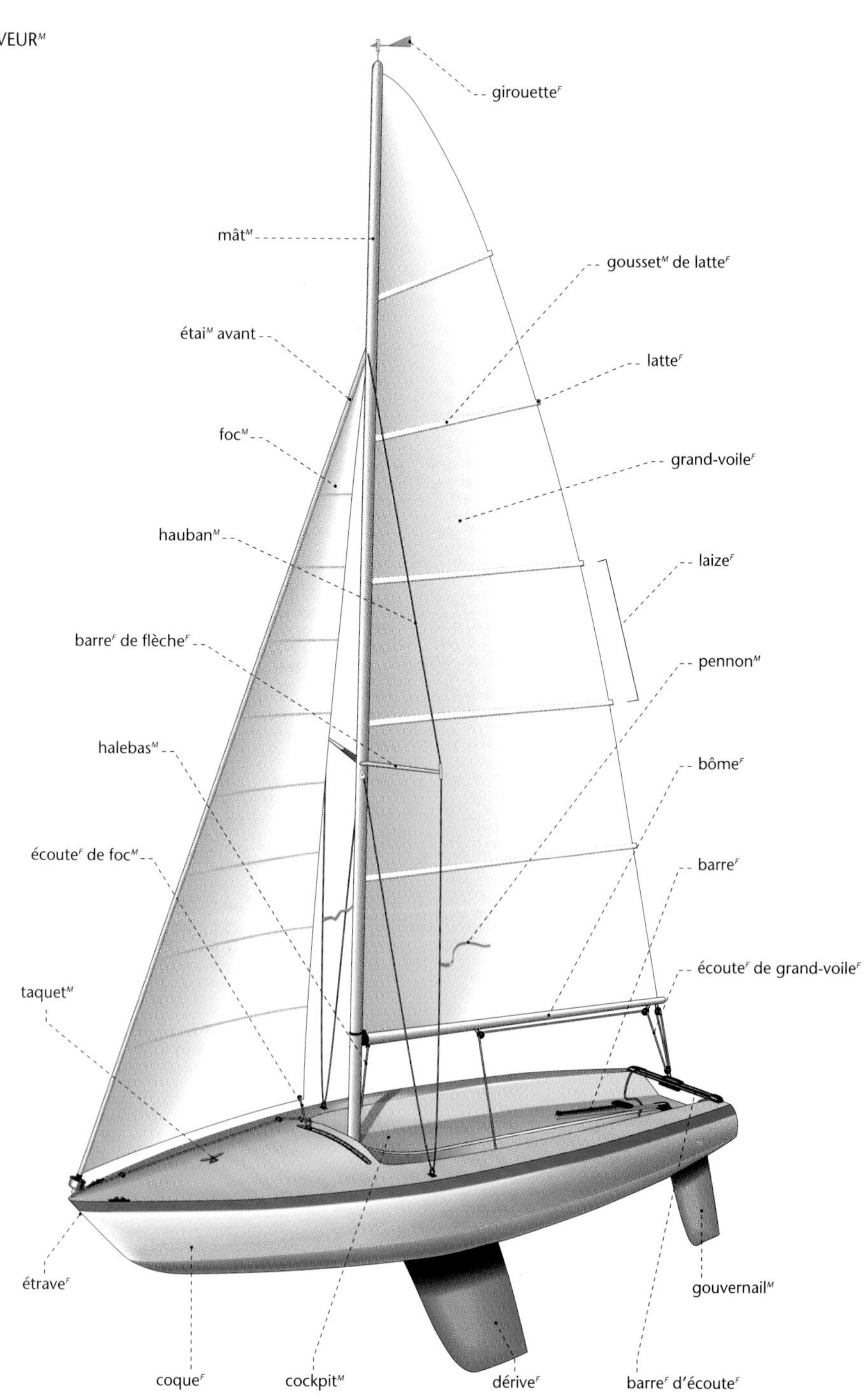
DÉRIVEUR[M]
girouette[F]
mât[M]
gousset[M] de latte[F]
étai[M] avant
latte[F]
foc[M]
grand-voile[F]
hauban[M]
laize[F]
barre[F] de flèche[F]
pennon[M]
halebas[M]
bôme[F]
écoute[F] de foc[M]
barre[F]
écoute[F] de grand-voile[F]
taquet[M]
étrave[F]
gouvernail[M]
coque[F]
cockpit[M]
dérive[F]
barre[F] d'écoute[F]

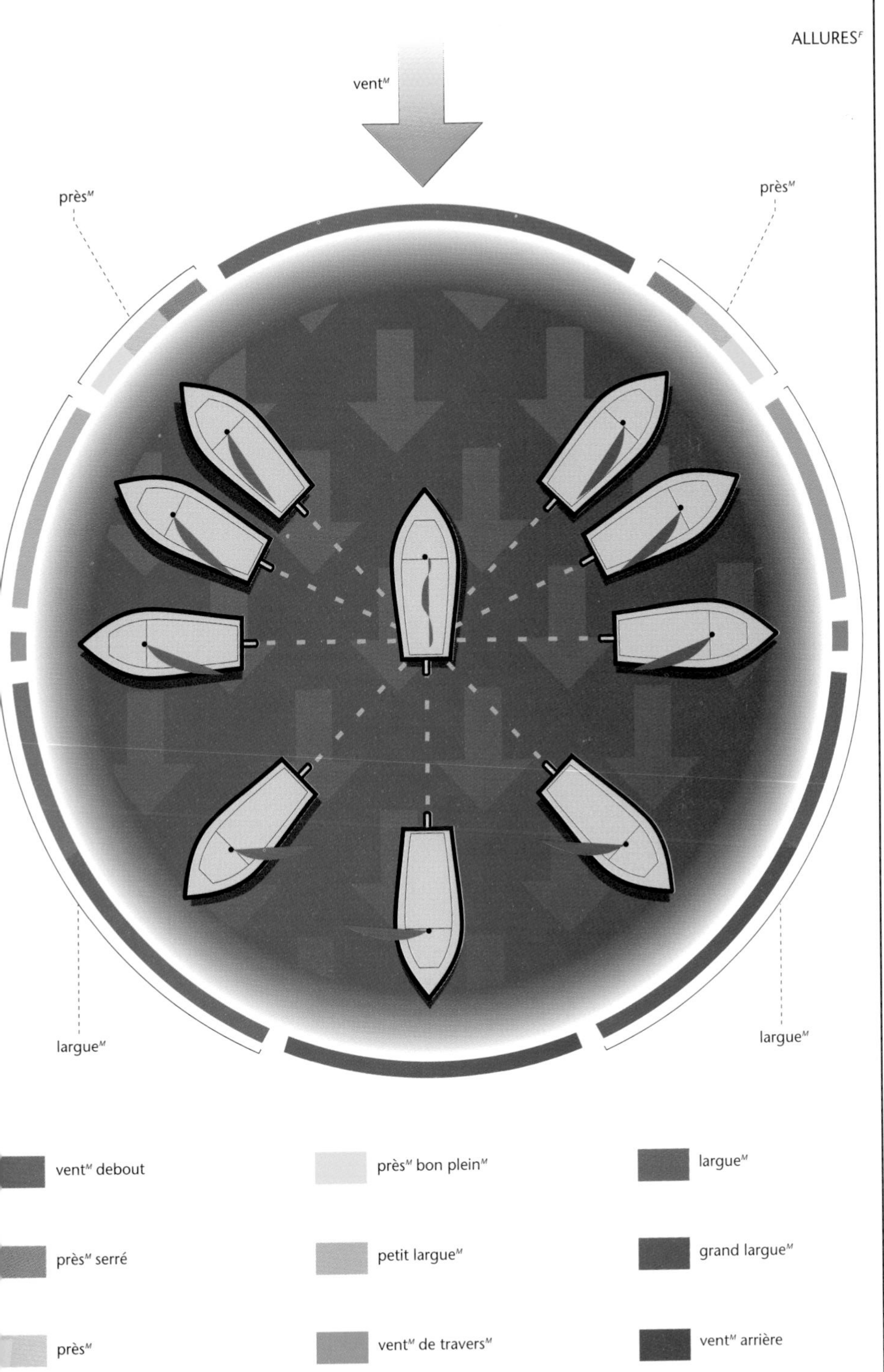
ventM
prèsM
prèsM
largueM
largueM
ventM debout
prèsM bon pleinM
largueM
prèsM serré
petit largueM
grand largueM
prèsM
ventM de traversM
ventM arrière

ACCASTILLAGE[M]

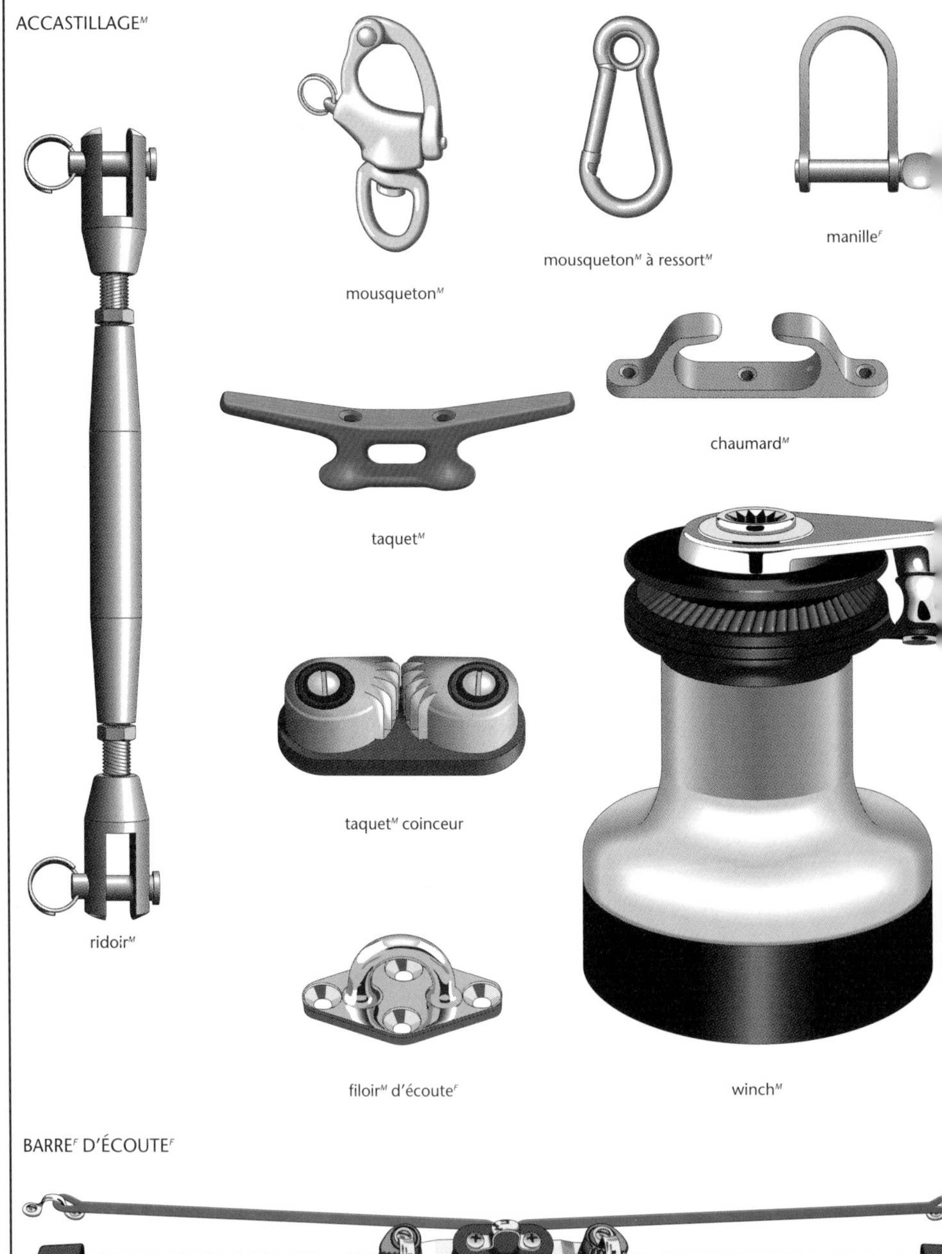

PLANCHE[F] À VOILE[M]

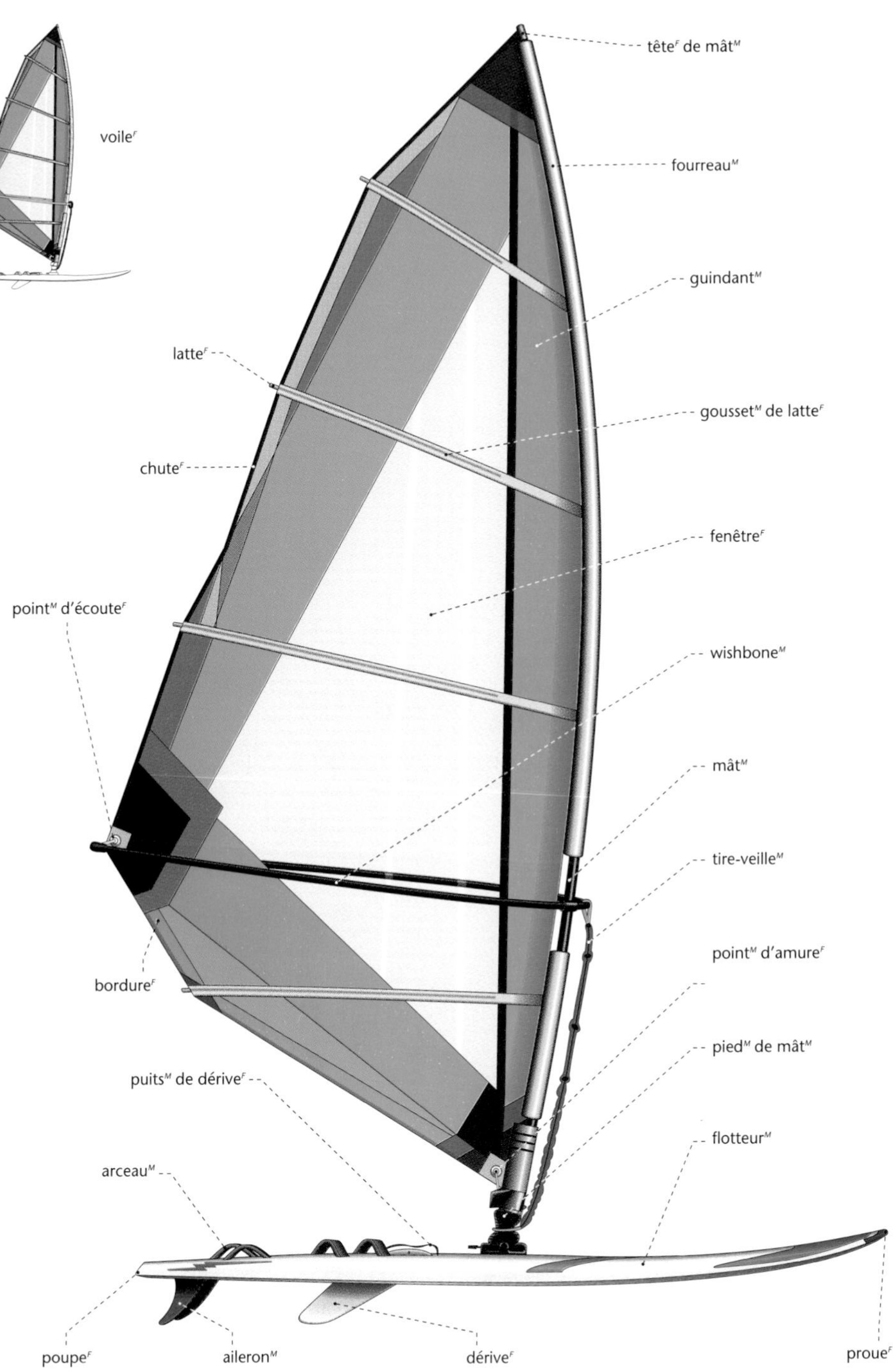

AVIRON[M]

AVIRONS[M] À COUPLE[M]

AVIRON[M] EN POINTE[F]

BATEAUX[M] DE COUPLE[M]

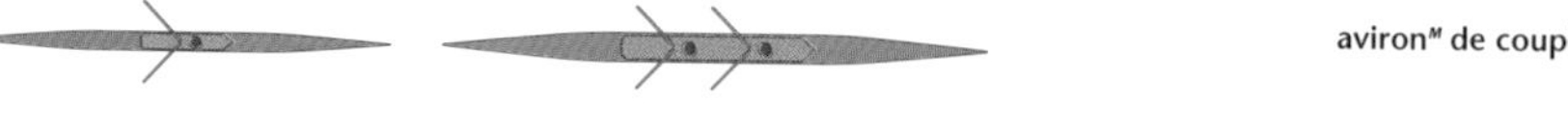

skiff[M]

double-scull[M]

aviron[M] de couple[M]

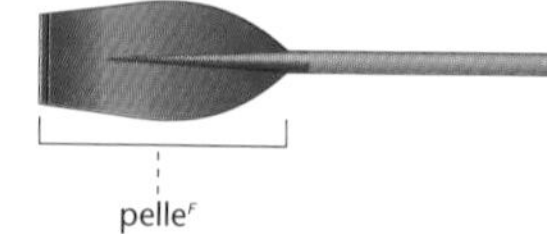

BATEAUX[M] DE POINTE[F]

deux sans barreur[M]

deux avec barreur[M]

quatre sans barreur[M]

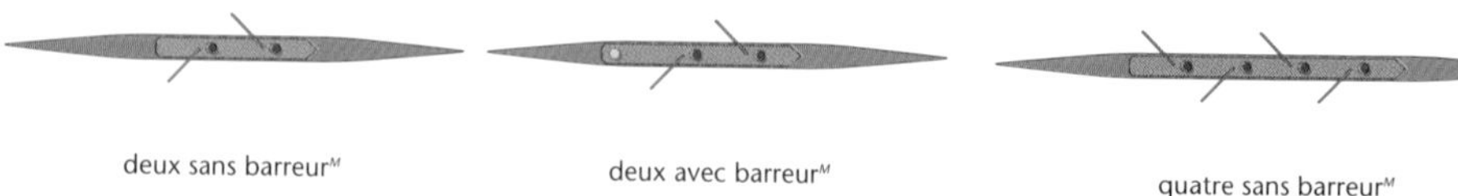

quatre avec barreur[M]

huit

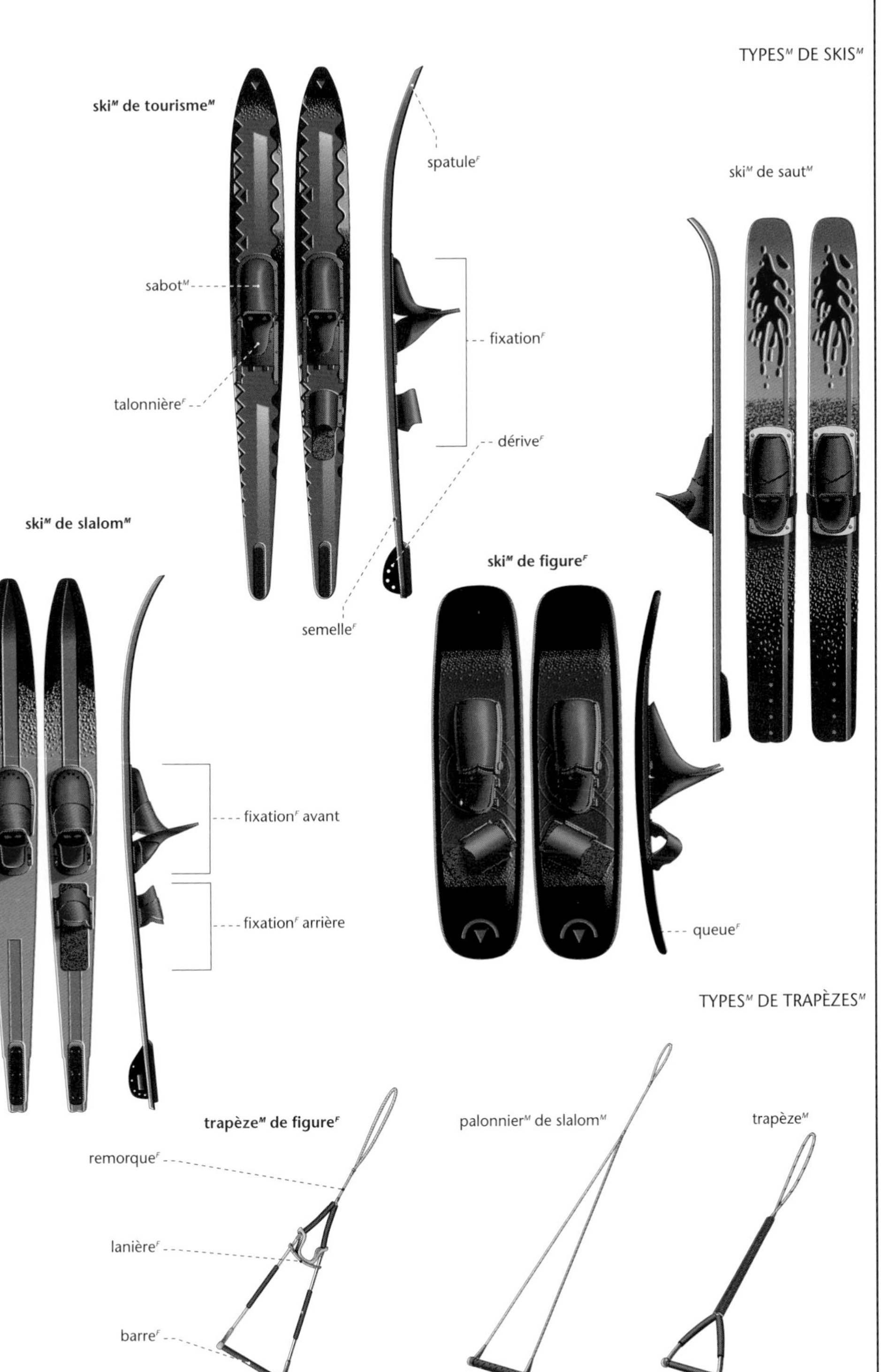
TYPES^M DE SKIS^M
ski^M de tourisme^M
spatule^F
ski^M de saut^M
sabot^M
fixation^F
talonnière^F
dérive^F
ski^M de slalom^M
ski^M de figure^F
semelle^F
fixation^F avant
fixation^F arrière
queue^F
TYPES^M DE TRAPÈZES^M
trapèze^M de figure^F
palonnier^M de slalom^M
trapèze^M
remorque^F
lanière^F
barre^F

MONTGOLFIÈRE^F

BALLON^M

NACELLE[F]

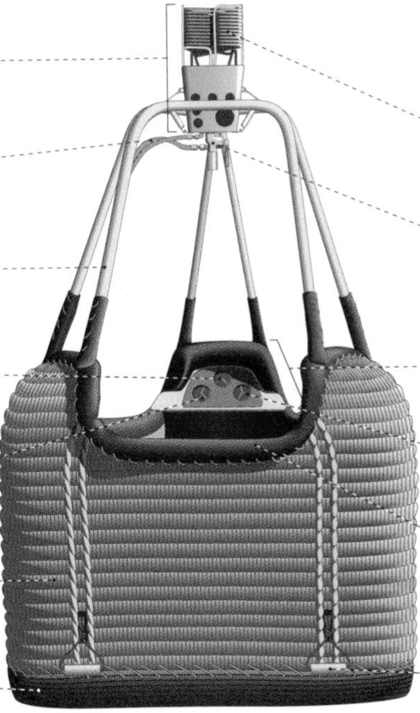

brûleur[M]

serpentin[M]

flexibles[M] d'alimentation[F]

soupape[F] d'admission[F]

cadre[M] de charge[F]

instruments[M] de vol[M]

variomètre[M]

thermomètre[M]

altimètre[M]

rembourrage[M]

nacelle[F] d'osier[M]

poignée[F] de nacelle[F]

base[F] en bois[M]

CHUTE[F] LIBRE

SAUTEUR[M]

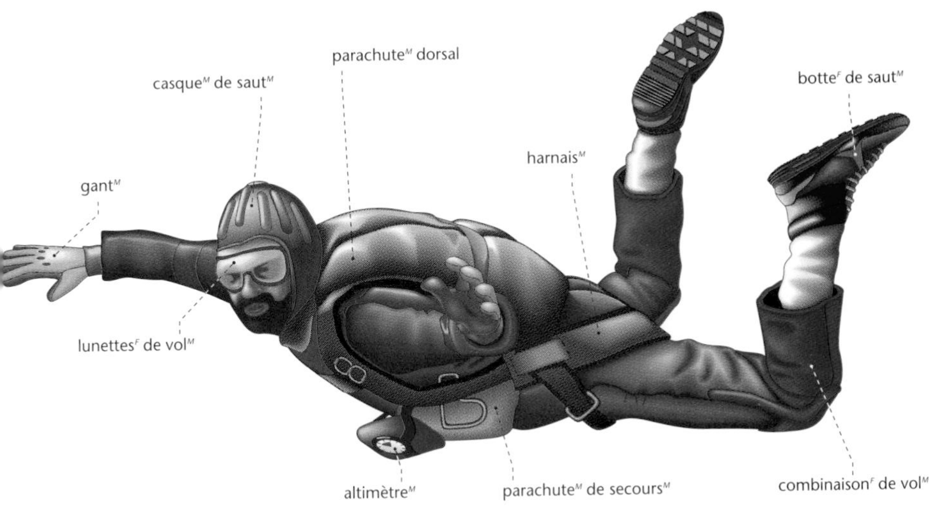

PARAPENTE[M]

AILE[F]

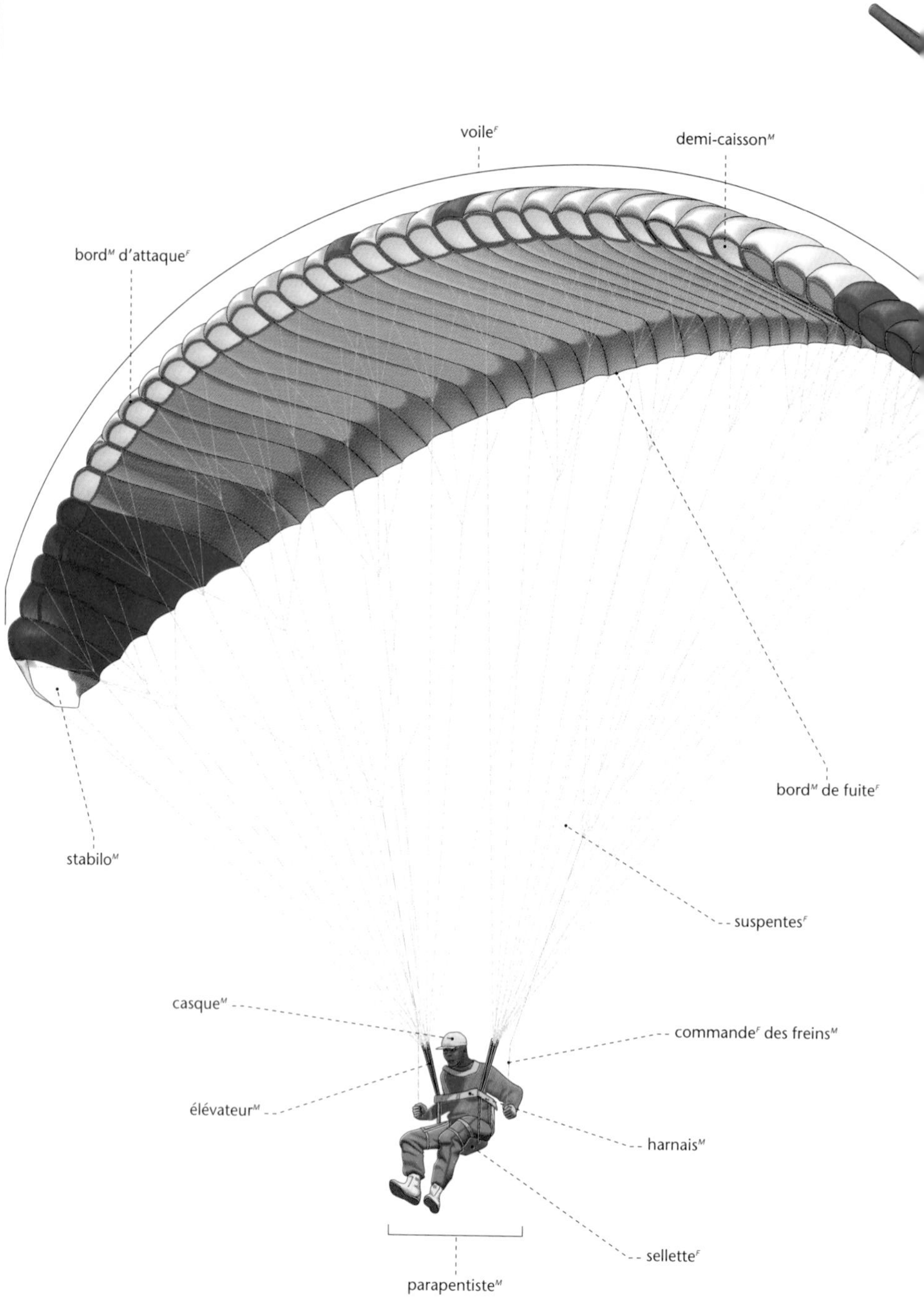

voile[F]

demi-caisson[M]

bord[M] d'attaque[F]

bord[M] de fuite[F]

stabilo[M]

suspentes[F]

casque[M]

commande[F] des freins[M]

élévateur[M]

harnais[M]

sellette[F]

parapentiste[M]

AILE^{F} LIBRE

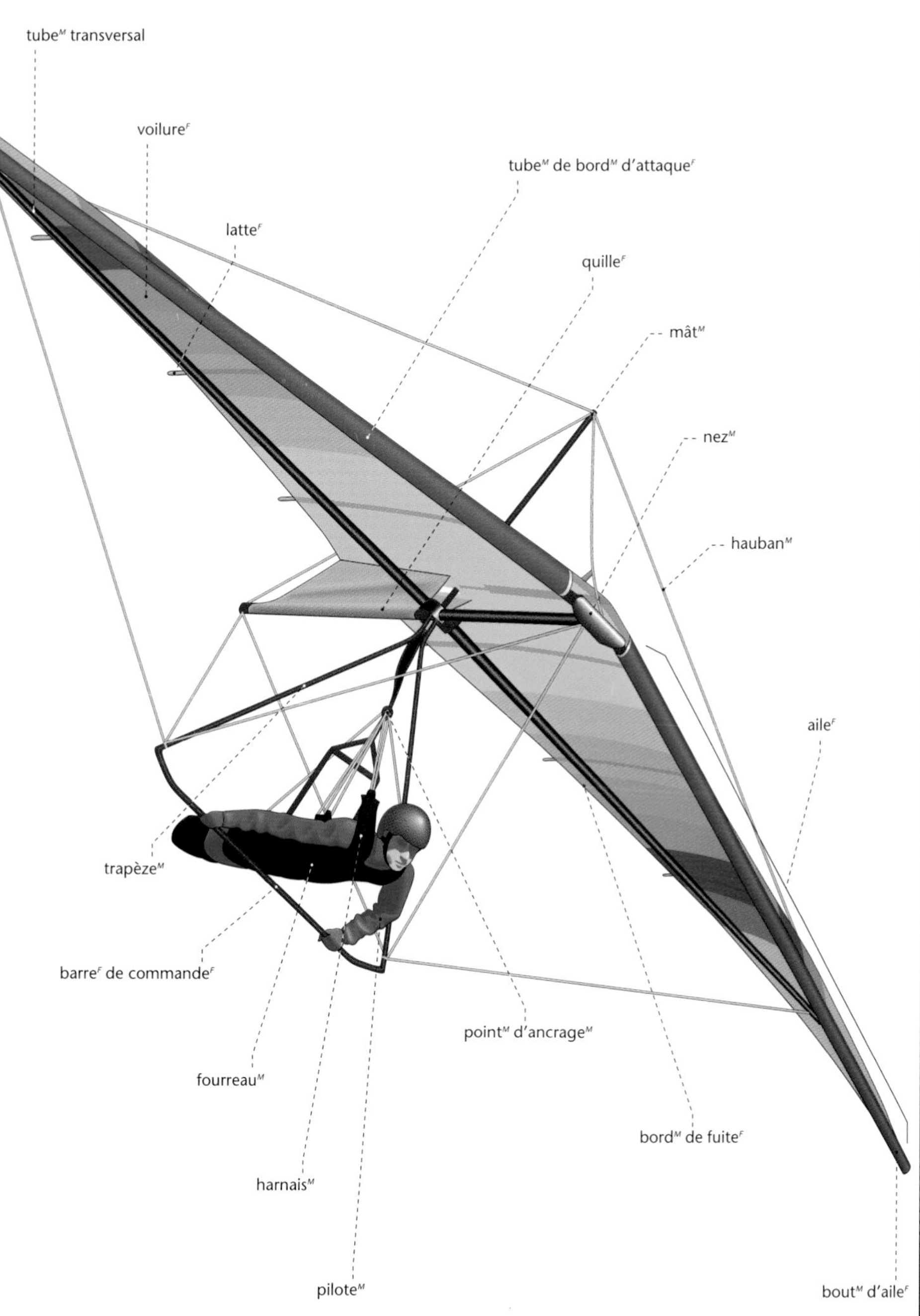
tube^{M} transversal
voilure^{F}
tube^{M} de bord^{M} d'attaque^{F}
latte^{F}
quille^{F}
mât^{M}
nez^{M}
hauban^{M}
aile^{F}
trapèze^{M}
barre^{F} de commande^{F}
point^{M} d'ancrage^{M}
fourreau^{M}
bord^{M} de fuite^{F}
harnais^{M}
pilote^{M}
bout^{M} d'aile^{F}

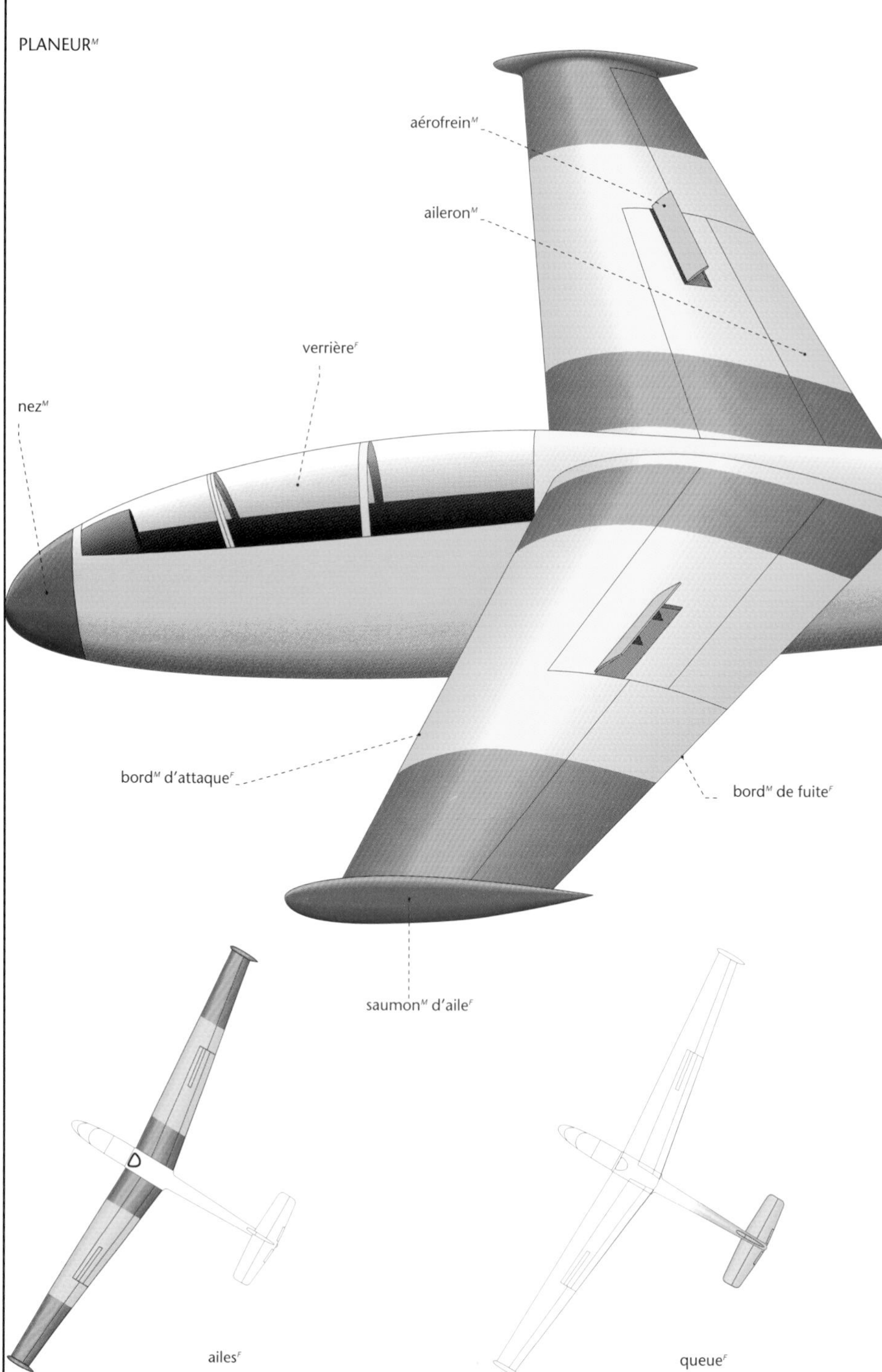
PLANEUR^M
aérofrein^M
aileron^M
verrière^F
nez^M
bord^M d'attaque^F
bord^M de fuite^F
saumon^M d'aile^F
ailes^F
queue^F

gouvernail[M] de direction[F]
dérive[F]
gouvernail[M] de profondeur[F]
fuselage[M]
stabilisateur[M]

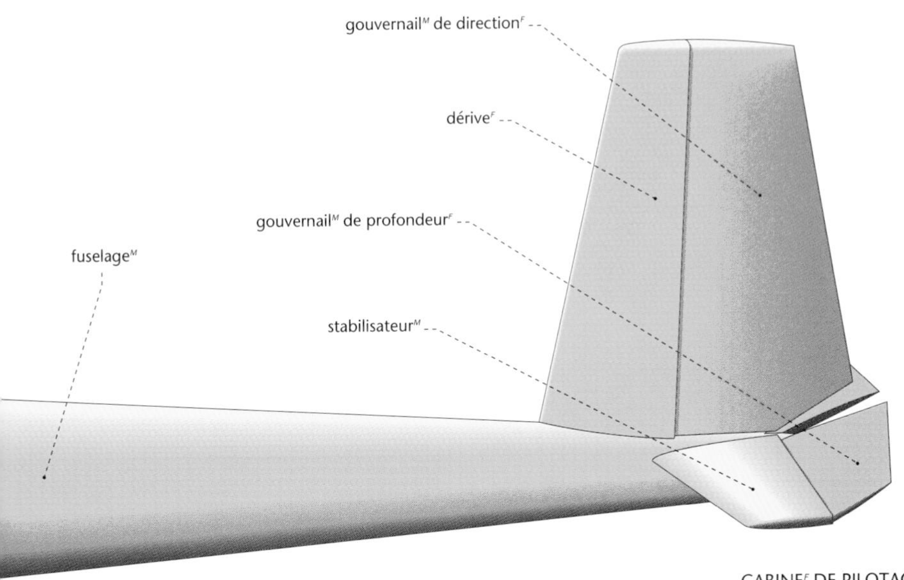

CABINE[F] DE PILOTAGE[M]

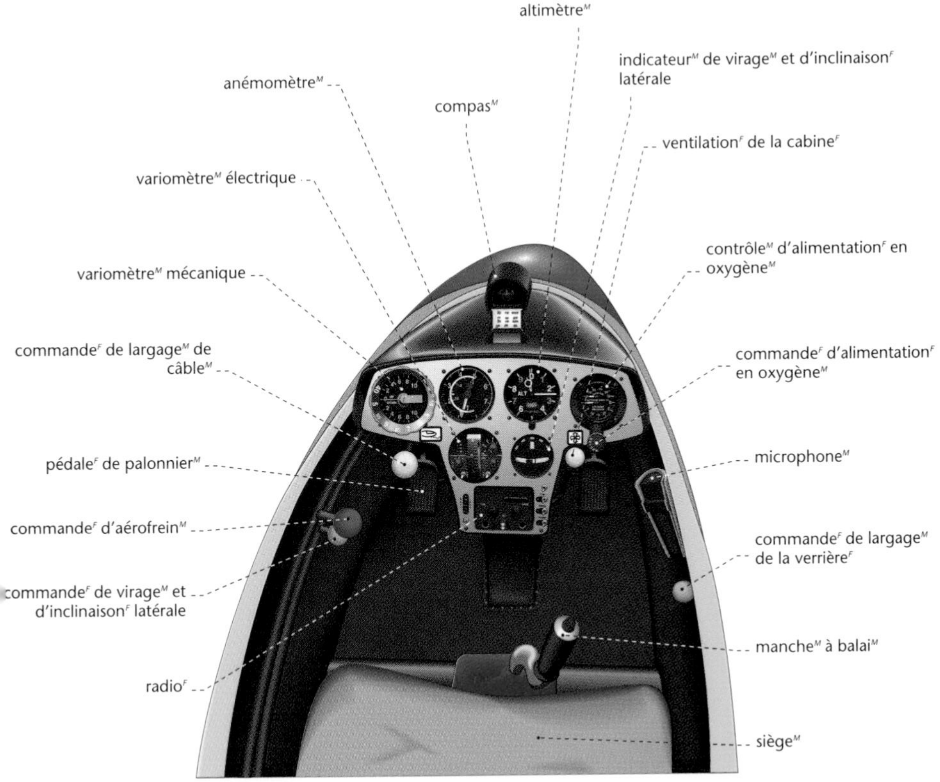

altimètre[M]
indicateur[M] de virage[M] et d'inclinaison[F] latérale
anémomètre[M]
compas[M]
ventilation[F] de la cabine[F]
variomètre[M] électrique
contrôle[M] d'alimentation[F] en oxygène[M]
variomètre[M] mécanique
commande[F] de largage[M] de câble[M]
commande[F] d'alimentation[F] en oxygène[M]
pédale[F] de palonnier[M]
microphone[M]
commande[F] d'aérofrein[M]
commande[F] de largage[M] de la verrière[F]
commande[F] de virage[M] et d'inclinaison[F] latérale
manche[M] à balai[M]
radio[F]
siège[M]

SKIEUR^M ALPIN

FIXATION^F DE SÉCURITÉ^F

CHAUSSURE^F DE SKI^M

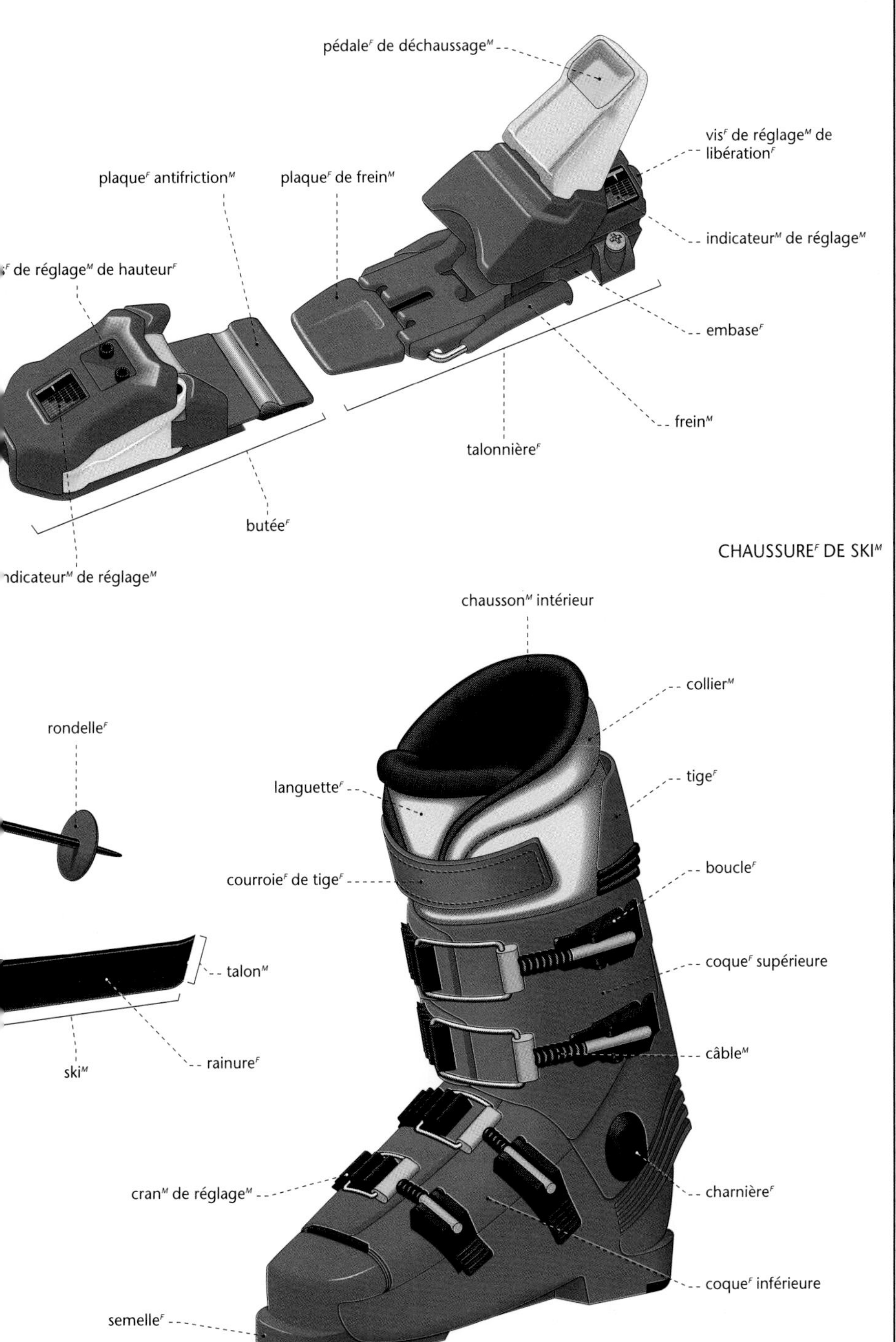

SKI[M] DE FOND[M]

SKIEUSE[F] DE FOND[M]

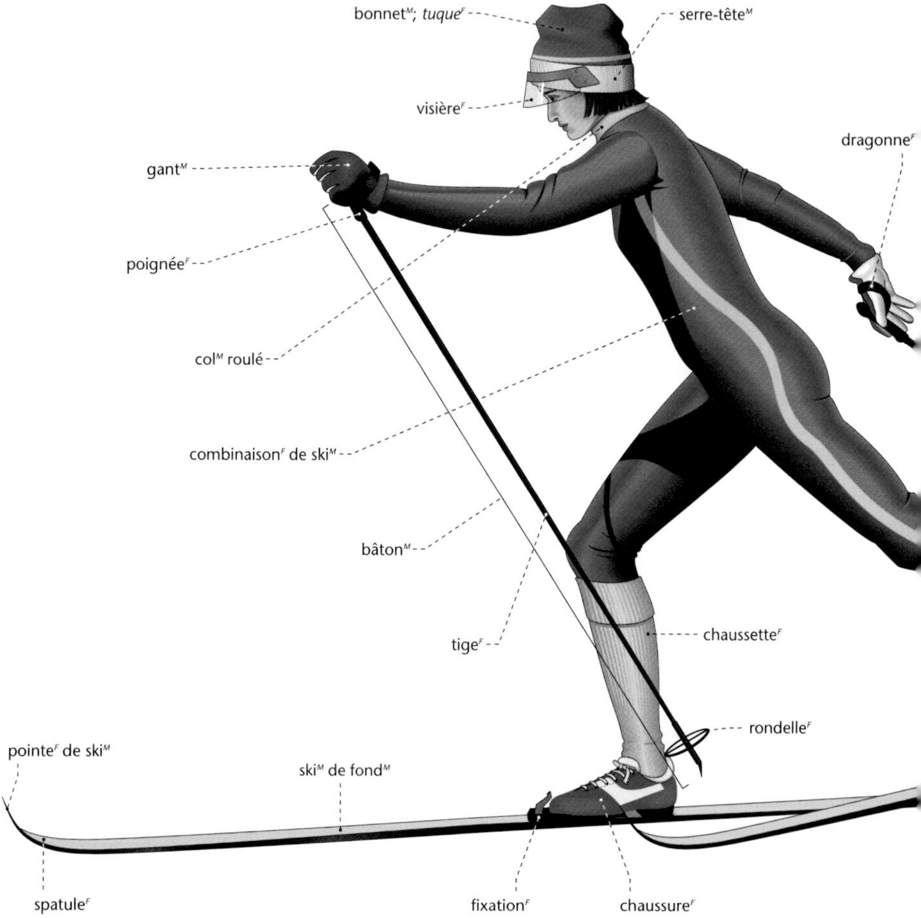

bonnet[M]; *tuque*[F]
serre-tête[M]
visière[F]
dragonne[F]
gant[M]
poignée[F]
col[M] roulé
combinaison[F] de ski[M]
bâton[M]
tige[F]
chaussette[F]
rondelle[F]
pointe[F] de ski[M]
ski[M] de fond[M]
spatule[F]
fixation[F]
chaussure[F]

SKI[M] DE FOND[M]

fourchette[F]
fixation[F] à butée[F] avant
spatule[F]
étrier[M]
talonnière[F]
talo

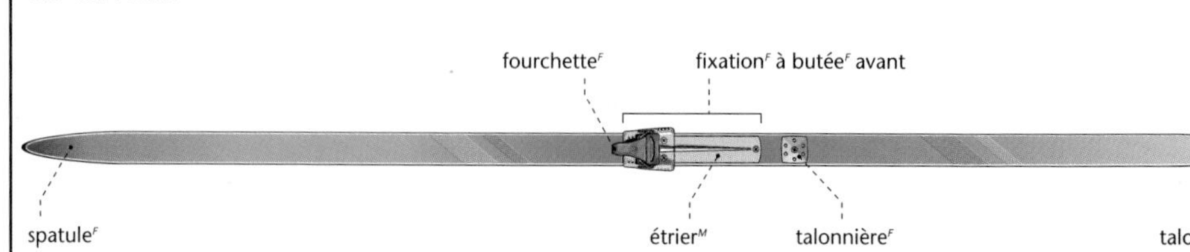

LUGE^F

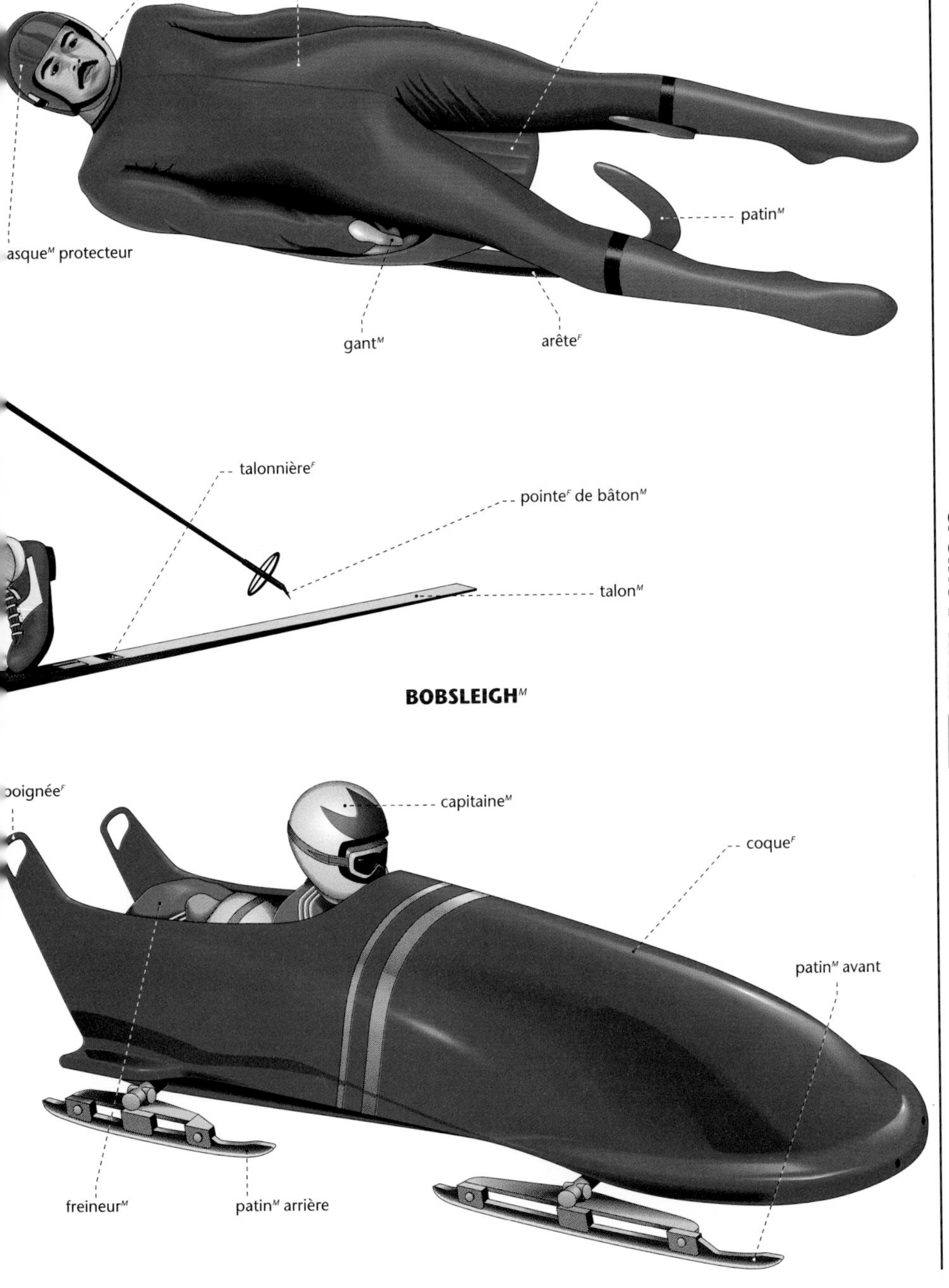

masque^M protecteur
combinaison^F
traîneau^M
patin^M
asque^M protecteur
gant^M
arête^F
talonnière^F
pointe^F de bâton^M
talon^M
BOBSLEIGH^M
oignée^F
capitaine^M
coque^F
patin^M avant
freineur^M
patin^M arrière

PATINAGE[M]

PATIN[M] DE FIGURE[F]

languette[F]
doublure[F]
crochet[M]
tige[F]
lacet[M]
chaussure[F]
œillet[M]
talon[M]
semelle[F]
montant[M]
carre[F]
dent[F]
lame[F]

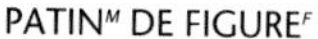

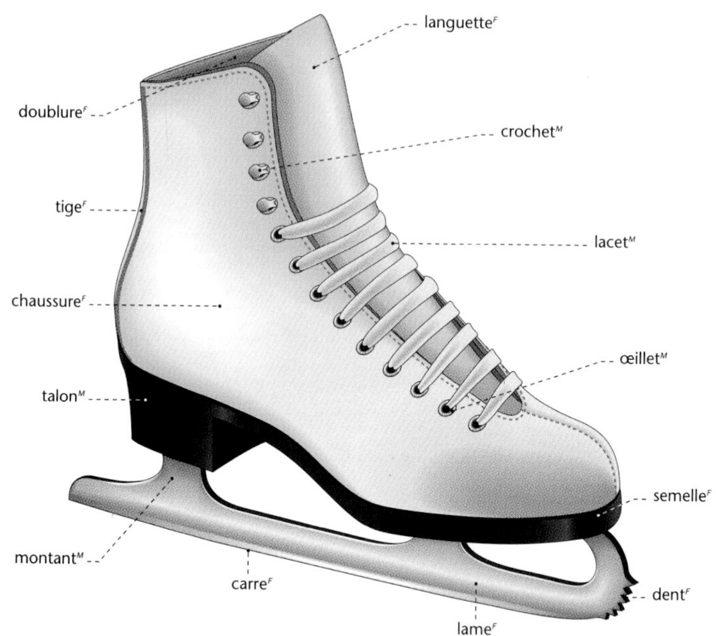

PATIN[M] DE HOCKEY[M]

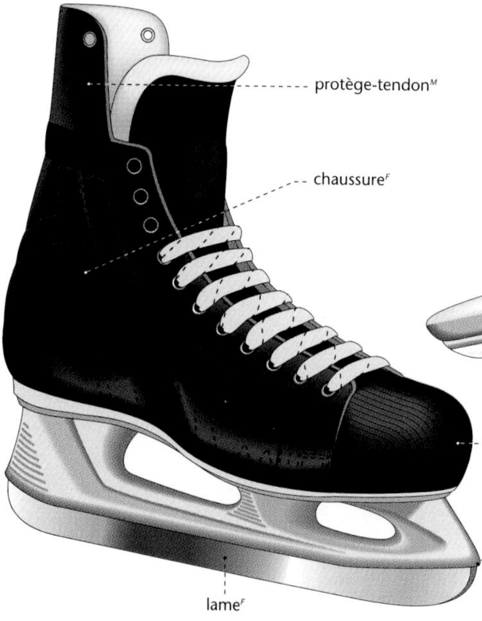
protège-tendon[M]
chaussure[F]
renfort[M] de pointe[F]
pointe[F]
lame[F]

patin[M] de course[F]

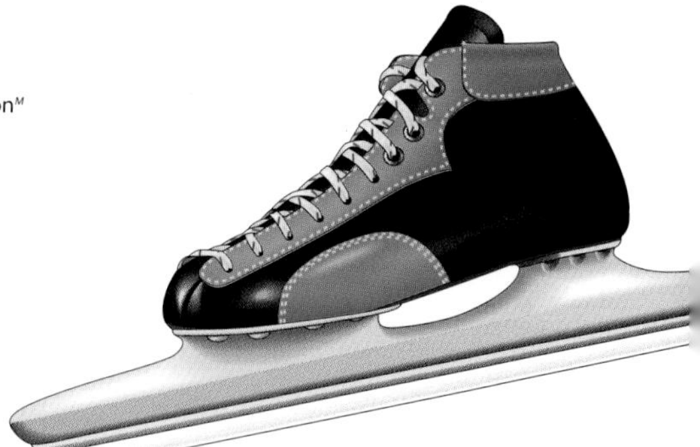

protège-lame[M]

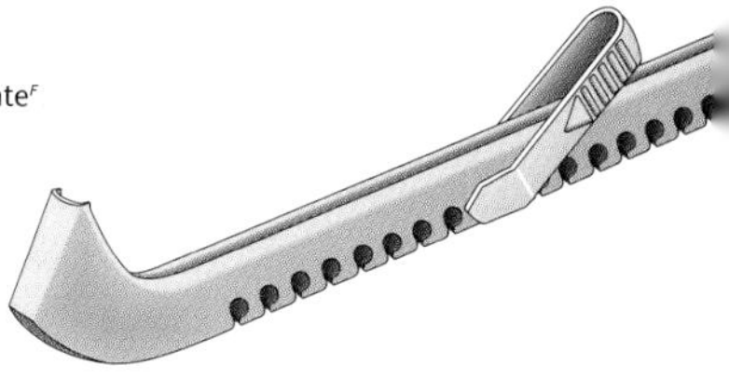

RAQUETTE[F]

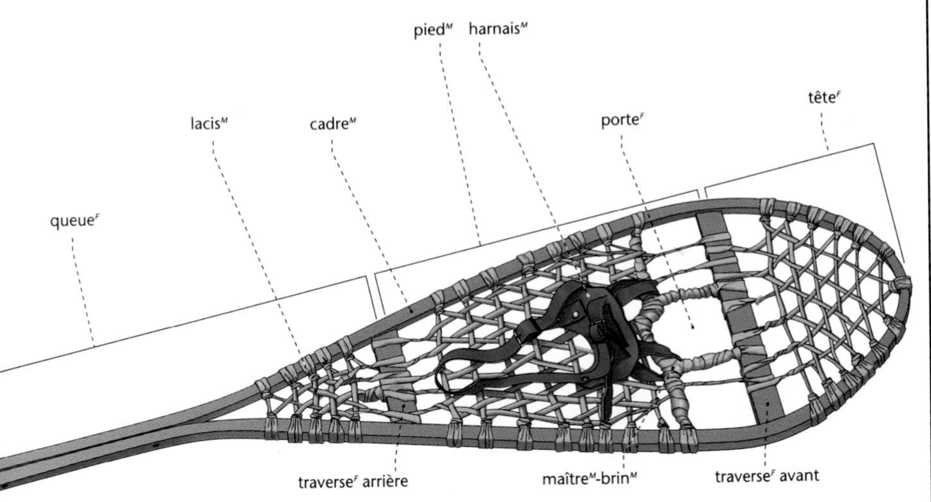

PATIN[M] À ROULETTES[F]

PARCOURS^M D'OBSTACLES^M

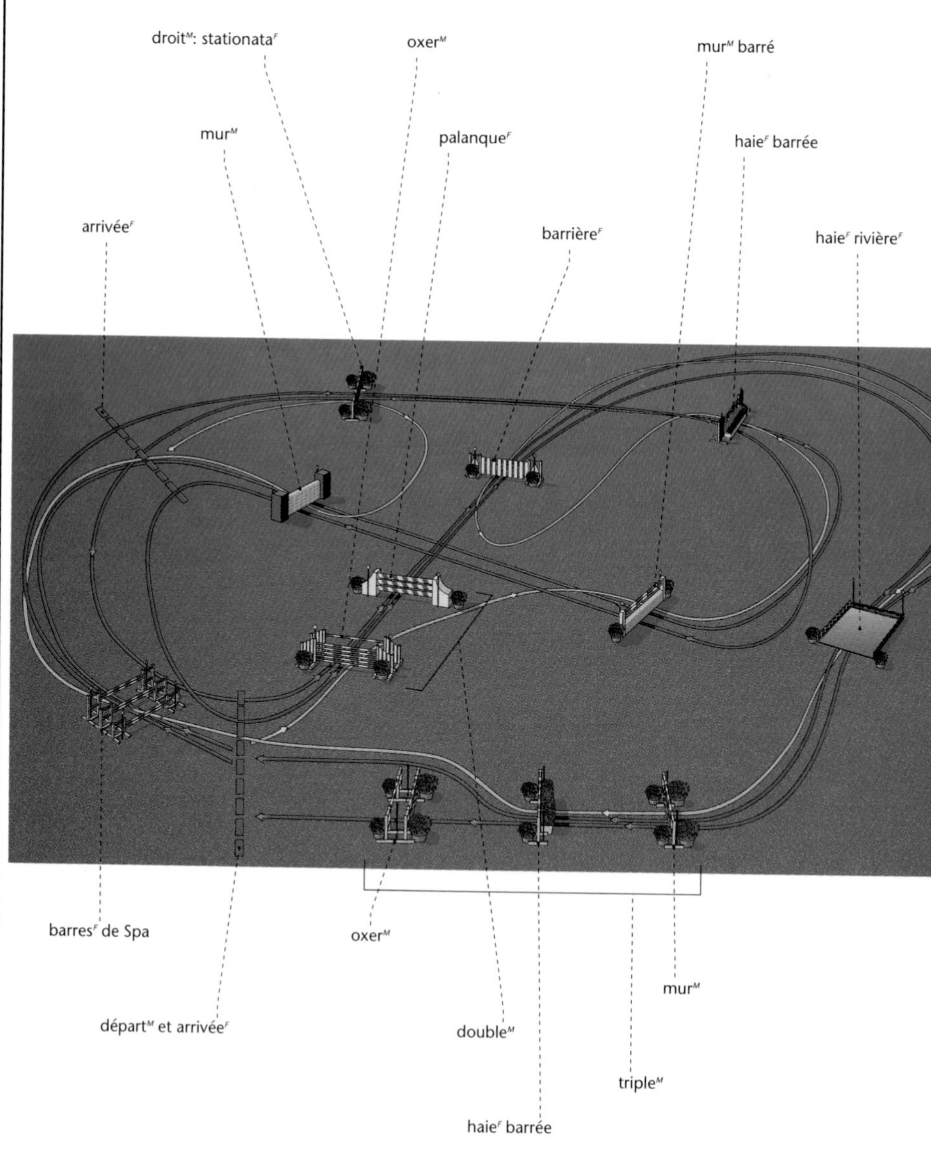

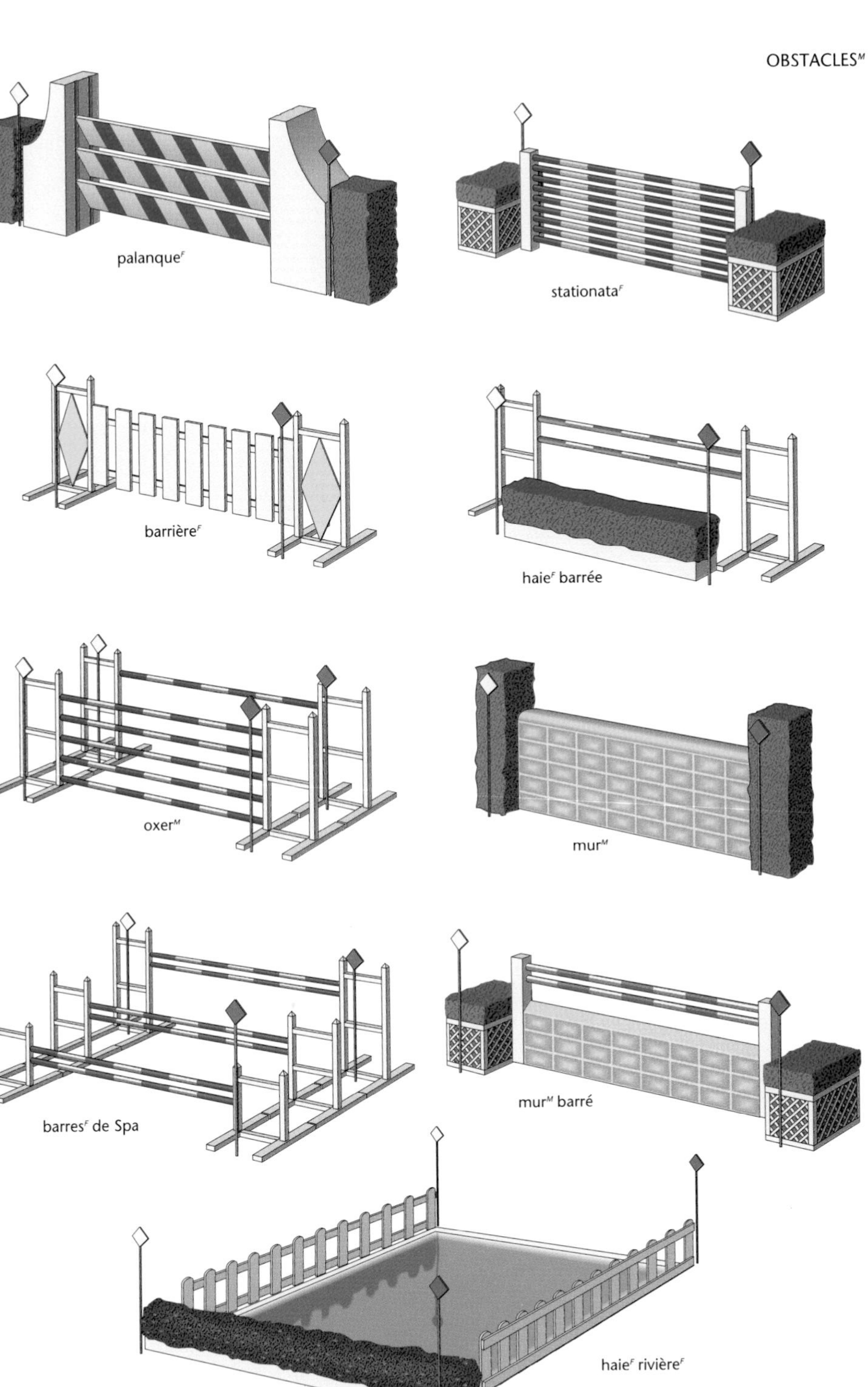
palanque[F]
stationata[F]
barrière[F]
haie[F] barrée
oxer[M]
mur[M]
barres[F] de Spa
mur[M] barré
haie[F] rivière[F]

CAVALIER^M

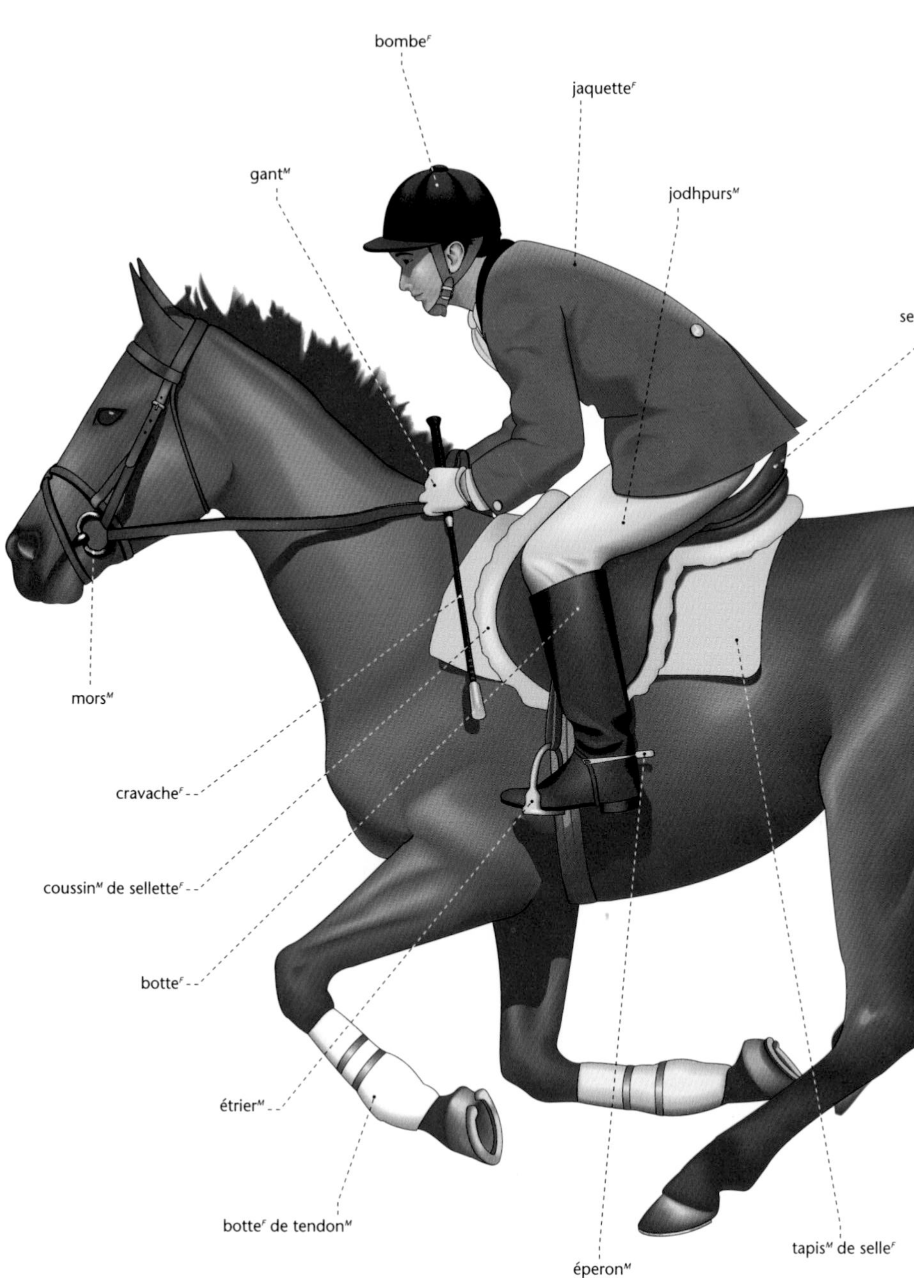
bombe^F
jaquette^F
gant^M
jodhpurs^M
mors^M
cravache^F
coussin^M de sellette^F
botte^F
étrier^M
botte^F de tendon^M
éperon^M
tapis^M de selle^F

SELLE^{F}

pommeau^{M}
arcade^{F}
siège^{M}
petit quartier^{M}
faux quartier^{M}
contre-sanglon^{M}
sangle^{F}
sanglon^{M}
plancher^{M}
troussequin^{M}
matelassure^{F}
quartier^{M}
étrivière^{F}
œil^{M}
branche^{F}

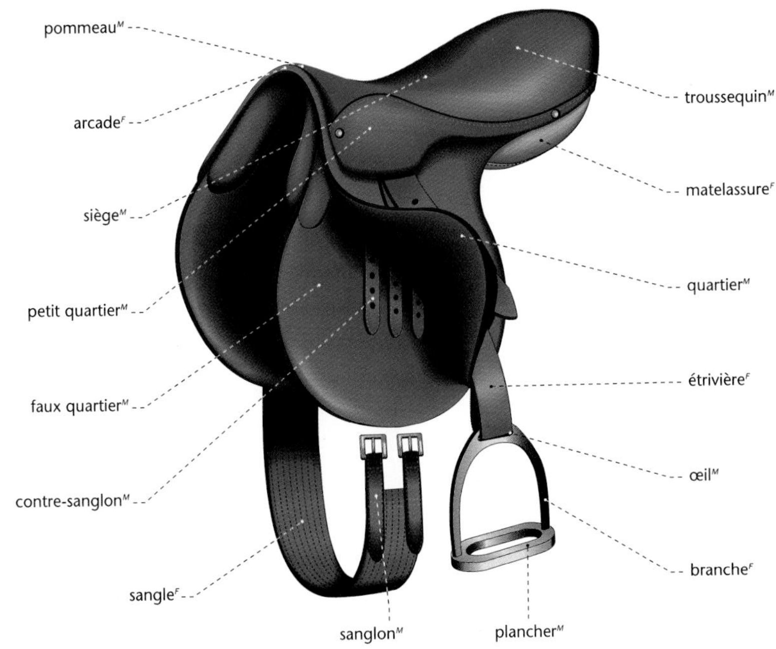

BRIDE^{F}

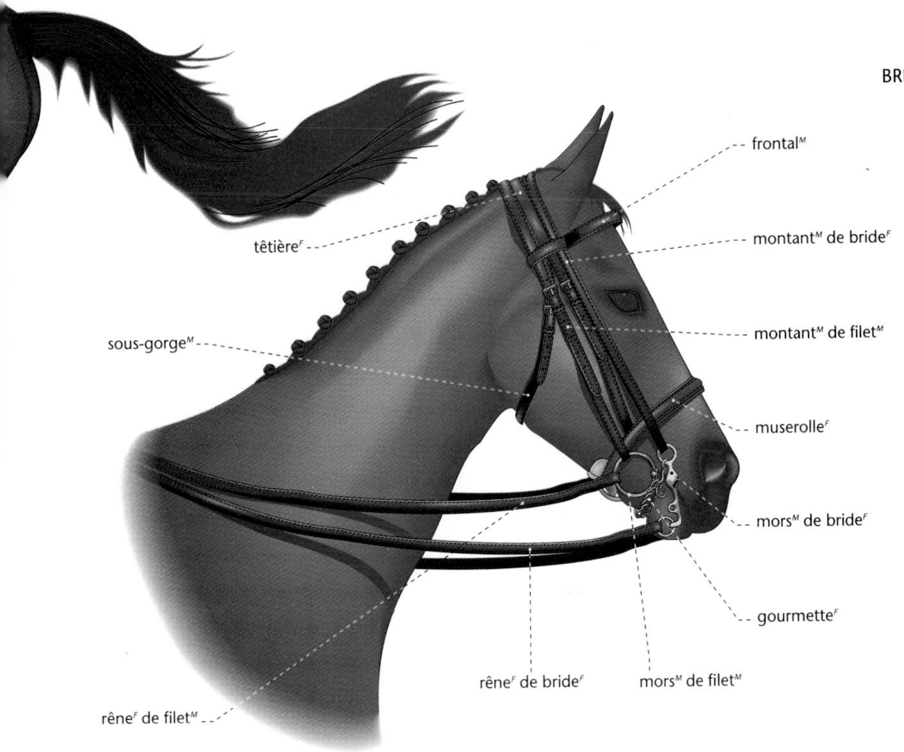

frontal^{M}
têtière^{F}
montant^{M} de bride^{F}
montant^{M} de filet^{M}
sous-gorge^{M}
muserolle^{F}
mors^{M} de bride^{F}
gourmette^{F}
rêne^{F} de bride^{F}
mors^{M} de filet^{M}
rêne^{F} de filet^{M}

TYPES^M DE MORS^M

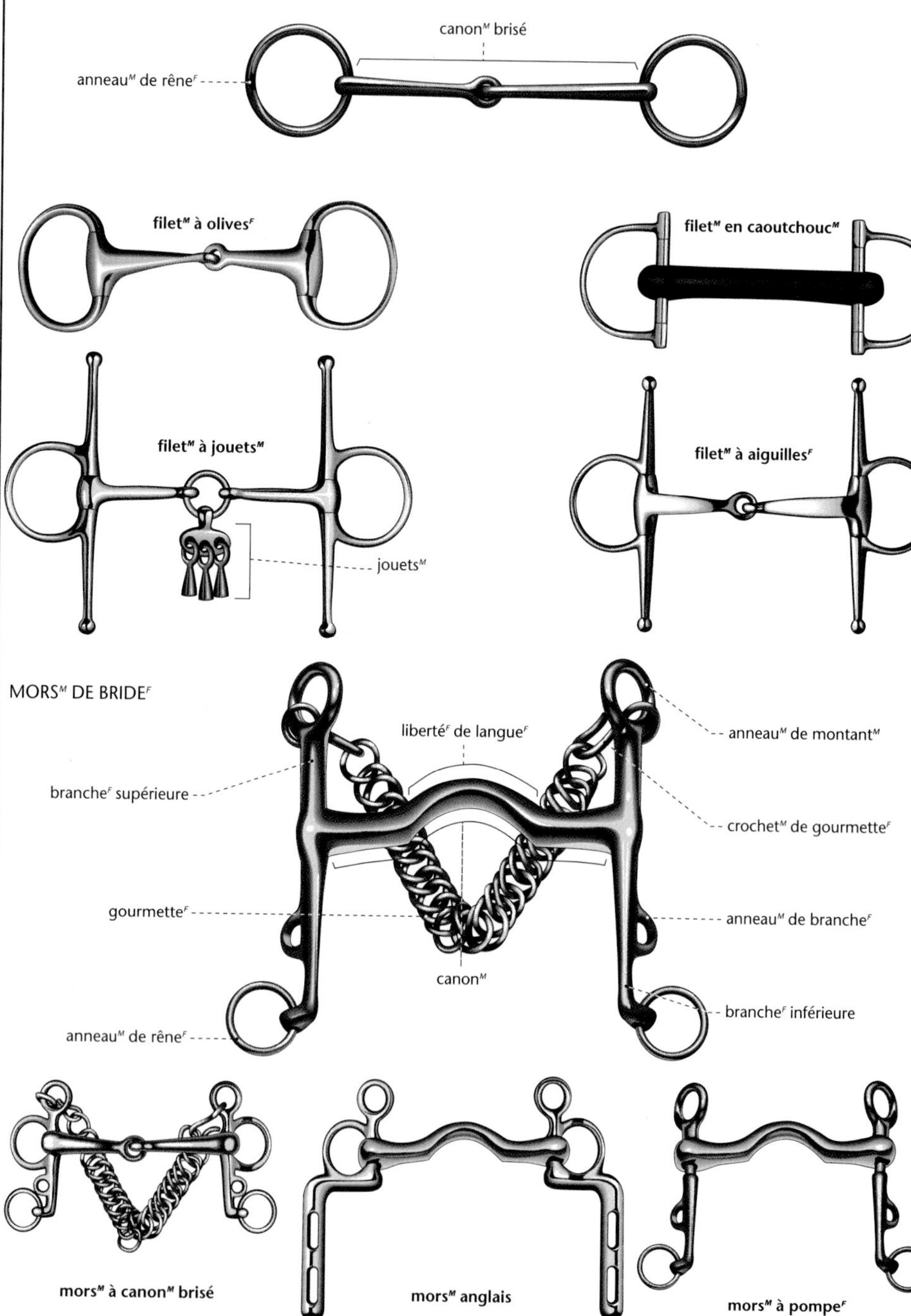

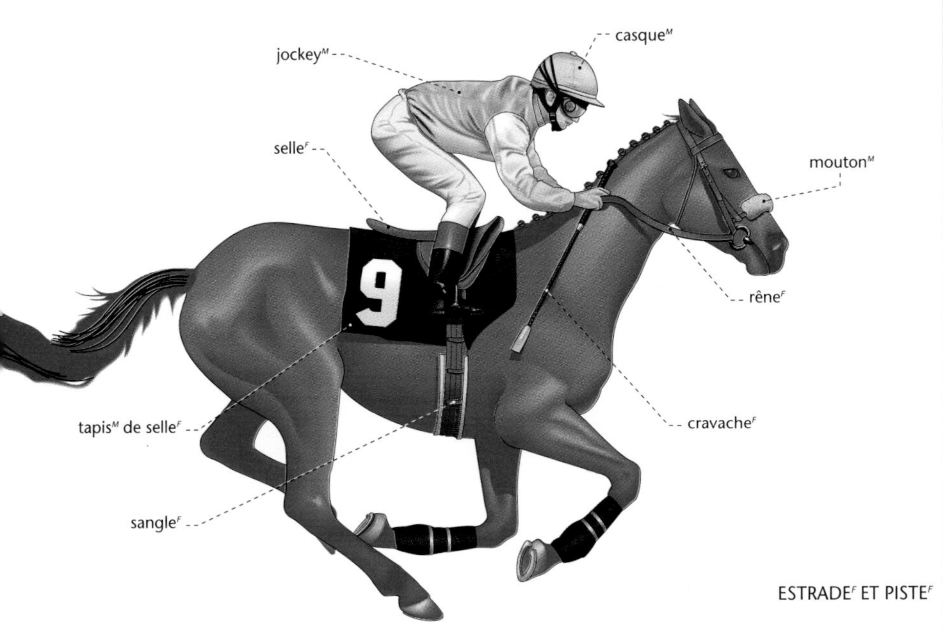

ESTRADE[F] ET PISTE[F]

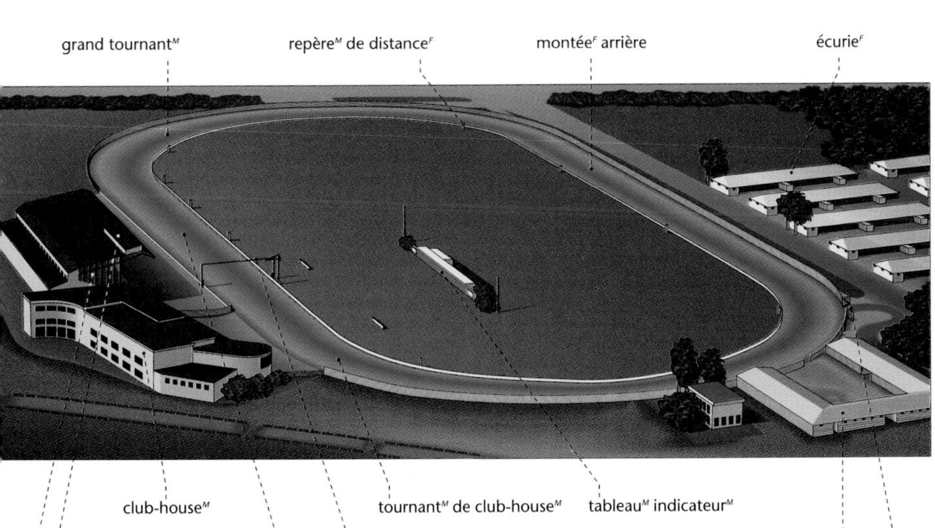

AMBLEUR SOUS HARNAIS

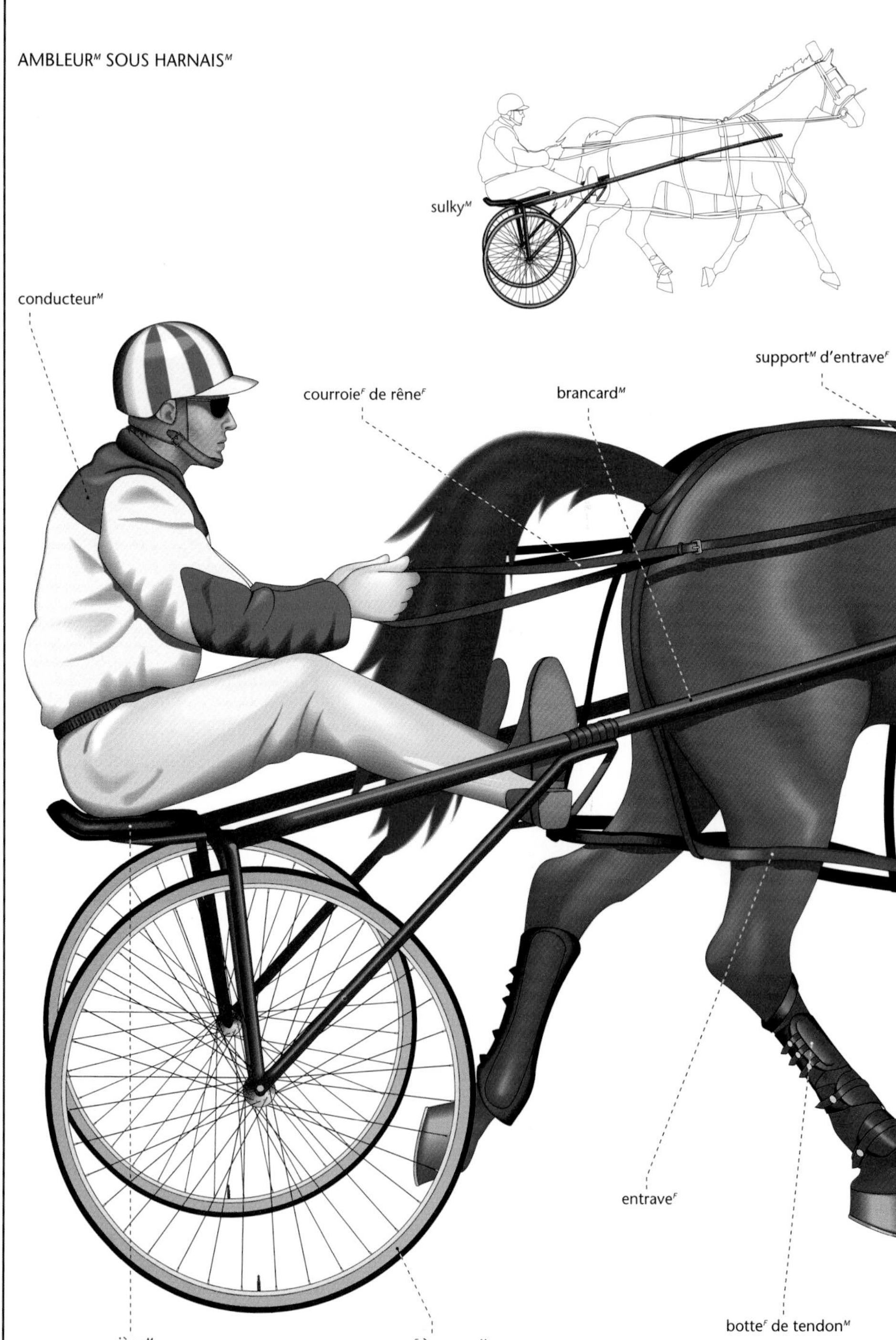

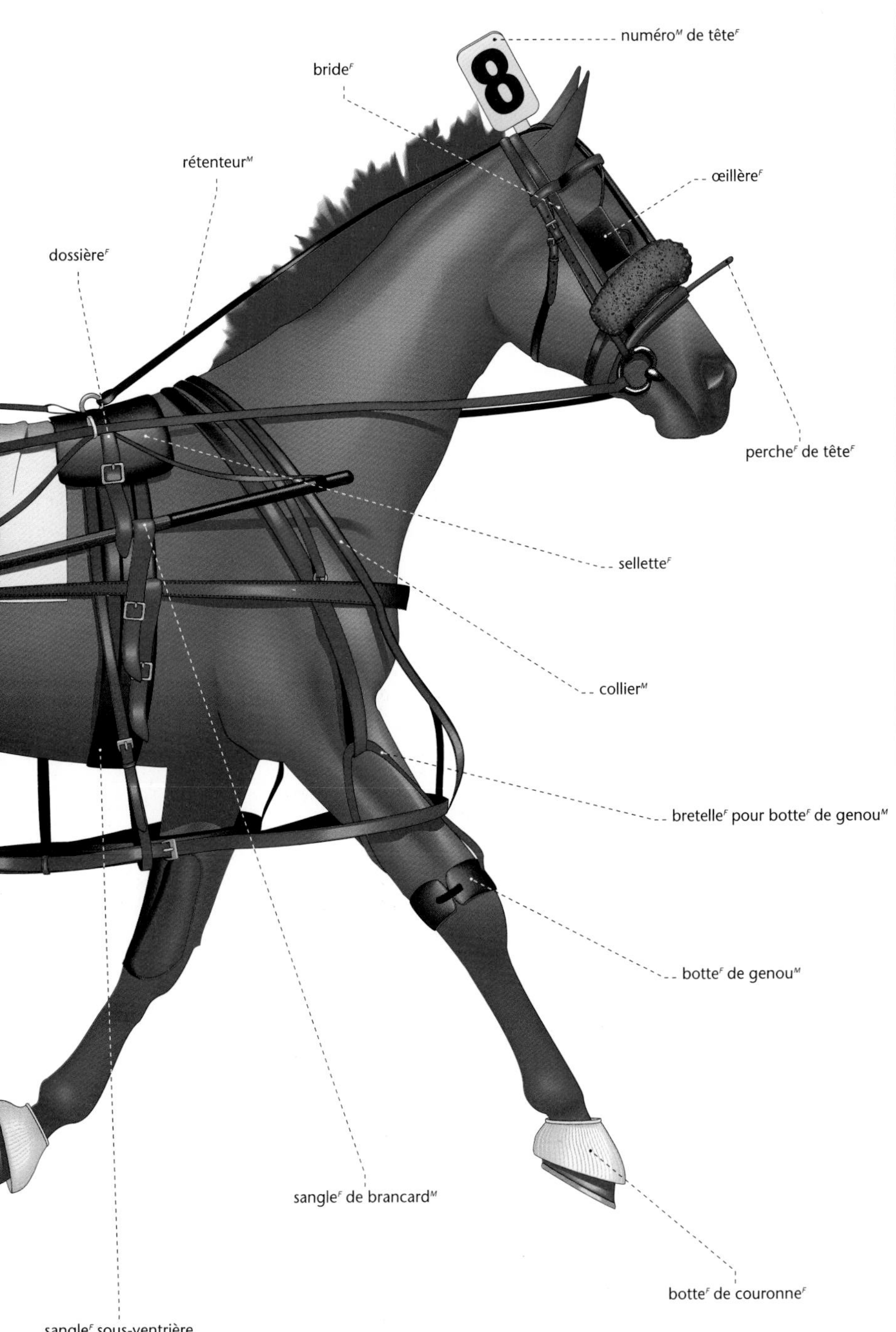
numéro[M] de tête[F]
bride[F]
rétenteur[M]
œillère[F]
dossière[F]
perche[F] de tête[F]
sellette[F]
collier[M]
bretelle[F] pour botte[F] de genou[M]
botte[F] de genou[M]
sangle[F] de brancard[M]
botte[F] de couronne[F]
sangle[F] sous-ventrière

STADE^M

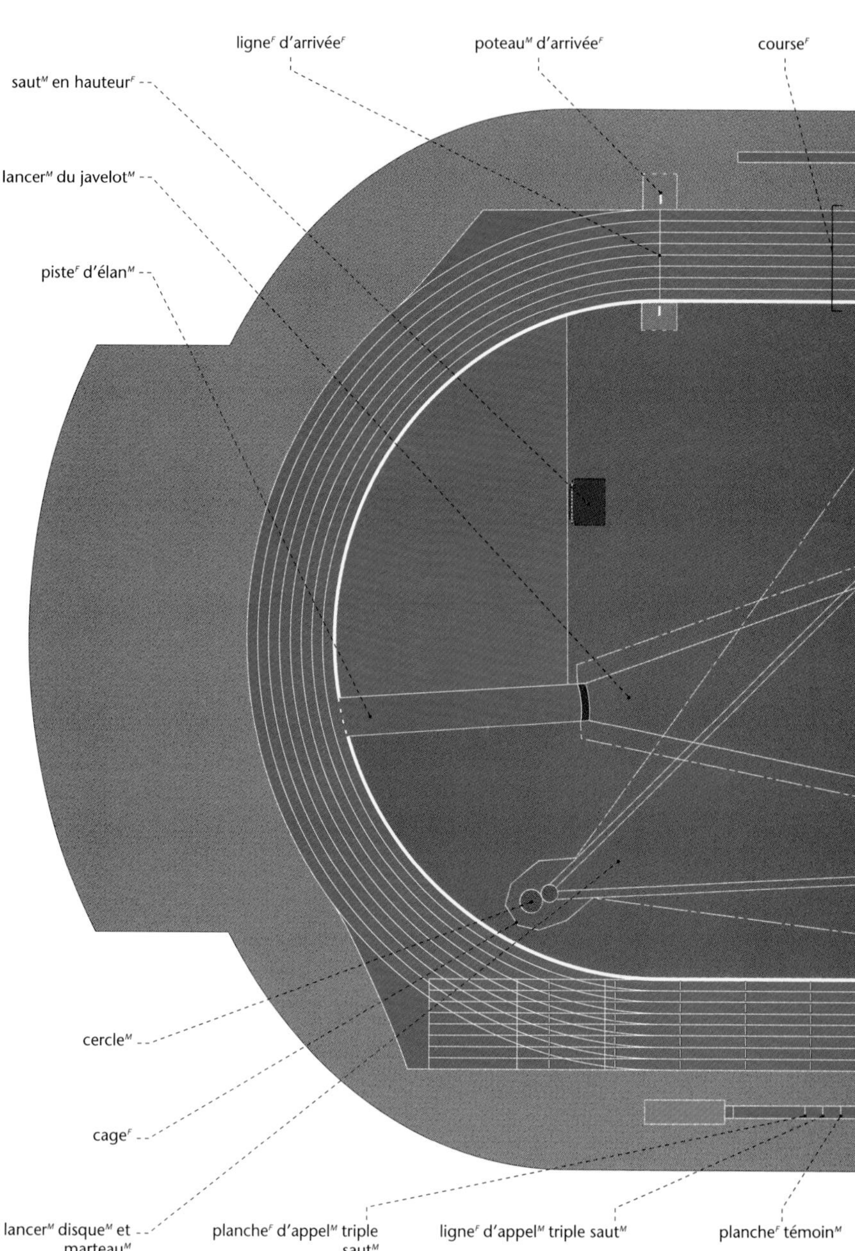
ligne^F d'arrivée^F
poteau^M d'arrivée^F
course^F
saut^M en hauteur^F
lancer^M du javelot^M
piste^F d'élan^M
cercle^M
cage^F
lancer^M disque^M et marteau^M
planche^F d'appel^M triple saut^M
ligne^F d'appel^M triple saut^M
planche^F témoin^M

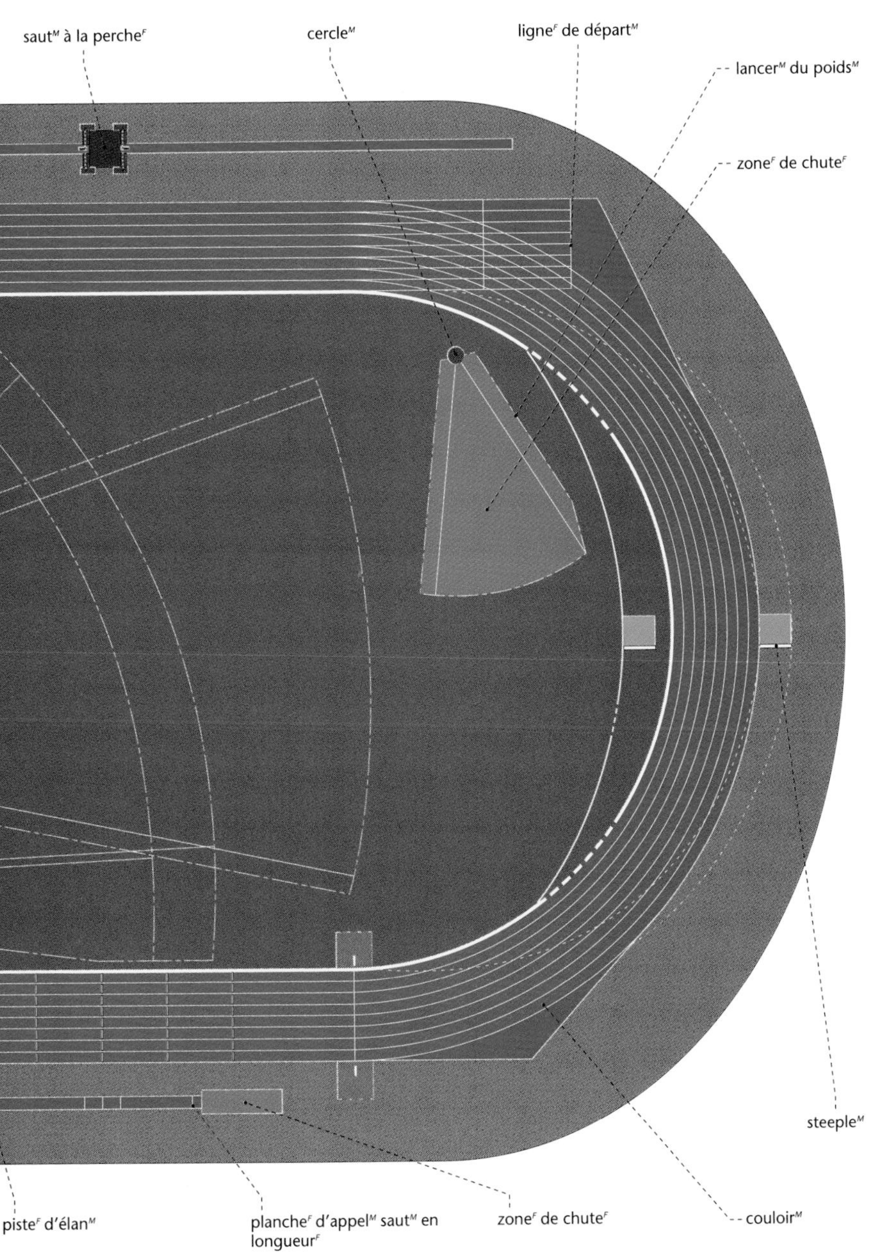
sautᴹ à la percheᶠ
cercleᴹ
ligneᶠ de départᴹ
lancerᴹ du poidsᴹ
zoneᶠ de chuteᶠ
steepleᴹ
pisteᶠ d'élanᴹ
plancheᶠ d'appelᴹ sautᴹ en longueurᶠ
zoneᶠ de chuteᶠ
couloirᴹ

BLOC[M] DE DÉPART[M]

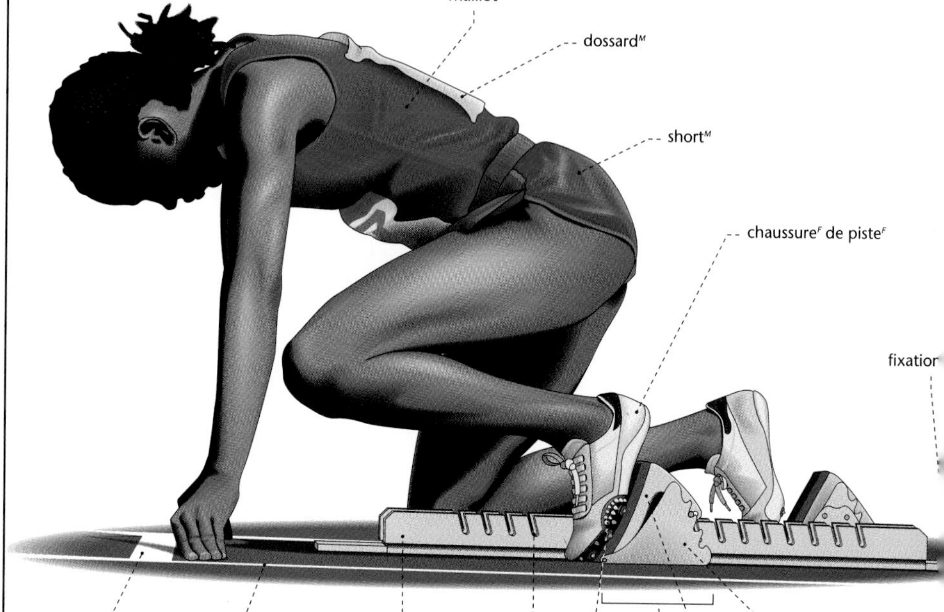
maillot[M]
dossard[M]
short[M]
chaussure[F] de piste[F]
fixation
ligne[F] de départ[M]
crémaillère[F]
embase[F]
ligne[F] de couloir[M]
cran[M]
sabot[M]
pointe[F]
bloc[M]

haie[F]

haie[F] de steeple[M]

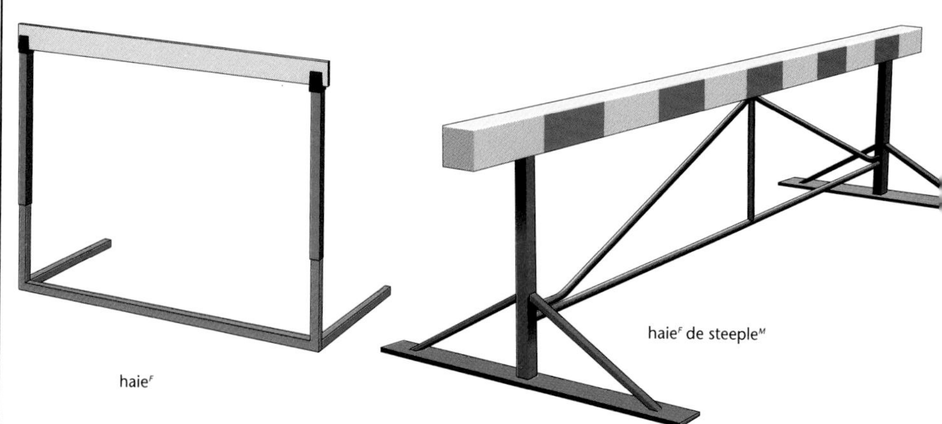

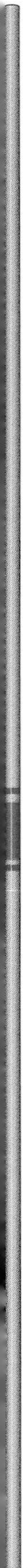

perche[F]

SAUT[M] EN HAUTEUR[F]

barre[F]
montant[M]
zone[F] de chute[F]

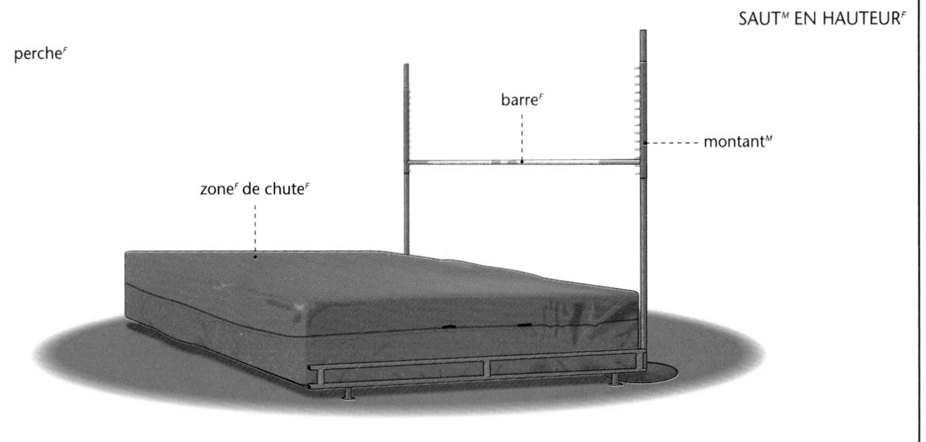

SAUT[M] À LA PERCHE[F]

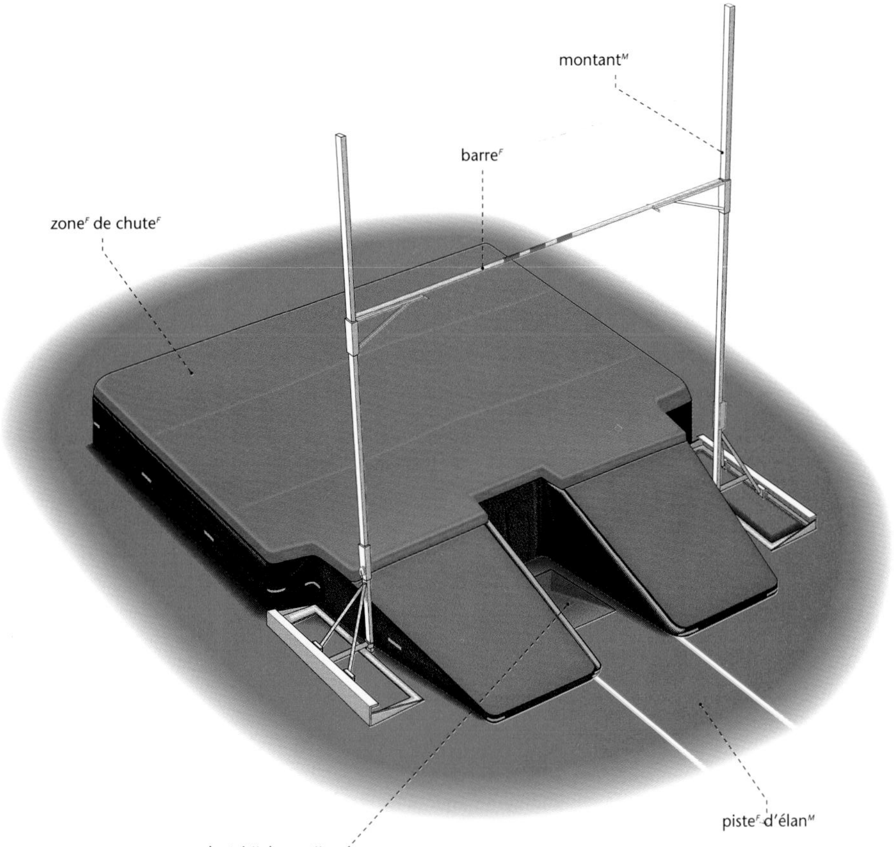

montant[M]
barre[F]
zone[F] de chute[F]
piste[F] d'élan[M]
butoir[M] de saut[M]

LANCERS[M]

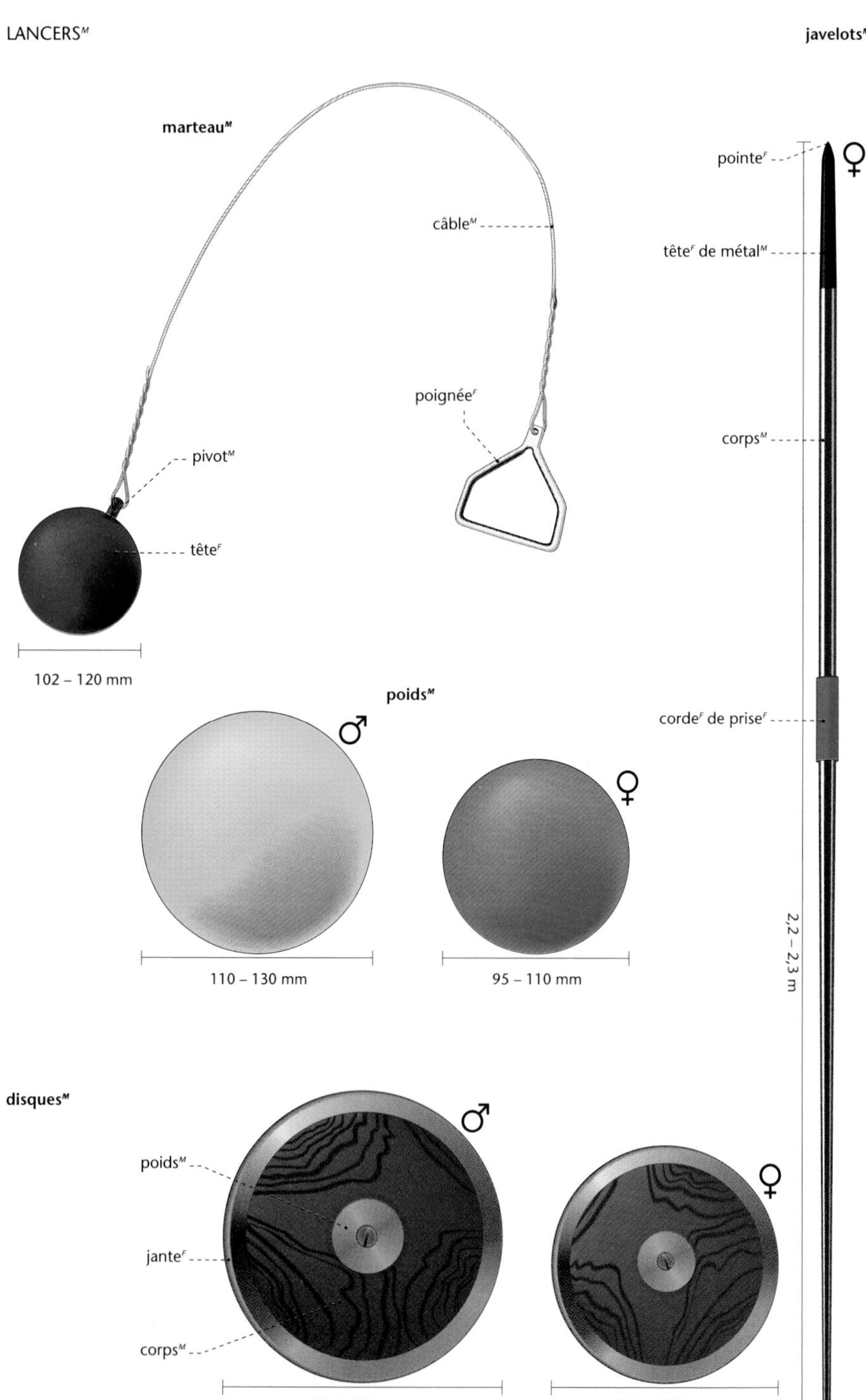

marteau[M]
câble[M]
poignée[F]
pivot[M]
tête[F]
102 – 120 mm
poids[M]
110 – 130 mm
95 – 110 mm
disques[M]
poids[M]
jante[F]
corps[M]
219 – 221 mm
180 – 182 mm
javelots[M]
pointe[F]
tête[F] de métal[M]
corps[M]
corde[F] de prise[F]
2,2 – 2,3 m
2,6 – 2,7 m

GYMNASTIQUE[F]

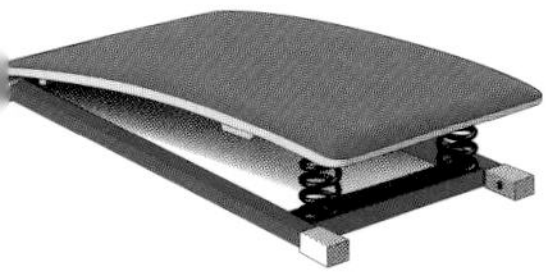

BARRES[F] ASYMÉTRIQUES

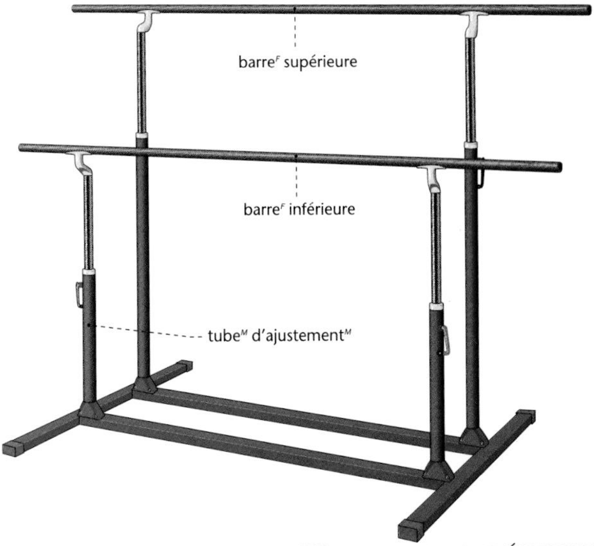

barre[F] supérieure

barre[F] inférieure

tube[M] d'ajustement[M]

cheval[M]-sautoir[M]

tremplin[M]

POUTRE[F] D'ÉQUILIBRE[M]

poutre[F]

montant[M]

réglage[M] de la hauteur[F]

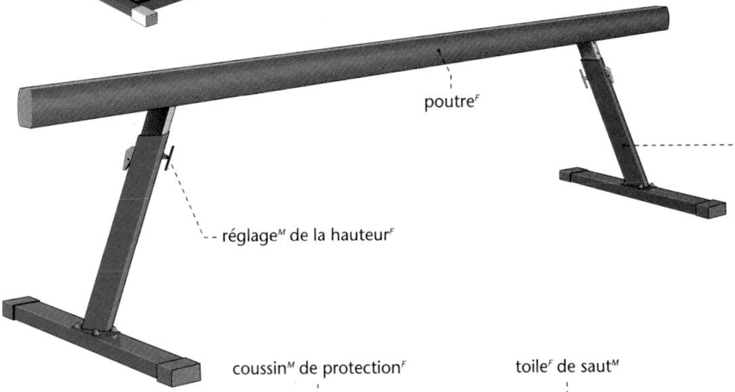

TRAMPOLINE[F]

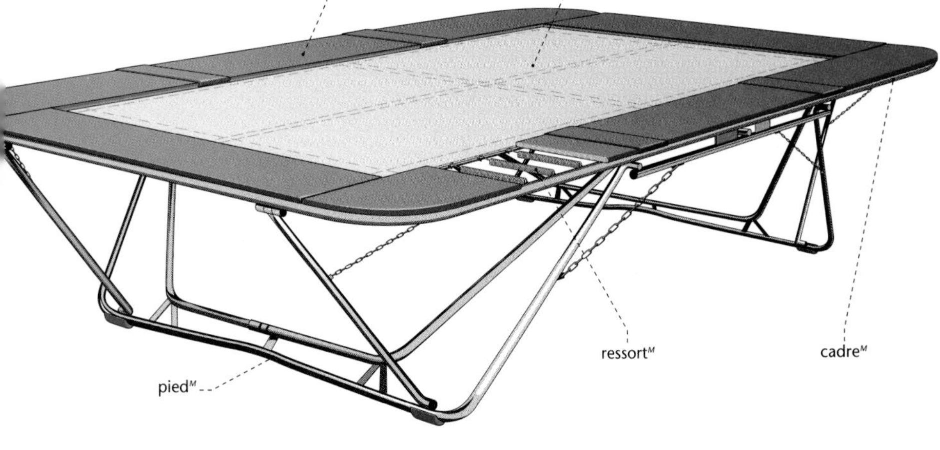

coussin[M] de protection[F]

toile[F] de saut[M]

ressort[M]

cadre[M]

pied[M]

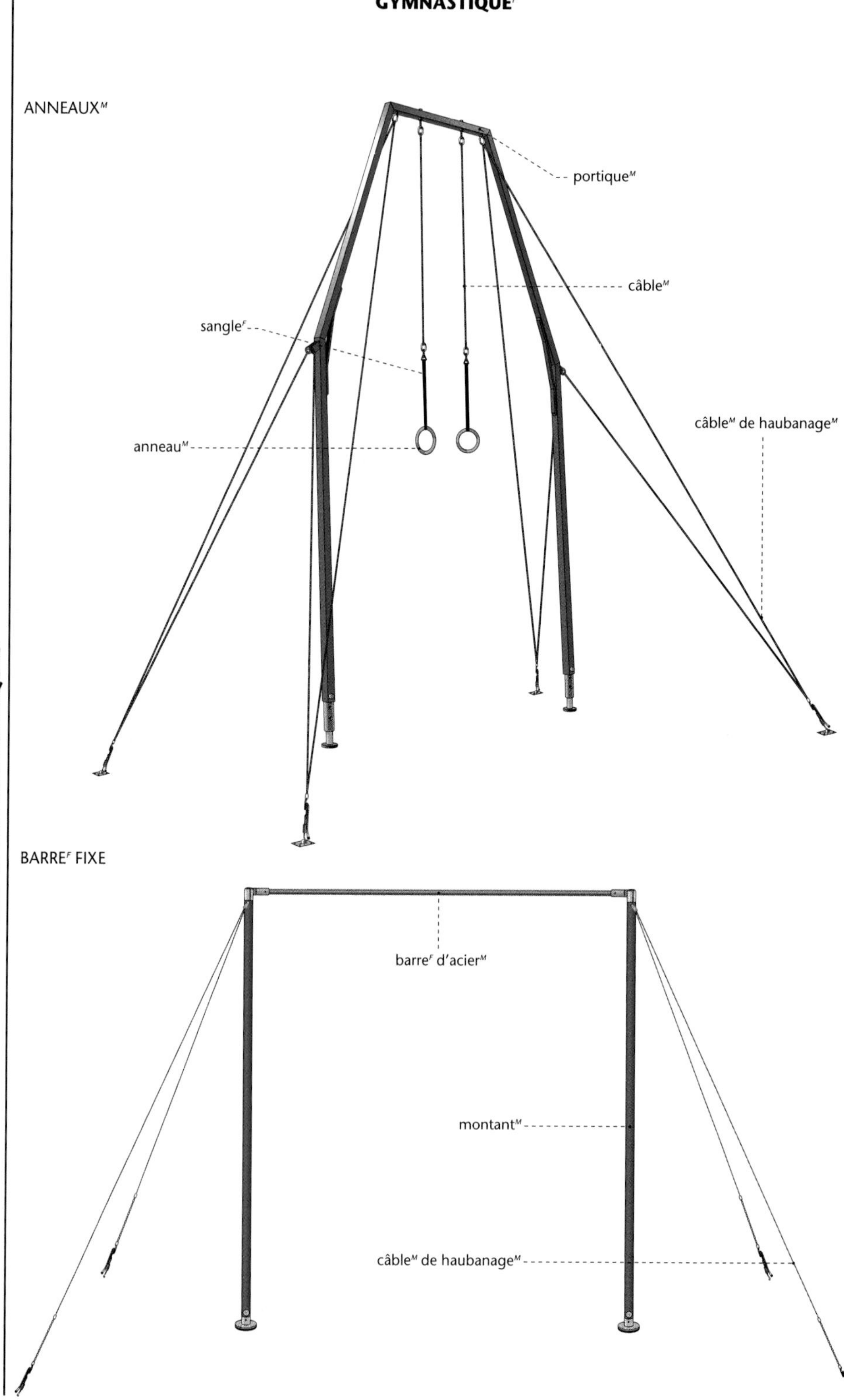
ANNEAUX^M
portique^M
câble^M
sangle^F
câble^M de haubanage^M
anneau^M
BARRE^F FIXE
barre^F d'acier^M
montant^M
câble^M de haubanage^M

CHEVAL[M] D'ARÇONS[M]

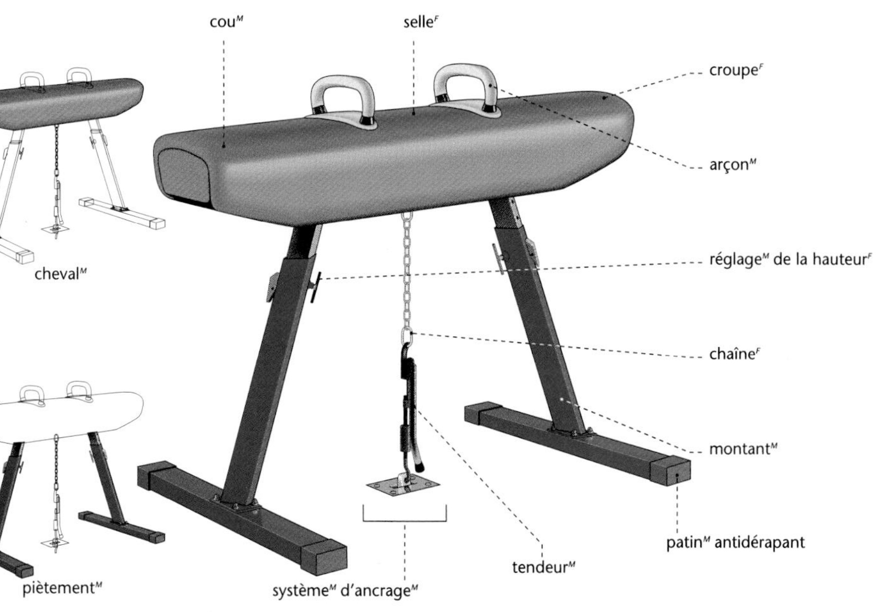

BARRES[F] PARALLÈLES

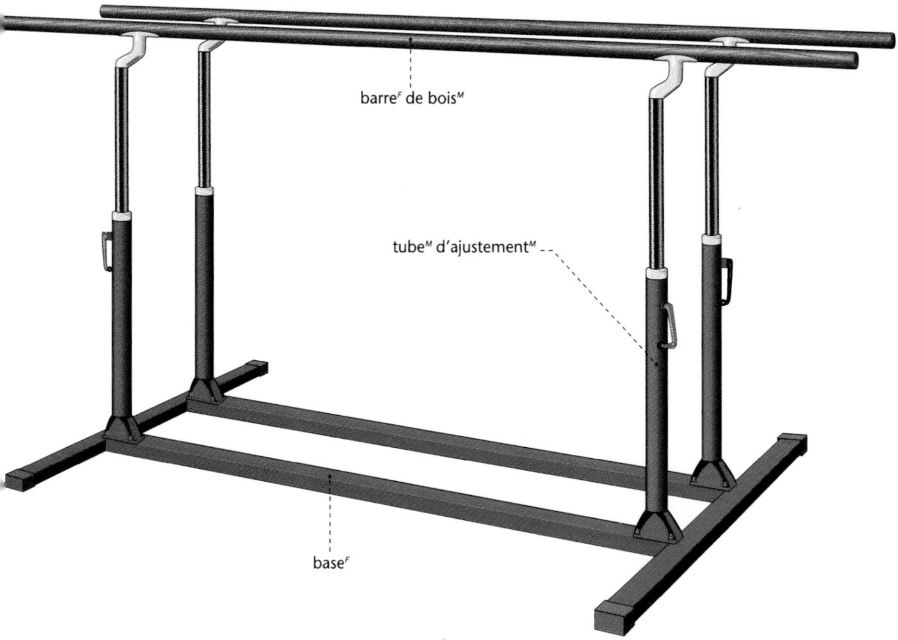

barre[F] de bois[M]

tube[M] d'ajustement[M]

base[F]

HALTÉROPHILE^M
manchon^M
bandage^M de gaze^F
maillot^M de corps^M
ceinture^F d'haltérophilie^F
culotte^F
chaussure^F d'haltérophilie^F
lanière^F
ARRACHÉ^M À DEUX BRAS^M
ÉPAULÉ^M-JETÉ^M À DEUX BRAS^M

APPAREILS[M] DE CONDITIONNEMENT[M] PHYSIQUE

BANC[M] DE MUSCULATION[F]

câble[M]

barre[F] à dorsaux[M]

presse[F] à pectoraux[M]

barre[F] à pectoraux[M]

planche[F]

balancier[M] de traction[F]

balancier[M] d'extension[F]

barre[F] à triceps[M]

poids[M]

HALTÈRE[M] LONG

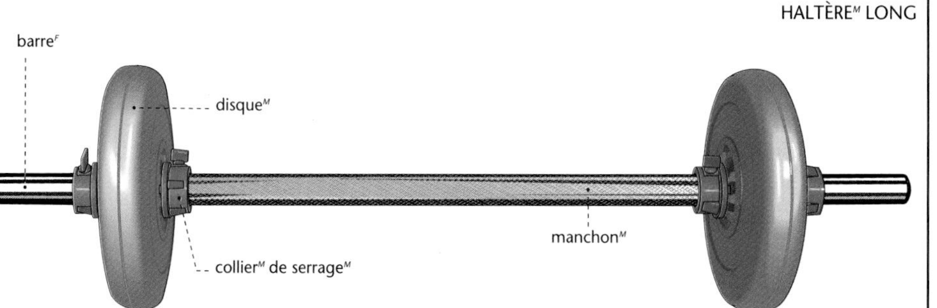

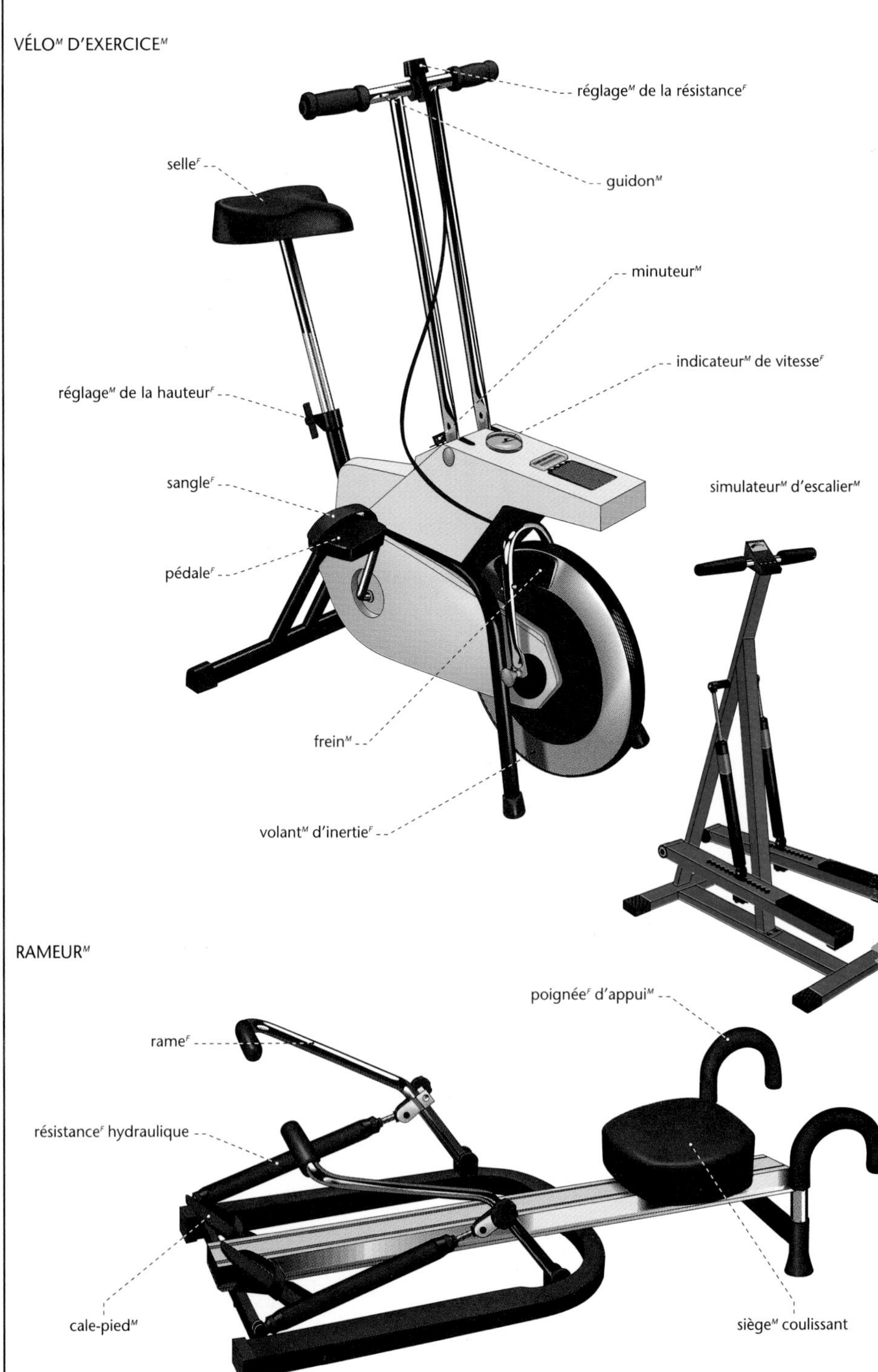
VÉLO^M D'EXERCICE^M
réglage^M de la résistance^F
selle^F
guidon^M
minuteur^M
indicateur^M de vitesse^F
réglage^M de la hauteur^F
sangle^F
simulateur^M d'escalier^M
pédale^F
frein^M
volant^M d'inertie^F
RAMEUR^M
poignée^F d'appui^M
rame^F
résistance^F hydraulique
cale-pied^M
siège^M coulissant

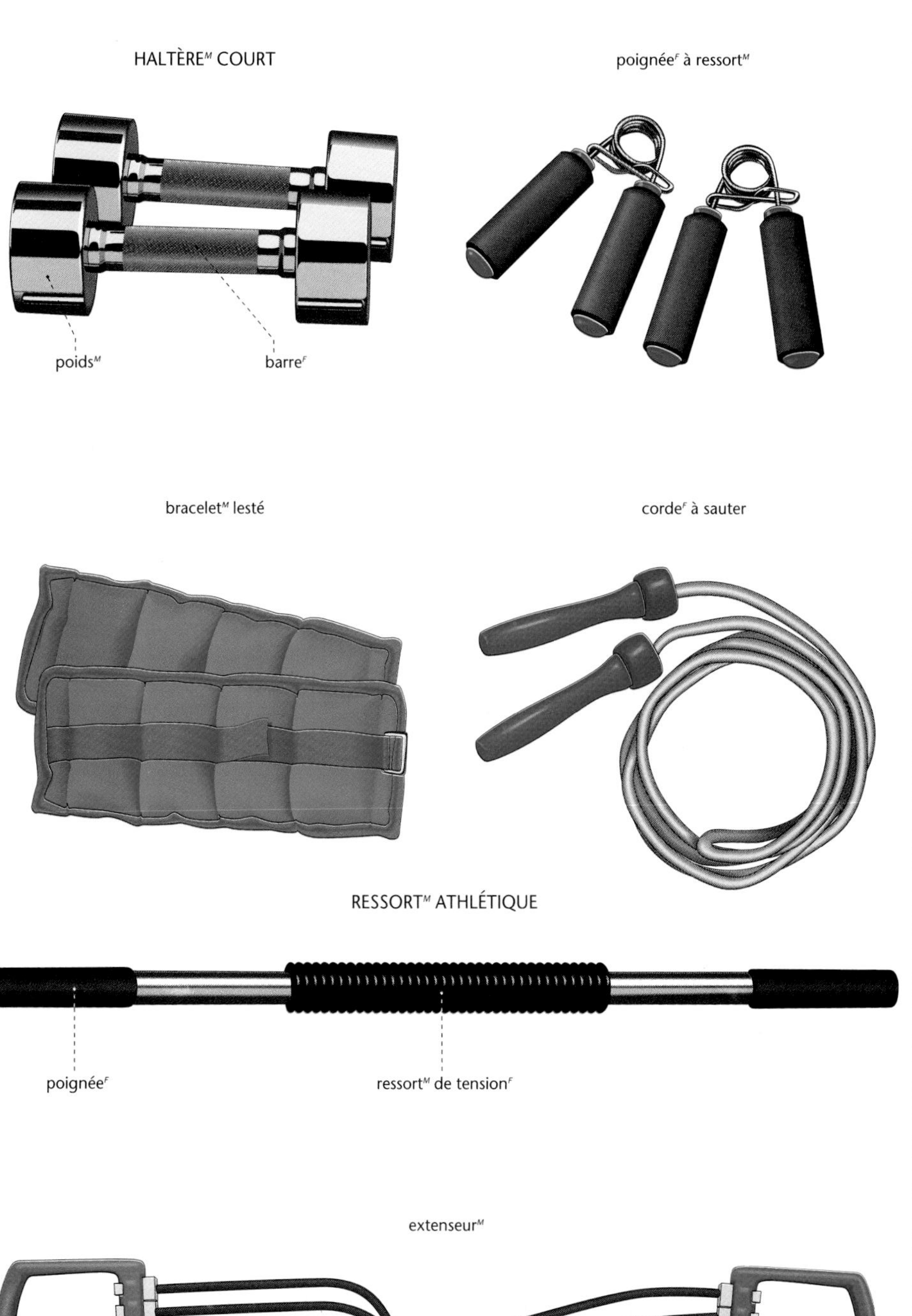
HALTÈRE[M] COURT
poids[M]
barre[F]
poignée[F] à ressort[M]
bracelet[M] lesté
corde[F] à sauter
RESSORT[M] ATHLÉTIQUE
poignée[F]
ressort[M] de tension[F]
extenseur[M]

ESCRIME[F]

PARTIES[F] DE L'ARME[F]

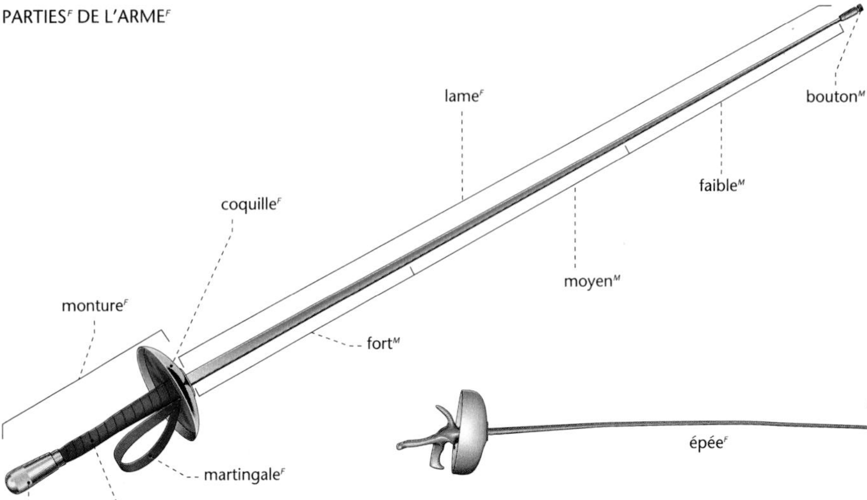

lame[F]
bouton[M]
faible[M]
coquille[F]
moyen[M]
monture[F]
fort[M]
martingale[F]
poignée[F]
pommeau[M]

ARME

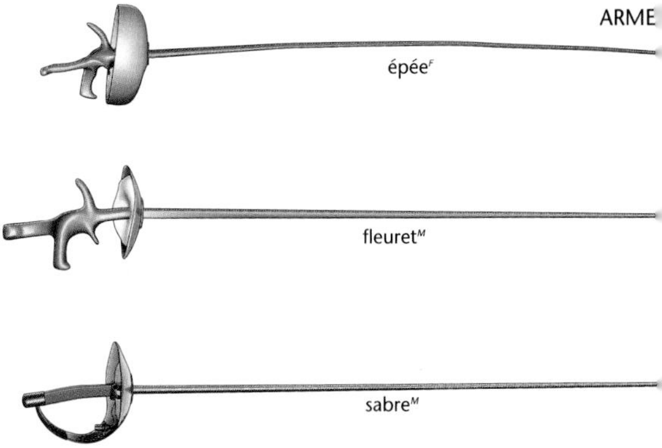

épée[F]
fleuret[M]
sabre[M]

PISTE[F]

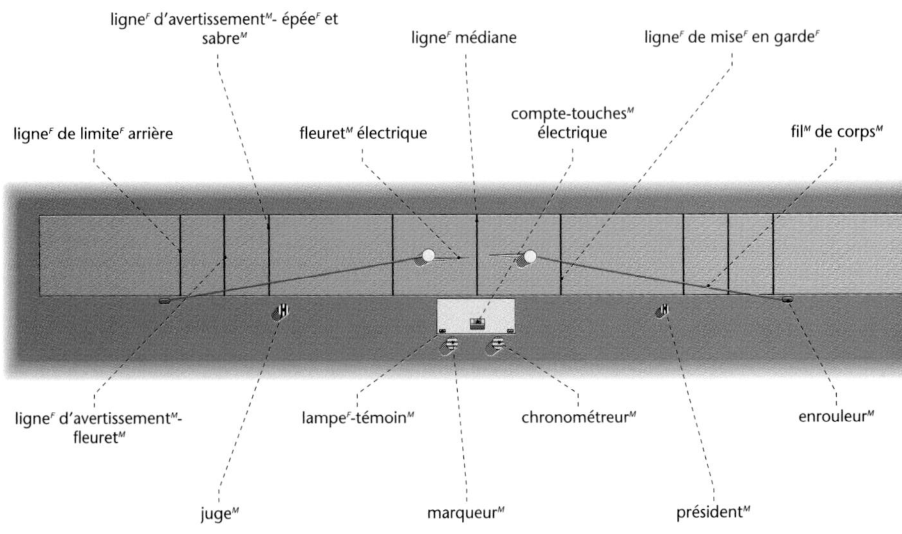

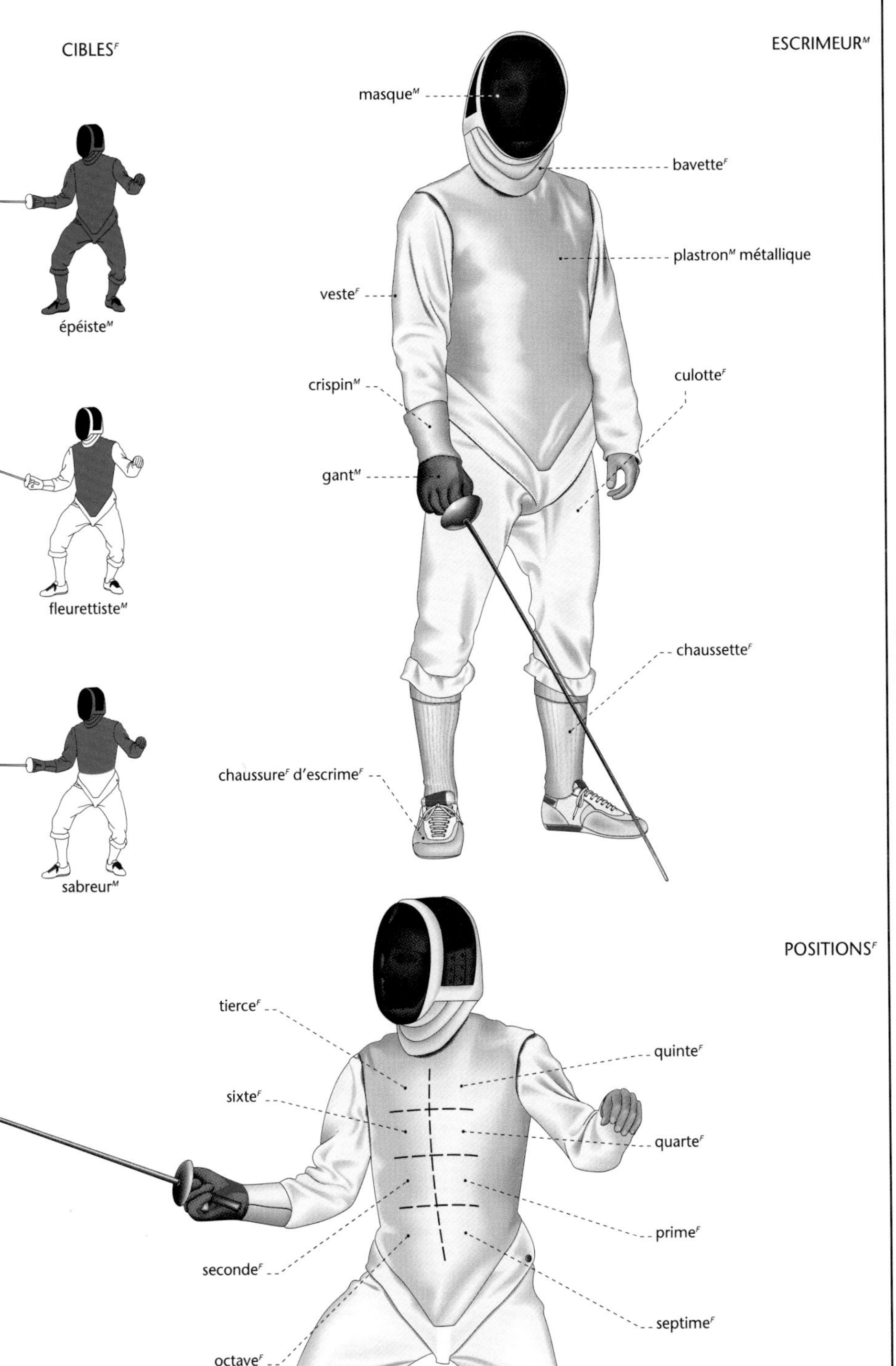
CIBLES[F]
épéiste[M]
fleurettiste[M]
sabreur[M]
ESCRIMEUR[M]
masque[M]
bavette[F]
plastron[M] métallique
veste[F]
crispin[M]
culotte[F]
gant[M]
chaussette[F]
chaussure[F] d'escrime[F]
POSITIONS[F]
tierce[F]
quinte[F]
sixte[F]
quarte[F]
prime[F]
seconde[F]
septime[F]
octave[F]

JUDO[M]

COSTUME[M] DE JUDO[M]

veste[F]

ceinture[F]

pantalon[M]

EXEMPLES[M] DE PRISES

clé[F] de bras[M]

immobilisation[F]

grand fauchage[M] extérieur

projection[F] d'épaule[F] par un côté[M]

grand fauchage[M] intérieur

étranglement[M]

projection[F] en cercle[M]

hanche[F] ailée

TAPIS[M]

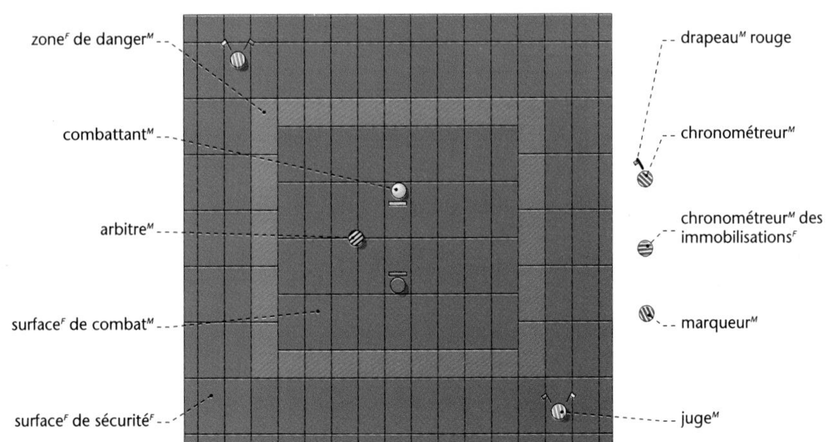

BOXE[F]

RING[M]

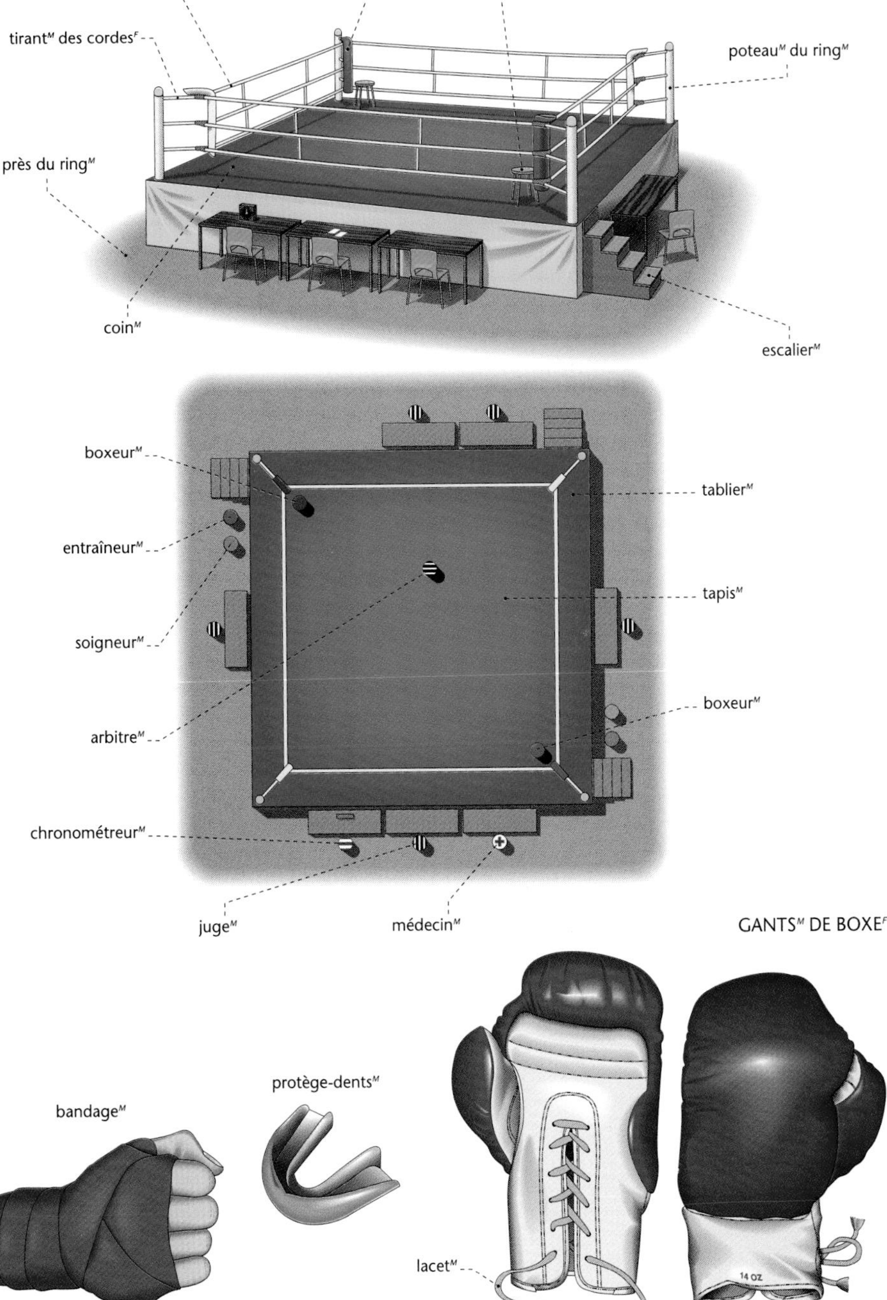

SPORTS DE COMBAT

PÊCHE[F]

CANNE[F] À MOUCHE[F]

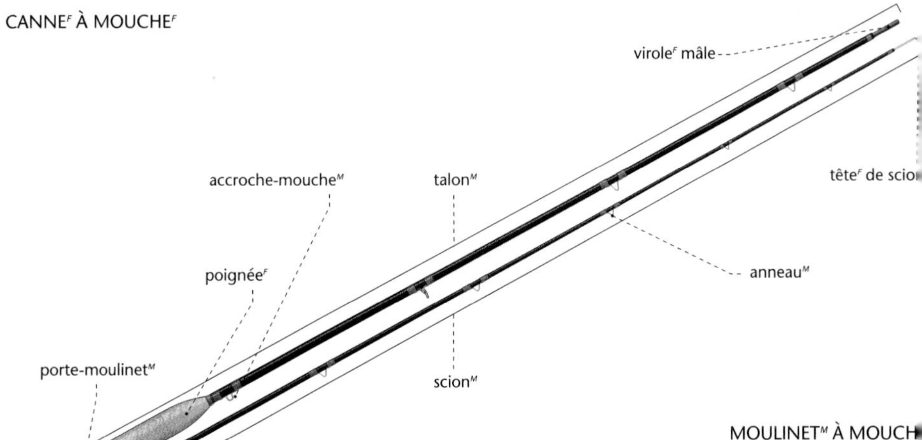

virole[F] mâle
accroche-mouche[M]
talon[M]
tête[F] de scio
poignée[F]
anneau[M]
porte-moulinet[M]
scion[M]
écrou[M] de blocage[M]
virole[F] femelle
embout[M]

MOULINET[M] À MOUCH

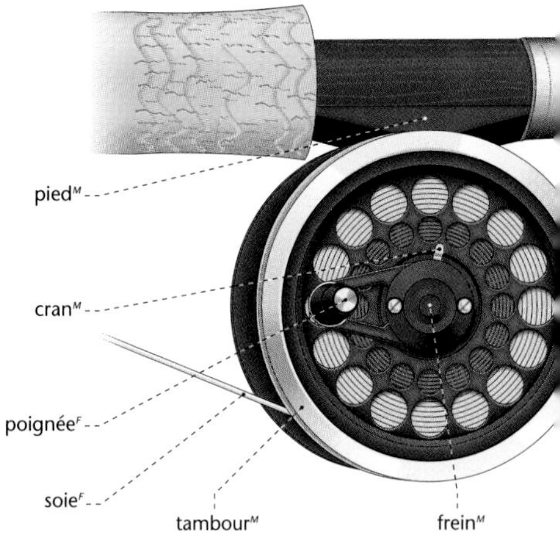

pied[M]
cran[M]
poignée[F]
soie[F]
tambour[M]
frein[M]

MOUCHE[F] ARTIFICIELLE

voile[M]
aile[F]
coiffe[F]
joue[F]
cerques[M]
épaule[F]
bout[M]
tête[F]
talon[M]
hackle[M]
hameçon[M]
corps[M]
côte[F]
articulation[F]

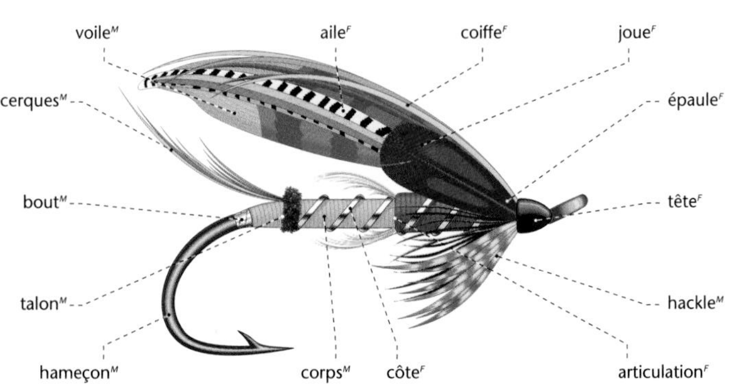

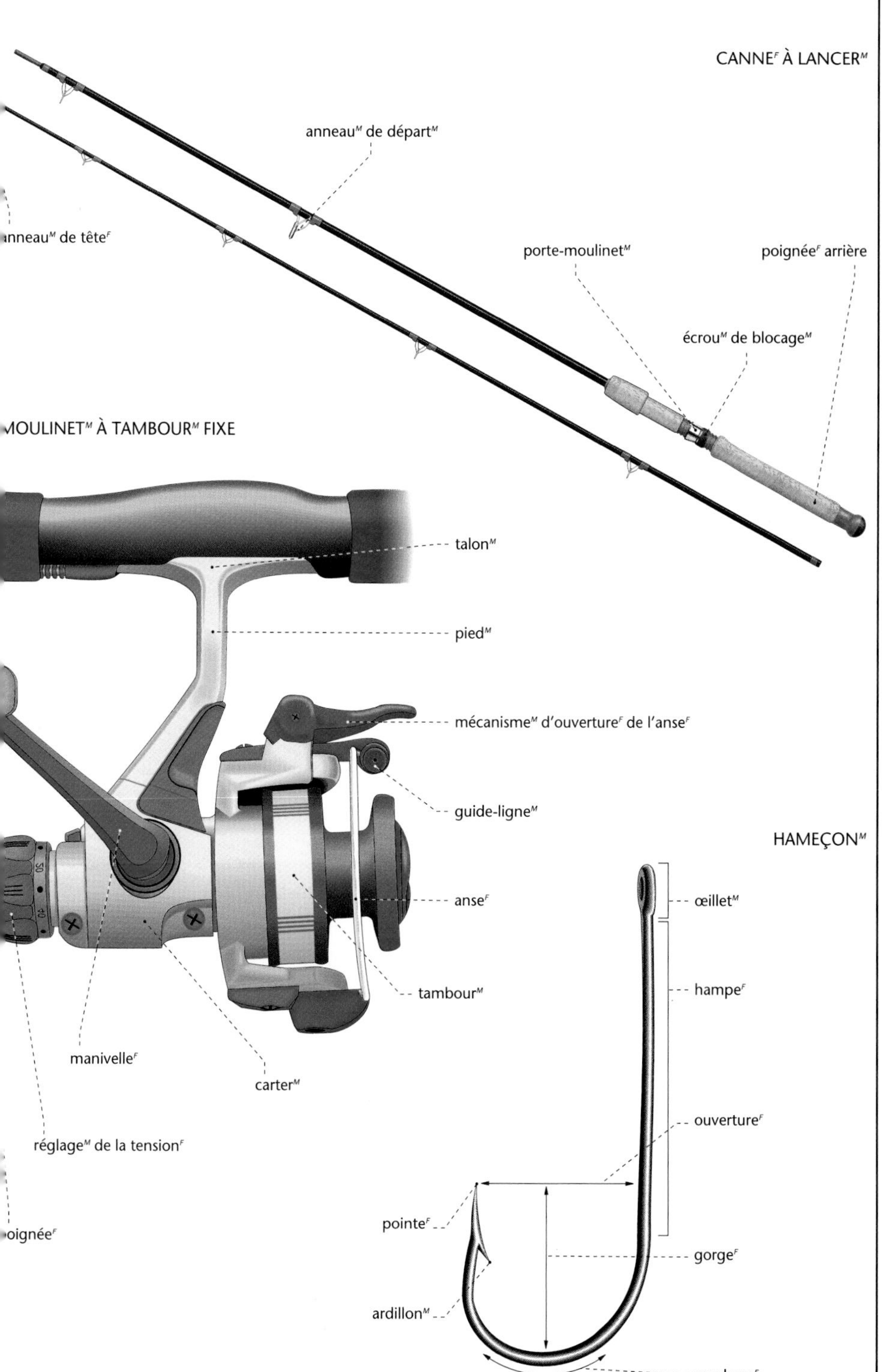
CANNEF À LANCERM
anneauM de départM
anneauM de têteF
porte-moulinetM
poignéeF arrière
écrouM de blocageM
MOULINETM À TAMBOURM FIXE
talonM
piedM
mécanismeM d'ouvertureF de l'anseF
guide-ligneM
anseF
tambourM
manivelleF
carterM
réglageM de la tensionF
poignéeF
HAMEÇONM
œilletM
hampeF
ouvertureF
pointeF
gorgeF
ardillonM
courbureF

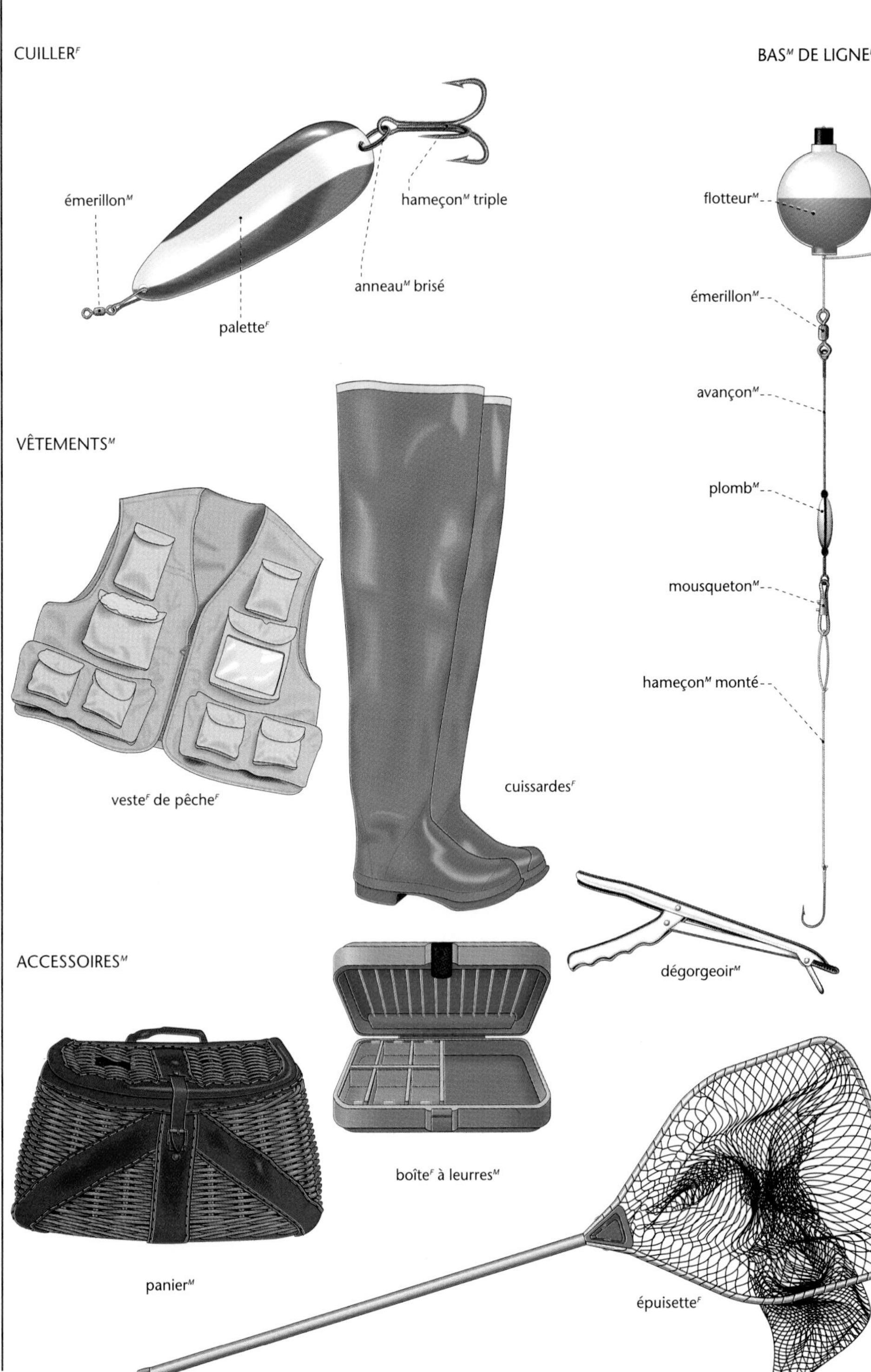
CUILLER[F]
hameçon[M] triple
émerillon[M]
anneau[M] brisé
palette[F]
BAS[M] DE LIGNE[F]
flotteur[M]
émerillon[M]
avançon[M]
plomb[M]
mousqueton[M]
hameçon[M] monté
VÊTEMENTS[M]
veste[F] de pêche[F]
cuissardes[F]
ACCESSOIRES[M]
dégorgeoir[M]
boîte[F] à leurres[M]
panier[M]
épuisette[F]

BILLARDM

BILLARDM FRANÇAIS

billeF de chocM
billeF rouge
billeF de viséeF blanche
2,27 – 3 m
1,13 – 1,5 m

BILLARDM POOL

billesF numérotées
pocheF
billeF de chocM
2,1 – 3 m
1,06 – 1,5 m

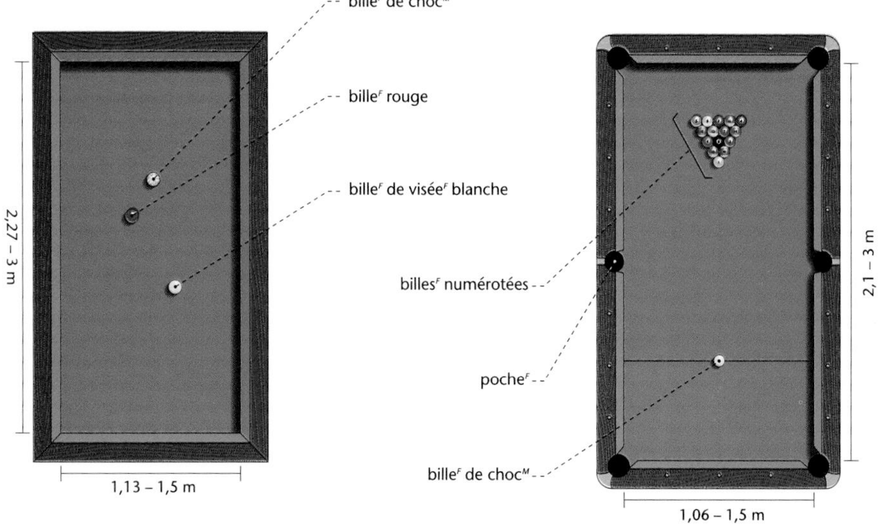

BILLARDM ANGLAIS

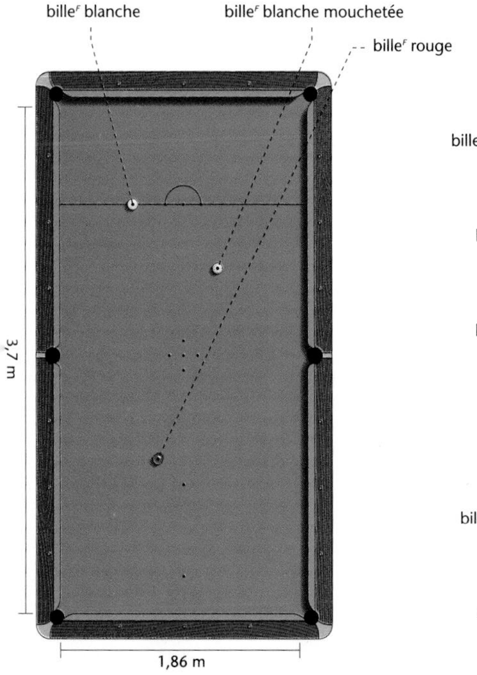

billeF blanche
billeF blanche mouchetée
billeF rouge
3,7 m
1,86 m

SNOOKERM

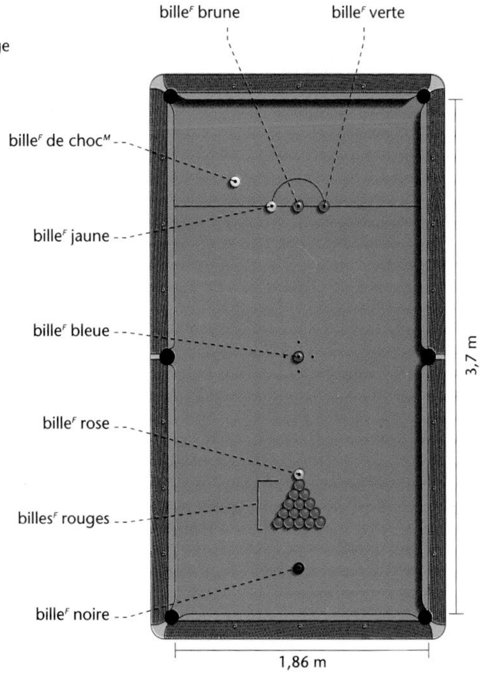

billeF brune
billeF verte
billeF de chocM
billeF jaune
billeF bleue
billeF rose
billesF rouges
billeF noire
3,7 m
1,86 m

TABLE^F
mouche^F de ligne^F de cadre^M
mouche^F centrale
cadre^M
«D»^M
poche^F inférieure
coussin^M de tête^F
ligne^F de cadre^M
crochet^M
poche^F centrale
RÂTEAU^M
manche^M
triangle^M
dent^F
tête^F

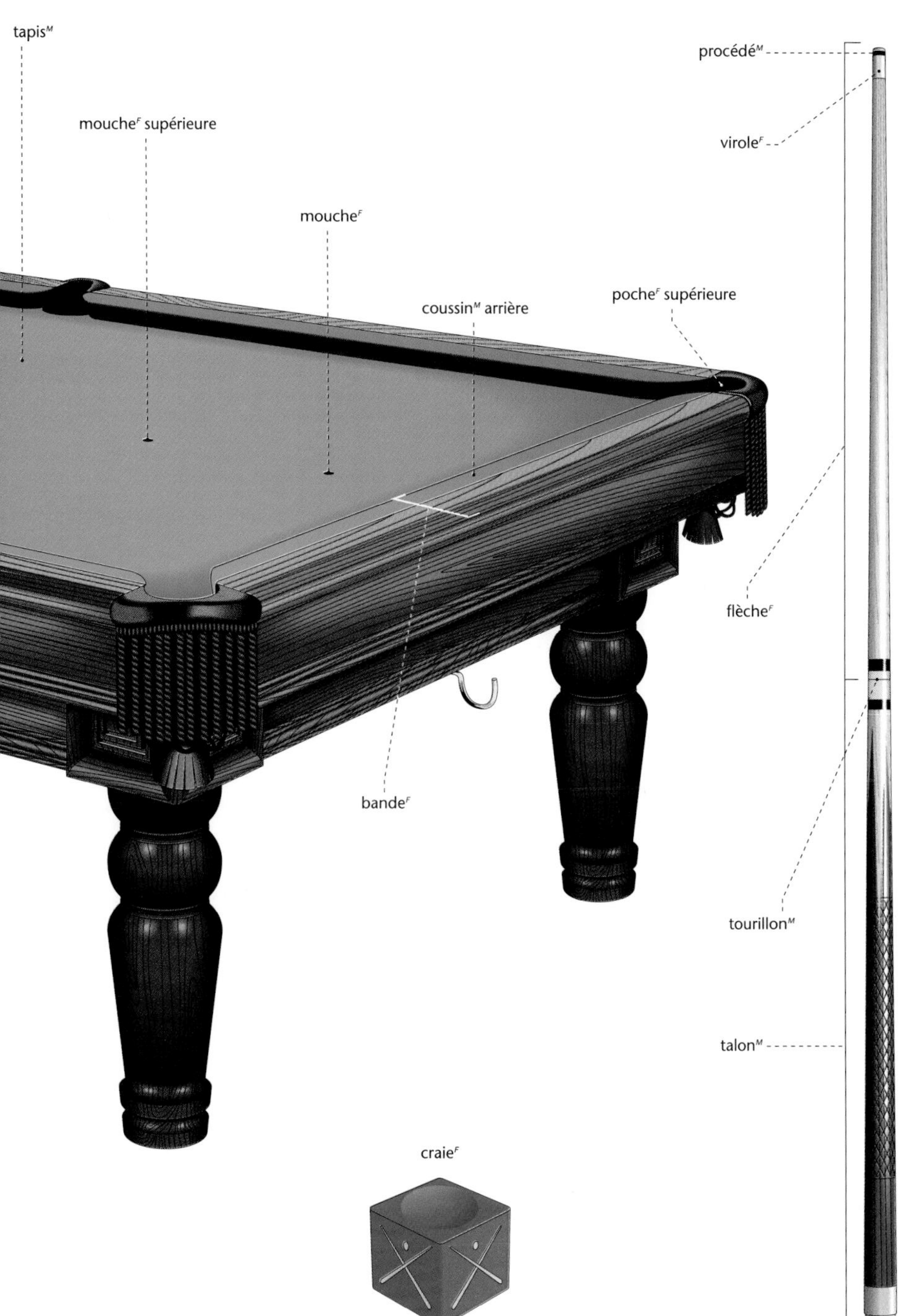
tapisM
moucheF supérieure
moucheF
coussinM arrière
pocheF supérieure
bandeF
craieF
QUEUEF DE BILLARDM
procédéM
viroleF
flècheF
tourillonM
talonM

PARCOURS[M]

chemin[M]
vert[M]
trou[M]
chalet[M]
vert[M] d'entraînement[M]
allée[F]
1
2
3
4
5
6
7
8
9
10
11
12
13
14
15
16
17
18
rough[M]
obstacle[M] d'eau[F]
ruisseau[M]
fosse[F] de sable[M]
arbres[M]
départ[M]

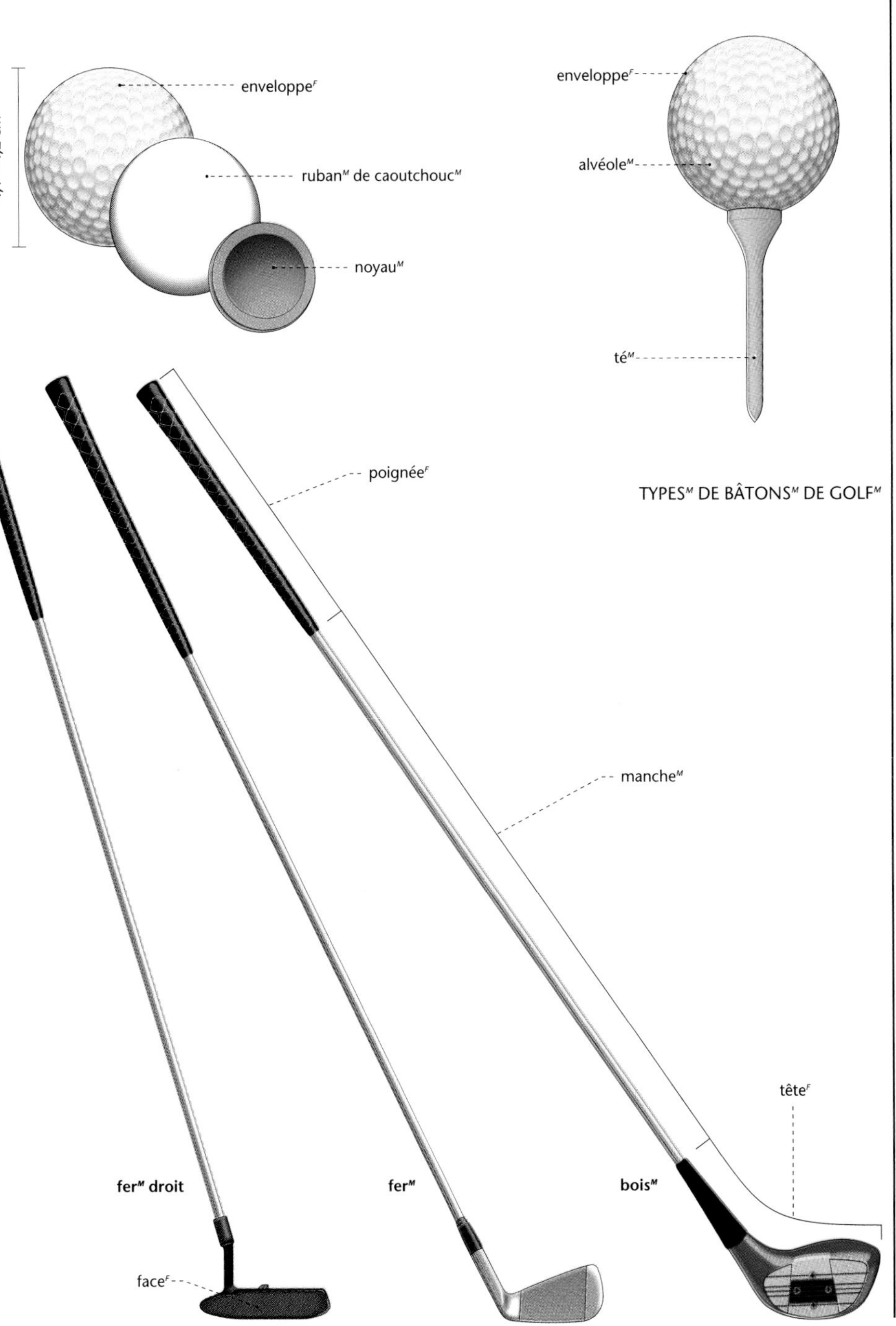
COUPE^F D'UNE BALLE^F DE GOLF^M
enveloppe^F
ruban^M de caoutchouc^M
noyau^M
BALLE^F DE GOLF^M
enveloppe^F
alvéole^M
té^M
poignée^F
TYPES^M DE BÂTONS^M DE GOLF^M
manche^M
tête^F
fer^M droit
fer^M
bois^M
face^F

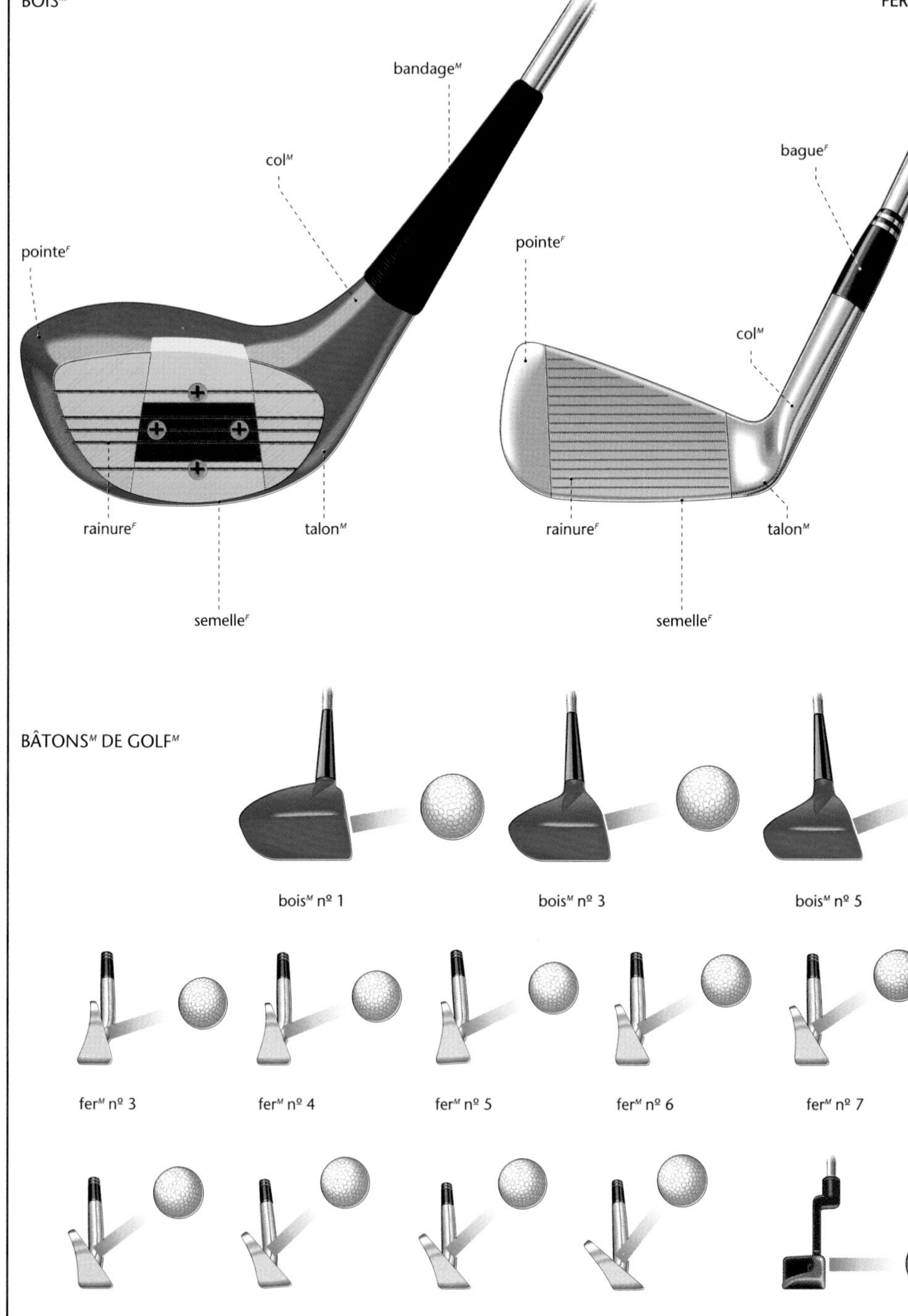
BOIS[M]
FER
bandage[M]
col[M]
pointe[F]
rainure[F]
talon[M]
semelle[F]
bague[F]
pointe[F]
col[M]
rainure[F]
talon[M]
semelle[F]
BÂTONS[M] DE GOLF[M]
bois[M] nº 1
bois[M] nº 3
bois[M] nº 5
fer[M] nº 3
fer[M] nº 4
fer[M] nº 5
fer[M] nº 6
fer[M] nº 7
fer[M] nº 8
fer[M] nº 9
cocheur[M] d'allée[F]
cocheur[M] de sable[M]
fer[M] droit

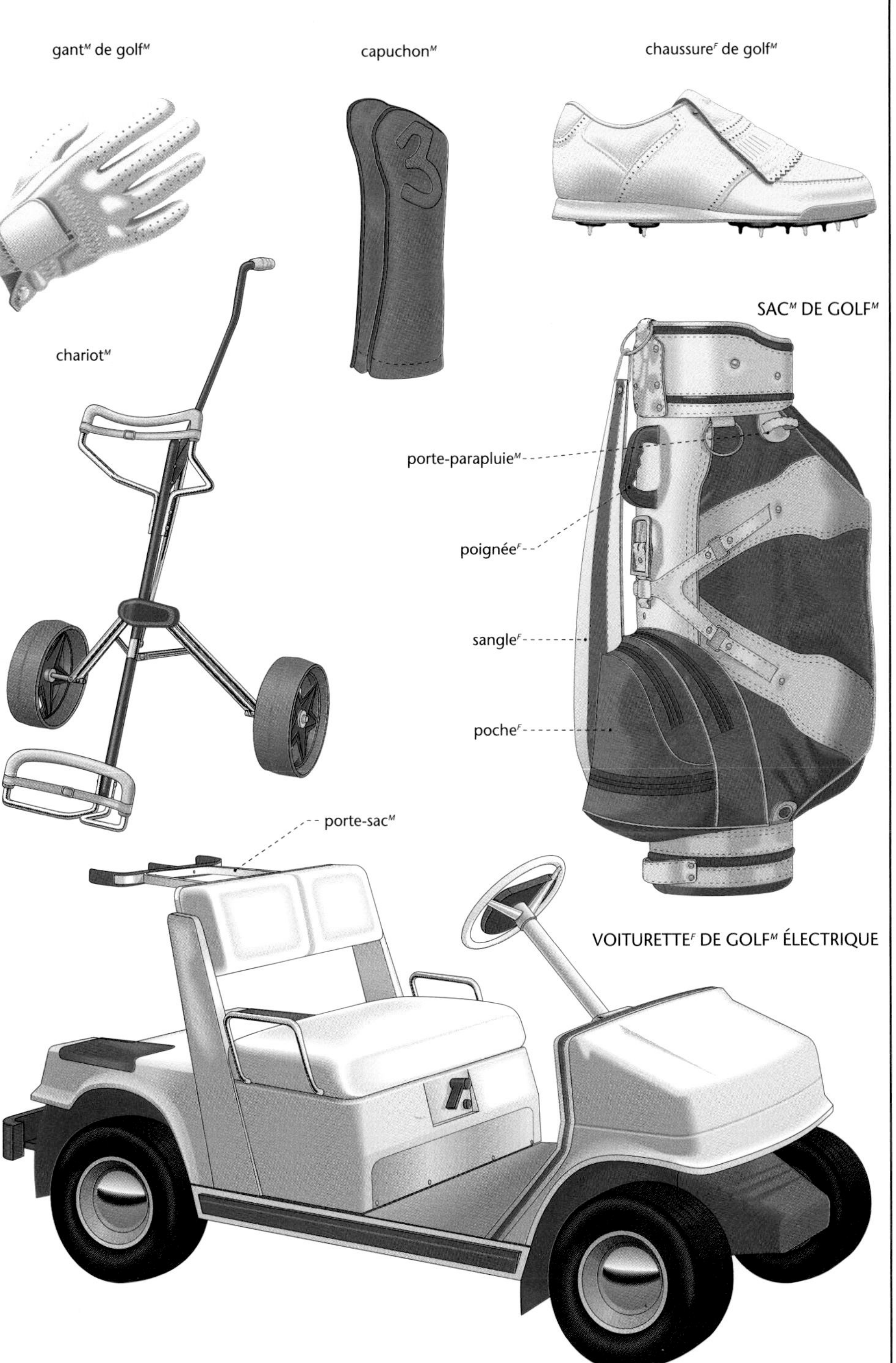
gantM de golfM
capuchonM
chaussureF de golfM
chariotM
SACM DE GOLFM
porte-parapluieM
poignéeF
sangleF
pocheF
porte-sacM
VOITURETTEF DE GOLFM ÉLECTRIQUE

ALPINISTE[M]
casque[M]
lampe[F] frontale
cagoule[F]
sac[M] à dos[M]
corde[F]
anorak[M]
mousqueton[M]
baudrier[M]
porte-pitons[M]
coinceur[M]
pelle[F] de montagne[F]
moufle[F]; *mitaine*[F]
marteau[M]-piolet[M]
piolet[M]
piton[M] à glace[F]
vis[F] à glace[F]
pantalon[M]
lanière[F]
jambière[F]
pointe[F] antérieure
pointe[F]
chaussure[F] d'alpinisme[M]

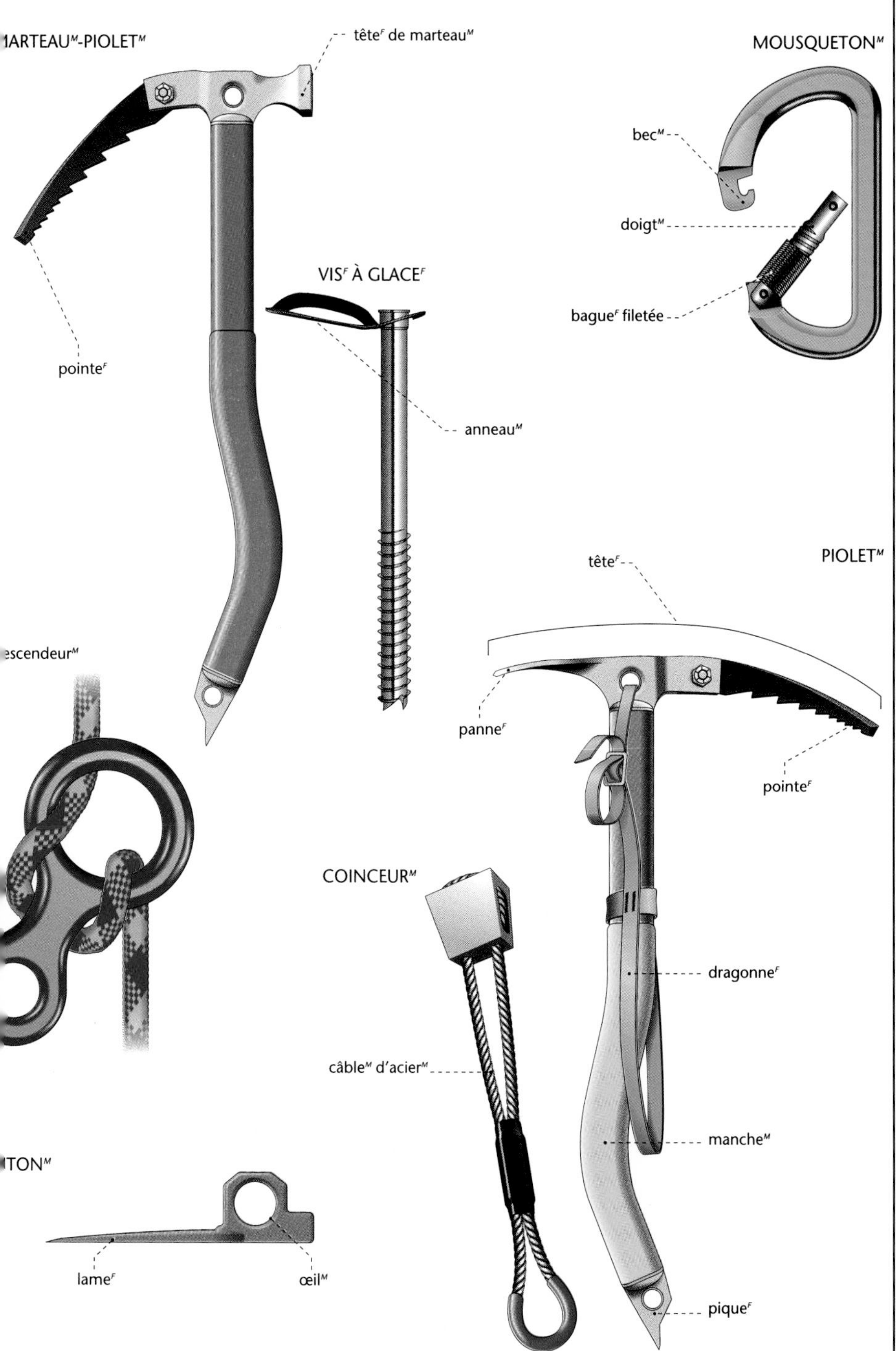

ARTEAU[M]-PIOLET[M]
tête[F] de marteau[M]
pointe[F]
VIS[F] À GLACE[F]
anneau[M]
MOUSQUETON[M]
bec[M]
doigt[M]
bague[F] filetée
scendeur[M]
PIOLET[M]
tête[F]
panne[F]
pointe[F]
COINCEUR[M]
dragonne[F]
câble[M] d'acier[M]
manche[M]
TON[M]
lame[F]
œil[M]
pique[F]

BOULES[F] ANGLAISES ET PÉTANQUE[F]

PELOUSE[F]

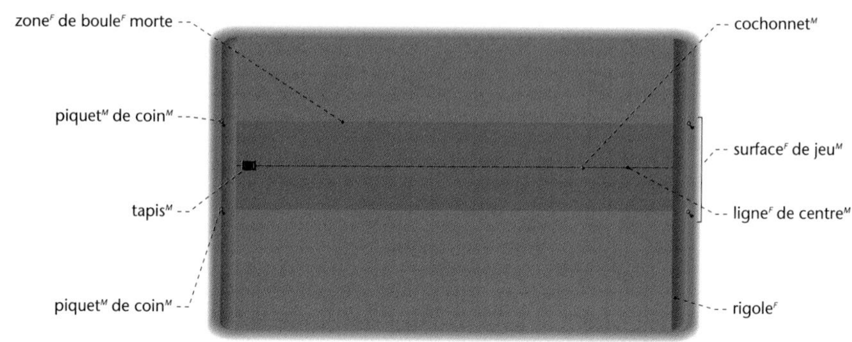

LANCEMENT[M] DE LA BOULE[F]

élan[M]

lancer[M]

accompagnement[M]

boule[F] anglaise

boule[F] de pétanque[F]

cochonnet[M]

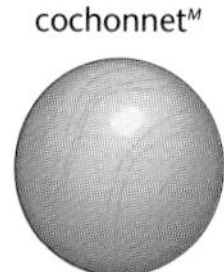

JEU[M] DE QUILLES[F]

TYPES[M] DE QUILLES[F]

OULE[F] DE QUILLES[F]

grosse quille[F]

Dauphine[F] américaine

quille[F] chandelle[F]

Dauphine[F] canadienne

petite quille[F]

QUILLIER[M]

quille[F]

poche[F]

quille[F]-reine[F]

PISTE[F]

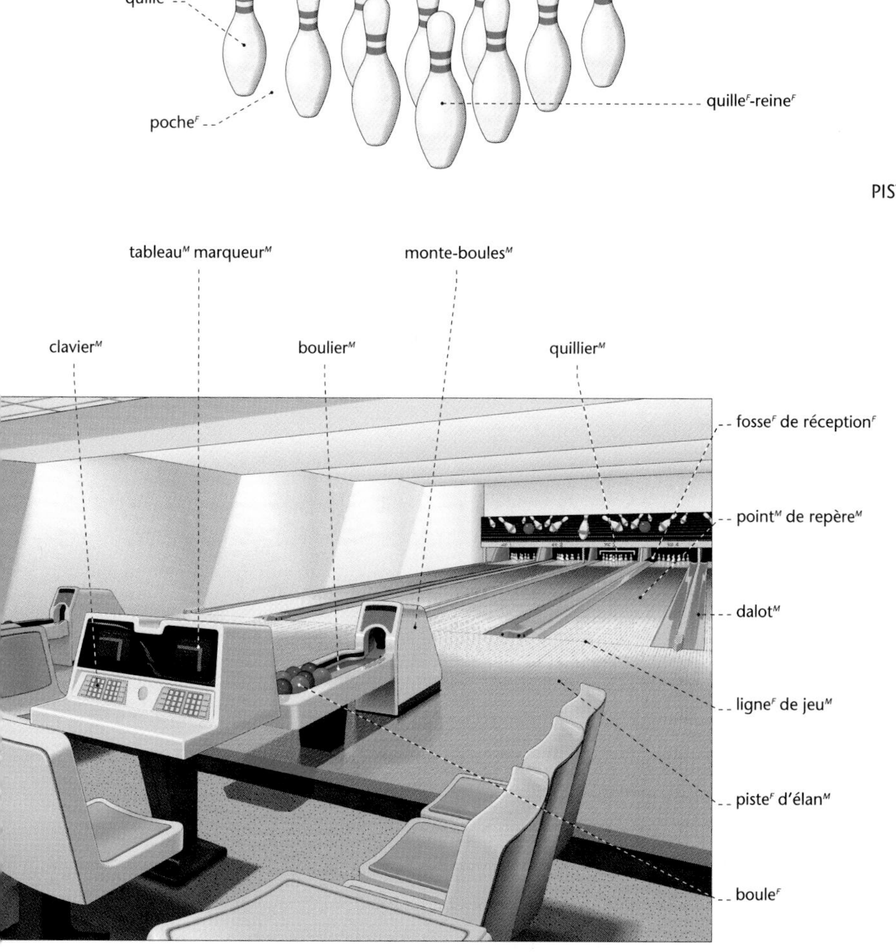

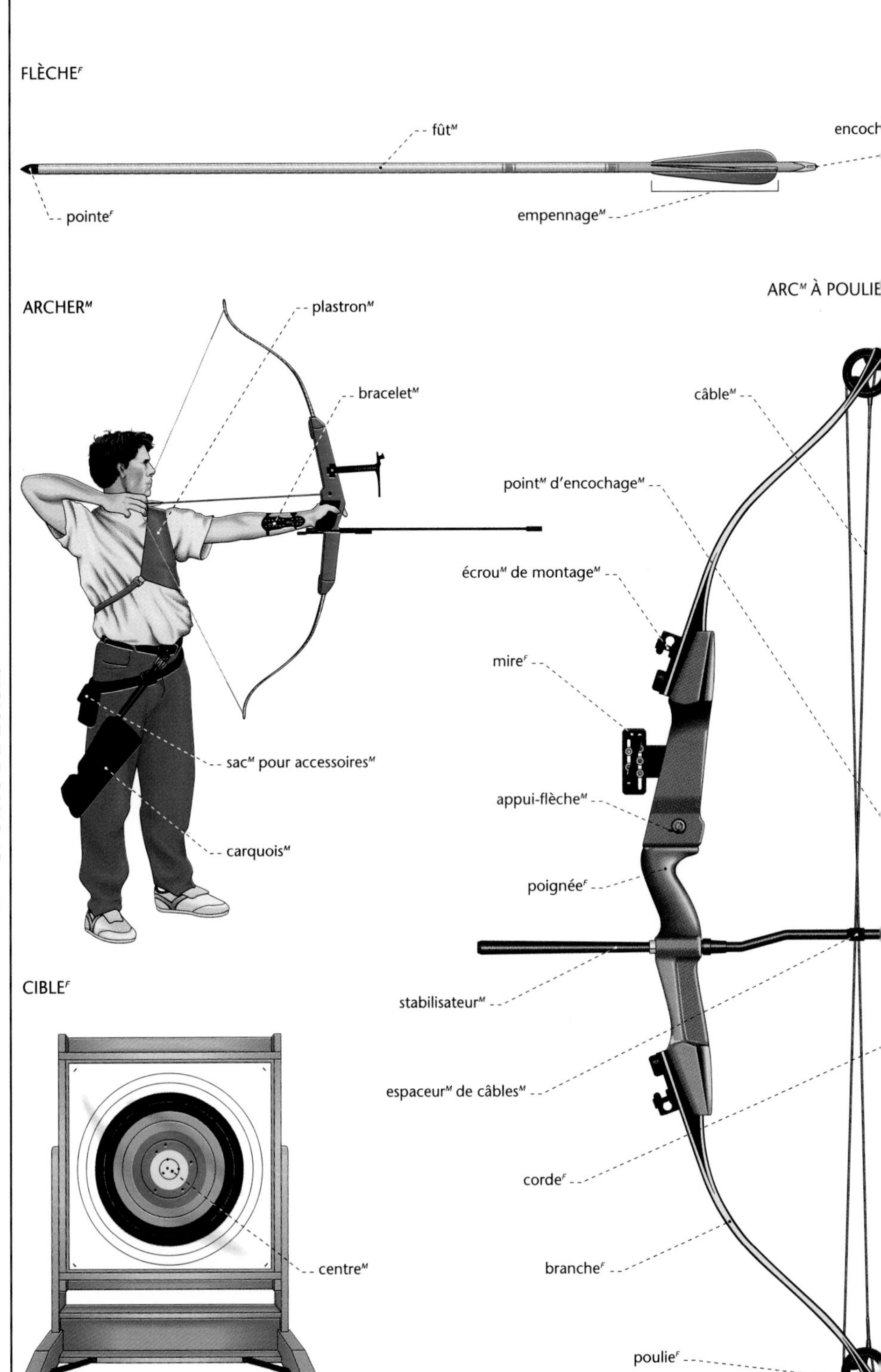
FLÈCHE^F
fût^M
encoch
pointe^F
empennage^M
ARCHER^M
plastron^M
bracelet^M
sac^M pour accessoires^M
carquois^M
CIBLE^F
centre^M
ARC^M À POULIE
câble^M
point^M d'encochage^M
écrou^M de montage^M
mire^F
appui-flèche^M
poignée^F
stabilisateur^M
espaceur^M de câbles^M
corde^F
branche^F
poulie^F

TENTE[F] DEUX PLACES[F]

double toit[M]
porte[F]
auvent[M]
tendeur[M]
fermeture[F] à glissière[F]
tente[F] intérieure
Sandow®[M]
hauban[M]
piquet[M]

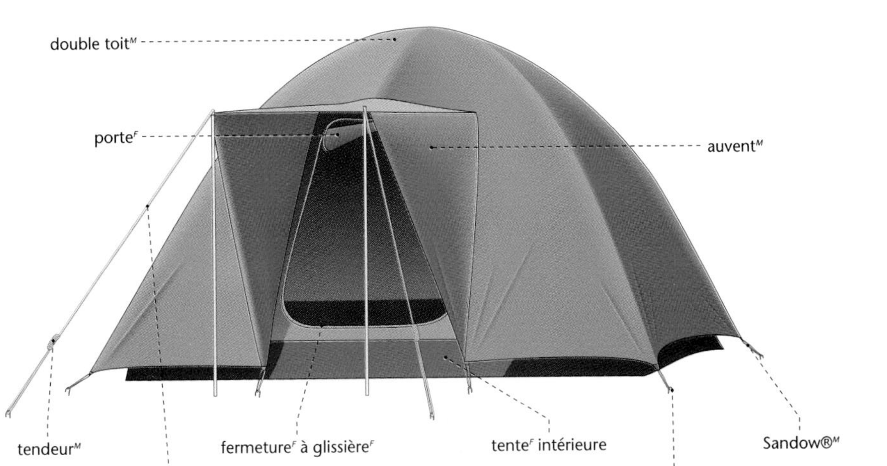

TENTE[F] FAMILIALE

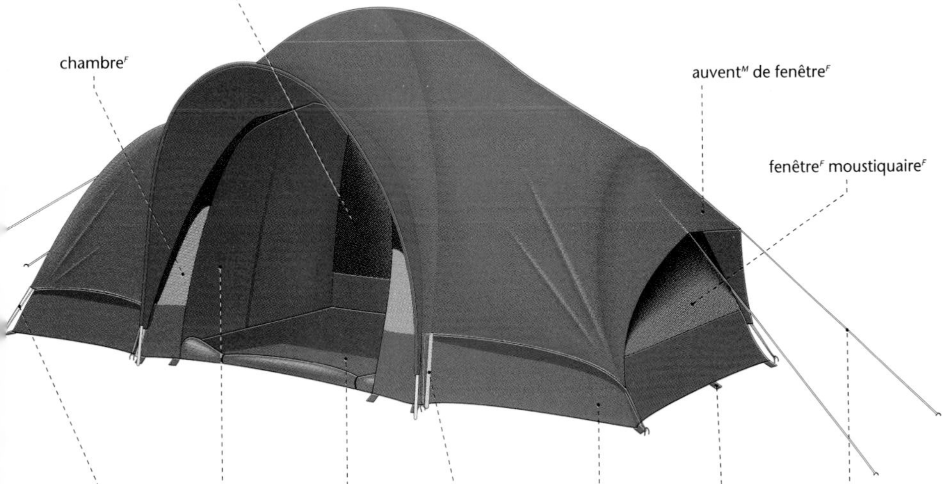

séjour[M]
chambre[F]
auvent[M] de fenêtre[F]
fenêtre[F] moustiquaire[F]
Sandow®[M]
tapis[M] de sol[M] cousu
mur[M]
hauban[M]
cloison[F]
armature[F]
boucle[F] de piquet[M]

TENTE[F] CANADIENNE

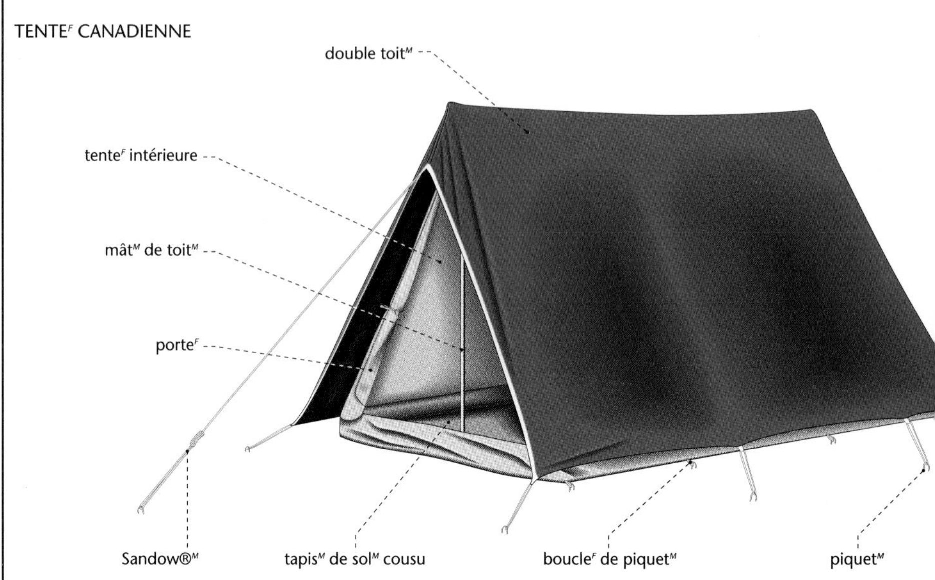

PRINCIPAUX TYPES[M] DE TENTES[F]

tente[F] rectangulaire

tente[F] grange[F]

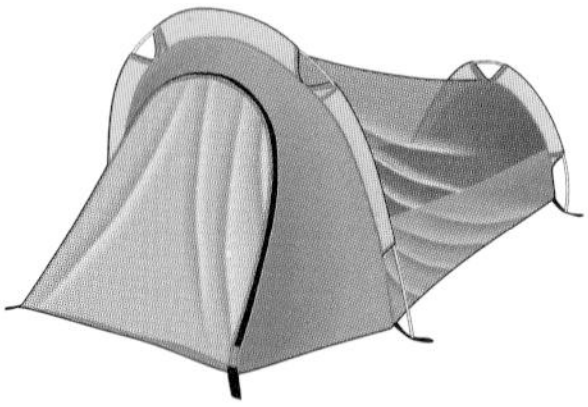

tente[F] dôme[M]

tente[F] individuelle

tente[F] igloo[M]

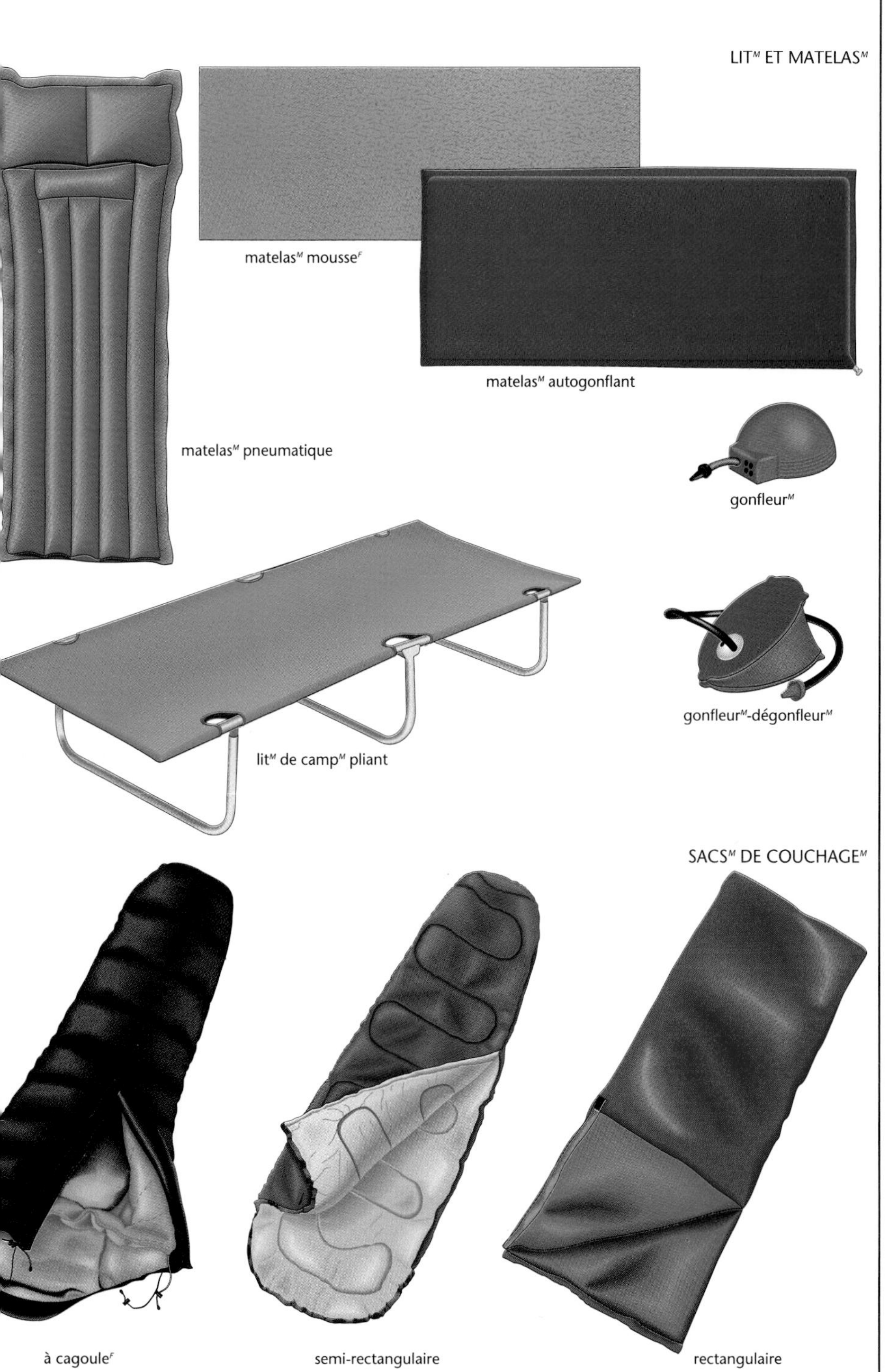

SACS[M] DE COUCHAGE[M]

MATÉRIEL[M] DE CAMPING[M]

COUTEAU[M] SUISSE

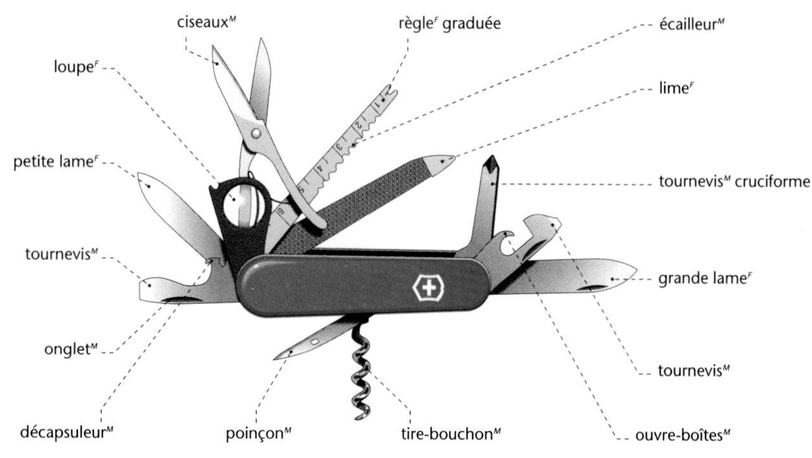

POPOTE[F]

tasse[F]

cafetière[F]

faitout[M]

poêle[F]

queue[F]

assiette[F] plate

USTENSILES[M] DE CAMPEUR[M]

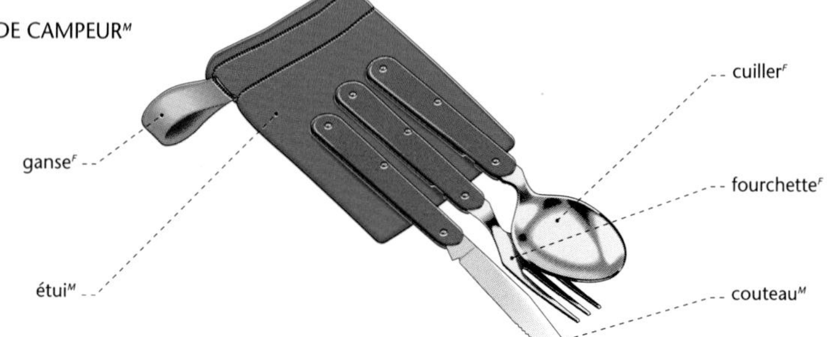

lanterne[F]

globe[M]
bâti[M] du brûleur[M]
régulateur[M] de pression[F]
bouchon[M] antifuite
réservoir[M]
ompe[F]

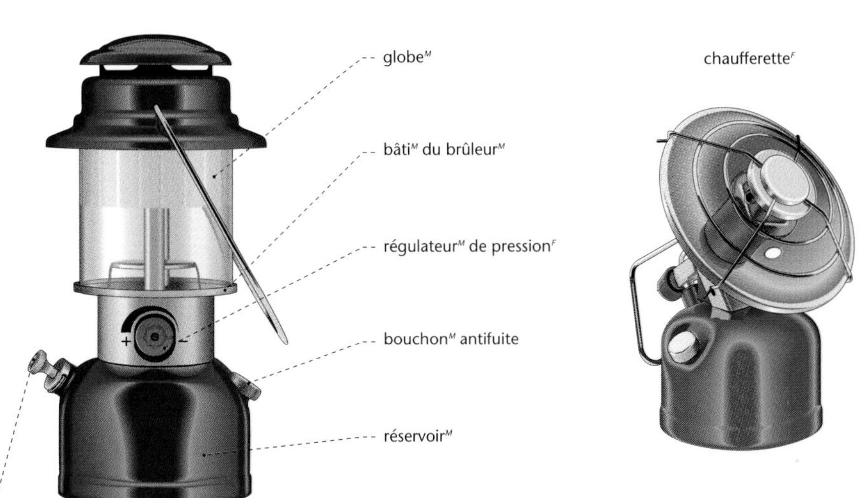

chaufferette[F]

réchaud[M] à un feu[M]

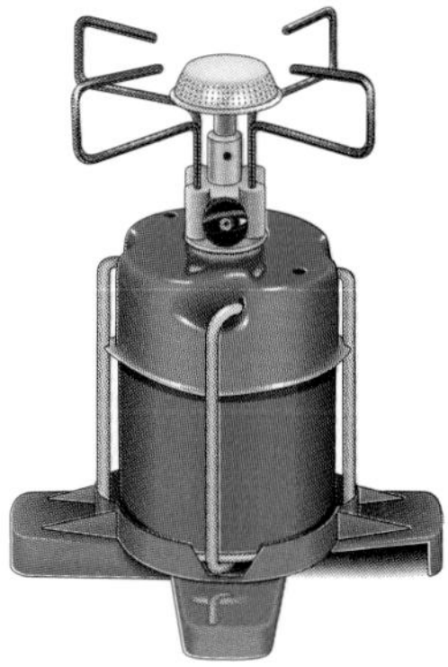

réchaud[M] à deux feux[M]

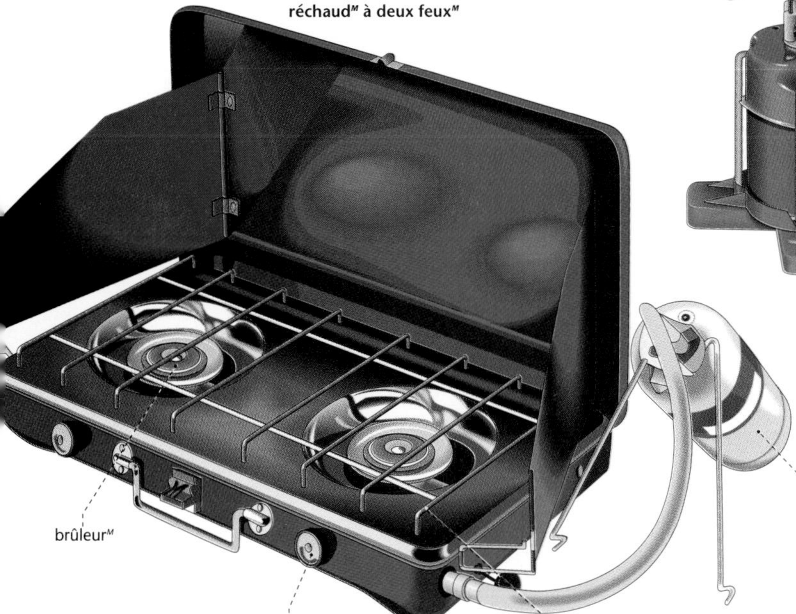

brûleur[M]
réservoir[M]
robinet[M] relais[M]
grille[F] stabilisatrice

MATÉRIEL[M] DE CAMPING[M]
bouteille[F] isolante
cruche[F]
gourde[F]
lampe[F]-tempête[F]
gril[M] pliant
glacière[F]
OUTILS[M]
hachette[F]
étui[M] de cuir[M]
gaine[F]
couteau[M]
pelle[F]-pioche[F] pliante
scie[F] de camping[M]

NŒUDS[M]

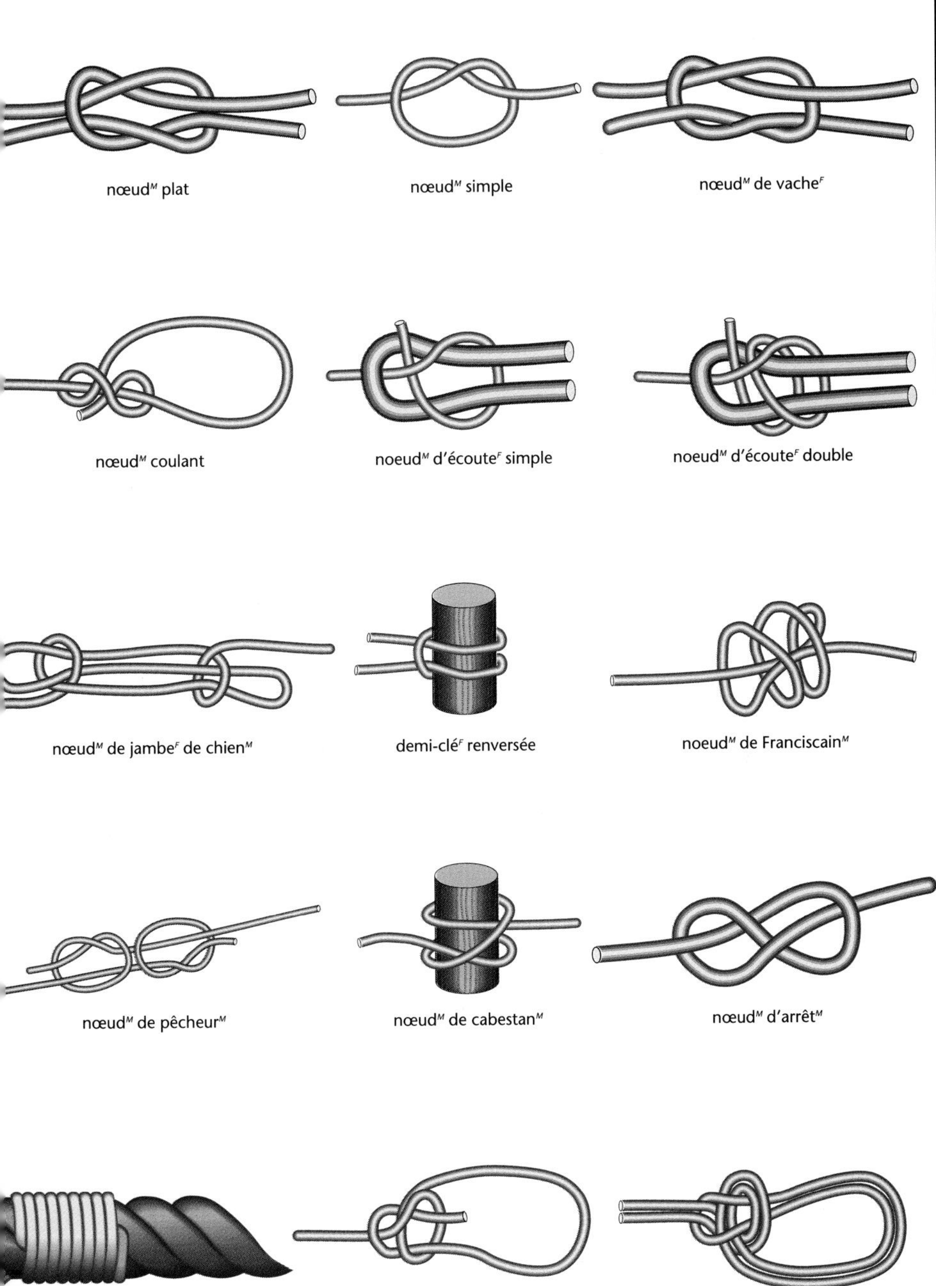

nœud[M] plat
nœud[M] simple
nœud[M] de vache[F]
nœud[M] coulant
noeud[M] d'écoute[F] simple
noeud[M] d'écoute[F] double
nœud[M] de jambe[F] de chien[M]
demi-clé[F] renversée
noeud[M] de Franciscain[M]
nœud[M] de pêcheur[M]
nœud[M] de cabestan[M]
nœud[M] d'arrêt[M]
surliure[F]
nœud[M] de chaise[F] simple
nœud[M] de chaise[F] double

NŒUDS[M]

ÉPISSURE[F] COURTE

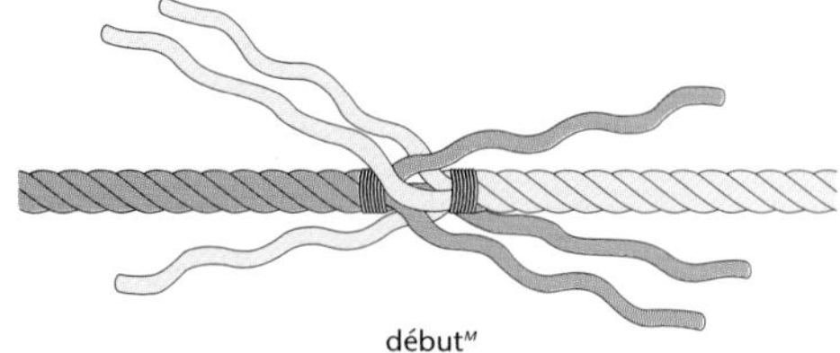

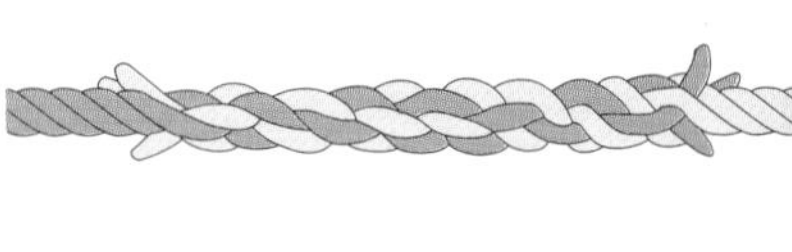

CÂBLE[M]

CORDAGE[M] COMMIS

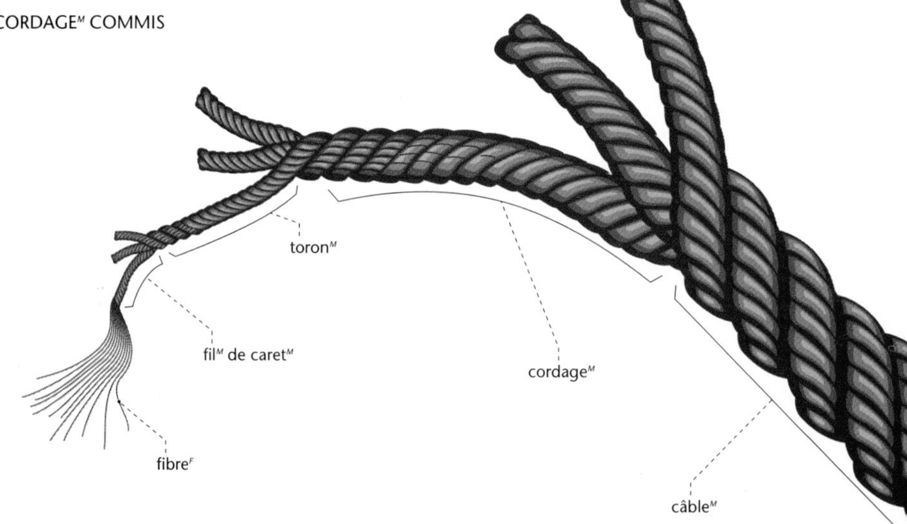

CORDAGE[M] TRESSÉ

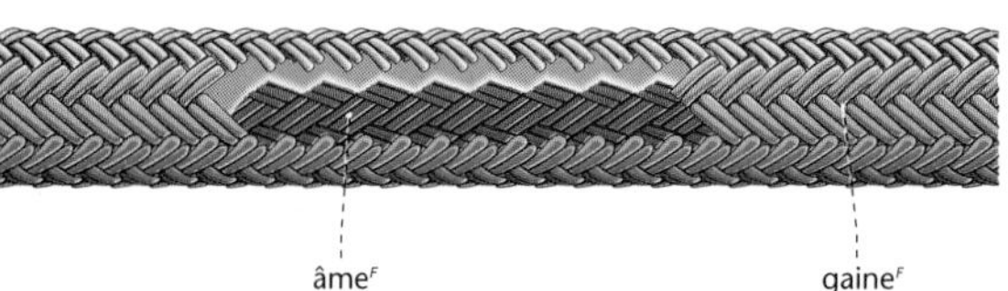

JEUX DE SOCIÉTÉ

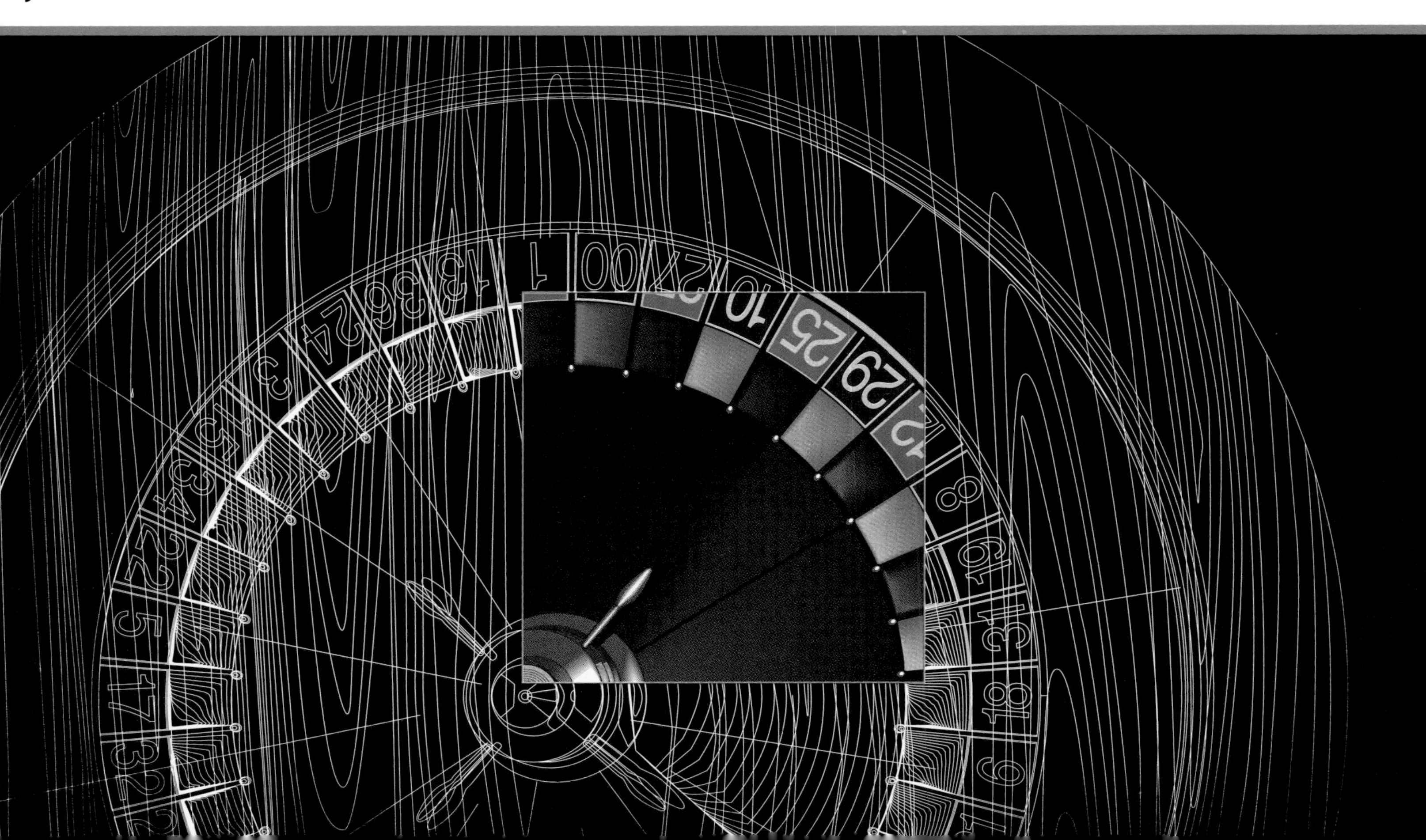

SOMMAIRE

CARTES[F]

SYMBOLES[M]

cœur[M]

carreau[M]

trèfle[M]

pique[M]

Joker[M]

As[M]

Roi[M]

Dame[F]

Valet[M]

COMBINAISONS[F] AU POKER[M]

quinte[F] royale

quinte[F]

carré[M]

main[F] pleine

couleur[F]

séquence[F]

brelan[M]

double paire[F]

paire[F]

carte[F] isolée

DOMINOS[M]

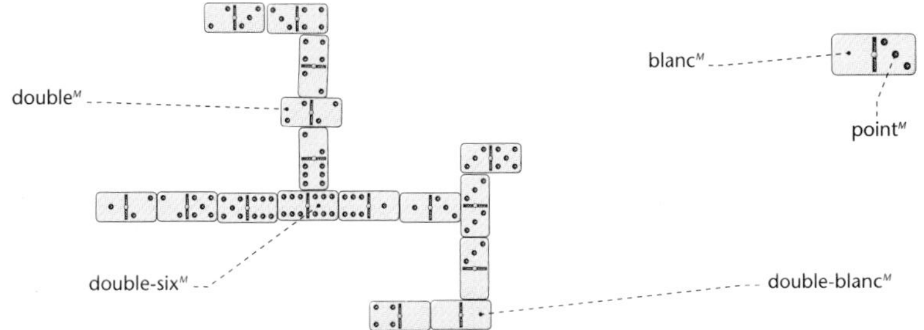

ÉCHECS[M]

ÉCHIQUIER[M]

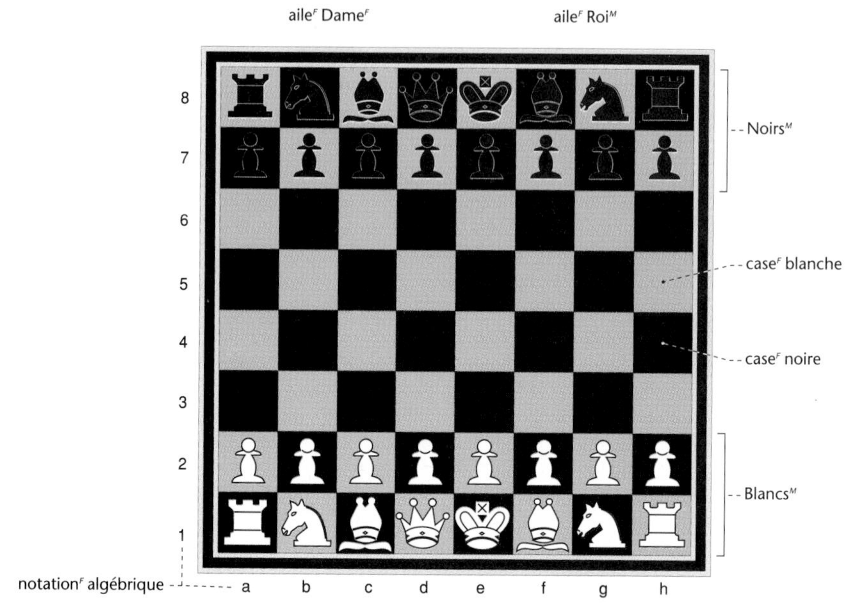

TYPES[M] DE DÉPLACEMENTS[M]

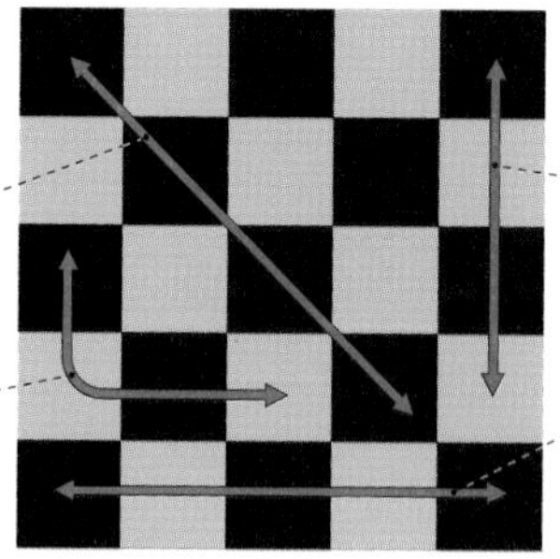

déplacement[M] diagonal

déplacement[M] vertical

déplacement[M] en équerre[F]

déplacement[M] horizontal

PIÈCES[F]

Pion[M]

Tour[F]

Roi[M]

Dame[F]

Fou[M]

Cavalier[M]

JACQUET[M]

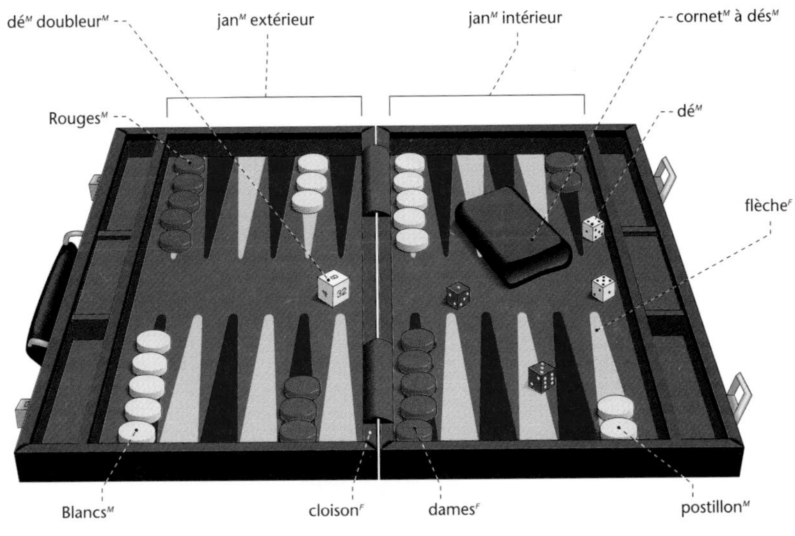

GO[M]

TERRAIN[M]

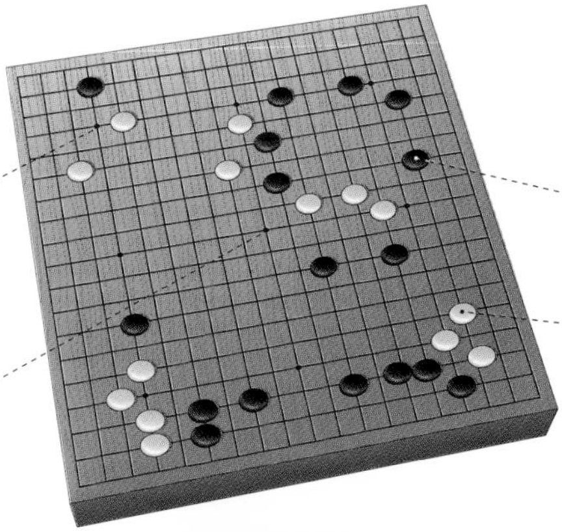

points[M] de handicap[M]

pierre[F] noire

pierre[F] blanche

centre[M]

PRINCIPAUX MOUVEMENTS[M]

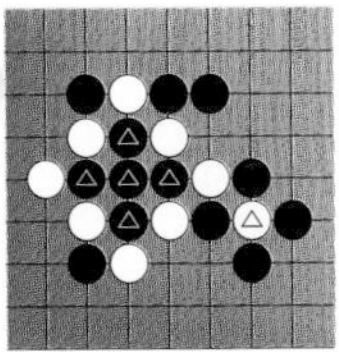

capture[F]

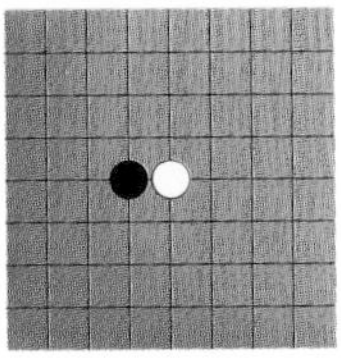

contact[M]

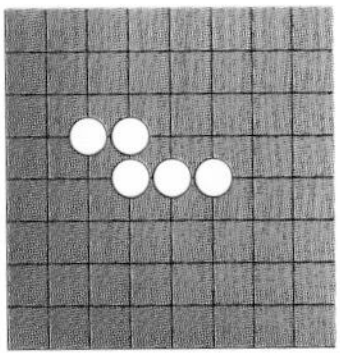

connexion[F]

JEU[M] DE FLÉCHETTES[F]

CIBLE[F]

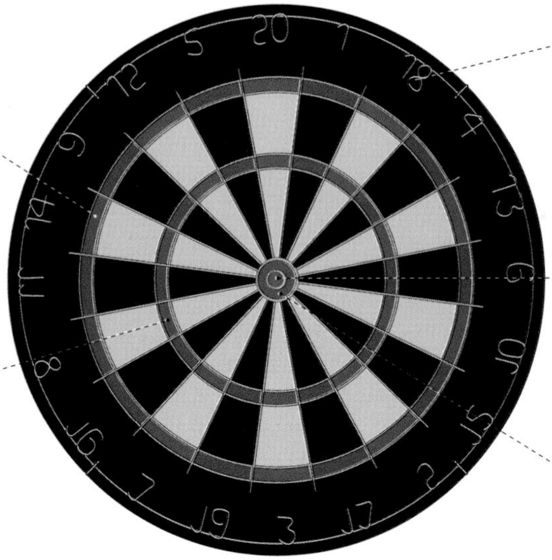

valeur[F] des segments[M]
score[M] doublé
50 points[M]
score[M] triplé
25 points[M]

FLÉCHETTE[F]

pointe[F]
corps[M]
fût[M]
empennage[M]

AIRE[F] DE JEU[M]

fond[M] de protection[F]
tableau[M] des scores[M]
1,74 m
ligne[F] de jeu[M]
2,37 m

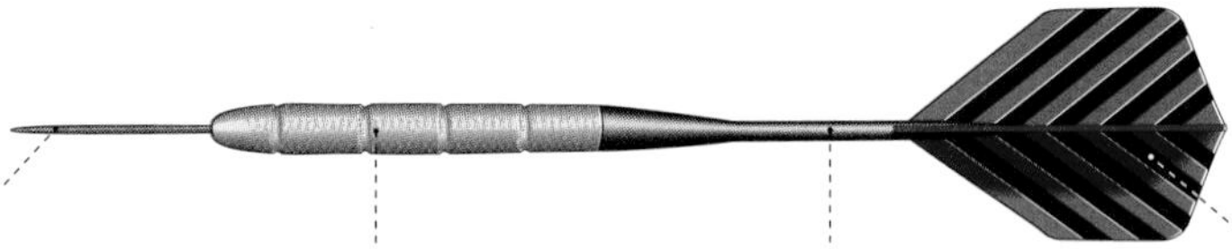

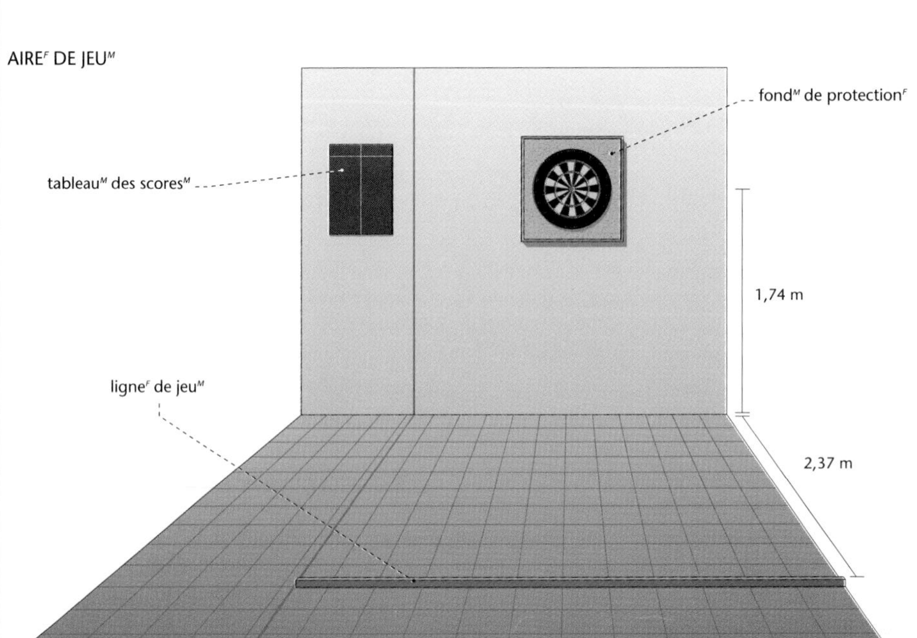

SYSTÈME[M] DE JEUX[M] VIDÉO

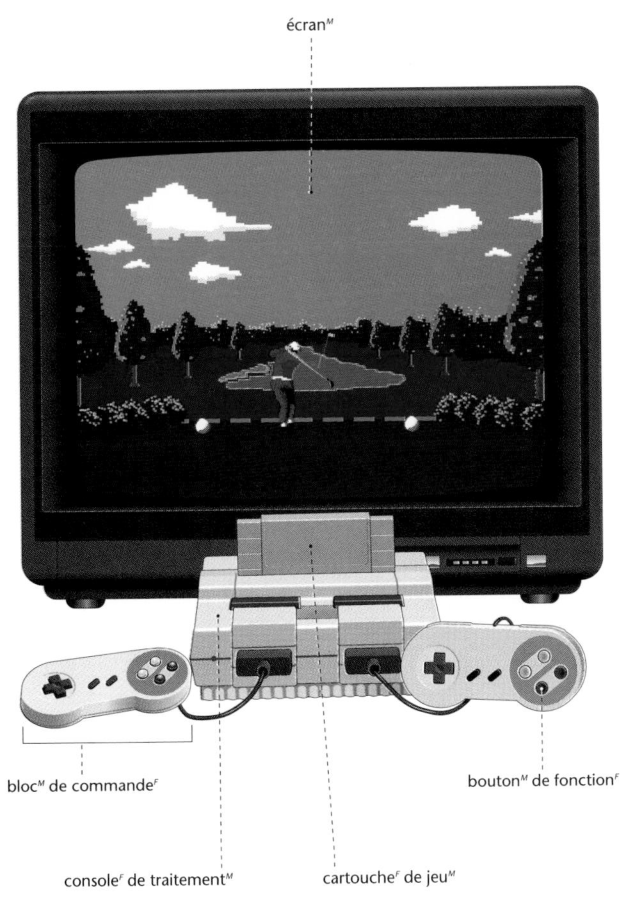

DÉS[M]

dé[M] à poker[M]

dé[M] régulier

TABLE[F] DE ROULETTE

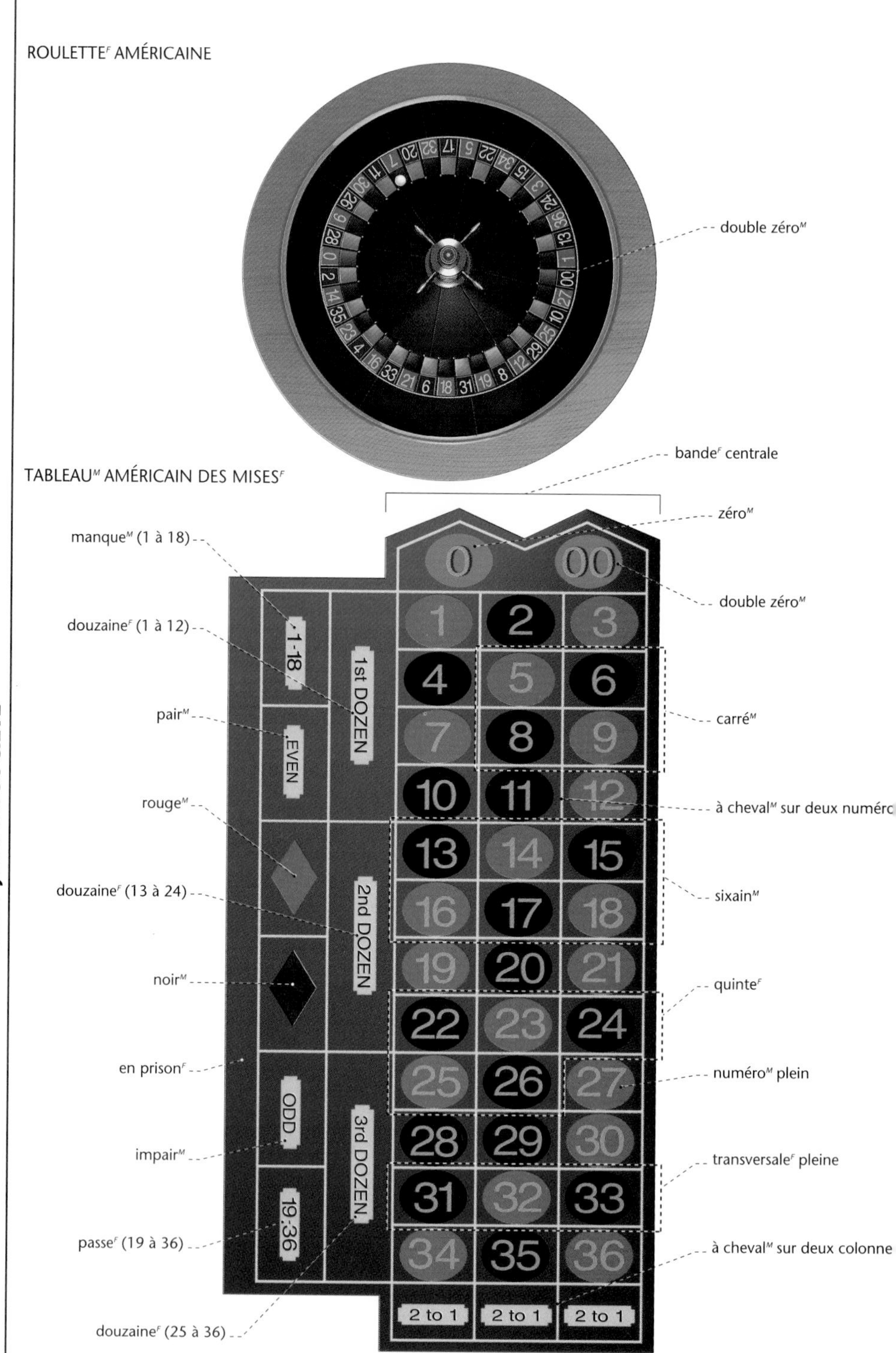

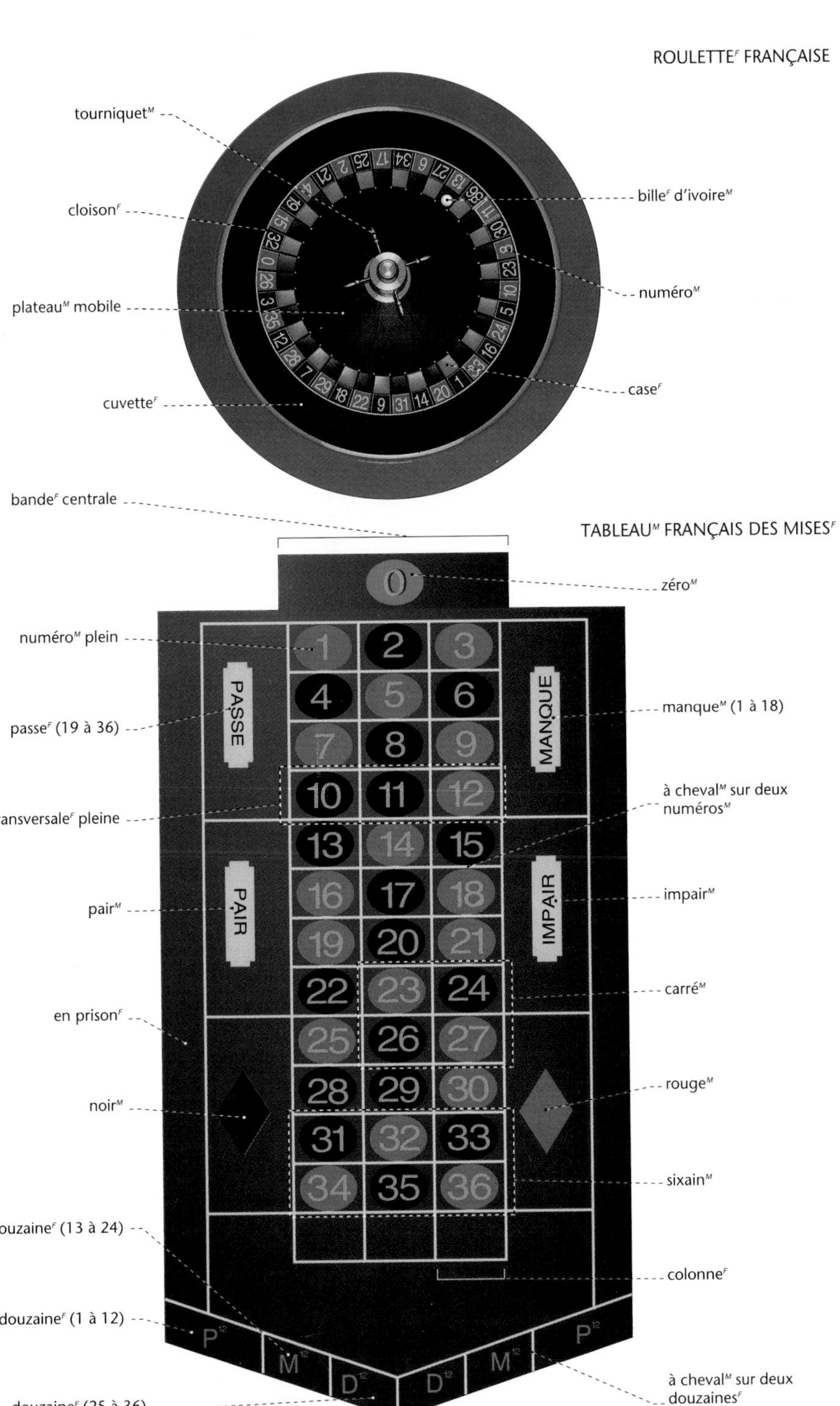
ROULETTE[F] FRANÇAISE
tourniquet[M]
cloison[F]
plateau[M] mobile
cuvette[F]
bille[F] d'ivoire[M]
numéro[M]
case[F]
bande[F] centrale
TABLEAU[M] FRANÇAIS DES MISES[F]
zéro[M]
numéro[M] plein
passe[F] (19 à 36)
transversale[F] pleine
pair[M]
en prison[F]
noir[M]
douzaine[F] (13 à 24)
douzaine[F] (1 à 12)
douzaine[F] (25 à 36)
manque[M] (1 à 18)
à cheval[M] sur deux numéros[M]
impair[M]
carré[M]
rouge[M]
sixain[M]
colonne[F]
à cheval[M] sur deux douzaines[F]
PASSE
MANQUE
PAIR
IMPAIR

MACHINE^F À SOUS^M

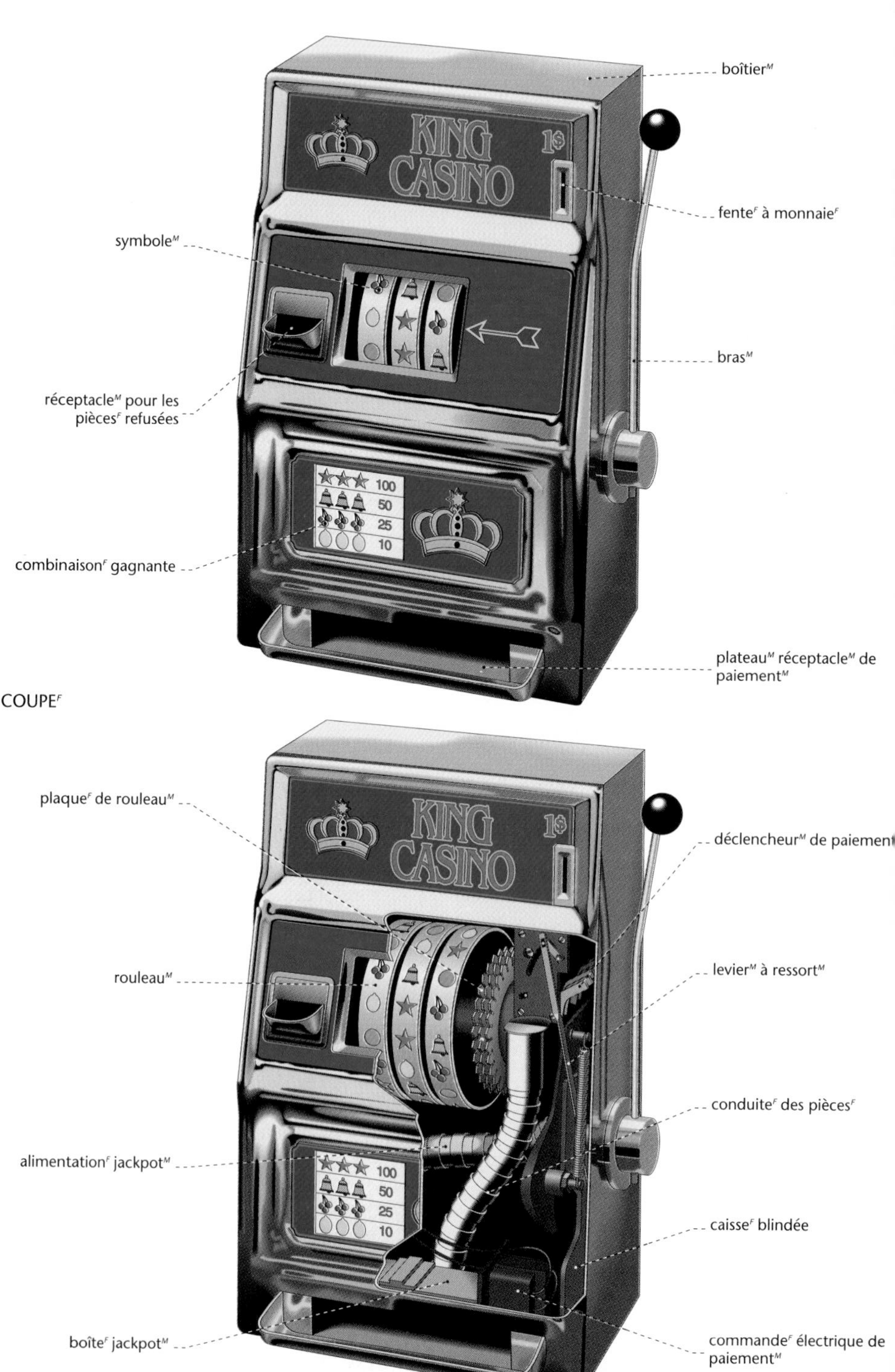

APPAREILS DE MESURE

SOMMAIRE

MESURE DE LA TEMPÉRATURE 705
MESURE DU TEMPS 706
MESURE DE LA MASSE 708
MESURE DE LA PRESSION 710
MESURE DE LA LONGUEUR 711
MESURE DE LA DISTANCE 711
MESURE DE L'ÉPAISSEUR 711
WATTHEUREMÈTRE 712
MESURE DES ANGLES 713
MESURE DES ONDES SISMIQUES 714

MESURE[F] DE LA TEMPÉRATURE[F]

HERMOMÈTRE[M]

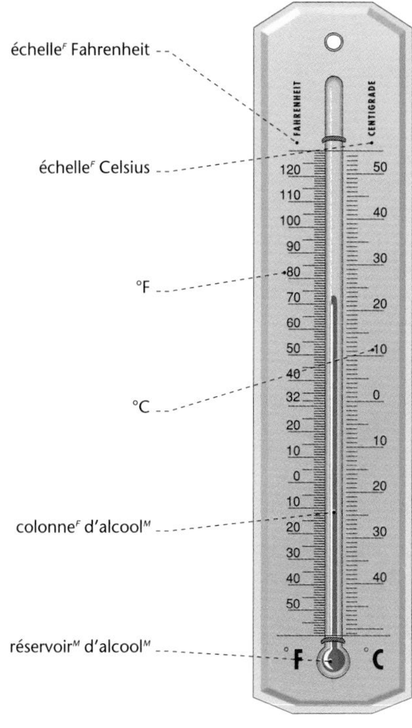

THERMOMÈTRE[M] MÉDICAL

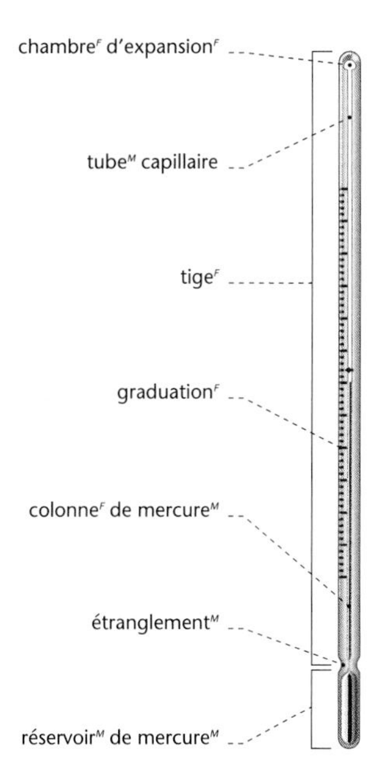

HERMOMÈTRE[M] BIMÉTALLIQUE

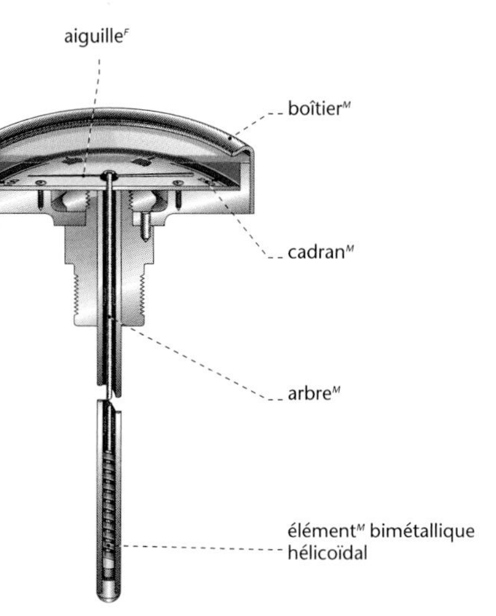

THERMOSTAT[M] D'AMBIANCE[F]

CHRONOMÈTRE[M]

MONTRE[F] MÉCANIQUE

MONTRE[F] À AFFICHAGE[M] ANALOGIQU

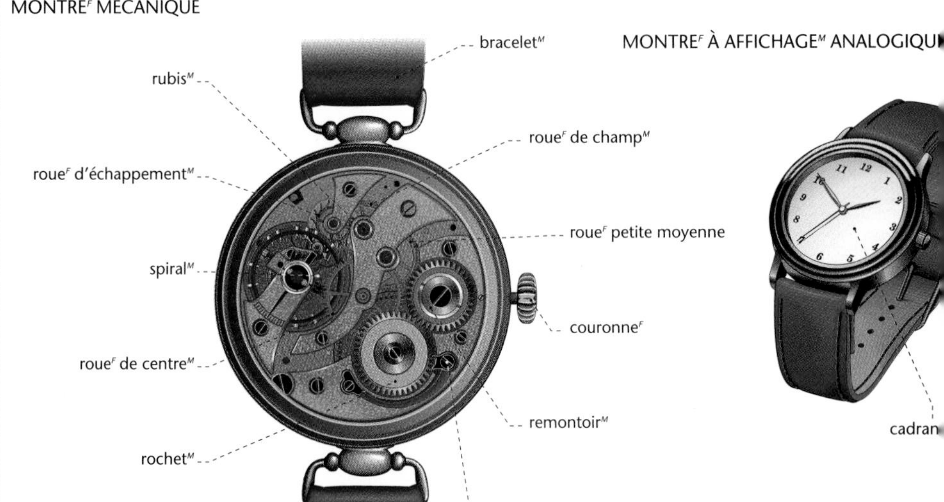

MONTRE[F] À AFFICHAGE[M] NUMÉRIQUE

CADRAN[M] SOLAIR

HORLOGE[F] DE PARQUET[M]

corniche[F]
caisse[F]
aiguille[F] des heures[F]
cadran[M]
socle[M]
cadran[M] des phases[F] de la Lune[F]
aiguille[F] des minutes[F]
poids[M]
pendule[M]
chaîne[F]

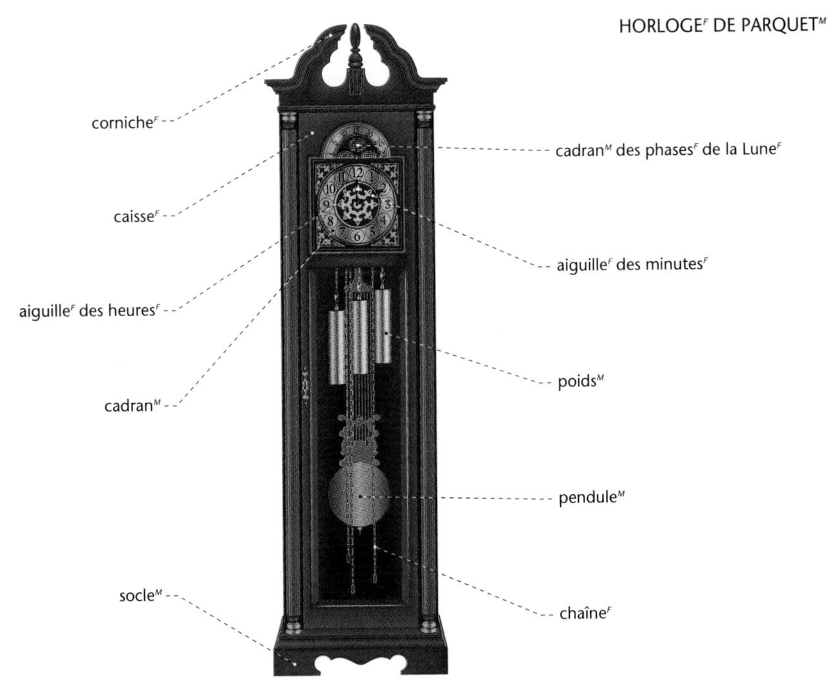

MÉCANISME[M] DE L'HORLOGE[F] À POIDS[M]

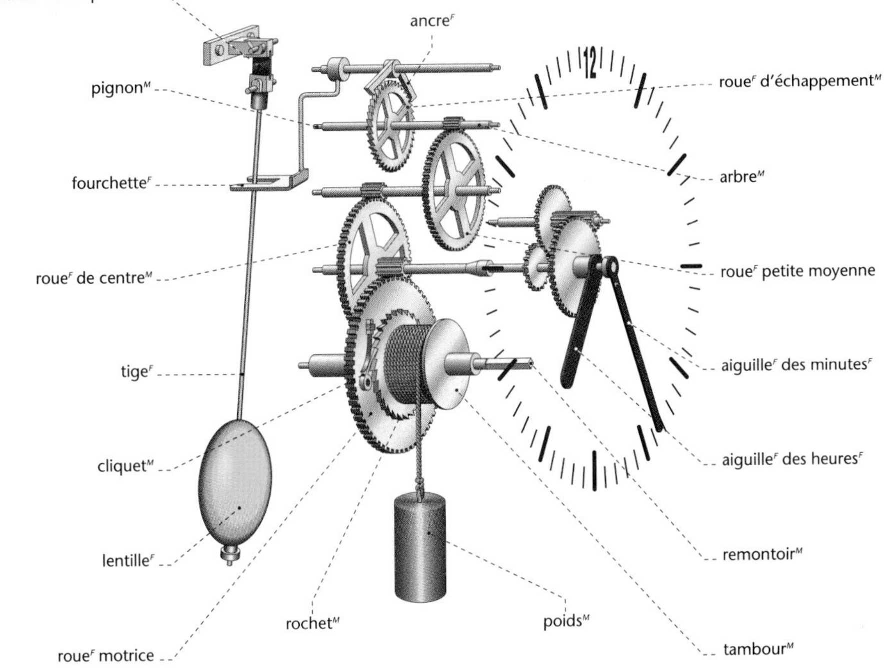

lame[F] de suspension[F]
pignon[M]
fourchette[F]
roue[F] de centre[M]
tige[F]
cliquet[M]
lentille[F]
roue[F] motrice
rochet[M]
poids[M]
ancre[F]
roue[F] d'échappement[M]
arbre[M]
roue[F] petite moyenne
aiguille[F] des minutes[F]
aiguille[F] des heures[F]
remontoir[M]
tambour[M]

MESURE[F] DE LA MASSE[F]

BALANCE[F] À FLÉAU[M]

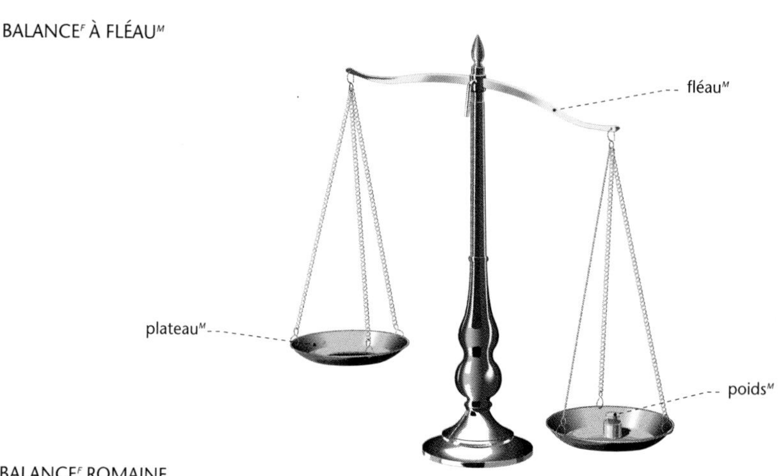

BALANCE[F] ROMAINE

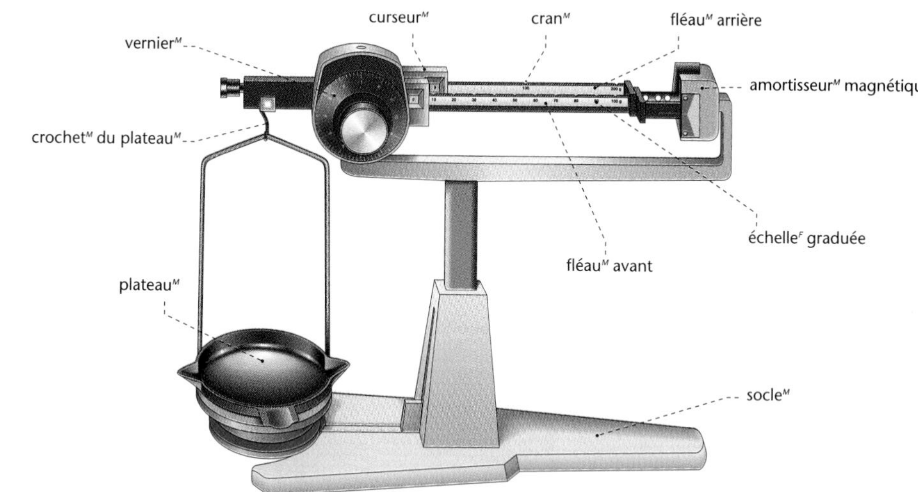

BALANCE[F] DE ROBERVAL

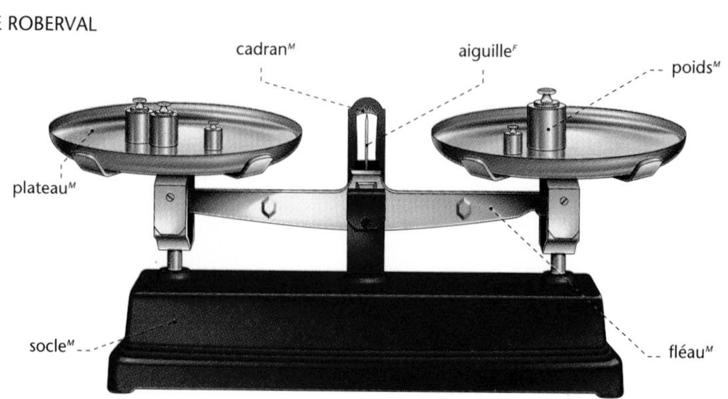

PESON[M]

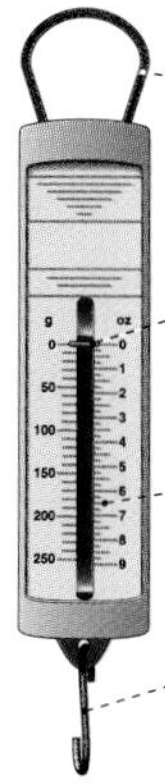

anneau[M]
index[M]
échelle[F] graduée
crochet[M]

BALANCE[F] ÉLECTRONIQUE

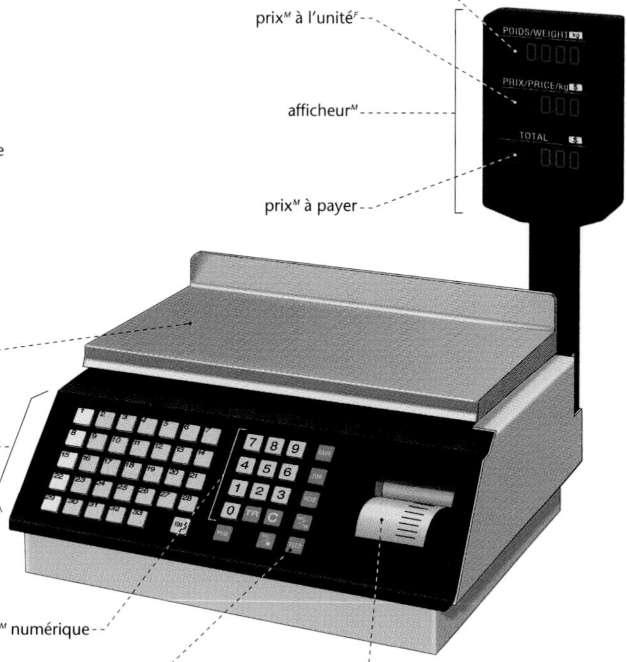

poids[M]
prix[M] à l'unité[F]
afficheur[M]
prix[M] à payer
plateau[M]
touches[F] de fonctions[F]
clavier[M] numérique
code[M] des produits[M]
étiquette[F]
POIDS/WEIGHT kg
PRIX/PRICE/kg $
TOTAL $

PÈSE-PERSONNE[M]

affichage[M] numérique
plate-forme[F]

BALANCE[F] DE PRÉCISION[F]

cage[F] vitrée
porte[F]
plateau[M]
vis[F] calante
4.4956 g

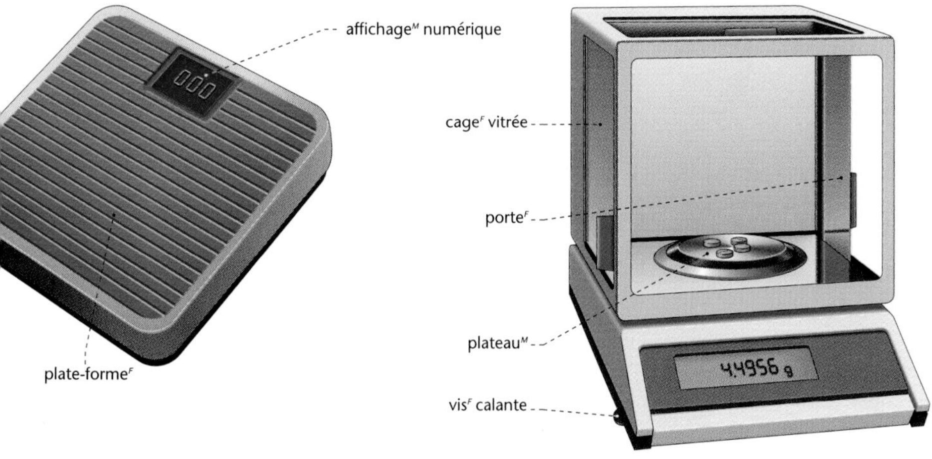

BAROMÈTRE[M]/THERMOMÈTRE[M]

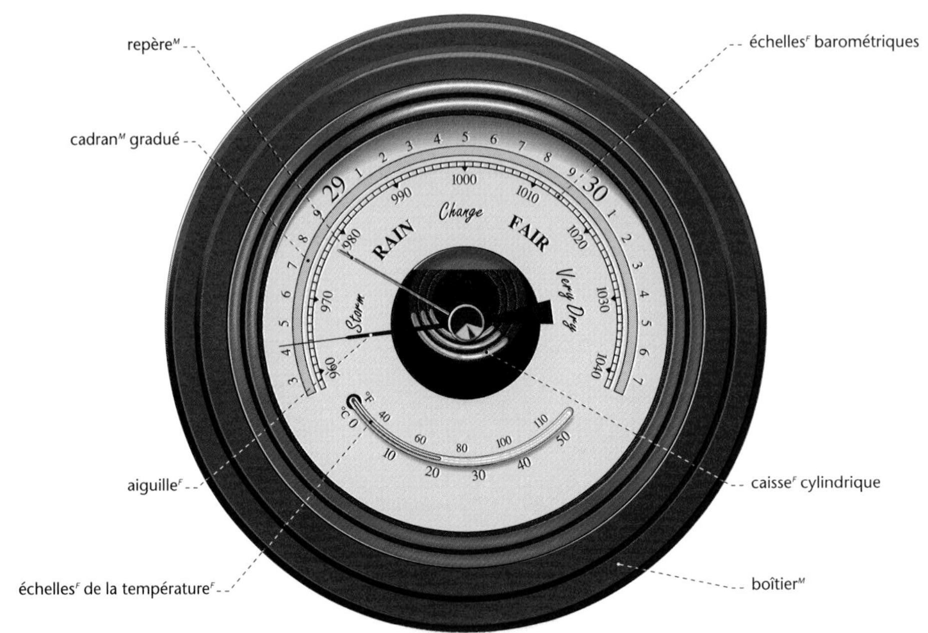

TENSIOMÈTRE[M]

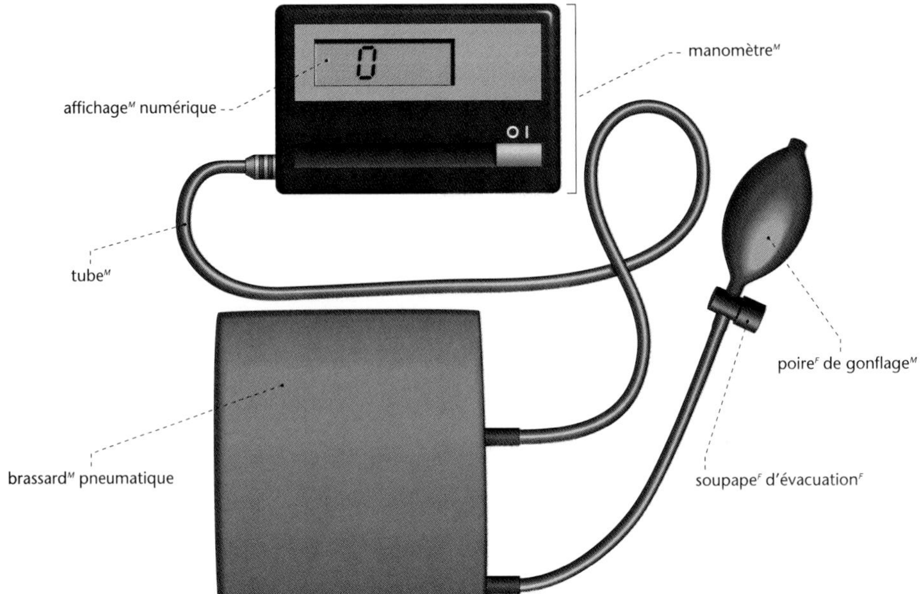

MESURE[F] DE LA LONGUEUR[F]

MÈTRE[M] À RUBAN[M]

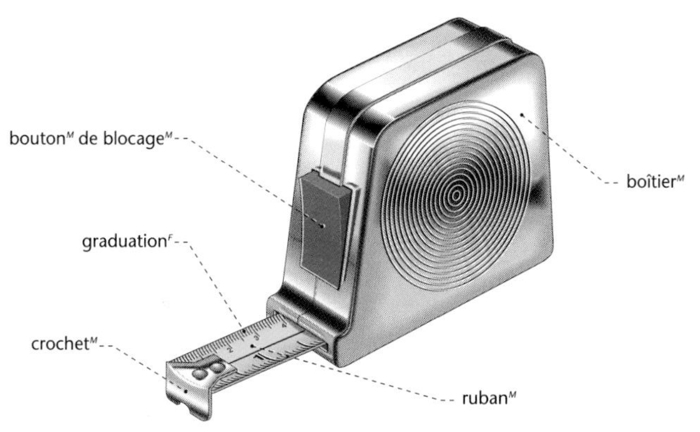

MESURE[F] DE LA DISTANCE[F]

PODOMÈTRE[M]

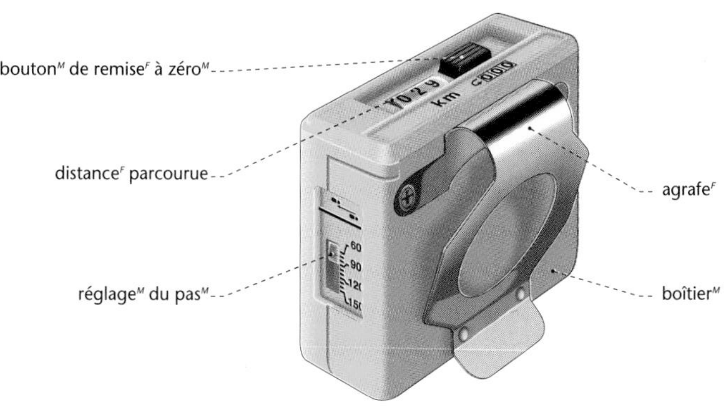

MESURE[F] DE L'ÉPAISSEUR[F]

MICROMÈTRE[M] PALMER[M]

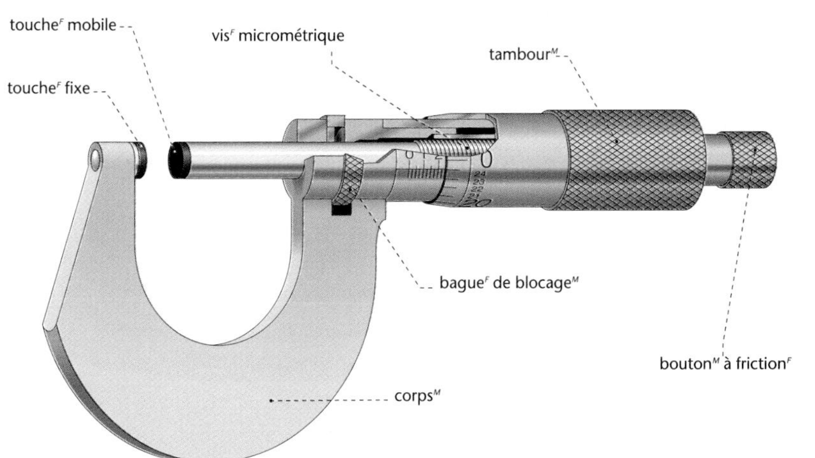

VUE[F] EXTÉRIEURE

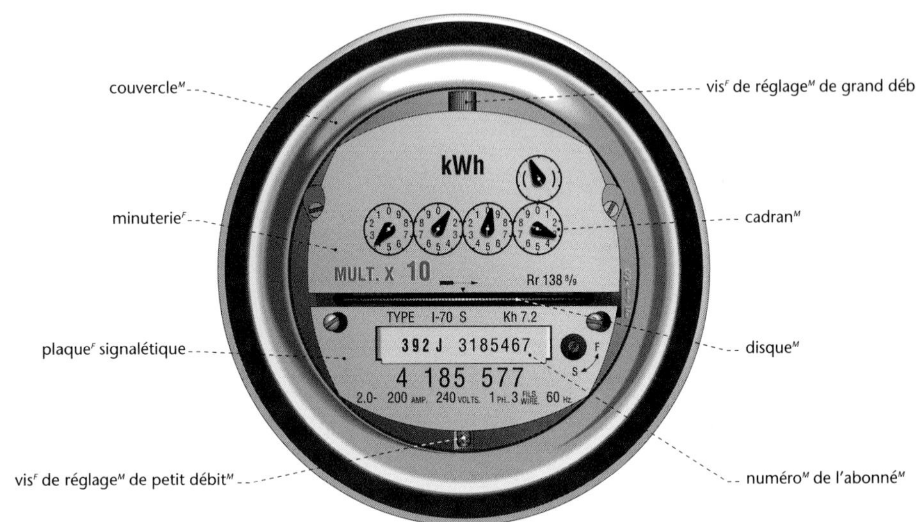

MÉCANISME[M]

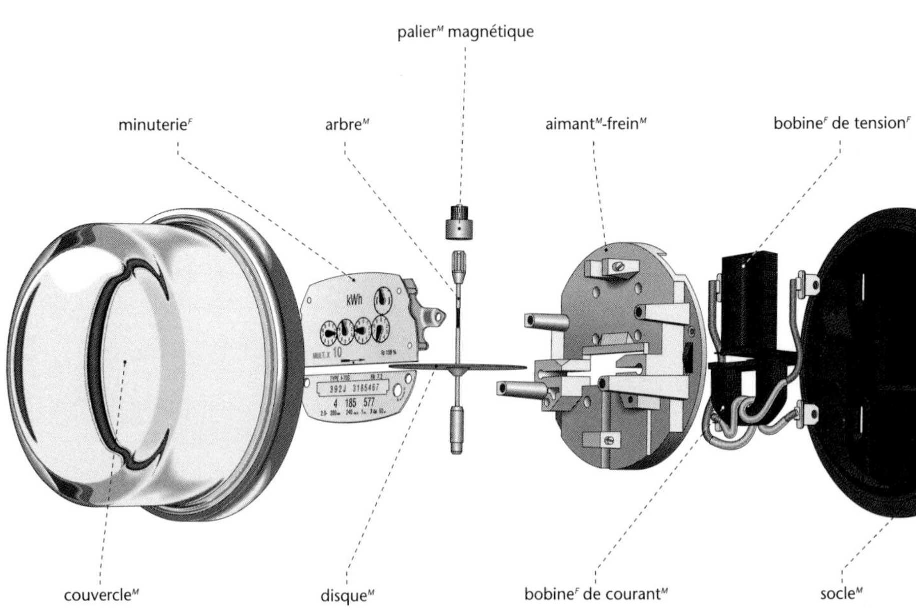

MESURE[F] DES ANGLES[M]

THÉODOLITE[M]

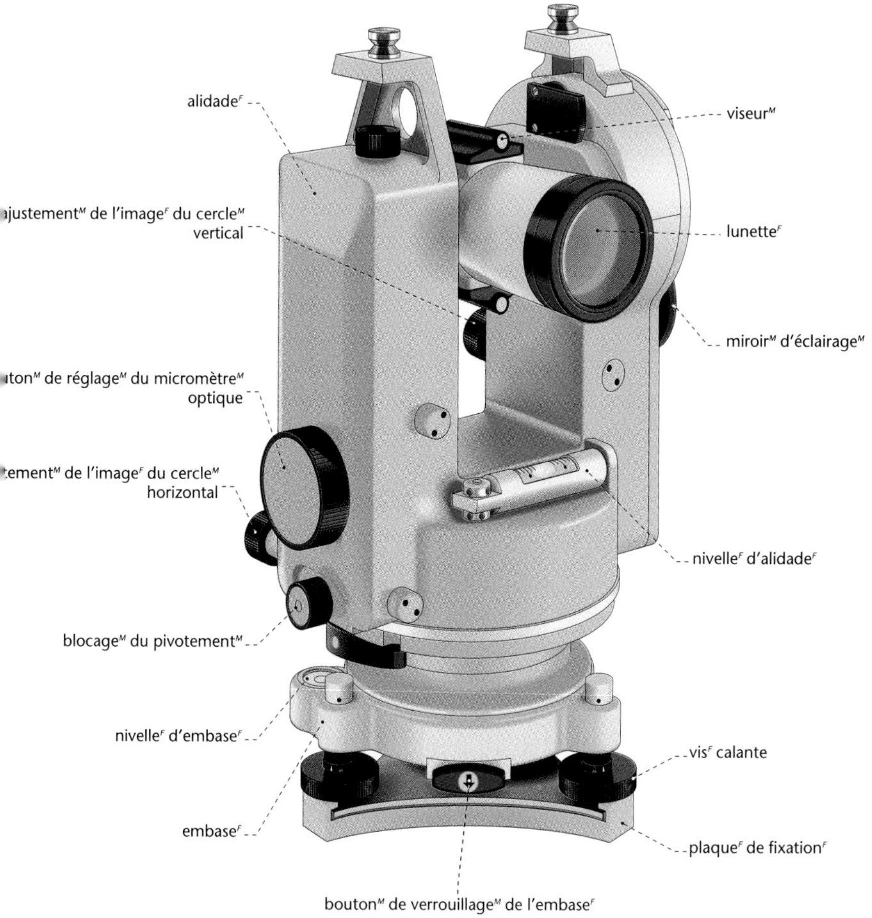
alidade[F]
viseur[M]
ajustement[M] de l'image[F] du cercle[M] vertical
lunette[F]
miroir[M] d'éclairage[M]
ıton[M] de réglage[M] du micromètre[M] optique
tement[M] de l'image[F] du cercle[M] horizontal
nivelle[F] d'alidade[F]
blocage[M] du pivotement[M]
nivelle[F] d'embase[F]
vis[F] calante
embase[F]
plaque[F] de fixation[F]
bouton[M] de verrouillage[M] de l'embase[F]

fausse-équerre[F]

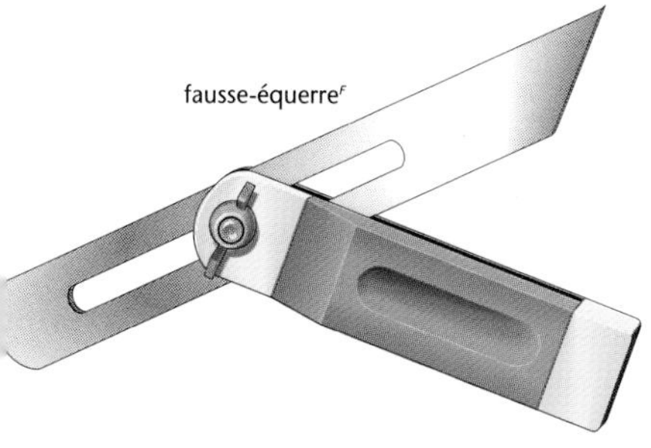

rapporteur[M] d'angle[M]

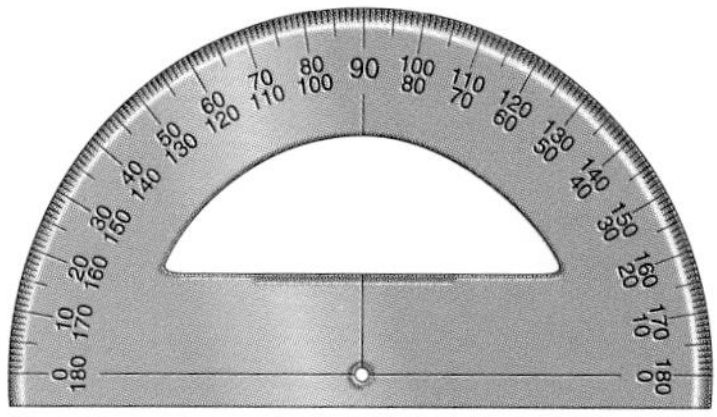

MESURE^F DES ONDES^F SISMIQUES

DÉTECTION^F DES ONDES^F SISMIQUES

AMPLIFICATION^F DES ONDES^F SISMIQUES

TRANSCRIPTION^F DES ONDES^F SISMIQUES

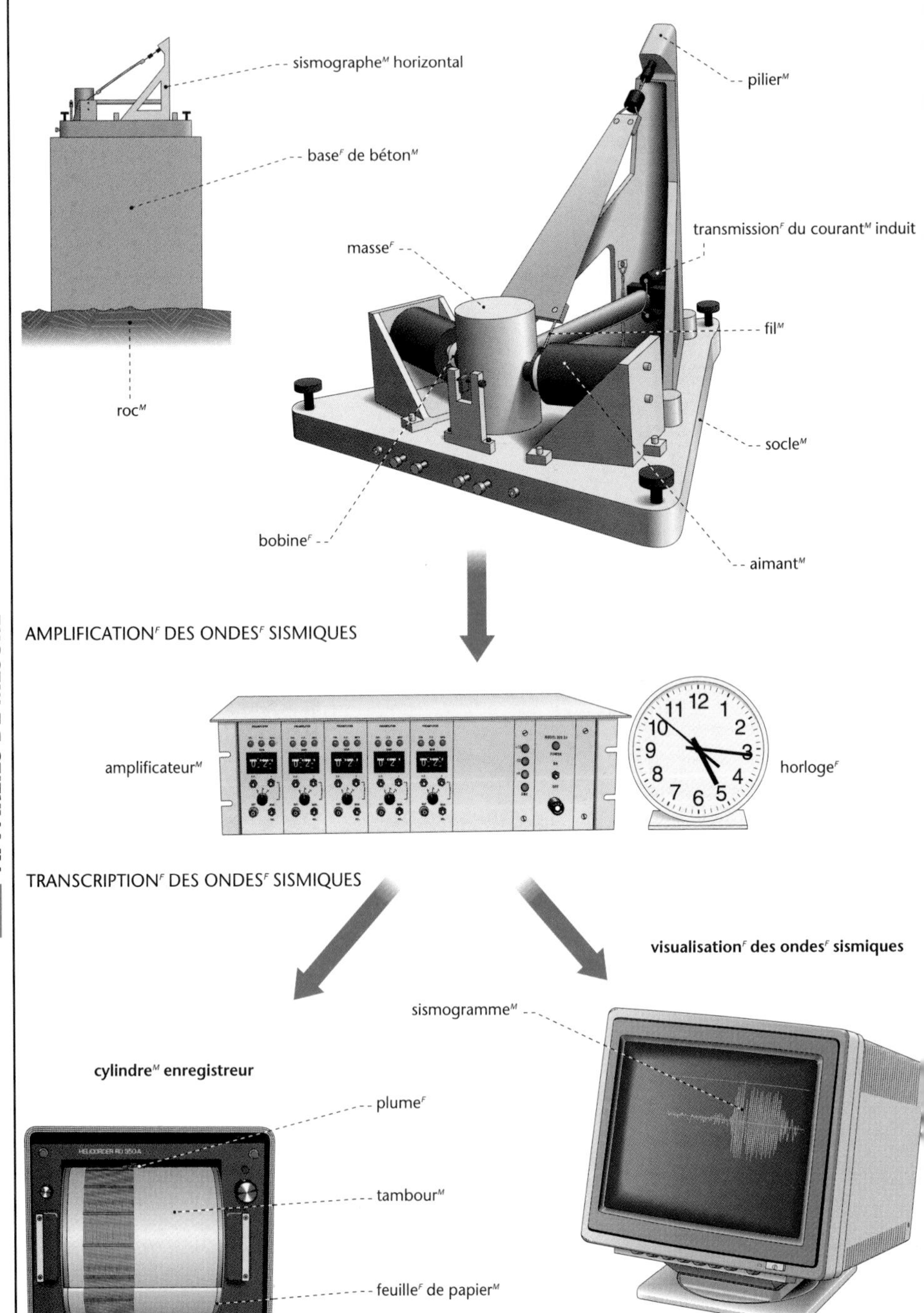

APPAREILS DE VISION

SOMMAIRE

MICROSCOPE^M ÉLECTRONIQUE

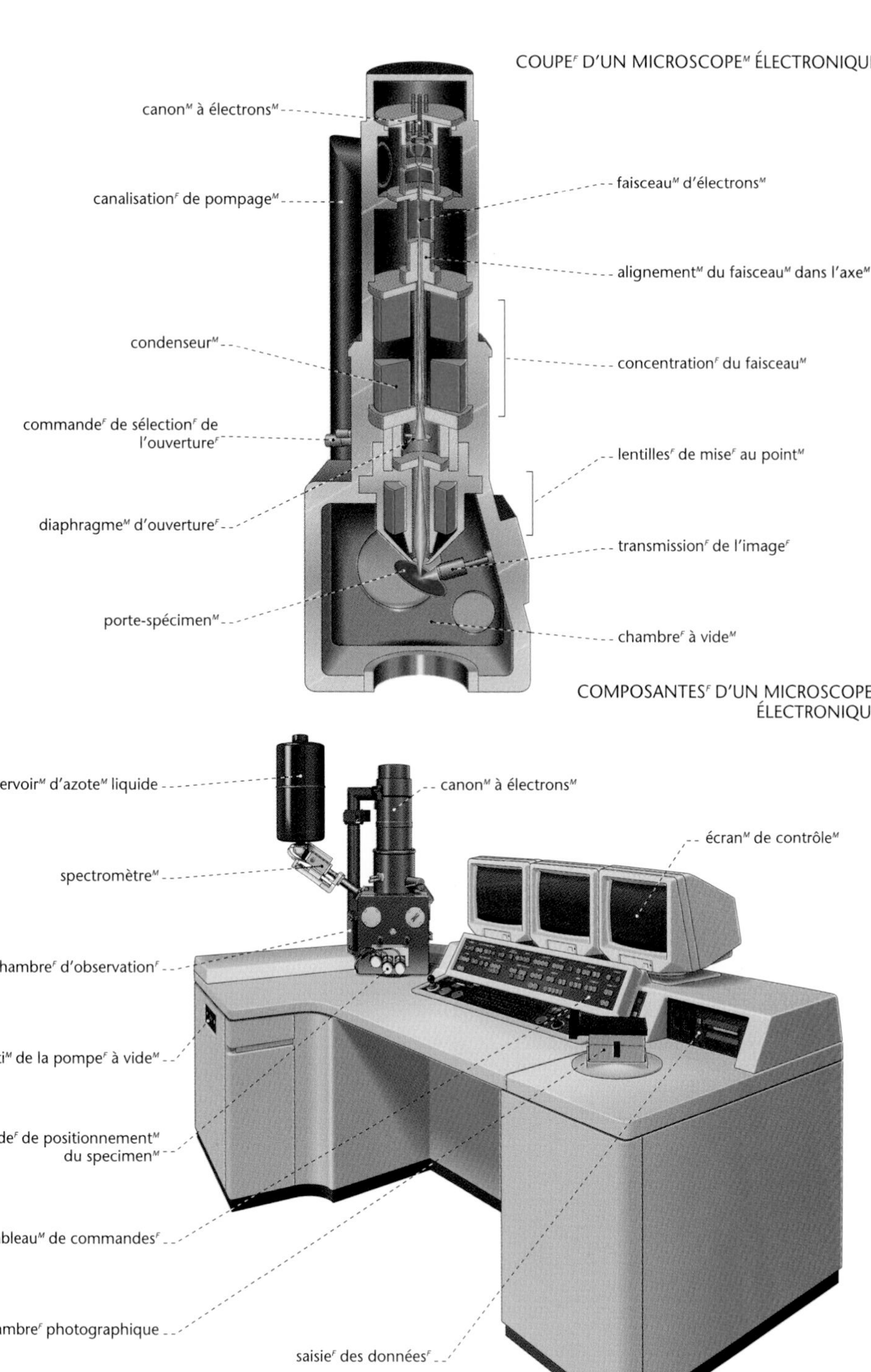

MICROSCOPE[M] BINOCULAIRE

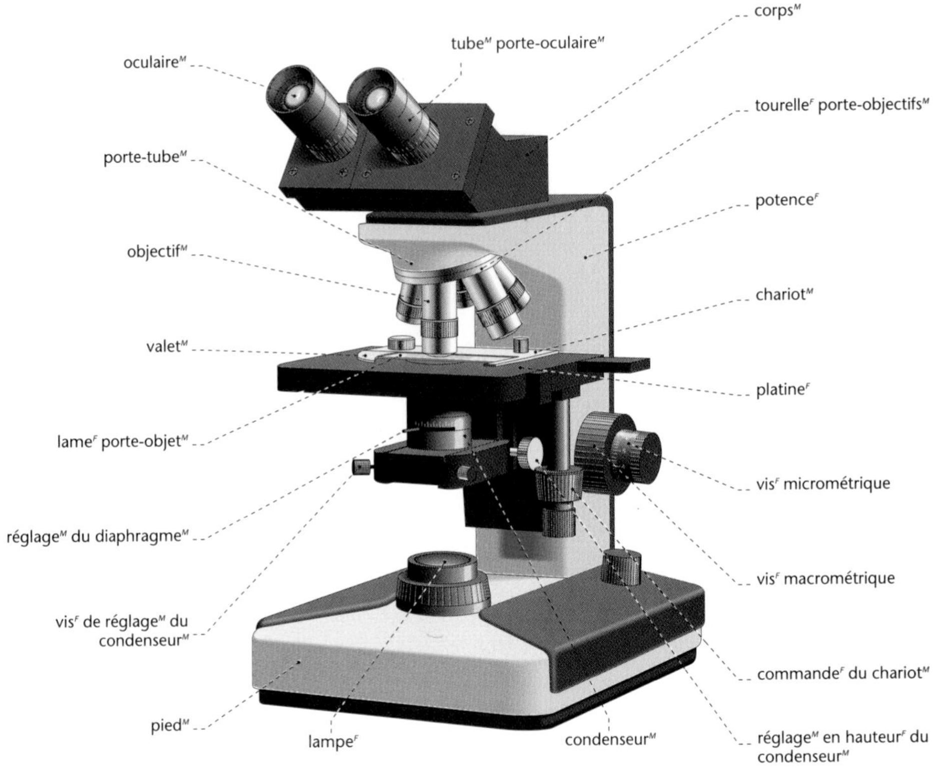

oculaire[M]
tube[M] porte-oculaire[M]
corps[M]
tourelle[F] porte-objectifs[M]
porte-tube[M]
potence[F]
objectif[M]
chariot[M]
valet[M]
platine[F]
lame[F] porte-objet[M]
vis[F] micrométrique
réglage[M] du diaphragme[M]
vis[F] macrométrique
vis[F] de réglage[M] du condenseur[M]
commande[F] du chariot[M]
pied[M]
lampe[F]
condenseur[M]
réglage[M] en hauteur[F] du condenseur[M]

LUNETTE[F] DE VISÉE[F]

réglage[M] de hausse[F]
tube[M]
réticule[M]
lentilles[F] de redressement[M]
lentille[F] objectif[M]
oculaire[M]
lentille[F] de champ[M]
glissière[F] de fixation[F]
capuchon[M] de protection[F]
réglage[M] latéral

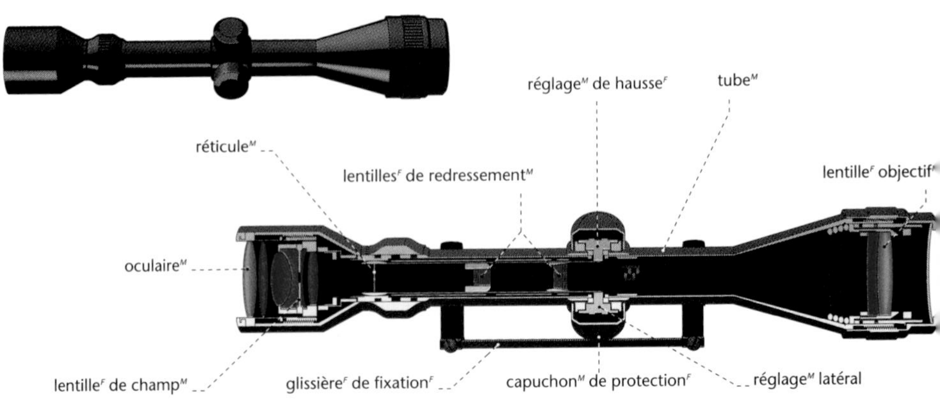

JUMELLES[F] À PRISMES[M]

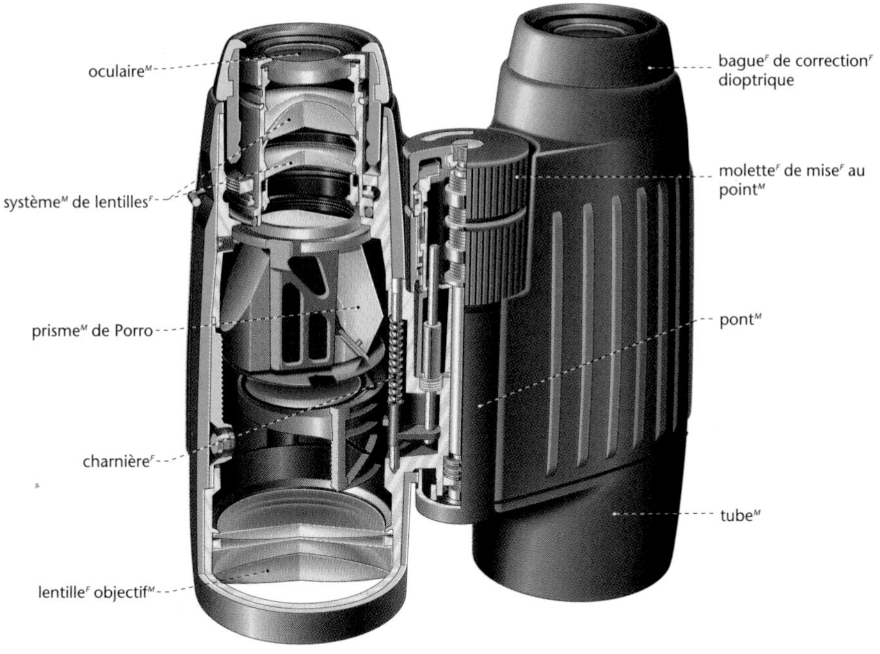

BOUSSOLE[F] MAGNÉTIQUE

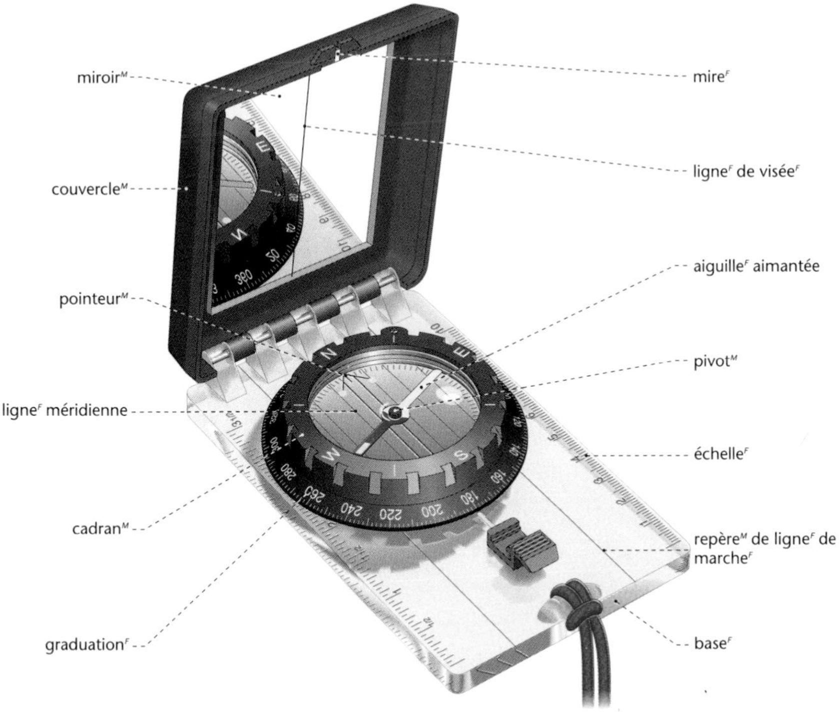

miroir[M]
couvercle[M]
pointeur[M]
ligne[F] méridienne
cadran[M]
graduation[F]
mire[F]
ligne[F] de visée[F]
aiguille[F] aimantée
pivot[M]
échelle[F]
repère[M] de ligne[F] de marche[F]
base[F]

TÉLESCOPE[M]

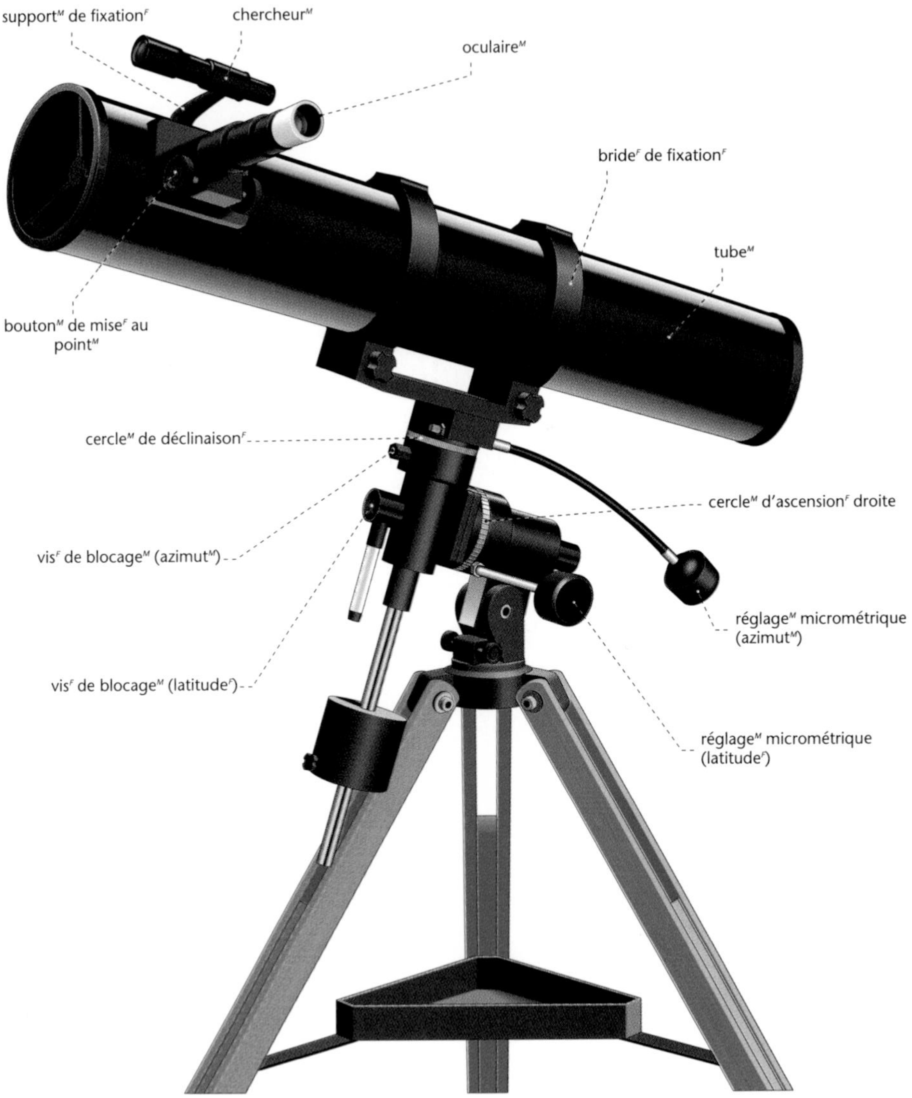

support[M] de fixation[F]
chercheur[M]
oculaire[M]
bride[F] de fixation[F]
tube[M]
bouton[M] de mise[F] au point[M]
cercle[M] de déclinaison[F]
cercle[M] d'ascension[F] droite
vis[F] de blocage[M] (azimut[M])
réglage[M] micrométrique (azimut[M])
vis[F] de blocage[M] (latitude[F])
réglage[M] micrométrique (latitude[F])

COUPE[F] D'UN TÉLESCOPE[M]

oculaire[M]
tube[M]
lumière[F]
miroir[M] plan[M]
miroir[M] primaire parabolique

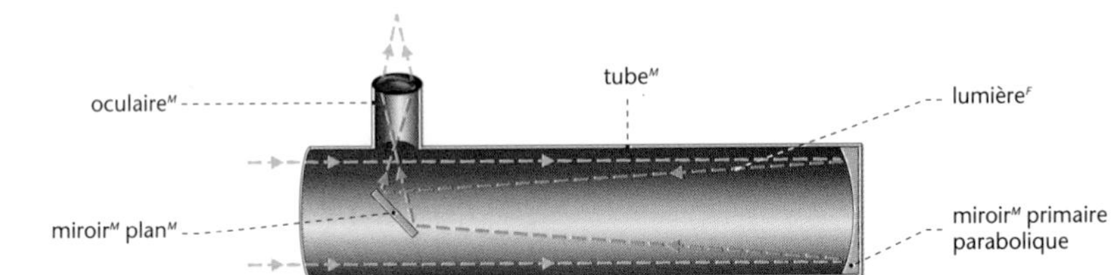

LUNETTEᶠ ASTRONOMIQUE

pare-soleilᴹ
brideᶠ de fixationᶠ
lentilleᶠ objectifᴹ
tubeᴹ
chercheurᴹ
oculaireᴹ
tubeᴹ porte-oculaireᴹ
cercleᴹ de déclinaisonᶠ
oculaireᴹ coudé
visᶠ de blocageᴹ (azimutᴹ)
boutonᴹ de miseᶠ au pointᴹ
visᶠ de blocageᴹ (latitudeᶠ)
cercleᴹ d'ascensionᶠ droite
réglageᴹ micrométrique (azimutᴹ)
réglageᴹ micrométrique (latitudeᶠ)
contrepoidsᴹ
trépiedᴹ
fourcheᶠ
plateauᴹ pour accessoiresᴹ

COUPEᶠ D'UNE LUNETTEᶠ ASTRONOMIQUE

oculaireᴹ
lumièreᶠ
lentilleᶠ objectifᴹ
tubeᴹ

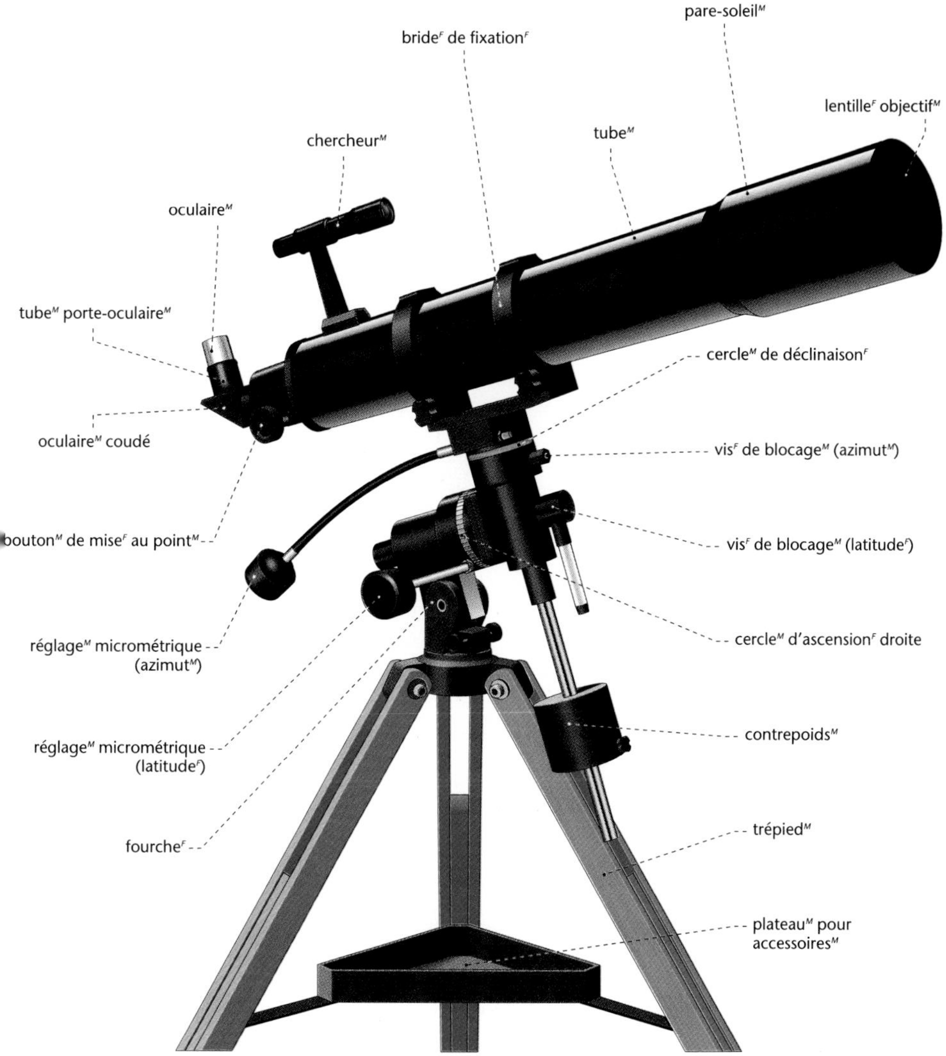

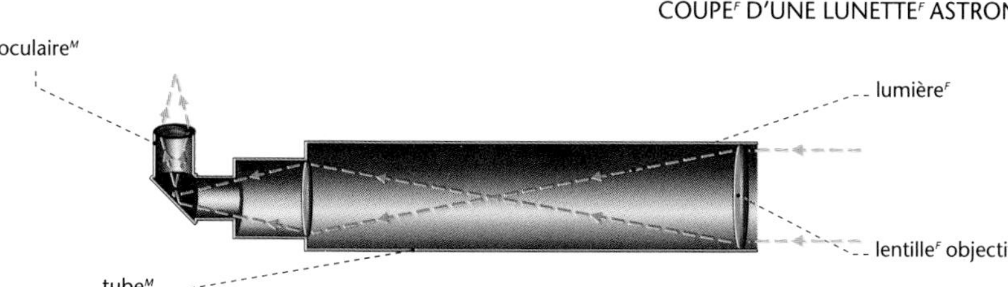

LENTILLES^F

LENTILLES^F CONVERGENTES

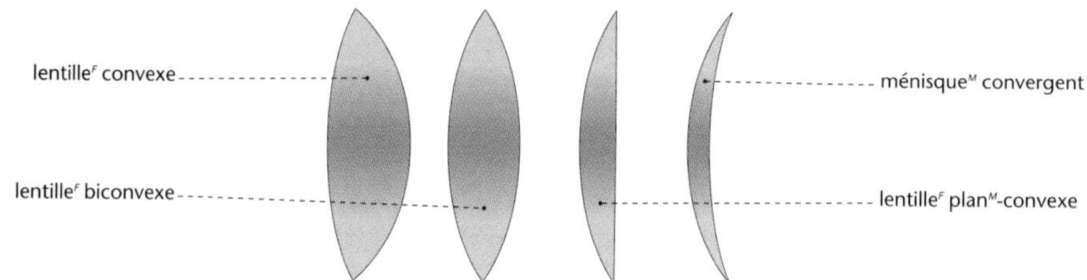

LENTILLES^F DIVERGENTES

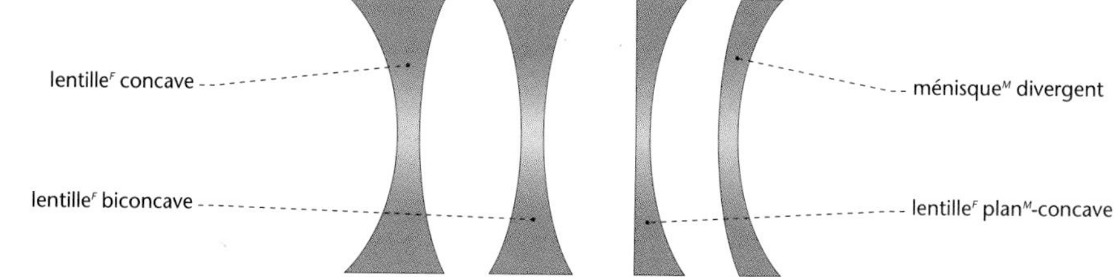

RADAR^M

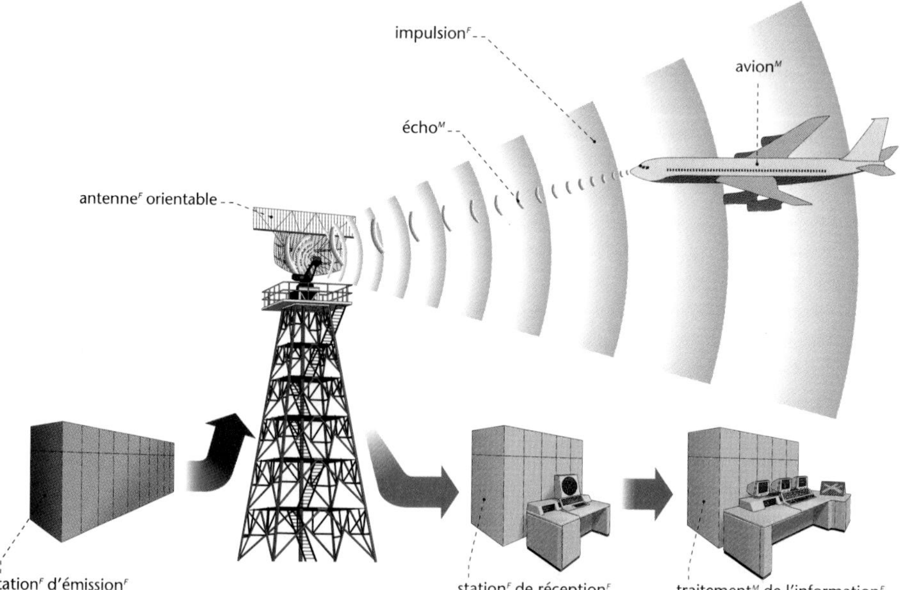

SANTÉ ET SÉCURITÉ

SOMMAIRE

TROUSSE[F] DE SECOURS[M]

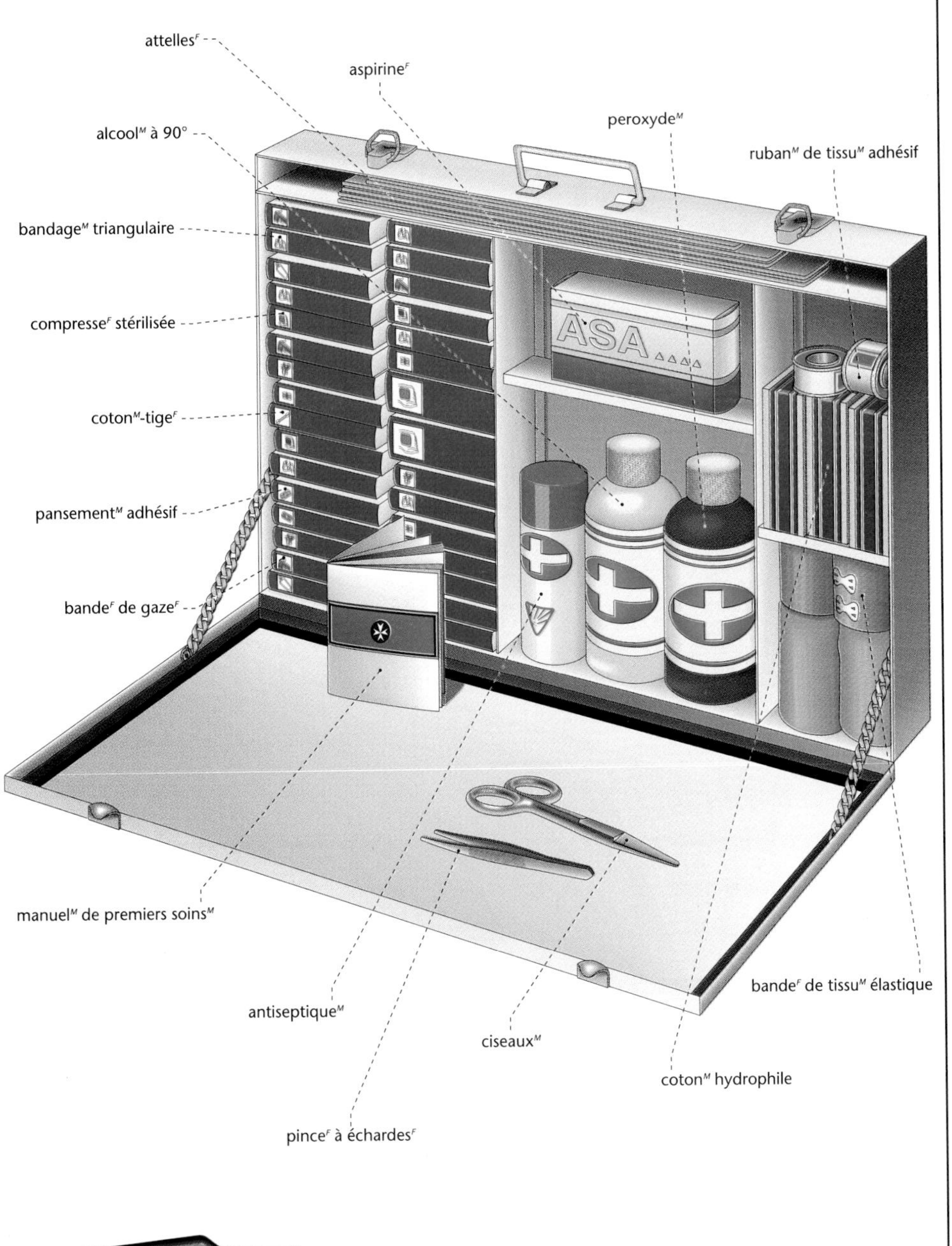

ampoule[F]

capsule[F]

comprimé[M]

gélule[F]

MATÉRIEL[M] DE SECOURS[M]

STÉTHOSCOPE[M]

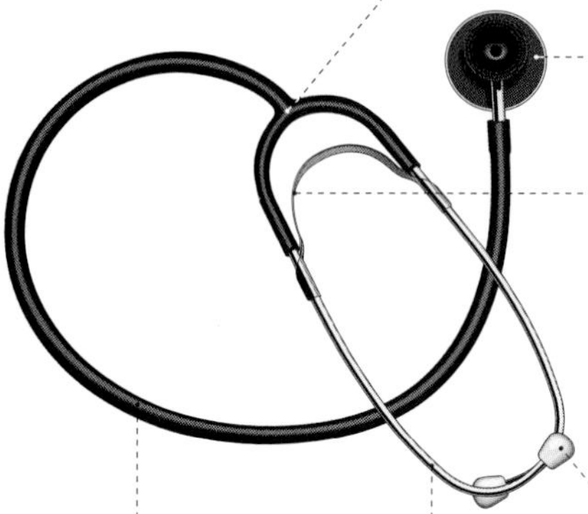

tube[M] en Y[M]
récepteur[M] de son[M]
lame[F]-ressort[M]
tube[M] flexible
branche[F]
embout[M] auriculaire

SERINGU

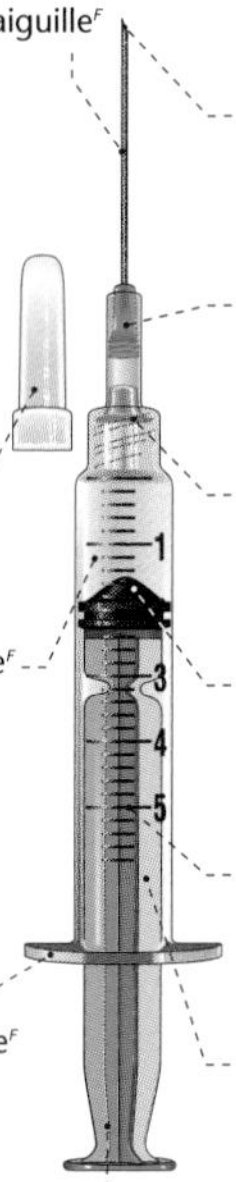

aiguille[F]
biseau[M]
pavillon[M]
embout[M] Luer Lock
protecteur[M] d'embout[M]
corps[M] de pompe[F]
bouchon[M]
graduation[F]
anneau[M] de retenue[F]
piston[M]
poussoir[M]

seringue[F] pour lavage[M] de cavités[F]

CIVIÈRE[F]

dossier[M] inclinable
cadre[M]
matelas[M]
pied[M] télescopique
anneau[M] de traction[F]
crochet[M]

brancard

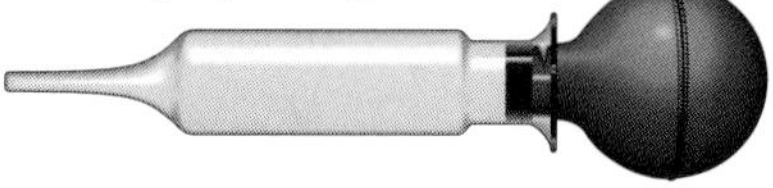

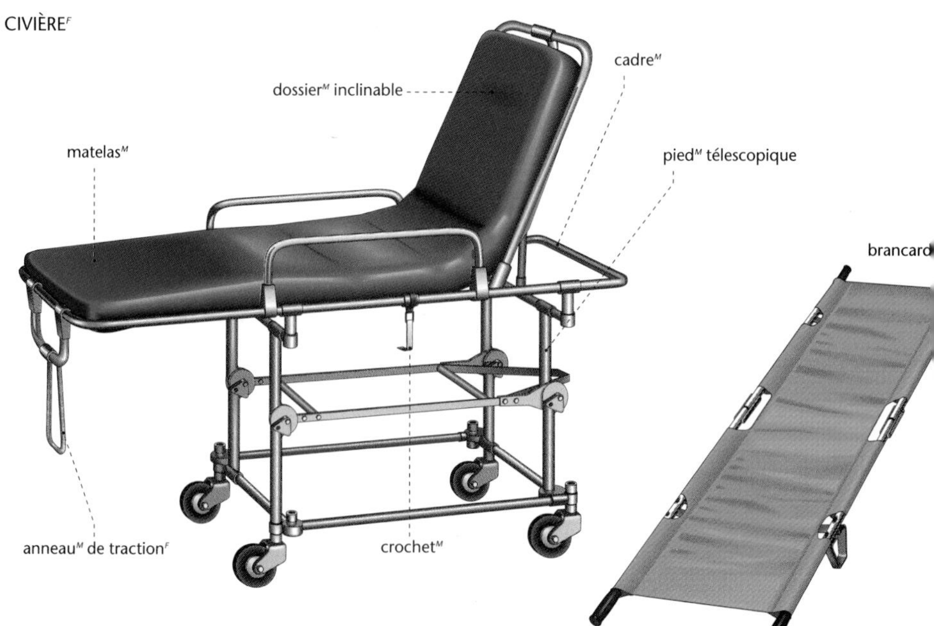

FAUTEUIL[M] ROULANT

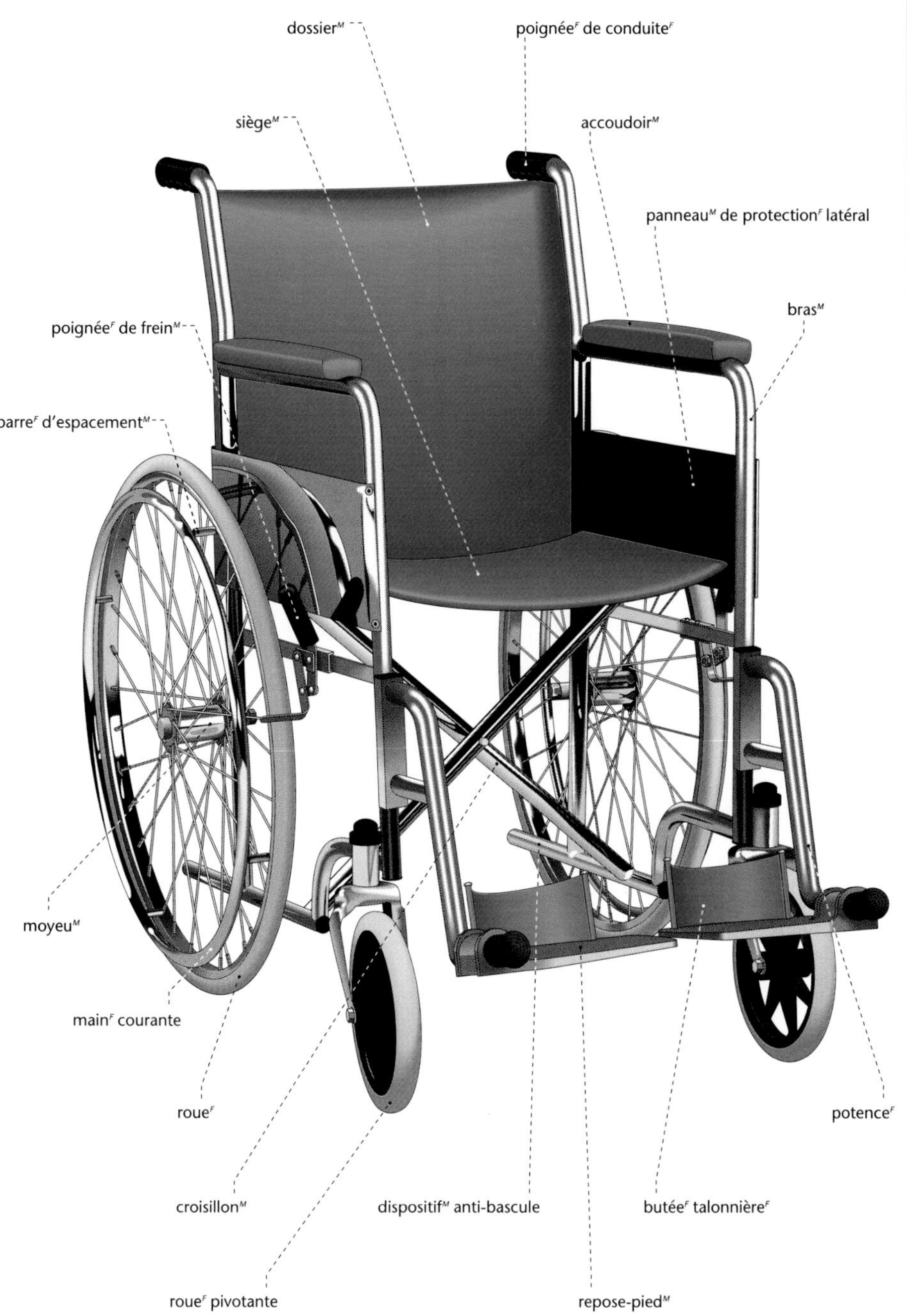

AIDES[F] À LA MARCHE[F]

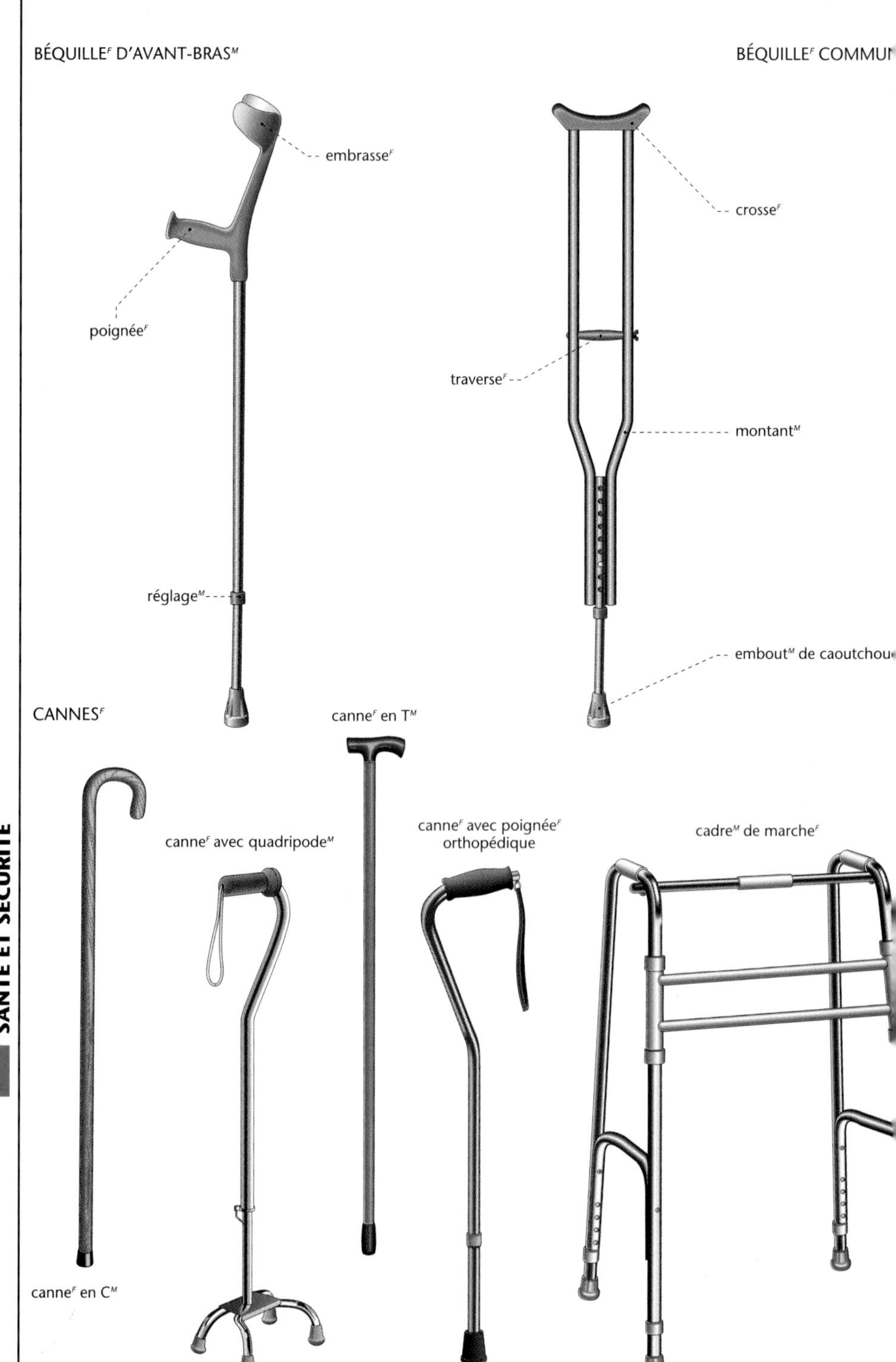

PROTECTION[F] DE L'OUÏE[F]

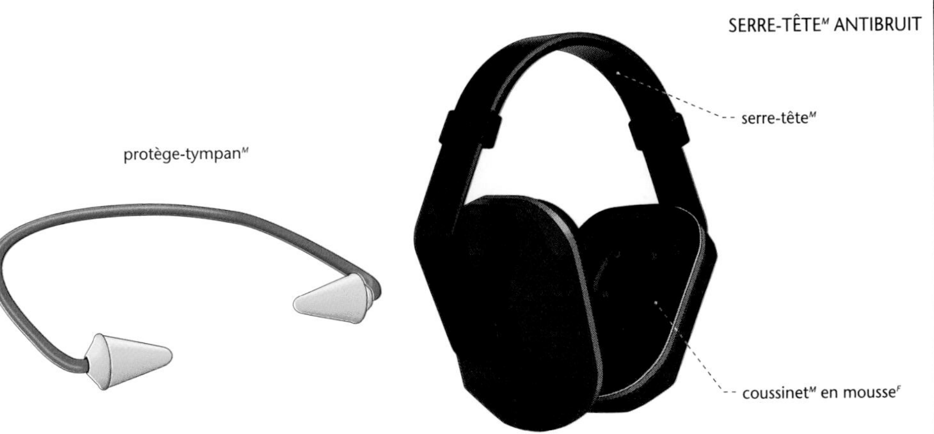

PROTECTION[F] DES YEUX[M]

PROTECTION[F] DE LA TÊTE[F]

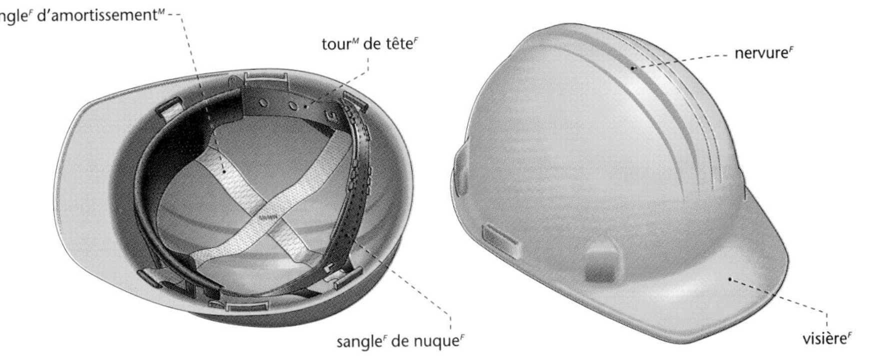

PROTECTION[F] DES VOIES[F] RESPIRATOIRES

MASQUE[M] RESPIRATOIRE

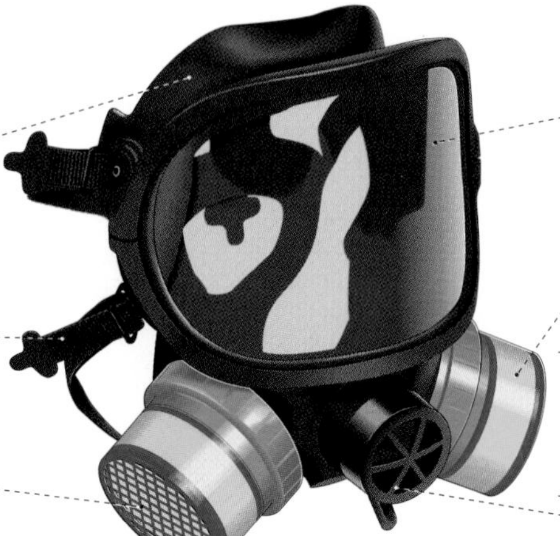

jupe[F] de masque[M]
oculaire[M]
cartouche[F]
jeu[M] de brides[F]
soupape[F] inspiratoire
couvre-filtre[M]
soupape[F] expiratoire

MASQUE[M] BUCCO-NASAL

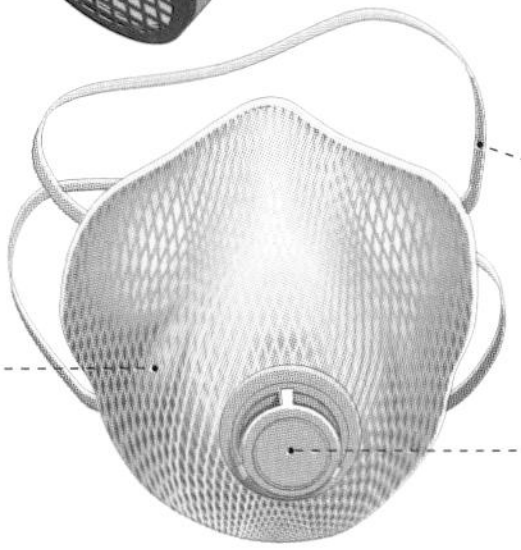

serre-tête[M]
coupelle[F] d'étanchéité[F]
soupape[F] expiratoire

GILET[M] DE SÉCURITÉ[F]

bande[F] réfléchissante

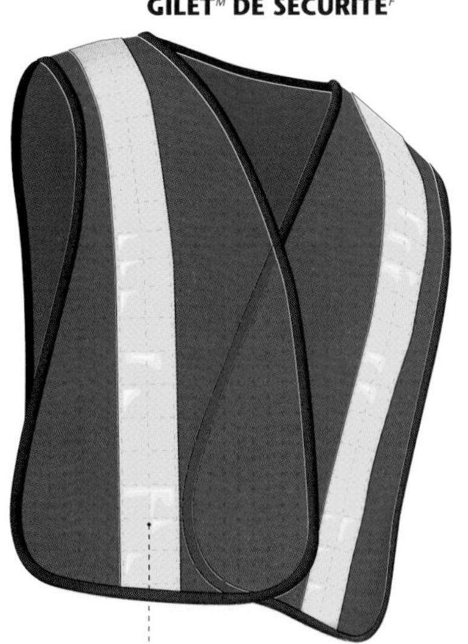

PROTECTION[F] DES PIEDS[M]

protège-orteils[M]

BRODEQUIN[M] DE SÉCURITÉ[F]

embout[M] de protection[F]

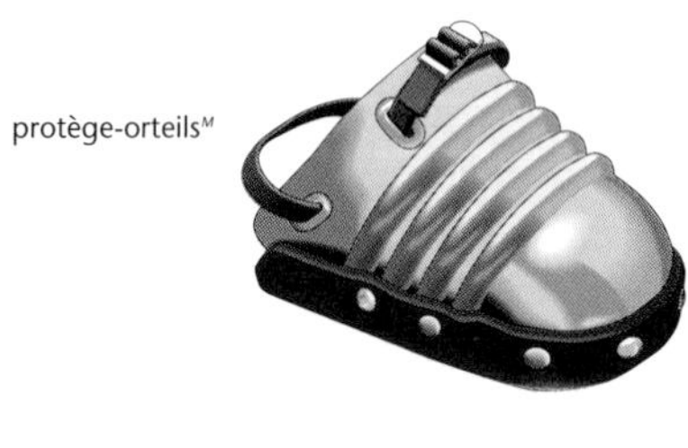

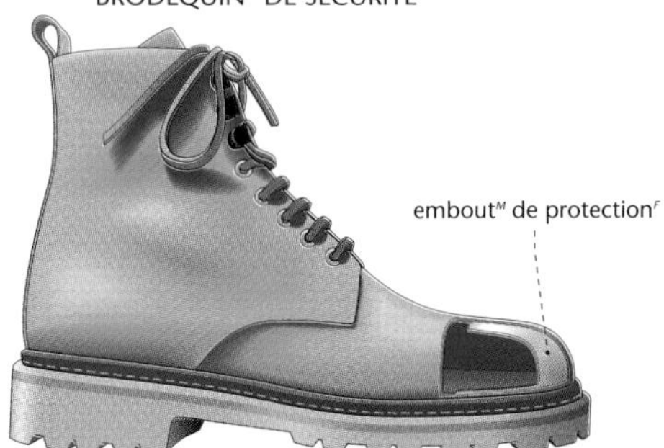

ÉNERGIES

SOMMAIRE

MINE^{F} DE CHARBON^{M}

CARRIÈRE^{F} EN ENTONNOIR^{M}

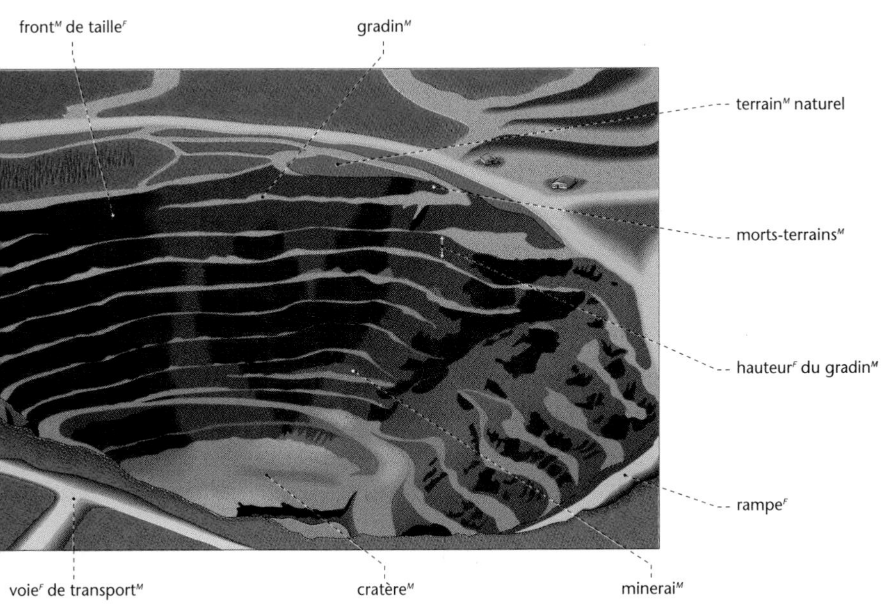

CARRIÈRE^{F} EXPLOITÉE EN CHASSANT

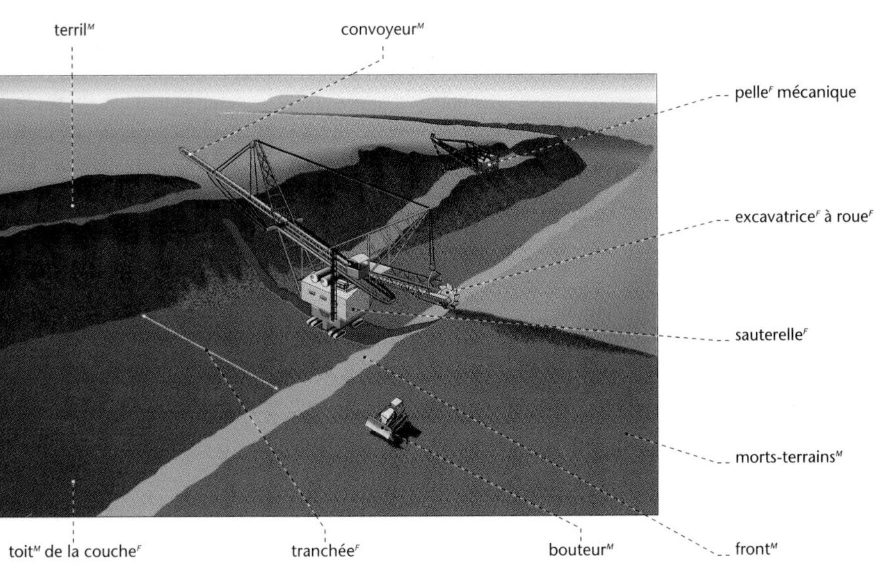

MARTEAU[M] PERFORATEUR À POUSSOIR[M] PNEUMATIQUE

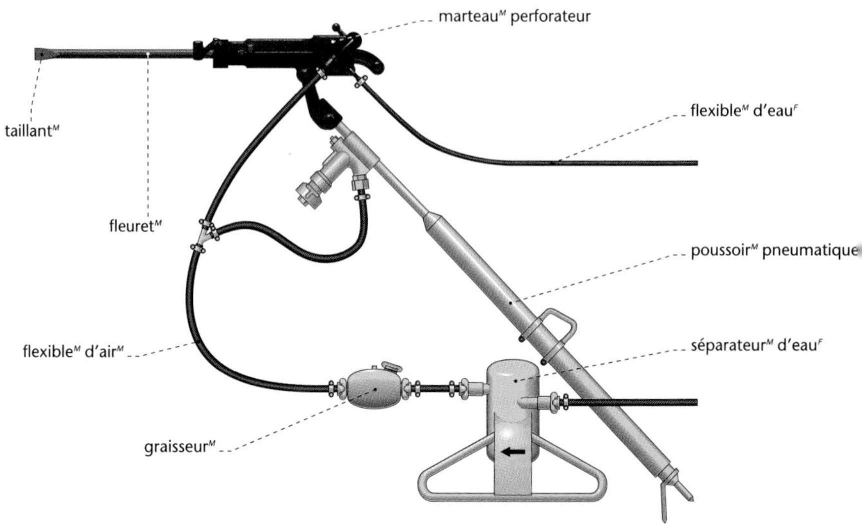

CARREAU[M] DE MINE[F]

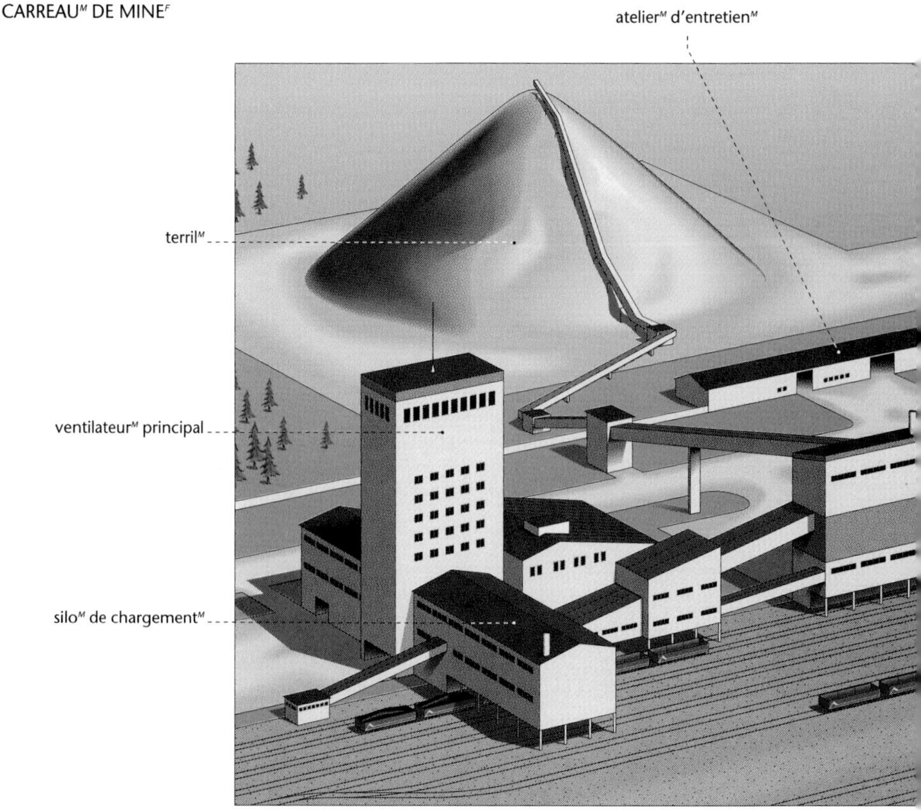

atelier[M] d'entretien[M]

terril[M]

ventilateur[M] principal

silo[M] de chargement[M]

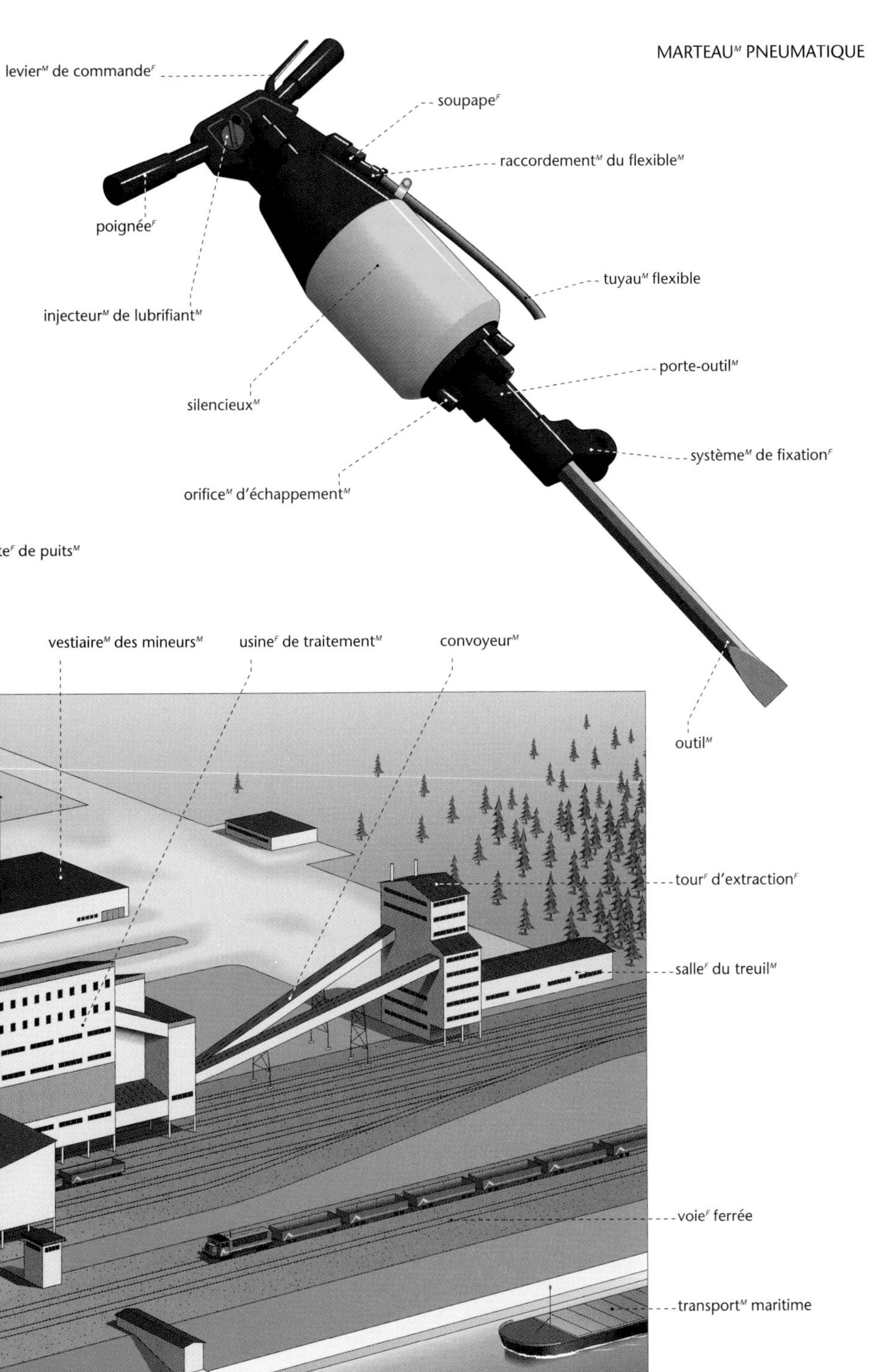
MARTEAU^M PNEUMATIQUE
levier^M de commande^F
soupape^F
raccordement^M du flexible^M
poignée^F
tuyau^M flexible
injecteur^M de lubrifiant^M
porte-outil^M
silencieux^M
système^M de fixation^F
orifice^M d'échappement^M
te^F de puits^M
vestiaire^M des mineurs^M
usine^F de traitement^M
convoyeur^M
outil^M
tour^F d'extraction^F
salle^F du treuil^M
voie^F ferrée
transport^M maritime

MINE[F] SOUTERRAINE

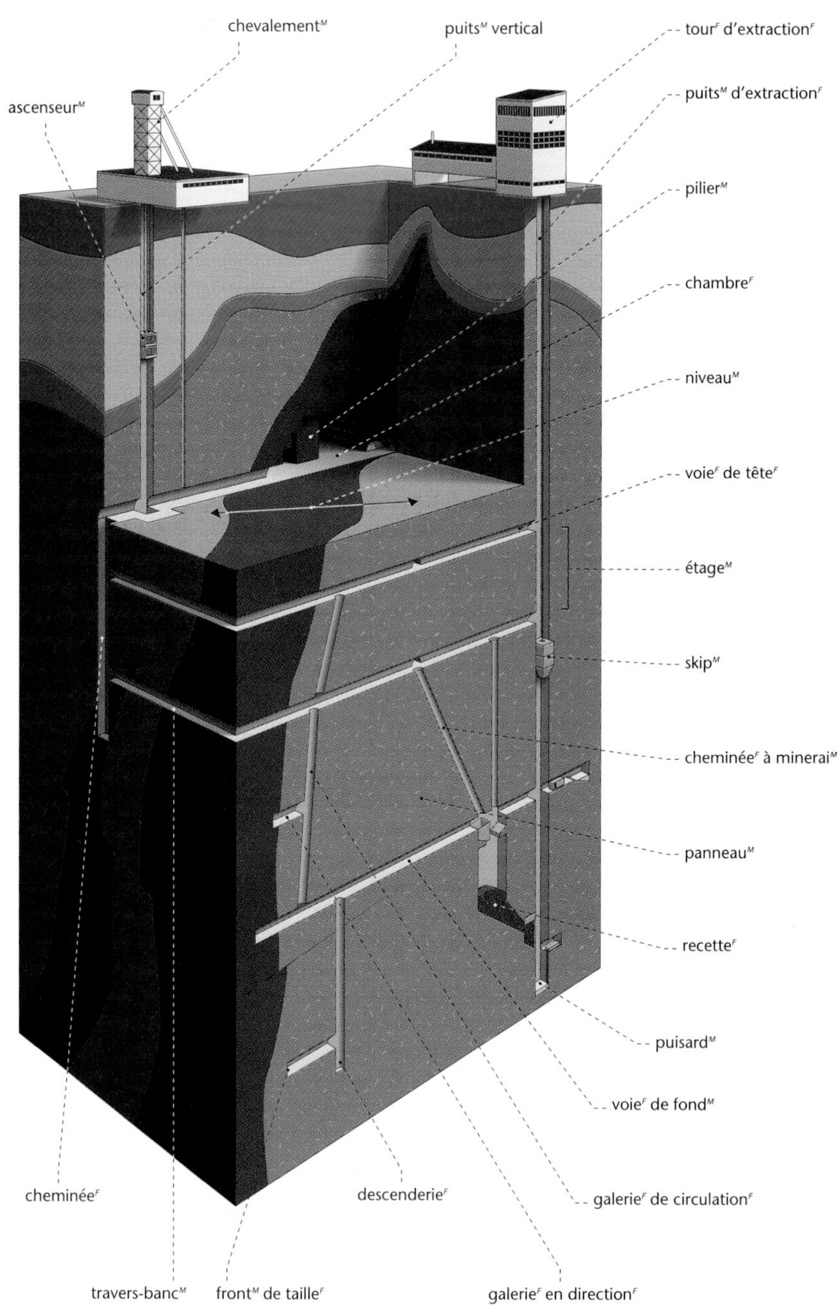

APPAREIL^M DE FORAGE^M

SYSTÈME^M ROTARY

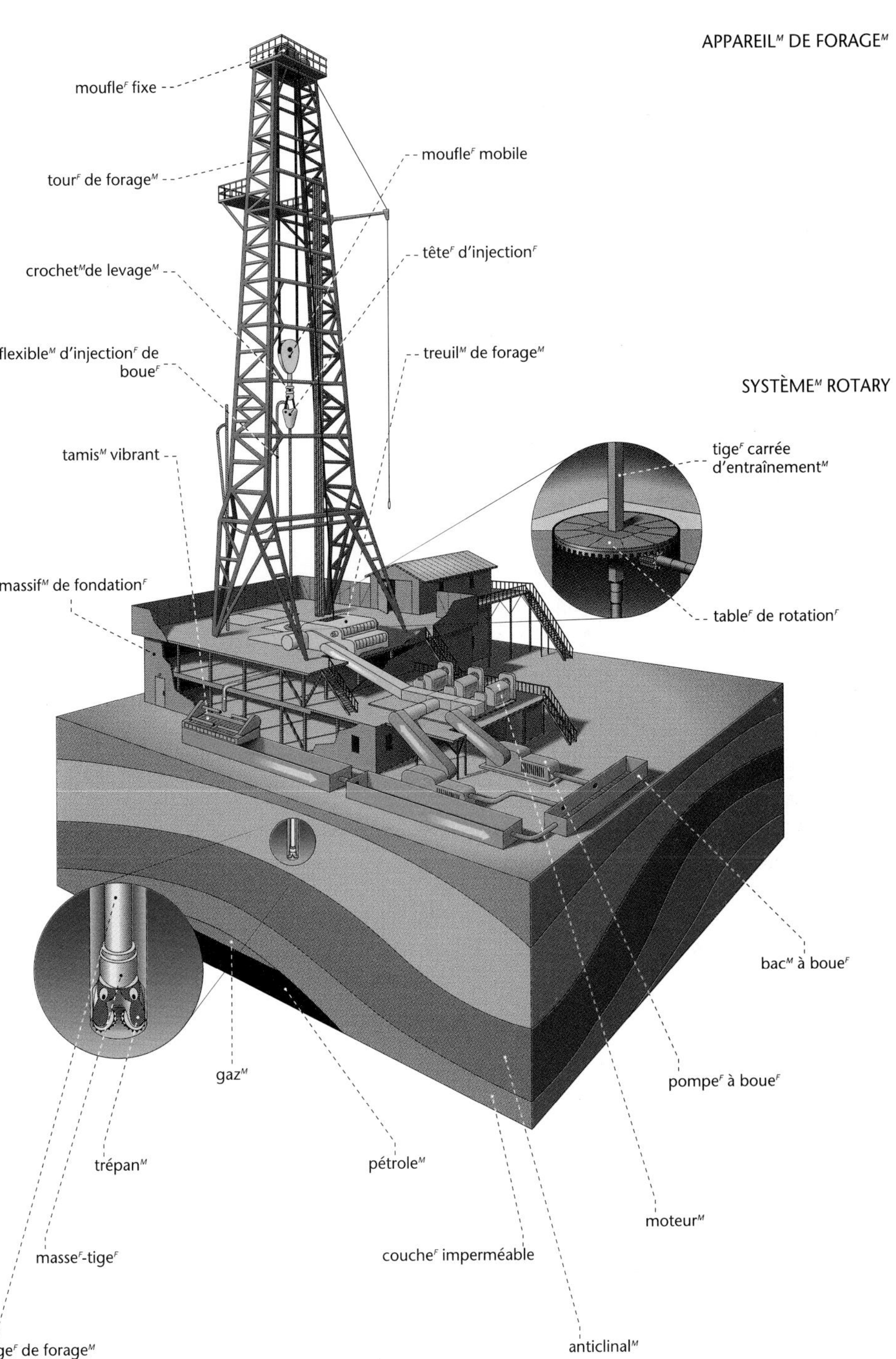

PLATE-FORME[F] DE PRODUCTION[F]

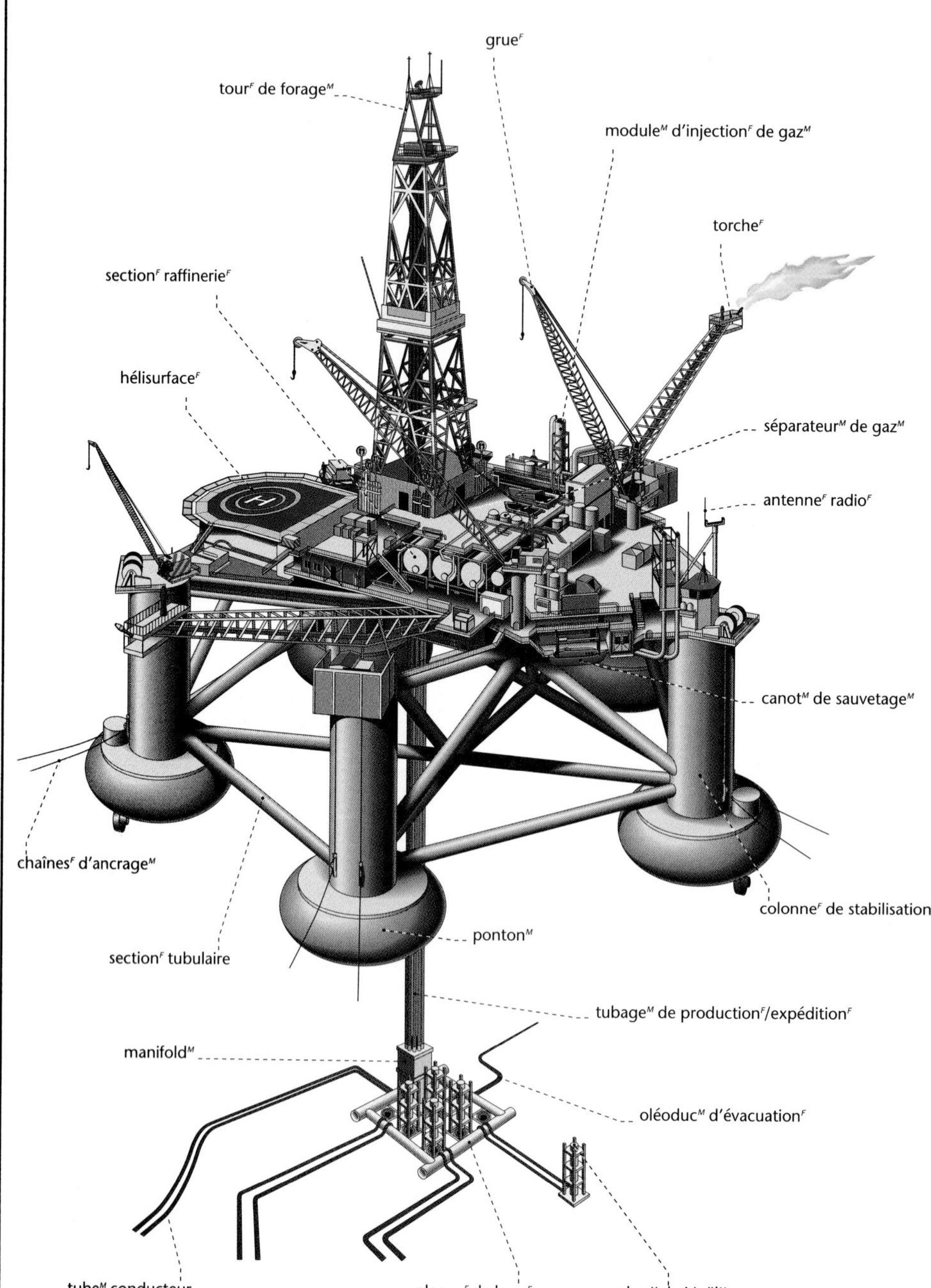

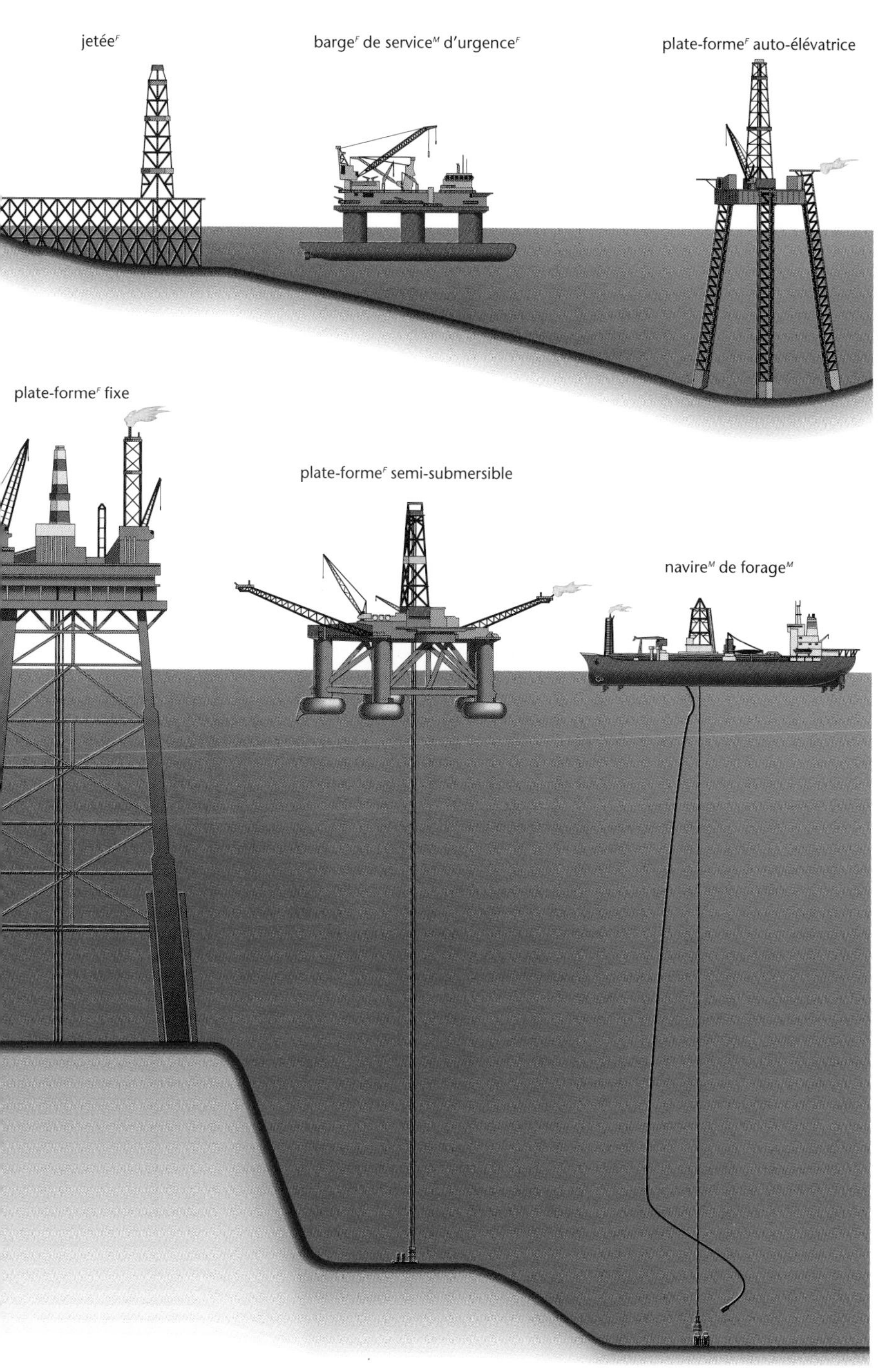
jetée[F]
barge[F] de service[M] d'urgence[F]
plate-forme[F] auto-élévatrice
plate-forme[F] fixe
plate-forme[F] semi-submersible
navire[M] de forage[M]

PÉTROLE^{M}

ARBRE^{M} DE NOËL^{M}

manomètre^{M}
duse^{F}
vanne^{F} maîtresse
oléoduc^{M}
tête^{F} de puits^{M}
vanne^{F} de production^{F}
colonne^{F} de production^{F}
tubage^{M} de surface^{F}

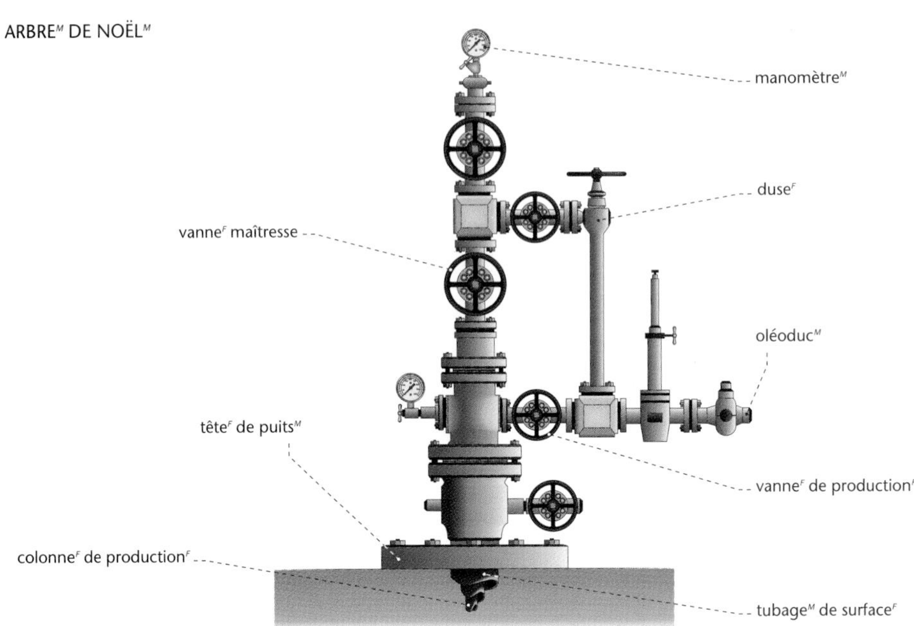

RÉSEAU^{M} D'OLÉODUCS^{M}

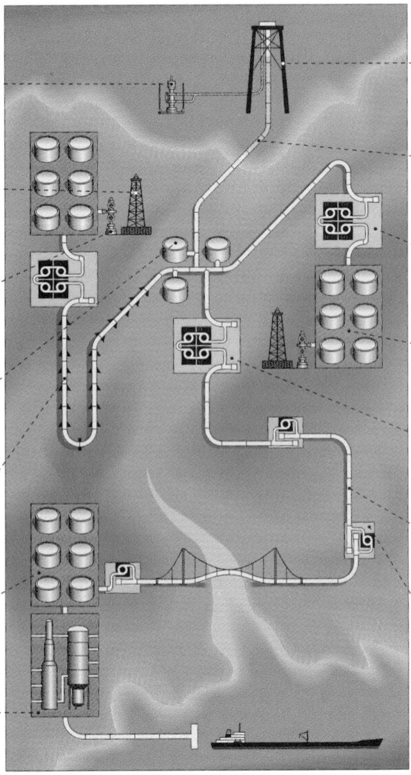

puits^{M} sous-marin
plate-forme^{F} de production^{F}
oléoduc^{M} sous-marin
tour^{F} de forage^{M}
station^{F} de pompage^{M}
arbre^{M} de Noël^{M}
parc^{M} de stockage^{M}
réservoir^{M} tampon^{M}
station^{F} de pompage^{M} principale
oléoduc^{M} surélevé
oléoduc^{M}
parc^{M} de stockage^{M} terminal
station^{F} de pompage^{M} intermédiaire
raffinerie^{F}

RÉSERVOIR[M] À TOIT[M] FIXE

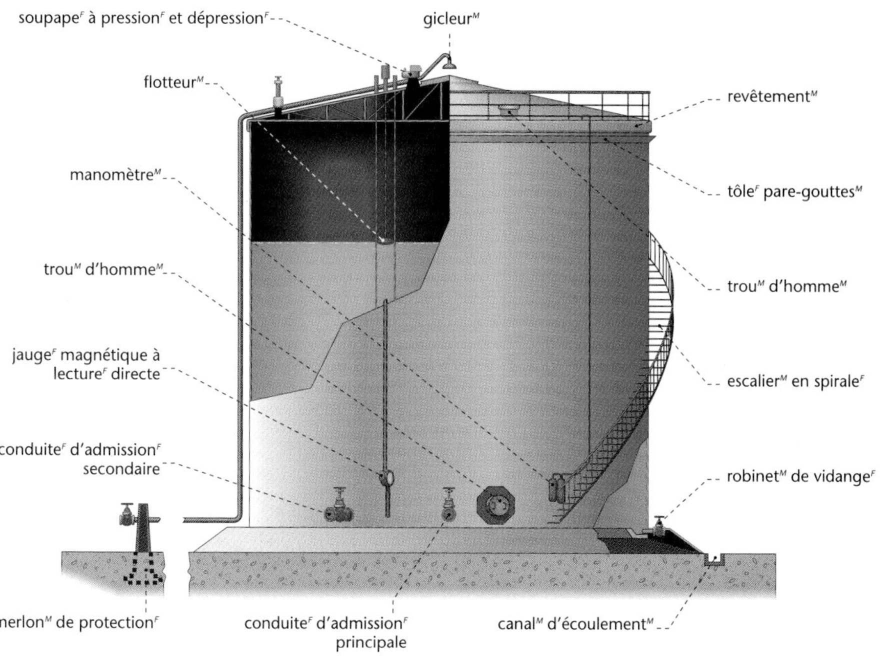

RÉSERVOIR[M] À TOIT[M] FLOTTANT

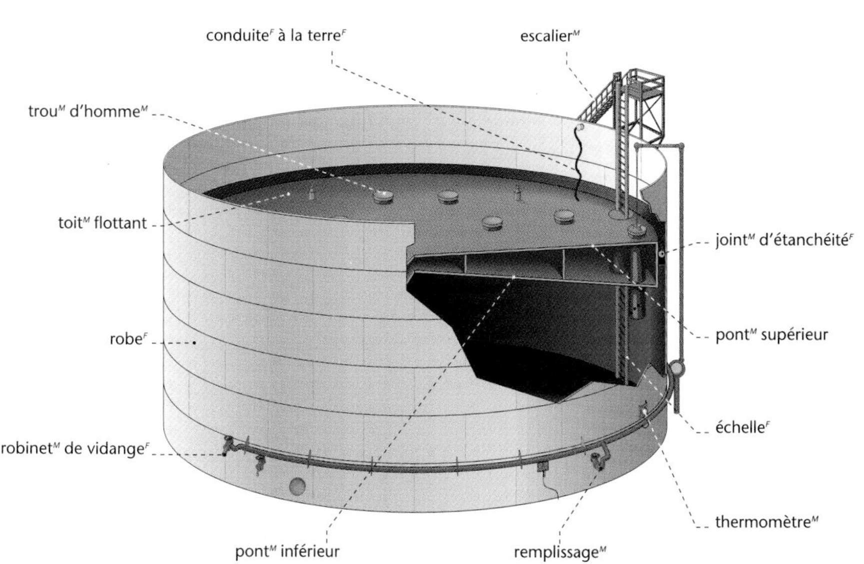

PÉTROLE[M]

SEMI-REMORQUE[F] CITERNE[F]

trou[M] d'homme[M]
semi-remorque[F]
citerne[F]
tracteur[M]
cloison[F] de citerne[F]
système[M] de dépotage[M]
brise-lame[M]

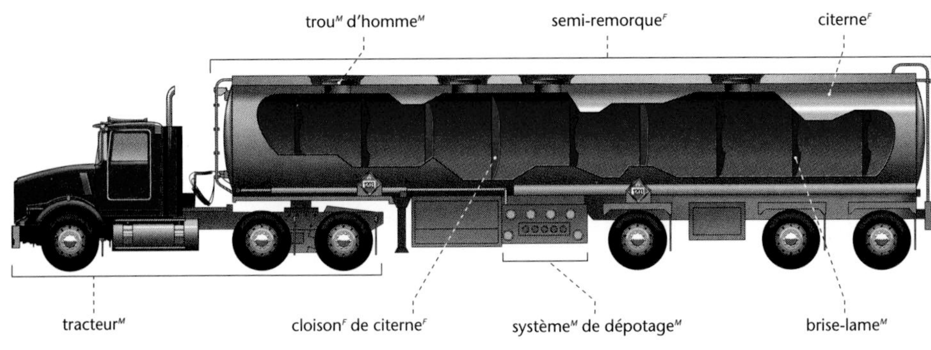

PÉTROLIER[M]

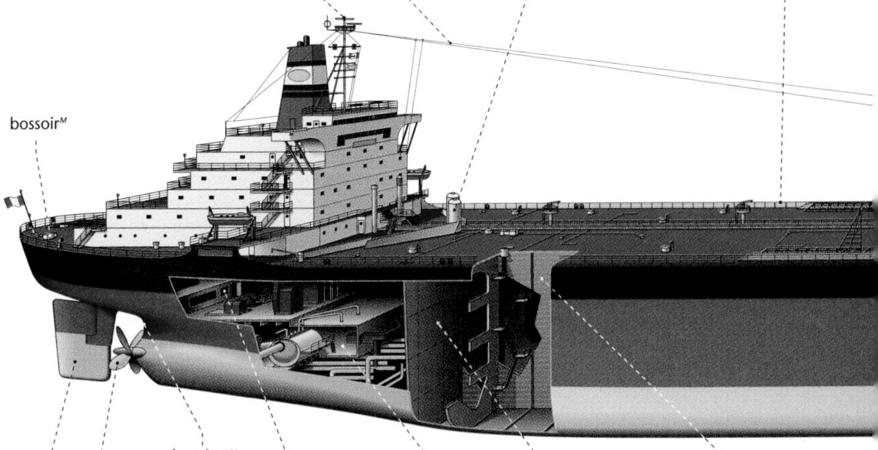

antenne[F] radio[F]
séparateur[M]
coupée[F]
mât[M] radar[M]
bossoir[M]
étambot[M]
hélice[F]
chambre[F] des pompes[F]
cloison[F] longitudinale
gouvernail[M]
salle[F] de contrôle[M] des machines[F]
cloison[F] transversale

WAGON[M]-CITERNE[F]

citerne[F]
dôme[M]
porte-étiquette[M] de contenu[M]
porte-étiquette[M] d'acheminement[M]

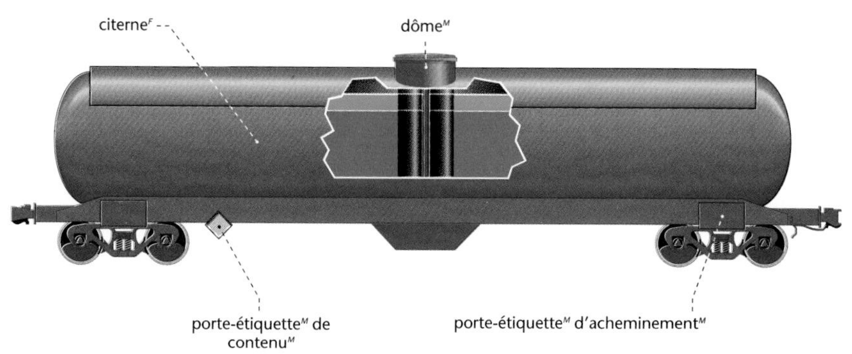

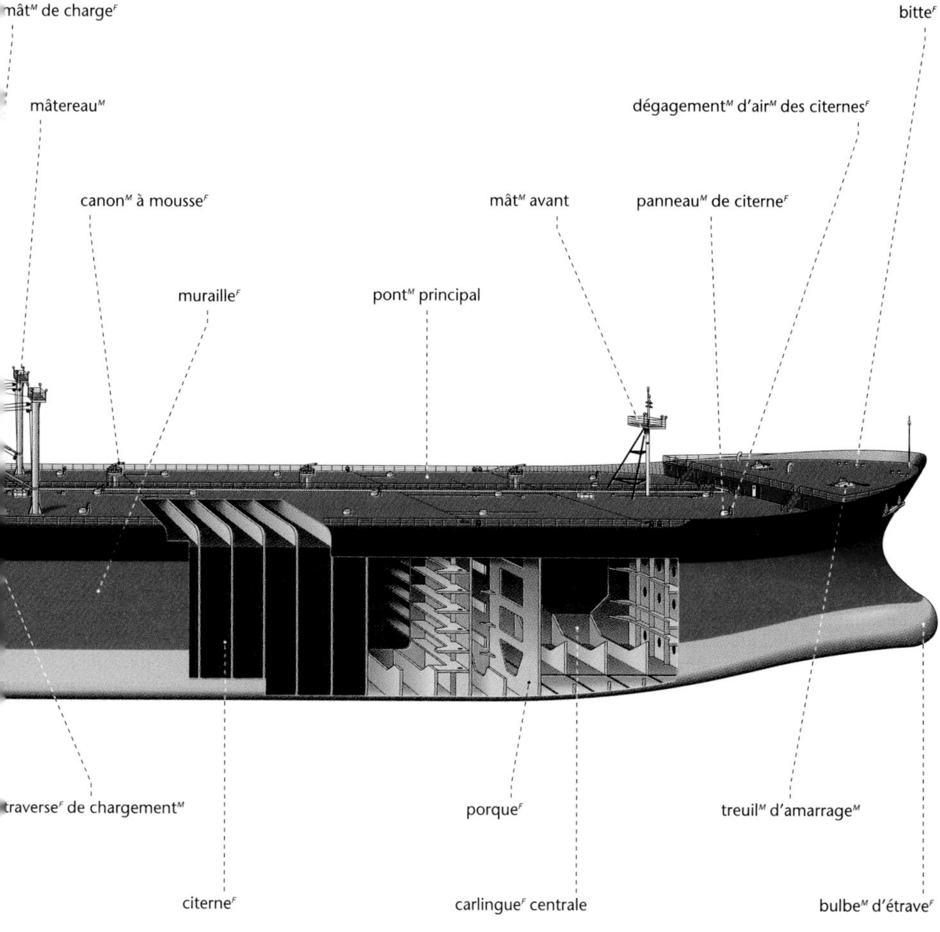

mât[M] de charge[F]
bitte[F]
mâtereau[M]
dégagement[M] d'air[M] des citernes[F]
canon[M] à mousse[F]
mât[M] avant
panneau[M] de citerne[F]
muraille[F]
pont[M] principal
traverse[F] de chargement[M]
porque[F]
treuil[M] d'amarrage[M]
citerne[F]
carlingue[F] centrale
bulbe[M] d'étrave[F]

PRODUITS^M DE LA RAFFINERIE^F

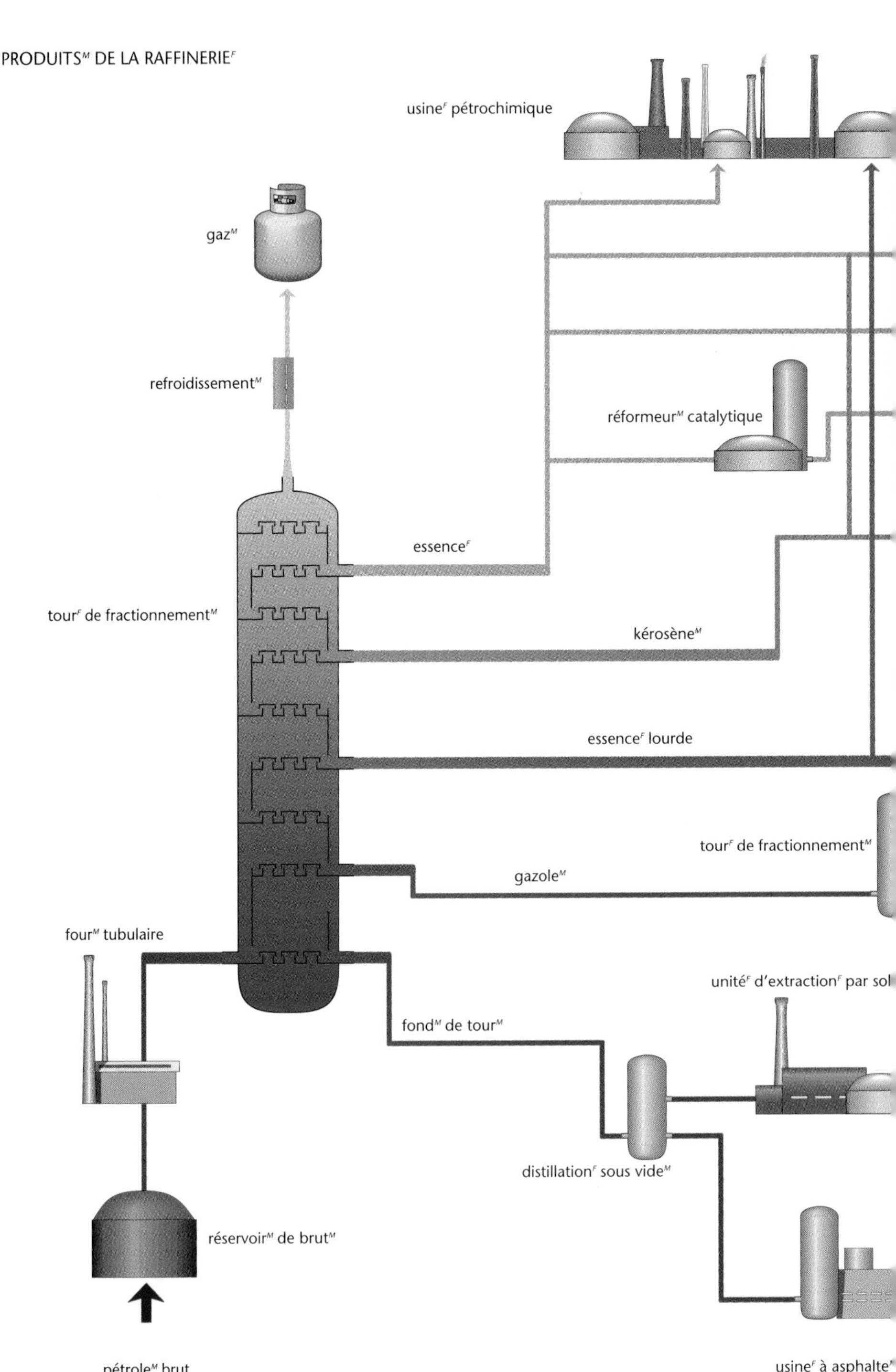

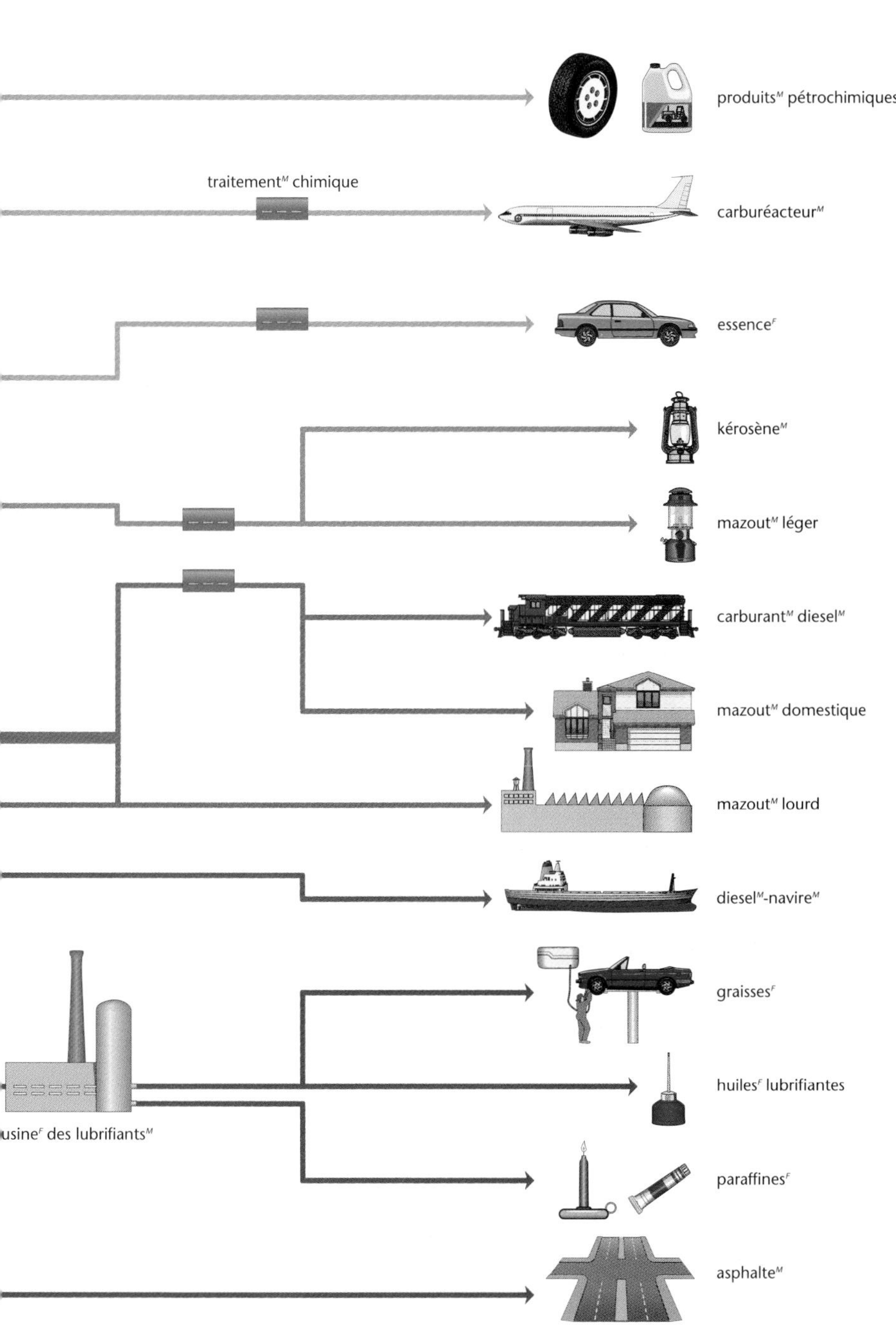
produits^M pétrochimiques
traitement^M chimique
carburéacteur^M
essence^F
kérosène^M
mazout^M léger
carburant^M diesel^M
mazout^M domestique
mazout^M lourd
diesel^M-navire^M
graisses^F
huiles^F lubrifiantes
usine^F des lubrifiants^M
paraffines^F
asphalte^M

COMPLEXE[M] HYDROÉLECTRIQUE

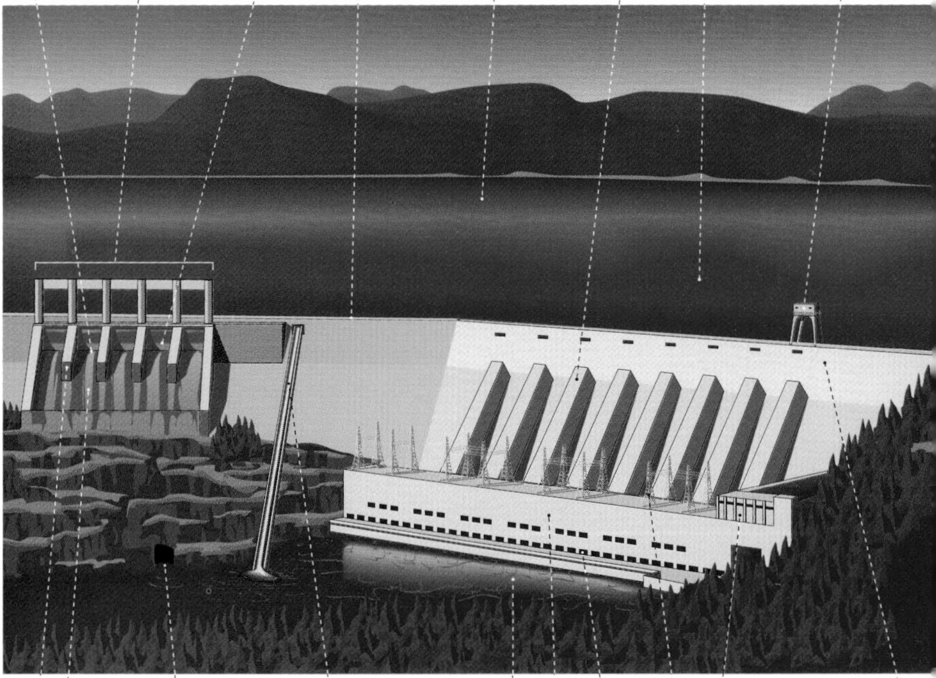

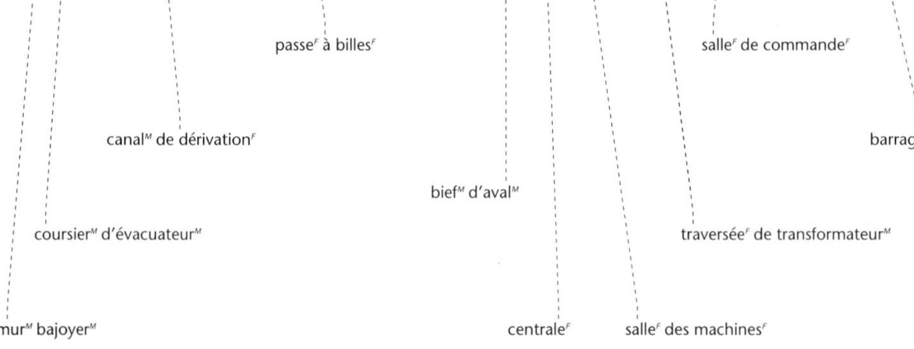

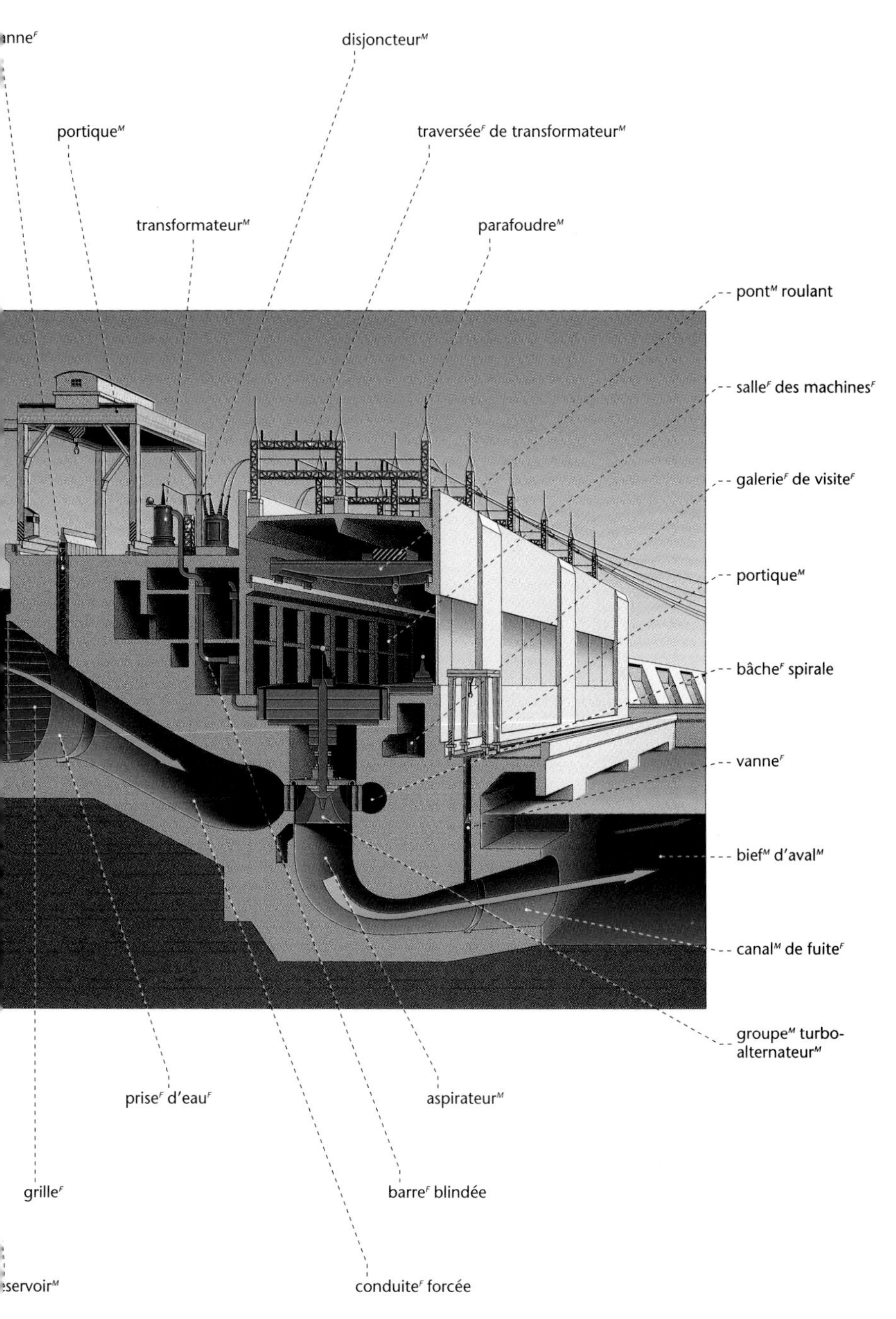
anne[F]
disjoncteur[M]
portique[M]
traversée[F] de transformateur[M]
transformateur[M]
parafoudre[M]
pont[M] roulant
salle[F] des machines[F]
galerie[F] de visite[F]
portique[M]
bâche[F] spirale
vanne[F]
bief[M] d'aval[M]
canal[M] de fuite[F]
groupe[M] turbo-alternateur[M]
prise[F] d'eau[F]
aspirateur[M]
grille[F]
barre[F] blindée
servoir[M]
conduite[F] forcée

BARRAGE[M] EN REMBLAI[M]

COUPE[F] D'UN BARRAGE[M] EN REMBLAI[M]

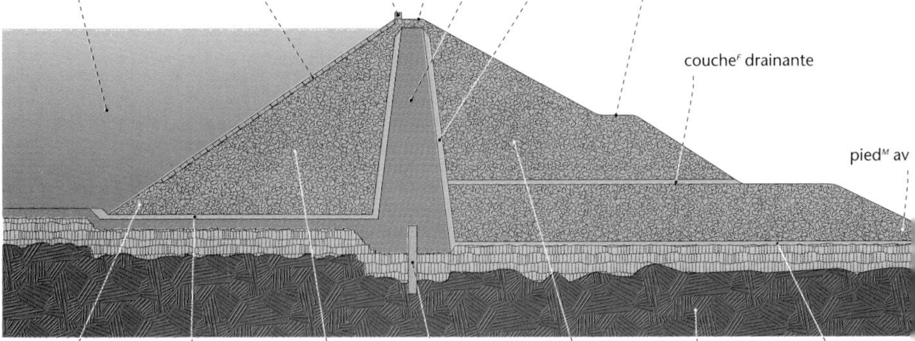

crête[F]

noyau[M] d'argile[F]

perré[M]

mur[M] de batillage[M]

sable[M]

réservoir[M]

risberme[F]

couche[F] drainante

pied[M] av

pied[M] amont

recharge[F] amont

recharge[F] aval

tapis[M] drainant

tapis[M] amont

parafouille[M]

terrain[M] de fondation[F]

BARRAGE^M-POIDS^M

COUPE^F D'UN BARRAGE^M-POIDS^M

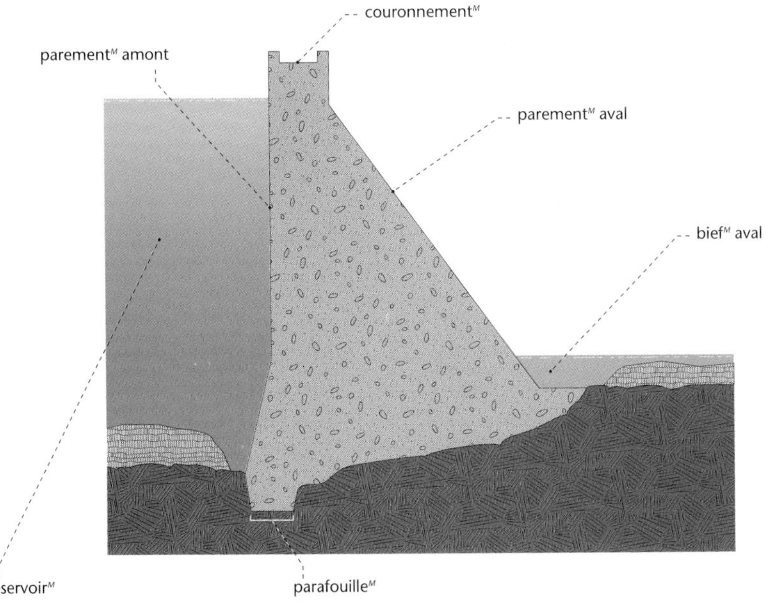

BARRAGE^M-VOÛTE^F

COUPE^F D'UN BARRAGE^M-VOÛTE^F

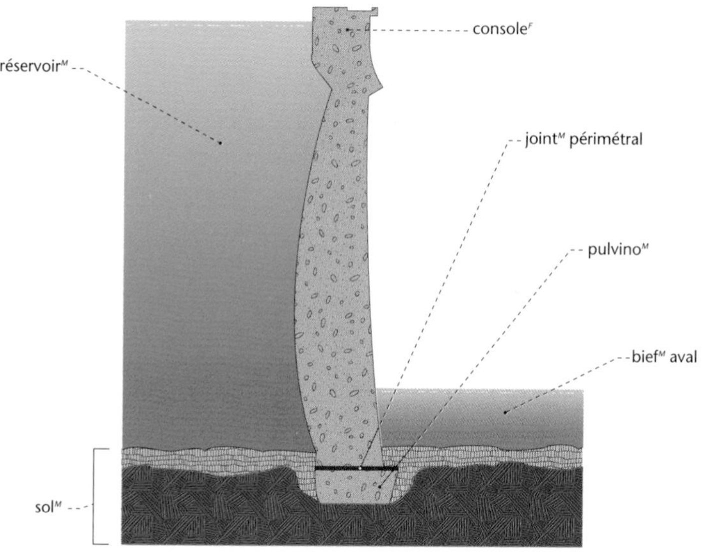

BARRAGE[M] À CONTREFORTS[M]

COUPE[F] D'UN BARRAGE[M] À CONTREFORTS[M]

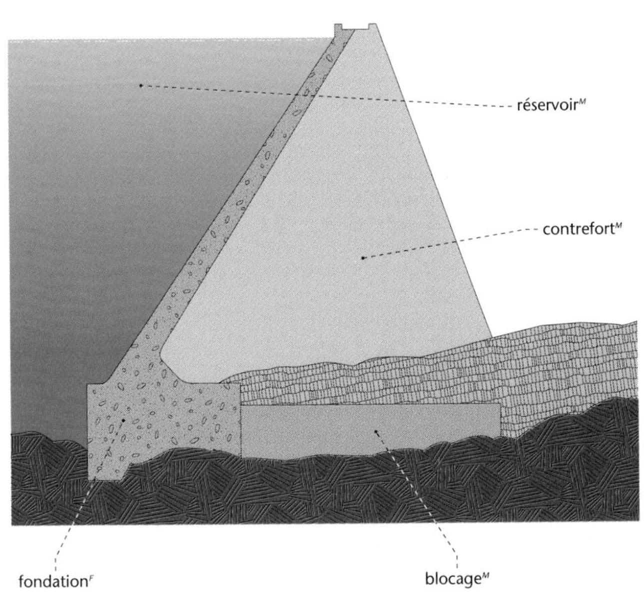

USINE^F MARÉMOTRICE

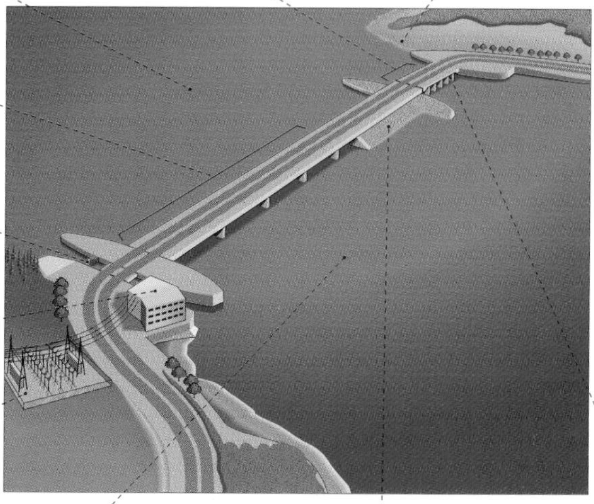

barrage^M mobile
rive^F
mer^F
usine^F
écluse^F
bâtiment^M administratif
poste^M
bassin^M
digue^F morte
vanne^F

COUPE^F DE L'USINE^F

couronnement^M du barrage^M
étage^M d'exploitation^F
côté^M mer^F
puits^M d'accès^M
groupe^M bulbe^M
pale^F
roue^F de turbine^F
conduite^F forcée
côté^M bassin^M

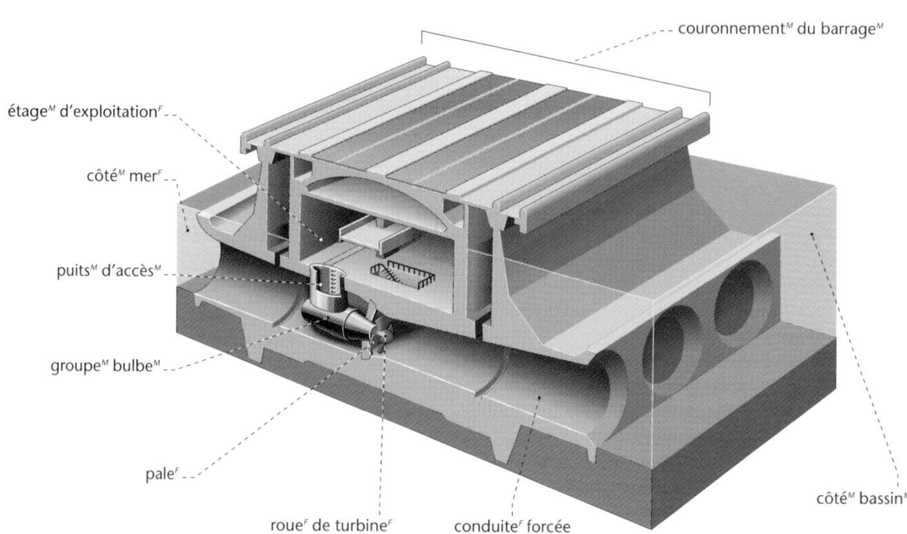

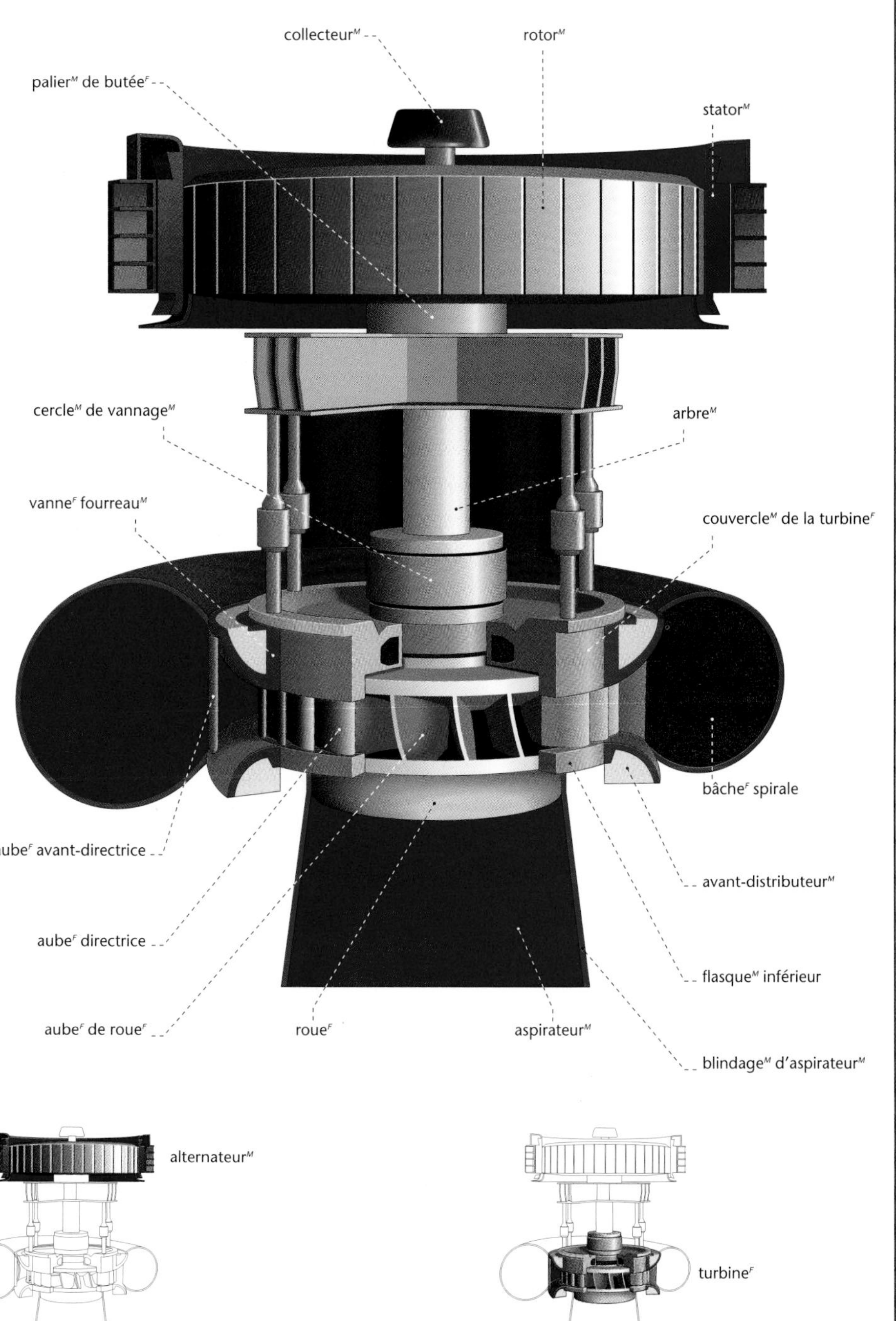
collecteur[M]
rotor[M]
palier[M] de butée[F]
stator[M]
cercle[M] de vannage[M]
arbre[M]
vanne[F] fourreau[M]
couvercle[M] de la turbine[F]
bâche[F] spirale
aube[F] avant-directrice
avant-distributeur[M]
aube[F] directrice
flasque[M] inférieur
aube[F] de roue[F]
roue[F]
aspirateur[M]
blindage[M] d'aspirateur[M]
alternateur[M]
turbine[F]

ROUE^F FRANCIS

ROUE^F KAPLAN

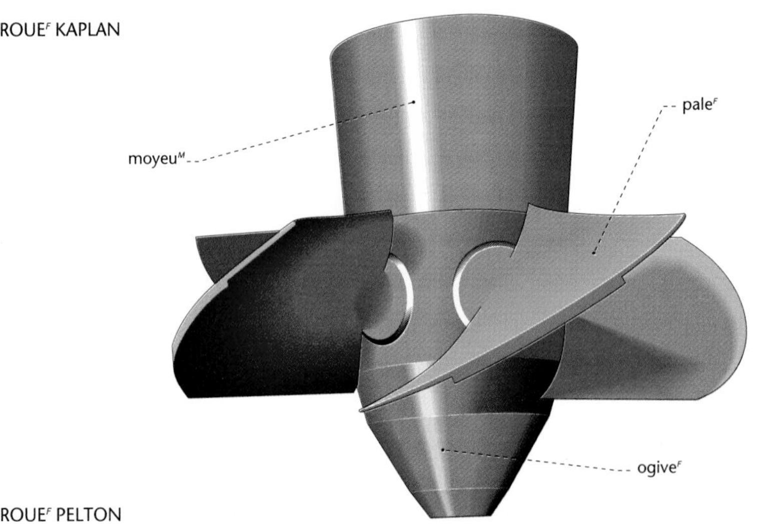

ROUE^F PELTON

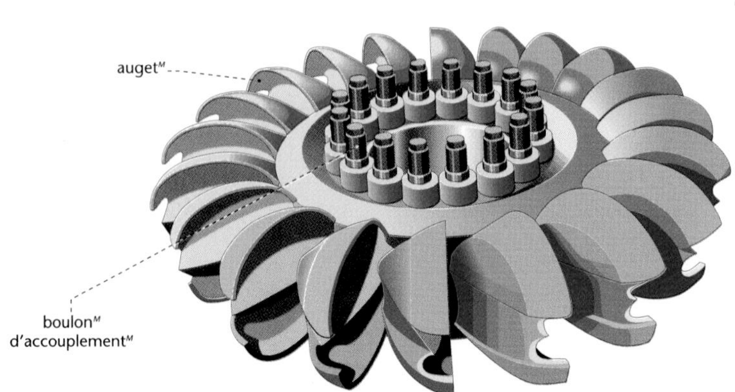

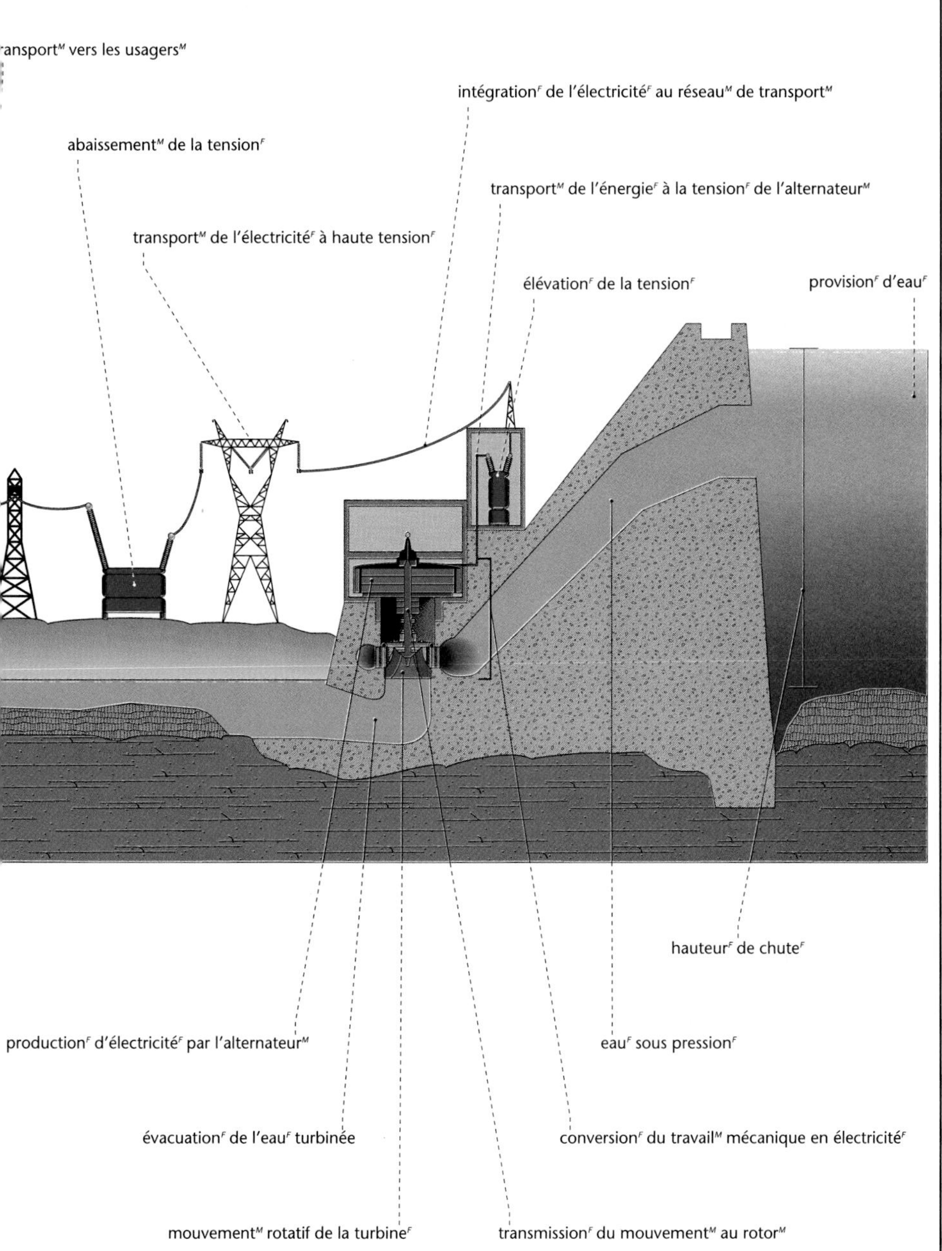
ransport^M vers les usagers^M
intégration^F de l'électricité^F au réseau^M de transport^M
abaissement^M de la tension^F
transport^M de l'énergie^F à la tension^F de l'alternateur^M
transport^M de l'électricité^F à haute tension^F
élévation^F de la tension^F
provision^F d'eau^F
hauteur^F de chute^F
production^F d'électricité^F par l'alternateur^M
eau^F sous pression^F
évacuation^F de l'eau^F turbinée
conversion^F du travail^M mécanique en électricité^F
mouvement^M rotatif de la turbine^F
transmission^F du mouvement^M au rotor^M

PYLÔNE[M]

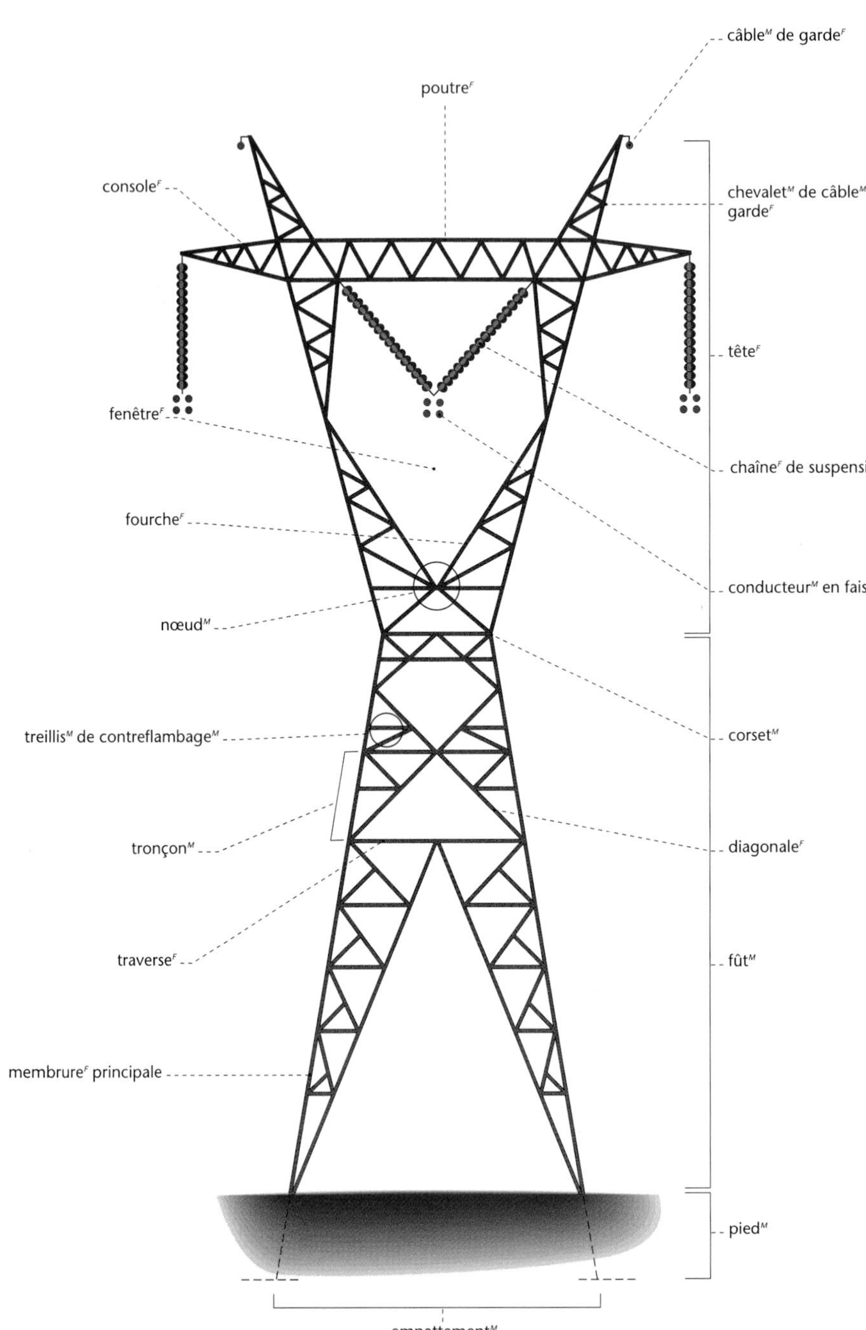
câble[M] de garde[F]
poutre[F]
console[F]
chevalet[M] de câble[M] de garde[F]
tête[F]
fenêtre[F]
chaîne[F] de suspension[F]
fourche[F]
conducteur[M] en faisceau[M]
nœud[M]
corset[M]
treillis[M] de contreflambage[M]
tronçon[M]
diagonale[F]
traverse[F]
fût[M]
membrure[F] principale
pied[M]
empattement[M]

TRANSPORT[M] DE L'ÉLECTRICITÉ[F]

distribution[F] à moyenne tension[F]
connecteur[M] à serrage[M] mécanique
isolateur[M]
traverse[F]
contrefiche[F]
parafoudre[M]
fusible[M]
porte-fusible[M]
coupe-circuit[M]
traversée[F]
borne[F]
de distribution[F] à basse tension[F]
transformateur[M]
isolateur[M]
point[M] d'alimentation[F]

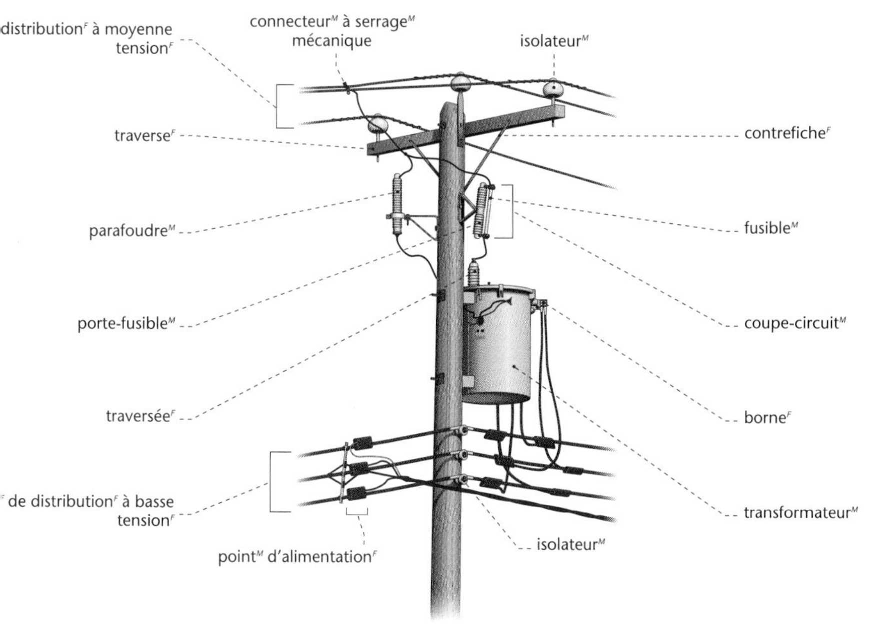

BRANCHEMENT[M] AÉRIEN

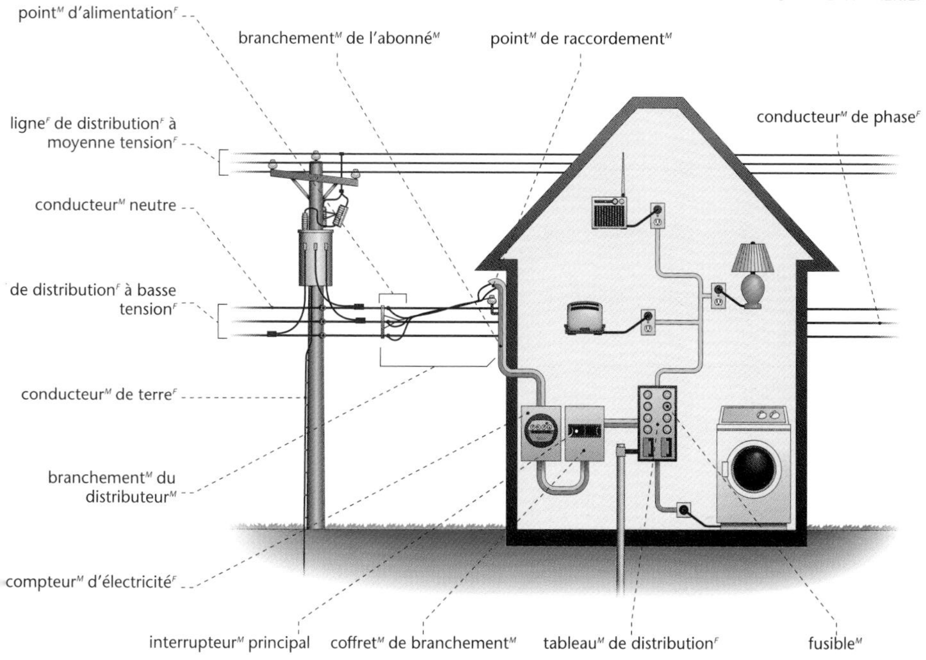

point[M] d'alimentation[F]
branchement[M] de l'abonné[M]
point[M] de raccordement[M]
ligne[F] de distribution[F] à moyenne tension[F]
conducteur[M] de phase[F]
conducteur[M] neutre
de distribution[F] à basse tension[F]
conducteur[M] de terre[F]
branchement[M] du distributeur[M]
compteur[M] d'électricité[F]
interrupteur[M] principal
coffret[M] de branchement[M]
tableau[M] de distribution[F]
fusible[M]

ÉNERGIES

CENTRALE^F NUCLÉAIRE

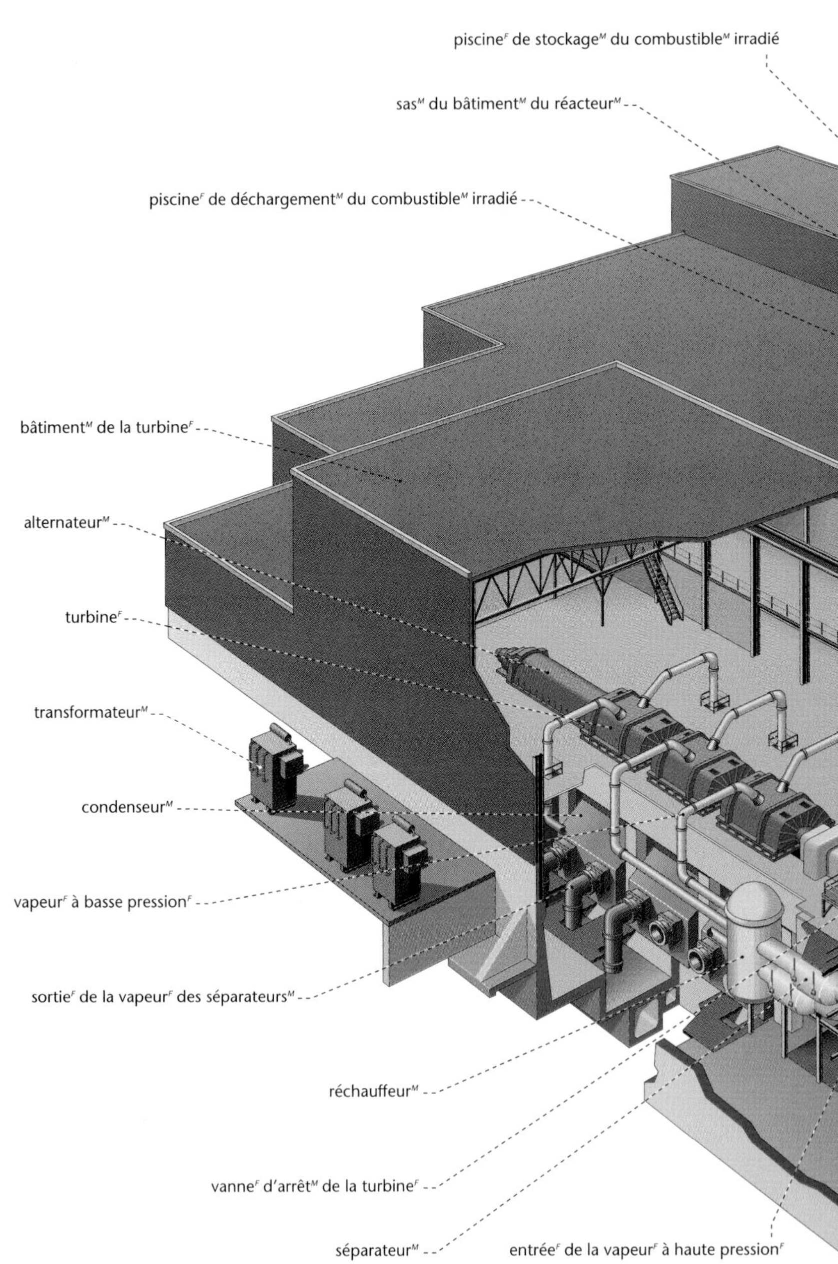

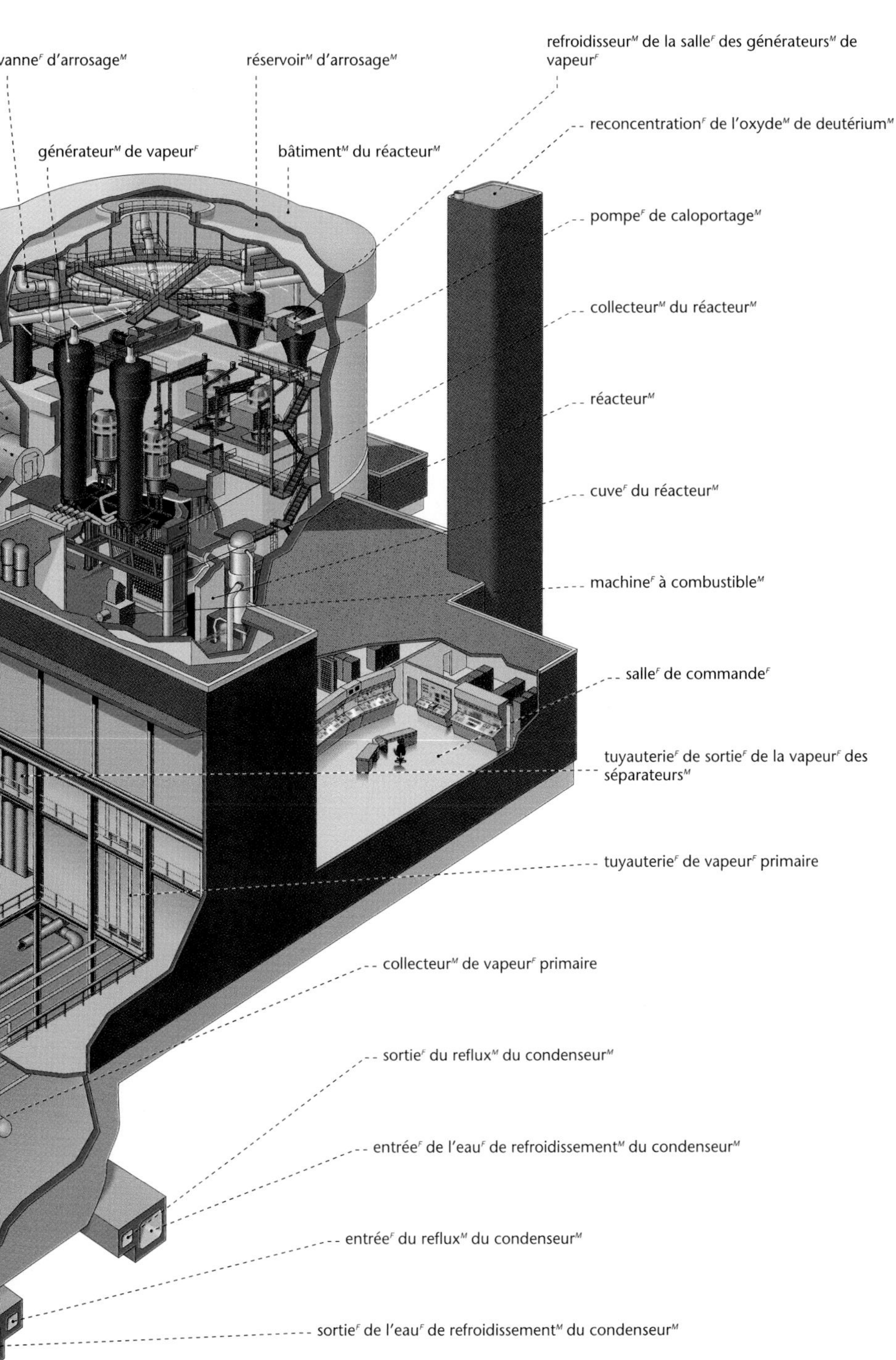
vanne^F d'arrosage^M
réservoir^M d'arrosage^M
refroidisseur^M de la salle^F des générateurs^M de vapeur^F
reconcentration^F de l'oxyde^M de deutérium^M
générateur^M de vapeur^F
bâtiment^M du réacteur^M
pompe^F de caloportage^M
collecteur^M du réacteur^M
réacteur^M
cuve^F du réacteur^M
machine^F à combustible^M
salle^F de commande^F
tuyauterie^F de sortie^F de la vapeur^F des séparateurs^M
tuyauterie^F de vapeur^F primaire
collecteur^M de vapeur^F primaire
sortie^F du reflux^M du condenseur^M
entrée^F de l'eau^F de refroidissement^M du condenseur^M
entrée^F du reflux^M du condenseur^M
sortie^F de l'eau^F de refroidissement^M du condenseur^M

RÉACTEUR[M] AU GAZ[M] CARBONIQUE

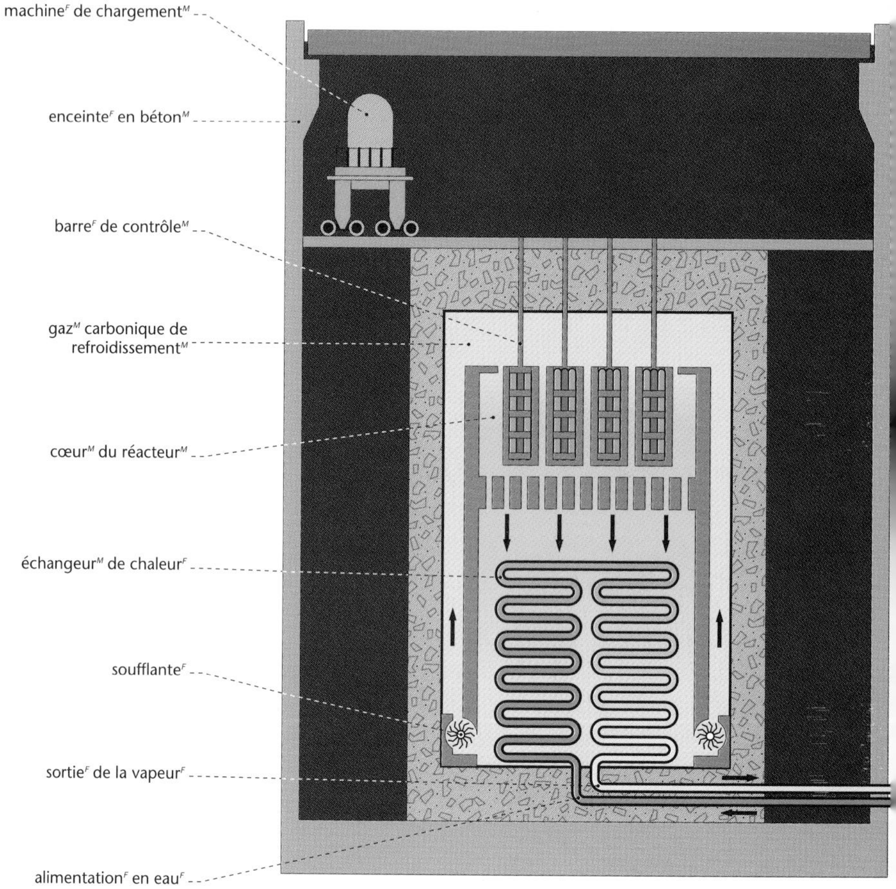

machine[F] de chargement[M]

enceinte[F] en béton[M]

barre[F] de contrôle[M]

gaz[M] carbonique de refroidissement[M]

cœur[M] du réacteur[M]

échangeur[M] de chaleur[F]

soufflante[F]

sortie[F] de la vapeur[F]

alimentation[F] en eau[F]

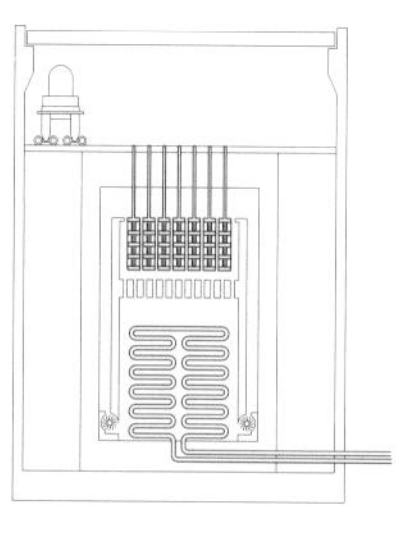

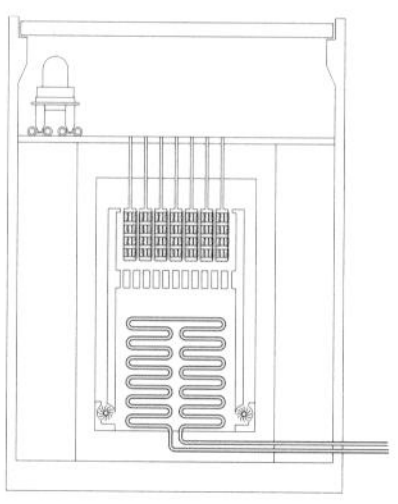

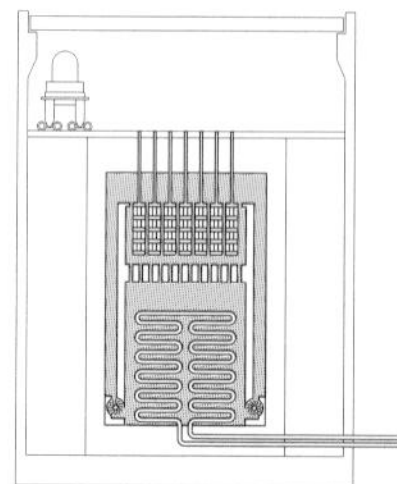

combustible[M]: uranium[M] naturel

modérateur[M]: graphite[M]

caloporteur[M]: gaz[M] carbonique

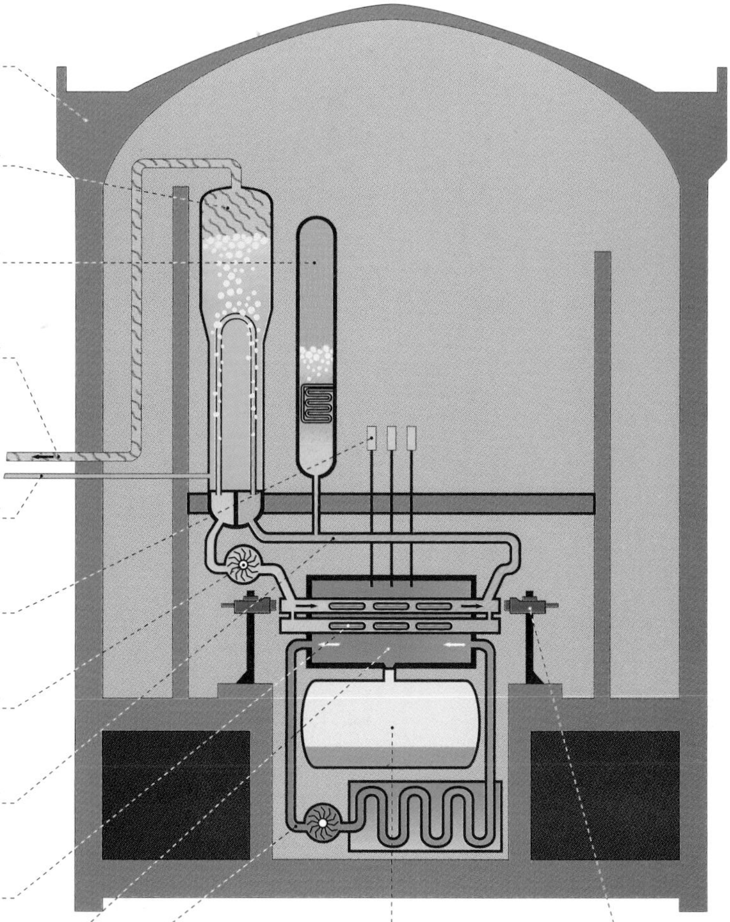

enceinte[F] en béton[M]

générateur[M] de vapeur[F]

pressuriseur[M]

sortie[F] de la vapeur[F]

alimentation[F] en eau[F]

barre[F] de contrôle[M]

pompe[F]

eau[F] lourde sous pression[F]

combustible[M]

cuve[F] du modérateur[M]

eau[F] lourde froide

réservoir[M] de sécurité[F]

machine[F] de chargement[M]

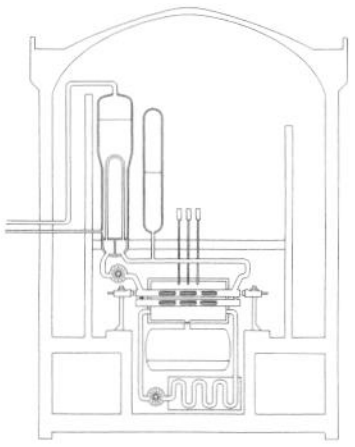

combustible[M]: uranium[M] naturel

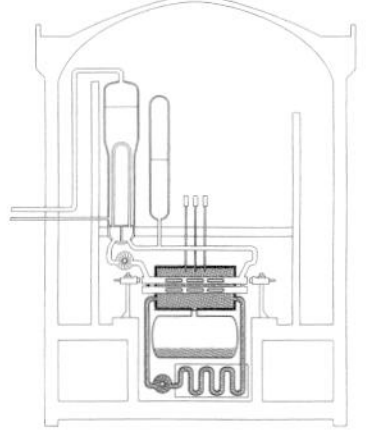

modérateur[M]: eau[F] lourde

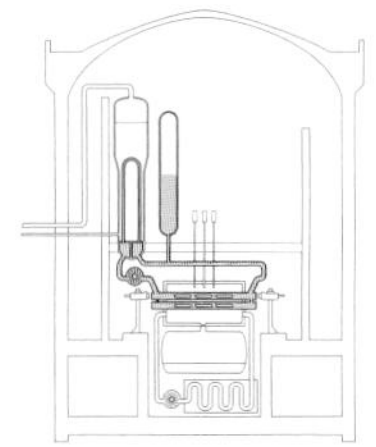

caloporteur[M]: eau[F] lourde sous pression[F]

RÉACTEUR[M] À EAU[F] SOUS PRESSION[F]

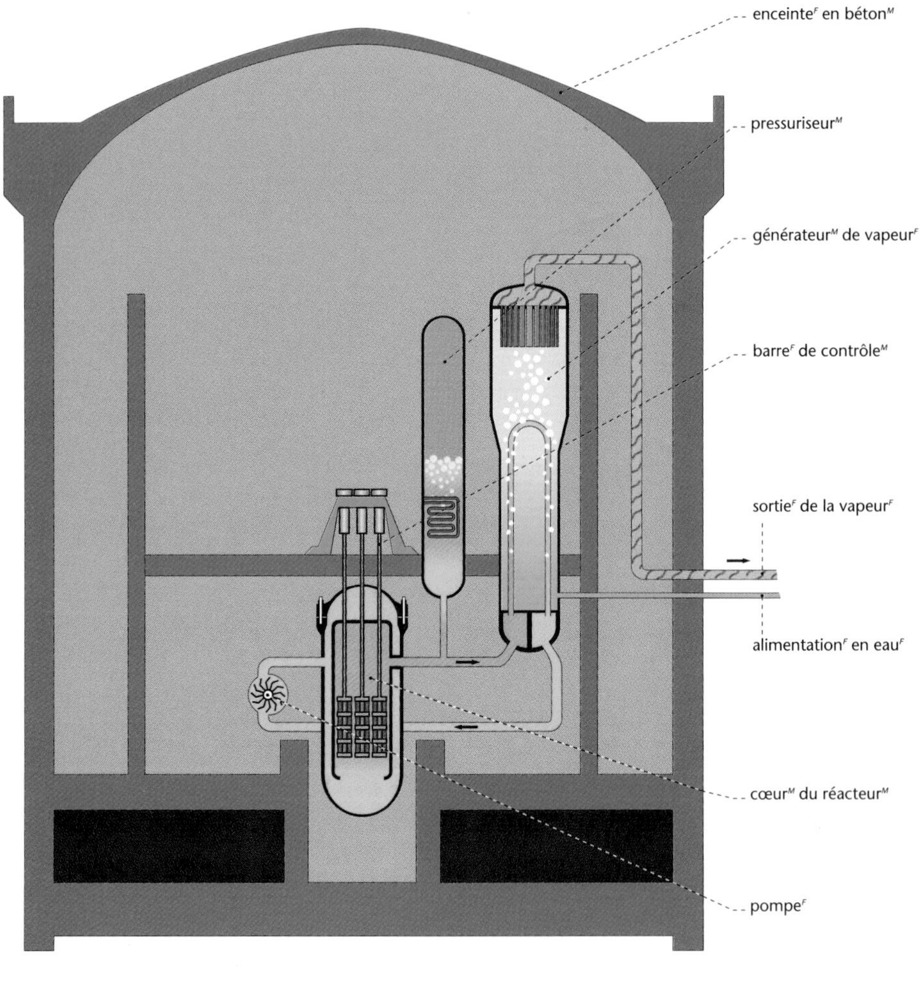

enceinte[F] en béton[M]

pressuriseur[M]

générateur[M] de vapeur[F]

barre[F] de contrôle[M]

sortie[F] de la vapeur[F]

alimentation[F] en eau[F]

cœur[M] du réacteur[M]

pompe[F]

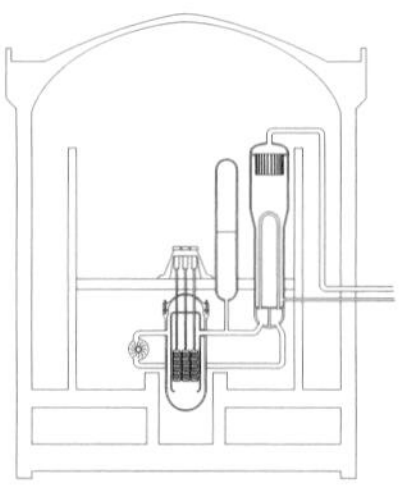

combustible[M]: uranium[M] enrichi

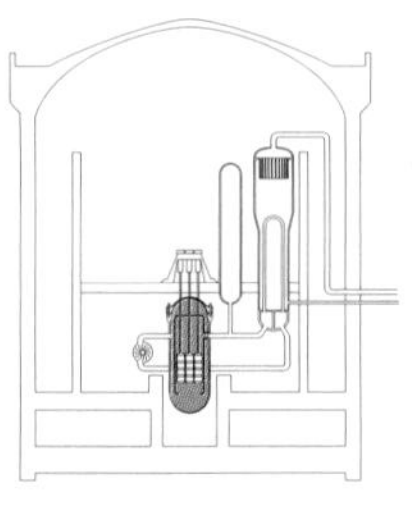

modérateur[M]: eau[F] naturelle

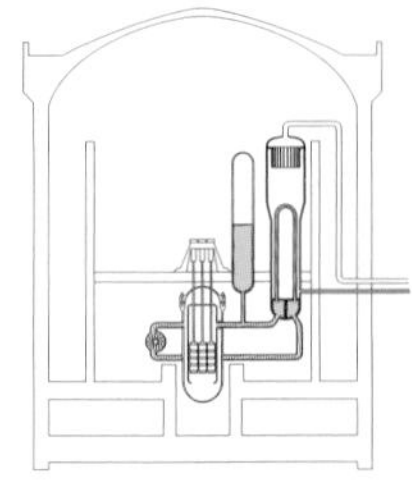

caloporteur[M]: eau[F] sous pression[F]

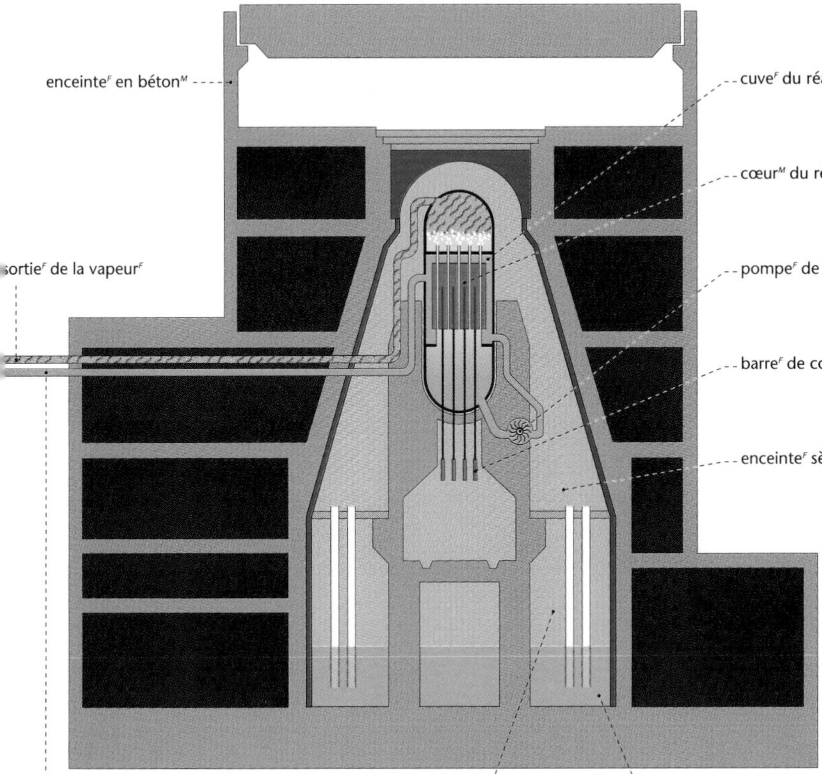

enceinte[F] en béton[M]

cuve[F] du réacteur[M]

cœur[M] du réacteur[M]

sortie[F] de la vapeur[F]

pompe[F] de recirculation[F]

barre[F] de contrôle[M]

enceinte[F] sèche

alimentation[F] en eau[F]

enceinte[F] humide

piscine[F] de condensation[F]

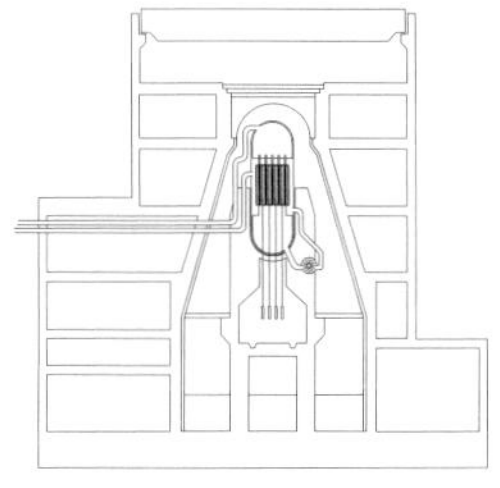

combustible[M]: uranium[M] enrichi

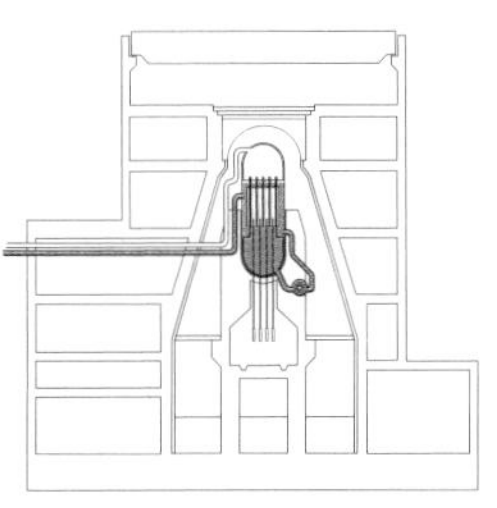

modérateur[M]: eau[F] naturelle

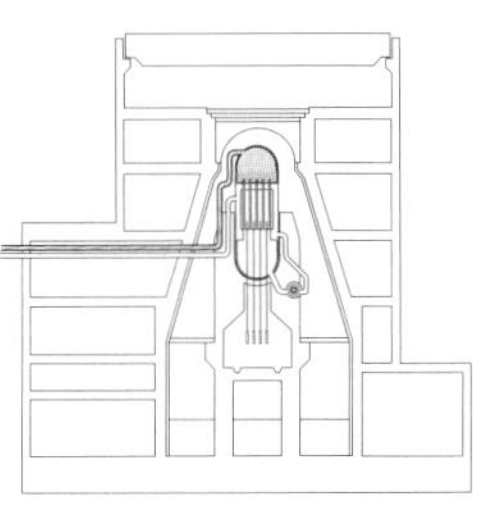

caloporteur[M]: eau[F] bouillante

SÉQUENCE DE MANIPULATION DU COMBUSTIBLE

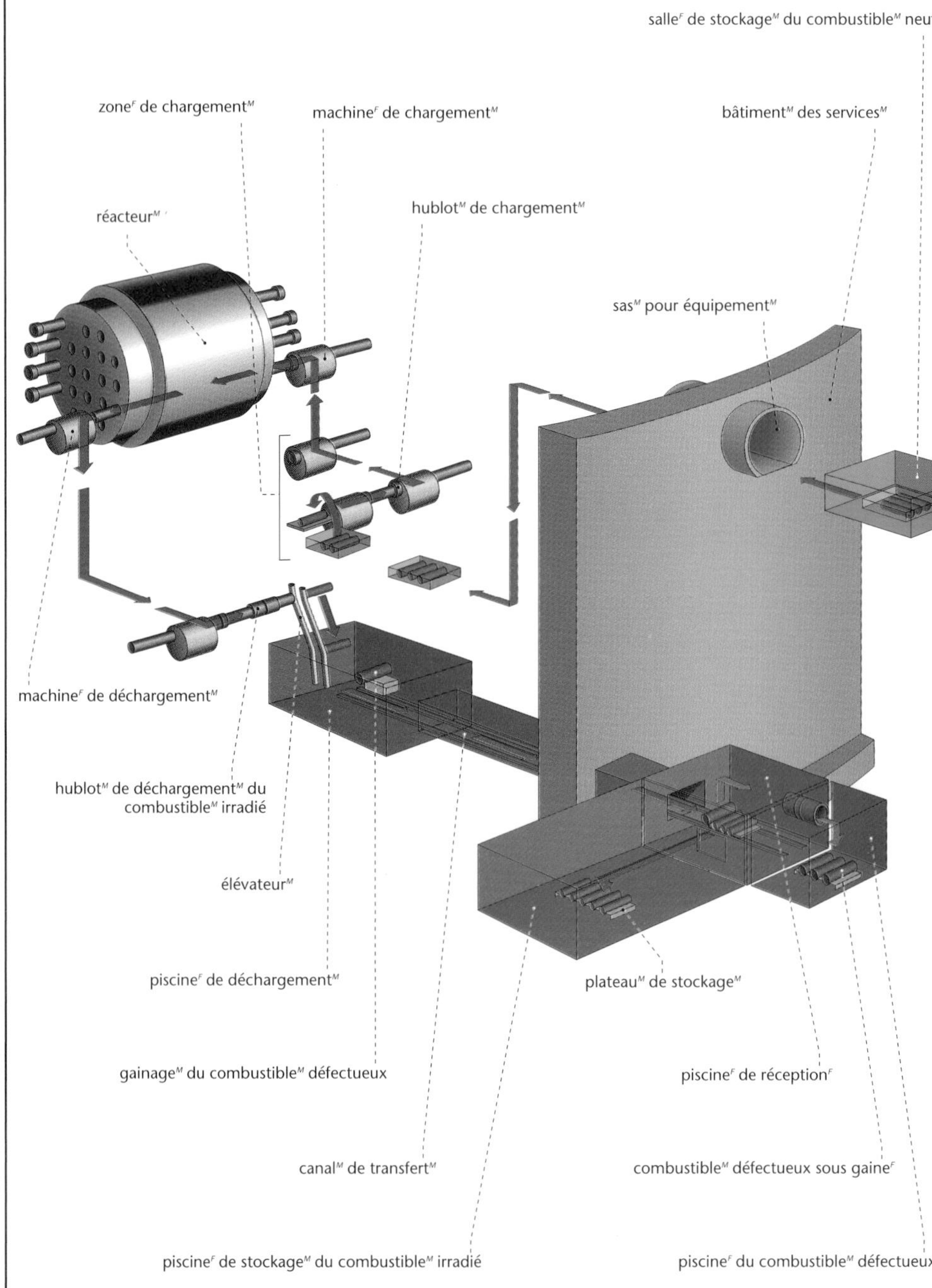

GRAPPE^F DE COMBUSTIBLE^M

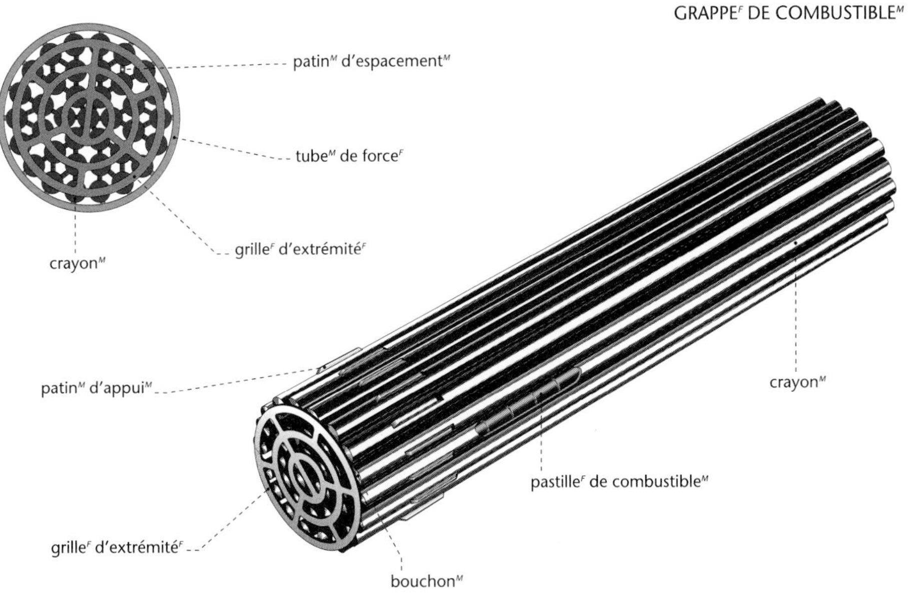

RÉACTEUR^M NUCLÉAIRE

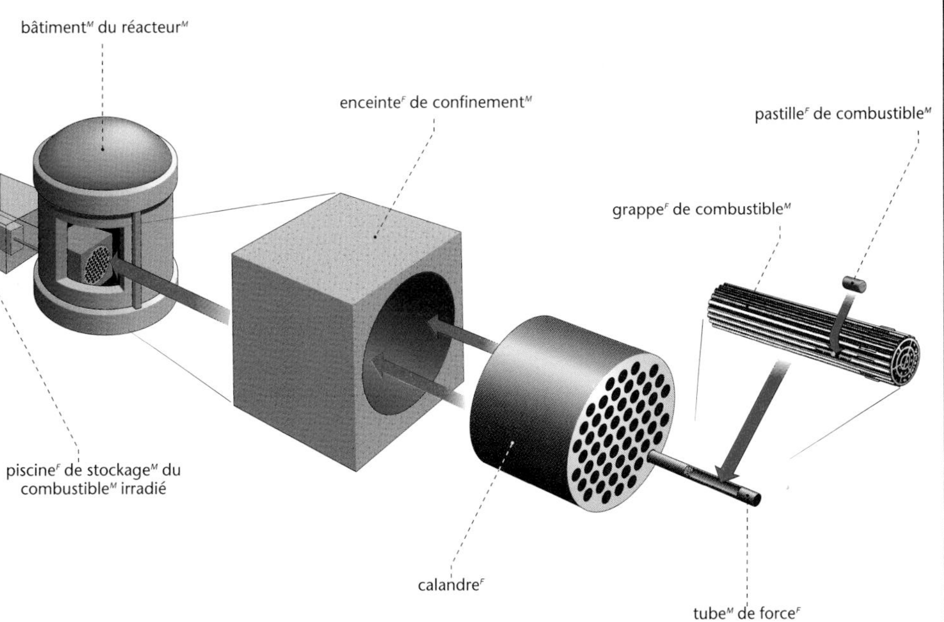

ÉNERGIE[F] NUCLÉAIRE

PRODUCTION[F] D'ÉLECTRICITÉ[F] PAR ÉNERGIE[F] NUCLÉAIRE

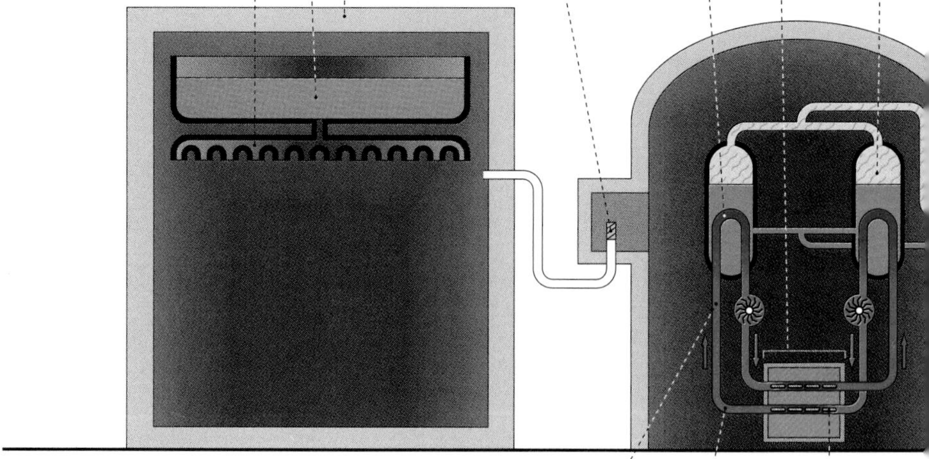

transformation[F] de l'eau[F] en vapeur[F]

enceinte[F] de confinement[M]

réacteur[M]

réservoir[M] d'arrosage[M]

transmission[F] de la chaleur[F] à l'eau[F]

gicleurs[M]

soupape[F] de sûreté[F]

acheminement[M] de la chaleur[F] au générateur[M] de vapeur[F] par le caloporteur[M]

production[F] de chaleur[F]

fission[F] de l'uranium[M]

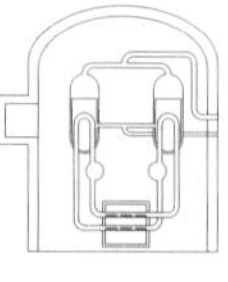

combustible[M]

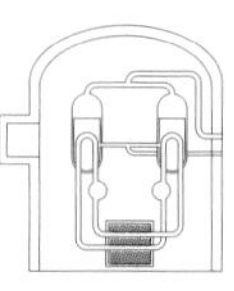

modérateur[M]

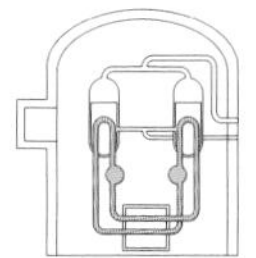

caloporteur[M]

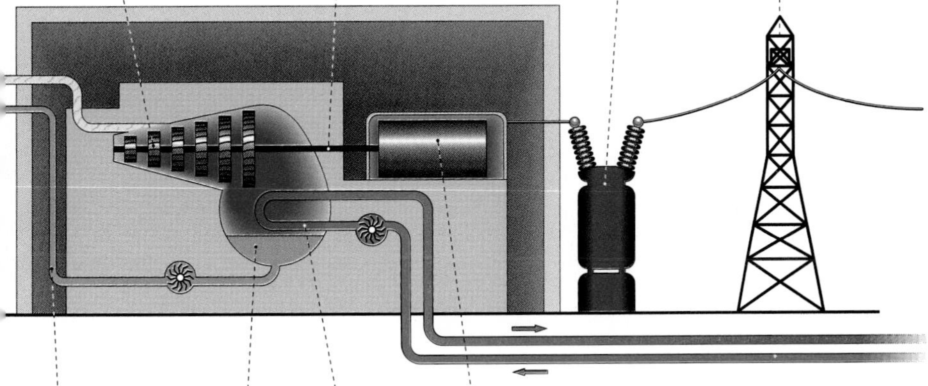

entraînement[M] de la turbine[F] par la vapeur[F]

transport[M] de l'électricité[F]

élévation[F] de la tension[F]

entraînement[M] du rotor[M] de l'alternateur[M]

production[F] d'électricité[F]

refroidissement[M] de la vapeur[F] par l'eau[F]

condensation[F] de la vapeur[F]

retour[M] de l'eau[F] au générateur[M] de vapeur[F]

ÉNERGIE[F] SOLAIRE

PHOTOPILE[F]

rayonnement[M] solaire
couche[F] antireflet
grille[F] métallique conductrice
région[F] positive
contact[M] négatif
jonction[F] positif[M]/négatif[M]
contact[M] positif
région[F] négative

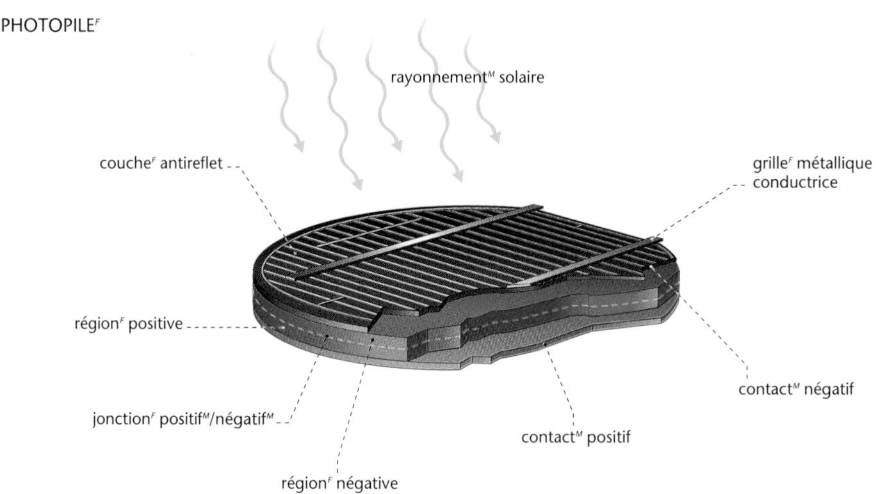

CAPTEUR[M] SOLAIRE PLAN

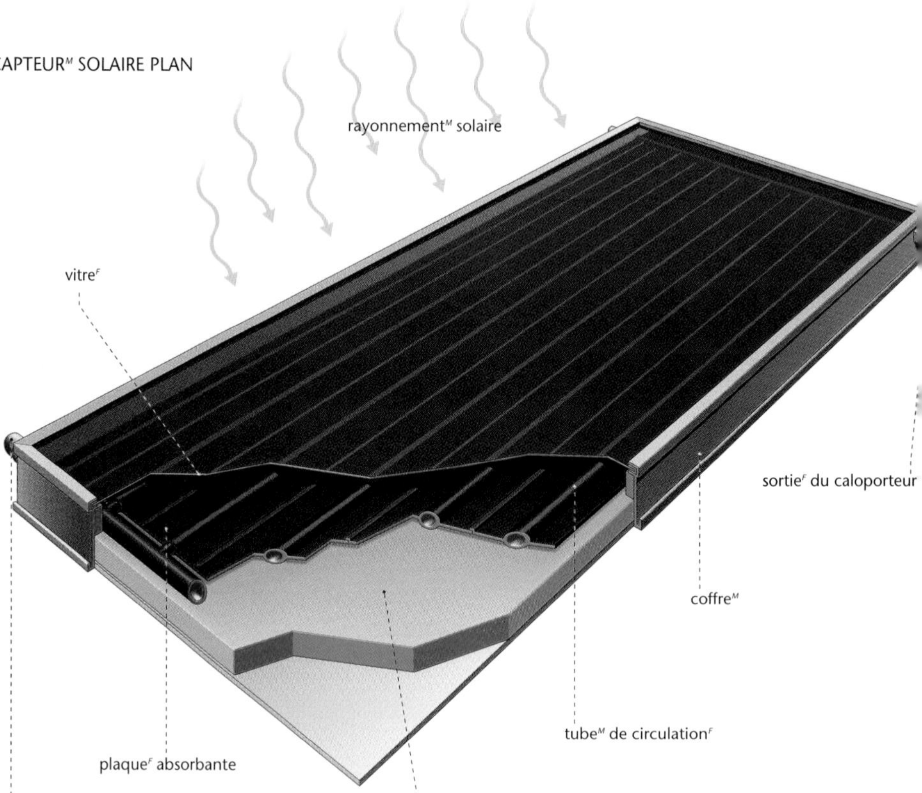

rayonnement[M] solaire
vitre[F]
sortie[F] du caloporteur
coffre[M]
tube[M] de circulation[F]
plaque[F] absorbante
entrée[F] du caloporteur[M]
isolant[M]

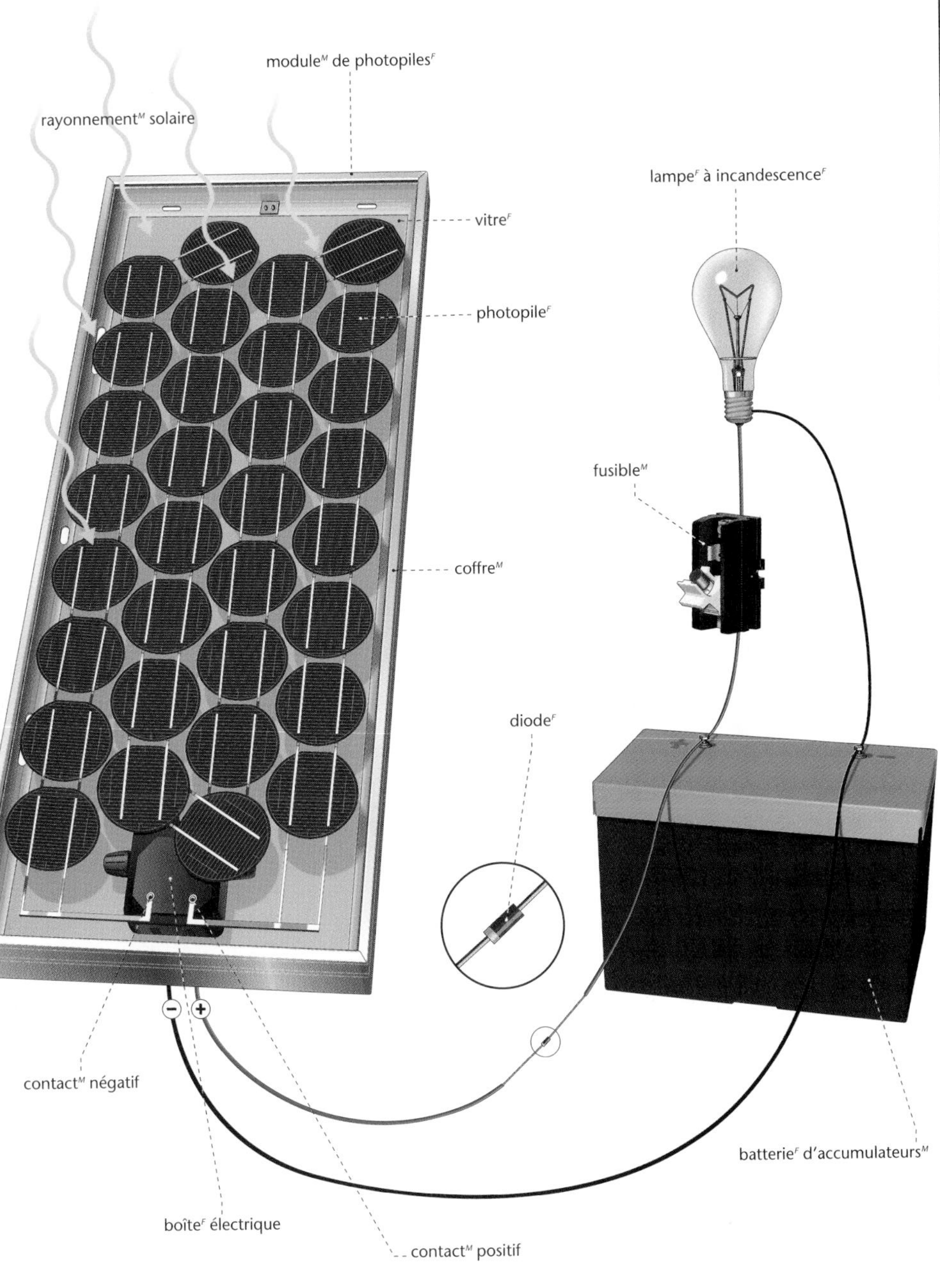
moduleᴹ de photopilesᶠ
rayonnementᴹ solaire
vitreᶠ
photopileᶠ
coffreᴹ
lampeᶠ à incandescenceᶠ
fusibleᴹ
diodeᶠ
contactᴹ négatif
boîteᶠ électrique
contactᴹ positif
batterieᶠ d'accumulateursᴹ

FOUR[M] SOLAIRE

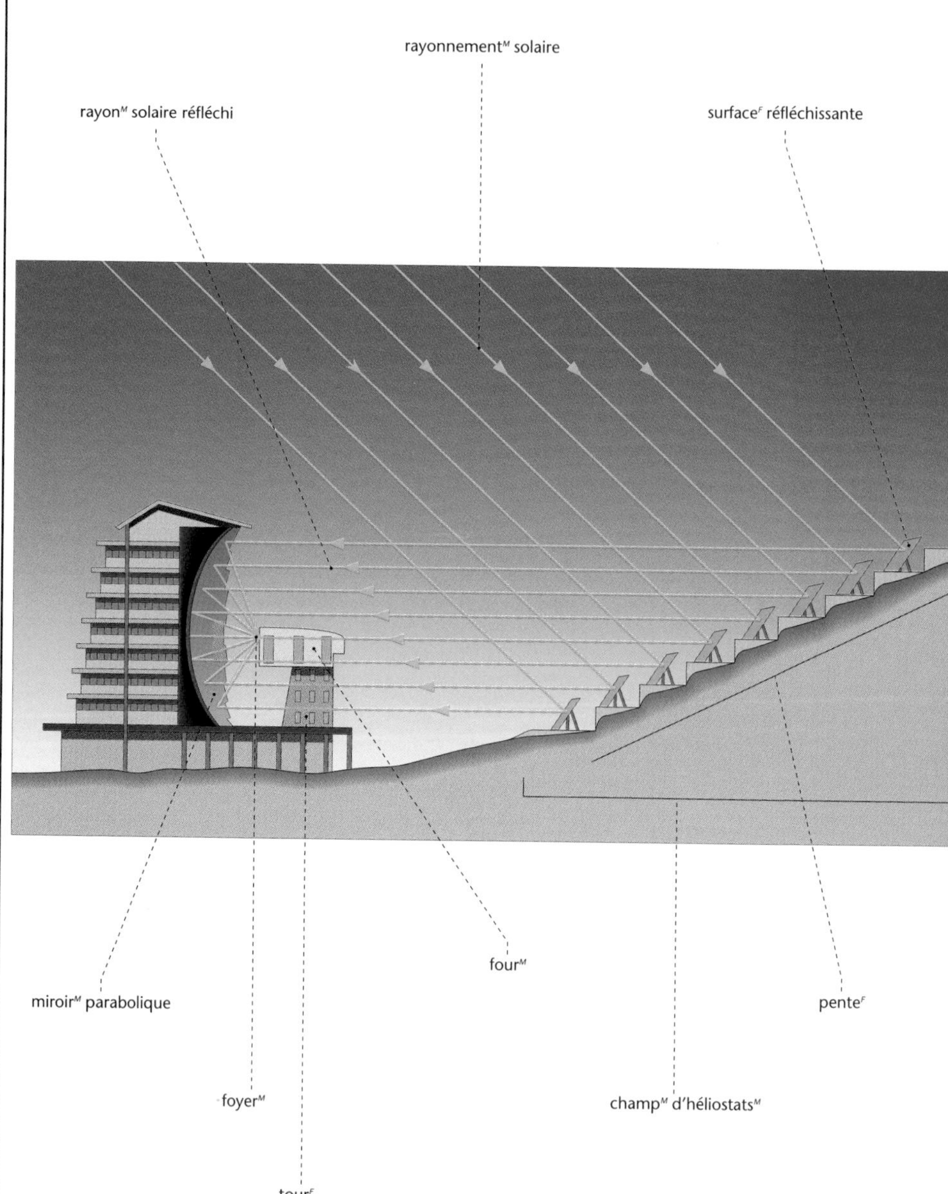

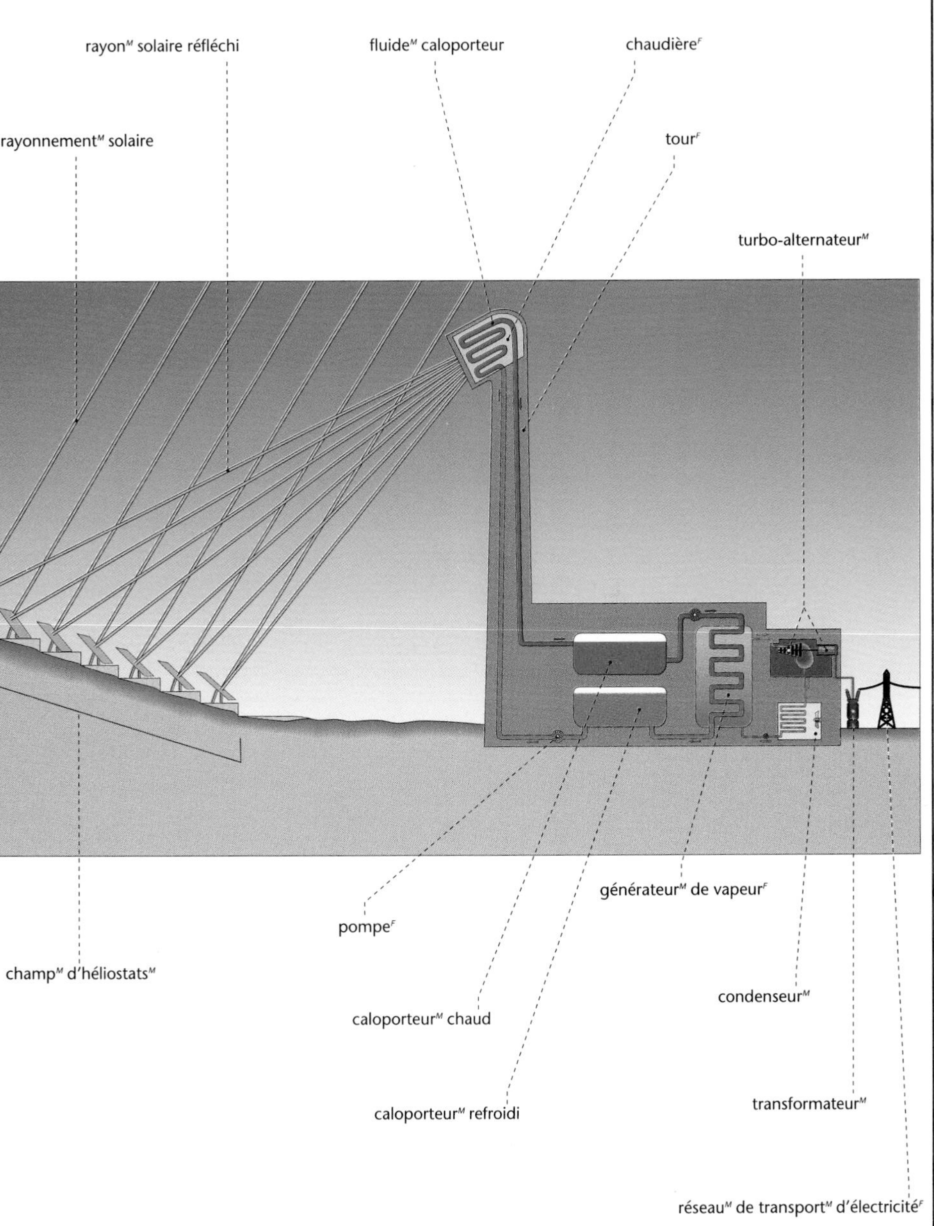
rayon[M] solaire réfléchi
fluide[M] caloporteur
chaudière[F]
rayonnement[M] solaire
tour[F]
turbo-alternateur[M]
générateur[M] de vapeur[F]
pompe[F]
champ[M] d'héliostats[M]
condenseur[M]
caloporteur[M] chaud
caloporteur[M] refroidi
transformateur[M]
réseau[M] de transport[M] d'électricité[F]

MAISON[F] SOLAIRE

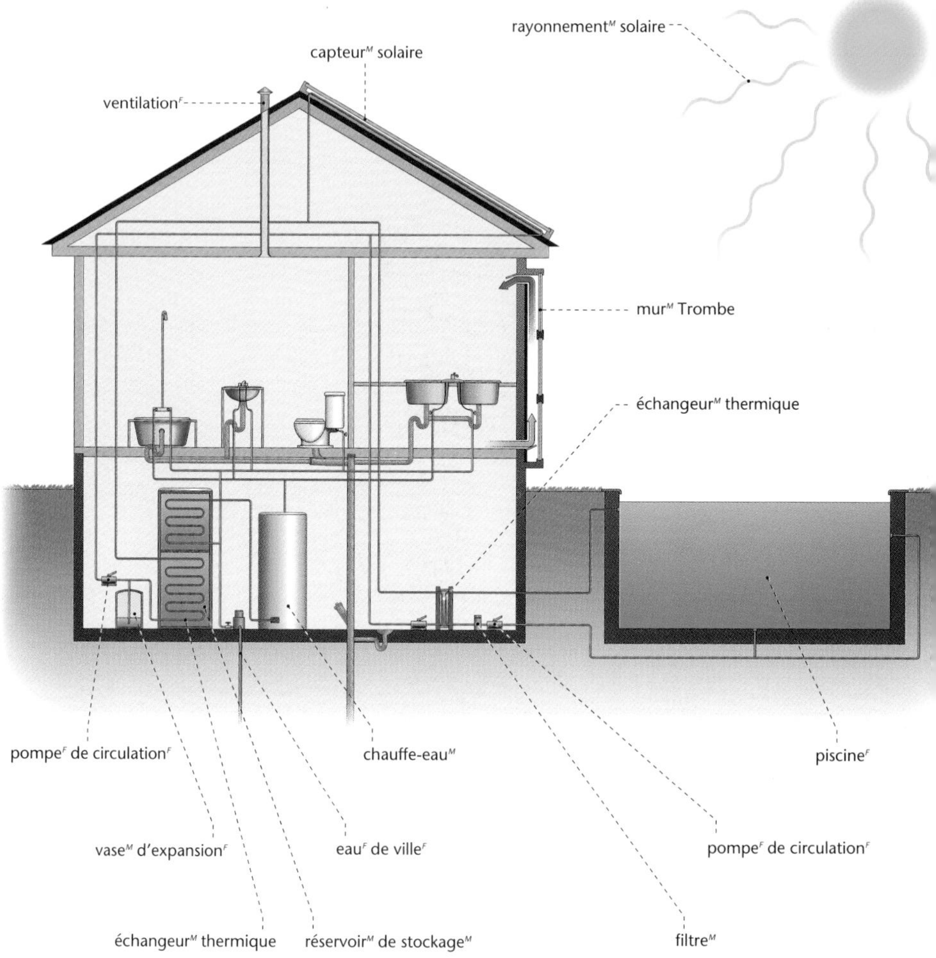

rayonnement[M] solaire
capteur[M] solaire
ventilation[F]
mur[M] Trombe
échangeur[M] thermique
pompe[F] de circulation[F]
chauffe-eau[M]
piscine[F]
vase[M] d'expansion[F]
eau[F] de ville[F]
pompe[F] de circulation[F]
échangeur[M] thermique
réservoir[M] de stockage[M]
filtre[M]

MUR[M] TROMBE

air[M] chaud
volet[M]
double vitrage[M]
intervalle[M] d'air[M]
surface[F] absorbante
mur[M] en béton[M]
air[M] frais

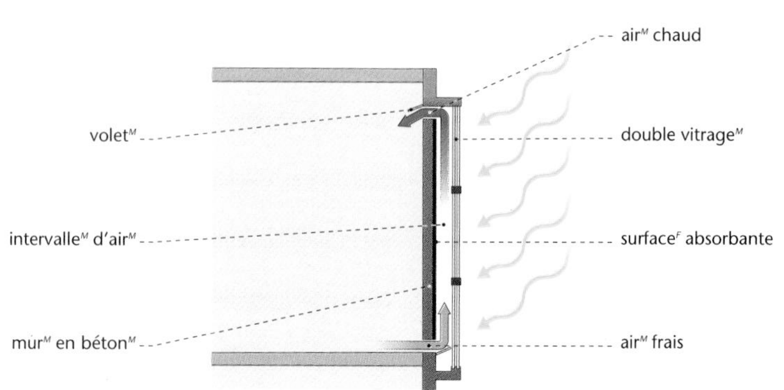

MOULIN[M] À VENT[M]

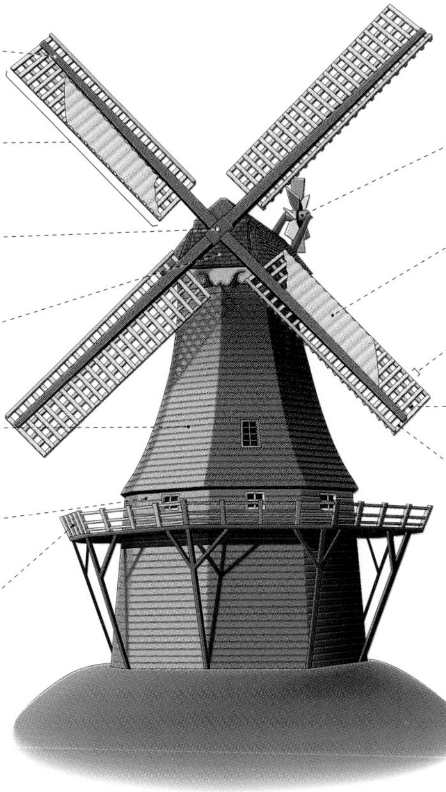
bras[M]
aile[F]
arbre[M]
calotte[F]
tour[F]
étage[M]
galerie[F]
gouvernail[M]
voile[F]
cotret[M]
latte[F]
cadre[M]

MOULIN[M] PIVOT[M]

rotor[M]
escalier[M]
queue[F]
pivot[M]

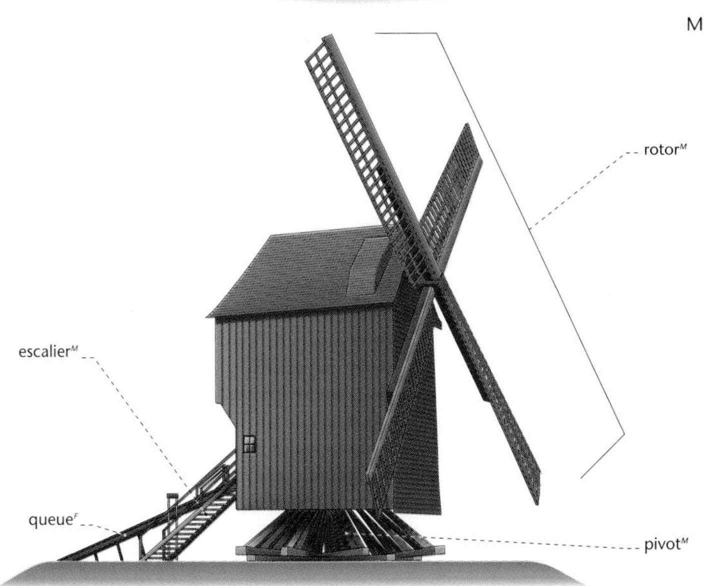

ÉNERGIE[F] ÉOLIENNE

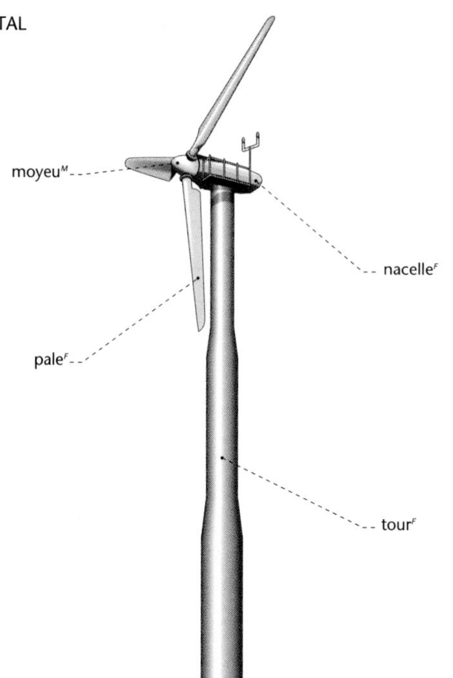

ÉOLIENNE[F] À AXE[M] VERTICAL

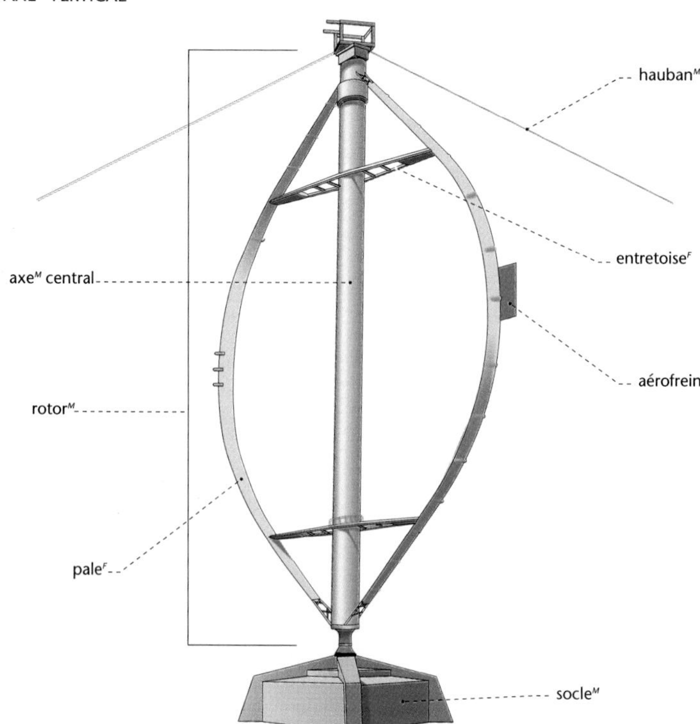

ENGINS ET MACHINES

SOMMAIRE

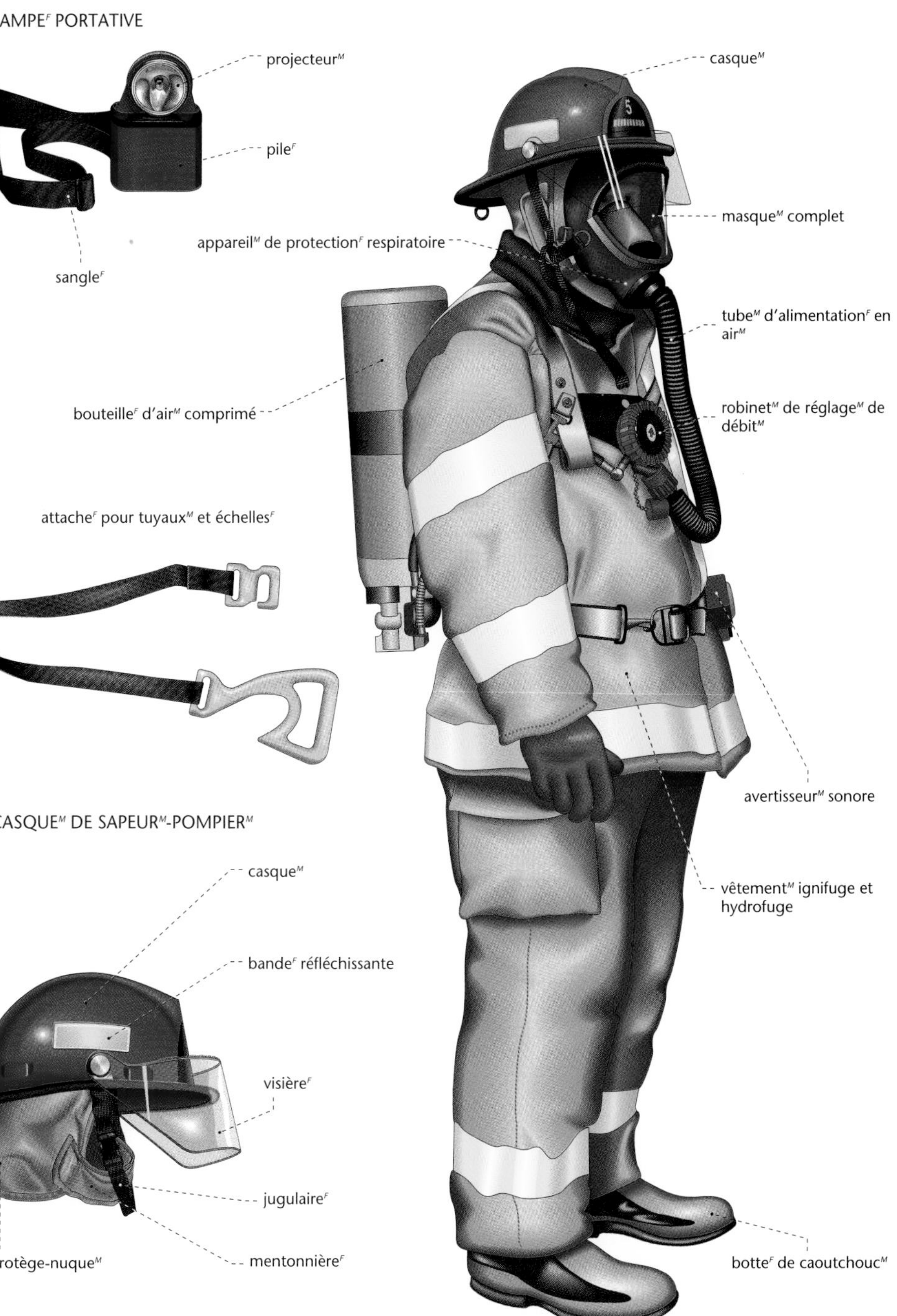
SAPEUR^M-POMPIER^M
LAMPE^F PORTATIVE
projecteur^M
pile^F
sangle^F
appareil^M de protection^F respiratoire
casque^M
masque^M complet
tube^M d'alimentation^F en air^M
bouteille^F d'air^M comprimé
robinet^M de réglage^M de débit^M
attache^F pour tuyaux^M et échelles^F
avertisseur^M sonore
CASQUE^M DE SAPEUR^M-POMPIER^M
casque^M
vêtement^M ignifuge et hydrofuge
bande^F réfléchissante
visière^F
jugulaire^F
protège-nuque^M
mentonnière^F
botte^F de caoutchouc^M

VÉHICULES[M] D'INCENDIE[M]

FOURGON[M]-POMPE[F]

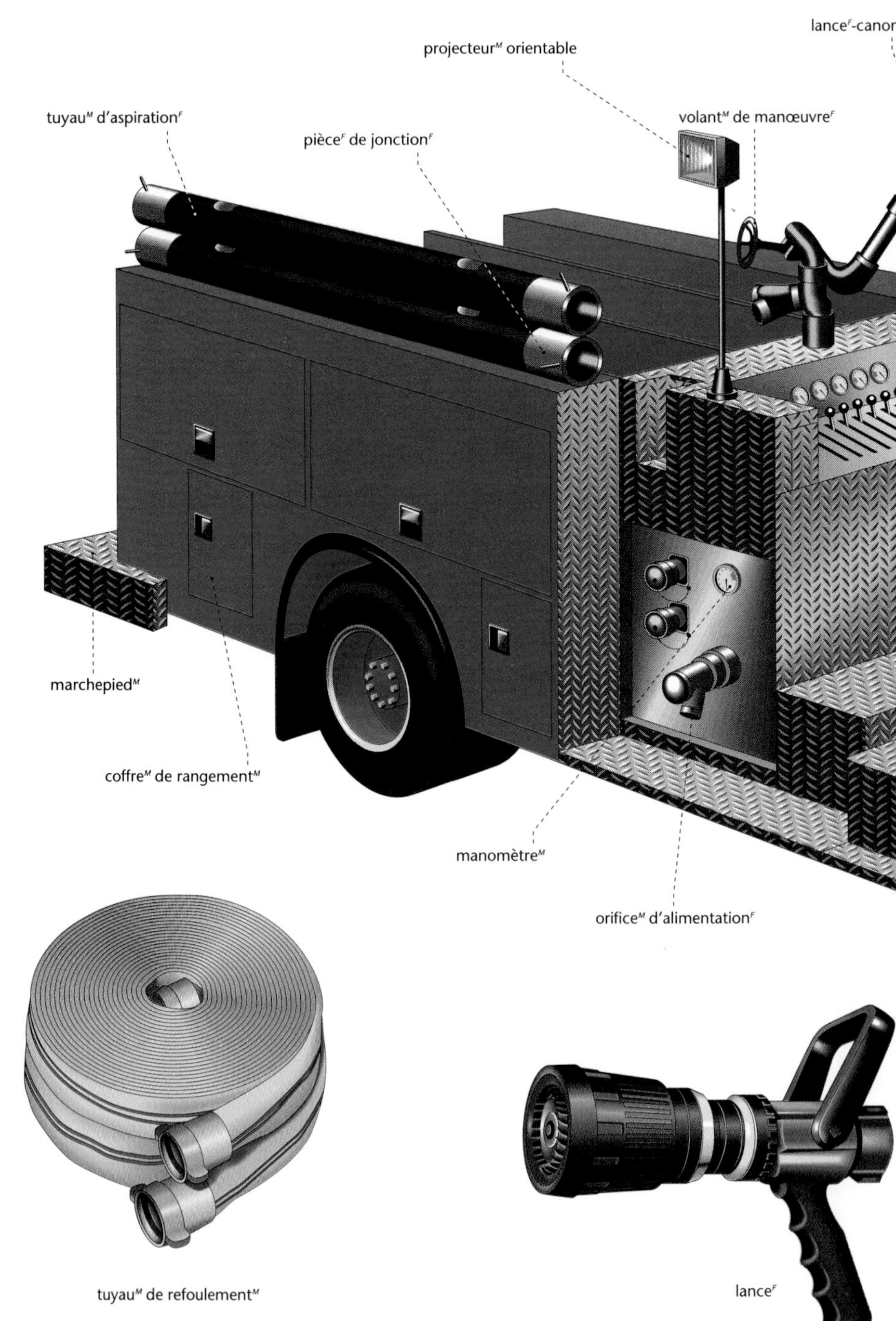

pièce[F] d'embranchement[M]

anneau[M] de commande[F]

corne[F] de feu[M]

rampe[F] de signalisation[F]

haut-parleur[M]

poignée[F] montoir[M]

orifice[M] d'alimentation[F]

clé[F] de barrage[M]

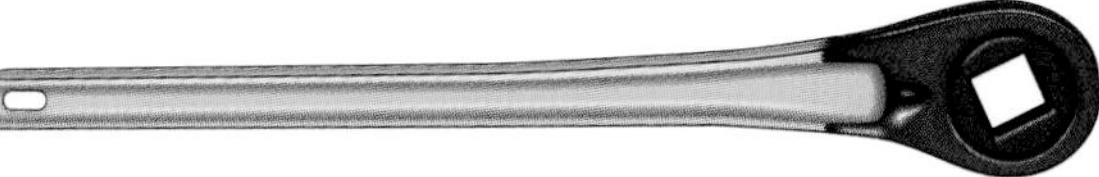

GRANDE ÉCHELLE^F

EXTINCTEUR^M

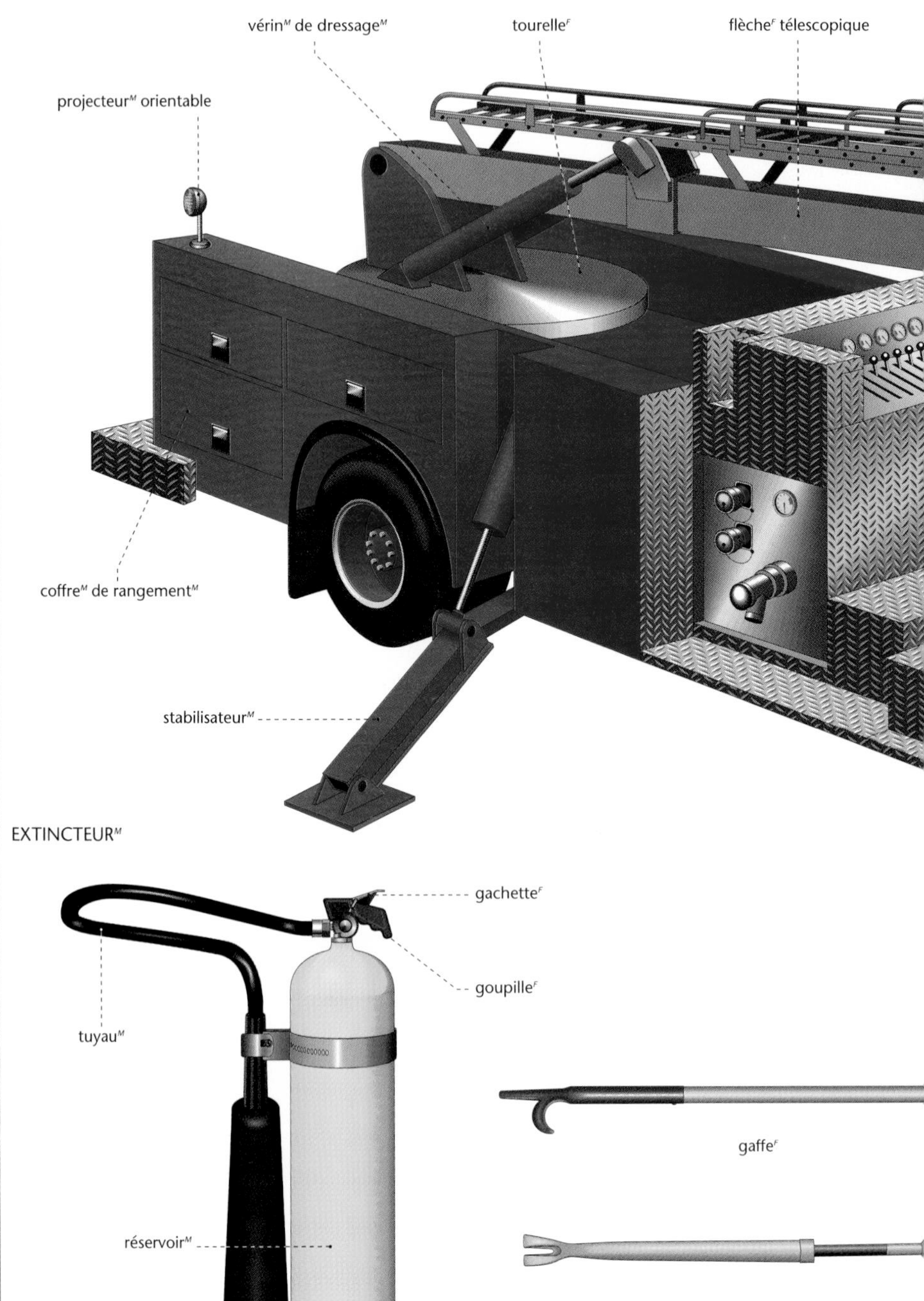

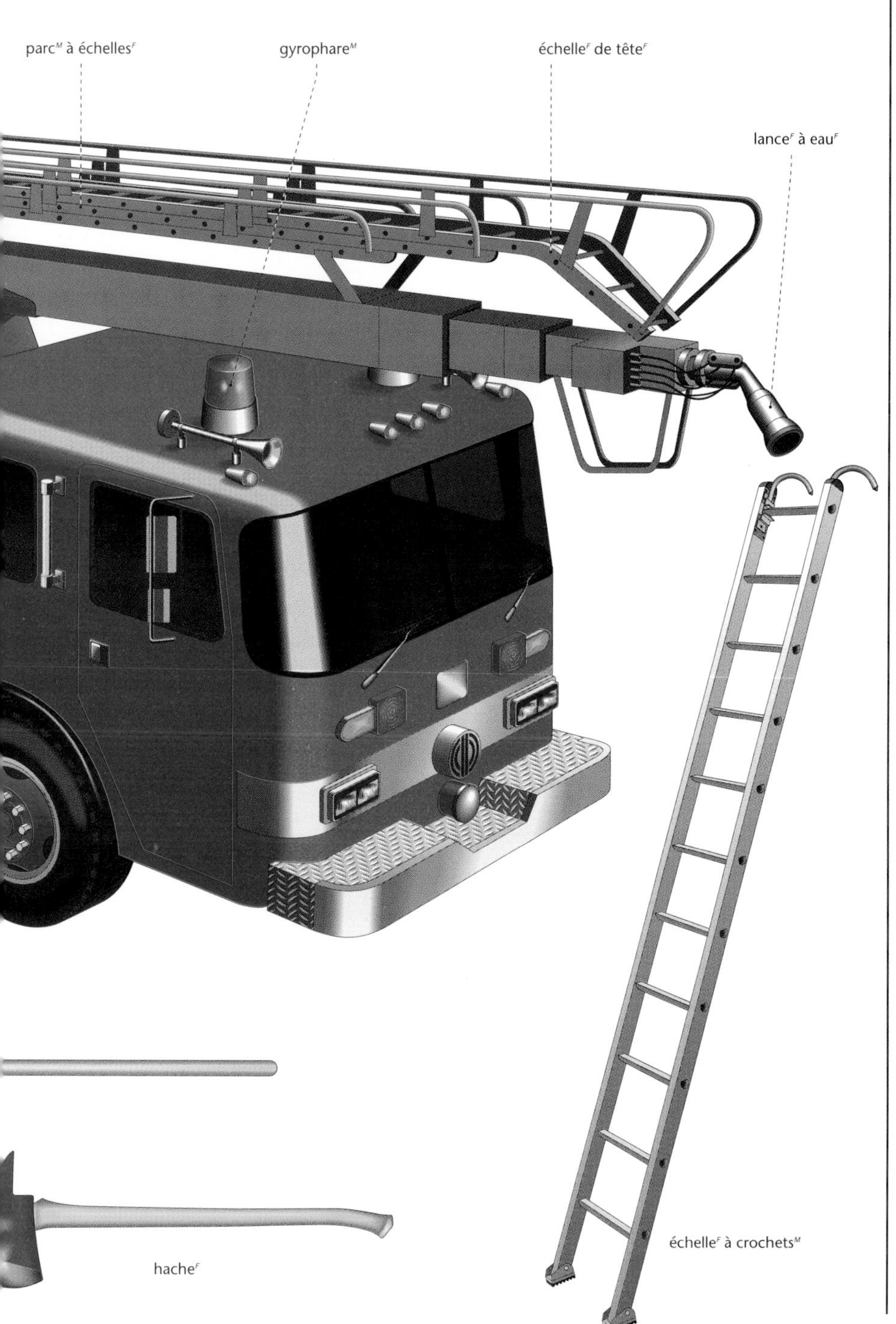
parcM à échellesF
gyrophareM
échelleF de têteF
lanceF à eauF
échelleF à crochetsM
hacheF

CHARGEUSE^F-PELLETEUSE^F

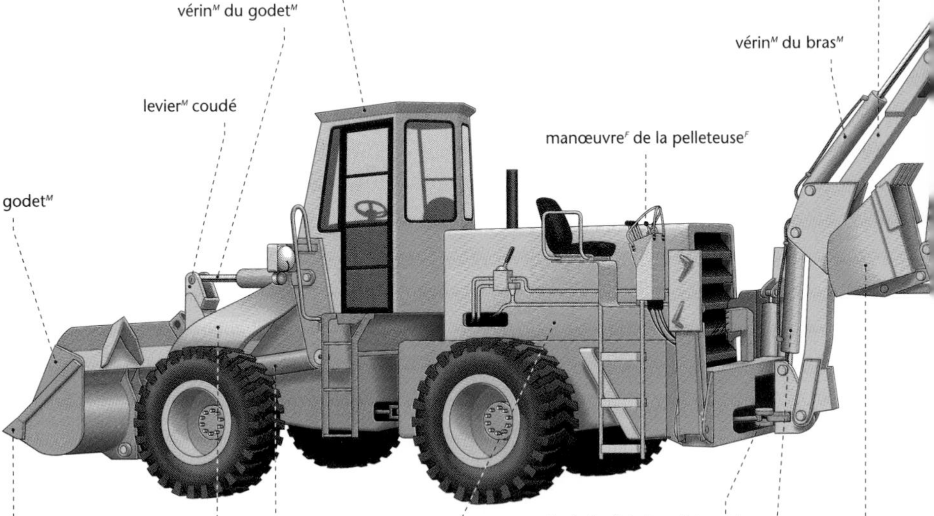
bras
flèche^F
cabine^F
vérin^M du godet^M
vérin^M du bras^M
levier^M coudé
manœuvre^F de la pelleteuse^F
godet^M
articulation^F de la pelleteuse^F
dent^F de godet^M
moteur^M diesel
vérin^M de la flèche^F
bras^M de levage^M
godet^M rétro
vérin^M du bras^M de levage^M
vérin^M du godet^M rét

chargeuse^F frontale

tracteur^M

pelleteuse^F

BOUTEUR^{M}

filtre^{M} à air^{M}
moteur^{M} diesel
tuyau^{M} d'échappement^{M}
cabine^{F}
vérin^{M} de levage^{M} de la lame^{F}
barbotin^{M}
lame^{F}
vérin^{M} de défonceuse^{F}
sabot^{M} de protection^{F}
bord^{M} tranchant
chenille^{F}
pointe^{F} de dent^{F}
bras^{M} du longeron^{M}
longeron^{M} de chenille^{F}
dent^{F} de défonceuse^{F}
roue^{F} folle

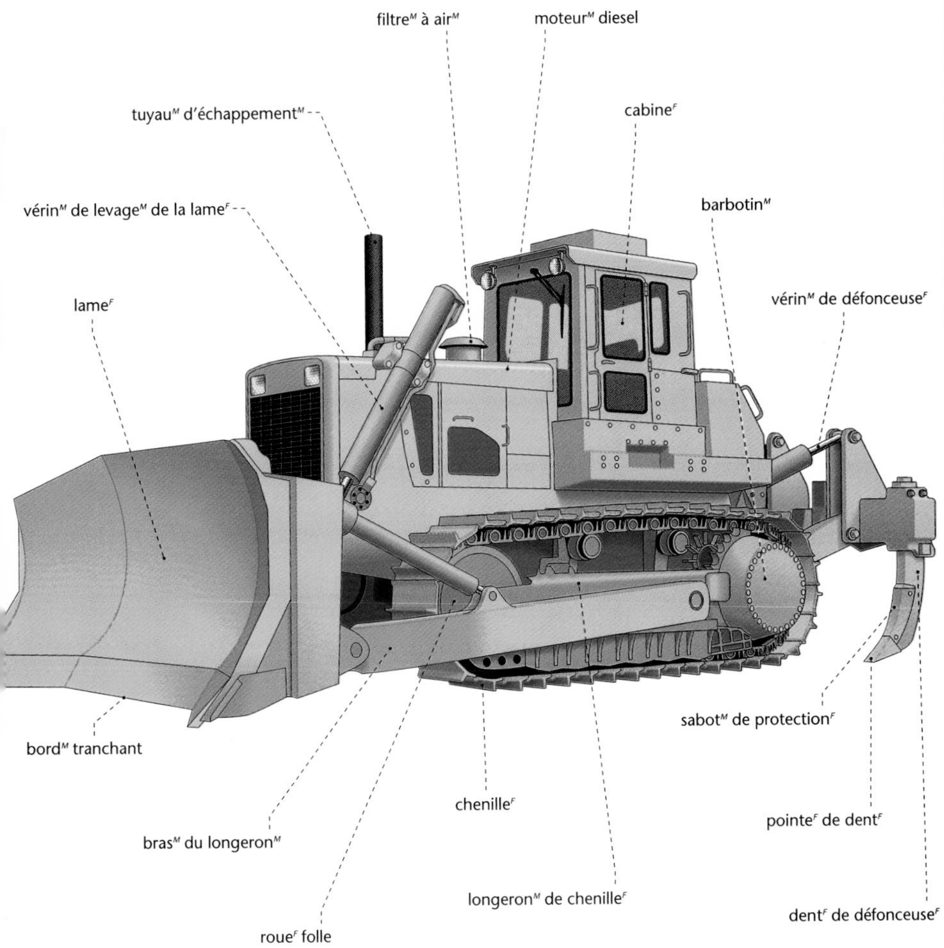

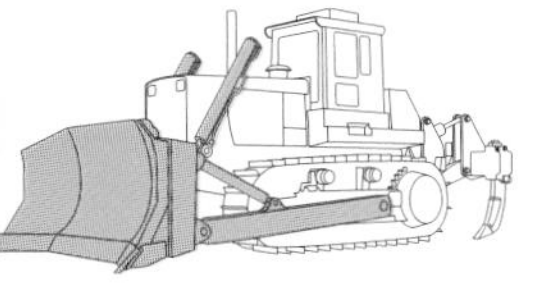

lame^{F}

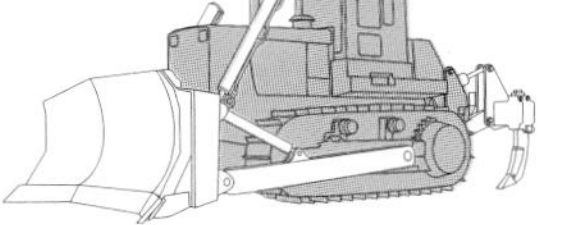

tracteur^{M} à chenilles^{F}

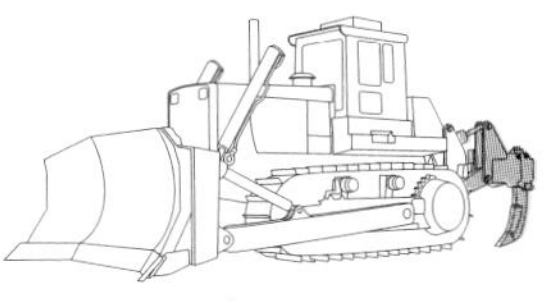

défonceuse^{F}

MACHINERIE[F] LOURDE

DÉCAPEUSE[F]

vérin[M] de direction[F]
col-de-cygne[M]
éjecteur[M]
palonnier[M]
brancard[M]
benne[F]
lame[F] racleuse
tracteur[M]-remorqueur[M]

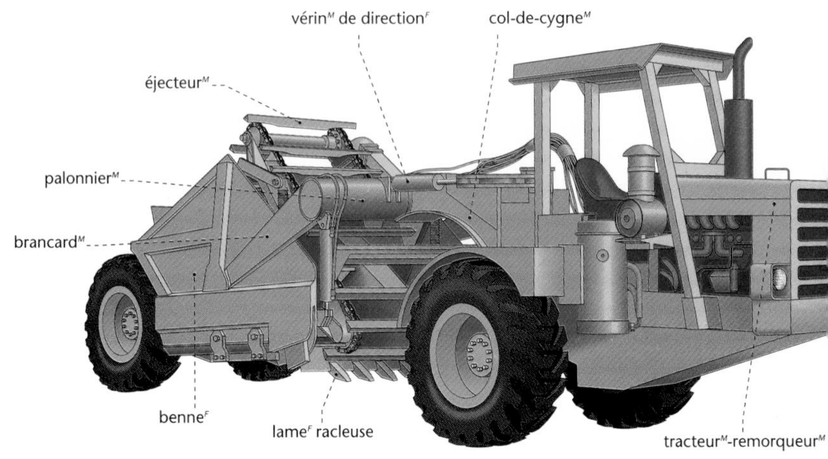

NIVELEUSE[F]

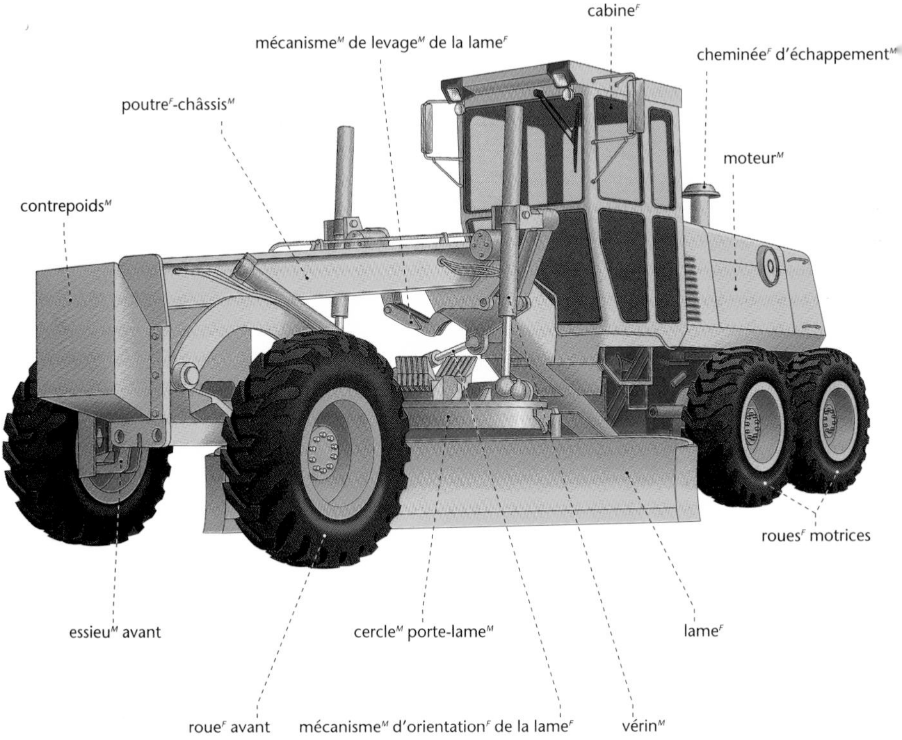

cabine[F]
mécanisme[M] de levage[M] de la lame[F]
cheminée[F] d'échappement[M]
poutre[F]-châssis[M]
moteur[M]
contrepoids[M]
roues[F] motrices
essieu[M] avant
cercle[M] porte-lame[M]
lame[F]
roue[F] avant
mécanisme[M] d'orientation[F] de la lame[F]
vérin[M]

MACHINERIE[F] LOURDE

CAMION[M]-BENNE[F]

cabine[F]
benne[F] basculante
auvent[M]
moteur[M] diesel
échelle[F]
nervure[F]
châssis[M]

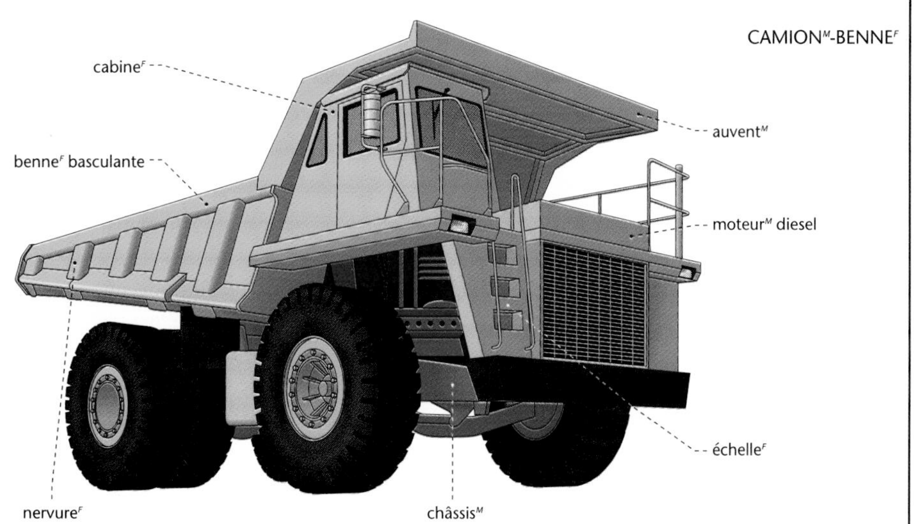

PELLE[F] HYDRAULIQUE

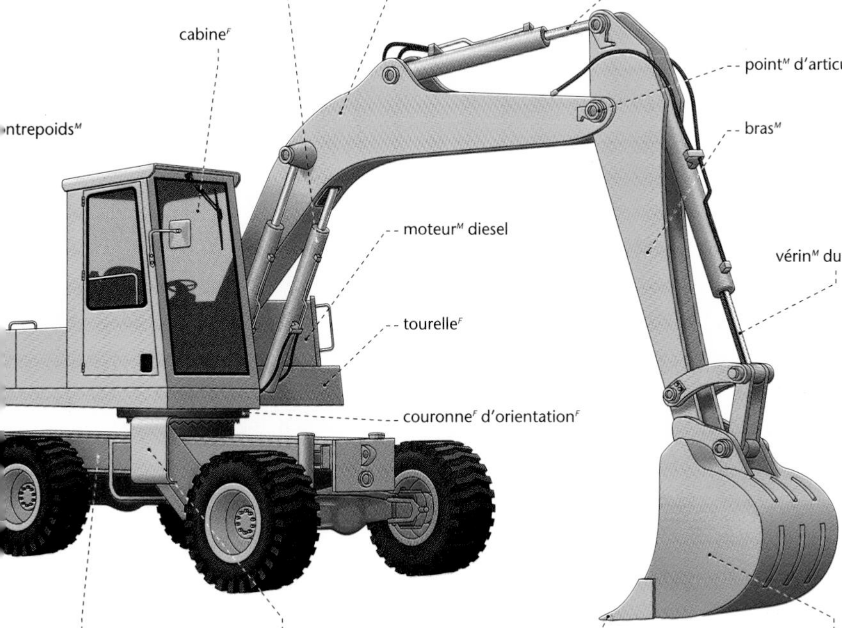

vérin[M] de la flèche[F]
flèche[F]
vérin[M] du bras[M]
cabine[F]
point[M] d'articulation[F]
ntrepoids[M]
bras[M]
moteur[M] diesel
vérin[M] du godet[M]
tourelle[F]
couronne[F] d'orientation[F]
châssis[M]
stabilisateur[M]
dent[F]
godet[M] chargeur

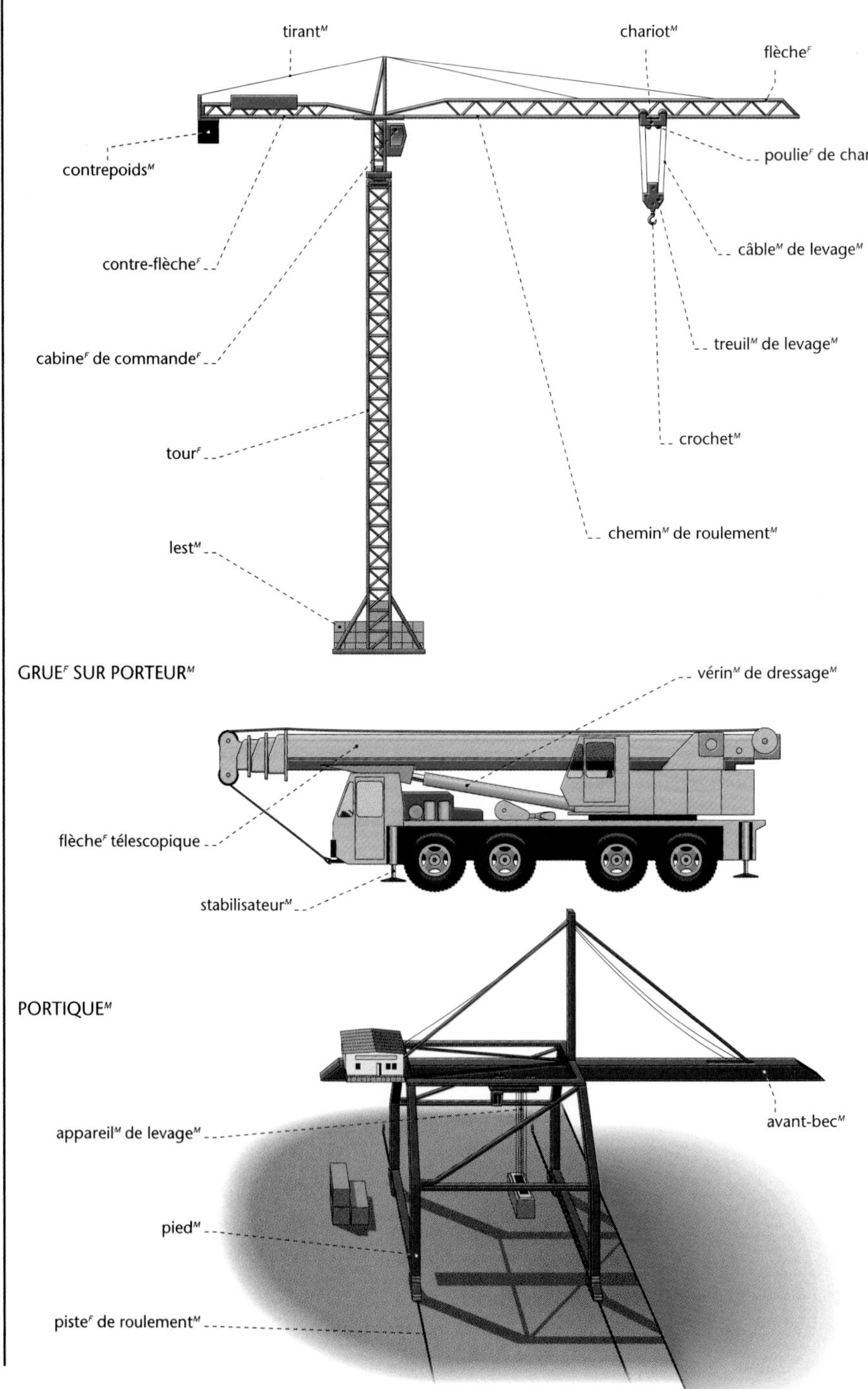
GRUE[F] À TOUR[F]
tirant[M]
chariot[M]
flèche[F]
contrepoids[M]
poulie[F] de chariot[M]
contre-flèche[F]
câble[M] de levage[M]
cabine[F] de commande[F]
treuil[M] de levage[M]
crochet[M]
tour[F]
chemin[M] de roulement[M]
lest[M]
GRUE[F] SUR PORTEUR[M]
vérin[M] de dressage[M]
flèche[F] télescopique
stabilisateur[M]
PORTIQUE[M]
avant-bec[M]
appareil[M] de levage[M]
pied[M]
piste[F] de roulement[M]

CHARIOT^M ÉLÉVATEUR

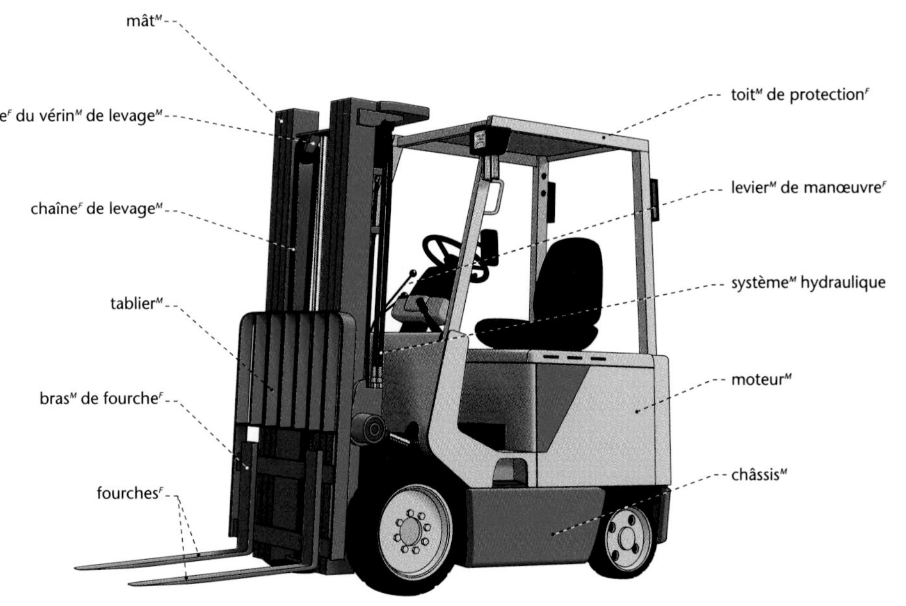

PALETTE^F À AILES^F

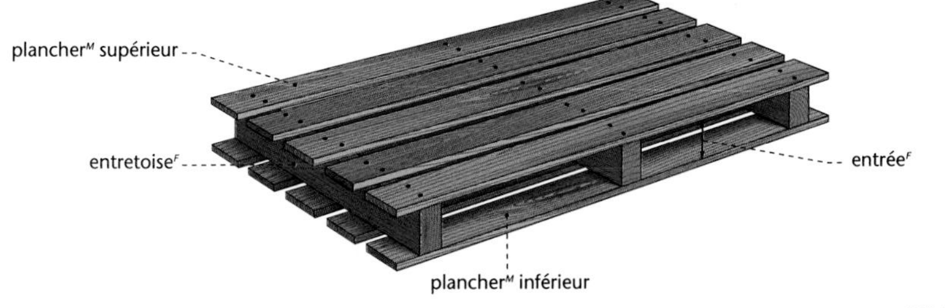

palette^F à double face^F

palette^F à simple face^F

PALETTE^F-CAISSE^F

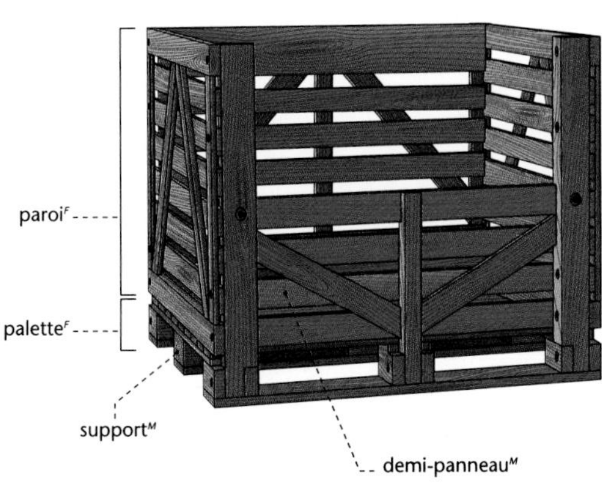

GERBEUR^M
transpalette^F manuel
levier^M de manœuvre^F
mât^M
levier^M de conduite^F
vérin^M hydraulique
diable^M
fourches^F
bandage^M de roue^F caoutchoutée
longeron^M stabilisateur
essieu^M directeur
châssis^M
roulette^F
chariot^M à palette^F
chariot^M à plateau^M

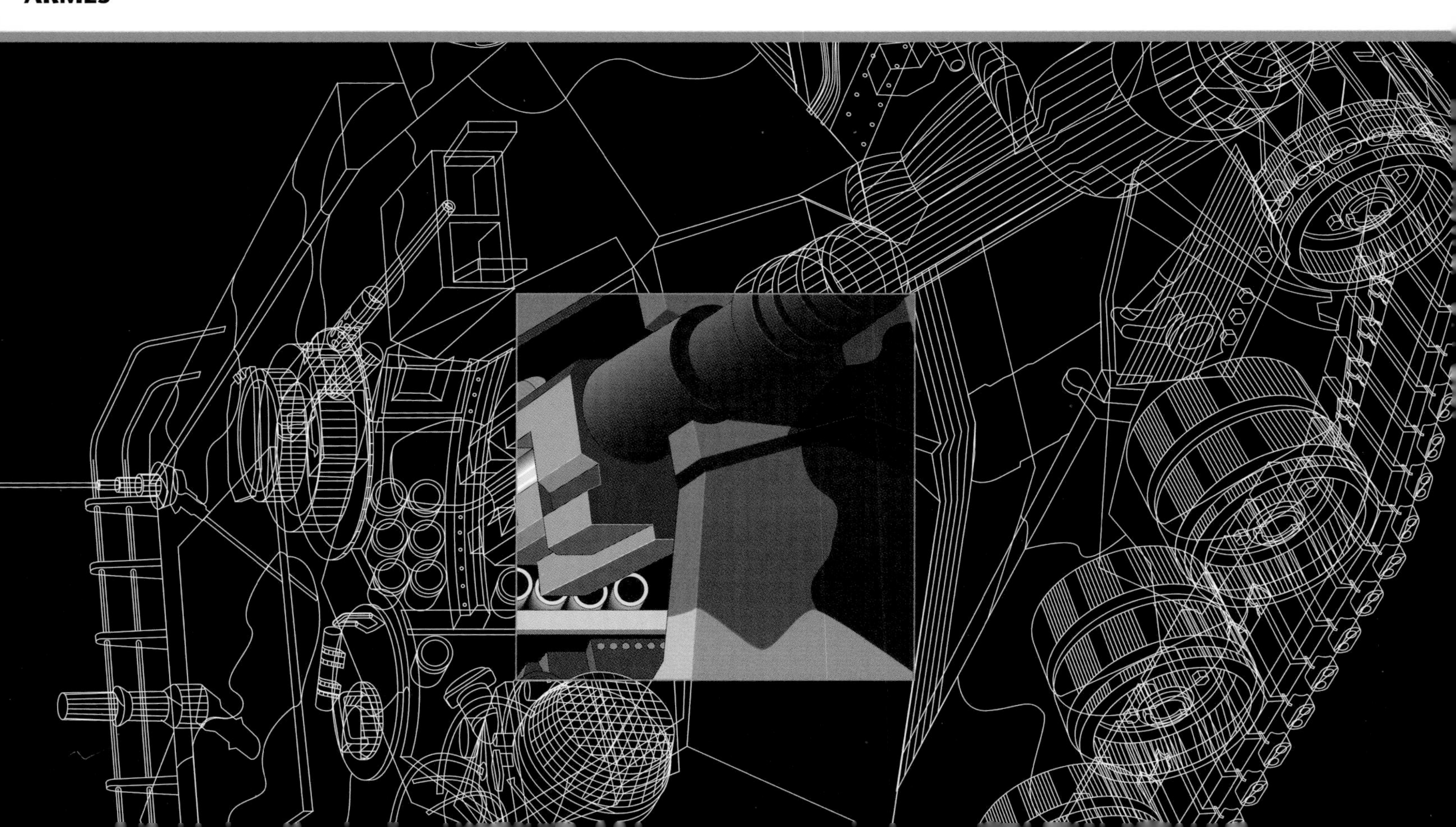

SOMMAIRE

ARMES[F] DE L'ÂGE[M] DE PIERRE[F]

hache[F] en pierre[F] polie

pointe[F] de flèche[F] en silex[M]

couteau[M] en silex[M]

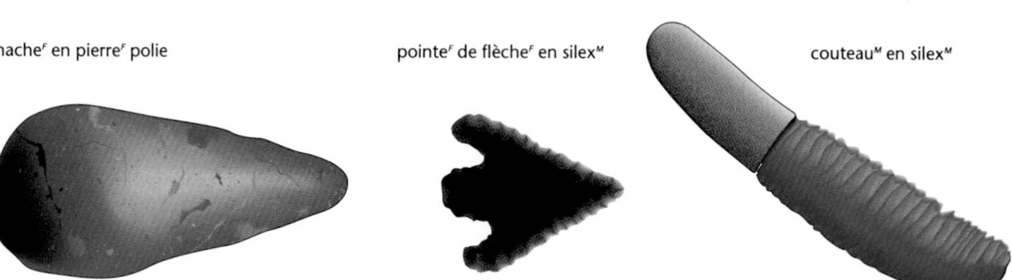

ARMES[F] DE L'ÉPOQUE[F] ROMAINE

GUERRIER[M] GAULOIS

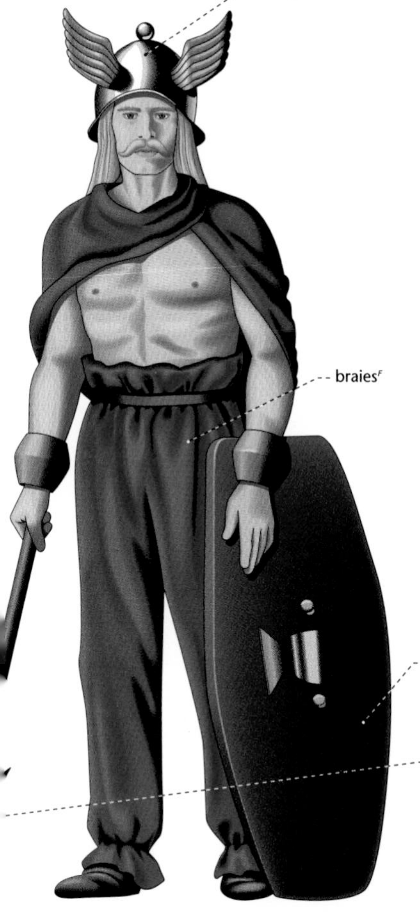
casque[M]
braies[F]
bouclier[M]
lance[F]

LÉGIONNAIRE[M] ROMAIN

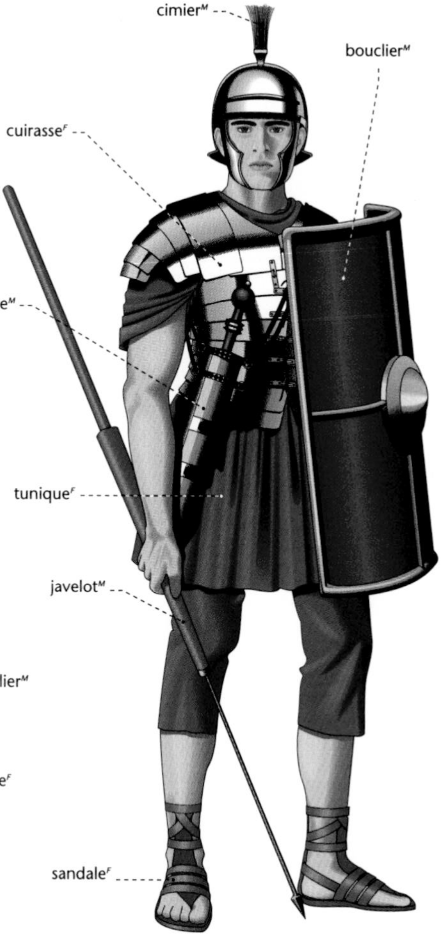
cimier[M]
bouclier[M]
cuirasse[F]
glaive[M]
tunique[F]
javelot[M]
sandale[F]

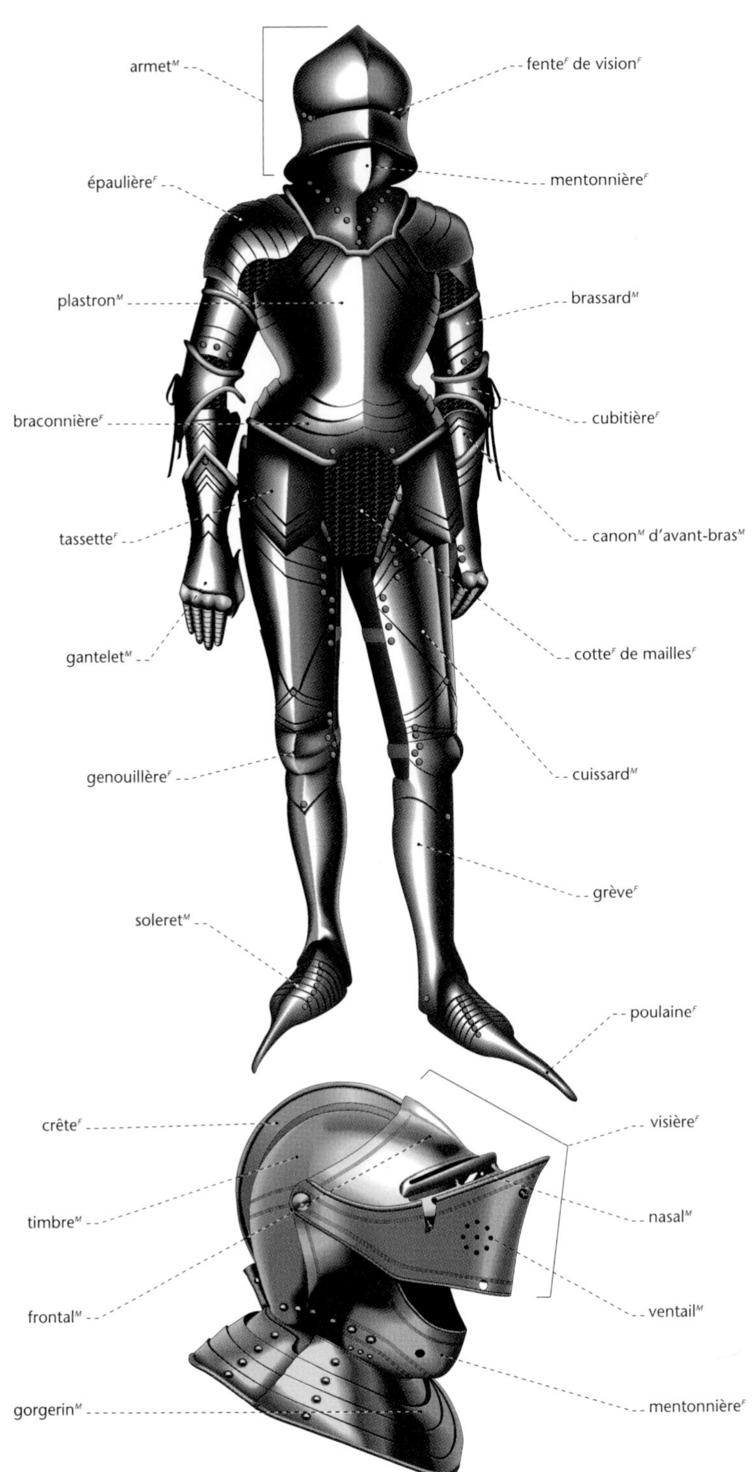
armet[M]
fente[F] de vision[F]
épaulière[F]
mentonnière[F]
plastron[M]
brassard[M]
braconnière[F]
cubitière[F]
tassette[F]
canon[M] d'avant-bras[M]
gantelet[M]
cotte[F] de mailles[F]
genouillère[F]
cuissard[M]
grève[F]
soleret[M]
poulaine[F]
ARMET[M]
crête[F]
visière[F]
timbre[M]
nasal[M]
frontal[M]
ventail[M]
gorgerin[M]
mentonnière[F]

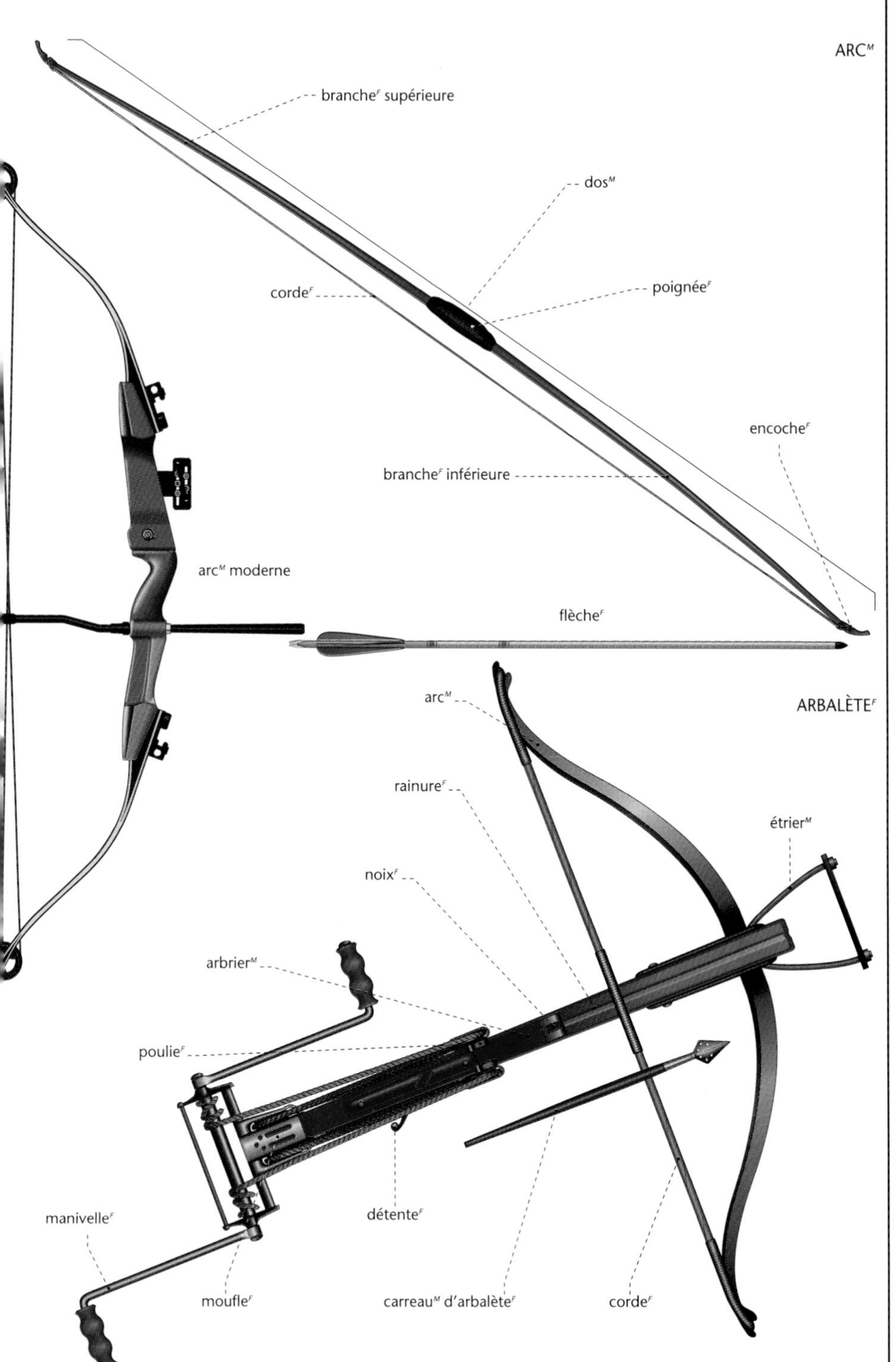
ARC^M
branche^F supérieure
dos^M
corde^F
poignée^F
encoche^F
branche^F inférieure
arc^M moderne
flèche^F
ARBALÈTE^F
arc^M
rainure^F
étrier^M
noix^F
arbrier^M
poulie^F
détente^F
manivelle^F
moufle^F
carreau^M d'arbalète^F
corde^F

sabre[M]
rapière[F]
épée[F] à deux mains[F]
stylet[M]
poignard[M]
dague[F]
machette[F]
couteau[M] de combat[M]
baïonnette[F] à poignée[F]
baïonnette[F] incorporée
baïonnette[F] à manche[M]
baïonnette[F] à douille[F]

ARQUEBUSE[F]

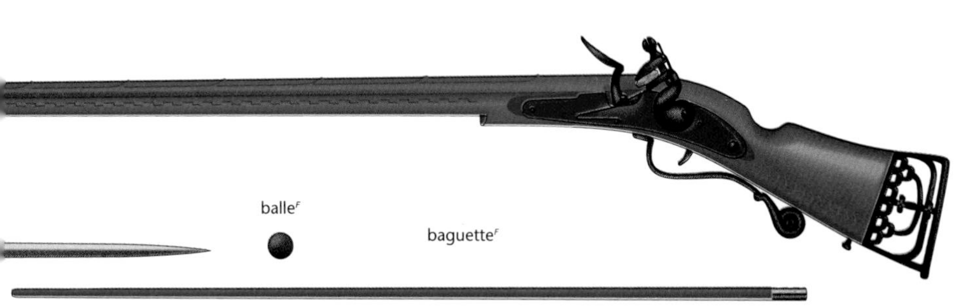

PLATINE[F] À SILEX[M]

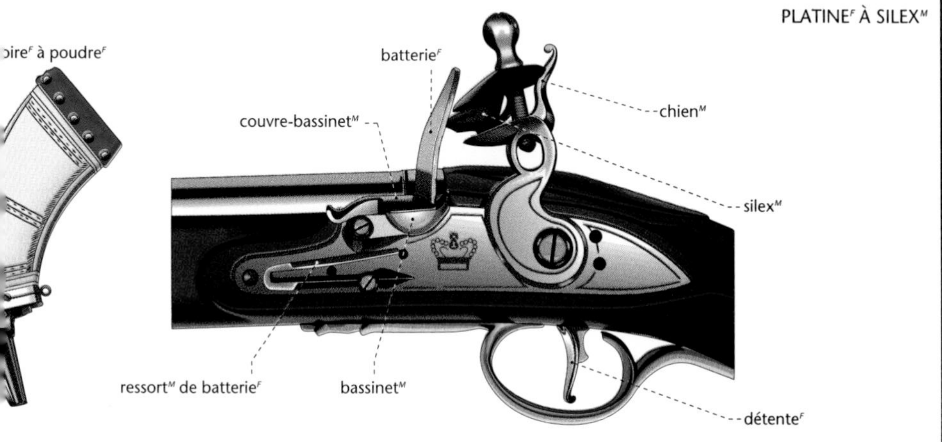

PISTOLET[M] MITRAILLEUR[M]

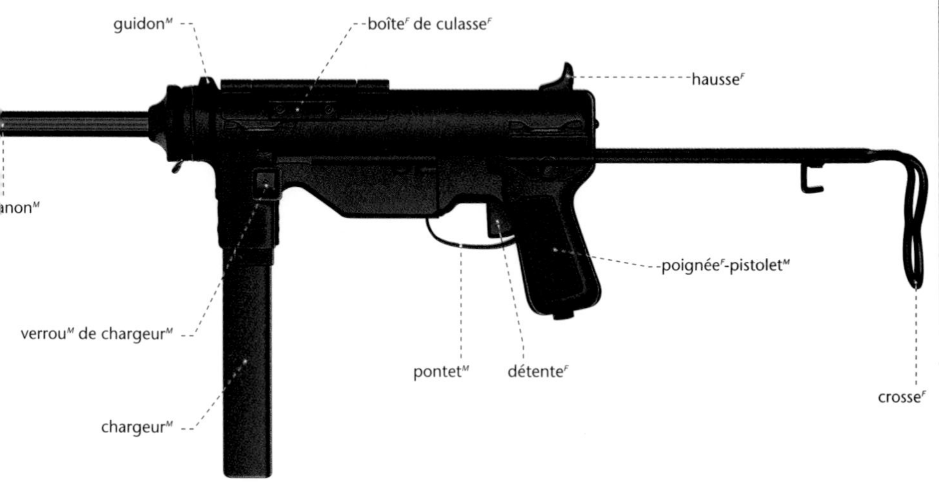

ARMES

FUSIL^M AUTOMATIQUE

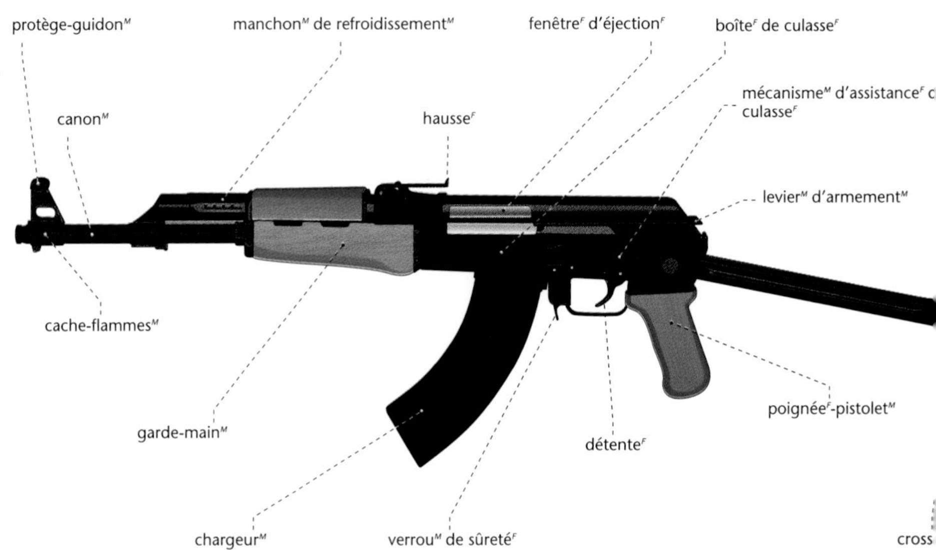

FUSIL^M MITRAILLEUR^M

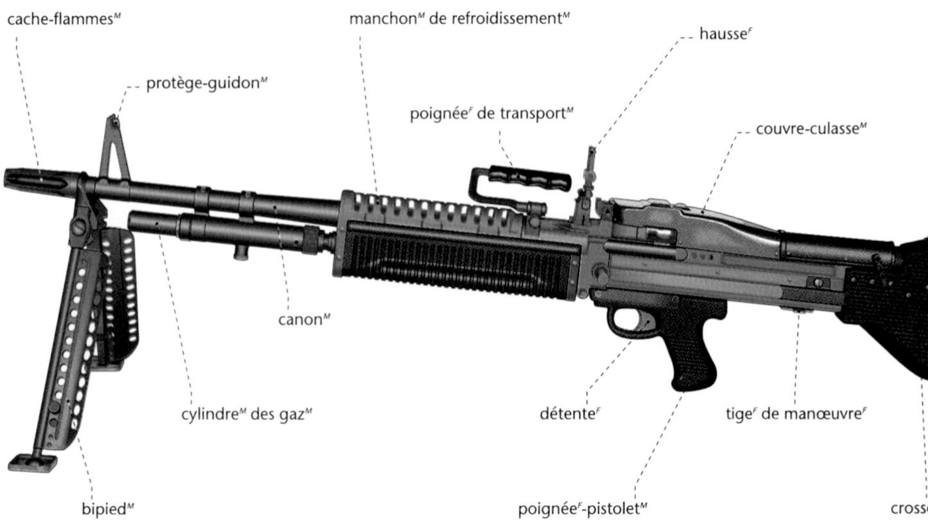

REVOLVER^M

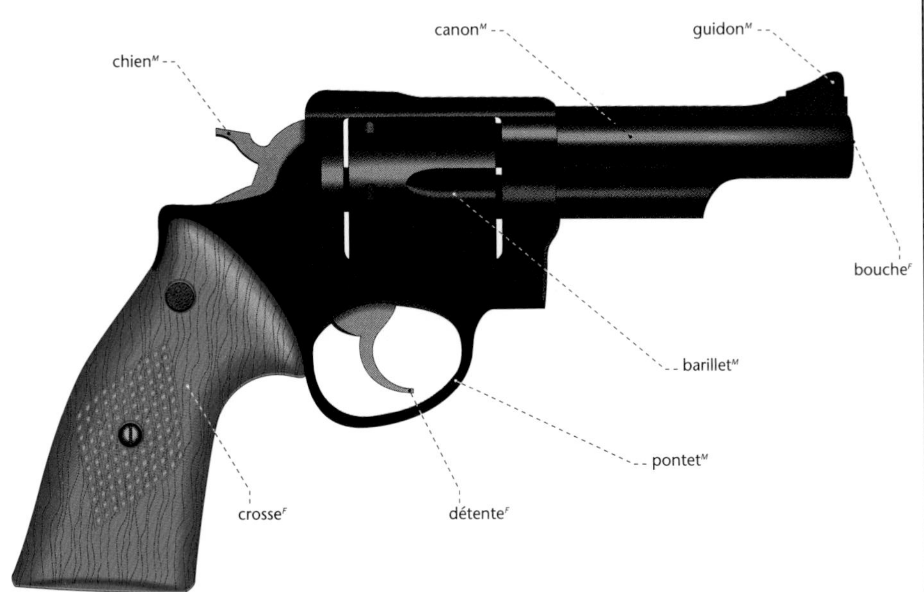

PISTOLET^M

ARMES[F] DE CHASSE[F]

CARTOUCHE[F] (CARABINE[F])

balle[F]
pointe[F]
noyau[M]
chemise[F]
douille[F]
poudre[F]
amorce[F]
culot[M]

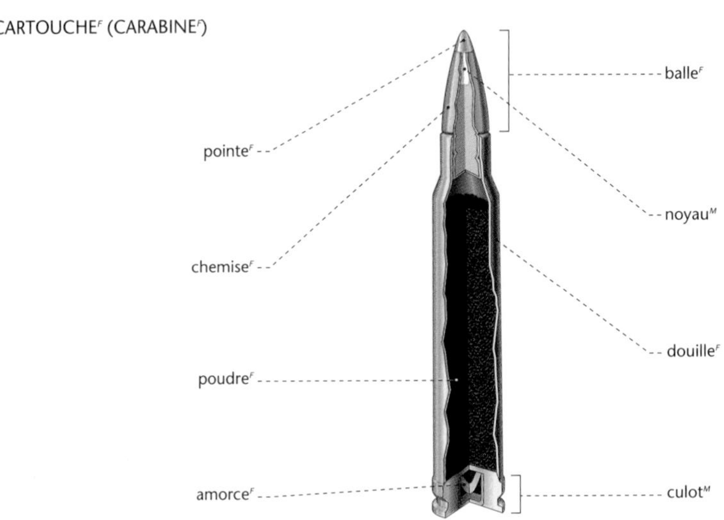

CARABINE[F] (CANON[M] RAYÉ)

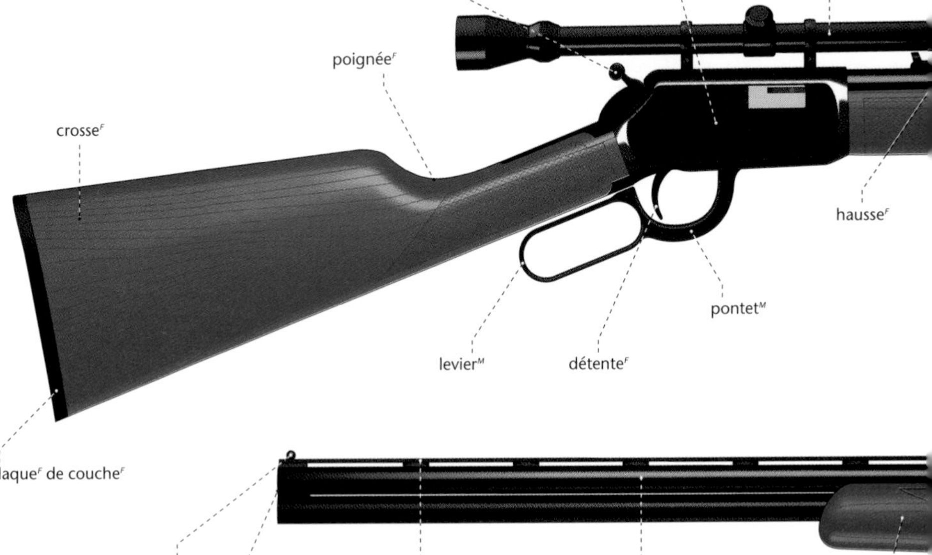

chien[M]
bloc[M] de culasse[F]
lunette[F] de visée[F]
poignée[F]
crosse[F]
hausse[F]
pontet[M]
levier[M]
détente[F]
plaque[F] de couche[F]
guidon[M]
bouche[F]
bande[F] ventilée
canon[M]
fût[M]

CARTOUCHE (FUSIL)

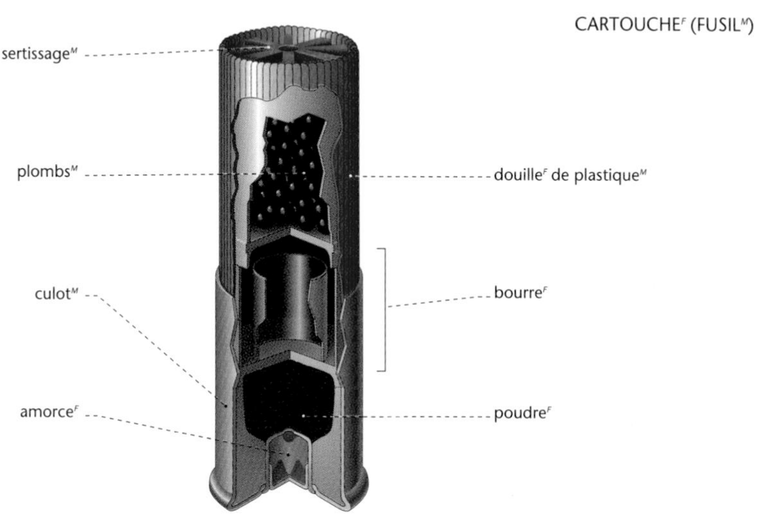

FUSIL (CANON LISSE)

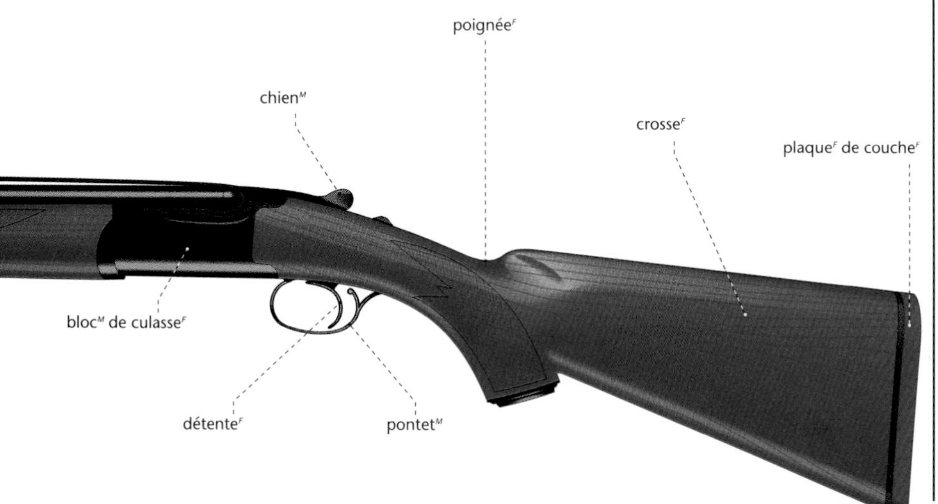

CANON[M] DU XVIIe SIÈCLE[M]

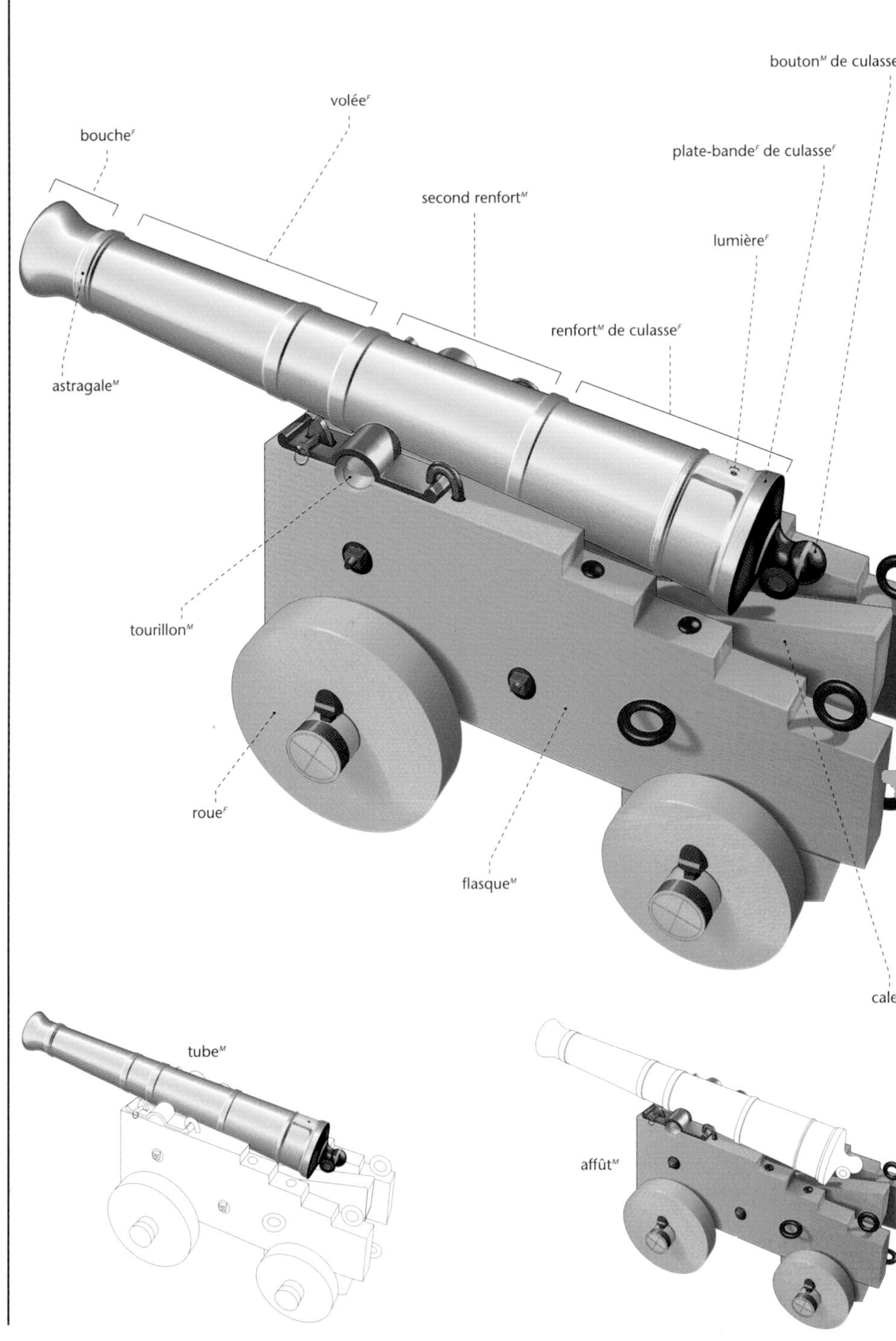

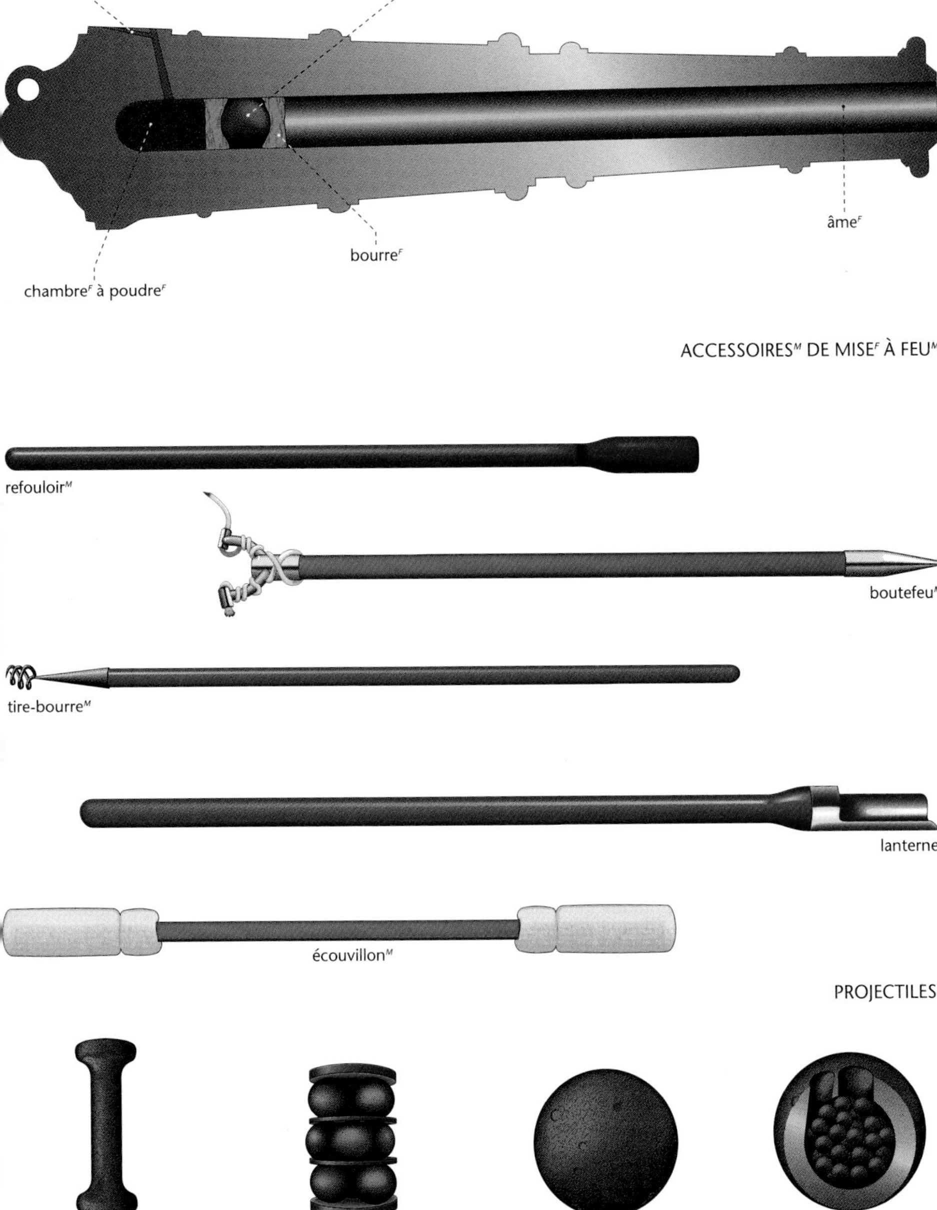
COUPE^F D'UNE BOUCHE^F À FEU^M
lumière^F
boulet^M
âme^F
bourre^F
chambre^F à poudre^F
ACCESSOIRES^M DE MISE^F À FEU^M
refouloir^M
boutefeu^M
tire-bourre^M
lanterne^F
écouvillon^M
PROJECTILES^M
boulet^M ramé
grappe^F de raisin^M
boulet^M
boulet^M creux

OBUSIER^{M} MODERNE

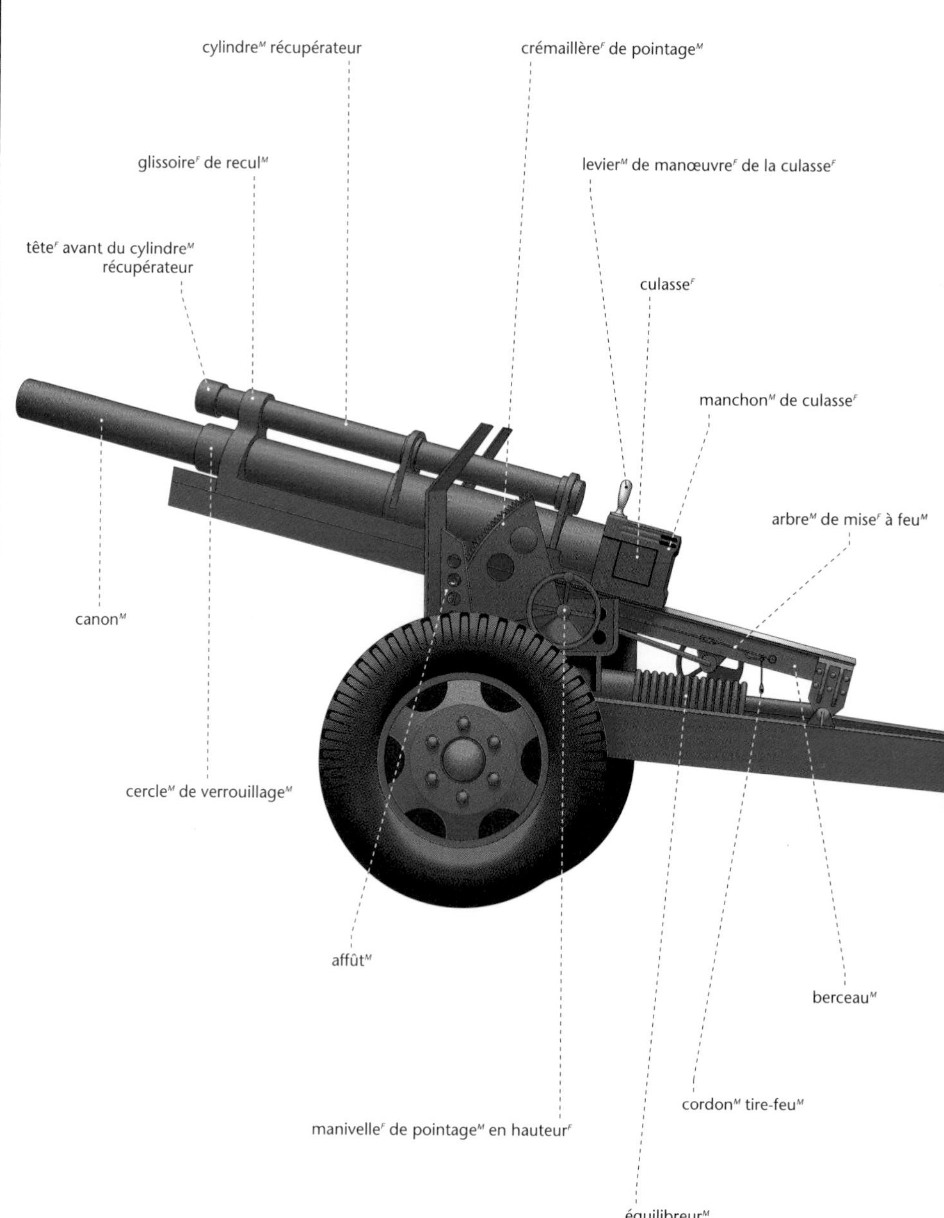

MORTIER^M MODERNE
bouche^F
appareil^M de pointage^M
manivelle^F de pointage^M en hauteur^F
manivelle^F de pointage^M en direction^F
tube^M
bipied^M
plaque^F de base^F
barre^F d'attelage^M
verrou^M de barre^F d'attelage^M
lunette^F
MORTIER^M DU XVIIe SIÈCLE^M
crosse^F
poignée^F de soulèvement^M
bêche^F
flotteur^M

GRENADE^F^ À MAIN^F^

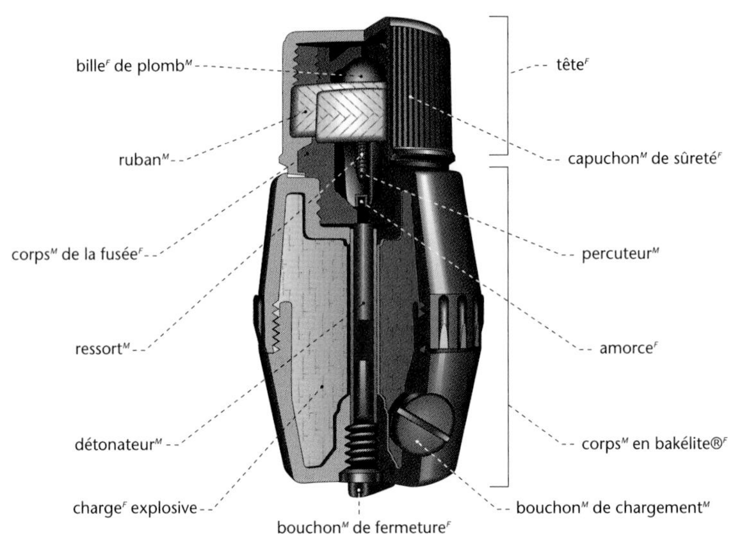

BAZOOKA^M^

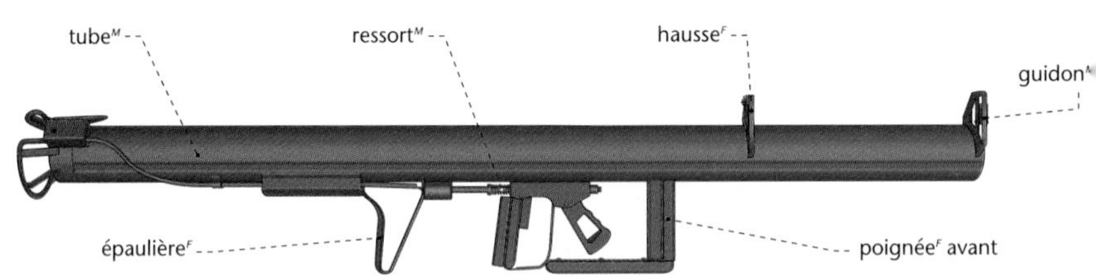

CANON^M^ SANS RECUL^M^

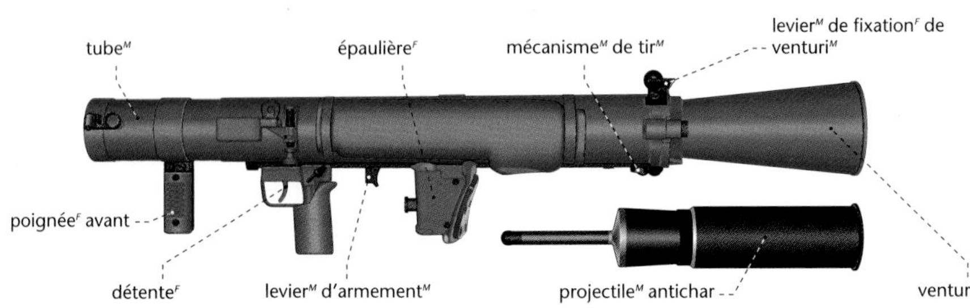

CHAR^M D'ASSAUT^M

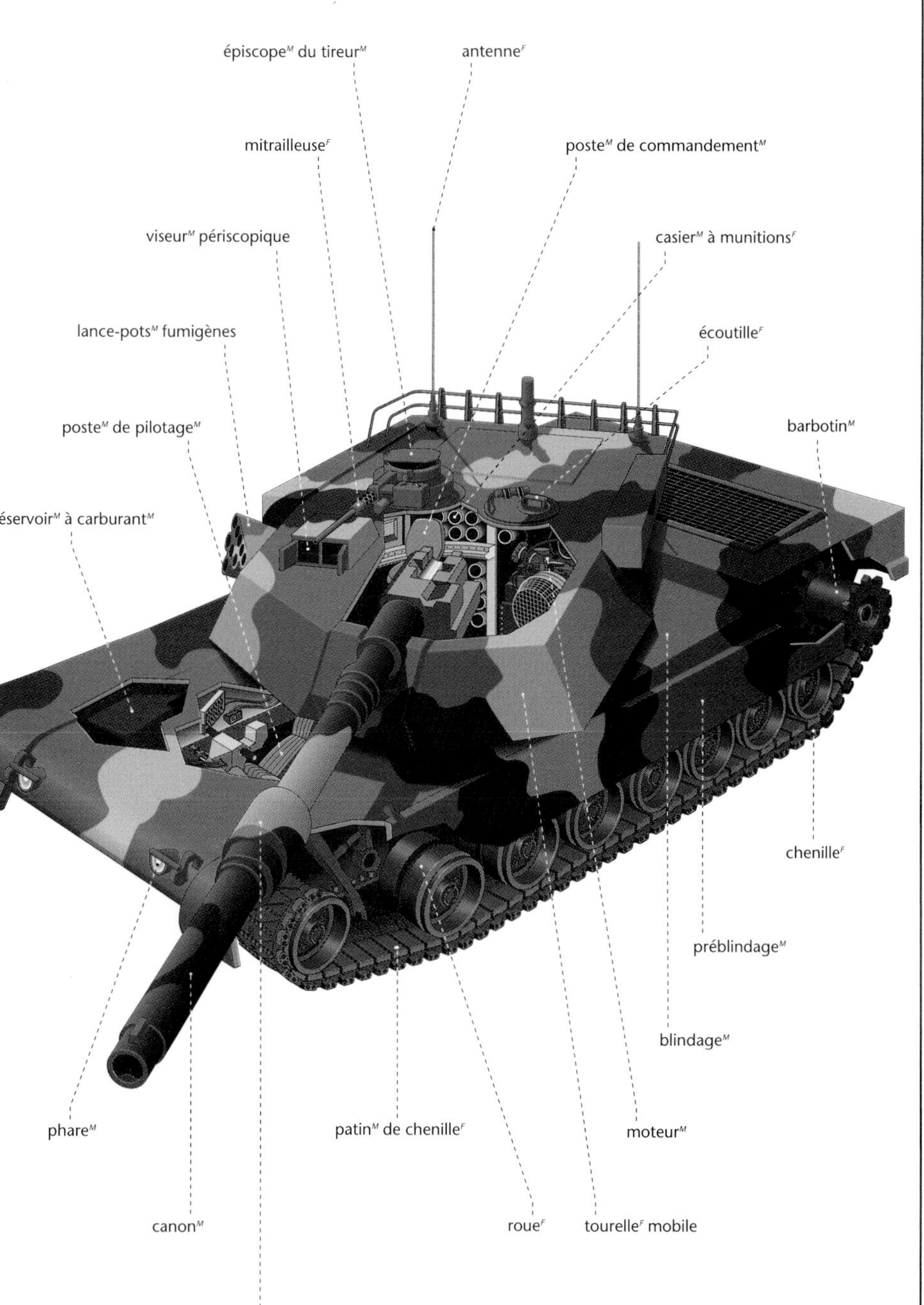

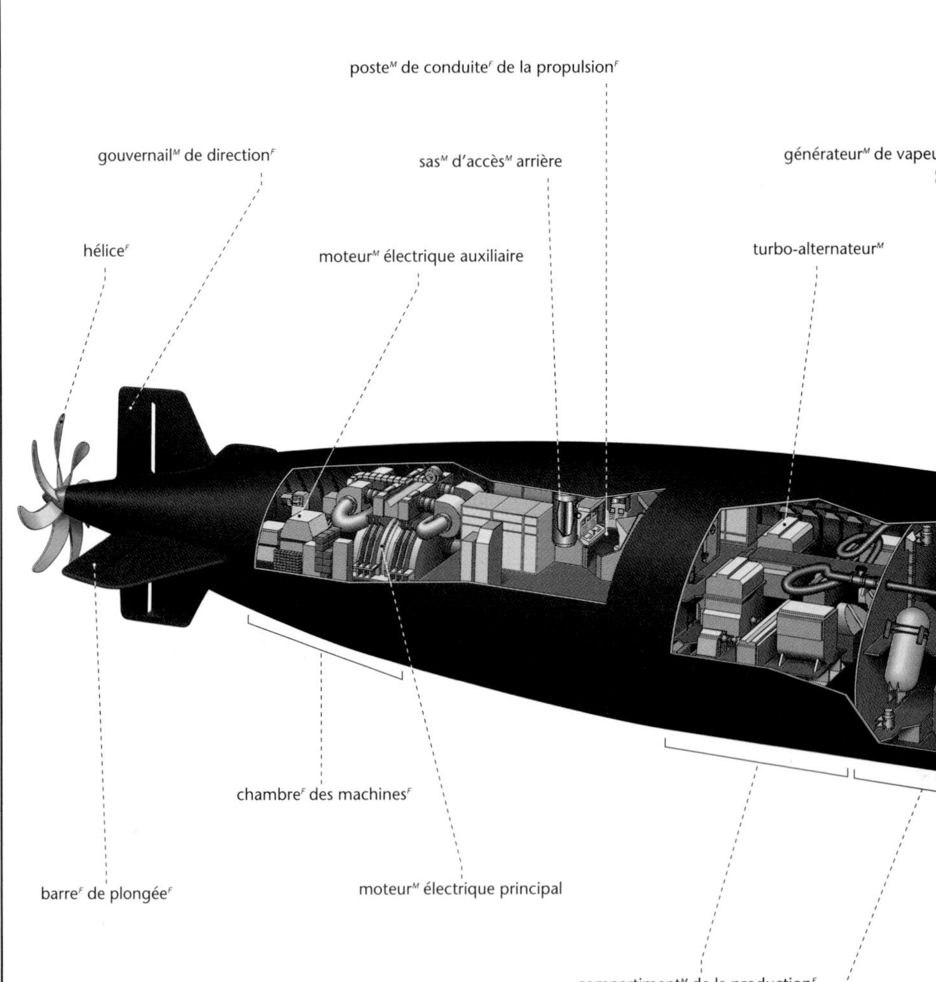
poste^M de conduite^F de la propulsion^F
gouvernail^M de direction^F
sas^M d'accès^M arrière
générateur^M de vapeu
hélice^F
moteur^M électrique auxiliaire
turbo-alternateur^M
chambre^F des machines^F
barre^F de plongée^F
moteur^M électrique principal
compartiment^M de la production^F d'électricité^F
compartiment^M du réacteur^M
réacte

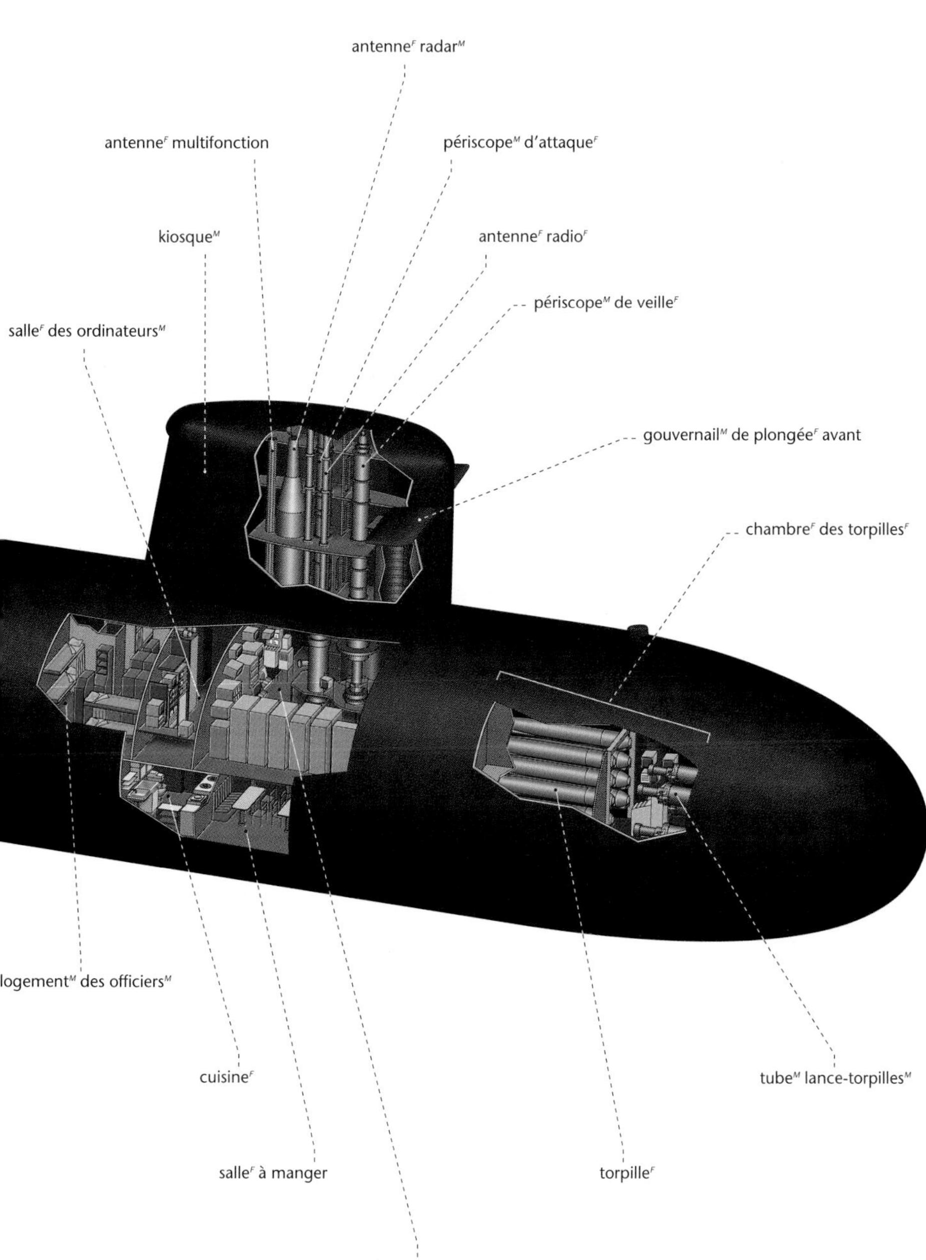
antenne radar
antenne multifonction
périscope d'attaque
kiosque
antenne radio
périscope de veille
salle des ordinateurs
gouvernail de plongée avant
chambre des torpilles
logement des officiers
cuisine
tube lance-torpilles
salle à manger
torpille
poste de commandement

FRÉGATE[F]

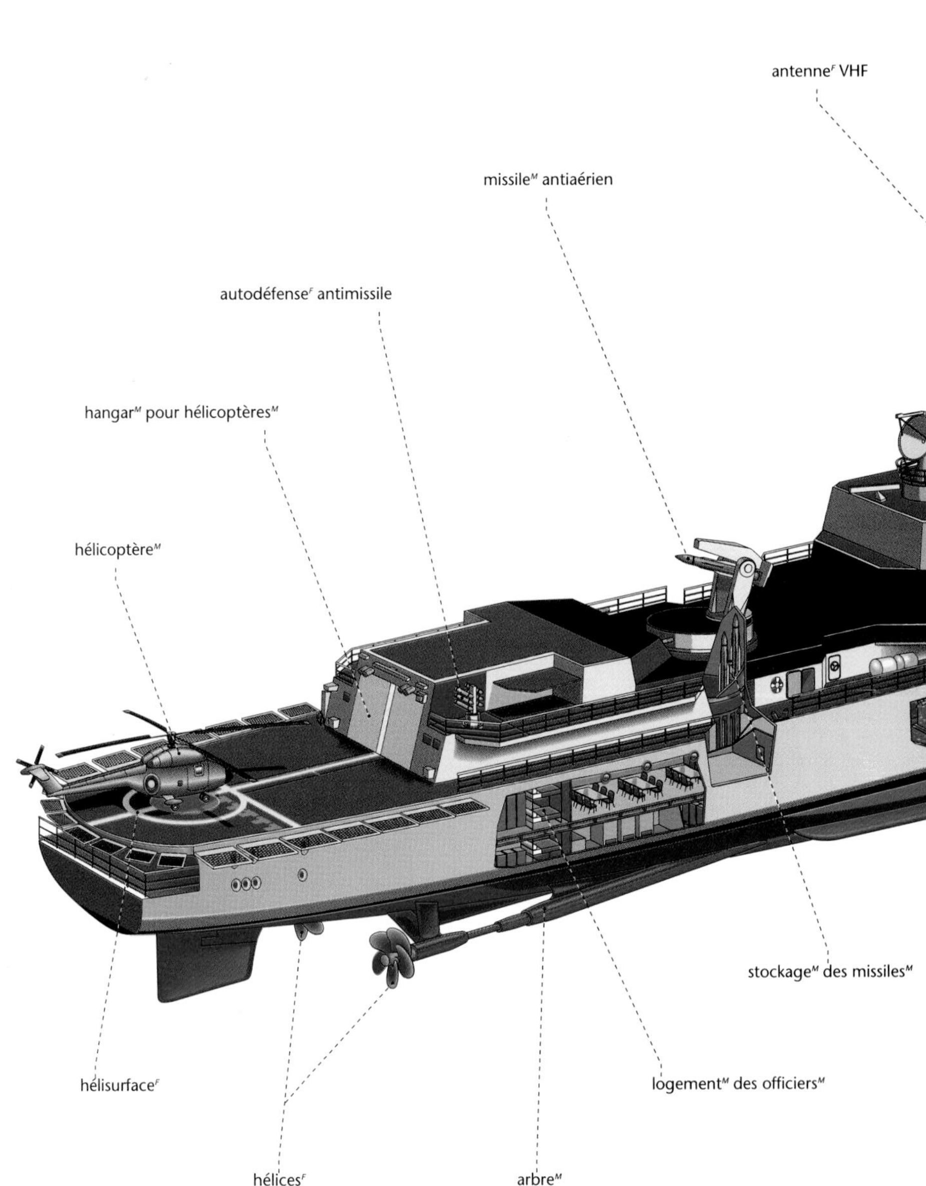
antenne[F] VHF
missile[M] antiaérien
autodéfense[F] antimissile
hangar[M] pour hélicoptères[M]
hélicoptère[M]
stockage[M] des missiles[M]
hélisurface[F]
logement[M] des officiers[M]
hélices[F]
arbre[M]

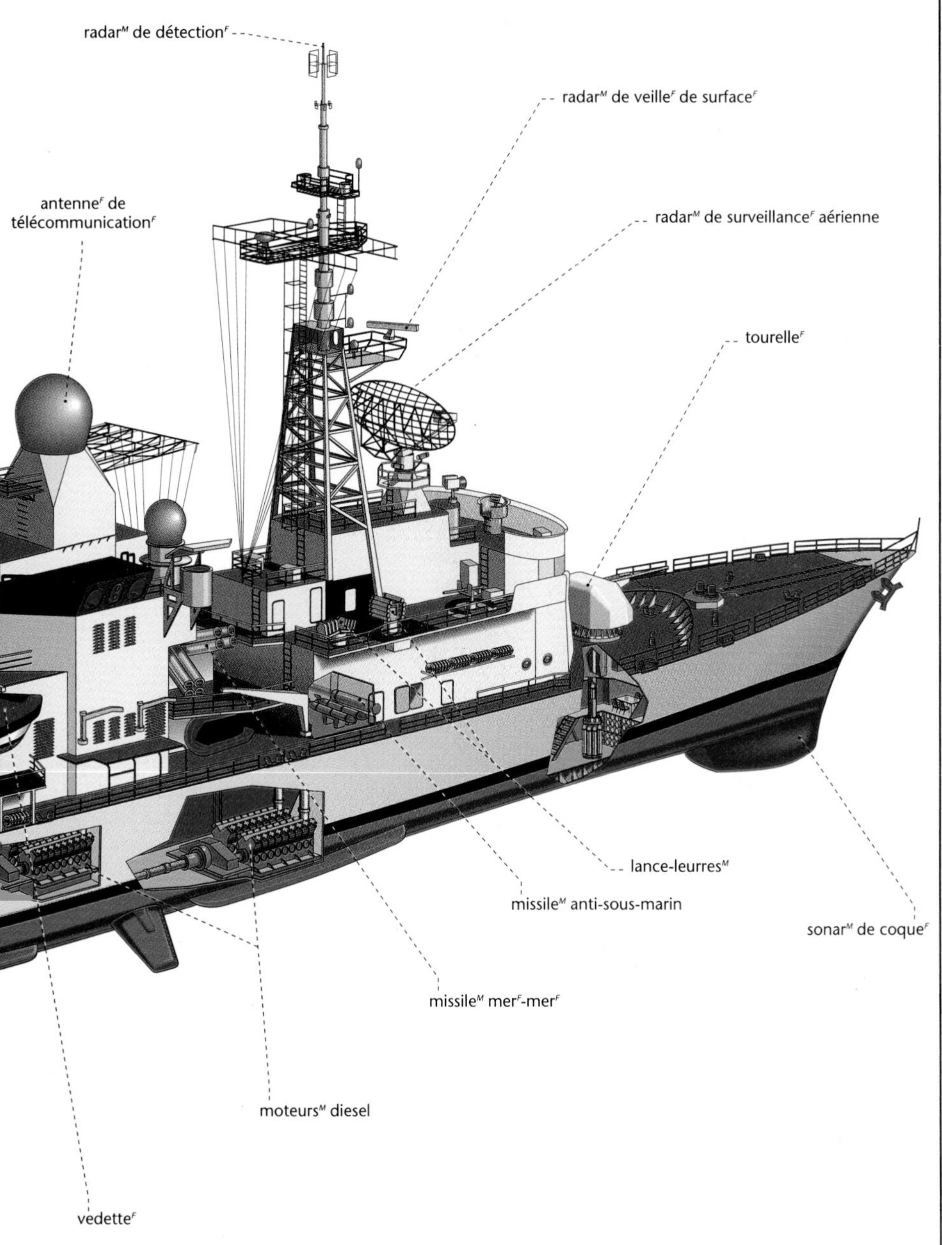
radarM de détectionF
radarM de veilleF de surfaceF
antenneF de télécommunicationF
radarM de surveillanceF aérienne
tourelleF
lance-leurresM
missileM anti-sous-marin
sonarM de coqueF
missileM merF-merF
moteursM diesel
vedetteF

PORTE-AVIONS^M

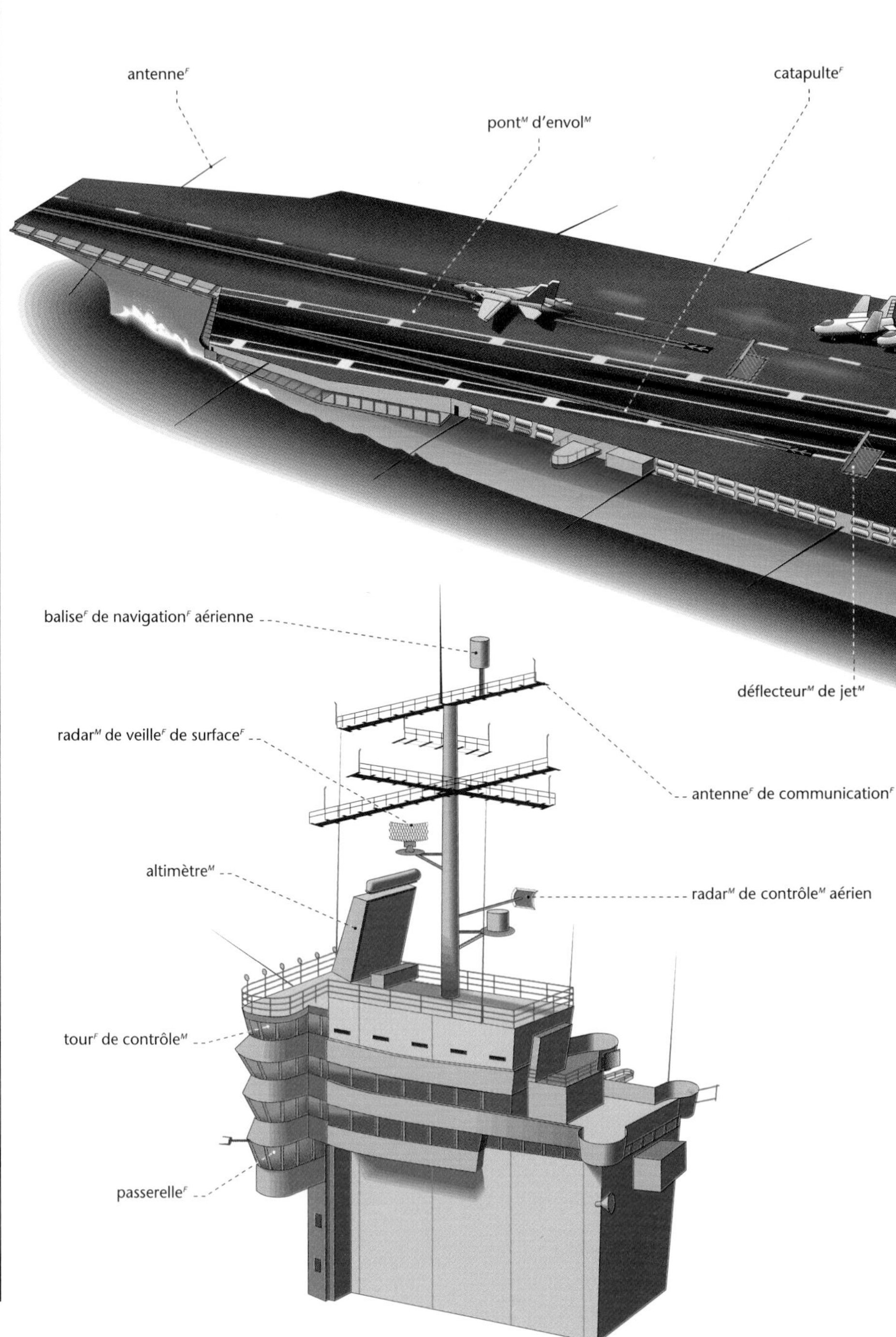

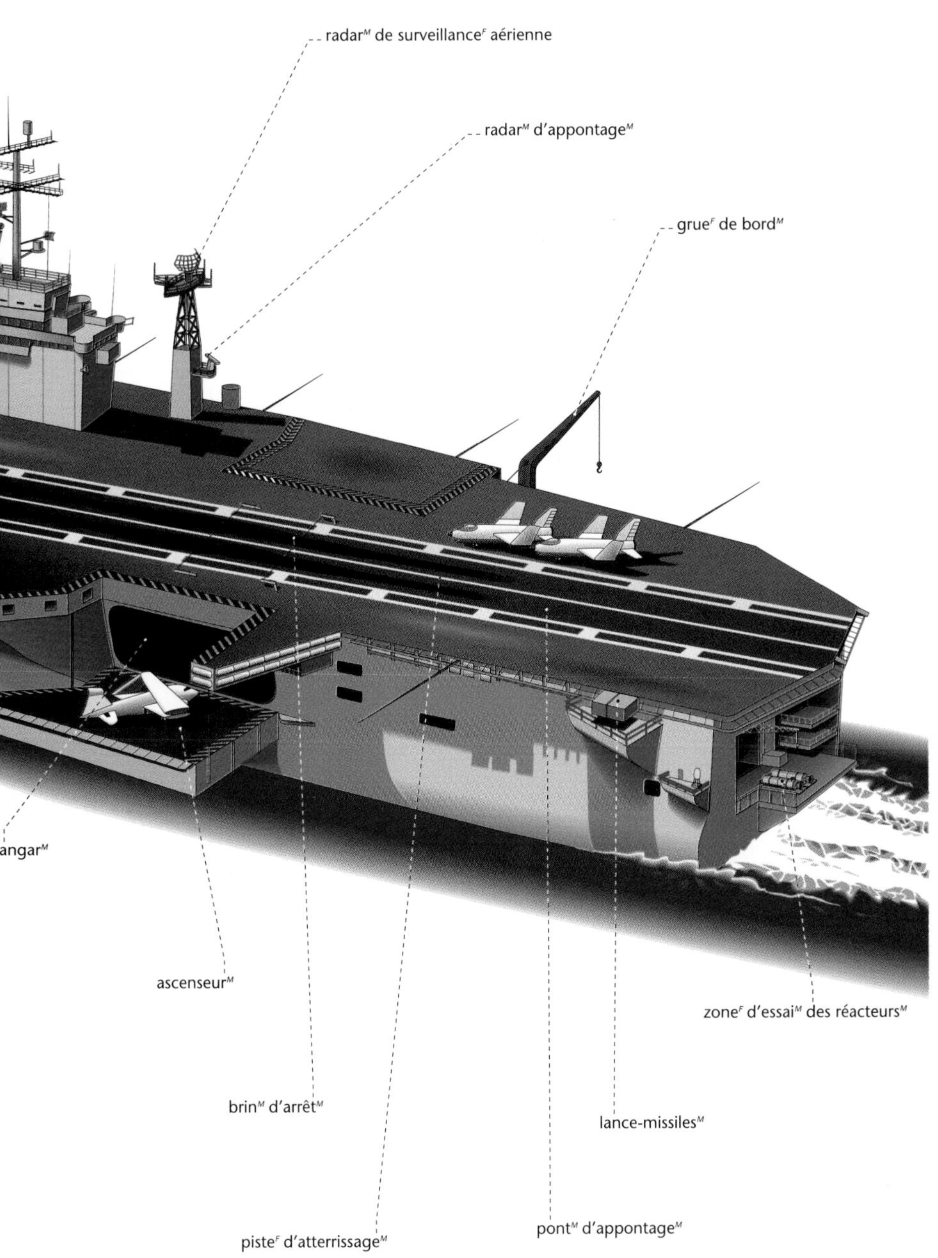
radarᴹ de surveillanceᶠ aérienne
radarᴹ d'appontageᴹ
grueᶠ de bordᴹ
angarᴹ
ascenseurᴹ
zoneᶠ d'essaiᴹ des réacteursᴹ
brinᴹ d'arrêtᴹ
lance-missilesᴹ
pisteᶠ d'atterrissageᴹ
pontᴹ d'appontageᴹ

AVION DE COMBAT

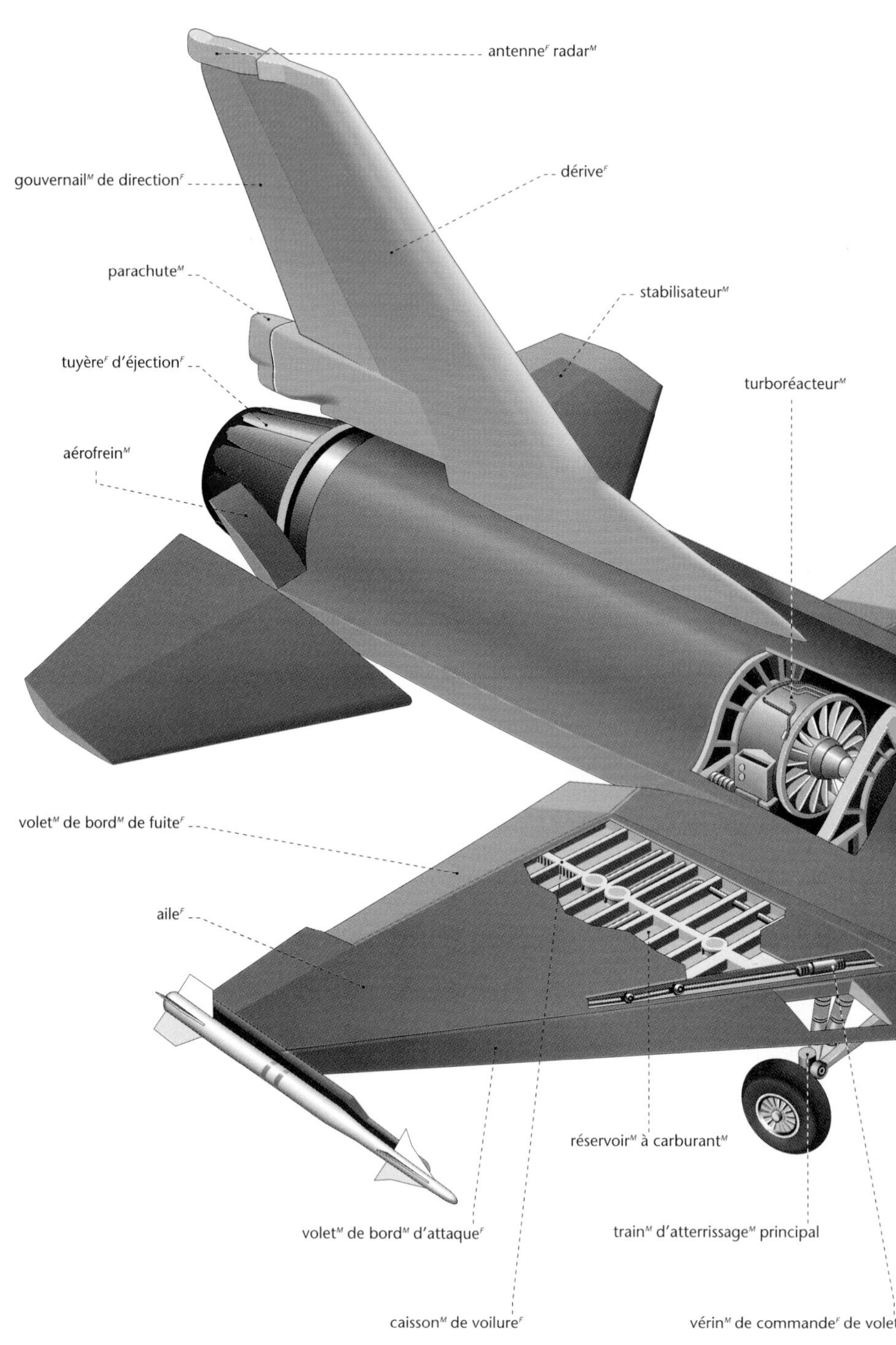

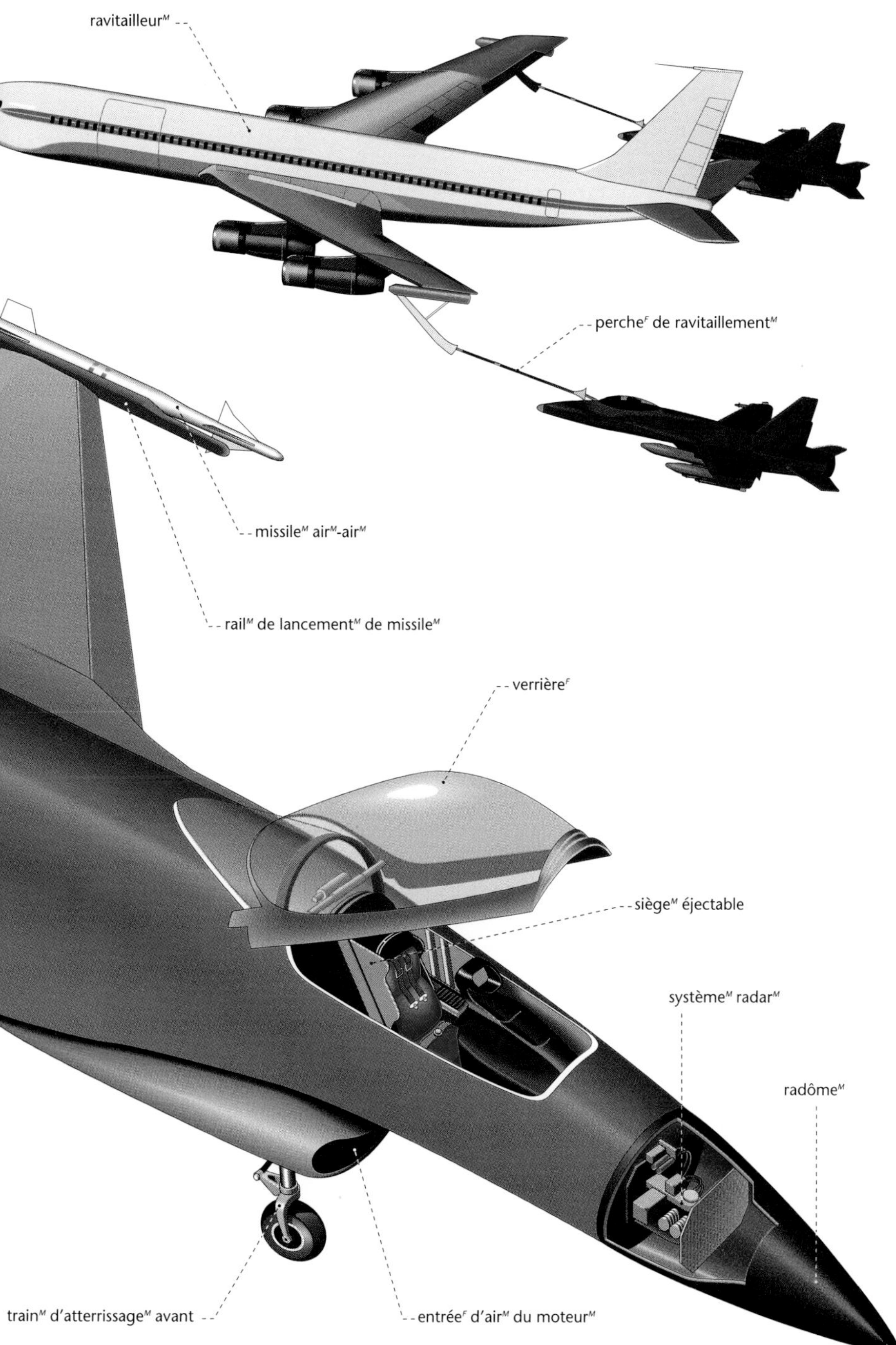
ravitailleur[M]
perche[F] de ravitaillement[M]
missile[M] air[M]-air[M]
rail[M] de lancement[M] de missile[M]
verrière[F]
siège[M] éjectable
système[M] radar[M]
radôme[M]
train[M] d'atterrissage[M] avant
entrée[F] d'air[M] du moteur[M]

STRUCTURE^F D'UN MISSILE^M

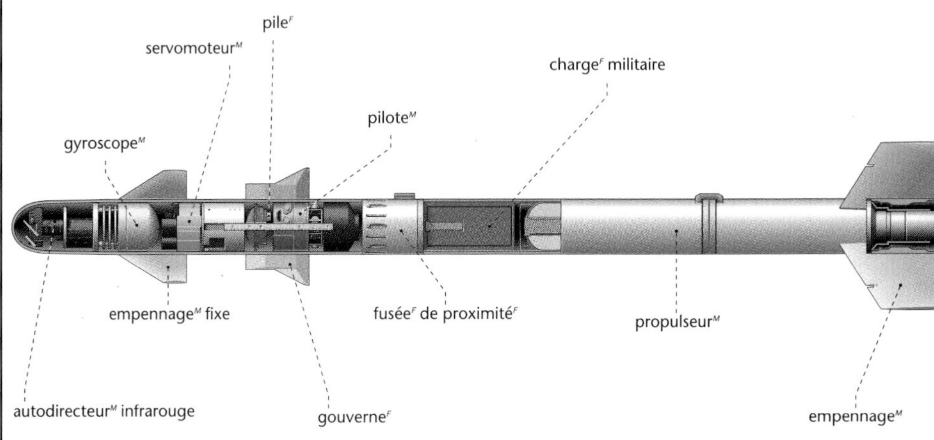

PRINCIPAUX TYPES^M DE MISSILES^M

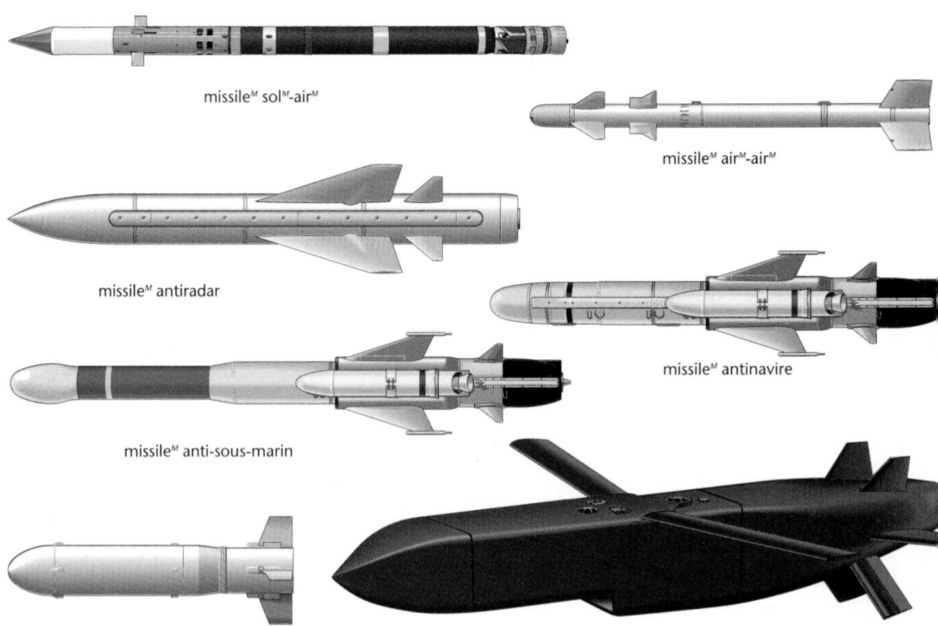

SYMBOLES

SOMMAIRE

HÉRALDIQUE 817
SIGNES DU ZODIAQUE 820
SYMBOLES DE SÉCURITÉ 821
SYMBOLES D'USAGE COURANT 822
SIGNALISATION ROUTIÈRE 824
ENTRETIEN DES TISSUS 829
SYMBOLES SCIENTIFIQUES USUELS 830
SIGNES DIACRITIQUES 832
SIGNES DE PONCTUATION 832
EXEMPLES D'UNITÉS MONÉTAIRES 832

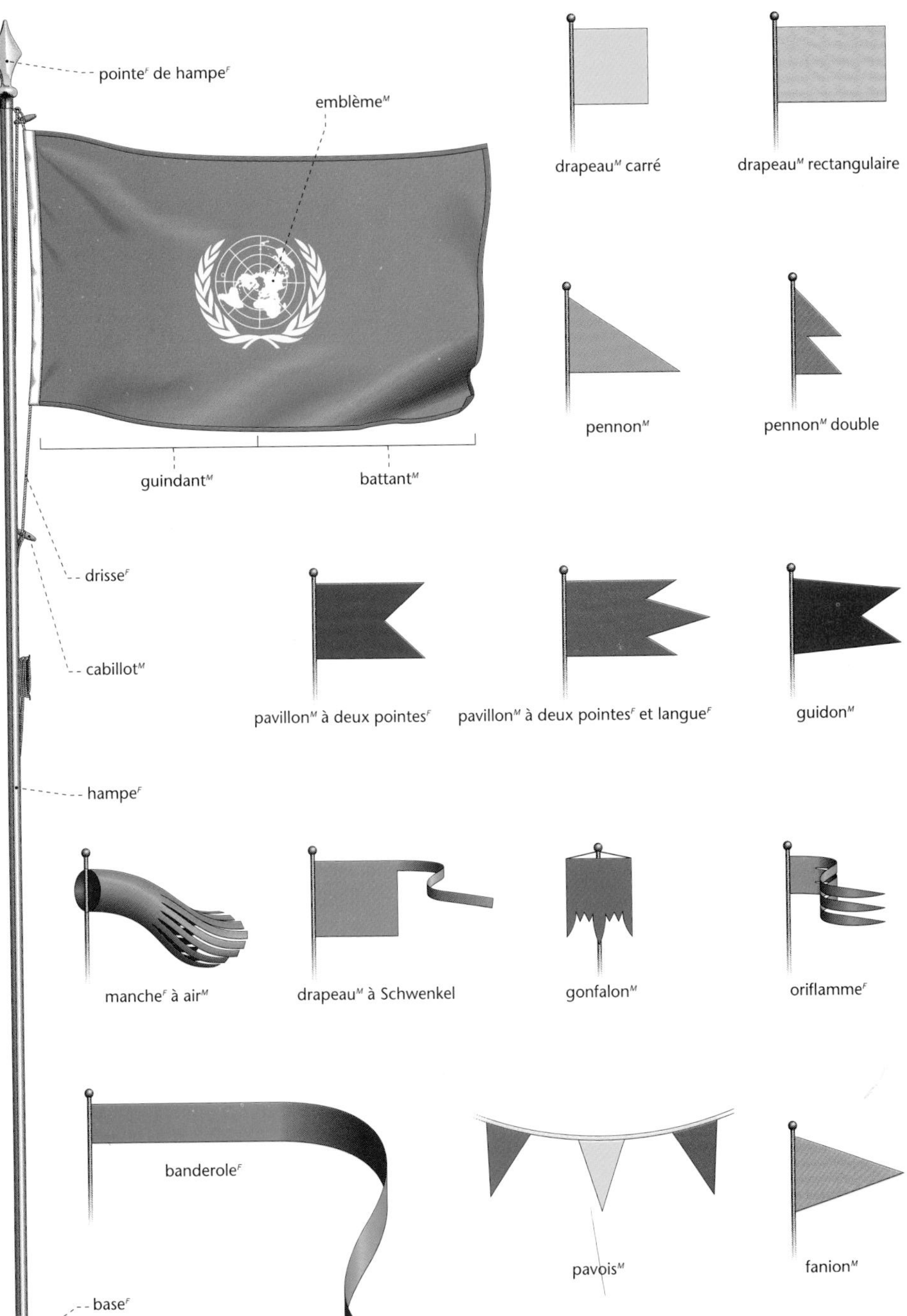
LÉMENTS[M] D'UN DRAPEAU[M]
pointe[F] de hampe[F]
emblème[M]
guindant[M]
battant[M]
drisse[F]
cabillot[M]
hampe[F]
base[F]
FORMES[F] DE DRAPEAUX[M]
drapeau[M] carré
drapeau[M] rectangulaire
pennon[M]
pennon[M] double
pavillon[M] à deux pointes[F]
pavillon[M] à deux pointes[F] et langue[F]
guidon[M]
manche[F] à air[M]
drapeau[M] à Schwenkel
gonfalon[M]
oriflamme[F]
banderole[F]
pavois[M]
fanion[M]

HÉRALDIQUE[F]

DIVISIONS[F] DE L'ÉCU[M]

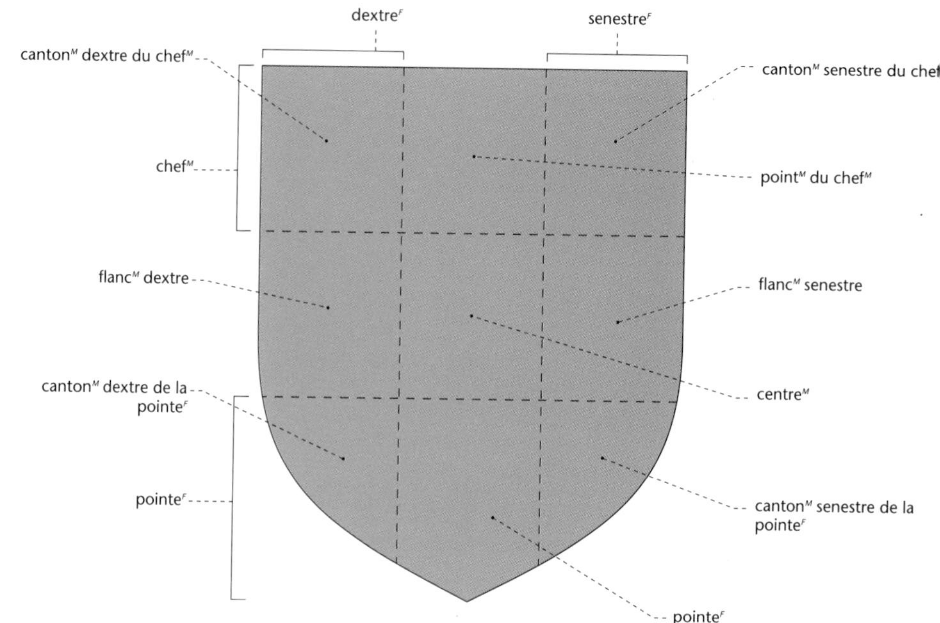

EXEMPLES[M] DE PARTITIONS[F]

coupé

parti

tranché

écartelé

EXEMPLES[M] DE PIÈCES[F] HONORABLES

chef[M]

chevron[M]

pal[M]

croix[F]

EXEMPLES[M] DE MEUBLES[M]

fleur[F] de lis[M]

croissant[M]

lion[M] passant

aigle[M]

étoile[F]

EXEMPLES[M] DE MÉTAUX[M]

argent[M]

or[M]

EXEMPLES[M] DE FOURRURES[F]

hermine[F]

vair[M]

EXEMPLES[M] DE COULEURS[F]

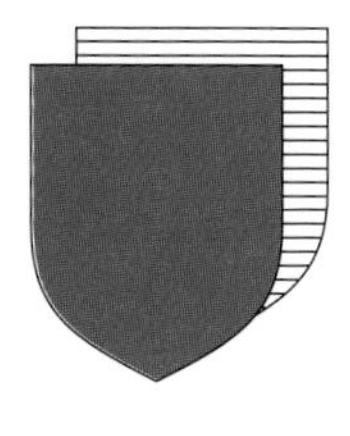

azur[M]

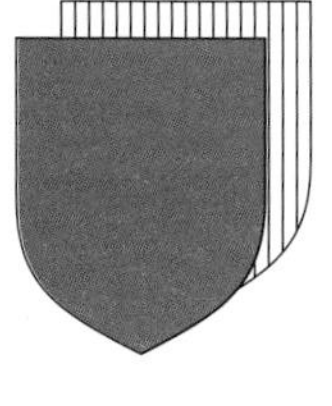

gueules[M]

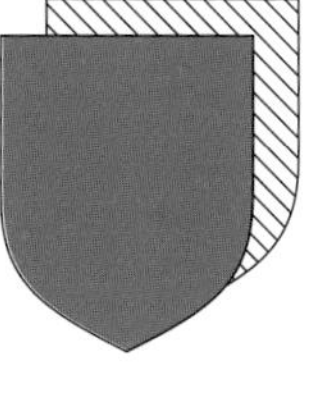

sinople[M]

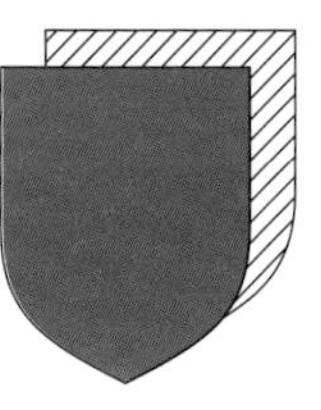

pourpre[M]

sable[M]

SIGNES^M DU ZODIAQUE^M

SIGNES^M DE FEU^M

Bélier^M (21 mars)

Lion^M (23 juillet)

Sagittaire^M (22 novembre)

SIGNES^M DE TERRE^F

Taureau^M (20 avril)

Vierge^F (23 août)

Capricorne^M (22 décembre)

SIGNES^M D'AIR^M

Balance^F (23 septembre)

Verseau^M (20 janvier)

Gémeaux^M (21 mai)

SIGNES^M D'EAU^F

Cancer^M (22 juin)

Scorpion^M (24 octobre)

Poissons^M (19 février)

SYMBOLES^M DE SÉCURITÉ^F

MATIÈRES^F DANGEREUSES

matières^F corrosives

danger^M électrique

matières^F explosives

matières^F inflammables

matières^F radioactives

matières^F toxiques

PROTECTION^F

protection^F obligatoire de la vue^F

protection^F obligatoire de l'ouïe^F

protection^F obligatoire de la tête^F

protection^F obligatoire des mains^F

protection^F obligatoire des pieds^M

protection^F obligatoire des voies^F respiratoires

casse-croûte[M]

téléphone[M]

restaurant[M]

toilettes[F] pour hommes[M]

toilettes[F] pour dames[F]

accès[M] pour handicapés[M] physiques

pharmacie[F]

ne pas utiliser avec une chaise[F] roulante

premiers soins[M]

hôpital[M]

police[F]

transport[M] par taxi[M]

camping[M]

camping[M] interdit

caravaning[M]

camping[M] et caravaning[M]

pique-nique[M] interdit

pique-nique[M]

poste[M] de carburant[M]

renseignements[M]

renseignements[M]

change[M]

articles[M] perdus et retrouvés

extincteur[M] d'incendie[M]

PRINCIPAUX PANNEAUX^M NORD-AMÉRICAINS

arrêt^M à l'intersection^F

accès^M interdit

cédez le passage^M

voie^F à sens^M unique

direction^F obligatoire

direction^F obligatoire

direction^F obligatoire

direction^F obligatoire

interdiction^F de faire demi-tour^M

interdiction^F de dépasser

circulation^F dans les deux sens^M

intersection^F avec priorité^F

arrêt[M] à l'intersection[F]

accès[M] interdit

cédez le passage[M]

voie[F] à sens[M] unique

direction[F] obligatoire

direction[F] obligatoire

direction[F] obligatoire

direction[F] obligatoire

interdiction[F] de faire demi-tour[M]

interdiction[F] de dépasser

circulation[F] dans les deux sens[M]

intersection[F] avec priorité[F]

PRINCIPAUX PANNEAUX[M] NORD-AMÉRICAINS

virage[M] à droite[F]

double virage[M]

chaussée[F] rétrécie

chaussée[F] glissante

chaussée[F] cahoteuse

descente[F] dangereuse

chutes[F] de pierres[F]

limitation[F] de hauteur[F]

signalisation[F] lumineuse

zone[F] scolaire

passage[M] pour piétons[M]

travaux[M]

virage[M] à droite[F]

double virage[M]

chaussée[F] rétrécie

chaussée[F] glissante

chaussée[F] cahoteuse

descente[F] dangereuse

chutes[F] de pierres[F]

limitation[F] de hauteur[F]

signalisation[F] lumineuse

zone[F] scolaire

passage[M] pour piétons[M]

travaux[M]

PRINCIPAUX PANNEAUX[M] NORD-AMÉRICAINS

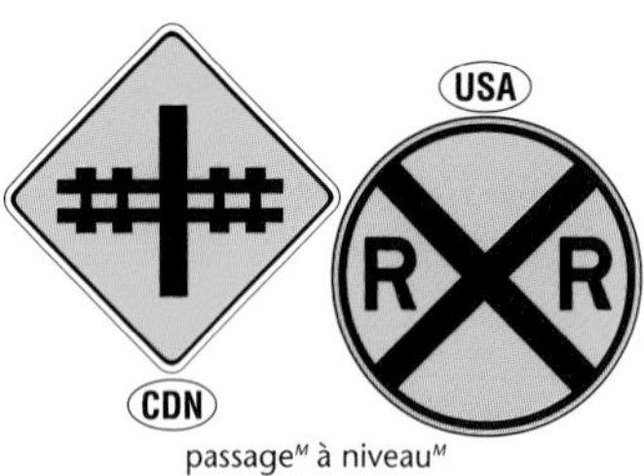

passage[M] à niveau[M]

passage[M] d'animaux[M] sauvages

accès[M] interdit aux piétons[M]

accès[M] interdit aux bicyclettes[F]

accès[M] interdit aux motocycles[M]

accès[M] interdit aux camions[M]

PRINCIPAUX PANNEAUX[M] INTERNATIONAUX

passage[M] à niveau[M]

passage[M] d'animaux[M] sauvages

accès[M] interdit aux piétons[M]

accès[M] interdit aux bicyclettes[F]

accès[M] interdit aux motocycles[M]

accès[M] interdit aux camions[M]

LAVAGE[M]

ne pas laver

laver à la main[F] à l'eau[F] tiède

laver à la machine[F] à l'eau[F] tiède avec agitation[F] réduite

laver à la machine[F] à l'eau[F] chaude avec agitation[F] réduite

laver à la machine[F] à l'eau[F] chaude avec agitation[F] normale

laver à la machine[F] à l'eau[F] très chaude avec agitation[F] normale

ne pas utiliser de chlorure[M] décolorant

utiliser un chlorure[M] décolorant suivant les indications[F]

SÉCHAGE[M]

suspendre pour sécher

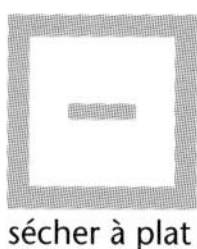

sécher à plat

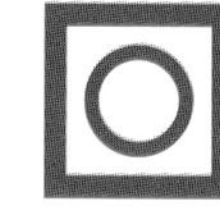

sécher par culbutage[M] à moyenne ou haute température[F]

sécher par culbutage[M] à basse température[F]

suspendre pour sécher sans essorer

REPASSAGE[M]

ne pas repasser

repasser à basse température[F]

repasser à moyenne température[F]

repasser à haute température[F]

SYMBOLES[M] SCIENTIFIQUES USUELS

MATHÉMATIQUES[F]

$-$ soustraction[F]	$+$ addition[F]	$\times$ multiplication[F]	$\div$ division[F]
$=$ égale	$\neq$ n'égale pas	$\approx$ égale à peu près	$\sim$ équivaut à
$\equiv$ est identique à	$\not\equiv$ n'est pas identique à	$\pm$ plus ou moins	$\emptyset$ ensemble[M] vide
$>$ plus grand que	$\geqslant$ égal ou plus grand que	$<$ plus petit que	$\leqslant$ égal ou plus petit que
$\cup$ réunion[F]	$\cap$ intersection[F]	$\subset$ inclusion[F]	% pourcentage[M]
$\in$ appartenance[F]	$\notin$ non-appartenance[F]	$\sqrt{\ }$ racine[F] carrée de	$\sum$ sommation[F]
∞ infini[M]	$\int$ intégrale[F]	! factorielle[F]	

GÉOMÉTRIE[F]

degré[M]

minute[F]

seconde[F]

pi[M]

$\perp$ perpendiculaire[F]

$\angle$ angle[M] aigu

angle[M] droit

angle[M] obtu

parallèle

non-parallèle

SYMBOLES

BIOLOGIE[F]

mâle[M]

femelle[F]

naissance[F]

Rh+
facteur[M] Rhésus positif

Rh-
facteur[M] Rhésus négatif

mort[F]

CHIMIE[F]

négatif[M]

positif[M]

réaction[F] réversible

direction[F] d'une réaction[F]

SYMBOLES[M] DIVERS[M]

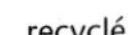
recyclé

recyclable

esperluette[F]

®
marque[F] déposée

©
copyright[M]

℞
ordonnance[F]

pause[F]/arrêt[M] sur l'image[F]

arrêt[M]

rebobinage[M]

lecture[F]

avance[F] rapide

SIGNES[M] DIACRITIQUES

accent[M] aigu

tréma[M]

accent[M] grave

accent[M] circonflexe

cédille[F]

tilde[M]

SIGNES[M] DE PONCTUATION[F]

;
point[M]-virgule[F]

point[M]

virgule[F]

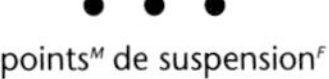
points[M] de suspension[F]

deux-points[M]

astérisque[M]

guillemets[M]

guillemets[M]

guillemets[M]

—
tiret[M]

parenthèses[F]

barre[F] oblique

point[M] d'exclamation[F]

point[M] d'interrogation[F]

crochets[M]

EXEMPLES[M] D'UNITÉS[F] MONÉTAIRES

$
dollar[M]

cent[M]

£
livre[F]

yen[M]

F
franc[M]

DM
mark[M]

Dr
drachme[M]

L
lire[F]

couronne[F]

IS
shekel[M]

ECU
écu[M]

Esc
escudo[M]

Pta
peseta[F]

Fl
florin[M]

INDEX

°C 705.
°F 705.
«D»(m) 674.
25 points(m) 698.
2e métacarpien(m) 112.
3e métacarpien(m) 112.
4e métacarpien(m) 112.
50 points(m) 698.
5e métacarpien(m) 112.

A

à cagoule(f) 687.
à cheval(m) sur deux colonnes(f) 700.
à cheval(m) sur deux douzaines(f) 701.
à cheval(m) sur deux numéros(m) 700, 701.
abaissement(m) de la tension(f) 755.
abaque(m) 166, 167.
abat-jour(m) 234, 236.
abat-son(m) 175.
abattant(m) 219, 226, 292.
abdomen(m) 78, 79, 81, 91, 108.
ABEILLE(F) 80, 82.
abeille(f), ouvrière(f) 80.
abeille(f), patte(f) antérieure 80.
abeille(f), patte(f) médiane 80.
abeille(f), patte(f) postérieure 81.
about(m) 296.
abrégé(m) et pilotes(m) 543.
abri(m) 464.
abri(m) des joueurs(m) 597.
abri(m) météorologique 41.
abribus(m) 186.
abricot(m) 63.
abside(f) 177.
absidiole(f) 177.
accastillage(m) 630.
accent(m) 539.
accent(m) aigu 832.
accent(m) circonflexe 832.
accent(m) grave 832.
accès(m) à la grille(f) d'éclairage(m) 412.
accès(m) au garage(m) 196.
accès(m) au réservoir(m) à essence(f) 427.
accès(m) aux quais(m) 463.
accès(m) interdit 824, 825.
accès(m) interdit aux bicyclettes(f) 828.
accès(m) interdit aux camions(m) 828.
accès(m) interdit aux motocycles(m) 828.
accès(m) interdit aux piétons(m) 828.
accès(m) pour handicapés(m) physiques 822.
accessoires(m) 586, 672.
accessoires(m) de coiffure(f) 369.
accessoires(m) de manucure(f) 365.
accessoires(m) photographiques 393.
accessoires(m), aspirateur(m) 260.
accompagnement(m) 682.
accord(m) 539.
accordéon(m) 536.
accotement(m) 451.
accotoir(m) 220.
accoudoir(m) 727.
accouplement(m) électrique 441.
accroche-mouche(m) 670.
acheminement(m) de la chaleur(f) au générateur(m) de vapeur(f) par le caloporteu 766.
acier(m) 286.
acromion(m) 123.
acrotère(m) 167, 168.
action(f) du vent(m) 35.
adaptateur(m) de fiche(f) 374.
adapteurs(m) 301.
addition(f) 523, 830.
addition(f) en mémoire(f) 523.
admission(f) 436, 437.
admission(f) d'air(m) refroidi 438.
aérateur(m) 294, 295.
aérateur(m) à gazon(m) 266.
aérateur(m) de toit(m) 449.
aérateur(m) latéral 449.
aérofrein(m) 638, 774, 812.
aérogare(f) 504.
aérogare(f) de passagers(m) 503.
aérogare(f) satellite(m) 503.
AÉROGLISSEUR(M) 492.
aérographe(m) 590.
aérographe(m), coupe(f) 590.
AÉROPORT(M) 502, 504, 506.
aéroport(m) 52.
affichage(m) 523.
affichage(m) de l'heure(f) de départ(m) 463.
affichage(m) de la couleur(f) 569.
affichage(m) des données(f) 409, 411.
affichage(m) des fonctions(f) 555.
affichage(m) du numéro(m) de rang(m) 569.
affichage(m) du texte(m) 524.
affichage(m) numérique 709, 710.
affichage(m) numérique des stations(f) 402.
affichage(m) ouverture(f)/temps(m) d'exposition(f) 396.
affiche(f) publicitaire 477.
afficheur(m) 420, 709.
afficheur(m) numérique 310.
afficheur(m) prix(m) 453.
afficheur(m) totaliseur 453.
afficheur(m) volume(m) 453.
affût(m) 800, 802.
Afrique(f) 21.
age(m) 156.
agenda(m) 518.
agitateur(m) 258.
agneau(m) 150.
agrafe(f) 230, 389, 711.
agrafes(f) 566.
agrafes(f) 515.
agrafeuse(f) 515.
agrandisseur(m) 399.
agrume(m), coupe(f) 65.
AGRUMES(M) 65.
agrumes(m), principales variétés(f) 65.
aide(m)-arbitre(m) 610.
aide(m)-chronométreur(m) 626.
aide-mémoire(m) des procédures(f) 512.
AIDES(F) À LA MARCHE(F) 728.
Aigle(m) 11.
aigle(m) 819.
aigue-marine(f) 363.
aiguillage(m) 464.
aiguillage(m) manœuvré à distance(f) 467.
aiguillage(m) manœuvré à pied(m) d'œuvre(f) 467.
aiguille(f) 562.
aiguille(f) 30, 36, 213, 396, 467, 561, 562, 563, 590, 705, 708, 710, 726.
aiguille(f) à clapet(m) 568.
aiguille(f) à clapet(m) 569.
aiguille(f) aimantée 719.
aiguille(f) circulaire 567.
aiguille(f) des dixièmes(m) de seconde(f) 706.
aiguille(f) des heures(f) 707.
aiguille(f) des minutes(f) 706, 707.
aiguilles(f) à tricoter 567.
aiguilles(f) de nettoyage(m) 307.
aiguilles(f) de pin(m) 58.
aiguilles(f) de sapin(m) 58.
aiguilleur(m) vidéo de production(f) 413.
aiguillon(m) 81.
ail(m) 70.
aile(f) 636.
aile(f) 78, 108, 426, 440, 499, 511, 637, 670, 773, 812.
aile(f) à géométrie(f) variable 499.
aile(f) antérieure 79, 81.
aile(f) arrière 495.
aile(f) avant 495.
aile(f) Dame(f) 696.
aile(f) de quartier(m) 352, 354.
aile(f) droite 606.
aile(f) du nez(m) 141.
aile(f) gauche 606.
aile(f) libre 637.
aile(f) postérieure 79, 81.
aile(f) Roi(m) 696.
aile(f), oiseau(m) 110.
aileron(m) 316, 498, 631, 638.
ailes(f) 112, 638.
ailes(f) en V 495.
ailes(f), chauve-souris(f) 112.
ailette(f) 210, 259, 499.
ailette(f) à ressort(m) 276.
ailier(m) défensif droit 603, 605.
ailier(m) défensif gauche 603, 605.
ailier(m) droit 601, 606, 607, 608, 612.
ailier(m) éloigné 603, 605.
ailier(m) gauche 601, 606, 607, 608, 612.
ailier(m) rapproché 603, 605.
aimant(m) 406, 485, 563, 714.
aimant(m) de retenue(f) 256.
aimant(m)-frein(m) 712.
aine(f) 116, 118.
air(m) 437.
air(m) calme 38.
air(m) chaud 501, 772.
air(m) frais 772.
air(m) froid 501.
air(m), pollution(f) 34.
aire(f) de jeux(m) 496.
aire(f) de manœuvre(f) 502.
aire(f) de ravitaillement(m) 453.
aire(f) de repos(m) 52.
aire(f) de service(m) 52, 503.
aire(f) de stationnement(m) 185, 503.
aire(f) de trafic(m) 502.
airelle(f) 62.
ais(m) 579.
ais(m) ferré 579.
aisselle(f) 116, 118.
ajustement(m) de l'image(f) du cercle(m) horizontal 713.
ajustement(m) de l'image(f) du cercle(m) vertical 713.
ajustement(m) de la hauteur(f) 157, 159.
akène(m) 62, 66.
alarme(f) sonore 485.
albumen(m) 109.
albumen(m) farineux 152.
alcool(m) à 90° 725.
alidade(f) 41, 484, 713.
alignement(m) du faisceau(m) dans l'axe(m) 717.
alimentation(f) en air(m) 543.
alimentation(f) en eau(f) 760, 761, 762, 763.
alimentation(f) jackpot(m) 702.
alimentation(f) solaire 523.
alimentation(f) sur secteur(m) 408.
aliments(m), pollution(f) 32.
allée(f) 193, 263, 676.
alliance(f) 364.
allumage(m) manuel 297.
allumette(f) de sûreté(f) 386.
allumeur(m) 435.
allures(f), cheval(m) 101.
allures(f), voile(f) 629.
ALPINISME(M) 680.
alpinisme(m), équipement(m) 681.
alpinisme(m), matériel(m) 681.
alpiniste(m) 680.
altérations(f) 538.
alternateur(m) 434, 468, 753, 758.
altimètre(m) 635, 639, 810.
altimètre(m) de secours(m) 500.
alto(m) 545.
alto-cumulus(m) 44.
alto-stratus(m) 44.
altos(m) 556.
alule(f) 110.
alvéole(f) 82, 677.
alvéole(f) à miel(m) 82.
alvéole(f) à pollen(m) 82.
alvéole(f) de plaque(f) 439.
alvéole(f) dentaire 144.
alvéole(f) operculée 82.
amande(f) 63, 66.
amanite(f) vireuse 55.
amble(m) 101.
ambleur(m) sous harnais(m) 652.
âme(f) 466, 692, 801.
Amérique(f) centrale 20.
Amérique(f) du Nord(m) 20.
Amérique(f) du Sud(m) 20.
améthyste(f) 363.
AMEUBLIR LA TERRE(F) 157.
ameublir la terre(f) 154.
amorce(f) 395, 798, 799, 804.
amortisseur(m) 369, 445.
amortisseur(m) arrière 443.
amortisseur(m) magnétique 708.
AMPHIBIENS(M) 84.
amplificateur(m) 402.
amplificateur(m) 714.
amplification(f) des ondes(f) sismiques 714.
ampoule(f) 232, 233, 725.
ampoule(f) de la trompe(f) utérine 129.
amygdale(f) 142.
amygdale(f) linguale 143.
amygdale(f) palatine 143.
ananas(m) 68.
anche(f) 542, 548.
anche(f) double 549.
anche(f) simple 549.
anches(f) 549.
anconé(m) 121.
ancrage(m) des haubans(m) 456.
ANCRE(F) 483.
ancre(f) 707.
ancre(f) à champignon(m) 483.
ancre(f) à jas(m) 483.
ancre(f) charrue(f) 483.
ancre(f) de marine(f) 483.
ancre(f) flottante 483.
ancre(f) sans jas(m) 483.
ancres(f), types(m) 483.
andouiller(m) de massacre(m) 105.
Andromède 11.
anémomètre(m) 41, 639.
anémomètre(m) de secours(m) 500.
aneth(m) 74.
angle(m) aigu 830.
angle(m) droit 830.
angle(m) obtus 830.
Anik-E 418.
ANIMAUX(M) DE LA FERME(F) 150.
anis(m) étoilé 67.
anneau(m) 55, 230, 255, 290, 369, 374, 564, 610, 660, 670, 681, 706, 709.
anneau(m) brisé 672.
anneau(m) d'étanchéité(f) 295.
anneau(m) d'étanchéité(f) en cire(f) 293.
anneau(m) de branche(f) 650.
anneau(m) de départ(m) 671.
anneau(m) de montant(m) 650.
anneau(m) de rêne(f) 650.
anneau(m) de retenue(f) 726.
anneau(m) de suspension(f) 370.
anneau(m) de tête(f) 671.
anneau(m) de tête(f) amovible 14.
anneau(m) de traction(f) 726.
anneau(m) dioptrique 486.
anneau(m) du cliquet(m) 281.
anneau(m) oculaire 109.
anneaux(m) 660.
anneaux(m) 361.
annelet(m) 167.
annulaire(m) 137.
anode(f) 297.
anorak(m) 353, 680.
anse(f) 265, 671.
Antarctique(f) 20.
antéfixe(f) 169.
antenne(f) 16, 43, 78, 79, 80, 81, 91, 408, 427, 498, 508, 613, 805, 810.
antenne(f) AM 400.
antenne(f) d'émission(f) 43, 418.
antenne(f) d'émission(f) à haut gain(m) 42.
antenne(f) d'émission(f) équidirective 42.
antenne(f) d'émission(f)/réception(f) 418.
antenne(f) de bande(f) S au zénith(m) 49.
antenne(f) de communication(f) 810.
antenne(f) de télécommande(f) 49.
antenne(f) de télécommunication(f) 494, 497, 809.
antenne(f) en bande(f) X 49.
antenne(f) FM 400.
antenne(f) multifonction 807.
antenne(f) orientable 722.
antenne(f) parabolique 415.
antenne(f) radar(m) 48, 807, 812.
antenne(f) radio(f) 494, 495, 497, 738, 742, 807.
antenne(f) UHF 42.
antenne(f) VHF 808.
antennule(f) 90.
anthélix(m) 139.
anthère(f) 60.
anticlinal(m) 737.
anticyclone(m) 38.
antiseptique(m) 725.
antitragus(m) 139.
anus(m) 89, 92, 127, 128, 131.
aorte(f) 125, 130.
aorte(f) abdominale 126, 132.
aorte(f) ascendante 124.
aorte(f) descendante 124.
aorte(f) ventrale 88.
apex(m) 83, 94, 143, 144.
apophyse(f) épineuse 135.
apophyse(f) transverse 135.
appareil(m) à dessiner 591.
appareil(m) à télémètre(m) couplé 394.
appareil(m) à visée(f) reflex mono-objectif(m) 391.
appareil(m) à visée(f) reflex mono-objectif(m) 394.
appareil(m) de forage(m) 737.
appareil(m) de Golgi 115.
appareil(m) de levage(m) 786.
appareil(m) de plongée(f) 394.
appareil(m) de pointage(m) 803.
appareil(m) de protection(f) respiratoire 777.
appareil(m) de vidéophoto(f) 395.

Les termes en **caractères gras** renvoient à une illustration, ceux en CAPITALES indiquent un titre.

APPAREIL(M) DIGESTIF 131.
appareil(m) enregistreur 40.
appareil(m) jetable 394.
appareil(m) petit-format(m) 395.
appareil(m) photographique 35 mm 512.
appareil(m) pour photodisque(m) 395.
appareil(m) reflex 6 X 6 mono-objectif(m) 395.
appareil(m) reflex à deux objectifs(m) 394.
appareil(m) reflex, coupe(f) 390.
APPAREIL(M) RESPIRATOIRE 130.
appareil(m) stéréoscopique 395.
APPAREIL(M) URINAIRE 132.
APPAREILS(M) DE CONDITIONNEMENT(M) PHYSIQUE 663, 664.
APPAREILS(M) DE NAVIGATION(F) 484.
APPAREILS(M) DE SON(M) PORTATIFS 408.
APPAREILS(M) ÉLECTROMÉNAGERS 250, 252, 254, 256, 257, 258, 260.
appareils(m) photographiques 394, 395.
appareils(m) scientifiques 16.
appartement(m) du commandant(m) 497.
appartements(m) en copropriété(f) 187.
appartenance(f) 830.
appel(m) suivant 422.
appendice(m) nasal 112.
appendice(m) vermiculaire 131.
applicateur(m)-mousse(f) 367.
applique(f) 234.
applique(f) d'extérieur(m) 196.
applique(f) du robinet(m) 295, 296.
applique(f) orientable 234.
appoggiature(f) 538.
appui(m) de fenêtre(f) 198.
appui-bras(m) 428, 429.
appui-flèche(m) 684.
appui-main(m) 591.
appui-pied(m) 584.
appui-pieds(m) 620.
appui-tête(m) 428.
aquarelle(f) et gouache(f) 588.
aquastat(m) 209.
aqueduc(m) de remplissage(m) 493.
aqueduc(m) de vidange(f) 492.
arachide(f) 66.
ARAIGNÉE(F) 77.
araignée(f) 77.
ARBALÈTE(F) 793.
arbalète(f) 793.
arbalétrier(m) 199.
arbitre(m) 599, 601, 603, 605, 606, 608, 610, 611, 614, 618, 621, 626, 668, 669.
arbitre(m) de champ(m) 612.
arbitre(m) de ligne(f) de but(m) 612.
arbitre(m) en chef(m) 597, 603, 605.
arborisation(f) terminale 135.
arbre(m) 59.
arbre(m) 251, 705, 707, 712, 753, 773, 808.
arbre(m) à cames(f) 434.
arbre(m) cannelé 431.
arbre(m) d'ornement(m) 148, 263.
arbre(m) de l'hélice(f) 495.
arbre(m) de mise(f) à feu(m) 802.
arbre(m) de Noël(m) 740.
arbre(m) de Noël(m) 738, 740.
arbre(m) de transmission(f) 492.
arbre(m) fruitier 149.
arbre(m) moteur(m) 508.
arbre(m) turbine(f)-compresseur(m) 501.
ARBRE(M), STRUCTURE(F) 59.
arbre(m), tronc(m) 59.
arbres(m) 676.
arbrier(m) 793.
arbuste(m) 263.
ARC(M) 174.
arc(m) 793.
arc(m) 793.
arc(m) à deux articulations(f) 455.
arc(m) à poulies(f) 684.
arc(m) à trois articulations(f) 455.
arc(m) branchial inférieur 87.
arc(m) branchial supérieur 87.
arc(m) de cercle(m) 601.
arc(m) de l'aorte(f) 124, 125, 126.
arc(m) diagonal 177.
arc(m) en plein cintre(m) 174.
arc(m) encastré 455.
arc(m) métallique à treillis(m) 455.
arc(m) moderne 793.
arc(m)-boutant 175, 176.
arc(m)-doubleau(m) 177.
arc(m)-formeret(m) 177.
arc-en-ciel(m) 36.
arcade(f) 176, 649.
arcade(f) dentaire inférieure 142.
arcade(f) dentaire supérieure 142.
arceau(m) 263, 631.
arche(f) 14, 455.
arche(f) naturelle 30.
archer(m) 684.
archet(m) 544.
archipel(m) 51.
ARCHITECTURE(F), STYLES(M) 166.
architrave(f) 166, 168.
arçon(m) 661.
ARCS(M) 793.
arcs(m), types(m) 174, 455.
Arctique(f) 20.
ardillon(m) 323, 566, 671.
aréole(f) 129.
arête(f) 27, 643.
arête(f) neurale 89.
arête(f) plate 166, 167.
arête(f) supérieure 619.
arête(f) vive 167.
argent(m) 819.
armature(f) 304, 347, 382, 685.
armature(f) de la clé(f) 538.
armes(f) 666.
ARMES(F) BLANCHES 794.
ARMES(F) DE CHASSE(F) 798.
ARMES(F) DE L'ÂGE(M) DE PIERRE(F) 791.
ARMES(F) DE L'ÉPOQUE(F) ROMAINE 791.
armet(m) 792.
armet(m) 792.
armoire(f) 225.
armoire(f) à papeterie(f) 522.
armoire(f) de séchage(m) 398.
armoire(f)-penderie(f) 226.
armoire(f)-vestiaire(m) 522.
ARMURE(F) 792.
armures(f) de base(f) 576.
arpège(m) 539.
ARQUEBUSE(F) 795.
arraché(m) à deux bras(m) 662.
arrache-bottes(m) 358.
arrache-clou(m) 275.
arrêt(m) 403, 411, 420, 831.
arrêt(m) à l'intersection(f) 824, 825.
arrêt(m) d'autobus(m) 186.
arrêt(m) d'impression(f) 532.
arrêt(m)/effacement(m) de mémoire(f) 405.
arrêt-court(m) 597.
arrêtoir(m) de chargeur(m) 797.
arrière 624.
arrière court(m) 614.
arrière(m) 603, 605, 606.
arrière(m) central 601.
arrière(m) centre 613.
arrière(m) droit 601, 607, 610, 612.
arrière(m) du court(m) 617.
arrière(m) gauche 601, 607, 610, 612, 613.
arrivée(f) 646.
arrivée(f) d'eau(f) chaude 298.
arrivée(f) du mazout(m) 209.
arrondie 56.
arrondissement(m) 52.
arrondisseur(m) 564.
arroseur(m) canon(m) 264.
arroseur(m) oscillant 264.
arroseur(m) rotatif 264.
arrosoir(m) 265.
artère(f) arquée 126.
artère(f) axillaire 126.
artère(f) brachiale 126.
artère(f) carotide primitive 126.
artère(f) dorsale du pied(m) 126.
artère(f) fémorale 126.
artère(f) iliaque 124.
artère(f) iliaque commune 126, 132.
artère(f) iliaque interne 126, 132.
artère(f) mésentérique inférieure 132.
artère(f) mésentérique supérieure 126, 132.
artère(f) pulmonaire 125, 126, 130.
artère(f) rénale 126, 132.
artère(f) sous-clavière 126.
artère(f) tibiale antérieure 126.
artères(f) 126.
artichaut(m) 69.
ARTICLES(M) DE BUREAU(M) 515, 516, 518.
ARTICLES(M) DE FUMEUR(M) 384, 386.
ARTICLES(M) DE MAROQUINERIE(F) 378.
articles(m) perdus et retrouvés 823.
articulation(f) 431, 670.
articulation(f) de la pelleteuse(f) 782.
As(m) 695.
ascenseur(m) 15, 190, 736, 811.
ascension(f) droite 3.
Asie(f) 21.
asperge(f) 72.
aspérité(f) 405.
asphalte(m) 745.
aspirateur(m) 747, 753.
aspirateur(m) à main(f) 260.
aspirateur(m)-traîneau(m) 260.
aspirine(f) 725.
assiette(f) à dessert(m) 238.
assiette(f) à salade(f) 238.
assiette(f) creuse 238.
assiette(f) plate 238, 688.
assistant(m) à la réalisation(f) 412.
astérisque(m) 832.
astéroïdes(m) 4.
asthénosphère(f) 22.
astragale(m) 123, 167, 800.
atelier(m) d'entretien(m) 734.
atelier(m) de mécanique(f) 453.
atelier(m) de réparation(f) des wagons(m) 465.
atelier(m) diesel(m) 464.
ATHLÉTISME(M) 654, 656, 658.
atlas(m) 102, 123.
atmosphère(f) 22, 31.
ATMOSPHÈRE(F) TERRESTRE, COUPE(F) 19.
atoll(m) 28.
âtre(m) 204.
atrium(m) 170.
attache(f) 375, 553.
attache(f) de pavillon(m) 549.
attache(f) de sécurité(f) 512.
attache(f) du tube(m) 233.
attache(f) pour outils(m) 512.
attache(f) pour tuyaux(m) et échelles(f) 777.
attaches(f) 566.
attaches(f) parisiennes 515.
attaquant(m) à l'aile(f) 611.
attaquant(m) au but(m) 611.
attaque(f) 603, 605.
atteinte(f) à la nature(f) 35.
atteinte(f) à la personne(f) 35.
attelles(f) 725.
attrape(f) 541.
aubage(m) directeur de sortie(f) 501.
aube(f) 754.
aube(f) avant-directrice 753.
aube(f) de roue(f) 753.
aube(f) directrice 753.
aube(f) du compresseur(m) axial 501.
aubergine(f) 69.
aubier(m) 59.
auget(m) 754.
aumonière(f) 380.
auriculaire(m) 137.
aurore(f) polaire 19.
Australie(f) 21.
Autel(m) 13.
auto-caravane(f) 449.
auto-inversion(f) 408.
autobus(m) 190.
autocuiseur(m) 248.
autodéfense(f) antimissile 808.
autodirecteur(m) infrarouge 814.
automne(m) 8.
AUTOMOBILE(F) 425, 426, 428, 430, 432, 434, 438.
autoroute(f) 52, 184, 452.
autoroute(f) de ceinture(f) 52.
autres signes(m) 539.
autres techniques(f) 576.
auvent(m) 426, 685, 785.
auvent(m) de fenêtre(f) 685.
avance(f) 408.
avance(f) rapide 403, 408, 411, 420, 831.
avançon(m) 672.
avant 624.
avant court(m) 614.
avant(m) centre 601, 607, 613.
avant(m) droit 606, 607, 610, 613.
avant(m) du court(m) 617.
avant(m) gauche 606, 607, 610, 613.
avant-bec(m) 786.
avant-bras(m) 106, 117, 119.
avant-centre(m) 612.
avant-champ(m) 597.
avant-distributeur(m) 753.
avant-scène(f) 188.
aven(m) 24.
avenue(f) 52.
averse(f) de grêle(f) 39.
averse(f) de neige(f) 39.
averse(f) de pluie(f) 39.
avertisseur(m) 430, 444, 468.
avertisseur(m) pneumatique 440.
avertisseur(m) sonore 777.
avion(m) 722.
AVION(M) DE COMBAT(M) 812.
AVION(M) LONG-COURRIER(M) 498.
AVIRON(M) 632.
aviron(m) de couple(m) 632.
aviron(m) de pointe(f) 632.
aviron(m) en pointe(f) 632.
avirons(m) à couple(m) 632.
avirons(m), types(m) 632.
avocat(m) 68.
avoine(f) 152.
axe(m) 290, 404, 563, 584.
axe(m) central 774.
axe(m) d'attelage(m) 471.
axe(m) de déclinaison(f) 14.
axe(m) du pédalier(m) 448.
axe(m) horaire 14.
axe(m) principal 61.
axis(m) 123.
axone(m) 135.
azur(m) 819.

B

babines(f) 106.
bâbord(m) 488, 489, 497.
bac(m) 304.
bac(m) à boue(f) 737.
bac(m) à glaçons(m) 254.
bac(m) à légumes(m) 254.
bac(m) à plante(f) 263.
bac(m) à viande(f) 254.
bac(m) de ramassage(m) 271.
bâche(f) spirale 747, 753.
badine(f) 375.
BADMINTON(M) 618.
badminton(m), filet(m) 618.
badminton(m), raquette(f) 618.
badminton(m), terrain(m) 618.
BAGAGES(M) 382.
bague(f) 384, 551, 678.
bague(f) de blocage(m) 276, 711.
bague(f) de correction(f) dioptrique 719.
bague(f) de fiançailles(f) 364.
bague(f) de finissant(m) 364.
bague(f) de fond(m) 294.
bague(f) de mise(f) au point(m) 392.
bague(f) de réglage(m) 264.
bague(f) de serrage(m) 295, 393, 548.
bague(f) filetée 681.
bague(f) inférieure de blocage(m) de la sphère(f) 40.
bague(f) solitaire(m) 364.
bague(f) supérieure de blocage(m) de la sphère(f) 40.
bagues(f) 364.
baguette(f) 327, 544, 795.
baguette(f) d'apport(m) 307.
baguette(f) d'écartement(m) 574.
baguette(f) d'encroix(m) 574.
baguette(f) de flanc(m) 427.
baguette(f) épi(m) 153.
baguette(f) parisienne 153.
baguettes(f) 553.
bahut(m) 520.
baie(f) 7, 51.
baie(f) de contrôle(m) 412, 413, 415.
baie(f) de jacks(m) 407.
baie(f), coupe(f) 62.
BAIES(F) 62.
baies(f), principales variétés(f) 62.
baignoire(f) 194, 215, 292.
bain(m) d'arrêt(m) 399.
bain(m) de fixation(f) 399.
bain(m) de révélateur(m) 399.
bain-marie(m) 249.
bains(m) de développement(m) 399.
baïonnette(f) à douille(f) 794.
baïonnette(f) à manche(m) 794.
baïonnette(f) à poignée(f) 794.
baïonnette(f) incorporée 794.
bajoyer(m) 492.
baladeur(m) 408.
baladeuse(f) 310.
balai(m) 205.
balai(m) à feuilles(f) 267.
balai(m) d'essuie-glace(m) 431.
balai(m) métallique 553.
balais(m) de curling(m) 620.
balalaïka(f) 535.
Balance(f) 13.
Balance(f) (23 septembre) 820.

Les termes en **caractères gras** renvoient à une illustration, ceux en CAPITALES indiquent un titre.

balance(f) à fléau(m) 708.
balance(f) de cuisine(f) 244.
balance(f) de précision(f) 709.
balance(f) de Roberval 708.
balance(f) électronique 709.
balance(f) romaine 708.
balancier(m) 264.
balancier(m) d'extension(f) 663.
balancier(m) de traction(f) 663.
balancine(f) 478.
balayage(m) automatique des stations(f) 402.
balcon(m) 189.
balcon(m) de veille(f) 486.
balconnet(m) 254.
Baleine(f) 11, 13.
baleine(f) 346, 375.
baleine(f) de col(m) 324.
baleinière(f) 482.
BALISAGE(M) MARITIME, SYSTÈME(M) 488.
balise(f) de navigation(f) aérienne 810.
ballast(m) 466.
ballast(m) électronique 233.
balle(f) 598, 795, 798.
balle(f) de baseball(m) 596.
balle(f) de baseball(m), coupe(f) 596.
balle(f) de fil(m) 596.
balle(f) de golf(m) 677.
balle(f) de golf(m), coupe(f) 677.
balle(f) de hockey(m) 607.
balle(f) de liège(m) 596.
balle(f) de racquetball(m) 617.
balle(f) de squash(m) 616.
balle(f) de tennis(m) 615.
balle(f) de tennis(m) de table(f) 619.
ballerine(f) 356.
ballon(m) 634.
ballon(m) 247, 634.
ballon(m) de basket(m) 610.
ballon(m) de football(m) 600, 602.
ballon(m) de handball(m) 612.
ballon(m) de netball(m) 611.
ballon(m) de rugby(m) 606.
ballon(m) de volleyball(m) 613.
ballon(m) de water-polo(m) 626.
balluchon(m) 380.
balustrade(f) 194.
banane(f) 68.
banc(m) 222, 475.
banc(m) d'équipe(f) 626.
banc(m) de musculation(f) 663.
banc(m) de sable(m) 30.
banc(m) des joueurs(m) 604, 608, 610, 612, 613.
banc(m) des officiels(m) 608.
banc(m) des pénalités(m) 608.
bandage(m) 669, 678.
bandage(m) de gaze(f) 662.
bandage(m) de roue(f) caoutchoutée 788.
bandage(m) triangulaire 725.
bande(f) 452, 608, 675.
bande(f) centrale 700, 701.
bande(f) d'identification(f) technique 405.
bande(f) de filet(m) 614.
bande(f) de gaze(f) 725.
bande(f) de pourpre(f) 315.
bande(f) de ris(m) 480.
bande(f) de roulement(m) 433.
bande(f) de tissu(m) élastique 725.
bande(f) élastique 323.
bande(f) horizontale 613.
bande(f) magnétique 403.
bande(f) réfléchissante 730, 777.
bande(f) ventilée 798.
bande(f) verticale de côté(m) 613.
bandeau(m) 229.
bandelette(f) d'arrachage(m) 384.
banderole(f) 817.
bandoulière(f) 375, 380, 382.
banjo(m) 535.
banlieue(f) 52.
banquette(f) 222, 292, 428.
banquette(f) arrière 428.
bar(m) 227, 496.
barbacane(f) 180.
barbe(f) 72, 110.
barboteuse(f) 351.
barbotin(m) 783, 805.
barbule(f) 38.
bardeau(m) 286.
bardeau(m) d'asphalte(m) 286.
baren(m) 582.
barge(f) de service(m) d'urgence(f) 739.
barillet(m) 290, 797.
baromètre(m) à mercure(m) 41.
baromètre(m) enregistreur 41.
baromètre(m)/thermomètre(m) 710.
barrage(m) 746.
barrage(m) à contreforts(m) 751.
barrage(m) à contreforts(m), coupe(f) 751.
barrage(m) en remblai(m) 748.
barrage(m) en remblai(m), coupe(f) 748.
barrage(m) mobile 752.
barrage(m)-poids(m) 749.
barrage(m)-poids(m), coupe(f) 749.
barrage(m)-voûte(f) 750.
barrage(m)-voûte(f), coupe(f) 750.
barre(f) 98, 104, 230, 376, 628, 633, 657, 663, 665.
barre(f) à aiguille(f) 562.
barre(f) à dorsaux(m) 663.
barre(f) à lisses(f) 574.
barre(f) à pectoraux(m) 663.
barre(f) à triceps(m) 663.
barre(f) blindée 747.
barre(f) cannelée 230.
barre(f) collectrice neutre 312.
barre(f) collectrice thermique 312.
barre(f) d'acier(m) 660.
barre(f) d'attelage(m) 803.
barre(f) d'écoute(f) 630.
barre(f) d'écoute(f) 628.
barre(f) d'espacement(m) 525, 530, 727.
barre(f) d'étouffoir(m) 541.
barre(f) de bois(m) 661.
barre(f) de commande(f) 637.
barre(f) de contrôle(m) 760, 761, 762, 763.
barre(f) de coupe(f) 158, 160.
barre(f) de départ(m) (dos(m)) 621.
barre(f) de flèche(f) 628.
barre(f) de guidage(m) et de prise(f) de courant(m) 476.
barre(f) de manœuvre(f) 162.
barre(f) de mesure(f) 537.
barre(f) de pied(m) presseur 562.
barre(f) de plongée(f) 806.
barre(f) de pression(f) 540.
barre(f) de repos(m) des marteaux(m) 540, 541.
barre(f) de reprise(f) 537.
barre(f) de retenue(f) 254.
barre(f) de tractage(m) 506.
barre(f) fixe 660.
barre(f) inférieure 231, 659.
barre(f) lisse 230.
barre(f) oblique 832.
barre(f) supérieure 659.
barre(f) transversale 626.
barreau(m) 201, 223.
barres(f) asymétriques 659.
barres(f) de Spa 646, 647.
barres(f) parallèles 661.
barrette(f) 369, 599.
barrette(f) négative 439.
barrette(f) positive 439.
barrière(f) 186, 462, 646, 647.
barrière(f) thermique 42.
bas(m) 344.
bas(m) 344, 347.
bas(m) de ligne(f) 672.
bas(m) résille(f) 344.
bas(m)-cuissarde(f) 344.
bas-mât(m) 478.
base(f) 14, 40, 143, 166, 283, 368, 446, 471, 626, 661, 719, 817.
base(f) de béton(m) 714.
base(f) de dormant(m) 203.
base(f) de la vague(f) 30.
base(f) en bois(m) 635.
BASEBALL(M) 595, 596.
baseball(m), balle(f) 596.
baseball(m), terrain(m) 597.
basilaire(m) 190.
basilaire(m) 190.
basilic(m) 74.
basket(m), ballon(m) 610.
BASKETBALL(M) 610.
basketball(m), terrain(m) 610.
basque(f) 346.
bassin(m) 103, 263, 490, 621, 626, 752.
bassin(m) de compétition(f) 621.
bassin(m) de radoub(m) 490.
bassinet(m) 132, 795.
basson(m) 548.
bassons(m) 557.
bastion(m) 179.
bateaux(m) de couple(m) 632.
bateaux(m) de pointe(f) 632.
bâti(m) 225, 484, 572, 583.
bâti(m) d'équipement(m) 412, 415.
bâti(m) de la pompe(f) à vide(m) 717.
bâti(m) du brûleur(m) 689.
bâtiment(m) administratif 491, 752.
bâtiment(m) de la turbine(f) 758.
bâtiment(m) des services(m) 764.
bâtiment(m) du réacteur(m) 759, 765.
bâton(m) 596.
bâton(m) 595, 642.
bâton(m) de craie(f) 583.
bâton(m) de gardien(m) de but(m) 609.
bâton(m) de joueur(m) 609.
bâton(m) de ski(m) 640.
bâtonnet(m) de colle(f) 515.
bâtons(m) de golf(m) 678.
bâtons(m) de golf(m), types(m) 677.
battant(m) 203, 554, 572, 817.
batte(f) 598.
batte(f) 160, 598.
batterie(f) 552.
batterie(f) 468, 795.
batterie(f) d'accumulateurs(m) 439.
batterie(f) d'accumulateurs(m) 769.
BATTERIE(F) DE CUISINE(F) 248.
batteries 43.
batteur(m) 599.
batteur(m) à main(f) 250.
batteur(m) à œufs(m) 245.
batteur(m) sur socle(m) 250.
baudrier(m) 428, 680.
bavette(f) 350, 351, 667.
bavette(f) garde-boue(m) 427, 440, 441.
bavette(f) garde-neige(m) 445.
bavoir(m) 349.
bavolet(m) 319.
BAZOOKA(M) 804.
bec(m) 108, 241, 291, 294, 295, 296, 483, 548, 567, 681.
bec(m) corné 97.
bec(m) de bord(m) d'attaque(f) 499.
bec(m) verseur 252.
bec(m) verseur(m) 247.
bec-de-cane(m) 289.
bécarre(m) 538.
bêche(f) 266, 803.
becs(m), principaux types(m) 111.
Bélier(m) 11.
Bélier(m) (21 mars) 820.
bémol(m) 538.
benne(f) 784.
benne(f) basculante 785.
béquet(m) 442.
béquille(f) 382, 441, 495, 508.
béquille(f) centrale 443.
béquille(f) commune 728.
béquille(f) d'appui(m) 156, 449.
béquille(f) d'avant-bras(m) 728.
béquille(f) latérale 443.
berceau(m) 582, 802.
berceuse(f) 221.
béret(m) 329.
berge(f) 451.
bergère(f) 220.
bergerie(f) 149.
berline(f) 425.
bermuda(m) 336.
bésicles(f) à pont(m) élastique 377.
béton(m) armé 286.
béton(m) précontraint 286.
bette(f) à carde(f) 72.
betterave(f) 71.
beurrier(m) 238.
bezel(m) (8) 363.
biais(m) 349, 566.
biceps(m) brachial 120.
biceps(m) crural 121.
bicorne(m) 318.
BICYCLETTE(F) 446, 448.
bicyclette(f), accessoires(m) 448.
bidet(m) 292.
bidon(m) 447.
bief(m) aval 749, 750.
bief(m) d'amont(m) 746.
bief(m) d'aval(m) 746, 747.
bielle(f) 436.
bielle(f) de compression(f) 147.
bielle(m) 434.
bigorneau(m) 83.
bigoudi(m) 369.
BIJOUTERIE(F) 361, 362, 364.
BILLARD(M) 673.
billard(m) anglais 673.
BILLARD(M) ANGLAIS ET SNOOKER(M) 674.
billard(m) français 673.
billard(m) pool 673.
bille(f) 288, 389, 530.
bille(f) blanche 673.
bille(f) blanche mouchetée 673.
bille(f) bleue 673.
bille(f) brune 673.
bille(f) creuse 294.
bille(f) d'ivoire(m) 701.
bille(f) de choc(m) 673.
bille(f) de plomb(m) 804.
bille(f) de visée(f) blanche 673.
bille(f) jaune 673.
bille(f) noire 673.
bille(f) rose 673.
bille(f) rouge 673.
bille(f) verte 673.
bille(f), coupe(f) 288.
billes(f) numérotées 673.
billes(f) rouges 673.
binette(f) 266.
binocle(m) 377.
biologie(f) 831.
biosphère(f), structure(f) 31.
bipied(m) 796, 803.
biseau(m) 542, 726.
bitte(f) 743.
blague(f) à tabac(m) 385.
blaireau(m) 374.
blanc(m) 695.
blanche(f) 538.
Blancs(m) 696, 697.
blazer(m) 338.
blé(m) 152.
blé(m), grain(m) 152.
bleuet(m) 62.
blindage(m) 805.
blindage(m) d'aspirateur(m) 753.
bloc(m) 656.
bloc(m) aiguille(f) 590.
bloc(m) d'arrêt(m) 277.
bloc(m) d'équipement(m) 509.
bloc(m) de béton(m) 286.
bloc(m) de commande(f) 699.
bloc(m) de commande(f) des caméras(f) 412, 415.
bloc(m) de culasse(f) 798, 799.
bloc(m) de départ(m) 656.
bloc(m) pneumatique 458.
bloc(m)-cylindres(m) 435.
bloc(m)-éphéméride(f) 518.
bloc(m)-essieu(m) 645.
bloc(m)-moteur(m) 250, 251, 256, 260, 373, 458.
bloc(m)-notes(f) 518.
bloc(m)-tension(f) 562, 569.
bloc(m)-tension(f) 561.
blocage(m) 751.
blocage(m) de l'inclinaison(f) 284.
blocage(m) de l'interrupteur(m) 280.
blocage(m) de la colonne(f) 393.
blocage(m) de la plate-forme(f) 393.
blocage(m) de profondeur(f) 283.
blocage(m) du cordon(m) de tirage(m) 231.
blocage(m) du guide(m) 285.
blocage(m) du pivot(m) 282.
blocage(m) du pivotement(m) 713.
blocage(m) horizontal 393.
blocage(m) vertical 393.
bloqueur(m) droit 603, 605.
bloqueur(m) gauche 603, 605.
blouson(m) court 321.
blouson(m) long 320.
bob(m) 329.
bobine(f) 570, 575, 714.
bobine(f) de courant(m) 712.
bobine(f) de tension(f) 712.
bobine(f) mobile 406.
bobine(f) réceptrice 390, 403.
bobineur(m) 561.
bobinoir(m) 575.
BOBSLEIGH(M) 643.
bocal(m) 548.
body(m) 345.
bœuf(m) 151.
boggie(m) 14.
bogie(m) 476.
bogie(m) 468.
bogie(m) moteur 459.
bogie(m) porteur 458.
bois(m) 288, 677.
bois(m) 52.
bois(m) de bout(m) 288.
bois(m) de cerf(m) 105.
bois(m) de cœur(m) 59.
bois(m) nº 1 678.
bois(m) nº 3 678.

Les termes en **caractères gras** renvoient à une illustration, ceux en CAPITALES indiquent un titre.

bois(m) nº 5 678.
bois(m), dérivés(m) 288, 289.
bois(m), famille(f) 548.
bois(m), golf(m) 678.
boisseau(m) d'embouchure(f) 550.
boîte(f) à canette(f) 562.
boîte(f) à courrier(m) 517.
boîte(f) à gants(m) 430.
boîte(f) à leurres(m) 672.
boîte(f) à lumière(f) 399.
boîte(f) à lumière(f), ouverture(f) de la 399.
boîte(f) crânienne 134.
boîte(f) d'accessoires(m) 568.
boîte(f) d'allumage(m) 501.
boîte(f) d'allumettes(f) 386.
boîte(f) d'essieu(m) 468.
boîte(f) de cirage(m) 358.
boîte(f) de contrôle(m) 297.
boîte(f) de culasse(f) 795, 796.
boîte(f) de jonction(f) 471.
boîte(f) de raccordement(m) 412.
boîte(f) de service(m) 616, 617.
boîte(f) de vitesses(f) 495.
boîte(f) électrique 309, 769.
boîte(f) jackpot(m) 702.
boîte(f)-classeur(m) 517.
boîtier(m) 214, 231, 233, 280, 305, 310, 374, 391, 403, 406, 422, 485, 486, 539, 702, 705, 706, 710, 711.
boîtier(m) de batterie(f) 439, 441.
boîtier(m) du moteur(m) 272.
boîtier(m) du ventilateur(m) 370.
bol(m) 238, 250, 251.
bol(m) à raser 374.
bol(m) à salade(f) 238.
bol(m) verseur 251.
boléro(m) 338.
bols(m) à mélanger 245.
bombe(f) 648.
bombe(f) volcanique 25.
bôme(f) 628.
bonbout(m) 354.
bonde(f) 296.
bonnet(m) 329, 346, 640, 642.
bonnet(m) blanc 626.
bonnet(m) bleu 626.
bonnet(m) pompon(m) 329.
bord(m) 57, 328, 329, 479.
bord(m) antérieur 95.
bord(m) crénelé 95.
bord(m) d'attaque(f) 499, 636, 638.
bord(m) d'une feuille(f) 56.
bord(m) de fuite(f) 498, 636, 637, 638.
bord(m) de pli(m) 341.
bord(m) du manteau(m) 92.
bord(m) externe 94.
bord(m) interne 94.
bord(m) libre 137.
bord(m) postérieur 95.
bord(m) tranchant 783.
bord(m)-côte(f) 325, 326, 350.
bordure(f) 631.
bordure(f) blanche 619.
bordure(f) d'allée(f) 263.
bordure(f) de quai(m) 462, 475.
bordure(f) de trottoir(m) 186.
borne(f) 255, 309, 312, 439, 757.
borne(f) d'entrée(f) 310.
borne(f) d'incendie(m) 186.
borne(f) de gonflage(m) 453.
borne(f) négative 439.
borne(f) positive 439.
bossoir(m) 478, 742.
botte(f) 72, 356, 648.
botte(f) de caoutchouc(m) 777.
botte(f) de couronne(f) 653.
botte(f) de genou(m) 653.
botte(f) de saut(m) 635.
botte(f) de tendon(m) 648, 652.
bottillon(m) 354, 627.
bottine(f) 357.
bouche(f) 142.
bouche(f) 83, 84, 92, 118, 542, 797, 798, 799, 800, 803.
bouche(f) à feu(m) 800.
bouche(f) à feu(m), coupe(f) 801.
bouche(f) à induction(f) 207.
bouche(f) d'air(m) 430.
bouche(f) d'extraction(f) 207.
bouche(f) de soufflage(m) 206, 207.
bouches(f), types(m) 207.
bouchon(m) 250, 726, 765.
bouchon(m) antifuite 689.
bouchon(m) d'air(m) 304.
bouchon(m) de chargement(m) 804.
bouchon(m) de dégorgement(m) 296.
bouchon(m) de fermeture(f) 804.
bouchon(m) de remplissage(m) 271, 438, 444.
bouchon(m) de vidange(f) 215.
bouchon(m) de vidange(f) d'huile(f) 434.
bouchon(m) du réservoir(m) 440.
bouchon(m) femelle 301.
bouchon(m) femelle à visser 301.
bouchon(m) mâle sans bourrelet(m) 301.
boucle(f) 566.
boucle(f) 323, 380, 428, 452, 566, 641.
boucle(f) de ceinture(f) 319, 323.
boucle(f) de piquet(m) 685, 686.
boucle(f) de réglage(m) 231, 645.
boucles(f) d'oreille(f) 361.
boucles(f) d'oreille(f) à pince(f) 361.
boucles(f) d'oreille(f) à tige(f) 361.
boucles(f) d'oreille(f) à vis(f) 361.
bouclier(m) 268, 426, 609, 791.
bouclier(m) annulaire 15.
bouclier(m) arrière 16.
bouclier(m) thermique 510.
boue(f) 216.
bouée(f) à plan(m) focal élevé 487.
bouée(f) charpente(f) 487, 489.
bouée(f) conique 487, 489.
bouée(f) cylindrique 486.
bouée(f) de sauvetage(m) 495.
bouée(f) espar(m) 489.
bougie(f) 271.
bougie(f) d'allumage(m) 439.
bougie(f) d'allumage(m) 435, 437.
bouilloire(f) 252.
boule(f) 526, 683.
boule(f) à thé(m) 246.
boule(f) anglaise 682.
boule(f) de pétanque(f) 682.
boule(f) de quilles(f) 683.
BOULES(F) ANGLAISES ET PÉTANQUE(F) 682.
boulet(m) 101, 801.
boulet(m) creux 801.
boulet(m) ramé 801.
boulevard(m) 52, 184.
boulevard(m) périphérique 52.
boulier(m) 683.
boulon(m) 279.
boulon(m) 278, 282, 290.
boulon(m) à ailettes(f) 276.
boulon(m) à épaulement(m) 279.
boulon(m) à gaine(f) d'expansion(f) 276.
boulon(m) d'accouplement(m) 754.
boulon(m) d'éclisse(f) 466.
bourdalou(m) 328.
bourdon(m) 536.
bourgeon(m) 70.
bourgeon(m) axillaire 57.
bourgeon(m) terminal 57.
bourrache(f) 74.
bourre(f) 799, 801.
bourre-pipe(m) 385.
bourre-pipe(m) 385.
bourrelet(m) 104, 433, 632.
bourriquet(m) 583.
bourse(f) à monnaie(f) 379.
boursette(f) 543.
Boussole(f) 13.
BOUSSOLE(F) MAGNÉTIQUE 719.
bout(m) 239, 670.
bout(m) d'aile(f) 637.
bout(m) du nez(m) 100.
bout(m) fleuri 355.
bout(m)-filtre(m) 384.
boutefeu(m) 801.
bouteille(f) d'acétylène(m) 306.
bouteille(f) d'air(m) comprimé 627, 777.
bouteille(f) d'oxygène(m) 306.
bouteille(f) isolante 690.
bouteur(m) 783.
bouteur(m) 733.
boutique(f) 170.
boutique(f) hors taxe(f) 505.
bouton(m) 219, 232, 324, 326, 530, 536, 544, 666.
bouton(m) à friction(f) 711.
bouton(m) à tige(f) 566.
bouton(m) d'arrêt(m) 272.
bouton(m) d'assemblage(m) 568.
bouton(m) d'échappement(m) 541.
bouton(m) d'éjection(f) 403.
bouton(m) d'interligne(m) variable 525.
bouton(m) de blocage(m) 711.
bouton(m) de clé(f) 549.
bouton(m) de combinaisons(f) 542.
bouton(m) de commande(f) 255.
bouton(m) de culasse(f) 800.
bouton(m) de démarreur(m) 444.
bouton(m) de fonction(f) 699.
bouton(m) de manchette(f) 339.
bouton(m) de mise(f) au point(m) 720, 721.
bouton(m) de mise(f) au point(m) manuelle 397.
bouton(m) de mise(f) en circuit(m) 396, 420.
bouton(m) de piston(m) 550.
bouton(m) de point(m) arrière 561.
bouton(m) de registre(m) 542, 543.
bouton(m) de réglage(m) du micromètre(m) optique 713.
bouton(m) de remise(f) à zéro(m) 403, 711.
bouton(m) de tension(f) 569.
bouton(m) de vaporisation(f) 256.
bouton(m) de verrouillage(m) 429.
bouton(m) de verrouillage(m) de l'embase(f) 713.
bouton(m) extérieur 290.
bouton(m) floral 57.
bouton(m) intérieur 290.
bouton(m) marche(f)/arrêt(m) 256.
bouton(m) moleté 304.
bouton(m)-guide(m) 284.
bouton(m)-poussoir(m) 250, 257, 389, 397.
bouton(m)-pression(f) 566.
bouton(m)-pression(f) 321, 327.
boutonnage(m) sous patte(f) 330.
boutonnière(f) 319, 323.
boutons(m) à trous(m) 566.
boutons(m) de commande(f) 531.
boutons(m) de contrôle(m) du point(m) 569.
boutons(m) de réglage(m) 410.
Bouvier(m) 11.
BOXE(F) 669.
boxeur(m) 669.
bracelet(m) 602, 684, 706.
bracelet(m) lesté 665.
bracelet(m) tubulaire 364.
bracelets(m) 364.
brachial(m) antérieur 120.
braconnière(f) 792.
bractée(f) 66.
braguette(f) 323, 325, 350.
braies(f) 791.
brancard(m) 270, 652, 726, 784.
branche(f) 72, 104, 278, 369, 376, 564, 649, 684, 726.
branche(f) à fruits(m) 61.
branche(f) d'embouchure(f) 550.
branche(f) inférieure 650, 793.
branche(f) maîtresse 59.
branche(f) supérieure 650, 793.
branche(f) télescopique 393.
branchement(m) aérien 757.
branchement(m) de l'abonné(m) 757.
branchement(m) du distributeur(m) 757.
branchement(m) pluvial 186.
BRANCHEMENT(M), PLOMBERIE(F) 298.
branchicténie(f) 87.
branchies(f) 87.
branchies(f) 88, 92.
branchies(f) externes 84.
brandebourg(m) 320.
bras(m) 100, 117, 119, 157, 234, 264, 483, 561, 702, 727, 773, 782, 785.
bras(m) d'essuie-glace(m) 431.
bras(m) de coutre(m) 156.
bras(m) de fourche(f) 787.
bras(m) de grand cacatois(m) arrière 480.
bras(m) de lecture(f) 404.
bras(m) de levage(m) 782.
bras(m) de plaquette(f) 376.
bras(m) de relevage(m) 147.
bras(m) de suspension(f) 258.
bras(m) du longeron(m) 783.
bras(m) gicleur(m) 257.
bras(m) spiral 9.
bras(m) télécommandé 510.
brassard(m) 602, 609, 792.
brassard(m) pneumatique 710.
brasse(f) 622.
brassière(f) 349.
break(m) 425.
brelan(m) 695.
breloques(f) 364.
bretèche(f) 181.
bretelle(f) 346, 452, 464, 502.
bretelle(f) boutonnée 351.
bretelle(f) de raccordement(m) 452.
bretelle(f) pour botte(f) de genou(m) 653.
bretelle(f) réglable 350.
bretelles(f) 323.
brick(m) 482.
bride(f) 649.
bride(f) 365, 566, 653.
bride(f) de corps-mort(m) 486.
bride(f) de fixation(f) 720, 721.
bride(f) de raccord(m) 230.
bride(f) de suspension(f) 326.
brigantin(m) 482.
brigantine(f) 480.
brin(m) d'arrêt(m) 811.
brique(f) 286.
brique(f) réfractaire 204, 585.
briquet(m) 307.
briquet(m) à gaz(m) 386.
brise-jet(m) 264.
brise-lame(m) 742.
broche(f) 232, 233, 309, 364, 574.
broche(f) épingle(f) 364.
broche(f) porte-bobine(m) 561.
brocoli(m) 69.
brodequin(m) 355.
brodequin(m) de sécurité(f) 730.
BRODERIE(F) 571.
bronche(f) droite 130.
bronchiole(f) terminale 130.
brosse(f) 152, 373, 589.
brosse(f) à chaussure(f) 358.
brosse(f) à coiffer 370.
brosse(f) à dents(f) 373.
brosse(f) à dents(f) 373.
brosse(f) à épousseter 260.
brosse(f) à légumes(m) 246.
brosse(f) à mascara(m) 367.
brosse(f) à peignes(m) 370.
brosse(f) à planchers(m) 260.
brosse(f) à pollen(m) 80, 81.
brosse(f) anglaise 368.
brosse(f) d'antennes(f) 80.
brosse(f) de nettoyage(m) 374.
brosse(f) de tissage(m) 568.
brosse(f) éventail(m) 589.
brosse(f) pneumatique 368.
brosse(f) ronde 368.
brosse(f)-araignée(f) 368.
brosse(f)-peigne(m) pour cils(m) et sourcils(m) 367.
brosses(f) à cheveux(m) 368.
brou(m) 66.
brouette(f) 270.
brouillard(m) 37, 39.
broyer, ustensils(m) pour 243.
broyeur(m) 296.
bruine(f) continue 39.
bruine(f) intermittente 39.
brûleur(m) 209, 297, 634, 635, 689.
brûleur(m) à mazout(m) 209.
brûleur(m) bec(m) plat 307.
brûleur(m) flamme(f) crayon(m) 299, 307.
brume(f) 37, 39.
brunissoir(m) 582.
buanderie(f) 194.
buccin(m) 83.
bûcher(m) 204.
bûchette(f) 320.
buffet(m) 227.
buffet(m)-vaisselier(m) 227.
bulbe(m) 72, 136.
bulbe(m) d'étrave(f) 497, 743.
bulbe(m) olfactif 88, 142.
bulbe(m) rachidien 134.
bulbe(m), coupe(f) 70.
bureau(m) 453.
bureau(m) de direction(f) 520.
bureau(m) de réservation(f) de chambres(f) d'hôtel(m) 504.
bureau(m) des douanes(f) 491.
bureau(m) du changeur(m) 474.
bureau(m) secrétaire(m) 521.
Burin(m) 13.
burin(m) 581, 587.
bus(m) de données(f) 528.
bus(m) des données(f) 531.
bus(m) du disque(m) dur 528.
buse(f) 264, 291, 306, 370, 373, 590.
buse(f) à fluide(m) 304.
bustier(m) 346.
but(m) 601, 604, 606, 607, 608, 612, 626.
butée(f) 455, 566, 630, 640, 641.
butée(f) de porte(f) 254, 471.
butée(f) talonnière(f) 727.
butoir(m) 230, 464.
butoir(m) de saut(m) 657.
butte(f) 46.
butte(f) de débranchement(m) 465.

Les termes en **caractères gras** renvoient à une illustration, ceux en CAPITALES indiquent un titre.

C

caban(m) 330.
cabas(m) 381.
cabillot(m) 817.
cabine(f) 496, 508, 782, 783, 784, 785.
cabine(f) de commande(f) 786.
cabine(f) de commandes(f) 15.
cabine(f) de conduite(f) 147, 160, 459, 468.
cabine(f) de douche(f) 292.
cabine(f) de pilotage(m) 639.
cabine(f) de pilotage(m) 493.
cabine(f) des passagers(m) 493, 494, 495.
CÂBLE(M) 692.
câble(m) 280, 641, 658, 660, 663, 684, 692.
câble(m) d'accélération(f) 271.
câble(m) d'acier(m) 681.
câble(m) d'alimentation(f) de 240 V 312.
câble(m) d'alimentation(f) de l'électrode(f) 305.
câble(m) de bougie(f) 435.
câble(m) de commande(f) 270, 448.
câble(m) de frein(m) 447.
câble(m) de garde(f) 756.
câble(m) de haubanage(m) 660.
câble(m) de levage(m) 786.
câble(m) de masse(f) 305.
cable(m) de raccordement(m) 400, 406.
câble(m) de raccordement(m) 530, 585.
câble(m) de traction(f) 311.
câble(m) de transmission(f) 485.
câble(m) du démarreur(m) 270.
câble(m) électrique 186.
câble(m) porteur 456.
câble(m) téléphonique 186.
câbles(m) 414.
câblodistributeur(m) 416.
cabriolet(m) 220, 425.
cache-cœur(m) 337.
cache-flammes(m) 796.
cache-oreilles(m) abattant 328.
cadenas(m) 448.
cadence(f) images(f)/seconde(f) 396.
cadran(m) 705, 706, 707, 708, 712, 719.
cadran(m) de tension(f) 568.
cadran(m) des phases(f) de la Lune(f) 707.
cadran(m) gradué 710.
cadran(m) solaire 706.
cadre(m) 82, 378, 383, 443, 536, 615, 645, 659, 674, 726, 773.
cadre(m) de charge(f) 635.
cadre(m) de marche(f) 728.
cadre(m) métallique 540.
cadre(m) porte-épreuves(m) 399.
cadre(m)-cache(m) 397.
cæcum(m) 131.
cæcum(m) pylorique 88.
cafetière(f) 688.
cafetière(f) à infusion(f) 247.
cafetière(f) à piston(m) 247.
cafetière(f) espresso(m) 247.
cafetière(f) filtre(m) 247.
cafetière(f) napolitaine 247.
CAFETIÈRES(F) 247.
cage(f) 654.
cage(f) d'escalier(m) 194.
cage(f) de battage(m) 161.
cage(f) vitrée 709.
cagoule(f) 329.
cagoule(f) 627, 680.
cahier(m) 577.
caïeu(m) 70.
caisse(f) 270, 540, 546, 707.
caisse(f) blindée 702.
caisse(f) bombée 535.
caisse(f) circulaire 535.
caisse(f) claire 553.
caisse(f) claire 552, 557.
caisse(f) cylindrique 710.
caisse(f) de résonance(f) 535, 545.
caisse(f) pleine 547.
caisse(f) roulante 553.
caisse(f) triangulaire 535.
caisson(m) 204, 209, 521.
caisson(m) de porte(f) 429.
caisson(m) de voilure(f) 812.
calame(m) 389.
calamus(m) 110.
calandre(f) 426, 440, 765.
calcanéum(m) 103, 123.
CALCULATRICE(F) 523.
calculatrice(f) à imprimante(f) 523.
calculette(f) 523.
calculette(f) 379.
cale(f) 506, 800.
cale(f) à conteneurs(m) 495.
cale(f) de couvercle(m) 585.
cale-pied(m) 446, 448, 664.
caleçon(m) 325.
caleçon(m) long 325.
calendrier(m)-mémorandum(m) 518.
calice(m) 60, 62, 67, 132.
calicule(m) 62.
Callisto 4.
caloporteur(m) 766.
caloporteur(m) chaud 771.
caloporteur(m) refroidi 771.
caloporteur(m): eau(f) bouillante 763.
caloporteur(m): eau(f) lourde sous pression(f) 761.
caloporteur(m): eau(f) sous pression(f) 762.
caloporteur(m): gaz(m) carbonique 760.
calot(m) 328.
calotte(f) 109, 328, 329, 773.
calotte(f) glaciaire 45.
cambium (m) 59.
cambre(f) 376.
cambrure(f) 354.
Caméléon(m) 13.
caméra(f) 414.
caméra(f) 16, 412, 414.
caméra(f) de télévision(f) couleurs(f) 512.
caméra(f) video 526.
CAMÉRA(F) VIDÉO 409.
camion(m) avitailleur 506.
camion(m) commissariat(m) 507.
camion(m) vide-toilette(m) 506.
camion(m)-benne(f) 785.
camion(m)-citerne(f) d'eau(f) potable 506.
CAMIONNAGE(M) 440.
camionnette(f) 425.
camisole(f) 345, 349.
CAMPING(M) 685, 686, 690.
camping(m) 823.
camping(m) et caravaning(m) 823.
camping(m) interdit 823.
camping(m), accessoires(m) 689.
camping(m), matériel(m) 690.
camping(m), outils(m) 690.
canadienne(f) 321.
canal(m) à venin(m) 96.
canal(m) d'admission(f) 436.
canal(m) d'échappement(m) 436.
canal(m) d'écoulement(m) 741.
canal(m) de dérivation(f) 501, 746.
canal(m) de fuite(f) 747.
canal(m) de transfert(m) 436, 764.
canal(m) déférent 127.
canal(m) droit 401.
canal(m) éjaculateur 127.
canal(m) gauche 401.
canal(m) radiculaire 144.
canal(m) semi-circulaire antérieur 139.
canal(m) semi-circulaire externe 139.
canal(m) semi-circulaire postérieur 139.
canal(m) siphonal 94.
canal(m) sudoripare 136.
canalisation(f) 432.
canalisation(f) d'alimentation(f) 208, 209.
canalisation(f) de branchement(m) 215.
canalisation(f) de la veilleuse(f) 297.
canalisation(f) de pompage(m) 717.
canalisation(f) de refoulement(m) 216.
canalisation(f) de retour(m) 208.
canalisation(f) du brûleur(m) 297.
canapé(m) 221.
canapé(m) capitonné 221.
canard(m) 150.
Cancer(m) 11.
Cancer(m) (22 juin) 820.
canetière(f) 575.
canette(f) 561, 562, 573.
canif(m) 581.
canine(f) 98, 144.
CANNE(F) 375.
canne(f) 375.
canne(f) à lancer(m) 671.
canne(f) à mouche(f) 670.
canne(f) avec poignée(f) orthopédique 728.
canne(f) avec quadripode(m) 728.
canne(f) en C(m) 728.
canne(f) en T(m) 728.
canneberge(f) 62.
cannelure(f) 166, 167, 439.
cannes(f) 728.
canon(m) 101, 650, 795, 796, 797, 798, 799, 802, 805.
canon(m) à électrons(m) 410.
canon(m) à électrons(m) 410, 717.
canon(m) à mousse(f) 743.
canon(m) brisé 650.
canon(m) d'avant-bras(m) 792.
CANON(M) DU XVII{E} SIÈCLE(M) 800.
CANON(M) SANS RECUL(M) 804.
canot(m) de sauvetage(m) 478, 738.
canot(m) pneumatique de sauvetage(m) 492.
canotier(m) 328.
cantaloup(m) 69.
canton(m) dextre de la pointe(f) 818.
canton(m) dextre du chef(m) 818.
canton(m) senestre de la pointe(f) 818.
canton(m) senestre du chef(m) 818.
cantonnière(f) 228, 383.
cantonnière(f) drapée 229.
cantre(m) 575.
canyon(m) sous-marin 29.
cap(m) 51.
cape(f) 331.
cape(f) 384.
cape(f) de bain(m) 349.
capeline(f) 329.
capitaine(m) 620, 643.
capitale(f) 51.
capitule(m) 60.
caponnière(f) 179.
capot(m) 256, 260, 426, 440, 445, 525.
Capricorne(m) 13.
Capricorne(m) (22 décembre) 820.
capsule(f) 725.
capsule(f) à membrane(f) 435.
capsule(f), coupe(f) 67.
capteur(m) de radiations(f) terrestres 43.
capteur(m) de signaux(m) de détresse(f) 43.
capteur(m) de télécommande(f) 405, 410.
capteur(m) solaire 772.
capteur(m) solaire plan 768.
capture(f) 697.
capuche(f) 349.
capuche(f) coulissée 351.
capuchon(m) 309, 320, 389, 398, 679.
capuchon(m) d'objectif(m) 392.
capuchon(m) de protection(f) 718.
capuchon(m) de sûreté(f) 804.
capuchon(m) de ventilation(f) 486.
capuchon(m) du levier(m) 295.
capucin(m) 323.
caquelon(m) 248.
CAR(M) DE REPORTAGE(M) 415.
car(m) de reportage(m) 416.
carabine(f) (canon(m) rayé) 798.
caraco(m) 316, 345.
carafe(f) 237.
carafon(m) 237.
carapace(f) 96.
carapace(f) 91.
CARAVANE(F) 449.
caravane(f) tractée 449.
caravaning(m) 823.
carburant(m) diesel(m) 745.
carburateur(m) 442.
carburéacteur(m) 745.
cardan(m) 156, 159, 162.
carde(f) 72.
cardigan(m) 326.
cardon(m) 72.
carénage(m) 442.
Carène(f) 13.
CARGO(M) PORTE-CONTENEURS(M) 494.
cargue(f) 480.
cargue-point(m) 481.
caribou(m) 105.
carillon(m) tubulaire 554, 556.
carlingue(f) centrale 743.
carnassière(f) 98.
carnivore(m), mâchoire(f) 98.
carnivores(m) 31, 33.
caroncule(f) lacrymale 140.
carotte(f) 71.
carpe(m) 102, 122.
carquois(m) 684.
carre(f) 640, 644.
carré(m) 695, 700, 701.
carreau(m) 570.
carreau(m) 203, 286, 695.
carreau(m) d'arbalète(f) 793.
carreau(m) de mine(f) 734.
carreau(m) de plâtre(m) 286.
carrefour(m) giratoire 450.
carrière(f) en entonnoir(m) 733.
carrière(f) exploitée en chassant 733.
carrosserie(f) 426.
carrosserie(f) 258, 259.
carrosseries(f), types(m) 425.
carte(f) de ligne(f) 474.
carte(f) de réseau(m) 475, 477.
carte(f) isolée 695.
carte(f) météorologique 38.
carte(f) physique 51.
carte(f) politique 51.
carte(f) routière 52.
carter(m) 211, 271, 397, 434, 436, 671.
carter(m) d'embrayage(m) 444.
carter(m) d'engrenage(m) de frein(m) à main(f) 470.
carter(m) de sécurité(f) 271.
CARTES(F) 695.
cartes(f), symboles(m) 695.
cartilage(m) de l'aile(f) du nez(m) 141.
cartilage(m) de la cloison(f) 141.
CARTOGRAPHIE(F) 47, 50, 52.
carton(m) 589.
cartouche(f) 291, 295, 384, 389, 404, 527, 730, 797.
cartouche(f) (carabine(f)) 798.
cartouche(f) (fusil(m)) 799.
cartouche(f) de jeu(m) 699.
cartouche(f) de pellicule(f) 395.
cartouche(f) de ruban(m) 531.
cartouche(f) jetable 299, 307.
casaque(f) 337.
case(f) 165, 701.
case(f) à bagages(m) 461.
case(f) blanche 696.
case(f) d'équipement(m) 16.
case(f) noire 696.
casernement(m) 179.
casier(m) 226.
casier(m) à beurre(m) 254.
casier(m) à munitions(f) 805.
casier(m) laitier 254.
casque(m) 308, 512, 602, 609, 636, 651, 680, 777, 791.
CASQUE(M) D'ÉCOUTE(F) 406.
casque(m) d'écoute(f) 408.
casque(m) de frappeur(m) 595.
casque(m) de protection(f) 443.
casque(m) de protection(f) 448.
casque(m) de sapeur(m)-pompier(m) 777.
casque(m) de saut(m) 635.
casque(m) de sécurité(f) 729.
casque(m) protecteur 643.
casquette(f) 328.
casquette(f) norvégienne 328.
casse-croûte(m) 822.
casse-noix(m) 243.
casserole(f) 249.
cassette(f) 403.
cassette(f) 408, 526.
cassette(f) annonce(f) 420.
cassette(f) de pellicule(f) 395.
cassette(f) messages(m) 420.
Cassiopée 11.
cassis(m) 62.
cassure(f) 341.
castagnettes(f) 554, 556.
castor(m) 98.
catadioptre(m) 445, 446.
catapulte(f) 810.
caténaire(f) 459.
cathédrale(f) 176.
cathédrale(f) 184.
CATHÉDRALE(F) GOTHIQUE 175, 176.
cathédrale(f), plan(m) 177.
causeuse(f) 221.
cavalier(m) 648.
cavalier(m) 178.
Cavalier(m) 696.
cavité(f) abdominale 127, 128.
cavité(f) buccale 130, 131.
cavité(f) nasale 130.
cavité(f) pleurale 130.
cédez le passage(m) 824, 825.
cédille(f) 832.
ceinture(f) 323.
ceinture(f) 219, 220, 223, 319, 433, 668.
ceinture(f) d'haltérophilie(f) 662.
ceinture(f) de sécurité(f) 428.
ceinture(f) élastique 321, 325.
ceinture(f) lestée 627.
ceinture(f) montée 320, 323.
céleri(m) 72.

Les termes en **caractères gras** renvoient à une illustration, ceux en CAPITALES indiquent un titre.

céleri(m)-rave(f) 71.
cellule(f) 79.
CELLULE(F) ANIMALE 115.
cellule(f) photoélectrique 393.
cellule(f) royale 82.
CELLULE(F) VÉGÉTALE 115.
cellules(f) solaires 42.
cément(m) 144.
cendre(f) 386.
cendrier(m) 386.
cent(m) 832.
Centaure(m) 13.
centrage(m) 524.
centrale(f) 746.
centrale(f) hydroélectrique, coupe(f) 747.
centrale(f) nucléaire 758.
centre(m) 601, 603, 605, 606, 608, 610, 611, 620, 684, 697, 818.
centre(m) de gravité(f) 483.
centre(m) droit 606.
centre(m) du court(m) 617.
centre(m) gauche 606.
CENTRE(M)-VILLE(F) 184.
centrifugeuse(f) 251.
centriole(m) 115.
cep(m) de vigne(f) 61.
cèpe(m) 55.
céphalothorax(m) 90.
Céphée 11.
cercle(m) 376, 654, 655.
cercle(m) central 601, 608, 610, 611.
cercle(m) d'ascension(f) droite 720, 721.
cercle(m) d'attente(f) 597.
cercle(m) d'envoi(m) 607.
cercle(m) de déclinaison(f) 720, 721.
cercle(m) de la station(f) 38.
cercle(m) de mise(f) au jeu(m) 608.
cercle(m) de serrage(m) 553.
cercle(m) de vannage(m) 753.
cercle(m) de verrouillage(m) 802.
cercle(m) extérieur 620.
cercle(m) intérieur 620.
cercle(m) polaire antarctique 3.
cercle(m) polaire arctique 3, 47.
cercle(m) porte-lame(m) 784.
cercle(m) restrictif 610.
CÉRÉALES(F), PRINCIPALES VARIÉTÉS(F) 152.
cerf(m) de Virginie 105.
cerf(m) du Canada 105.
cerf(m), bois(m) 105.
cerfeuil(m) 74.
cerise(f) 63.
cerne(m) annuel 59.
cerneau(m) 66.
cerques(m) 670.
cerveau(m) 88, 134.
cervelet(m) 134.
CERVIDÉS(M) 105.
cervidés(m), principaux 105.
chaîne(f) 446, 448, 566, 573, 574, 661, 707.
chaîne(f) alimentaire 31.
chaîne(f) coupante 272.
chaîne(f) d'entraînement(m) 158.
chaîne(f) de levage(m) 787.
chaîne(f) de montagnes(f) 7, 23, 51.
chaîne(f) de mouillage(m) 486.
chaîne(f) de neurones(m) 135.
chaîne(f) de sureté(f) 449.
chaîne(f) de suspension(f) 756.
CHAÎNE(F) STÉRÉO 400, 402, 404.
chaîne(f) stéréo, composantes(f) 400.
chaînes(f) d'ancrage(m) 738.
chaînette(f) de levage(m) 293.
CHAISE(F) 223.
chaise(f) berçante 223.
chaise(f) dactylo(m) 521.
chaise(f) longue 223.
chaise(f) pliante 223.
chaise(f)-escabeau(m) 222.
chaises(f) empilables 223.
chaises(f), types(m) 223.
chalaze(f) 109.
chalet(m) 676.
chaloupe(f) de sauvetage(m) 494, 496.
chalumeau(m) 306, 536.
chalumeau(m) coupeur 306.
chalumeau(m) soudeur 306.
chalumeau(m) soudeur 307.
chambranle(m) 202, 203.
chambre(f) 194, 195, 460, 685, 736.
chambre(f) à air(m) 109.
chambre(f) à poudre(f) 801.
chambre(f) à vide(m) 717.
chambre(f) antérieure 140.
chambre(f) d'expansion(f) 705.
chambre(f) d'observation(f) 717.
chambre(f) de combustion(f) 204, 209, 434, 438.
chambre(f) de combustion(f) annulaire 501.
chambre(f) de cuisson(f) 585.
chambre(f) de dilatation(f) 485.
chambre(f) de mélange(m) 306.
chambre(f) de vantail(m) 493.
chambre(f) des machines(f) 806.
chambre(f) des pompes(f) 742.
chambre(f) des torpilles(f) 807.
chambre(f) photographique 394, 717.
chambre(f) postérieure 140.
chambre(f) principale 194.
chambre(f) pulpaire 144.
champ(m) centre(m) 597.
champ(m) d'épandage(m) 216.
champ(m) d'héliostats(m) 770, 771.
champ(m) droit 597.
champ(m) gauche 597.
champ(m) magnétique 410.
CHAMPIGNON(M) 55.
champignon(m) 466.
champignon(m) de couche(f) 55.
champignon(m) mortel 55.
champignon(m) vénéneux 55.
champignon(m), structure(f) 55.
champignons(m) comestibles 55.
chandail(m) 602.
chandail(m) d'équipe(f) 595, 600.
chandail(m) de dessous(m) 595.
chanfrein(m) 100.
change(m) 823.
changement(m) de piste(f) 405.
chanterelle(f) commune 55.
chape(f) 200, 230, 485, 543.
chapeau(m) 55.
chapeau(m) d'angle(m) 470.
chapeau(m) de feutre(m) 328.
chapeau(m) de ventilation(f) 215.
chapeau(m) du battant(m) 573.
chapelle(f) 181.
chapelle(f) axiale 177.
chapelle(f) latérale 176.
chapiteau(m) 166, 545.
chapka(m) 328.
CHAR(M) D'ASSAUT(M) 805.
charge(f) explosive 804.
charge(f) militaire 814.
charge(f) utile 509.
chargeur(m) 795, 796, 797.
chargeur(m) automatique 532.
chargeur(m) manuel 532.
chargeuse(f) frontale 782.
chargeuse(f)-pelleteuse(f) 782.
chariot(m) 230, 306, 568, 630, 679, 718, 786.
chariot(m) à bagages(m) 463.
chariot(m) à dentelle(f) 568.
chariot(m) à palette(f) 788.
chariot(m) à plateau(m) 788.
chariot(m) avant 568.
chariot(m) d'entraînement(m) 230.
chariot(m) de croisement(m) 230.
chariot(m) élévateur 787.
chariot(m) transbordeur 457.
chariots(m) 568.
Charles IX(m) 356.
charnière(f) 253, 257, 378, 382, 404, 429, 585, 641, 719.
charnière(f) de la visière(f) 443.
Charon 5.
charpente(f) 198.
charpente(f) 168, 170.
charpente(f) verticale 574.
charrue(f) à soc(m) 156.
charrue(f) à soc(m) 154.
chas(m) 562, 563.
chasse(f) 577.
chasse-neige(f) faible basse 39.
chasse-neige(f) forte basse 39.
chasse-pierres(m) 459, 469.
châssis(m) 156, 157, 159, 272, 453, 553, 554, 785, 787, 788.
châssis(m) de bogie(m) 468.
châssis(m)-presse(f) 398.
chasuble(f) 333.
CHAT(M) 107.
chat(m), tête(f) 107.
châtaigne(f) 100.
château(m) d'eau(f) 465.
CHÂTEAU(M) FORT 180.
chatière(f) 196.
chaton(m) 364.
chaudière(f) 209.
chaudière(f) 208, 771.
CHAUFFAGE(M) 204, 206, 208, 210, 212.
chauffage(m) à air(m) chaud pulsé 206.
chauffage(m) à eau(f) chaude 208.
chauffage(m) d'appoint(m) 211.
chauffage(m), bouches(f) 207.
chauffe-eau(m) 215, 772.
chauffe-eau(m) au gaz(m) 297.
chaufferette(f) 689.
chaumard(m) 630.
chausse-pied(m) 358.
chaussée(f) 186, 450.
chaussée(f) cahoteuse 826, 827.
chaussée(f) glissante 826, 827.
chaussée(f) rétrécie 826, 827.
chaussette(f) 325, 344, 602, 615, 642, 667.
chaussette(f)-étrier(m) 595.
chaussettes(f) 325.
chausson(m) 627.
chausson(m) intérieur 641, 645.
chaussure(f) 598, 642, 644, 645.
chaussure(f) à crampons(m) 595, 602.
chaussure(f) d'alpinisme(m) 680.
chaussure(f) d'escrime(f) 667.
chaussure(f) d'haltérophilie(f) 662.
chaussure(f) de football(m) 600.
chaussure(f) de golf(m) 679.
chaussure(f) de piste(f) 656.
chaussure(f) de ski(m) 641.
chaussure(f) de ski(m) 640.
chaussure(f) de sport(m) 352.
chaussure(f) de tennis(m) 615.
chaussure(f), parties(f) 354.
CHAUSSURES(F) 354, 356, 358.
chaussures(f), principaux types(m) 354, 355, 356.
chaussures, accessoires(m) 358.
CHAUVE-SOURIS(F) 112.
chef(m) 818.
chemin(m) 676.
chemin(m) couvert 178.
chemin(m) de fer(m) 52.
CHEMIN(M) DE FER(M) MÉTROPOLITAIN 474, 476.
chemin(m) de ronde(f) 181.
chemin(m) de ronde(f) couvert 180.
chemin(m) de roulement(m) 786.
cheminée(f) 205.
cheminée(f) 25, 195, 197, 209, 297, 494, 736.
cheminée(f) à foyer(m) ouvert 204.
cheminée(f) à minerai(m) 736.
cheminée(f) anti-suie 496.
cheminée(f) d'échappement(m) 147, 440, 784.
chemise(f) 324.
chemise(f) 518, 798.
chemise(f) de nuit(f) 348.
chemise(f) du donjon(m) 181.
chemisier(m) classique 337.
chemisiers(m), types(m) 337.
chenal(m) principal 489.
chenal(m) secondaire 489.
chenêts(m) 205.
chenille(f) 78.
chenille(f) 445, 783, 805.
chéquier(m) 379.
chercheur(m) 720, 721.
chérimole(f) 68.
CHEVAL(M) 100, 102, 104.
cheval(m) 98.
cheval(m) 661.
cheval(m) d'arçons(m) 661.
cheval(m), allures(f) 101.
cheval(m), morphologie(f) 100.
cheval(m), squelette(m) 102.
cheval(m)-sautoir(m) 659.
chevalement(m) 736.
chevalet(m) 541, 544, 546, 591.
chevalet(m) de câble(m) de garde(f) 756.
chevalet(m) des aigus(m) 540.
chevalet(m) des basses(f) 540.
Chevalet(m) du Peintre(m) 13.
chevalière(f) 364.
chevelu(m) 59.
chevelure(f) 9.
Chevelure(f) de Bérénice 11.
chevet(m) 177.
cheveux(m) 117, 119.
cheville(f) 116, 118, 225, 544, 545, 546, 571, 575.
cheville(f) d'accord(m) 540.
chevillier(m) 544.
chevillure(f) 105.
chèvre(f) 150.
chevreuil(m) 105.
chevron(m) 198, 818.
chiasma(m) optique 134.
chicorée(f) 73.
CHIEN(M) 106.
chien(m) 795, 797, 798, 799.
chien(m), morphologie(f) 106.
Chiens(m) de chasse(f) 11.
chiffonnier(m) 226.
chignole(f) 280.
chimie(f) 831.
chloroplaste(m) 115.
chœur(m) 177.
choix(m) de la langue(f) d'affichage(m) 422.
chope(f) à bière(f) 237.
chope(f) à café(m) 238.
choroïde(f) 140.
chou(m) chinois 73.
chou(m) frisé 73.
chou(m) pommé blanc 73.
chou(m) pommé vert 73.
chou(m)-fleur(f) 69.
chou(m)-rave(f) 71.
choux(m) de Bruxelles 73.
chromatine(f) 115.
chromosphère(f) 6.
chronomètre(m) 706.
chronomètre(m) 407.
chronométreur(m) 610, 612, 626, 666, 668, 669.
chronométreur(m) de couloir(m) 621.
chronométreur(m) des immobilisations(f) 668.
chronométreur(m) des trente secondes(f) 610.
chronométreur(m) principal 621.
chrysalide(f) 78.
chukka(m) 354.
chute(f) 27, 341, 631.
chute(f) de départ(m) 651.
CHUTE(F) LIBRE 635.
chutes(f) de pierres(f) 826, 827.
cible(f) 684, 698.
cibles(f) 667.
ciboulette(f) 70.
ciel(m) à nébulosité(f) dispersée 39.
ciel(m) clair 39.
ciel(m) couvert 39.
ciel(m) d'orage(m) 36.
ciel(m) noir 39.
ciel(m) nuageux 39.
ciel(m) peu nuageux 39.
ciel(m) très nuageux 39.
cigale(f) 77.
cigare(m) 384.
cigarette(f) 384.
cil(m) 140.
cilié 56.
cils(m) 107.
cimaise(f) 166.
cime(f) 59.
cimetière(m) 52.
cimier(m) 791.
cimier(m) mobile 14.
cinéma(m) 496.
cintres(m) 188.
circuit(m) d'eau(f) chaude 215.
circuit(m) d'eau(f) froide 215.
circuit(m) d'évacuation(f) 215.
circuit(m) de 120 V 312.
circuit(m) de 240 V 312.
circuit(m) de photopiles(f) 769.
CIRCUIT(M) DE PLOMBERIE(F) 215.
circuit(m) de ventilation(f) 215.
circuit(m) électrique 233.
circuit(m) imprimé 528.
circulation(f) dans les deux sens(m) 824, 825.
CIRCULATION(F) SANGUINE 124, 126.
circulation(f) sanguine, schéma(m) 124.
cireur(m) 358.
cirque(m) 7.
cirque(m) glaciaire 26.
cirro-cumulus(m) 44.
cirro-stratus(m) 44.
cirrus(m) 44.
cisaille(f) 578.
cisaille(f) 398.
cisaille(f) à haies(f) 269.
cisaille(f) à volaille(f) 246.
ciseau(m) 581.
ciseau(m) à bois(m) 275.
ciseaux(m) 564.
ciseaux(m) 688, 725.
ciseaux(m) à cuticules(m) 365.
ciseaux(m) à denteler 564.
ciseaux(m) à effiler 369.

Les termes en **caractères gras** renvoient à une illustration, ceux en CAPITALES indiquent un titre.

ciseaux(m) à ongles(m) 365.
ciseaux(m) de coiffeur(m) 369.
ciseaux(m) de pédicure(m) 365.
ciseaux(m) de sûreté(f) 365.
ciseaux(m) sculpteurs 369.
citerne(f) 742, 743.
cithare(f) 535.
citron(m) 65.
citrouille(f) 69.
civière(f) 726.
clairon(m) 550.
clapet(m) 293, 294, 568.
clapet(m) de non-retour(m) 306.
clapet(m) de retenue(f) 216.
claque(f) 353, 355.
clarinette(f) 548.
clarinette(f) basse 556.
clarinettes(f) 556.
classeur(m) 519.
classeur(m) à clapets(m) 520.
classeur(m) à soufflets(m) 378.
classeur(m) mobile 521.
classification(f) de Hubble 9.
claveau(m) 174.
clavette(f) 290.
clavicule(f) 122.
clavier(m) 530.
clavier(m) 420, 422, 526, 527, 540, 555, 683.
clavier(m) à pédales(f) 542.
clavier(m) accompagnement(m) 536.
clavier(m) alphanumérique 422, 530.
clavier(m) chant(m) 536.
clavier(m) de grand orgue(m) 542.
clavier(m) de positif(m) 542.
clavier(m) de récit(m) 542.
clavier(m) manuel 543.
clavier(m) numérique 422, 530, 709.
claviers(m) manuels 542.
clayette(f) 254.
clé(f) 290, 549.
clé(f) à chaîne(f) 299.
clé(f) à cliquet(m) 279.
clé(f) à crémaillère(f) 299.
clé(f) à fourches(f) 279.
clé(f) à molette(f) 279.
clé(f) à percussion(f) 780.
clé(f) à sangle(f) 299.
clé(f) à tuyau(m) 299.
clé(f) coudée à tuyau(m) 299.
clé(f) d'ut(m) 537.
clé(f) de barrage(m) 779.
clé(f) de bocal(m) 548.
clé(f) de bras(m) 668.
clé(f) de contact(m) 271.
clé(f) de fa(m) 537.
clé(f) de mandrin(m) 281.
clé(f) de sol(m) 537.
clé(f) de voûte(f) 174, 177.
clé(f) mixte 279.
clé(f) polygonale 279.
clé(f) polygonale à têtes(f) fendues 279.
clés(f) 537.
client(m) 417.
clignotant(m) 441.
clignotant(m) arrière 443.
CLIMATISATION(F) 214.
climatiseur(m) 449.
climatiseur(m) de fenêtre(f) 214.
climats(m) continentaux 45.
climats(m) de montagne(f) 45.
climats(m) de montagne(f) 45.
CLIMATS(M) DU MONDE(M) 45.
climats(m) polaires 45.
climats(m) subarctiques 45.
climats(m) subarctiques 45.
climats(m) subtropicaux 45.
climats(m) tempérés 45.
climats(m) tropicaux 45.
clin foc(m) 481.
cliquet(m) 276, 281, 573, 706, 707.
clitoris(m) 128.
cloche(f) 329.
clocher(m) 175.
clocheton(m) 175, 176, 181.
cloison(f) 65, 141, 685, 697, 701.
cloison(f) amovible 520.
cloison(f) de citerne(f) 742.
cloison(f) longitudinale 742.
cloison(f) transversale 742.
clôture(f) 148.
clôture(f) en lattis(m) 263.
clou(m) 275.
clou(m) 104.
clou(m) millésimé 466.
club-house(m) 651.
coach(m) 425.
coccinelle(f) 77.
coccyx(m) 122.
Cocher(m) 11.
cocheur(m) d'allée(f) 678.
cocheur(m) de sable(m) 678.
cochonnet(m) 682.
cockpit(m) 628.
code(m) 524.
code(m) des produits(m) 709.
cœur(m) 125.
cœur(m) 64, 88, 92, 97, 130, 204, 615, 695.
cœur(m) de croisement(m) 467.
cœur(m) du réacteur(m) 760, 762, 763.
coffre(m) 226, 427, 768, 769.
coffre(m) à bagages(m) 449.
coffre(m) d'appareillage(m) 458.
coffre(m) de rangement(m) 440, 778, 780.
coffret(m) 410.
coffret(m) de branchement(m) 757.
coiffe(f) 57, 577, 670.
coiffeuse(f) 292.
COIFFURE(F) 328, 368, 370.
coiffure(f), accessoires(m) 369.
coin(m) 542, 577, 669.
coin(m) de patinoire(f) 608.
coinceur(m) 681.
coinceur(m) 680.
coing(m) 64.
col(m) 341.
col(m) 27, 319, 322, 324, 352, 410, 678.
col(m) banane(f) 341.
col(m) berthe(f) 342.
col(m) cagoule(f) 342.
col(m) châle(m) 341.
col(m) chemisier(m) 341.
col(m) chinois 342.
col(m) Claudine 341.
col(m) cravate(f) 342.
col(m) de l'utérus(m) 128.
col(m) du fémur(m) 123.
col(m) italien 324.
col(m) marin(m) 342.
col(m) officier(m) 342.
col(m) pointes(f) boutonnées 324.
col(m) polo(m) 342.
col(m) roulé 326, 338, 342, 642.
col(m) tailleur(m) 330, 341.
col(m) transformable 319.
col(m)-de-cygne(m) 201.
col-de-cygne(m) 784.
colette(f) 363.
collant(m) 344.
collant(m) fantaisie(f) 349.
collant(m) sans pied(m) 353.
collatéral(m) 177.
collatérale(f) 135.
colle(f) 200.
collecteur(m) 753.
collecteur(m) d'appareil(m) 215.
collecteur(m) d'échappement(m) 435, 438, 439.
collecteur(m) d'évacuation(f) 215.
collecteur(m) de graisse(f) 253.
collecteur(m) de vapeur(f) primaire 759.
collecteur(m) du réacteur(m) 759.
collecteur(m) principal 215, 216.
collerette(f) 318, 341.
collet(m) 57, 144, 205, 240, 241, 283, 483, 579.
collet(m) de l'axone(m) 135.
collet(m) repoussé 300.
collier(m) 248, 641, 653.
collier(m) coupe-feu(m) 205.
collier(m) de perles(f), longueur(f) matinée(f) 361.
collier(m) de serrage(m) 40, 663.
collier(m) de serrage(m) du casque(m) 512.
collier(m) de soirée(f) 361.
collier(m)-de-chien(m) 361.
colliers(m) 361.
colline(f) 27.
colline(f) abyssale 29.
Colombe(f) 13.
colombin(m) 584.
côlon(m) ascendant 131.
côlon(m) descendant 131.
côlon(m) pelvien 131.
côlon(m) transverse 131.
colonne(f) 24, 36, 166, 168, 169, 283, 393, 399, 477, 545, 561, 579, 621, 700, 701.
colonne(f) ascendante 208.
colonne(f) avec capuchon(m) 37.
colonne(f) d'air(m) 298.
colonne(f) d'alcool(m) 705.
colonne(f) de mercure(m) 705.
colonne(f) de production(f) 740.
colonne(f) de radiateur(m) 208.
colonne(f) de stabilisation(f) 738.
colonne(f) de ventilation(f) 215.
colonne(f) de ventilation(f) principale 215.
colonne(f) descendante 208.
colonne(f) montante d'eau(f) chaude 215.
colonne(f) montante d'eau(f) froide 215.
colonne(f) vertébrale 89, 122, 134.
cols(m), types(m) 341, 342.
columelle(f) 94.
combattant(m) 668.
combinaison(f) 325, 351, 643.
combinaison(f) de nuit(f) 350.
combinaison(f) de ski(m) 640, 642.
combinaison(f) de vol(m) 635.
combinaison(f) gagnante 702.
combinaison(f)-culotte(f) 345.
combinaison(f)-jupon(m) 345.
combinaison(f)-pantalon(m) 336.
combiné(m) 347, 420, 422.
combiné(m) 2 dans 1 368.
combiné(m) bucco-dentaire 373.
combiné(m)-culotte(f) 347.
combiné-slip(m) 345.
combustible(m) 761, 766.
combustible(m) défectueux sous gaine(f) 764.
combustible(m) nucléaire, manipulation(f) 764.
combustible(m): uranium(m) enrichi 762, 763.
combustible(m): uranium(m) naturel 760, 761.
combustion(f) 436, 437, 501.
COMÈTE(F) 9.
commande(f) amovible 253.
commande(f) au pied(m) 561.
commande(f) d'accélération(f) 272.
commande(f) d'aérofrein(m) 639.
commande(f) d'alimentation(f) en oxygène(m) 639.
commande(f) d'arrêt(m) 411.
commande(f) d'avance(f) rapide 411.
commande(f) d'éjection(f) de la cassette(f) 409, 411.
commande(f) d'éjection(f) de la pile(f) 409.
commande(f) d'enregistrement(m) 411.
commande(f) d'essuie-glace(m) 430.
commande(f) d'insertion(f) du papier(m) 523.
commande(f) de barrières(f) 471.
commande(f) de chauffage(m) 430.
commande(f) de dossier(m) 428.
commande(f) de largage(m) de câble(m) 639.
commande(f) de largage(m) de la verrière(f) 639.
commande(f) de lecture(f) 411.
commande(f) de marche(f) arrière 397.
commande(f) de marche(f) avant 397.
commande(f) de marge(f) 525.
commande(f) de mémoire(f) 396.
commande(f) de panneau(m) solaire 42.
commande(f) de positionnement(m) du specimen(m) 717.
commande(f) de rebobinage(m) 411.
commande(f) de réglage(m) macro(f) 409.
commande(f) de remise(f) à zéro(m) 411.
commande(f) de sélection(f) de l'ouverture(f) 717.
commande(f) de sélection(f) manuelle 397.
commande(f) de température(f) 254.
commande(f) de ventilateur(m) 214.
commande(f) de virage(m) et d'inclinaison(f) latérale 639.
commande(f) de vitesse(f) 250.
commande(f) de volume(m) 420.
commande(f) de volume(m) de la sonnerie(f) 420.
commande(f) de volume(m) du récepteur(m) 420.
commande(f) des freins(m) 636.
commande(f) du chariot(m) 569, 718.
commande(f) du rétroviseur(m) 429.
commande(f) électrique de paiement(m) 702.
commande(f) électrique du zoom(m) 409.
commande(f) mémoire(f) 420.
commandes(f) de la bande(f) vidéo 409.
commandes(f) de montage(m) 409.
commandes(f) de préréglage(m) 411.
commandes(f) de prise(f) de vue(f) 409.
commandes(f) du magnétoscope(m) 411.
commandes(f) du pilote(m) automatique 500.
commencement(m) du patron(m) 569.
commissure(f) labiale 142.
commode(f) 226.
communication(f) par réseau(m) 527.
communications(f) aériennes 417.
communications(f) individuelles 417.
communications(f) industrielles 417.
communications(f) maritimes 417.
communications(f) militaires 417.
communications(f) routières 417.
commutateur(m) 310, 397.
commutateur(m) d'entrée(f) 402.
commutateur(m) de fonctions(f) 402.
commutateur(m) marche(f)/arrêt(m) 391.
commutateur(m) mono(f)/stéréo(f) 402.
compartiment(m) à fret(m) 499.
compartiment(m) bagages(m) 458.
compartiment(m) de la production(f) d'électricité(f) 806.
compartiment(m) de première classe(f) 498.
compartiment(m) des instruments(m) 43.
compartiment(m) des voitures(f) 494.
compartiment(m) du réacteur(m) 806.
compartiment(m) touriste 499.
compartiment(m) voyageurs(m) 458.
compartiment(m)-couchette(f) 440.
compas(m) 639.
compas(m) d'épaisseur(f) 583.
compas(m) magnétique liquide 484.
compas(m) magnétique liquide, coupe(f) 485.
compensateur(m) de poussée(f) latérale 404.
complexe(m) hydroélectrique 746.
compluvium(m) 170, 171.
composeuse(f) 527.
compresse(f) stérilisée 725.
compresseur(m) 212, 517.
compresseur(m) centrifuge 501.
compresseur(m) d'air(m) 469.
compresseur(m) du climatiseur(m) 435.
compression(f) 436, 437, 501.
compression(f)/admission(f) 436.
comprimé(m) 725.
compte-pose(m) 399.
compte-rangs(m) 568.
compte-touches(m) électrique 666.
compte-tours(m) 431.
compteur(m) 215, 403.
compteur(m) d'électricité(f) 757.
compteur(m) kilométrique 431.
comptoir(m) d'enregistrement(m) 504.
comptoir(m) de renseignements(m) 504.
comptoir(m) de vente(f) des billets(m) 504.
concentration(f) du faisceau(m) 717.
concombre(m) 69.
Concorde(m) 19.
condensation(f) 35.
condensation(f) de la vapeur(f) 767.
condenseur(m) 717, 718, 758, 771.
conditionnement(m) d'air(m) 494.
CONDITIONNEMENT(M) PHYSIQUE, APPAREILS(M) 664.
conducteur(m) 652.
conducteur(m) de phase(f) 757.
conducteur(m) de terre(f) 757.
conducteur(m) du thermocouple(m) 297.
conducteur(m) en faisceau(m) 756.
conducteur(m) neutre 757.
conduit(m) 543.
conduit(m) auditif 138.
conduit(m) de chauffage(m) 259.
conduit(m) de distribution(f) vertical 206.
conduit(m) de la glande(f) 96.
conduit(m) de raccordement(m) 204.
conduit(m) hydraulique 156, 157, 158.
conduit(m) lactifère 129.

Les termes en **caractères gras** renvoient à une illustration, ceux en CAPITALES indiquent un titre.

conduite(f) à la terre(f) 741.
conduite(f) d'admission(f) principale 741.
conduite(f) d'admission(f) secondaire 741.
conduite(f) d'alimentation(f) 215.
conduite(f) d'eau(f) 257.
conduite(f) d'eau(f) chaude 296, 298.
conduite(f) d'eau(f) froide 296, 298.
conduite(f) d'eau(f) potable 186.
conduite(f) de gaz(m) 186.
conduite(f) de transfert(m) de carburant(m) 509.
conduite(f) des pièces(f) 702.
conduite(f) forcée 746, 747, 752.
conduite(f) principale 293.
condyle(m) externe 123.
condyle(m) interne 123.
cône(m) 24, 58, 410.
cône(m) adventif 25.
cône(m) d'entrée(f) 501.
cône(m) d'ombre(f) 8.
cône(m) de pénombre(f) 8.
cône(m) femelle 58.
cône(m) mâle 58.
CONFIGURATION(F) D'UN SYSTÈME(M) BUREAUTIQUE 526.
congélateur(m) 254.
CONIFÈRE(M) 58.
conjonctive(f) 140.
connecteur(m) 312, 406.
connecteur(m) à serrage(m) mécanique 757.
connecteur(m) d'extension(f) 528.
connecteur(m) de liaison(f) 312.
connexion(f) 697.
conque(f) 139.
conseiller(m) de production(f) 412.
conseillers(m) musicaux 412.
consigne(f) automatique 463.
console(f) 545, 750, 756.
console(f) centrale 430.
console(f) d'accotoir(m) 220.
console(f) d'instruments(m) 627.
console(f) d'orgue(m) 542.
console(f) de traitement(m) 699.
consolette(f) de l'annonceur(m) 407.
consolette(f) du réalisateur(m) 407.
consommateurs(m) primaires 31.
consommateurs(m) secondaires 31.
consommateurs(m) tertiaires 31.
CONSTELLATIONS(F) DE L'HÉMISPHÈRE(M) AUSTRAL 12.
CONSTELLATIONS(F) DE L'HÉMISPHÈRE(M) BORÉAL 10.
CONSTRUCTION(F), MATÉRIAUX(M) 286, 288.
contact(m) 697.
contact(m) électrique 391.
contact(m) négatif 768, 769.
contact(m) positif 768, 769.
contacteur(m) 216.
conteneur(m) 470.
conteneur(m) 495.
continent(m) 29.
continental aride 45.
continental semi-aride 45.
CONTINENTS(M), CONFIGURATION(F) 20.
contre-attrape(f) 541.
contre-batteur(m) 160.
contre-fer(m) 277.
contre-fiche(f) 199.
contre-flèche(f) 786.
contre-garde(f) 179.
contre-plaqué(m) multiplis 288.
contre-platine(f) 404.
contre-rail(m) 467.
contre-sanglon(m) 649.
contrebasse(f) 545.
contrebasses(f) 557.
contrebassons(m) 556.
contrefiche(f) 757.
contrefort(m) 27, 176, 352, 751.
contremarche(f) 201, 572.
contreparement(m) 288.
contrepoids(m) 15, 147, 404, 457, 471, 721, 784, 785, 786.
contrescarpe(f) 178.
contrevent(m) 203.
contrôle(m) d'alimentation(f) en oxygène(m) 639.
contrôle(m) d'enregistrement(m) 402.
contrôle(m) de la couleur(f) 532.
contrôle(m) de la photocopie(f) 532.
contrôle(m) de la stéréophonie(f) 408.
contrôle(m) de la température(f) 297.
contrôle(m) de la température(f) du corps(m) 512.
contrôle(m) de la vapeur(f) 256.
contrôle(m) de la vitesse(f) 561.
contrôle(m) de sécurité(f) 504.
contrôle(m) de tabulation(f) 525.
contrôle(m) de température(f) 585.
contrôle(m) de tonalité(f) des aigus(m) 402.
contrôle(m) de tonalité(f) des graves(m) 402.
contrôle(m) des billets(m) 463.
contrôle(m) des passeports(m) 505.
contrôle(m) douanier 505.
contrôle(m) du contraste(m) 532.
contrôle(m) du gain(m) 485.
contrôle(m) du plateau(m) 405.
contrôle(m) du séquenceur(m) 555.
contrôle(m) du volume(m) 422, 555.
contrôle(m) thermique 209.
contrôles(m) de l'équipement(m) de survie(f) 512.
contrôles(m) du lecteur(m) de cassette(f) 408.
contrôles(m) du lecteur(m) laser(m) 408.
contrôleur(m) 463.
contrôleur(m) d'images(f) 412, 415.
convecteur(m) 211.
conversion(f) du travail(m) mécanique en électricité(f) 755.
convertisseur(m) catalytique 439.
convertisseur(m) de couple(m) 258.
convoyeur(m) 160, 733, 735.
convoyeur(m) à bagages(m) 507.
COORDONNÉES(F) CÉLESTES 3.
COORDONNÉES(F) TERRESTRES 3.
copie(f) recto(m)/verso(m) 532.
coprocesseur(m) 528.
copyright(m) 831.
coq(m) 150.
coque(f) 66, 93, 383, 443, 445, 449, 628, 643.
coque(f) inférieure 641.
coque(f) supérieure 641, 645.
coquille(f) 83, 92, 109, 220, 602, 609, 666.
COQUILLE(F) BIVALVE 95.
coquille(f) Saint-Jacques 93.
COQUILLE(F) UNIVALVE 94.
coquille(f), valve 95.
coquilleur(m) à beurre(m) 242.
cor(m) anglais 548.
cor(m) d'harmonie(f) 551.
Corbeau(m) 13.
corbeau(m) 180, 181, 204.
corbeille(f) à pollen(m) 81.
corbeille(f) suspendue 263.
cordage(m) 692.
cordage(m) commis 692.
cordage(m) tressé 692.
corde(f) 541, 544, 545, 669, 680, 684, 793.
corde(f) à sauter 665.
corde(f) d'accrochage(m) 572.
corde(f) de couloir(m) 621.
corde(f) de prise(f) 658.
corde(f) de tirage(m) 302.
corde(f) vocale 130.
cordeau(m) 268.
cordée 56.
cordelière(f) 229.
cordes(f) 540.
cordes(f) d'accompagnement(m) 535.
cordes(f) de mélodie(f) 535.
cordes(f) de timbre(m) 553.
cordier(m) 544.
cordon(m) 231, 256, 260, 268, 271, 310, 406, 408.
cordon(m) à gaine(f) métallique 422.
cordon(m) coulissant 320.
cordon(m) d'alimentation(f) 370, 374.
cordon(m) d'alimentation(f) pivotant 370.
cordon(m) de combiné(m) 420.
cordon(m) de dunes(f) 46.
cordon(m) de soudure(f) 307.
cordon(m) de tirage(m) 230, 231.
cordon(m) spermatique 127.
cordon(m) tire-feu(m) 802.
coriandre(f) 74.
corne(f) 364, 478.
corne(f) de feu(m) 779.
corne(f) de guidage(m) de l'attelage(m) 459.
cornée(f) 140.
cornemuse(f) 536.
cornes(f) 83.
cornes(f) de girafe(f) 99.
cornes(f) de mouflon(m) 99.
cornes(f) de rhinocéros(m) 99.
CORNES(F), PRINCIPAUX TYPES(M) 99.
cornet(m) à dés(m) 697.
cornet(m) à pistons(m) 550, 556.
cornet(m) inférieur 141.
cornet(m) moyen 141.
cornet(m) supérieur 141.
corniche(f) 166, 168, 196, 202, 225, 707.
corolle(f) 60.
corona(f) radiata 128.
corps(m) 143, 252, 281, 294, 295, 370, 384, 389, 542, 549, 658, 670, 698, 711, 718.
corps(m) calleux 134.
corps(m) caverneux 127.
corps(m) cellulaire 135.
corps(m) ciliaire 140.
corps(m) de garde(f) 178, 180.
corps(m) de l'ongle(m) 137.
corps(m) de la fusée(f) 804.
corps(m) de piston(m) 550.
corps(m) de pompe(f) 726.
corps(m) de ruche(f) 82.
corps(m) du fornix(m) 134.
corps(m) du pistolet(m) 304.
corps(m) en bakélite®(f) 804.
CORPS(M) HUMAIN 116, 118.
corps(m) vertébral 135.
corps(m) vitré 140.
corps-mort(m) 486.
corpuscule(m) de Meissner 136.
corpuscule(m) de Pacini 136.
corpuscule(m) de Ruffini 136.
correcteur(m) liquide 515.
correcteur(m) orthographique 524.
correction(f) d'exposition(f) 391.
correction(f) de caractères(m) 525.
correction(f) de mots(m) 525.
cors(m) anglais 557.
cors(m) d'harmonie(f) 557.
corsage(m)-culotte(f) 337.
corsaire(m) 336.
corset(m) 346, 756.
corvette(f) 320.
corymbe(m) 60.
cosse(f) 67.
COSTUME(M) ANCIEN, ÉLÉMENTS(M) 315, 316, 318.
costume(m) de judo(m) 668.
cotardie(f) 316.
côte(f) 30, 97, 102, 129, 670.
côte(f) axiale 94.
côte(f) flottante (2) 122.
côte(f) spiralée 94.
côté(m) bassin(m) 752.
côté(m) cour(f) 189.
côté(m) femelle 566.
côté(m) jardin(m) 189.
côté(m) mâle 566.
côté(m) mer(f) 752.
côtes(f) 122.
coton(m) hydrophile 725.
coton(m)-tige(f) 725.
cotre(m) Marconi 482.
cotret(m) 773.
cottage(m) 187.
cotte(f) de mailles(f) 792.
cotylédon(m) 57.
cou(m) 97, 117, 118, 119, 127, 661.
couche(f) 349.
couche(f) antireflet 768.
couche(f) basale 136.
couche(f) claire 136.
couche(f) cornée 136.
couche(f) d'aluminium(m) 405.
couche(f) de base(f) 451.
couche(f) de cendres(f) 25.
couche(f) de fondation(f) 451.
couche(f) de laves(f) 25.
couche(f) de Malpighi 136.
couche(f) de surface(f) 450.
couche(f) drainante 748.
couche(f) fluorescente 232.
couche(f) granuleuse 136.
couche(f) imperméable 737.
couchette(f) 460.
coude(m) 100, 106, 112, 117, 119, 206, 301, 376.
coude(m) à 180° 301.
coude(m) à 45° 301.
coude(m) de renvoi(m) 301.
coudière(f) 602.
coulant(m) 375.
coulée(f) de laves(f) 25.
couleur(f) 695.
couleur(f) à l'huile(f) 588.
couleurs(f), exemples(m) 819.
coulisse(f) 323.
coulisse(f) d'accord(m) 551.
coulisse(f) d'entrée(f) 82.
coulisse(f) du deuxième piston(m) 550.
coulisse(f) du premier piston(m) 550.
coulisse(f) du troisième piston(m) 551.
coulisses(f) 189.
couloir(m) 194, 614, 618, 621, 655.
couloir(m) central 460.
couloir(m) d'intercommunication(f) 461.
couloir(m) de lancer(m) franc 610.
couloir(m) des remplacements(m) 612.
coup(m) de pied(m) de brasse(f) 622.
coup(m) de pied(m) de crawl(m) 622.
coup(m) de pied(m) de papillon(m) 623.
coupé 818.
coupe(f) 702.
Coupe(f) 13.
coupe(f) à mousseux(m) 237.
coupe(f) d'un microscope(m) électronique 717.
coupe(f) d'une noisette(f) 66.
coupe(f) sagittale 127, 128, 129, 142.
coupe-bordures(m) 266.
coupe-circuit(m) 757.
coupe-circuit(m) d'urgence(f) 444.
coupe-cuticules(m) 365.
coupe-feu(m) 198.
coupe-fil(m) 311, 562.
coupe-œuf(m) 246.
coupe-ongles(m) 365.
coupe-papier(m) 515.
coupe-tube(m) 299.
coupe-vent(m) 634.
coupée(f) 742.
coupelle(f) 236.
coupelle(f) d'étanchéité(f) 730.
couperet(m) 242.
coupleur(m) hydraulique 147.
coupole(f) 486.
coupole(f) du mihrab(m) 173.
coupole(f) du porche(m) 172, 173.
coupole(f) rotative 14.
cour(f) 148, 172, 173, 180.
courant(m) 493.
courbure(f) 671.
courge(f) 69.
courgette(f) 69.
couronne(f) 6, 101, 144, 553, 590, 706, 832.
Couronne(f) australe 13.
Couronne(f) boréale 11.
couronne(f) d'aubage(m) 754.
couronne(f) d'orientation(f) 785.
couronne(f) de base(f) 14.
couronne(f) de table(f) 363.
couronnement(m) 201, 749.
couronnement(m) du barrage(m) 752.
courroie(f) d'attache(f) 375.
courroie(f) d'entraînement(m) 258.
courroie(f) de distribution(f) 434.
courroie(f) de rêne(f) 652.
courroie(f) de sécurité(f) 617.
courroie(f) de tige(f) 641.
courroie(f) de transmission(f) 492.
courroie(f) de ventilateur(m) 434.
course(f) 599, 654.
COURSE(F) DE CHEVAUX(M) 651.
COURSE(F) SOUS HARNAIS(M) 652.
coursier(m) d'évacuateur(m) 746.
court péronier(m) latéral 121.
court(m) de service(m) droit 614.
court(m) de service(m) gauche 614.
courtine(f) 178, 180.
couscoussier(m) 249.
cousoir(m) 578.
coussin(m) 570.
coussin(m) arrière 675.
coussin(m) carré 224.
coussin(m) d'air(m) 352.
coussin(m) de protection(f) 659.
coussin(m) de rembourrage(m) 669.
coussin(m) de sellette(f) 648.
coussin(m) de tête(f) 674.
coussinet(m) 406.
coussinet(m) carpien 106.
coussinet(m) d'émeri(m) 563.
coussinet(m) de glissement(m) 467.
coussinet(m) de l'ergot(m) 106.
coussinet(m) digité 106, 107.
coussinet(m) en mousse(f) 729.
coussinet(m) palmaire 106.
coussinet(m) plantaire 107.
couteau(m) 239.
couteau(m) 93, 250, 251, 256, 587, 688, 690.
couteau(m) à beurre(m) 239.
couteau(m) à bifteck(m) 239.
couteau(m) à découper 242.
couteau(m) à désosser 242.
couteau(m) à dessert(m) 239.

Les termes en **caractères gras** renvoient à une illustration, ceux en CAPITALES indiquent un titre.

couteau(m) à filets(m) de sole(f) 242.
couteau(m) à fromage(m) 239.
couteau(m) à huîtres(f) 242.
couteau(m) à jambon(m) 242.
couteau(m) à pain(m) 242.
couteau(m) à pamplemousse(m) 242.
couteau(m) à peindre 589.
couteau(m) à poisson(m) 239.
couteau(m) à zester 242.
couteau(m) d'électricien(m) 311.
couteau(m) d'office(m) 242.
couteau(m) de chef(m) 242.
couteau(m) de combat(m) 794.
couteau(m) de cuisine(f) 242.
couteau(m) de potier(m) 585.
couteau(m) de table(f) 239.
couteau(m) en silex(m) 791.
couteau(m) suisse 688.
couteaux(m) de cuisine(f), types(m) 242.
couteaux(m), principaux types(m) 239.
coutisse(f) 571.
coutre(m) 156, 158.
COUTURE(F) 561, 562, 564, 566.
couture(f) 578.
couture(f) 384, 596, 598.
couture(f) d'assemblage(m) 327.
couture(f) médiane 324.
couture(f), accessoires(m) 563, 564.
couturier(m) 120.
couvercle(m) 16, 213, 247, 248, 251, 252, 253, 256, 258, 293, 309, 386, 398, 404, 532, 585, 590, 705, 712, 719.
couvercle(m) coulissant 484.
couvercle(m) de batterie(f) 439.
couvercle(m) de culasse(f) 435.
couvercle(m) de la turbine(f) 753.
couvercle(m) de réservoir(m) 293.
couvercle(m) du chargeur(m) 397.
COUVERT(M) 239, 240.
couverture(f) 224.
couvre-bassinet(m) 795.
couvre-culasse(m) 796.
couvre-filtre(m) 730.
couvre-oreiller(m) 224.
couvre-plateau(m) 404.
couvrure(f) 579.
crabe(m) 90.
cracker(m) de seigle(m) 153.
cracker(m) scandinave 153.
craie(f) 675.
crampon(m) 358.
crampon(m) 353, 466.
crampon(m) de fermeture(f) 383.
crampons(m) 598.
crampons(m) interchangeables 600.
cran(m) 322, 323, 341, 565, 656, 670, 708.
cran(m) de mire(f) 797.
cran(m) de réglage(m) 278, 641.
crâne(m) 88, 102, 116.
crapaud(m) 85.
cratère(m) 7, 25, 733.
cravache(f) 648, 651.
cravate(f) 324.
crawl(m) 622.
crayon(m) 389, 515, 765.
crayon(m) à sourcils(m) 367.
crayon(m) blanchisseur d'ongles(m) 365.
crayon(m) contour(m) des lèvres(f) 366.
crayon(m) de pierre(f) ponce 583.
crayon(m) en plomb(m) 389.
crayon(m) gomme(f) 515.
crayon(m) lithographique 583.
crayons(m) de couleur(f) 588.
crémaillère(f) 201, 252, 254, 656.
crémaillère(f) de pointage(m) 802.
crémaster(m) 78.
crémier(m) 238.
créneau(m) 181.
crénelé 56.
crépis(f) 166, 168, 169.
cresson(m) de fontaine(f) 73.
crête(f) 27, 30, 746, 748, 792.
crêtemètre(m) graphique 407.
creux(m) 30, 241.
creux(m) barométrique 38.
crevasse(f) 26.
crevette(f) 90.
crible(m) 161.
CRICKET(M) 598.
cricket(m), balle(f) 598.
cricket(m), balle(f) 598.
cricquet(m), terrain(m) 599.
crinière(f) 100.
crispin(m) 667.
cristallin(m) 140.
cristaux(m) de neige(f), classification(f) 36.
cristaux(m) irréguliers 37.
cristaux(m) liquides 706.
croc(m) à défricher 267.
croche(f) 538.
crochet(m) 567.
crochet(m) 95, 203, 310, 397, 562, 566, 568, 644, 674, 709, 711, 726, 786.
crochet(m) à venin(m) 96.
crochet(m) d'attelage(m) 147.
crochet(m) de gourmette(f) 650.
crochet(m) de petit doigt(m) 551.
crochet(m) de pouce(m) 550.
crochet(m) du plateau(m) 708.
crochet(m) pétrisseur 250.
crochet(m)de levage(m) 737.
crochets(m) 832.
croisée(f) 176.
croisée(f) du transept(m) 177.
croisement(m) 576.
croisillon(m) 727.
croissant(m) 153, 819.
croix(f) 818.
croix(f) de Saint-André 198, 471.
Croix(f) du Sud(m) 13.
crosse(f) 607.
crosse(f) 545, 728, 795, 796, 797, 798, 799, 803.
croupe(f) 101, 661.
croupion(m) 109.
croupon(m) 579.
croûte(f) basaltique 22.
croûte(f) de cuir(m) 323.
croûte(f) granitique 22.
croûte(f) terrestre 22, 23.
CROÛTE(F) TERRESTRE, COUPE(F) 22.
cruche(f) 690.
CRUSTACÉ(M) 90.
crustacés(m) comestibles 90.
cubiculum(m) 170.
cubital(m) antérieur 120, 121.
cubital(m) postérieur 121.
cubitière(f) 792.
cubitus(m) 102, 122.
cuiller(f) 241, 672.
cuiller(f) 688.
cuiller(f) à café(m) 241.
cuiller(f) à crème(f) glacée 246.
cuiller(f) à dessert(m) 241.
cuiller(f) à égoutter 244.
cuiller(f) à glace(f) 246.
cuiller(f) à soda(m) 241.
cuiller(f) à soupe(f) 241.
cuiller(f) à thé(m) 241.
cuiller(f) de table(f) 241.
cuilleron(m) 241.
cuillers(f) doseuses 244.
cuillers(f), principaux types(m) 241.
cuirasse(f) 791.
cuisine(f) 171, 195, 460, 807.
cuisinière(f) électrique 255.
cuissard(m) 602, 792.
cuissarde(f) 357.
cuissardes(f) 672.
cuisse(f) 101, 106, 117, 119, 127, 128.
cuisson(f) 585.
cuivre(m) et acier(m) 301.
cuivres(m), famille(f) 550.
cul-de-sac(m) de Douglas 128.
cul-de-sac(m) dural 134.
cul-de-sac(m) vésico-utérin 128.
culasse(f) 363, 549, 802.
culbuteur(m) 435.
culée(f) 176, 454, 455, 456.
culot(m) 232, 233, 410, 439, 486, 798, 799.
culot(m) à baïonnette(f) 232.
culot(m) à broches(f) 232.
culot(m) à vis(f) 232.
culotte(f) 301, 315, 317, 346, 609, 662, 667.
culotte(f) à ruchés(m) 349.
culotte(f) plastique 349.
cultivateur(m) 157.
cultivateur(m) 154.
CULTURE(F) DU SOL(M), ÉTAPES(F) 154.
cumulo-nimbus(m) 44.
cumulus(m) 44.
cupule(f) 66.
cure-ongles(m) 365.
curette(f) 385.
curiosité(f) 52.
curleur(m) 620.
CURLING(M) 620.
curling(m), balais(m) 620.
curling(m), pierre(f) 620.
curling(m), terrain(m) 620.
curseur(m) 566, 708.
cuve(f) 257, 258, 398.
cuve(f) de développement(m) 398.
cuve(f) du modérateur(m) 761.
cuve(f) du réacteur(m) 759, 763.
cuve(f) vitrifiée 297.
cuvette(f) 255, 293, 484, 545, 701.
cuvette(f) porte-clapet(m) 294.
cycle(m) de l'eau(f) 34.
CYCLE(M) DES SAISONS(F) 8.
cyclorama(m) 414.
Cygne(m) 11.
cylindre(m) 295, 436, 524, 531.
cylindre(m) de coupe(f) 271.
cylindre(m) de roue(f) 432.
cylindre(m) des gaz(m) 796.
cylindre(m) enregistreur 714.
cylindre(m) guide(m)-film(m) 390.
cylindre(m) inférieur 581.
cylindre(m) récupérateur 802.
cylindre(m) rotatif 570.
cylindre(m) supérieur 581.
cymbale(f) charleston 552.
cymbale(f) inférieure 552.
cymbale(f) supérieure 552.
cymbale(f) suspendue 552.
cymbales(f) 554, 557.
cymbalette(f) 554.
cyme(f) bipare 60.
cyme(f) unipare 60.
cytoplasme(m) 115, 128.

D

dague(f) 794.
dalle(f) 263.
dalot(m) 683.
Dame(f) 695, 696.
dame(f) de nage(f) 632.
dames(f) 697.
danger(m) 488.
danger(m) électrique 821.
datte(f) 63.
Dauphin(m) 11.
Dauphine(f) américaine 683.
Dauphine(f) canadienne 683.
dé(m) 563, 697.
dé(m) à poker(m) 699.
dé(m) doubleur(m) 697.
dé(m) régulier 699.
déambulatoire(m) 177.
débarcadère(m) 504.
débardeur(m) 326, 351, 353.
déblocage(m) instantané 393.
débouchure(f) 312.
début(m) 692.
début(m) de lecture(f) 405.
décapeuse(f) 784.
décapotable(f) 425.
décapsuleur(m) 244, 688.
déclencheur(m) 391.
déclencheur(m) de paiement(m) 702.
déclencheur(m) pneumatique 393.
déclencheur(m) souple 393.
déclinaison(f) 3.
déclivité(f) du terrain(m) 193.
décolleté(m) carré 343.
décolleté(m) drapé 343.
décolleté(m) en cœur(m) 343.
décolleté(m) en V 343.
décolleté(m) plongeant 343.
décolletés(m) 343.
découpe(f) 322.
découpe(f) princesse(f) 345.
défense(f) 603, 605.
défenses(f) d'éléphant(m) 99.
défenses(f) de morse(m) 99.
défenses(f) de phacochère(m) 99.
DÉFENSES(F), PRINCIPAUX TYPES(M) 99.
défenseur(m) à l'aile(f) 611.
défenseur(m) au but(m) 611.
défenseur(m) droit 608.
défenseur(m) gauche 608.
déflecteur(m) 210, 214, 264, 271, 440.
déflecteur(m) d'air(m) chaud 204.
déflecteur(m) de chaleur(f) 232.
déflecteur(m) de fumée(f) 204.
déflecteur(m) de jet(m) 810.
déflecteur(m) de réservoir(m) d'oxygène(m) liquide 509.
défonceuse(f) 783.
dégagement(m) d'air(m) des citernes(f) 743.
dégagement(m) du margeur(m) 524.
dégagement(m) du piston(m) 291.
dégageur(m) de fumée(f) 805.
dégorgeoir(m) 672.
dégrafeuse(f) 515.
degré(m) 830.
dégrossissage(m) 586.
Deimos 4.
deltoïde(m) 120.
démarreur(m) électrique 430, 445.
démarreur(m) manuel 271, 272.
démêloir(m) 368.
demeure(f) seigneuriale 180.
demi(m) 605.
demi(m) centre 607.
demi(m) d'ouverture(f) 606.
demi(m) de coin(m) droit 603, 605.
demi(m) de coin(m) gauche 603, 605.
demi(m) de mêlée(f) 606.
demi(m) de sûreté(f) droit 603, 605.
demi(m) de sûreté(f) gauche 603, 605.
demi(m) droit 601, 603, 607.
demi(m) en maraude(f) 605.
demi(m) gauche 601, 603, 607.
demi-barbule(f) 38.
demi-caisson(m) 636.
demi-centre(m) 612.
demi-cercle(m) 610.
demi-cercle(m) de but(m) 611.
demi-clé(f) renversée 691.
demi-court(m) de service(m) en double(m) 618.
demi-court(m) de service(m) en simple(m) 618.
demi-inséré(m) 605.
demi-lune(f) 179, 377.
demi-manche(m) 242.
demi-membraneux(m) 121.
demi-panneau(m) 787.
demi-pause(f) 538.
demi-soupir(m) 538.
demi-tendineux(m) 121.
dendrite(f) 135.
dendrite(f) spatiale 36.
dénoyauteur(m) 246.
dent(f) 96, 158, 159, 160, 162, 240, 268, 272, 277, 284, 644, 674, 785.
dent(f) de défonceuse(f) 783.
dent(f) de godet(m) 782.
dent(f) de la charnière(f) 95.
dent(f) de sagesse(f) 144.
dent(m) 157.
denté 56.
DENTELLE(F) AUX FUSEAUX(M) 570.
denticule(m) 166, 167.
dentifrice(m) 373.
DENTS(F) 144.
dents(f) 369, 566.
denture(f) humaine 144.
dénude-fil(m) 311.
dénudeur(m) de fil(m) 311.
départ(m) 676.
départ(m) de dos(m) 623.
départ(m) et arrivée(f) 646.
déplacement(m) diagonal 696.
déplacement(m) en équerre(f) 696.
déplacement(m) horizontal 696.
déplacement(m) vertical 696.
déploiement(m) de l'antenne(f) radar(m) 49.
déploiement(m) des panneaux(m) solaires 48.
déploiement(m) du panneau(m) solaire 419.
déploiement(m) du réflecteur(m) est 419.
déporteur(m) 498.
dépôt(m) des décors(m) 188.
dépression(f) 38.
dérailleur(m) arrière 446, 448.
dérailleur(m) avant 446, 448.
derby(m) 355.
dérive(f) 499, 508, 628, 631, 633, 639, 812.
dérive(f) aérienne 492.
dérivés(m) du bois(m) 288, 289.
dériveur(m) 628.
dériveur(m) de tirage(m) 297.
derme(m) 137.
dernier croissant(m) 7.
dernier droit(m) 651.
dernier quartier(m) 7.
dernier tour(m) 94.
DÉS(M) 699.
descenderie(f) 736.
descendeur(m) 681.
descente(f) dangereuse 826, 827.
descente(f) de gouttière(f) 197.
DÉSERT(M) 46.
désert(m) 45.
désert(m) de pierres(f) 46.

Les termes en **caractères gras** renvoient à une illustration, ceux en CAPITALES indiquent un titre.

désert(m) de sable(m) 46.
déshabillé(m) 348.
desserte(f) 219, 461.
DESSIN(M) 588, 590, 592.
dessin(m), accessoires(m) 591, 592.
dessin(m), matériel(m) 589.
destination(f) 463.
détecteur(m) à infrarouge(m) 43.
détecteur(m) d'horizon(m) terrestre 49.
détecteur(m) de particules(f) 42.
détecteur(m) solaire 42, 43, 49.
détecteur(m) terrestre 42, 43.
détection(f) des ondes(f) sismiques 714.
détendeur(m) de secours(m) 627.
détendeur(m) premier étage(m) 627.
détendeur(m) second étage(m) 627.
détente(f) 453, 793, 795, 796, 797, 798, 799, 804.
détonateur(m) 804.
détroit(m) 51.
deux avec barreur(m) 632.
deux sans barreur(m) 632.
deux-points(m) 832.
deuxième but(m) 597.
deuxième cabine(f) focale 15.
deuxième espace(m) 610.
deuxième étage(m) 509.
deuxième joueur(m) 620.
deuxième molaire(f) 144.
deuxième phalange(f) 103.
deuxième prémolaire(f) 144.
deuxième radial(m) externe 121.
deuxième-but(m) 597.
devant(m) 322, 324.
déverrouillage(m) de l'objectif(m) 391.
déversoir(m) 746.
dévidoir(m) 265, 575.
dévidoir(m) de ruban(m) adhésif 516.
dévidoir(m) sur roues(f) 265.
dextre(f) 818.
diable(m) 788.
diagonale(f) 756.
diamant(m) 363, 483.
diapason(m) 539.
diaphragme(m) 130, 390.
diaphragme(m) d'ouverture(f) 717.
diaphragme(m) de dilatation(f) 485.
diapositive(f) 397.
diapositive(f) 397.
dièse(m) 538.
diesel(m)-navire(m) 745.
diffuseurs(m) tubulaires 501.
digue(f) morte 752.
dindon(m) 150.
dînette(f) 195.
diode(f) 769.
dioxyde(m) 33.
directeur(m) technique 412, 415.
direction(f) d'une réaction(f) 831.
direction(f) de la Mecque(f) 173.
direction(f) des pointes(f) 488.
direction(f) du vent(m) 38.
direction(f) et force(f) du vent(m) 38.
direction(f) obligatoire 824, 825.
discontinuité(f) de Gutenberg 22.
discontinuité(f) de Mohorovicic 22.
disjoncteur(m) 212, 747.
disjoncteur(m) bipolaire 312.
disjoncteur(m) de fuite(f) de terre(f) 312.
disjoncteur(m) principal 312.
disjoncteur(m) unipolaire 312.
dispositif(m) anti-bascule 727.
dispositif(m) antidébordement(m) 257.
dispositif(m) contrarotatif 42.
dispositif(m) de blocage(m) 302.
dispositif(m) de poussée(f) 389.
disque(m) 404.
disque(m) 157, 432, 529, 563, 583, 663, 712.
disque(m) compact 405.
disque(m) compact 408.
disque(m) d'enterrage(m) 158.
disque(m) de papier(m)-diagramme(m) 441.
disque(m) de réglage(m) 396.
disque(m) de tension(f) 562, 569.
disque(m) optique 527.
disque(m) videophoto(f) 395.
disques(m) 251, 658.
disquette(f) 526.
disquette(f) rigide 529.
disquette(f) souple 529.
distance(f) parcourue 711.
distillation(f) sous vide(m) 744.
distributeur(m) 216.
distributeur(m) d'essence(f) 453.
distributeur(m) d'essence(f) 453.
distributeur(m) de boissons(f) 453.
distributeur(m) de correspondances(f) 475.
distributeur(m) de détergent(m) 257.
distributeur(m) de glaçons(m) 453.
distributeur(m) de lames(f) 374.
distributeur(m) de produit(m) de rinçage(m) 257.
diviseur(m) 160.
division(f) 523, 830.
division(f) territoriale 51.
divisions(f) cartographiques 47.
divisions(f) de l'écu(m) 818.
do(m) 537.
doigt(m) 137.
doigt(m) 84, 111, 327, 596, 681.
doigt(m) de jupe(f) 493.
doigt(m) externe 108.
doigt(m) interne 108.
doigt(m) lobé 111.
doigt(m) médian 108.
doigt(m) palmé 84, 111.
doigt(m) postérieur 108.
doline(f) 24.
dollar(m) 832.
dôme(m) 743.
domino(m) d'accouplement(m) 542.
DOMINOS(M) 695.
donjon(m) 181.
Dorade(f) 13.
dormant(m) 203, 225.
dormeuse(f) 350.
dormeuse(f) de croissance(f) 350.
dormeuse(f)-couverture(f) 350.
dos(m) 101, 106, 108, 117, 119, 239, 240, 241, 242, 277, 322, 386, 577, 793.
dos(m) de l'amplificateur(m) 400.
dos(m) de l'appareil(m) 390.
dos(m) du livre(m) 579.
dos(m) du nez(m) 141.
dossard(m) 656.
dosse(f) 288.
dosseret(m) 255, 258, 259.
dossier(m) 223, 428, 445, 727.
dossier(m) inclinable 726.
dossier(m) suspendu 518.
dossière(f) 96, 653.
double bémol(m) 538.
double boutonnage(m) 319.
double croche(f) 538.
double dièse(m) 538.
double paire(f) 695.
double rideau(m) 229.
double toit(m) 685, 686.
double virage(m) 826, 827.
double vitrage(m) 772.
double zéro(m) 700.
double(m) 646, 695.
double-blanc(m) 695.
double-scull(m) 632.
double-six(m) 695.
doublement denté 56.
doublure(f) 322, 324, 352, 354, 378, 565, 644.
douche(f) 194.
douchette(f) 292, 296.
douille(f) 309, 798.
douille(f) de lampe(f) 309.
douille(f) de plastique(m) 799.
douve(f) 181.
douzaine(f) (1 à 12) 700, 701.
douzaine(f) (13 à 24) 700, 701.
douzaine(f) (25 à 36) 700, 701.
drachme(f) 832.
Dragon(m) 11.
dragonne(f) 383, 640, 642, 681.
draille(f) 479.
drain(m) 199, 216.
drap(m) 224.
drap(m)-housse(f) 224.
drapeau(m) 606.
drapeau(m) à Schwenkel 817.
drapeau(m) blanc 626.
drapeau(m) bleu 626.
drapeau(m) carré 817.
drapeau(m) de centre(m) 601.
drapeau(m) de coin(m) 601, 607.
drapeau(m) rectangulaire 817.
drapeau(m) rouge 626, 668.
drapeau(m), éléments(m) 817.
drapeaux(m), formes(f) 817.
drisse(f) 480, 817.
droit fil(m) 565.
droit(m) antérieur de la cuisse(f) 120.
droit(m) interne 121.
droit(m): stationata(f) 646.
drupéole(f) 62.
duffle-coat(m) 320.
dune(f) 30.
dune(f) complexe 46.
dune(f) en croissant(m) 46.
dune(f) parabolique 46.
dunes(f) longitudinales 46.
dunes(f) transversales 46.
dunette(f) 478.
duo(m) 558.
duodénum(m) 131.
dure-mère(f) 134, 135.
durite(f) de radiateur(m) 438.
duse(f) 740.
duvet(m) 110.
dyke(m) 25.
dynamo(f) 446.

E

eau(f) de fonte(f) 27.
eau(f) de ville(f) 772.
eau(f) lourde froide 761.
eau(f) lourde sous pression(f) 761.
eau(f) sous pression(f) 755.
eau(f), cycle(m) 34.
eau(f)/alcool(m) 485.
eaux(f) sécuritaires 488.
ébarbage(m) 578.
ébarboir(m) 582.
ébauchoirs(m) 585.
ébrancheur(m) 269.
ébrasement(m) 175.
écaille(f) 70, 87, 96, 97, 111.
écaille(f) ventrale 97.
écailles(f) de cyprès(m) 58.
écailleur(m) 688.
écartelé 818.
écartement(m) des électrodes(f) 439.
échalote(f) 70.
échalote(f) nouvelle 70.
échancrure(f) 544.
échancrure(f) de la conque(f) 139.
échangeur(m) de chaleur(f) 209, 760.
échangeur(m) en losange(m) 451.
échangeur(m) en trèfle(m) 452.
échangeur(m) en trèfle(m) 450.
échangeur(m) en trompette(f) 451.
échangeur(m) extérieur 212.
échangeur(m) intérieur 213.
échangeur(m) thermique 772.
échangeurs(m), principaux types(m) 450.
échantillon(m) 567.
échappement(m) 436, 437, 501.
échauguette(f) 178, 181.
ÉCHECS(M) 696.
échecs(m), déplacements(m) 696.
échecs(m), pièces(f) 696.
échelle(f) 449, 487, 493, 719, 741, 785.
échelle(f) à crochets(m) 303, 781.
échelle(f) Celsius 705.
échelle(f) coulissante 302.
échelle(f) d'échafaudage(m) 303.
échelle(f) d'espacement(m) 524.
échelle(f) d'ouverture(f) 396.
échelle(f) d'ouverture(f) de diaphragme(m) 392.
échelle(f) de bout(m) 470.
échelle(f) de corde(f) 303.
échelle(f) de hauteur(f) 399.
échelle(f) de latitude(f) 40.
échelle(f) de lecture(f) de la luminosité(f) 396.
échelle(f) de profondeur(f) 284.
échelle(f) de profondeur(f) de champ(m) 392.
échelle(f) de profondeur(f) en m 485.
échelle(f) de tête(f) 781.
échelle(f) des altitudes(f) 19.
échelle(f) des distances(f) 392.
échelle(f) des mouvements(m) 539.
échelle(f) des températures(f) 19.
échelle(f) des temps(m) d'exposition(f) 396.
échelle(f) droite 303.
échelle(f) escamotable 303.
échelle(f) Fahrenheit 705.
échelle(f) fruitière 303.
échelle(f) graduée 708, 709.
échelle(f) latérale 470.
échelle(f) roulante 303.
échelle(f) transformable 303.
ÉCHELLES(F) 302.
échelles(f) barométriques 710.
échelles(f) de la température(f) 710.
échelon(m) 302.
échenilloir(m)-élagueur(m) 269.
échine(f) 167.
échiquier(m) 696.
écho(m) 722.
éclair(m) 36.
éclairage(m) 368, 477, 500.
éclairage(m) de l'écran(m) d'affichage(m) 396.
éclairage(m) inactinique 398.
éclairage(m)/clignotant(m) 430.
éclairagiste(m) 412.
éclipse(f) annulaire 8.
ÉCLIPSE(F) DE LUNE(F) 8.
ÉCLIPSE(F) DE SOLEIL(M) 8.
éclipse(f) partielle 8.
éclipse(f) totale 8.
éclipses(f), types 8.
éclipses(f), types(m) 8.
écliptique(m) 3.
éclisse(f) 466, 544, 546.
ÉCLUSE(F) 492.
écluse(f) 490, 752.
écoinçon(m) 174.
ÉCOLOGIE(F) 31, 32, 34.
écorce(f) 59, 65.
écoulement(m) souterrain 32, 35.
écoute(f) 420, 480.
écoute(f) de foc(m) 628.
écoute(f) de grand-voile(f) 628.
écouteur(m) 406.
écoutille(f) 805.
écouvillon(m) 801.
écran(m) 529.
écran(m) 410, 422, 485, 526, 527, 699.
écran(m) à main(f) 308.
écran(m) d'affichage(m) 396, 421, 532.
écran(m) de contrôle(m) 391, 717.
écran(m) de précontrôle(m) 415.
écran(m) de projection(f) 397.
écran(m) de sortie(f) 413, 415.
écran(m) de soudeur(m) 308.
écran(m) de visibilité(f) 471.
écran(m) du directeur(m) technique 413.
écran(m) du truqueur(m) numérique 413.
écran(m) principal de précontrôle(m) 413.
écran(m) protecteur 16.
écrans(m) d'entrée(f) 413.
écrans(m) de précontrôle(m) 413.
écrevisse(f) 90.
écritoire(f) 378.
ÉCRITURE(F), INSTRUMENTS(M) 389.
écrou(m) 278, 279, 290, 300, 466.
écrou(m) à cabestan(m) 40.
écrou(m) à collet(m) 296.
écrou(m) à oreilles(f) 279.
écrou(m) borgne 279.
écrou(m) de blocage(m) 670, 671.
écrou(m) de bonde(f) 296.
écrou(m) de contrôle(m) 40.
écrou(m) de fixation(f) 296.
écrou(m) de la lame(f) 284.
écrou(m) de montage(m) 684.
écrou(m) de serrage(m) 300.
écrou(m) du presse-étoupe(m) 294.
écrou(m) hexagonal 439.
écu(m) 832.
écu(m), divisions(f) 818.
écubier(m) 495, 497.
écume(f) 30.
écumoire(f) 244.
écurie(f) 651.
écusson(m) 95, 289, 596.
édicule(m) 474.
ÉDIFICE(M) À BUREAUX(M) 190.
édifice(m) public 52.
édredon(m) 224.
effacement(m) 420.
effacement(m) de mémoire(f) 396, 523.
effacement(m) partiel 523.
effacement(m) total 523.
égal ou plus grand que 830.
égal ou plus petit que 830.
égale 830.
égale à peu près 830.
égalisateur(m) graphique 400.
église(f) 185.
égout(m) 186.
égout(m) collecteur 186.
égoutter, ustensils(m) pour 243.
éjecteur(m) 784.
éjecteur(m) de fouets(m) 250.
élan(m) 105, 682.
élastique(m) 224.
ÉLECTRICITÉ(F) 309, 310, 312, 746, 748, 750, 752, 754, 756.
électricité(f), outils(m) 310, 311.

Les termes en **caractères gras** renvoient à une illustration, ceux en CAPITALES indiquent un titre.

électrode(f) 232, 305.
électrode(f) centrale 439.
électrode(f) d'allumage(m) 209.
électrode(f) de masse(f) 439.
élément(m) 585.
élément(m) bimétallique hélicoïdal 705.
élément(m) chauffant 257, 259, 305.
élément(m) de chauffe(f) 207, 209.
élément(m) tubulaire 255.
élévateur(m) 636, 764.
élévateur(m) à grain(m) 161.
élévateur(m) de décors(m) 188.
élévation(f) 193.
élévation(f) de la tension(f) 755, 767.
élevon(m) 511.
émail(m) 144.
embase(f) 393, 641, 656, 713.
embase(f) de plat(m) de dos(m) 220.
embauchoir(m) 358.
emblème(m) 817.
embouchure(f) 550.
embout(m) 230, 302, 375, 397, 439, 609, 627, 670.
embout(m) auriculaire 726.
embout(m) de baleine(f) 375.
embout(m) de caoutchouc(m) 728.
embout(m) de protection(f) 730.
embout(m) isolant 370.
embout(m) Luer Lock 726.
embrasse(f) 228, 728.
embrasure(f) 179.
émeraude(f) 363.
émerillon(m) 672.
émetteur(m) micro-ondes(f) 415.
émetteur(m)/récepteur(m) 485.
emmanchure(f) 325.
emmarchement(m) 201.
empattement(m) 756.
empaumure(f) 105.
empennage(m) 499, 618, 684, 698, 814.
empennage(m) bas 498.
empennage(m) de stabilisation(f) 509.
empennage(m) en T 498.
empennage(m) fixe 814.
empennage(m) surélevé 498.
EMPENNAGES(M), TYPES(M) 498.
empiècement(m) 320, 324, 337.
emplacement(m) de la statue(f) 169.
emporte-pièces(m) 245.
empreinte(f) musculaire 95.
empreinte(f) palléale 95.
en accolade(f) 174.
en équilibre(m) 624.
en fer(m) à cheval(m) 174.
en lancette(f) 174.
en ogive(f) 174.
en prison(f) 700, 701.
en-but(m) 606.
encadrement(m) 204.
enceinte(f) acoustique 401.
enceinte(f) de confinement(m) 765, 766.
enceinte(f) en béton(m) 760, 761, 762, 763.
enceinte(f) humide 763.
enceinte(f) sèche 763.
enclos(m) 149.
enclume(f) 138.
encoche(f) 684, 793.
encoche(f) de protection(f) 529.
encoignure(f) 227.
encolure(f) 100, 325.
encolure(f) bateau(m) 343.
encolure(f) drapée 343.
encolure(f) en V 322, 326.
encolure(f) ras-de-cou(m) 343, 350.
encolures(f) 343.
encre(f) 389, 581, 588.
encre(f) lithographique 583.
endive(f) 73.
endocarpe(m) 63, 64.
endossure(f) 579.
ÉNERGIE(F) ÉOLIENNE 773, 774.
ÉNERGIE(F) NUCLÉAIRE 758, 760, 762, 764, 766.
ÉNERGIE(F) SOLAIRE 768, 770, 772.
énergie(f) solaire, production(f) d'électricité(f) 771.
enfile-aiguille(m) 563.
enfourchure(f) 105, 325.
enfumoir(m) 582.
engageante(f) 317.
engrenage(m) horaire 14.
engreneur(m) 160.
enjoliveur(m) 294, 295, 427.
enregistrement(m) 403, 411, 420.
enregistrement(m) des bagages(m) 462.
enregistreur(m) 621.
enregistreur(m) de film(m) 527.
enrouleur(m) 666.
enseigne(f) directionnelle 475.
enseigne(f) extérieure 474.
ensemble(m) du chevalet(m) 547.
ensemble(m) vide 830.
ENSILER 162.
ensiler 155.
ensoleillement(m), mesure(f) 40.
ensouple(f) de chaîne(f) 573.
ensouple(f) de tissu(m) 572.
entablement(m) 166, 168, 202.
entablure(f) 564.
entier 56.
entoilage(m) 565.
entonnoir(m) 243, 251.
entonnoir(m) collecteur 40.
entraînement(m) de la chaîne(f) 156.
entraînement(m) de la tête(f) d'impression(f) 531.
entraînement(m) de la turbine(f) par la vapeur(f) 767.
entraînement(m) du rotor(m) de l'alternateur(m) 767.
entraîneur(m) 669.
entrait(m) 199.
entrave(f) 652.
entre-nœud(m) 57.
entredent(m) 240.
entredoublure(f) 565.
entrée(f) 82, 452, 625, 787.
entrée(f) d'air(m) 501, 508.
entrée(f) d'air(m) du moteur(m) 813.
entrée(f) d'air(m) du ventilateur(m) 493.
entrée(f) d'eau(f) 295.
entrée(f) d'électricité(f) 585.
entrée(f) de clé(f) 290.
entrée(f) de courant(m) 232.
entrée(f) de l'eau(f) de refroidissement(m) du condenseur(m) 759.
entrée(f) de la vapeur(f) à haute pression(f) 758.
entrée(f) des gaz(m) d'échappement(m) 438.
entrée(f) des marchandises(f) 190.
entrée(f) des originaux(m) 421.
entrée(f) du caloporteur(m) 768.
entrée(f) du reflux(m) du condenseur(m) 759.
entrée(f) électrique 207.
entrée(f) pieds(m) premiers 624.
entrée(f) principale 190, 194.
entrée(f) tête(f) première 624.
entrées(f) dans l'eau(f) 624.
entrejambe(m) 219.
entrejambe(m) pressionné 350.
entrepôt(m) frigorifique 491.
ENTRETIEN(M) DES TISSUS(M) 829.
entretoise(f) 302, 572, 774, 787.
enveloppe(f) 309, 529, 596, 598, 634, 677.
enveloppe(f) extérieure 14, 297.
enveloppe(f) intérieure 14.
éolienne(f) à axe(m) horizontal 774.
éolienne(f) à axe(m) vertical 774.
épandeur(m) 270.
épandeur(m) de fumier(m) 156.
épandeur(m) de fumier(m) 154.
éparpilleur(m) 156.
éparpilleur(m) de paille(f) 161.
épaule(f) 100, 106, 116, 118, 615, 670.
épaulé(m)-jeté(m) à deux bras(m) 662.
épaulement(m) 242, 279.
épaulière(f) 602, 609, 792, 804.
épée(f) 666.
épée(f) à deux mains(f) 794.
épéiste(m) 667.
éperon(m) 80, 552, 648.
éperon(m) calcanéen 112.
épi(m) 60, 72.
épicarpe(m) 62, 63, 64.
épicentre(m) 23.
épicondyle(m) 123.
épiderme(m) 137.
épiglotte(f) 130, 142, 143.
épinard(m) 73.
épine(f) de l'omoplate(f) 123.
épingle(f) 563.
épingle(f) à bigoudi(m) 369.
épingle(f) à cheveux(m) 369.
épingle(f) à cravate(f) 364.
épingle(f) de sûreté(f) 566.
épingles(f) 364.
épiphyse(f) 134.
épiscope(m) du tireur(m) 805.
épissure(f) courte 692.
épitrochlée(f) 123.
éplucheur(m) 242.
époi(m) 105.
éponge(f) 104.
éponge(f) de mer(f) 367.
éponge(f) synthétique 367.
éponge(f) végétale 367.
éponges(f) 367.
éprouvette(f) graduée 40.
épuisette(f) 672.
équateur(m) 3, 47.
équateur(m) céleste 3.
équerre(f) 275.
équilibrage(m) des haut-parleurs(m) 402.
équilibreur(m) 802.
équinoxe(m) d'automne(m) 8.
équinoxe(m) de printemps(m) 8.
équipe(f) 620.
équipe(f) au champ(m) 599.
équipement(m) de contrôle(m) biomédical 512.
équipement(m) de protection(f) 602.
ÉQUIPEMENT(M) DE PROTECTION(F), SOUDAGE(M) 308.
équipement(m) de survie(f) 512.
équipements(m) aéroportuaires 506.
ÉQUITATION(F) 646, 648.
équivaut à 830.
ergot(m) 106.
ergot(m) d'entraînement(m) 531.
Éridan 13.
éruption(f) 6.
escabeau(m) 302.
ESCABEAUX(M) 302.
ESCALIER(M) 201.
escalier(m) 194, 474, 669, 741, 773.
escalier(m) automoteur 507.
escalier(m) d'accès(m) 507.
escalier(m) de la mezzanine(f) 195.
escalier(m) en spirale(f) 741.
escalier(m) mécanique 474.
escalier(m) mobile 189, 190.
escargot(m) 83.
escarpe(f) 178.
escarpin(m) 356.
escarpin(m)-sandale(f) 356.
ESCRIME(F) 666.
escrime(f) piste(f) 666.
escrime(f), cibles(f) 667.
escrime(f), parties(f) de l'arme(f), 666.
escrime(f), positions(f) 667.
escrime(f)armes(f) 666.
escrimeur(m) 667.
escudo(m) 832.
espace(m) vert 184.
espaceur(m) de câbles(m) 684.
espadrille(f) 357.
esperluette(f) 831.
esquimau(m) 351.
essence(f) 744, 745.
essence(f) lourde 744.
essieu(m) 468, 645.
essieu(m) avant 784.
essieu(m) directeur 788.
essoreuse(f) à salade(f) 243.
essuie-glace(m) 431.
essuie-glace(m) 426.
est identique à 830.
est(m) 488.
estacade(f) de guidage(m) 492.
esthèques(f) 584.
estomac(m) 88, 92, 97, 124, 131.
estrade(f) 651.
estragon(m) 74.
estuaire(m) 30, 51.
étable(f) 149.
étage(m) 194.
étage(m) 196, 736, 773.
étage(m) d'exploitation(f) 752.
étai(m) 198, 479.
étai(m) avant 628.
étambot(m) 742.
étamine(f) 60, 64.
étampure(f) 104.
étançon(m) 156.
étapes(f) 586.
état(m) 51.
état(m) présent du temps(m) 38.
étau(m) 282.
étau(m) 582.
étau(m) à endosser 579.
été(m) 8.
étincelle(f) 436.
étiquette(f) 404, 709.
étiquettes(f) autocollantes 518.
étoile(f) 36, 819.
étoile(f) (8) 363.
étoile(f) filante 19.
étoile(f) Polaire 11.
étouffoir(m) 541.
étranglement(m) 668, 705.
étrave(f) 479, 628.
étrier(m) 138, 309, 432, 442, 642, 648, 793.
étrier(m) du flotteur(m) 216.
étrivière(f) 649.
étui(m) 358, 365, 523, 688.
étui(m) à lunettes(f) 379.
étui(m) de cuir(m) 690.
étuveuse(f) 249.
Eurasie(f) 21.
Europe 4.
Europe(f) 21.
Eutelsat II 418.
euthynterie(f) 166, 168.
évacuation(f) de l'eau(f) turbinée 755.
évaporation(f) 34, 35.
évaseur(m) 299.
évent(m) 389, 585.
évent(m) de pignon(m) 197.
évent(m) latéral 214.
évier(m) 296.
évier(m) double 215.
évier(m)-broyeur(m) 296.
évolution(f) de la pression(f) 38.
excavatrice(f) à roue(f) 733.
EXEMPLES(M) DE GROUPES(M) INSTRUMENTAUX 558.
exosphère(f) 19.
expédition(f) du fret(m) 505.
expédition(f)/réception(f) des messages(m) 421.
expiration(f) 622.
explosion(f) 436.
extenseur(m) 665.
extenseur(m) commun des doigts(m) 121.
extenseur(m) commun des orteils(m) 120.
EXTÉRIEUR(M) D'UNE MAISON(F) 196.
extincteur(m) 780.
extincteur(m) d'incendie(m) 823.
extrados(m) 174.
eye-liner(m) liquide 367.

F

fa(m) 537.
façade(f) 175.
face(f) 179, 239, 619, 677.
face(f) antérieure 120.
face(f) inférieure 363.
face(f) plantaire du sabot(m) 104.
face(f) postérieure 121.
face(f) supérieure 363.
face-à-main(m) 377.
facteur(m) Rhésus négatif 831.
facteur(m) Rhésus positif 831.
factorielle(f) 830.
facule(f) 6.
faible(m) 666.
faille(f) 23.
faille(f) transformante 28.
faisceau(m) bleu 410.
faisceau(m) d'électrons(m) 410, 717.
faisceau(m) laser(m) 405.
faisceau(m) rouge 410.
faisceau(m) vert 410.
faîtage(m) 198.
faitout(m) 249, 688.
falaise(f) 7, 23, 27, 30.
familiale(f) 425.
FANER 159.
faner 155.
fanion(m) 38, 817.
fanon(m) 101.
fard(m) à joues(f) en poudre(f) 366.
fasce(f) 166.
FAUCHER 158.
faucher 154.
faucheuse(f)-conditionneuse(f) 158.
faucheuse(f)-conditionneuse(f) 154.
faucille(f) 269.
fausse côte(f) (3) 123.
fausse oronge(f) 55.
fausse poche(f) 330.
fausse-équerre(f) 713.
FAUTEUIL(M) 220.
fauteuil(m) club(m) 221.
fauteuil(m) metteur(m) en scène(f) 220.
fauteuil(m) pivotant à bascule(f) 520.

Les termes en **caractères gras** renvoient à une illustration, ceux en CAPITALES indiquent un titre.

FAUTEUIL(M) ROULANT 727.
fauteuil(m) roulant 461.
fauteuil(m) Wassily 221.
fauteuil(m)-sac(m) 222.
fauteuils(m) d'orchestre(m) 188.
fauteuils(m), principaux types(m) 220.
faux bourdon(m) 81.
faux foc(m) 481.
faux quartier(m) 649.
faux registre(m) 543.
faux sommier(m) 543.
faux(f) 267.
femelle(f) 831.
fémur(m) 78, 80, 103, 122.
FENÊTRE(F) 203.
fenêtre(f) 194, 195, 327, 399, 477, 631, 756.
fenêtre(f) à guillotine(f) 203.
fenêtre(f) à jalousies(f) 203.
fenêtre(f) à l'anglaise(f) 203.
fenêtre(f) à la française(f) 203.
fenêtre(f) basculante 203.
fenêtre(f) coulissante 203.
fenêtre(f) d'éjection(f) 796.
fenêtre(f) de lecture(f) 403, 529.
fenêtre(f) de sous-sol(m) 197.
fenêtre(f) en accordéon(m) 203.
fenêtre(f) en baie(f) 197.
fenêtre(f) en saillie(f) 197.
fenêtre(f) moustiquaire(f) 685.
fenêtre(f) panoramique 190, 460.
fenêtre(f) pivotante 203.
fenêtres(f), types(m) 203.
fenil(m) 148.
fenouil(m) 72.
fente(f) 252, 276, 379, 576, 578.
fente(f) à monnaie(f) 422, 702.
fente(f) d'alimentation(f) 521.
fente(f) de vision(f) 792.
fente(f) latérale 322.
fente(f) médiane 322.
fer(m) 677.
fer(m) 104, 277.
fer(m) à cheval(m) 104.
fer(m) à cheval(m) 364.
fer(m) à friser 370.
fer(m) à souder 305.
fer(m) à vapeur(f) 256.
fer(m) droit 677.
fer(m) droit 678.
fer(m) nº 3 678.
fer(m) nº 4 678.
fer(m) nº 5 678.
fer(m) nº 6 678.
fer(m) nº 7 678.
fer(m) nº 8 678.
fer(m) nº 9 678.
fer(m), golf(m) 678.
FERME(F) 148.
ferme(f) de toit(m) 199.
FERME(F), ANIMAUX(M) 150.
fermeture(f) à glissière(f) 566.
fermeture(f) à glissière(f) 321, 350, 365, 382, 685.
fermeture(f) du soufflet(m) 536.
fermeture(f) sous patte(f) 351.
fermeture(f) Velcro® 349.
fermoir(m) 378, 380, 587.
ferret(m) 352, 354, 375.
ferrure(f) 383.
fertilisants(m) 32.
FERTILISER LA TERRE(F) 156.
fertiliser la terre(f) 154.
fesse(f) 117, 119, 127, 128.
feu(m) 486, 487, 489.
feu(m) anticollision 498.
feu(m) arrière 443, 444, 446.
feu(m) blanc 488.
feu(m) clignotant 471.
feu(m) clignotant arrière 444.
feu(m) clignotant avant 442, 444.
feu(m) de gabarit(m) 440, 441.
feu(m) de lisse(f) 471.
feu(m) de navigation(f) 493, 499.
feu(m) de plaque(f) 429.
feu(m) de position(f) 459, 508.
feu(m) de tête(f) de mât(m) 495.
feu(m) rouge arrière 441.
feu(m) stop(m) 429.
feuillage(m) 59.
feuille(f) 56.
feuille(f) 57, 72.
feuille(f) d'acanthe(f) 167, 220.
feuille(f) de papier(m) 714.
feuille(f) de vigne(f) 61.
feuille(f) de vigne(f) 73.
feuille(f), bord(m) 56.
feuilles(f) composées 56.
feuilles(f) simples 56.
FEUILLES(F), TYPES(M) 56.
feuilles(f), types(m) 58.
feuillet(m) 577.
feuillets(m) 379.
feuillets(m) intercalaires 519.
feutre(m) 329, 541, 588.
feutre(m) d'étouffoir(m) 540.
feux(m) 429.
feux(m) arrière 429.
feux(m) avant 429.
feux(m) clignotants 429.
feux(m) de brouillard(m) 429.
feux(m) de circulation(f) 186.
feux(m) de croisement(m) 429.
feux(m) de gabarit(m) 429.
feux(m) de recul(m) 429.
feux(m) de route(f) 429.
feux(m) rouges arrière 429.
feux(m) stop(m) 429.
fèves(f) 72.
fibre(f) 692.
fibre(f) musculaire 134.
fibre(f) nerveuse 136.
fibule(f) 315.
ficelle(f) 578.
fiche(f) 280, 310, 401, 485.
fiche(f) américaine 309.
fiche(f) européenne 309.
fiche(f) pour jack(m) 400, 406.
fiches(f) 517.
fichier(m) 517.
fichier(m) rotatif 516.
figue(f) de Barbarie 68.
fil(m) 288, 714.
fil(m) à couper la pâte(f) 584.
fil(m) d'arrivée(f) 651.
fil(m) de caret(m) 692.
fil(m) de chaîne(f) 576.
fil(m) de corps(m) 666.
fil(m) de liaison(f) 312.
fil(m) de nylon(m) 271.
fil(m) de service(m) neutre 312.
fil(m) de terre(f) 312.
fil(m) de trame(f) 576.
fil(m) neutre 312.
fil(m) thermique 312.
filament(m) 6, 232.
filament(m) branchial 87.
filament(m) de tungstène(m) 233.
filet(m) 613, 614, 618.
filet(m) 60, 167, 276, 544, 546, 610, 612, 613, 614, 618, 619, 626.
filet(m) à aiguilles(f) 650.
filet(m) à jouets(m) 650.
filet(m) à olives(f) 650.
filet(m) en caoutchouc(m) 650.
filetage(m) 294.
filière(f) 299.
film(m) 390.
film(m)-disque(m) 395.
film(m)-pack(m) 395.
filoir(m) d'écoute(f) 630.
filtre(m) 252, 255, 772.
filtre(m) à air(m) 207, 210, 272, 469, 783.
filtre(m) à charpie(f) 258, 259.
filtre(m) coloré 484.
filtre(m) de couleur(f) 392.
filtre(m) de polarisation(f) 392.
filtre(m) rouge inactinique 399.
filum(m) terminal 134.
fin(f) 692.
FINES HERBES(F) 74.
finition(f) 586.
fission(f) de l'uranium(m) 766.
fixatif(m) 592.
fixation(f) 230, 633, 642, 656.
fixation(f) à butée(f) avant 642.
fixation(f) arrière 633.
fixation(f) avant 633.
fixation(f) de sécurité(f) 641.
fixe-lecture(m) 396.
flanc(m) 101, 108, 179, 433, 579.
flanc(m) dextre 818.
flanc(m) senestre 818.
flâneur(m) 355.
flanqueur(m) 605.
flash(m) électronique 393.
flash(m)-cube(m) 393.
flasque(m) 754, 800.
flasque(m) inférieur 753.
fléau(m) 708.
fléau(m) arrière 708.
fléau(m) avant 708.
flèche(f) 684.
Flèche(f) 11.
flèche(f) 175, 675, 697, 782, 785, 786, 793.
flèche(f) de transept(m) 176.
flèche(f) du vent(m) 38.
flèche(f) littorale 30.
flèche(f) télescopique 780, 786.
fléchette(f) 698.
fléchette(f), aire(f) de jeu(m) 698.
fleur(f) 57.
fleur(f) de lis(m) 819.
fleur(f), inflorescence(f), 60.
FLEUR(F), STRUCTURE(F) 60.
fleuret(m) 666, 734.
fleuret(m) électrique 666.
fleurettiste(m) 667.
fleuve(m) 51, 52.
flexible(m) 292, 296.
flexible(m) d'air(m) 590, 734.
flexible(m) d'eau(f) 734.
flexible(m) d'injection(f) de boue(f) 737.
flexible(m) de branchement(m) 399.
flexible(m) de distribution(f) 453.
flexibles(m) d'alimentation(f) 635.
floraison(f) 61.
florin(m) 832.
flotteur(m) 216, 293, 485, 486, 631, 672, 741, 803.
fluide(m) caloporteur 771.
flûte(f) 548.
flûte(f) à champagne(m) 237.
flûte(f) de Pan 536.
fluteroni(m) 587.
flûtes(f) 556.
foc(m) 628.
foie(m) 88, 97, 124, 131.
follicule(m) 67, 136.
follicule(m), coupe(f) 67.
fonctions(f) système(m) 555.
fond(m) 586.
fond(m) d'yeux(m) 240.
fond(m) de bassin(m) 626.
FOND(M) DE L'OCÉAN(M) 28.
fond(m) de l'océan(m) 22.
fond(m) de protection(f) 698.
fond(m) de robe(f) 345.
fond(m) de teint(m) liquide 366.
fond(m) de tour(m) 744.
fondation(f) 751.
fondation(f) de pylône(m) 456.
fondations(f) 199.
fontaine(f) des ablutions(f) 172, 173.
fonture(f) 568.
fonture(f) 568.
FOOTBALL(M) 600, 604.
FOOTBALL(M) AMÉRICAIN 602.
football(m) américain, terrain(m) 604.
football(m) canadien, terrain(m) 604.
football(m), ballon(m) 600, 602.
football(m), terrain(m) 601.
footballeur(m) 600, 602.
forage(m) en mer(f) 739.
foramen(m) apical 144.
foramen(m) cæcum 143.
force(f) du vent(m) 38.
forêt(f) 27.
forêt(f) tropicale 45.
foret(m) 280.
foret(m) hélicoïdal 281.
formation(f) de jazz(m) 558.
fort(m) 666.
FORTIFICATION(F) À LA VAUBAN 178.
fosse(f) abyssale 28.
fosse(f) d'orchestre(m) 188.
fosse(f) de réception(f) 683.
fosse(f) de sable(m) 676.
FOSSE(F) SEPTIQUE 216.
fossé(m) 178, 451.
fosses(f) nasales 141.
fossette(f) 96.
fossette(f) de l'anthélix(m) 139.
Fou(m) 696.
fouet(m) 245, 250.
fouet(m) à fil(m) 250.
fouet(m) en spirale(f) 250.
fouet(m) quatre pales(f) 250.
fouets(m) 250.
foulon(m) 159.
four(m) 255, 770.
four(m) à micro-ondes(f) 253.
four(m) électrique 585.
four(m) solaire 770.
four(m) tubulaire 744.
fourche(f) 447, 721, 756.
fourche(f) à bêcher 266.
fourche(f) à fleurs(f) 268.
fourche(f) télescopique hydraulique 442.
fourches(f) 787, 788.
fourchette(f) 240.
fourchette(f) 104, 327, 642, 688, 707.
fourchette(f) à découper 242.
fourchette(f) à dessert(m) 240.
fourchette(f) à fondue(f) 240.
fourchette(f) à huîtres(f) 240.
fourchette(f) à poisson(m) 240.
fourchette(f) à salade(f) 240.
fourchette(f) de table(f) 240.
fourchettes(f), principaux types(m) 240.
fourgon(m)-pompe(f) 778.
fourgonnette(f) 425.
fourmi(f) 77.
Fourneau(m) 13.
fourneau(m) 385.
fourragère(f) 162.
fourragère(f) 155.
fourreau(m) 101, 106, 281, 283, 375, 631, 637.
fourreau(m) de la langue(f) 96.
fourrure(f) 107.
fourrures(f), exemples(m) 819.
foyer(m) 23, 189, 770.
foyer(m) primaire 14.
foyer(m), accessoires(m) 205.
frac(m) 317.
fraise(f) 281, 318.
fraise(f), coupe(f) 62.
framboise(f), coupe(f) 62.
franc(m) 832.
frange(f) 318.
frange(f) de passementerie(f) 229.
frappeur(m) 595.
frappeur(m) 597.
FRÉGATE(F) 808.
frein(m) 570, 640, 641, 664, 670.
frein(m) à disque(m) 432.
frein(m) à disque(m) 442.
frein(m) à tambour(m) 432.
frein(m) arrière 446.
frein(m) avant 447.
frein(m) d'urgence(f) 477.
frein(m) de chaîne(f) 272.
frein(m) de talon(m) 645.
frein(m) direct 468.
freineur(m) 643.
fresque(f) 170.
frette(f) 546, 547.
frise(f) 166, 168, 188, 189, 202, 225.
friteuse(f) 252.
fronçage(m) tuyauté 229.
fronce(f) 337.
front(m) 109, 116, 733.
front(m) chaud en altitude(f) 39.
front(m) chaud en surface(f) 39.
front(m) de taille(f) 733, 736.
front(m) froid en altitude(f) 39.
front(m) froid en surface(f) 39.
front(m) occlus 39.
front(m) stationnaire 39.
frontal(m) 120, 122, 649, 792.
frontière(f) 51.
fronton(m) 166, 168.
fronts(m) 39.
frotteur(m) 476.
frottoir(m) 307, 386.
fruit(m) à noyau(m), coupe(f) 63.
fruit(m) à pépins(m), coupe(f) 64.
fruits(m) à noyau(m), principales variétés(f) 63.
fruits(m) à pépins(m), principales variétés(f) 64.
FRUITS(M) CHARNUS 62, 65.
FRUITS(M) CHARNUS À NOYAU(M) 63.
FRUITS(M) CHARNUS À PÉPINS(M) 64.
FRUITS(M) SECS 66.
FRUITS(M) SECS DIVERS 67.
FRUITS(M) TROPICAUX 68.
fruits(m) tropicaux, principaux 68.
fume-cigarettes(m) 384.
fumée(f) 39.
fumerolle(f) 24.
funicule(m) 62, 67.
furet(m) de dégorgement(m) 299.
fusain(m) 588.
fuseau(m) 336, 570.
fuseau(m) 570, 575.
FUSÉE(F) 509.
fusée(f) 479.
fusée(f) à propergol(m) solide 510.
fusée(f) de proximité(f) 814.
fuselage(m) 499, 639.
fusible(m) 757, 769.
fusible(m) à culot(m) 312.
fusible(m)-cartouche(f) 312.
fusible(m)-cartouche(f) à lames(f) 312.
fusibles(m) 312.
fusil(m) 242.

Les termes en **caractères gras** renvoient à une illustration, ceux en CAPITALES indiquent un titre.

fusil(m) (canon(m) lisse) 799.
fusil(m) à air(m) comprimé 627.
FUSIL(M) AUTOMATIQUE 796.
FUSIL(M) MITRAILLEUR(M) 796.
fût(m) 59, 166, 236, 276, 553, 684, 698, 756, 798.

G

gâble(m) 175.
gâche(f) 290.
gachette(f) 780.
gâchette(f) 268, 304, 590.
gâchette(f) de sécurité(f) 272.
gadelle(f) 62.
gaffe(f) 780.
gainage(m) du combustible(m) défectueux 764.
gaine(f) 346.
gaine(f) 56, 690, 692.
gaine(f) de dérivation(f) 206.
gaine(f) de distribution(f) 213.
gaine(f) de myéline(f) 135.
gaine(f) de protection(f) 609.
gaine(f) de rancher(m) 441.
gaine(f) de Schwann 135.
gaine(f) du ressort(m) 230.
gaine(f) isolante 309.
gaine(f) principale 206.
gaine(f)-culotte(f) 346.
GALAXIE(F) 9.
galaxie(f) elliptique 9.
galaxie(f) irrégulière 9.
galaxie(f) lenticulaire 9.
galaxie(f) spirale 9.
galaxie(f) spirale barrée 9.
galaxie(f), classification(f) 9.
galerie(f) 175, 189, 773.
galerie(f) de circulation(f) 736.
galerie(f) de visite(f) 747.
galerie(f) en direction(f) 736.
galerie(f) marchande 190.
galerie(f) sèche 24.
galet(m) 230, 403, 530, 583.
galet(m) du presse-papier(m) 531.
galets(m) tendeurs 448.
galettage(m) 584.
galhauban(m) 479.
galon(m) 328.
galon(m) d'ornement(m) 349.
galop(m) 101.
gamme(f) 537.
ganache(f) 100.
ganglion(m) du tronc(m) sympathique 135.
ganglion(m) spinal 135.
ganse(f) 688.
gant(m) 596.
gant(m) 512, 598, 609, 635, 642, 643, 648, 667.
gant(m) à crispin(m) 308, 327.
gant(m) attrape-rondelle(m) 609.
gant(m) court 327.
gant(m) de conduite(f) 327.
gant(m) de frappeur(m) 595.
gant(m) de golf(m) 679.
gant(m) de plongée(f) 627.
gant(m) de receveur(m) 595.
gant(m) de ski(m) 640.
gant(m) long 327.
gant(m) saxe 327.
gantelet(m) 792.
GANTS(M) 327.
gants(m) de boxe(f) 669.
Ganymède 4.
garage(m) 196.
garant(m) 354.
garcette(f) de ris(m) 480.
garde(f) 577.
garde(f) de clé(f) 549.
garde(f) de culasse(f) 549.
garde(f) volante 577.
garde(m) droit 603, 605.
garde(m) gauche 603, 605.
garde-boue(m) 147, 446.
garde-boue(m) avant 442.
garde-corps(m) 302, 454, 457, 468.
garde-guichet(m) 599.
garde-main(m) 796.
garde-manger(m) 195.
garde-robe(f) 195.
gardien(m) de but(m) 609.
gardien(m) de but(m) 601, 607, 608, 611, 612, 626.
GARE(F) 464.
gare(f) 52, 184.
gare(f) de marchandises(f) 464.
GARE(F) DE TRIAGE(M) 465.
GARE(F) DE VOYAGEURS(M) 462.
gare(f) de voyageurs(m) 464.
gare(f) maritime 491.
garniture(f) 300, 383.
garniture(f) de frein(m) 432.
garrot(m) 100, 106.
GASTÉROPODE(M) 83.
gastéropodes(m) comestibles 83.
gastrocnémien(m) 121.
gaufrier(m)-gril(m) 253.
gaz(m) 34, 35, 232, 737, 744.
gaz(m) brûlés 436.
gaz(m) carbonique de refroidissement(m) 760.
gaz(m) inerte 232, 233.
gazole(m) 744.
gazon(m) 263.
gélule(f) 725.
Gémeaux(m) 11.
Gémeaux(m) (21 mai) 820.
gencive(f) 142, 144.
générateur(m) d'air(m) chaud 206.
générateur(m) d'air(m) chaud électrique 207.
générateur(m) de tonalités(f) d'amorces(f) 407.
générateur(m) de vapeur(f) 759, 761, 762, 771, 806.
genou(m) 100, 106, 116, 118.
genouillère(f) 595, 602, 609, 792.
géométrie(f) 830.
gerbeur(m) 788.
germe(m) 109, 152.
germes(m) de soja(m) 72.
geyser(m) 25.
gibbeuse(f) croissante 6.
gibbeuse(f) décroissante 7.
gicleur(m) 209, 741.
gicleur(m) de lave-glace(m) 426.
gicleurs(m) 766.
gilet(m) 322.
gilet(m) 317, 338.
gilet(m) athlétique 325.
gilet(m) de laine(f) 326.
gilet(m) de laine(f) 338.
GILET(M) DE SÉCURITÉ(F) 730.
gilet(m) de stabilisation(f) 627.
Girafe(f) 11.
girelle(f) 584.
giron(m) 201.
girouette(f) 41, 628.
glace(f) 34, 427, 429, 484.
glace(f) de custode(f) 427.
GLACIER(M) 26.
glacier(m) de piémont(m) 27.
glacier(m) suspendu 26.
glacière(f) 690.
glacis(m) 178.
glaive(m) 791.
gland(m) 127, 229, 231.
glande(f) à venin(m) 96.
glande(f) de Cowper 127.
glande(f) digestive 92.
glande(f) mammaire 129.
glande(f) sébacée 136.
glande(f) sudoripare apocrine 136.
glande(f) sudoripare eccrine 136.
glande(f) surrénale 132.
glandes(f) salivaires 131.
glissière(f) 257, 470, 568, 797.
glissière(f) d'ajustement(m) 406.
glissière(f) d'auvent(m) 449.
glissière(f) de fixation(f) 718.
glissière(f) du guide(m) 285.
glissoir(m) 354.
glissoire(f) de recul(m) 802.
globe(m) 689.
globe(m) oculaire 140.
globe(m) oculaire 84.
glome(m) 104.
glotte(f) 96, 142.
GO(M) 697.
go(m), terrain(m) 697.
godet(m) 304, 592, 782.
godet(m) à couleur(f) 590.
godet(m) à poussière(f) 260.
godet(m) chargeur 785.
godet(m) rétro 782.
goélette(f) 482.
GOLF(M) 676, 678.
golf(m), bâtons(m) 678.
golf(m), bois(m) 678.
golf(m), fer(m) 678.
golf(m), parcours(m) 676.
golfe(m) 51.
gombo(m) 69.
gomme(f) 515.
gond(m) 202, 225.
gonfalon(m) 817.
gonfleur(m) 627, 687.
gonfleur(m)-dégonfleur(m) 687.
gong(m) 554, 557.
gorge(f) 24, 108, 282, 671.
gorgerin(m) 792.
gouffre(m) 24.
gouge(f) 587.
gouge(f) creuse 581.
gouge(f) en V 581.
goujon(m) 432.
goujure(f) 281.
goupille(f) 780.
gour(m) 24.
gourde(f) 690.
gourmand(m) 61.
gourmette(f) 364, 649, 650.
gourmette(f) d'identité(f) 364.
gousse(f), coupe(f) 67.
gousset(m) de latte(f) 628, 631.
goutte(f) 167.
goutte(f) de pluie(f) 36.
gouttelette(f) lipidique 115.
gouttière(f) 105, 197, 235, 427.
gouvernail(m) 496, 511, 628, 742, 773.
gouvernail(m) de direction(f) 639, 806, 812.
gouvernail(m) de plongée(f) avant 807.
gouvernail(m) de profondeur(f) 639.
gouverne(f) 814.
gouverne(f) de direction(f) 499.
gouverne(f) de profondeur(f) 499.
goyave(f) 68.
gradin(m) 733.
graduation(f) 705, 711, 719, 726.
grain(m) 39, 72.
grain(m) d'amidon(m) 115.
grain(m) de blé(m), coupe(f) 152.
graine(f) 62, 63, 64, 65, 66, 67.
graines(f) de soja(m) 72.
graisses(f) 745.
graisseur(m) 734.
grand adducteur(m) 121.
grand cacatois(m) avant 481.
Grand Chien(m) 13.
grand complexus(m) 121.
grand dorsal(m) 121.
grand droit(m) de l'abdomen(m) 120.
grand fauchage(m) extérieur 668.
grand fauchage(m) intérieur 668.
grand fessier(m) 121.
grand foc(m) 481.
grand hunier(m) fixe avant 481.
grand hunier(m) volant avant 481.
grand largue(m) 629.
grand mât(m) arrière 478.
grand mât(m) avant 479.
grand miroir(m) 484.
grand oblique(m) de l'abdomen(m) 120, 121.
grand palmaire(m) 120.
grand pectoral(m) 120.
grand perroquet(m) fixe avant 481.
grand perroquet(m) volant avant 481.
grand rabat(m) 386.
grand rond(m) 121.
grand sésamoïde(m) 102.
grand tournant(m) 651.
grand trochanter(m) 123.
grand-voile(f) 628.
grand-voile(f) arrière 480.
grand-voile(f) avant 481.
grand-voile(f) d'étai(m) arrière 480.
grande échelle(f) 780.
grande lame(f) 688.
grande lèvre(f) 128, 129.
Grande Ourse(f) 11.
grande sus-alaire(f) 110.
grande ville(f) 51.
grandes lignes(f) 464.
grange(f) 148.
granulation(f) 6.
grappe(f) 60.
grappe(f) de combustible(m) 765.
grappe(f) de combustible(m) 765.
grappe(f) de raisin(m) 801.
grappe(f) de raisins(m) 61.
grappin(m) 483.
grasset(m) 101.
gratte-ciel(m) 185.
gratte-ongles(m) 365.
grattoir(m) 304.
gravier(m) 199, 216.
GRAVURE(F) EN CREUX(M) 582.
gravure(f) en creux(m), matériel(m) 582.
GRAVURE(F) EN RELIEF(M) 581.
gravure(f) en relief(m), matériel(m) 581.
gravure(f) sur bois(m) de fil(m) 581.
gravure(f) sur bois(m) debout 581.
grébiche(f) 379.
grecquage(m) 578.
grecque(f) 578.
gréement(m) 478.
GRÉEMENTS(M), TYPES(M) 482.
greffoir(m) 269.
grêlon(m) 37.
grenade(f) 68.
GRENADE(F) À MAIN(F) 804.
grenat(m) 363.
grenouille(f) 84.
grenouille(f), métamorphose(f) 84.
grenouillère(f) 349.
grésil(m) 37, 39.
grève(f) 792.
griffe(f) 78, 80, 91, 97, 106, 107, 108, 112, 364.
griffe(f) à fleurs(f) 268.
griffe(f) abaissée, chat(m) 107.
griffe(f) d'entraînement(m) 562.
griffe(f) porte-accessoires(m) 391, 409.
griffe(f) rétractée, chat(m) 107.
gril(m) 188.
gril(m) électrique 253.
gril(m) pliant 690.
grillage(m) 211, 214.
grillage(m) de protection(f) 310.
grille(f) 161, 168, 248, 255, 374, 410, 438, 536, 595, 747.
grille(f) à reine(f) 82.
grille(f) d'aération(f) 257, 477.
grille(f) d'aspiration(f) 370.
grille(f) d'éclairage(m) 414.
grille(f) d'entrée(f) d'air(m) 443.
grille(f) d'extrémité(f) 765.
grille(f) d'habillage(m) 208.
grille(f) de chauffage(m) 477.
grille(f) de sortie(f) d'air(m) 370.
grille(f) de vaporisation(f) 210.
grille(f) de ventilation(f) 260.
grille(f) métallique conductrice 768.
grille(f) stabilisatrice 689.
grille-pain(m) 252.
gros intestin(m) 131.
groseille(f) à grappes(f) 62.
groseille(f) à maquereau(m) 62.
grosse caisse(f) 552, 557.
grosse quille(f) 683.
GROTTE(F) 24.
grotte(f) 30.
groupe(m) bulbe(m) 752.
groupe(m) de climatisation(f) 506.
groupe(m) de démarrage(m) pneumatique 506.
groupe(m) électrogène 506.
groupe(m) frigorifique 441.
groupe(m) turbo-alternateur(m) 753.
groupe(m) turbo-alternateur(m) 747.
Grue(f) 13.
grue(f) 738.
grue(f) à flèche(f) 490.
grue(f) à tour(f) 786.
grue(f) de bord(m) 811.
grue(f) sur ponton(m) 490.
grue(f) sur porteur(m) 786.
gruppetto(m) 538.
guêpière(f) 347.
guerrier(m) gaulois 791.
gueules(m) 819.
gui(m) 478.
guichet(m) 599.
guichet(m) 599.
guide(m) 252, 529, 578.
guide(m) à onglet(m) 285.
guide(m) d'ondes(f) 415.
guide(m) de refend(m) 284, 285.
guide(m) des températures(f) 256.
guide(m) extérieur 578.
guide-bande(m) 403.
guide-chaîne(m) 272, 448.
guide-fil(m) 561, 562, 569.
guide-ligne(m) 671.
guide-papier(m) 421, 531.
guides(m) de classement(m) 518.
guidon(m) 271, 445, 447, 664, 795, 797, 798, 799, 804, 817.
guillemets(m) 832.
guimbarde(f) 536.
guindant(m) 631, 817.
guitare(f) acoustique 546.
guitare(f) électrique 547.
guyot(m) 28.
gymnase(m) 496.
GYMNASTIQUE(F) 659, 660.
gyrophare(m) 781.
gyroscope(m) 814.

Les termes en **caractères gras** renvoient à une illustration, ceux en CAPITALES indiquent un titre.

H

habitation(f) 148.
hache(f) 781.
hache(f) en pierre(f) polie 791.
hachette(f) 690.
hachoir(m) 243.
hachure(f) 576.
hackle(m) 670.
haie(f) 263, 656.
haie(f) barrée 646, 647.
haie(f) de steeple(m) 656.
haie(f) rivière(f) 646, 647.
halebas(m) 628.
halefis(m) de culasse(f) (16) 363.
halefis(m) de table(f) (16) 363.
hall(m) 190.
hall(m) public 504.
haltère(m) court 665.
haltère(m) long 663.
haltérophile(m) 662.
HALTÉROPHILIE(F) 662.
hameçon(m) 671.
hameçon(m) 670.
hameçon(m) monté 672.
hameçon(m) triple 672.
hampe(f) 38, 671, 817.
hanche(f) 78, 80, 117, 119.
hanche(f) ailée 668.
HANDBALL(M) 612.
handball(m), ballon(m) 612.
handball(m), terrain(m) 612.
hangar(m) 148, 503, 811.
hangar(m) de transit(m) 490.
hangar(m) pour hélicoptères(m) 808.
haricot(m) vert 69.
harmonica(m) 536.
harnais(m) 572, 627, 635, 636, 637, 645.
harpe(f) 545.
harpes(f) 556.
hastée 56.
hauban(m) 446, 479, 628, 637, 685, 774.
haubans(m) 456.
haubans(m) en éventail(m) 456.
haubans(m) en harpe(f) 456.
hausse(f) 82, 544, 795, 796, 798, 804.
haut-de-chausse(m) 316.
haut-de-forme(m) 328.
haut-parleur(m) 408, 420, 500, 779.
haut-parleur(m) d'aigus(m) 16, 401.
haut-parleur(m) de contrôle(m) 407, 412, 413, 415.
haut-parleur(m) de graves(m) 16, 401.
haut-parleur(m) de médium(m) 401.
haut-parleur(m) de médiums(m) 16.
hautbois(m) 548, 557.
hauteur(f) de chute(f) 755.
hauteur(f) de la vague(f) 30.
hauteur(f) de marche(f) 201.
hauteur(f) du gradin(m) 733.
hauteur(f) du plongeon(m) 625.
hélice(f) 160, 495, 496, 742, 806.
hélice(f) de propulsion(f) 492.
hélices(f) 808.
HÉLICOPTÈRE(M) 508.
hélicoptère(m) 808.
héliographe(m) 40.
hélisurface(f) 738, 808.
hélix(m) 139.
hémisphère(m) austral 3.
hémisphère(m) boréal 3.
hémisphère(m) Est 47.
hémisphère(m) Nord 47.
hémisphère(m) Ouest 47.
hémisphère(m) Sud 47.
hémisphères(m) 47.
hennin(m) 318.
HÉRALDIQUE(F) 817, 818.
herbivore(m), mâchoire(f) 98.
herbivores(m) 31, 33.
Hercule 11.
hermine(f) 819.
herminette(f) 587.
herse(f) 188.
hile(m) du rein(m) 132.
hiver(m) 8.
HOCKEY(M) SUR GAZON(M) 607.
hockey(m) sur gazon(m), terrain(m) 607.
HOCKEY(M) SUR GLACE(F) 608.
hockey(m), balle(f) 607.
hockeyeur(m) 609.
homard(m) 90.
hôpital(m) 822.
horizon(m) de secours(m) 500.
horloge(f) 407, 413, 415, 714.
horloge(f) de parquet(m) 707.
horloge(f) programmatrice 253, 255.
hôtel(m) 185.
hotte(f) 255.
hotte(f) 204.
houe(f) 267.
houe(f) rotative 157.
houpette(f) 366.
houppelande(f) 317.
houppier(m) 59.
housse(f) à vêtements(m) 382.
housse(f) d'oreiller(m) 224.
hublot(m) 253, 255, 496, 498.
hublot(m) d'atterrissage(m) 508.
hublot(m) d'observation(f) 510.
hublot(m) de chargement(m) 764.
hublot(m) de déchargement(m) du combustible(m) irradié 764.
huile(f) de lin(m) 592.
huiles(f) lubrifiantes 745.
huit 632.
huitième(m) de soupir(m) 538.
huître(f) 92.
huître(f) 93.
huméro-stylo-radial(m) 120.
humérus(m) 102, 122.
humeur(f) aqueuse 140.
humide, à été(m) court 45.
humide, à été(m) long 45.
humidificateur(m) 210.
humidité(f) 210.
humidité(f) de l'air(m) 34.
humidité(f), mesure(f) 41.
hune(f) 478.
hutte(f) 165.
Hydre(f) femelle 11, 13.
Hydre(f) mâle 13.
hydromètre(m) 439.
HYDROPTÈRE(M) 495.
hydrosphère(f) 31.
HYGIÈNE(F) DENTAIRE 373.
hygromètre(m) 210.
hygromètre(m) enregistreur 41.
hypergone(m) 392.
hyphe(m) 55.
hypoderme(m) 137.
hypophyse(f) 134.
hysope(f) 74.

I

igloo(m) 165.
île(f) 51.
île(f) de sable(m) 30.
île(f) volcanique 28.
iléon(m) 131.
îlot(m) 452.
îlot(m) refuge(m) 184.
îlot(m) rocheux 30.
image(f) imprimée 580.
immeuble(m) à bureaux(m) 185.
immeuble(m) commercial 185.
immobilisation(f) 668.
impair(m) 700, 701.
imparipennée 56.
imperméable(m) 319.
impluvium(m) 170, 171.
imposte(f) 174.
IMPRESSION(F) 580.
impression(f) 532.
impression(f) à plat(m) 580.
impression(f) des messages(m) 421.
impression(f) en creux(m) 580.
impression(f) en relief(m) 580.
imprimante(f) 421.
imprimante(f) 523.
imprimante(f) laser(m) 527.
imprimante(f) matricielle 531.
imprimante(f) matricielle 527.
impulsion(f) 722.
incisive(f) 98.
incisive(f) centrale 144.
incisive(f) latérale 144.
incisives(f) 144.
inclinaison(f) de la lame(f) 284, 285.
inclusion(f) 830.
index(m) 137, 709.
index(m) de composition(f) automatique 420.
indicateur(m) de charge(f) 374.
indicateur(m) de niveau(m) 403.
indicateur(m) de niveau(m) de carburant(m) 431, 512.
indicateur(m) de réglage(m) 641.
indicateur(m) de température(f) 431.
indicateur(m) de tension(f) 562.
indicateur(m) de virage(m) et d'inclinaison(f) latérale 639.
indicateur(m) de vitesse(f) 431, 445, 664.
indice(f) d'exposition(f) 396.
Indien(m) 13.
infiltration(f) 34.
infini(m) 830.
inflorescence(f), modes(m) 60.
influx(m) nerveux 135.
informations(f)-navigation(f) 500.
informations(f)-pilotage(m) 500.
informations(f)-systèmes(m) de bord(m) 500.
infrastructure(f) 450.
injecteur(m) 434, 437.
injecteur(m) de lubrifiant(m) 735.
injection(f)/explosion(f) 437.
INSECTES(M) 77.
insectivores(m) 31.
inspiration(f) 622.
installation(f) à air(m) chaud pulsé 206.
installation(f) à eau(f) chaude 208.
INSTRUMENTS(M) À CLAVIER(M) 540.
INSTRUMENTS(M) À CORDES(F) 544, 546.
INSTRUMENTS(M) À PERCUSSION(F) 552, 554.
INSTRUMENTS(M) À VENT(M) 548, 550.
INSTRUMENTS(M) D'ÉCRITURE(F) 389.
instruments(m) de bord(m) 431.
instruments(m) de bord(m) 430.
instruments(m) de vol(m) 635.
INSTRUMENTS(M) ÉLECTRONIQUES 555.
instruments(m) scientifiques 511.
INSTRUMENTS(M) TRADITIONNELS 535, 536.
intégrale(f) 830.
intégration(f) de l'électricité(f) au réseau(m) de transport(m) 755.
Intelsat VII 418.
interdiction(f) de dépasser 824, 825.
interdiction(f) de faire demi-tour(m) 824, 825.
intérieur(m) droit 601.
intérieur(m) gauche 601.
interligne(m) 537.
interosseux(m) 120.
interphone(m) 413.
interrupteur(m) 234, 247, 254, 260, 280, 283, 285, 305, 309, 370, 373, 374, 406, 485, 529.
interrupteur(m) à gâchette(f) 284.
interrupteur(m) d'accord(m) 403.
interrupteur(m) d'alimentation(f) 402, 405, 410, 411, 555.
interrupteur(m) d'éclairage(m) 368.
interrupteur(m) de démarrage(m) 259.
interrupteur(m) de la porte(f) 259.
interrupteur(m) de mise(f) au point(m) automatique 397.
interrupteur(m) du magnétoscope(m) 411.
interrupteur(m) du téléviseur(m) 411.
interrupteur(m) moteur(m)/éclairage(m) 561.
interrupteur(m) principal 757.
intersection(f) 830.
intersection(f) avec priorité(f) 824, 825.
intervalle(m) 489.
intervalle(m) d'air(m) 772.
intervalles(m) 537.
intestin(m) 88, 92, 97, 124.
intestin(m) grêle 131.
intrados(m) 174.
inverseur(m) 212.
inverseur(m) de signe(m) 523.
inverseur(m) route(f)-croisement(m) 444.
Io 4.
iris(m) 140.
isba(f) 165.
ischion(m) 123.
isobare(f) 38.
isolant(m) 199, 200, 209, 257, 297, 768.
isolant(m) de ruban(m) métallique 287.
isolant(m) en caoutchouc(m)-mousse(f) 287.
isolant(m) en coquille(f) 287.
isolant(m) en panneau(m) 287.
isolant(m) en plastique(m) 312.
isolant(m) en rouleau(m) 287.
isolant(m) en ruban(m) 287.
isolant(m) en vinyle(m) 287.
isolant(m) en vrac(m) 287.
isolant(m) moussé 287.
isolants(m) 287.
isolateur(m) 439, 757.
isthme(m) 51.
isthme(m) de la trompe(f) utérine 129.
isthme(m) du gosier(m) 142.
ivoire(m) 144.

J

jabot(m) 342.
jachère(f) 148.
jack(m) 400.
jack(m) de sortie(f) 547.
JACQUET(M) 697.
jambage(m) 204.
jambe(f) 101, 117, 119, 325.
jambe(f) élastique 325.
jambette(f) 199.
jambier(m) antérieur 120.
jambière(f) 353, 598, 680.
jambière(f) de gardien(m) de but(m) 609.
jan(m) extérieur 697.
jan(m) intérieur 697.
jante(f) 147, 433, 442, 447, 658.
jaquette(f) 648.
jardin(m) 171.
JARDIN(M) D'AGRÉMENT(M) 263.
jardin(m) d'agrément(m) 193.
jardin(m) potager 148, 193.
jardin(m) public 190.
JARDIN(M), OUTILLAGE(M) 264, 266, 268, 270, 272.
jarret(m) 101, 106.
jarretelle(f) 347.
jas(m) 483.
jauge(f) à aiguilles(f) 567.
jauge(f) magnétique à lecture(f) directe 741.
jaune(m) 109.
javelot(m) 791.
javelots(m) 658.
jean(m) 336.
jéjunum(m) 131.
jet(m) d'air(m) 590.
jet(m) d'eau(f) 202, 203.
jet(m) de couleur(f) 590.
jet(m) dentaire 373.
jetée(f) 739.
jeu(m) d'ustensiles(m) 244.
jeu(m) de brides(f) 730.
jeu(m) de dilatation(f) 466.
JEU(M) DE FLÉCHETTES(F) 698.
JEU(M) DE QUILLES(F) 683.
jeu(m) étendu de caractères(m) 530.
JEUX(M) VIDÉO, SYSTÈME(M) 699.
jockey(m) 651.
jodhpurs(m) 648.
joint(m) 257, 389.
joint(m) à coulisse(f) 278.
joint(m) d'étanchéité(f) 296, 741.
joint(m) de bougie(f) 439.
joint(m) de carter(m) 434.
joint(m) de sécurité(f) du scaphandre(m) 512.
joint(m) magnétique 254.
joint(m) périmétral 750.
joint(m) torique 294, 295.
Joker(m) 695.
jonc(m) 364.
jonction(f) positif(m)/négatif(m) 768.
joue(f) 106, 118, 275, 670.
joue(f) de jante(f) 433.
jouets(m) 650.
joueur(m) 626.
joueur(m) de cricket(m) 598.
joueuse(f) de tennis(m) 615.
JUDO(M) 668.
juge(m) 666, 668, 669.
juge(m) de but(m) 608, 626.
juge(m) de champ(m) arrière 603, 605.
juge(m) de classement(m) 621.
juge(m) de départ(m) 621.
juge(m) de faute(f) de pieds(m) 614.
juge(m) de filet(m) 614.
juge(m) de ligne(f) 605, 608, 613, 614, 618.
juge(m) de mêlée(f) 605.
juge(m) de nages(f) 621.
juge(m) de passes(f) et de bottés(m) 605.
juge(m) de service(m) 614, 618.
juge(m) de touche(f) 601, 605, 606.
juge(m) de virages(m) 621.
jugulaire(f) 602, 777.
jumeau(m) 120.
JUMELLES(F) À PRISMES(M) 719.
jupe(f) 331.
jupe(f) à empiècement(m) 334.

Les termes en **caractères gras** renvoient à une illustration, ceux en CAPITALES indiquent un titre.

jupe(f) à lés(m) 334.
jupe(f) à volants(m) étagés 334.
jupe(f) de masque(m) 730.
jupe(f) de piston(m) 434.
jupe(f) droite 334.
jupe(f) fourreau(m) 334.
jupe(f) froncée 335.
jupe(f) portefeuille(m) 334.
jupe(f) souple 493.
jupe(f)-culotte(f) 334.
jupes(f), types(m) 334.
jupette(f) 615.
Jupiter 4.
jupon(m) 345.
justaucorps(m) 315, 353.

K

kaki(m) 68.
kérosène(m) 744, 745.
ketch(m) 482.
kilt(m) 335.
kimono(m) 348.
kiosque(m) 453, 475, 807.
kiwi(m) 68.
knicker(m) 336.
kumquat(m) 65.

L

la(m) 537.
la(m) universel 539.
laboratoire(m) 15.
laboratoire(m) spatial 511.
laboratoire(m) supérieur 15.
lac(m) 7, 27, 51.
lac(m) salé 46.
laccolite(f) 25.
lacet(m) 352, 354, 596, 644, 669.
lacet(m) de serrage(m) 381.
lacis(m) 645.
lactaire(m) délicieux 55.
lacune(f) latérale 104.
lacune(f) médiane 104.
lagune(f) 30.
laiterie(f) 149.
laitue(f) pommée 73.
laize(f) 628.
lambourde(f) 198.
lame(f) 200, 231, 239, 242, 268, 271, 276, 277, 284, 285, 291, 304, 309, 369, 374, 431, 536, 554, 564, 573, 609, 644, 666, 681, 783, 784.
lame(f) à deux biseaux(m) 587.
lame(f) à double tranchant(m) 374.
lame(f) coudée 587.
lame(f) criblée de l'ethmoïde(m) 141.
lame(f) d'étouffoir(m) 541.
lame(f) de coupe(f) 256.
lame(f) de scie(f) circulaire 284.
lame(f) de suspension(f) 707.
lame(f) dentée 369.
lame(f) droite 369, 587.
lame(f) en cuiller(f) 587.
lame(f) fixe 578.
lame(f) isolée 310.
lame(f) mobile 578.
lame(f) porte-objet(m) 718.
lame(f) racleuse 784.
lame(f)-ressort(m) 726.
lamelle(f) 55, 200.
lames(f), principales formes(f) 587.
lampadaire(m) 185, 236.
lampe(f) 310, 718.
lampe(f) à économie(f) d'énergie(f) 233.
lampe(f) à halogène(m) 233.
lampe(f) à incandescence(f) 232.
lampe(f) à incandescence(f) 486, 769.
lampe(f) à souder 299, 307.
lampe(f) au néon(m) 310.
lampe(f) d'architecte(m) 234.
lampe(f) de bureau(m) 234.
lampe(f) de table(f) 236.
lampe(f) frontale 680.
lampe(f) liseuse 234.
lampe(f) portative 777.
lampe(f)-éclair(m) 393.
lampe(f)-témoin(m) 666.
lampe(f)-tempête(f) 690.
lampes(f) témoins(m) 410, 431.
lance(f) 306, 778, 791.
lance(f) à eau(f) 781.
lance(f) d'arrosage(m) 265.
lance(f)-canon(m) 778.
lance-leurres(m) 809.
lance-missiles(m) 811.
lance-pots(m) fumigènes 805.
lancement(m) de la boule(f) 682.
lancéolée 56.
lancer(m) 682.
lancer(m) disque(m) et marteau(m) 654.
lancer(m) du javelot(m) 654.
lancer(m) du poids(m) 655.
lancers(m) 658.
lanceur(m) 597, 599.
lange(m) 581.
langouste(f) 91.
langoustine(f) 91.
langue(f) 81, 88, 131, 142.
langue(f) bifide 96.
langue(f) glaciaire 26.
langue(f), dos(m) 143.
languette(f) 352, 354, 542, 641, 644.
lanière(f) 541, 633, 662, 680.
lanterne(f) 689.
lanterne(f) 263, 486, 801.
lanterne(f) de phare(m) 486.
lanterne(f) de pied(m) 235.
lanterne(f) murale 235.
lapiaz(m) 24.
lapis-lazuli(m) 363.
largue(m) 629.
larve(f) 82.
larynx(m) 130, 142.
latitude(f) 47.
latitude(f) 3.
latrines(f) 171.
latte(f) 231, 571, 628, 631, 637, 773.
lattis(m) de plâtre(m) lisse 286.
lattis(m) métallique à losanges(m) 286.
laurier(m) 74.
lavabo(m) 215, 292.
lavage(m) 829.
lavallière(f) 324.
lave-auto(m) 453.
lave-linge(m) 258, 298.
lave-linge(m) 215, 298.
lave-vaisselle(m) 257, 298.
lave-vaisselle(m) 298.
laver à la machine(f) à l'eau(f) chaude avec agitation(f) normale 829.
laver à la machine(f) à l'eau(f) chaude avec agitation(f) réduite 829.
laver à la machine(f) à l'eau(f) tiède avec agitation(f) réduite 829.
laver à la machine(f) à l'eau(f) très chaude avec agitation(f) normale 829.
laver à la main(f) à l'eau(f) tiède 829.
laveuse(f) 258, 298.
laveuse(f) pour épreuves(f) 399.
laye(f) 543.
lecteur(m) de carte(f) 422.
lecteur(m) de cartouche(f) 527.
lecteur(m) de cassette(f) 408, 526.
lecteur(m) de disque(m) compact 405.
lecteur(m) de disque(m) compact 400, 407, 408, 526.
lecteur(m) de disque(m) dur 529.
lecteur(m) de disque(m) dur 526, 528.
lecteur(m) de disque(m) optique 527.
lecteur(m) de disquette(f) 526, 528, 555.
lecture(f) 403, 411, 831.
lecture(f) automatique/manuelle 310.
LECTURE(F) DE PLANS(M) 193, 195.
lecture(f) rapide 405.
lecture(f)/pause(f) 405.
légionnaire(m) romain 791.
LÉGUMES(M) 69, 70, 71, 72, 73.
légumes(m) 33.
légumes(m) bulbes(m) 70.
légumes(m) feuilles(f) 73.
légumes(m) fleurs(f) 69.
légumes(m) fruits(m) 69.
légumes(m) graines(f) 72.
légumes(m) racines(f) 71.
légumes(m) tiges(f) 72.
légumes(m) tubercules(m) 71.
légumier(m) 238.
lentille(f) 385, 390, 392, 707.
lentille(f) biconcave 722.
lentille(f) biconvexe 722.
lentille(f) concave 722.
lentille(f) convexe 722.
lentille(f) de champ(m) 718.
lentille(f) de macrophotographie(f) 392.
lentille(f) objectif(m) 718, 719, 721.
lentille(f) plan(m)-concave 722.
lentille(f) plan(m)-convexe 722.
LENTILLES(F) 722.
lentilles(f) 72.
lentilles(f) convergentes 722.
lentilles(f) de mise(f) au point(m) 717.
lentilles(f) de redressement(m) 718.
lentilles(f) divergentes 722.
lest(m) 786.
leucoplaste(m) 115.
lève-fil(m) 256.
lève-soupape(m) 299.
levier(m) 278, 294, 295, 296, 365, 370, 583, 798.
levier(m) à ressort(m) 702.
levier(m) coudé 782.
levier(m) d'armement(m) 796, 804.
levier(m) d'écartement(m) 158.
levier(m) d'échappement(m) 541.
levier(m) d'embrayage(m) 272, 442, 444.
levier(m) de clé(f) 549.
levier(m) de commande(f) 283, 735.
levier(m) de commande(f) manuelle 467.
levier(m) de conduite(f) 788.
levier(m) de déclenchement(m) 293.
levier(m) de dégagement(m) 278.
levier(m) de dégagement(m) du papier(m) 525.
levier(m) de dégagement(m) du presse-papier(m) 525.
levier(m) de fixation(f) de venturi(m) 804.
levier(m) de frein(m) à main(f) 430, 470.
levier(m) de frein(m) avant 444.
levier(m) de la lame(f) 578.
levier(m) de manœuvre(f) 787, 788.
levier(m) de manœuvre(f) de la culasse(f) 802.
levier(m) de perçage(m) 256.
levier(m) de réglage(m) 539.
levier(m) de réglage(m) latéral 277.
levier(m) de relevage(m) 147.
levier(m) de serrage(m) 282.
levier(m) de tissage(m) 568.
levier(m) de verrouillage(m) 471.
levier(m) de vibrato(m) 547.
levier(m) de vitesse(f) 430.
levier(m) des aérofreins(m) 500.
levier(m) des volets(m) 500.
levier(m) du bloc(m) 277.
levier(m) du piston(m) 291.
levier(m) du protège-lame(m) inférieur 284.
levier(m) du train(m) d'atterrissage(m) 500.
levier(m) télescopique de dételage(m) 470.
lèvre(f) 100, 107, 281.
lèvre(f) inférieure 142, 542.
lèvre(f) supérieure 81, 142, 542.
Lézard(m) 11.
liaison(f) 539.
liaison(f) électrique 213.
liaison(f) frigorifique 213.
libellule(f) 77.
liber(m) 59.
liberté(f) de langue(f) 650.
lice(f) 181.
lierne(f) 177.
lieuse(f) 159.
Lièvre(m) 13.
ligament(m) 95.
ligament(m) alvéolo-dentaire 144.
ligament(m) élastique 92, 107.
ligament(m) large de l'utérus(m) 129.
ligament(m) rond de l'utérus(m) 129.
ligament(m) suspenseur 140.
ligne(f) 537.
ligne(f) arrière 611, 620.
ligne(f) avant 617.
ligne(f) blanche 104.
ligne(f) bleue 608.
ligne(f) centrale 608, 619.
ligne(f) d'appel(m) triple saut(m) 654.
ligne(f) d'arrivée(f) 654.
ligne(f) d'attaque(f) 613.
ligne(f) d'avertissement(m)- épée(f) et sabre(m) 666.
ligne(f) d'avertissement(m)- fleuret(m) 666.
ligne(f) d'ourlet(m) 565.
ligne(f) de balayage(m) 620.
ligne(f) de ballon(m) mort 606.
ligne(f) de bâti(m) 565.
ligne(f) de boîte(f) de service(m) 617.
ligne(f) de but(m) 604, 606, 607, 608, 612, 626.
ligne(f) de cadre(m) 674.
ligne(f) de centre(m) 604, 607, 620, 682.
ligne(f) de côté(m) 613.
ligne(f) de couloir(m) 656.
ligne(f) de coupe(f) 565.
ligne(f) de croissance(f) 83, 95.
ligne(f) de demi-court(m) 616.
ligne(f) de départ(m) 620, 655, 656.
ligne(f) de distribution(f) à basse tension(f) 757.
ligne(f) de distribution(f) à moyenne tension(f) 757.
ligne(f) de double(m) 614.
ligne(f) de foi(f) 485.
ligne(f) de fond(m) 604, 610, 613, 614, 618, 619, 621.
ligne(f) de jet(m) franc 612.
ligne(f) de jeu(m) 597, 620, 683, 698.
ligne(f) de lancer(m) franc 610.
ligne(f) de limite(f) arrière 666.
ligne(f) de mêlée(f) 603, 605.
ligne(f) de mise(f) en garde(f) 666.
ligne(f) de modification(f) 565.
ligne(f) de piqûre(f) de la fermeture(f) 565.
ligne(f) de réception(f) de service(m) 617.
ligne(f) de retrait(m) 599.
ligne(f) de sécurité(f) 475.
ligne(f) de service(m) 614, 616, 617.
ligne(f) de service(m) court 618.
ligne(f) de service(m) long 618.
ligne(f) de simple(m) 614.
ligne(f) de surface(f) de but(m) 612.
ligne(f) de surface(f) de réparation(f) 601.
ligne(f) de suture(f) 94.
ligne(f) de touche(f) 601, 604, 606, 607, 610, 611, 612.
ligne(f) de visée(f) 719.
ligne(f) des 10 mètres(m) 606.
ligne(f) des 15 mètres(m) 606.
ligne(f) des 2 m 626.
ligne(f) des 22 mètres(m) 606.
ligne(f) des 22,9 mètres(m) 607.
ligne(f) des 4 m 626.
ligne(f) des 5 mètres(m) 606.
ligne(f) des courtes(f) 616.
ligne(f) des sept mètres(m) 612.
ligne(f) des verges(f) 604.
ligne(f) isosiste 23.
ligne(f) latérale 87, 616, 619, 620.
ligne(f) latérale de double(m) 618.
ligne(f) latérale de simple(m) 618.
ligne(f) médiane 601, 606, 610, 612, 618, 626, 666.
ligne(f) médiane de service(m) 614.
ligne(f) méridienne 719.
ligne(f) supplémentaire 537.
ligneur(m) 367.
limaçon(m) 139.
limbe(m) 57, 484.
lime(f) 277, 365, 688.
lime(f) à ongles(m) 365.
limes(f)-émeri(m) 365.
limitation(f) de hauteur(f) 826, 827.
limite(f) d'arrondissement(m) 52.
limite(f) de la ville(f) 52.
limite(f) de retour(m) 599.
limite(f) du batteur(m) 599.
limite(f) du terrain(m) 193.
limite(f) hors-terrain 616.
limiteur(m) de surchauffe(f) 259.
limon(m) 201.
limousine(f) 425.
linéaire 56.
lingerie(f) 460.
linteau(m) 175, 198, 202, 204.
lion(m) 98.
Lion(m) 11.
Lion(m) (23 juillet) 820.
lion(m) passant 819.
liquette(f) 337.
liquide(m) 216.
liquides(m) d'appoint(m) 592.
lire(f) 832.
lisière(f) 566.
lisse(f) 199, 471.
lisse(f) d'assise(f) 198, 199.
lisses(f) 573.
lisses(f) 572, 574.
listel(m) 281.
LIT(M) 224.
lit(m) 687.
lit(m) de camp(m) pliant 687.
lit(m) de l'ongle(m) 137.
litchi(m) 68.
literie(f) 224.
LITHOGRAPHIE(F) 583.
lithographie(f), matériel(m) 583.
lithosphère(f) 31.
LITTORAL(M), CONFIGURATION(F) 30.
livèche(f) 74.
livre(f) 832.

Les termes en **caractères gras** renvoient à une illustration, ceux en CAPITALES indiquent un titre.

livre(m) relié 577.
livrée(f) 599.
livrée(f) 599.
loafer(m) 355.
lobé 56.
lobe(m) 111.
lobe(m) du nez(m) 141.
lobe(m) inférieur 130.
lobe(m) latéral inférieur 61.
lobe(m) latéral supérieur 61.
lobe(m) moyen 130.
lobe(m) supérieur 130.
lobe(m) terminal 61.
lobule(m) 139.
locaux(m) administratifs 462.
locaux(m) de service(m) 172, 173.
locaux(m) du personnel(m) 494.
LOCOMOTIVE(F) DIESEL-ÉLECTRIQUE 468.
loge(f) 64, 65, 189.
loge(f) d'artiste(m) 189.
logement(m) de cassette(f) 403.
logement(m) de la bobine(f) 390.
logement(m) de la cassette(f) 409, 411.
logement(m) de rangement(m) 397.
logement(m) des officiers(m) 807, 808.
logement(m) du barillet(m) 290.
logement(m) du plateau(m) 405.
lointain(m) 188, 189.
long péronier(m) latéral 120.
long supinateur(m) 121.
longeron(m) 441, 498.
longeron(m) de chenille(f) 783.
longeron(m) latéral inférieur 470.
longeron(m) stabilisateur 788.
longitude(f) 47.
longitude(f) 3.
longueur(f) de la vague(f) 30.
loquet(m) 253, 257.
lorgnette(f) 377.
lorum(m) 109.
louche(f) 244.
loupe(f) 688.
loupe(f) de mise(f) au point(m) 399.
luette(f) 141, 142.
LUGE(F) 643.
lumière(f) 489, 542, 720, 721, 800, 801.
LUMINAIRES(M) 232, 234, 236.
LUNE(F) 7.
Lune(f) 4, 8.
LUNE(F), ÉCLIPSE(F) 8.
LUNE(F), PHASES(F) 6.
lunette(f) 713, 803.
LUNETTE(F) ASTRONOMIQUE 721.
lunette(f) astronomique, coupe(f) 721.
LUNETTE(F) DE VISÉE(F) 718.
lunette(f) de visée(f) 798.
lunette(f) prismatique 484.
LUNETTES(F) 376.
lunettes(f) 308.
lunettes(f) de protection(f) 729.
lunettes(f) de sécurité(f) 729.
lunettes(f) de ski(m) 640.
lunettes(f) de soleil(m) 377.
lunettes(f) de vol(m) 635.
lunettes(f), parties(f) 376.
lunettes(f), principaux types(m) 377.
lunule(f) 95, 137.
lustre(m) 236.
Lynx(m) 11.
lyre(f) 535.
Lyre(f) 11.
lysosome(m) 115.

M

macaroni(m) 587.
mâche(f) 73.
machette(f) 794.
mâchicoulis(m) 181.
mâchicoulis(m) 180.
machine(f) à combustible(m) 759.
machine(f) à coudre 561.
MACHINE(F) À ÉCRIRE ÉLECTRONIQUE 524.
machine(f) à faire les pâtes(f) 243.
MACHINE(F) À SOUS(M) 702.
MACHINE(F) À TRICOTER 568.
machine(f) de chargement(m) 760, 761, 764.
machine(f) de déchargement(m) 764.
MACHINERIE(F) LOURDE 782, 784, 785.
mâchoire(f) 81, 311.
mâchoire(f) d'attelage(m) 471.
mâchoire(f) d'herbivore(m) 98.
mâchoire(f) de carnivore(m) 98.
mâchoire(f) de rongeur(m) 98.
mâchoire(f) dentée 278.
mâchoire(f) droite 278.
mâchoire(f) fixe 279.
mâchoire(f) incurvée 278.
mâchoire(f) mobile 279.
MÂCHOIRES(F), TYPES(M) 98.
MAÇONNERIE(F) 291.
magasins(m) 532.
magma(m) 25, 28.
magnétomètre(m) 42.
magnétophone(m) à cartouches(f) 407.
magnétophone(m) à cassette(f) numérique 407.
magnétoscope(m) 411.
magnétoscope(m) 401, 526.
maille(f) 619.
mailles(f) de montage(m) 567.
maillet(m) 275.
maillet(m) 581, 586.
mailloche(f) 552.
mailloches(f) 553.
maillon(m)-gouge(f) 272.
maillot(m) 656.
maillot(m) de bain(m) 353.
maillot(m) de corps(m) 662.
main(f) 137.
main(f) 117, 119.
main(f) courante 201, 470, 727.
main(f) pleine 695.
maïs(m) 72.
maïs(m) 152.
maïs(m) fourrager 149.
maison(f) 193, 620.
maison(f) individuelle 187.
maison(f) individuelle jumelée 187.
MAISON(F) ROMAINE 170.
maison(f) solaire 772.
maison(f) sur pilotis(m) 165.
maison(f), charpente(f) 198.
MAISON(F), EXTÉRIEUR(M) 196.
maison(f), fondations(f) 199.
MAISON(F), STRUCTURE(F) 198.
MAISONS(F) DE VILLE(F) 187.
maisons(f) en rangée(f) 187.
MAISONS(F) TRADITIONNELLES 165.
maître(m)-brin(m) 645.
majeur(m) 137.
malaire(m) 122.
mâle(m) 831.
malle(f) 383.
mallette(f) de toilette(f) 382.
mallette(f) porte-documents(m) 378.
mamelle(f) 104.
mamelon(m) 116, 118, 129.
mamelon(m) double 301.
manche(f) 318, 322.
manche(f) à air(m) 817.
manche(f) ballon(m) 340.
manche(f) bouffante 340.
manche(f) chauve-souris(f) 339.
manche(f) chemisier(m) 340.
manche(f) flottante 316.
manche(f) gigot(m) 340.
manche(f) kimono(m) 340.
manche(f) marteau(m) 340.
manche(f) montée 324, 326.
manche(f) pagode(f) 340.
manche(f) pendante 316.
manche(f) raglan 319, 330, 340, 350.
manche(f) tailleur(m) 340.
manche(f) trois-quarts 339.
manche(m) 239, 240, 241, 275, 276, 279, 291, 304, 306, 310, 373, 374, 375, 541, 544, 546, 547, 563, 570, 579, 596, 598, 607, 609, 615, 619, 632, 674, 677, 681.
manche(m) à balai(m) 508, 526, 639.
manche(m) de commande(f) 500.
manche(m) isolant 311.
manche(m) isolé 310.
mancheron(m) 270, 272, 318, 339.
manches(f), types(m) 339, 340.
manchette(f) 609.
manchon(m) 209, 301, 304, 381, 632, 662, 663.
manchon(m) de câble(m) 280.
manchon(m) de culasse(f) 802.
manchon(m) de refroidissement(m) 796.
manchon(m) du cordon(m) 283, 305.
mandarine(f) 65.
mandibule(f) 78, 80, 81, 86, 102, 109.
mandoline(f) 535.
mandrin(m) 276, 280, 281, 283.
manette(f) 252.
manette(f) d'admission(f) d'air(m) 204.
manette(f) de blocage(m) du plateau(m) 283.
manette(f) de chasse(f) d'eau(f) 293.
manette(f) de contact(m) 235.
manette(f) de dérailleur(m) 447, 448.
manette(f) de glissement(m) 428.
manette(f) du frein(m) 445.
manettes(f) de poussée(f) 500.
mangue(f) 63.
manifold(m) 738.
manille(f) 630.
manivelle(f) 265, 280, 281, 441, 448, 573, 671, 793.
manivelle(f) d'orientation(f) des lames(f) 231.
manivelle(f) de la colonne(f) 393.
manivelle(f) de lève-glace(m) 429.
manivelle(f) de pointage(m) en direction(f) 803.
manivelle(f) de pointage(m) en hauteur(f) 802, 803.
mannequin(m) 564.
mannequin(m) articulé 592.
manœuvre(f) de la pelleteuse(f) 782.
manœuvres(f) d'apogée(m) 419.
manomètre(m) 627, 710, 740, 741, 778.
manomètre(m) d'accord(m) 553.
manomètre(m) de bouteille(f) 306.
manomètre(m) de chalumeau(m) 306.
manque(m) (1 à 18) 700, 701.
manteau(m) 204, 331.
manteau(m) inférieur 22.
manteau(m) supérieur 22.
manteaux(m), types(m) 330.
MANUCURE(F) 365.
manucure(f), accessoires(m) 365.
manuel(m) de premiers soins(m) 725.
MANUTENTION(F) 786, 788.
MAQUILLAGE(M) 366.
maquillage(m) 366.
maquillage(m) des lèvres(f) 366.
maquillage(m) des yeux(m) 367.
marais(m) salant 30.
marbre(m) 581.
marbre(m) 597.
marche(f) 201, 302, 572.
marche(f) avant/marche(f) arrière 272.
marche(f) de départ(m) 201.
marche(f)/arrêt(m) 408.
marche(f)/arrêt(m)/volume(m) 408.
marchepied(m) 302.
marchepied(m) 147, 440, 445, 478, 508, 778.
marchepied(m) en étrier(m) 470.
marchepied(m) escamotable 449.
marchepied(m) latéral 469.
marette(f) 311.
marge(f) continentale 29.
margeur(m) 398.
marinière(f) 337.
mark(m) 832.
marmite(f) 249.
marque(f) cardinale est(m) 489.
marque(f) cardinale ouest(m) 489.
marque(f) cardinale sud(m) 489.
marque(f) centrale 614.
marque(f) d'aire(f) de prise(f) de contact(m) 505.
marque(f) d'axe(m) de piste(f) 504.
marque(f) d'eaux(f) sécuritaires 489.
marque(f) de danger(m) isolé 489.
marque(f) de distance(f) constante 505.
marque(f) de jour(m) 486, 487.
marque(f) de point(m) d'attente(f) 504.
marque(f) déposée 384, 831.
marque(f) latérale 489.
marque(f) spéciale 489.
marques(f) cardinales 488.
marques(f) d'identification(f) 504.
marques(f) de circulation(f) 503.
marques(f) de jour(m) (région(f) B) 489.
marques(f) de nuit(f), rythme(m) 489.
marques(f) de seuil(m) de piste(f) 505.
marques(f) latérales de piste(f) 504.
marqueur(m) 389, 515, 588, 610, 613, 666, 668.
marquise(f) 480.
marron(m) 66.
Mars 4.
marteau(m) 658.
marteau(m) 138, 540, 541.
marteau(m) à endosser 579.
marteau(m) à panne(f) ronde 275.
marteau(m) d'électricien(m) 311.
marteau(m) de charpentier(m) 275.
marteau(m) de maçon(m) 291.
marteau(m) de menuisier(m) 275.
marteau(m) perforateur 734.
marteau(m) perforateur à poussoir(m) pneumatique 734.
marteau(m) pneumatique 735.
marteau(m)-piolet(m) 681.
marteau(m)-piolet(m) 680.
martinet(m) 478.
martingale(f) 330, 479, 666.
mascara(m) en pain(m) 367.
mascara(m) liquide 367.
masque(m) 595, 602, 609, 627, 667.
masque(m) bucco-nasal 730.
masque(m) complet 777.
masque(m) de sélection(f) des couleurs(f) 410.
masque(m) protecteur 643.
masque(m) respiratoire 730.
masse(f) 714.
masse(f) pendulaire 539.
masse(f)-tige(f) 737.
masséter(m) 120.
massette(f) de réglage(m) 539.
massif(m) d'ancrage(m) des câbles(m) 456.
massif(m) de fleurs(f) 263.
massif(m) de fondation(f) 737.
massif(m) montagneux 51.
mât(m) 471, 628, 631, 637, 787, 788.
mât(m) avant 743.
mât(m) d'artimon(m) 478.
mât(m) de beaupré(m) 479.
mât(m) de cacatois(m) 479.
mât(m) de charge(f) 743.
mât(m) de hune(f) 479.
mât(m) de misaine(f) 479.
mât(m) de perroquet(m) 479.
mât(m) de toit(m) 686.
mât(m) radar(m) 742.
mât(m) rotor(m) 508.
matelas(m) 687.
matelas(m) 224, 726.
matelas(m) autogonflant 687.
matelas(m) mousse(f) 687.
matelas(m) pneumatique 687.
matelassure(f) 649.
mâtereau(m) 743.
matériaux(m) de base(f) 286.
MATÉRIAUX(M) DE CONSTRUCTION(F) 286, 288.
matériaux(m) de revêtement(m) 286.
MATÉRIEL(M) DE CAMPING(M) 688.
MATÉRIEL(M) DE SECOURS(M) 726.
mathématiques(f) 830.
matières(f) corrosives 821.
matières(f) explosives 821.
matières(f) inflammables 821.
matières(f) radioactives 821.
matières(f) toxiques 821.
matrice(f) de l'ongle(m) 137.
maturation(f), vigne(f) 61.
mâture(f) 478.
maturité(f) 61.
maxillaire(m) 86, 109, 141.
maxillaire(m) basculant 96.
maxillaire(m) inférieur 122.
maxillaire(m) supérieur 122.
maxille(f) 90.
mazout(m) domestique 745.
mazout(m) léger 745.
mazout(m) lourd 745.
méat(m) de l'urètre(m) 127.
mécanique(f) d'accordage(m) 547.
mécanisme(m) à échappement(m) 539.
mécanisme(m) d'assistance(f) de la culasse(f) 796.
mécanisme(m) d'engrenage(m) 583.
mécanisme(m) d'enroulement(m) 231.
mécanisme(m) d'octave(f) 548.
mécanisme(m) d'orientation(f) de la lame(f) 784.
mécanisme(m) d'ouverture(f) de l'anse(f) 671.
mécanisme(m) de déploiement(m) 49.
mécanisme(m) de l'horloge(f) à poids(m) 707.
mécanisme(m) de levage(m) de la lame(f) 784.
mécanisme(m) de propulsion(f) 448.
mécanisme(m) de rebobinage(m) 390.

Les termes en **caractères gras** renvoient à une illustration, ceux en CAPITALES indiquent un titre.

mécanisme(m) de tir(m) 804.
mèche(f) 544.
mèche(f) de tarière(f) 270.
mèche(f) double torsade(f) 281.
mèche(f) hélicoïdale 281.
médaillon(m) 361.
médecin(m) 669.
médiator(m) 535.
méditerranéen 45.
mégot(m) 386.
mélange(m) air(m)/carburant(m) 436.
mélangeur(m) 250.
mélangeur(m) à main(f) 250.
mélangeur(m) bain(m)-douche(f) 215.
mêlée(f) 603.
mêlée(f) au football(m) canadien 605.
mélèze(m) 58.
melon(m) 328.
melon(m) brodé 69.
membrane(f) 401, 406.
membrane(f) alaire 112.
membrane(f) coquillière 109.
membrane(f) cytoplasmique 115.
membrane(f) du tympan(m) 139.
membrane(f) interfémorale 112.
membrane(f) médiane 67.
membrane(f) nucléaire 115.
membrane(f) pellucide 128.
membrane(f) squelettique 115.
membrane(f) vitelline 109.
membre(m) inférieur 124.
membre(m) supérieur 124.
membrure(f) inférieure 455.
membrure(f) principale 756.
membrure(f) supérieure 455.
mémoire(f) des patrons(m) 569.
mémorisation(f) des données(f) 310.
meneur(m) 620.
ménisque(m) convergent 722.
ménisque(m) divergent 722.
menthe(f) 74.
menton(m) 108, 118.
mentonnière(f) 443, 544, 777, 792.
MENUISERIE(F): OUTILS(M) 275, 276, 278, 280, 282, 284.
méplat(m) 567.
mer(f) 7, 51, 752.
mer(f) Caspienne 21.
mer(f) de Béring 21.
mer(f) de Chine(f) 21.
mer(f) des Antilles(f) 20.
mer(f) du Groenland(m) 20.
mer(f) du Nord(m) 21.
mer(f) Méditerranée(f) 21.
mer(f) Noire 21.
mer(f) Rouge 21.
Mercure 4.
mercure(m) 232.
méridien(m) céleste 3.
méridien(m) de Greenwich 47.
méridien(m) est 47.
méridien(m) ouest 47.
méridienne(f) 221.
merlon(m) 181.
merlon(m) de protection(f) 741.
merrain(m) 105.
mésa(f) 46.
mésocarpe(m) 62, 63, 64, 65.
mésosphère(f) 19.
mésothorax(m) 78.
mesure(f) à deux temps(m) 537.
mesure(f) à quatre temps(m) 537.
mesure(f) à trois temps(m) 537.
mesure(f) de l'ensoleillement(m) 40.
MESURE(F) DE L'ÉPAISSEUR(F) 711.
mesure(f) de l'humidité(f) 41.
mesure(f) de la direction(f) du vent(m) 41.
MESURE(F) DE LA DISTANCE(F) 711.
mesure(f) de la hauteur(f) des nuages(m) 41.
MESURE(F) DE LA LONGUEUR(F) 711.
MESURE(F) DE LA MASSE(F) 708.
mesure(f) de la neige(f) 41.
mesure(f) de la pluviosité(f) 40.
MESURE(F) DE LA PRESSION(F) 710.
mesure(f) de la pression(f) 41.
MESURE(F) DE LA TEMPÉRATURE(F) 705.
mesure(f) de la température(f) 41.
mesure(f) de la vitesse(f) du vent(m) 41.
MESURE(F) DES ANGLES(M) 713.
MESURE(F) DES ONDES(F) SISMIQUES 714.
MESURE(F) DU TEMPS(M) 706.
MESURE(F) MÉTÉOROLOGIQUE 40.
mesurer, ustensilsm 244.
mesures(f) 537.
mesures(f) 244.
métacarpe(m) 102, 107, 122.
métal(m) A 307.
métal(m) B 307.
métatarse(m) 80, 103, 122.
métathorax(m) 78.
métaux(m) 33.
métaux(m), exemples(m) 819.
météores(m) 39.
MÉTÉOROLOGIE(F) 38.
MÉTÉOROLOGIE(F), INSTRUMENTS(M) DE MESURE(F) 40.
météorologie(f), station(f) 38.
métier(m) à broder 571.
métier(m) de basse lisse(f) 572.
métier(m) de haute lisse(f) 574.
métope(f) 167.
mètre(m) à ruban(m) 711.
mètre(m) à ruban(m) 563.
métro(m) 190.
métronome(m) à quartz(m) 539.
métronome(m) mécanique 539.
MEUBLES(M) DE RANGEMENT(M) 225, 226.
meubles(m), exemples(m) 819.
meule(f) 105.
meurtrière(f) 181.
mezzanine(f) 194.
mezzanine(f) 195, 474.
mi(m) 537.
mi-bas(m) 325, 344.
mi-chaussette(f) 325, 344.
micro(m) de fréquences(f) aiguës 547.
micro(m) de fréquences(f) graves 547.
micro(m) de fréquences(f) moyennes 547.
micro-ordinateur(m) 526.
micro-ordinateur(m) (vue(f) en plongée(f)) 528.
micromètre(m) palmer(m) 711.
microphone(m) 407, 414, 420, 639.
microphone(m) d'interphone(m) 413.
MICROPHONE(M) DYNAMIQUE 406.
microphone(m) incorporé 409.
microprocesseur(m) 528.
MICROSCOPE(M) BINOCULAIRE 718.
MICROSCOPE(M) ÉLECTRONIQUE 717.
microscope(m) électronique, composantes(f) 717.
mihrab(m) 173.
millet(m) 152.
minaret(m) 172, 173.
minbar(m) 173.
MINE(F) DE CHARBON(M) 733, 734, 736.
mine(f) souterraine 736.
minerai(m) 733.
mini-slip(m) 325.
minute(f) 830.
minuterie(f) 252, 398, 585, 712.
minuteur(m) 244, 664.
mire(f) 684, 719.
mire(f) de réglage(m) 414.
mirette(f) 585.
miroir(m) 292, 382, 719.
miroir(m) d'éclairage(m) 713.
miroir(m) de courtoisie(f) 430.
miroir(m) de lecture(f) 512.
miroir(m) double pivotant 368.
miroir(m) latéral 368.
miroir(m) lumineux 368.
miroir(m) parabolique 770.
miroir(m) plan rétractable 14.
miroir(m) plan(m) 720.
miroir(m) primaire 16.
miroir(m) primaire concave 14.
miroir(m) primaire parabolique 720.
miroir(m) principal 390.
miroir(m) secondaire 16, 390.
misaine(f) 481.
mise(f) à feu(m), accessoires(m) 801.
mise(f) en marche(f) 420, 421.
mise(f) en orbite(f) 419.
mise(f) en presse(f) 579.
missile(m) air(m)-air(m) 813, 814.
missile(m) air(m)-sol(m) 814.
missile(m) anti-sous-marin 809, 814.
missile(m) antiaérien 808.
missile(m) antichar 814.
missile(m) antinavire 814.
missile(m) antiradar 814.
missile(m) mer(f)-mer(f) 809.
missile(m) sol(m)-air(m) 814.
missile(m), structure(f) 814.
MISSILES(M) 814.
missiles(m), principaux types(m) 814.
mitaine(f) 327.
mitaine(f) 308, 327, 680.
mitigeur(m) à bille(f) creuse 294.
mitigeur(m) à cartouche(f) 295.
mitigeur(m) à disque(m) 295.
mitigeur(m) d'évier(m) 296.
mitochondrie(f) 115.
mitrailleuse(f) 805.
mitre(f) 205, 239, 242.
mitron(m) 197.
MOBILIER(M) DE BUREAU(M) 520, 522.
mocassin(m) 355.
mode(m) 525.
mode(m) d'entraînement(m) du film(m) 391.
mode(m) d'entraînement(m) du papier(m) 531.
mode(m) d'exposition(f) 391.
mode(m) de mise(f) au point(m) 391.
mode(m) de sélection(f) des stations(f) 402.
mode(m) de sortie(f) des copies(f) 532.
mode(m) magnétoscope(m) 411.
mode(m) manuel/automatique 585.
mode(m) télévision(f) 411.
modèle(m) à plat(m) 580.
modèle(m) en creux(m) 580.
modèle(m) en relief(m) 580.
modem(m) 526.
modérateur(m) 766.
modérateur(m): eau(f) lourde 761.
modérateur(m): eau(f) naturelle 762, 763.
modérateur(m): graphite(m) 760.
modification(f) fine des variables(f) 555.
modification(f) rapide des variables(f) 555.
modillon(m) 167.
modulation(f) de la hauteur(f) du son(m) 555.
modulation(f) du timbre(m) du son(m) 555.
module(m) d'alimentation(f) électrique 528.
module(m) d'injection(f) de gaz(m) 738.
module(m) de charge(f) utile 49.
module(m) de commande(f) 509.
module(m) de communication(f) 418.
module(m) de mémoire(f) morte (ROM) 528.
module(m) de mémoire(f) vive (RAM) 528.
module(m) de photopiles(f) 769.
module(m) de propulsion(f) 418.
module(m) de service(m) 418, 509.
module(m) extérieur 212.
module(m) intérieur 213.
module(m) lunaire 509.
moelle(f) 59.
moelle(f) épinière 89, 134, 135.
moissonneuse(f)-batteuse(f) 160.
moissonneuse(f)-batteuse(f) 155.
molaire(f) 98.
molaire(f), coupe(f) 144.
molaires(f) 144.
molette(f) 279, 386.
molette(f) d'entraînement(m) 256.
molette(f) de mise(f) au point(m) 719.
molette(f) de réglage(m) 311.
molette(f) de réglage(m) de la flamme(f) 386.
molette(f) du cylindre(m) 531.
mollet(m) 117, 119.
MOLLUSQUE(M) 92.
mollusques(m) comestibles 93.
monocle(m) 377.
mont(m) de Vénus 128.
MONTAGNE(F) 27.
montant(m) 198, 223, 302, 341, 535, 572, 574, 578, 644, 657, 659, 660, 661, 728.
montant(m) d'angle(m) 470.
montant(m) de bâti(m) 225.
montant(m) de bride(f) 649.
montant(m) de ferrage(m) 202, 225.
montant(m) de filet(m) 649.
montant(m) de la serrure(f) 202.
montant(m) de rive(f) 203.
montant(m) embrevé 203.
montant(m) latéral 427.
montant(m) mouton(m) 203.
monte-boules(m) 683.
monte-charge(m) 188.
montée(f) arrière 651.
MONTGOLFIÈRE(F) 634.
monticule(m) 597.
montre(f) 430, 585.
montre(f) à affichage(m) analogique 706.
montre(f) à affichage(m) numérique 706.
montre(f) mécanique 706.
monture(f) 376.
monture(f) 282, 536, 666.
monture(f) altazimutale 15.
monture(f) baïonnette(f) 392.
monture(f) d'objectif(m) 390.
monture(f) en fer(m) à cheval(m) 14.
monture(f) réglable 277.
monument(m) 52.
moraillon(m) 383.
moraine(f) de fond(m) 26.
moraine(f) frontale 27.
moraine(f) latérale 27.
moraine(f) médiane 26.
mordache(f) 578.
mordant(m) 538.
morille(f) 55.
mors(m) 276, 280, 281, 365, 577, 648.
mors(m) à canon(m) brisé 650.
mors(m) à pompe(f) 650.
mors(m) anglais 650.
mors(m) de bride(f) 650.
mors(m) de bride(f) 649.
mors(m) de filet(m) 650.
mors(m) de filet(m) 649.
mors(m) fixe 282.
mors(m) mobile 282.
MORS(M), TYPES(M) 650.
mort(f) 831.
mortaise(f) 385.
MORTIER(M) 803.
mortier(m) 243.
mortier(m) du XVII{e} siècle(m) 803.
mortier(m) moderne 803.
morts-terrains(m) 733.
mosaïque(f) 171.
MOSQUÉE(F) 172.
mosquée(f), plan(m) 173.
moteur(m) 147, 161, 207, 214, 257, 258, 259, 270, 271, 272, 283, 284, 442, 737, 784, 787, 805.
moteur(m) à deux temps(m) 436.
moteur(m) à essence(f) 434.
moteur(m) à quatre temps(m) 436.
moteur(m) à turbocompression(f) 438.
moteur(m) d'aiguillage(m) 467.
moteur(m) de disques(m) 529.
moteur(m) de guides(m) 529.
moteur(m) de manœuvre(f) 511.
moteur(m) diesel 437.
moteur(m) diesel 469, 495, 782, 783, 785.
moteur(m) diesel de propulsion(f) 492.
moteur(m) diesel de sustentation(f) 493.
moteur(m) du ventilateur(m) 214.
moteur(m) électrique 209, 216, 268, 271, 438.
moteur(m) électrique auxiliaire 806.
moteur(m) électrique principal 806.
moteur(m) F-1 509.
moteur(m) J-2 509.
moteur(m) rotatif 437.
moteur(m)-fusée(f) 43.
moteurs(m) 510.
moteurs(m) diesel 809.
moteurs(m) principaux 511.
MOTEURS(M), TYPES(M) 436.
motif(m) 350.
MOTO(F) 442, 444.
moto(m), tableau(m) de bord(m) 445.
motoculteur(m) 272.
motoneige(f) 445.
motrice(f) 459, 476, 477.
Mouche(f) 13.
mouche(f) 77, 675.
mouche(f) artificielle 670.
mouche(f) centrale 674.
mouche(f) de ligne(f) de cadre(m) 674.
mouche(f) supérieure 675.
moufle(f) 308, 327, 680, 793.
moufle(f) fixe 737.
moufle(f) mobile 737.
mouilleur(m) 516.
moule(f) 93.
moule(m) à fond(m) amovible 245.
moule(m) à gâteau(m) 245.
moule(m) à muffins(m) 245.
moule(m) à quiche(f) 245.
moule(m) à tarte(f) 245.
moulin(m) à café(m) 256.
moulin(m) à vent(m) 773.

Les termes en **caractères gras** renvoient à une illustration, ceux en CAPITALES indiquent un titre.

moulin(m) pivot(m) 773.
moulinet(m) 581.
moulinet(m) à mouche(f) 670.
moulinet(m) à tambour(m) fixe 671.
moulure(f) de protection(f) 449.
mousqueton(m) 681.
mousqueton(m) 630, 672, 680.
mousqueton(m) à ressort(m) 630.
mousse(f) graisseuse 216.
moustaches(f) 107.
moutarde(f) 67.
mouton(m) 150, 651.
mouvement(m) rotatif de la turbine(f) 755.
moyen adducteur(m) 120.
moyen(m) 666.
moyenne sus-alaire(f) 110.
moyenne tectrice(f) primaire 110.
moyeu(m) 447, 727, 754, 774.
moyeu(m) rotor(m) 508.
Mt Everest(m) 19.
mule(f) 355.
multimètre(m) 310.
multiplicateur(m) de focale(f) 392.
multiplication(f) 523, 830.
muqueuse(f) olfactive 142.
mur(m) 646, 647, 685.
mur(m) arrière 616, 617.
mur(m) avant 616, 617.
mur(m) bajoyer(m) 746.
mur(m) barré 646, 647.
mur(m) d'extrémité(f) 621.
mur(m) de batillage(m) 748.
mur(m) de briques(f) 199.
mur(m) de départ(m) 621.
mur(m) de fondation(f) 198, 199.
mur(m) de la qibla(f) 173.
mur(m) de virage(m) 621, 622.
mur(m) en béton(m) 772.
mur(m) fortifié 172.
mur(m) latéral 616, 617, 621.
mur(m) Trombe 772.
mur(m) Trombe 772.
muraille(f) 743.
muscle(m) adducteur 92.
muscle(m) arrecteur 136.
muscle(m) bulbo-caverneux 127.
muscle(m) droit externe 140.
muscle(m) droit interne 140.
muscle(m) papillaire 125.
MUSCLES(M) 120.
museau(m) 84, 106, 107.
musée(m) 185.
muserolle(f) 649.
MUSIQUE(F), ACCESSOIRES(M) 539.
mutule(f) 167.
mycélium(m) 55.
mye(f) 93.
myomère(m) 89.
myrtille(f) 62.

N

n'égale pas 830.
n'est pas identique à 830.
nacelle(f) 635.
nacelle(f) 457, 634, 774.
nacelle(f) d'observation(f) 14.
nacelle(f) d'osier(m) 635.
nacelle(f) élévatrice 506.
nage(f) sur le dos(m) 623.
nageoire(f) anale 87.
nageoire(f) caudale 87, 91.
nageoire(f) pectorale 86.
nageoire(f) pelvienne 86.
nages(f), types(m) 622.
naissance(f) 831.
naos(m) 169.
nappe(f) phréatique 24.
narine(f) 84, 86, 96, 109, 141.
nasal(m) 792.
naseau(m) 100.
NATATION(F) 621, 622.
navet(m) 71.
navette(f) 573.
navette(f) 510.
navette(f) ferroviaire 504.
NAVETTE(F) SPATIALE 510.
navette(f) spatiale au décollage(m) 510.
navette(f) spatiale en orbite(f) 510.
NAVIGATION(F), APPAREILS(M) 484.
navire(m) de forage(m) 739.
navire(m) porte-conteneurs(m) 490.
ne pas laver 829.
ne pas repasser 829.
ne pas utiliser avec une chaise(f) roulante 822.
ne pas utiliser de chlorure(m) décolorant 829.
nébulosité(f) 39.
nécessaire(m) à chaussures(f) 358.
nectarine(f) 63.
nef(f) 177.
nef(f) centrale 173.
nèfle(f) du Japon(m) 64.
négatif(m) 399, 831.
négatoscope(m) 398.
neige(f) 34.
neige(f) continue 39.
neige(f) intermittente 39.
neige(f) roulée 37.
neige(f), classification(f) des cristaux(m) 36.
neige(f), mesure(f) 41.
neiges(f) éternelles 27.
Neptune 5.
nerf(m) 136, 577.
nerf(m) circonflexe 133.
nerf(m) cochléaire 139.
nerf(m) crural 133.
nerf(m) cubital 133.
nerf(m) digital 133.
nerf(m) facial 139.
nerf(m) fémoro-cutané 133.
nerf(m) fessier 133.
nerf(m) grand abdomino-génital 133.
nerf(m) grand sciatique 133.
nerf(m) intercostal 133.
nerf(m) médian 133.
nerf(m) musculo-cutané 133.
nerf(m) obturateur 133.
nerf(m) olfactif 88, 142.
nerf(m) optique 140.
nerf(m) petit abdomino-génital 133.
nerf(m) petit sciatique 133.
nerf(m) rachidien 135.
nerf(m) radial 133.
nerf(m) saphène externe 133.
nerf(m) saphène interne 133.
nerf(m) sciatique poplité externe 133.
nerf(m) sciatique poplité interne 133.
nerf(m) tibial antérieur 133.
nerf(m) vestibulaire 139.
nerfs(m) crâniens 133.
nervure(f) 79, 627, 729, 785.
nervure(f) d'aile(f) 498.
nervure(f) d'emplanture(f) 498.
nervure(f) principale 56, 67.
nervure(f) secondaire 56.
NETBALL(M) 611.
netball(m), ballon(m) 611.
netball(m), terrain(m) 611.
nettoie-pipes(m) 385.
neurone(m) moteur 135.
neurone(m) sensoriel 134.
neurones(m) 135.
névé(m) 26.
nez(m) 118, 277, 498, 637, 638.
nez(m) du guide(m) 272.
nez(m), parties(f) externes 141.
nez(m)-de-marche(f) 201.
nid(m) à couvain(m) 82.
nid(m) d'ange(m) 349.
nimbo-stratus(m) 44.
niveau(m) 736.
niveau(m) à bulle(f) 291.
niveau(m) d'eau(f) 210, 247.
niveau(m) d'équilibre(m) 30.
niveau(m) de la mer(f) 22, 28.
niveleuse(f) 784.
nivelle(f) d'alidade(f) 713.
nivelle(f) d'embase(f) 713.
nivomètre(m) 41.
nœud(m) 57, 576, 756.
nœud(m) coulant 691.
nœud(m) d'arrêt(m) 691.
noeud(m) d'écoute(f) double 691.
noeud(m) d'écoute(f) simple 691.
nœud(m) de cabestan(m) 691.
nœud(m) de chaise(f) double 691.
nœud(m) de chaise(f) simple 691.
noeud(m) de Franciscain(m) 691.
nœud(m) de jambe(f) de chien(m) 691.
nœud(m) de pêcheur(m) 691.
nœud(m) de Ranvier 135.
nœud(m) de vache(f) 691.
nœud(m) papillon(m) 324.
nœud(m) plat 328, 691.
nœud(m) simple 691.
NŒUDS(M) 691, 692.
noir(m) 700, 701.
noire(f) 538.
Noirs(m) 696.
noisette(f) 66.
NOIX(F) 66.
noix(f) 66, 541, 569, 793.
noix(f) de cajou(m) 66.
noix(f) de coco(m) 66.
noix(f) de pacane(f) 66.
noix(f) du Brésil(m) 66.
noix(f), coupe(f) 66.
noix(f), principales variétés(f) 66.
nom(m) de la station(f) 474.
nombre(m) de copies(f) 532.
nombre(m) de décimales(f) 523.
nombril(m) 116, 118.
non addition(f)/total(m) partiel 523.
non-appartenance(f) 830.
non-parallèle 830.
nord(m) 488.
nord(m)-est(m) 488.
nord(m)-ouest(m) 488.
notation(f) algébrique 696.
NOTATION(F) MUSICALE 537, 538.
nouaison(f) 61.
nouvelle Lune(f) 6.
noyau(m) 6, 9, 63, 115, 128, 135, 542, 677, 798.
noyau(m) d'argile(f) 748.
noyau(m) externe 22.
noyau(m) galactique 9.
noyau(m) interne 22.
nu-pied(m) 357.
nuage(m) 36.
nuage(m) de cendres(f) 25.
nuage(m) nacré 19.
nuage(m) nocturne lumineux 19.
NUAGES(M) 44.
nuages(m) à développement(m) vertical 44.
nuages(m) de basse altitude(f) 44.
nuages(m) de haute altitude(f) 44.
nuages(m) de moyenne altitude(f) 44.
nuages(m), mesure(f) de la hauteur(f) 41.
nuancier(m) 592.
nucléole(m) 115, 128.
nuisette(f) 348.
numéro(m) 701.
numéro(m) d'autoroute(f) 52.
numéro(m) de couloir(m) 621.
numéro(m) de l'abonné(m) 712.
numéro(m) de la piste(f) 405.
numéro(m) de quai(m) 462.
numéro(m) de route(f) 52.
numéro(m) de tête(f) 653.
numéro(m) du joueur(m) 602.
numéro(m) plein 700, 701.
numéroteur(m) 516.
nuque(f) 108, 117, 119.
nymphe(f) 82.

O

oasis(f) 46.
objectif(m) 391, 392, 396, 397, 405, 718.
objectif(m) d'agrandissement(m) 399.
objectif(m) grand-angulaire 392.
objectif(m) normal 392.
objectif(m) super-grand-angle(m) 392.
objectif(m) zoom(m) 392, 409.
objectif(m), accessoires(m) 392.
objectifs(m) 392.
obscurité(f) 489.
observatoire(m) 14.
OBSERVATOIRE(M) ASTRONOMIQUE 14.
obstacle(m) d'eau(f) 676.
obstacles(m) 647.
OBUSIER(M) MODERNE 802.
occipital(m) 121, 123.
océan(m) 7, 35, 51.
océan(m) Arctique 21.
océan(m) Atlantique 20.
océan(m) Indien 21.
océan(m) Pacifique 20.
océan(m), dorsale(f) 28.
OCÉAN(M), FOND(M) 28.
océan(m), topographie 28.
Océanie(f) 21.
océanique 45.
octave(f) 537, 667.
oculaire(m) 390, 396, 409, 718, 719, 720, 721, 730.
oculaire(m) coudé 721.
ODORAT(M) 141.
oeil(m) 107.
œil(m) 140.
œil(m) 83, 90, 96, 97, 118, 275, 573, 649, 681.
œil(m) composé 79, 80, 81.
œil(m) simple 78, 80, 81.
œil(m) témoin(m) 471.
œillère(f) 653.
œillet(m) 230, 353, 354, 381, 569, 644, 671.
œillet(m) d'attache(f) 390.
œsophage(m) 88, 92, 97, 130, 131, 142.
œuf(m) 109.
œuf(m) 82.
œufrier(m) 254.
œufs(m) 84, 89.
office(m) 498.
ogive(f) 754.
oie(f) 150.
oignon(m) 70.
oignon(m) jaune 70.
OISEAU(M) 108, 110.
oiseau(m) aquatique 111.
oiseau(m) aquatique 111.
Oiseau(m) de Paradis(m) 13.
oiseau(m) de proie(f) 111.
oiseau(m) de proie(f) 111.
oiseau(m) échassier 111.
oiseau(m) granivore 111.
oiseau(m) insectivore 111.
oiseau(m) percheur 111.
oiseau(m), morphologie(f) 108.
olécrane(m) 102.
olécrâne(m) 123.
oléoduc(m) 740.
oléoduc(m) d'évacuation(f) 738.
oléoduc(m) sous-marin 740.
oléoduc(m) surélevé 740.
olive(f) 63.
ombelle(f) 60.
ombilic(m) 26.
ombilic(m) inférieur 110.
ombilic(m) supérieur 110.
ombre(f) 706.
ombre(f) à paupières(f) 367.
omoplate(f) 102, 117, 119, 122, 123.
onde(f) radio 15.
onde(f) sismique 23.
ongle(m) 137.
onglet(m) 518, 688.
onglet(m) à fenêtre(f) 518.
opale(f) 363.
opérateur(m) de régie(f) d'éclairage(m) 412.
opercule(m) 84, 86.
Ophiucus 11, 13.
opisthodome(m) 169.
or(m) 819.
orage(m) 39.
orage(m) violent 39.
orange(f) 65.
orange(f) 65.
orbiculaire(m) des paupières(f) 120.
orbite(f) de lancement(m) 48.
orbite(f) des satellites(m) 43.
orbite(f) géostationnaire 43.
orbite(f) lunaire 8.
orbite(f) polaire 43.
orbite(f) présélectionnée 48.
orbites(f) des planètes(f) 4.
ORCHESTRE(M) SYMPHONIQUE 556.
ordinateur(m) de gestion(f) de vol(m) 500.
ordinateur(m) des données(f) aérodynamiques 500.
ordonnance(f) 831.
ordre(m) corinthien 167.
ordre(m) dorique 167.
ordre(m) ionique 166.
oreille(f) 107, 112, 116, 223, 483.
oreille(f) externe 138.
oreille(f) interne 138.
oreille(f) moyenne 138.
oreille(f), parties(f) 138.
oreille(f), pavillon(m) 139.
oreiller(m) 224.
oreillette(f) droite 124, 125.
oreillette(f) gauche 124, 125.
organeau(m) 483.
organeau(m) de hissage(m) 483.
ORGANES(M) DES SENS(M) 136, 138, 140, 141.
ORGANES(M) GÉNITAUX FÉMININS 128, 129.
ORGANES(M) GÉNITAUX MASCULINS 127.
orge(f) 152.
ORGUE(M) 542.
orgue(m), mécanisme(m) 543.
orgue(m), production(f) du son(m) 543.
orifice(m) d'aération(f) 304.

Les termes en **caractères gras** renvoient à une illustration, ceux en CAPITALES indiquent un titre.

orifice(m) d'alimentation(f) 778, 779.
orifice(m) d'échappement(m) 735.
orifice(m) de l'intestin(m) 83.
orifice(m) de remplissage(m) 256.
orifice(m) du conduit(m) auditif 139.
orifice(m) du pied(m) 542.
orifice(m) du poumon(m) 83.
orifice(m) génital 83.
orifice(m) uro-génital 89.
oriflamme(f) 817.
origan(m) 74.
orignal(m) 105.
Orion 11, 13.
ornements(m) 538.
oronge(f) vraie 55.
orteil(m) 106, 116, 118.
os(m) alvéolaire 144.
os(m) iliaque 122.
os(m) maxillaire 144.
os(m) propre du nez(m) 141.
oscilloscope(m) de phase(f) audio 413.
oscilloscope(m)/vectoscope(m) 413.
oseille(f) 73.
osselets(m) 138.
osselets(m) 139.
otolithe(f) 88.
ouest(m) 488.
OUÏE(F) 138.
ouïe(f) 544.
ouragan(m) 39.
ourdissoir(m) 575.
ourlet(m) 231.
outil(m) 735.
OUTILLAGE(M) DE JARDIN(M) 264, 266, 268, 270, 272.
outils(m), électricité(f) 310, 311.
OUTILS(M), MENUISERIE(F) 275, 276, 278, 280, 282, 284.
outils(m), plomberie(f) 299.
outils(m), sculpture(f) 587.
ouverture(f) 94, 671.
ouvre-boîtes(m) 256.
ouvre-boîtes(m) 244, 688.
ouvrière(f), abeille(f) 80.
ouvrière(f), abeille(f) 81.
ouvrir, ustensils(m) 244.
ovaire(m) 60, 128, 129.
ovoïde 56.
ovule(m) 128.
ovule(m) 60.
oxer(m) 646, 647.
ozone(m) 19.

P

paddock(m) 651.
PAIN(M) 153.
pain(m) au lait(m) 153.
pain(m) azyme 153.
pain(m) bâtard 153.
pain(m) blanc 153.
pain(m) chapati indien 153.
pain(m) complet 153.
pain(m) de blé(m) entier 153.
pain(m) de campagne(f) 153.
pain(m) de maïs(m) américain 153.
pain(m) de mie(f) 153.
pain(m) de seigle(m) allemand 153.
pain(m) de seigle(m) danois 153.
pain(m) de seigle(m) noir 153.
pain(m) de seigle(m)/graines(f) de carvi(m) 153.
pain(m) grec 153.
pain(m) irlandais 153.
pain(m) naan indien 153.
pain(m) noir russe 153.
pain(m) parisien 153.
pain(m) pita 153.
pain(m) pita/graines(f) de sésame(m) 153.
pain(m) pumpernickel(m) 153.
pain(m) tchallah juif 153.
pair(m) 700, 701.
paire(f) 695.
pal(m) 818.
palais(m) des congrès(m) 184.
palanque(f) 646, 647.
pale(f) 214, 752, 754, 774.
pale(f) de rotor(m) 508.
paletot(m) 321, 330.
palette(f) 619, 672, 787.
palette(f) à ailes(f) 787.
palette(f) à alvéoles(f) 592.
palette(f) à double face(f) 787.
palette(f) à simple face(f) 787.
palette(f) avec godet(m) 592.
palette(f) porte-instruments(m) 511.
palette(f)-caisse(f) 787.
palier(m) 194, 201.
palier(m) de butée(f) 753.
palier(m) magnétique 712.
palissade(f) 181.
palme(f) 627.
palmée 56.
palmeraie(f) 46.
palmette(f) 220.
palmure(f) 84, 111.
palonnier(m) 784.
palonnier(m) de slalom(m) 633.
palourde(f) 93.
palpe(m) labial 79, 81, 92.
pampille(f) 236.
pamplemousse(m) 65.
pan(m) 319, 324, 337.
pan(m) arrière 324.
pan(m) avant 324.
panais(m) 71.
panama(m) 328.
pancréas(m) 131.
panier(m) 610.
panier(m) 247, 252, 257, 596, 610, 672.
panier(m) à couverts(m) 257.
panier(m) d'alimentation(f) 521.
panier(m) de lavage(m) 258.
panier(m) de projection(f) 397.
panier(m) de réception(f) 521.
panne(f) 305, 579, 681.
panne(f) ronde 275.
panneau(m) 202, 229, 589, 610, 634, 736.
panneau(m) à âme(f) lamellée 288.
panneau(m) à âme(f) lattée 288.
panneau(m) d'accès(m) 207.
panneau(m) de citerne(f) 743.
panneau(m) de commande(f) 210, 421, 779.
panneau(m) de copeaux(m) 288.
panneau(m) de disjoncteurs(m) 500.
panneau(m) de fibres(f) 289.
panneau(m) de fibres(f) perforé 289.
panneau(m) de fonctions(f) 421.
panneau(m) de garnissage(m) 429.
panneau(m) de modestie(f) 521.
panneau(m) de particules(f) 289.
panneau(m) de particules(f) lamifié 289.
panneau(m) de protection(f) latéral 727.
panneau(m) de raccordement(m) électrique 415.
panneau(m) de raccordement(m) vidéo 415.
panneau(m) de refroidissement(m) 510.
panneau(m) de séparation(f) 383.
panneau(m) de vantail(m) 225.
panneau(m) indicateur 462.
panneau(m) nombre(m) de voies(f) 471.
panneau(m) photovoltaïque 486, 487.
panneau(m) publicitaire 474.
panneau(m) solaire 16, 42, 48, 418.
panneau(m)-parachute(m) 634.
panneaux(m) de commandes(f) radio(f) 500.
panneaux(m) internationaux 825, 827, 828.
panneaux(m) nord-américains 824, 826, 828.
panneaux(m) solaires déployés 48.
pansement(m) adhésif 725.
pantalon(m) 323.
pantalon(m) 353, 595, 602, 668, 680.
pantalon(m) molleton(m) 352.
pantalon(m) pattes(f) d'éléphant(m) 336.
pantalons(m), types(m) 336.
pantographe(m) 458.
Paon(m) 13.
papaye(f) 68.
papier(m) 384, 580, 589.
papier(m) à cigarettes(f) 384.
papier(m) goudronné 286.
papille(f) 136, 140.
papille(f) rénale 132.
papilles(f) linguales 143.
PAPILLON(M) 78.
papillon(m) 79, 623.
papillon(m), patte(f) postérieure 78.
PAQUEBOT(M) 496.
paquet(m) de cigarettes(f) 384.
parachute(m) 510, 812.
parachute(m) de secours(m) 635.
parachute(m) dorsal 635.
paraffines(f) 745.
parafoudre(m) 747, 757.
parafouille(m) 748, 749.
parallèle 830.
parallèle(f) 47.
paramètres(m) moteurs(m)/alarmes(f) 500.
PARAPENTE(M) 636.
parapentiste(m) 636.
parapet(m) 179, 181.
PARAPLUIE(M) 375.
parapluie(m) 375.
parapluie(m) télescopique 375.
parapluie(m)-canne(f) 375.
parasoleil(m) 392.
paratonnerre(m) 197.
parc(m) 52, 184.
parc(m) à échelles(f) 781.
parc(m) à voitures(f) 504.
parc(m) de stockage(m) 740.
parc(m) de stockage(m) terminal 740.
parc(m) national 52.
parcours(m) d'obstacles(m) 646.
parcours(m) de golf(m) 676.
parcours(m) de vitesse(f) 646.
parcours(m) des cavaliers(m) avancés 646.
parcours(m) des débutants(m) 646.
parcours(m) pittoresque 52.
pardessus(m) 320.
pare-brise(m) 426, 440, 442, 445, 498, 500.
pare-chocs(m) 260, 426, 440, 441, 617.
pare-chocs(m) arrière 445.
pare-soleil(m) 42, 409, 430, 449, 484, 721.
parement(m) 288, 315.
parement(m) amont 749.
parement(m) aval 749.
parenthèses(f) 832.
paréo(m) 334.
pariétal(m) 123.
paripennée 56.
parka(f) 321.
parka(m) 321.
parking(m) 464, 491.
paroi(f) 104, 787.
paroi(f) avant 441.
paroi(f) de bout(m) 441.
paroi(f) latérale 441, 470.
PARQUET(M) 200.
parquet(m) 199.
parquet(m) à bâtons(m) rompus 200.
parquet(m) à coupe(f) de pierre(f) 200.
parquet(m) à coupe(f) perdue 200.
parquet(m) Chantilly 200.
parquet(m) d'Arenberg 200.
parquet(m) en chevrons(m) 200.
parquet(m) en vannerie(f) 200.
parquet(m) mosaïque(f) 200.
parquet(m) sur chape(f) de ciment(m) 200.
parquet(m) sur ossature(f) de bois(m) 200.
parquet(m) Versailles 200.
parquets(m), arrangements(m) 200.
parterre(m) 189.
parti 818.
parties(f) 220, 223, 224.
partitions(f), exemples(m) 818.
PARURES(F) DE FENÊTRE(F) 228, 230.
pas(m) 101.
passage(m) à niveau(m) 471.
passage(m) à niveau(m) 464, 828.
passage(m) d'animaux(m) sauvages 828.
passage(m) de fourche(f) 470.
passage(m) en apogée(m) 419.
passage(m) en éclipse(f) 419.
passage(m) inférieur 454.
passage(m) pour piétons(m) 186, 826, 827.
passage(m) souterrain 464.
passage(m) supérieur 452, 454.
passant(m) 319, 323, 324.
passant(m) tunnel(m) 323.
passe(f) (19 à 36) 700, 701.
passe(f) à billes(f) 746.
passe-bras(m) 331.
passer, ustensils(m) pour 243.
passerelle(f) 180, 464, 475, 810.
passerelle(f) de manœuvre(f) 188.
passerelle(f) de navigation(f) 494, 495, 497.
passerelle(f) télescopique 503.
passettes(f) 573.
passoire(f) 243, 251.
pastel(m) gras 588.
pastel(m) sec 588.
pastèque(f) 69.
pastille(f) de combustible(m) 765.
pastilles(f) 588.
patate(f) 71.
pâte(f) d'argile(f) 584.
patelle(f) 83.
patère(f) 220, 522.
patère(f) à embrasse(f) 229.
patin(m) 466, 508, 609, 643.
PATIN(M) À ROULETTES(F) 645.
patin(m) antidérapant 302, 661.
patin(m) arrière 643.
patin(m) avant 643.
patin(m) d'appui(m) 765.
patin(m) d'espacement(m) 765.
patin(m) de chenille(f) 805.
patin(m) de course(f) 644.
patin(m) de figure(f) 644.
patin(m) de hockey(m) 644.
patin(m) hydrostatique 14.
PATINAGE(M) 644.
patinoire(f) 608.
pâtisserie(f), ustensils(m) 245.
patron(m) 565.
patron(m) 570.
patte(f) 97, 319, 322, 323, 378, 379, 483, 579, 596.
patte(f) à boutons(m)-pression(f) 321.
patte(f) ambulatoire 78.
patte(f) anale 78.
patte(f) antérieure 79, 80, 84.
patte(f) antérieure, abeille(f) 80.
patte(f) antérieure, chien(m) 106.
patte(f) boutonnée 323.
patte(f) capucin(m) 324, 339.
patte(f) d'entrejambe(m) 337.
patte(f) d'épaule(f) 319.
patte(f) de boutonnage(m) 324.
patte(f) de coq(m) 585.
patte(f) de serrage(m) 319.
patte(f) médiane 79, 80.
patte(f) médiane, abeille(f) 80.
patte(f) polo(m) 326.
patte(f) postérieure 79, 81, 84, 85.
patte(f) postérieure, abeille(f) 81.
patte(f) postérieure, papillon(m) 78.
patte(f) ventouse 78.
pattes(f) abdominales 91.
pattes(f) thoraciques 90.
pattes(f), principaux types(m) 111.
pattes(f)-mâchoires(f) 90.
pâturage(m) 148.
paturon(m) 101.
paume(f) 137, 327, 596.
paumelle(f) 203.
paupière(f) 97.
paupière(f) inférieure 84, 107, 140.
paupière(f) interne 107.
paupière(f) supérieure 84, 107, 140.
pause(f) 403, 538.
pause(f)/arrêt(m) sur l'image(f) 411, 831.
pavillon(m) 138, 427, 542, 549, 551, 726.
pavillon(m) (8) 363.
pavillon(m) à deux pointes(f) 817.
pavillon(m) à deux pointes(f) et langue(f) 817.
pavillon(m) de la trompe(f) utérine 129.
pavillon(m), oreille(f) 139.
pavois(m) 478, 817.
pavot(m) 67.
pays(m) 51.
peau(f) 136, 579.
peau(f) 62, 63, 64, 84, 134, 554.
peau(f) de batterie(f) 552, 553.
peau(f) de chamois(m) 358.
peau(f) de timbre(m) 553.
peau(f) verruqueuse 85.
PÊCHE(F) 670, 672.
pêche(f) 63.
pêche(f) 63.
pêche(f), vêtements(m) 672.
pêcheur(m) 569.
pédale(f) 446, 448, 545, 552, 553, 664.
pédale(f) crescendo(m) 542.
pédale(f) d'accélérateur(m) 430.
pédale(f) d'ajustement(m) 591.
pédale(f) de combinaisons(f) 542.
pédale(f) de débrayage(m) 430.
pédale(f) de déchaussage(m) 641.
pédale(f) de frein(m) 430, 573.
pédale(f) de frein(m) arrière 444.
pédale(f) de palonnier(m) 639.
pédale(f) de sourdine(f) 540.
pédale(f) douce 540, 555.
pédale(f) forte 540, 555.
pédales(f) d'expression(f) 542.

Les termes en **caractères gras** renvoient à une illustration, ceux en CAPITALES indiquent un titre.

pédieux(m) 120.
pédoncule(m) 60, 61, 62, 63, 64.
Pégase(m) 11.
peigne(m) 159, 574.
peigne(m) à crêper 368.
peigne(m) à pollen(m) 81.
peigne(m) à tige(f) 368.
peigne(m) afro 368.
peigne(m) de coiffeur(m) 368.
peignes(m) 368.
peignoir(m) 348.
PEINTURE(F) 588, 590, 592.
PEINTURE(F) D'ENTRETIEN(M) 304.
peinture(f), accessoires(m) 591, 592.
peinture(f), matériel(m) 589.
pèlerine(f) 330.
pèlerine(f) 330.
pelle(f) 205, 244, 266, 632.
pelle(f) de montagne(f) 680.
pelle(f) hydraulique 785.
pelle(f) mécanique 733.
pelle(f)-pioche(f) pliante 690.
pelleteuse(f) 782.
pellicule(f) en feuille(f) 395.
pellicules(f) 395.
pelote(f) 563.
pelouse(f) 682.
pelouse(f) 193.
peltée 56.
pendants(m) d'oreille(f) 361.
pendeloque(f) 236.
pendentif(m) 361.
penderie(f) 226.
pendule(m) 707.
pêne(m) demi-tour(m) 289, 290.
pêne(m) dormant 289, 290.
péninsule(f) 51.
pénis(m) 116.
penne(f) 110.
pennée 56.
pennon(m) 628, 817.
pennon(m) double 817.
pente(f) 770.
pépin(m) 62, 64, 65.
péplos(m) 315.
perception(f) des saveurs(f) 143.
perceuse(f) à colonne(f) 283.
perceuse(f) à main(m) 280.
perceuse(f) électrique 280.
perche(f) 412, 414, 657.
perche(f) de ravitaillement(m) 813.
perche(f) de tête(f) 653.
percolateur(m) 247.
percuteur(m) 804.
perforation(f) 353, 355, 395.
perforation(m) 327.
perforatrice(f) 516.
pergola(f) 263.
péricarde(m) 130.
péricarpe(m) 65, 66.
période(f) 489.
périphériques(m) d'entrée(f) 526.
périphériques(m) de communication(f) 526.
périphériques(m) de sortie(f) 527.
périphériques(m) de stockage(m) 526.
périscope(m) d'attaque(f) 807.
périscope(m) de veille(f) 807.
péristyle(m) 168, 169, 171.
péritoine(m) 127, 128.
perlure(f) 105.
péroné(m) 102, 122.
peroxyde(m) 725.
perpendiculaire(f) 830.
perré(m) 748.
perron(m) 196.
Persée 11.
persienne(f) 203.
persil(m) 74.
personnel(m) additionnel de production(f) 412.
pertuis(m) de remplissage(m) 493.
pertuis(m) de remplissage(m) et de vidange(f) 493.
pèse-lettres(m) 516.
pèse-personne(m) 709.
peseta(f) 832.
peson(m) 709.
pesticides(m) 32.
pétale(m) 60.
pétiole(m) 56.
petit bois(m) 203.
petit cacatois(m) 481.
Petit Cheval(m) 11.
Petit Chien(m) 11.
petit foc(m) 481.
petit hunier(m) fixe 481.
petit hunier(m) volant 481.
petit largue(m) 629.
Petit Lion(m) 11.
petit miroir(m) 484.
petit montant(m) 202.
petit palmaire(m) 120.
petit perroquet(m) fixe 481.
petit perroquet(m) volant 481.
petit quartier(m) 649.
petit rabat(m) 386.
petit rond(m) 121.
petit sésamoïde(m) 102.
petite lame(f) 688.
petite lèvre(f) 128, 129.
Petite Ourse(f) 11.
petite quille(f) 683.
petite sus-alaire(f) 110.
petits pois(m) 72.
pétoncle(m) 93.
PÉTROLE(M) 737, 738, 740, 742, 744.
pétrole(m) 737.
pétrole(m) brut 744.
pétrolier(m) 742.
pétrolier(m) 491.
phalange(f) 107, 122, 123.
phalangette(f) 107, 122, 123, 137.
phalangine(f) 107, 122, 123, 137.
phare(m) 486.
phare(m) 147, 426, 440, 442, 444, 445, 469, 491, 805.
phare(m) antibrouillard 440.
phare(m) arrière 147.
phare(m) central 459.
phare(m) d'atterrissage(m) 508.
pharmacie(f) 822.
pharynx(m) 130, 131.
PHASES(F) DE LA LUNE(F) 6.
Phénix(m) 13.
Phobos 4.
PHOTOCOPIEUR(M) 532.
photodiode(f) 390.
PHOTOGRAPHIE(F) 390, 392, 394, 396, 398.
photopile(f) 768.
photopile(f) 769.
photopiles(f), circuit(m) 769.
photosphère(f) 6.
phototype(m) 397.
pi(m) 830.
piano(m) 556.
piano(m) droit 540.
piano(m) droit, mécanique(f) 541.
piano(m) électronique 555.
pic(m) 27.
piccolo(m) 548, 557.
pichet(m) 238, 251.
pièce(f) d'embranchement(m) 779.
pièce(f) d'estomac(m) 317.
pièce(f) de coin(m) 470.
pièce(f) de jonction(f) 778.
pièce(f) intermédiaire 127.
pièce(f) terminale 127.
pièces(f) buccales 81.
pièces(f) honorables, exemples(m) 818.
pied(m) 55, 72, 83, 112, 116, 117, 118, 119, 219, 224, 225, 232, 236, 270, 325, 350, 384, 542, 545, 553, 619, 645, 659, 670, 671, 718, 756, 786.
pied(m) amont 748.
pied(m) arrière 223.
pied(m) aval 748.
pied(m) avant 223.
pied(m) cambré 220.
pied(m) de fixation(f) 393.
pied(m) de lit(m) 224.
pied(m) de mât(m) 631.
pied(m) de nivellement(m) 257, 258, 259.
pied(m) presseur 562.
pied(m) télescopique 726.
pied(m)-mélangeur(m) 250.
pied-de-biche(m) 561, 562.
piedroit(m) 175.
piédroit(m) 174.
pierre(f) 286, 307, 364.
pierre(f) à aiguiser 582.
pierre(f) blanche 697.
pierre(f) de curling(m) 620.
pierre(f) lithographique 583.
pierre(f) noire 697.
pierres(f) fines 363.
pierres(f) précieuses 363.
pierrures(f) 105.
piètement(m) 223, 302, 661.
pige(f) 585.
pignon(m) 58, 66, 197, 280, 707.
pilastre(m) 201.
pile(f) 393, 409, 454, 455, 528, 777, 814.
pilier(m) 176, 714, 736.
pilier(m) droit 606.
pilier(m) du voile(m) 142.
pilier(m) gauche 606.
pilon(m) 243, 244.
pilote(m) 541, 637, 814.
pilotin(m) 543.
piment(m) 69.
pin(m) parasol(m) 58.
pinacle(m) 176.
pince(f) 90, 104, 205, 230, 246, 323, 370, 565.
pince(f) à boucles(f) de cheveux(m) 369.
pince(f) à cheveux(m) 369.
pince(f) à cravate(f) 364.
pince(f) à cuticules(m) 365.
pince(f) à dénuder 311.
pince(f) à échardes(f) 725.
pince(f) à épiler 365.
pince(f) à escargots(m) 246.
pince(f) à étiqueter 516.
pince(f) à fusible(m) 311.
pince(f) à long bec(m) 311.
pince(f) à spaghettis(m) 246.
pince(f) d'électricien(m) 311.
pince(f) de mise(f) en plis(m) 369.
pince(f) de taille(f) 320.
pince(f) motoriste 278.
pince(f) multiprise 278.
pince(f) tibio-tarsienne 81.
pince(f) universelle 311.
pince(f)-étau(m) 278.
pince-aiguille(m) 562.
pince-fil(m) 569.
pince-notes(m) 515.
pinceau(m) 304.
pinceau(m) 389, 582, 589.
pinceau(m) à lèvres(f) 366.
pinceau(m) à pâtisserie(f) 245.
pinceau(m) à sumie(m) 589.
pinceau(m) éventail(m) 366.
pinceau(m) pour fard(m) à joues(f) 366.
pinceau(m) pour poudre(f) libre 366.
pincement(m) 232.
pinçon(m) 104.
pioche(f) 267.
piolet(m) 681.
piolet(m) 680.
Pion(m) 696.
pipe(f) 385.
pipe(f), coupe(f) 385.
pique(f) 681.
pique(m) 695.
pique-nique(m) 823.
pique-nique(m) interdit 823.
pique-notes(m) 516.
piquet(m) 598, 599, 685, 686.
piquet(m) de coin(m) 682.
piquoir(m) 570.
piscine(f) 496, 772.
piscine(f) de condensation(f) 763.
piscine(f) de déchargement(m) 764.
piscine(f) de déchargement(m) du combustible(m) irradié 758.
piscine(f) de réception(f) 764.
piscine(f) de stockage(m) du combustible(m) irradié 758, 764, 765.
piscine(f) du combustible(m) défectueux 764.
pissenlit(m) 73.
pistache(f) 66.
piste(f) 504, 651, 666, 683.
piste(f) d'atterrissage(m) 811.
piste(f) d'avertissement(m) 597.
piste(f) d'élan(m) 654, 655, 657, 683.
piste(f) de roulement(m) 476, 786.
pistil(m) 60.
PISTOLET(M) 797.
pistolet(m) 291.
pistolet(m) à calfeutrer 291.
pistolet(m) à peinture(f) 304.
pistolet(m) à souder 305.
pistolet(m) arrosoir(m) 264.
pistolet(m) d'arrosage(m) 264.
pistolet(m) de distribution(f) 453.
PISTOLET(M) MITRAILLEUR(M) 795.
piston(m) 432, 435, 436, 438, 550, 726.
piston(m) à décorer 245.
piton(m) 681.
piton(m) à glace(f) 680.
piton(m) sous-marin 29.
pivot(m) 105, 311, 369, 374, 484, 485, 539, 590, 624, 658, 719, 773.
pivot(m) d'accouplement(m) 441.
placage(m) déroulé 288.
place(f) d'armes(f) 178.
plaçure(f) 577.
plafond(m) 205, 616, 617.
plafond(m) acoustique 189.
plafonnier(m) 236.
plage(f) 23, 30.
plage(f) arrière 496.
plage(f) avant 495, 497.
plage(f) de séparation(f) 404.
plaine(f) 51.
plaine(f) abyssale 29.
plaine(f) abyssale 29.
plaine(f) fluvio-glaciaire 27.
plan(m) du terrain(m) 193.
plan(m) urbain 52.
plan(m), élévation(f) 193.
planche(f) 288.
planche(f) 288, 663.
PLANCHE(F) À VOILE(M) 631.
planche(f) d'appel(m) saut(m) en longueur(f) 655.
planche(f) d'appel(m) triple saut(m) 654.
planche(f) de cuivre(m) 582.
planche(f) de vol(m) 82.
planche(f) témoin(m) 654.
plancher(m) 205, 616, 617, 649.
plancher(m) inférieur 787.
plancher(m) supérieur 787.
planchette(f) à arches(f) 518.
planchette(f) à pince(f) 519.
planétaire(m) 16.
PLANÉTARIUM(M) 16.
planétarium(m) 184.
planètes(f) 4.
planètes(f), orbites(f) 4.
planeur(m) 638.
PLANS(M), LECTURE(F) 193, 195.
plantaire(m) grêle 121.
plante(f) grimpante 263.
PLANTE(F), STRUCTURE(F) 57.
plantoir(m) 268.
plantoir(m) à bulbes(m) 268.
plaque(f) 253.
plaque(f) à aiguille(f) 561.
plaque(f) à biscuits(m) 245.
plaque(f) absorbante 768.
plaque(f) antifriction(m) 641.
plaque(f) chauffante 247.
plaque(f) costale 97.
plaque(f) d'identité(f) 364.
plaque(f) d'instructions(f) 280.
plaque(f) de base(f) 803.
plaque(f) de base(f) 738.
plaque(f) de commutateur(m) 309.
plaque(f) de couche(f) 798, 799.
plaque(f) de fixation(f) 713.
plaque(f) de frein(m) 641.
plaque(f) de montage(m) 233.
plaque(f) de protection(f) 547.
plaque(f) de rouleau(m) 702.
plaque(f) de tôle(f) 616.
plaque(f) du lanceur(m) 597.
plaque(f) marginale 96.
plaque(f) motrice 134.
plaque(f) négative 439.
plaque(f) nucale 97.
plaque(f) positive 439.
plaque(f) signalétique 280, 712.
plaque(f) supra-caudale 96.
plaque(f) tournante 457.
plaque(f) vertébrale 97.
plaque(f)-glissière(f) 561, 562.
plaquette(f) 36, 376, 432.
plaqueur(m) droit 603, 605.
plaqueur(m) gauche 603, 605.
plasmodesme(m) 115.
plastique(m) et acier(m) 301.
plastique(m) et cuivre(m) 301.
plastron(m) 96, 346, 602, 609, 684, 792.
plastron(m) métallique 667.
plat(m) 598.
plat(m) à escargots(m) 246.
plat(m) à poisson(m) 238.
plat(m) de dos(m) 220.
plat(m) ovale 238.
plat(m) recto(m) 577.
plat(m) verso(m) 577.
plate-bande(f) 263.
plate-bande(f) de culasse(f) 800.
plate-forme(f) 49, 302, 393, 441, 461, 621, 709.
plate-forme(f) auto-élévatrice 739.
plate-forme(f) de 10 m 624.
plate-forme(f) de 3 m 624.
plate-forme(f) de 5 m 624.
plate-forme(f) de 7,5 m 624.

Les termes en **caractères gras** renvoient à une illustration, ceux en CAPITALES indiquent un titre.

plate-forme(f) de production(f) 738.
plate-forme(f) de production(f) 740.
plate-forme(f) élévatrice automotrice 507.
plate-forme(f) fixe 739.
plate-forme(f) semi-submersible 739.
plateau(m) 27, 51, 70, 210, 219, 283, 285, 302, 382, 383, 399, 404, 412, 561, 578, 579, 708, 709.
plateau(m) A 448.
plateau(m) B 448.
plateau(m) continental 22, 29.
plateau(m) de clavier(m) 540.
plateau(m) de frein(m) 432.
plateau(m) de rangement(m) 591.
plateau(m) de sciage(m) 285.
plateau(m) de stockage(m) 764.
plateau(m) de tri(m) automatique 532.
plateau(m) mobile 701.
plateau(m) pour accessoires(m) 721.
plateau(m) réceptacle(m) de paiement(m) 702.
plateau(m) récepteur 532.
plateau(m) tournant 250.
plateau(m), télévision(f) 412, 414.
platine(f) 579, 718.
platine(f) à silex(m) 795.
platine(f) cassette(f) 403.
platine(f) cassette(f) 400, 407.
platine(f) tourne-disque(m) 404.
platine(f) tourne-disque(m) 400, 407.
plats(m) à four(m) 248.
pleine Lune(f) 7.
plénum(m) 206, 207.
pleurote(m) en huître(f) 55.
plèvre(f) pariétale 130.
plexus(m) brachial 133.
plexus(m) lombaire 133.
plexus(m) sacré 133.
pli(m) 288, 323, 433.
pli(m) creux 228, 335.
pli(m) d'aisance(f) 335.
pli(m) de la columelle(f) 94.
pli(m) pincé 228.
pli(m) plat 323, 335.
pli(m) rond 228.
pli(m) surpiqué 335.
plinthe(f) 199, 201.
plinthe(f) chauffante électrique 210.
plioir(m) 577.
plis(m), types(m) 228, 335.
plissé(m) accordéon(m) 335.
pliure(f) 565.
plomb(m) 672.
PLOMBERIE(F) 292, 294, 296, 298, 299, 300.
PLOMBERIE(F), CIRCUIT(M) 215.
plomberie(f), outils(m) 299.
plombs(m) 799.
PLONGÉE(F) SOUS-MARINE 627.
plongeoir(m) 624.
PLONGEON(M) 624.
plongeon(m) de départ(m) 622.
plongeon(m) en arrière 625.
plongeon(m) en avant 625.
plongeon(m) en équilibre(m) 625.
plongeon(m) renversé 625.
plongeon(m) retourné 625.
plongeon(m), départ(m) 624.
plongeon(m), entrées(f) 624.
plongeon(m), vols(m) 624.
plongeur(m) 627.
plot(m) 233.
plot(m) de départ(m) 621.
plot(m) de départ(m) 621.
pluie(f) 36.
pluie(f) acide 32, 33, 35.
pluie(f) continue 39.
pluie(f) intermittente 39.
pluie(f) verglaçante 39.
plume(f) 389, 589, 714.
plume(f) creuse de roseau(m) 389.
plume(f) d'oie(f) 389.
plume(f) métallique 389.
plume(f) métallique romaine 389.
plus grand que 830.
plus ou moins 830.
plus petit que 830.
Pluton 5.
pluviomètre(m) à lecture(f) directe 40.
pluviomètre(m) enregistreur 40.
pluviosité(f), mesure(f) 40.
pneu(m) 433.
pneu(m) 440, 447.
pneu(m) à carcasse(f) diagonale 433.
pneu(m) à carcasse(f) radiale 433.
pneu(m) à carcasse(f) radiale ceinturée 433.
pneumatique(m) de guidage(m) 476, 477.
pneumatique(m) porteur 476, 477.
poche(f) 673, 679, 683.
poche(f) à douilles(f) 245.
poche(f) à rabat(m) 320, 339.
poche(f) américaine 379.
poche(f) cavalière 323.
poche(f) centrale 674.
poche(f) extérieure 378, 382.
poche(f) frontale 381.
poche(f) gilet(m) 322.
poche(f) inférieure 674.
poche(f) intérieure 383.
poche(f) intérieure isolante 349.
poche(f) manchon(m) 339.
poche(f) passepoilée 326, 339.
poche(f) plaquée 320, 322, 339, 350.
poche(f) poitrine(f) 320, 324.
poche(f) prise dans une couture(f) 330, 339.
poche(f) prise dans une découpe(f) 339.
poche(f) raglan 319, 330, 339.
poche(f) repose-bras(m) 321, 330.
poche(f) secrète 379.
poche(f) soufflet(m) 338, 339.
poche(f) supérieure 675.
poche(f) tiroir(m) 322.
poche(f) verticale 316.
poche(f)-revolver(m) 323.
poche(f)-ticket(m) 322.
poches(f), types(m) 339.
pochette(f) 322, 378, 381.
pochette(f) d'allumettes(f) 386.
pochette(f) d'homme(m) 380.
pochette(f) d'information(f) 519.
pochette(f) de classement(m) 517.
pocheuse(f) 249.
podomètre(m) 711.
poêle(f) 688.
poêle(f) à crêpes(f) 249.
poêle(f) à frire 249.
poêle(m) à combustion(f) lente 204.
poids(m) 658.
poids(m) 658, 663, 665, 707, 708, 709.
poignard(m) 794.
poignée(f) 204, 224, 250, 251, 252, 253, 254, 255, 256, 260, 272, 276, 277, 281, 284, 294, 304, 370, 375, 378, 380, 382, 383, 397, 408, 442, 477, 544, 615, 620, 632, 640, 642, 643, 658, 665, 666, 670, 671, 677, 679, 684, 728, 735, 793, 798, 799.
poignée(f) à ressort(m) 665.
poignée(f) antivibrations(f) 272.
poignée(f) arrière 671.
poignée(f) auxiliaire 280.
poignée(f) avant 804.
poignée(f) d'appui(m) 664.
poignée(f) de chariot(m) 568.
poignée(f) de conduite(f) 727.
poignée(f) de frein(m) 447, 727.
poignée(f) de guidage(m) 283.
poignée(f) de la manivelle(f) 583.
poignée(f) de maintien(m) 429.
poignée(f) de nacelle(f) 635.
poignée(f) de porte(f) 202, 427.
poignée(f) de sécurité(f) 271.
poignée(f) de soulèvement(m) 803.
poignée(f) de transport(m) 796.
poignée(f) des gaz(m) 444.
poignée(f) du démarreur(m) 272.
poignée(f) intérieure 429.
poignée(f) latérale 280.
poignée(f) montoir(m) 440, 449, 461, 779.
poignée(f) pistolet(m) 305.
poignée(f) profilée 370.
poignée(f) rentrante 378.
poignée(f) supérieure 280.
poignée(f)-oxygène(m) de coupe(f) 306.
poignée(f)-pistolet(m) 280, 795, 796.
poignet(m) 106, 112, 117, 119, 137, 324.
poignet(m) mousquetaire(m) 339.
poil(m) 136, 373.
poils(m) absorbants 57.
poinçon(m) 199, 586, 688.
point(m) 695, 832.
point(m) d'alimentation(f) 757.
point(m) d'amure(f) 631.
point(m) d'ancrage(m) 637.
point(m) d'arête(f) 571.
point(m) d'articulation(f) 785.
point(m) d'attache(f) 56, 501.
point(m) d'écoute(f) 631.
point(m) d'encochage(m) 684.
point(m) d'épine(f) 571.
point(m) d'exclamation(f) 832.
point(m) d'interrogation(f) 832.
point(m) d'orgue(m) 539.
point(m) d'Orient(m) 571.
point(m) de chaînette(f) 571.
point(m) de chausson(m) 571.
point(m) de chevron(m) 571.
point(m) de côtes(f) 567.
point(m) de damier(m) 567.
point(m) de jersey(m) 567.
point(m) de mise(f) au jeu(m) 608.
point(m) de nœud(m) 571.
point(m) de penalty(m) 601.
point(m) de poste(f) 571.
point(m) de raccordement(m) 757.
point(m) de repère(m) 565, 683.
point(m) de riz(m) 567.
point(m) de torsades(f) 567.
point(m) du chef(m) 818.
point(m) fixe 432.
point(m) indicateur(m) de température(f) 370.
point(m) mousse(f) 567.
point(m) passé empiétant 571.
point(m) roumain 571.
point(m) vernal 3.
point(m)-virgule(f) 832.
pointe(f) 30, 57, 72, 240, 242, 275, 276, 277, 284, 325, 341, 385, 389, 541, 544, 562, 567, 640, 644, 656, 658, 671, 678, 680, 681, 684, 698, 798, 818.
pointe(f) antérieure 680.
pointe(f) avant 256.
pointe(f) carrée 276.
pointe(f) cruciforme 276.
pointe(f) d'attache(f) 540.
pointe(f) de bâton(m) 643.
pointe(f) de centrage(m) 281.
pointe(f) de col(m) 324.
pointe(f) de dent(f) 783.
pointe(f) de diamant(m) 225.
pointe(f) de flèche(f) en silex(m) 791.
pointe(f) de hampe(f) 817.
pointe(f) de ski(m) 642.
pointe(f) plate 231, 276.
pointe(f) ronde 231.
pointe(f) sèche 582, 583.
pointeur(m) 719.
points(m) bouclés 571.
points(m) couchés 571.
points(m) croisés 571.
points(m) de handicap(m) 697.
points(m) de suspension(f) 832.
points(m) de tricot(m) 567.
points(m) noués 571.
points(m) plats 571.
points(m), broderie(f) 571.
poire(f) 64.
poire(f) à jus(m) 246.
poire(f) à poudre(f) 795.
poire(f) de gonflage(m) 710.
poireau(m) 70.
pois(m) 67.
pois(m) 67.
pois(m) chiches 72.
pois(m) mange-tout(m) 72.
POISSON(M) 86, 88.
Poisson(m) austral 13.
Poisson(m) volant 13.
poisson(m), anatomie(f) 88.
poisson(m), morphologie(f) 86.
poissonnière(f) 248.
Poissons(m) 11.
Poissons(m) (19 février) 820.
poitrail(m) 100.
poitrine(f) 108, 116, 118.
poitrinière(f) 572.
poivrière(f) 238.
poivron(m) 69.
poker(m), combinaisons(f) 695.
Polaroid®(m) 394.
pôle(m) Nord 3.
pôle(m) Nord céleste 3.
pôle(m) Sud 3.
pôle(m) Sud céleste 3.
police(f) 822.
pollution(f) agricole 32.
pollution(f) de l'air(m) 34.
pollution(f) des aliments(m) 32.
pollution(f) industrielle 32, 33.
polo(m) 326.
polo(m) 337, 615.
polochon(m) 224.
polojama(m) 351.
pomme(f) 64.
pomme(f) 64, 265.
pomme(f) d'Adam 116.
pomme(f) de douche(f) 292.
pomme(f) de terre(f) 71.
pommeau(m) 277, 281, 596, 649, 666.
pompe(f) 209, 257, 258, 446, 689, 761, 762, 771.
pompe(f) à boue(f) 737.
pompe(f) à chaleur(f) 212.
pompe(f) de caloportage(m) 759.
pompe(f) de circulation(f) 208, 772.
POMPE(F) DE PUISARD(M) 216.
pompe(f) de recirculation(f) 763.
poncho(m) 331.
pont(m) 52, 376, 719.
pont(m) à béquilles(f) 455.
pont(m) à poutre(f) 454.
pont(m) à poutre(f) simple 454.
pont(m) à poutres(f) indépendantes 454.
pont(m) à tablier(m) inférieur 455.
pont(m) à tablier(m) intermédiaire 455.
pont(m) à tablier(m) supérieur 455.
pont(m) Bailey 457.
pont(m) bain(m) de soleil(m) 497.
pont(m) basculant à double volée(f) 457.
pont(m) basculant à simple volée(f) 457.
pont(m) cantilever 454.
pont(m) d'appontage(m) 811.
pont(m) d'envol(m) 810.
pont(m) de Varole 134.
pont(m) en arc(m) 455.
pont(m) flottant 457.
pont(m) inférieur 741.
pont(m) levant 457.
pont(m) principal 743.
pont(m) roulant 747.
pont(m) supérieur 498, 741.
pont(m) suspendu à câble(m) porteur 456.
pont(m) tournant 457.
pont(m) transbordeur 457.
pont(m)-promenade(f) 496.
pont-levis(m) 180.
pontet(m) 795, 797, 798, 799.
ponton(m) 457, 738.
ponts(m) à poutre(f), types(m) 454.
ponts(m) en arc(m), types(m) 455.
PONTS(M) FIXES 454, 456.
PONTS(M) MOBILES 457.
ponts(m) suspendus à haubans(m) 456.
popote(f) 688.
porc(m) 151.
porche(m) 172, 177.
porcherie(f) 149.
pore(m) 67, 115.
pore(m) sudoripare 136.
porque(f) 743.
port(m) clavier(m) 528.
port(m) imprimante(f) 528.
port(m) lecteur(m) de disque(m) 528.
PORT(M) MARITIME 490.
port(m) modem(m) 528.
port(m) périphérique(m) 528.
port(m) réseau(m) 528.
port(m) vidéo 528.
portail(m) 175.
portant(m) 632.
PORTE(F) 202.
porte(f) 173, 253, 254, 259, 449, 490, 498, 566, 617, 645, 685, 686, 709.
porte(f) à charnière(f) 195.
porte(f) accordéon(m) 202.
porte(f) amont(m) 493.
porte(f) automatique 504.
porte(f) aval(m) 492.
porte(f) avant 493, 494.
porte(f) classique 202.
porte(f) coulissante 202, 292.
porte(f) d'accès(m) de plate-forme(f) 461.
porte(f) d'extrémité(f) 470.
porte(f) de la soute(f) 510.
porte(f) étagère(f) 254.
porte(f) extérieure 202.
porte(f) latérale 477.
porte(f) pliante 194, 202.
porte(f)-fenêtre(f) 195.
porte(f)-foyer(m) 204.
porte-adresse(m) 383.
PORTE-AVIONS(M) 810.
porte-bagages(m) 382.
porte-bagages(m) 446, 449.

Les termes en **caractères gras** renvoient à une illustration, ceux en CAPITALES indiquent un titre.

porte-bidon(m) 447.
porte-bûches(m) 205.
porte-cartes(m) 379.
porte-cartes(m) 40, 379.
porte-chaussures(m) 358.
porte-chéquier(m) 379.
porte-clés(m) 379.
porte-coupures(m) 379.
porte-documents(m) à soufflet(m) 378.
porte-documents(m) plat 378.
porte-électrode(m) 305.
porte-étiquette(m) 471, 517.
porte-étiquette(m) d'acheminement(m) 471, 743.
porte-étiquette(m) de contenu(m) 743.
porte-fils(m) 573.
porte-fusible(m) 757.
porte-gomme(m) 515.
porte-jarretelles(m) 347.
porte-manteau(m) 522.
porte-mine(m) 389, 515.
porte-monnaie(m) 379.
porte-moulinet(m) 670, 671.
porte-négatif(m) 399.
porte-négatif(m) 399.
porte-outil(m) 283, 735.
porte-parapluie(m) 679.
porte-parapluies(m) 375.
porte-passeport(m) 379.
porte-pipes(m) 385.
porte-pitons(m) 680.
porte-râteau(m) 583.
porte-rouleau(m) 292.
porte-sac(m) 679.
porte-savon(m) 292.
porte-serviettes(m) 292.
porte-spécimen(m) 717.
porte-stylo(m) 378, 379.
porte-tension(m) 569.
porte-timbres(m) 516.
porte-tube(m) 718.
porte-vent(m) 543.
portée(f) 537.
portefeuille(m) 379.
portefeuille(m) chéquier(m) 379.
portes(f), types(m) 202.
portière(f) 429.
portière(f) 427.
portique(m) 786.
portique(m) 172, 173, 455, 491, 660, 746, 747.
portique(m) de chargement(m) de conteneurs(m) 490.
portique(m) de signalisation(f) 464.
posemètre(m) à visée(f) reflex 396.
posemètre(m) photo-électrique 396.
positif(m) 831.
position(f) carpée 624.
position(f) de départ(m) 625.
position(f) des bras(m) 625.
position(f) des jambes(f) 625.
position(f) droite 624.
position(f) du ligament(m) 95.
position(f) en mode(m) solaire 419.
position(f) groupée 624.
position(f) repliée 48.
positionnement(m) du papier(m) 525.
positionneur(m) 561.
poste(m) 752.
poste(m) à clavier(m) 422.
poste(m) d'aiguillage(m) 464.
poste(m) de carburant(m) 823.
poste(m) de commandement(m) 805, 807.
poste(m) de communication(f) 477.
poste(m) de conduite(f) de la propulsion(f) 806.
poste(m) de contrôle(m) audio/vidéo 413.
poste(m) de débranchement(m) 465.
POSTE(M) DE PILOTAGE(M) 500.
poste(m) de pilotage(m) 498, 508, 510, 805.
poste(m) de soudage(m) 305.
poste(m) sans cordon(m) 422.
poste(m) téléphonique 420.
poste(m) téléphonique 413, 415, 417.
postes(m) téléphoniques, types(m) 422.
postillon(m) 697.
pot(m) d'échappement(m) 439, 443, 444.
poteau(m) 198, 455, 613, 618, 626.
poteau(m) cornier 198.
poteau(m) d'arrivée(f) 654.
poteau(m) de but(m) 604, 611.
poteau(m) de double(m) 614.
poteau(m) de simple(m) 614.
poteau(m) du ring(m) 669.
poteau(m) mural 199.
potence(f) 397, 447, 718, 727.
POTERIE(F) 584.
poterie(f), outils(m) 584, 585.
poterne(f) 179, 181.
potiron(m) 69.
pouce(m) 111, 112, 137, 327, 596.
poudre(f) 798, 799.
poudre(f) libre 366.
poudre(f) pressée 366.
poudrier(m) 366.
pouf(m) 222.
poulailler(m) 148.
poulaine(f) 792.
poule(f) 150.
poulie(f) 230, 302, 434, 684, 793.
poulie(f) de chariot(m) 786.
poumon(m) 97.
poumon(m) droit 124, 130.
poumon(m) gauche 124, 130.
Poupe(f) 13.
poupe(f) 496, 631.
pourcentage(m) 523, 830.
pourpoint(m) 316.
pourpre(m) 819.
pousse(f) 57.
poussière(f) 34, 35.
poussin(m) 150.
poussoir(m) 251, 290, 726.
poussoir(m) à pollen(m) 81.
poussoir(m) d'arrêt(m) 706.
poussoir(m) d'ouverture(f) 375.
poussoir(m) de mise(f) en marche(f) 706.
poussoir(m) de remise(f) à zéro(m) 706.
poussoir(m) pneumatique 734.
poutre(f) 198, 659, 756.
poutre(f) cantilever 454.
poutre(f) continue 454.
poutre(f) d'équilibre(m) 659.
poutre(f) de queue(f) 508.
poutre(f) suspendue 454.
poutre(f)-châssis(m) 784.
praire(f) 93.
prairie(f) 51, 149.
préblindage(m) 805.
précipitation(f) 34, 35.
PRÉCIPITATIONS(F) 36.
prémaxillaire(m) 86.
premier arbitre(m) 613.
premier but(m) 597.
premier croissant(m) 6.
premier espace(m) 610.
premier étage(m) 509.
premier juge(m) de ligne(f) 603.
premier quartier(m) 6.
premier radial(m) externe 121.
premier-but(m) 597.
première cabine(f) focale 15.
première molaire(f) 144.
première nageoire(f) dorsale 86.
première phalange(f) 103.
première prémolaire(f) 144.
premiers soins(m) 822.
premiers violons(m) 556.
prémolaire(f) 98.
prémolaires(f) 144.
preneur(m) de son(m) 412, 415.
préparation(f) avant éclipse(f) 419.
prépuce(m) 127.
près du ring(m) 669.
près(m) 629.
près(m) bon plein(m) 629.
près(m) serré 629.
présentoir(m) à revues(f) 522.
président(m) 666.
presse(f) 159.
presse(f) à pectoraux(m) 663.
presse(f) à percussion(f) 579.
presse(f) à taille-douce(f) 581.
presse(f) lithographique 583.
presse-agrumes(m) 251.
presse-agrumes(m) 243.
presse-ail(m) 243.
presse-ergots(m) 531.
presse-étoupe(m) 294.
presse-papier(m) 524, 531.
presseur(m) 390.
pression(f) à la taille(f) 350.
pression(f) au niveau(m) de la mer(f) 38.
pression(f) barométrique 38.
pression(f) devant 350.
pression(f), mesure(f) 41.
pressuriseur(m) 761, 762.
PRÉVENTION(F) DES INCENDIES(M) 777.
prime(f) 667.
principales techniques(f) 588.
principaux amphibiens(m) 85.
principaux mouvements(m) 697.
printemps(m) 8.
prise(f) avec borne(f) de terre(f) 216.
prise(f) casque(m) 402, 408, 555.
prise(f) chronométrée 255.
prise(f) classique 619.
prise(f) d'air(m) 445, 493.
prise(f) d'air(m) de ventilation(f) 14.
prise(f) d'eau(f) 747.
prise(f) de charge(f) 374.
prise(f) de courant(m) 309, 310, 401.
prise(f) de force(f) 147.
prise(f) de la sonde(f) thermique 253.
prise(f) de masse(f) 305.
prise(f) de raccordement(m) 561.
prise(f) de télécommande(f) 391.
prise(f) de terre(f) 309, 312, 400.
prise(f) électrique 449.
prise(f) porte-plume(m) 619.
prises(f), judo(m) 668.
prises(f), tennis(m) sur table(f) 619.
prises(f), types(m) 619.
prisme(m) de Porro 719.
prisme(m) pentagonal 390.
prix(m) à l'unité(f) 709.
prix(m) à payer 709.
procédé(m) 675.
processeur(m) de sons(m) 528.
production(f) d'électricité(f) 767.
production(f) d'électricité(f) par énergie(f) nucléaire 766.
production(f) d'électricité(f) par énergie(f) solaire 771.
production(f) d'électricité(f) par l'alternateur(m) 755.
production(f) de chaleur(f) 766.
production(f) de l'électricité(f), étapes(f) 755.
produits(m) de la raffinerie(f) 744.
produits(m) laitiers 33.
produits(m) pétrochimiques 745.
profil(m) 363.
profondeur(f) du foyer(m) 23.
profondimètre(m) 627.
programmateur(m) 257, 258, 259.
programmation(f) des voix(f) 555.
projecteur(m) 447, 459, 777.
projecteur(m) à faisceau(m) concentré 414.
projecteur(m) auxiliaire 16.
projecteur(m) d'ambiance(f) 414.
projecteur(m) d'ambiance(f) sur pantographe(m) 414.
projecteur(m) de diapositives(f) 397.
projecteur(m) de plafond(m) 41.
projecteur(m) orientable 778, 780.
projecteurs(m) 189.
projectile(m) antichar 804.
projectiles(m) 801.
projection(f) conique 50.
projection(f) cylindrique 50.
projection(f) d'épaule(f) par un côté(m) 668.
projection(f) en cercle(m) 668.
projection(f) horizontale 50.
projection(f) interrompue 50.
projections(f) cartographiques 50.
pronaos(m) 168, 169.
propulseur(m) 49, 512, 814.
propulseur(m) d'étrave(f) 497.
propulseur(m) radial 42.
prostate(f) 127.
protecteur(m) d'embout(m) 726.
protecteur(m) de poitrine(f) 595.
protecteur(m) lombaire 602.
PROTECTION(F) DE L'OUÏE(F) 729.
PROTECTION(F) DE LA TÊTE(F) 729.
PROTECTION(F) DES PIEDS(M) 730.
PROTECTION(F) DES VOIES(F) RESPIRATOIRES 730.
PROTECTION(F) DES YEUX(M) 729.
protection(f) obligatoire de l'ouïe(f) 821.
protection(f) obligatoire de la tête(f) 821.
protection(f) obligatoire de la vue(f) 821.
protection(f) obligatoire des mains(f) 821.
protection(f) obligatoire des pieds(m) 821.
protection(f) obligatoire des voies(f) respiratoires 821.
protège-côtes(m) 602.
protège-coude(m) 609.
protège-dents(m) 669.
protège-gorge(m) 595, 609.
protège-guidon(m) 796.
protège-hanche(m) 602.
protège-lame(m) 285, 644.
protège-lame(m) inférieur 284.
protège-lame(m) supérieur 284.
protège-matelas(m) 224.
protège-nuque(m) 777.
protège-orteils(m) 595, 730.
protège-poulie(m) 283.
protège-tendon(m) 644.
protège-tibia(m) 595, 600, 609.
protège-tympan(m) 729.
prothorax(m) 78.
protoneurone(m) sensitif 135.
protubérance(f) 6.
proue(f) 497, 631.
province(f) 51.
provision(f) d'eau(f) 755.
prune(f) 63.
psychromètre(m) 41.
pubis(m) 116, 118.
puisard(m) 215, 216, 736.
puits(m) d'accès(m) 752.
puits(m) d'extraction(f) 736.
puits(m) de dérive(f) 631.
puits(m) de lumière(f) 194.
puits(m) sous-marin 740.
puits(m) vertical 736.
pull(m) à capuche(f) 352.
pull(m) d'entraînement(m) 352.
pulls(m) 338.
pulpe(f) 62, 63, 64, 65, 137, 144.
pulvérisateur(m) 265.
pulvérisateur(m) tandem(m) 154.
pulvériseur(m) tandem(m) 157.
pulvino(m) 750.
punaises(f) 515.
pupille(f) 107, 140.
pupille(f) verticale 96.
pupitre(m) 539, 542, 555.
pupitre(m) à musique(f) 539.
pupitre(m) d'éclairage(m) 412.
pupitre(m) de commande(f) 500.
pupitre(m) de commandes(f) 16.
pupitre(m) de conduite(f) 468.
pupitre(m) de son(m) 407, 412, 415.
pupitre(m) dirigeur 422.
pupitre(m) du chef(m) d'orchestre(m) 556.
purgeur(m) 208.
purificateur(m) d'air(m) 210.
pyjama(m) 348.
pylône(m) 756.
pylône(m) 456, 464.
pylône(m) du moteur(m) 499.

Q

quadruple croche(f) 538.
quai(m) 464, 475, 490.
quai(m) d'embarquement(m) 503.
quai(m) de chargement(m) 190.
quai(m) de gare(f) 462.
quart(m) de soupir(m) 538.
quart-arrière(m) 603, 605.
quart-de-rond(m) 199.
quarte(f) 537, 667.
quartier(m) 65, 104, 352, 354, 649.
quatre avec barreur(m) 632.
quatre sans barreur(m) 632.
QUATRE-MÂTS(M) BARQUE(F) 478, 480.
quatuor(m) 558.
queue(f) 62, 63, 64, 96, 97, 101, 106, 107, 112, 127, 281, 499, 579, 633, 638, 645, 688, 773.
queue(f) de billard(m) 675.
queue(f) de gaz(m) 9.
queue(f) de l'hélix(m) 139.
queue(f) de poussières(f) 9.
queue-de-cochon(f) 586.
queusot(m) 232.
quille(f) 637, 683.
quille(f) chandelle(f) 683.
quille(f)-reine(f) 683.
quilles(f), piste(f) 683.
quilles(f), types(m) 683.
quillier(m) 683.
quillier(m) 683.
quinte(f) 537, 667, 695, 700.
quinte(f) royale 695.
quintette(m) 558.

Les termes en **caractères gras** renvoient à une illustration, ceux en CAPITALES indiquent un titre.

R

rabat(m) 322, 380.
rabatteur(m) 158, 160.
rabot(m) 277.
raccord(m) 300, 399.
raccord(m) à collet(m) repoussé 300.
raccord(m) à compression(f) 300.
raccord(m) à compression(f) 296.
raccord(m) d'arrivée(f) d'air(m) 304.
raccord(m) de réduction(f) 301.
raccord(m) de robinet(m) 265.
raccord(m) de signalisation(f) 449.
raccord(m) de tuyau(m) 264.
raccord(m) femelle 300.
raccord(m) mâle 300.
raccord(m) té(m) 298.
raccord(m) té(m) d'égout(m) 298.
raccord(m) union(f) 300.
raccordement(m) du flexible(m) 735.
raccords(m) 301.
raccords(m) mécaniques 300.
rachis(m) 110.
racine(f) 70, 144.
racine(f) antérieure 135.
racine(f) carrée 523.
racine(f) carrée de 830.
racine(f) de l'hélix(m) 139.
racine(f) de l'ongle(m) 137.
racine(f) du nez(m) 141.
racine(f) motrice 135.
racine(f) pivotante 59.
racine(f) postérieure 135.
racine(f) principale 57.
racine(f) secondaire 57.
racine(f) sensitive 135.
racine(f) traçante 59.
RACQUETBALL(M) 617.
racquetball(m), balle(f) 617.
racquetball(m), raquette(f) 617.
racquetball(m), terrain(m) 617.
RADAR(M) 722.
radar(m) 493, 494, 495, 497.
radar(m) d'appontage(m) 811.
radar(m) de contrôle(m) aérien 810.
radar(m) de détection(f) 809.
radar(m) de surveillance(f) aérienne 809, 811.
radar(m) de veille(f) de surface(f) 809, 810.
radar(m) météorologique 498.
radiateur(m) 438.
radiateur(m) 16, 208, 469.
radiateur(m) à colonnes(f) 208.
radiateur(m) bain(m) d'huile(f) 211.
radiateur(m) de batterie(f) 49.
radiateur(m) rayonnant 211.
radiateur(m) soufflant 211.
radicelle(f) 57, 59.
radier(m) 476, 492.
radio(f) 408, 639.
radiocassette(f) 408.
radiomètre(m) 42, 43.
RADIOTÉLESCOPE(M) 15.
radis(m) 71.
radius(m) 102, 112, 122.
radôme(m) 813.
raffinerie(f) 740.
raffinerie(f), produits(m) 744.
raglan(m) 330.
raie(f) des fesses(f) 117, 119.
raie(f) sourcilière 109.
raifort(m) 71.
rail(m) 230, 466, 568.
rail(m) d'éclairage(m) 235.
rail(m) de glissement(m) 428, 630.
rail(m) de guidage(m) 15, 441.
rail(m) de lancement(m) de missile(m) 813.
rail(m) de raccord(m) 467.
rail(m) et retour(m) de courant(m) 476.
rail(m) guide(m)-film(m) 390.
rail(m), joint(m) 466.
rail(m), profil(m) 466.
rainette(f) 85.
rainure(f) 562, 568, 598, 641, 678, 793.
rainure(f) du guide(m) à onglet(m) 285.
rainure(f) du guide(m) de refend(m) 285.
raisin(m) 62.
raisin(m) 61, 62.
ralenti(m) 411.
rallonge(f) 219, 260.
rallonge(f) du plateau(m) 285.
ramasseur(m) 159, 162, 613, 614.
ramasseuse(f)-presse(f) 159.
ramasseuse(f)-presse(f) 155.
rame(f) 664.
rame(f) de métro(m) 476.
rame(f) de métro(m) 474.
rameau(m) 58.
rameau(m) 57, 59, 61.
rameau(m) communicant 135.
ramequin(m) 238.
rameur(m) 664.
ramille(f) 59.
rampant(m) 168.
rampe(f) 168, 188, 201, 733.
rampe(f) d'accès(m) 456, 494.
rampe(f) d'éclairage(m) 235.
rampe(f) de livraison(f) 184.
rampe(f) de quai(m) 490.
rampe(f) de signalisation(f) 779.
ramure(f) 59.
rang(m) 373.
rangement(m) 461.
râpe(f) 243, 587.
râper, ustensils(m) pour 243.
rapière(f) 794.
rappel(m) de mémoire(f) 396, 523.
rapporteur(m) d'angle(m) 713.
RAQUETTE(F) 645.
raquette(f) algonquine 645.
raquette(f) de badminton(m) 618.
raquette(f) de racquetball(m) 617.
raquette(f) de squash(m) 616.
raquette(f) de tennis(m) 615.
raquette(f) de tennis(m) de table(f) 619.
ras-de-cou(m) 326, 361.
rasette(f) 542.
rasoir(m) à double tranchant(m) 374.
rasoir(m) à manche(m) 374.
rasoir(m) effileur 369.
rasoir(m) électrique 374.
rasoir(m) jetable 374.
RASOIRS(M) 374.
rat(m) de cave(f) 582.
rate(f) 88, 124.
râteau(m) 159, 674.
râteau(m) 155, 267, 583.
ratissoire(f) 266.
ravier(m) 238.
ravitaillement(m) en vol(m) 813.
ravitailleur(m) 813.
rayon(m) 375, 447.
rayon(m) de miel(m) 82.
rayon(m) de miel(m), coupe(f) 82.
rayon(m) épineux 86.
rayon(m) médullaire 59.
rayon(m) mou 87.
rayon(m) solaire réfléchi 770, 771.
rayonnement(m) solaire 768, 769, 770, 771, 772.
ré(m) 537.
réacteur(m) 759, 764, 766, 806.
réacteur(m) à eau(f) bouillante 763.
réacteur(m) à eau(f) lourde 761.
réacteur(m) à eau(f) sous pression(f) 762.
réacteur(m) au gaz(m) carbonique 760.
réacteur(m) nucléaire 765.
réaction(f) réversible 831.
réalisateur(m) 412, 415.
rebobinage(m) 391, 403, 408, 411, 420, 831.
rebord(m) 255.
rebord(m) de cuve(f) 258.
rebras(m) 327.
récamier(m) 221.
réceptacle(m) 60, 62.
réceptacle(m) de brosses(f) 373.
réceptacle(m) pour les pièces(f) refusées 702.
récepteur(m) 15, 420.
récepteur(m) de grain(m) 161.
récepteur(m) de son(m) 726.
récepteur(m) sensoriel 134.
réception(f) des messages(m) 421.
réception(f) directe 416.
réception(f) du fret(m) 505.
recette(f) 736.
receveur(m) 595.
receveur(m) 597, 614, 616, 618.
recharge(f) 389.
recharge(f) amont 748.
recharge(f) aval 748.
réchaud(m) 248.
réchaud(m) à deux feux(m) 689.
réchaud(m) à un feu(m) 689.
réchauffeur(m) 758.
recherche(f) des canaux(m) 411.
récipient(m) 40, 250.
récipient(m) collecteur 40.
RÉCOLTER 159, 160, 162.
récolter 155.
reconcentration(f) de l'oxyde(m) de deutérium(m) 759.
recourbe-cils(m) 367.
rectangle(m) des instructeurs(m) 597.
rectangulaire 687.
rectrice(f) 109.
rectum(m) 127, 128, 131.
recyclable 831.
recyclé 831.
redingote(f) 331.
réduction(f) mâle-femelle 301.
réduction(f) mâle-femelle hexagonale 301.
réduction(f)/agrandissement(m) 532.
réflecteur(m) 310, 393, 441.
réflecteur(m) parabolique 15, 415.
réflecteur(m) radar(m) 487.
réflecteur(m) secondaire 15.
réflecteurs(m) solaires 418.
réformeur(m) catalytique 744.
refouloir(m) 801.
réfrigérateur(m) 254.
réfrigérateur(m) 254.
refroidissement(m) 744.
refroidissement(m) de la vapeur(f) par l'eau(f) 767.
refroidisseur(m) d'air(m) 438.
refroidisseur(m) de la salle(f) des générateurs(m) de vapeur(f) 759.
regard(m) 209.
regard(m) de prélèvement(m) 216.
regard(m) de visite(f) 186.
régie(f) 189, 407.
régie(f) de production(f) 413.
régie(f) de production(f) 412, 415.
régie(f) du son(m) 412, 415.
régie(f) image(f) 415.
régie(f) image(f)/éclairage(m) 412.
RÉGIE(F), RADIO(F) 407.
régies(f), télévision(f) 412.
région(f) auriculaire 109.
région(f) malaire 109.
région(f) négative 768.
région(f) positive 768.
régions(f) de balisage(m) 488.
registre(m) coulissant 543.
registre(m) de comptabilité(f) 518.
registre(m) de réglage(m) 206.
registre(m) des aigus(m) 536.
registre(m) des basses(f) 536.
réglage(m) 728.
réglage(m) de centrage(m) 529.
réglage(m) de hausse(f) 718.
réglage(m) de l'afficheur(m) 420.
réglage(m) de l'angle(m) 277.
réglage(m) de l'écran(m) de l'ordinateur(m) 512.
réglage(m) de la hauteur(f) 659, 661, 664.
réglage(m) de la luminosité(f) 529.
réglage(m) de la pression(f) 373.
réglage(m) de la pression(f) d'oxygène(m) 512.
réglage(m) de la profondeur(f) 277.
réglage(m) de la résistance(f) 664.
réglage(m) de la température(f) 213, 705.
réglage(m) de la tension(f) 671.
réglage(m) de la tonalité(f) 547.
réglage(m) de la vitesse(f) d'obturation(f) 396.
réglage(m) de largeur(f) de point(m) 561.
réglage(m) de niveau(m) d'enregistrement(m) 403.
réglage(m) de pression(f) 561.
réglage(m) de profondeur(f) 283.
réglage(m) de tempo(m) 555.
réglage(m) des températures(f) 256.
réglage(m) du contraste(m) 529.
réglage(m) du diaphragme(m) 718.
réglage(m) du four(m) 255.
réglage(m) du pas(m) 711.
réglage(m) du pointeau(m) du fluide(m) 304.
réglage(m) du seuil(m) d'alarme(f) 485.
réglage(m) du viseur(m) 409.
réglage(m) du volume(m) 402, 408, 411, 547, 555.
réglage(m) du volume(m) des communications(f) 512.
réglage(m) en hauteur(f) 397, 399.
réglage(m) en hauteur(f) du condenseur(m) 718.
réglage(m) horizontal 529.
réglage(m) latéral 718.
réglage(m) micrométrique (azimut(m)) 720, 721.
réglage(m) micrométrique (latitude(f)) 720, 721.
réglage(m) sur demi-teinte(f) 396.
réglage(m) sur haute lumière(f) 396.
réglage(m) sur ombre(f) 396.
réglage(m) vertical 529.
règle(f) 578, 591.
règle(f) d'équerrage(m) 578.
règle(f) de couture(f) 563.
règle(f) du guide(m) de refend(m) 285.
règle(f) graduée 688.
règle-point(m) 561.
réglette(f) 573.
régulateur(m) 297.
régulateur(m) de carburant(m) 501.
régulateur(m) de pression(f) 306.
régulateur(m) de pression(f) 248, 306, 689.
rein(m) 89, 97, 101, 117, 124.
rein(m) droit 132.
rein(m) gauche 132.
reine(f), abeille(f) 81.
reins(m) 119.
rejet(m) 59.
relais(m) d'accessoires(m) 501.
relève-bras(m) 404.
relèvement(m) de la lame(f) 285.
releveur(m) de fil(m) 561.
relief(m) lunaire 7.
reliure(f) à anneaux(m) 519.
reliure(f) à glissière(f) 519.
reliure(f) à pince(f) 519.
reliure(f) à ressort(m) 519.
reliure(f) à vis(f) 519.
RELIURE(F) D'ART(M) 577, 578.
reliure(f) spirale(f) 519.
rembourrage(m) 635.
rémige(f) primaire 110.
rémige(f) secondaire 110.
rémige(f) tertiaire 110.
remise(f) 193, 263.
remise(f) à zéro(m) 532.
remontée(f) continentale 29.
remontoir(m) 539, 706, 707.
remorque(f) 156, 162, 440, 476, 633.
remorque(f) à bagages(m) 507.
rempart(m) 7, 178, 180.
remplage(m) 175.
remplissage(m) 741.
rêne(f) 651.
rêne(f) de bride(f) 649.
rêne(f) de filet(m) 649.
renfort(m) de culasse(f) 800.
renfort(m) de pointe(f) 644.
réniforme 56.
renne(m) 105.
renseignements(m) 823.
rentré(m) 565.
renvoi(m) 215, 298.
renvoi(m) d'eau(f) 399.
repassage(m) 829.
repasser à basse température(f) 829.
repasser à haute température(f) 829.
repasser à moyenne température(f) 829.
repère(m) 612, 710.
repère(m) de distance(f) 651.
repère(m) de ligne(f) de marche(f) 719.
repère(m) de niveau(m) d'eau(f) 256.
repère(m) de touche(f) 546, 547.
repère(m) de virage(m) de dos(m) 621.
répertoire(m) téléphonique 420, 516.
repli(m) 315.
répondeur(m) téléphonique 420.
report(m) de lecture(f) 396.
repose-bras(m) 404.
repose-pied(m) 727.
repose-pied(m) du passager(m) 443, 444.
repose-pied(m) du pilote(m) 443, 444.
repositionnement(m) 525.
repousse-chair(m) 365.
reprise(f) d'air(m) 206, 207.
REPTILE(M) 96.
réseau(m) d'oléoducs(m) 740.
réseau(m) de transport(m) d'électricité(f) 771.
réseau(m) national 416.
réseau(m) nerveux 144.
réseau(m) privé 416.
réseau(m) téléphonique 417.

Les termes en **caractères gras** renvoient à une illustration, ceux en CAPITALES indiquent un titre.

réserve(f) d'eau(f) 373.
réservoir(m) 216, 247, 386, 399, 543, 689, 746, 747, 748, 749, 750, 751, 780.
réservoir(m) à carburant(m) 440, 468, 508, 805, 812.
réservoir(m) à essence(f) 442.
réservoir(m) à grain(m) 160.
réservoir(m) à toit(m) fixe 741.
réservoir(m) à toit(m) flottant 741.
réservoir(m) auxiliaire 441.
réservoir(m) d'air(m) comprimé 469.
réservoir(m) d'alcool(m) 705.
réservoir(m) d'arrosage(m) 759, 766.
réservoir(m) d'azote(m) liquide 717.
réservoir(m) d'eau(f) 210.
réservoir(m) d'essence(f) 272.
réservoir(m) d'huile(f) 272.
réservoir(m) d'hydrogène(m) liquide 509.
réservoir(m) d'oxygène(m) liquide 509.
réservoir(m) de brut(m) 744.
réservoir(m) de chasse(f) d'eau(f) 292.
réservoir(m) de fluide(m) 212.
réservoir(m) de kérosène(m) 509.
réservoir(m) de mercure(m) 705.
réservoir(m) de sécurité(f) 761.
réservoir(m) de stockage(m) 772.
réservoir(m) externe 510.
réservoir(m) magmatique 25.
réservoir(m) propane(m) 449.
réservoir(m) tampon(m) 740.
réservoirs(m) 511.
résistance(f) hydraulique 664.
résonnateur(m) 406.
ressort(m) 234, 278, 290, 294, 389, 659, 804.
ressort(m) athlétique 665.
ressort(m) compensateur de fil(m) 562.
ressort(m) d'échappement(m) 541.
ressort(m) de batterie(f) 795.
ressort(m) de rappel(m) 432.
ressort(m) de soupape(f) 434, 543.
ressort(m) de suspension(f) 258, 469.
ressort(m) de tension(f) 431, 665.
ressort(m) en spirale(f) 231.
restaurant(m) 185, 190, 494, 822.
rétenteur(m) 653.
Réticule(f) 13.
réticule(m) 718.
réticulum(m) endoplasmique 115.
rétine(f) 140.
retombées(f) 35.
retour(m) 521.
retour(m) de chariot(m) 525.
retour(m) de l'eau(f) au générateur(m) de vapeur(f) 767.
RETOURNER LA TERRE(F) 156.
retourner la terre(f) 154.
retrait(m) 524.
rétroviseur(m) 430, 440, 442, 444.
rétroviseur(m) extérieur 426.
réunion(f) 830.
réverbère(m) 186.
revers(m) 322, 323, 341, 354.
revers(m) à cran(m) aigu 322.
revers(m) cranté 319, 320.
réverve(f) de papier(m) 532.
revêtement(m) 198, 199, 619, 741.
revêtement(m) de sécurité(f) 512.
revêtement(m) intérieur 433.
revêtement(m) thermique 510.
revêtement(m), matériaux(m) 286.
REVOLVER(M) 797.
rez-de-chaussée(m) 194.
rez-de-chaussée(m) 197.
rhéostat(m) 309.
rhino-pharynx(m) 141.
rhubarbe(f) 72.
ribosome(m) 115.
richelieu(m) 354.
rideau(m) 229.
rideau(m) 229, 414.
rideau(m) ballon(m) 229.
rideau(m) bonne femme(f) 228.
rideau(m) brise-bise(m) 228.
rideau(m) coulissé 228.
rideau(m) d'obturateur(m) 390.
rideau(m) de fer(m) 188.
rideau(m) de scène(f) 188, 189.
rideau(m) de vitrage(m) 228.
rideau(m) flottant 228.
rideau(m) pare-vent(m) 14.
rideaux(m) croisés 229.
rideaux(m), types(m) 228.
ridoir(m) 630.
rifloir(m) 587.
rift(f) 28.
rigole(f) 682.
rimaye(f) 26.
rinceau(m) 220.
ring(m) 669.
risberme(f) 748.
rive(f) 288, 752.
rive(f) externe 104.
rive(f) interne 104.
rivet(m) 242, 278.
rivière(f) 51.
rivière(f) souterraine 24.
riz(m) 152.
robe(f) 741.
robe(f) à crinoline(f) 318.
robe(f) à paniers(m) 317.
robe(f) à tournure(f) 316.
robe(f) bain(m)-de-soleil(m) 332.
robe(f) chemisier(m) 333.
robe(f) de maison(f) 333.
robe(f) enveloppe(f) 333.
robe(f) fourreau(m) 332.
robe(f) princesse(f) 332.
robe(f) taille(f) basse 332.
robe(f) tee-shirt(m) 351.
robe(f) trapèze(m) 332.
robe(f) tunique(f) 333.
robe(f)-manteau(m) 332.
robe(f)-polo(m) 333.
robes(f), types(m) 332.
robinet(m) 294.
robinet(m) 292.
robinet(m) d'acétylène(m) 306.
robinet(m) d'arrêt(m) 293, 296, 298.
robinet(m) d'arrêt(m) général 215.
robinet(m) d'oxygène(m) 306.
robinet(m) de réglage(m) de débit(m) 777.
robinet(m) de vidange(f) 297, 741.
robinet(m) flotteur à clapet(m) 293.
robinet(m) relais(m) 689.
robinets(m) de carburant(m) 500.
robot(m) de cuisine(f) 251.
roc(m) 714.
rocaille(f) 263.
roches(f) d'intrusion(f) 23.
roches(f) ignées 23.
roches(f) métamorphiques 23.
roches(f) sédimentaires 23.
rochet(m) 281, 706, 707.
Roi(m) 695, 696.
romaine(f) 73.
romarin(m) 74.
rond pronateur(m) 120.
rond-point(m) 52.
ronde(f) 538.
rondeau(m) 584.
rondelle(f) 608.
rondelle(f) 294, 641, 642.
rondelle(f) à denture(f) extérieure 278.
rondelle(f) à denture(f) intérieure 278.
rondelle(f) à ressort(m) 278.
rondelle(f) conique 293.
rondelle(f) de fibre(f) 300.
rondelle(f) plate 278.
rondelles(f) 278.
rondiste(m) 363.
rongeur(m), mâchoire(f) 98.
ros(m) 572.
rosace(f) 546.
rose(f) 175.
rose(f) des vents(m) 484.
rosée(f) 37.
rosette(f) 167, 289, 290.
rostre(m) 90.
rotonde(f) 190.
rotor(m) 161, 290, 437, 753, 773, 774.
rotor(m) anticouple 508.
rotule(f) 103, 122, 282.
roue(f) 433.
roue(f) 270, 427, 440, 727, 753, 800, 805.
roue(f) à rayons(m) 652.
roue(f) avant 147, 784.
roue(f) d'échappement(m) 706, 707.
roue(f) d'engrenage(m) 280, 575.
roue(f) d'entraînement(m) 575.
roue(f) de centre(m) 706, 707.
roue(f) de champ(m) 706.
roue(f) de poulie(f) 230.
roue(f) de pression(f) 158.
roue(f) de sécurité(f) 476.
roue(f) de support(m) 445.
roue(f) de turbine(f) 752.
roue(f) dentée 445, 573.
roue(f) folle 783.
roue(f) Francis 754.
roue(f) Kaplan 754.
roue(f) libre 448.
roue(f) motrice 147, 707.
roue(f) Pelton 754.
roue(f) petite moyenne 706, 707.
roue(f) pivotante 727.
roues(f) motrices 784.
rouge(m) 700, 701.
rouge(m) à lèvres(f) 366.
Rouges(m) 697.
rough(m) 676.
rouleau(m) 304.
rouleau(m) 231, 270, 369, 583, 702.
rouleau(m) à pâtisserie(f) 245.
rouleau(m) à vernir 582.
rouleau(m) conditionneur 158.
rouleau(m) d'encrage(m) 581.
rouleau(m) de pellicule(f) 395.
rouleau(m) principal 572.
roulette(f) 563.
roulette(f) 260, 383, 553, 582, 645, 788.
roulette(f) américaine 700.
roulette(f) de pâtissier(m) 245.
roulette(f) française 701.
route(f) 52, 452.
route(f) d'accès(m) 502.
route(f) secondaire 52.
route(f), coupe(f) 450.
ruban(m) 566, 711, 804.
ruban(m) adhésif 607.
ruban(m) blanc 618.
ruban(m) correcteur 515.
ruban(m) de caoutchouc(m) 677.
ruban(m) de tissu(m) adhésif 725.
rubis(m) 363, 706.
ruche(f) 82.
ruche(f) 149.
ruché(m) 349.
rue(f) 52, 184, 190.
RUE(F), COUPE(F) 186.
RUGBY(M) 606.
rugby(m), terrain(m) 606.
ruisseau(m) 676.
ruissellement(m) 32, 34.
russule(f) verdoyante 55.
rutabaga(m) 71.

S

sable(m) 748, 819.
sablier(m) 244.
sablière(f) 469.
sablière(f) double 198.
sabot(m) 104.
sabot(m) 101, 441, 633, 656.
sabot(m) à 1 doigt(m) 99.
sabot(m) à 2 doigts(m) 99.
sabot(m) à 3 doigts(m) 99.
sabot(m) à 4 doigts(m) 99.
sabot(m) de protection(f) 783.
sabot(m), face(f) plantaire 104.
SABOTS(M), TYPES(M) 99.
sabre(m) 666, 794.
sabreur(m) 667.
sac(m) 536.
sac(m) à bandoulière(f) 380.
sac(m) à dos(m) 680.
sac(m) à provisions(f) 381.
sac(m) accordéon(m) 380.
sac(m) besace(f) 380.
sac(m) boîte(f) 381.
sac(m) cartable(m) 380.
sac(m) de golf(m) 679.
sac(m) de vol(m) 382.
sac(m) fourre-tout(m) 380, 382.
sac(m) marin(m) 381.
sac(m) polochon(m) 381.
sac(m) pour accessoires(m) 684.
sac(m) seau(m) 381.
sacoche(f) 448.
sacrum(m) 122, 123.
SACS(M) À MAIN(F) 380.
sacs(m) de couchage(m) 687.
Sagittaire(m) 13.
Sagittaire(m) (22 novembre) 820.
saharienne(f) 338.
saillant(m) 178.
saisie(f) des données(f) 717.
SAISONS(F), CYCLE(M) 8.
saladier(m) 238.
salamandre(f) 85.
salière(f) 238.
salle(f) 189.
salle(f) à manger 195, 460, 496, 807.
salle(f) d'embarquement(m) 505.
SALLE(F) DE BAINS(M) 292.
salle(f) de bains(m) 194, 195.
salle(f) de bal(m) 497.
salle(f) de commande(f) 746, 759.
salle(f) de commandes(f) 14.
salle(f) de contrôle(m) 16.
salle(f) de contrôle(m) des machines(f) 742.
salle(f) de prière(f) 172, 173.
salle(f) de projection(f) 16.
salle(f) de réception(f) 172, 173.
salle(f) de répétition(f) 188.
salle(f) de séjour(m) 195.
SALLE(F) DE SPECTACLE(M) 188.
salle(f) de stockage(m) du combustible(m) neuf 764.
salle(f) de toilettes(f) 195.
salle(f) des cartes(f) 494.
salle(f) des gradateurs(m) 412.
salle(f) des machines(f) 496, 746, 747.
salle(f) des ordinateurs(m) 807.
salle(f) des pas(m) perdus 462.
salle(f) du treuil(m) 735.
salle(f) polyvalente 412.
salomé(m) 356.
salon(m) 195, 496.
salopette(f) 336.
salopette(f) à bretelles(f) croisées 351.
salopette(f) à dos(m) montant 350.
salsifis(m) 71.
sandale(f) 356, 791.
sandalette(f) 357.
Sandow®(m) 685, 686.
sangle(f) 428, 614, 634, 649, 651, 660, 664, 679, 777.
sangle(f) d'amortissement(m) 729.
sangle(f) de brancard(m) 653.
sangle(f) de nuque(f) 729.
sangle(f) élastique 382.
sangle(f) serre-vêtements(m) 383.
sangle(f) sous-ventrière 653.
sanglon(m) 649.
sanguine(f) 583.
sapeur(m)-pompier(m) 777.
saphir(m) 363.
sarcloir(m) 266.
sarment(m) 61.
sarrasin(m) 152.
sarriette(f) 74.
sas(m) 14, 493, 510.
sas(m) d'accès(m) arrière 806.
sas(m) du bâtiment(m) du réacteur(m) 758.
sas(m) du laboratoire(m) 511.
sas(m) pour équipement(m) 764.
satellite(m) 416.
satellite(m) à défilement(m) 43.
satellite(m) artificiel 19.
SATELLITE(M) DE TÉLÉDÉTECTION(F) 48.
satellite(m) géostationnaire 42.
SATELLITE(M) MÉTÉOROLOGIQUE 42.
satellite(m) Radarsat 49.
satellites(m) 4.
SATELLITES(M) DE TÉLÉCOMMUNICATIONS(F) 418.
satellites(m) de télécommunications(f), exemples(m) 418.
satin(m) 576.
Saturne 5.
saucière(f) 238.
sauge(f) 74.
saumon(m) d'aile(f) 638.
saupoudreuse(f) 246.
saut(m) à la perche(f) 657.
saut(m) à la perche(f) 655.
saut(m) en hauteur(f) 657.
saut(m) en hauteur(f) 654.
sauterelle(f) 77, 733.
sauteur(m) 635.
sauteuse(f) 249.
sautoir(m) 361.
sautoir(m), longueur(f) opéra(m) 361.
savane(f) 45.
saveur(f) acide 143.
saveur(f) amère 143.
saveur(f) salée 143.
saveur(f) sucrée 143.
saxhorn(m) 551.
saxophone(m) 548.
saxophone(m) 548.
scanneur(m) 526.
scanneur(m) à hyperfréquences(f) 43.
scanneur(m) de radiations(f) terrestres 43.
SCAPHANDRE(M) SPATIAL 512.
scapulaire(f) 110.
scarole(f) 73.
scène(f) 189.
scène(f) 188.
scie(f) à chaîne(f) 272.

scie(f) à grecquer 578.
scie(f) à métaux(m) 277.
scie(f) à métaux(m) 299.
scie(f) circulaire 284.
scie(f) d'élagage(m) 269.
scie(f) de camping(m) 690.
scie(f) égoïne 277.
scion(m) 670.
sclérotique(f) 140.
score(m) doublé 698.
score(m) triplé 698.
Scorpion(m) 13.
Scorpion(m) (24 octobre) 820.
scorsonère(f) 71.
scotie(f) 166, 167.
scrotum(m) 116, 127.
sculpture(f) 147, 586.
SCULPTURE(F) SUR BOIS(M) 586.
sculptures(f) 433.
seau(m) isotherme 251.
sébile(f) de remboursement(m) 422.
sécateur(m) 269.
séchage(m) 829.
sèche-cheveux(m) 370.
sèche-linge(m) électrique 259.
sécher à plat 829.
sécher par culbutage(m) à basse température(f) 829.
sécher par culbutage(m) à moyenne ou haute température(f) 829.
sécheuse(f) 259.
séchoir(m) d'épreuves(f) 399.
second arbitre(m) 613.
second juge(m) de ligne(f) 603.
second renfort(m) 800.
seconde nageoire(f) dorsale 86.
seconde(f) 537, 667, 830.
secondeur(m) au centre(m) 603, 605.
secondeur(m) extérieur droit 603, 605.
secondeur(m) extérieur gauche 603, 605.
seconds violons(m) 556.
secrétaire(m) 226, 612, 626.
secteur(m) maintenance(f) 415.
section(f) de conduit(m) 205.
section(f) raffinerie(f) 738.
section(f) tubulaire 738.
segment(m) 432, 434.
segment(m) abdominal 78.
segment(m) de loin 376.
segment(m) de près 376.
seigle(m) 152.
SEIN(M) 129.
sein(m) 116, 118.
SÉISME(M) 23.
seizième(m) de soupir(m) 538.
séjour(m) 685.
sélecteur(m) 214.
sélecteur(m) d'enceintes(f) 402.
sélecteur(m) de bandes(f) 403.
sélecteur(m) de contrôle(m) audio 413.
sélecteur(m) de contrôle(m) vidéo 413.
sélecteur(m) de coupe(f) 374.
sélecteur(m) de fonctions(f) 391.
sélecteur(m) de micro(m) 547.
sélecteur(m) de niveau(m) d'eau(f) 258.
sélecteur(m) de points(m) 561.
sélecteur(m) de programme(m) 555.
sélecteur(m) de régime(m) 271.
sélecteur(m) de rythme(m) 555.
sélecteur(m) de stations(f) 402, 408.
sélecteur(m) de température(f) 253, 258, 259, 370.
sélecteur(m) de vitesse(f) 251, 370, 404.
sélecteur(m) de vitesses(f) 443, 444.
sélecteur(m) de voix(f) 555.
sélecteur(m) télé(f)/vidéo(f) 411.
sélecteur(m) vidéo auxiliaire 413.
sélecteurs(m) de fonctions(f) 420.
sélecteurs(m) de mode(m) 408.
sélection(f) des canaux(m) 411.
selle(f) 649.
selle(f) 445, 446, 648, 651, 661, 664.
selle(f) biplace 443.
selle(f) de rail(m) 466.
sellette(f) 586, 636, 653.
sellette(f) d'attelage(m) 440.
sémaphore(m) 464.
semelle(f) 358.
semelle(f) 198, 199, 256, 277, 284, 325, 633, 640, 641, 644, 678.
semelle(f) antidérapante 350.
semelle(f) d'usure(f) 353, 355.
semelle(f) de chargeur(m) 797.
semelle(f) du battant(m) 572.
semelle(f) intercalaire 352.
semelle(f) pivotante 282.
SEMER 158.
semer 154.
semi-rectangulaire 687.
semi-remorque(f) 441.
semi-remorque(f) 440, 742.
semi-remorque(f) citerne(f) 742.
semi-remorque(f) plate-forme(f) 441.
semoir(m) à main(f) 268.
semoir(m) en lignes(f) 158.
semoir(m) en lignes(f) 154.
senestre(f) 818.
SENS(M) DE L'ODORAT(M) 142.
SENS(M) DU GOÛT(M) 142.
senseur(m) d'équilibrage(m) des blancs(m) 409.
senseur(m) stellaire 16.
sensibilité(f) du film(m) 391, 396.
sep(m) 156.
sépale(m) 60, 62, 64.
séparateur(m) 216, 439, 742, 758.
séparateur(m) d'eau(f) 734.
séparateur(m) de gaz(m) 738.
séparateur(m) liquide(m)/gaz(m) 439.
séparation(f) lanceur(m)/satellite(m) 419.
séparation(f)-classeur(m) 378.
septième(f) 537.
septime(f) 667.
septum(m) interventriculaire 125.
septum(m) lucidum 134.
séquence(f) 695.
séquence(f) de manipulation(f) du combustible(m) 764.
sérac(m) 26.
serfouette(f) 266.
sergé(m) 576.
seringue(f) 726.
seringue(f) pour lavage(m) de cavités(f) 726.
serpe(f) 269.
Serpent(m) 11, 13.
serpent(m) à sonnettes(f) 97.
serpent(m) venimeux, tête(f) 96.
serpentin(m) 255, 635.
serpentin(m) de l'évaporateur(m) 214.
serpentin(m) du condenseur(m) 214.
serpette(f) 269.
serre(f) 111, 149.
serre-joint(m) 282.
serre-joint(m) 575.
serre-livres(m) 517.
serre-poignet(m) 615.
serre-tête(m) 406, 408, 615, 642, 729, 730.
serre-tête(m) antibruit 729.
SERRURE(F) 289, 290.
serrure(f) 202, 225, 289, 380, 383, 429.
serrure(f) à clé(f) 378.
serrure(f) à combinaison(f) 378.
serrure(f) à mortaiser 290.
serrure(f) de porte(f) 427.
serrure(f) tubulaire 290.
sertissage(m) 799.
sertissure(f) 364.
serveur(m) 613, 614, 616, 618.
service(m) à fondue(f) 248.
service(m) d'entretien(m) 453.
service(m) de colis(m) 462.
serviette(f) 378.
servomoteur(m) 814.
seuil(m) 202.
seuil(m) de déversoir(m) 746.
sextant(m) 484.
Sextant(m) 13.
sextuor(m) 558.
shekel(m) 832.
short(m) 336, 351, 600, 656.
short(m) boxeur(m) 353.
si(m) 537.
siège(m) 220, 223, 293, 294, 428, 584, 639, 649, 652, 727.
siège(m) coulissant 664.
siège(m) double 477.
siège(m) du commandant(m) 500.
siège(m) du copilote(m) 500.
siège(m) éjectable 813.
siège(m) réglable 460.
siège(m) simple 477.
siège(m)-baquet(m) 428.
SIÈGES(M) 222.
sifflet(m) 252.
signal(m) de position(f) d'aiguille(f) 467.
signal(m) lumineux 539.
signal(m) sonore 539.
signalisation(f) lumineuse 826, 827.
SIGNALISATION(F) MARITIME 486.
SIGNALISATION(F) ROUTIÈRE 824, 826, 828.
signes(m) d'air(m) 820.
signes(m) d'eau(f) 820.
signes(m) de feu(m) 820.
SIGNES(M) DE PONCTUATION(F) 832.
signes(m) de terre(f) 820.
SIGNES(M) DIACRITIQUES 832.
SIGNES(M) DU ZODIAQUE(M) 820.
silencieux(m) 735.
silex(m) 795.
silique(f), coupe(f) 67.
sill(m) 24.
sillet(m) 544, 546, 547.
sillon(m) antérieur 139.
sillon(m) concentrique 404.
sillon(m) de départ(m) 404.
sillon(m) de sortie(f) 404.
sillon(m) médian 143.
sillon(m) naso-labial 141.
sillon(m) terminal 143.
silo(m) de chargement(m) 734.
silo(m)-couloir(m) 149.
silo(m)-tour(f) 149.
silos(m) 490.
simple torsade(f) 281.
simulateur(m) d'escalier(m) 664.
sinople(m) 819.
sinus(m) 315.
sinus(m) frontal 141.
sinus(m) latéral inférieur 61.
sinus(m) latéral supérieur 61.
sinus(m) palléal 95.
sinus(m) pétiolaire 61.
sinus(m) sphénoïdal 141.
siphon(m) 24, 215, 293, 296, 301.
sismogramme(m) 714.
sismographe(m) horizontal 714.
sixain(m) 700, 701.
sixte(f) 537, 667.
ski(m) 445, 641.
SKI(M) ALPIN 640.
ski(m) de figure(f) 633.
SKI(M) DE FOND(M) 642.
ski(m) de fond(m) 642.
ski(m) de fond(m) 642.
ski(m) de saut(m) 633.
ski(m) de slalom(m) 633.
ski(m) de tourisme(m) 633.
SKI(M) NAUTIQUE 633.
skieur(m) alpin 640.
skieuse(f) de fond(m) 642.
skiff(m) 632.
skip(m) 736.
skis(m) nautiques, types(m) 633.
slip(m) 347.
slip(m) de bain(m) 353.
slip(m) ouvert 325.
snooker(m) 673.
soc(m) 156.
socle(m) 40, 204, 236, 250, 252, 283, 404, 453, 579, 707, 708, 712, 714, 774.
socle(m) fixe 282.
socle(m)-chargeur(m) 260.
socque(m) 357.
socquette(f) 344.
soie(f) 239, 242, 291, 374, 670.
soie(f) dentaire 373.
soies(f) 304.
soigneur(m) 669.
sol(m) 537, 750.
sol(m) naturel 450.
sole(f) 104.
soléaire(m) 120.
SOLEIL(M) 6.
Soleil(m) 4, 8.
SOLEIL(M), ÉCLIPSE(F) 8.
Soleil(m), structure(f) 6.
soleret(m) 792.
solin(m) 205.
solive(f) 200.
solive(f) de plafond(m) 198.
solive(f) de plancher(m) 198, 199.
solive(f) de rive(f) 198, 199.
solstice(m) d'été(m) 8.
solstice(m) d'hiver(m) 8.
sommation(f) 830.
sommet(m) 27.
sommier(m) 174, 540, 543.
sommier(m) tapissier(m) 224.
sonar(m) de coque(f) 809.
sonde(f) 485.
sonde(f) spatiale 19.
sonde(f) thermique 253.
sondeur(m) à éclats(m) 485.
sonnerie(f) de passage(m) à niveau(m) 471.
sonnette(f) 97.
sorbetière(f) 251.
sorgho(m) 152.
sortie(f) 82, 452.
sortie(f) d'air(m) chaud 204, 207, 438.
sortie(f) d'eau(f) chaude 208.
sortie(f) de l'eau(f) de refroidissement(m) du condenseur(m) 759.
sortie(f) de la vapeur(f) 760, 761, 762, 763.
sortie(f) de la vapeur(f) des séparateurs(m) 758.
sortie(f) de piste(f) 505.
sortie(f) de piste(f) à grande vitesse(f) 502.
sortie(f) des originaux(m) 421.
sortie(f) du caloporteur(m) 768.
sortie(f) du reflux(m) du condenseur(m) 759.
soubassement(m) 225.
souche(f) 59.
souche(f) 197.
SOUDAGE(M) 305, 306.
soudage(m) à l'arc(m) 305.
soudage(m) bout(m) à bout(m) 307.
soudage(m) oxyacétylénique 306.
SOUDAGE(M), ÉQUIPEMENT(M) DE PROTECTION(F) 308.
soudure(f) 307.
soufflante(f) 501, 760.
soufflerie(f) 543.
soufflet(m) 378, 380, 399, 536, 543.
souffleuse(f) 162.
souffleuse(f) de fourrage(m) 162.
souffleuse(f) de fourrage(m) 155.
soulier(m) à la poulaine(f) 318.
soulier(m) à talon(m) 318.
soupape(f) 248, 543, 735.
soupape(f) à air(m) 304.
soupape(f) à pression(f) et dépression(f) 741.
soupape(f) d'admission(f) 434, 436, 635.
soupape(f) d'arrivée(f) d'air(m) 590.
soupape(f) d'échappement(m) 435, 436, 438.
soupape(f) d'évacuation(f) 551, 710.
soupape(f) de gonflage(m) 627.
soupape(f) de purge(f) 627.
soupape(f) de réglage(m) du fluide(m) 304.
soupape(f) de sureté(f) 209.
soupape(f) de sûreté(f) 297, 766.
soupape(f) expiratoire 730.
soupape(f) inspiratoire 730.
soupière(f) 238.
soupir(m) 538.
source(f) alimentaire fondamentale 31.
sources(f) de pollution(f) 34.
sourcil(m) 140.
sourcils(m) 107.
sourdine(f) 551.
souris(f) 530.
souris(f) 526, 527.
sous-épineux(m) 121.
sous-fondation(f) 451.
sous-gorge(f) 649.
sous-main(m) 520.
SOUS-MARIN(M) 806.
sous-pied(m) 336.
sous-plancher(m) 198, 199, 200.
sous-sol(m) 190.
sous-sol(m) 197.
sous-vêtement(m) d'isolation(f) 512.
sous-vêtement(m) de contrôle(m) thermique 512.
sous-vêtements(m) 325, 345, 346.
soustraction(f) 523, 830.
soustraction(f) en mémoire(f) 523.
soute(f) 510.
soute(f) à bagages(m) 492, 508.
soute(f) à eau(f) 469.
soute(f) d'équipement(m) technique 415.
soute(f) des bobines(f) de câbles(m) 415.
soutien-gorge(m) 346.
soutien-gorge(m) balconnet(m) 347.
soutien-gorge(m) corbeille(f) 346.
spadice(m) 60.
spatule(f) 244, 581, 589, 633, 640, 642.
spatulée 56.
spécifications(f) techniques 433.
spectromètre(m) 717.
spectromètre(m) à ultraviolet(m) 43.
spencer(m) 338.
spermatozoïde(m) 127.
sphère(f) céleste 3.
sphère(f) d'hélium(m) 509.
sphère(f) de verre(m) 40.

Les termes en **caractères gras** renvoient à une illustration, ceux en CAPITALES indiquent un titre.

sphère(f) terrestre 3.
sphincter(m) anal 131.
spicule(m) 6.
spiral(m) 706.
spirale(f) 276, 398.
spire(f) 94.
splénius(m) de la tête(f) 121.
spores(f) 55.
spot(m) 235.
spot(m) à pince(f) 235.
SQUASH(M) 616.
squash(m), balle(f) 616.
squash(m), raquette(f) 616.
squash(m), terrain(m) 616.
SQUELETTE(M) 122.
squelette(m), cheval(m) 102.
stabilisateur(m) 499, 508, 639, 684, 780, 785, 786, 812.
stabilisateur(m) à triple plan(m) vertical 498.
stabilisateur(m) de roulis(m) 496.
stabilo(m) 636.
stade(m) 654.
stade(m) 185.
stade(m) final de déploiement(m) 419.
stalactite(f) 24.
stalagmite(f) 24.
station(f) d'émission(f) 722.
station(f) de métro(m) 474.
station(f) de pompage(m) 740.
station(f) de pompage(m) intermédiaire 740.
station(f) de pompage(m) principale 740.
station(f) de réception(f) 722.
station(f) locale 416.
station(f) météorologique 38.
STATION(F)-SERVICE(M) 453.
station(f)-service(m) 453.
stationata(f) 647.
stationnement(m) 190, 193.
stationnement(m) 464, 491.
stator(m) 290, 753.
stators(m) extérieurs 501.
stators(m) intérieurs 501.
steeple(m) 655.
steppe(f) 45.
sterno-cléido-mastoïdien(m) 120.
sternum(m) 102, 122.
stéthoscope(m) 726.
stigmate(m) 60, 66, 78, 79.
stimulateur(m) de gencives(f) 373.
stipule(f) 56.
stockage(m) des missiles(m) 808.
stop(m) 106.
store(m) à enroulement(m) automatique 231.
store(m) à enroulement(m) manuel 231.
store(m) bateau(m) 231.
store(m) romain 231.
store(m) vénitien 231.
strato-cumulus(m) 44.
stratosphère(f) 19.
stratus(m) 44.
structure(f) 203.
structure(f) 450.
structure(f) du Soleil(m) 6.
structure(f) du support(m) 48.
structure(f) du tissu(m) 566.
structure(f) métallique 463.
structure(f) tubulaire 487.
studio(m) 407.
STUDIO(M), RADIO(F) 407.
style(m) 60, 62, 63, 64, 67, 706.
STYLES(M) D'ARCHITECTURE(F) 166.
stylet(m) 389, 794.
stylo(m)-bille(f) 389.
stylo(m)-bille(f) 515.
stylo(m)-plume(f) 389.
stylo(m)-plume(f) 515.
stylobate(m) 166, 168.
sublimation(f) 34.
substance(f) blanche 135.
substance(f) corticale 132.
substance(f) grise 135.
substance(f) médullaire 132.
subtropical humide 45.
subtropical sec 45.
suceur(m) à tapis(m) et planchers(m) 260.
suceur(m) plat 260.
suceur(m) triangulaire à tissus(m) 260.
sucrier(m) 238.
sud(m) 488.
sud(m)-est(m) 488.
sud(m)-ouest(m) 488.
sulky(m) 652.
superposition(f) d'originaux(m) 532.
superstructure(f) 486.
support(m) 40, 230, 231, 232, 248, 370, 397, 552, 574, 619, 787.
support(m) à bagages(m) 445.
support(m) ajustable 521.
support(m) d'entrave(f) 652.
support(m) d'extrémité(f) 230.
support(m) de fixation(f) 230, 234, 720.
support(m) de lisse(f) 471.
support(m) de plafond(m) 230.
support(m) de plaquette(f) 376.
support(m) de pouce(m) 549.
support(m) de sphère(f) 40.
support(m) de tension(f) 569.
support(m) du filament(m) 233.
support(m) du rouleau(m) 573.
support(m) mural 230.
support-papier(m) 525.
supports(m) 589.
surandouiller(m) 105.
surbaissé 174.
surface(f) absorbante 772.
surface(f) de but(m) 601, 612.
surface(f) de coin(m) 601.
surface(f) de combat(m) 668.
surface(f) de cuisson(f) 253, 255.
surface(f) de frappe(f) 596.
surface(f) de glace(f) 620.
surface(f) de jeu(m) 619, 682.
surface(f) de l'eau(f) 487, 624.
surface(f) de la peau(f) 137.
surface(f) de réparation(f) 601.
surface(f) de résine(f) 405.
surface(f) de sécurité(f) 668.
surface(f) encrée 580.
surface(f) gravée 404.
surface(f) isolante 528.
surface(f) mouillée 580.
surface(f) pressée 405.
surface(f) réfléchissante 770.
surhaussé 174.
surimpression(f) 391.
surligneur(m) 515.
surliure(f) 691.
suroît(m) 329.
surpiqûre(f) 323, 350, 352, 355.
survêtement(m) 352.
suspendre pour sécher 829.
suspendre pour sécher sans essorer 829.
suspension(f) 236, 477.
suspension(f) à la Cardan 485.
suspente(f) 456.
suspentes(f) 636.
suspentes(f) de nacelle(f) 634.
suture(f) 67.
symbole(m) 702.
SYMBOLES(M) D'USAGE(M) COURANT 822.
SYMBOLES(M) DE SÉCURITÉ(F) 821.
SYMBOLES(M) DES NUAGES 44.
symboles(m) divers(m) 831.
SYMBOLES(M) MÉTÉOROLOGIQUES INTERNATIONAUX 39.
SYMBOLES(M) SCIENTIFIQUES USUELS 830.
symboles(m), matières(f) dangereuses 821.
symboles(m), protection(f) 821.
symphyse(f) pubienne 127, 128.
synapse(f) 135.
synapse(m) 135.
synthétiseur(m) 555.
système(m) audio 430.
système(m) d'ancrage(m) 661.
système(m) d'échappement(m) 439.
SYSTÈME(M) DE BASE(F) 528, 530.
système(m) de climatisation(f) 415.
système(m) de dépotage(m) 742.
système(m) de fixation(f) 735.
système(m) de lentilles(f) 719.
système(m) de lubrification(f) 469.
système(m) de pointage(m) fin 16.
système(m) de remplissage(m) et de vidange(f) 492.
système(m) de verrouillage(m) 260.
système(m) filtre(m) 385.
système(m) hydraulique 787.
SYSTÈME(M) NERVEUX 133, 134.
système(m) nerveux central 134.
système(m) nerveux périphérique 133.
système(m) racinaire 57, 61.
système(m) radar(m) 813.
système(m) rotary 737.
SYSTÈME(M) ROUTIER 450, 452.
SYSTÈME(M) SOLAIRE 4.

T

T.G.V. 458.
tabac(m) 384.
tabatière(f) 197.
TABLE(F) 219.
table(f) 674.
table(f) 363, 578, 581, 583.
table(f) à abattants(m) 219.
table(f) à dessin(m) 591.
table(f) à rallonges(f) 219.
table(f) d'alimentation(f) 162.
table(f) d'harmonie(f) 540, 544, 545, 546.
table(f) d'imprimante(f) 521.
table(f) d'ordinateur(m) 521.
table(f) de production(f) 413.
table(f) de rotation(f) 737.
table(f) de roulement(m) 466.
TABLE(F) DE ROULETTE 700.
table(f) du sommier(m) 543.
table(f), tennis 619.
tableau(m) américain des mises(f) 700.
tableau(m) d'affichage(m) des vols(m) 505.
tableau(m) de bord(m) 430, 445.
tableau(m) de bord(m) 442.
tableau(m) de commande(f) 257, 532.
tableau(m) de commande(f) 214, 253, 255, 258, 259, 532.
tableau(m) de commandes(f) 717.
tableau(m) de distribution(f) 312.
tableau(m) de distribution(f) 757.
tableau(m) des scores(m) 698.
tableau(m) français des mises(f) 701.
tableau(m) horaire 463.
tableau(m) indicateur(m) 651.
tableau(m) marqueur(m) 683.
tables(f) gigognes 219.
tables(f), principaux types(m) 219.
tablette(f) 204, 226, 302.
tablette(f) de verre(m) 254.
tablette(f) graphique 526.
tablette(f) porte-outil(m) 302.
tablier(m) 161, 454, 455, 456, 669, 787.
tablier(m)-blouse(f) 337.
tablinum(m) 170.
tabouret(m) 222, 669.
tabouret(m)-bar(m) 222.
tabouret(m)-escabeau(m) 302.
tabulateur(m) 524.
tabulateur(m) décimal 524.
tache(f) 6.
tache(f) jaune 140.
tachymètre(m) 445.
taie(f) d'oreiller(m) 224.
taillant(m) 734.
taille(f) 117, 119.
taille(f) baguette(f) 362.
taille(f) brillant(m) 362.
taille(f) cabochon(m) 362.
taille(f) d'un diamant(m) 363.
taille(f) des pierres(f) 362.
taille(f) émeraude(f) 362.
taille(f) en ciseaux(m) 362.
taille(f) en escalier(m) 362.
taille(f) en goutte(f) 362.
taille(f) en poire(f) 362.
taille(f) en rose(f) 362.
taille(f) en table(f) 362.
taille(f) française 362.
taille(f) huit facettes(f) 362.
taille(f) marquise(f) 362.
taille(f) ovale 362.
taille-bordures(m) 271.
taille-crayon(m) 515, 516.
taille-haies(m) 268.
tailleur(m) 331.
taloche(f) 291.
talon(m) 104, 117, 119, 156, 242, 277, 325, 352, 354, 376, 385, 433, 544, 546, 562, 568, 596, 609, 615, 641, 642, 643, 644, 670, 671, 675, 678.
talon(m) d'appui(m) 250, 256.
talonnette(f) de dessus(m) 354.
talonneur(m) 606.
talonnière(f) 633, 640, 641, 642, 643.
talus(m) 451.
talus(m) continental 22, 29.
tam-tam(m) 552.
tambour(m) 167, 231, 259, 432, 484, 571, 670, 671, 707, 711, 714.
tambour(m) d'entraînement(m) 390.
tambour(m) de basque(m) 554.
tambourin(m) 329.
tamis(m) 615.
tamis(m) à farine(f) 245.
tamis(m) vibrant 737.
tampon(m) 581.
tampon(m) encreur 516.
tandem(m) 338.
tapis(m) 668.
tapis(m) 669, 675, 682.
tapis(m) amont 748.
tapis(m) de selle(f) 648, 651.
tapis(m) de sol(m) cousu 685, 686.
tapis(m) drainant 748.
tapis(m) roulant 504.
taquet(m) 628, 630.
taquet(m) coinceur 630.
taquet(m) d'amarrage(m) 492.
taquet(m) de verrouillage(m) 529.
tarière(f) motorisée 270.
tarlatane(f) 582.
tarse(m) 78, 80, 103, 108, 122.
tasse(f) 688.
tasse(f) à café(m) 238.
tasse(f) à thé(m) 238.
tassette(f) 792.
Taureau(m) 11.
Taureau(m) (20 avril) 820.
té(m) 301, 677.
té(m) de base(f) 205.
technicien(m) aiguilleur(m) 412, 415.
tectrice(f) primaire 110.
tectrice(f) sous-caudale 109.
tectrice(f) sus-alaire 108.
tectrice(f) sus-caudale 109.
teddy(m) 345.
tégument(m) 152.
tégument(m) de la graine(f) 63.
télécommande(f) 411.
télécommande(f) 397.
télécommunications(f) par ligne(f) téléphonique 417.
TÉLÉCOMMUNICATIONS(F) PAR SATELLITE(M) 417.
télécopieur(m) 421.
télécopieur(m) 417.
TÉLÉDIFFUSION(F) PAR SATELLITE(M) 416.
téléinformatique(f) 417.
téléobjectif(m) 392.
téléphone(m) 822.
téléphone(m) cellulaire 417.
téléphone(m) cellulaire portatif 422.
téléphone(m) public 422.
TÉLÉPHONE(M), COMMUNICATION(F) 420, 422.
téléport(m) 417.
TÉLESCOPE(M) 720.
télescope(m) 14.
télescope(m) 14, 42.
TÉLESCOPE(M) SPATIAL HUBBLE 16.
télescope(m), coupe(f) 720.
télésouffleur(m) 414.
téléviseur(m) 410.
téléviseur(m) 401.
TÉLÉVISION(F) 410, 412, 414.
télex(m) 421.
télex(m) 417.
telson(m) 91.
témoin(m) d'alimentation(f) 529.
témoin(m) d'ouverture(f) de porte(f) 431.
témoin(m) de bas niveau(m) de carburant(m) 431.
témoin(m) de ceinture(f) de sécurité(f) 431.
témoin(m) de charge(f) 431.
témoin(m) de clignotants(m) 431, 445.
témoin(m) de l'amorce(f) du film(m) 390.
témoin(m) de niveau(m) d'huile(f) 431.
témoin(m) de phare(m) 445.
témoin(m) de position(f) neutre 445.
témoin(m) de pression(f) d'huile(f) 445.
témoin(m) des feux(m) de route(f) 431.
témoin(m) du retardateur(m) 391.
tempe(f) 116.
température(f) 210.
température(f) ambiante 213, 705.
température(f) de l'air(m) 38.
température(f) désirée 213, 705.
température(f) du point(m) de rosée(f) 38.
température(f), mesure(f) 41.
tempête(f) de sable(m) ou de poussière(f) 39.
tempête(f) tropicale 39.

Les termes en **caractères gras** renvoient à une illustration, ceux en CAPITALES indiquent un titre.

TEMPLE(M) GREC 168.
temple(m) grec, plan(m) 169.
templet(m) 573, 578.
temporal(m) 122.
tenaille(f) 179.
tendance(f) barométrique 38.
tendeur(m) 661, 685.
tendeur(m) de timbre(m) 553.
tendon(m) 107.
TENNIS(M) 614.
tennis(m) 355.
TENNIS(M) DE TABLE(F) 619.
tennis(m), balle(f) 615.
tennis(m), filet(m) 614.
tennis(m), raquette(f) 615.
tennis(m), terrain(m) 614.
tenon(m) 376, 385.
tenseur(m) du fascia lata(m) 120.
tensiomètre(m) 710.
tentacule(m) oculaire 83.
tentacule(m) tactile 83.
tente(f) canadienne 686.
tente(f) deux places(f) 685.
tente(f) dôme(m) 686.
tente(f) familiale 685.
tente(f) grange(f) 686.
tente(f) igloo(m) 686.
tente(f) individuelle 686.
tente(f) intérieure 685, 686.
tente(f) rectangulaire 686.
tentes(f), principaux types(m) 686.
tentoir(m) 572.
TENUE(F) D'EXERCICE(M) 352.
tenue(f) d'exercice(m) 351.
térébenthine(f) 592.
termes(m) familiers 62, 63, 64, 65.
termes(m) techniques 62, 63, 64, 65.
terminaison(f) nerveuse 136.
terminal(m) 421.
terminal(m) à céréales(f) 490.
terminal(m) à conteneurs(m) 491.
terminal(m) de télécommunication(f) 422.
terminal(m) de vrac(m) 490.
terminal(m) pétrolier 491.
terrain(m) de fondation(f) 748.
terrain(m) naturel 733.
terrasse(f) 193, 263, 505.
terrasse(f) extérieure 497.
terrassement(m) 450.
Terre(f) 4, 8.
TERRE(F), STRUCTURE(F) DE LA 22.
terre-plein(m) 179, 184, 186.
terre-plein(m) central 452.
terril(m) 733, 734.
testicule(m) 127.
têtard(m) 84.
tête(f) 107, 112.
tête(f) 9, 78, 79, 80, 83, 117, 119, 124, 127, 275, 276, 279, 283, 373, 374, 384, 385, 386, 544, 546, 547, 561, 567, 570, 579, 607, 615, 618, 645, 658, 670, 674, 677, 681, 756, 804.
tête(f) à sens(m) unique 276.
tête(f) amont(m) 493.
tête(f) aval(m) 493.
tête(f) avant du cylindre(m) récupérateur 802.
tête(f) basculante 250.
tête(f) bombée 276.
tête(f) creuse 276.
tête(f) cruciforme 276.
tête(f) d'aspiration(f) 216.
tête(f) d'attelage(m) 471.
tête(f) d'attelage(m) 147, 156, 157, 158, 159, 162, 449, 469.
tête(f) d'impression(f) 524, 531.
tête(f) d'injection(f) 737.
tête(f) de coupe(f) 306.
tête(f) de dormant(m) 203.
tête(f) de frappe(f) 275.
tête(f) de l'humérus(m) 123.
tête(f) de lecture(f) 404.
tête(f) de lecture(f)/écriture(f) 529.
tête(f) de lit(m) 224.
tête(f) de marteau(m) 681.
tête(f) de mât(m) 631.
tête(f) de métal(m) 658.
tête(f) de puits(m) 734, 740.
tête(f) de rotor(m) 508.
tête(f) de scion(m) 670.
tête(f) diffusante 396.
tête(f) du fémur(m) 123.
tête(f) du vérin(m) de levage(m) 787.
tête(f) flottante 374.
tête(f) froncée 229.
tête(f) panoramique 393.
tête(f) plate 276.
tête(f) plissée 229.
tête(f) ronde 276.
tête(f), chauve-souris(f) 112.
tête(f), oiseau(m) 109.
têtes(f), types(m) 229.
têtière(f) 289, 290, 649.
texte(m) 524.
théière(f) 238.
théodolite(m) 713.
théodolite(m) 41.
thermocontact(m) 438.
thermocouple(m) 297.
thermomètre(m) 705.
thermomètre(m) 627, 635, 741.
thermomètre(m) à maxima(m) 41.
thermomètre(m) à minima(m) 41.
thermomètre(m) à viande(f) 244.
thermomètre(m) bimétallique 705.
thermomètre(m) médical 705.
thermosphère(f) 19.
thermostat(m) 210, 214, 252, 297.
thermostat(m) d'ambiance(f) 213, 705.
thorax(m) 78, 79, 80, 116, 118.
thym(m) 74.
tibia(m) 78, 80, 103, 108, 112, 122.
tierce(f) 537, 667.
tierceron(m) 177.
tige(f) 57, 70, 72, 214, 247, 275, 276, 294, 295, 373, 385, 386, 539, 562, 567, 568, 573, 641, 642, 644, 705, 707.
tige(f) carrée d'entraînement(m) 737.
tige(f) de forage(m) 737.
tige(f) de manœuvre(f) 796.
tige(f) de pendule(m) 539.
tige(f) de selle(f) 446.
tige(f) du poil(m) 136.
tige(f) filetée 279.
tige(f) pour col(m) 364.
tilde(m) 832.
timbale(f) 553.
timbales(f) 557.
timbre(m) 384, 792.
timbre(m) caoutchouc(m) 516.
timbre(m) dateur 516.
timon(m) 158, 159, 162, 449.
tipi(m) 165.
TIR(M) À L'ARC(M) 684.
tirant(m) 553, 786.
tirant(m) de registre(m) 543.
tirant(m) de réglage(m) 322.
tirant(m) des cordes(f) 669.
tire-bouchon(m) 625.
tire-bouchon(m) 688.
tire-bouchon(m) à levier(m) 244.
tire-bouchon(m) de sommelier(m) 244.
tire-bourre(m) 801.
tire-joint(m) 291.
tire-racine(m) 268.
tire-veille(m) 631.
tiret(m) 832.
tirette(f) 566, 571.
tireur(m) au but(m) 611.
tiroir(m) 219, 226, 255.
tiroir(m) de fichier(m) 517.
tisonnier(m) 205.
TISSAGE(M) 572, 574, 576.
tissage(m), accessoires(m) 573, 575.
tissage(m), schéma(m) de principe(m) 576.
tissu(m) adipeux 129, 136.
tissu(m) brodé 571.
tissu(m) conjonctif 137.
tissu(m) du vêtement(m) 565.
tissus(m) de soutien(m) 565.
Titan 5.
toge(f) 315.
toile(f) 231, 375, 397, 576, 589.
toile(f) de fond(m) 188.
toile(f) de saut(m) 659.
toilettes(f) 461.
toilettes(f) 215, 292, 293.
toilettes(f) pour dames(f) 822.
toilettes(f) pour hommes(m) 822.
toit(m) 82, 171, 197, 205, 470.
toit(m) à deux croupes(f) 182.
toit(m) à l'impériale(f) 183.
toit(m) à la Mansard 183.
toit(m) à pignon(m) 182.
toit(m) à quatre versants(m) 183.
toit(m) à tourelle(f) à pans(m) 183.
toit(m) avec lanterneau(m) 182.
toit(m) de la couche(f) 733.
toit(m) de protection(f) 787.
toit(m) en appentis(m) 182.
toit(m) en carène(f) 182.
toit(m) en coupole(f) 183.
toit(m) en dôme(m) 183.
toit(m) en flèche(f) 183.
toit(m) en pavillon(m) 183.
toit(m) en pente(f) 182.
toit(m) en poivrière(f) 183.
toit(m) en rotonde(f) 183.
toit(m) en shed(m) 182.
toit(m) flottant 741.
toit(m) ouvrant 427.
toit(m) plat 182.
TOITS(M) 182.
toiture(f) 82.
tôle(f) pare-gouttes(m) 741.
tomate(f) 69.
tombant(m) 341.
tombolo(m) 30.
ton(m) de mât(m) 479.
tondeuse(f) 369, 374.
tondeuse(f) à moteur(m) 271.
tondeuse(f) mécanique 271.
tong(m) 357.
topaze(f) 363.
topinambour(m) 71.
toque(f) 329.
torche(f) 738.
tore(m) 166, 167.
toron(m) 692.
torpille(f) 807.
torrent(m) 27.
tortue(f) 97.
totalisateur(m) journalier 431.
Toucan(m) 13.
touche(f) 535, 536, 540, 541, 543, 544, 547.
touche(f) d'effacement(m) 530.
touche(f) d'envoi(m) 530.
touche(f) de commande(f) 530.
touche(f) de composition(f) automatique 421.
touche(f) de correction(f) 421, 569.
touche(f) de décimale(f) 523.
touche(f) de démarrage(m) 530.
touche(f) de double zéro(m) 523.
touche(f) de modulation(f) 402.
touche(f) de pédalier(m) 542.
touche(f) de présélection(f) 402.
touche(f) de résultat(m) 523.
touche(f) de retour(m) 530.
touche(f) de service(m) 530.
touche(f) de tabulateur(m) 530.
touche(f) fixe 711.
touche(f) fixe-majuscules(f) 524.
touche(f) fixe-majuscules(m) 530.
touche(f) majuscule(f) 530.
touche(f) mémoire(f) 402, 405.
touche(f) mobile 711.
touche(f) multifonctionnelle 523.
touche(f) numérique 523.
touche(f) plus(m)-égalité(f) 523.
touche(f) programmable 530.
touche(f)-majuscules(f) 524.
TOUCHER(M) 136.
touches(f) de commande(f) 422.
touches(f) de directivité(f) 530.
touches(f) de fonctions(f) 422, 709.
touches(f) de répétition(f) 405.
touches(f) de variation(f) 569.
toundra(f) 45.
toupet(m) 100.
toupie(f) 283.
toupie(f) 251.
tour(f) 176, 486, 770, 771, 773, 774, 786.
Tour(f) 696.
tour(f) à bureaux(m) 184, 190.
tour(f) d'angle(m) 180.
tour(f) d'extraction(f) 735, 736.
tour(f) d'habitation(f) 185, 187.
tour(f) de contrôle(m) 502, 810.
tour(f) de flanquement(m) 180.
tour(f) de forage(m) 737, 738, 740.
tour(f) de fractionnement(m) 744.
tour(f) de guidage(m) 457.
tour(f) de sauvetage(m) 509.
tour(f) du plongeoir(m) 624.
tour(m) à pied(m) 584.
tour(m) de coquille(f) 83.
tour(m) de cou(m) 324.
tour(m) de spire(f) 94.
tour(m) de tête(f) 729.
tour(m) embryonnaire 94.
tourelle(f) 180, 257, 780, 785, 809.
tourelle(f) mobile 805.
tourelle(f) porte-objectifs(m) 718.
tourillon(m) 675, 800.
tourmaline(f) 363.
tournage(m) 584.
tournant(m) de club-house(m) 651.
tournette(f) 584.
tournevis(m) 276.
tournevis(m) 688.
tournevis(m) à spirale(f) 276.
tournevis(m) cruciforme 688.
tourniquet(m) 701.
tourniquet(m) d'accès(m) 474.
tourniquet(m) de sortie(f) 474.
tournure(f) 316.
traçage(m) 586.
traceur(m) 527.
trachée(f) 130.
traçoir(m) 281.
tracteur(m) 440, 507, 742, 782.
tracteur(m) à chenilles(f) 783.
TRACTEUR(M) AGRICOLE 147.
tracteur(m) de piste(f) 506.
tracteur(m) routier 440.
tracteur(m)-remorqueur(m) 784.
tractus(m) olfactif 142.
tragus(m) 112, 139.
train(m) 462.
TRAIN(M) À GRANDE VITESSE(F) 458.
train(m) d'atterrissage(m) avant 498, 813.
train(m) d'atterrissage(m) principal 499, 812.
train(m) de banlieue(f) 464.
train(m) routier 440.
traîneau(m) 264, 643.
trait(m) de mise(f) au jeu(m) 604.
traitement(m) chimique 745.
traitement(m) de l'information(f) 722.
trame(f) 566, 572, 574.
trampoline(f) 659.
tranchant(m) 239, 242, 369, 564.
tranché 818.
tranche(f) de gouttière(f) 577.
tranche(f) de queue(f) 577.
tranche(f) de tête(f) 577.
tranchée(f) 733.
tranchefile(f) 577.
TRANSBORDEUR(M) 494.
transbordeur(m) 491, 505, 507.
transcription(f) des ondes(f) sismiques 714.
transept(m) 177.
transformateur(m) 209, 235, 747, 757, 758, 771.
transformateur(m) principal 458.
transformation(f) de l'eau(f) en vapeur(f) 766.
transmission(f) 258.
transmission(f) de l'image(f) 717.
transmission(f) de la chaleur(f) à l'eau(f) 766.
transmission(f) du courant(m) induit 714.
transmission(f) du mouvement(m) au rotor(m) 755.
transmission(f) funiculaire 467.
transmission(f) hertzienne 416.
transmission(f) par câble(m) 416.
transpalette(f) manuelle 788.
transpiration(f) 35.
transplantoir(m) 268.
transport(m) de l'électricité(f) 757.
transport(m) de l'électricité(f) 767.
transport(m) de l'électricité(f) à haute tension(f) 755.
transport(m) de l'énergie(f) à la tension(f) de l'alternateur(m) 755.
transport(m) maritime 735.
transport(m) par taxi(m) 822.
transport(m) routier 491.
transport(m) vers les usagers(m) 755.
transversale(f) pleine 700, 701.
trapèze(m) 120, 121, 633, 637.
trapèze(m) de figure(f) 633.
trapèzes(m), types(m) 633.
trapillon(m) 188.
trappe(f) acoustique 412.
travaux(m) 826, 827.
travée(f) centrale 456.
travée(f) latérale 456.
travée(f) levante 457.
travers-banc(m) 736.
traverse(f) 178, 219, 225, 466, 535, 572, 574, 578, 728, 756, 757.
traverse(f) arrière 645.
traverse(f) avant 645.
traverse(f) d'extrémité(f) inférieure 470.
traverse(f) d'extrémité(f) supérieure 470.
traverse(f) de chargement(m) 743.
traverse(f) inférieure 202, 225.
traverse(f) intermédiaire 202.
traverse(f) médiane 223.
traverse(f) supérieure 202, 223, 225.

Les termes en **caractères gras** renvoient à une illustration, ceux en CAPITALES indiquent un titre.

traverse(f) supérieure d'ouvrant(m) 203.
traversée(f) 757.
traversée(f) de transformateur(m) 746, 747.
traversin(m) 224.
trèfle(m) 175, 695.
treillis(m) 263, 401.
treillis(m) de contreflambage(m) 756.
treillis(m) de protection(f) 406.
tréma(m) 832.
trémie(f) 158, 162.
tremplin(m) 659.
tremplin(m) de 1 m 624.
tremplin(m) de 3 m 624.
trench(m) 319.
trépan(m) 737.
trépied(m) 393.
trépied(m) 397, 415, 539, 552, 721.
trépied(m) de caméra(f) 414.
trépied(m) de perche(f) 414.
trépointe(f) 355.
tréteau(m) 219.
treuil(m) 14.
treuil(m) d'amarrage(m) 743.
treuil(m) de forage(m) 737.
treuil(m) de levage(m) 786.
triangle(m) 554.
Triangle(m) 11.
triangle(m) 556, 674.
Triangle(m) austral 13.
tribord(m) 488, 489, 497.
tribune(f) des juges(m) 651.
tribune(f) populaire 651.
triceps(m) brachial 121.
triclinium(m) 171.
tricorne(m) 318.
TRICOT(M) 567.
TRICOTS(M) 326.
trifoliée 56.
triglyphe(m) 167.
trille(m) 538.
trilobé 174.
tringle(f) 433.
tringle(f) d'écartement(m) 467.
tringle(f) de commande(f) 467.
tringle(f) de pédale(f) 540.
tringle(f) de tension(f) 553.
tringle(f) double 230.
tringle(f) extensible 230.
tringle(f) métallique 517.
tringle(f) simple 230.
tringle(f)-barre(f) 230.
tringle(f)-rail(m) 230.
trio(m) 558.
tripe(f) 384.
triple croche(f) 538.
triple(m) 646.
triplure(f) 565.
tripode(m) de stabilisation(f) 507.
Triton 5.
trochanter(m) 78, 80.
trochure(f) 105.
trois-portes(f) 425.
troisième but(m) 597.
troisième étage(m) 509.
troisième joueur(m) 620.
troisième phalange(f) 103.
troisième-but(m) 597.
trombone(m) 550.
trombones(m) 515, 556.
trompe(f) 79.
trompe(f) d'Eustache 139, 141.
trompe(f) de Fallope 128.
trompes(f) de Fallope 128.
trompette(f) 550.
trompette(f) 550.
trompettes(f) 556.
tronc(m) 59, 61, 117, 119.
tronc(m) cœliaque 124, 132.
tronc(m), coupe(f) transversale 59.
tronçon(m) 756.
trop-plein(m) 215, 292, 293, 297, 399.
tropique(m) du Cancer(m) 3, 47.
tropique(m) du Capricorne(m) 3, 47.
troposphère(f) 19.
trot(m) 101.
trotteur(m) 356.
trotteuse(f) 706.
trottoir(m) 186.
trou(m) 583, 676.
trou(m) central 404.
trou(m) d'homme(m) 741, 742.
trou(m) de l'embout(m) 385.
trou(m) du souffleur(m) 188.
trou(m)-repère(m) 529.
trousse(f) de manucure(f) 365.
TROUSSE(F) DE SECOURS(M) 725.
trousse(f) de toilette(f) 382.
troussequin(m) 649.
truelle(f) de maçon(m) 291.
truelle(f) de plâtrier(m) 291.
truffe(f) 55, 107.
truie(f) 151.
trumeau(m) 175.
truqueur(m) numérique 413.
tuba(m) 551, 557, 627.
tubage(m) de production(f)/expédition(f) 738.
tubage(m) de surface(f) 740.
tube(m) 232, 370, 588, 710, 718, 719, 720, 721, 800, 803, 804.
tube(m) A 300.
tube(m) B 300.
tube(m) capillaire 705.
tube(m) conducteur 738.
tube(m) d'ajustement(m) 659, 661.
tube(m) d'alimentation(f) en air(m) 777.
tube(m) d'arrivée(f) 296.
tube(m) d'ensemencement(m) 158.
tube(m) d'orientation(f) des lames(f) 231.
tube(m) de bord(m) d'attaque(f) 637.
tube(m) de circulation(f) 768.
tube(m) de déchargement(m) 161.
tube(m) de direction(f) 447.
tube(m) de force(f) 765.
tube(m) de poussée(f) 389.
tube(m) de remplissage(m) de la cuvette(f) 293.
tube(m) de remplissage(m) du réservoir(m) 293.
tube(m) de résonance(f) 554.
tube(m) de selle(f) 446.
tube(m) droit 260.
tube(m) en Y(m) 726.
tube(m) flexible 726.
tube(m) fluorescent 232.
tube(m) fluorescent 233.
tube(m) horizontal 446.
tube(m) lance-torpilles(m) 807.
tube(m) oblique 447.
tube(m) porte-oculaire(m) 718, 721.
tube(m) transversal 637.
tube(m)-image(f) 410.
tubulure(f) d'admission(f) 434, 437.
tubulure(f) d'échappement(m) 437.
Tudor 174.
tuile(f) 169, 170, 286, 511.
tulipe(f) 247.
tuner(m) 400, 402.
tunique(f) 70, 337, 791.
tunnel(m) 474.
tunnel(m) de communication(f) 510.
tuque(f) 329, 640, 642.
turban(m) 329.
turbine(f) 753, 758.
turbine(f) d'entraînement(m) 438.
turbine(f) du compresseur(m) 438, 501.
turbines(f) motrices 501.
turbo-alternateur(m) 771, 806.
turboréacteur(m) 499, 812.
TURBORÉACTEUR(M) À DOUBLE FLUX(M) 501.
turion(m) 72.
turquoise(f) 363.
tuteur(m) 263.
tuyau(m) 306, 385, 543, 780.
tuyau(m) à anche(f) 542.
tuyau(m) à bouche(f) 542.
tuyau(m) arrière 439.
tuyau(m) d'air(m) 627.
tuyau(m) d'arrosage(m) 265.
tuyau(m) d'aspiration(f) 778.
tuyau(m) d'eau(f) chaude 297.
tuyau(m) d'eau(f) froide 297.
tuyau(m) d'échappement(m) 438, 439, 783.
tuyau(m) d'ensilage(m) 162.
tuyau(m) d'évacuation(f) 258, 298.
tuyau(m) d'insufflation(f) 536.
tuyau(m) de chute(f) 215, 293, 298.
tuyau(m) de refoulement(m) 778.
tuyau(m) de vidange(f) 257, 258, 298.
tuyau(m) du ventilateur(m) 162.
tuyau(m) flexible 260, 735.
tuyau(m) perforé 265.
tuyau(m) souple d'arrivée(f) 298.
tuyauterie(f) 543.
tuyauterie(f) de sortie(f) de la vapeur(f) des séparateurs(m) 759.
tuyauterie(f) de vapeur(f) primaire 759.
tuyère(f) 492, 508, 509, 510.
tuyère(f) d'échappement(m) 501.
tuyère(f) d'éjection(f) 812.
tympan(m) 84, 97, 166, 168, 175.
type(m) de carburant(m) 453.
type(m) de la masse(f) d'air(m) 38.
type(m) de nuage(m) bas 38.
type(m) de nuage(m) élevé 38.
type(m) de nuage(m) moyen 38.
types(m) de têtes(f) 276.
TYPES(M) DE VOITURES(F) 460.

U

unisson(m) 537.
unité(f) d'extraction(f) par solvant(m) 744.
unité(f) de disque(m) compact 527.
unité(f) vidéo 527.
UNITÉS(F) MONÉTAIRES, EXEMPLES(M) 832.
Uranus 5.
uretère(m) 132.
urètre(m) 128, 129, 132.
urètre(m) pénien 127.
uropode(m) 91.
usine(f) 752.
usine(f) à asphalte(m) 745.
usine(f) de traitement(m) 735.
usine(f) des lubrifiants(m) 745.
usine(f) marémotrice 752.
usine(f) marémotrice, coupe(f) 752.
usine(f) pétrochimique 744.
ustensiles(m) de campeur(m) 688.
USTENSILES(M) DE CUISINE(F) 242, 244, 246.
ustensiles(m) divers 246.
ustensiles(m), jeu(m) d' 244.
utérus(m) 128, 129.
utiliser un chlorure(m) décolorant suivant les indications(f) 829.

V

vache(f) 151.
vacuole(f) 115.
vagin(m) 128, 129.
VAGUE(F) 30.
vague(f) d'oscillation(f) 30.
vague(f) de translation(f) 30.
vague(f) déferlante 30.
vair(m) 819.
vaisseau(m) capillaire 137.
vaisseau(m) sanguin 136.
vaisseaux(m) sanguins 112.
VAISSELLE(F) 238.
Valet(m) 695.
valet(m) 718.
valeur(f) des notes(f) 538.
valeur(f) des segments(m) 698.
valeur(f) des silences(m) 538.
validation(f) 525.
valise(f) fin(f) de semaine(f) 383.
valise(f) pullman(m) 383.
vallée(f) 27.
valve(f) 67, 95, 447.
valve(f) de l'aorte(f) 125.
valve(f) de réglage(m) 208.
valve(f) du tronc(m) pulmonaire 125.
valve(f) gauche, coquille(f) 95.
valvule(f) mitrale 125.
valvule(f) tricuspide 125.
vanne(f) 746, 747, 752.
vanne(f) d'arrêt(m) de la turbine(f) 758.
vanne(f) d'arrosage(m) 759.
vanne(f) de production(f) 740.
vanne(f) fourreau(m) 753.
vanne(f) maîtresse 740.
vantail(m) 225.
vapeur(f) à basse pression(f) 758.
vaporisateur(m) 256, 264.
vaporiseur(m) 210.
variomètre(m) 635.
variomètre(m) électrique 639.
variomètre(m) mécanique 639.
vase(m) d'expansion(f) 208, 772.
vaste(m) externe du membre(m) inférieur 120, 121.
vaste(m) interne du membre(m) inférieur 120.
veau(m) 151.
vedette(f) 809.
véhicule(m) de service(m) technique 506.
véhicule(m) spatial autonome 512.
véhicule(m) tout-terrain(m) 425.
VÉHICULES(M) D'INCENDIE(M) 778, 780.
veine(f) axillaire 126.
veine(f) basilique 126.
veine(f) cave inférieure 124, 125, 126, 132.
veine(f) cave supérieure 124, 125, 126, 130.
veine(f) céphalique 126.
veine(f) fémorale 126.
veine(f) iliaque 124.
veine(f) iliaque commune 132.
veine(f) jugulaire externe 126.
veine(f) jugulaire interne 126.
veine(f) mésentrique supérieure 126.
veine(f) porte 124, 126.
veine(f) pulmonaire 126.
veine(f) pulmonaire droite 125.
veine(f) pulmonaire gauche 125.
veine(f) rénale 126, 132.
veine(f) saphène interne 126.
veine(f) sous-clavière 126.
veine(f) sus-hépatique 124.
veines(f) 126.
vélo(m) d'exercice(m) 664.
vélum(m) 80.
vent(m) 38.
vent(m) 629.
vent(m) arrière 629.
vent(m) de travers(m) 629.
vent(m) debout 629.
vent(m), mesure(f) de la direction(f) 41.
vent(m), mesure(f) de la vitesse(f) 41.
ventail(m) 792.
ventilateur(m) 161, 162, 207, 209, 213, 259, 434, 438, 528.
ventilateur(m) de l'évaporateur(m) 214.
ventilateur(m) de moteur(m) diesel 468.
ventilateur(m) de plafond(m) 214.
ventilateur(m) de sustentation(f) 492.
ventilateur(m) des radiateurs(m) 469.
ventilateur(m) du condenseur(m) 214.
ventilateur(m) hélicoïde 212.
ventilateur(m) principal 734.
ventilation(f) 772.
ventilation(f) de la cabine(f) 639.
ventouse(f) 85, 299.
ventre(m) 101, 116, 118.
ventricule(m) droit 124, 125.
ventricule(m) gauche 124, 125.
venturi(m) 804.
Vénus 4.
véraison(f) 61.
verge(f) 127, 483.
verger(m) 149.
vergette(f) 543.
verglas(m) 37.
vergue(f) 478.
vérificateur(m) de circuit(m) 310.
vérificateur(m) de continuité(f) 310.
vérificateur(m) de haute tension(f) 310.
vérificateur(m) de prise(f) de courant(m) 310.
vérificateur(m) de tension(f) 310.
vérification(f) de la profondeur(f) de champ(m) 391.
vérin(m) 784.
vérin(m) de commande(f) de volet(m) 812.
vérin(m) de défonceuse(f) 783.
vérin(m) de direction(f) 784.
vérin(m) de dressage(m) 780, 786.
vérin(m) de la flèche(f) 782, 785.
vérin(m) de levage(m) de la lame(f) 783.
vérin(m) du bras(m) 782, 785.
vérin(m) du bras(m) de levage(m) 782.
vérin(m) du godet(m) 782, 785.
vérin(m) du godet(m) rétro 782.
vérin(m) hydraulique 147, 449, 788.
vernier(m) 484, 708.
vernis(m) 592.
verre(m) 376.
verre(m) à bordeaux(m) 237.
verre(m) à bourgogne(m) 237.
verre(m) à cocktail(m) 237.
verre(m) à cognac(m) 237.
verre(m) à eau(f) 237.
verre(m) à gin(m) 237.
verre(m) à liqueur(f) 237.
verre(m) à porto(m) 237.
verre(m) à vin(m) blanc 237.
verre(m) à vin(m) d'Alsace 237.

Les termes en **caractères gras** renvoient à une illustration, ceux en CAPITALES indiquent un titre.

verre(m) à whisky(m) 237.
verre(m) bifocal 376.
verre(m) de visée(f) 390.
VERRES(M) 237.
verrière(f) 190, 195, 462, 638, 813.
verrou(m) 530, 562.
verrou(m) de barre(f) d'attelage(m) 803.
verrou(m) de chargeur(m) 795.
verrou(m) de sûreté(f) 796.
verrou(m) glaciaire 26.
verrouillage(m) 260.
versant(m) 27.
Verseau(m) 13.
Verseau(m) (20 janvier) 820.
verseuse(f) 247.
versoir(m) 156.
vert(m) 676.
vert(m) d'entraînement(m) 676.
vertèbre(f) cervicale (7) 123.
vertèbre(f) dorsale (12) 123.
vertèbre(f) lombaire 135.
vertèbre(f) lombaire (5) 123.
vertèbres(f) cervicales 102.
vertèbres(f) coccygiennes 103.
vertèbres(f) dorsales 102.
vertèbres(f) lombaires 103.
vertèbres(f) sacrées 103.
vésicule(f) biliaire 97, 131.
vésicule(f) de pinocytose(f) 115.
vésicule(f) séminale 127.
vessie(f) 89, 127, 128, 132.
vessie(f) natatoire 89.
veste(f) 315, 331, 667, 668.
veste(f) de pêche(f) 672.
veste(f) droite 322.
vestes(f) 338.
vestiaire(m) 194.
vestiaire(m) de bureau(m) 522.
vestiaire(m) des mineurs(m) 735.
vestiaire(m) du personnel(m) 461.
vestibule(m) 139, 170, 194.
veston(m) croisé 322.
vêtement(m) d'exercice(m) 353.
vêtement(m) ignifuge et hydrofuge 777.
vêtement(m) isothermique 627.
VÊTEMENTS(M) D'ENFANT(M) 349, 350.
VÊTEMENTS(M) D'HOMME(M) 319, 320, 322, 324.
VÊTEMENTS(M) DE FEMME(F) 330, 332, 334, 336, 338, 340, 342, 344, 346, 348.
vêtements(m) de nuit(f) 348.
vêtements(m), pêche(f) 672.
vexille(m) 110.
viaduc(m) 454.
viande(f) 33.
vide(m) 14.
vide-poches(m) 429.
Vierge(f) 11, 13.
Vierge(f) (23 août) 820.
vigie(f) 502.
VIGNE(F) 61.
vilebrequin(m) 281.
vilebrequin(m) 434, 436.
villa(f) 187.
violon(m) 544.
violon(m) 545.
violon(m), famille(f) 545.
violoncelle(m) 545.
violoncelles(m) 557.
virage(m) à droite(f) 826, 827.
virage(m) de brasse(f) 622.
virage(m) de papillon(m) 623.
virage(m)-culbute(f) 622, 623.
virgule(f) 832.
virole(f) 304, 675.
virole(f) femelle 670.
virole(f) mâle 670.
vis(f) 276.
vis(f) 544.
vis(f) à glace(f) 681.
vis(f) à glace(f) 680.
vis(f) à grain(m) 161.
vis(f) à otons(m) 161.
vis(f) calante 709, 713.
vis(f) centrale 579.
vis(f) d'alimentation(f) 160, 162.
vis(f) de blocage(m) (azimut(m)) 720, 721.
vis(f) de blocage(m) (latitude(f)) 720, 721.
vis(f) de fixation(f) 393.
vis(f) de nivellement(m) 40.
vis(f) de pince-aiguille(m) 562.
vis(f) de pression(f) 581, 583.
vis(f) de réglage(m) 278, 306.
vis(f) de réglage(m) de grand débit(m) 712.
vis(f) de réglage(m) de hauteur(f) 641.
vis(f) de réglage(m) de libération(f) 641.
vis(f) de réglage(m) de petit débit(m) 712.
vis(f) de réglage(m) du condenseur(m) 718.
vis(f) de réglage(m) du niveau(m) 40.
vis(f) de serrage(m) 282.
vis(f) de support(m) inférieure 40.
vis(f) de support(m) supérieure 40.
vis(f) de tension(f) 552.
vis(f) macrométrique 718.
vis(f) micrométrique 484, 711, 718.
vis(f) sans fin(f) 575.
visage(m) 116.
viseur(m) 390, 713.
viseur(m) de caméra(f) 414.
viseur(m) électronique 409.
viseur(m) périscopique 805.
visière(f) 328, 329, 443, 471, 642, 729, 777, 792.
visière(f) antisolaire 512.
visualisation(f) des ondes(f) sismiques 714.
visualisation(f) du seuil(m) d'alarme(f) 485.
vitrage(m) 486.
vitrail(m) 175.
vitre(f) 768, 769.
vitre(f) protectrice 410.
vitrine(f) 227.
voie(f) 476.
voie(f) 474.
voie(f) à sens(m) unique 824, 825.
voie(f) d'accélération(f) 452.
voie(f) de banlieue(f) 464.
voie(f) de butte(f) 465.
voie(f) de circulation(f) 452, 502.
voie(f) de circulation(f) des locomotives(f) 465.
voie(f) de décélération(f) 452.
voie(f) de dépassement(m) 452.
voie(f) de fond(m) 736.
voie(f) de service(m) 464, 502.
voie(f) de sortie(f) 465.
voie(f) de tête(f) 736.
voie(f) de transport(m) 733.
voie(f) de tri(m) primaire 465.
voie(f) de tri(m) secondaire 465.
VOIE(F) FERRÉE 466.
voie(f) ferrée 466.
voie(f) ferrée 184, 463, 735.
voie(f) ferrée bord(m) à quai(m) 491.
Voie(f) lactée 11.
voie(f) latérale 452.
voie(f) pour véhicules(m) lents 452.
voies(f) principales 452.
voilage(m) 229.
VOILE(F) 628, 630.
voile(f) 631, 636, 773.
voile(f) aurique 482.
voile(f) bermudienne 482.
voile(f) carrée 482.
voile(f) d'étai(m) de flèche(f) 480.
voile(f) d'étai(m) de grand perroquet(m) arrière 480.
voile(f) d'étai(m) de hune(f) arrière 480.
voile(f) de flèche(f) 480.
voile(f) latine 482.
voile(m) 433, 670.
voile(m) du palais(m) 141, 142.
Voiles(f) 13.
VOILES(F), TYPES(M) 482.
voilure(f) 480.
voilure(f) 627, 637.
voilure(f) delta(m) 499.
voilure(f) droite 499.
voilure(f) en flèche(f) 499.
voilure(f) trapézoïdale 499.
VOILURES(F), TYPES(M) 499.
voiture(f) 477.
voiture(f) sport(m) 425.
voiture(f)-coach(m) 460.
voiture(f)-lit(m) 460.
voiture(f)-restaurant(m) 460.
voiturette(f) de golf(m) électrique 679.
vol(m) 625.
VOL(M) À VOILE(F) 638.
VOL(M) LIBRE 637.
volant(m) 618.
volant(m) 147, 224, 228, 430, 435, 561, 579, 584.
volant(m) d'inertie(f) 664.
volant(m) de frein(m) à main(f) 470.
volant(m) de manche(m) 500.
volant(m) de manœuvre(f) 778.
VOLCAN(M) 25.
volcan(m) 23.
volcan(m) au repos(m) 24.
volcan(m) en éruption(f) 25.
volée(f) 201, 800.
volet(m) 511, 529, 772.
volet(m) d'air(m) 441.
volet(m) de bord(m) d'attaque(f) 812.
volet(m) de bord(m) de fuite(f) 498, 812.
volet(m) de contrôle(m) thermique 43.
volet(m) transparent 379.
volets(m) d'intérieur(m) 231.
VOLLEYBALL(M) 613.
volleyball(m), ballon(m) 613.
volleyball(m), filet(m) 613.
volleyball(m), terrain(m) 613.
vols(m) 624.
voltigeur(m) de centre(m) 597.
voltigeur(m) droit 597.
voltigeur(m) gauche 597.
volute(f) 166, 167, 220, 544.
volve(f) 55.
voussure(f) 175.
voûte(f) 177.
voûte(f) de projection(f) 16.
voûte(f) du palais(m) 141, 142.
voyant(m) conique 486, 488.
voyant(m) de charge(f) 374.
voyant(m) de mise(f) en circuit(m) 420.
voyant(m) de mise(f) en ondes(f) 407.
voyant(m) de réception(f) de messages(m) 420.
voyant(m) de réponse(f) automatique 420.
voyant(m) lumineux 247, 252, 255, 256, 257, 370, 585.
voyants(m) 531.
voyants(m) de contrôle(m) 405.
vrille(f) 61.
VUE(F) 140.
vue(f) antérieure 122.
vue(f) arrière 147.
vue(f) avant 147.
vue(f) d'ensemble(m) 289.
vue(f) dorsale 95.
vue(f) en plongée(f) 444.
vue(f) extérieure 712.
vue(f) latérale 442.
vue(f) plongeante 171.
vue(f) postérieure 123, 129.
vulve(f) 118, 128.
vumètres(m) 407.
vumètres(m) audio 413.

W

w.c.(m) 293.
w.c.(m) 195, 215, 292.
WAGON(M) 470.
wagon(m) 464.
wagon(m) à bestiaux(m) 472.
wagon(m) à copeaux(m) 472.
wagon(m) couvert 470.
wagon(m) couvert 472.
wagon(m) de queue(f) 473.
wagon(m) plat 473.
wagon(m) plat à parois(f) de bout(m) 473.
wagon(m) plat surbaissé 473.
wagon(m) porte-automobiles(m) 473.
wagon(m) porte-conteneurs(m) 473.
wagon(m) rail(m)-route(f) 473.
wagon(m) réfrigérant 472.
wagon(m)-citerne(f) 743.
wagon(m)-citerne(f) 472.
wagon(m)-tombereau(m) 473.
wagon(m)-tombereau(m) couvert 472.
wagon(m)-trémie(f) 472.
wagon(m)-trémie(f) à minerai(m) 472.
WAGONS(M), TYPES(M) 472.
wapiti(m) 105.
WATER-POLO(M) 626.
water-polo(m), ballon(m) 626.
water-polo(m), but(m) 626.
water-polo(m), surface(f) de jeu(m) 626.
WATTHEUREMÈTRE(M) 712.
wattheuremètre(m), mécanisme(m) 712.
wigwam(m) 165.
winch(m) 630.
wishbone(m) 631.
wok(m) 248.
wok(m) 248.

X

xylophone(m) 554.
xylophone(m) 556.

Y

yen(m) 832.
yourte(f) 165.

Z

zénith(m) 16.
zéro(m) 700, 701.
zeste(m) 65, 66.
zone(f) centrale 611.
zone(f) d'attaque(f) 608, 613.
zone(f) d'essai(m) des réacteurs(m) 811.
zone(f) de boule(f) morte 682.
zone(f) de but(m) 604, 608, 611.
zone(f) de chargement(m) 764.
zone(f) de chute(f) 655, 657.
zone(f) de convection(f) 6.
zone(f) de danger(m) 668.
zone(f) de défense(f) 608, 611, 613.
zone(f) de lavage(m) des wagons(m) 465.
zone(f) de manœuvre(f) 16.
zone(f) de précipitation(f) 38.
zone(f) de radiation(f) 6.
zone(f) de réception(f) 465.
zone(f) de retrait(m) des bagages(m) 504.
zone(f) de service(m) 613, 617.
zone(f) de service(m) droite 616.
zone(f) de service(m) gauche 616.
zone(f) de triage(m) 465.
zone(f) libre 613.
zone(f) neutre 603, 605, 608.
zone(f) réservée 610.
zone(f) scolaire 826, 827.
zoom(m) 414.